2022

甘肃发展年鉴

GANSU DEVELOPMENT YEARBOOK

甘　肃　省　统　计　局
国家统计局甘肃调查总队 编

Compiled by
Gansu Provincial Bureau of Statistics
Survey Office of the National Bureau of Statistics in Gansu

中国统计出版社
China Statistics Press

图书在版编目（CIP）数据

甘肃发展年鉴. 2022 = Gansu Development Yearbook 2022 : 汉英对照 / 甘肃省统计局, 国家统计局甘肃调查总队编. -- 北京 : 中国统计出版社, 2022.11
ISBN 978-7-5037-9979-2

Ⅰ. ①甘… Ⅱ. ①甘… ②国… Ⅲ. ①区域经济发展－甘肃－2022－年鉴－汉、英②社会发展－甘肃－2022－年鉴－汉、英 Ⅳ. ①F127.42-54

中国版本图书馆 CIP 数据核字(2022)第 180580 号

甘肃发展年鉴 2022

作　　者/ 甘肃省统计局　国家统计局甘肃调查总队
责任编辑/ 高媛媛
装帧设计/ 张冰
出版发行/ 中国统计出版社有限公司
地　　址/ 北京市丰台区西三环南路甲 6 号
邮政编码/ 100073
电　　话/ 邮购（010）63376909　书店（010）68783171
网　　址/ http://www.zgtjcbs.com
印　　刷/ 甘肃澳翔印业有限公司
经　　销/ 新华书店
开　　本/ 890mm×1240mm　1/16
字　　数/ 1400 千字
印　　张/ 51.25
版　　别/ 2022 年 11 月第 1 版
版　　次/ 2022 年 11 月第 1 次印刷
定　　价/ 380.00 元　Price: 380.00yuan(RMB)

本书附同版本 CD-ROM 一张，光盘内容以书面文字为准。
如有印装差错，由本社发行部调换。

《甘肃发展年鉴 2022》

编委会和编辑工作人员

编委会

主　　任：陈　波　　杜克成

副 主 任：杨言勇　　蒋致平　　张军祯　　周立荣　　刘雅杰
陈尊峰　　刘光华　　路民生
彭国强　　王献宝　　常连英　　魏　宏　　单广平

编　　委（按姓氏笔画排序）：
马玉德　　马雪萍　　马登坤　　王卫华　　王玉芳
石　岷　　令军民　　冯金辉　　冯恩元　　师晓军
刘　文　　刘　杰　　刘金辉　　安文霞　　许雪花
祁　伟　　祁志勇　　牟耀虎　　杨　虎　　苏海萍
李　荣　　李　焱　　李云剑　　李文波　　李忠东
李国君　　李树海　　李素芬　　何　涛　　余福财
张永明　　张旭耿　　张春兰　　张晓红　　张爱玲
陈　霞　　范雪涛　　赵之明　　胡彦荣　　徐功如
徐立文　　徐英花　　郭固城　　黄　鹏　　董瑞军
温　琴　　路　阳　　裴广群　　魏旺军

编辑工作人员

总 策 划：周立荣

总 编 辑：何　涛　　张晓红

副总编辑：高　军　　郑萍萍

执行编辑：张月娥

英文翻译：郑萍萍

编辑人员（按姓氏笔画排序）：
吕梦彧　　杨　亮　　杨振炜　　杨彩凤
陈育麟　　陈雪霞　　董佩姗

Gansu Development Yearbook 2022

Editorial Board and Staff

编者说明

一、《甘肃发展年鉴》是由甘肃省统计局和国家统计局甘肃调查总队编纂，中国统计出版社出版，国内外公开发行的大型综合性年刊。它以大量翔实可靠的资料，全面记载了甘肃经济社会发展情况，是各级党政领导、经济管理部门、企事业单位、科研部门和中外投资者了解省情、市情，进行科学决策、咨询和研究的重要工具书。

二、本年鉴是创刊以来的第十三卷，全部为中英文对照版并配有电子版，主要记载 2021 年甘肃经济社会发展情况，统计资料在时间上有所上溯。

三、本年鉴共分为两部分：第一部分共设 9 个篇目，包括特载、概况、国民经济、交通通信、财政金融、经济管理、社会事业、人民生活、地县及兰州新区概况；第二部分共设 23 个篇章，包括综合，人口，国民经济核算，就业和工资，价格，人民生活，财政和金融业，资源和环境，能源，固定资产投资，对外经济贸易，农业，工业，建筑业，批发和零售业，住宿、餐饮业和旅游业，运输和邮电，教育和科学技术，卫生、社会服务和社会保障，文化和体育，城市，民族自治地方，兰州新区。为方便读者使用资料，统计资料各篇前附有简要说明，篇末附有主要统计指标解释。

四、本年鉴的体例分为篇目、分目和条目三个层次，以条目为基本结构单元。条目标题均用黑体字加【 】。

五、与 2021 年版《甘肃发展年鉴》相比较，本年鉴根据现行统计调查制度和统计工作开展情况，主要作如下修订：在第二部分中，在“综合”部分，增加各市州分产业、分行业、分机构类型、分登记注册类型法人单位数表。在“人口”部分，增加历年人口年龄结构和抚养比、2021 年各地（县）人口城乡结构和出生率、死亡率、自然增长率表，删除第七次全国人口普查相关表。在“价格”部分，删除农业生产资料价格指数表。在“人民生活”部分，各地（县）城乡居民收支表中增加兰州新区数据，删除居民人民币储蓄存款相关表。在“农业”部分，增加各地（县）农林牧渔业总产值指数表，删除林业生产表。在“工业”部分，增加规模以上工业增加值分注册类型、分轻重、分企业规模、分门类占比情况，增加“私营企业、战略性新兴产业、高技术产业、装备制造业”增加值增长及占比情况，增加私营工业企业主要财务指标表。在“建筑业”部分，删除建筑业材料消耗量表。在“住宿、餐饮业和旅游业”部分，删除国际旅游情况相关表。在“教育和科学技术”部分，对专科学科类别进行了调整。在“城市”部分，增加各市州“市政再生水利用量、用水户数、市政消火栓数量”指标。

六、由于统计制度方法改革，有些统计指标的口径、包括范围和计算方法有所变化，使用时请注意。文稿中的数据由各单位提供，部分为初步统计数，如与统计表中不一致，以统计表为准。

七、本年鉴中涉及的历史数据，均以最新出版的本年鉴数据为准；本年鉴中所使用的度量衡单位均采用国际统一标准计量单位；部分数据合计数或相对数由于单位取舍不同而产生的计算误差，均未做机械调整。

八、符号使用说明：年鉴各表中的“空格”表示该项统计指标数据不足本表最小单位数、数据不详或无该项数据；“#”表示其中的主要项。

本年鉴的编辑出版，得到省直各部门和有关企业事业单位的大力支持，我们对此表示诚挚的谢意！

编者

2022 年 11 月

Preface

I. *Gansu Development Yearbook*, edited by the Gansu Provincial Bureau of Statistics and Survey Office of the National Bureau of Statistics in Gansu and published by china statistics press, is a large-scale domestic and international public offering comprehensive annual publication. It records comprehensively Gansu economic and social development situation by the large amount of reliable data, and is an important tool to understand the situation of the province, city and conduct a scientific decision-making, consult and research for every level party and government leaders, economic management department, enterprise and public institution, research departments and domestic and foreign investors.

II. The yearbook is the thirteenth volume since founded, which is all the in Chinese-English and equipped with electronic version, records mainly Gansu economic and social development situation in 2021, but its statistics materials have traced back in time.

III. The yearbook contains the following two parts: The first part contains Featured Articles, Survey, National Economy, Traffic Communication, Government Finance and Financial, Economy & Management, Social Undertaking, People's Living Conditions, City & County and Lanzhou New Area Overview, total 9 chapters. The second part contains total 23 sections and chapters: General Survey; Population; National Accounts; Employment and Wages; Prices; People's Living Conditions; Government Finance and Financial Intermediation; Resources and Environment; Energy; Investment in Fixed Assets; Foreign Trade and Economic Cooperation; Agriculture; Industry; Construction; Wholesale and Retail Trades; Hotels, Catering Services and Tourism; Transport, Postal and Telecommunication Services; Education & Science and Technology; Public Health, Social Services and Social Security; Culture and Sports; City; Ethnic Minority Autonomous Area; Lanzhou New Area. For the convenience of using information for the readers, statistics have a brief introduction at the beginning of each part. In addition, explanatory notes on main statistical indicators are provided at the end of each part.

IV. The yearbook style is divided into contents, subhead and entry three levels, and entry as the basic structural unit. The entry titles are in bold and add 【 】.

V. In comparison with *Gansu Development Yearbook 2021*, following revisions have been made in this new version in terms of the statistical contents and in editing: In the second part, the chapter of "General Survey",3 tables including "Number of Legal Entities Grouped by Industry Category, Three Strata of Industry and Type of Institutions,Business Entities by Status in Regions" are added; the chapter of "Population",Tables of "Age Composition and Dependency Ratio of Population" over the years and "Total Population by Urban and Rural Residence and Birth Rate,Death Rate,Natural Growth Rate by Region & County(2021)" are added, deleted the relevant tables of the Seventh National Population Census; the chapter of "Prices", table of "Price Indices of Means Agricultural Production " is deleted ; the chapter of "People's Living Conditions",data of Lanzhou New Area are added in tables of "Per Capita Disposable Income of Urban Households by Region & County" and "Per Capita Consumption Expenditure of Urban Households by Region & County", deleted the relevant tables of RMB savings deposits of urban and rural households; the chapter of "Agriculture",table of "Indices of Gross Output Value of Agriculture,Forestry, Animal Husbandry and Fishery by Region & County" is added, table of "Forestry Production" is deleted; the chapter of "Industry", data of "Proportion of Value-added of Industry by Status of Registration,by Size of Enterprises, by Light and Heavy Industries and by Industries" are added, data of "Growth Rate and Proportion of Private Industrial Enterprises,Strategic and Emerging Industries,High-tech Industry,Equipment Manufacturing Industry" are added, table of "Main Financial Indicators of Private Industrial Enterprises" is added, the chapter of "Construction" , table of "Consumption of Building Material" is deleted; the chapter of "Hotels, Catering Services and Tourism", the relevant tables of International Tourism; the chapter of "Education & Science and Technology",category of specialized subjects are adjusted; the chapter of "City",indicators of "Utilization of Municipal Reclaimed Water","Number of Households of Using Water" and "Number of Municipal Fire Hydrants"by Region are added.

VI. As the methods of statistical system reform, some of the caliber of statistical indicators, including the scope and computational method change and please note that when used. The presentation data is provided by the units and some are preliminary statistics, if they does not accord with the statistical tables to tables shall prevail.

VII. Please refer to the newly published version of the yearbook for updated historical data. The units of measurement used in this yearbook are internationally standard measurement units, statistical discrepancies on totals and relative figures due to rounding are not adjusted in the yearbook.

VIII. Notations used in the yearbook: (blank space) indicates that the figure is not large enough to be measured with the smallest unit in the table, or data are unknown, or are not available; "#" indicates a major breakdown of the total.

The edit and publishing of the yearbook were strongly supported by the departments under the provincial leadership, relevant enterprises and public institutions. We express our sincere thanks!

Editor

November 2022

目　录

特　载
FEATURED ARTICLES

概　况
SURVEY

国民经济
NATIONAL ECONOMY

交通通信
TRANSPORTATION & TELECOMMUNICATION

财政　金融

GOVERNMENT FINANCE AND FINANCIAL

经济管理

ECONOMY & MANAGEMENT

社会事业

SOCIAL UNDERTAKING

人民生活

PEOPLE'S LIVING CONDITIONS

地县及兰州新区概况

CITY & COUNTY AND LANZHOU NEW AREA OVERVIEW

统计资料
STATISTICS

一、综合
General Survey

二、人口
Population

三、国民经济核算
National Accounts

四、就业和工资
Employment and Wages

五、价 格
Prices

六、人民生活
People’s Living Conditions

七、财政和金融业
Government Finance and Financial Intermediation

八、资源和环境
Resources and Environment

九、能源
Energy

十、固定资产投资
Investment in Fixed Assets

十一、对外经济贸易
Foreign Trade and Economic Cooperation

十二、农业
Agriculture

十三、工业
Industry

十四、建筑业
Construction

十五、批发和零售业
Wholesale and Retail Trades

十六、住宿、餐饮业和旅游业
Hotels, Catering Services and Tourism

十七、运输和邮电
Transport, Postal and Telecommunication Services

十八、教育和科学技术
Education & Science and Technology

十九、卫生、社会服务和社会保障
Public Health, Social Services and Social Security

二十、文化和体育
Culture and Sports

二十一、城市
City

二十二、民族自治地方
Ethnic Minority Autonomous Area

二十三、兰州新区
Lanzhou New Area

特 载

甘肃省人民代表大会常务委员会工作报告

——2022年1月18日在甘肃省第十三届人民代表大会第六次会议上

各位代表：

受省人大常委会委托，我向大会报告工作，请予审议。

2021年的主要工作

过去的一年是党和国家历史上具有里程碑意义的一年。省人大常委会在省委的坚强领导下，坚持以习近平新时代中国特色社会主义思想为指导，认真贯彻习近平法治思想、习近平总书记关于坚持和完善人民代表大会制度的重要思想，深入贯彻党的十九大和十九届历次全会精神、中央人大工作会议精神，全面落实习近平总书记对甘肃重要讲话和指示精神，坚持党的领导、人民当家作主、依法治国有机统一，紧扣党中央决策部署和省委工作安排，紧贴人民群众美好生活的期盼，履职尽责、积极作为，依法行使立法权、监督权、决定权、任免权，共审议地方性法规案52件，其中制定9件、修改23件、废止9件、初审11件；听取和审议“一府一委两院”工作报告21项，开展执法检查5项、专题调研6项，作出决议4项；审议通过任免案38个，任免国家工作人员138人次，为促进全省经济社会发展和民主政治建设作出了积极贡献。

一、切实提高政治站位，始终把牢人大工作正确方向

牢牢把握政治机关定位，自觉把党的领导贯穿于人大工作各方面全过程，以实际行动增强“四个意识”、坚定“四个自信”、做到“两个维护”。

（一）持续强化党的创新理论武装。坚持以习近平新时代中国特色社会主义思想统揽和指导人大工作，及时跟进学习习近平总书记发表的重要讲话、作出的重要指示批示、提出的重要论述，持续在学懂弄通做实上下功夫，系统学习领会、全面贯彻落实，自觉同党的基本理论、基本路线、基本方略和党中央决策部署对标对表，切实用党的创新理论武装头脑、指导实践、推动工作。深入学习贯彻党的十九届六中全会和中央人大工作会议精神，深刻理解把握精神实质、科学内涵和实践要求，明确新时代加强和改进人大工作的目标任务，不断增强贯彻落实的政治自觉、思想自觉和行动自觉。召开省市县三级人大常委会深入学习贯彻党的十九届六中全会和中央人大工作会议精神、持续深入学习贯彻习近平法治思想、习近平总书记关于坚持和完善人民代表大会制度的重要思想交流会，统一思想、统一意志、统一行动，忠诚拥护“两个确立”、坚决做到“两个维护”，为新时代加强和改进人大工作注入强大思想和行动力量。

（二）坚持党的全面领导。始终心系“国之大者”，胸怀“两个大局”，自觉把党的全面领导作为人大工作的最高政治原则，坚决维护党中央权威和集中统一领导，自觉在省委领导下统筹安排和有序推进依法履职，保证党的路线、方针、政策和决策部署得到全面贯彻和有效执行。严守党的政治纪律和政治规矩，认真执行请示报告制度，召开重要会议、开展重要活动、制定工作要点和立法监督代表工作计划、制定修改重要法规等履职中的重大事项，都按规定及时向省委请示报告，全年共请示报告86件次。紧紧围绕学党史、悟思想、办实事、开新局，深入推进党史学习教育，开展“我为群众办实事”实践活动，注重把党史学习教育与做好本职工作相结合，努力做到学史明理、学史增信、学史崇德、学史力行。坚决扛起巡视整改政治责任，对中央巡视反馈指出问题，严格落实整改要求，举一反三，标本兼治，按期完成整改任务。发挥常委会党组把方向、管大局、保落实的领导作用，履行全面从严治党主体责任，落实意识形态工作责任制，严格执行党内政治生活若干准则，完善党组工作规则和讨论决定重大事项规定，确保制度治党、依规治党落到实处。

（三）坚决贯彻落实党中央决策部署和省委工作安排。积极服务中心大局，着力维护人民群众切身利益，确保常委会工作思路、具体举措与党中央决策部署、全国人大要求和省委工作安排同步同向。认真落实习近平总书记关于“厉行勤俭节约、反对铺张浪费”的重要指示精神，以“小切口”立法制定反餐饮浪费条例。坚持把巩固拓展脱贫攻坚成果同乡村振兴有效衔接作为重大政治任务和底线性任务，开展专题调研，提出对策建议。深入贯彻习近平生态文明思想，坚持生态优先和绿色发展，用法治手段助力打好蓝天碧水净土三大保卫战，制定土壤污染防治条例和固体废物污染环境防治条例，修订实施森林法、防沙治沙法、防洪法办法和农村生活垃圾管理条例、废旧农膜回收利用条例、河道管理条例。按照党中央国务院关于优化生育政策促进人口长期均衡发展的决定，及时修改人口与计划生育条例。认真贯彻落实党中央决策部署，制定地方各级人大加强对政府债务审查监督的具体措施，强化政府债务监管，推动防范化解政府债务风险。

二、加强重点领域立法，努力为全省改革发展稳定提供法治保障

坚持用习近平法治思想和习近平总书记关于立法工作的重要论述引领地方立法工作，坚持党的领导，坚持以人民为中心，坚持维护国家法治统一，坚持科学立法、民主立法、依法立法，不断提高地方立法质量和效率。

（一）围绕助力高质量发展立法。紧盯创新驱动发展战略，修订标准化条例，进一步健全完善标准体系，强化监督服务，促进产业结构转型升级。围绕优化中小企业发展环境，修订促进中小企业发展条例，细化财税金融扶持、创业创新支持、合法权益保护等方面举措，激发市场主体活力。积极适应技术市场发展新形势，修订技术市场条例，依法促进我省技术交易，保障技术交易当事人合法权益。着眼优化全省国土空间开发保护布局，助力区域协调发展，修订实施土地管理法办法，推动构建土地管理新格局。紧扣城乡规划需求，修订城乡规划条例，促进城乡经济社会全面协调发展。聚焦规范测绘市场管理，保障国家地理信息安全，修订测绘管理条例。突出我省乡村旅游、红色旅游、文旅康养等地方旅游特色，修订旅游条例，促进旅游业健康发展。

（二）围绕全面深化改革立法。充分发挥立法对改革的引领、保障和促进作用，确保重大改革于法有据。积极适应机构改革、“放管服”改革和政府职能转变的需要，加大相关法规的修订力度。按照工程项目审批制度改革有关要求，修订建设工程质量和建设工程安全生产管理条例，加强行业政策监管，规范工程建设行为。修订烟草专卖若干规定，取消将烟草专卖零售许可证申领作为工商登记前置条件等规定。修订计量监督管理条例，进一步健全完善计量监管体系，规范计量活动。适应改革发展新形势，废止合同监管、农业综合开发、土地监督检查、实施煤炭法办法等法规，不断优化发展环境，增强经济发展动力。

（三）围绕社会建设和社会治理领域立法。适应构建共建共治共享新格局的实践需要，加快相关领域立法，着力推动社会治理体系和治理能力现代化。制定禁毒条例和公安机关警务辅助人员管理条例，夯实社会治理基层基础，全力维护社会和谐稳定。制定社会信用条例，加强社会信用管理，规范社会信用服务，健全社会信用体系。修订水路交通管理条例，依法加强安全监管，提高安全保障能力。积极践行全过程人民民主，重新制定甘肃省人民代表大会议事规则并提请本次大会审议，不断提高人民代表大会议事质量和效率。坚持党对县乡人大换届选举工作的领导，修改实施选举法细则，适当增加县乡两级人大代表数量，补充完善代表选举的程序性规定，依法保障全省各级人大代表选举有序进行。

（四）围绕人民群众期盼诉求立法。坚持以人民为中心的发展思想，切实维护人民群众根本利益，按照“小切口、真管用、有特色”的思路，加快民生领域立法，让人民群众有更多、更直接、更实在的法治获得感、幸福感、安全感。修订就业促进条例，进一步落实稳就业保就业举措，推进经济发展与扩大就业相协调，推动更充分更高质量的就业。修订实施未成年人保护法办法，完善细化对未成年人的保护措施，保障未成年人身心健康和合法权益。修订消防条例，健全完善火灾预防的相关措施，确保人民群众生命财产安全。制定红十字会条例，保障全省红十字事业持续健康发展。制定中医药条例，继承和发扬中医药特色优势，推进中医药与经济社会协调发展。修订动物防疫条例和实施渔业法办法，进一步建立健全动物防疫体系，强化动物防疫管理，促进养殖业规范有序发展。

（五）切实维护国家法治统一。大力弘扬宪法精神，加强宪法学习宣传，召开国家宪法日座谈会，组织选举任命的国家机关工作人员进行宪法宣誓。按照全国人大常委会和省委的安排部署，对长江流域保护、行政处罚、营商环境、计划生育等方面法规开展了4次专项清理工作，并举一反三，对全省现行有效的法规进行了全面清理，对因上位法修改、机构改革和“放管服”改革相关部门名称职能变化、国家现行政策调整等原因需作修改的法规，全部列入立法计划进行修改。同时，制定《甘肃省地方性法规动态清理办法》，建立动态清理机制，确保地方性法规与上位法保持一致。强化备案审查制度和能力建设，修订规范性文件备案审查规定，听取和审议规范性文件备案审查工作情况报告，推进全省地方性法规和规范性文件数据库建设，依法对报备的113件规范性文件进行审查。加强立法指导，规范市州报批法规流程步骤，依法批准有关市州、自治县报批法规33件。

（六）不断健全完善立法机制。注重把全过程人民民主贯穿于立法工作各方面各环节，拓宽民主立法的渠道。严格执行公众参与制定地方性法规办法，健全立法机关与社会公众沟通联系机制，坚持常态化法规草案公开征求意见机制，搭建反映民情、倾听民意、汇集民智的平台。制定调研论证法规草案办法，深入开展立法调研，发挥立法联系点“直通车”作用，强化基层群众对立法工作的直接有序参与，最大限度凝聚立法共识。积极开展立法协商，注重倾听政协委员、民主党派、工商联、无党派人士、人民团体、社会组织的意见。发挥人大及其常委会在立法中的主导作用，把好法规项目选题、评估、论证、立项、协调、起草、征求意见和审议关。建立立法项目协调推进制度，完善重要法规草案起草和提前介入机制，对综合性、全局性、基础性法规项目，由专委会成立专班牵头起草，确保立法质量和进度。

三、坚持依法正确有效监督，切实增强监督实效

正确行使宪法法律赋予的监督权，依照法定职责，限于法定范围，遵守法定程序，统筹运用法定监督方式，围绕全省改革发展和民生保障重点问题加强监督。

（一）聚焦经济平稳健康发展开展监督。听取和审议计划、预算、审计等报告，依法批准省级财政决算和预算调整方案、新增政府债务限额分配计划，围绕落实主要目标、重点任务、重大项目、提高资金使用效益等提出意见建议，并开展跟踪监督，推动问题整改，助力经济社会持续健康发展。加强对审计查出问题整改情况监督，推动政府及其部门落实整改责任，健全规范制度，提高依法行政、依法理财水平。认真履行国有资产管理监督职责，作出关于加强国有资产管理情况监督的决定，听取和审议国有资产管理情况综合和专项报告，监督政府管好用好国有资产。着眼深化税制改革、完善地方税制，按照税法授权，作出契税具体适用税率等有关事项的决定。围绕全省企业科技创新主体作用发挥开展调研，提出对策建议。

（二）聚焦生态文明建设开展监督。听取和审议2020年度全省环境状况和环境保护目标完成情况的报告，针对生态环境问题整改、碳达峰碳中和、黄河流域生态保护和高质量发展等提出建议，督促严格落实保护责任，促进生态环境质量持续改善。根据全国人大常委会工作安排，积极开展固体废物污染环境防治法执法检查。围绕矿业废弃地可持续利用，开展全省矿山生态修复治理情况调研，就综合修复利用、盘活存量建设用地、废弃资源合理利用等建言献策。对全省“河长制”工作落实情况进行调研，助推“河长制”从“有名有责”向“有能有效”转变。

（三）聚焦民生服务保障开展监督。围绕“六稳”“六保”任务落实，听取和审议全省稳就业保就业工作报告，举行联组会议进行专题询问。坚守安全发展底线，对消防法和消防条例、道路交通安全条例开展执法检查，筑牢安全“防火墙”。助力动物疫病风险防范，开展动物防疫法和条例执法检查，构建疫情防控和公共卫生法治防线。弘扬中华民族优秀传统文化，对非物质文化遗产法和条例开展执法检查。紧盯民生工程实施和民生诉求，对全省社区居家养老服务、城镇老旧小区改造进行调研，开展“农产品质量安全监督陇上行”活动。积极配合全国人大常委会开展中医药法执法检查，推动健全完善中医药服务体系。

（四）聚焦执法司法工作开展监督。听取和审议省政府关于法治政府建设情况的报告，围绕深化“放管服”改革、综合执法体制改革等提出建议。首次听取和审议省监委关于开展反腐败国际追赃追逃工作情况的报告，促进完善工作机制，提高追赃追逃领域治理效能。听取和审议省法院关于全面深化司法改革加强审判权执行权监督工作的报告、省检察院关于强化权力制约监督确保批捕权公诉权规范行使的报告，规范执法司法行为。听取和审议全省“七五”普法决议执行情况和“八五”普法工作意见的报告，作出关于开展第八个五年法治宣传教育的决议。健全人大信访转交办理反馈和协调机制，全年共受理群众来信来访1336件（次），交办重要信访事项105件。

四、突出代表主体地位，支持和服务代表依法履职

牢固树立服务理念，围绕密切常委会同代表的联系、密切代表同人民群众的联系，加强政治引领，创新平台载体，拓展知情知政渠道，激发代表履职的积极性主动性，不断提高代表工作水平。

（一）努力提高议案建议办理质量。按照“内容高质量、办理高质量”和“既要重结果、也要重过程”的要求，建立前期交办、中期推动、后期问效机制，压实承办责任，加大跟踪力度，做到办理质量和满意程度双提升。加强现场督办、视察督办、跟踪督办、会议督办和指导督办，完善重点建议领导领衔督办制度，推动代表关注和群众关心的问题得到有效解决。督促68家代表建议承办单位开展自查，增强办理实效。听取和审议“一府两院”办理情况报告，对省财政厅、省农业农村厅办理工作进行满意度测评。省十三届人大四次会议期间代表提出的617件建议全部办理答复完毕。

（二）持续推进“两联系”工作。综合运用线上互动、线下交流等多种方式，加强常委会与代表的联系。拓展代表参与常委会工作的深度广度，扩大代表列席常委会会议范围，积极邀请代表参加地方立法、执法检查、专题调研等活动，充分听取意见建议，使各项工作更接地气、更得民心。密切代表与群众的联系，丰富代表联系群众渠道途径和内容方式，引导组织代表就近参加代表联络站、代表之家活动，听民声、察民情、聚民智、惠民生，积极回应社会关切，接受人民群众监督，推进代表联系群众规范化常态化制度化。

（三）充分发挥代表作用。按照突出自身特点、坚持分类指导、发挥各自优势的要求，分区域、分行业建立专业性和功能性代表小组，定期开展活动，积极建言献策。围绕全省中心工作和群众关注度高、代表意见建议反映集中的领域和问题，组织开展专题调研和集中视察，有效发挥代表在反映群众诉求、解决民生难题中的积极作用。助力疫情防控，及时向全省各级人大代表发出倡议，广大人大代表积极响应，涌现出一批奋力抗疫、服务群众的先进典型，展现了人大代表的政治自觉和责任担当。

（四）加强代表履职服务保障。紧扣代表履职需求，采取“走出去学”与“请进来教”、线上培训与线下教学、履职培训与专题培训、集中学习与经验交流相结合等方式，举办实体培训班2期，使学习培训从“全覆盖”走向“精准化”。通过学习培训，基层代表的思想政治水平、履职能力得到进一步提高，联系人民、代表人民、服务人民的自觉性得到进一步增强。健全完善民主民意表达平台和载体，依托履职服务APP，及时通报情况，保证代表知情知政。探索推进代表履职档案规范化建设，加强履职情况督导，保障和督促代表依法有效履职。强化代表经费使用管理，落实履职补助制度。

（五）指导做好人大换届选举。按照党中央决策部署和全国人大要求，在省委领导下认真指导做好市县乡三级人大换届选举工作，举办全省县乡人大换届选举工作学习培训班，制定全省县乡两级人民代表大会换届选举工作的意见，及时作出关于选举时间、代表名额等决定，与有关方面密切配合把好代表政治关、素质关、结构关，确保换届选举方向正确、风清气正、选举结果人民满意。

五、持续加强自身建设，不断夯实做好新时代人大工作基础

牢牢把握“四个机关”定位要求，坚持从政治建设抓起、从素质能力强起、从纪律作风严起，全面加强常委会自身建设。

（一）强化思想政治建设。坚持以党的政治建设为统领，统筹抓好常委会政治、思想、组织、作风、纪律以及制度建设，不断提高人大工作的政治站位和政治效果。带头学习党的创新理论，带头学习宪法法律，将学习党的十九届六中全会和中央人大工作会议精神列入第二十七次常委会会议正式议题进行深入学习讨论，开展常委会党组集体学习40次。严格落实主体责任和“一岗双责”，认真执行“三会一课”和双重组织生活制度，持续推动党支部标准化建设提质增效行动。加强党风廉政建设，开展述职述廉、警示教育和廉政谈话，支持派驻纪检监察组履行职责。加强人大制度理论研究和宣传工作，推进智慧人大建设，健全新媒体矩阵，讲好法治故事，传播人大声音。

（二）着力提升履职能力。持续推进学习型机关建设，加强业务知识学习，分类举办立法、监督等培训班5期。结合人大工作特点和定位，深入开展调研，了解掌握情况，研究解决问题。注重发挥专委会在审议有关议案、开展执法检查、处理代表意见建议等方面的职能作用，有效推动了工作落实。加大干部选拔任用和轮岗交流，不断增强人大干部干事创业的生机和活力。

（三）持续改进工作作风。完善重点任务督查落实机制，推进各项任务落地见效。严格执行中央八项规定及其实施细则精神，坚决反对“四风”，防止和克服形式主义、官僚主义，统筹安排调研和执法检查等活动，切实减轻基层负担。从严控制会议活动规格规模，优化会议服务，精简文件简报，改进会议报道，提高会议质量。做好机关帮扶工作，持续巩固拓展脱贫攻坚成果。

（四）凝聚整体工作合力。坚持人大工作“一盘棋”思想，主动接受全国人大常委会工作指导，积极配合开展履职活动。密切与兄弟省区市人大工作交流，学习借鉴好的经验做法。加强与市县人大的联系指导，通过会议轮训、履职培训、工作联动、日常指导等方式，构建全省人大地方立法、监督调研、代表履职的上下协同机制，推动同频共振，增强整体实效。

各位代表！

过去一年取得的成绩，是习近平新时代中国特色社会主义思想指引的结果，是省委高度重视和坚强领导的结果，是常委会及各专委会组成人员、全体人大代表和各级人大共同努力的结果，是“一府一委两院”、省政协及社会各界积极配合和大力支持的结果。在此，我代表省人大常委会向各位代表、各有关方面表示崇高的敬意和衷心的感谢！

我们也清醒认识到，面对新形势新任务新要求，常委会的工作还存在一些差距和不足：在提高立法质效、实现精细化立法上还需要持续用力，在改进方式方法、增强监督实效上还需要不断提升，在丰富代表活动、发挥代表作用上还需要积极探索，在转变工作作风、提升干事能力上还需要继续努力。我们将虚心听取各方面意见建议，认真加以改进。

2022年的主要任务

今年是开启全面建设社会主义现代化国家新征程的重要一年。省人大常委会工作的总体要求是：高举中国特色社会主义伟大旗帜，以习近平新时代中国特色社会主义思想为指导，深入学习贯彻习近平法治思想、习近平总书记关于坚持和完善人民代表大会制度的重要思想，全面贯彻党的十九大和十九届历次全会精神、中央人大工作会议精神，认真落实习近平总书记对甘肃重要讲话和指示精神，弘扬伟大建党精神，增强“四个意识”、坚定“四个自信”、做到“两个维护”，坚持党的领导、人民当家作主、依法治国有机统一，坚持和完善人民代表大会制度，积极践行全过程人民民主，立足新发展阶段、贯彻新发展理念、构建新发展格局、推进高质量发展，深入贯彻党中央决策部署和省委工作安排，认真履行法定职权，全面提升人大工作质量和水平，以优异成绩迎接党的二十大和省第十四次党代会胜利召开。

一、加强政治引领，始终坚持党的全面领导。采取多种形式，增强学习效果，持续推进习近平法治思想、习近平总书记关于坚持和完善人民代表大会制度重要思想的学习贯彻，逐项抓好中央人大工作会议精神的落实。深入贯彻党的十九届六中全会精神，把党的百年奋斗重大成就和历史经验运用体现到人大工作和建设中。对标对表党中央决策部署，紧盯省委工作安排，紧贴人民群众美好生活需求，依法履职行权，服务保障全省发展大局，更好发挥人大在发展全过程人民民主中的重要作用。严格执行请示报告制度，抓好中央和省委巡视反馈问题整改，充分发挥常委会党组领导作用，保证人大工作始终在党的领导下依法推进。

二、突出地方特色，不断提高立法质量和效率。深入开展现行宪法颁布实施40周年纪念活动，组织好国家宪法日活动和宪法宣誓仪式，大力弘扬宪法精神，全面履行法定职责。坚持党对立法工作领导，坚持科学立法、民主立法、依法立法，加强生态环境保护、文化事业发展、社会和谐稳定、乡村振兴、民生保障等重点领域立法，注重“小切口”立法，丰富立法形式，提高立法质量，不断增强立法的针对性、适应性、可操作性。根据年度立法计划，初步安排审议65项法规案。持续加大已清理法规的修改工作，进一步加强备案审查，切实维护国家法治统一。加强对市州立法指导，形成上下衔接、相互促进、协调配合的良性互动。

三、增强监督实效，确保国家机关依法履职。坚持把敢于监督和善于监督、全面监督与重点监督相结合，根据年度监督计划，预安排23个监督项目，制定加强经济工作监督的决定，听取和审议地方金融工作、政府债务管理、国有资产管理、法治政府建设、知识产权审判等方面的工作报告，监督检查环境保护法、乡村振兴促进法、人民调解法等法律法规的贯彻实施情况。围绕黄河流域生态保护和高质量发展、碳达峰碳中和、新业态就业群体权益保障等方面开展专题调研。坚持监督与支持有机统一，共同推动党中央决策部署和省委工作安排落地落实，推动宪法法律法规全面有效实施。聚焦重大事项开展省市县人大监督联动，提升监督工作整体实效。

四、强化代表工作，充分发挥人大代表作用。深化“两联系”制度，扩大代表对立法、监督工作的参与，统筹做好代表视察、调研等工作，推动代表工作进一步活起来、实起来、严起来。加强和改进代表议案建议工作，深化办理机制，加大督办力度，及时反馈办理情况，依法推动解决群众的急难愁盼问题。持续推进“家、站、点”平台赋能增效，丰富代表活动形式，开展履职主题实践活动。加强代表政治建设和履职监督，持续推进代表履职培训系统化、专业化、精准化，做好代表履职档案管理。按照党中央决策部署和全国人大要求，在省委领导下，扎实做好省十四届人大代表、甘肃省出席第十四届全国人民代表大会代表的选举工作。

五、注重强基固本，着力提升依法履职能力和水平。认真贯彻新时代党的建设总要求，坚持把党的政治建设摆在首位，一体推进思想建设、组织建设、作风建设、纪律建设和制度建设，巩固和深化党史学习教育成果，落实从严治党政治责任，扎实做好党风廉政建设和意识形态工作，营造坚定理想信念、坚守初心使命、敢于担当作为的浓厚氛围。自觉接受全国人大常委会指导，密切与市县乡三级人大联系，加强协同联动，形成整体合力。按照建设“四个机关”的要求，健全制度机制，改进工作作风，推动信息化建设，努力打造一支政治坚定、服务人民、尊崇法治、发扬民主、勤勉尽责的人大工作队伍。

各位代表！

百年党史铸初心，奋楫扬帆启新程。站在新的历史起点上，让我们更加紧密地团结在以习近平同志为核心的党中央周围，在省委的坚强领导下，坚定中国特色社会主义制度自信，坚持和完善人民代表大会制度，认真履职，担当作为，为加快建设幸福美好新甘肃、不断开创富民兴陇新局面，奋力谱写全面建设社会主义现代化国家甘肃篇章作出新的更大贡献！

甘肃省政府工作报告

——2022 年 1 月 17 日在甘肃省第十三届人民代表大会第六次会议上

各位代表：

我代表省人民政府，向大会报告工作，请予审议，并请省政协委员和其他列席人员提出意见。

一、2021 年工作回顾

刚刚过去的 2021 年，面对严峻复杂的发展环境和交织叠加的风险挑战，在以习近平同志为核心的党中央坚强领导下，省委带领全省人民以习近平新时代中国特色社会主义思想为指导，全面贯彻党的十九大和十九届历次全会精神，深入落实习近平总书记对甘肃重要讲话和指示精神，统筹疫情防控和经济社会发展，全面完成省十三届人大四次会议确定的目标任务，实现“十四五”良好开局。

一年来，我们迎难而上、加压奋进，主要指标迈上台阶。坚持把发展作为解决一切问题的基础和关键，立足新发展阶段，贯彻新发展理念，构建新发展格局，推动高质量发展，全力盘活存量、引入增量、提高质量、增强能量、做大总量。制定加快新能源产业发展、县域经济高质量发展、园区建设、改善营商环境、招商引资突破等政策措施，完善激励考核机制，强化运行监测调度，推动经济稳中有进、稳步提质。两大指标实现历史性突破，全省地区生产总值过万亿，达到 10243.3 亿元；一般公共预算收入过千亿，达到 1001.8 亿元。其他指标均好于预期，规上工业增加值增长 8.9%；固定资产投资增长 11.1%；社会消费品零售总额 4037.1 亿元，增长 11.1%；居民消费价格上涨 0.9%，低于 3% 左右的预期目标；城乡居民人均可支配收入分别达到 36190 元和 11400 元。省属国有企业工业总产值、营业总收入、利润总额分别增长 33.9%、12.6%、108.2%，创历史最好水平。粮食总产量达到 246.3 亿斤、增长 2.43%，超额完成目标任务。

一年来，我们发挥优势、加快转型，发展动能显著增强。坚持产业兴省、工业强省，聚焦强龙头、补链条、聚集群，加快构建现代产业体系。传统产业焕发生机。实施产业基础高级化产业链现代化攻坚战专项行动，制定“1+N+X”政策体系，建立产业链链长制，实施 9 个重点行业 180 个延链补链强链项目，酒钢集团锌铝镁产品实现我国在高耐蚀领域产品零的突破。实施“三化”改造重点项目 240 个，完成投资 125 亿元。23 家企业入围国家级绿色工厂。建成投产邵寨、赤城煤矿，新增煤炭产能 800 万吨。陇东油区油气当量首次突破 1000 万吨，建成国内首个百万吨级页岩油开发示范区。新兴产业蓬勃发展。装机 1285 万千瓦新能源项目集中开工，新增并网装机 740 万千瓦，建设规模达到 3355 万千瓦，酒泉建成全国首个千万千瓦级风电基地。“酒湖特高压”配套常乐电厂二期 200 万千瓦项目加快建设。“陇电入鲁”工程 4×100 万千瓦配套调峰项目开工建设。新能源发电量达到 446 亿千瓦时、增长 15.6%。开工建设宝武碳业 10 万吨负极材料、海亮集团 15 万吨高性能铜箔材料等重大产业项目。建成年产 20 亿剂重组新冠疫苗生产线。获批建设一体化算力网络国家枢纽节点。十大生态产业增加值占到地区生产总值的 27%，比上年提高 3 个百分点。规上工业战略性新兴产业、高技术产业、装备制造业增加值分别增长 18.8%、38.2%、15.8%。科技创新加速提效。新增高新技术企业 142 户，认定省级科技创新型企业 234 户，新认定国家级“专精特新”小巨人企业 12 户、省级 55 户，高技术制造业投资增长 39.7%。组建 7 家企业创新联合体。建成西北首家省级知识产权保护中心。10 项科技成果获得国家科学技术奖。发明专利授权量增长 60.96%。天水、兰州新区入选“科创中国”试点城市。4 名科学家当选两院院士。项目建设实现突破。组织 2 次重大项目集中开工，新建续建亿元以上项目 1075 个。208 个省列重大项目完成投资 2059 亿元。兰州至合作铁路全线建设。酒额铁路酒泉至东风段建成通车。白银通用机场投入运行。建成高速（一级）公路 675 公里，新增环县、秦安、华亭、肃南4个县市通高速。启动建设8个高速公路“开口子”工程。建成自然村(组)通硬化路1.08万公里。引洮主体工程全线通水。完成144处农村水源保障工程。新建改造配农网线路1.9万公里。5G网络实现市州主城区深度覆盖和县城全覆盖。社会消费稳步恢复。组织各类促销活动2000多场次，网络销售、直播电商、无接触配送广泛开展。快递处理量突破12亿件，限额以上网络零售额增长24.8%。新增11个国家4A级旅游景区。接待国内外游客2.76亿人次，实现旅游综合收入1842亿元，分别增长29.7%和26.6%。

一年来，我们全面统筹、一体推进，城乡区域联动发展。坚持乡村振兴和新型城镇化双轮驱动，加快构建城乡融合、协调并进的区域发展新格局。脱贫成果巩固拓展。落实“四个不摘”，有效衔接政策体系和工作机制，健全完善防止返贫动态监测和帮扶机制，对监测对象全部落实帮扶措施。2259家扶贫车间向乡村就业工厂转型。开发乡村公益性岗位10.3万个。易地扶贫搬迁后续扶持工作获国家通报表扬。天津、山东和中央定点帮扶单位援助财政资金38.4亿元，消费帮扶57.7亿元。乡村振兴势头良好。启动现代丝路寒旱农业优势特色产业三年倍增行动，建成绿色标准化种养基地786个，打造产业大县14个。新增农业龙头企业139家。6个农村产业融合发展示范园得到国家认定。启动创建61个省级现代农业产业园。“甘味”农产品品牌影响力进一步扩大。获批国家首个全省域道地中药材产地加工试点。制定种业振兴实施方案，玉米、马铃薯、瓜菜花卉制种产量分别增长6%、18.2%、8.2%。启动“5155”乡村建设示范行动，编制完成2321个实用性村庄规划。实施“万企兴万村”甘肃行动，举办“民企武威行”“光彩会宁行”活动。全国村庄清洁行动现场会、农村厕所革命西部片区座谈会分别在甘南、兰州召开。区域协调发展加快推进。完成省市县三级国土空间规划，编制实施兰州经济圈、河西走廊经济带、陇东南区域发展规划。兰州新区地区生产总值增长20%，增幅居国家级新区前列。出台支持革命老区振兴发展政策措施。兰西城市群、关中平原城市群共建力度持续加大。县域经济蓄势待发。引导86个县市区按城市服务、工业主导、农业优先、文旅赋能、生态功能5种类型，走差异化、特色化发展路子。新引进企业缴纳增值税省市级分成全部留给县级，下放国有未利用地和土地征收成片开发方案审批权限，开展建设用地县级直报试点，各地比学赶超、争先进位的氛围日益浓厚。

一年来，我们守护青山、厚植绿色，生态环境整体向好。全面贯彻习近平生态文明思想，坚定不移走生态优先、绿色发展之路，美丽甘肃建设迈出新步伐。黄河国家战略全面实施。黄河流域生态保护和高质量发展“1+N+X”规划体系基本构建完成。黄河首曲湿地保护修复和退化草原治理改良、陇中陇东黄土高原区水土流失治理等一批重大带动性项目启动实施。若尔盖国家公园等保护治理重点任务加快推进。与四川签订黄河流域横向生态补偿协议，与陕西、宁夏、青海、内蒙古签订河流联防联控联治合作协议。实施“黄河清废”行动。开展黄河流域入河排污口治理。对359处违法违规岸线进行综合整治。生态环境质量持续改善。“三线一单”生态环境分区管控制度落地实施。祁连山生态保护由集中整改向常态化机制化转变，国家公园体制试点基本完成。大熊猫国家公园正式设立。生物多样性保护得到加强。“天空地”一体化生态环境监测网络建成投用。河湖长制、林长制全面实施。深化中央生态环保督察反馈问题整改。生态环境大排查大整治发现问题4723个，整改完成率96.8%。完成营造林343.5万亩、沙化土地治理212.2万亩、草地改良411万亩。$PM_{2.5}$平均浓度下降11.5%，74个国家考核断面水质优良率95.9%，土壤环境安全总体可控。“双碳”工作稳步推进。建立碳达峰碳中和工作机制，推进碳排放数据核算，对7大行业重点控排单位开展碳排放核查。首批19家电力企业纳入全国碳市场交易，张掖、平凉迈出实质性步伐。能耗强度控制在合理区间。呵护绿水青山、建设秀美山川、推动绿色发展，成为全省人民的普遍共识和自觉追求。

一年来，我们创新机制、做实平台，改革开放全面深化。积极融入新发展格局，着力增强改革的系统性、整体性、协同性，推进更宽领域、更深层次、更高水平对外开放，更大程度释放发展活力。重点领域改革纵深推进。国企改革三年行动超进度完成任务。开展深化“放管服”改革优化营商环境提质提标年活动。取消、调整和下放行政审批事项91项。工程建设项目审批时限压缩至90个工作日内。在兰州新区、金昌经开区、玉门市开展“标准地”出让改革试点。兰州新区绿色金融改革创新试验区建设取得阶段性成果。兰州银行登陆深市主板，金徽矿业通过IPO审核。电价改革降低企业用电成本近45亿元。市场活力有效激发。开展“千企调研纾困”行动，着力化解涉企历史遗留问题，为中小微企业清收欠款1.53亿元。新增减税降费105亿元左右、中小微企业贷款721.25亿元，落实银税互动贷929亿元。民间投资增长16.1%。新设市场主体30.98万户，日均新设849户，总量突破200万户、达到203.27万户。新增规上工业企业312户，中小企业对规上工业增长贡献率51.4%。数字政府加快建设。成立省大数据管理局和大数据中心，构建“12345+N”数字政府应用体系，建成数字政府运营指挥中心。省市县三级政务服务事项网上可办率达90%以上，省级86.8%的行政许可事项实现全程网办。开放格局不断拓展。线上线下举办兰洽会、文博会、中国-中亚合作论坛、公祭伏羲大典活动。开行中欧班列义乌-兰州-莫斯科、武威-第比利斯新线路，发运国际货运班列498列1.71万车。新建“海外仓”6个。实现进出口总额491亿元、增长28.4%，与“一带一路”沿线国家进出口增长38%。兰州新区综合保税区进出口总值增长1.4倍。跨境电商交易额8.6亿元，增长1.14倍。省外招商引资项目到位资金3510亿元、增长17%，新引进“三个500强”企业投资项目23个。兰州陆港与连云港港口集团达成共建共用无水港、促进通关一体化合作协议。

一年来，我们兜牢底线、为民惠民，群众福祉持续增进。民生支出3206.1亿元，占一般公共预算支出的80%。10件为民实事全部办结，“我为群众办实事”

实践活动深入开展。就业和社会保障提质增效。城镇新增就业33.25万人。开展各类职业技能培训101.04万人次。输转城乡富余劳动力528万人，其中脱贫劳动力199.1万人。1万名未就业普通高校毕业生到基层就业。城乡居民基本养老保险基础养老金最低标准提高到每人每月113元。城乡低保标准分别达到年人均7476元和4788元。医疗保险实现跨省异地就医住院和门诊费用直接结算。建成100个街道综合养老服务中心。建成退役军人法律服务站（点）1382个。解决3.86万名退役军人社保接续问题。改造老旧小区2126个，惠及居民17.7万户。开工建设各类保障性住房9280套。化解国有土地上已售城镇住宅历史遗留“登记难”问题66.68万套。化解信访积案2959件。舟曲地质灾害避险搬迁850户3495人入住兰州新区。社会事业协调发展。实现县市区义务教育基本均衡发展目标。6209个“能力提升”项目改善2886所义务教育学校办学条件、惠及156万名学生。建成农村中小学教师周转宿舍972套、食堂1171个，增补义务教育学位2.6万个。对4956名升入普通高校的城乡一二类低保家庭子女给予入学资助4605.8万元。“双减”政策有效落实。高考综合改革启动实施。新增职业教育本科院校2所、国家级一流本科专业建设点61个。建成省中心医院和县域5类急危重症救治医学中心。改建15个市级重症医学传染病区域、30个县级医疗机构传染病病区。完成20.78万名妇女“两癌”免费检查。推出《八步沙》《南梁颂》《浴血誓言》《大禹治水》等文艺精品。庆阳南佐遗址、张家川圪垯川遗址、天祝吐谷浑王族墓葬群入选“考古中国”重大项目。体育馆（全民健身中心）实现市级全覆盖。我省运动健儿在第十四届全运会上取得运动成绩和精神文明“双丰收”。社会治理持续深化。“食安甘肃”建设稳步推进。综合防灾减灾能力明显增强，安全生产专项整治三年行动深入开展，生产安全事故主要指标全面下降。金融领域风险化解有力有序，政府债务风险总体可控。打掉黑恶组织31个，刑事发案降至近12年最低，命案积案下降率居全国首位。酒泉荣获“平安中国建设示范市”。启动实施铸牢中华民族共同体意识教育“石榴籽”工程，民族团结巩固加强。开展新型宗教场所建设试点，宗教事务管理法治化水平不断提升。国防动员和后备力量“三项基础”建设得到加强。人民防空、双拥共建、退役军人工作持续强化。老龄、工会、青少年、妇女儿童、残疾人、红十字、慈善、关心下一代等事业成效明显，统计调查、外事、港澳、信访、气象、地震、机关事务、地方志、参事、文史研究、档案、侨务、社科、供销等工作取得新进展。

全面落实常态化疫情防控措施，完成22个国际航班5000余名入境人员留观救治任务。中医药在预防、治疗、康复中发挥积极作用，向“一带一路”沿线国家捐赠1.5万剂“甘肃方剂”。面对10月中旬突如其来的疫情，全省上下坚决贯彻党中央、国务院决策部署，众志成城、齐心抗疫，“快、准、狠”阻断疫情传播链，在一个潜伏期内控制住疫情，41天实现本土确诊病例救治清零，守护了人民群众生命安全和身体健康。

一年来，我们牢记使命、尽心履职，政府效能明显提升。扎实开展党史学习教育，深入学习习近平总书记“七一”重要讲话和党的十九届六中全会精神，从百年党史中汲取智慧力量，着力推进法治政府、诚信政府、服务政府、廉洁政府建设。自觉接受省人大及其常委会法律监督、工作监督和省政协民主监督，充分吸纳“金点子”、好建议，办理省人大代表意见建议596件、政协提案583件，提请省人大常委会制定、修改和废止地方性法规42件。修订和出台省政府规章5部。启动实施“八五”普法规划。推行行政柔性执法。实现四级行政规范性文件查询和监管全覆盖。扛牢全面从严治党政治责任，有效履行“一岗双责”，认真落实中央八项规定及其实施细则精神，坚决整改中央巡视反馈问题。各级各部门加大向上汇报衔接，多方争取国家部委和中央企业对甘支持。新增财力性转移支付114.3亿元、中央预算内投资20.1亿元、地方政府专项债券额度60亿元。争取困难群众救助补助资金104.6亿元，居全国第2位。央企助力乡村振兴和高质量发展项目开工80个，到位资金570多亿元。新组建甘肃省天然气管网有限公司。兰州纳入北方地区冬季清洁取暖试点城市。甘南黄河上游水源涵养区保护修复项目获批实施。兰州、张掖、酒泉列入国家级文化和旅游消费试点城市。平凉获批现代生态循环农业整市建设试点。

各位代表！去年我们遇到的困难挑战超出预期，但实际发展成效好于预期。全省发展取得的每一点成绩、每一个进步，都得益于以习近平同志为核心的党中央亲切关怀，得益于习近平新时代中国特色社会主义思想科学指引，得益于习近平总书记对甘肃重要讲话和指示精神定向领航，得益于省委带领全省干部群众团结实干。我谨代表省人民政府，向全省各族人民，向人大代表、政协委员，向各民主党派、工商联、无党派人士、各人民团体，向驻甘人民解放军指战员、武警官兵、公安干警、消防指战员和中央在甘单位，向倾情帮扶我省的东部协作省市和中央定点单位，向无私支持我省抗击疫情的各方援助者，向关心甘肃发展的各界人士和海内外朋友，表示衷心感谢和崇高敬意！

行之愈笃，知之益明。一年的发展实践，使我们深切感受到，做好政府工作，必须坚持党的全面领导，坚定捍卫“两个确立”，坚决做到“两个维护”，时时处处与党中央保持高度一致，始终沿着习近平总书记指引的方向笃定前行；必须坚持完整、准确、全面贯彻新发展理念，加快融入新发展格局，多干打基础、利长远的事，多干强动能、植绿色的事，多干补短板、惠民生的事，一心一意推动高质量发展；必须坚持目标导向、问题导向、效果导向相统一，坚定信心、破解难题、苦干实干，努力实现既转又赶、既好又快；必须坚持一切为了人民，勇于向“急难愁盼”问题较真，敢于向历史遗留问题叫板，让人民群众得到更多实惠；必须坚持统筹发展和安全，常怀远虑、居安思危，打好防范化解风险主动仗，在发展中保安全，在安全中促发展。

我们也清醒认识到，发展不够仍是甘肃最大实际。当前，我省综合经济实力和产业竞争力亟待提升，转方式调结构任务艰巨；自主创新能力不强，科技成果就地转移转化率低，战略性新兴产业处于起步阶段；市场主体总量偏少、体量偏小，市场体系还不完善；城乡发展差距较大，县域经济基础薄弱；公共服务均等化和民生保障、社会治理还有不少短板；金融等领域风险不容忽视；营商环境还需改善优化，行政效能有待进一步提升，推动高质量发展的能力水平仍有不足，等等。我们一定尽心竭力改进工作，在解决问题中实现更高质量发展。

二、2022 年经济社会发展总体要求和预期目标

今年将召开党的二十大和省第十四次党代会，做好经济社会发展工作，意义特殊而重要。从全局大势看，世纪疫情冲击下，百年变局加速演进，国内外环境更趋复杂严峻，疫情仍是最大不确定因素，经济发展面临不少风险挑战，但我国经济稳中向好、长期向好的基本面不会改变，我省正处于国家重大战略机遇和自身发展势能增强的交汇叠加期，生态屏障、能源基地、战略通道、开放枢纽的功能地位更为重要，资源禀赋、工业基础、地理区位、初级产品保障的优势潜力更加凸显。从政策趋势看，中央经济工作会议释放一系列政策利好，特别是适度超前开展基础设施投资、能耗“双控”向碳排放“双控”转变、加快油气资源开发应用等政策取向，为我省补齐基础短板、承接产业转移、放大绿色优势、建设能源强省带来新的更大机遇。从发展态势看，经济总量跨上万亿台阶，标志着我省发展的基础、环境和条件正在深刻变化，发展方式加快转变，增长动能更加强劲，市场活力加速释放，外部预期持续向好，进入了拔节孕穗、蓄力起跳、后发赶超的新阶段。只要我们乘势而上、顺势而为、奋力实干，就一定能交出高质量发展的新答卷。

按照省委十三届十五次全会暨省委经济工作会议部署，今年政府工作的总体要求是：以习近平新时代中国特色社会主义思想为指导，全面贯彻落实党的十九大和十九届历次全会精神，弘扬伟大建党精神，深入落实习近平总书记对甘肃重要讲话和指示精神，坚持稳中求进工作总基调，完整、准确、全面贯彻新发展理念，加快构建新发展格局，加快改革开放，加快科技创新，推动高质量发展，坚持以供给侧结构性改革为主线，统筹疫情防控和经济社会发展，统筹发展和安全，继续做好“六稳”“六保”工作，全力盘活存量、引入增量、提高质量、增强能量、做大总量，促进经济稳中向好、稳步提质，持续改善民生，保持社会大局稳定，以优异成绩迎接党的二十大和省第十四次党代会胜利召开。

今年经济社会发展的预期目标是：地区生产总值增长 6.5% 以上，在实际工作中争取更好结果。固定资产投资增长 9%，社会消费品零售总额增长 8%，一般公共预算收入增长 6.5%。居民消费价格涨幅控制在 3% 以内。外贸进出口总值增长 10%。城镇新增就业 32 万人，城镇调查失业率控制在 5.5% 左右。城乡居民人均可支配收入分别增长 8%、10% 左右。粮食产量稳定在 240 亿斤以上。主要污染物排放等指标完成国家下达目标。

上述目标，综合考虑了宏观环境影响，衔接了“十四五”规划和去年发展情况，充分估计了各方面机遇条件和有利因素。我们要在工作中聚力抓好四个关键：一是“稳”字当头。把稳中求进工作总基调贯穿经济社会发展全过程，坚决扛牢稳定经济运行责任，最大限度挖掘国家政策红利，以积极作为的确定性应对各种不确定性，着力推动经济平稳健康发展。二是“进”字加力。在工作中审时度势、扬长补短，充分利用重要战略机遇期加快发展，充分利用复杂环境的倒逼效应加快创新，大力实施强工业、强科技、强省会、强县域行动，以充分发展促进平衡发展，推动各方面工作取得新突破。三是“保”字托底。坚持系统观念、底线思维，更加注重保居民就业、保基本民生、保市场主体，促进公平、防范风险、维护安全，解决群众最关心、最直接、最现实的利益问题，真正做到发展为了人民、发展依靠人民、发展成果由人民共享。四是“干”字提效。勇于解放思想，不断开阔视野，积极探索实践，用发展的办法解决前进中的问题，用市场的手段管理经济事务，用创新的精神培植新的优势，在赶超进位上迈出更大步伐。

三、2022 年工作任务

今年，政府工作将重点抓好以下 8 个方面：

（一）聚焦振兴实体经济，更大决心加快产业升级。坚持质量并举、量质齐升，有中生新改造传统产业，小中生大做足增量产业，无中生有发展新兴产业，持续培育壮大千亿产业集群和百亿园区。

加快重塑传统产业新优势。打好产业基础高级化产业链现代化攻坚战，全面落实链长制，发挥链主企业作用，推动石化、有色、钢铁、煤化工、精细化工产业延链补链强链。实施“三化”改造项目 270 个。推进陇东综合能源基地高质量发展，新增煤炭产能 1465 万吨，原油产量突破 1000 万吨，天然气产量达到 5 亿立方米。持续推动军民融合向纵深发展。实施找矿突破战略行动，加快矿产资源勘查开发。

做大做强新兴产业。抢抓历史机遇，发展壮大新能源、新材料、生物医药、电子信息等产业。建成“十四五”第一批风光电项目，启动建设“酒湖特高压”配套风电、“陇电入鲁”工程及配套风光电项目，加快“陇电入浙”“陇电入沪”前期工作。力争开工建设玉门昌马、张掖盘道山等 3-4 个抽水蓄能电站。加快德福高档电解铜箔、东方钛业绿色循环等项目建设。推动金昌新能源锂电、平凉智能光电、张掖智能制造等产业集聚发展。实施华天电子多芯片封装项目，打造天水集成电路封测产业集聚区。建成生物制品批签发中心，建设中国生物科技健康产业园。推进碳离子治疗系统产业化发展。深化国家中医药产业发展综合试验区建设，高水平办好药博会。争取建设国家互联网骨干直联点。启动建设一体化算力网络国家枢纽节点，实施“东数西算”产业园项目，打造庆阳国家级数据中心集群。加快北斗导航分中心建设。推动互联网安防产业发展。

强化科技创新引领支撑。聚焦优势重点领域，争取建设同位素实验室、敦煌文物保护中心等国家重点实验室。深化与上海张江等东部地区的战略协作，推动兰白自创区和兰白试验区重点产业和重大项目加速落地。实施高校院所创新能力提升工程，整合重构省级科技创

新平台。启动陇粤共建“大湾区·兰白自创区中医药创新发展示范区”。规划建设“校企共生融合发展创新港”。深化科技计划管理改革，完善科技成果评价制度。深入实施知识产权战略。强化企业科技创新主体作用，加快培育“专精特新”企业。大力推进“双创”工程，建设一批众创空间和双创示范基地。持续优化人才发展环境，激发人才创新创业活力。

（二）突出扩投资促消费，更强力度释放内需潜力。积极扩大有效投资，促进消费持续恢复，为高质量发展蓄动能、增后劲。

完善综合交通网络。建成中卫至兰州铁路，新增高铁里程184公里。加快兰张三四线中川机场至武威段、兰州至合作、天水至陇南铁路建设，力争开工建设西宁至成都甘肃段、平凉至庆阳铁路，做好兰张三四线武威至张掖段、定西至平凉铁路前期工作。力争新增高速（一级）公路700公里，建成定西至通渭、青龙桥至文县等高速公路，开工建设合作至赛尔龙、兰州至永靖至临夏等高速公路。建成华池通用机场，加快中川国际机场三期、天水军民合用机场迁建和嘉峪关机场改扩建工程建设，做好临夏机场、平凉机场、武威军民合用机场前期工作。

推进水利工程建设。突出“四抓一打通”，用好现有水资源，优化水网体系布局。加快引洮二期配套、甘肃中部生态移民供水、引洮二期庄浪应急供水等项目建设。做好白龙江引水、引大入秦延伸增效、临夏供水保障生态保护水源置换等工程前期工作。围绕兰西城市群、关中平原城市群、兰州新区、榆中生态创新城等重点地区，规划建设一批区域性水源工程。

促进消费扩容升级。支持兰州、天水、酒泉、张掖、庆阳培育建设区域（特色）消费中心城市。推进县域商业体系建设，新建和改造提升一批便民市场、特色街区、农村商贸中心。开展“乐享消费·惠购陇原”活动。构建完善电商同城配送体系，实现具备条件的县区子平台全覆盖。坚持以文塑旅、以旅彰文，加快大敦煌文化旅游经济圈建设，促进19个大景区提质扩容，争取宕昌官鹅沟、武威铜奔马景区、会宁红军会师旧址创建国家5A级景区。推进文旅康养产业提质增效。创新“交通＋文化旅游”模式，培育拓展路衍经济产业链。

（三）坚持统筹区域城乡，更优路径促进融合发展。深入实施区域协调发展战略，推进城乡一体化，构建全域联动并进新格局。

持续巩固脱贫攻坚成果。严格落实防返贫动态监测帮扶机制，坚持开发式帮扶和分层分类社会救助相结合，做到发现一户、帮扶一户、动态清零一户。倾斜支持39个乡村振兴重点帮扶县，统筹兼顾脱贫县和非贫困县，确保脱贫群众收入增速高于当地农民收入增速、脱贫地区农民收入增速高于全省农民收入增速。落实津甘、鲁甘协作发展规划，强化产业、劳务和消费协作，推动“一县一园”建设和“百村振兴”计划。扎实做好国家考核评估反馈问题整改。做好乡村振兴重点工作。落实“藏粮于地、藏粮于技”战略，严格耕地用途管制和进出平衡，稳定粮食播种面积，调整优化粮食结构，新建高标准农田360万亩。持续开展现代丝路寒旱农业优势特色产业三年倍增行动。抓好3个国家农业现代化示范区建设。开展农业龙头企业引培提升行动，加快培育产值超100亿元、50亿元、10亿元的领军型和骨干型链主企业。实施种业振兴5大行动，在玉米、马铃薯、瓜菜、肉牛、肉羊品种选育上联合攻关、率先突破，支持张掖、酒泉、定西打造国内一流的良种繁育基地。深化“5155”乡村建设示范行动，完善乡村规划师制度，编制完成3996个发展类村庄规划，创建50个示范乡（镇）、500个示范村。接续推进农村人居环境整治提升五年行动，完成改厕40万座。扩大农业保险覆盖面。发挥乡村振兴投资基金作用，形成多元投入格局。扎实推动“万企兴万村”甘肃行动。鼓励引导人才向基层流动，完善乡村人才振兴激励机制。引导群众移风易俗，打造善治乡村。

促进区域竞相发展。兰州经济圈突出一体化发展。实施强省会行动，重振兰州制造，拓展城市功能，完善公共服务，增强创新能力和发展能级；兰州新区立足国家赋予的战略定位，建设现代产业集聚区，打造实体经济新高地；加快兰州—白银一体化进程，推动白银构建西部重要新材料产业基地；促进定西、临夏融入兰州经济圈，支持定西做大做强以马铃薯、中医药为主的特色农产品生产加工基地，支持临夏建设旅游休闲基地。河西走廊突出组团发展。围绕酒泉、嘉峪关“双城经济圈”，建设省域副中心；支持张掖建设丝绸之路国际旅游目的地；支持武威打造向西开放国际物流节点；支持金昌建设镍铜钴新材料新能源产业创新聚集区。陇东南突出协同发展。推动庆阳革命老区振兴发展；支持天水建设省域副中心城市；支持平凉打造能源化工和康养基地；支持陇南建设“绿水青山就是金山银山”实践创新基地；支持甘南建设青藏高原绿色现代化先行示范区。

推动以人为核心的新型城镇化。落实共建兰西城市群“1+3+10”行动计划，深化一体化政策协同和跨区域重大项目建设。统筹大中小城市与小城镇融合发展，加快榆中、敦煌国家级新型城镇化示范县城建设，抓好马鬃山“兴边富民行动中心城镇”试点。大力实施城市更新行动，推进海绵城市、地下管网、污水治理等项目建设，改造老旧小区1599个。

强力发展县域经济。按照5种发展类型，大力发展县域富民产业，打造一批生态大县、农业强县、工业富县、文旅名县。坚持抓园区、强县域，完善园区基础设施功能，推动要素向园区集聚、项目向园区集中、产业向园区集群。建立特色小镇清单。发挥供销社网络体系功能。健全农村寄递物流体系。发展壮大村集体经济。强化县域发展考核评价，市州一季一观摩、省里一年一结账，推动形成千帆竞发、百舸争流的生动局面。

（四）深化美丽甘肃建设，更严要求筑牢生态屏障。践行“两山”理念，做好生态文章，绽放陇原山水好风光。

深入推动黄河流域生态保护。实施玛曲湿地保护修复、陇东黄土高原固沟保塬、泾河干流及渭河生态综合治理等重大项目。启动黄河干流甘肃段二期防洪工程。抓好美仁、阿万仓国家草原自然公园建设试点。推进洮河、庄浪河、宛川河等生态脆弱河流修复治理。开展祖厉河流域水环境综合治理与可持续发展试点。完善大中型水库、河道堤防、山洪防治等防洪工程体系。推进黄河流域环境污染“3+1”综合治理。全面落实深度节水控水行动。与沿黄省份共建生态保护和水源涵养中心区。实施黄河干流生态廊道建设、未利用地生态治理和土地整治。

持续厚植生态底色。强化国土空间规划和用途管控，严守三条控制线。推动以国家公园为主体的自然保护地体系建设，争取设立祁连山国家公园，建立健全祁连山生态保护长效监管和考核机制。坚持山水林田湖草沙冰系统治理，鼓励社会资本参与生态保护修复。深化落实河湖长制、林长制。推进绿色矿山建设。深入打好污染防治攻坚战，全面开展秋冬季大气污染防治和城乡黑臭水体、农业农村污染治理。坚持铁腕执法，对破坏生态环境的行为“零容忍”，决不允许“吃祖宗饭、砸子孙碗”的事情发生。

有序推进减排降碳。制定碳达峰碳中和“1+N”政策体系。支持企业能源替代、降碳减碳，加快资源循环利用、大宗固废综合利用基地建设。争取国家低碳城市、低碳园区和低碳乡村试点。探索生态产品价值实现机制，推进生态产业化和产业生态化。积极参与国家碳市场交易。坚决遏制“两高”项目盲目发展，分行业制定技术改造实施方案，有序推动钢铁、建材、石化等重点行业绿色低碳转型。

（五）围绕激活发展动力，更宽视野深化改革开放。拓展改革的广度深度，持续抓好“一带一路”最大机遇，让改革开放“关键一招”激活甘肃经济“一池春水”。

系统集成推进改革。保质保量完成国企改革三年行动任务，提高国有企业活力和效率。深化电力、水资源、天然气价格改革。拓展公共资源交易平台功能，推动林权、水权、草原承包经营权、排污权、用能权交易。完善全方位、全过程、全覆盖的预算绩效管理体系。抓好税收征管改革，健全地方税体系。促进市县融资平台转型发展。下放城镇批次建设用地审批权，力争城乡建设用地增减挂钩节余指标跨省域交易实现新增长。

强化通道枢纽功能。完善大平台、大通道、大通关体系，持续推进兰州、酒泉国家物流枢纽承载城市建设，拓展铁路和航空口岸运营能力。开辟国内国际货运新航线，扩大腹舱载货业务，发展壮大临空经济。整合组建港务集团，做大做强龙头企业，更好发挥港口平台对开放型经济支撑作用。加强与义乌、青岛、天津等陆港海港合作，开通定点班列。推动落实兰州陆港与连云港港口集团战略合作协议，共建进出口商品中转中心、无水港，力争把“出海口”搬到“家门口”。

拓展对外经贸合作。积极融入 RCEP 贸易圈。鼓励企业建立海外营销公司、海外仓、分拨中心和冷链仓储物流设施。培育壮大外贸综合服务企业。推动省属企业境外投资和国际产能合作项目稳健实施。促进兰州、天水跨境电商综合试验区协同发展。积极打造兰州国际班列集结中心、兰州中欧回程班列分拨中心。推进金昌申建保税物流中心和保税混矿试点。争取设立加工贸易产业园。

（六）对标市场化法治化国际化，更高标准优化营商环境。直面企业烦恼，找准服务梗阻，坚决疏通堵点、解决痛点、攻克难点，以营商服务“软环境”催化高质量发展“硬实力”。

全方位提升“放管服”水平。推进行政许可事项清单管理，深化投资审批、招投标等领域改革，实施企业投资项目承诺制，进一步破除市场准入隐性壁垒。紧盯“中西部领先、全国一流”目标，加快建设企业和群众满意的数字政府。全面推进“一网通办”“一网统管”“一网协同”，着力打造“甘快办”“甘政通”“12345 热线”“不来即享”和“一码通”特色品牌。启动数字政府运营指挥中心实体化运行，实现“一屏知全省、一键政务通”。完善政务服务“好差评”制度，打造政务服务升级版，让市场主体和广大群众享受实实在在的数字红利。

突破性发展民营经济。开展营商环境升级行动，公正公平对待各类企业，一视同仁落实惠企政策，让更多企业投资甘肃、兴业甘肃、扎根甘肃。落实好新的减税降费和助企纾困政策，催生“放水养鱼”效应。实施市场主体培育“五转”工程，力争市场主体增长 10% 以上。完善公共信用信息平台，深化企业信用分级分类监管，实施“信易 +”工程。促进政银企互动，构建全省一体化融资信用服务平台网络。加强政府性融资担保体系建设，加大中小微企业专项贷款投放，促进融资增量、扩面、降价。着力提高直接融资比例，加快企业上市步伐。积极用好绿色金融支持工具。重拳整治拖欠中小企业账款问题，任何机关、事业单位和国有企业，不得以任何理由拖欠中小企业的货物、工程、服务款项。

高效化开展招商引资。集成优惠政策，突出产业链招商，强化专项招商、以商招商，加快引进一批头部企业，培育发展总部经济。开展长三角、珠三角、京津冀招商推介系列活动。支持口岸平台运营企业开展精准招商。高水准办好文博会。设置兰洽会海外专场，提升节会国际化水平。办好外交部甘肃全球推介活动。

（七）紧扣共同富裕要求，更深感情增进民生福祉。坚持在高质量发展中保障改善民生、促进共同富裕，无论财政压力有多大，用于民生的支出只增不降，为群众办实事只增不减。

强化就业优先导向。突出抓好高校毕业生等青年就业，继续实施未就业普通高校毕业生到基层就业项目。加大企业稳岗支持力度，促进多渠道灵活就业。纵深推动“百千万”创业引领工程。加强家政服务、养老护理等职业技能培训，打造甘肃特色劳务品牌。输转城乡富余劳动力 500 万人左右。强化农民工工资支付保障。维护新就业形态劳动者权益。

兜牢织密社会保障网。提高最低生活保障和特困人员救助供养标准。稳步提高职工基本养老保险待遇水平。推动失业保险、工伤保险省级统筹。健全灵活就业人员社保制度。完善重特大疾病医疗保险和救助制度。落实积极应对人口老龄化国家战略，加快构建居家社区机构相协调、医养康养相结合的养老服务体系。发展公益慈善事业。落实优化生育政策，加快普惠托育服务体系建设。完善保障性住房供应体系，调整优化公积金提取使用政策。新开工改造城镇棚户区 6.89 万套，建设保障性住房 1 万套。

持续化解国有土地上已售城镇住宅历史遗留“登记难”问题。统筹煤电油气运保障供应，做好粮油肉蛋奶大宗农产品保供稳价。

办好人民满意的教育。提高普惠性幼儿园覆盖率。改善提升农村义务教育薄弱学校办学条件。有序扩大城镇学位供给，切实保障进城务工人员随迁子女平等接受义务教育。深入实施“优教行动”，推动义务教育优质均衡发展。办好县域普通高中。巩固扩大“双减”成效。抓好高考综合改革方案落实。加快“技能甘肃”建设，推动职业教育提质培优。争取设立国家新时代振兴中西部高等教育改革先行区，实施省属高校国家“一流学科”突破工程。加快建设高素质教师队伍。积极推进“互联网＋教育”工程。

着力推进健康甘肃建设。持续深化医药卫生体制综合改革，完善医疗卫生县乡一体化、乡村一体化管理，推动紧密型医联体建设，提升县级医疗服务能力，强化基层基本医疗和公共卫生服务功能。加快中医药“三大中心”和特色优势专科建设。促进“互联网+医疗健康”应用发展。推进国家肿瘤区域医疗中心、兰大二院和省人民医院重大疫情救治基地、兰州新区国家传染病防治基地建设，提高突发公共卫生事件处置能力。

提升文化体育软实力。坚持文化强省，加快华夏文明传承创新区建设。实施中华文明探源工程和“考古中国”等重大项目。推进敦煌研究院世界文化遗产保护典范和敦煌学研究高地建设。抓好长城、长征、黄河等国家文化公园甘肃段建设，争取创建临夏世界地质公园。实施河西走廊国家文化遗产线路保护利用行动计划。加快建设大地湾国家考古遗址公园。打造伏羲始祖文化传承创新区。建成开放简牍博物馆，实施省博物馆扩建、革命军事馆、凉州会盟纪念地、莫高窟数字展示中心二期项目。加大扶持力度，鼓励创作文艺精品。倡导勤学善读，建设“书香陇原”。推进科技馆等科普基地建设。深入实施全民健身计划，办好省运会、残运会、民族运动会。强化体育赛事安全监管，确保赛事活动健康发展。

今年，继续聚焦群众“急难愁盼”问题，办好10件民生实事：一是中小学“建宿舍扩食堂增学位改厕所”。在23个重点帮扶县中小学新建、改扩建教师周转宿舍900套；在义务教育中小学新建、改扩建食堂549个；增补14个市州政府所在地城区中小学学位2万个；改造中小学厕所261个。二是建设120个乡镇（街道）综合养老服务中心。三是开展40万人次政府补贴性职业技能培训及支持1万名未就业普通高校毕业生到基层就业。四是对城乡一二类低保家庭子女普通高校入学资助，录取到本科院校的一次性补助1万元、专科（高职高专）院校的一次性补助8000元。五是对20万妇女进行“两癌”免费检查。六是对4000户地质灾害区农户实施避险搬迁。七是提升公共卫生服务能力和老年人慢性“四病”健康管理水平。八是建设100个“新就业形态劳动者驿站”。九是新建1万公里自然村（组）通硬化路。十是“打通最后一公里”农村水利惠民工程。

（八）树牢底线思维，更实举措统筹发展安全。全面贯彻总体国家安全观，下好先手棋，打好主动仗，以高水平安全保障高质量发展。

营造安全稳定社会环境。严格落实安全生产责任制，深入开展专项整治行动，坚决遏制重特大事故发生。加强自然灾害防治能力建设，抓好防汛抗旱、地质灾害、消防安全、森林草原防火工作。推进国家西北区域应急救援中心项目建设。持续开展食品药品安全守护行动。深化“平安甘肃”建设，完善社会治安防控体系“六张网”。落实国防动员体制改革任务，推进国防动员和后备力量“三项基础”新一轮建设。坚持以铸牢中华民族共同体意识为主线，深化民族团结进步创建“一廊一区一带”行动，推动民族工作高质量发展。坚持我国宗教中国化方向，持续提升宗教事务治理法治化水平，积极引导宗教与社会主义社会相适应。强化重大决策风险评估。健全矛盾纠纷多元化解、联动处置机制，维护群众合法权益。

慎终如始抓好疫情防控。坚持“外防输入、内防反弹”“动态清零”，落实“四早”“四集中”要求，压实“四方责任”，强化“三公（工）”联动，做好常态化快速平战转换，抓实抓细各项防控措施。深化疫情防控管理平台应用，完善重大疫情预防控制、医疗救治、应急物资保障体系，加快补齐公共卫生服务短板。抓好新冠疫苗接种工作，坚决筑牢人民生命健康安全屏障。

精准防范化解各类风险。全面强化粮食能源、重要产业、战略投资、生物安全等领域风险管控。严格政府债务管理，落实专项债务禁止类项目清单，加大债务高风险市县风险化解力度。做好金融风险监测评估预警，加快推进高风险机构化险工作，强化国有企业债务风险防范，加强地方金融组织依法监管，守住不发生区域性系统性金融风险的底线。

各位代表！实干成就梦想，奋斗赢得未来。全省政府系统将忠诚履职、尽心尽责，以高度的清醒和执着的韧劲，奋力走好新时代赶考路。

我们要永葆绝对忠诚。始终做伟大建党精神的坚定弘扬者，推动党史学习教育常态化长效化，传承红色基因，坚定历史自信，担当历史使命。始终做“两个确立”“两个维护”的忠诚拥护者，不断提高政治判断力、政治领悟力、政治执行力，把为党分忧、为国尽责、为民奉献体现到实际工作中。始终做富民兴陇的奋力践行者，时刻牢记习近平总书记殷切嘱托，心无旁骛谋发展，聚精会神搞建设，一步一个脚印把美好蓝图变成现实图景。

我们要奋力担当作为。增强只争朝夕的紧迫感，以食不甘味、寝不安席的高度自觉，起而行之、谋定而动，跳起摘桃、争先进位。鼓足志在必得的精气神，知重负重担责任，动真碰硬解难题，让实干成为鲜明底色。锤炼善作善成的真本领，提高专业素养，加强调查研究，跟踪督查问效，下足落实功夫，努力创造新的一流业绩。

我们要依法履职干事。深入贯彻习近平法治思想，尊法崇法、学法用法，落实法治政府建设纲要，扎实开展“八五”普法教育，让法治思维贯穿政府工作全过程。依法全面履行政府职能，落实权责清单制度，健全守信践诺机制，提高行政决策公信力和执行力。依法接受省人大及其常委会监督，自觉接受省政协民主监督，主动接受社会和舆论监督，强化审计监督，不断提升依法行政能力和水平。

我们要严守清廉本色。坚持正心明道、怀德自重，严守政治纪律和政治规矩，自觉做政治上的明白人、老实人。树牢正确政绩观，敬畏历史、敬畏文化、敬畏生态，慎重决策、慎重用权。落实全面从严治党要求，严格履行“一岗双责”，着力纠治“四风”顽疾，坚决整治群众身边腐败和作风问题。带头落实全面节约战略，打造节约型机关，严控“三公”经费，以政府“紧日子”换取市场主体“稳日子”、人民群众“好日子”。

各位代表！踏上新征程的甘肃，正处在积厚成势、追赶发展的关键时期，重任在肩、使命如磐。让我们更加紧密团结在以习近平同志为核心的党中央周围，在省委的领导下，不忘初心、牢记使命，踔厉奋发、笃行不怠，以优异成绩迎接党的二十大和省第十四次党代会胜利召开！

关于甘肃省2021年国民经济和社会发展计划执行情况与2022年国民经济和社会发展计划草案的报告

——2022年1月17日在甘肃省第十三届人民代表大会第六次会议上

各位代表：

受省人民政府委托，现将全省2021年国民经济和社会发展计划执行情况与2022年国民经济和社会发展计划草案，提请省第十三届人大第六次会议审议，并请各位省政协委员和列席人员提出意见。

一、2021年经济社会发展计划执行情况

2021年，在省委、省政府的坚强领导下，在省人大及其常委会依法监督和全力推动下，在省政协民主监督和积极支持下，全省上下坚持以习近平新时代中国特色社会主义思想为指导，全面贯彻党的十九大和十九届历次全会精神，深入贯彻落实习近平总书记对甘肃重要讲话和指示精神，完整、准确、全面贯彻新发展理念，加快构建新发展格局，推动高质量发展，做好“五量”文章，认真执行省十三届人大四次会议审查批准的2021年国民经济和社会发展计划，落实代表大会决议，全省经济发展保持了稳中向好、稳步提质势头。初步预计，2021年全省地区生产总值增长7%，比年初目标高0.5个百分点，总量突破万亿大关；固定资产投资增长11.1%以上，高于年初7%的目标，增速居全国前列；规上工业增加值增长8.9%，高于年初目标3.9个百分点；社会消费品零售总额增长11.1%，高于年初7%的目标；外贸进出口总值增长28.4%，高于年初目标25.4个百分点；一般公共预算收入增长14.6%，高于年初5%的目标，突破千亿；城乡居民人均可支配收入分别增长7%左右、10%左右，高于年初6.5%、8%的目标；居民消费价格总水平上涨0.9%，实现控制在年初目标以内，全面完成年初计划任务，实现了“十四五”迈好第一步、见到新气象。

（一）创新完善工作机制，形成大抓发展的良好势头。坚持把发展作为解决一切问题的基础和关键，创新思路举措，完善机制办法，鼓励、引导和激发各级各方面谋发展、抓发展、促发展的积极性、主动性和创造性，形成比学赶超、竞相发展的良好势头。一是完善目标落实机制。统筹衔接“十四五”规划和年度计划，把中长期目标细化到年度、分解到部门、靠实到市州，在确保完成全年目标的基础上，省政府自加压力，提出新的奋斗目标，进一步凝聚力量，鼓舞士气，激发斗志。二是完善调度分析机制。在省政府常务会月度经济运行分析、省委常委会季度研究部署经济工作的基础上，确定每季度在发展亮点突出、重点工作完成好的市州，召开全省经济运行调度推进会，在一线总结成绩、分析形势、传导压力，推动形成比学赶超、你追我赶的浓厚氛围。三是完善督查问效机制。遵照国务院《政府督查工作条例》，严格督查程序和方式，紧盯党中央、国务院重大决策部署落实情况，持续盯办落实。对企业反映、调研发现的营商环境、政策落实、税费减免等方面的问题，及时开展实地督查、刨根问底、督促整改，倒逼工作提质增效。四是完善考核激励机制。制定县域经济发展综合评价考核办法，出台实施市州重点工作完成情况评价办法，拿出真金白银表彰激励获得“贡献奖”“进步奖”的市州，树牢“大干大支持、多干多支持、不干不支持”的鲜明导向，推动全省经济社会发展实现新跨越。

（二）铆足干劲抓项目扩投资，高质量发展后劲持续增强。坚定实施扩大内需战略，加快推进项目建设，着力发挥有效投资和项目建设对稳增长、调结构、补短板的关键作用。一是项目推进机制不断完善。出台实施《关于建立健全重大项目建设协同推进机制的意见》，推动省级领导包抓省列重大项目，组织2次重大项目集中开工活动，新建续建亿元以上项目1075个。成立重点项目及投资调度专班，实行重点投资项目、省列重大建设项目、重大前期项目“三个清单”调度管理，纳入清单项目2501个，开工建设2301个，完成投资5419亿元，投资完成率116%。开展省列重大项目专项督查，落实“要素跟着项目走”保障机制，全力推进项目建设，208个省列重大项目累计完成投资2059亿元，年度计划投资完成率109.6%。二是固定资产投资强劲增长。紧盯国家

重大战略部署和投资重点，加大向上衔接力度，争取中央预算内投资201亿元、地方政府专项债券额度674亿元，分别比去年增加20.1亿元、60亿元，均创历史新高。三是基础设施建设成效显著。交通领域：完成投资1140亿元。公路方面，建成平绵高速平凉（华亭）至天水段、银昆高速彭阳至大桥村段等7条675公里高速（一级）公路，全省高速（一级）公路里程突破6700公里；新增环县、秦安、华亭、肃南通高速，通高速县区达到71个。启动8个高速公路“开口子”拓展工程。新建成自然村（组）通硬化路1.1万公里、覆盖6366个自然村（组），完成村道安全生命防护工程3242公里，改造农村公路危桥87座。铁路方面，酒额铁路酒泉至东风段通车运营，新增铁路运营里程123公里，全省铁路运营里程达5590公里；兰合铁路全线建设，中卫至兰州、兰张三四线中川机场至武威段、西宁至成都（甘肃段）、天水至陇南等6条在建铁路项目有序推进。机场方面，白银通用机场建成投运，兰州中川国际机场三期扩建工程加快推进，庆阳华池通用机场开工建设。农林水利领域：完成农业投资128亿元，建成高标准农田350万亩、农产品产地冷藏保鲜设施1020座，实施循环农业重大带动性工程53个。有序实施祁连山生态保护修复、黄土高原水土流失综合治理等项目，其中人工造林76.6万亩、封山育林66.9万亩、草原围栏136万米。完成水利投资160亿元。引洮工程主体全线通水，惠及5市14县区600多万群众。引洮济合主体工程、古浪黄花滩调蓄等工程试通水，6处大型灌区续建配套与现代化改造项目、16处中型灌区续建配套与节水改造项目全部开工建设，维护农村供水工程3433处。能源领域：宁西矿区总体规划获得国家批复，吐鲁矿区红沙梁煤矿获得国家核准，红沙岗2号井、邵寨、赤城等煤矿建成投产，新增产能800万吨。常乐电厂二期3、4号机组建设加快推进。“陇电入鲁”工程配套调峰煤电项目开工建设。中兰铁路甘肃牵引站330千伏外部供电工程等一批骨干电网项目建成投产。陇东油区油气当量首次突破1000万吨，建成国内首个百万吨级页岩油开发示范区。社会事业领域：完成投资270亿元以上，建成年产20亿剂重组新冠疫苗生产线，兰州动物园搬迁项目建成开园，省体育馆开放运营，甘肃简牍博物馆主体完工，长城、长征、黄河国家文化公园甘肃段和河西走廊国家文化遗产线路、省疾控公共卫生中心一期、省人民医院和兰大二院重大疫情救治基地、省妇幼儿童医疗综合体、兰州奥体中心、七里河体育场等重点项目加快推进。

（三）强化创新核心地位，创新甘肃建设取得新进展。坚持把创新摆在全省现代化建设全局的核心地位，我省综合科技创新水平指数达到53.7%，比上年提高2.1个百分点，科技创新对高质量发展的支撑引领作用进一步发挥。一是完善科技创新机制。召开全省科学技术（专利）奖励大会，出台《关于深化科技体制机制改革创新推动高质量发展的若干措施》，修订发布《甘肃省科学技术奖励办法》，优化科学技术奖励奖项设置和奖励机制，10项科技成果获得国家科学技术奖。在4家省属高校院所开展赋予科研人员职务科技成果所有权和长期使用权改革试点。高层次人才培养取得新突破，4名科学家当选两院院士，20名专家入选省级拔尖领军人才。重建科技管理工作体系，综合应用公开竞争、定向组织、拨投结合等方式组织凝练项目，共争取国家科技项目932项，获得财政科研资金11.3亿元，同比增长75.9%。二是搭建整合科技创新平台。深入推进兰白自创区和兰白试验区建设，兰州、白银两个高新区在全国综合排名较上年分别上升5位和1位。同位素国家重点实验室、丝绸之路文化遗产保护国家重点实验室建设工作有序推进，省部共建干旱生境作物学国家重点实验室获批建设，全省国家重点实验室达到11家。新批复组建省级重点实验室2个，认定省级工程研究中心30个、省级企业技术中心20个。新设立庆城、陇西2家省级高新技术产业开发区。三是关键核心技术攻关取得重大进展。以石油化工、有色冶金、新材料、生物医药等产业链条共性技术为重点，组织实施科技重大专项54项、重点研发计划223项、“揭榜挂帅”项目8项。获批国家自然科学基金项目661项、经费3.4亿元，创历史新高。启动中西医结合防治新冠肺炎科研攻关。加入国家区域创新发展联合基金，聚集全国优势科技力量解决“甘肃科技问题”。与中国工程院签订新一轮战略合作协议，成立中国工程科技发展战略甘肃研究院。四是企业创新能力不断增强。在全国率先出台企业创新联合体管理办法，组建7家企业创新联合体，带动创新链产业链融合发展。建立科技型企业梯次培育发展体系，新增高新技术企业142家，认定省级科技创新型企业234户，新认定国家级“专精特新”小巨人企业12户、省级55户，高技术制造业投资增长39.7%。五是科技成果转移转化成效明显。建成以兰州科技大市场为牵引的科技成果转移转化服务体系，建立科技成果转化直通机制，对促成科技成果转移转化成效显著机构和企业累计奖励2000万元。搭建科技金融服务平台，积极推动辖内银行机构设立科技支行。设立科技创新券，惠及科技型小微企业、创新创业团队2748家（个）。建成西北首家省级知识产权保护中心。技术市场成交合同金额280.4亿元，同比增长20.3%；发明专利授权量增长61%。

（四）构建现代产业体系，发展质量效益进一步提升。坚持产业兴省、工业强省，加快构建现代化产业体系，重塑经济发展动能优势。一是传统产业转型升级。实施产业基础高级化产业链现代化攻坚战专项行动，制定“1+N+X”政策体系，印发实施《甘肃省产业链链长制工作方案》，召开全省工业产业发展推进会，围绕石油化工、有色冶金等14条产业链，确定产业链“链主”企业53户，实施9个重点行业180个延链补链强链项目，酒钢集团锌铝镁产品实现我国在高耐蚀领域产品零的突破。实施“三化”改造重点项目240个，完成投资125亿元。二是生态产业提质增效。加快绿色金融改革创新试验区建设，支持“绿金通”综合服务平台运营，上线金融产品115个，实现融资100.5亿元。推动152亿元生态产业基金投入运营，重大带动性工程加快实施，节能环保、清洁生产、先进制造、循环农业、中医中药、文化旅游、通道物流等生态产业多点开花。全省300个生态产业重大带动性工程项目完成年度投资391亿元；十大生态产业增加值占到地区生产总值的27%以上，比去年提高3个百分点。三是新兴产业逐步壮大。印发实施《甘肃省"十四五"数字经济创新发展规划》《新一代信息技术与制造业融合发展的实施意见》，获批建设全国一体化算力网络国家枢纽节点，天水电子信息产业基地、华天集成电路高可靠封测产业升级等项目顺利实施，鲲鹏生态创新中心正式运营，产业聚集效应逐步显现。全省规模以上工业战略性新兴产业、高技术产业、装备制造业增加值分别增长18.8%、38.2%、15.8%；新建成5G基站10053个，累计达到18562个，5G网络实现市州主城区深度覆盖和县城全覆盖。四是第三产业稳步恢复。出台金融助力实体经济高质量发展若干措施，召开金融助力高质量发展工作会，积极满足中小微企业和民营企业融资需求，加大特色产业发展贷款投放力度。成功举办"一会一节"，新增11个国家4A级旅游景区，兰州、张掖、酒泉被确定为国家级文化和旅游消费试点城市，全年接待国内外游客2.8亿人次，实现旅游综合收入1842亿元，分别增长29.7%和26.6%。组织召开成品油流通企业服务省列重大项目对接会，组织各类促销活动2000多场次。印发实施《加快培育新型消费实施方案》，积极推动直播电商、网络销售等新模式发展，限额以上网络零售额增长24.8%。上线运营"臻品甘肃"平台，深入实施电子商务进农村综合示范项目，带动实现农产品网上销售。

（五）新能源大踏步发展，资源优势转化明显提速。抢抓国家"双碳"战略和推进沙漠戈壁荒漠地区大型风电、光伏基地建设的重大机遇，以系统性谋划、板块化开发、大通道外输、产业链延伸、清洁化应用为发展思路，推动资源优势转化为经济优势。一是新能源项目发展增势强劲。召开全省新能源产业发展现场会，举行1285万千瓦新能源项目集中开工仪式，加快推进600万千瓦存量项目建设，"酒湖特高压"配套常乐电厂二期200万千瓦项目加快建设，安排市州1200万千瓦新增项目指标，新增并网装机740万千瓦，建设规模达到3355万千瓦，酒泉建成全国首个千万千瓦级风电基地。新能源发电量达446亿千瓦时、增长15.6%，外送电量174亿千瓦时，占全省外送电量的33.7%。二是新能源装备制造业加快培育。出台《关于培育壮大新能源产业链的意见》，建设河西走廊清洁能源基地，成功引进华电集团、国家能源集团、正泰集团等新能源龙头企业，逐步完备以发电机、轮毂、切片、逆变器等关键装备为主的产业格局，进一步延伸新能源产业链条。三是新能源消纳水平持续提升。大力推进大型工业企业用能绿色化、低碳化，积极探索高载能项目减碳路径，支持酒钢集团开展智慧电网及新能源消纳示范项目，开启新能源就地消纳新模式。启动"3+10+X"分布式光伏整县推进试点工作，46个试点县（市、区）列入国家试点名单。四是储能产业势头较好。玉门昌马、武威黄羊、麦积黄龙等12个站点纳入国家《抽水蓄能中长期发展规划》，玉门网域大规模储能项目持续推进，以金昌、白银等地为代表的储能材料、储能电池产业化应用积极推进。

（六）加快农业农村发展步伐，乡村振兴战略深入实施。坚持把解决好"三农"问题作为重中之重，以更大力度推进乡村振兴，奋力开启农业农村现代化建设新征程。一是脱贫攻坚成果持续巩固。严格落实"四个不摘"要求，"两不愁三保障"持续提升，出台全面推进乡村振兴加快农业农村现代化、实现巩固拓展脱贫攻坚成果同乡村振兴有效衔接实施意见，向39个乡村振兴重点帮扶县安排资金134.5亿元。健全完善防止返贫动态监测和帮扶机制，对10.3万户41.8万监测对象全部落实帮扶措施。制定实施促进务工就业政策措施，加大有组织劳务输转力度，全年外出务工脱贫人口199.1万人，比去年增加9.2万人。2259家扶贫车间向乡村就业工厂转型。开发乡村公益性岗位10.3万个，农村低保和特困供养人员基本生活标准分别提高到4788元和6216元。召开易地扶贫搬迁后续扶持现场会，加强产业、就业等后续扶持重点任务调度，实现有劳动能力且有就业意愿的搬迁脱贫群众户均1人就业，易地扶贫搬迁后续扶持工作连续两年获得国家发展改革委通报表扬。天津、山东和中央单位定点帮扶力度持续加大，财政援助资金达38.4亿元，消费帮扶57.7亿元。二是特色优势产业发展势头强劲。与农业农村部签署《部省共同推进现代寒旱农业建设合作框架协议（2021—2025年）》，启动现代丝路寒旱农业优势特色产业三年倍增行动，开展省级绿色标准化种养基地"抓点示范行动"，建成绿色标准化种养基地786个，打造产业大县14个。新增农业龙头企业139家。国家发展改革委等七部委正式认定我省国家级农村产业融合发展示范园6个，启动创建61个省级现代农业产业园，完成粮食播种面积4015.1万亩，粮食产量246.3亿斤，高原夏菜、苹果、马铃薯、中药材种植面积和产量均居全国前三，牛羊存出栏量和油橄榄产量位居全国前列，产业规模效应逐步显现。持续提升消费帮扶，全面实施"甘味"品牌营销战略，建立《"甘味"农产品品牌目录》，举办"甘味"农产品推介暨产销对接专场活动，扎实开展"甘味"农产品进央企活动，"甘味"名列中国区域农业形象品牌影响力指数百强榜第一，"厚道甘肃•地道甘味"的影响力持续提升。三是种业振兴行动扎实推进。着眼在国家"种业翻身仗"中作出种业大省的应有贡献，制定种业振兴行动实施方案，加快推进玉米、马铃薯、中药材、花卉、蔬菜、饲草及畜禽水产等种质资源保护利用和开发，建成全国最大的杂交玉米制种基地和马铃薯良种繁育中心，玉米、马铃薯、瓜菜花卉制种产量分别增长6%、18.2%、8.2%，马铃薯原原种年生产能力达13亿粒。四是乡村建设行动扎实推进。启动"5155"乡村建设示范行动，出台开展乡村建设示范行动的指导意见和实施方案，安排预拨奖补资金5.8亿元，完成500个省级示范村建设，编制2321个实用性村庄规划。深入开展农村人居环境整治五年提升行动，接续推进农村改厕等"三大革命"和"六大行动"，清理农村生活垃圾95.2万吨、村内沟渠10.5万公里，完成全年50万座改厕任务。中央农办、农业农村部、国家乡村振兴局连续在我省召开全国村庄清洁行动现场会和农村厕所革命西部片区座谈会。

五是农村重点领域改革有序推进。持续深化农村“三变”改革，辐射带动农户164万户，获得入股分红约12.1亿元。稳慎推进农村宅基地制度改革，在陇西县、凉州区、康县开展试点工作。加强乡村治理体系和治理能力建设，召开现场会总结推广金昌、甘南、临夏经验做法，高台县、环县、积石山县3个国家级试点县和15个省级试点县（市）稳步推进，推动全省乡村治理水平不断提升。

（七）统筹区域和城乡，发展协调性不断增强。落实国家区域发展战略，抢抓新时代推进西部大开发形成新格局机遇，全面优化区域发展布局，推进新型城镇化建设，推动县域经济发展，着力构建高质量发展的新动力源。一是区域发展格局进一步优化。全省国土空间规划体系基本建立，编制实施兰州经济圈、河西走廊经济带、陇东南区域发展规划，协同推进兰西城市群、关中平原城市群、兰白都市圈、大敦煌文化旅游经济圈、榆中生态创新城建设，制定实施特殊类型地区振兴发展规划，出台20条政策措施支持革命老区振兴发展，推动形成优势互补、高质量发展的区域经济发展格局。二是新型城镇化建设加速推进。编制实施《甘肃省新型城镇化规划（2021—2035年）》，加快榆中、敦煌国家新型城镇化补短板示范县城建设。持续推进城市更新行动，新开工建设棚户区改造住房6.7万套，基本建成3.7万套，完成投资204亿元。新开工老旧小区改造项目2126个，完成投资31.4亿元，惠及居民17.7万户。县城以上生活垃圾无害化处理能力实现全覆盖，18条黑臭水体均实现“长制久清”目标，城市品质和人居环境质量持续提升。三是县域经济不断发展壮大。召开全省县域经济高质量发展推进会，制定实施加快县域经济高质量发展的意见，调整新引进企业增值税省市县划分比例，将新引进企业缴纳增值税省市级分成全部留给县级，最大限度调动县市区加快发展的积极性。下放建设项目全部占用国有未利用地和土地征收成片开发方案审批权限，开展建设用地县级直报试点，允许试点县向省政府直报用地。出台推进园区加快发展的若干措施，整合优化县域内各类工业集中区，引导企业向园区聚集，推进兰州新区和百亿级园区建设。

（八）深入实施黄河战略，绿色发展底色更加靓丽。立足打造国家西部生态安全屏障定位，始终保持加强生态环境保护的战略定力，坚定不移走生态优先、绿色发展之路。一是黄河流域生态保护和高质量发展战略深入实施。出台“十四五”黄河流域生态保护和高质量发展实施方案，黄河流域相关市州和兰州新区规划已全部印发实施，“1+N+X”政策规划体系基本构建完成。争取中央预算内投资10.5亿元，支持甘南玛曲湿地保护与修复、平凉泾河等流域综合治理等重点项目建设，甘南黄河上游水源涵养区山水林田湖草沙一体化保护和修复工程年度项目全部开工。跨甘川两省若尔盖国家公园等保护治理重点任务加快推进。合作市、临泽县分别被命名为第五批国家生态文明建设示范区、“绿水青山就是金山银山”实践创新基地。推动国家黄河流域生态环境警示片涉及我省问题整改，目前18个问题已整改完成7个。实施“黄河清废”行动，开展黄河流域入河排污口排查整治，完成359个违法违规岸线利用项目整治。组织拍摄全省生态环境问题警示片，201个问题全部“双移交”，正在推动整改。与四川签订黄河流域横向生态补偿协议、与陕西、宁夏、青海、内蒙古4省区签订河流联防联控联治合作协议，共同推进黄河流域生态补偿试点建设。二是生态环境质量持续改善。加快建设以国家公园为主体的自然保护地体系，全省生态环境保护“1+7+4”规划体系基本构建，大熊猫国家公园正式设立，祁连山国家公园体制试点基本完成，自然保护地由209个调整为165个，保护地面积9.9万平方公里，占国土面积的23.2%。持续强化祁连山生态环境保护，建立健全常态化监管考核机制。中央生态环境保护督察反馈问题和“绿盾”专项行动发现问题整改有序推进，解决了一大批突出生态环境问题。“天地空”一体化生态环境监测网络建成投用，出台《甘肃省生态环境保护督察工作实施细则》，完成第二轮第一批市州省级督察。全面开展生态环境大排查大整治，共排查发现问题4723个、整改完成率96.8%。河湖长制、林长制全面实施，完成营造林343.5万亩、沙化土地综合治理212.2万亩、草地改良治理411万亩。持续打好污染防治攻坚战，兰州市成功纳入北方地区冬季清洁取暖试点城市。加强饮用水水源地保护，36个重点流域水污染治理项目开工建设，与四川、陕西、宁夏、青海、内蒙古5省区签订跨界流域突发水污染事件联防联控框架协议。完成土壤污染状况详查，抓好受污染耕地安全利用和严格管控，启动18个化工园区地下水环境调查。初步划定永久基本农田、生态保护红线、城镇开发边界三条控制线，优化调出面积285万亩。我省在国家污染防治攻坚战考核中连续两年获“优秀”等次，位列西北地区第一。市州所在城市细颗粒物（$PM_{2.5}$）浓度同比下降11.5%，14个市州空气质量平均优良天数比率为90.1%，74个国家考核断面水质优良比例为95.9%，土壤环境安全总体可控。三是碳达峰碳中和工作稳步开展。制定《关于加快建立健全绿色低碳循环发展经济体系的实施方案》和“1+N”政策体系编制工作方案，建立碳达峰碳中和省级工作机制，推进碳排放数据核算。参与全国碳市场建设，对7大行业重点控排单位开展碳排放核查，首批19家电力企业纳入全国碳市场交易。指导部分地区开展碳汇项目开发，张掖、平凉迈出碳交易实质性步伐。科学稳妥处置“两高”项目，在严格落实国家能耗双控制度的前提下，对拟新上高耗能项目，一企一策提出推进建议，既满足了国家“两高”项目管控要求，又符合我省经济加快发展需求。

（九）纵深推进改革攻坚，市场活力迸发释放。坚持把深化改革作为增进发展动力的基础和关键，全面提升政府服务质效，持续激发市场主体活力。一是持续优化营商环境。落实《全面优化营商环境的若干措施》，开展深化“放管服”改革优化营商环境提质提标年活动，召开全省优化营商环境大会，出台实施优化营商环境季调度年评价办法、社会监督员管理办法、督导办法等政策措施，取消、调整和下放行政审批事项91项，创近年新高；工程建设项目审批时限压缩至90个工作日内。围绕优化营商环境政策落实、重大招商引资项目履约、央企助力甘肃合作项目落地、涉企历史遗留问题化解等方面，开展明察暗访，发现问题及时反馈部门和市州整改。组织兰州市和兰州新区参加中国营商环境评价。深化投资建设领域“放管服”改革，实现项目报批“一网通办”“掌上办”。在兰州新区、金昌经开区、玉门市开展“标准地”出让改革试点，实现“拿地即开工”。印发实施《甘肃省信用分级分类管理办法（试行）》《甘肃省信用修复和异议处理办法（试行）》，建立信用分级分类管理体系。建立“甘肃信易贷”平台服务中小企业融资发展，入驻平台银行累计放款162亿元，获评全国信用建设特色平台。二是数字政府建设加快推进。搭建“12345+N”框架体系，出台《深化“证照分离”改革进一步激发市场主体活力的实施方案》和《甘肃省服务“六稳”“六保”进一步做好“放管服”改革的实施方案》，成立省大数据管理局和大数据中心，建成数字政府运营指挥中心，推出“甘快办”“甘政通”“12345”热线、“不来即享”4个特色品牌，加快实现“一网通办”“一网统管”“一网协同”。省市县三级政务服务事项网上可办率达90%以上，省级86.8%行政许可事项实现全程网办。“陇剑杯”大赛成为国家网络安全三大赛事之一。与陕西、青海、新疆、新疆生产建设兵团签署《“丝路通办”政务服务“跨省通办”协议》，累计办理“跨省通办”事项1.8万件。三是民营经济活力不断增强。实施“万企兴万村”甘肃行动，举行“民企武威行”“光彩会宁行”活动。召开全省民营企业座谈会，研究制定促进中小企业和民营经济发展、提高上市公司质量等政策措施，开展“千企调研纾困”行动，有效解决民营企业发展难点痛点问题。全省新设立市场主体31万户，同比增长10.4%，日均新设849户，市场主体总量首次突破200万户，达到203.3万户。新增规上工业企业312户。新增中小微企业贷款721.3亿元，减税降费100亿元以上。四是国资国企改革扎实推进。国企改革三年行动超进度完成任务。省属企业抢抓大宗商品价格持续上行的有利时机，充分释放产能，全年省属国有企业工业总产值、营业总收入、利润总额分别增长33.9%、12.6%、108.2%，创历史最好水平。出台《关于推进市县政府融资平台公司整合升级加快市场化转型发展的指导意见》，全面启动整合升级转型工作。五是电价市场化改革深入推进。实施输配电价改革，开展年度直购电交易，完善基准价+上下浮动机制，扩大电力市场化交易规模。通过电价改革、电力市场化交易等措施降低企业用电成本近45亿元。修订完善分时电价机制，引导用户削峰填谷，促进电力电量平衡，保障电力系统安全稳定运行。

（十）高质量合作共建“一带一路”，发展空间持续拓展。遵循习近平总书记“甘肃最大的机遇在于‘一带一路’”的重要指示，加快构建内外兼顾、陆海联动、向西为主、多向并进的开放新格局。一是深化“一带一路”经贸合作。突出文化、通道、信息、技术、生态等开放优势，同180多个国家和地区建立了经贸往来关系。出台进一步做好稳外贸稳外资工作的实施意见、推进对外贸易创新发展实施方案，举办马来西亚—中国（兰州）农产品线上贸易交流对接会，外繁育种、芯片封装、保税加工等外向型优势产业加快发展。建立对外投资合作重点项目库，金川集团印度尼西亚红土镍矿等境外投资项目运营正常。与“一带一路”沿线国家进出口增长38%。二是开放平台渐成体系。兰州航空口岸运营水平稳步提升，兰州陆港和连云港港口集团达成共建共用无水港、促进通关一体化合作协议，与格鲁吉亚、乌兹别克斯坦互设“海外仓”成功启动。兰州新区综合保税区进出口总值增长1.4倍，跨境电商实现进出口贸易8.6亿元，增长1.1倍。开通运营14条国际货运航线、6条国内货运航线、5条国际客运腹舱载货航线，稳定运营东盟—兰州—南亚国际货运包机航线。签署《浙江省义乌市与甘肃省兰州市班列合作协议》，开行中欧班列义乌—兰州—莫斯科、武威南—德国—杜伊斯堡集装箱货运班列，首发武威—第比利斯跨境海铁联运班列，“中吉乌”公铁联运国际货运班列运营水平持续提升，发运“4向5条”国际货运班列498列1.7万车。三是对外交流合作更加密切。成功举办第八届中国—中亚合作论坛、“东亚文化之都·中国敦煌活动年”等活动，有力促进了丝绸之路沿线国家文明互鉴和文化交流。积极推进大敦煌文化旅游经济圈建设，组织参加柏林旅游交易会、马德里国际旅游展等重大国际展会，与韩国、新加坡、马来西亚、泰国在华商会举办入甘旅游专场推介会，深化丝绸之路沿线国家文旅合作。充分发挥甘肃中医药资源优势和中医抗疫诊疗经验，依托“岐黄中医学院”，开展线上中医药教育培训及中医诊疗服务，向“一带一路”沿线国家捐赠1.5万剂“甘肃方剂”，帮助抗击疫情，在促进民心相通方面迈出了新步伐。四是招商引资稳步推进。出台《关于加大招商引资力度推动高质量发展的意见》，完善重大招商引资项目认定、省级奖励等制度。成功举办第二十七届兰洽会，签约项目697个、签约金额3909亿元，较上届分别增长18.7%、43.2%，项目开工率达73.3%。在北京召开央企助力甘肃乡村振兴和高质量发展项目对接会，签约项目116个、总投资4500亿元，已开工80个，到位资金570多亿元。举办“2021年甘肃在线招商推介会（香港专场）活动”，签约项目95个、总投资415.6亿元。通过上门对接和“云招商”形式，向百强央企、民企推介总投资约1300亿元的10个国家收费公路和10个路衍经济优质项目。省外招商引资项目到位资金3510亿元，增长17%。新引进23家“三个500强”企业。

（十一）坚持在发展中保障改善民生，人民生活品质稳步提升。树牢以人民为中心的发展理念，聚焦群众“急难愁盼”问题，结合党史学习教育，扎实开展“我为群众办实事”实践活动，不断增强群众的获得感、幸福感、安全感。一是疫情防控有力有效。坚持“外防输入、内防反弹”总策略，慎终如始抓好疫情防控。10月18日省内本轮疫情出现首例核酸检测阳性人员后，在党中央国务院的关心支持和国家工作组的精心指导下，第一时间激活应急指挥机制，果断处置、精准施策，科学高效做好流调溯源、核酸检测、集中隔离、定点救治、应急值守、物资保障等工作，以最快的速度阻断疫情传播链条，筑牢群防群治的全民抗疫防线，守护了人民生命安全和身体健康。利用信息化助力疫情防控被评为全国十大医疗健康类数字化转型成功案例。在全国率先启动并提前完成新冠病毒疫苗委托分包装生产和批签发上市，累计分装生产新冠病毒疫苗2.3亿剂。新冠病毒疫苗接种工作圆满完成国家目标任务。二是加快完善公共服务体系。制定出台《甘肃省基本公共服务实施标准（2021年版）》。优化调整就业奖补政策，稳定和扩大就业岗位，全省城镇新增就业33.3万人，开展各类职业技能培训101万人次，输转城乡富余劳动力528万人，其中脱贫劳动力199.1万人，就业形势总体稳定。全面提升医疗服务能力，建成甘肃省中心医院和县域5类急危重症救治医学中心，改建15个市级重症医学传染病区域和30个县域医疗机构传染病病区。促进优质医疗资源下沉，推行医联体内部“县检查、省诊断、县治疗”工作机制，实现90%的常见病多发病、80%的大病在县域内诊治的目标。加强食品药品安全监管，“食安甘肃”建设稳步推进。教育改革发展迈出新步伐，加快“技能甘肃”建设，建成2所职业技术大学，3所高职院校进入国家“双高计划”建设序列，23所中职学校进入国家“优质中职”建设序列，职业教育第二次被国务院办公厅予以激励表扬。兰州理工大学技术工程学院等3所独立学院转设工作全面完成。率先在全国启动“新文科”建设。加快推进面向义务教育阶段学生的学科类培训机构“营转非”“备改审”等工作，“双减”工作在全国处于靠前位置，率先在西北省份实施高考改革。所有县市区实现义务教育基本均衡发展目标。6209个“能力提升”项目改善2886所义务教育学校办学条件、惠及156万名学生。建成农村中小学教师周转宿舍972套、食堂1171个，增补义务教育学位2.6万个。义务教育阶段学校56人以上大班额比例下降到0.03%，实现“控制在1%以内”的国家要求。兰州、武威被确定为全国居家和社区基本养老服务提升行动项目试点地区，城市街道综合养老服务中心覆盖率达到80%以上。三是用情用力办好民生实事。省政府年初确定10件为民实事全部办结，部分超额完成任务。民生投入只增不减，民生支出3206.1亿元，占一般公共预算支出的80%。推动实施甘南舟曲地质灾害避险搬迁安置，全年完成7批次850户3495人入住兰州新区。争取困难群众救助补助资金104.6亿元，居全国第2位。结合开展“我为群众办实事”实践活动，大力解决突出民生难题，化解国有土地上已售城镇住宅历史遗留“登记难”问题66.7万套。四是着力加强保供稳价工作。认真落实“米袋子”省长责任制和“菜篮子”市长负责制，密切监测粮油肉蛋菜等重要民生商品市场供应和价格变化，加强供应调度和市场监管，维护正常产销秩序，保障市场供应和价格稳定。

（十二）*更大力度统筹发展和安全，重大领域风险总体可控*。坚持系统观念，树牢底线思维，把安全发展贯穿工作各领域全过程，牢牢守住不发生系统性区域性风险的底线。一是守好粮食安全底线。全面落实藏粮于地、藏粮于技战略，坚决遏制耕地“非农化”、防止耕地“非粮化”，全面完成粮食生产任务。出台《甘肃省粮食应急预案》，加强粮食储备建设和管理，实施优质粮食工程，全省地方粮食储备251.2万吨，超过国家下达规模56.2万吨，能够满足全省7个月市场供应量；落实应急成品储备9.3万吨，能够满足11天市场供应量；地方食用油储备3.8万吨，能够满足1个半月市场供应量。二是全力做好能源安全保供。出台《关于今冬明春电煤及能源保供工作方案》，新疆电煤入甘同比增加673万吨，全年电煤供应5370万吨，同比增长26%，跨省跨区购入电量71亿千瓦时，我省成为全国4个未实施有序用电及拉闸限电的省份之一。民勤红沙岗一号井、肃北红沙梁露天矿列入国家应急保供煤矿，白银市100万吨煤炭储备项目建成投运。兰州储气设施项目建成投运，新增储气能力3600万立方米，在供暖季发挥了应急调峰作用。三是守好社会大局稳定底线。重点加强金融机构、国有企业、房地产等领域风险防控，有效管控地方各类债务风险。稳妥处置白银市景泰县“5•22”公共安全责任事件善后工作。健全应急管理体系，制定森林草原火灾、大面积停电事件、安全生产事故、自然灾害、金融突出事件等领域专项应急预案，积极推进省级人民防空疏散基地等项目建设。安全生产专项整治三年行动扎实开展，各类安全事故主要指标全面下降。更大力度支持民族地区、革命老区、涉藏地区经济社会发展，深入开展民族团结进步“一廊一区一带”创建行动，扎实推进平安甘肃建设，运用大数据等手段创新社会治理，社会大局保持和谐稳定。

尽管2021年全省经济社会发展总体平稳向好，但是发展不平衡不充分的矛盾依然突出，部分领域还存在一些短板弱项和突出问题。一是城乡发展、区域发展、产业发展“三个不平衡”问题依然突出，转方式调结构任务艰巨，经济发展动能偏弱。二是科技创新能力不强，科技成果就地转移转化率低。三是传统产业链条短，竞争力不强；新兴产业尤其是战略性新兴产业尚处在起步阶段，市场主体总量、体量均不够大。四是消费提升总体乏力、新的消费点明显不足，进出口总量小、对经济增长的贡献有限。

二、2022年经济社会发展环境、总体要求、主要预期目标

2022年，国内外环境形势复杂多变，我省经济发展既面临不少困难和挑战，也存在很多机遇和积极因素。从困难挑战看，一是世界百年未有之大变局和全球疫情大流行仍在相互交织、彼此影响，全球供应链危机、能源短缺和通货膨胀的传导压力持续增大，世界经济在脆弱中艰难复苏。二是受大宗商品价格上涨、电力煤炭供应紧张、严重洪涝灾害等因素影响，国内经济恢复仍然不稳固、不均衡，市场需求特别是内需持续恢复动力依然偏弱。三是国家严控“两高”项目，环境约束压力持续加大。金融、房地产、地方政府性债务、省属企业债务等领域存在潜在风险，再加上疫情还存在不确定性、防输入压力始终存在，“三个不平衡”特征依旧明显，经济发展的基础仍不牢固，还面临不少不确定不稳定因素。从面临机遇看，一是2022年即将召开党的二十大，这是党和国家政治生活中的一件大事，全国要保持平稳健康的经济环境、国泰民安的社会环境、风

清气正的政治环境，这为我省经济社会发展提供良好的基本面。二是中央经济工作会议确定的宏观经济政策为我省带来利好，特别是加快畅通国内大循环，增强国内资源生产保障能力，加快油气矿产等资源先进开采技术开发应用；继续实施积极的财政政策和稳健的货币政策，地方政府专项债券 2021 年结转余额可用于2022年,并扩大债券使用范围，给地方更大自主权；新增可再生能源和原料用能不纳入能源消费总量控制，创造条件尽早实现能耗“双控”向碳排放总量和强度“双控”转变；面向市场主体实施新的减税降费政策，去年到期的支持小微企业和个体工商户政策全部延期，并且提高减免幅度、扩大适用范围等等，这些政策将为我省经济社会高质量发展带来更多红利。三是我省正处在国家战略与自身优势融合释放的历史交汇期，随着“一带一路”、新时代西部大开发、黄河流域生态保护和高质量发展等国家战略的深入推进，我省在党和国家大局中作为生态屏障、能源基地、战略通道、开放枢纽的特殊功能定位更为清晰，资源禀赋优势、工业基础优势、地理区位优势愈加凸显，为我省加快发展提供了良好机遇。四是省委省政府推进高质量发展、赶超进位的导向和决心非常坚定而鲜明，特别是随着省、市州、县区换届工作的完成，全省上下大干快上的发展势头、你争我赶的竞争局面正在形成，必将为我省高质量发展营造良好的工作环境。五是我省 2021 年地区生产总值突破 1 万亿元后，将会极大地提振发展信心、增强发展底气，经济发展的韧性和质量持续向好，随着产业链链长制、链主制大力推行，产业基础高级化产业链现代化攻坚战深入实施，特别是随着 2021 年新建成的 136 个产业项目陆续投产达产，我省实体经济自我发展能力将进一步增强。经综合研判，当前和今后一个时期，我省机遇和挑战并存，但机遇大于挑战，整体形势有利于我省发展。

2022 年，我们将迎来党的二十大胜利召开，我省将召开省第十四次党代会，做好经济社会工作十分重要。全省经济社会发展工作的总体要求是：以习近平新时代中国特色社会主义思想为指导，全面贯彻落实党的十九大和十九届历次全会精神，弘扬伟大建党精神，深入落实习近平总书记对甘肃重要讲话和指示精神，坚持稳中求进工作总基调，完整、准确、全面贯彻新发展理念，加快构建新发展格局，加快改革开放，加快科技创新，推动高质量发展，坚持以供给侧结构性改革为主线，统筹疫情防控和经济社会发展，统筹发展和安全，继续做好“六稳”“六保”工作，全力盘活存量、引入增量、提高质量、增强能量、做大总量，促进经济稳中向好、稳步提质，持续改善民生，保持社会大局稳定，以优异成绩迎接党的二十大和省第十四次党代会胜利召开。

按照上述总体要求，本着稳字当头、稳中求进的工作总基调，以“跳起摘桃”的精神，2022 年全省经济社会发展预期目标是：地区生产总值增长 6.5% 以上，在实际工作中尽可能争取更好结果：其中，第一产业增加值增长 5%，第二产业增加值增长 6.5%，第三产业增加值增长 7%；固定资产投资增长 9%；社会消费品零售总额增长 8%；一般公共预算收入增长 6.5%；居民消费价格涨幅控制在 3% 以内；外贸进出口总值增长 10%；城镇新增就业 32 万人，城镇调查失业率控制在 5.5% 左右；城镇居民人均可支配收入增长 8% 左右，农村居民人均可支配收入增长 10% 左右；粮食产量稳定在 240 亿斤以上。主要污染物排放等指标完成国家下达目标。

三、2022 年经济社会发展主要任务

（一）持续巩固拓展脱贫攻坚成果同乡村振兴有效衔接，加快推进农业农村现代化进程。一是做大做强优势特色产业。加快发展富民产业，深入实施现代丝路寒旱农业优势特色产业三年倍增行动，推动优势特色产业提质增效，牛、羊出栏量分别增长 8%、10%，蔬菜、苹果、中药材、马铃薯产量平均增长 3% 以上。开展农业龙头企业引培提升行动，加快培育产值超过 100 亿元、50 亿元、10 亿元的领军型和骨干型链主企业。推进建设具有甘肃特色的国家级中药材标准化基地、中药材特优区，全省中药材种植面积达到 490 万亩、标准化种植率达到 55%。打造一批“甘味”特色农产品品牌，全面提升农业产业核心竞争力。深入落实“藏粮于地、藏粮于技”战略，加快高标准农田建设，全力稳定粮食播种面积和产量，力争播种面积稳定在 4000 万亩以上、产量稳定在 240 亿斤以上。二是全面推进种业振兴。贯彻落实《种业振兴行动方案》实施意见，实施好种业振兴 5 大行动，做优玉米、马铃薯、瓜菜、肉牛、肉羊 5 个特色种业品牌，加快打造现代种业强省。玉米制种面积稳定在 130 万亩以上，产种保持在 5.5 亿公斤左右；生产马铃薯原原种稳定在 13 亿粒以上，原种 25 万吨以上。三是坚决守牢不发生规模性返贫底线。严格落实防返贫动态监测帮扶机制，健全农村低收入人口常态化帮扶机制，分层分类实施社会救助。用好用足各项政策措施，倾斜支持 39 个乡村振兴重点帮扶县，加快补齐发展短板，增强脱贫地区自我发展能力。强化劳务技能培训，加大有组织输转力度，多渠道增加农民收入。推动陇南、舟曲等地地质灾害避险搬迁，争取全年搬迁 4000 户。继续做好易地扶贫搬迁群众后续帮扶。落实好津甘、鲁甘协作发展规划，持续加强产业协作、劳务协作和消费协作，接续推动“一县一园”建设和“百村振兴”计划，促进“津企陇上行”“鲁企甘肃行”等签约项目落地，着力推动东西部协作和定点帮扶实现新突破。四是深入推动农业农村领域改革。稳慎推进农村宅基地制度改革和农村集体产权制度改革，最大限度盘活农村闲置资源资产，探索发展“村级 + 企业”合作模式。提升村级组织发展集体经济、服务群众的能力水平。完善人才服务乡村激励机制，加快推进乡村人才振兴。科学实施乡村建设行动，深入推进“5155”乡村建设示范行动，启动实施农村人居环境整治提升五年行动，稳妥有序推进农村改厕和生活污水治理。实施农房抗震改造 3 万户。推进农村道路、供水保障、清洁能源、数字乡村、村级综合服务设施建设。

（二）实施强工业行动，加快形成产业结构竞争优势。一是促进传统产业提质升级。深入开展打好产业基础高级化产业链现代化攻坚战专项行动，落实“1+N+X”政策体系和 14 条重点产业链实施方案，以实施大规模技术改造为

抓手，推动石化、有色、钢铁、煤化工、精细化工产业延链补链强链，积极引入龙头企业及其配套企业，构建上下游企业融合发展格局。实施总投资822亿元的“三化”改造项目270个，年度投资224亿元。积极推动兰州石化3.5万吨/年丁腈橡胶、甘肃德福4万吨高档电解铜箔等重点项目建设，加快打造千亿产业集群和百亿产业园区。支持金川集团、酒钢集团等龙头企业实施技术改造、产品更新，实现传统产业转型升级；支持兰石集团、电气集团等企业积极发展服务型制造业，打造先进制造业和现代化服务业融合发展平台。二是有序推进绿色生态产业。发挥带动项目作用，调整补充生态产业重大带动性项目库，推动生态产业基金加快运营。发挥我省资源优势，吸引龙头企业布局建设新能源装备制造、现代绿色高载能、中医药精深加工等生态产业项目，助推生态产业提质增效，生态产业增加值占地区生产总值的比重达到29%左右。三是推动新兴数字产业发展。启动建设全国一体化算力网络国家枢纽节点，实施“东数西算”产业园项目，推动庆阳“零碳”东数西算产业园修建性规划落地，启动中国电信、中国移动、秦淮数据等首批数据中心和产业园基础设施等项目建设。论证庆阳至国内其他枢纽节点城市直连链路建设。与上海、广东开展算力供需对接，引进一批数据中心业务企业落地。制定出台落实国家新基建规划的具体措施，争取建设国家互联网骨干直联点，持续加快“双千兆”网络建设，力争新建成5G基站1万个，5G网络人口普及率达到30%以上。

（三）实施强科技行动，着力增强科技支撑力。一是加快科技创新平台建设。推动兰白自创区和兰白试验区重点产业和重大项目加速落地。积极争取部署建设同位素实验室、敦煌文物保护中心等国家重点实验室。实施高校院所创新能力提升工程，整合重构省级科技创新平台。规划建设“校企共生融合发展创新港”，谋划打造“甘肃黄河科技创新产业带”，启动陇粤共建“大湾区•兰白自创区中医药创新发展示范区”。积极争取在兰州布局建设国家区域科技创新中心，在核技术、文物保护、生物医药、生态保护等优势领域培育国家级创新平台，争取国家战略科技力量在甘布局。二是加强关键核心技术攻关。聚焦全省重点产业，全面梳理关键技术清单，通过“揭榜挂帅”“赛马制”等方式，实施一批战略性、储备性技术研发项目。强化企业创新主体地位，实施科技创新型企业和高新技术企业倍增计划，组建一批企业创新联合体。落实和完善企业研发费用加计扣除等政策，引导企业加大研发投入力度，加快培育“专精特新”企业，激励引导企业成为技术创新、研发投入、成果转化的主体。三是加大科技创新人才引育。破除“官本位”“行政化”思维，积极为人才“松绑”，赋予科技人员更多自主权，发挥核心领衔科学家的把关定调作用，建立以信任为基础的人才使用机制，鼓励更多科技人才挂帅出征。探索开展改善科研人员薪酬水平等政策的先行试点。柔性引进和使用高端人才，积极推进与中国科学院、中国工程院、科技型中央企业等科技“国家队”的战略合作，助力甘肃创新驱动发展。

（四）抢抓扩大内需战略机遇，深度融入新发展格局。一是持续扩大有效投资。围绕国家适度超前开展基础设施投资，加强项目谋划，抓实前期工作，强化实施调度，形成更多实物投资量。加大向上汇报衔接力度，争取中央预算内投资规模、地方专项债券额度不低于2021年。统筹做好项目资金申报下达和调度监管工作。编制实施2022年投资项目“三个清单”，力争纳入“三个清单”管理的项目年度投资超过4900亿元，比2021年增加200亿元以上。二是抓紧抓实重大项目建设。继续推进领导包抓、定期调度、集中开工等措施，落细落实重大项目建设协同推进机制，制定《关于盘活存量资产拓宽筹资渠道支持重大项目的指导意见》，加快推进重大项目建设。交通领域。全年计划完成投资1200亿元。其中，公路领域力争完成投资1000亿元，建成通渭至定西、武九高速文县至青龙桥段、夏河至桑科段等高速（一级）公路，力争新增高速（一级）公路700公里，实现通渭县、文县通高速公路，新建自然村（组）通硬化路1万公里以上。铁路领域力争完成投资110亿元，建成中卫至兰州铁路，新增高速铁路通车里程184公里，新增白银市和白银区、平川区、靖远县1市3县（区）通高铁；基本建成兰州轨道交通2号线一期工程，加快兰张三四线中川机场至武威段、兰州至合作、西宁成都铁路甘肃段、天陇铁路建设，力争开工建设平庆铁路，做好兰张三四线武威至张掖段、定西至平凉铁路前期工作。民航机场领域力争完成投资90亿元，建成华池通用机场，加快推进兰州中川国际机场三期扩建工程，做好临夏机场、平凉机场、天水军民合用机场迁建和嘉峪关机场改扩建等项目前期工作。农林水利领域。重点实施高标准农田建设、农村人居环境整治等项目，争取完成农业投资110亿元以上。积极推进森林、草原、湿地、荒漠等生态系统保护和修复，重点实施祁连山生态保护和修复、甘南黄河重要水源补给生态保护和修复、秦岭生态保护和修复、河西走廊生态保护和修复、黄土高原水土流失综合治理等工程，争取完成林草建设投资50亿元以上。争取完成水利投资180亿元以上，深入实施水利“四抓一打通”工程，推进引洮供水二期配套、甘肃中部生态移民扶贫开发供水、景电等大型灌区续建配套与现代化改造、庆阳甜水堡调蓄引水、临夏南阳渠提质增效及水系连通等重点水利工程建设。加快推进白龙江引水工程等前期工作。社会事业领域。抢抓国家实施社会领域六大工程有利机遇，力争社会领域完成投资300亿元以上。加快推进国家肿瘤区域医疗中心建设、中医特色重点医院、兰州新区甘南实验中学、临洮体育训练基地（二期）等重大项目建设，开工建设莫高窟数字展示中心（二期）、省博物馆扩建、西北师大兰天公寓等重点项目。三是加速释放居民消费潜力。紧盯重要节点，持续组织开展各类促销活动，稳住汽车、成品油等大宗消费，促进家电、餐饮等热点消费。支持兰州、天水、酒泉、张掖、庆阳5市培育建设区域（特色）消费中心城市。构建完善全省电商同城配送体系，力争具备条件的县区子平台实现全覆盖。推广直播带货、短视频等电商新模式，线上线下融合开展各类节庆促销活动，鼓励引导“中央厨房+N”

经营模式发展，进一步释放消费潜力。高质量办好“一会一节”，持续放大文化旅游综合效应，力争全省接待游客和旅游综合收入分别增长 20% 和 25%。四是加快建设现代流通体系。统筹推进城市和县域商业体系建设，抓好城市社区菜市场、县乡农贸市场等改造提升，推进农产品市场体系标准化建设。健全农村寄递物流体系，支持“甘味”农产品走出去。加快提升兰州商贸服务型国家物流枢纽区域分拨服务功能，进一步完善兰州、酒泉物流枢纽基础设施，积极申报列入国家物流枢纽建设名单。推进兰州、天水、张掖完善冷链物流基础设施，提升冷链物流产业发展基础。

（五）*大力发展绿色能源产业，加快构建能源资源开发利用新局面*。一是加快推进新能源领域重点项目建设。全面建成“十四五”第一批 1200 万千瓦风光电项目，启动建设“酒湖特高压”配套风电项目，谋划实施“十四五”第二批风光电项目建设。推动玉门昌马、张掖盘道山抽水蓄能电站开工建设，力争新获批项目 3—4 个。二是推动传统能源绿色高效利用。大力实施找矿突破战略行动，研究制定推动矿产资源勘查开发高质量发展的政策措施。加大煤炭油气勘探、综合开发和清洁高效利用力度，有序释放先进产能，推进陇东综合能源基地高质量发展。建成投产核桃峪、甜水堡二号井、红沙梁露天矿、东水泉等一批大中型现代化矿井，新增产能 1465 万吨 / 年。持续推进陇东千万吨级油气生产基地建设，力争全省煤炭产能达到6728万吨/年，煤炭产量4800万吨，原油产量突破 1000 万吨，天然气产量达到 5 亿立方米。三是加大能源通道建设力度。着眼构建适应高比例、大规模新能源发展的新一代电力系统，建成甘青断面武胜至郭隆输电、兰临输变电等工程，优化完善电网主网架，进一步加强省际断面联络，提升西北区域省间电网互济及资源配置能力。启动建设陇电入鲁工程及配套风光电项目，确保源网同步建成投产。积极推动陇电入浙工程前期工作，力争输电通道具备核准开工条件。加强陇电入沪工程汇报衔接，争取国家同意正式启动研究论证。加强天然气管道建设，积极推动古浪至河口天然气联络管道、西气东输三线中段、四线甘肃段开工建设。四是促进绿色化工生产基地创新发展。谋划布局清洁能源、调峰电源、外送通道、储能电站、储能电池等项目，加快一体化能源开发建设。加快打造配套产业和消纳产业，推动新能源和新能源产业融合发展，布局建设若干全产业链式的新能源产业集聚区。充分发挥绿电优势，以基础材料、绿色化工、大数据等为重点，推广“源网荷储”一体化模式，承接东中部产业转移，带动下游消纳产业发展。加快石化企业现有装置和产品结构调整，推进新产品拓展和化工产业链延伸，谋划实施庆阳石化、兰州石化等炼厂升级改造。依托兰州新区、金昌、白银、玉门、华亭、高台等化工园区，培育发展高端化工产品、精细化工新材料、化工中间体等产业集群。

（六）*打造区域经济增长极，推动形成全省发展新优势*。一是全面提升区域协调发展水平。持续抓好新时代推进西部大开发形成新格局各项年度重点任务，继续落实好西部大开发税收优惠等。实施兰州经济圈、河西走廊经济带和陇东南区域发展规划，支持金武、平庆融合发展，积极建设兰西城市群、关中平原城市群，统筹推进民族地区、革命老区、边境地区等特殊类型地区振兴发展，加快推进资源型地区转型和生态综合补偿试点，形成相互协作、优势互补的区域发展格局。二是加快推进新型城镇化建设。把实施强省会行动作为加快全省发展的战略抓手。充分发挥通道、枢纽、产业、教育、科技等优势，巩固提升石油化工、装备制造、绿色冶金、生物医药等优势产业，发展壮大新材料、新能源、节能环保等支柱产业，增强城市经济创新活力和发展能级。坚持省市联动，支持兰州新区建设现代产业集聚区，推动兰州新区经济总量和发展层次加速迈上新台阶。积极落实甘青两省签署的“1+3+10”行动计划，加快推进甘青（红古—民和）区域合作示范区建设。深化一体化政策协同和跨区域重大项目建设。加快构建“一核两副中心”城市建设格局，带动协调均衡发展。大力推进以人为核心的新型城镇化，促进城市、县城、小城镇和村庄联动发展，把产城融合、宜居宜业作为方向，让政策、项目、资金跟着人走，使城市功能更加贴近群众生活需要，以城镇化带动经济发展。继续实施城市更新行动，新开工改造老旧小区 1599 个，加快实施海绵城市、燃气及地下管网改造、污水治理等项目。三是持续壮大县域经济实力。大力实施强县域行动，认真落实加快县域经济高质量发展的意见，强化市州对县域发展规划的指导，坚持分类指导、因地制宜，按照城市服务型、工业主导型、农业优先型、文旅赋能型、生态功能型 5 种类型，以园区为平台载体引进龙头企业、发展特色产业、培育主导产业，依托交通条件、节点城市、物流枢纽等，加快打造一批经济实力强、产业发展好、生态环境优的县市区。强化县域发展考核评价，实行市州一季一观摩、省里一年一结账，形成千帆竞发、百舸争流的发展局面。把园区建设作为支撑县域经济发展的重要平台载体，创新管理运营模式，引导各类资本参与园区建设，继续加大对“七通一平”、标准化厂房、污水处理等配套设施投入，提升园区产业承载能力。

（七）*深入推进改革攻坚，持续释放市场发展活力*。一是持续优化营商环境。加快构建亲清新型政商关系，对标国际国内营商环境前沿水平，全面开展营商环境 2.0 升级行动，把兰州市打造成为全省优化营商环境实践样本城市。加强优化营商环境监测调度，形成“评价发现短板—提出任务清单—落实整改措施—跟踪评估成效”工作闭环。以“数字政府”建设为牵引，继续加大“放管服”改革力度，推行投资项目信用承诺制等改革，进一步提升服务质量和办事效率。二是建设现代化市场体系。抓实“甘快办”10 项便企服务措施，努力推动市场主体培育“五转”（自转个、个转企、小转规、规转股、股转市）工程，培育催生更多市场主体，释放改革发展活力，力争全省新设市场主体增长 10% 左右。落实《甘肃省促进中小企业发展条例》，推动中小微企业专项贷款和纾困政策落实，继续推行“不来即享”服务。三是深入推动重点领域改革。深入推进经济体制和生态文明体制改革。保质保量完成国企改革三年行动任务。完成全省党政机关和国有企事业单位培训疗养机构改革。推进市县政府融资平台公司整合升级转型发展。深入推进社会信用体系建设，大力实施“信易贷”等“信易+”工程，加快打造“诚信甘肃”。大力推进电价市场化改革，全面放开工商业用户进入电力市场，不断完善上网电价形成机制。持续深化药品集中带量采购和价格改革，强化医保基金监管。研究制定《甘肃省城镇供水价格管理实施细则》，建立供水价格形成和动态调整机制。制定城镇管道天然气配气价格，实施天然气上下游联动机制。拓展公共资源交易平台功能，推动自然资源、排污权、用能权、水权、林权等公共资源进场交易。

（八）深层次参与共建“一带一路”，塑造开放发展新优势。一是持续做大做强枢纽平台。加快建设陆港、空港、综合保税区，完善大平台、大通道、大通关体系，持续推进兰州、酒泉国家物流枢纽承载城市建设。整合组建港务集团，做大做强龙头企业，发挥开放政策、项目、资金的集聚效应，为提升通道枢纽能力提供实体经济支撑。依托特色国际班列，巩固提升西部陆海新通道、南亚通道、“中吉乌”通道，放大通道枢纽的集散分拨优势。支持兰州陆港同江苏连云港战略合作协议实施，共建甘肃进出口商品中转中心、共建共用无水港，走出一条陆港海港合作发展的新路子。二是促进外贸外资高质量发展。深化与“一带一路”沿线国家和地区经贸合作，加强外贸转型升级基地建设，发展粮油、木材、有色金属等靶向型产品和出口导向型产业，促进加工贸易与现代物流、供应链金融深度融合发展。拓展对外合作新渠道，推动知识产权、人力资源、语言服务、地理信息、农业生产、法律、会计等服务贸易走出去。积极推进亚行贷款、新开行贷款在建项目，稳妥推进金川集团南非思威铂业公司巴古邦铂矿、白银首信秘鲁尾矿综合利用等境外投资项目。三是突出重点强化招商引资。筹备好第28届兰洽会，开展长三角、珠三角、京津冀甘肃特色优势产业、战略性新兴产业招商推介系列活动。突出产业链、新能源新材料、加工贸易、数字信息化招商，用好兰州新区以及各类园区平台，抓好系列招商活动。建立健全省级重大招商引资项目领导包抓和专班推进机制，提高项目履约落地率，招商引资到位资金增长9%。

（九）加强生态环保治理，加快绿色低碳转型发展。一是深入推动“黄河战略”。全面落实黄河流域生态保护和高质量发展《规划纲要》及“十四五”实施方案。争取设立祁连山国家公园、力争创建若尔盖国家公园。加快实施平凉市泾河干流综合治理、兰州市南河道综合治理提升、定西市渭河生态综合治理等重大项目。扎实开展庄浪河、宛川河等生态脆弱河流修复治理。开展祖厉河流域水环境综合治理与可持续发展试点工作。启动黄河干流甘肃段防洪二期工程前期工作。加快完善大中型水库、河道堤防、山洪防治等防洪工程体系。加强与沿黄省份交流合作，共建黄河流域生态保护和水源涵养中心区，共同做好祁连山生态修复和冰川群保护。推进黄河流域环境污染“3+1”综合治理，全面落实深度节水控水行动。加快建立以国家公园为主体的自然保护地体系。抓好国家警示片和中办回访调研报告涉及问题整改落实。二是继续做好资源要素保障。优化土地资源配置，统筹推进四级三类国土空间规划编制、三条控制线划定和落地落实，加大批而未供和闲置土地处置力度，为项目建设和产业发展提供用地保障。加大与东部省份对接力度，积极开展城乡建设用地增减挂钩节余指标跨省调剂。加快资源市场化转让，争取完成具备条件的68个矿权出让。三是巩固夯实生态基础。健全源头防治、过程控制、损害赔偿、责任追究的生态环境保护体系。做好祁连山国家级自然保护区常态化监管，深化祁连山地区黑河、石羊河流域上下游横向生态保护补偿机制。加强山丹马场生态保护。深入开展青藏高原、黄土高原、北方防沙带等重点区域生态保护和修复。大力实施“省门第一道”造林绿化工程，全面推行省市县乡村五级林长体系。扎实开展“绿盾”自然保护地强化监督专项行动，切实维护各类自然保护地生态安全稳定。扎实开展工业、燃煤、机动车、扬尘四类污染源治理工程，启动县级城市黑臭水体排查整治专项行动，持续推进集中式饮用水水源地环境保护，更高标准打好蓝天、碧水、净土攻坚战。高质量完成第二轮省级生态环境保护督察。积极创建国家生态文明建设示范市、示范县。鼓励和支持社会资本参与生态保护修复。四是稳步推进碳达峰碳中和工作。出台碳达峰碳中和工作《实施意见》和碳达峰《行动方案》，以及能源、工业、建筑、交通等分行业行动方案和相关保障方案，并抓好落实。坚决遏制“两高”项目盲目发展，全面排查重点行业存量项目能效水平，分行业制定技术改造实施方案，有序推动钢铁、建材、石化等重点行业绿色低碳转型，坚决淘汰落后产能、工艺、产品。大力推进循环经济发展，加快资源循环利用、大宗固废综合利用等基地建设。积极争取国家低碳城市、低碳园区和低碳乡村试点。探索生态产品价值实现机制，积极参与国家碳市场交易，选择有条件的地区开展碳汇交易试点。

（十）保障和改善民生，不断提升人民生活品质。一是始终绷紧疫情防控之弦。严格按照“外防输入、内防反弹、人物同防”要求，全面落实常态化疫情防控措施，从严从细加强重点地区来甘返甘人员和入境人员管控。深化疫情防控管理平台应用，加快补齐公共卫生服务短板。稳步推进疫苗接种工作，坚决筑牢人民生命健康安全屏障。发挥“甘肃方剂”作用，积极参与国际国内抗疫。二是积极推动就业增收。加快制定促进共同富裕的实施方案。落实好就业优先政策，大力实施减负稳岗扩就业等政策，充分发挥和放大市场主体吸纳就业作用，促进高校毕业生、零就业家庭成员、退役军人、残疾人、农民工等重点群体多渠道就业，继续开展支持1万名未就业高校毕业生到基层就业项目，力争城镇新增就业32万人，输转城乡富余劳动力500万人左右。三是推动教育高质量发展。深入实施“优教行动”，推动义务教育优质均衡城乡一体化发展水平，振兴县域普通高中教育。实施中西部高等教育振兴计划，支持省内高校加强“双一流”建设，实施省属高校国家“一流学科”突破工程，争取1—2所高职院校进入国家“双高计划”建设序列。进一步加强高层次人才培育平台建设，推动2—3所高校建设人才工作智库，积极培育一批博士、硕士学位授予单位和授权点。全面推动《部省合作打造“技能甘肃”行动计划（2021—2023年）》落实，争取创建职业技术大学。深入推进产教融合，加快推进产教融合实验实训基地建设，谋划申报第二批产教融合型试点城市。四是健全公共服务体系。全面落实全省基本公共服务实施标准，提升公共服务保障能力。抓好长城、长征、黄河等国家文化公园甘肃段建设。加快构建居家社区机构相协调、医养康养相结合的养老服务体系，新建120个乡镇（街道）综合养老服务中心。推进健康甘肃建设，完善医疗卫生县乡一体化、乡村一体化管理。依托省人民医院兰州新区分院，建设新冠肺炎定点救治医院。加大全民健身场地设施建设力度，促进全民健身与全民健康深度融合。落实“房住不炒”要求，完善保障性住房供应体系，调整优化公积金提取使用政策，因城施策促进房地产良性循环和健康发展。新开工改造城镇棚户区6.9万套，建设保障性住房1万套。五是完善社会保障体系。推进社保转移接续，落实基本养老保险筹资和待遇调整机制。加强失业动态监测，适时调整失业保险金、一次性生活补贴以及价格临时补贴等各项待遇标准。加快建设养老服务体系，支持市州开展家庭养老床位建设。健全完善救助标准动态调整机制，完善社会救助和保障标准与物价上涨挂钩的联动机制。

（十一）坚持系统观念，更加注重统筹发展和安全。一是坚决维护国家安全。深入落实省委防范化解重大风险领导小组会议精神，高度重视并严密防范宗教渗透、意识形态等领域风险。持续强化经济运行监测分析，积极引导社会预期，确保全省经济行稳致远。加强金融风险监测预警，压实属地责任、主体责任、金融监管和行业主管部门责任，加快推进高风险机构化险工作，做好国有企业债务风险防范，依法加强地方金融组织监管，打击非法金融活动，牢牢守住不发生区域性系统性金融风险的底线。扩大直接融资规模，提高上市公司质量。落实政府举债融资负面清单，加大重点市县债务风险化解力度。二是夯实粮食安全基础。在全力稳定播种面积、抓好粮食生产的基础上，推进涉粮项目建设，打造兰州、天水、武威等粮食物流重要节点和西北粮食现代物流通道。深化粮食储备安全管理体制机制改革，深入实施优质粮食工程，缩小主食口粮供需差距。继续争取国家农产品进口关税配额，合理安排粮食进口，保证粮食供应充足。三是全力保障能源安全。支持煤炭生产企业在确保安全的前提下科学组织生产，尽可能稳产达产。继续加强与新疆、内蒙古等周边省份合作，加大煤炭调运力度，落实冬煤夏储。深入开展油气输送管道保护工作，确保油气输送管道安全运行。四是保障人民生命安全。健全完善党政领导干部安全生产“职责清单”和年度“工作清单”。推进国家西北区域应急救援中心项目建设。从严从细从实排查整治安全生产、自然灾害和交通运输等领域的风险隐患，抓好危化品安全综合治理，坚决遏制重特大事故发生。组织编制全省地质灾害避险搬迁规划。抓好防汛抗旱、森林防火、综合防灾等防灾减灾各项工作。扎实开展“食安甘肃”十大攻坚行动，全力确保人民群众生命财产安全。五是维护社会和谐稳定。巩固拓展扫黑除恶、政法队伍教育整顿成果，依法打击电信诈骗、跨境网络赌博等违法犯罪活动，加强重点地区、人员密集场所巡逻管控。坚持以铸牢中华民族共同体意识为主线，纵深推进民族团结进步创建“一廊一区一带”行动。健全矛盾多元化化解、联动处置机制，真心解决群众合理诉求，真情维护群众合法权益。

各位代表，做好2022年经济社会发展工作任务繁重、意义重大。我们要更加紧密地团结在以习近平同志为核心的党中央周围，在省委的坚强领导下，自觉接受省人大及其常委会的监督，虚心听取省政协的意见和建议，踔厉奋发、笃行不怠，全力以赴实现全年目标任务，以优异的成绩迎接党的二十大和省第十四次党代会胜利召开。

关于2021年全省财政预算执行情况和2022年全省及省级财政预算草案的报告

——2022年1月17日在甘肃省第十三届人民代表大会第六次会议上

各位代表：

受省人民政府委托，现将2021年全省财政预算执行情况和2022年全省及省级财政预算草案提请省十三届人大六次会议审议，并请政协委员和列席人员提出意见。

一、2021年预算执行情况

2021年，全省经济运行遇到的挑战超出预期，发展好于预期。面对大宗商品价格上涨、电力煤炭供应紧张、严重洪涝灾害等影响经济运行的突出问题，特别是突发新冠肺炎疫情带来的严峻挑战，全省各级各部门在省委的坚强领导下，在各级人大及其常委会的监督指导下，坚持以习近平新时代中国特色社会主义思想为指导，深入学习贯彻党的十九大和十九届历次全会精神，认真落实习近平总书记对甘肃重要讲话和指示精神，全面落实中央和省委经济工作会议精神，坚持稳中求进工作总基调，立足新发展阶段，贯彻新发展理念，融入新发展格局，统筹推进疫情防控和经济社会发展，扎实做好“六稳”工作、全面落实“六保”任务，有力推动经济运行稳中有进、稳步提质。全省各级财政部门深化财税体制改革，完善地方税收制度，加强财政资源统筹，强化预算执行管理，集中财力保障疫情防控、巩固脱贫攻坚成果以及基层“三保”等重点支出，积极财政政策效能有效发挥，全省财政运行总体平稳。

（一）全省预算执行情况

2021年，在经济恢复性增长带动下，财政收入从2月份开始连续保持“两位数”增长。全省一般公共预算收入1001.8亿元，增长14.6%。其中；税收收入667.4亿元，增长17.5%；非税收入334.4亿元，增长9.1%。税收收入占财政收入的66.6%，较上年提高1.7个百分点，收入质量进一步提升。加上中央补助、政府一般债券收入等，收入总量为4648.1亿元。全省一般公共预算支出4025.9亿元，同口径增长3.9%。加上政府债券还本、补充预算稳定调节基金、上解中央支出等，支出总量为4486.7亿元。收支总量相抵，结转下年支出161.4亿元。

全省政府性基金预算收入589.4亿元，下降9.4%，加上上年结余、中央补助、政府专项债券收入等，收入总量为1596.5亿元。全省政府性基金预算支出1228.7亿元，增长3.2%。加上政府债券还本支出、调出资金等，支出总量为1454.6亿元。收支总量相抵，结转下年支出141.9亿元。

全省国有资本经营预算收入14.1亿元，增长27%。加上上年结余、中央补助，收入总量21亿元。全省国有资本经营预算支出7.6亿元，增长81%。加上调出资金8.7亿元（调入一般公共预算），支出总量16.3亿元。收支总量相抵，结转下年支出4.7亿元。

全省社会保险基金预算收入1269亿元，增长28.8%；全省社会保险基金预算支出1215.5亿元，增长11.4%；当年结余53.5亿元，年末滚存结余1052亿元。

（二）省级预算执行情况

省级一般公共预算收入279.9亿元，增长17.4%。其中：税收收入186.2亿元，增长16.7%；非税收入93.7亿元，增长18.8%。加上中央补助、政府一般债券收入、调入资金、市县上解收入等，收入总量为3827.9亿元。省级一般公共预算支出797.4亿元，增长3.5%。加上政府债券还本、上解中央支出、对市县转移支付、转贷市县一般债券等，支出总量为3786亿元。收支总量相抵，结转下年支出41.9亿元。省对市县转移支付2592.1亿元，其中：税收返还及一般性转移支付2214.3亿元，占省对市县转移支付总量的85.4%，专项转移支付377.8亿元。

省级政府性基金预算收入110.6亿元，增长27.2%。加上中央补助、上年结余、政府专项债券收入等，收入总量1043.9亿元。省级政府性基金预算支出296.7亿元，增长4.5%。加上政府债券还本、转贷市县专项债券、对市县转移支付等，支出总量1023.9亿元。收支总量相抵，结转下年支出20亿元。

省级国有资本经营预算收入6.7亿元，下降2.2%，加上上年结余、中央补助，收入总量12.4亿元。省级国有资本经营预算支出3.4亿元，增长22.6%，加上调出资金1.5亿元（调入一般公共预算）、补助下级支出5.3亿元，支出总量10.2亿元。收支总量相抵，结转下年支出2.2亿元。

省级社会保险基金预算收入655.4亿元，增长37.9%；省级社会保险基金预算支出641.4亿元，增长9.7%；当年结余14亿元，年末滚存结余550.7亿元。

省级财政预算调整情况。2021年，省十三届人大常委会第二十四次、二十五次会议审查批准了当年新增政府债务限额分配计划和省级财政预算调整方案，省对市县一般性转移支付由年初预算1790亿元调整为1800亿元，增加10亿元；省本级政府性基金预算支出由年初预算72.4亿元调整为292.4亿元，增加220亿元。另外，预算执行中，由于中央转移支付增加而引起省级支出变动，按照《预算法》有关规定，不属于预算调整范围。

（三）政府债务情况

政府债务限额余额情况。财政部核定2021年全省政府债务限额5221.8亿元（一般债务2394.3亿元，专项债务2827.5亿元），比上年新增870亿元（一般债务186.6亿元，专项债务674亿元，中央转贷地方外债9.4亿元）。截至2021年底，全省政府债务余额初步统计为4896.1亿元（一般债务2282.9亿元，专项债务2613.2亿元），其中：省级1658.8亿元（一般债务1078.9亿元，专项债务579.9亿元），市县3237.3亿元（一般债务1204亿元，专项债务2033.3亿元）。

政府债券发行情况。2021年，在省人大常委会批准的政府债务举债限额内，全省发行政府债券1255.8亿元，其中：一般债券344.6亿元，专项债券911.2亿元。按类别分，发行新增债券986.6亿元（一般债券186.6亿元；专项债券800亿元，含2020年未发行的支持化解中小银行风险专项债券126亿元），其中：省级325.4亿元，市县661.2亿元；发行再融资债券269.2亿元（一般债券158亿元，专项债券111.2亿元），其中：省级127.6亿元，市县141.6亿元。当年债券平均发行利率3.44%。

新增债券投向情况。一般债券186.6亿元，主要用于交通基础设施28.5亿元，农林水利66亿元，生态环保6.8亿元，社会事业38.2亿元，市政建设38.7亿元，保障性安居工程4.5亿元，其他3.9亿元。专项债券800亿元，主要用于交通基础设施279.9亿元，能源4.3亿元，农林水利58.1亿元，生态环保14亿元，社会事业85.1亿元，城乡冷链物流设施12.5亿元，市政和产业园区基础设施建设102.6亿元，保障性安居工程117.5亿元，支持化解中小银行专项债券126亿元。

政府债务还本付息情况。2021年，全省各级财政按照偿债计划，积极筹措资金，及时足额偿还债务本息。全省偿还政府债务本金305.7亿元，其中：省级129.1亿元，市县176.6亿元。支付政府债务利息145.6亿元，其中：省级50.3亿元，市县95.3亿元。

（四）预算稳定调节基金情况

根据各级人大批准的年度财政决算，2020年底，全省预算稳定调节基金规模为163.1亿元。其中：省级116.4亿元，市县46.7亿元。2021年全省动用预算稳定调节基金115.1亿元，其中省级动用80亿元，市县动用35.1亿元。预计2021年底全省预算稳定调节基金总规模317.7亿元（增量主要是超收收入），其中：省级156.7亿元，市县161亿元。

以上2021年相关数据为初步汇总数，决算后将根据实际情况做相应调整，届时再按程序向省人大常委会报告。具体情况详见《2021年全省财政预算执行情况和2022年全省及省级财政预算草案》。

二、2021年落实省人大决议和财政重点工作情况

2021年，全省各级财政部门严格执行《预算法》及其实施条例，全面落实人大各项决议，实施提质增效、更可持续的积极财政政策，调整优化支出结构，集中财力保障重点支出，强化地方政府债务管理，促进财政可持续发展，各项重点工作任务顺利推进。

（一）加强沟通衔接，积极争取中央政策资金支持。按照省委、省政府确定的目标任务，各级各部门加强与中央相关部委对接，细化工作方案，及时反映我省疫情防控、防汛抗旱、重大项目建设等情况，着力争取中央支持。全年中央下达我省各类转移支付补助2972.9亿元，同口径增长1.5%。财政部主导分配的竞争性重大生态项目中，我省申报的兰州市清洁取暖、甘南黄河上游水源涵养区山水林田湖草沙一体化保护和修复工程、天水市海绵城市建设示范城市和张掖市国土绿化试点项目全部入围获批。财政部下达我省新增债务限额870亿元，其中地方政府专项债务限额较上年增加60亿元。

（二）完善制度机制，巩固脱贫攻坚成果和推进乡村振兴保障有力。把巩固拓展脱贫攻坚成果同乡村振兴有效衔接作为当前和今后一项重要政治任务，制定巩固拓展脱贫攻坚成果同乡村振兴有效衔接实施方案，及时调整优化工作机制和举措，坚决落实“四个不摘”要求，保持财政支持政策和资金规模总体稳定。调整完善财政专项扶贫资金政策。将原财政专项扶贫资金调整优化为衔接推进乡村振兴补助资金，明确在过渡期内，衔接资金适当向乡村振兴重点帮扶县倾斜，统筹兼顾脱贫县和非贫困县实际，推动均衡发展。规定到县衔接资金50%以上用于优势特色产业，着力保障巩固脱贫攻坚成果和乡村振兴战略落实。全省财政共筹措安排衔接补助资金238.4亿元，增长4.7%。延续实施涉农资金统筹整合政策。修订完善统筹整合财政涉农资金管理办法，优化脱贫攻坚期的制度安排，调整资金分配机制及重点支出方向，将涉农资金整合试点范围扩大到全省86个县区，实现政策和资金“全覆盖”。省级财政下达市县可整合涉农资金295.7亿元，市县整合使用263.6亿元；支出250.1亿元，占94.9%。大力支持农业农村可持续发展。深入贯彻藏粮于地、藏粮于技战略，筹措落实资金34.8亿元，支持新建282.1万亩高标准农田，提高粮食供给能力，粮食安全保障更加有力。积极落实种业振兴行动方案，统筹安排资金，支持种质资源普查、种业科技攻关等项目，以及4个玉米制种大县、3个区域性良种繁育基地县建设，推动我省种业产业发展。落实耕地地力保护补贴政策，及时兑付种粮农民一次性补贴，调动农民种粮积极性。多渠道筹集资金，统筹支持创建3个国家现代农业产业园、9个农业产业强镇和3个特色优势产业集群，培育产业融合发展平台，促进乡村产业振兴。

（三）强化政策协同，促进经济社会发展作用有效发挥。围绕高质量发展要求，完善财税政策措施，强化财政资金引导，助力全省经济社会高质量发展。全面落实减税降费政策。把减税降费作为深化供给侧结构性改革的关键之举，落实落细制度性、结构性减税降费政策，切实降低市场主体负担。不折不扣为煤电保供企业、中小微制造业办理缓缴税费，减轻企业资金压力。持续优化减税降费落实机制，企业获得感进一步增强。2021年全省新增减税降费105亿元左右。着力促进县域经济发展。调整新引进企业增值税省与市县划分比例，5年内省级不再分享，让利县区，支持县域经济加快发展。建立多干多支持、大干大支持的正向激励机制，落实省政府关于市州重点工作完成情况评价办法，筹措10亿元对获得“贡献奖”“进步奖”的市州及时奖励，激发各级各部门“比学赶超”动力。深入实施创新驱动发展战略。健全科技投入持续稳定增长机制，分级设定财政科技投入目标，加大科技创新、科技投入考核奖励力度，充分发挥财政引导激励作用。完善科技管理及评价机制，支持开展核心关键技术攻关，支持加快科技强省建设。全省科技支出34.6亿元，增长7.9%。稳步推进绿色转型发展。积极落实黄河流域生态保护和高质量发展规划，筹措黄河流域生态保护和高质量发展奖补资金12.3亿元，着力支持水源涵养、水土保持、节水治污、防灾减灾等重点领域建设，促进黄河流域生态面貌持续改善。积极推动建立生态补偿机制，与四川省按照1∶1共同出资1亿元设立黄河流域川甘横向生态补偿资金，增强黄河上游水源涵养功能，促进生态环境改善。立足甘肃资源禀赋，统筹大气污染防治、节能减排补助、清洁能源发展专项等资金，支持相关领域节能降碳，推动可再生能源发展，加快推进“双碳”战略落地见效。支持推动产业链优化升级。统筹用好制造业高质量、数据信息、军民融合等专项资金，聚焦制造业重点产业链条，支持产业链协同创新和技术改造升级，着力提升产业链供应链现代化水平。加强政府投资基金管理，发挥财政资金撬动作用，引导社会资本加大对新材料、清洁能源、科技创新等领域投入。筹措资金5000余万元，支持中小企业“专精特新”发展，鼓励中小企业聚焦实业、做精实业，培育“行业小巨人”。

（四）突出民生兜底，基本民生保障水平稳步提升。坚持尽力而为、量力而行，认真落实中央和省上出台的各项民生政策，着力解决群众“急难愁盼”问题，不断提高人民群众的获得感、幸福感、安全感。2021年全省11类民生支出3206.1亿元，占总支出比重达80%。省委、省政府确定的10件为民实事全部办结。全力以赴支持疫情防控。努力克服财政收支矛盾，千方百计筹集安排疫情防控资金，重点保障核酸检测、救治能力提升、防控物资和设备采购、患者救治费用以及“外防输入”等支出。特别是面对10月份突发的新冠肺炎疫情，全省各级财政多渠道筹措资金，加强库款调度，确保不因资金问题而影响患者救治和疫情防控。2021年全省安排疫情防控资金31亿元。全面落实社保提标政策。落实退休人员养老金调标政策，企业和机关事业单位退休人员基本养老金分别平均增长4.9%、3.5%。城乡居民基础养老金省级补助标准由每人每月108元提高到113元。持续提高困难群众救助标准，城市和农村低保标准分别达到年人均7476元和4788元。城乡居民基本医疗保险、基本公共卫生服务经费人均财政补助标准分别提高到每人每年580元、79元。持续关注关爱弱势群体，提高困难残疾人生活补贴和重度残疾人护理补贴标准。继续落实优抚对象调标政策，按10%的幅度提高部分退役军人及其他优抚对象等人员抚恤和生活救助标准。促进教育高质量发展。健全教育经费投入机制，学前和高中教育生均保障标准分别从500元、1500元提高到550元、1550元。落实国家义务教育政策，进一步提高农村营养膳食补助标准。深入实施义务教育能力提升工程，支持城区增补义务教育学位2.6万个，努力缓解城区学位紧缺矛盾和消除“大班额”。增加安排高校改革发展资金5亿元，支持高校重点学科发展和科技创新研究。对4956名升入普通高校的城乡一二类低保家庭子女给予入学资助4605.8万元。

（五）强化政府债务管理，举债融资机制逐步健全。坚持开好“前门”、严堵“后门”，完善政府债务管理机制，积极防范化解地方政府债务风险，切实发挥地方政府债券对经济平稳运行的促进作用。健全政府债券项目和资金管理机制。加强项目审核评估，专项债券用于有一定收益的公益性项目，且项目收益必须覆盖本息。加大重点领域投入，债券资金重点向交通、保障性安居工程、市政和产业园区基础设施建设等领域倾斜，严禁用于楼堂馆所建设等禁止类项目。对因准备不足短期内难以实施的项目，按程序调整用途，提高债券资金使用效益。制定专项债券项目资金绩效管理办法，设定绩效目标，逐步建立全生命周期绩效评价体系。规范地方政府债券信息公开平台管理，进一步推进地方政府债务信息公开，主动接受各方监督。加快政府债券发行使用。按照“资金跟着项目走”的原则，督促市县及省级相关部门做好项目储备和前期准备等工作，优先支持在建项目，确保债券一经发行，尽快形成实物工作量。建立健全台账管理制度，督促加快债券资金支出进度。当年财政部分配我省新增债务限额全部发行完毕，支持交通、水利等领域1655个重点项目建设。形成支出726.7亿元，支出率83.5%。指导市县和省级有关部门认真申报2022年新增专项债券项目，做实做细项目储备，我省1713个项目通过财政部、国家发改委共同审核，较上年增加917个，资金需求1973亿元，较上年增加746亿元。积极防范化解政府债务风险。把违法违规举债作为一条不能触碰的“红线”，会同纪检监察部门进一步细化措施，规范各级政府举债融资行为。完善跨部门联合监管机制，利用大数据平台，全面统计监测政府性债务变动情况，全省政府债务风险等级为绿色，债务风险总体可控。及时通报市县隐性债务风险等级评估结果，做到风险事件早发现、早报告、早处置，防止发生区域性风险事件。

（六）坚持财力下沉，基层财政托底能力持续增强。坚持把兜牢县级“三保”底线作为财政工作硬任务，完善制度机制，加大对市县转移支付力度，切实保障“三保”支出需求。增强基层财政保障能力。统筹中央转移支付、政府一般债券和自有财力等，扩大转移支付规模，财力进一步向财政困难地区倾斜，缓解市县财政困难，提高“三保”保障能力。2021年，省对市县转移支付2592.1亿元，同口径增长2.2%，其中省对市县财力性转移支付824.5亿元，同口径增长12.4%。完善工资专户管理机制。在对国家标准工资资金实行独立测算、单独调拨的基础上，将养老保险、住房公积金、医疗保险等工资性附加支出资金，一并纳入工资户统一调拨管理，确保国家标准工资及附加政策足额落实到位。加强预算审核监管。强化县级“三保”支出预算审核机制，逐年扩大省级重点审核范围，三年累计审核105个（次）县区，督促优先落实“三保”支出预算。严格落实执行监控机制及风险防范和应急处置机制，及时研判可能出现的风险并提示预警，确保“三保”不出问题。

（七）加快财税体制改革，财政管理水平不断提高。统筹推进财税体制改革，在规范管理、提高效率、释放活力上下功夫，发挥预算管理制度的系统集成和协同效应，深入推进预算管理一体化建设，不断提升财政管理效能和资金绩效水平。健全财税管理制度。坚持目标导向和问题导向相结合，印发《关于进一步深化预算管理制度改革的实施意见》，建立健全工作落实机制，细化明确改革重点任务和具体要求，着力推动预算管理改革。按照税法授权，结合我省实际，研究契税具体适用税率及减征免征政策方案，明确城市维护建设税纳税人所在地具体地点以及城镇土地使用税建制镇、工矿区征税范围，进一步完善地方税收制度。严格落实过紧日子要求。牢固树立艰苦奋斗、勤俭节约思想，推动过紧日子要求制度化常态化，督促部门大力精简各类公务活动，严控经费开支范围和标准，将有限的财政资金更多用于基本民生保障和重点领域支出。2021年省级“三公”经费支出较上年下降1.7%。印发《关于进一步加强省级部门预算执行管理的通知》，硬化预算约束，严格支出管理，规范部门增支事项办理程序，严控执行中预算追加事项。加大结余结转资金收回和结转资金消化力度，精打细算统筹安排使用，避免资金闲置浪费。全年全省各级财政共清理收回存量资金33.2亿元，统筹用于亟待资金支持的领域。落实常态化资金直达机制。坚决落实财政部直达资金管理要求，进一步扩大直达资金范围，持续创新优化流程，打通资金拨付、库款调度、资金使用等环节，探索常态化对账机制，构建全程监控可追溯的监管网络，确保资金快速直达基层和单位，着力推动惠企利民政策精准落实.2021年共收到中央直达资金908.1亿元，省级安排直达资金56.3亿元；支出915.5亿，支出进度为94.7%。全面实施预算绩效管理。完善全方位、全覆盖绩效管理体系，逐步扩大绩效目标编报范围，实现省级部门预算项目支出、省对市县转移支付项目和部门整体支出绩效目标全覆盖。完善绩效指标体系，设计20类、530条共性指标，17类、71个领域、4952条行业部门的个性化绩效指标，涵盖一般公共预算、政府性基金预算和国有资本经营预算所有支出及多个行业部门。省级预算部门单位2020年度预算执行绩效自评实现全覆盖。省级财政对132个重点项目开展绩效评价，涉及财政资金163.1亿元。加强结果应用，将绩效评价结果作为预算安排的重要依据，充分发挥绩效结果导向和激励约束作用，提高预算编制的科学性。持续加强财会监督。印发《关于严肃财经纪律加强省级财政财务管理的通知》，进一步严肃财经纪律，规范财政财务行为，提高财政资金使用效益。严格履行财会监督主体责任，强化政策跟踪问效，围绕财税政策落实、防范化解地方政府债务风险、预决算公开等重点领域，灵活运用监督检查、专项治理和绩效评价等多种手段，保障重大财税政策和财税体制改革举措有效落实，确保财政资金规范安全使用。加强财政收入虚假问题整治，严肃组织收入纪律，切实提高财政收入质量。自觉接受人大审查监督。深入贯彻《关于人大预算审查监督重点向支出预算和政策拓展的实施意见》和省人大有关要求，提高预决算草案编制质量，自觉接受审查监督。认真落实国有资产管理报告制度，按程序向省人大常委会报告国有资产管理情况。认真落实《关于加强地方人大对政府债务审查监督的意见》，配合省人大做好政府债务审查监督。扎实落实省人大及其常委会有关决议，及时报告工作落实和进展情况。积极主动回应人大代表关切，做好解释说明工作;广泛听取吸纳意见建议，认真做好提案建议办理工作。

回顾一年来财政工作，我们主动担当、积极作为、攻坚克难、难中求成，在财政收支管理、保障重点支出、财税体制改革等方面做了一些工作，也取得了一定成效，但我们也清醒地认识到，当前财政运行管理中依然存在一些不容忽视的困难和问题，如财政收入规模依然相对较小，财政支出增长刚性较强，“三保”保障、乡村振兴、产业发展等领域资金需求大，疫情防控、洪涝灾害等突发事项增支较多，财政收支平衡压力大。有的部门和市县过紧日子思想不牢，执行财经纪律不够严格，资金使用效益还需进一步提高。部分市县政府债务还本付息进入高峰期，防范化解政府债务风险任务艰巨，面临防风险和促发展的双重压力。个别市县风险防范意识不强，违法违规新增地方政府隐性债务情况仍有发生。全方位、全过程、全覆盖预算绩效管理体系还不够完善，绩效评价结果不够准确，绩效约束力不强，部门主体责任意识还需进一步增强。我们高度重视这些问题，将积极采取措施加以解决。

三、2022年全省及省级财政预算草案编制情况

2022年将召开党的二十大和省第十四次党代会，“十四五”规划转入全面推进落实阶段，编制好2022年预算，统筹谋划好2022年财政工作，对贯彻落实党中央、国务院方针政策和省委、省政府工作部署，促进全省经济高质量发展和社会大局稳定，具有十分重要的意义。从积极因素看，我省发展仍处于国家重大战略的交汇叠加期，既有共建“一带一路”、推进新时代西部大开发、黄河流域生态保护和高质量发展等与我省深度关联的重大机遇，也有碳达峰碳中和、乡村振兴、共同富裕等对我省具有显著利好的重大政策机遇，使得我省资源禀赋优势、工业基础优势、地理区位优势更加凸显。随着优化营商环境、发展县域经济以及产业基础高级化产业链现代化攻坚战等重大举措的深入实施，全省经济高质量发展的底气和后劲进一步增强。从面临挑战看，经济发展面临需求收缩、供给冲击、预期转弱三重压力，全省“三个不平衡”特征依然明显，经济恢复态势仍然不稳固。市场需求特别是内需持续恢复动力偏弱，重点工业企业后劲不足、部分领域投资回落等问题仍然存在。大宗商品价格高企等因素影响制造业企业生产经营，产业链供应链持续承压，疫情防控存在不确定性，经济还面临不少不确定不稳定因素。具体到财政上，财政收入持续保持较大幅度增长的基础尚不牢固，全省一般公共预算收入增幅将回归常态。落实国家发展战略、巩固脱贫攻坚成果、实施乡村振兴战略、保障和改善民生、债务还本付息等支出需求将进一步增加。省级及部分市县政府法定债务率逐年攀高，举债空间收紧，财政筹资压力进一步加大。总体看，2022年财政收支矛盾依然突出，呈现紧平衡状态。

2022年预算编制的指导思想是：以习近平新时代中国特色社会主义思想为指导，深入贯彻党的十九大和十九届历次全会精神，弘扬伟大建党精神，增强“四个意识”、坚定“四个自信”、做到“两个维护”，按照“三新一高”要求，坚持系统观念，统筹疫情防控和经济社会发展，统筹发展和安全，继续做好“六稳”“六保”工作，持续改善民生，支持经济稳定发展。加强财政资源统筹，清理盘活各类存量，大力优化支出结构，进一步强化政策对支出预算的指导和约束作用，坚持有保有压、突出重点，增强对国家重大战略任务的财力保障。坚决落实过紧日子要求，厉行节约办一切事业，严控一般性支出。强化运用零基预算理念，打破基数概念和支出固化格局。强化预算审核和绩效管理，提高财政支出的有效性。进一步深化财税管理制度改革，加快建立现代财税体制。加强地方政府债务管理，健全依法适度举债机制，防范化解地方政府债务风险，增强财政可持续性。

根据经济形势和上述指导思想，2022年预算编制总体思路是：坚决贯彻中央和省委决策部署，全面落实中央和省委经济工作会议精神，尊重财政经济规律，充分体现省委、省政府工作部署，强化预算管理，做到以收定支、统筹兼顾，提高财政资源配置效率和财政资金使用效益，促进经济稳中向好、稳步提质和民生持续改善。收入预算要与经济社会发展新形势新情况相适应，与积极财政政策相衔接，既充分考虑发展机遇对财政增收的利好，也要考虑落实减税降费政策等对财政收入的影响，深入分析，科学预测，实事求是。支出预算要量入为出、精打细算，落实党政机关过紧日子要求，压一般、保重点，盘活存量，用好增量，优化支出结构，加强财政承受能力评估，在落实好“三保”任务的基础上，加大对重点领域支持力度。

（一）2022年财政政策

2022年，坚决贯彻落实积极的财政政策，提升效能，更加注重精准、可持续，兼顾稳增长和防风险需要，把握好时度效，增强可持续发展能力。主要体现在：一是加强统筹保障重点支出。突出财政支出的公共性、普惠性，继续调整优化支出结构，加强支出预算与政策的衔接匹配，推进财政政策更加精准有效，优先保障党中央、国务院和省委、省政府确定的重大政策、重要改革和重点项目实施，着力保障生态环保、科技攻关等重点领域支出和基本民生、债务还本付息等刚性支出，合理保障维持部门正常运转和履职的必需支出。加大部门年度预算安排与结转资金、财政拨款以及其他资金的统筹力度，将部门结转资金作为下年度部门预算安排的首要来源，着力消化存量，提高使用效能。二是坚持党政机关过紧日子。把政府过紧日子作为财政工作长期坚持的方针，坚持严的主基调，压减一般性支出，从严控制行政开支，严控“三公”经费，加强预算执行监控，取消低效无效支出，对沉淀资金一律按规定收回并统筹安排，建立节约型财政保障机制。进一步细化完善支出标准，健全财政支出约束机制，推进行政事业单位资产共享共用，不断完善政府过紧日子的制度体系。严格控制政府性楼堂馆所建设和维修改造。三是落实更大力度减税降费政策。落实落细更大力度减税降费政策，持续优化工作机制，聚焦助企纾困，支持制造业以及中小微企业、个体工商户等市场主体发展。坚决防止收过头税，持续整治违规涉企收费，让市场主体充分享受政策红利。四是支持兜牢“三保”底线。加大对市县财政运行的监测分析，统筹加大对财政困难县区的支持力度，推动财力下沉，缓解收入增长放缓、增支事项较多对基层财政支出带来的压力，增强县级财政保障能力，确保基层“三保”不出问题。五是深化财政体制改革。健全制度机制，推进财政支出标准化，深化预算绩效管理，加强财政信息化建设。进一步理顺省与市县财政关系，优化省与市县财政事权和支出责任，完善转移支付制度，健全省以下财政体制。落实常态化财政资金直达机制，调整完善直达资金范围，优化直达资金分配使用流程，加快预算下达和资金使用进度，确保直达资金直达使用单位，直接惠企利民。六是增强财政可持续性。科学合理分配政府债务限额，促进市县一般债务限额与一般公共预算收入相匹配，专项债务限额与政府性基金收入及项目收益相匹配。严格地方政府债务管理，充分发挥政府债券资金拉动有效投资的作用，保障重点项目建设和在建项目后续融资。坚决遏制隐性债务增量，妥善化解隐性债务存量，防范化解地方政府债务风险。加强财政收支形势分析研判，推动财政承受能力评估，切实提高预算安排与财力状况的匹配程度，防范财政运行风险。密切关注金融等其他领域风险，防止向财政转移集聚，防止发生处置风险的风险。

主要支出政策：

农业农村方面。保持主要帮扶政策和财政投入力度稳定，全面巩固拓展脱贫攻坚成果。根据巩固拓展脱贫攻坚成果同乡村振兴有效衔接的需要和财力状况，合理安排财政投入规模，优化支出结构，倾斜支持乡村振兴重点帮扶县。继续实施涉农资金统筹整合试点政策，发展壮大脱贫地区优势特色产业，促进产业提质增效。创新财政投入乡村振兴方式，设立乡村振兴投资基金，引导撬动更多社会资本投入农业农村产业发展和基础设施建设，推动发展智慧农业、智慧乡村、智慧社区建设。把提高农业综合生产能力放在更加突出的位置，加快现代丝路寒旱农业优势特色产业发展，推进畜禽粪污、秸秆、农膜等农业废弃物资源化利用，支持新一轮高标准农田建设，提高建设标准和质量，落实种业振兴五大行动，促进现代种业更好发展，坚决守住粮食安全底线。促进农村一、二、三产业融合发展，支持推进优势特色产业集群、国家现代农业产业园、农业产业强镇建设，推进“甘味”品牌体系建设，培育壮大新型农业经营主体，支持和鼓励农民就业创业，促进农民收入持续增长。积极落实农业保险政策，完善大灾风险分散机制，推动农业保险提质增效、转型升级，促进农业可持续发展。深入推进农村综合改革，扶持壮大村级集体经济，加大农村公共服务和社会事业投入力度，落实农村人居环境整治提升五年行动方案，推动农村人居环境改善。加强村级组织运转经费保障。

保障和改善民生方面。坚持尽力而为、量力而行，与经济发展相协调，与财政保障能力相适应，重在做好普惠性、基础性、兜底性民生建设，提升基本公共服务水平，兜住困难群众基本生活底线。把就业作为经济社会发展的优先目标，统筹运用就业补助资金、职业技能提升行动资金等，因地因时制宜推进职业技能提升行动，提高劳动者就业创业能力，引导农民工安全有序转移就业，拓宽高校毕业生就业渠道，支持发展新就业形态。巩固完善义务教育经费保障机制，支持和引导市县深入推进义务教育薄弱环节改善和能力提升工程，持续改善中小学办学条件，稳步提高学校办学能力。优化投入结构，增加学前、高中教育经费，支持办好学前教育，继续改善普通高中学校基本办学条件，统筹推进高水平大学和一流学科建设，努力提高职业教育办学质量。加强对基本养老保险基金运行的监控，落实退休人员养老金提标政策，确保基本养老保险待遇按时足额发放。完善最低生活保障和特困人员救助供养制度，健全标准制定和动态调整机制，落实社会救助和保障标准与物价上涨挂钩联动机制各项要求。推动完善抚恤优待安置政策体系，落实经费保障责任，合理确定优抚对象待遇保障水平。坚持医防结合、预防为主，支持新冠病毒疫苗免费接种，落实重点人群“应检尽检”要求，推进省重大公共卫生防控救治基地建设，健全完善公共卫生应急管理体系，提高重大疫情防控能力和救治能力。落实“健康甘肃”要求，支持区域医疗中心建设，继续推进城市和县级公立医院综合改革，加快中医药强省建设，提升医疗服务能力。健全城乡居民医保可持续筹资机制，落实城乡居民基本医疗保险财政补助和个人缴费提标政策。支持棚户区改造，加快发展保障性租赁住房，促进解决好新市民、青年人等群体的住房困难问题。健全公共文化服务财政保障机制，支持创新实施文化惠民工程，推进城乡公共文化服务体系一体建设。推进自然灾害防治体系建设，增强防御水旱灾害能力。支持推进“平安甘肃”建设，维护社会和谐稳定。

生态环保方面。践行绿水青山就是金山银山理念，以绿色发展崛起为导向，以改善生态环境质量为核心，深入推进污染防治，持续支持打好蓝天、碧水、净土保卫战，着力支持生态环境保护各项任务落地落实。加强财税政策研究，推动清洁取暖改造，推进能源清洁低碳转型和清洁生产，积极支持做好碳达峰碳中和工作，促进节能减排，提升生态系统质量和稳定性。深入落实甘肃省黄河流域生态保护和高质量发展规划，加快建立黄河流域横向生态补偿机制，支持陇中陇东黄土高原水土保持综合治理，加快补齐污水处理设施短板，推动实施涵养水源、防治污染、节约用水等方面项目，着力改善黄河流域水环境、水生态。统筹推进山水林田湖草沙综合治理、系统治理、源头治理，实施退耕还林还草、天然林保护等重点生态工程项目，持续推进祁连山生态环境保护与修复，探索通过PPP等模式引入社会资本开展生态保护修复，促进生态环境质量改善。支持开展历史遗留废弃工矿土地整治，推进矿山环境修复治理。开展大规模国土绿化行动，支持推进祁连山、大熊猫国家公园建设，构建以国家公园为主体的自然保护地体系，有序开展外围保护地带生态治理修复，提升生态服务功能。完善生态护林员政策，加强森林草原防火和林业有害生物防治，支持工业、城镇、土壤、面源、固体废物等重点领域污染防治，坚决防止生态恶化。加大重点生态功能区转移支付力度，支持市县加强生态环境保护。

促进经济发展方面。按照新发展理念实践要求，突出“发挥比较优势、服务国家战略、跟进市场需求、优化区域布局”四个导向，支持“产业转型、结构升级、要素聚集、链条锻造”四个关键，积极融入“双循环”发展格局，着力推动经济高质量发展。支持实施强工业、强科技、强省会、强县域行动，培育和发展增长点、增长极、增长带，推动新旧动能转换，增强创新能力，夯实发展后劲。加快推进兰州新区建设，支持特殊类型地区补齐基础设施、公共服务、产业发展等短板，促进区域协调发展。发挥财政资金“四两拨千斤”的撬动作用，综合运用财政补贴、政府投资基金、贷款贴息等方式，支持“1+N+X”政策体系和14条重点产业链实施方案落地实施，有序推进绿色生态产业，推动产业链延链补链强链，加快转型升级步伐。围绕省委、省政府确定的五种县域类型，加强激励和引导，支持县域基础设施、产业园区建设，推进县域与中心城市融合，加快县域经济发展。支持数字政府建设，纵深推进“上云用数赋智”行动，加快发展新经济新产业新业态，推动数字经济、平台经济和实体经济融合发展，以“数字化”转型为突破，赋能传统产业迭代升级发展。完善科技创新投入体系，落实“揭榜挂帅”立项制度，加大基础研究和应用研究投入，支持重大科技创新平台建设，提升关键共性技术供给能力，促进科技创新成果转化，塑造经济发展新优势。积极落实科技创新主体奖补和市县科技投入激励政策，支持深化科技体制机制改革创新若干措施落地见效，落实研发费用加计扣除政策，引导企业加大研发投入，促进科技创新与经济发展深度融合。全面落实减税降费、融资服务、稳岗就业等惠企政策，支持完善中小企业公共服务体系和融资服务体系，促进实体经济加快发展。落实各类人才培养计划和人才津贴政策，支持“陇原人才绿卡”制度落地见效。用好地方政府专项债券、中央基建投资等资金，加大对农业农村、生态环境、防灾减灾、民生保障等领域投入力度，加强新型基础设施建设，支持实施一批强基础、优功能、利长远的重大项目。坚持以人的城镇化为核心，落实新增农业转移人口市民化奖励政策，支持加快推进新型城镇化建设，促进就业、教育、医疗等公共服务均等化，推动农业转移人口在城市稳定就业和居住。

（二）2022年全省代编财政收支情况

全省一般公共预算收入预计1066.8亿元，增长6.5%，其中：税收收入737.3亿元，增长10.5%；非税收入329.5亿元，下降1.5%。加上上年结转、中央补助、一般债务收入以及调入的预算稳定调节基金等，全省一般公共预算支出预计4350亿元左右。

全省政府性基金预算收入预计678.6亿元，加上上年结转、中央提前下达补助、政府专项债券收入等，收入总计1143.9亿元；全省政府性基金预算支出928.1亿元，调入一般公共预算79.1亿元，安排专项债务还本91.9亿元，预计结转下年44.7亿元。

全省国有资本经营预算收入预计9亿元，加上上年结转、中央提前下达补助等，收入总计14.6亿元；全省国有资本经营预算支出9.1亿元，调入一般公共预算5.6亿元。

全省社会保险基金预算收入预计1352.1亿元；全省社会保险基金预算支出1273.7亿元，年末滚存结余1130.4亿元。

需要说明的是：全省预算由省级预算和市县预算汇总形成，市县预算由市县人民政府编制，报同级人民代表大会批准。本报告中全省收入预计数和支出安排数均为省级财政代编。

（三）省级预算草案编制情况

省级一般公共预算收入预计为280.1亿元，同口径增长5.3%。其中：税收收入200.2亿元，增长7.5%；非税收入79.9亿元，下降14.7%。加上中央提前下达补助、调入预算稳定调节基金、市县上解收入等，总收入2964.8亿元。

省级安排一般公共预算支出2964.8亿元，分省本级支出、对市县税收返还和转移支付、转贷市县一般债券、上解中央支出、债务还本支出反映。本级支出739.1亿元；对市县税收返还和转移支付2174亿元，其中：税收返还56.6亿元，一般性转移支付1989.8亿元，专项转移支付127.6亿元；债务还本支出15.7亿元；转贷市县一般债券15亿元；上解中央支出21亿元。

这样安排后，省级部门“三公”经费财政拨款汇总预算3.04亿元，同比下降4.1%。

省本级一般公共预算支出中，基本支出214.4亿元，项目支出516.7亿元；预备费8亿元，占省级一般公共预算支出的1.1%。省委省政府确定的10件为民实事项目，需省级安排的资金都做了相应安排。

省级政府性基金预算收入预计114.2亿元，加上上年结转、中央提前下达补助、政府专项债券收入等，收入总计457.7亿元。按照有关政策规定和收支平衡原则，调入一般公共预算5亿元，安排本级支出158亿元，对市县转移支付21.6亿元，转贷市县政府专项债券278.1亿元。

省级国有资本经营预算收入预计5

亿元，加上上年结转、中央提前下达补助等，收入总计8.1亿元。按照有关政策规定和收支平衡原则，调入一般公共预算2亿元，安排本级支出5亿元，对市县转移支付1.1亿元，用于对国有企业退休人员社会化管理支出补助。

省级社会保险基金预算收入预计691.4亿元，支出686.7亿元，年末滚存结余555.4亿元。

需要说明的是：根据《预算法》规定，在省人民代表大会批准本预算草案前，可安排下列支出：上年度结转支出；参照上年同期的预算支出数额安排必须支出的本年度部门基本支出、项目支出，以及对下级政府的转移性支出；法律规定必须履行支付义务的支出，以及用于自然灾害等突发事件处理的支出。2022年省级支出和对市县转移支付中，中央补助只包括了提前通知部分，执行中随着中央转移支付增加将相应增加。

（四）地方政府债务情况

提前下达新增债务限额情况。财政部提前下达我省2022年新增债务限额393亿元（其中：一般债券78亿元，专项债券315亿元），全省政府债务限额达到5614.8亿元。经省政府同意，安排省级99.9亿元（其中：一般债券63亿元，专项债券36.9亿元），已编入年初预算；分配市县293.1亿元（其中：一般债券15亿元，专项债券278.1亿元）。

省级政府新增债券投向情况。一般债券63亿元，主要用于交通基础设施17亿元，农林水利32亿元，社会事业11.4亿元，保障性安居工程2.6亿元。专项债券36.9亿元，主要用于交通基础设施32.2亿元，社会事业3.3亿元，城乡冷链物流设施1.4亿元。

省级政府债券还本付息情况。2022年省级到期债券本金41.8亿元，全部为一般债券。根据有关规定，计划通过发行再融资债券还本26.1亿元。预算安排还本15.7亿元。省级债券付息支出58.6亿元，其中：一般债券付息37亿元，专项债券付息21.6亿元。

四、2022年主要工作措施

我们将认真贯彻落实党的十九届六中全会精神，按照省委决策部署及人大决议要求，坚持稳字当头、稳中求进，完整、准确、全面贯彻新发展理念，加强财政资源统筹，深化财税体制改革，强化财政收支管理，为全省经济社会发展提供有力支撑。

（一）强化财政收支管理。加强沟通协作，着力挖潜增收，堵塞征管漏洞，做到颗粒归仓、足额入库。紧盯中央政策取向和资金安排，积极争取中央支持。全面落实减税降费政策，涵养培植税源，夯实财政可持续发展基础。落实政府过紧日子要求，压减一般性支出，取消不必要的项目支出，优先保障重点领域支出。管好用好直达资金，动态跟踪市县资金分配、拨付和使用情况，确保资金更好发挥惠企利民实效。加强财政运行监控，及时掌握落实减税降费政策对基层财政收入的影响，强化动态分析研判，加大转移支付力度，加强库款调度，确保财政平稳可持续运行。

（二）增强重大战略任务财力保障。调整优化支出结构，坚持有保有压、统筹兼顾，优化资金使用结构和方式，进一步突出支持重点，全面落实教育、养老等民生政策，聚焦强工业、强科技、强省会、强县域行动，谋划措施，加大关键环节、关键任务的支持力度。加快债券发行进度，做好资金拨付和支出管理，支持交通、水利等领域重大项目建设，着力拉动经济稳定增长。加强体制机制创新，综合运用财政补贴、贷款贴息等方式，凝聚财政金融各方力量，加大投入力度，促进经济高质量发展。加快乡村振兴投资基金设立运行，引导撬动更多社会资本投入农业农村产业发展和基础设施建设。加强相关财税支持政策研究，制定财政支持碳达峰碳中和工作实施意见。

（三）深入推进财政管理改革。深化预算管理制度改革，加强财政承受能力评估，加快财政支出标准体系建设，加强财政中期规划管理，推进全面覆盖、全线贯通的预算管理一体化系统建设。完善省对市县转移支付制度，稳步推进省与市县财政事权和支出责任划分改革，促进财政事权、支出责任与财力相适应。完善地方税收制度，做好国有土地使用权出让收入等非税收入划转税务部门征收工作。完善绩效评价工作机制，创新评价方法，提高评价结果的客观性和准确性，推动预算绩效管理提质增效。

（四）加强政府债务管理。坚持以稳为主、稳中求降，在分配新增债务限额时体现正向激励原则，立足防范债务风险、保障融资需求、注重资金绩效等实际，充分发挥债券资金作用。加强项目谋划储备，统筹用好债券资金，努力做到开工建设一批、储备一批，拉动有效投资。全面落实支出进度通报预警机制，加快债券资金使用进度。落实专项债券项目资金绩效管理要求，推动专项债券项目绩效自评全覆盖。严格落实专项债券投向领域禁止类项目清单和违规使用专项债券处罚机制，确保专项债券资金依法合规使用。抓实隐性债务风险化解工作，督促指导市县统筹各类资金资源，稳妥化解隐性债务存量。

各位代表：做好2022年全省财政经济工作任务繁重而艰巨。我们将在省委的坚强领导下，高举中国特色社会主义伟大旗帜，更加紧密地团结在以习近平同志为核心的党中央周围，以习近平新时代中国特色社会主义思想为指导，坚持以政领财、以财辅政，全面贯彻党中央、国务院和省委、省政府决策部署，勤力同心、苦干实干，为全省经济社会高质量发展、全面建设社会主义现代化事业新篇章做出积极贡献，以优异成绩迎接党的二十大和省第十四次党代会胜利召开。

概　况

甘肃省情

【甘肃概况】甘肃取古甘州（今张掖）和古肃州（今酒泉）两地首字而得名，由于陇山在境内绵延又简称“陇”。位于中国西北地区，东通陕西，西达新疆，南瞰四川、青海，北扼宁夏、内蒙古，西北端与蒙古国接壤，是古丝绸之路的锁匙之地和黄金路段。介于北纬32°11′—42°57′，东经92°13′—108°46′之间，东西跨度1480公里，南北跨度1132公里，西北—东南方向最窄处仅有76公里，总面积42.59万平方公里（其中宁夏回族自治区飞地53.22平方公里）。闻名中外的古丝绸之路和新亚欧大陆桥横贯全境，使甘肃成为西北地区连接中、东部地区的桥梁和纽带，成为贯通东亚与亚洲中部、西亚与欧洲之间的陆上交通通道。全省辖12个市、2个自治州，86个县（市、区），省会兰州是西北重要的交通通讯枢纽，陇海、兰新、包兰、兰青和兰渝铁路在此交汇，也是石油天然气管道运输枢纽、国家级西北商贸中心。甘肃是一个多民族省份，拥有汉、回、藏、东乡等55个民族，其中裕固、保安、东乡族是甘肃的独有民族。2021年末全省常住人口为2490.02万人，城镇化率为53.33%。

【自然环境】甘肃位于黄土高原、青藏高原、内蒙古高原三大高原和西北干旱区、青藏高寒区、东部季风区三大自然区域的交汇处。甘肃地域广阔，资源丰富，地貌复杂多样，山地、高原、平川、河谷、沙漠、戈壁交错分布、类型齐全；自然风光雄浑俊美，有大漠戈壁、森林草原、冰川雪峰、丹霞地貌、峡谷溶洞等，被地质学家称为最丰富的地质和地表特征博物馆。地形呈狭长状，地势自西南向东北倾斜，大致可分为陇南山地、陇中黄土高原、甘南高原、河西走廊、祁连山脉、河西走廊以北地带六大地形区域。大部分地区气候干燥，属大陆性很强的温带季风气候。2021年，全省平均气温为9.2℃。年平均降水量为433.2毫米。甘肃是一个少林省份，据甘肃省第九次森林资源清查结果，全省森林覆盖率11.33%。

【矿产资源】甘肃为我国重要的能源、原材料工业基地，拥有丰富的石油、天然气、有色金属、稀有金属等矿产资源。截至2020年底，甘肃省已发现各类矿产180种，已查明资源储量的114种，其中能源矿产7种、金属矿产36种、非金属矿产69种、水气矿产2种。查明资源储量名列全国第一位的有11种，位居前五位的有33种，位居前十位的有61种。

【特色产业】甘肃土地面积广阔，居全国第七位；林草总面积占国土总面积的比例为52.29%；光热资源充足且昼夜温差大，具有发展特色农业和优质高效农业的有利条件。许多特色农产品，无论是种植面积还是产量在全国都名列前茅，特别是玉米制种、啤酒原料、马铃薯、酿酒葡萄、油橄榄、食用百合、瓜果蔬菜和草食畜产品等特色产品，品质优良，发展前景良好。甘肃还是全国中药材主要产区之一，当归、黄（红）芪、党参、大黄、甘草等五种大宗中药材驰名中外。

甘肃是新中国成立后国家重点投资建设工业体系的区域之一。全省继续实施工业强省战略，推动传统产业智能化发展。加快转方式调结构，着力构建生态产业体系。遵循生态优先、绿色发展的总要求，大力发展节能环保、清洁生产、清洁能源、循环农业、中医中药、文化旅游、通道物流、数据信息、军民融合、先进制造等生态产业，建设以兰白地区为重点的中部绿色生态产业示范区、河西走廊和陇东南绿色生态产业经济带，建设一批绿色生态示范产业园，实施一批绿色生态示范重大工程。加快传统重化工业和制造业高新化、智能化、清洁化、绿色化改造，培育低碳环保新业态新产业，逐步让生态产业挑大梁、传统产业发新枝，构建发展活力足、竞争能力强、特色鲜明的生态产业体系，夯实实体经济根基，努力推动绿色发展崛起。

兰州新区，是继上海浦东新区、天津滨海新区、重庆两江新区、浙江舟山群岛新区后，国务院于2012年批复的第五个国家级新区。兰州新区位于兰州北部秦王川盆地，地处兰州、西宁、银川三个省会城市共生带的中间位置，距兰州市区38.5公里，距西宁198公里，距银川420公里，规划控制面积821平方公里，核心区规划建设面积246平方公里。兰州新区是“丝绸之路经济带”上的重要节点，是甘肃对外开放的重要窗口，已建成运营综合保税区、中川国际航空港、中川北站铁路口岸，正在加快建设国际产业合作园、国际通信专用通道，“一区一港一园一口岸一通道”的开放平台作用日益凸显；兰州至中亚、南亚、欧洲的国际货运班列实现常态化运营，南亚班列被列为全国16个多式联运示范工程；即将开通兰州至瓜达尔港的国际货运班列，打造面向“一带一路”的国际物流中心和多式联运中心，引领全省对外开放实现新跨越。随着铁路口岸的建成，兰州新区中川北站加大园区配套项目建设，搭建综合物流运营平台，打造西北地区国际物流中心。2017年以来，积极抢抓“丝绸之路经济带”重大发展机遇，确定“建设大项目、打造大景区、构建大旅游、形成大品牌、促进大发展”的旅游产业发展思路，全力引进以“创意性、参与性、体验性”为主的精品文化旅游项目，努力将新区打造成为西北特色文化旅游基地。2017年10月16日，保税区进口汽车西北分拨中心与商投综超盛大开业，进口商品批发中心正式挂牌试营业，这标志着新区综合市场从开发建设开始向运营管理迈进。

【历史文化】甘肃是一个历史悠久、文化底蕴厚重的省份。商周之际，周秦部族先后在今甘肃东部崛起并向东发展，对国家政治生活产生过重大影响。汉武帝至昭帝间陆续设武威、张掖、敦煌、天水、安定、武都、金城诸郡。至元，全国创设省制，甘肃正式设省。至清朝乾隆年间，甘肃辖区除今省境外，尚辖西宁府、宁夏府及新疆东境一部。光绪十年（公元1884年），新疆建省。“民国”十八年（1929年）分置宁夏、青海省，其行政区域大体与今相同。甘肃是中华民族和华夏文化的重要发祥地之一。中华民族的人文始祖伏羲、女娲和黄帝相传诞生在甘肃，故有“羲轩桑梓”之称。周人崛起于庆阳，秦人肇基于天水。汉代的开边政策和张骞通西域成功开通了丝绸之路。隋唐时期，甘肃成为我国联系西域各国和欧洲的重要通道，武威、张掖、敦煌成为经济文化繁荣的国际性贸易城市，整个河陇地区农桑繁盛、士民殷富，《资治通鉴》有“天下称富庶者，无如陇右”的记载。海路开通后，随着全国政治经济文化重心的东移南迁，特别是由于气候和生态条件的变化，甘肃渐渐成为荒僻之地。一百多年前，左宗棠向清政府奏称“甘肃地处边陲，土旷人稀，瘠苦甲于天下。”

源远流长、底蕴深厚的甘肃历史文化，不断催生着时代精神，培育了《读者》《丝路花雨》《大梦敦煌》等一系列著名文化品牌。其中《读者》杂志成为全国发行量最大的期刊，被誉为“中国人的心灵读本”；舞剧《丝路花雨》《大梦敦煌》享誉全球。

甘肃先后出土简牍61000余枚，数量居全国之首，时代跨度大、内容广博、保存完好，备受历史和考古学界的重视。特别是汉简，内容涉及中国古代社会生活的各个方面。其中居延汉简的出土，与敦煌石窟藏经、殷墟王陵并称为二十世纪东方文明最伟大的发现。出土青铜器文物类型众多。由于农耕、游牧、骑猎三大文化圈在甘肃境内相互交融，甘肃青铜器类型多样、风格特异，是全国发现青铜文化类型最多的省份。史前、商代、西周、春秋战国、秦汉、魏晋青铜器多有发现，其中出土于东乡县马家窑文化遗址的青铜刀，是目前被确认的中国最早的一件青铜器，武威雷台出土的汉代铜奔马被确认为中国的旅游标志。

甘肃省“华夏文明传承创新区”建设于2013年获国务院正式批复。按照国家关于甘肃发展的战略定位和建设文化大省的总要求，甘肃确定了“华夏文明传承创新区”建设围绕“一带”，建设“三区”，打造“十三板块”的总体布局，简称“1313工程”。“一带”是丝绸之路文化发展带；“三区”是以始祖文化为核心的陇东南文化历史区、以敦煌文化为核心的河西走廊文化生态区和以黄河文化为核心的兰州都市圈文化产业区；“十三板块”是文物保护、大遗址保护、非物质文化遗产保护传承、历史文化名城名镇名村保护利用、民族文化传承、古籍整理出版、红色文化弘扬、城乡文化一体化发展、文化与旅游深度融合、文化产业发展、文化品牌打造、文化人才队伍建设、节庆赛事会展举办。“华夏文明传承创新区”是甘肃省继兰州新区之后，又一个摆到国家层面的战略平台。

2015年11月13日，甘肃举办丝绸之路（敦煌）国际文化博览会获得国家正式批复。丝绸之路（敦煌）国际文化博览会，简称敦煌文博会，是“一带一路”建设的重要载体，是丝绸之路沿线国家人文交流合作的战略平台，承载着重要的国家使命。博览会以“推动文化交流、共谋合作发展”为宗旨，以丝绸之路精神为纽带，以文明互鉴与文化交流合作为主题，以实现民心相通为目标，着力打造国际化、高端化、专业化的国家级文化博览会，成为中国与丝绸之路沿线国家开展文化交流合作的重要平台、推动中华文化走出去的重要窗口、丝绸之路经济带建设的重要支撑。经党中央、国务院批准，从2016年起，丝绸之路（敦煌）国际文化博览会将在甘肃省每年举办一次。首届已于2016年9月举办，受疫情影响，第五届敦煌文博会于9月24日举办。

【革命历史文化】甘肃曾是陕甘宁边区的重要组成部分，红军长征的足迹几乎遍布甘肃全境，著名的西路军曾在河西浴血奋战。目前全省革命文物景点有300多处，各级博物馆收藏的革命文物近万件。甘肃被国家列入12个重点红色旅游区，会宁县红军长征纪念馆、迭部县腊子口战役遗址、宕昌县哈达铺红军长征纪念馆、岷县“岷州会议”遗址、通渭县榜罗镇革命遗址、八路军兰州办事处、华池县陕甘边区苏维埃政府旧址、高台县烈士陵园等8个景区，被列入“百个红色旅游经典景区名录”。

【民族民间文化】甘肃境内民族众多。各民族长期的交流融合、和平共处，形成了风情浓郁、独树一帜的民族民俗文化。夏河拉卜楞寺为藏传佛教格鲁派六大宗主寺之一，肃南县吐蕃贵族墓葬、天水后街清真寺、永登鲁土司衙门旧址、西和仇池国遗址等，都是我省民族文物的典型代表。敦煌古藏文写经、西夏木版画、西夏文木活字、元代八思巴文虎头银牌、元代玻璃托盏等都是海内孤品。此外，各民族的独特习俗、节会，如回族的古尔邦节、开斋节；藏族的正月十五晒佛节、五月采花节；哈萨克族的叼羊、“姑娘追”；土族的“纳顿”节、“二月二”跳神会等。甘肃饮食文化异彩纷呈。兰州牛肉面是最具特色的大众化经济小吃，声名远扬；以手抓羊肉为代表的清真风味食品，独特可口；糌粑、酸奶、奶茶、蕨麻米饭等藏族风味的食物，值得品尝；还有各种地方小吃，更是独具特色。甘肃民族歌舞多姿多彩。社火歌舞是广泛流传于甘肃民间的一种艺术，尤以兰州的太平鼓舞、武威的“滚鼓子”、张掖的顶腕舞、陇东的秧歌、天水一带的扇鼓舞、腊花等著称，还有莲花山花儿、二郎山花儿、河湟花儿、裕固族民歌等。此外，兰州微雕葫芦，平凉纸织画，庆阳牛皮影、香包、剪纸、刺绣，保安腰刀，天水雕漆漆器，酒泉夜光杯，卓尼洮砚，武威“铜奔马”等民间工艺品也久负盛名。

【旅游资源】甘肃的旅游资源既有石窟寺庙、长城关隘、塔碑楼阁、古城遗址、历史文物等文物古迹，又有青山绿水、高山草原、大漠戈壁、沙漠绿洲、丹霞奇观、冰川雪峰等独具特色的西部自然风光，还有以藏、回、裕固、保安、东乡等少数民族浓郁风情为特色的民族风情资源。丰富的文化遗产、独特的自然景观和多彩的民族风情，成为人们向往的旅游胜地，开发前景广阔。最具代表性的旅游景点：被联合国教科文组织列为世界文化遗产之一、被誉为“世界艺术宝库”和“世界现存佛教艺术最伟大宝库”的敦煌莫高窟，被称为“人文始祖”的羲皇故里——天水伏羲庙，“东方雕塑馆”之称的天水麦积山石窟，万里长城最西端的“天下第一雄关”——嘉峪关，中国彩陶之乡之称的临夏，中国藏传佛教格鲁派六大宗主寺之一的夏河拉卜楞寺，道教第一山崆峒山，中国的旅游标志——武威出土的汉代铜奔马，世界最大的室内卧佛寺——张掖大佛寺，泾川西王母宫、永靖炳灵寺石窟、永登鲁土司衙门旧址等构成了璀璨夺目的艺术长廊。近年发现的永靖恐龙足迹、和政古生物化石，是一、二千万年前中生代白垩纪的遗址。

国民经济运行

2021年，在省委、省政府的坚强领导下，全省各级各部门坚持以习近平新时代中国特色社会主义思想为指导，全面贯彻落实党的十九大和十九届历次全会精神，深入落实习近平总书记对甘肃重要讲话和指示精神，坚持稳中求进工作总基调，完整、准确、全面贯彻新发展理念，加快构建新发展格局，推动高质量发展，扎实做好“六稳”工作，全面落实“六保”任务，做好“五量”文章，持续巩固拓展疫情防控和经济社会发展成果，全省经济稳中有进、稳步提质，总量实现新突破。

2021年，全省地区生产总值突破一万亿元，达到10243.3亿元，按不变价格计算，比上年增长6.9%，两年平均增长5.3%。其中，第一产业增加值1364.7亿元，比上年增长10.1%，两年平均增长7.6%；第二产业增加值3466.6亿元，比上年增长6.4%，两年平均增长6.0%；第三产业增加值5412.0亿元，比上年增长6.5%，两年平均增长4.4%。

【生产供给稳中加固】

1. 农业生产稳中向好

启动实施现代丝路寒旱农业优势特色产业三年倍增行动，深入推进农业供给侧结构性改革，严格落实耕地保护制度，引进大型龙头企业投资建场。全省种植业稳步增长，夏粮秋粮双增产，畜牧业发展势头强劲。

全年全省粮食总产量1231.5万吨，比上年增长2.4%。其中，夏粮产量329.9万吨，增长2.7%；秋粮产量901.6万吨，增长2.4%。特色产业稳定增长，全年预计蔬菜种植面积和产量比上年分别增长8.1%和12.0%，中药材产量增长6.7%。

全年猪牛羊禽肉总产量134.0万吨，比上年增长23.1%。其中，猪肉产量64.1万吨，增长30.4%；牛肉产量27.0万吨，增长8.4%；羊肉产量33.5万吨，增长21.4%；禽肉产量9.4万吨，增长30.6%。禽蛋产量22.3万吨，增长12.6%；牛奶产量66.6万吨，增长15.8%。猪存栏增长10.1%，出栏增长27.2%；牛存栏增长6.4%，出栏增长8.0%；羊存栏增长11.3%，出栏增长21.2%；家禽存栏增长9.2%，出栏增长16.0%。

2. 工业生产稳定增长

坚持产业兴省、工业强省，突出强龙头、补链条、聚集群，开展“1+N+X”产业基础高级化产业链现代化攻坚战专项行动，主动应对电煤和能源供应紧张问题，落实工业经济运行调度机制，注重传统产业“三化”改造，全省工业生产稳定增长。全年全省规模以上工业增加值比上年增长8.9%，两年平均增长7.7%。分三大门类看，采矿业增加值增长9.3%，制造业增长7.5%，电力、热力、燃气及水生产和供应业增长12.7%。

工业生产者价格持续上涨。全年工业生产者出厂价格比上年上涨16.4%，购进价格上涨18.1%。12月份，工业生产者出厂价格同比上涨18.8%，环比下降2.9%；购进价格同比上涨26.0%，环比下降2.0%。

用电量较快增长。全年工业用电量1099.5亿千瓦时，比上年增长7.2%。

3. 服务业稳定恢复

服务业虽受10月份疫情影响恢复有所放缓，但总体仍然保持稳定恢复态势。全年全省规模以上服务业实现营业收入1438.1亿元，比上年增长12.5%，两年平均增长2.3%。其中，纳入核算的服务业实现营业收入644.4亿元，比上年增长6.7%，两年平均增长5.7%。

旅游市场总体稳定。全年全省接待游客2.76亿人次，比上年增长29.7%；实现旅游综合收入1842.4亿元，增长26.6%。

邮政电信业快速增长。全年全省邮政业务总量49.8亿元，比上年增长21.2%；电信业务总量292.3亿元，增长24.4%。

金融存贷保持稳定。年末全省金融机构本外币各项存款余额22614.6亿元，比上年末增长7.7%；各项贷款余额23905.3亿元，增长7.9%。

交通货运增势良好。全年全省完成货运量76019.6万吨，比上年增长13.2%。其中，铁路货运量6444.1万吨，增长8.0%；公路货运量69664.7万吨，增长13.7%。全年完成客运量15634.3万人次，比上年下降41.7%。其中，铁路客运量4601.4万人次，增长10.8%；公路客运量10813.1万人次，下降51.9%。

【三大需求协力拉动】

1. 固定资产投资稳定增长

健全完善重大项目协同推进和领导包抓机制，积极争取中央预算内投资，组织重大项目集中开工，中川国际机场三期扩建工程、兰张三四线铁路、装机1285万千瓦时的新能源项目、5G基站等一大批交通、水利、能源、信息重大项目落地实施。全年全省固定资产投资比上年增长11.1%，两年平均增长9.5%。其中，制造业投资比上年增长15.5%；基础设施投资增长4.2%；房地产开发投资增长14.6%，商品房销售面积增长14.8%。

重大项目支撑作用明显。全年全省亿元及以上重大项目完成投资同比增长13.7%，高于全部投资2.6个百分点；占全部投资的比重为76.1%，比上年提高2.2个百分点，对全部投资增长的贡献率为64.8%。其中计划总投资10亿元以上的项目274个，比上年增加25个，本年完成投资增长 12.4%。

新能源项目拉动有力。全年全省新能源投资项目 184 个，完成投资 306.0 亿元，拉动全省固定资产投资增长 4.2 个百分点。

2. 消费市场稳步恢复

保供应、稳市场，线上线下融合举办兰洽会、“一会一节”等活动，最大限度降低疫情冲击，消费市场较快恢复。全年全省社会消费品零售总额 4037.1 亿元，比上年增长 11.1%，两年平均增长 4.5%。限额以上单位 23 类主要零售商品中有 19 类商品零售额比上年实现增长。其中，基本生活类消费增势较好，日用品类、饮料类、粮油食品类商品零售额分别增长 26.7%、23.0% 和 14.1%；升级类消费需求持续释放，书报杂志类、金银珠宝类、文化办公用品类商品零售额分别增长 54.1%、38.4% 和 9.7%。

3. 进出口增势良好

实施外贸高质量发展专项行动、利用外资突破行动，推动企业对企业跨境电商直接出口业务在甘肃落地，开通兰州航空口岸定期国际货运航线，新发运中欧班列义乌—兰州—莫斯科线路。全年全省进出口总值 491.9 亿元，比上年增长 28.6%。其中，出口总值 96.9 亿元，增长 13.2%；进口总值 395 亿元，增长 33.1%。

【发展质效持续提升】

新产业新业态新模式增长强劲。全年全省规模以上工业战略性新兴产业、高技术产业、装备制造业增加值比上年分别增长 18.8%、38.2% 和 15.8%，两年平均分别增长 16.9%、29.8% 和 18.8%。全省高技术制造业投资比上年增长 39.7%，完成投资占制造业投资的 18.5%，比上年提高 3.2 个百分点。其中，航空、航天器及设备制造业增长 159.4%；计算机及办公设备制造业增长 47.6%；电子及通信设备制造业增长 44.4%；医药制造业增长 39.3%。全省限额以上批零住餐业通过公共网络实现零售额比上年增长 24.8%，快递业务量增长 33.5%。

民营经济增势良好。全年全省民间投资比上年增长 16.1%，两年平均增长 11.0%，增长快于全省固定资产投资；规模以上工业民营经济增加值比上年增长 13.6%，两年平均增长 11.2%，增速高于全省规模以上工业增加值。

企业效益快速增长。全年全省规模以上工业企业实现利润 545.3 亿元，营业收入利润率 5.43%。全年省属企业实现利润 180.49 亿元，比上年增长 1.08 倍。

财政收入稳步增长。全年全省一般公共预算收入 1001.8 亿元，比上年增长 14.6%，其中，税收收入 667.4 亿元，增长 17.5%；非税收入 334.4 亿元，增长 9.1%。一般公共预算支出 4032.6 亿元，下降 3.1%。

市场主体活力持续增强。全年全省新设立市场主体 30.98 万户，比上年增长 10.4%；新设立企业 8.25 万户，日均新设立企业 226 户。

招商引资成效明显。全年全省共实施新建、续建省外招商引资项目 2489 个，到位资金 3509.68 亿元，比上年增长 16.95%。

科技创新不断活跃。全年全省技术市场成交合同金额 280.44 亿元，比上年增长 20.28%，两年平均增长 19.49%。

环境质量总体较好。全年全省 14 个市州所在城市 $PM_{2.5}$ 浓度比上年下降 11.5%；14 个市州空气质量平均优良天数比率为 90.2%；74 个国控断面水质优良比例为 95.9%。

安全生产形势基本稳定。全年全省各类生产安全事故数量比上年下降 5.29%；死亡人数、受伤人数分别下降 5.03%、12.32%；直接经济损失下降 6.43%。

【民生保障有力有效】

就业形势总体稳定。全年全省城镇新增就业 33.25 万人，完成年度任务的 103.9%。共输转城乡富余劳动力 528.2 万人，完成年计划的 105.6%；创劳务收入 1416.6 亿元，比上年增长 7.5%。

居民消费价格温和上涨。全年全省居民消费价格比上年上涨 0.9%。分类别看，食品烟酒价格上涨 0.3%，衣着持平，居住上涨 1.1%，生活用品及服务上涨 0.3%，交通通信上涨 3.8%，教育文化娱乐上涨 0.6%，医疗保健上涨 0.2%，其他用品和服务上涨 0.5%。12 月份，居民消费价格同比上涨 1.1%，环比下降 0.3%。

民生支出保障有力。全年全省财政 11 类民生支出 3212.1 亿元，占一般公共预算支出的 79.7%。教育、卫生等民生领域投资快速增长，分别增长 24.5% 和 35.6%。

居民收入稳步增加。全年全省居民人均可支配收入 22066 元，比上年增长 8.5%，两年平均增长 7.4%。按常住地分，城镇居民人均可支配收入 36187 元，比上年增长 7.0%，两年平均增长 5.8%；农村居民人均可支配收入 11433 元，比上年增长 10.5%，两年平均增长 9.0%。城乡居民人均收入比值为 3.17，比上年缩小 0.10。

（杨亮）

自然资源

【自然资源】自然资源调查。截至 2020 年 12 月 31 日，全省土地总面积 4258.95 万公顷（其中宁夏回族自治区飞地 5322.57 公顷）。全省主要地类构成及面积为：耕地 519.94 万公顷，种植园用地 42.86 万公顷，林地 796.70 万公顷，草地 1429.79 万公顷，湿地 118.53 万公顷，城镇村及工矿用地 86.19 万公顷，交通运输用地 12.40 万公顷，水域及水利设施用地 41.03 万公顷，其他用地 1211.51 万公顷。

2021 年 9 月 28 日，省第三次全国国土调查办公室、省自然资源厅、省统计局联合发布《甘肃省第三次全国国土调查主要数据公报》，9 月 29 日召开新闻发布会，通报全省第三次全国国土调查情况，对主要数据进行解读。

自然资源和不动产统一确权登记。自然资源确权登记。完成敦煌西湖国家级自然保护区、冶力关国家森林公园、疏勒河、黑虎林场等 12 个登记单元的自然资源确权登记。安排保护地、林场、河流等登记项目 68 个、矿产地 699 个。14 个市州、兰州新区，86 个县市区自然资源确权登记工作方案均以本级政府名义印发并有序推进。

林权登记。推动林权类登记资料移交，完成资料交接 217.6 万宗，数据整合 5.72 万宗。常态化开展林权类不动产登记，办理 570 件。印发《清理规范林权确权登记历史遗留问题试点实施方案》，在酒泉市开展清理规范林权确权登记历史遗留问题试点，截至2021年底，酒泉市完成5.67万宗林权资料移交，现场核实1.26万宗，数据整合660宗。

不动产登记。优化信息平台布局，全省9个市州建成市级不动产登记基础信息平台，兰州市、酒泉市实现“同城通办”“市域通办”。完成“互联网+不动产登记”等网办平台升级改造，实现商品房预售、抵押涉及的不动产预告登记、不动产登记资料查询等事项“跨省通办”，实现不动产权证、不动产登记证明电子证照标准化共享。印发《甘肃省不动产登记窗口标准化建设指南（试行）》。2021年，全省累计办理登记业务226.12万件，同比增长106.65%；颁发不动产权证书、证明251.82万本，同比增长153%；办理抵押业务1.95万件，涉及金额1727.35亿元；办理企业首次登记43.72万件，同比增长364.93%。

历史遗留“登记难”问题化解。报省委省政府印发《甘肃省化解国有土地上已售城镇住宅历史遗留“登记难”问题工作方案》。截至2021年底，全省累计摸排出问题房屋80.95万套，完成首次登记66.68万套，首次登记化解率82.37%；办理转移登记29.77万套，转移登记率36.77%。

易地扶贫搬迁安置住房不动产登记。全省已完成易地扶贫搬迁建档立卡户安置住房登记11.10万套，完成同步搬迁人口安置住房登记2.65万套，实现“应登尽登”“应发尽发”。

农村房地一体宅基地不动产登记。截至2021年底，全省宅基地共502.45万宗，应登记发证384.78万宗，已登记发证（含宅基地证与不动产权证）379.06万宗，发证率98.51%，其中已发放房地一体不动产权证244.44万宗，房地一体发证率63.53%（凉州区、康县、陇西县三个农村宅基地制度改革试点地区发证率100%）。

土地开发利用。2021年，全省供应国有建设用地3338宗，面积17440.2公顷。其中，以招标拍卖挂牌出让方式供地1634宗、面积5592.68公顷；以协议出让方式供地278宗、面积920.44公顷；以划拨方式供地1418宗、面积10890.92公顷；以租赁方式供地8宗、面积36.16公顷。从供应土地用途看，工矿仓储用地4119.66公顷、商服用地702.74公顷、住宅用地1792.56公顷、公共管理与公共服务用地2774.43公顷、交通运输用地5017.55公顷、其他用地（特殊用地、水域及水利设施用地、其他土地）3033.26公顷。

全省土地出让成交价款533.15亿元，其中，以招标拍卖挂牌方式出让土地成交价款506.33亿元；以协议方式出让土地成交价款26.82亿元。土地租赁收入2382.36万元。严格落实建设用地“增存挂钩”机制，全省处置批而未供土地7130公顷（10.7万亩）、闲置土地1964公顷（2.95万亩），处置率分别为32.27%和50.22%，批而未供土地处置率居全国第一。

完善建设用地使用权转让出租抵押二级市场，探索构建自然资源政府公示价格体系，组织开展城乡基准地价和城镇标定地价、集体建设用地和农用地基准地价更新与制定，82个县市区完成农用地基准地价制定，79个县市区完成集体建设用地基准地价制定。

自然资源改革。自然资源产权制度改革。在白银市开展全民所有自然资源资产清查试点。制定《甘肃省全民所有自然资源资产所有权委托代理试点总体实施方案》等5个方案和4个清单，在甘南州、张掖市、白银市和祁连山国家公园开展全民所有自然资源资产所有权委托代理机制试点。向省人大常委会专题报告《2020年度国有自然资源（资产）管理情况》。

“放管服”改革。省政府印发《关于加强土地要素保障持续优化营商环境的若干措施》。经省政府同意，将建设项目占用国有未利用地和土地征收成片开发方案审批权下放市县政府，在8个县市开展建设用地直报省级试点，赋予市县政府更多用地审批自主权。制定《甘肃省土地征收程序暂行规定》，规范征收行为。坚持“四减一优”改革方向，市州审批的非金属矿种增加至32个。

2021年3月，会同省发展改革委制定《甘肃省“标准地”改革试点工作方案》，在兰州新区、金昌工业园区、玉门市探索开展“标准地”出让试点。及时纾解“标准地”供应中遇到的政策难题，实现了“交地即发证、拿地即开工”的试点目标，共出让“标准地”17宗，出让面积136.16公顷。

【国土空间】国土空间规划。国土空间开发保护格局进一步优化，全省初步划定生态保护红线1257万公顷（1.89亿亩），约占全省土地总面积的29.52%；调出矿业权131个，重点项目399个，净调出红线范围内土地19万公顷。永久基本农田核实补划有序推进，城镇开发边界试划形成初步成果。

制定《关于加强乡村规划建设的指导意见》《甘肃省村庄规划编制实施方案》，选择不同类型的73个村庄作为“多规合一”实用性村庄编制试点，对“生态、生产、生活”空间、一二三产业融合、全域全要素管控等方面进行探索。全省500个乡村建设示范行动村已完成村庄规划编制469个，其余31个纳入控制性详细规划统筹编制。全年已编制完成2321个村庄规划，批复实施603个。完成省内注册规划师个人资质延续、转移等核定300余人次、企业信息登记30余次。

国土空间用途管制。全年共完成建设项目用地预选90个，计划总投资2039.56亿元。拟用地总面积11717.03公顷，其中农用地6251.32公顷（含耕地4009.11公顷），未利用地4110.79公顷，原有建设用地1354.92公顷。

省政府共审查审批建设用地387个，总面积为18670.38公顷（其中报国务院审批建设用地12个，面积4067.67公顷），同比增长10.41%，其中农用地7139.74公顷（含耕地5515.77公顷），未利用地10042.26公顷，原有建设用地1488.38公顷。按用地类型分，审查审批单独选址建设项目用地8441.46公顷，城市（城镇）批次建设用地10228.92公顷。按用途分，审批住宅用地1921.56公顷、商服用地961.76公顷、工矿仓储用地4252.15公顷、公共管理与公共服务用地1548.7公顷、交通运输用地5480.66公顷、其他用地4505.55公顷。

全年耕地开垦费入库3.89亿元，新增建设用地有偿使用费入库21.89亿元。

国土空间生态修复。黄河流域重大生态保护修复。落实《黄河流域生态保护和高质量发展规划纲要》《甘肃省黄河流域生态保护和高质发展规划》，印发《黄河流域生态保护和修复专项实施方案》。在自然资源部支持下，甘南州黄河上游山水林田湖草沙一体化保护和修复工程项目于2021年5月被确定为全国首批实施的重大工程，项目总投资50.05亿元，其中中央财政支持20亿元，财政部已下达2021年度实施资金4亿元、提前下达2022年度实施资金7亿，该项目正按年度实施方案顺利开展。

国土空间生态修复规划编制。甘肃省被自然资源部确定为全国6个省级国土空间生态修复规划编制工作先行试点省份，已完成《甘肃省国土空间生态修复规划（2021-2035年）》编制。

国土综合整治和生态修复。2021年，共安排省级国土综合整治和生态修复资金12200万元。其中实施国土综合整治项目9个，安排资金5620万元，建设规模1705.54公顷，新增耕地328.97公顷，提升耕地质量0.5-1级；争取历史遗留矿山生态修复中央财政资金6930万元、省级统筹下达资金12580万元（省级国土综合整治和生态修复资金6580万元、省级财政生态转移补偿资金6000万元），在全省矿山地质环境破坏较为严重的白银市、平凉市、甘南州、武威市、金昌市等地区实施历史遗留废弃矿山生态修复项目16个，计划复垦损毁土地2152.49公顷，治理矿山地质灾害隐患点4处。

耕地保护。开展各级政府耕地保护责任目标考核。截至2020年底，全省耕地总面积520.95万公顷（7814.21万亩），永久基本农田保护面积399.23万公顷（5988.5万亩），高于《甘肃省土地利用总体规划（2006-2020年）调整方案》确定的全省耕地保有量498.47万公顷（7477.05万亩）目标。

耕地占补平衡。印发《甘肃省自然资源厅关于进一步规范耕地占补平衡管理的通知》，建设占用的5513公顷耕地全部落实占补平衡。核实认定新增耕地7266公顷，省内调剂指标4533公顷，交易资金16.73亿。承担跨省域补充耕地国家统筹任务414.66公顷，有效保障占补平衡的落实。印发《甘肃省“十四五”时期补充耕地开发实施方案》，确定补充耕地项目96个，总规模5.03万公顷，预计新增耕地3.34万公顷。安排2021年省级补充耕地项目13个，其中省级土地整理复垦和耕地保护资金安排项目5个，社会资本补充耕地项目8个，预计新增耕地3553公顷。

永久基本农田核实整改补足。下发《甘肃省永久基本农田核实整改补足方案》，利用国土“三调”成果对2017年划定的永久基本农田进行核实，完成永久基本农田可继续保留调出和补足初步成果。

【地质与矿产资源】矿产资源现状。截至2020年底，全省已发现各类矿产180种（含亚矿种，下同），其中已查明资源储量的114种，未查明资源储量的66种。已查明矿产资源中，能源矿产7种、金属矿产36种、非金属矿产69种、水气矿产2种；未明查明矿产资源中，能源矿产3种、金属矿产20种、非金属矿产43种。

截至2020年底，列入《甘肃省查明矿产资源储量统计表》的固体矿产99种、矿区数1496个（含共伴生矿产）。按种类分固体能源矿区225个，黑色金属矿区170个，有色金属矿区316个，贵重金属矿区437个，稀有稀土金属矿区40个，冶金辅助原料非金属矿区50个，化工原料非金属矿区110个，建材及其他非金属矿区148个；按规模分大型规模矿床137个、中型297个、小型1062个；按勘查程度分普查阶段650个、详查阶段631个、勘探阶段216个。据《2020年全国矿产资源储量占比排名》统计，在已查明的矿产中，资源储量名列全国第1位的矿产有11种，分别为镍矿、钴矿、铂矿、钯矿、铱矿、锇矿、钌矿、硒矿、铸型用粘土、凹凸棒石粘土，居前5位的有33种，居前10位的有61种。

全省主要优势矿产为：煤、铁、铜、铅、锌、镍、钴、铂族、金、钨、锑、凹凸棒石、石膏、熔剂用灰岩、水泥用灰岩等，具有储量较为丰富、矿石质量好、分布较集中、地质工作程度较高、技术经济和外部建设条件好等特点。

截至2021年底，甘肃省共有绿色矿山32个，国家级绿色矿山25个，省级绿色矿山7个；其中能源类11个（油气5个，煤炭6个）、金属类12个、非金属类8个、砂石粘土1个。

地质勘查。全省2021年共投入地质勘查资金6.17亿元，其中中央财政资金1.74亿元，地方财政3.27亿元，社会资金1.16亿元。

基础地质调查。全年开展基础地质调查项目42个，投入资金7642.50万元。其中1：5万区域地质矿产调查项目5个、1：2.5万区域地质调查项目1个、柳园东部地区专题项目6个。全年完成调查面积1894平方千米，完成1：5万专题地质填图828平方千米；开展区域地球物理调查项目2个，调查面积5500平方千米；开展1：5万区域地球化学调查项目2个，调查面积238.30平方千米；开展1：5万区域地质矿产调查项目12个，调查面积6291.70平方千米；开展1：5万矿产远景调查项目14个，调查面积1051.10平方千米。

水工环地质与地质灾害调查评价。开展水工环地质调查评价项目130个，投入资金15895万元。开展水文地质调查评价项目14个；开展环境地质调查评价项目17个；开展地质灾害调查评价项目99个，完成1：5万地质灾害详细调查33062平方千米。

自然资源综合调查等项目。开展自然资源综合调查项目12个，投入资金1110.18万元；开展其他项目14个，投入资金1690.63万元。

地质科学研究与技术方法创新。开展地质科学研究与技术方法创新项目117个，投入资金11598.93万元。开展“白龙江流域舟曲-武都段重大地质灾害临灾预警阈值研究”等地质科学研究类项目49个，开展“多参数多维度背景下地质灾害监测预警技术研究与应用实践”等技术方法创新项目23个，编制各类报告45份。

矿产勘查。开展矿产勘查项目145个，其中普查项目71个，详查项目36个，调查评价项目38个。全年完成钻探139555米、坑探34985米、槽探81269立方米、浅井153米。涉及主要矿种为煤炭、铁矿、铅锌矿、铜矿和金矿。

找矿突破。全年新发现矿产地4个，其中大型2个，中型1个，小型1个。完成阶段性勘查的矿产地共3个，其中大型2个，中型1个。全年新增煤炭资源储量17.19亿吨、铁矿矿石量2531.47万吨、铜金属量2252吨、金金属量6303.3千克、铅金属量23321吨、锌金属量40101吨、钨（WO_3）金属量20.94吨、钒金属量（V2O5）12.72万吨、硫资源量25821.54吨、晶质石墨矿物资源量821.07万吨、锰矿矿石量14.63万吨、镉金属量4278吨。

省级地质勘查基金找矿。全年安排省级地勘基金项目33个，资金9600万元，聚焦重点成矿区带、国家战略性矿种、优势矿种以及地方产业发展急需矿种，安排敦煌市成宣铜镍矿普查、敦煌市甜水井西钒多金属矿普查、平凉市南部山区饮用天然矿泉水普查等一批项目。提交煤炭资源量1.8亿吨、金金属量4.57吨、晶质石墨矿物资源量820万吨、铁矿石量2528万吨、金属量钒12万吨、天然饮用矿泉水700立方米/天，提交大型规模矿床3处，中型规模矿床3处。

矿业权管理。探矿权设置。截至2021年12月底，全省共设置非油气探矿权849宗，其中酒泉市287宗，陇南市198宗，天水市89宗，甘南州84宗，张掖市60宗，定西市43宗，白银市38宗，兰州市14宗，金昌市13宗，武威市12宗，平凉市6宗，庆阳市3宗，临夏州2宗。

采矿权设置。截至2021年底，全省共有各类非油气采矿权1943宗。其中，自然资源部发证12宗，省自然资源厅发证319宗，市州自然资源局发证451宗，县级自然资源局发证1161宗。

矿业权审批。全年省级办理矿业权审批登记245宗，其中采矿权84宗、探矿权161宗。共颁发勘查许可证135宗（新立7宗、延续101宗、保留17宗、变更8宗、分立2宗），注销22宗（非申请注销7宗、申请注销15宗），公告废止4宗。共颁发采矿许可证59宗（新立8宗、变更19宗、延续32宗），划定矿区范围6宗，注销采矿许可证25宗。

矿产资源开发利用。按矿类统计。截至2020年底，全省共开采8大矿类、80种矿产，矿山构成以建材和其他非金属矿产为主，占总数的75.93%。其中，县级自然资源局发证的砖瓦用粘土矿585个，占总数的30.48%；建筑用砂矿228个，占总数的11.88%。从业人员中，能源矿产、建材和其他非金属矿产所占比重最大，分别为44.61%、27.98%。工业总产值中，能源矿产、有色金属矿产所占比重最大，分别为39.74%、30.56%。

按生产规模统计。大中型矿山数量所占比重较低，小型矿山所占比重最大。大中型矿山中，建材、能源、冶金辅助原料非金属类所占比重最大。其中，能源矿山大型20个、中型14个；黑色金属矿山大型5个、中型3个；有色金属矿山大型3个、中型12个，贵重金属矿山大型4个、中型17个；冶金辅助原料非金属矿产大型6个、中型4个；化工原料非金属矿山大型1个、中型6个；建材和其他非金属矿山大型73个、中型132个；水资源矿山中型2个。工业总产值中，大型矿山所占比为69.34%；人均产值为52.26%。

按行政区统计。截至2020年底，矿山数量较多的市州主要为白银市、酒泉市、庆阳市、临夏州、定西市、陇南市，合计占全省矿山总数的54%；从业人员较多的市州主要为平凉市、白银市、陇南市、兰州市，占从业人员总数的61.57%；工业总产值中所占比重较大的市州主要为平凉市、金昌市、陇南市、白银市，合计占全省总量的61.51%。除嘉峪关市和兰州新区以外，大中型矿山在各市州均有分布。兰州市、天水市、陇南市、平凉市、定西市大中型矿山数量较多，占全省总数的64.59%。

矿政管理。起草《关于推动矿产资源勘查开发高质量发展的意见》，编制《甘肃省矿产资源总体规划（2021—2025年）》《甘肃省“十四五”地质调查规划》《甘肃省战略防御性矿产找矿行动实施方案（2021—2025）》《甘肃省绿色勘查技术指南》《甘肃省绿色矿山建设规范》，形成“十四五”时期全省矿产资源勘查开发工作思路和工作重点，其中采矿权重点项目4类24宗，4宗已办理登记手续。梳理符合出让条件的勘查成果项目126宗，全年已公开出让12宗，实现出让收益9.7亿元。深入46家矿山企业进行调研，开展全省过期矿业权清理及分类处置，省级发证683宗过期矿业权已完成处置141宗，督促市州清理过期矿业权892宗，在全国矿业权登记信息发布系统完成处置意见。矿业权综合管理系统初步建成。

联合省发改委等部门印发《深入推进露天矿山综合整治工作的通知》，对祁连山自然保护区及祁连山国家公园边界外延1公里范围、黄河干流及一级支流流经的重点生态功能区范围内露天矿山强化管控。全省各级各类保护地内536宗矿业权已退出507宗、祁连山国家公园范围内115宗矿业权已退出100宗、大熊猫国家公园范围内11宗矿业权已退出10宗。

确定陇东煤炭资源出让历史遗留问题“2+6”处置方案，崇信县赤城南（五举）、灵台南唐家河南川河2个区块继续以协议方式出让，剩余6个区块公开出让。协调8宗政策性关闭煤矿退还剩余资源量价款2242万元。全面落实省电煤保供措施，推进煤矿矿山挖潜增产，纳入省电煤保供应急清单的6处煤矿项目均已完成采矿权手续办理。全年共办理矿业权审批事项241宗，较去年增加44.3%。畅通企业融资渠道，办理采矿权抵押备案9宗，涉及金额10.55亿元。全年征缴矿业权出让收益12.63亿元，探矿权采矿权使用费收入545.58万元。

地质灾害。全省查明地质灾害隐患点20662处，威胁人口达243.27万人，威胁财产1162.07亿元。全年发生地质灾害162起，未造成人员伤亡，直接经济损失1.12亿元，其中发生特大型地质灾害1起、中型9起、小型152起。与去年同期相比，灾害发生数量减少90.55%、伤亡失踪人数减少100%、直接经济损失减少92.81%；与前五年同期平均值相比，灾害发生数量减少65.09%、伤亡失踪人数减少100%、直接经济损失减少78.46%。

派出各级专家11473人次，排查隐患点25578处，全年处置各类地质灾害险情及隐患1071处。制作省级地质灾害气象风险预警39期、市级、264期、县级2195期。建成运行2001处专群结合监测点，成功预报地质灾害7起，紧急转移人口1488人、避免可能伤亡人员855人、避免经济损失7424.9万元。颁布《甘肃省地质灾害防治项目管理办法》，印发《甘肃省2021年度地质灾害防治方案》《甘肃省地质灾害防治“十四五”规划》。全省开展地质灾害避险演练908场，参与人数81077人次。利用“4·22”地球日、“5·12”防灾减灾日、“10·13”国际减灾日、全国科普宣传日开展大型地质灾害防灾减灾宣传活动，制作3部公益宣传片在14个市（州）巡回播放。

全年投入地质灾害防治专项资金3.67亿元（其中中央财政自然灾害防治体系建设补助资金2.67亿元，省级财政自然灾害防治补助资金1亿元）。实施地质灾害调查评价类项目59个，监测预警类项目18个，治理工程项目21个（含地质灾害排危除险项目1个），避险搬迁项目2个、组织搬迁524户，防治能力建设项目13个。提前下达2022年中央财政自然灾害防治体系建设补助资金4.44亿元，安排各类项目93个，已完成实施方案评审和项目下达。

【测绘与地理信息】基础测绘。甘肃省自然资源卫星影像云服务平台累计获取推送影像数据17391景，其中2米级11030景，覆盖率100.00%，亚米级6361景，覆盖率98.94%。全年完成敦煌市、肃北县、瓜州县部分区域约3.63万平方千米1 ∶ 1万数字地形图测绘。进行黄河干流临夏永靖至黄河石林段1.04万平方千米的激光雷达点云数据和优于0.5米航空影像数据处理，更新1:1万数字地形图，构建地形实景三维场景。截至2021年底，全省数字线划地图（DLG）覆盖面积约35.71万平方千米，覆盖率83.86%，数字高程模型（DEM）覆盖面积约39.84万平方千米，覆盖率93.58%，数字正射影像（DOM）覆盖面积42.58万平方千米，覆盖率100%。

2021年，甘肃省卫星导航定位连续运行基准站为212家单位、853个用户提供10.8万小时导航定位基准信息公共服务。

测绘地理信息服务。2021年，接收测绘地理信息成果40批次，数据量42TB。办理涉密基础测绘成果提供使用审批472件，提供涉密基础测绘成果90507幅/点、影像和地理国情成果43.2TB。实现我省测绘成果目录汇交“跨省通办”。为全省“带图审批”提供有效数据支撑。在全国地理信息资源目录服务系统中更新发布省级基础测绘成果目录8990条。《甘肃省省级基础测绘成果目录》（2021版）向社会发布。2021版《甘肃省地图集》正式出版发行。

全年完成政务及应急地图服务保障341次，编制各类专题地图64幅，提供各类专题图件3563张、政务图包87个、图集图册3612册。编制完成省市县等系列标准地图220幅（含省图24幅、市图110幅、县图86幅）。研发甘肃省标准地图在线服务系统接入厅门户网站运行，开设世界、中国、甘肃省市县五级标准地图和专题地图下载服务专区。

甘肃省地理信息公共服务平台“天地图·甘肃”访问量4445万余次，完成地图数据更新38.2万余条，2米分辨率影像实现季度更新，14个市州全面完成“天地图”省市一体化建设，为数字政府专班、省公安厅等多家单位提供数据和技术支持。

测绘地理信息监管。全省共有175家测绘资质单位，其中事业单位46家，国有企业51家，民营企业78家。按等级分，甲级33家，乙级142家。对全省原有29家单位测绘成果质量进行监督检查，合格项目26个，不合格3个，合格率89.6%。按新修订的《测绘资质管理办法》和《测绘资质分类标准》，完成全省测绘资质复审换证。

2021年共办理地图审核行政许可事项19件，核发地图审图号95个。开展全省地图市场监管专项检查，检查重大节会、地图市场等重要场所70个，抽查市州地图审核件42个。开展全省地理信息安全监督检查，省级抽查60家单位，检查合格10家，经整改通过48家，不合格2家。

（刘志广）

防震减灾

【地震活动】2021年甘肃共发生2.0级以上地震48次。其中，2.0—2.9级38次，3.0—3.9级8次，4.0—4.9级1次，5.0—5.9级地震1次，最大地震为8月26日甘肃省酒泉市阿克塞县5.5级。2021年省内地震活动强度不高，主要呈现西强东弱的特征，3级以上地震中有8次集中分布于甘肃西部地区，2次在甘肃东南部地区。祁连山地震带3级以上地震主要集中分布在阿尔金断裂与祁连山地震带的交汇区域，甘东南地区主要以中小震活动为主，主要分布在东昆仑断裂东段及邻区，该区域的中小地震活动可能与2021年5月22日青海玛多7.4级地震有关，最大地震为5月22日玛曲4.4级。时间上，1、5、11月发生2级以上地震相对较多，均为6次；4月发生2级以上地震次数最少，共2次。

【地震监测预报】震情跟踪工作情况。省地震局认真贯彻落实应急管理部、中国地震局以及甘肃省委和省政府震情监视跟踪部署，积极开展震情监视跟踪各项工作。一是制定工作方案。研究制定了《甘肃省地震局党组关于进一步加强地震监测预报工作的实施方案》《甘肃省地震局2021年度震情监视跟踪和应急准备工作方案》，明确具体工作措施及责任部门，实现目标任务清单化、具体化管理。二是召开工作部署会。组织召开了2021年全省震情监视跟踪和应急准备工作部署视频会，研究部署2021年全省震情监视跟踪和应急准备工作，地震重点危险区涉及的8个市州地震局均制定了本地区震情监视跟踪和应急准备工作方案。三是成立大震专家团队。引入系统内外多部门、多学科专家组建甘肃省大震短临跟踪研究团队，制定了《甘肃地区6.5级以上大震短临跟踪研判工作方案》，完善了跟踪措施，压实了工作责任，着力在构建大震短临预测指标体系上有所进展。四是编制震情研判技术方案。编制了甘肃省和南北地震带北段《震情短临跟踪和会商研判技术方案》，完善大震短临跟踪研判工作机制，明确了岗位责任；并接受了中国地震局大震短临跟踪督导检查组的检查。五是加强前震识别工作。印发《甘肃省地震局前震序列识别与试验应用工作方案》，压实省地震台和中心站工作责任，增强了大震短临跟踪合力，年内共处置前震自动识别系统告警信息300余次。六是进一步强化甘青川地区大震短临跟踪工作。牵头落实《甘青川交界地区大震监测预报和应对准备工作方案》，继续开展流动观测、群测群防等工作，进一步加强甘青川交界地区震情短临跟踪工作，提升区域震情综合分析研判能力。七是做好地震安全服务保障工作。制定印发全国“两会”、高考、建党100周年、十九届六中全会等重大活动和特殊时段地震安全保障服务实施方案，组织相关部门单位，扎实完成地震安全保障服务工作。八是加强地震预报决策服务。优化地震预报服务产品清单和公共服务产品清单，每月向省委省政府、省应急管理厅等部门报送震情通报和会商意见。丰富地震预报服务产品，通过手机短信、“两微一端”等渠道提供公共服务1458861条。九是强化局站合作。建立中心站与各市县地震部门联合会商机制，指导中心站与市县地震部门签署局站合作协议，建设共享数据服务平台，实现地震监测资料共享，整合优化和集约局站防震减灾基础设施资源，优化监测站网布局，完善和补充监测手段，强化观测、预报、科研、服务功能。十是完善专群结合工作机制。落实年度震情监视跟踪和应急准备工作方案，以张掖中心站、天水中心站、陇南中心站、张掖市地震局、天水市地震局为试点单位，推进地震预报业务工作和完善会商机制，进一步完善专群结合工作机制。

台网运行管理。一是加强站网运行。针对中国地震局监测预报司每月发布的全国地震监测预报业务情况月报中的短板和不足，举一反三，建立甘肃地震监测预报业务运行情况月通报制度，将站网运行指标列入省地震台、信息中心、各地震监测中心站等站网运维单位年度目标考核指标，引导站网运维各方努力提升运维质量与效率。2021年，各站网运行率大幅提升，测震站网运行率99.34%，强震动站网运行率97.22%，地球物理观测数据连续率99.76%，地球物理观测数据有效率99.48%。二是开展监测仪器大检查。结合《关于开展地震监测仪器运行状况大检查的通知》要求，制定印发《甘肃省地震局2021年地震监测仪器运行状况专项检查工作实施方案》，全面梳理了469套地震监测仪器基本信息、运维保障等方面情况，摸清了仪器运行情况底数，针对存在的问题，明确了保障站网正常运行、产出高质量观测数据等方面整改措施。三是完成站网规划编制。认真分析甘肃省地震站网布局现状，编制印发《甘肃地震监测站网规划（2021—2030年）》。依托国家预警工程、甘肃省预警工程项目建设实施和地震监测老旧仪器设备升级改造，进一步优化测震和地球物理站网布局，推进“一县一站”建设，切实提升全省地震监测能力。四是加强地震监测设施和观测环境保护工作。对全省受干扰观测站进行了全面梳理，积极推进兰州观象台受G30连霍高速过境线和中通道南延线建设影响、定西观测站受科创城教育大道建设影响等地震监测设施和观测环境保护工作。五是提升市县地震监测基础能力。近年来，每年投入300万左右资金用于优化市县地震观测环境、新上观测项目和观测仪器设备更新等，有效提升了市县地震监测基础能力。同时，将市县防震减灾技术培训纳入年度职工培训计划，加强市县预测预报专业培训和业务指导，进一步提高市县地震部门防震减灾能力和水平。

监测预报基础和研究及应用。一是设立震情跟踪专项。长期以来坚持科研为“地震监测预报”提供科技支撑和技术保障的科技创新发展思路，始终将地震监测预报领域作为我局地震科技发展基金重点支持方向。二是大力推进信息化项目建设。重新调整项目组织管理和实施机构，积极推进甘肃防震减灾业务信息化建设项目实施，目前该项目核心机房建设已完成并投入使用。三是强化创新团队和人才梯队建设。以地震预测预报领域的2个科研创新团队、1位领军人才、6位骨干人才和9位青年人才为依托，强化预报人才梯队建设。积极开展以地震预测技术和观测技术研究为主线，深入开展区域地球动力学理论、地震预测和地震监测等方面的创新性基础和应用研究，拓宽对地震预测和预报理论的研究，初步开创了具有西北区域特色的地震预测预报方法研究。四是制定台站人员培训方案。健全业务培训交流体系，积极选派人员参加中国地震局组织的各类培训，180余人参加监测预报类线上、线下培训，注重提升基层地震监测预报业务人员地震预报业务水平。印发实施《甘肃省地震局地震台站人员业务轮训方案》，牵头新疆、青海等7省区制定印发《片区地震台站人员业务轮训方案》，计划利用5年时间实现地震台站全员轮训。五是争先创优工作取得实效。在2020年度全国地震监测预报观测资料质量评估中甘肃省地震局共获得前三名49项，其中监测评估44项，并列全国第一名；2021年1人被授予全国应急管理系统先进工作者；张掖地震监测中心站和甘肃省地震应急服务中心被中国地震局授予“防震减灾工作优秀奖”；省地震局2人、市州地震部门2人被中国地震局授予“防震减灾先进个人”。

地震速报预警信息服务。一是强力推进预警项目的实施。制定印发《国家地震烈度速报与预警工程甘肃子项目台站土建工程验收方案》《强化责任狠抓落实坚决打赢预警工程攻坚会战实施方案》及《国家地震烈度速报与预警工程甘肃子项目专项攻坚“两清单一方案”》等相关管理制度；组织召开周、月例会及局长专题办公会，加快推进任务实施。二是完成年度工作任务。完成9个标段土建验收与整改，完成900个一般站设备安装验收；完成数据处理软件系统的部署和集成，实现163个基准站、205个基本站、900个一般站数据回传，目前省地震局预警系统基准站、基本站运行率均在98%以上，一般站运行率达到95%以上；完成1个省级发布平台及12个市级发布节点的软硬件安装与部署联调。三是狠抓预警信息误发问题专项整治。制定印发《甘肃临洮8.3级地震信息误发事件专项整治工作方案》《预警系统整改方案》和《地震信息误发问题专项整治方案》，完成地震信息误发问题专项整治工作。制定印发各类管理制度和细则12项，通过建立健全制度管理机制，做到业务链条和责任链条一一对应，切实提高地震预警系统的可靠性和稳定性。

【地震灾害预防】抗震设防要求。甘肃省防震减灾工作领导小组印发《关于全省建设工程地震安全监管检查工作情况的通报》。协调住建厅为甘肃省地震局在“甘肃省工程建设项目审批管理系统”设立了甘肃省地震局用户名和密码，共享全省建设工程审批基本信息，实时监管重大工程信息数据，开展抗震设防事中监管。协调将一般工程、学校、医院和重大工程抗震设防要求检查，以及地震小区划和区域地震安全性评价抗震设防要求落实情况纳入2021年国务院抗震救灾指挥部办公室、省抗震救灾指挥部办公室对有关重点地区的地震灾害防范应对准备工作督导检查和省地震灾害防范应对准备督导检查，并积极推进整改落实。

地震安全性评价。印发《甘肃省地震安全性评价报告技术审查管理办法》《甘肃省地震安全性评价从业单位管理办法》，落实抗震设防“放管服”改革要求，强化事前事中事后监管。组织开展2021年度地震安全性评价报告抽查检查。指导完成兰州榆中生态创新城、甘肃武威工业园区和庆阳西峰工业园区建设项目区域性地震安全性评价工作，组织完成区评报告的技术审查。

震害预测。开展地震重点危险区地震灾害损失预评估实地调研，完成了地震重点危险区地震灾害预评估与应急处置要点报告，并向甘肃省政府、重点危险区市（州）人民政府、省应急厅等省防震减灾工作领导小组成员单位报送了预评估报告。

活动断层探测。开展了玛曲县城地下空间展布探测项目的部分野外工作，完成了玛曲县城4条地震测线的探测工作。召开武威市活断层探测与地震危险性评价项目推进会，完成了武威市遥感影像解译，区域构造专题和浅层勘探初勘。完成了刘家峡主动源的激发实验工作，并对实验数据及时进行分析处理。完成了13个试点县的地震灾害普查工作，完成了13个试点县区活动断层资料收集与补充调查、地震构造图资料收集与补充调查、编制1 ∶ 5万活断层分布图及说明书。

【地震应急保障】召开省防震减灾工作领导小组与抗震救灾指挥部全体（扩大）会议，印发省防震减灾工作领导小组成员单位2021年度工作要点。召开省防震减灾工作领导小组（省抗震救灾指挥部）全体（扩大）会议，安排部署防震减灾救灾工作。印发了《关于调整甘肃省地震局地震现场应急工作队的通知》《甘肃省地震局地震现场应急工作出队方案》《甘肃省地震局大震应急救灾物资管理办法》。组织地震现场工作队开展地震应急演练和参加省应急厅组织的岷县等地震应急演练。配合省应急厅修订了《甘肃省地震应急预案》，并由省政府办公厅印发；制定了《甘肃省重特大地震应急处置手册》，修订印发了《甘肃省地震局地震应急预案》《甘肃省地震局地震应急处置工作手册》，编印了《甘肃省地震局地震应急响应服务等级》《震后12小时应急服务响应行动清单》。更新核查了全省乡镇人口、经济、行政区划、地质灾害点、重大危险源数据，完成了全省区县基于遥感影像和经验估计的区域房屋抗震设防能力初判工作，补充了重点目标数据。开展应急手机终端、现场应急服务终端和卫星电话等大震应急物资设备使用培训。积极发挥兰州搜救基地救援技术支撑优势，为武警、消防、志愿者等开展地震应急救援技术培训11期，累计培训894人次。全年开展了9次3.0级以上地震应急处置，阿克塞5.5级地震发生后，迅速派出甘肃省地震局地震现场工作队联合市州地震部门24人，赶赴地震现场开展灾情调查、烈度评定、损失评估和应急宣传等工作，对阿克塞县和肃北县受灾村组进行了全面现场勘验核实，并完成了地震烈度图绘制和灾害损失评估工作，指导地方政府和地震部门开展应急处置。

【地震科技创新】地震科技创新。组织完成了2021年国家自然科学基金项目、甘肃省科技计划项目、基本科研业务费专项、兰州地球物理国家野外科学观测研究站项目和局科技发展基金项目的申报和推荐工作，受理各类项目申请146项，获批甘肃省科技计划项目13项，获经费资助268万元；批准基本科研业务费专项8项、局科级发展基金项目17项，资助经费总额166.63万元；批准兰州地球物理国家野外观测研究站项目18项，资助经费总额约110万元。组织完成了局2021年度防震减灾科技成果奖的申报工作，共受理成果申报9项，评选二等奖2项，三等奖5项；完成了中国地震局2021年度防震减灾科学成果奖提名工作，获批二等奖1项，三等奖2项。组织完成了2021年度甘肃省科技进步奖提名、甘肃省专利奖推荐和甘肃省黄土地震工程重点实验室、甘肃省岩土防灾工程技术研究中心科技创新基地评估工作。获2020年度甘肃省科技进步奖3项，其中独立完成三等奖1项，合作完成一等奖、二等奖各1项。组织完成了兰州所修缮购置专项（2022—2025）三年规划编制工作，凝练购置类项目4个，预算总额2510.2万元；组织完成了2020年、2021年结题的星火计划项目、基本科研业务费专项、局地震科技发展基金项目等科研项目验收，验收各类项目36个；督导完成了刘家峡主动源项目建设任务，并通过了局组织的分项验收和竣工验收；牵头开展了玛多7.4级地震后强化甘东南震情跟踪工作措施，安排短临跟踪专项9个，经费70万元；全局科技人员登记的论文发表数量79篇，其中SCI论文14篇、EI论文7篇、EI会议论文3篇；出版专著2部；申请实用新型专利40项、发明专利1项，软件著作权12项。

地震科技体制改革。进一步深化地震科技体制改革，优化完善兰州所管理体制，贯彻落实中国地震局《关于开展地震科技成果评价相关规章制度及评价标准梳理及制修订工作的通知》和关于制定落实《国务院办公厅关于改革完善中央财政科研经费管理的若干意见》制修订工作要求，完成了《科研项目管理办法》《科研项目经费管理办法》《防震减灾科学成果奖评审办法》《促进科技成果转化实施细则》《科技创新奖励绩效管理办法》《地震科技发展基金管理办法》《科技档案管理办法》等7个制度的修订工作；开展了已结题科研项目结余经费清理工作，梳理核实各类项目212个，拟清理项目168个，盘活经费283万元；完成了《甘肃省地震局“十四五”地震科技发展规划》初稿的起草工作。

（许丽萍）

气象

【综述】2021年全省平均气温9.2℃，

较常年同期偏高 1℃；降水量 433.2 毫米，偏多 7.8%，为近 5 年最少。夏季高温日数多、范围广、持续时间长，伏期河东干旱较重；春季沙尘天气频发，沙尘暴范围和日数均为近 8 年最多，多地交通运输和空气质量受到影响；暴雨日数和范围略偏多，秋季中前期降雨过程多、量级大、雨区重叠度高，导致陇东南局部出现暴雨洪涝灾害；冰雹日数偏少；11 月上、下旬出现区域性特强寒潮。2021 年总体气候条件一般。

【气温】2021 年全省平均气温 9.2℃，较常年同期偏高 1℃，与 2017 年并列为近 5 年最高。2021 年各地平均气温，酒泉市东北部和南部、祁连山区、定西市中西部、临夏州南部和甘南州大部为 1.6~8℃，天水市中南部、陇南市大部为 12~16℃，省内其余地方为 8~12℃；与常年相比，酒泉市中北部、张掖市、武威市、白银市、兰州市、定西市中东部、甘南州西南部、平凉市中部、庆阳市西北部和天水市西北部偏高 1~2.2℃，省内其余大部地方偏高 0~1℃。气温最高中心在文县，为 16℃，最低中心在乌鞘岭，为 1.6℃。

2021 年全省各月平均气温与常年同期相比，4 月和 11 月气温分别偏低 0.5℃和 1.5℃，分别为近 11 年和 10 年最低；10 月接近常年同期；2 月、9 月分别偏高 3.4℃和 2℃，为 1961 年以来最高；3 月偏高 3℃，为 1961 年以来第三高；其余月份偏高 0.3~2℃。全省平均最高气温 4 月、10 月和 11 月偏低 0.2~1.7℃；其余各月偏高 0.8~5.7℃（2 月，为 1961 年以来最高）。平均最低气温 1 月、11 月分别偏低 0.3℃和 2.1℃，其余各月偏高 0.1~2.2℃（2 月和 3 月，均为 1961 年以来第三高）

【降水】2021 年全省平均降水量 433.2 毫米，较常年同期偏多 7.8%，但为近 5 年最少。2021 年各地降水量，张掖市东部、武威市南部、兰州市、白银市东部、定西市北部、临夏州北部和庆阳市西北部为 200 ~ 400 毫米；甘南州、定西市中南部、平凉市西部、庆阳市中部、天水市西部和陇南市西部降水量为 400~600 毫米；平凉市东部、庆阳市中南部、天水市东部和陇南市东部为 600~1000 毫米（仅灵台降水量突破 1000 毫米，为 1025.7 毫米），省内其余地方在 200 毫米以下。较常年同期相比，酒泉市中北部、兰州市中部、临夏州中部偏少 2~8 成，平凉市东部、庆阳市中南部、天水市东南部、陇南市南部偏多 2~8 成，省内其余地方接近常年同期。2021 年甘肃省 1~12 月降水量，1 月、5~8 月和 11 月偏少 21~44.4%；其余各月均偏多，其中 10 月偏多 1.3 倍，为 1961 年以来最多，其余各月降水量偏多 16.3~83.9%。

【暴雨洪涝】2021 年全省 17 县（市、区）出现暴雨，暴雨日数和范围较常年略偏多，但为近 6 年最少。暴雨主要出现在 7 月中旬到 8 月中旬以及 10 月上旬的平凉、庆阳、天水、陇南四市。年内 8 县（市、区）出现极端日降水事件，接近常年同期。暴雨引发陇东南部分地区山洪、滑坡等灾害，农经作物及基础设施受灾。

【冰雹】2021 年全省 28 县（市、区）出现冰雹天气，较常年同期偏少，但范围为近四年最大，主要出现在酒泉、白银、兰州、定西、平凉、庆阳、天水和甘南等市（州）。5 月和 7 月出现的范围和日数最多，尤以 5 月冰雹造成农经作物、基础设施等受灾较重。

【高温】2021 年全省共 45 县（市、区）出现 35℃以上高温天气，范围较常年偏大 1 倍，累计出现 350 站次高温天气，较常年同期偏多近 3 倍，范围和站次分别为 1961 年以来第四大、第三多。敦煌、瓜州、永靖等 15 县（市、区）高温持续 11~27 天，其余地区 1~9 天。65 县（市、区）出现 32℃以上高温天气，较常年偏多。23 县（市、区）出现极端高温事件，较常年同期偏多；其中文县、环县、秦安、礼县、西和和安定 6 县（市、区）日最高气温突破历史极值。年内 35℃以上区域性高温天气出现在 6 月 27 日、7 月 7~13 日、7 月 16~20 日、7 月 22~24 日、7 月 28 日 ~8 月 2 日、8 月 9 日、8 月 14~15 日，其中 7 月 30 日高温影响范围最广，占全省面积的 56%。

【大风沙尘】2021 年全省 64 县（市、区）出现大风天气，接近常年同期；累计出现 697 站日，较常年同期偏多，为近 5 年最多。1 月、3~5 月大风天气较多，主要出现在河西五市、定西市和甘南州等地。年内全省 11 县（市、区）出现沙尘暴，较常年同期偏少，但为近 8 年最多；31 县（市、区）出现扬沙、56 县（市、区）浮尘天气，均较常年同期偏少。沙尘暴（20 站日）和浮尘（433 站日）日数均为近 8 年最多。沙尘天气主要出现在春季，其中 3 月最多。尤其是 3 月 14~18 日，全省出现强沙尘天气过程，11 县（市、区）出现沙尘暴，沙尘覆盖面积超 30 万平方公里，强度达到特强等级，为近 8 年最强，对多地交通运输、空气质量、生产生活等造成较大影响。

【寒潮、强降温】2021 年全省寒潮、强降温较常年同期偏多。79 县（市、区）出现寒潮天气，为近 11 年最多，主要出现在 1 月上旬至 5 月下旬、10 月上旬至 12 月下旬，其中 11 月 6~8 日 37 县（市、区）、11 月 22 日 5 县（市、区）出现区域性特强寒潮，1 月 16 日、5 月 4 日、11 月 9 日和 12 月 26 日 7 县（市、区）出现特强寒潮，最低气温在 -23.2~-1.4℃之间，24 小时降温 3.2~17.9℃，48 小时降温 3.2~19.6℃。年内共有 60 县（市、区）出现强降温天气，为近 5 年最多，主要出现在 1 月中旬、2 月下旬、3 月中下旬、4 月下旬至 5 月下旬、10 月中旬、11 月上旬至 12 月下旬，其中 2 月 28 日、3 月 15~16 日、4 月 24 日、5 月 4 日和 14 日、10 月 9 日和 11 月 6~7 日出现区域性强降温天气过程，48 小时降温 3.6~16.8℃。

【年景评价】2021 年气候条件整体一般，干旱、暴雨洪涝、冰雹、大风沙尘和霜冻等灾害，对农业、生态环境、旅游业和水资源造成一定影响。根据灾害影响分析和定量化评估，干旱、暴雨、冰雹和低温冻害等造成的损失较大。

2021 年气候条件对农牧业影响较大的区域主要为河西中东部、陇中、陇东等地。尤其 2、3 月气温异常偏高，农作物和林果生育期提前，4 月低温阴雨，4 月下旬出现霜冻对农林经果造成一定影响；5 月冰雹造成陇中和陇东地区冬、春小麦、玉米、胡麻、豆类及苹果、桃、花椒等受损；5 月下旬至 8 月中旬，甘肃河东大部降水少，加之长时间大范围高温，多地出现旱情，尤其是定西市北部、庆阳中北部及古浪、景泰、会宁、宕昌、临潭等地旱情严重，高温天气对抽雄吐丝期的玉米和块茎膨大期马铃薯的生长发育造成严重影响，其他大秋作物、小秋作物和特色作物的生长也不同程度受到影响；至8月下旬，河东大部陆续出现降水过程，有效改善了土壤墒情，缓解了旱情，对大秋作物灌浆乳熟、小生长有利；秋季前中期降水量偏多，全省大部地方土壤墒情适宜，整体气候条件有利于秋收秋种和越冬作物安全越冬，中期陇东南部分地方暴雨洪涝灾害致使待收秋作物、蔬菜、林果受损；庆阳市部分地区出现的冰雹造成正在脱袋或即将成熟采收的苹果表皮破损，影响苹果商品价值；冬季以来河西东部、河东大部降水偏多，全省大部气温偏高，气象条件整体利于冬小麦安全越冬。

受夏季高温少雨的影响，祁连山积雪和部分库区水域面积较常年同期减少。据卫星遥感监测数据显示，2021年6~9月祁连山甘肃境内稳定性积雪的平均总面积为1971.71平方公里，较常年（1997~2020年）同期减少61%，比上年同期减少23.7%；河西内陆河流域的双塔、昌马和红崖山水库的夏季平均水域面积较常年（2007~2020年）同期分别减少13.9%、增加1.9%和减少23.8%，黄河刘家峡水库的水域面积减少0.4%。秋季前中期，甘肃降水异常偏多，缓解了前期旱情，对黄河上游甘肃段各支流水系和水库蓄水有利，但陇东南地区多轮次降水雨区重叠，土壤含水率趋于饱和、河道洪沟基流上涨，部分地方发生洪涝灾害。

2021年植被生长季内甘肃大部地区气象条件总体较为适宜，但夏季高温少雨，河东部分地区出现旱情，对草地、森林和农田作物生长产生不利影响。全省植被生态质量指数为18.12，与常年（2000~2020年，下同）相比生态质量处于较好和很好等级的面积比例达55%，全省植被生态质量略高于常年平均（17.49）。2021年甘肃省植被净初级生产力（NPP）较常年减少了14.2克碳/平方米，植被覆盖度较常年增加了2.9%。

全省气候舒适日数为122.6天，接近常年同期，为近12年最高，大部分地方人体舒适度较高。武威市南部和甘南州大部在50天以下，天水市大部和陇南市为150~250天，省内其余地方为50~150天。年内春季大风沙尘、夏季高温热浪、冬季和秋季寒潮等天气气候事件对人体健康影响较大，易引发心脑血管、呼吸道、胃肠道等疾病。

【气象服务】筑牢气象防灾减灾第一道防线，实现气象灾害零死亡。2021年，甘肃极端天气气候事件多，主汛期无降水日为近60年同期第三多，入秋后陇东多地降雨量破极值，立冬时节冷空气过程综合强度位居历史第4高。面对复杂严峻形势，省市县三级气象部门精心组织，主动服务。省气象局共启动重大气象保障应急响应13次，全省各级气象部门共发布各类专题服务材料5000余期，面向公众发布预警信息4836条，获省级领导批示11次，市级领导批示93次。与水利、自然资源、文旅、应急等部门联合发布气象风险预警80期。建成甘肃省气象防灾减灾预警服务平台，支持监测预警信息共享和分级预警。形成“覆盖19个省级部门，深入省市县乡村5级”的预警信息快速传播网。发挥气象技术优势，圆满完成重大活动气象保障任务。突出气象预报服务和人工增雨（雪）两个关键措施，针对各地举办的庆祝中国共产党成立100周年系列活动、重大体育活动、航天发射（回收）等重大任务需求，提供关键时间节点天气预报服务，组织关键时段人工消减雨作业，为重大活动安排决策提供科学支撑。紧盯服务需求，全面保障地方重大战略实施。制定了《甘肃省气象局加强气候变化工作实施方案》。在生态修复重点区常态化开展人工增雨（雪）作业，全年有效增加降水6.4亿吨。全力保障黄河流域生态保护和高质量发展战略，编写了《黄河上游水源涵养区人工增雨（雪）工程建设可行性研究报告》。主动融入甘肃“戈壁生态农业”“现代丝路寒旱农业”发展，开展全生育期的农业生产气象服务。组织酒泉、张掖市气象局开展了制种玉米气象服务试点，与农业部门签订合作协议，建立服务指标。定西、白银市气象局开展马铃薯、枸杞精细气象服务，武威、陇南、天水市气象局打造了酿酒葡萄、枸杞、花椒、苹果等系列“气候好产品”。嘉峪关市气象局与酒钢公司签订气象服务保障协议，开展针对性的气象影响预报服务。

【气象治理】推动《甘肃省人民政府办公厅关于推动气象事业高质量发展的意见》落实，各市州政府出台气象事业高质量发展的文件。印发《甘肃省“十四五”气象事业发展规划》。编制《甘肃省气象台站基础能力提升规划》《甘肃省气象观测站网布局设计方案》《甘肃省气象预报业务发展行动计划（2021-2025）》等7个专项规划、方案。气象重点领域改革稳步推进。持续深化气象“放管服”改革，高质量完成“数字政府”建设任务。规范气候可行性论证工作，制定气候可行性论证报告审查事项服务指南、论证报告审查规程和技术指南，全省气候可行性论证工作取得了以点带面的突破性进展。夯实巩固防雷减灾体制改革成果，完成部门内防雷资质改革，规范开展防雷资质认定和省外检测机构备案，全省共核发资质73个，备案省外检测机构15家。全省各级气象部门依法依规完成行政审批170项。深化气象业务技术体制重点改革，推进业务系统集约整合和“云化”改造，省级气象大数据云平台业务运行，实现上行资料全部入库云平台。气象法治建设和科学管理水平不断提高。组织开展《甘肃省气象条例》《甘肃省气象灾害防御条例》立法修订工作。制定实施“八五”普法规划。扎实开展标准化工作，新发布2项地标，编制3项行标。顺利完成信创工程建设任务。

【气象现代化建设】修订气象现代化指标与评估方法，开展市县级综合类试点21个，专项类试点14个，申报天水市高质量气象现代化建设国家先行试点，以点带面推动全省气象现代化建设。对标“监测精密、预报精准、服务精细”，推进气象现代化建设。针对气象业务重点难点堵点问题，统筹重大项目建设。实施气象监测预警补短板工程，四要素以上自动站占比提升4%，设备可靠性和稳定性有效增强。全省天气雷达覆盖率提升5%，易灾地区灾害监测能力明显提高。加强观象台建设，召开武威、张掖国家气候观象台发展战略研讨会，开展祁连山高海拔冰冻圈观测，提升青藏高原冰冻圈、水文、陆—气通量及生态观测能力。建立黄土高原典型生态系统卫星遥感监测判识指标体系，形成长时间序列的植被和积雪数据集。完成13个县区市气象灾害风险普查试点和74个县区市气象灾害风险调查任务，数据汇交率和审核率均达100%。发展西北区东部短时强降水概率预报和0-2小时临近预警技术，研发基于人工智能算法的FY-4卫星的分类强对流识别产品，智能网格精细化要素预报精细到逐小时，本地预报准确率高于中央气象台指导预报，重大天气过程无漏报，客观预报技术获全国智能预报技术大赛团体第四。2021年，省级暴雨TS评分为46.5%，与2020年持平；强对流TS评分为26.7%，为2015年以来最好成绩，预警平均提前量3.6小时；暴雨预警信号准确率88.7%，比上年提升2.5%，近三年最高；冰雹预警信号准确率88.5%，提升5%。完成18个基层气象台站基础设施建设，台站改造完成率达到94%，提高2.4个百分点。气象科技创新成果丰硕。围绕干旱气象、祁连山及黄河流域生态保护、气候变化、人工影响天气等关键领域加大攻关。2021年争取到国家自然科学基金4项，修缮购置专项2项，甘肃省科技计划项目23项。争取到科研项目经费1978.78万元，其中，国家级项目经费1072.4万元，省部级项目经费274.5万元。获取专利11项，发表SCI及EI论文8篇、核心期刊论文57篇；全年完成省部级成果登记47项，荣获省部级科技二等奖1项、三等奖2项。

【特色、亮点工作】一是开展全方位、全过程体系化的航天气象保障服务，圆满完成神舟十二号、十三号载人飞船发射和回收气象保障任务。《构建“两方三地”联合气象保障新模式全方位全过程服务酒泉航天发射》获中国气象局优秀创新工作予以表彰。二是建成空地一体的监测增雨作业体系，新舟60高性能增雨飞机首飞并投入业务运行，常态化开展增雨雪作业以缓解甘肃旱情。三是甘肃省气象局被中国气象局考评为优秀单位。

（王建）

水利

【概述】2021年，全省完成水利固定资产投资169.6亿元。引洮供水二期骨干和甘南州引洮济合主体工程已试通水。白龙江引水、引哈济党等项目前期工作加快推进。省政府所列为民实事100处农村水源保障工程已提前完成建设任务，建成144处农村水源保障工程，受益人口289万人。挂牌命名五星级水厂16个、四星级水厂25个。持续巩固拓展脱贫攻坚成果同乡村振兴有效衔接，保障群众稳定供水，启动实施22处大中型灌区节水改造，完成农业水价综合改革任务200.1万亩。淤地坝变水库、变农田、变水沟、变道路“四变”改革在定西、庆阳、平凉、天水等地试点推进水土保持工程建设“以奖代补”。印发泾河、渭河等5条跨市河流水量分配方案，全省12条重点河流28个控制断面明确生态流量管控目标，生态流量监控信息通报机制全面建立。国家节水行动方案取得实效。省市县乡村五级河湖长体系基本建立，全省范围组织开展“春雷2021”河湖管护攻坚行动、“聚焦小微边、共建幸福河”专项行动，全面完成河湖岸统利用项目整治。探索建立水库库长制。

【水资源】2021年，甘肃省总供水量110.12亿立方米，总用水量110.12亿立方米，其中农业82.58亿立方米；工业6.50亿立方米；居民生活用水7.65亿立方米；城镇公共用水2.09亿立方米；生态环境用水11.30亿立方米。万元地区生产总值用水量105.65立方米，万元工业增加值用水量26.6立方米，农田灌溉水有效利用系数0.5743。

【重大水利工程】引洮二期骨干工程于9月28日通水运行，完成投资7.2亿元，占年度计划7亿元的103%。甘肃中部生态移民扶贫开发供水工程完成投资10.02亿元，占年度计划10亿元的100%。引洮供水二期配套城乡供水工程完成投资15亿元，占年度计划15亿元的100%。南阳渠提质增效及水系连通工程完成投资1.79亿元，占年度计划2.6亿元的68.85%。古浪县生态移民暨扶贫开发黄花滩调蓄供水工程完成投资1.15亿元，占年度计划1.0亿元的115%，已完成1—4号调蓄水池和10座10万立方米调蓄水池及绿洲支渠、总干三支渠的建设并投入使用，绿洲分干渠管道全部完成，5号调蓄水池已完成主体工程建设并试蓄水。酒泉洪水河水库工程完成投资1.92亿元，占年度计划2.0亿元的96%。平凉市新集水库工程完成投资1.51亿元，占年度计划1.5亿元的101%。庆阳市甜水堡水库工程完成投资2.2亿元，占年度计划2.2亿元的100%。黄河甘肃段防洪工程进入工程验收阶段。武威市凉州区西营五干片区调蓄水池工程批复总投资5.28亿元，建设调蓄水池2座总容积733.82万立方米，1月开工，完成投资3.03亿元，占年度计划3.0亿元的101%。讨赖河嘉峪关安远沟至嘉酒分界线段水系生态环境综合治理工程完成投资1.55亿元，占年度计划1.5亿元的103%。甘南州引洮（博）济合供水工程于12月9日正式通水运行，甘南藏族自治州合作市城区及周边14.4万人的安全饮水问题得到彻底解决。白龙江引水工程，水利部水规总院已召开白龙江引水工程可研报告复审会议。引哈济党工程已完成全部任务。

【农村水利水电】2021年，省委省政府将实施100处农村水源保障工程纳入省政府10件为民实事之一，持续巩固拓展脱贫攻坚农村饮水安全成果。省水利厅结合基层县区农村供水实际，确定在10个市州的54个原国家级脱贫县实施100处农村水源保障工程，在此基础上，同步实施和调度市县55处水源工程。全年累计完成投资22.24亿元，建成水源保障工程144处，受益人口289万人。共落实农村饮水安全工程维修养护资金1.75亿元，完成维修养护工程4080处，覆盖人口1082万人。截至2021年，全省共发展基层水利服务机构1015个，其中独立设置的水利站757个，具有水利管理及其他行业管理职能的服务中心309个，基层水利服务机构在岗人员10804人。组建农民用水户协会4730个，其中运行较好的共有3685个，占比78%。

【黄河流域生态保护和高质量发展】全面建成“1+6+6+4+1”规划体系，

对照《甘肃省黄河流域生态保护和高质量发展规划》目标任务，编制完成《甘肃省黄河流域水安全保障规划》《甘肃省黄河流域水资源节约集约利用实施方案》。完成6个专项规划（节水潜力分析和重大节水措施、水生态治理与修复、水土流失综合防治、水旱灾害防御、供水安全保障体系、智慧水利建设）审查，6个专题研究（南水北调西线下移方案对甘肃影响、黄河“八七”分水方案调整甘肃需求、重大理论与政策、水利投融资、黄河流域生态保护治理协同机制、水权水价改革）已结题，政策库、理论库、技术库、项目库“四库”已在甘肃政务网上线运行，水利项目库共谋划储备1980个水利项目，总投资2196亿元。绘制完成黄河流域现状底数一张图。以陇中陇东黄土高原区水土治理、水资源节约集约利用、水生态综合治理为重点，分三批申报项目，争取中央财政黄河流域专项奖补资金水利监管26个项目10.89亿元；争取黄河高质量发展方向中央预算内投资4个项目2.5亿元。

【重点流域治理】黑河通过下游正义峡断面面向内蒙古额济纳旗下泄水量12.79亿立方米；石羊河蔡旗断面过水量为2.99亿立方米；疏勒河向敦煌市和西湖湿地调水1.25亿立方米；讨赖河全年渠首来水量6.04亿立方米。巩固提升流域治理成效，石羊河下游青土湖水面面积扩大到26.7平方公里，周边旱区湿地面积达到106平方公里，“甘肃石羊河流域重塑极度缺水地区生态”治水经验成功入选中国水利报2020基层治水十大经验。黑河年度东居延海实现连续16年不干涸。疏勒河自2017年“哈拉奇”逐渐恢复开始，干涸消失300余年的终端湖“哈拉奇”重现。

【河湖长制】截至2021年底，全省设置五级河长21934名，其中，省级河长13名，市级河长130名，县级河长1030名，乡级河长7042名，村级河长13719名；设置五级湖长1065名，其中：省级湖长3名、市级湖长44名、县级湖长193名、乡级湖长288名、村级湖长394名、业主湖长143名；设置河湖警长3371名、检察长102名；巡（护）河员24307名。

【水土保持】2021年，组织实施中央预算内投资坡耕地水土流失综合治理工程，中央水利发展资金国家水土保持重点工程、黄土高原塬面保护、病险淤地坝除险加固和新建淤地坝等工程。国家水土保持重点工程在陇中陇东黄土高原区下达中央投资8.21亿元（除整合外）。黄河流域国家水土保持重点工程完成中央投资7.22亿元，完成水土流失治理面积731.94平方公里。完成淤地坝除险加固48座，新修梯田27.71万亩，新建淤地坝共开工建设76座。组织编制《甘肃省淤地坝“四变”改革实施方案》，部署定西、庆阳、平凉、天水等地开展淤地坝变水源、变农田、变水沟、变道路“四变”改革工作试点，各地积极推进淤地坝“四变”改革，完成试点33座。

开展生产建设项目水土保持专项整治行动，制定省级违法项目责令限期整改意见，集中约谈省级违法项目70个，集中整治约谈工作滞后地区9市8县。全省1560个违法违规项目全部完成整改并销号。全年审批省级生产建设项目水土保持方案49项。持续精简和优化内部管理环节，实现生产建设项目自主验收报备“当日办结”，远少于法定5个工作日的要求，省级生产建设项目自主验收报备55个，开展验收核查49个。衔接省税务局完成补偿费划转税务部门征收，全省2021年征收水土保持补偿费6.5亿元。

【水利改革】2021年，出台《鼓励使用地方政府专项债券及政府与社会资本合作建设水利工程奖补办法》。分2批次共发行专项债券572亿元，其中涉水项目160个，债券额度62.23亿元，占全省专项债发行使用总额的10.88%，占全省年度水利完成投资169.6亿元的36.6%。涉水项目落实地方政府专项债券资金实现逐年稳步增长，为水利建设提供了重要的资金保障。提前下达2021年度使用地方政府专项债券及社会资本建设水利项目奖补资金1.9亿元，涉及14个市州、59个项目，逐步发挥正向激励作用。

联合省发展改革委、财政厅、农业农村厅印发《关于深入推进我省农业水价综合改革的通知》，出台《甘肃省农业水价综合改革工作验收办法(试行)》，明确通过县级自验、市级核验、省级抽验备案的程序，开展验收工作。全省完成年度改革任务200.1万亩，累计完成改革面积1615万亩，占计划改革任务总面积1880万亩的86%。

【节约用水】持续推进《甘肃省节水行动实施方案》，组织联席会议成员单位开展节水行动落实阶段评估；市（州）制定节水行动实施细则方案，落实政府主导、部门配合、社会参与的节水型社会建设机制。召开全省实施国家节水行动现场推进会，对“十四五”节水工作进行全面安排部署。联合省发展改革委、住建厅、工信厅、农业农村厅印发《甘肃省黄河流域水资源节约集约利用实施方案》，编制完成《甘肃省“十四五”节水型社会建设规划》《河西走廊国家节水示范区建设规划》。启动《甘肃省行业用水定额（2022版）》修订工作。

深入开展《甘肃省节约用水条例》宣贯。7月3日“首届西北节水论坛”在酒泉市成功举办，组织开展节水宣传进校园、进机关、进社区活动，在榆中街小学、畅家巷小学进行节水小课堂节水讲解宣传、在兰州市十一中开展节水普法专题授课，联合省教育厅、共青团省委开展“第二届全国节约用水知识大赛”暨第二届“节水在身边”全国短视频大赛。以“世界水日”“中国水周”等时间节点为契机，制作节水专题宣传片，积极宣传节约用水先进典型，全面营造全社会“爱水、惜水、护水、节水”良好氛围。开展的“节水中国你我同行”主题宣传联合行动被全国节水办评为“全国十佳地区”之一。省水利厅获评水利部、中国宋庆龄基金会联合举办的“第二届全国节约用水知识大赛”优秀组织单位。

（解瑞）

国民经济

发展和改革工作

【经济运行调度】强化国家宏观经济跨周期调节政策落实，健全完善月分析、季调度工作机制，加强监测预警，及时发现倾向性、苗头性问题，研究提出对策建议，为省委、省政府决策提供参考。每季度召开经济运行情况新闻发布会，积极引导预期，提振发展信心。制定出台市州重点工作完成情况评价办法，会同省直相关部门每季度对市州工作完成情况进行评价，报请省政府在评价结果好的市州召开经济运行现场调度会，分析面临的形势，安排部署下季度重点工作，激励先进，鞭策后进，推动形成比学赶超、你追我赶的浓厚氛围。2021年，全省地区生产总值突破一万亿元，达到10243.3亿元，按不变价格计算，比上年增长6.9%，两年平均增长5.3%。

【规划政策制定】编制完成《甘肃省国民经济和社会发展第十四个五年规划和二〇三五年远景目标纲要》。印发实施14个省级专项规划、24个一般专项规划。印发实施《甘肃省“十四五”数字经济创新发展规划》。编制实施兰州经济圈、河西走廊经济带、陇东南区域等3项省级区域规划，协同推进兰西城市群、关中平原城市群、大敦煌文化旅游经济圈、榆中生态创新城建设，出台特殊类型地区振兴发展规划和新时代支持革命老区振兴发展的实施意见。编制实施《甘肃省新型城镇化规划（2021—2035年）》，加快榆中、敦煌国家新型城镇化补短板示范县建设。出台《甘肃省“十四五”黄河流域生态保护和高质量发展实施方案》，全面构建黄河流域生态保护和高质量发展“1+N+X”政策规划体系。

【产业结构调整】推动152亿元生态产业基金投入运营，节能环保、清洁生产、先进制造、循环农业、中医中药、文化旅游、通道物流等生态产业多点开花。2021年，全省十大生态产业增加值占到地区生产总值的27.9%，比上年提高3.7个百分点。出台《关于培育壮大新能源产业链的意见》，先后与华电集团、国家能源集团、正泰集团、三峡集团、中电建集团签订战略合作协议，逐步完备以发电机、轮毂、切片、逆变器、塔筒等关键装备为主的新能源产业格局，促进全链条发展。获批建设全国一体化算力网络国家枢纽节点，天水电子信息产业基地、华天集成电路高可靠封测产业升级等项目顺利实施，鲲鹏生态创新中心正式运营，产业聚集效应逐步显现。

【资金争取和投资管理】紧紧围绕国家重大战略部署和投资重点，编制年度全省重点投资项目、省列重大建设项目、重大前期项目“三个清单”，实行重点投资项目周调度，清单实施情况月调度、季考核，推动形成抓项目工作合力。2021年纳入“三个清单”项目2501个，开工建设2263个，完成投资5060亿元。争取中央预算内投资201亿元，连续两年增量达20亿元以上，创历史新高。会同省财政厅积极申报地方政府债券项目，争取专项债券额度674亿元，比上年增加60亿元。出台《关于建立健全重大项目建设协同推进机制的意见》，推动省级领导干部包抓重大项目，成立重点项目及投资调度专班，开展省列重大项目专项督查，2021年省列重大项目累计完成投资2059.33亿元，比上年增长17.43%，年度计划投资完成率109.63%。

【农业生态建设】祁连山保护区生态环境问题整改任务全部完成，转为常态化保护阶段。争取中央预算内投资12.7亿元，支持重点区域生态保护和修复，统筹实施祁连山生态保护和修复、河西走廊生态保护和修复、黄土高原水土流失综合治理、秦岭生态保护和修复等五大工程。争取国家发展改革委等七部委将民乐、凉州、临夏、肃州、永登、天祝6县（区）认定为国家级农村产业融合发展示范园。落实农林水领域各类资金348亿元，引洮供水二期骨干工程、引洮济合主体工程、古浪黄花滩调蓄工程等试通水，6处大型灌区续建配套与现代化改造项目、16处中型灌区续建配套与节水改造项目全部开工建设。建成高标准农田366万亩、农产品产地冷藏保鲜设施822座，实施循环农业重大带动性工程53个。

【交通项目建设】铁路方面，完成投资144亿元，酒额铁路酒泉至东风段建成通车，中兰铁路、兰张三四线兰武段、天陇铁路等项目有序推进，兰合铁路开工建设。公路方面，完成投资862亿元，建成平绵高速平凉（华亭）至天水段、银昆高速彭阳至大桥村段等7条675公里高速（一级）公路，新增环县、秦安、华亭、肃南4个县（市）通高速。机场方面，完成投资74亿元，建成白银通用机场，兰州中川国际机场三期扩建工程加快推进，庆阳华池通用机场开工建设，临夏、平凉等支线机场前期工作稳步推进。

【能源项目建设】启动实施酒湖直流工程配套200万千瓦风电项目建设。酒泉市风电装机突破1000万千瓦，全国首个千万千瓦级风电基地正式建成。“陇电入鲁”工程4×100万千瓦配套调峰煤电项目开工建设，常乐电厂3、4号机组启动建设。出台实施《甘肃省加强能源安全保障贯彻落实方案》，确定红沙梁露天矿、红沙岗一号井等9处应急保供煤矿，落实疆煤300万吨增供协议，支持39处在产煤矿供暖季增产增量。宁西矿区总体规划、吐鲁矿区红沙梁煤矿先后获得国家批复，邵寨、赤城、红沙岗二号井等一批现代化矿井建成投产，白银100万吨煤炭储备项目建成投运。兰州储气设施项目建成投运，新增储气能力3600万立方米。

【“双碳”战略部署】建立健全绿色低碳循环发展经济体系，制定印发全省“两高”项目摸底排查工作方案，推动开展排查处置工作，结合实际建立管控模式，将新增能耗控制在国家预警合理区间。建立全省碳达峰碳中和省级工作机制，出台“1+N”政策体系《编制工作方案》，制定实施意见和实施方案，开展碳排放数据核算，认真做好发电企业参与碳市场准备工作，完成第一批纳入碳市场19家企业的配额分配工作。

【重点领域改革】扎实开展深化“放管服”改革优化营商环境提质提标年活动，组织召开全省优化营商环境大会，出台实施《全面优化营商环境的若干措施》《甘肃省优化营商环境季调度年评价办法（试行）》。报请省人大颁布《甘肃省社会信用条例》，发挥政银常态化对接交流机制作用，通过“甘肃信易贷”平台支持中小微企业发展，中小微企业获得银行授信265.6亿元、贷款140.6亿元。在兰州新区、金昌经开区、玉门市实施“标准地”改革试点，推动项目“拿地即开工”，试点三地共完成“标准地”出让19宗，总面积2125亩。报请省政府印发《深化投资建设领域“放管服”改革持续优化营商环境若干措施》，上线全省投资建设项目“一网通办”审批服务平台和“掌上办”系统。

【扩大对外开放】协调“一带一路”建设工作领导小组成员单位围绕稳外贸稳外资、扩大国际经贸合作、推动对外贸易创新发展、特色国际货运班列建设等出台系列政策文件，支持陆港、空港和铁路口岸、综合保税区加快建设，国际经贸合作与人文交流持续深入。编制印发《山东省·甘肃省“十四五”东西部协作发展规划》，不断完善结对帮扶关系、优化协作方式。支持企业参与“一带一路”对外投资，金川集团印度尼西亚红土镍矿、白银集团首信秘鲁尾矿综合开发等境外投资项目建成运营。

【价格调控监管】制定《关于清理规范城镇供水供电供气供暖行业收费促进行业高质量发展实施方案》，取消工商业目录电价，有序放开燃煤发电上网电价，组织省内电力中长期交易，全面推进电价市场化改革。加强天然气输配价格监管，出台建立健全天然气上下游价格联动机制的实施意见，指导各地核定独立的城镇管道燃气配气价格，理顺居民天然气销售价格。深入推进农业水价综合改革，加快大中型灌区骨干工程成本监审，科学制定价格调整方案。会同相关部门指导各地加强重要生活物资储备监测调控，认真做好重要民生及涉防疫相关商品应急价格监测工作，编报价格监测动态146期，确保重要“菜篮子”商品和防疫用品价格稳定、供应充足。

【保障改善民生】制定出台《关于切实做好易地扶贫搬迁后续扶持工作巩固拓展脱贫攻坚成果的实施意见》，谋划实施后续产业发展项目282个，实现有劳动能力且有就业意愿的搬迁脱贫群众户均1人就业。建立以工代赈部门沟通协调机制，在农业农村基础设施领域积极推广以工代赈方式。兰州动物园搬迁项目建成开园，甘肃明德职业教育学院建成投运，甘肃简牍博物馆、兰州理工大学文理综合教学实验楼即将建成，省人民医院和兰大二院两个重大疫情救治基地、省妇幼儿童医疗综合体、省疾控中心公共卫生中心、兰州奥体中心、七里河体育场等重点项目加快推进。

（堵绍彤）

农业农村

【农业农村发展概述】2021年，省各级农业农村部门迎难而上、顽强拼搏，认真贯彻落实习近平总书记重要讲话和指示精神，按照党中央、国务院重大决策和省委、省政府安排部署，扎实推动三农各项工作任务落实，农业农村发展持续稳中向好，呈现了“一稳两高三突破”的良好态势。“一稳”是粮食等重要农产品生产“稳”。2021年，全省粮食播种面积4015.2万亩，比上年增加57.8万亩；总产1231.5万吨，增加29.3万吨。面积产量“双增长”，作为全年粮食生产工作突出的18个省份之一被农业农村部通报表扬。“两高”是全省一产增加值和农村居民人均可支配收入实现高速增长，2021年全省一产增加值1364.7亿元，比上年增长10.1%，增速居全国第2位，连续五年全国排名前四；农村居民人均可支配收入11433元，增长10.5%，增速比城镇居民收入高3.5个百分点。“三突破”是种养业结构优化实现突破，畜牧业、种植业增加值比例达到23.44∶68.07，畜牧业比重较2018年提高4.22个百分点，呈现强劲发展势头，有力支撑了全省第一产业增加值和农村居民人均可支配收入的高速增长；特色产业体系构建实现突破，各级人、财、物等生产要素加速向寒旱特色产业三年倍增行动集聚，建基地、强龙头、延链条、聚集群、培园区、创品牌等重点工作进展顺利，“甘味”品牌在中国区域农业品牌影响力指数百强榜排名第一；新型经营主体培育实现突破，以农业机械的大力推广应用为抓手，持续扶持龙头企业、合作社、家庭农场等农业新型经营主体强化服务功能，提供托管代种代养、订单收购贮藏等服务，有效组织千家万户建基地、进市场，为“弱散小”的农户建起了风险共担、利益均沾的稳定增收机制。

【守住防止规模性返贫的底线】把巩固拓展脱贫攻坚成果、防止规模性返贫作为首要政治任务和底线性任务。调优扶持政策。严格落实“四个不摘”要求，扶持方式由原来的“精准到户扶持”向“扶持合作社、龙头企业带动农户”转变，经营方式由分户分散种养向跨乡跨县集中连片规模化推进转变，工作重心转向建基地、强龙头、育园区、延链条、创品牌为主的产业体系构建，不断完善产业链上龙头企业、合作社和农户的利益联结机制，让农民分享更多产业链增值收益。继续加大倾斜支持力度，财政衔接资金中的65.2%支持国家级和省级乡村振兴重点帮扶县发展产业。加强动态监测和产业帮扶。紧盯“三类户”监测对象，指导各地开展常态化监测和精准施策帮扶。在抓好到户资金入股龙头企业、合作社保底分红的同时，一方面，对脱贫不稳定户、边缘易致贫户继续发放到户扶持资金，补种补养补规模，另一方面，扶持合作社购买农机具、建气调库等贮藏设施，通过提供托管、代种代养、订单收购贮藏等服务，有效组织"弱散小"农户进市场，建起了风险共担、利益均沾的稳定增收机制。深化拓展东西部协作，将共建产业园区、龙头企业引培、"甘味"品牌推介等纳入津甘、鲁甘"十四五"东西部协作框架协议。2021年共有193家东部企业在甘肃投资，投资额20.57亿元，吸纳农村劳动力就业数4872人，2021年津企陇上行活动共签约项目50个，签约金额128.44亿元。发挥农业保险兜底保障作用。持续开展农业保险"增品、扩面、提标"，全年实现签单保费19.9亿元，参保农户185.23万户（已脱贫户92.22万户），支付保险赔款16.68亿元，受益农户122.96万户次。

【粮食生产和重要农产品供给】深入实施藏粮于地、藏粮于技，指导各地紧盯关键环节和重要农时抓好农业生产。上下齐抓保面积。印发《2021年全省稳定粮食生产行动方案》，与市州农业农村局签订粮食生产目标责任书，压紧压实粮食生产责任，全力稳定粮食生产面积。落实中央财政耕地地力保护补贴26.07亿元、实际种粮农民一次性补贴4.05亿元，调动农民种粮的积极性。坚决防止耕地"非粮化"，编制《甘肃省耕地动态监测方案》，对永久基本农田核实整改补足，复种复垦撂荒地193.27万亩。农机农艺集成应用保产量，推广以玉米全膜双垄沟播、马铃薯黑膜覆盖等技术为主的旱作农业面积1516万亩，推广膜下滴管垄膜沟灌等为主的农田高效节水技术1000万亩。全省农机总动力预计达到2330万千瓦，主要农作物耕种收综合机械化率63%以上。结合高效节水灌溉、农机农艺推广应用、绿色标准化生产基地建设、撂荒地复耕复垦等推进高标准农田建设，建成高标准农田376.98万亩，其中高效节水灌溉面积157.03万亩，均超额完成年度目标任务。强化防灾减灾减损失。采取抗旱自救、技术服务、劳务输转、改种补养、保底销售、政策兜底等综合措施抗旱稳粮保目标。省上先后三次下拨抗旱救灾资金1.2亿元，重点用于受灾严重县区农户补种补养，同时加大重灾区农业保险定损赔付协调推进力度，落实保险赔付1.09亿元，受益农户16.12万户次，有效降低了受灾群众返贫致贫风险。旱情最严重的环县，补种20万亩燕麦草，补养25万只肉羊，种植业保险理赔6205.44万元；定西市安定区坚持马铃薯全产业链发展，狠抓销售和加工两个关键，马铃薯收购价格较去年每斤高0.1元，实现减产不减收，确保大旱之年不出现规模性返贫。

强化生猪产能调控，稳定落实基础扶持政策，强化非洲猪瘟常态化防控，建立生猪生产承诺目标责任制和厅级领导包抓重点生猪产业化项目责任制，跨省调出生猪52.3万头、生猪产品10.68万吨（折合113.26万头），实现从跨区域"调猪"向"运肉"转变。

【种业发展和振兴】抢抓国家把甘肃列为全国三大种业基地的机遇，推动种质资源保护开发利用、育种科研攻关、制种基地建设、做大做强种业企业、种业市场监管全链条衔接和全要素提升。全省玉米、马铃薯、瓜菜花卉制种面积分别达到141.2万亩、48.8万亩和44.7万亩，产量分别达到5.8亿公斤、9.9亿公斤和3317万公斤，较上年分别增长8.9%、22%、9%和6%、18.2%、8.2%。认真谋划实施种业振兴行动。依托省农科院、甘肃农业大学等科研院所和育种企业等优势科研力量，联合省科技厅搭建人才、技术、资金、激励保障平台，建立健全上中下游紧密衔接、产学研深度融合、育繁推一体发展的科企联合体，开展优势种业联合攻关，加速形成集种质资源利用、品种研发、产业化推广的全链条发展良性运转机制。加强农业种质资源普查。完成79个国家普查县的农作物普查任务，新征集种质资源2981份。加快推动省农科院西北种质资源保存与创新利用中心、敦煌种业玉米种质资源库及陇西县国家中草药种质资源库建设，强化种质资源收集保存、鉴定评价及共享利用。省级审定玉米、小麦、大豆、棉花等主要农作物新品种178个。加大种子市场监管力度。组织开展全省保护种业知识产权专项整治行动和种业监管执法年活动，查处涉嫌非法生产转基因玉米种子制种田5597.3亩。

【优势特色产业高质量发展】紧盯打脱贫攻坚战形成的产业规模基础和提质增效的市场需求，全力做好"产业转型、结构升级、要素聚集、链条锻造"四篇文章，以实施"强县域"战略为目标，以做大做强寒旱特色农业为主攻方向，以实施链长制链主制、"三链同构"为抓手，在全省实施现代丝路寒旱农业优势特色产业三年倍增行动，突出建基地、强龙头、延链条、聚集群、培园区、创品牌等重点，加快构建现代农业产业体系。优势特色产业发展势头强劲，牛羊猪鸡出栏分别增长8%、21.2%、27.2%、16.5%，肉蛋奶产量增长30.3%、12.6%和15.9%，蔬菜、中药材、苹果产量增长3.2%、6.1%、4.6%。省政府和农业农村部签订《共同推进现代丝路寒旱农业建设合作框架协议》，并联合举办甘肃特色农产品贸易洽谈会和"甘味"品牌高端论坛、中国·定西马铃薯大会和高峰论坛。加快绿色标准化种养基地建设。按照政府市场两手并用、农机农艺有机结合、良种良法集成配套的办法，在全省开展绿色标准化种养基地抓点示范，先后召开中药材、马铃薯、苹果、肉牛等产业抓点示范现场推进会，总结推广产业大县跨乡连片、跨县成带、集群成链打造优势特色产业带的经验做法。全省已建成抓点示范种养基地786个，绿色标准化种植基地面积达到925万亩，特色产业规模效应逐步显现。做大培强新型经营主体。充分学习借鉴河南等地实施链长制链主制、"三链同构"做大做强龙头企业的成功经验，采取以商招商、以园区招商、以产业延链补链关联配套招商的办法，全省新增农业产业化龙头企业139家，总数达到3235家。研究制定《特色农产品及食品加工产业链工作方案》，谋划了一批领军型和骨干型链主企业。启动实施"2512"龙头企业提升行动（通过3-5年，打造营业收入1亿元以上的龙头企业200家、10亿元以上的50家，50亿元以上的10家，百亿元以上的2家），筹措6422万元对119家新引进龙头企业、达标升级龙头企业和联农带农能力强的龙头企业进行分级奖补。强化合作社服务功能，扎实开展质量提升试点，通过农机购置累加补贴、托管代种代养等方式提升合作社经营管理水平，全省

“五有”合作社比例接近一半。开展省市县三级家庭农场范示认定工作，全省家庭农场达到5.04万家。综合施策建园区聚集群。加快构建以国家级为龙头、省级为骨干、市县级为基础的产业园建设体系，推动形成“一县一业”“连乡成片”“跨县成带”“集群成链”现代农业发展新格局。在持续抓好安定区、肃州区、宁县、临洮县4个国家现代农业产业园巩固提升的同时，组织推荐武威市凉州区成功申报国家现代农业产业园（奶业），环县、甘州区和安定区3县区成功获批国家农业现代化示范区，敦煌市肃州镇等9镇获批创建全国农业产业强镇。新启动创建省级现代农业产业园61个，累计达到86个，实现“一县一园”全覆盖，并筹措7000万元资金对经过2年创建已基本达标的14家现代农业产业园予以奖补。稳步推进“甘肃甘味肉羊产业集群”续建项目，“平凉红牛”和设施蔬菜2个产业集群申报获批，积极打造陇西中药材、安定马铃薯、环县肉羊、甘州肉牛、静宁苹果等10个县级百亿级产业，带动形成中药材、高原夏菜2个省级千亿级产业集群，加快把六大特色产业打造成富民强县的战略性主导产业。以实施“甘味”品牌战略提升特色产业竞争力。加快实施以“甘味”品牌为统领、地方公用品牌为支撑、企业商标品牌为根本的品牌营销战略，持续放大“厚道甘肃、地道甘味”品牌效应。大力推进“三品一标”建设，实施地理标志农产品保护工程，全省有效期内“三品一标”产品达到2930个。分两批遴选了60个区域公用品牌、300个企业商标品牌进入《“甘味”农产品品牌目录》。扶持1147个新型经营主体建设冷链设施1120座，新增贮藏能力70万吨，为农产品错峰销售，农民稳定增收发挥重要作用。通过线上线下共同发力，持续加大产销对接和宣传推介力度，在省内外设立“甘味”农产品展销中心，组织企业参加省内外“甘味”农产品展销和进央企、进部委活动，与中粮集团签订合作框架协议，开设线上展示展销平台。在央视连续投放“甘味”品牌广告，新华网持续开展“数说甘味”“甘味故事”等栏目，形成强大的品牌轰动效应。推动黄河流域生态保护和高质量发展。推进甘南黄河上游重要水源涵养区建设和陇东陇中黄土高原水土流失综合治理。印发《关于加快推进甘南草地牧业发展方式转变实现黄河上游生态保护和牦牛产业高质量发展工作实施意见》，推动甘南牦牛产业高质量发展。新建戈壁生态农业6万亩，累计建成33万亩。全省粮改饲面积360万亩。狠抓农业面源污染防治，畜禽粪污和秸秆资源化利用率分别为79%和87.8%，化肥农药使用量（实物量）减少约4万吨，兽用抗菌药使用减少20%。

【乡村建设行动】实施“5155”乡村建设示范行动，完成500个省级示范村建设。实施改厕50万座，全省行政村卫生公厕覆盖率达到97%。常态化开展村庄清洁行动，农村生活污水治理率21.49%，90%的行政村生活垃圾得到有效治理。废旧地膜回收率达83.6%，尾菜处理利用率达51.09%。农业农村部、国家乡村振兴局在我省召开全国村庄清洁行动现场会、农村厕所革命西部片区座谈会。卓尼县被国务院评为全国农村人居环境整治成效明显激励县，两当、临泽、卓尼三个县被中央农办、农业农村部评为全国村庄清洁行动先进县。

【农业农村综合改革】把改革作为抓好农业农村工作的重要法宝，加快推进农村“三变”改革与集体产权制度改革深度融合，开通全省农村集体资产监督管理信息平台，基本完成农村集体产权制度改革阶段性任务，全省2088万多农民的集体财产权益和民主权益得到确认。指导甘谷县、金川区2个国家农村综合改革试验区完成任务评估。稳慎推进农村宅基地制度改革，指导陇西县、凉州区、康县3个试点县开展试点工作。指导市州组建成立市级农业综合行政执法机构12个，县市区挂牌成立县级农业综合行政执法队74个，全省农业综合行政执法体系初步建立。

（张彦玉）

粮食和物资储备

【基本情况】2021年，全省收购粮食340.3万吨、销售390.9万吨，收购食用油55827.1吨、销售120784.7吨。年末全省粮食综合库存350.4万吨，食用油综合库存5.6万吨。救灾防汛物资储备700万件，主要包括防汛类、防疫类和救灾类物资。肉类储备10520吨，主要品种为猪肉和牛羊肉。蔬菜储备2万吨。食糖储备3000吨。

【粮食安全责任制】省粮食和物资储备局充分发挥牵头职能，协调发展改革、农业农村等11个部门，制定考核方案，优化考核指标，完成对14个市州政府2020年度粮食安全省长责任制“省考”工作。召开培训会议，收集印证材料，开展自评打分，向国家粮安考核办报送自评报告，按国家要求完成了2020年度“国考”任务。习近平总书记关于粮食安全党政同责要求提出后，深刻领会精神要义，密切关注政策动态，积极主动宣传汇报沟通，传导责任压力，凝聚粮安共识，全省上下粮食安全责任意识不断提升，“重农抓粮”的积极性、主动性进一步增强。

【地方粮食储备建设和管理】全省地方储备粮251.2万吨，其中应急成品粮9.3万吨，数量真实、质量良好、储存安全，关键时刻调得动、用得上。认真推动粮食储备安全管理体制机制改革，13个市州建立社会责任储备2.8万吨，政府储备、社会储备互为补充的储备格局基本形成；制定出台地方储备粮管理、成品粮管理、轮换管理、财务管理、仓储管理、质量安全管理等制度，《甘肃省粮食储备安全管理办法》正在推动以省政府规章出台，地方储备粮管理制度体系不断完善；三级地方储备粮区域布局、品种结构不断优化；地方储备粮承储企业储备运营业务与粮食商业经营人员、实物、财务、账务管理“四分开”基本完成，保障地方粮食储备安全管理的运行体制机制正在形成。

【物资储备管理】编制“十四五”应急物资储备体系建设规划，制定印发救灾物资回收和报废实施办法，开发设计信息管理软件，清查省级物资，抽查9个市州物资储备管理工作，全面摸清了物资数量、质量和库点布局情况。获得自然灾害防治体系建设中央专项资金2.73亿元，指导8个市州44个县区科学确定和购置了救灾物资。制定省级储备肉承储企业备选名录库管理办法，筛选11家企业入库。制定完善政府猪肉储备调节机制、做好猪肉市场保供稳价工作预案，推动10个市州落实临时收储计划，合理平滑“猪周期”波动。优化省级储备肉布局，增加了白银市、平凉市、甘南州3个储备区域。进一步规范肉、菜、糖等储备的日常管理，建立统计台账，经常性开展督导检查，时刻做好动用、投放准备。优化储备品类、规模、结构，在第13个全国防灾减灾日开展应急演练，确保关键时刻调得动、用得上。按照有关调运指令，快速反应、协同联动、高效组织，累计调运中央救灾物资5.7万件、省级救灾物资5000件，各市州按照实际需要调运市县级物资，保障了抗疫救灾急需。

【粮食购销】立足省内、省外两个市场，在省内敞开收购、牢牢守住农民“种粮卖得出”底线，巩固拓展与河南、黑龙江等粮食主产省产销合作，推动形成主体多元、渠道多样、优粮优价的市场化收购新格局。发挥“一带一路”区位优势，支持省内粮食企业与省外、国外粮食企业开展广泛合作，引口粮入甘、输杂粮出省。按照《粮食流通管理条例》规定，指导538户粮食收购企业依法完成备案。宣传贯彻《粮食流通管理条例》，深入开展“亮剑2021”专项执法行动，全年开展执法督查993次，查处“未建立粮食经营台账”等案件10起，查办12325监管热线转办件3起，对涉粮违纪违法行为形成有力震慑，维护了粮食流通秩序。

【粮食市场供给】聚焦粮食保供稳价主责主业，统筹实施政策性粮源投放、市场粮源调度、政府储备吞吐轮换等调控措施，修订完善并报请省政府办公厅印发《甘肃省粮食应急预案》，重新核定粮食应急保障企业2275个，覆盖全省的406个粮油价格监测点及时预测、预报、预警市场粮油价格信息，各级粮食和物资储备部门适时发布权威信息，及时处置相关舆情，粮食市场运行平稳。特别在10月开始的新一轮疫情期间，及时启动监测预警机制，组织省级储备粮定向竞价交易拍卖专场，市场监控、舆论引导、供给保障共同发力，产购储运加销协同联动，有力保障了省内粮油稳定供给，应急保供能力再次接受了考验检验。

【粮食产业发展】2021年末，全省粮油工业总产值达到160亿元，比上年增加3亿元。在对全省2020年粮食产业发展情况进行摸底基础上，组织9个市州部分粮食企业召开座谈会，交流情况、解读政策、了解困难和需求，为推动出台引导支持粮食企业、特别是民营企业发展的政策措施做好准备。争取国家粮食安全保障调控项目5个、获得中央投资补助3900万元，省发展改革委支持省级预算内项目3个、获得省级投资补助3300万元，省军粮综合保障基地等4个项目争取到地方国债资金2.52亿元。已完成或即将完成的优质粮食工程及兰州、白银、天水、平凉4个粮食物流产业园区等重点项目的产业带动作用正在发挥，粮食产业发展基础不断增强。

【保粮爱粮节粮工作】制定行业消防安全标准化管理规定，层层落实责任，推进安全生产专项整治三年行动。开展安全隐患大排查、春秋两季大检查，对15项安全储粮问题、20项安全生产问题建立台账，逐一整改到位。开展粮食节约行动，推进粮食产后“五代”服务，提高粮食企业“四散化”水平，科学保粮新技术新设备不断推广应用，全省科学保粮率稳定在96%以上。粮库智能化信息系统应用能力不断提升，远程管控、“穿透式”监管作用正在显现。省市县组织开展2021年世界粮食日和粮食安全宣传周活动49场次，发布国家及省市级粮食安全宣传教育基地15个，广泛宣传粮食安全知识，营造了爱惜粮食、杜绝浪费的良好社会氛围。

（贾峰）

林业和草原

【林长制推行】贯彻落实中共中央办公厅、国务院办公厅《关于全面推行林长制的意见》精神，省林草局起草并报请省委办公厅、省政府办公厅印发《关于全面推行林长制的实施意见》，明确省委、省政府主要领导任省级双总林长，2名省委常委和8名副省长任省级林长，明确每位省级林长的责任区域。组织召开全省林长制工作会议，进一步压实各级党委政府保护发展林草资源的主体责任。省委、省政府主要领导共同签发省第一号总林长令，要求全面加强林草资源保护。省林草局先后制定出台林长制实施方案和省级会议制度、领导小组议事规则、信息公开制度等制度文件，编印林长制简报5期，实行局领导分片包抓，开展督导调研，加快工作进度。截至2021年底，全省设立省市县乡村五级林长50835名。

【国土绿化】纪念全民义务植树活动40周年，组织开展省党政军领导义务植树，省委、省政府主要领导参加。报请省政府办公厅印发《关于加强草原保护修复的实施意见》，科学开展国土绿化。全年完成造林22.9万公顷，占年度任务的117%；义务植树8547万株，占年度计划的115%；人工种草13.53万公顷、草原改良13.87万公顷，分别占年度任务的101%和104%；沙化土地综合治理14.15万公顷，占年度任务的126%。争取落实森林抚育6万公顷。指导平凉市完成国家森林城市主体创建工作，10个市县和52个乡镇开展省级森林城市、森林小镇创建。张掖市完成全省首笔碳汇交易2.34万公顷，收益450多万元。指导甘南州开发碳汇项目，试点县迭部县已与广州市国碳资产有限公司签约，开展碳汇调查前期工作。召开省关注森林活动组委会第一次会议，审定组委会《工作规则》和《2022年工作要点》。参加第十届中国（上海）花博会，获奖161个。

【林草资源保护】开展林草生态综合监测评价，调查森林样地1031个、草原样地2021个、湿地样地29个、荒漠样地28个。完成全省第二次陆生野生动物资源调查。完成2021年全省10751个遥感判读变化细斑的外业核实上传和森林资源管理“一张图”年度更新。开展林草湿数据与国土“三调”数据对接融合和国家级公益林优化，落实年度公益林生态效益补偿398.57万公顷7.21亿元。下达2021年天然林保护资金16.51亿元，开展公益林建设及退化林修复5.09万公顷，管护天然林416.55万公顷。争取尕海、黄河首曲湿地生态修复工程资金7344万元，协调推进黄河兰州白银段湿地保护修复。开展打击毁林专项行动。加强森林草原火灾预防，开展森林草原火灾风险普查，调查森林样地2215个、草原样地300个。深化应用"国家林草生态感知平台森林草原防火子系统"和"互联网+防火督查系统"平台，在全国率先完成"防火码"设置和启用，设置"防火码"卡口2662个，累计扫码超过60万次。2021年全省未发生重特大以上森林草原火灾和行业安全生产事故。做好林区禁种铲毒，开展扫黑除恶，推进平安林区建设。

【保护地体系建设】贯彻落实中办、国办《关于建立以国家公园为主体的自然保护地体系的指导意见》，加快推进全省自然保护地体系建设。大熊猫国家公园正式设立，是全国首批设立的5个国家公园之一。公园涉及甘肃省25.53万公顷，占11.6%。省委、省政府召开祁连山保护相关会议，推动构建祁连山长效保护机制。开展若尔盖国家公园建设前期工作。会同祁连山国家公园管理局、青海省共同制止祁连山甘青共牧区域内违规放牧。根据国家陆续出台的调整规则，对经省政府第105次常务会议审议上报国家的全省自然保护地整合优化预案多次进行修改完善，开展预案"回头看"，妥善处理矛盾冲突，根据省政府领导指示精神，研究有关自然保护地整合归并工作，为加快建立以国家公园为主体的自然保护地体系建设提供保障。推进临夏世界地质公园创建工作，待联合国教科文组织实地评估考察。推进阿万仓、美仁两个国家草原自然公园建设试点，已编制完成建设方案和总体规划。

【草原保护修复】采取退化草原治理、黑土滩治理、有害生物防治等草原生态保护修复措施，完成种草改良27.4万公顷，全省草原植被盖度达到53.04%，比2021年增长0.02%。主要开展以下工作：一是起草《关于加强草原保护修复的实施意见》，报请省政府办公厅印发实施，明确新阶段草原工作的指导思想、工作原则和主要目标，提出加强草原保护修复和合理利用的政策措施。二是开展草原监测评价，完成样地监测及外业调查和草原类型界限划分、矢量图斑制作等，录入监测信息数据，上传样地样方调查数据2021个，初步建起草原基础信息管理系统。三是采用网上考核与实地考核、日常考核与年终集中考核相结合的方式，完成2020年度市州草原综合植被盖度考核，分解下达2021年度指标。四是强化生态保护工程项目管理，推进草原生态修复治理，建立落实"月调度、季督查、年底考核"项目调度管理制度，推进资金使用监管和绩效目标考核。五是加强草原管护队伍建设，聘用草原管护员15100人，规范草原管护员管理与巡查制度，强化技能培训，提升保护能力。

【野生动植物和湿地保护】对野生动物栖息地、集群活动地、候鸟越冬地、迁飞通道等重点区域进行巡护监测，落实野外巡护看守责任，为野生动物创造良好栖息生存环境。加强庙台槭、秦岭冷杉等极小种群植物的保护复壮。加强野生动物疫源疫病监测防控，全方位全链条开展野生动物疫源疫病监测防控。联合开展"清风行动"，配合"网剑行动"依法打击破坏野生动植物资源违法犯罪活动。完成第二次全国陆生野生动物资源调查。按照"先补后占、占补平衡"的原则，慎重审定湿地占用方案，确保湿地面积不减少。坚持自然恢复为主、人工修复为辅原则，实施重要湿地保护修复项目，恢复湿地生态功能。协调推进黄河兰州白银段湿地保护，兰州市实施黄河兰州段湿地保护修复面积15万公顷，白银市对景泰县白墩子国家湿地公园进行修复。

【天然林保护】国家下达甘肃省2021年天然林保护投资16.51亿元。其中，中央投资15.62亿元（较2020年增长22.62%），省级财政投资0.89亿元。争取并下达公益林建设及退化林修复任务5.09万公顷，其中人工造林1.71万公顷、封山育林1.93万公顷、退化林修复1.45万公顷。有效管护国有天然林295.3万公顷，完成集体和个人所有公益林补偿面积121.25万公顷，其中国家级公益林85.24万公顷，地方级公益林36.02万公顷。

【防沙治沙】嘉峪关、酒泉、张掖、金昌、武威、白银、庆阳、甘南8个沙区市（州）共完成沙化土地综合治理14.15万公顷，是年度规划责任目标11.2万公顷的126%。其中，规模化防沙治沙4.29万公顷，沙区"三北"防护林建设3.09万公顷，全国防沙治沙综合示范区项目治沙600公顷，省级财政防沙治沙项目治沙113.3公顷，中国绿化基金会公益造林项目治沙2.07万公顷，沙化草原治理2.94万公顷，退耕还林（草）0.54万公顷，造林补贴、义务植树压沙等其他治沙造林1.15万公顷。顺利通过国家考核组对全省"十三五"期间沙化土地综合治理考核。8个沙区市（州）建设光伏、风电清洁能源项目458个，其中光伏项目327个，风电项目131个，总装机规模超过41000兆瓦。

【集体林权制度改革】贯彻落实省政府办公厅《关于完善集体林权制度的实施意见》，推进林权流转、抵押贷款、新型经营主体培育，全省集体林业发展活力不断增强，综合效益不断显现。康县鸿泰中蜂养殖基地、民勤天盛肉苁蓉种植基地入选全国第8批林下经济示范基地，全省林下经济示范基地达到8个县区和29个经营主体，全年实现林下经济产值64.96亿元。截至2021年底，全省累计办理林权抵押贷款100.51亿元，组建林业合作社3725个，认定登记家庭林场1302家，11家林业企业被国家林草局认定为国家级林业重点龙头企业。

【核桃、花椒、油橄榄产业三年倍增行动计划】按照甘肃省委、省政府关于实施现代丝路寒旱农业优势特色产业三年倍增行动计划部署，牵头推进全省核桃、花椒、油橄榄产业三年倍增行动计划。成立"甘肃省林业和草原局林草产业工作领导小组"，组建由首席专家和岗位专家组成的全省核桃、花椒、油橄榄产业省级专家团队。指导有关市县林草主管部门加强与当地财政、乡村振兴等部门的沟通衔接，2021年全省共落实各类资金1.54亿元，完成新建核桃、花椒、油橄榄栽培面积2.81万公顷，完成核桃、花椒、油橄榄提质增效9.25万公顷。培育树立"陇南油橄榄""成县核桃""武都花椒"等一批"省内一流、国内知名"的林果特色品牌。省林草局与建设银行甘肃省分行沟通衔接，经逐级筛选推荐，共同筹备搭建"国家林草局、中国建设银行林特产品馆——甘肃馆”，于2021年7月20日上线运行。

【国家公园建设】大熊猫国家公园按期完成体制试点任务，于2021年9月经国务院批复正式设立。省林草局会同省委编办研究提出《大熊猫国家公园甘肃省管理局机构设置方案》，报请省委、省政府主要领导及省委编委同意，上报国家林草局。按照《大熊猫国家公园设立方案》要求，对照国家公园总体规划编制大纲和规范，组织编制《大熊猫国家公园甘肃省片区总体规划》。制定《甘肃省国家公园管理暂行办法》和《关于加快推进祁连山国家公园甘肃省片区建设的意见》分工方案。组织修编《祁连山国家公园甘肃省片区总体规划》。推动解决祁连山国家公园范围内的矛盾冲突问题。与青海省签订《祁连山国家公园协同保护管理协议》。推动若尔盖国家公园创建，编制《科学考察及符合性认定报告》《社会影响评估报告》《设立方案》，经省政府常务会议审议通过后，省政府于7月15日向国家林草局提出设立申请。系统整理国家公园专项检查调查成果，对编制完成的祁连山和大熊猫两个国家公园92个规划、方案进行修订完善。

【自然保护地管理】推进生态环境问题整改，第二轮中央环保督察反馈涉及自然保护区的6个问题完成整改3个，“绿盾”专项行动排查出的1845个问题完成整改1826个。对2019—2020年涉及国家公园、自然保护区的人类活动遥感监测点位进行实地核查。推进国家级自然保护区总体规划修编工作，印发《关于加强自然保护区行政审批事项事中事后监督管理的通知》，进一步规范行政审批事项事前审批与事中事后监督管理。印发《关于全面加强自然保护区监督管理工作的通知》《关于进一步加强风景名胜区保护管理工作的通知》《关于进一步规范地质公园建设管理工作的通知》《关于切实加强自然保护地内地质遗迹管理的通知》，进一步加强自然保护区、风景名胜区、地质公园监督管理，有序推进风景名胜区总体规划修编工作。

【祁连山生态保护】开展祁连山保护区整合优化，将与祁连山国家公园交叉重叠的3个自然保护区、7个自然公园重叠区域纳入国家公园管理，解决交叉重叠、多头管理问题。将祁连山保护区甘肃省境内182.72万公顷中的156.9万公顷保护面积划入国家公园。对祁连山保护区未划入国家公园的地块进行科学评估，将保护价值高的22.62万公顷继续保留在祁连山保护区，确保保护强度不降低。会同中农发山丹马场，将山丹马场未纳入祁连山国家公园符合划定保护地标准的草原归并到祁连山保护区予以保护。提请省委省政府召开甘肃祁连山自然保护区生态环境问题整改工作领导小组暨甘肃省祁连山国家公园体制试点领导小组会议，审定《关于加强祁连山生态环境保护的意见》《关于加快推进祁连山国家公园甘肃省片区建设的意见》，会同省直有关部门制定《关于加强祁连山生态环境保护的意见主要任务落实措施清单》，配合省发展改革委、省生态环境厅做好祁连山生态环境保护考核工作实施方案制订、考核评分细则量化等工作，进一步健全完善祁连山生态保护长效机制。

【森林草原防火】围绕“预防为主、积极消灭”方针，强化组织领导，完善责任体系，狠抓措施落实，减少森林草原火灾发生次数和火灾损失，2021年未发生重特大及以上森林草原火灾。在2021年初全面安排部署基础上，盯住关键环节和重要时段进行重点部署，对各重点环节和时段的防火工作提出具体要求。以推行林长制为契机，进一步靠实森林草原防火地方政府属地管理责任，落实行业部门监管责任和经营单位主体责任，建立网格化管理体系。坚持24小时值班和领导带班，时刻保持临战状态。加强物防技防工作，全省设置防火码地域总量119个，场景总量515处，设置卡口2662个，地域覆盖率、启用率均达到100%，累计扫码量超过60万次。2021年争取中央预算内投资森林草原防火项目5个，利用中央财政补助资金为省级防火物资储备库购置价值448万元的防火物资，为19个单位购置配发防火救险皮卡车28辆，有效提升巡护能力和火情早期处理能力。通过5G防火宣传视频彩铃投放的方式，开展防火宣传。按期全面完成森林草原火灾风险普查的外业调查任务。

【林草法治建设】学习贯彻习近平法治思想，提升林草法治化水平。印发《2021年甘肃省林业和草原法治建设工作要点》，将党政主要负责人履行推进法治建设第一责任人职责情况列入年终述职内容。修订实施《甘肃省实施 < 中华人民共和国森林法 > 办法》《甘肃省实施 < 中华人民共和国防沙治沙法 > 办法》；废止《甘肃省森林公园管理条例》《甘肃省全民义务植树条例》；规范报备规范性文件2件，报备率100%。制定印发《甘肃省林业和草原局关于切实加强林草行政执法工作的通知》，严格落实行政执法公示、执法全过程记录、重大行政执法决定法制审核“三项制度”，公示行政执法信息724条，行政执法决定法制审核875件。印发《甘肃省林草系统法治宣传教育第八个五年规划（2021—2025年）》。在“甘肃林业网”开辟林草法治建设宣传专栏，推送林草法治宣传信息，全系统开展各类林草法治宣传50余场次。印制《行政处罚法》等法律法规口袋书1万余册、发放宣传制品20余万份，接待法律咨询人员800余人次。

【林草干部队伍建设】鲜明树立新时期选人用人导向，坚持事业为上的原则，选干部、配班子，建队伍、聚人才。完成局系统70个事业单位更名，将3个国家级自然保护区上划省林草局管理。推荐晋升巡视员4名，提拔使用县处级干部23名，晋升职级44人。拓宽干部选录途径，公开招录公务员12名，接收选调生2名。开展局属事业单位公开招聘，18家事业单位47个岗位招录60人。着眼留住用好本土人才，提升人才管理服务水平，研究制定22家局属事业单位专业技术人员内部等级晋升办法，进一步规范人才评价机制。及时修订全省农口工程系列职称评价标准，做好职称评审工作，召开3次评审委员会议，455人获得中级以上职称。强化干部教育培训，组织干部参加省一级干部教育培训项目及业务培训班次45个，培训138人。组织388人参加乡村振兴网络培训。举办党的十九届五中全会精神集中培训班，培训县处级以上干部418人、科级干部852人。省林草局改革发展处、省林业科学研究院被表彰为“全省脱贫攻坚先进集体”，局系统3名干部被表彰为“全省脱贫攻坚先进个人”。

（杨晋萍）

工业和信息化

【总体情况】2021年，全省工信系统面对复杂严峻的发展环境和诸多风险挑战，在省委省政府的坚强领导下，坚持以习近平新时代中国特色社会主义思想为指导，深入贯彻落实习近平总书记对甘肃重要讲话和指示精神，认真落实“三新一高”要求，按照省政府“五年看三年，三年看头年，头年看开端，开局是关键”的工作安排，起步就加速、开局就争先。工业经济稳中有进、稳中提质、稳中增效，实现了“十四五”良好开局。全年全省规上工业增加值比上年增长8.9%，为2014年以来最高增速；工业固定资产投资增长40.8%，为2013年以来最高增速；软件和信息技术服务业主营业务收入增长13.09%。

【工业经济】通过加强调度、化解问题、强化保障，统筹经济发展、疫情防控、安全生产，规模以上工业增加值两年平均增速7.7%，居全国第10位；实现利润两年平均增长45.4%，居全国第6位；企业户数突破2000户，达到2037户。逐月开展经济运行、工业投资、生产要素调度，保障生产经营平稳，12个市州规上工业实现正增长，其中8个市州快于全省增速；39个行业大类中，增长面近7成，有21个行业增速快于全省平均；2037户规上企业中，1850户生产正常，1320户产能利用率超过80%；占总量75%左右的50户重点调度企业完成产值增长26.5%，六成主要产品产量实现增长。积极应对全国电煤供需矛盾异常严峻形势，提请省政府出台《今冬明春电力电煤保供方案》《保障人民群众温暖过冬方案》，制定6项配套保供机制及应急预案，牵头成立全省电力电煤保供专班，全力落实保供责任。全年电煤供应5379万吨，增加1150万吨。新一轮疫情发生后，迅速激活应急工作机制，完善保供措施，实施日报告、日调度，及时掌握各市州、流通企业、医疗机构、政府储备的医疗物资库存、消耗和生产企业的生产、库存情况，做好物资调配，落实防控医疗物资实物储备和产能储备任务，加强对生产企业协调服务，切实保障医疗物资有效供给。强化风险意识、底线思维，安排部署工信系统2021年安全生产重点工作、民爆行业专项整治三年行动关键年任务，落实企业安全生产主体责任和民爆安全生产监管责任。组织开展民爆行业安全生产检查，建立责任清单和问题清单，98个隐患全部整改完成。提升民爆行业本质安全水平，投入技术改造8190.22万元，完成企业生产线和电子雷管生产线设备更新换代，连续7年“零死亡”。

【产业发展】按照“系统完备、高效实用、智能绿色、安全可靠”要求，努力推进现代基础设施体系建设。出台《甘肃省5G建设专项及应用实施方案》《甘肃省数据中心建设指引》《甘肃省“十四五”工业互联网发展规划》，全年建成5G基站10053个，累计建成18562个，实现市（州）主城区深度覆盖及县（区）城区覆盖，5G网络人口覆盖率达到30%以上。建立全省5G基站干扰协调机制，将496个卫星地球站纳入保护范围，协调干扰事件483起，解决率100%。出台《甘肃省制造业创新中心考核评估办法》《甘肃省工业优秀新产品奖励暂行办法》等制度，兰州飞行控制公司、天水电气传动研究所认定为国家技术创新示范企业，新培育认定省级企业技术中心20家、技术创新示范企业8家、行业技术中心9家、工业设计中心20家、产业技术创新联盟1家。全年新增高新技术企业125家，金川集团、酒钢集团、兰石集团、公交建集团、中核四〇四公司、中农威特生物科技股份公司、敦煌种业公司牵头组建7家制造业“创新联合体”。促进现代服务业和制造业深度融合，天水电气传动研究所认定为国家级工业设计中心，甘肃建投重工科技有限公司被认定国家级服务型制造示范企业，兰石能源装备制造综合服务平台被认定为国家级服务型制造示范平台；新培育省级工业设计中心20户、生产性服务业功能示范区2家、生产性服务示范企业10户。

【发展方式转变】落实“强龙头、补链条、聚集群”要求，积极谋划构建工业领域现代产业体系，实现绿色、开放、高质量发展。规上工业战略性新兴产业、高技术产业、装备制造业增加值比上年分别增长18.8%、38.2%和15.8%，比规模以上工业增加值增速分别快9.9、29.3和6.9个百分点。省政府办公厅出台《甘肃省“十四五”制造业发展规划》《甘肃省“十四五”工业互联网发展规划》两个省级行业规划，省工信厅印发“十四五”原材料业、消费品产业、装备制造产业、电子信息产业、制造业创新、工业绿色、生产性服务业、中小微企业（和民营经济）、民用爆炸物品行业安全发展等9个行业规划，出台《甘肃省黄河流域高质量发展专项实施方案》（2021-2025年），甘肃工业和信息化“十四五”发展总体框架搭建完成。构建完成打好产业基础高级化产业链现代化攻坚战“1+N+X”政策体系，出台《专项行动纲要》、印发创新能力等4个产业基础能力《提升行动计划》、石油化工等9个重点行业《产业链水平提升实施方案》。建立省委省政府主要领导担任总链长、省级领导担任链长的领导机制，制定链长制工作规则。筛选65条细分产业链，3批次认定53户链主企业。谋划提出重点产业链500万元以上投资项目180个，总投资856亿元，全年完成投资164亿元。建立工业领域碳达峰碳中和工作推进机制，启动全省工业领域及有色金属、建材行业碳达峰实施方案编制。组织开展《甘肃省工业能效指南》编制，实施“两高”项目复核处置工作。实施先进制造、数据信息、清洁生产生态产业项目420项，总投资1211亿元，当年完成投资221亿元，78个项目建成。着力深化区域产业合作，总投资3253亿元的663项承接产业转移项目，全年到位资金347亿元，累计到位资金1331亿元，到位率40.9%。在南京开展甘肃省化工产业招商推介，现场签约金额近40亿元；深化甘鲁、甘青产业合作，组织召开甘青产业对接会，参与“津企陇上行”“鲁企走进协作地·甘肃行”活动；按照中央企业助力甘肃乡村振兴和高质量发展座谈会要求，梳理央地合作制造业项目55个，总投资2040亿元。培育天华化工机械及自动化研究设计院等4户企业成为制造业“一带一路”拓展平台企业。对中铝连城分公司、金徽矿业行业规范工作开展现场核查，完成11个黄金采选和稀土冶炼分离项目核准，完成酒钢集团和中瑞铝业电解铝产能置换，组织实施全省水泥行业错峰生产。推动完成2021年粗钢压减基数年度目标任务。完成5户危化企业搬迁改造验收，督促问题整改，提升15个已认定化工产业集中区承载能力。

【传统产业转型升级】以“三化改造”为抓手，全力推动传统产业提质增效。主要支柱产业效益大幅提升，全年石化行业实现利润同比增长187%，有色行业增长154%，冶金行业增长358%，煤炭行业增长263%。出台《甘肃省绿色制造体系建设评价管理实施细则》《甘肃省智能工厂数字化车间认定管理办法（试行）》《全省制造业智能化改造咨询评估工作实施方案》，制定《高端化智能化绿色化改造推进传统产业转型升级2021年工作要点》，从15个方面深入推进“三化改造”工作。谋划实施“三化改造”项目240项，总投资664亿元，当年完成投资125亿元，46个项目建成。其中高技术制造业投资增长39.7%，快于制造业投资24.2个百分点。高端化方面，总投资2.1亿元镍都矿山实业有限公司20000t/a高精电子铜带项目等建成投产。智能化方面，完成35户企业智能化诊断咨询，酒钢集团西沟矿5G智慧矿山运行能力达到国内同行业先进水平。绿色化方面，新培育认定省级绿色工厂40家、绿色设计产品4种、绿色园区1家、绿色供应链2家、工业节水型企业13户；推荐认定国家级绿色工厂23家、绿色园区1家、绿色设计产品1种。

【中小企业民营经济发展】积极纾困解难，提升市场主体活跃度，支持中小企业民营经济做大做强。全省中小企业工业增加值占规模以上工业增加值的比重达到34.7%，对规模以上工业增加值增长的贡献率达到51.4%；民营经济增长13.6%，快于规上工业4.7个百分点。全年新增入规企业312户；新设立市场主体30.98万户、企业8.25万户，分别增长10.4%、2.1%。修订《甘肃省促进中小企业发展条例》，起草《进一步加大对中小企业纾困帮扶力度若干措施》《甘肃省提升中小企业竞争力若干措施》和《甘肃省为“专精特新”中小企业办实事清单》，出台《甘肃省促进中小企业和民营经济发展工作领导小组工作制度》《2021年促进中小企业和民营经济发展工作推进方案》，会同有关部门出台《甘肃省培育优质中小企业上市方案》，首批6家“专精特新”企业在甘肃股权交易中心“专精特新板”挂牌。建立省市县三级工业中小微企业融资需求库，入库企业1161户，向省金融监局、人行兰州中心支行推荐有融资需求的工业中小微企业；全年新发放中小企业贷款688.6亿元，累计达到1022亿元，提前一年完成三年贷款1000亿任务目标。加强企业入规培育，建立“规下转规上”企业培育库，入库企业378户，全年新增入规企业312户。制定《甘肃省“专精特新”中小企业培育提升行动计划》，建立“专精特新”企业培育库，入库企业606户，全年新认定国家级专精特新“小巨人”企业12户、省级55户。新认定国家中小企业公共服务示范平台5家、小型微型企业创业创新示范基地5家，省级中小企业公共服务示范平台10家、小型微型企业创业创新示范基地7家。开展中小企业服务月活动，开展各类服务活动2184场次，服务中小企业11万家次以上。

【数字经济发展】以推动数字产业化、产业数字化为主线，促进数字化与实体经济特别是制造业深度融合，做大做强数字经济。企业经营管理数字化普及率、数字化研发设计工具普及率、关键工序数控化率分别达到53%、49%、45%；规上电子信息产业实现主营业务收入同比增长40.5%。组织省内外30余家龙头企业、高校院所成立甘肃省工业互联网产业技术创新联盟，搭建完成全省工业互联网公共服务云平台。2021年，全省新增云平台上线企业14688户，培育工业APP816个。重点领域涌现出一批“5G+工业互联网”典型应用场景，原材料领域，白银有色公司基于工业互联网的“闪速炉铜精矿冰铜炉渣在线成分监测系统项目”投入使用，实现生产过程数据化监控、管理；装备制造领域，兰石集团加快石化能源装备焊接数字化车间建设，实现焊装生产效率平均提高20%，焊接材料消耗平均下降10%；绿色制造领域，酒钢集团开展资源能源全动态监测，精准控制，助力高炉冶炼效率提升10%，单座高炉每年降低成本2400万元，减少碳排放量2万吨；安全生产领域，金川集团“龙首矿5G+有轨运输无人驾驶项目”，极大提高了生产效率和本质化安全水平。出台促进软件产业高质量发展和集成电路产业健康发展的政策措施，软件和信息技术服务业主营业务收入超亿元企业数由上年13户增加到15户，新增入规企业3户，新开发软件产品230件。甘肃鲲鹏产业生态培育步伐加快，鲲鹏产业创新中心与5户软件公司签订合作协议。天水华天电子集团集成电路产业实现主营业务收入150亿元，集成电路多芯片封装扩大规模项目进展顺利。张掖智能制造产业园已入驻企业29家，6户企业升至规模以上工业企业，智能机器人、手机、小家电、医疗器械等产品成功下线，完成工业产值3.4亿元。平凉智能终端光电产业园已入驻13户企业，投产运营10户，5户企业进入规上企业，完成工业产值2.4亿元。

住房和城乡建设

【城镇基础设施建设】海绵城市建设。全面总结推广庆阳市海绵城市建设经验，有序推进全省系统化全域海绵城市建设，全省17个设市城市建成区20%以上面积达到海绵化建设要求，并委托第三方技术机构完成了2021年度海绵城市建设评估工作。2021年5月，经省内评审，省财政厅、省住建厅、省水利厅推荐天水市申报全国示范城市，天水市获得11亿元专项资金支持。

城市污水处理设施建设。2021年全省建成污水管网666.39公里，完成目标任务的127.9%。重点推进渭河、马莲河、蒲河等流域城镇污水处理设施提标改造工程建设，全省城市（县城）已实现污水处理设施全覆盖，共建成污水处理厂93座，其中已有79座完成一级A提标改造工程，7座正在开工实施提标改造工程，7座正在开展提标改造工程前期工作。积极推进污泥处置设施建设，全省城市污泥无害化处置率达到93%以上，实现污泥处理处置稳定化、无害化、资源化；全省以缺水城市为重点，拓宽再生水使用范围，全省缺水城市再生水利用率平均达到20%以上。

城市黑臭水体整治。指导兰州市、张掖市、天水市、平凉市持续做好城市黑臭水体治理工作，全省18条黑臭水体完成整治并达到长制久清的目标。张掖市、平凉市黑臭水体试点建设稳步推进。

城市（县城）排水防涝设施建设。实施10个城市排水防涝设施建设，累计完成投资35055万元，其中中央预算内投资7454万元，地方投资27601万元。实施10个县城排水防涝设施建设，总投资22345万元，其中中央预算内投资8327万元，地方投资14018万元。

城市生活垃圾分类处理。印发《关于进一步推进全省生活垃圾分类工作的若干措施》，争取并下达省级财政奖补资金0.3亿元，各地级城市已设置城区居民小区投放点27218个，生活垃圾“四分类”收集、运输体系逐步完善。各城市已建成投运生活垃圾焚烧发电设施8座（其中2021年内建成投运2座，分别为酒泉市、武威市），已建成厨余垃圾资源化处置设施5座（其中2021年内建成2座，分别为武威市、张掖市）。同时，定西市、庆阳市（二期）、兰州市（二期）生活垃圾焚烧处理设施，金昌市、平凉市、天水市、兰州市厨余垃圾资源化处理设施施工在建。全省城市生活垃圾资源化、能源处处理水平大幅提升，武威市静脉产业园处理模式基本形成，为全省形成了较好的参考范例。兰州市作为国家“46个重点城市”之一，城区全覆盖推行生活垃圾分类，城市生活垃圾回收利用率已达到41%以上。

停车场及充电桩等设施建设。到2021年底，全省建成停车场约5000处，停车泊位约97万个。2021年，依托城镇老旧小区改造，全省新建汽车、自行车充电桩2000多个，增设停车位2.7万个。

城镇老旧小区改造。2019年，全省启动城镇老旧小区改造，紧盯群众急难愁盼，聚焦难题攻坚，突出改造重点，建立健全体制机制，积极争取中央资金支持，探索创新改造模式，构建快速审批流程，全省城镇老旧小区改造工作稳步有序推进。2021年开工改造老旧小区2126个、17.7万户，共整合为128个项目推进实施，争取到位中央补助资金8.258亿元、中央预算内投资补助资金18.7687亿元、落实省级配套资金1.1836亿元，争取落实政府专项债券资金9.32亿元。

历史文化保护。制定印发《关于加强历史文化名城名镇名村保护工作的指导意见》《甘肃省2021年度历史文化街区划定和历史建筑确定工作方案》《关于持续抓好历史建筑确定工作的通知》等文件，指导各地做好历史文化保护工作，持续推进历史文化街区划定和历史建筑确定工作。到2021年底，全省已发文公布历史文化街区26片，完成标志牌设置的16片；确定历史建筑134处，已发文公布129处，完成标志牌设置的75处，完成测绘建档的31处；摸排历史建筑潜在对象45处。

供水保障。组织全省各地按照县区自查、市州复核、省级抽查的方式开展城市（县城）供水规范化管理考核工作，重点对各地供水厂、二次供水、管网等供水设施运行状况和相关制度落实情况进行检查，确保供水设施安全运行。甘肃省城市供水水质监测中心（国家城市供水水质监测网兰州站）于2021年5月、8月对平凉市、庆阳市、定西市、陇南市、临夏州、甘南州等地区城市（县城）供水厂出厂水水质进行检测。10月中下旬，疫情发生后，及时指导兰州市等地区加强城市供水安全保障工作，确保疫情期间城市供水设施运行稳定，水质水压符合国家规范要求。

供气保障。全面开展燃气、液化石油气安全专项检查，保障人民群众用气安全。组织各地按照“谁审批、谁监管、谁负责安全”的原则，以“防风险、去隐患、保安全”为主线，严厉查处瓶装液化石油气经营、储存、充装、运输、使用等环节中各类违法违规行为，督促各地全面加强安全隐患排查治理，消除安全隐患，有效防范遏制安全事故发生，保障人民生命财产安全。及时汲取“6.13”湖北省十堰市张湾区艳湖社区集贸市场重大燃气爆炸事故教训，先后组织3次全省城镇燃气安全生产全覆盖专项检查，共派出专项检查组611（次），检查人员2275（人次），检查企业1556（家次）、居民小区513个、住户45171户、商业用户2008个，排查消除各类安全隐患4462项，下发整改通知单、检查建议书共303份，从源头上有效防范遏制安全事故发生，切实保障人民生命财产安全。

供暖保障。扎实做好2021—2022年供暖工作，全力保障人民群众温暖过冬。7月，按照“冬病夏治”的原则，对集中供热设施和管网进行全面维护检修，各地共维护检修供热管网5823公里，热源厂、换热站等4189座。自10月启动供暖工作以来，省住建厅4次召开专题会议，多次开展实地调研督查，建立并落实日调度、周报告制度以及预警机制，督促各地认真分析研判能源紧缺以及疫情防控对供暖工作带来的困难和压力，想方设法保障燃煤储备，加强设施设备检修维护，强化24小时值班值守，加强应急队伍建设，畅通投诉渠道，开展访民温暖，走访供暖用户91927户，全力以赴提升供暖服务质量。2021年供暖季，全省82个县区及兰州新区普遍实现提前3—15天供暖，有力保障了群众温暖过冬。特别是面对疫情的遭遇战，全省各级供热主管部门、供热企业进一步提高政治站位，强化政治担当、责任担当和使命担当，讲大局、顾大家，在保证安全生产运行的情况下，对封闭小区、隔离场所、救治医院等供暖保障工作建立台账、靶向调度，加强对上述场所的供暖管网、设施设备的检修维护等工作，千方百计将温暖尽早送入群众家中，让广大群众切实感受到来自党和政府的温暖。

【住房保障】农村危房（抗震）改造。2021年，省住建厅全力做好巩固拓展脱贫攻坚同乡村振兴有效衔接，持续做好农村低收入群体等重点对象住房安全动态监测改造，发现一户、鉴定一户、改造一户，验收一户，实现动态清零，全省共排查改造完成动态新增危房148户，持续巩固拓展脱贫攻坚住房安全保障成果，坚决守住不发生住房安全规模性返贫这一底线。统筹推进地震高烈度地区农房抗震改造，将7.59亿元中央农村危房改造补助资金优化调整下达各地，鼓励支持地方创新财政投入方式，因地制宜推动农房抗震改造，对农户建房质量安全、抗震结构、建筑风貌、完善功能等进行科学引导和管控，配套完善基础设施和公共服务设施，全省完成农房抗震改造2.7万户，不断提高了农房抗震防灾能力，提升了农房居住品质。甘州区、永昌县、镇原县等地探索出“政府引导、财政奖补、以点带面、整村推进”的农房抗震改造路径，有效保障了农村低收入群体住房安全改善了农村住房条件和居住环境，脱贫攻坚住房安全保障成果得到巩固拓展，全面推进乡村振兴实现良好开局。

保障性住房。2021年，全省棚改计划新开工6.73万套，棚改基本建成3.16万套，发放住房保障家庭租赁补贴3.86万户。截至12月底，全省棚户区改造新开工6.73万套，开工率为100%；全省棚改基本建成3.69万套，完成率为116.8%；发放城镇住房保障家庭租赁补贴3.9万户，完成率为101.1%；棚户区改造和保障性住房项目完成投资223.01亿元。全省历年累计建设公租房43.3万套，已完成分配42.76万套，分配率为98.8%。兰州市作为中央补助支持新建筹集公租房的71个重点城市之一，2021年计划新筹集公租房3000套，已全部开工建设。

【房地产市场监管】落实房地产调控政策。认真贯彻落实房住不炒的核心定位，因城施策促进房地产市场平稳健康发展。会同省发展改革委、省自然资源厅、省银保监局、人民银行兰州中心支行等部门落实金融、土地、税收等政策，指导各地科学合理确定新建商品房和存量房销售价格涨幅控制、商品房去化周期、年度住宅用地价格涨幅控制、年度商品房贷款占比等具体指标，细化房地产市场调控评价考核工作，切实把国家房地产调控政策落到实处。

防范化解重大金融风险。指导各地认真落实分类调控长效机制、监控市场发展动态、加强预售资金监管、加强住房信贷管理、落实差别化信贷政策、加强住房融资管理六项任务并纳入年度考核工作，有效防范化解房地产泡沫引发的金融风险。全省未发生房地产领域重大金融风险问题，也没有需要纳入“三线四挡”融资管理的房地产企业。

房地产市场平稳运行。全省房地产开发投资1525.88亿元，比上年增长12.6%，高于全国增速8.2个百分点；商品房销售面积2224.09万平方米，增长13%，高于全国增速11.1个百分点；商品住宅去化周期17.21个月，处于正常合理区间。

【建筑市场监管】建筑业发展。紧盯“建筑业增加值增速4%”的目标任务，统筹兼顾，多措并举，努力克服疫情影响，积极推动全省建筑业持续稳定发展。截至目前，全省累计监督房屋市政工程施工项目13658个，比上年增长11.6%；房屋建筑面积2.9亿平方米，增长32.6%；工程总造价7598亿元，增长24.7%。建筑业呈现出稳升向好的发展态势。

工程招投标。制定出台了房屋建筑和市政基础设施项目工程总承包招标评标定标办法、评标专家管理办法、招标代理机构管理办法和勘察招标评标定标办法，进一步规范招投标领域秩序。探索推进评定分离，落实招标人首要责任，实现了招标投标过程的规范透明，结果的合法公正，依法依规接受监督。开发了“甘肃省房屋建筑和市政基础设施工程招标投标大数据系统”，实现了监管项目所有流程全网通办，线上受理、线上核验、线上办结。

工程质量安全监管。进一步规范全省工程质量安全监管工作，落实建设单位工程质量首要责任。在房屋市政工程关键部位等环节全面实施举牌验收制度，实现质量责任可追溯；开展预拌混凝土质量和工程质量检测专项整治提升行动，强化动态监管，切实保障工程质量安全；举办了全省工程质量安全标准化观摩交流会，推广建筑施工四新技术，提升施工质量安全标准化水平；组织开展建筑施工生产安全事故应急救援演练，提高企业安全生产意识；推行施工项目专职安全员企业委派制度，促进建筑施工企业本质安全体系建设。全省各级住建部门能够对工程质量安全进行有效监管，工程质量安全水平稳步提升，整体处于受控状态。全面开展建设工程消防审验工作，做好消防安全源头管控。

行业安全隐患大排查大整治。制定了住建领域安全隐患大排查大整治等工作方案，在全省范围内开展了系统性隐患排查整治。深入推进违法违规建设审批和城市房屋安全隐患排查整治，全省共排查既有房屋建筑240301栋，整改安全隐患1131栋；排查在建建筑12135栋，整改安全隐患932栋；整改查处违法建设行为729起。同时，稳步开展农村房屋安全隐患排查整治，6月底全面完成了经营性自建房的排查、鉴定和整治，基本完成了全省农村房屋安全隐患排查。截至11月7日，全省共排查农房458.11万户，对农户居住房屋的现状情况全部建立了电子信息档案，其中，用作经营自建房21.37万户，其他农村房屋436.74万户。对鉴定为危房的未用作经营自建房，符合条件的六类低收入群体，及时纳入农村危房改造或农房抗震改造支持范围予以解决；不符合条件的，按照谁拥有谁负责、谁使用谁负责、谁主管谁负责的原则，落实产权人（使用人）主体责任，由产权人（使用人）对危房进行整治，及时消除房屋安全隐患，保障人民群众生命财产安全。

【建筑节能与科技】装配式建筑。印发《甘肃省住房和城乡建设厅关于加快新型建筑工业化发展的通知》《甘肃省住房和城乡建设厅关于进一步加大力度做好装配式建筑工作的通知》等文件，编制印发《甘肃省新型建筑工业化专项规划》，积极探索推动新型建筑工业化。组织召开全省装配式建筑工作会议，对全省装配式建筑工作做了安排部署。2021年新开工装配式建筑面积162万平方米。有经认定的国家装配式产业基地4个、省级产业基地12个，省级示范项目3个。

建筑节能和绿色建筑。持续强化建筑节能和绿色建筑工作要求。印发《关于进一步贯彻落实甘肃省绿色建筑创建行动实施方案的通知》《关于进一步做好我省既有建筑节能改造及相关工作的通知》，持续加强建筑节能监管，指导督促各市州做好新建建筑执行节能强制性标准和数据统计工作，全省城镇新建建筑节能强制性标准执行率达到100%；2021年底城镇绿色建筑竣工面积占新建建筑竣工面积比重达到70.58%。甘肃省级公共建筑能耗监测平台顺利通过验收，为强化我省公共建筑能耗动态监测工作和建筑节能管理发挥积极的作用。筹划绿色建筑标识认定工作。

【住建领域“放管服”改革】行政审批制度改革。落实“证照分离”改革，坚持“应放尽放”的原则，累计取消、下放、调整政务服务事项16项，调整办理施工许可的房屋市政工程限额，降低企业制度性交易成本。提升行政审批效率，优化政务服务事项办理，共减承诺时限161天、减办事材料146份、减跑动次数61次，48项行政许可事项全部实现“零跑动”、全程网办率达100%，11项政务服务事项优化为即办件。规范事中事后监管，依托省“互联网+监管”系统，开展“双随机、一公开”监管、跨部门联合监管，推行智慧监管、柔性监管，为市场主体营造“无事不扰”营商环境。提高政务服务便利化水平，推动22项政务服务事项在“甘快办”APP移动端办理，住建领域9类企业资质证书、许可证和6类人员注册资格证书全部实现电子化。推行“互联网+政务服务”，房建市政工程招投标实现全流程网上办理，施工图审查实行全流程网上数字化联合审查，建筑工程施工许可证实行网上“一站式”申请、受理、审核、发证。持续加强制度建设和公平竞争审查，从源头杜绝行政对市场的干预，为市场主体减负解困。

工程建设项目审批制度改革。建成了覆盖项目生成、立项用地许可、工程建设许可、施工许可、竣工验收等工程建设项目审批全过程的省市两级系统，实现了工程建设项目审批“统一审批流程、统一信息数据平台、统一审批管理体系、统一监管方式”，实现了省市县工程建设项目审批服务全流程、全覆盖，实现了工程建设项目审批服务“在线办”“并联办”“透明办”，将工程审批时限全部压减至90个工作日内。全面推进工程建设项目审批标准化、规范化、便利化，企业和群众办事的便利度满意度获得感显著增强。

政务服务精细化水平。不断优化办理流程，简化审批环节，强化窗口与处室联动，按时办结率为100%。采取线上为主、线上线下融合，辅以窗口代办的方式开展工作。实现了政务大厅窗口一次受理，按期办结、“最多跑一次”；实现了网上提交、即申请即办理，证照实行电子化管理，交通、水利、通信等建筑业企业资质全部在线审批，为企业和群众提供“零出行、非接触”便利服务，即“一次都不跑”。

（王立文）

商务

【国内贸易】2021年，全省社会消费品零售总额4037.1亿元，比上年增长11.1%。按经营地统计，城镇消费品零售总额3309.2亿元，乡村消费品零售总额727.9亿元。按消费类型统计，商品零售额3567.2亿元，餐饮收入额469.9亿元。截至2021年底，全省共有限额以上批零住餐企业2873个。其中，批发903个，零售1089个，住宿412个，餐饮业379个。全省批发业销售额8368.48亿元，比上年增长28.6%；零售业销售额2441.83亿元，增长16.9%。

编制《甘肃省“十四五”市场体系建设规划》。加快农产品市场转型发展，提升冷链仓储和终端销售能力，支持建设和提升改造农产品产地批发市场、农贸市场和冷链仓储项目49个。拓展“甘味”农产品营销体系，在海口、广州举办产销对接活动，与广东省商务厅联合主办“粤贸全国（甘肃）供采对接洽谈会”，举办“甘味”农产品线上产销对接活动等，达成供采协议45.6亿元。省内10大农产品批发市场交易额240亿元，在北京、上海等地建成的11个甘肃农产品销售服务中心销售额近30亿元。

推动流通标准化和流通行业科技进步，兰州市被确定为商贸流通标准化专项试点城市，甘肃金味德拉面文化产业集团有限公司、陇南东盛物流有限公司被确定为专项试点企业。推动连锁经营等现代流通方式发展，印发《关于推动我省品牌连锁便利店加快发展的实施意见》，福建永辉、成都红旗、北京物美、苏宁零售云在甘肃布点开店，庆阳东方百佳、嘉峪关西部天地、张掖新乐入选中国连锁经营协会“2020年中国超市百强”榜。推进商贸物流体系建设。促进绿色流通发展，7家企业被商务部确定为重点联系再生资源回收企业。2021年度核准设立17家拍卖企业，全省拍卖行业拍卖成交场次1030场，拍卖成交额307.75亿元，佣金8549万元，从业人员520人。

2021年，全省组织开展促销活动2000多场次，带动社会消费增长近300亿元。启动全省城市和县域商业体系建设，出台全省县域商业体系建设实施意见。组织参加首届消博会，举办“甘味”农产品产销对接、东西部协作消费帮扶展销活动，特色产品出村出省渠道进一步拓宽。举办多场次陇酒品鉴推介活动，地产白酒、葡萄酒销售不断扩大。支持17个“中央厨房”项目建设，实现中央厨房供应链体系市州全覆盖。新增全国电子商务进农村示范县7个，推进电商同城配送，“臻品甘肃”省级平台上线运营，注册用户近300万，销售农产品5.2亿元。通过一系列有效的促消费扩内需举措，消费对全省经济的基础性作用明显增强。

截至2021年底，全省市场监测平台样本企业总计569家。通过省市级商务预报信息服务平台发布信息1358条。编写报送各类分析报告103篇。

【对外贸易】2021年，全省进出口总额75.9亿美元，比上年增长37.3%。其中，出口总额15.0亿美元，增长21.3%；进口总额60.9亿美元，增长41.9%。对“一带一路”国家进出口额34.8亿美元，增长45%。全年服务进出口总额70688.2万美元，增长0.6%。其中，服务出口额31458万美元，增长31.1%；服务进口额39230.2万美元，下降15.2%。

在出口商品中，机电产品出口7.9亿美元，增长11.9%，占出口总额的52.7%；劳动密集型产品出口0.62亿美元，增长13.7%，占出口总额的4%；农产品出口2.95亿美元，占出口总额的 20%。在进口商品中，金属矿及矿砂进口 33.23 亿美元，增长 34.5%，占进口总额的 54.6%；机电产品进口 11.3 亿美元，增长 83.1%，占进口总额的 18.6%；镍钴新材料进口 5 亿美元，增长 26.2%，占进口总额的 8.3%；农产品进口 2.37 亿美元，增长 96.2%，占进口总额的 3.9%。

在甘肃前十大贸易伙伴中，对哈萨克斯坦进出口 14.4 亿美元，增长 24.2%；对台湾地区进出口 7.3 亿美元，增长 160.7%；对俄罗斯进出口 6.4 亿美元，增长 278.6%；对蒙古进出口 6 亿美元，增长 3.3%；对欧盟（不含英国）进出口 5.2 亿美元，增长 4.5%；对东盟进出口 5 亿美元，增长 9.8%；对澳大利亚、中国香港、刚果（金）、韩国进出口分别增长 25.2%、11.8%、13.6% 和 42.7%。

【利用外资】2021 年，新设外商投资企业 36 家，比上年增长 56.5%；合同外资金额 110580 万美元，增长 1577%；实际使用外资金额 10852 万美元，增长 43.5%。“一带一路”沿线国家新加坡、柬埔寨、巴基斯坦、哈萨克斯坦在甘肃出资设立 4 家外资企业，合同外资总额 460.64 万美元，实际使用外资 3167 万美元，全部来自新加坡。

【对外投资和经济合作】2021 年，甘肃新备案境外企业 4 家，中方协议投资额 4489 万美元；实际开展对外直接投资的境外企业 15 家，当年实际投资额 7568 万美元，比上年下降 12.6%，投资涉及有色金属矿采选业、医药制造、汽车制造、水泥制造、房屋建筑、进出口贸易、农业等行业，主要分布在秘鲁、白俄罗斯、加纳、美国、乌兹别克斯坦、巴基斯坦、韩国、俄罗斯、蒙古等国家。截至 2021 年底，全省有 84 家境内投资主体企业设立非金融类境外企业 137 家，分布在全球 49 个国家（地区），对外直接投资累计总额 66.9 亿美元。金川集团印度尼西亚 WP&RKA 红土镍矿项目、白银集团秘鲁首信多金属尾矿处理二期项目、华天科技马来西亚友尼森集成电路封装项目等大型国际产能合作项目稳步推进、效益显著，成为甘肃省“走出去”的龙头和亮点。

截至 2021 年底，甘肃省企业在印度尼西亚、马来西亚、白俄罗斯、缅甸、乌兹别克斯坦、俄罗斯、塞尔维亚、哈萨克斯坦等 21 个“一带一路”沿线国家累计实际投资额 11 亿美元，涉及集成电路封装、采矿、农业、水泥制造、汽车制造、批发零售等领域。

2021 年，新签对外承包工程合同项目 40 个，合同金额 43882 万美元，比上年下降 9.6%；完成营业额 34015 万美元，增长 18.9%。主要项目有：中国电建集团甘肃能源投资有限公司承建的巴基斯坦卡西姆港 2×660MW 燃煤电站运维项目，中铁二十一局集团有限公司承建的赢联盟几内亚达圣铁路工程“三电”系统集成及相关工程施工总承包项目，中国甘肃国际经济技术合作有限公司承建的加纳 TDC26 区保障房项目和东方国际埃塞毛衫制造基地建设项目一期。

2021 年，派出各类劳务人员 2113 人，年末在外各类劳务人员 2435 人。当年新签劳务人员合同工资总额 1333.74 万元，劳务人员实际收入总额 1415.81 万元。在“一带一路”沿线国家执行承包工程 16 项，完成营业额 17771 万美元。甘肃省境外劳务人员主要派往埃塞俄比亚、加纳、安哥拉、津巴布韦、南非等非洲传统市场国家，以及菲律宾、新加坡、印度尼西亚、巴基斯坦、沙特阿拉伯、白俄罗斯、哈萨克斯坦、印度等“一带一路”沿线国家，集中在矿产资源开发利用、石油化工、铁路、公路等基础设施建设、工程建筑、燃煤电站、水泥生产线、农业产业合作、商贸流通等领域。境外劳务人员月收入均达到 10000 元以上。

【经开区、保税区发展】召开国家级经开区高质量发展推进会和全省外资工作座谈会，组织 4 个国家级经开区参加甘肃在线招商推介会（香港专场）。2021 年，全省 4 个国家级经开区实现地区生产总值 834.55 亿元，比上年增长 12.64%；进出口总额 310.28 亿元，增长 53.8%，占全省进出口的 63.2%；实际使用外资 0.46 亿美元，占全省实际利用外资 43%；招商引资实际到位资金 90.95 亿元，增长 3.35%。

在 2021 年国家级经济技术开发区综合发展水平考核中，金昌、兰州、天水 3 个经开区全国排名大幅提升，首次同时迈进全国中游梯队，实现“十四五”高质量发展良好开局。其中，金昌经开区位列第 78 位，提升 69 个位次，区域带动单项指标全国第三；兰州经开区位列第 120 位，提升 18 个位次；天水经开区位列第 121 位，提升 29 个位次；张掖经开区位列第 190 位。

兰州新区综合保税区于 2014 年 7 月 15 日获国务院批复，2015 年 8 月 18 日通过国家十部委联合验收，同年 12 月 24 日封关运营。批复面积 2.46 平方公里，其中围网面积 2.29 平方公里。区内建有保税加工区、保税仓储物流区、口岸作业区、海关查验区等功能区域，拥有进境肉类指定监管场地、跨境电商（网购保税）监管中心。兰州新区综保区着力发挥政策、资源和区位优势，联动铁路口岸、物流通道和平台功能，强化精准招商，加大政策创新及复制推广，聚力提升服务水平，推动兰州新区综保区高水平开放高质量发展，初步形成电子产品加工、农副产品加工、木材加工、服饰加工、跨境电商、外贸配套服务等多元化发展的新格局。自封关运营以来累计实现进出口 241 亿元。其中 2021 年完成进出口贸易 77.2 亿元，比上年增长 1.41 倍，占全省外贸比重从 2020 年的 8.5% 提高到 15.7%。在 2020 年度全国综保区绩效评估中，兰州新区综保区全国排名 86 位，比 2019 年提升 8 位。

【兰洽会】第二十七届中国兰州投资贸易洽谈会于 7 月 8 日—12 日在甘肃兰州举行。本届兰洽会共签约合同项目 697 个，签约总额 3909.24 亿元。其中，第一产业项目 101 个，签约总额 197.93 亿元；第二产业项目 363 个，签约总额 1991.09 亿元；第三产业项目 233 个，签约总额 1720.22 亿元。据统计，兰洽会期间注册参会宾客超过 3 万人，进馆参观人数超过 17 万人次，商品展销总成交额 8.32 亿元，其中，订货金额 6.43 亿元，现货交易额 1.89 亿元。

【通道物流产业】2021 年，甘肃省通道物流产业实现营业收入 257.2 亿元，比上年增长 23.1%，调整落实省领导包抓的重大带动性工程项目 4 大类 26 个，项目总投资 750.4 亿元，累计完成投资 343.4 亿元。新开通“中吉乌”国际公铁联运线路，共运营中欧、中亚、南亚公铁联运、陆海新通道铁海联运、

“中吉乌”新通道4向5条国际货运班列，2021年共发运498列17091车，货重35.24万吨，货值3.19亿美元。其中，中欧班列开行22列，南亚班列共发运17列，中亚班列共发运107列，陆海新通道共发运352列。

【疫情保供】2021年10月份省内发生疫情后，全省商务系统坚决扛起生活必需品市场保供的政治责任，及时研究制定畅通运输通道、加强采购储备、完善扶持措施等8项措施，启动生活必需品应急保供机制，组织22名干部进驻兰州市重点批发市场、大型商超蹲点值守、稳价保供。紧急筹措商务资金735万元，支持重点龙头企业从源头加强市场保供。启动中央厨房应急保供机制，组织37家中央厨房企业为各封控小区、隔离酒店和社区防疫点累计配送各类主食56.2万斤，套餐盒饭140多万份，为一线防疫提供坚实“后勤保障”。有力有效的保市场、稳供应、战疫情，得到省委省政府和社会各界的肯定和好评。

兰州海关

【税收征管】2021年，兰州海关以防控税收风险和强化税政服务为抓手，推进税收征管工作。深化综合治税。推进属地纳税人管理落实，完成29家纳税企业和20家报关企业底账信息采集；强化税收征管日常监控，关区税收入库及时率、担保处置率、汇率和税率适用准确率均为100%；开展归类、减免税等数据排查，纠错24起，追补税16.5万元，退税18.7万元；公式定价延续性征税9838.1万元、同比增加1.8倍；处置验估指令报关单824票，处置及时率100%；移交涉税案件线索1条、涉税金额逾300万元。加强税政调研。“提高石墨电极、超细铁粉出口退税率”等6项税则调整建议通过“全国海关税政调研第五片区”和海关总署税管局审核，“降低高纯镍锭出口关税税率”等3项建议被海关总署采纳。推进汇总征税等担保改革。进出口企业应用担保税款金额共计14.6亿元，占同期入库税额的八成，其中企业集团财务公司担保11.8亿元，节省企业成本逾百万元。落实国家税收优惠政策。制发《征免税确认通知书》90份；开展RCEP政策宣传，签发各类原产地证书4340份，签证金额3.4亿美元，帮助企业享惠约912万美元。

【监管业务】2021年，兰州海关将风险管理理念贯穿监管全过程，围绕主责主业做好各项监管工作。深化业务改革。“两步申报”应用率49.45%，同比增长11倍；货物贸易进口科学随机布控实现全覆盖，货运渠道人工查获率稳步提升，人工分析布控查获率23.33%，高质量查获占比42.31%；完成进出口货物整体通关时间压缩任务，关区进、出口整体通关时间比2017年分别压缩65.17%、99.84%。规范口岸监管工作。开展2021年“安全生产月”和“安全生产万里行”活动，做好6个海关监管作业场所及6个海关指定监管场地的安全生产集中整治；推广运用新一代海关查验管理系统，扩大业务现场查验无纸化覆盖范围；推动旅检“先期机检”项目落地，提升口岸监管智能化水平。融入“一带一路”建设。跟进保障武威“天马号”等国际货运班列顺利发运，推动落地“中吉乌”多式联运海关监管新模式；监管国际货运班列22列，货运量1.7万吨，货值3.1亿元，同比分别增长10倍、6倍、38倍；服务黄河流域生态保护和高质量发展，细化28个方面195项具体措施。落实保税监管。支持镍矿砂及其精矿、针状沥青焦等开展加工贸易，以及阴极铜等深加工结转业务发展；推动保税航煤业务拓展，保税航煤出口3.66万吨，同比增长266%。推动综保区高质量发展。细化出台抽样即放、内销便利化、废物出区等3条便利化措施，与省商务厅、新区管委会成立综保区发展绩效评估推进工作小组，8次组织开展综合保税区政策宣讲，对重点企业重点项目开展一对一指导服务，推动木材“委托加工”业务落地。

【跨境电商新突破】2021年，兰州海关推动跨境电商B2B（跨境电子商务企业对企业直接出口）、跨境电商出口海外仓两种业务模式在关区落地。全面复制推广跨境电商B2B出口监管试点改革业务，8月10日，经所属天水海关检疫合格、通关放行，1.3吨“秦安蜜桃”通过跨境电商B2B模式顺利通关，这是甘、青、宁三省（区）首单跨境电商B2B直接出口货物，标志甘肃省跨境电商B2B试点业务实现零突破。12月10日，一批产自甘肃省天水市境内的鲜苹果，通过陆运方式经西藏吉隆口岸直接发往尼泊尔海外仓，这是甘肃省首票跨境电商出口海外仓业务，标志着甘肃省特色产品出口继跨境电商直接出口后，再添新通道。

【整车进口】2021年，兰州海关支持整车指定口岸发展，探索综保区保税+整车口岸通关模式完成整车进口。12月16日，一批进口整车自德国杜伊斯堡起运，搭载中欧班列从阿拉山口入境运至兰州陆港落地清关，这是甘肃省首批进口整车，结束了甘肃省整车进口必须从沿海口岸转运的历史。

【企业管理与稽查】2021年，兰州海关服务与监管并举，开展企业管理与稽查工作。帮扶培育企业发展。落实企业信用管理制度改革，将14家失信企业调整为注册登记和备案企业；开展企管条线、社会层面、重点企业等全方位多层面的政策解读和宣传，召开政策宣讲座谈会3次，涵盖关区全部原一般认证企业和重点信用培育企业；实施企业备案管理全程网办，审查时间由20个工作日缩减为当日；推进AEO（经认证经营者）培育、认证工作，开展企业信用培育22家，新增高级认证企业1家，推动《海关认证企业管理措施目录》落地实施，细化出台6类45条通关便利化措施；支持关区特色农产品出口，新增出境农产品种植养殖基地15家、出口食品生产企业注册备案28家，帮扶45家出口水果包装厂、46家备案果园取得国外注册资质，首家供港冷冻禽肉企业获得对外推荐资质，3家供港澳活牛育肥场通过香港食环署符合性审查；开展多层级知识产权海关保护联合宣传执法，培塑重点企业由2家增为3家。加强稽核查工作。坚持以查发为导向，大力推进稽查业务改革，开展“特许权使用费”“转移定价”“加工贸易”“商品归类”和“跨境电商断链刨根”等5个稽查专项行动，开启稽查作业18起，查发问题13起，查发率72%，追补征税款1745万元，移交缉私部门处置3起，涉及货值约1575.4万元；办结核查作业664起，同比增长1.8倍，发现问题移交相关部门处理作业202起，核查有效率30%，核查补税金额2.18亿元；开发上线“兰州海关网上核查系统”，全年利用该系统完成核查作业230余个，开展定期管理类核查531起，查发148起，查发率28%；与甘肃省市场监督管理局建立联合抽查工作机制，开展联合抽查作业1起。

【**查缉走私**】2021年，兰州海关推动关区“防控、监管、打击”一体化打私体系建设，保持关区打击走私高压态势。全年刑事案件立案2起，案值993.14万元，涉税724.38万元，移送审查起诉案件3起7人；行政案件立案11起，案值1729.65万元，涉税330.58万元，查获关区首起特许权使用费违规案件。

【**卫生检疫**】2021年，兰州海关围绕口岸卫生监督、卫生检疫管理、生物安全和疾病监测，开展卫生检疫工作。建设“一线-预备-应急”三级梯队，充实口岸疫情防控人员储备；组建安全防护监督员队伍，提高口岸一线人员安全防护能力；按照“一机一策”“一机一方案”针对性开展9架次入境客运航空器卫生检疫；强化口岸卫生监督，实现关区42家口岸卫生许可单位卫生监督抽检、食品安全抽检的监督全覆盖；推进检疫管理，做好出入境特殊物品卫生检疫审批管理，全年共开展特殊物品卫生检疫审批10批次；在兰州关区内1个边境口岸（未开放）和2个航空口岸开展病媒生物监测，在马鬃山边境口岸（未开放）持续4年的病媒生物监测中首次发现病媒生物新纪录种蜱种（舒氏扇头蜱）1种；开展传染病监测，在出入境人员的监测体检中检出病毒性肝炎2例；在“全国疟疾日”“世界艾滋病日”等传染病防治宣传重要节点，累计向进出境旅客派发宣传材料1万余份。

【**动植物检疫**】2021年，兰州海关聚焦促进甘肃省农业产业发展，开展进出境动植物检疫工作。完成2804头进境种用动物口岸查验和隔离检疫工作，检出二类动物疫病5种类45种次；完成关区供港澳活牛、蔬菜、水果、饲料和动物源性食品疫情疫病监测和安全风险物质监控任务；参与OIE（世界动物卫生组织）国际标准及国内标准的制修订、OIE法典评议、《海关官方兽医管理办法》起草专项工作，参与《中华人民共和国进出境动植物检疫法》及其实施条例的修订工作。全年共检验检疫动植物及其产品5772批，货值2.72亿美元。

【**食品检验检疫**】2021年，兰州海关严格落实习近平总书记“四个最严”要求（坚持“最严谨的标准、最严格的监管、最严厉的处罚、最严肃的问责”），加强进出口食品安全监督管理。支持特色产业发展，实现敦煌蜜瓜、平凉枸杞汁、天水蜂蜜、临夏鲟鱼、武威核桃、冬虫夏草、沙棘籽油、鲜切花、牛肉面、盐渍菜、香菇等11个特色农产品首次出口；依托中欧班列，支持扩大哈萨克斯坦油籽类产品转关进口；加强进口冷链食品监管，成立兰州海关进口冷链食品业务条线安全防护监督员队伍，组织模拟实战演练2次，开展人员防护和应急处置专题培训3期。全年，共检验检疫进出口食品2613批，货值1.35亿美元。未发生进出口食品安全事故，出口食品国外通报为零。

【**商品检验**】2021年，兰州海关聚焦“安全卫生健康环保”要求，加强重点敏感工业品检验。强化危化品及其包装检验监管，对出口危险品及危包企业创新开展综合评估、延伸检测和周期性监管；强化进口大宗矿产品检验监管，进一步规范进口矿产品检验监管流程，对地方政府及企业提出的进口陆运铜精矿“目的地检验检疫”等诉求进行调研论证；强化进出口商品风险管理，开展童车、玩具、仿真饰品、服装及塑料食品接触材料等商检领域质量安全风险监测。全年，共检验监管进出口商品1738批，货值9.23亿美元，无针对国计民生进口大宗重点商品的出证索赔。

【**疫情防控**】2021年，兰州海关持续抓好新冠肺炎疫情防控工作。结合实际进一步优化检疫作业流程，创新实施健康申报审核、第一道体温监测、登记分流岗位“三岗合一”监管模式，一线作业人员、通关时间同步压缩1/3，防控措施更加精准完善。坚持问题导向开展风险排查，中川机场硬件设施方面存在的3方面8个问题，推动地方政府全部整改到位。购置移动P2+方舱实验室配套设备23台（套），制定的方舱实验室管理制度在系统内得到推广。监管入境人员2073人，检出核酸阳性115例，检出率6.35%，检测能力大幅提升至400人次/日。坚持“人物同防”，严防疫情通过冷链渠道输入。完善内部防控机制，迅速有效应对甘肃本土疫情，成立志愿服务队支持地方联防联控工作，发布调整内部防控措施等相关通知文件11份，组织人员排查62000余人次，实现“打胜仗、零感染”目标。

【**外繁制种**】2021年，兰州海关加强进境原种和出口种子检疫监管，保障甘肃省外繁制种产业健康发展。甘肃河西走廊地区是全国最大的蔬菜、花卉外繁制种基地，外繁制种面积达7万多亩，经过近40年的发展，外繁制种产业已经成为甘肃省特别是河西走廊地区重要的特色支柱产业。兰州海关强化监管，从进境原种，到种子苗期、生长期监管，再到出口种子，建立起全链条检疫监管体系，严防外来有害生物随进境原种传入。同时优化服务，帮助企业解决原种进口难问题，指导企业应对技术性贸易措施，提升全国唯一外繁种子检疫国家重点实验室检测能力建设，优化通关流程提高通关便利化，支持外繁制种产业可持续发展。全年，在口岸检疫中检出检疫性有害生物6种类10种次，其中菜豆晕疫病菌为全国口岸首次检出；检疫监管出境种子2574批，货值1.3亿美元，涉及蔬菜、瓜类、花卉、油料、玉米等5大类品种。

【**海关统计**】2021年，兰州海关强化统计数据管理，围绕“数据+研究”，加强海关统计工作。开展统计调查，指导关区样本企业完成12期出口先导指数调查和1期2020年进口货物去向使用调查。加强统计分析，每月对全省农产品、矿产品、机电产品等进出口整体情况开展重点监测预警，同时有针对性对鲜苹果、种子、蔬菜、中药材等全省优势农产品出口异动情况开展跟踪监测、分析研究，多篇分析稿件获主流媒体采用。做好统计服务，全年对外提供数据事项40余项，召开新闻发布会4次。

【政策研究】2021年，兰州海关立足关区业务发展实际做好政策研究工作。开展课题研究。参与4项署级课题，组织开展8项专题政策研究和23项一般关级课题研究；参与撰写并完成《"十三五"期间黄河流域外贸进出口》专项报告3篇；报送甘肃省专题研究报告有6篇获省领导批示9次。加强技术性贸易措施应对。参与海关总署SPS协定（《实施动植物卫生检疫措施协定》）评议5次，对"台澎金马"番茄褐色皱纹果病毒的评议意见获总署采纳；开展7类产品68家企业年度国外技贸措施影响调查，对144家农食产品企业开展国外技贸措施影响专项调查；对我国植物种子进口和海运集装箱运力运价开展2项专项分析。

（徐莲）

国网甘肃省电力公司

【重大决策落实】牢记"国企姓党"的政治属性，发挥党委把方向、管大局、促落实作用，在落实党和国家重大决策部署上走在了前列。坚决扛起电力保供责任，面对电煤紧缺、电力供需紧张形势，超前部署推动，促成省政府出台保供支持政策，规范和加强电源管理，统筹电力余缺互济，完善有序用电工作体系，构建全省一盘棋保供格局，成为全国4个未实施有序用电的省份之一。优化新能源并网服务流程，新增并网532万千瓦，新能源装机占比提升至48%。新能源发电量446亿千瓦时、发电量占比排国网第三，利用率96.83%，非水可再生能源消纳权重18.67%，均创历史新高。全力服务乡村振兴，助力脱贫攻坚圆满收官，作为唯一驻甘央企获"全国脱贫攻坚先进集体"，1人获"全国脱贫攻坚先进个人"，12个集体、22名个人受到国家电网公司和甘肃省脱贫攻坚表彰。

【安全生产】坚持不懈除隐患、强基础、严管理，多措并举提升安全生产管理水平。从严加强安全生产，建立周风险督查、反违章通报、警示约谈等制度，扎实开展"严管理、守规矩、治违章、提能力"人身安全防护专项整治，深化现场+视频"四不两直"督察，拧紧各级安全责任。强化隐患排查治理，扎实推进专项整治三年行动，以"五查五严"为抓手，整治问题隐患2524项，形成制度成果76个。生产指挥中心实现实体化运作，现代设备管理体系实施方案获总部肯定。顺利完成吉泉年检、青豫首检。高质量完成国家级网络安全专项演习。出色完成抢险救灾任务，发扬"陇电铁军"精神，累计投入抢修人员1.1万人次，圆满完成陇东南暴雨暴雪灾害和援豫抢修任务，获国家电网公司河南特大暴雨抗洪抢险保供电先进单位，得到灾区人民群众广泛赞誉。高质量完成庆祝建党100周年、神舟十二号、十三号载人飞船发射等重要活动保电。持续深化警电合作，查处涉电违法犯罪案（事）件397起，建成112家派出所暖警工程，完成国家级反恐重点目标达标试点建设，连续两年获平安甘肃建设优秀单位，树立了警电合作新标杆。

【深化改革】敢于啃硬骨头，敢于涉险滩，敢于先行先试，重要领域改革取得突破性进展。国企改革全面发力，三年行动任务完成率91%，总体进度、重点任务"双超前"。国网首家完成设计业务市场化改革，树立了设计业务混改示范。装备制造业改革全面完成。电力改革纵深推进，电力市场建设工作走在国网前列，国网首家实现用户侧报量报价的"双边"电力现货市场不间断运行。第二轮输配电价改革扎实落地，代理购电工作平稳实施，电价市场化改革迈出坚实步伐。内部改革多点突破，5家事业部、2个共享中心组建运营，内设机构压减32.8%，撤销本部内设处室、本部编制压减28%，有效压减管理层级、提升管理效率。基本完成三新员工转签，进一步规范转签后管理。"放管服"改革授权放权157项。企业管理统筹推进，3家单位获评国网"三标杆一示范"。9家单位试点推进卓越绩效管理。合规管理和全面风险防控工作有序推进，信用修复率100%。

【"一体四翼"发展】以高质量发展为主线，抢抓机遇、锲而不舍，厚植了发展的动能优势。外送工程破题开局，陇东直流工程纳入国家规划并启动可研，配套电源开工建设，与浙江、上海签署政府间电力合作协议，陇电入浙、陇电入沪基本形成共识，甘电外送迎来难得历史机遇。祁韶直流累计送电271.93亿千瓦时、利用小时数同比提高592小时。电网发展提速加力，修订完善"十四五"电网发展规划，推动调增项目纳入省级电力规划，促请各市（州）出台电网发展建设支持政策。狠抓安全质量进度，5项330千伏输变电工程顺利投产，配农网巩固提升工程全面完工，中兰铁路、莫高窟景区、酒泉风电二期供电工程全部竣工，武胜至郭隆等工程按计划推进。获国网优质工程金银奖3项、省部级奖项4项。产业发展创新突破，着力建机制、拓市场、促规范、提效益，产业发展向前迈进了一大步。数字化转型加快实施，发布公司"十四五"数字化规划，能源大数据中心通过国家电网公司验收，"揭榜挂帅"培育200余项数据产品。率先上线新一代电力交易平台，智慧纪检、学习强安、物资"最后一公里"等数字产品在多个省份推广，基建数字化平台、数字化审计工作居国网前列，移动办公、目标任务管控平台、智慧后勤等应用成效明显。成立省级"RPA研发中心"，助力基层工作效率提升30%以上。

【提质增效】坚持效率效益优先，全力挖潜增效、开源节流，实现了经营稳中有进。市场开拓再创新高，直购电交易比上年增长13.04%。电能替代134.05亿千瓦时，市场占有率80.9%，比上年提高1.78个百分点。省内售电量首次突破千亿大关，省内省外"两个市场"规模逐步迈上国网中游。政策争取卓有成效，上下联动、协同发力，争取调增投资和东西帮扶基金，争取地方支持政策76项。促请出台电能表状态评价与更换支持政策。内部挖潜持续深入，电费回收率100%。开展县（区）公司主要经济技术指标对标，促进比学赶超。风险防控有效加强，完善和加强经营活动分析机制。开展各类审计项目134项，整改问题6022条。规范小水电管理，完成现役582座小水电信息接入。内部模拟监审整改问题5948条。

【强基固本】持之以恒抓基层、打基础，补短板、强弱项，基层活力不断增强，基础潜力持续释放。达标创优成果巩固拓展，全省80个县公司、15个区公司、534个供电所全部实现两轮达标，基层生产生活条件彻底改善，关键运营指标大幅提升，员工素质和精神风貌焕然一新，巩固提升工程启动实施，达标创优由夯基垒台向创先争优转变。长效帮扶深入实施，整改建档立卡问题2977项，被帮扶单位管理水平明显提升。职工干事创业热情高涨，坚持企业与员工共同发展，大力为基层办实事，改善基层生产生活条件，“五小”建设、职工公寓和倒班用房、职工住宅产权证办理等实事深入人心。

【优化营商环境】全域优化营商环境成效明显，建立省级重大项目“208+N”服务清单，理顺业扩报装管理流程，打造4个省级、14个市级“样板工程”，实施明察暗访、供电服务长周期创建活动，18家县公司实现零投诉，“获得电力”水平显著提升。加快推动清洁低碳转型，自主研发智慧“观碳”平台，建成国网首个“零碳”绿色数据中心。配农网建设管理持续提升，印发38项制度规范，重塑省市县所四级配网管理体系。打造4个配农网工程建设“示范县”，建成陇南电力“生命线”示范工程，4项工程入选“国网百佳示范”工程，配网线路故障下降43.7%。同时跨省区支援3000余次，最大支援电力1180万千瓦，为全国打赢电力保供阶段性战役作出甘肃贡献。精准助力疫情防控，发挥防疫保电“特战队”作用，保障了6559个抗疫重要场所可靠供电，守护了4.4万名职工的生命健康，助推了全省“三个1”目标顺利实现，逆行出征驰援西安抗疫保电，彰显了责任央企的作为和担当。

【党的建设】深入推动“基层党建创新拓展年”各项任务，以高质量党建引领保障公司高质量发展。政治建设不断加强，深入学习贯彻习近平总书记“七一”重要讲话和党的十九届六中全会精神，公司党委带头落实“第一议题”制度，党委会研究贯彻落实20次，以实际行动践行“两个维护”。党史学习教育扎实开展，专题举办6期领导人员脱产培训班，开展宣讲118场次，为民办实事2100余件，广泛开展庆祝建党100周年系列活动，得到国家电网公司党组和甘肃省委的肯定。党的建设提质登高，规范完成本部和20个基层党委换届选举。“党委统筹、专业融合、支部落实、党员创效”的“党建+”机制深入实施。党建教育实践中心建成投运。公司党委首获甘肃省“先进基层党组织”，3支共产党员服务队获国家电网公司党组表彰，团青工作考评连续两年全省第一。党风廉政建设不断加强，细化132项措施开展6个方面专项监督，推动重大决策部署落实。创新构建一体化监督体系，建成数字化云链纪检平台和智慧监督室。强化对各级一把手和领导班子的监督。扎实开展“靠企吃企”专项整治，高效完成9家单位、14家县公司巡察。促成国网纪检监察组和省纪委联合出台监督检查、审查调查协作配合意见。干部人才建设深入推进，全面推行经理层成员任期制和契约化管理，完成三、四级领导人员岗位聘任协议签订。完成“千人两库”优秀年轻领导人员动态调整，“80后”三级正职实现零的突破。多层级多平台促进干部成长成才，挂职培养锻炼55人次。规范干部人事档案管理，补充完善材料2万余份。举办省级技能竞赛8项、重点工程劳动竞赛3项。宣传价值创造有力彰显，打造全媒传播矩阵，“三大央媒”发稿958篇（含新媒体），省市联动召开新闻发布活动81场，举办国网首场融媒技术应用省级二类竞赛，社会责任报告获国家工业和信息化AA级评价，公司为民担当故事赢得广泛赞誉。

【创新创效】上下协同、敢为人先，发展环境在巩固中提升，创新创效在追赶中超越，极大增强了公司上下的信心和底气。政企关系持续巩固，甘肃省主要领导连续4年赴国网总部座谈，国家电网公司和甘肃省领导批示肯定113次，其中主要领导调研慰问、批示指示61次，省政府首次编发企业经验做法要求全省学习借鉴，均创历史新高。创先争优成果丰硕，甘肃张掖750千伏变电站新建工程获鲁班奖。刘家峡水电厂获全国和中央企业爱国主义教育示范基地。1家集体获全国工人先锋号，2名员工分获全国五一劳动奖章、全国向上向善好青年。1名员工获国网特等劳动模范。获国网青创赛一等奖1项。QC小组首获国际金奖。管理创新成果首获行业一等奖、再获国网特等奖。1项成果获第十四届甘肃省职工优秀技术创新成果特等奖。建立院士、大家、专家科技攻关联动机制，获省部级科技创新奖励16项。着力营造风清气正的内部环境，唯一在甘央企获“十三五”时期全省保密工作先进集体，连续4年获评全省信访成绩突出单位，领导班子和干部测评满意度达到历史最好水平，干事创业的精气神极大提振。

（杨晶）

交通通信

交通运输

【综述】2021年，省交通运输厅坚持以习近平新时代中国特色社会主义思想为指导，全面贯彻落实党的十九大和十九届历次全会精神，认真贯彻落实交通运输部和甘肃省委、省政府决策部署，统筹推进全省公路、水路、民航等行业协调发展，着力发挥交通有效投资和项目建设对稳增长的关键作用，交通投资建设实现赶超进位，全省交通运输经济运行呈现稳中有进、稳步提质的良好态势，"十四五"交通运输高质量发展开局良好。全年完成交通运输固定资产投资984.5亿元。其中，公路水路完成901.89亿元，民航机场完成82.62亿元。

立足经济社会发展"先行官"定位，统筹谋划、一体推进，部署开展了"甘肃交通发展短板弱项研究"等16项重大课题研究，为系统谋划"十四五"交通运输发展目标任务提供了实践支撑。2021年9月，省委、省政府印发《交通强国甘肃方案》，确定了到21世纪中叶甘肃交通运输高质量发展的宏伟蓝图。同月，交通运输部批复了甘肃省交通强国建设试点实施方案，确定了大敦煌交旅融合发展、航空枢纽一体化发展、车路协同创新发展、交通投融资体制机制创新研究和陇原乡村振兴"四好农村路"建设共5个试点项目；省政府办公厅印发了《甘肃省"十四五"综合交通运输体系发展规划》；省交通运输厅主导编制的《甘肃省"十四五"公路水路交通发展规划》等16个行业专项规划全部出台印发，其中《甘肃省"十四五"公路水路投融资规划》《甘肃省"十四五"路衍经济发展专项规划》属于全国首创。

【交通基础设施建设】公路水路机场方面。至2021年底，全省公路总里程达到15.66万公里，其中高速（一级）公路里程达到6700公里。建成G8513平绵高速公路平凉（华亭）至天水段、G85银昆高速公路彭阳至大桥村段、G69银百高速公路甜水堡至永和段等9条675公里高速（一级）公路，新增环县、秦安、华亭、肃南4个县（市）通高速公路，全省通高速公路县（市、区）达到71个。新打通省际高速、国道出口6个，省际出口通道达到74个。改建普通国省干线公路810公里。陇南、白银南、庆城等综合客运枢纽建成，庆阳等6个综合客运枢纽加快建设。支持兰州市交通率先畅通，扎实推进"环兰"骨干通道完善工程，傅家窑至苦水、临洮至康乐至广河等公路项目开工建设。总投资1800多亿元的10条国家高速公路、36条普通国道纳入交通运输部"十四五"公路发展规划；总投资400亿元的4条国家高速公路获得交通运输部BOT模式支持；总投资24亿元的5个水运项目纳入交通运输部"十四五"水运发展规划。3个新基建和9个综合枢纽场站项目纳入交通运输部"十四五"项目库。黄河大河家至炳灵电站航运工程开工建设，水运项目实现开工和投资"双突破"。白银通用机场建成通航，兰州中川国际机场三期扩建工程加快推进，庆阳华池通用机场开工建设。

邮政方面。至2021年底，全省1669个邮政普遍服务营业网点全部实现电子化。兰州中川邮件处理中心优化改造项目和天水邮件处理中心顺利投产，兰州物流仓储中心项目完成场地防洪评价，张掖邮件处理中心完成可行性研究方案编制及评审工作。有序开展老旧普服网点形象改造253处。

【运输服务保障能力】综合运输服务水平持续提升。公路货运保持较快增长，2021年，全省公路货运量6.97亿吨，货物周转量1197.4亿吨公里，分别比上年增长13.7%和17.4%；公路客运量有序恢复，完成客运量1.08亿人，旅客周转量66.70亿人公里。民航旅客吞吐量达到1498.5万人次，货邮吞吐量达到7.9万吨，分别增长9.9%和5.3%。邮政业务总量50.6亿元，快递业务量1.8亿件，分别增长19.5%和31%。积极推进物流提质降本增效，推行符合甘肃路网特点的高速公路差异化收费。全年累计减免通行费超17亿元。整合网络货运车辆8.5万辆，完成运单60.8万单。兰州新区"空铁海公"多式联运项目通过国家验收，兰州国际陆港多式联运工程运行平稳。

公路养护管理提质增效。扎实推进国省干线公路桥隧管养能力提升专项行动，持续加大公路日常养护力度，全年实施预防性养护699公里，高速公路优良路率99.97%，普通国省干线公路优良路率78.7%。开展货车超限超载违法行为专项整治行动，全年高速公路超限超载率控制在0.04%以下，普通国省干线公路控制在0.8%以下。拆除公路限高限宽设施和检查卡点452处，公路安全保畅能力不断增强。扎实开展全省自然村（组）道路和乡镇通三级公路普查，农村公路网实现"底数明、一图清"；持续推行农村公路灾毁保险，落实赔付资金6618万元，86个县市区全面实施"路长制"管理，全省农村公路列养率保持在100%，优良中等路率达到82.9%。

农村交通运输服务网络日趋完善。创建农村客运示范线路100条，农村通公交覆盖比例超过20%，皋兰县入选全国第一批"城乡交通运输一体化示范县"。推进农村客货邮融合发展，建成示范县3个、示范点55个、示范线路38条，全省快递进村率达到70%。成县"电商脱贫＋农村物流"获评交通运输部农村物流服务品牌。创建"四好农村路”全国示范县3个，命名省级示范市2个、示范县7个。清水县X307获评全国“十大最美农村路”。全省首次评选出“最美农村路”10条、“最美路长”92名、“最美护路员”97名。

【行业治理体系建设】法治政府部门建设系统推进。《甘肃省水路交通管理条例》经省人大常委会审议通过并颁布实施；《甘肃省道路运输条例》等法规修订有序推进。出台了《甘肃省交通运输厅法治政府部门建设实施方案（2021—2025年）》《甘肃省交通运输综合行政执法事项目录清单》。清理废止行政规范性文件41件。深入开展交通运输执法领域突出问题专项整治，排查整改执法突出问题215个。对22项行政处罚事项实施“两轻一免”柔性执法，累计实施“两轻一免”案件1295件，减免行政处罚115万元。

营商环境持续优化。深化“放管服”改革，取消5项行政审批事项，5项事项实行告知承诺，3类电子证照在线制发、全省互认，8项高频事项实现跨省通办。加快数字政府建设，交通运输政务服务事项办理实现“4级46同”。省级89项依申请事项全部实现全程网办，全年在线办件11.3万件；市级交通运输政务服务事项网上可办率达到95%以上，县级达到90%以上。交通运输领域监管事项实现“双随机、一公开”全覆盖，“信用交通省”建设持续推进，市场主体诚信履约意识进一步增强。

重点领域改革纵深推进。完成厅属事业单位更名及职责调整工作，授权实施行政辅助事项40项。省属公路养护单位“职能归位、职责落地”全面推开。在普通国道项目建设中，引入竞争性磋商机制遴选项目法人。交通投融资创新取得重大进展，“委托建设运营”、建设模式转换、特许经营等投融资路径试点落地，专项债券用作项目资本金在康县至略阳高速公路项目成功应用。完成行业统计分析、公路水路资产清查。坚持合理举债、科学化债、有序偿债，交通存量债务风险总体可控。

路衍经济发展活力迸发。成立高速公路路衍经济产业研究中心、甘肃路衍经济产业研究院，成功举办两届路衍经济论坛，进一步提升了甘肃作为“路衍经济”首倡地的话语权。“交响丝路1号线”、太石服务区等交旅融合项目加快推进，启动实施8个高速公路“开口子”拓展工程，交通+特色产业、+旅游、+新能源等发展势头良好。

【科技创新】智慧交通建设扎实推进。出台支持交通运输重点科研平台发展的10条措施，推动5G、物联网、云计算、大数据等新型技术在交通运输行业深度应用。省公交建集团博睿重装公司荣获国家级专精特新“小巨人”企业称号。西北寒旱区交通行业野外观测研究基地正式运营，首批入驻19家科研团队。清傅一级公路启动“5G+智慧公路”示范项目。机器视觉产品成功落地并在乌鞘岭隧道和基于人工智能的主线车流管控项目成功应用。省级综合交通数据中心加快建设。全省首个智慧交通与智能网联汽车综合测试应用示范基地建成使用。

行业科技创新能力持续增强。在全国率先出台《自然村（组）通硬化路建设技术指南》。全国交通运输行业首个“揭榜挂帅”项目“高震区分幅联塔钢混组合梁斜拉桥关键技术及产业化应用研究”立项研究。甘肃紫光智能交通与控制技术有限公司研发的公路工程可视化云平台和ARM2000嵌入式公路收费车道控制机获中国公路学会“2021中国高速公路信息化奖”最佳产品类奖。由甘肃省公交建集团承担的“长寿命高性能钢桥结构体系、设计理论与建造关键技术”获得了中国公路学会2021年度科学技术特等奖，“装配式波形腹板钢梁-混凝土组合梁桥力学性能与建造关键技术”“装配式波形腹板钢梁-混凝土组合梁桥力学性能与建造关键技术”获得中国钢结构协会技术创新奖。

绿色交通发展持续提升。成立全国首个以绿色公路、智慧公路交通科技为载体的“甘肃省绿色智慧公路交通创新联合体”。加快新能源和清洁能源运输装备应用，全省新能源公交车比例达到56.2%。兰州市荣获国家公交都市建设示范城市、绿色货运配送示范城市称号。

【安全与应急】深入开展安全生产专项整治三年行动“集中攻坚年”活动，全行业排查问题隐患3.07万项，整改率98.9%。国务院安委会督导反馈的29项问题、省级挂牌督办的10处事故多发路段隐患全部完成整治，交通运输企业本质安全水平得到提升。扎实开展了铁路沿线、道路水路运输、城市轨道交通、邮政快递等领域安全隐患排查治理行动。改造公路危旧桥梁275座，完成农村公路村道安全生命防护工程3578公里。完成驾驶员应急技能培训1.5万余名。“两客一危”营运车辆动态监控全覆盖，智能视频监控系统安装率达到76.7%。具备条件的6929辆公交车安装了安全防护隔离栏，安装率96.7%。甘肃省首个国家区域性公路交通应急装备物资储备中心建成运营。高效完成重大活动、重要节日、重点时段交通运输保通保畅工作。省交通运输厅运输处被评为全省打击涉烟违法犯罪专项行动成绩突出集体。

【合作与交流】紧抓兰西城市群、西部陆海新通道等重大战略机遇，主动加强与青海、四川、陕西等省交通运输厅交流合作；2021年7月，与四川省签订了《甘川省际通道规划建设座谈会备忘录》；10月，与青海省签订《共促兰西城市群交通互联互通建设备忘录》，合力推进省际公路通道和交通互联互通规划建设。积极开展省内合作，先后与兰州、甘南、庆阳、金昌等市州签订“十四五”交通基础设施共建协议，合力推进项目建设；2021年4月，与兰州市人民政府、省公交建集团签订《兰州市交通基础设施省市企共建协议》，率先支持兰州市交通发展。成功举办重点交通项目云招商推介会，与40多家企业达成合作意向，为推进我省交通基础设施加密互通提质积蓄了“后劲”。

【交通疫情防控】全面落实常态化疫情防控，完成22个国际航班5000余名入境人员闭环转运，保障29批次新冠病毒疫苗分包装运输。面对2021年10月中旬突如其来的疫情，因时因势、科学精准调整交通管控措施，累计检疫车辆773.2万辆，坚决阻断疫情通过交通运输环节传播扩散。全力保障运输安全畅通，疫情防控期间及时启用、发放“快通证”2.6万张，保障重点物资车辆12.2万辆。设置便民核酸检测点12处，免费为驾乘人员核酸检测采样14.6万份。积极加强同新疆哈密、内蒙古额济纳旗、陕西西安等地供需对接，点对点调度，全力保障煤电油气、粮食蔬菜等重要物资运输，为保障供应链畅通和复工复产发挥了积极作用。

【交通运输更贴近民生实事】承诺的22件民生实事全面完成。新建成自然村（组）通硬化路1.08万公里，新增6366个自然村（组）通硬化路。深入实施“厕所革命”，解决了30对高速公路服务区“如厕难、环境差”的问题。实施绿色出行“续航工程”，在5个服务区建成投运8座充电站。兰州、天水开通“95128”电召服务，1800多辆网约车增设“一键叫车”功能，方便老年人打车出行。在全省12个客运站、42对服务区等场所，累计建成投用72个爱心母婴休息室。道路客运电子客票服务、交通医疗急救箱伴行计划覆盖全省所有一级客运站。开展ETC服务专项提升行动，新增ETC用户29.8万，货车ETC安装率达45.6%，新增ETC停车场19个。出租汽车行业管理以及网约车等新业态发展不断规范。开展农民工工资支付“暖心行动”，督办解决欠薪投诉16起270余万元，省交通运输厅建设管理处荣获“全国根治拖欠农民工工资工作先进集体”称号。积极破解困扰行业发展的历史遗留难题，遴选确定的10项“啃硬骨头”工程全部完成。12328热线答复办理群众反映事项43万件，群众满意率位居全国前列。升级改造司机之家10个、新建7个，在全国率先免费推出“车货无忧”公众责任险；新建、充实、完善实体型党支部37个、新成立功能型党支部113个，开发了“陇原红运”党建平台。在农村公路建设中吸纳当地低收入群体就近务工，累计为3000余人次发放劳务报酬5700多万元。通过“以购代捐”“以买代帮”等方式，促进农特产品销售，完成扶贫消费2961万元。

（雷黎黎）

铁路

【概况】中国铁路兰州局集团有限公司（原兰州铁路局）始建于1956年，地处西部铁路网的枢纽，是亚欧大陆桥在我国境内的重要区段。截至年底，全局营业里程6292公里，其中高铁1617公里，总资产34381.41亿元。职工总人数76886人。机关职能管理机构26个，生产机构2个，附属机构25个，派驻机构2个，运输生产单位37个、运输辅助单位4个、直属单位6个、非运输企业6个、工程建设指挥部2个、合资公司4个。管辖车站（线路所）326个，配属机车1325台（电力机车1154台、内燃机车171台）、客车1927辆、动车组85组。管内开行旅客列车297对，其中高铁36对、动车96对、城际49对、直达26.5对、特快17对、快速52.5对、旅游1对、普快1对、普客18对。管辖宝兰高铁、兰新客专、银兰客专、银西高铁4条高铁线，陇海、兰新、兰渝、兰青、包兰、宝中、干武、太中、定银、中川、西平、天平（天华）、敦煌、酒额、兰州北环线、周家庄联络线16条干线和平汝、红会、嘉镜、玉门南线4条支线，连接甘、宁、青、新、蒙、陕、川7省（区），是西北交通运输和经济建设的大动脉。

【基础设施】兰州局集团公司管辖线路延长总计12716.59公里，其中正线延长10302.89公里、站特线延长2413.71公里；道岔总计7630组，其中正线道岔3101组、站特线道岔4529组；驼峰编组场6场。受委托管理的太中线、定银线、兰州北环线、兰渝线、敦煌线、西平线、中川线、天平（天华）线等普速合资铁路延长3159.35公里，其中正线2523.30公里、站特岔线636.05公里；道岔总计1727组，其中正线592组、站特线1135组。受委托管理的徐兰高速（宝兰高铁）、兰新客专、银兰客专银川至中卫南段、银西高铁线路延长3449.13公里，其中正线3240.82公里、站特岔线208.32公里；道岔总计647组，其中正线371组、站特线276组。运营铁路桥梁1825座10.87万米，隧道166座15.12万米，涵渠7095座15.77万横延米，桥隧涵合计32.19万换算米；路基本体长度5790.74公里，其中正线长度4232.70公里、站线长度1558.33公里。合资铁路桥梁1457座82.42万米，隧道234座90.54万米，涵渠4569座11.09万横延米，桥隧涵合计117.18万换算米；路基本体长度3443.85公里，其中正线长度2674.72公里、站线长度769.14公里。接触网运营总里程5874公里（14795条公里），其中高铁接触网运营里程1668公里（4673条公里）；电力线路22985.5公里（高铁5348公里）；专用线、专用铁路222条（专用线198条、专用铁路24条）。货运营业线路23条，营业里程4748公里（国铁2974公里、合资铁路1774公里）。

【运输经营及主要指标】客运方面，精准实施“一日一图”，动态制定27个阶段性运输调整方案，大力培育银西高铁新线客流，增开银川至上海虹桥、杭州东等方向动车组列车45对，开行“环西部火车游”等旅游专列34列，实施商务座服务提质等新举措。货运方面，坚持把以货补客作为全年运输经营的大格局，实施春运春节、货运淡季、后四个月等关键时段增运增收攻坚行动，狠抓13个“公转铁”和43个增量项目落实，强化重点企业包保营销，协议运量兑现率达110%，敞顶箱直通运量比上年增长90.4%。集中力量开展电煤保供专项行动，四季度电煤日均装车939车、同比增长47.6%，2021年底管内19家铁路直供电厂存煤可耗天数达23.9天。加强国际联运计划管理，全年开行中欧中亚班列23列1144车，实现逆势大幅增长。

【运输安全】年内，发生铁路交通事故53件，比上年减少9件，降幅14.5%。行车安全：发生行车事故40件，比上年减少3件，降幅7%，其中集团公司责任行车事故16件（C9事故1件、行车D9事故1件、D10事故2件、行车D21事故12件），非铁路单位责任事故22件，非责任行车事故2件。劳动安全：发生人身伤亡较大事故1件（2021年6月4日，武威工务段作业人员违章盲目跨越线路，与K596次旅客列车相撞，造成9人死亡，构成人身伤亡较大事故），比上年增加1件。路外安全：发生非责任路外伤亡事故12件（B1事故9件、B2事故3件，造成9人死亡、伤3人），比上年减少7件，降幅36.8%。特种设备安全：杜绝了特种设备一般及以上责任事故。截至2021年

12月31日，兰州局集团公司实现安全生产210天。

【列车运行图调整】全年完成国铁集团组织的运行图调整6次，分别是四个季度调整图、暑期调整图以及陇海线货运增量货车分号运行图，调整后客车方面，银西高铁动车开行对数增加至45对，新增银川至上海虹桥、杭州东、郑州东、成都东，庆阳、中卫南、环县到西安北的动车组列车；货车方面，全年分界口新增货物列车23对，其中安口窑、华亭、苏干湖口各增加货物列车1对，安北口增加2对，天水口增加5对，羊木口增加8对，海石湾口增加5对。

【货运产品供给】全年完成冷链物流运量7.85万吨，比上年增加2.03万吨，完成年度任务指标的87.22%。完成商品汽车运输38044台，比上年增加19954台，完成年度任务指标的760.88%。组织货物品牌列车开行，对市场需求时限紧、需求量大、对运输要求高的货物，策划满足企业需求的"点到点"列车开行方案，全年开行"点到点"列车190列、6087车、17.40万吨。煤炭中长期协议签订280万吨，因宁夏王洼煤业有限公司采矿许可证到期，1月20日—9月间停产，实际完成264.50万吨，兑现率94.5%。完成集装箱发送56.14万TEU，1518.45万吨，其中敞顶箱20.41万TEU，565.79万吨。完成危险货物发送725.70万吨，到达479.70万吨。

【高铁快运】紧抓西去衔接进疆、东去衔接西安的节点优势，充分利用兰州—西安、银川—西安确认车，兰州—乌鲁木齐载客动车组高铁优势资源，积极与国内各快递物流企业对接高铁业务合作；为服务管理特色农产品运输，解决农产品外销运输困难，充分利用高铁快运运力资源，积极开发助农运输服务新产品。全年兰州—西安、银川—西安确认车发送839吨，兰州—乌鲁木齐方向预留车厢94天94节，发送481吨；发送兰州白凤桃、天水樱桃、银川牛羊肉等农产品258吨。

【临客及旅游列车开行】全年组织开行临客5105列、旅游列车23列。春运期间，加开临客256列；暑运期间，加开临客110列；复工复产及"清明"等小长假期间，加开临客1658列；长期临客3081列。全年开行跨局旅游专列6列、"环西部火车游"旅游专列17列。

【"计次票"上线】按照国铁集团统一部署制定《兰州局集团公司定期票、计次票实施办法》，同时，在对管内各线客流情况认真分析研究的基础上，分别于8月26日、11月25日开通银中高铁20次/90天计次票、徐兰高铁西兰段（西安—兰州）20次/90天计次票业务，满足旅客多样化购票需求，方便旅客出行。

【站车竞赛评比】年内，在全路进京、进沪、进穗直通旅客列车和较大车站客运工作竞赛评比中，兰州、银川、兰州西站分别获得全路"文明车站"称号；集团公司担当的G438/7、G846/3G844/5、Z275/8Z277/6、Z130/29、Z56/5、K1178/7、K360/1K359/62次12对列车分别获得全路"红旗列车"称号。

【机车、乘务交路】发挥和谐型大功率机车的效能，优化调整机车交路，客运机车交路通至北京、太原、集宁南、武昌、上海、成都、重庆、苏干湖、乌鲁木齐、西宁、东风南；客运乘务交路担当至太原、包头、西安（北）、宝鸡、广元、嘉峪关（南）、马海、西宁、东风南。货运机车交路通至榆次、包头西、新丰镇（临口）、宝鸡东、千河、成都北、兴隆场、肃北、乌鲁木齐西、西宁货、东风南；货运乘务交路担当至惠农、靖边、新丰镇、宝鸡东、彬州西、广元南、马海、柳园、西宁货、东风南。主要客运机车交路实现HXD1D、HXD3D型160公里/时客运机车牵引，兰渝线货运交路牵引定数实现4500吨贯通，兰新线货运交路牵引定数实现5000吨贯通。

【基本建设】国铁集团下达兰州局集团公司基本建设项目投资计划196.07亿元。其中，银川至西安铁路（甘肃宁夏段）投资计划20亿元；酒泉至额济纳铁路酒泉至东风段升级改造工程投资计划21亿元；中卫至兰州铁路投资计划57.50亿元（其中宁夏段投资计划9.50亿元、甘肃段投资计划48亿元）；包头至银川铁路银川至惠农段投资计划24.50亿元；兰州至张掖三四线铁路中川机场至武威段投资计划70亿元；其他项目3.07亿元。实际完成投资为年计划的100%。

【酒额铁路酒泉至东风段开通】酒泉至额济纳铁路酒泉至东风段升级改造工程总投资43.29亿元，2019年6月30日开工建设，建设工期2年，由酒额公司负责组织建设。截至年底，开工累计完成投资37亿元，完成总投资的85.47%；12月26日开通运营。

【改革创新】落实国铁企业改革三年行动实施方案，集团公司细化的159项改革任务完成70%。建立集团公司董事会提名委员会、薪酬与考核委员会、审计和风险管理委员会，制定派出专职外部董事、监事履职评价办法，公司治理更加规范高效。改革集团公司网信管理体制，信息技术所由直属单位调整为机关生产机构，优化施工管理办公室机构设置及管理职能，明确客运安检和消防专业管理职责，推进高铁综合维修一体化改革和动车组、和谐型机车修程修制改革，完成兰新线14站及石岗站CTC改造。实施厂办大集体改革，深化货运主要工种职名设置试点，明确机务运用车间车队长管理岗位设置，优化通用工种用工结构。修订工资决定机制，实行班组长岗位考核激励。投入997万元推进173项科研课题，自主开发的兰州客整所一体化智能平台、落石监测系统等成果现场应用效果良好，4项成果获得省部级奖项，申报56项国家专利。

【修程修制改革】优化机车牵引交路，压减机车检修台数，采用短备、承担短交路运行等方式，均衡控制机车走行公里。优化机车检修范围，调整和谐型机车C4修、C5修检修范围63项，取消机车闸瓦、座椅、砂阀等强制更新范围23项，最大限度用足部件使用寿命。对具备远动操作条件及可视频监控的兰新、宝兰、银西高铁、太中银、宝中、兰渝、干武、天平（天华）、西平线变配电所实行无人值班模式，推进变电所运管无人化。对运行稳定的牵引变电所设备按照试验周期范围上限执行检修。探索实施差异化维修，对高速铁路运行环境较好的电力设备实行寿命管理、重点检测、状态维修、定期保养；对外部运行环境相对较差的电源线实行周期检修、定期巡视；对普速铁路电力设备实行差异化、分等级维修，其中支线电力设备实行周期巡视、状态维修，繁忙干线以及单电力贯通线实行电力集中修。

【安全管控中心建设】开展“智能监控”科研项目攻关，开发完成自动捕捉、智能分析功能。增补兰州东、干塘、中卫等12站24个固定摄像头和电务系统单位移动布控球58套，增加210个区间防洪处所固定视频，改造陇海线、宝中线50个车站行车室视频，补强工务162台轨道车视频、机务120台机车视频，进一步完善对营业线施工、主要岗位作业、车列防溜、运输安全环境、防洪防灾的视频监控覆盖面。推进实施两级安全管控中心弹性班制，优化设置台位，细化制定《视频监控项目作业指导书》106项，提高视频监控质量。全年集团公司安全管控中心盯控施工9277处、维修22596处、现场作业117970处，发现并督导整改问题4097件。

【生产力布局调整】为做好酒额铁路（集团公司管内）酒泉至东风段开通运营后的生产组织和安全管理工作，为嘉峪关车务、工务、电务、供电段，兰州货运中心，兰州通信段，武威房建段等酒额铁路相关单位增设生产车间9个，增加行管编制50名。落实国铁集团《关于改革优化铁路局集团公司网络安全与信息化管理体制的指导意见》，将信息技术所由其他直属单位调整为集团公司机关生产机构，增加行管和专业技术编制36名。根据《国铁集团办公厅关于调整优化铁路帮扶工作体系的通知》要求，将集团公司附属机构“扶贫办公室”更名为“乡村振兴办公室”。为加强集团公司消防安全管理，将集团公司附属机构“自轮运转和特种设备办公室”更名为“消防和特种设备管理办公室”，增设消防管理科。

【人才强局战略】推进“十百千人才”工程，实施人才考核积分管理，选拔117名集团公司专业领军人物、专业带头人和拔尖人才。深化岗位管理和职称改革，807名操作技能岗位优秀人才走上管理和专业技术岗位，下放36个基层单位工程系列初级职称评审权限。完成8226名职工和“2+1”（在校一年，校企合作培训一年）院校毕业生职业技能等级认定，聘任集团公司首席技师105人。扎实推进主要行车工种三年轮训、高职生“2+1”培养和青年机车乘务员三年制培养，组织集团公司级脱产培训4.40万人次、各类专项适应性培训61万人次，工务无损检测获得“振兴杯”铁道行业青年职业技能竞赛团体第一名，机务检修获得国铁集团技能竞赛团体二等奖。大力弘扬劳模精神、劳动精神、工匠精神，16个集体、44名个人获得全国五一劳动奖状、全国脱贫攻坚先进个人等省部级及以上荣誉。

【民生工程】开展“我为群众办实事”实践活动，1581件实事落地见效。坚持工效挂钩考核，2次调增安全绩效工资标准，职工平均工资增长6%。推进“兰铁青年安居工程”建设，年内启动新建保障性住房1774套，陇南站区单身公寓综合楼建成启用，兰州西高铁综合服务站开工建设，职工住房不动产权证办理取得实质性进展。投入7238.39万元深化“三线一场”（文化线、生活线、卫生保障线和职场环境）建设，投入2亿元持续提升“幸福餐桌”质量，投入3327.95万元帮扶职工7.10万人次，投入4761万元安排职工健康体检7.20万人次，职工取暖补贴标准实现翻倍增长，年初确定的“十件实事”全部兑现，干部职工获得感、幸福感更加充实。

【疫情防控】因时因势调整优化疫情防控工作方案，集团公司领导班子成员带队分片区持续开展包保检查指导，毫不松懈抓好常态化疫情防控工作。坚持人民至上、生命至上，积极应对10月中旬甘宁两省区新一轮新冠肺炎疫情，迅速进入战时状态，严格按照属地管理要求，加强路地联防联控，建立每日视频对话等机制，积极做好重点人员协查处置，从严落实消毒通风、测温验码、分散就座、预留隔离席位等措施，果断高效处置3列涉疫旅游列车，有效切断疫情传播途径；加强防疫宣传警示教育，实行弹性工作制度，对机车乘务员、调度员等关键岗位人员进行集中封闭管理，组织开展疫苗接种和多轮次全员核酸检测，有力维护职工身体健康安全。

【乡村振兴】按照国铁集团党组统一部署，调整优化集团公司帮扶工作管理体系和机构设置，将“扶贫开发领导小组”调整为“乡村振兴工作领导小组”，成员单位从19个增加至21个。向定点帮扶的原州区投入资金2200万元（国铁集团1000万元、兰州局1000万元、协同单位200万元），实施建设乡村振兴示范村、打造区域性重点产业、冷凉果蔬产业链补强项目和扶智扶志、巩固“两不愁三保障”成果等10个帮扶项目。加强铁路建设服务乡村振兴战略的保障能力，甘肃、宁夏境内2021年累计完成铁路建设投资167.95亿元，安全优质推进银川至惠农、中卫至兰州、西宁（兰州）至成都、天水至陇南铁路等重大工程建设。落实国铁集团关于冬季电煤保供运输工作的安排部署，对地方政府来函提出的电煤告急需求及时响应、全力做好运力支持。集团公司在甘肃省2020年度省直和中央在甘单位帮扶工作考核中评定为“好”等次，在2020年国铁集团扶贫工作考核中排名全路第一。

（杨雍梅）

通信管理

【发展概况】2021年，甘肃省通信管理局落实推动5G组网建设、电信普遍服务试点、应急通信保障、降本增效、疫情防控等重点工作。着力抓好运行调控，全年全省信息通信业呈现稳中有进发展态势，为“十四五”时期开局奠定了良好基础。全年完成电信业务总量293.6亿元，比上年增长24.4%；电信业务收入206.4亿元，增长8.2%；完成固定资产投资68.6亿元（其中5G投资31.5亿元），增长9.4%。全省移动电话用户数2744.7万户，增长2.7%；5G终端用户数达到844.0万户。手机上网用户数2431.5万户；固定电话用户数301.2万户，下降2.8%。固定互联网宽带接入用户数1025.2万户，增长10.1%，其中，FTTH/O用户占比达到96.9%。1000Mbps以上用户占比达到7.4%。

【全面从严治党】深入抓好“两个责任”落实。印发《全面从严治党工作要点》，层层签订全面从严治党责任书，深入开展党的建设专项整治，不断完善中央在甘单位党组（党委）工作沟通配合机制，制定《党风廉政建设和纪检监察工作要点》。11 次召开会议研究部署从严治党、意识形态、党的建设、党风廉政建设等工作。不断强化政治监督。分析评估 2018 年部常规巡视反馈问题整改落实和部党组接受十九届中央第五轮巡视全面整改情况，及时跟进建设项目，组织第三方评估单位实地检查省广电网络公司承担的电信普遍服务试点项目。持续深化纪律教育。专题传达国务院第四次廉政工作会议、省政府第四次廉政工作会议精神，通过党组会议“第一议题”、理论中心组、三会一课、党章党规专题研讨、廉政党课、邀请专家学者辅导等形式，统筹安排“反腐倡廉每季一课”，抓好党员日常廉政教育，开展“纪律教育月”活动和党章党规测试。

【党史学习教育】学习贯彻党的十九大及十九届历次全会精神，跟进学习习近平总书记重要讲话和指示批示精神，跟进学习党的创新理论。总体形成了“党组会学习把方向、个人自学深领悟、中心组学习细研讨、专家辅导拓维度”的学习贯彻格局。通过党组中心组学习、支部“三会一课”、专家辅导、专题研讨等形式，深化对党史内容的学习掌握。依托“中国干部网络学院”“学习强国”“甘肃党建”等平台，向党员配发学习用书，每月开展专项测试。党史学习教育以来，党组集中学习 13 次、专题研讨 4 次、专题测试 10 次，党组成员讲党史学习教育专题党课 3 次，举办读书班 1 期，听取专家辅导讲座 3 次，召开专题组织生活会累计 4 次，实地在红色教育基地参观学习 5 次。

【规划引领行业发展】编制印发《甘肃省信息通信业十四五发展规划》，从加快推进新型数字基础设施建设、推动支撑经济社会数字化转型、健全完善新时期网络安全体系建设、促进跨地域跨行业融合发展等方面系统谋划信息通信业发展蓝图。以省 5G 网络规划建设协调领导小组名义开展降本增效保服务专项行动。

【5G 组网建设与 5G 创新融合应用】全面加快推进 5G 网络建设，2021 年甘肃新建成 5G 基站 10053 个，累计建成 5G 基站 18562，实现市（州）主城区 5G 网络深度覆盖及县（区）城区 5G 网络覆盖。在推动解决 5G 网络建设中“三难两高”问题基础上，2021 年通过政府督办解决率达 88.27%。加速构建 5G 创新融合应用生态，畅通跨部门、跨行业、跨领域沟通协作，推动上下游企业深度互联和协同合作，打造了 5G+远程手术示教、5G+ 无人机高速巡查执法、5G+ 无人驾驶试验、5G+“虚拟电厂”等典型应用；加快 5G+ 工业互联网融合发展，酒钢集团、金川公司、白银有色等重点企业共计建成 30 个省级数字化车间、智能工厂，重点企业生产设备联网率达 40% 以上。全面加快金川集团 5G+ 镍钴产业智慧园区建设。甘肃省人民医院 5G+ 区域智慧急救云平台、兰州大学第一医院 5G+ 青海高原地区陆空急诊救治网络体系研究及示范应用获得 2021 年工信部 5G+ 医疗健康应用试点项目；中电万维参与打造的 5G+MEC“天翼云图”平台赋能信息消费扩容升级项目荣获工信部绽放杯 5G 应用征集大赛标杆赛决赛金奖。“酒钢私有云平台”获我省冶金有色工业科技进步二等奖。

【新型基础设施布局】开展全省老旧小区通信基础设施改造，超额完成老旧小区改造和改造户数计划数，老旧小区改造均实现 100% 光纤入户和 4G 网络覆盖。加强 5G 网络和千兆光网建设，5G 网络占全省已改造老旧小区通信设施比例超过 50%。加强农村地区网络覆盖，实现未通宽带行政村动态清零，光纤宽带接入能力达 100M 以上。推动光纤到户标准纳入全省建筑工程设计图审查要求，建成电信基础设施共建共享平台。除甘南外基本完成灾后恢复重建。完成兰州—成都第二路由一级干线光缆建设，加快推动兰州—西安等新建一级干线甘肃段建设。加快全国一体化算力网络国家枢纽节点建设；优化兰州、庆阳等地区网络架构，推动相关市州政府争取国家互联网骨干直联点建设，完成论证；推动兰州市承诺财政资金支持和机构编制保障。

【新冠疫情防控】2021 年多省多地持续出现新冠疫情，同年 2 月成立省区域协查工作专班，甘肃省通信管理局与省卫健委、省公安厅等部门协作配合。向省卫健委等部门推送数据，向国务院区域协查专班反馈核查报告。推动建立省市县三级利用疫情快速登记小程序开展区域协查，组织基础电信企业发送疫情防控公益短信。完成“三公”合署办公，利用大数据支撑及通信网络相关信息，配合做好人员流调溯源相关信息核查工作。全省信息通信行业完成应急通信及疫情防控等支撑保障工作。

【行业监管与通信市场秩序】会同省工信厅、公安厅、住建厅、市场监管局持续开展商务楼宇宽带市场联合整治，全部协调解决存在的问题。贯彻落实“放管服”改革优化营商环境，支持地方数字经济发展，为 60 多家入驻金昌网络货运数字产业园的企业发放增值电信业务许可证，助力全省物流业稳健发展。加快培养和选拔行业高技能人才，联合省人社厅、教育厅、省总工会共同举办“2021 年全国通信网络建设与维护职业技能竞赛甘肃省选拔赛”。持续推进“断卡行动 2.0”和“打猫”专项行动。

【应急通信保障】完成建党 100 周年、重要节假日、文博会、地震暴雨自然灾害等通信保障任务。配合完成“5.22”景泰黄河石林山地马拉松事故网络覆盖调查等相关工作，完成“11.21”甘肃电信 5G 网络运行事故调查等相关工作。组织三大基础电信运营企业在四川广元青川县参加川甘青联合应急演练，开展网络安全应急演练活动，聚焦行业建立安全保护体系，构建新型基础设施安全保障能力。

【通信法制建设】着力推进立法进程，2021 年 1 月，甘肃省通信管理局牵头起草的《甘肃省电信设施建设和保护条例》正式被列为 2021 年甘肃省人大常委会立法计划预备项目。成立立法工作组，加强与省人大法工委、财经委、省司法厅等部门的沟通对接。召开立法论证会，征求各方意见，完善立法文本，确保转列入省人大常委会 2022 年立法计划“审议项目”。

【对口支援落实帮扶责任】完善帮扶责任清单逐项落实帮扶措施，局领导先后 5 次到帮扶村开展调查研究，与县乡党委政府开展帮扶衔接。以当地“数家珍、说变化、话未来”活动为基础，以“学业务、当能手”活动为载体，开展乡村振兴“岗位大练兵、业务大比武”

及关爱农村留守老人妇女儿童和特困群众关爱活动。机关各支部与帮扶村开展义务植树、豌豆实验田劳动、童悦工程再深入等支部互建活动，捐赠疫情防控物资、购置棉被为特困群众送温暖。

（田卫国）

邮政管理

【邮政规划与实施总体情况】2021年10月，省邮政管理局、省发展和改革委员会、省交通运输厅联合印发《甘肃省邮政业发展“十四五”规划》（以下简称《规划》）。《规划》全面总结“十三五”时期甘肃省邮政业改革发展成就，明确了“十四五”时期行业发展目标，提出到2025年，全省邮政业服务网络更加优化、服务能力更有提升、发展质效更为突出、产业融合更加紧密、安全保障更为有力、绿色低碳更加实化，邮政业占国民经济比重进一步提升，邮政业对全省经济社会和重点产业发展的支撑作用明显增强。《规划》明确提出加强骨干网络建设、深化城乡网络建设、提升邮政服务水平、加快产业协同发展、积极发展国际业务、推动寄递创新发展、深入推进行业治理、推动行业绿色发展等八个方面的主要任务。确定了枢纽建设、筑巢引凤、快递进村、快递进厂、快递出海、智慧邮政、绿色邮政建设等七项重点工程。《规划》明确提出加强党的领导、加强实施管理、加强要素保障、强化人才保障等四个方面的保障措施。

【邮政基础设施建设】2021年，全省1669个邮政普遍服务营业网点全部实现电子化；补白局所在建设地址持续营业；“营投合一”单人局由94个减少至72个，压降率为25.8%；99%的建制村周投递三次及以上，达15850个，比年初提升3.6个百分点，周投递一次以下建制村实现清零，建制村投递实地打卡率稳定在98%左右；县以下农村地区投递段道汽车化投递达85%，较上年提升13个百分点。

【邮政普遍服务】机要通信突发事件应急预案不断完善；运输和转运等薄弱环节安全隐患及时整改消除，隐患问题比上年减少23个。梳理概括下发扫黄打非“画像法”要领，省市局开展培训14场次1580人。对2592个“扫黄打非”工作站进行规范化标准化升级。专用信箱服务得到中央第十二巡视组、全国政法队伍教育整顿中央第十五督导组和兰州大学党委致信感谢。全省19万余件高考录取通知书安全准确及时送达。组织《中国共产党成立100周年》等重大题材纪特邮票发行销售，完成1起仿印邮票图案及其制品审批。完成客货邮融合发展示范县3个、示范点55个、示范线路38条，挖掘打造了快递网点利用农村客运班车来往取送件的“永昌模式”，农村寄递时效更快，农村群众用邮体验更好。邮政综合平台服务有广度。警邮、税邮合作网点实现地市全覆盖；新增政务便民网点50个，全省91个政务中心全覆盖。全省30所大中专院校设立了邮政共享共创平台、主题邮局、邮政综合服务平台。

【邮政快递业发展】2021年，全省邮政行业业务收入（不包括邮政储蓄银行直接营业收入）59.36亿元，比上年增长15.26%；邮政业业务总量49.8亿元，增长21.19%。全省快递服务企业业务量累计完成1.83亿件，比上年增长33.52%；业务收入累计完成36.96亿元，增长24.09%。申通快递加快兰州陆港转运场地建设，圆通快递甘肃转运中心在“双十一”前实现了整体搬迁，处理能力大大提升。通韵物流园正式投入使用，圆通、韵达、极兔、中川邮政处理中心、中通、京东投资5100余万元对分拣转运中心扩能升级，全省新增全自动处理设备16套，日均处理能力增加100万件。继续推广智能快件箱、快递公共服务站等末端服务模式，智能快件箱规模稳中有升，箱递率提升2%，公共服务站保有量达1651个。召开多次“快递进村”工程部署会、视频调度会，分析解决存在的问题，印发《关于加快推进“快递进村”工程的通知》，重新分解全省“快递进村”工作任务，2021年全省快递进村通达率达到69%。邮政、顺丰、中通等企业先后启动民勤蜜瓜、陇东苹果、定西马铃薯等省内名优农特产品寄递项目，其中十万件一县一品项目22个，百万件一市一品项目7个，带动农产品销售额达到21亿元。培育服务制造业项目108个，支撑制造业产值70亿元。

【邮政行业治理】许可审批按时完成率达到100%，平均办结时限为5.8天，较承诺平均办结时限缩短了4.2天；开通许可证寄递服务，23份快递业务经营许可证通过寄递送达，实现许可便民“一次也不用跑”；9家企业完成许可延续审查。及时发放智能快件箱、公共服务站许可证。推进“12305”与地方政务服务便民热线归并，引进中移云客服系统，加强申诉服务保障能力；2021年通过“12305”邮政业用户申诉电话和申诉网站共处理申诉2870件，挽回用户损失151.02万元，用户对有效申诉满意率达到97.9%。启动《甘肃省邮政条例》修订。开展行业“八五”法治宣传教育、行政执法评估和案卷评议。主动对接省检察院共商“七号检察建议”落实措施，并召开相关会议积极推进。强化邮政普遍服务和特殊服务、邮政市场监管，完善“双随机、一公开”监管机制。组织开展乡镇局所专项整治“回头看”。清理整顿快递市场秩序，从严整治违反服务标准、损害用户权益问题。认真做好集邮市场监管工作。2021年，全省邮政市场行政处罚立案121起，妥善受理群众来信来访19件次。开展快递末端服务违规收费整顿，全省邮政管理系统针对末端违规收费行为立案处罚24起，乡镇违规收费行为基本得到遏制。大力整顿快递市场秩序，对违反快递市场准入管理、违反快递服务标准、快递企业“刷单”等六个方面违法违规行为开展专项整治，共执法检查771次，出动执法人员1822人次，下发责令整改通知书178份，立案查办企业违法违规案件54起。

【行业安全监管】天水市市级邮政业安全中心、金昌市永昌县县级邮政业安全中心获批，甘南州县级机构实现全覆盖，市级中心和县级机构分别达到13个和19个，占全省86个县、区的22%。强化“三项制度”落实，加快推进“绿盾”工程一期应用，接入监控点位1900余处、摄像头5800余个。组织召开两次省寄递渠道安全管理领导小组会议；加强与政法、公安和网信部门的沟通，在负面舆情引导、情报信息预警、群体性事件处置等方面建立了长效机制。加强寄递渠道涉烟违法行为协同打击力度，2021年全省邮政快递业配合烟草和公安部门查获假私卷烟385万支，涉案金额643万元。印发《关于持续推进寄递渠道涉枪涉爆隐患整治工作的通知》，配合省公安厅等部门开展涉枪涉爆专项整治。积极开展禁毒百日攻坚行动，全省行业配合公安部门破获毒品案件15起，缴获毒品9.69千克。深入推进邮政快递业安全生产专项整治三年行动。举办全省邮政行业安全培训班。组织开展安全生产、火灾隐患专项整治，开展邮件快件处理场所安全管理规范化提升行动，各市州邮政管理局共开展执法检查209次，下发责令改正通知书66份，全省33个大型邮件快件处理场所“传输带堵缝、人车分流”两项目标任务基本完成。全省邮政行业涉枪涉爆隐患集中整治，反恐禁毒、打击侵权假冒、“扫黄打非”等专项行动全面开展。针对各类安全生产问题隐患立案处罚43起。对重点市州、重点寄递企业开展建党100周年督导检查。“一会一节”期间，指导敦煌市设立集中安检中心，对节会期间进入的44.3万件邮件快件进行集中安检，查获的禁寄物品全部按照公安部门要求妥善处置。

【行业绿色发展】出台《甘肃省发展和改革委员会等部门关于加快推进快递包装绿色转型实施方案》，兰州、武威、庆阳、张掖、白银、甘南、临夏等7个市州配套出台落实意见。举办邮政行业生态环保培训班，邀请生态环境部门专家解读《固废法》《邮件快件包装管理办法》等法律法规。落实地方政府邮政业污染治理的属地责任，已争取省级财政资金支持，平凉、陇南、定西、金昌、酒泉争取到地方政府对邮政业污染治理等监管经费补助51万元。强化行业生态环保法规普及和执法检查。开展固废法落实情况检查。共对全省8个市州的108个邮政快递网点进行了专项督导检查。积极参与全省塑料污染治理工作，下发《甘肃省邮政快递业塑料污染治理工作方案》。深入检测机构开展包装物检验检测机构能力调研评估，稳妥推进快递包装检测服务市场化。全面完成“2582”工程任务，两个专项治理顺利实施，全省采购使用符合标准的包装材料应用比例达到85%，按照规范封装操作比例达到80%。可循环快递箱（盒）使用量累计11392个。电商快件不再二次包装达到90%以上。指导寄递企业开展绿色采购、绿色网点、绿色分拨中心建设。开展行业生态环保评价，生态环保行政执法实现“零”的突破，全年共实施行政处罚9起。

【邮政快递业疫情防控】严格落实行业疫情防控与寄递服务保障工作有关要求，抓实抓细各项防疫措施，压实“四方责任”，做到“人物同防”。妥善应对甘肃突发疫情，迅速激活疫情防控指挥体系。强化动态管控，指导省级总部企业协调上游企业动态调控邮件快件流量、路由，避免邮件快件大面积积压延误。协调发放“快速通行证”2627张，有效解决了邮政快递运输车辆通行不畅的问题。先后果断处置来自河北、江苏、内蒙古、浙江、陕西等地5批次涉疫邮件快件127件。疫情发生以来，全省实现了寄递渠道“零传播”、从业人员“零感染”。邮政快递企业全力配合地方政府配送蔬菜27万余箱、牛羊肉9万余件、防疫物资300万余件，在保障防疫物资和群众生活必需品寄递方面发挥了重要作用。

（宋海荣）

财政金融

财政

【财政预决算收支】一般公共预算收支。2021年，全省财政决算一般公共预算收入4736.8亿元。其中，地方一般公共预算收入1001.9亿元；中央财政补助收入2979.5亿元（返还性收入133亿元、一般性转移支付收入2521.5亿元、专项转移支付收入324.9亿元）；地方政府一般债务收入357.2亿元；国债转贷资金上年结余0.2亿元；上年结余103.6亿元；动用预算稳定调节基金122亿元；调入资金172.4亿元。一般公共预算收入总计减当年一般公共预算支出4032.6亿元、上解中央支出24亿元、债务还本支出165.2亿元、国债转贷资金结余0.2亿元、安排预算稳定调节基金233亿元，年终结余为281.9亿元，全部结转下年使用。

政府性基金预算收支。2021年，全省纳入预算管理的政府性基金收入595.7亿元，加上年结余84.2亿元、上级补助收入11.8亿元、调入资金2.8亿元、专项债务收入911.2亿元共计1010亿元，收入共计1605.7亿元；政府性基金支出1233.8亿元，加债务还本142.9亿元、上解支出872万元和调出资金94.9亿元共计237.9亿元，支出共计1471.8亿元。收支相抵，年终滚存结余133.9亿元。

国有资本经营预算收支。2021年，全省国有资本经营收入总计21亿元（当年收入14.1亿元、上级补助收入5.1亿元，上年结余1.8万元），减去当年支出7.5亿元、调出资金6.6亿元，年终结余为6.9亿元。

社会保险基金预算收支。2021年度全省各项社会保险基金预算收入总计1343.3亿元，增长22.6%。全省各项社会保险基金预算支出总计1203.8亿元，增长10.2%。2021年末各项社会保险基金滚存结余1138亿元，增长14%。

资产负债。2021年度全省资产期末2905.6亿元，较期初增加124.6亿元，其中主要是国库存款增加89亿元，股权投资增加45亿元。负债期末5026亿元，较期初增加709亿元，其中主要是应付长期政府债券增加963亿元。净资产期末-2120.4亿元，较期初减少584.3亿元，其中主要是待偿债净资产（以负数反映）减少973.1亿元。

政府债务。2020年末地方政府债务余额3933.3亿元，2021年度地方政府债务收入1268.4亿元，还本支出306.1亿元。年末债务余额4895.6亿元，其中，一般债务余额2282.4亿元，专项债务余额2613.2亿元。

暂付暂存款项。截至2021年底，全省暂付款项余额379.2亿元，比上年末减少14亿元。分科目看，预拨经费113.7亿元，占总额的30%；借出款项154.5亿元，占40.7%；其他应收款111亿元，占29.3%。分级次看，省级余额2.3亿元，减少0.9亿元；市级余额45.4亿元，减少3.8亿元；县级余额331.5亿元，减少9.3亿元。

【财政工作概况】紧盯政策导向，在全力向上争取中提升综合实力。按照省委、省政府确定的目标任务，紧盯中央预算安排和政策取向，积极对接沟通，及时反映甘肃省疫情防控、防汛抗旱、重大项目建设等情况，大力争取中央支持。全年中央下达甘肃省各类转移支付补助2979.5亿元，同口径增长1.7%。其中，均衡性转移支付894.8亿元，增长11%；重点生态功能区转移支付74.1亿元，规模居全国第一；民族地区转移支付26.8亿元，增长18.1%，高于全国平均增速8.1个百分点；县级基本财力保障机制奖补资金140.8亿元，增长17.5%，高于全国平均增速4.1个百分点；黄河流域生态保护和高质量发展奖补资金10.3亿元，增长66.1%，沿黄9省中甘肃省补助额度和增速均为最高。财政部下达甘肃省新增债务限额870亿元，其中地方政府专项债务限额较上年增加60亿元。

围绕高质量发展要求，完善财税政策措施，加强财政资源统筹，强化财政资金引导，助力全省经济社会高质量发展。一是持续优化减税降费落实机制，应减尽减、当免则免，切实减轻企业压力，激发市场主体活力。2021年全省新增减税降费111亿元。二是支持制造业高质量发展，促进创新推动产业链供应链优化升级。健全科技投入持续稳定增长机制，加大科技创新、科技投入考核奖励力度，完善科技管理及评价机制，支持开展核心关键技术攻关，支持加快科技强省建设。全省科技支出35亿元，增长9%。拨付制造业高质量发展专项资金1.85亿元支持产业高端化智能化绿色化改造，制造业创新，原材料产业链延伸、技术改造、转型升级，陇药加工、医用防护、医疗器械制造及相关产业技术改造升级等项目；下达数据信息发展专项资金1亿元支持5G、云计算、大数据、人工智能和区块链等新技术在工业领域的深度融合应用以及工业互联网建设等项目。三是积极协调推进甘肃绿色生态产业发展基金运行，撬动社会资本助力十大生态产业发展。清洁生产、节能环保、军民融合、数据信息、先进制造、文化旅游、清洁能源、通道物流、中医中药9支子基金完成设立，总规模152亿元。基金已与14户企业签署投资协议金额23.46亿元，完成投资12.53亿元。四是着力促进县域经济发展。调整新引进企业增值税省与市县划分比例，

5年内省级不再分享，让利县区，支持县域经济加快发展。建立正向激励机制，筹措10亿元对获得省政府“贡献奖”“进步奖”的市州给予及时奖励。

稳步推进绿色转型发展，落实黄河流域生态保护规划措施。筹措奖补资金12.3亿元，支持水源涵养、水土保持等重点领域建设。设立黄河流域川甘横向生态补偿资金，建立生态补偿机制，增强黄河上游水源涵养功能。落实“双碳”战略，统筹生态环保领域专项资金，支持节能降碳。加强政府投资基金管理，引导社会资本加大对新材料、清洁能源、科技创新等领域投入。积极支持中小企业“专精特新”发展，鼓励中小企业聚焦实业、做精实业。2021年，省财政厅积极与省直部门和相关市州衔接沟通，向财政部申报的甘南黄河上游水源涵养区山水林田湖草沙一体化保护和修复工程、兰州市北方地区冬季清洁取暖项目、张掖市国土绿化试点示范和天水市海绵城市建设示范城市等四个重大生态项目均入围获批，争取到中央资金53.5亿元。

坚持把农业农村作为公共财政优先保障领域，资金投入力度持续向“三农”倾斜。2021年全省农林水一般公共预算变动预算797.3亿元，较上年增加4.87亿元，完成农林水支出737亿元，完成年度变动预算的92.4%，农林水支出继续保持一般公共预算第一大支出。大力支持农业农村可持续发展，积极落实耕地地力保护、农业保险扩面提标等政策，深入贯彻“藏粮于地、藏粮于技”政策，筹措资金34.8亿元，支持新建282.1万亩旱涝保收、稳产高产的高标准农田，提高粮食供给能力。认真落实省委省政府关于实施现代丝路寒旱农业优势特色产业三年倍增行动的决策部署，调整优化扶持政策，安排省级财政现代丝路寒旱农业专项资金1亿元、总额共计4.5亿元，支持创建3个国家现代农业产业园、9个农业产业强镇和3个特色优势产业集群，培育产业融合发展平台，促进乡村产业振兴。促进特色产业提质增效，筹措其他产业发展资金11.3亿元，以“牛、羊、菜、果、薯、药”六大产业为主攻方向，以优势产业、生产组织、产销对接、风险防范、改革创新、绿色循环、服务保障“七大体系”为着力点和扶持环节，支持构建产业体系，促进特色优势产业全链条全系统提升发展。积极争取国家级农村综合性改革试点试验1个，当年补助资金0.5亿元。下达水利发展资金25.4亿元，重点支持中小河流治理、小型水库建设、农村水系综合整治、农业水价综合改革、水土保持工程建设等重点水利工作。拓宽水利建设筹资渠道，争取和落实专项债券资金4.5亿元，支持引洮二期配套城乡供水工程建设。

落实“四个不摘”，在完善政策机制中推进乡村振兴。坚持把巩固拓展脱贫攻坚成果同乡村振兴有效衔接作为重要政治任务，制定印发《甘肃省财政衔接推进乡村振兴补助资金管理实施办法》，保持财政支持政策和资金规模总体稳定，做到管理关系不变、投入力度不减、监管力度不松，保持财政支持政策和资金规模总体稳定。2021年，全省财政共筹措安排衔接补助资金238.5亿元，增长4.5%。其中，积极争取中央下达122.23亿元，增长8.4%；省级安排72亿元，与上年持平；督促市县按照只增不减要求，安排44.2亿元，增长2%。在资金用途上，紧扣党中央国务院和省委省政府重点工作任务，支持用于培育壮大脱贫地区优势特色产业，全力保障三年倍增行动计划落实，并逐年提高用于产业发展的比例；支持必要的产业配套基础设施建设、农村人居环境整治、小型公益性生产生活设施建设以及易地扶贫搬迁后续扶持；支持低收入脱贫劳动力外出务工稳定就业和开展“雨露计划”等。在资金分配上，继续按照因素法测算，综合考虑过渡期的主要任务和特点，突出脱贫人口规模、脱贫地区人均收入和巩固“两不愁三保障”成果等因素权重，构建“客观因素60%+政策因素30%+绩效激励10%”的分配机制，兼顾脱贫县和非贫困县实际，推动均衡发展，并对乡村振兴重点帮扶县、优势特色产业重点县等给予倾斜支持。持续加大资金倾斜支持力度，分配给58个片区脱贫县县均规模2.93亿元，高于其他县县均规模2.12亿元；分配给23个国家、16个省定重点帮扶县衔接资金134.52亿元，占69.26%，其中，单独倾斜安排32.14亿元，支持乡村振兴重点帮扶县巩固拓展脱贫攻坚成果衔接，推进乡村振兴战略实施。在资金使用上，延续实施涉农资金统筹整合政策，将涉农资金整合试点范围扩大到全省86个县（市、区），实现“全覆盖”，明确县级可统筹安排不超过30%的到县衔接资金，支持非贫困村发展产业、补齐必要的基础设施短板和县级乡村振兴规划相关项目。省财政下达市县可整合涉农资金295.7亿元，市县整合使用263.6亿元，实际支出250.1亿元，占整合规模的94.9%。统筹农村综合改革转移支付资金3.85亿元，扶持770个行政村壮大村级集体经济；下达红色村组织振兴建设红色美丽村庄试点资金5200万元，支持建设13个红色美丽村庄。按照国家新调整的结对帮扶关系，继续做好对口帮扶衔接工作，积极对接天津市、山东省，安排甘肃省东西部协作资金32.23亿元。下达中央农村危房改造补助资金7.6亿元，其中下达58个脱贫县6.4亿元，由脱贫县纳入涉农资金整合使用范围。

统筹支持优化营商环境，畅通内外贸易流通体系增强市场活力。一是加大投入强化资金管理，发挥交通等基建稳投资财政支持作用。支持甘肃省新开续建铁路线路达到历史最高数量9条；安排民航机场建设10亿元，支持中川机场三期开工；公路水路完成投资总量居全国第12位，西北五省首位，有效发挥了交通稳投资和改善甘肃营商环境的基础性作用。配合省政府出台《高速公路差异化收费方案》，在“绿色通道”和重大节假日等减免车辆通行费11.45亿元基础上，进一步加大优惠幅度，促进物流业降本增效。二是加大招商引资和减费降税力度。牵头制定并报省政府印发《关于加大财税政策支持力度持续优化营商环境的意见》，从税费优惠、区域支持、财政奖补、融资支撑等方面提出15项措施优化甘肃营商环境，助力增强市场活力和经济内生动力。在配合省政府办公厅印发“招商引资20条”的基础上，联合商务部门制定《甘肃省招商引资奖励实施办法》，进一步明确招商引资项目奖励标准、认定条件和兑现程序，省外招商引资项目到位资金3510亿元，增长17%。三是统筹现有财政补贴政策，推动内外贸融合创新发展。安排外经贸发展专项1.8亿元支持承接加工贸易梯度转移、对外投资合作等，拨付3000万元支持“兰洽会”等招商引资活动，安排1.5亿元支持国际货运班列稳定运营和民航货运产业发展，发运国际货运班列498列1.71万车；安排6500万元支持服务业发展、1000万元支持促消费、2000万元支持供销社综合改革发展、3000万元支持电子商务和快递物流发展、60万元支持邮政快递业监管。通过营商环境的优化和财政补贴政策“双向发力”，甘肃省市场体系不断完善，在国际国内双循环新格局中的经济内生动力有效提升，全年快递处理量突破12亿件，组织各类促销活动2000多场次，社会消费品零售总额比上年增长11.1%；新建“海外仓”6个，进出口总值增长28.4%，与“一带一路”沿线国家进出口增长38%。

全力兜底补短，在提升基本保障中增进民生福祉。一是坚决兜牢县级“三保”底线。完善制度机制，持续下沉财力，统筹中央转移支付、政府一般债券和自有财力等，进一步向财政困难地区倾斜，缓解市县财政困难。严格落实执行支出预算审核、监控、风险防范和应急处置机制，完善工资专户管理机制，确保基层“三保”不出问题。2021年，省对市县转移支付2589.5亿元，同口径增长2%。国家标准规定的职工工资、国家政策性调资和过渡性津补贴全部发放。坚持尽力而为、量力而行，认真落实中央和省上出台的各项民生政策，2021年全省11类民生支出3212.1亿元，占总支出比重达80%。省委、省政府确定的10件为民实事全部办结。二是落实粮食储备政策，以更高水平保障粮食安全。按规定标准足额保障保管费用、贷款利息和轮换费用等各项粮食流通领域财政补贴4.1亿元，落实省级储备粮26.5亿斤，保障粮食储备、供应安全。筹资700万元支持加强省级救灾物资采购和储备管理。按时完成涉及省财政厅牵头的2020年度粮食安全省长责任制考核指标的“国考”自评以及对14个市州的考核。开展粮食流通领域涉粮腐败问题专项整治和涉粮专项巡视。三是全力以赴支持疫情防控。努力克服财政收支矛盾，千方百计筹集安排疫情防控资金，加强库款调度，确保不因资金问题而影响患者救治和疫情防控。2021年全省安排疫情防控资金31亿元。四是全面落实社保提标政策。筹措资金，分级分类提高退休人员养老金，城乡居民基础养老金省级补助、困难群众救助、城乡居民基本医疗保险补助、基本公共卫生服务经费补助、困难残疾人生活补贴和重度残疾人护理补贴、退役军人及其他优抚对象等人员抚恤和生活救助标准，提升人民群众获得感、幸福感。五是促进教育高质量发展。健全教育经费投入机制，提高学前和高中教育生均保障标准。落实国家义务教育政策，进一步提高农村学生营养膳食补助标准，支持城区增补义务教育学位2.6万个。增加安排高校改革发展资金5亿元，支持高校重点学科发展和科技创新研究。

【财政管理改革】健全财税管理制度。报请印发《关于进一步深化预算管理制度改革的实施意见》，加强资源统筹和收支管理，建立健全工作落实机制，细化重点任务，明确具体要求，着力推动预算管理改革。按照税法授权，结合甘肃省实际，研究契税适用税率及减免政策，明确城市维护建设税纳税人所在地具体地点以及城镇土地使用税建制镇、工矿区征税范围，进一步完善地方税收制度。

坚决落实直达资金管理要求。进一步扩大直达资金范围，持续创新优化流程，打通资金拨付、库款调度、资金使用等环节，探索常态化对账机制，构建全程监控可追溯的监管网络，确保资金快速直达基层和单位，着力推动惠企利民政策精准落实。2021年共收到中央直达资金908.1亿元，省级安排直达资金56.3亿元；支出916.2亿，支出进度为94.8%。

全面实施预算绩效管理。完善全方位、全覆盖绩效管理体系，逐步扩大绩效目标编报范围，实现省级部门预算项目支出、省对市县转移支付项目和部门整体支出绩效目标全覆盖。完善绩效指标体系，涵盖一般公共预算、政府性基金预算和国有资本经营预算所有支出及多个行业部门。省级预算单位预算执行绩效全部完成自评，省财政对132个重点项目开展绩效评价。完善绩效指标体系，设计20类、530条共性指标，17类、71个领域、4952条行业部门的个性化绩效指标，涵盖一般公共预算、政府性基金预算和国有资本经营预算所有支出及多个行业部门。省级预算部门单位2020年度预算执行绩效自评实现全覆盖。省级财政对132个重点项目开展绩效评价，涉及财政资金163.1亿元。加强结果应用，将绩效评价结果作为预算安排的重要依据，充分发挥绩效结果导向和激励约束作用，提高预算编制的科学性。

加快全省预算管理一体化建设。经过周密部署、精心组织、全力推进，到2021年底，一体化系统在全省全面上线运行，省市县共102家财政部门、近2万家预算单位通过一体化系统完成2022年预算编制，在线办理预算执行和单位会计核算等业务，如期完成财政部既定目标任务，为甘肃省深化预算管理制度改革、提升预算管理现代化水平打下坚实基础。

持续强化政府债务管理。坚持开好“前门”、严堵“后门”，切实发挥地方政府债券对经济平稳运行的促进作用，支持交通、水利等领域1655个重点项目建设。制定专项债券项目资金绩效管理办法，建立全生命周期绩效评价体系。坚持资金跟着项目走，健全台账管理制度，督促加快债券资金支出进度。规范各级政府举债融资行为，完善跨部门联合监管机制，防止发生区域性风险事件。全省政府债务风险总体可控。

稳步推进彩票管理体制改革，保障彩票市场平稳运行。一是根据落实打击治理跨境赌博工作部署，制定《甘肃省“122”机制彩票监管工作专班工作方案》，认真组织力量对彩票市场深入开展监督检查，及时整改落实，促进彩票市场健康发展。二是制定印发《关于调整2021年网点即开型福利彩票公益金分配比例的通知》，有力支持地方社会公益事业发展。三是及时修订《甘肃省彩票公益金管理办法》《甘肃省中央专项彩票公益金支持地方社会公益事业发展资金管理办法》等规范性文件，加强彩票公益金绩效管理，通过购买服务方式委托第三方机构对2020年中央专设网点即开型福利彩票公益金分配比例由省级10%调整为省级5%、市级2.5%、县级2.5%，充分调动市县两级福利彩票销售机构工作积极性。

进一步严肃财经纪律，规范财政收支行为。严格履行财会监督主体责任，强化政策跟踪问效，围绕财税政策落实、防范化解地方政府债务风险、预决算公开等重点领域，灵活运用监督检查、专项治理和绩效评价等多种手段，保障重大财税政策和财税体制改革举措有效落实，确保财政资金规范安全使用。印发《关于严肃财经纪律加强省级财政财务管理的通知》，硬化预算约束，严格支出管理，规范部门增支事项办理程序，严控执行中预算追加事项，提高甘肃省省级预算执行管理科学化、规范化、精细化水平。加大结余结转资金收回和结转资金消化力度，精打细算统筹安排使用，避免资金闲置浪费。全年全省各级财政共清理收回存量资金33.2亿元，统筹用于亟待资金支持的领域。深入贯彻《关于人大预算审查监督重点向支出预算和政策拓展的实施意见》和省人大有关要求，提高预决算草案编制质量，自觉接受审查监督。

严格落实过紧日子要求。牢固树立艰苦奋斗、勤俭节约思想，推动过紧日子要求制度化常态化，督促部门大力精简各类公务活动，严控经费开支范围和标准，将有限的财政资金更多用于基本民生保障和重点领域支出。2021年省级"三公"经费支出较上年下降1.7%。深化政府购买服务改革，制定印发《甘肃省政府购买服务管理办法>》，对购买主体和承接主体、购买内容和目录、预算管理、承接主体确定方式、合同履约、绩效管理等做出明确规定，建立购买服务"负面清单"，规范政府购买服务行为。

认真履行法治建设职责。坚持把财政法治建设摆在财政工作全局的重要位置，纳入财政发展"十四五"规划和年度工作计划，统筹谋划部署，全面推进实施。制定省财政法治建设领导小组工作规则和工作细则，健全工作机制，规范工作程序，切实提升财政法治建设执行力。严格执行重大行政决策程序，加强重大决策合法性审查，确保财政决策行为合法合规。建立健全法律顾问制度，有效防范法律风险，切实提高依法决策水平。深化财政"放管服"改革，省级财政政务服务事项全部实现"零见面"办理。

（王生国）

税务

【支持疫情防控和经济社会发展】创推5Ganged联动战疫法全系统"零感染"，得到各级地方党委政府赞扬。联动快反稳人心，强化与地方相关部门沟通联络，准确研判疫情态势，启动快反机制，确保人心安稳、工作平稳。联动应对暖人心，组建434个志愿服务队，9412名党员干部下沉战疫一线，全力配合354个街道社区、667个乡村做好核酸检测、值班值守等工作。落细总局"18条"措施，落实好减退缓等优惠政策，采取提前预约等方式保障紧急事项办理，确保疫情期间纳税服务"不掉线"。联动监督聚人心，实行疫情防控局领导包片包抓督导责任制，科学精准实施监督，确保队伍稳定、纪律不松。联动纠偏安人心，紧盯最新防护指南，补齐制度短板，堵住管理漏洞，持续化解风险隐患。联动归位得人心，实施战疫动态管理法，用好"强国通""陇政钉"、加密邮件等，落实"居家办公、弹性上班"规定，加快恢复正常工作办税秩序。

【税费收入】依法依规征税收费。统筹战疫情、强征管、优服务、促发展，严守依法征收底线，将"一三五"税费收入运行研判机制应用于收入组织工作，2021年，组织税费收入2380亿元，比上年增长18.6%。税收收入1495.7亿元，增长15.8%，社保基金收入746.5亿元，增长26.6%；非税收入90.2亿元，增长7.4%，工会经费、职业年金等其他收入完成47.6亿元，增长15.1%，收入预期高质量完成。

【税收优惠政策落实】不折不扣减税降费。创推甘"速""321"打法，3200户中小微制造企业享受缓税4.4亿元，实现纳税人、税务人"双减负"，中央媒体专题采访、宣传推介。甘当税务雷锋，换位思考做辅导，便捷快捷促兑现，全年新增减税降费超过110亿元。为586户企业办理延期缴纳税款87.94亿元。

【社会保险费】全力推动"掌上办""网上办"，缴费渠道更加方便快捷。在实现网上银行、手机app、微信、支付宝等多种"掌上"缴费渠道拓展的基础上，全面完成企业社保费网上申报客户端推广上线。全省自然人"掌上"社保缴费办理量占比99.84%，用人单位"网上"社保缴费办理量占比85.33%，多元化缴费服务矩阵初步形成。深入分析各人群社保费征收现状，研究印发《社保费征收资金安全风险防控指引》，细化20项具体举措，系统施治，有效杜绝廉政风险、堵塞征缴漏洞、保障资金安全。

【非税收入】印发《土地闲置费、城镇垃圾处理费征管职责划转工作方案》等文件，做好金税三期和电子税务局基础数据配置和系统测试工作，开展政策和征管系统操作培训，顺利完成土地闲置费、城镇垃圾处理费征管职责划转工作。编制《国有土地使用权出让收入、矿产资源专项收入项目政策汇编》，印发《国有土地使用权出让收入、矿产资源专项收入征管职责划转工作方案》，细化划转后税务部门征收流程，确保划转后顺利征收，费款及时足额安全入库。

【税收经济分析】创建"一三五"税费收入运行研判机制。强化"第一天职"，创推"税收三观法"，统筹好"五个关系"，以数说话、精准预测。积极向市县各级党政领导汇报沟通，赢得了地方政府的理解与支持。打造精"甘"统计分析产品。揭榜税务总局"打造新统计分析体系"任务，聚力献智、集中攻坚，探索构建涵盖指标体系、标准体系、核算体系、分析体系、方法体系以及五大发展理念核算分析体系的"六大体系"，税务总局《税务统计指标体系框架》中采纳甘肃提出的指标184个，占比达49.6%。利用大企业"三张表"，创新"贷税比""县域经济税收"等分析产品，深化税收大数据服务精度，入选总局分析产品名录，党政领导表扬批示307篇次，200余条建议成为各级党委政府决策参考。

【国际税收】加强跨境税源监控管

理，精准推进反避税调查，入库税款合计1371.32万元。深化跨境利润水平监控，完善电子税务局关联申报数据校验模块，共有1691户纳税人进行了关联申报，申报关联交易金额达3635.83亿元。编制《特别纳税调整执法风险防控指引》，填补全国反避税纳税调整领域空白。依法组织非居民税收收入，组织非居民税收收入16027.46万元。优化网上办税服务。推进服务贸易等项目对外支付税务电子备案等业务，共计成功办理电子备案138份。落实稳外资相关税收政策，2户居民企业境外投资者申请享受递延纳税。服务"一带一路"，系统更新阿曼、也门、牙买加《投资税收指南》，编译中英双语版《世界发达国家应对新冠肺炎最新税收政策汇编》，助力"走出去"纳税人复工复产，推动境外投资项目稳步发展。

【征收管理】以创编指南统一全省执法"一把尺"为突破，精确执法日益精进。开展习近平法治思想专题学习，压紧压实各级"一把手"履行推进法治建设第一责任人的职责，建立"六个一"联动、"六个带头"机制，2家单位荣膺"全国普法工作先进单位"。跟进式督导专票电子化改革、个人所得税改革落地，开展四轮现金税费征缴"回头看"专项排查，完善税款缴退库管理等制度119件。加快"一户式"风险智能归集，优化"信用＋风险"动态监管体系，对10778户纳税人开展风险分析推送的应对，入库应对风险税款近15亿元。深化落实"三项制度"，3911户次纳税人享受"首违不罚"。

【办税缴费服务】以创新"甘'速'办"税费服务为突破，精细服务优化升级。创编《税费要素"四精"导图》，为"四精"落实搭建了"连心桥"。深化便民办税春风行动及营商环境提质提标年活动，完善"领导包抓对接、管家跟踪服务、部门联动跟进、服务提速提效"机制，为9877个全省重点项目提供全流程"项目管家"纳税服务。开展14场次"送教下基层、进企业、办实事"活动，受到企业好评。促推一窗办、一网办、一次办，504个涉税事项实现"网上办"，353个涉税事项实现"掌上办"，网上缴款率达93.5%。专票电子化提速增量，核定比例96%，纳税人开具电子专票占比32%，指标均居全国前列。全面推进车购税管理全流程无纸化，实现纳税人、税务人"双减负"。财产行为税"十税"合并申报，城镇垃圾处理费实现微信端申报缴费，出口退税平均办理时长提速至2日内，政务服务"好差评"纳税咨询好评率100%。深化"税银互动"，通过"税银互动"为3.18万户中小微企业融资929亿元，有力缓解融资难融资贵。推出"税务12条"全力服务黄河流域甘肃段生态保护和高质量发展，推进"不来即享"向社保、非税领域拓展，政策红利直达快享，服务便捷度显著提升。强化"领导包抓、督查通报、风险防范"三机制，推出"登记难"涉税问题政策导览加速推进化解，得到社会各方普遍叫好。2021年纳税人缴费人满意度居全国第16位，较上年提升9个位次，居西北五省第一。

【税务稽查】创推六部门常态化打击"三假"的"常善畅"打击"三假""甘肃战法"，为基层深化跨部门执法联动"立梁架柱"，有力推动常态化打击"三假"工作打出新高度、打出新成效，查补入库收入8.83亿元。完善增值税发票风险快速反应机制，构建"登记、领用、开票、移送、内控"实时防控网络。优化票表比对分析研判虚假申报疑点，集成税务专业技能、数据资源和公安侦查手段、侦办经验，精准锁定、露头就打，确保既"管得住"又"放得开"。综合利用公安"一标三实"数据、税收大数据等，探索"以人到案"警税大数据战法。在全省范围内统一规范287种稽查执法文书，集成税务稽查"百事通"，指导基层规范执法。建立省政府总抓，税务、公安等六部门联动的统一指挥协调工作机制。依托"数字甘肃"，探索推进"智慧＋联合办案"模式，统筹开展扫黑除恶专项斗争、文娱行业综合治理等，形成工作联动、风险联防、问题联治、成果联创的强大合力。稳慎开展文娱领域税收综合治理专项工作，整改进度全国靠前。扫黑除恶工作获评"甘肃省扫黑除恶专项斗争先进单位"。

【电子税务】建设与总局"金四"系统、"数字甘肃"高效衔接的甘肃"智税"。数据管理应用在夯基垒土中持续赋能增效。持续推进数据集中管理和大数据应用平台建设，构建全省税费大数据仓库，集中汇聚各类税费数据5.25T，建立"1+N"自主大数据应用开发模式，依托大数据应用平台，开发完成涵盖税收经济分析、税种精细化管理、风险预警防控等各类大数据应用模块81个，数据应用成效进一步显现。其中，企业"天气预报式"分析模块为全省各级税务机关深入开展大企业税收经济分析提供了全面数据支撑；地方税精细化管理模块实现了财产和行为税等税种的税费风险每天扫描、实时监控、及时提醒、自行整改，创新了税收风险常态化管控模式。

【党的建设】坚持党对税收工作的全面领导，强化政治机关意识教育。突出"四学引领、三路推进、两个统筹"，落细36条学习教育措施，深入学习习近平新时代中国特色社会主义思想，持续掀起学习贯彻十九届六中全会精神热潮，筑牢坚决捍卫"两个确立"，坚定践行"两个维护"的思想之基。确保学思践悟见行见效。严格执行党委会"第一议题"制度，健全学习贯彻习近平总书记重要指示批示精神督办落实机制。严格意识形态工作责任制、国家安全、信访维稳管理和舆情管控制度落实，完善领导接待日制度。落实"纵合横通强党建"机制体系，推动税务系统党建高质量发展两年行动方案落到实处，在地方党建考核省市县三级局优秀等次占比分别达100%、100%、98.7%。

【党史学习教育】推行党史学习教育"四个三"工作法，举办县处级主要领导干部党史学习教育专题读书班，开展"赓续红色血脉"税收文物史料展系列主题活动。实打实办好100项纳税人缴费人普遍受益的实事，深入一线解决难题2632个。依法依规化解国有土地已售城镇住宅历史遗留"登记难"，赢得广大群众及党委政府多方认可。服务能源电力保供，199户煤电供热企业"减退缓"税3.1亿元。开展"春雨润苗"行动，"银税互动"助力纾解"融资难"，3.18万户中小微企业获贷款929亿元。

【全面从严治党】明确全面从严治党工作要点28项，明细主体责任和监督责任任务清单，坚决做到"四责同抓"。

落实深化税务系统纪检监察体制改革试点“1+7”、构建一体化综合监督体系“1+6”两套制度体系，健全一体推进“三不”体制机制。加强对“一把手”和领导班子监督，完成4个市州局党委巡察。创推“纪税协作”，统筹“提级管辖”。开展警示教育和纪律作风问题专项整治，对6个市（州）局开展政治生态评价，政治生态持续改善。将落实中央八项规定及其实施细则精神纳入“两个责任”任务清单，持续整治形式主义官僚主义，巩固深化为基层减负。

【干部教育】集成学习兴税平台“三个三”深化之法，持续增强干部学习积极性。聚焦“三不”稳运作。借助学习兴税平台全员覆盖的优势，统筹安排居家办公与线上学习，工作培训一竿子扎到底，持续为税务干部学习工作注入新动能。聚力“三一”求实效。每日一课，每周一赛，每月一星，充分激发干部职工学习热情。聚合“三新”助发展。推进与数字人事新衔接。深化“学测用评”新联动，围绕教育培训数字化转型，拓展人才培养新渠道。评选审核上传网络优质课件10门，上传学习资源及目录175项，举办3期网络业务竞赛，切实做到深化学习兴税平台应用与深化征管改革、党史学习教育、乡村振兴等中心工作的有效衔接。

（何旻）

证券监管

【概述】2021年，甘肃证监局深入贯彻落实习近平总书记关于资本市场重要指示批示精神，紧紧围绕省委省政府和证监会决策部署，践行“建制度、不干预、零容忍”九字方针，坚持“四个敬畏、一个合力”监管理念，聚焦促发展、防风险、推改革、强监管各项工作，服务甘肃经济高质量发展取得新成效。

【支持实体经济发展】全省企业通过资本市场实现融资122.99亿元，比上年增长41%，其中，新三板挂牌公司融资、上市公司再融资分别是上年的3.73倍、3.25倍。此外，正在推进中的融资项目规模385.2亿元，其中，再融资80.2亿元，公司债券融资305亿元。组织开展上市后备企业现场调研24家次，举办直接融资培训会、企业上市沟通会、发展多层次资本市场座谈会等16次，组织33家企业赴上交所参加培训，联合省工信厅等4部门印发《甘肃省培育优质中小企业上市方案》。指导甘肃股交中心设立“专精特新”板，首批6家专精特新企业已挂牌。承担省政府决策咨询委员会“关于构建多层次资本市场体系，助力甘肃实体经济高质量发展的对策研究”课题研究任务。经持续推进，我省上市后备资源匮乏状况得到显著改善，兰州银行已发行上市，金徽矿业已通过发审会，定西高强进入上市辅导期，交设股份拟申报北交所。

【稳妥防范化解风险】引导1家上市公司平稳退市、出清风险，未发生投资者投诉举报等涉稳事项。推动2家上市公司通过破产重整一揽子解决重大风险，现重整工作正有序推进。对全省公司债券违约风险开展“拉网式”排查，确定重点盯防名录，做到责任到人、抵近监管。全年对3家债券发行人开展现场检查，对2家债券发行人开展走访调研，摸清风险底数，提示关注事项。围绕私募基金6类重点风险，对全省备案私募投资基金进行全方位、全覆盖风险摸排。综合运用市场、行政、司法等多种手段，对存在违规行为的4家私募基金管理人依法依规采取处置措施。

【推动改革部署见效】全方位、分层次开展注册制改革培训宣讲，对全省上市公司、拟上市公司、新三板公司及中介机构实现“全覆盖”，督促中介机构归位尽责，推动企业抢抓改革机遇实现发展。围绕注册制下强化辅导验收、压实中介机构责任等方面开展调研，并形成调研报告。联合起草甘肃省落实《国务院关于进一步提高上市公司的意见》精神的实施意见，省政府于2021年6月印发实施；主动向省委省政府报告退市制度改革精神和甘肃省退市风险公司概况，并针对性提出工作建议和落实措施；配合兰州市政府印发《培育优质企业上市提高上市公司质量的实施方案》，联合省政府国资委深入落实《提高国有控股上市公司质量备忘录》工作安排。扎实组织开展公司治理专项自查，针对自查发现问题，建立台账、紧盯整改，确保取得实效。推动全省上市公司多形式召开业绩说明会，召开比例100%，董事长或总经理出席率100%，有3家公司分别被评为上市公司业绩说明会最佳实践案例、优秀实践案例。

【强化执法履职】坚持“管少才能管好”原则，以问题和风险为导向，2021年开展全面检查、专项核查、“双随机”抽查等各类现场检查63家次。严肃查处市场主体违规行为，采取行政监管措施14次，涉及6家公司和18名个人，较好发挥了警示问题、促进规范的作用。依法严厉打击证券期货违法行为，2021年查办内幕交易案件5起、中介机构未勤勉尽责案件1起、上市公司信披违法违规案件1起，作出行政处罚1起，罚没款合计90万元。督促我省上市公司强化股东回报意识，2020年度全省15家公司实施现金分红22.92亿元，年度分红比例61.95%，高于全国27个百分点。持续完善甘肃省证券期货纠纷多元化解机制，联合省高院、省司法厅等单位召开在线诉调对接工作会议，与省高院签署《证券期货纠纷在线诉调对接机制合作备忘录》。着力加大证券期货矛盾纠纷化解力度，指导行业协会受理纠纷事项11件，成功调解9件。组织线上线下各类投资者宣传教育活动1200场、原创投教产品125种、发放宣传材料12万份，受众达数十万人。

（张红军）

金融监管

【概况】2021年，全省金融业坚持稳中求进工作总基调，积极推动金融业高质量发展，牢牢守住不发生区域性系统性金融风险的底线，为全省“十四五”开好局、起好步提供了有力支撑。2021年，全省实现金融业增加值911.58亿元，占全省地区生产总值的8.9%，占第三产业增加值的16.84%，金融业支柱产业作用充分发挥。截至2021年末，全省有银行业金融机构142家。其中，省级分行（公司）22家，包括5家国有大型银行、3家政策性银行及国家开发银行、

1家邮政储蓄银行、9家股份制银行、4家金融资产管理公司；法人机构120家，包括2家城市商业银行、1家省级农村信用社联合社、1家结算中心、41家农村信用社、37家农村商业银行、5家农村合作银行、24家村镇银行、3家农村资金互助社、1家信托公司、2家金融租赁公司、3家企业集团财务公司。全省有法人保险公司1家，省级保险分公司31家。全省有法人证券公司1家，证券分公司23家，证券营业部87家。全省有7类地方金融组织763家，其中，小贷公司393家、融资担保公司183家、典当行181家、融资租赁公司3家、地方资产管理公司2家、区域性股权交易市场1家。

2021年末，全省金融机构各项贷款余额23905.33亿元，比上年末增长7.88%，当年新增1745.92亿元，比上年多增264.44亿元；全省金融机构各项存款余额22614.58亿元，比上年末增长7.73%，当年新增1621.91亿元，比上年多增397.70亿元；全省存贷比105.71%，高出全国平均水平22.52个百分点。

2021年，全省完成直接融资873.03亿元，比上年增加4.72%，其中，股权市场融资225.66亿元，债权市场融资647.37亿元。截至2021年末，全省上市公司34家，其中，沪市主板15家，深市主板15家、创业板3家，H股2家（庄园牧场A+H）。全省“新三板”挂牌企业28家。甘肃股权交易中心登记托管企业4373家，挂牌展示企业2524家，为企业实现股权融资52.08亿元。

2021年，全省保险业累计实现原保险保费收入490.32亿元，比上年增长1.64%；全省赔付支出174.57亿元，增长4.04%。全年“险资入甘”落地资金81.83亿元，其中购买地方政府债37.57亿元。

【金融支持经济社会发展】聚焦全省2021年确定的重大项目、重点产业，加大融资支持，有力支撑和保障全省经济稳定增长和高质量发展。2021年末，全省金融机构本外币各项贷款余额2.39万亿元，比上年末增长7.88%，存贷比达到105.71%，全年信贷增速始终保持在7%以上，与经济增速基本相适应。中长期贷款增速保持在10%左右，强有力的信贷投放在支持基础设施建设、稳定企业融资预期、缓解企业经常性贷款周转等方面发挥了重要作用。按照“支持符合条件的企业上市、发债融资，办好甘肃股权交易中心”的总体要求，积极对接企业融资需求，着力提升直接融资水平，全省直接融资规模在2020年高基数的基础上增长4.72%，兰州银行于2022年1月17日在深圳证券交易所上市，金徽股份于2022年2月22日在上海证券交易所上市。落实政府工作报告提出的“办好甘肃股权交易中心”要求，积极推动甘肃股交中心“专精特新板”建设，引导省内企业在甘肃股权交易中心挂牌融资，督促指导甘肃股权交易中心为企业提供全方位、综合化的金融服务，切实扩大企业融资规模。截至2021年末，甘肃股权交易中心实现直接融资52.08亿元。

出台10余份有关支持乡村振兴、中小微企业、供应链发展等金融服务实体经济政策文件，并抓好任务落实。2021年末，全省中小微企业贷款余额8836.76亿元，较2020年初新增1008.12亿元，提前一年完成三年新增1000亿元的序时进度；全省新增小微企业担保业务额135.56亿元，占新增业务额的46.78%，“小农创新”企业贷款获得率进一步提高；全省金融机构新发放贷款加权平均利率5.58%，比上年下降0.24个百分点。其中，中型企业5.31%，下降0.33个百分点；小型企业5.62%，下降0.28个百分点；微型企业5.84%，下降0.37个百分点。

【金融支持乡村振兴】综合运用货币政策、金融监管政策和考核评估手段，健全金融服务乡村振兴的体制机制，加大对巩固拓展脱贫攻坚成果、构建现代乡村产业体系的金融支持力度，推动形成市场化、可持续的业务模式。继续做好特色产业发展工程贷款投放，截至2021年末，全省累计发放特色产业贷款1613.54亿元，当年发放312.86亿元。用好扶贫小额信贷等政策，截至2021年末，当年发放全省脱贫人口小额信贷13.11万户、61.83亿元，累计发放159.13万户、717.44亿元，贷款余额48.69万户、204.90亿元；累计发放额和贷款余额均居全国首位。充分发挥农业保险风险保障作用，2021年全省实现签单保费19.94亿元，参保农户185.48万户，支付保险赔款18.45亿元，受益农户141.59万户次。开展巨灾保险工作试点，扩大“保险＋期货”覆盖范围，截至2021年末，全省新增落地“苹果（玉米、鸡蛋、饲料）＋保险＋期货”保单62单，保费合计9619.5万元，提供风险保障近17.24亿元，受益农户4.81万户次。

【地方金融组织监管】开展全省融资担保、典当企业年度审计及小额贷款公司年度检查工作，结合国家最新监管要求和行业运行实际，重点对机构违规经营情况、“空壳”“失联”情况进行摸排，全年累计检查融资担保公司126家，典当行183家，小贷公司398家，除“失联”企业外，实现行业全覆盖。持续推进地方金融组织“减量增质”，净化行业市场环境，全年共清理退出非正常经营融资担保公司33家，小贷公司30家，典当行14家。按照审慎管理和微观管理相结合原则，不断加强对地方资产管理公司的监管，引导甘肃资产管理公司审慎做好8亿元小微企业增信集合债券发行工作。

【金融安全稳定】坚持底线思维，增强系统观念，化解存量风险、遏制增量风险，守住了不发生区域性系统性金融风险的底线。推动成立高风险机构化险工作领导小组和金融领域不良资产清收处置工作专班，积极推进不良资产清收处置工作。抢抓国家政策窗口，2021年甘肃省支持中小银行发展专项债券（一期）成功发行，发行总额为126亿元，发行期限为10年，顺利完成48家中小银行专项债注资工作。紧盯金融领域各类风险隐患，加大对非法集资等金融乱象的整治力度，定期排查省内企业各类债券刚性兑付情况，强化动态监测和预警提醒，督促落实属地风险处置责任和发债企业的主体责任，确保按期足额兑付，全省继续保持了全国非法集资少发地区的良好态势和未发生一起债券违约事件的良好信用环境。

（马文骥）

中国人民银行兰州中心支行

【货币信贷】面对复杂严峻的经济金融形势和甘肃疫情挑战，用好总行对甘肃等省份的差异化倾斜政策，全力推进各项精准直达性政策落地，重点领域和薄弱环节融资状况持续改善，为全省有效应对疫情冲击和实体经济发展提供了有力保障。2021年末，全省各项贷款余额2.39万亿元，比上年末增长7.88%，增速较上年提高0.72个百分点。全年新增各项贷款1745.92亿元，创2018年以来新高。发挥再贷款精准滴灌和正向激励作用，运用支农、支小再贷款引导地方法人金融机构扩大对普惠小微企业和乡村振兴的信贷投放，扶贫再贷款按规定进行展期，支持巩固脱贫攻坚成果。建立限额使用和贷款台账"双监测"制度，推动创新出省联社结算中心第三方质押方式发放再贷款、庆阳等地"再贷款＋银行信贷＋农业担保＋农业保险＋财政贴息＋新型农村经济经营主体或农户"的再贷款使用新模式，有效加快了新增再贷款限额落地使用。牵头制定出台支持供应链金融、乡村振兴和新型农业经营主体发展等一揽子政策措施，深入实施中小微企业能力提升工程，创新开展"贷动陇原 兴商助农"为民办实事专项行动，组织召开各领域、多层次对接会近500场，有效满足小微企业等市场主体融资需求。2021年，全省涉农、小微企业和制造业中长期贷款分别比上年多增389.67、150.91和125.52亿元，"专精特新"小巨人企业获贷率超过80%。组织实施"百千万"创业引领工程，加大创业担保贷款支持力度，相关工作经验被国务院就业工作领导小组简报采用并推广。

【金融稳定】立足全省金融风险化解攻坚和防控任务，发挥好金融委办公室地方协调机制作用，及时向地方党政和成员单位传达金融委有关政策要求，常态化高频次汇报金融风险状况，积极对接中央帮扶化险政策，推进重点机构风险化解处置，配合做好专项债注资化险工作，修订完善全省金融突发风险事件应急预案，强化金融监管协作，推动压实各方责任，全省风险化解工作机制不断完善、责任传导落实更为顺畅、化险整体合力持续增强。审慎开展央行金融机构评级，加强问题投保机构现场核查和早期风险纠正，坚持"动态监测＋风险预警"双向发力，建立完善风险监测预警指标体系，持续开展金融风险压力测试，发挥重大事项报告监测预警作用，着力提升金融风险监测敏锐性、前瞻性。建立存款保险宣传包片负责和网格化工作机制，探索创建全省首个存保宣传教育示范县，组织开展"百年历程、存保守护"系列宣传活动，聚焦重点地区，加强存款保险政策宣传，不断拓展宣传受众面，努力营造良好金融生态环境。

【外汇管理】坚持"零容忍"和全链条打击，持续推进地下钱庄案件查处，相关做法两次在全国外汇检查相关会议做交流，央视新闻频道和财经频道做了专题报道。联动全省外汇市场自律机制、外汇银行和涉外企业，纵深推进汇率风险中性理念宣传培育专项行动，健全长效工作机制，开展"党员联千企""陇银普汇"活动，宣贯汇率风险中性理念及避险知识，指导银行搭建交流平台，创新衍生产品，举办专题培训。建立便利化政策传导和执行情况监督评价机制，组建个人外汇业务专家团队，妥善处理个人差异化用汇需求。迅速启动疫情防控应急处置机制，发布做好外汇金融服务政策措施，切实提升了非接触业务办理渠道便利化程度，疫情期间共指导银行办理跨境收付业务7.53亿美元。修订完善贸易外汇收支便利化试点方案，建立试点主体备选库，按照"个别试+分步走+融合用"模式，陆续推动"货贸＋服贸"一体化试点，批准进出口银行参与试点，通过市场竞争进一步推动政策红利的释放。目前已有2家银行为3家企业开展试点，试点业务量累计2.68亿美元。持续推进境内企业海外员工薪酬结汇便利化政策实施，指导招商银行兰州分行有序推进资本项目数字化服务试点。强化甘肃银行境外上市业务穿透式监管，严守风险底线。

【绿色金融】绿色金融改革试点取得新成果。"紧抓"改革创新，聚焦绿色金融发展"五大支柱"，全省和兰州新区试验区在制定绿色金融标准、推进金融机构环境信息披露、完善绿色金融激励约束机制、丰富产品和服务体系、加强合作交流方面取得显著成效。推动兰州新区成立西部绿色认证中心，开展试验区绿色企业和项目在线认证评级，完善优化"绿金通"平台，促进绿色产融对接效率。推动绿色金融产品与服务创新，探索构建环境权益交易市场。成立甘肃省金融学会碳金融与绿色发展实验室，发挥"一委一中心一实验室"的绿色金融智库体系作用，成功举办甘肃省碳达峰碳中和与绿色金融发展战略研讨会、甘肃省绿色金融能力建设培训班、甘肃省绿色金融改革创新案例征集评优等活动，出版《生态资源资本化实践路径》《绿色金融发展报告2020（甘肃）》。

【金融管理】2021年，禁毒反洗钱工作获得甘肃省禁毒委先进表彰，2个集体和3名个人分别获得国家税务总局等四部门打击虚开骗税专项行动先进集体和个人荣誉称号。积极推动甘肃省反洗钱联席会议机制建设，创设编发《甘肃省反洗钱工作联席会议简报》5期，增强了各成员单位对反洗钱工作职责认同和协作配合。全面落实风险为本监管思路，推动法人金融机构开展洗钱风险自评估，对280多家机构实施了风险评估、监管走访、约见谈话等监管措施，对15家金融机构开展了反洗钱执法检查，有力推动了各项反洗钱政策法规的落实，金融机构洗钱风险防控水平显著提升。加快推进特定非金融行业反洗钱监管，指导21家机构完成反洗钱数据报送主体资格申请，推动2家房地产和公证机构向反洗钱中心上报可疑交易。组织开展"可疑交易报告质量提升年"活动，提升反洗钱监测分析水平，积极配合反恐、禁毒、反腐败、扫黑除恶、打击地下钱庄、打击虚开骗税等专项行动，线索移送数量、立案数量和破案数量再创新高。持续加大打击洗钱犯罪工作力度，其中自洗钱、虚拟货币洗钱案实现零的突破，有效打击震慑了洗钱违法犯罪活动。健全金融治理联动机制，筑牢联防联控屏障。开展电信网络诈骗和跨境赌博"资金链"治理工作，坚持严监管常态化，加强信息共享，精准联合打击，切实守护好老百姓的“钱袋子”。深化拓展“陇银e通”系统监测功能，拓展自然人“灰名单”跨行共享渠道。全面开展账户“四种形态”排查，单位银行账户涉案率下降95%。深度开展全省金融系统反诈拒赌宣传，覆盖人群约600万人。

【金融服务】优化开户流程，推行简易开户，企业开户时长缩短至1.3个工作日，实施账户分类分级管理，实现服务优化与风险防控有机统一，全面落实“放管服”改革要求。指导建立“4+4+N”支付手续费降费模式，实现支付手续费“应降尽降”、小微企业和个体工商户“应享尽享”，全省减免各类支付手续费约7.05亿元。指导金融机构做好线上、线下支付渠道适老化改造，提供优质支付产品服务，帮助老年人敢用、能用，用好数字支付。下沉移动支付服务重心，推进农村支付服务环境建设，全省农村基础支付服务实现全覆盖。精准打造文旅、助农、“云闪付之城”三大特色支付品牌，推进“云闪付”APP与辖内银行机构APP双向引流，普惠金融建设在支付领域得到彰显。截至2021年底，发放“乡村振兴券”电子消费券2800万元，撬动农村市场消费约1.2亿元，云闪付APP注册用户达682万户。“陇信通”平台支持中小微企业融资取得新成效。指导甘肃征信公司优化平台功能，成功对接“甘肃省中小企业公共服务平台”、涉企政策精准推送和“不来即享”服务系统，完成贷前调查报告、大数据信用评级和贷后风险预警等产品研发推广，平台应用场景更加丰富、服务融资能力得到提升。借鉴其他省市经验，推动出台核心企业财政奖补资金支持政策。大力推广平台对接数字证书模式，兰州银行成为全国第一家集中推广数字证书模式的商业银行，全国首笔全流程线上数字证书确权模式在我省落地，5家核心企业通过数字证书模式开展了中征线上全流程应收账款融资业务。优化退税流程，自主开发“电子退库审核程序”，全年共办理个人汇算清缴退税业务77.31万笔、金额4.75亿元。非税收入直缴入库比率进一步提升，财政支出无纸化系统实现全省覆盖，电子缴税比率高达99.7%，有效解决了异地缴税业务环节多、链条长、时滞久的难题。通过畅通资金拨付链条、建立资金统计台账、严格资金对账机制、强化资金流向监管，全力确保23批、681.59亿元财政资金直达市县基层惠企利民。做好水土保持补偿费等六项非税收入划转税务部门征收工作，扎实部署推进到期国债提醒兑付业务。全省国债下乡占全年国债发行的26.3%，农村地区储蓄国债销售额同比增长90%以上，受到广大群众欢迎。创新开展短期（1个月）省级国库现金管理操作，共投放资金150亿元，实现利息收入1375万元。开发上线“甘肃省总工会经费电子支付系统”，有效解决了以往工会经费资金管理存在安全隐患、资金下拨速度慢等问题。稳步推进金融业综合统计工作，做好国家金融基础数据库逐笔全量数据采集报送，开展金融业综合统计标准情况评估，认真做好地方金融组织的统计，加强绿色金融、普惠金融等专项统计，加快推进金融业资产负债表编制工作。组织开展了非法使用人民币图样和利用建党100周年开展商业谋利活动专项排查，对部分银行机构开展了综合执法检查，进一步规范了人民币收付行为。开展了“反假货币宣传月”活动。

【金融科技】依托甘肃省金融学会，组织成立由“一行两局”分管领导领衔的金融科技专业委员会，建立甘肃省金融科技创新自律机制，组织召开全省金融科技工作会议，指导全省金融机构开展移动金融客户端应用软件大字版无障碍服务建设，推动辖内金融机构参与“丝路碳惠”项目，指导金融机构筹备“绿色银行卡”发行工作，充分发挥金融科技赋能绿色金融作用。组织辖内地方性金融机构开展IPv6规模部署与应用，门户网站改造率达100%，应用系统改造率达75%。参加2021年国家网络安全实战攻防演习和兰州市“护网2021”行动，通过构建“人防、物防、技防”三位一体的网络安全防护体系，牢牢守住了网络安全防线。开展重要时期保障，为中国共产党成立100周年期间网络绝对安全奠定坚实基础。组织全省4500多家银行机构和网点开展国家网络安全宣传周活动，举办甘肃省金融业网络安全主题论坛暨金融科技成就展和主题征文活动。

（董雅丽）

银保监管

【运行情况】2021年末，全省银行业金融机构总资产33522.33亿元，比上年末增长8.33%；总负债31955.35亿元，增长8.34%；各项贷款余额23866.07亿元，增长7.75%；各项存款余额21694.31亿元，增长6.00%。全省共有各类银行业金融机构142家，其中，政策性银行3家、国有大型银行6家、股份制商业银行9家、城市商业银行2家、农村合作金融机构85家、村镇银行24家、农村资金互助社3家、企业集团财务公司3家、信托公司1家、金融租赁公司2家、资产管理公司4家。

2021年末，全省保险业资产总额1310.95亿元，较年初增长11.55%。累计实现原保险保费收入492.33亿元，比上年增长1.47%。其中，产险公司累计实现原保险保费收入159.69亿元，减少4.21%；人身险公司累计实现原保险保费收入332.64亿元，增长4.44%。全省累计赔付支出176.03亿元，比上年上升3.97%。其中，产险公司累计赔付支出112.35亿元，下降10.05%。全省共有法人保险主体1家，省级保险主体31家，其中财产保险公司20家，人身保险公司11家；保险专业中介机构99家，兼业代理机构5313家。

【推动全省经济高质量发展】主动适应经济金融环境深刻变化，持续加大对产业转型升级、基础设施支撑、乡村振兴实施、小微企业发展等重点领域的金融支持，助力全省经济实现更高质量的发展。

有效提升金融服务实体经济能力。引导银行保险机构主动对接全省重点投资项目、省列重大建设项目、全省重大前期项目三个清单，持续增加对先进制造业、战略性新兴产业和产业链供应链自主可控的中长期信贷支持和保险保障，全省中长期贷款余额16860亿元，占全部贷款的70.65%，基础设施建设领域贷款余额 6851.66 亿元，占全部贷款的 28.71%，“险资入甘”引进资金超百亿元。更加注重民生、社会领域金融服务在促进实体经济发展中的基础性作用，在推进区域协调平衡发展、提升民族地区金融服务质效方面投入了更多的精力，制定出台了一系列工作措施。截至 2021 年末，全省教育、卫生、文化、体育、娱乐业等社会事业贷款余额 313.46 亿元，同比增长 5.41%，“革命老区”“藏区”金融服务显著改善。

接续推进乡村振兴战略实施。积极推动制度体系的有机衔接，制定下发《关于 2021 年银行业保险业高质量服务乡村振兴的通知》《支持乡村振兴重点帮扶县实施方案》《“甘农贷”金融助力乡村振兴示范工程实施方案》，加大重点帮扶县金融帮扶力度，将定点帮扶县作为“甘农贷”先行试点县，全力打造甘肃省乡村振兴“甘农贷”共享品牌。扎实做好脱贫人口小额信贷工作，保持过渡期内脱贫人口小额信贷全额贴息政策不变、力度不减，确保应贷尽贷。截至 2021 年末，全省脱贫人口小额信贷累计投放 717.44 亿元，累计惠及全省建档立卡贫困户及边缘户 159.13 万户，脱贫人口小额信贷余额 204.9 亿元，居全国第一。继续有效发挥保险助力乡村振兴中的保险保障作用，全省农险已支付赔款21.21亿元，投保农户 275.83 万户次，受益农户 160.93 万户次；实现大病保险覆盖全省约 89% 的人口，有效缓解了城乡群众因病致贫、因病返贫问题。

持续提升小微企业金融服务水平。印发《关于进一步推动小微企业金融服务高质量发展的通知》，指导银行机构做实“敢贷愿贷”的机制，提升“能贷会贷”的能力。抓好普惠型小微企业“两增”任务落实，确保对企业稳定高效的增量信贷供给。截至 2021 年末，全辖小微企业贷款余额 6330.36 亿元，同比增长 4.31%，其中普惠型小微企业贷款余额 1297.55 亿元，占全部小微企业贷款的 20.50%。合理压降小微企业融资成本，鼓励银行保险机构向小微企业主动让利，新发放普惠型小微企业贷款利率保持微降态势。疫情反复期间，及时发布《关于进一步强化中小微企业金融服务助力全省抗击疫情和稳企纾困的通知》，提出 7 个方面 15 条举措，加大对中小微企业、个体工商户等市场主体的稳企纾困力度，受到甘肃省委省政府的充分肯定和各类市场主体的积极响应。

积极支持绿色金融发展。紧紧围绕“碳达峰、碳中和”目标，引导银行保险机构坚持绿色发展理念，以金融支持甘肃十大生态产业和绿色低碳循环经济产业发展为主线，积极推进全省经济社会发展绿色转型。以金融支持黄河流域生态保护和高质量发展作为全省绿色金融的重要实践，在全国范围内率先制定印发《甘肃省银行业保险业支持黄河流域生态保护和高质量发展实施意见》，引导银行保险机构把政策和资金聚焦到促进黄河流域生态保护和高质量发展的方向上，稳步推进绿色信贷、绿色债券、绿色资产证券化、绿色租赁、绿色保险等业务发展，加大对黄河流域生态保护关键领域、关键项目、关键工程、关键产业与薄弱环节的信贷支持和保险保障，为实现“点绿成金、化污为银”的绿色发展转型目标积极助力。积极支持兰州新区绿色金融改革创新试验区建设，目前，兰州新区对照绿色金融国家标准和国际标准，已经筛选出三批、共计 169 项绿色项目。持续拓展环境污染责任保险，截至 12 月末，全省环境污染责任险签单数量 325 笔，签单保费 651.04 万元，保险金额 7.42 亿元。

【持续推进风险防控及化解】稳妥推进重点法人机构风险化解。推动高风险机构化险工作，压实各市州政府属地责任、金融机构主体责任和行业部门监管责任，形成了地方党委政府高度重视、各职能部门协同配合、法人银行机构全力以赴的风险防范处置格局。持续巩固甘肃银行风险处置成效，制定《2021 年度甘肃银行风险处置化解监管工作方案》，密切跟踪异地业务风险化解进展情况，稳步推进甘肃银行风险有序化解。研究制定高风险农合机构三年（2021 年—2023 年）处置规划，督导分局和省联社指导机构按照“一行一策”要求逐家制定风险处置方案，多措并举推动加快全省高风险农合机构风险处置。

持续强化信用风险防控力度。督促银行业金融机构统筹做好应对不良贷款反弹的综合方案，加大不良贷款处置力度。督促机构做实资产分类，加强对处置过程合规性和真实性的监督检查，坚决纠正假出表、假回收、假置换行为。督促辖内银行机构严防贷款劣变，对新增逾期贷款保持高压态势，重点整治多次在结息日后还本付息、不催不还、故意逃废债、靠续贷还本付息等情况。推动银行保险机构积极与人民银行、公安机关、检察机关、人民法院等建立联动工作机制，加快司法处置进度，打击金融领域失信行为，加大企业逃废债打击力度，有效维护金融债权。推动省政府首次将银行业保险业重大金融风险防范化解工作纳入甘肃省县域经济发展综合评价考核体系。

强化股东股权管理和公司治理。督导机构持续优化股权结构，强化股东行为管理，加快推进股权集中托管，做好股权确权工作。建立银行保险机构违法违规股东公开常态化机制，探索完善股东承担损失的具体方式和机制，加强对违法违规行为的震慑力度。督促辖内中小银行保险机构依法确定关联方，加强关联交易管理，抓好关联交易专项整治，限时整改指标超标问题。支持配合中小银行保险机构加强和改进党的建设，明确辖内中小银行保险机构党的领导与公司治理一体化具体要求，推动中小银行保险机构把党的领导融入公司治理各个环节，目前全省 112 家农村中小机构已有 108 家机构建立了党委或党总支或党支部，105 家机构将党建工作写入公司章程。开展 2021 年公司治理监管评估，对辖内 2 家城商行、37 家农村商业银行开展 2020 年度公司治理监管评估。

做好其他重点领域风险处置。严格落实房地产贷款集中度管理制度和重点房地产企业融资管理规定，督促引导机构合理配置房地产资金供给，督促超限机构逐步整改，确保集中度整体稳定。防范信托业务风险，推动信托公司加大非标资金池信托清理力度。继续配合地方政府化解隐性债务，落实和优化联合授信、银团贷款工作机制，严控企业集团多头过度授信。加强对银行保险机构与互联网平台合作开展金融活动的监管，抓实反恐怖、反洗钱、反保险欺诈工作，常态化开展扫黑除恶工作，进一步清理规范联合贷、助贷业务，规范互联网保险、网络小额贷款等业务。扎实开展“内控合规管理建设年”活动，推动机构从“被动合规”向“主动合规”转变。

【全面提升监管质效】毫不松懈地抓好风险防范化解工作。一是加大高风险机构处置力度。持续加大不良处置力度，督促银行机构真实反映资产质量，做实资产分类。指导不良底数不实、拨备虚高的机构加快处置进度。充分发挥债委会防控风险作用，严防机构借风险处置之机掩盖不良。二是继续做好房地产风险防控工作。坚持房地产金融调控长效机制，促进房地产业良性循环和健康发展，督导机构落实好房地产阶段性调整政策，坚决遏制房地产金融化、泡沫化。三是高度关注地方政府隐性债务风险。建立风险预警监测机制，按照实质重于形式的原则，严密排查隐性债务风险，充分发挥地方政府在风险处置中的积极作用，妥善化解存量隐性债务，最大限度维护金融债权，严防发生处置风险的风险。

进一步深化银行业保险业改革。一是深化银行业改革。规范大型银行综合化经营，持续改善地方中小金融机构微观治理，督促资产管理公司充分发挥不良资产处置核心功能，引导信托公司向私募资管机构转型发展，坚决打破刚性兑付，逐步解决信托、租赁等机构注册地与展业地监管职责分工问题。支持金融业职业经理人制度建设和完善，引导全国性银行管理人才通过市场化机制流转到地方金融机构任职。二是深化农信社改革。认真落实深化农村信用社改革的总体要求，按照有利于提升金融服务能力、增强公司治理和风险防控能力的原则，尊重机构主体意愿和省政府整体改革安排，实事求是确定县域农信社的产权制度和组织形式，保持县域法人地位总体稳定。继续配合省政府在中央明确的总体原则和框架下，有序推进省联社改革试点。三是深化保险领域改革。规范发展第三支柱养老保险，稳妥推进个人养老理财试点。完善健康保险监管制度体系，积极推动发展商业医疗保险，规范保险机构参与长期护理保险试点。深化意外险改革，积极推动巨灾保险试点，提高安全生产责任保险保障水平。推进银保深度合作，指导保险机构加大对中小银行资本补充工具投资力度。

强化消费者权益保护。规范信访举报处理，整合接待、咨询、转送、调解等资源，设立“甘肃银保监局投诉、举报、信访接待中心”，为银行保险消费者提供“一站式”服务。截至2021年12月末，共接待处理银行保险消费投诉事项8013件，其中银行类投诉2475件，保险消费投诉共5538件，12378热线共受话127426通，记录有效工单44519件，12378热线成为消费者反映投诉事项的主要渠道。积极推进金融纠纷多元化解机制建设，2021年共处置信访举报945件，比上年增长39.59%。2021年受理银行业保险业纠纷调解11831件，调解成功11488件，调解成功率97.1%，调解成功金额为12.32亿元。做好灾害和事故应急处突工作，第一时间督促保险机构做好“5.22”黄河石林马拉松突发事件理赔工作，涉及保险公司8家，赔付金额1376.54万元，获得社会各方好评。

着力促进实体经济实现良性循环。经济平稳运行是防范化解金融风险的基石。完善金融支持创新体系，加大对先进制造业、战略性新兴产业的中长期资金支持。进一步提升新市民金融服务水平，有效满足新市民创业就业、购房安居、教育培训、医疗养老等方面的金融需求。配合相关部门落实落细各项金融纾困政策，强化小微企业和“三农”金融服务，持续做好金融助力乡村振兴各项工作。紧盯我省在特色产业和种业制造方面的比较优势，强化农业现代化关键领域的金融供给，推动农业保险“提标扩面增品”，助力补齐农业农村基础设施短板。稳步有序推进脱贫人口小额信贷，确保“应贷尽贷”。紧扣“双碳”目标推进绿色金融发展，创新绿色金融产品服务，着力推动煤炭清洁利用，支持能源资源保供稳价，防范绿色低碳转型中的金融风险。紧贴省情实际，推动《关于银行业保险业支持黄河流域生态保护和高质量发展实施意见》落地落实。

（罗敏）

经济管理

国资监管

【概述】2021年，面对疫情考验和经济环境的诸多不确定性因素，省政府国资委坚持以习近平新时代中国特色社会主义思想为指导，深入贯彻落实党中央国务院和省委省政府各项决策部署，紧盯全省“三个一”目标任务，加快推进国企改革三年行动，全面优化结构调整和产业布局，稳步提升经济运行质量效益。省属企业充分发挥主力军、稳定器、压舱石作用，主动克服困难，一手抓疫情防控，一手抓生产经营，奋力完成了全年调增后目标任务，实现了“十四五”良好开局。

【国有经济运行】着力强化经济运行调度。推动省属企业细分制订年度增长目标，加强经济形势分析研判，抢抓市场机遇，抓工业稳增长、抓效益增利润、抓保供促稳定。2021年省属企业实现工业总产值3209.95亿元、营业收入8019.23亿元、利润总额180.49亿元、净利润126.60亿元，比上年分别增长33.88%、12.64%、108.18%、117.58%；上缴税费226.23亿元，增长46.64%，各项经济指标实现历史最好水平，为全省经济总量迈上万亿台阶、一般公共预算收入突破千亿大关贡献了国资国企力量。着力强化全面对标管理。持续落实三年对标行动，指导省属企业开展全流程、全业务、全要素对标管理，有针对性地补短板、强弱项。发挥考核“指挥棒”作用，构建“两利四率”考核指标体系，指导省属企业加强成本管控，提升发展质量。2021年，省属企业成本费用利润率比上年提高1.07个百分点，成本费用增幅低于营业总收入增幅1.28个百分点，百元主营业务收入成本比上年降低1.42元，毛利率比上年增长1.41个百分点。着力强化项目支撑带动。深入研究国家区域发展战略和甘肃省“十四五”发展规划，结合编制省属企业“十四五”发展规划纲要，与省属企业逐户对接，谋划了一批补短板、调结构、增后劲的产业项目，建立了省属企业“十四五”项目库，入库项目589个，计划投资7921.08亿元。加强项目动态监测和分类调度，落实月调度、季分析、年考核工作机制，推动省属企业细化推进措施，压茬推进项目落地。2021年，省属企业全年完成固定资产投资1097.32亿元，其中，完成基础设施类投资777.02亿元，完成产业类投资320.30亿元，比上年增长20.87%。

【国资国企改革】中国特色现代企业制度不断完善。制定《关于省属企业在完善公司治理中加强党的领导的若干措施》《省属国有企业重大决策事项清单指引（试行）》，推动省属企业集团及重要子公司实现党委会决策事项清单、前置研究讨论事项清单全覆盖，党委在决策、执行、监督各环节的权责进一步明晰。全面落实“双向进入、交叉任职”领导体制，32户企业实现了党委书记、董事长“一肩挑”，28名党员总经理兼任了党委副书记，28户企业配备了专职党委副书记，200余名党委委员分别进入了董事会、经理层，企业党委在重大决策中的作用显著增强。深入推进外部董事占多数的规范董事会建设，修订规范董事会建设“1+19”制度体系，建立董事会决策事项评估、外部董事履职管理等长效机制，推动省属企业集团及重要子企业实现了董事会应建尽建。加快推进5户企业落实董事会职权改革试点，97%的省属企业重要子企业建立了落实董事会职权制度，董事会定战略、作决策、防风险的作用有效发挥。积极稳妥推进混合所有制改革。积极推进混改专项工程，指导5户已混改企业全面总结经验做法，5户拟混改企业积极探索破解“引资难”问题的有效途径。积极推动混改项目落地，建立领导包抓、集中推介等工作机制，推动省属企业以园引资、以链招商，吸引非公资本参与混改，2021年实施混改项目77个，混改户数占比达到53.18%，较年初提高6.89个百分点，混改企业营业收入、利润总额分别占到省属企业64%和80%。积极推进资产证券化，华龙证券首发上市监管意见书申请材料证监会机构部已受理；金川集团积极解决影响上市相关问题，完成甘肃证监局辅导备案；农垦集团成功并购民营上市公司庄园牧场，打造“种—养—加—销”全产业链企业。积极推进混改企业转换机制，305户混改企业建立规范董事会，非公股东委派董事420人、监事210人，对536名经理层成员实行任期制契约化管理，其中53户混改企业市场化选聘职业经理人82名。加快转换市场化经营机制。大力推行经理层成员任期制和契约化管理，省属企业符合条件的1131户各级次企业中，有1121户已实行，占比99.12%，在商业类子企业市场化选聘职业经理人115人。持续深化企业三项制度改革，修订了省属监管企业负责人经营业绩考核办法、省属国有企业负责人薪酬管理办法，2021年省属企业有39.07%管理人员实行竞争上岗、2.9%实行末等调整或不胜任退出，99.28%新进员工实行公开招聘。灵活开展中长期激励机制，完成4户混改企业员工持股试点和2户科技型企业股权激励，在酒钢祁牧乳业探索实施超额利润分享机制，构建风险共担、利益共享的共同利益体。不断提升国资监管效能。着力提升依法监管能力水平，修订《省政府国资委规范性文件制定管理暂行办法》，制定规范性文件立改废方案，全面清理近年来出台的规范性文件，评估和调整优化国资监管权责清单、审批事项清单、授权放权清单，增强国资监管系统性、针对性和有效性。不断提升国资监管效能，修订了外部董事和财务总监管理办法，制定了监事会监督检查工作指引，建立并严格落实省属企业重大决策事项财务总监联签、违规经营投资责任追究报告、外部董事和监事会向出资人报告工作等制度。认真完成“三重一大”决策和运行监管系统、大额资金动态监测应用系统试点。加快推进省级经营性国有资产集中统一监管，制定了《省级党政机关和事业单位集中统一监管工作指引》，指导相关省直部门分类完成255户企业和经营性事业单位分类处置，省级经营性国有资产集中统一监管率达到99%以上。

【资本布局结构优化】加快改造提升传统产业。加大传统产业“三化”改造投入，推动有色冶金、装备制造、煤炭化工等传统产业向产业链价值链中高端迈进，主动应对跨周期的市场竞争的需要。2021年，省属企业实施“三化”改造项目278个，完成投资51.28亿元。酒钢宏兴公司、兰石集团、电气集团天水电气传动所、金川集团电线电缆公司、国投集团三毛实业公司5户企业被工信部列为国家级绿色工厂。金川集团、酒钢集团、白银集团、兰石集团、电气集团、建投集团6户企业建成30个省级智能工厂和数字化车间。“酒钢私有云”平台获甘肃省冶金有色工业科技进步二等奖，“兰石云”平台获工信部制造业与互联网融合发展试点称号。省属企业上云率达到65%，重点企业生产设备联网率达到40%以上。大力发展壮大新兴产业。抢抓黄河流域生态保护和高质量发展、“新基建”和“双碳”等机遇，加快推动国有资本向文化旅游、中医中药、工程咨询、数据信息、新能源等新兴产业聚集，形成新动能。电投集团积极参与瓜州、金昌源网荷储综合碳中和示范基地项目建设，已启动550MW光伏发电和200MW风电项目建设；酒钢集团联合华润电力等央企参与河西走廊多能互补新能源消纳示范区建设，首批100MW风电机组并网发电。电气集团着力打造新能源电气系统集成服务商，全年新能源项目订单占订单总量的13.9%。文旅集团大力推进资源整合和市场开拓，取得省内5个4A级景区运营权，自主开发的“漠迹”文旅平台注册用户超过16万人。信息港公司积极参与“数字甘肃”建设，布局发展工业互联网、数字社会、网络安全、数据信息等产业。认真落实“1+N+X”政策体系。推动省属企业积极参与甘肃打好产业基础高级化产业链现代化攻坚战专项行动，12户省属企业勇当“链主”，围绕22条产业链，全年实施产业链项目70个，完成投资70.71亿元。金川集团积极推动“原材料”变“新材料”，大力发展高纯金属、高温合金、高端粉体等新材料，高纯镍、钴、铜占全球半导体溅射靶材领域20%的市场份额，汽车尾气催化剂用贵金属产品占国内高端应用领域60%的市场份额。靖煤集团以煤炭清洁高效气化气综合利用项目为载体，向煤制烯烃、煤制化肥和煤矸馏等煤化工产业链延伸，由煤炭采掘向精深加工高效利用转型。强化科技创新赋能发展。加大科技创新投入，完善省属企业研发投入考核激励机制，建立研发费用视同利润加回等制度，2021年省属企业研发投入91.36亿元，比上年增长25.98%，研发投入强度达到2.38%，其中金川集团、兰石集团、科技集团、电气集团、药业集团等5户企业达到3%以上。加强关键技术攻关，建立省属企业与中科院兰州“一院三所”等院所高校协同创新机制，形成了“企业出课题、院所搞攻关，院所研发成果、企业承接转化”的合作模式。加快创新平台建设，金川集团、酒钢集团、兰石集团、公交建集团4户企业分别牵头组建4个创新联合体，省属企业拥有国家级研发平台23个、产业技术创新联盟40个。积极推进省属企业开放合作。省政府与国务院国资委共同举办了中央企业助力甘肃乡村振兴和高质量发展座谈会，相关市州和省属企业与46户中央企业签订116个合作项目，总投资4500多亿元，截至2021年底，116个央地合作项目已开工80个，开工率68.97%，累计完成投资577.02亿元。推动省建投集团等4户省属企业与国家管网集团合作组建了甘肃省管网公司。积极开展国际化经营，支持省属企业积极走出去参与“一带一路”和西部陆海新通道沿线国家和地区重大基础设施项目建设，走出去开展对外投资合作、参与境外资源开发，拓展国际市场，2021年，省属境外企业实现营业收入495.69亿元、利润总额22.76亿元，创历史最好水平。

【国有企业党的建设】持续推进党建工作与生产经营深度融合。落实管资本管党建责任，对省属企业2020年度党建责任制落实情况进行了考核评价，召开了省属企业党组织书记抓基层党建述职考核评议会，开展国企党建30项重点任务和党建质量提升三年行动回头看，开展党建融入生产经营典型创建活动，持续推进党支部建设标准化和“四抓两整治”，每月对基层党支部开展党内生活情况进行线上督查，18户省属企业经验做法被“学习强国”连续刊载，70个党支部被评为“全省标准化先进党支部”，及时整治11个软弱涣散党组织。深入推进人才队伍建设。召开2021年度省属企业人才工作座谈会，深入实施省属企业人才队伍建设三年规划，2021年，省属企业共招聘录用高校毕业生9132名（含高职），引进本科以上人才6393名、完成年度计划任务的125%，引进高层次和急需紧缺人才1121名，推荐10名甘肃省领军人才、21名陇原青年英才；与清华大学等高校、华润集团建立了联合育才机制，培训企业经营管理人员200多人次。制定了《省属企业人才培育工程实施方案》，分层分类推进经营管理人才、党务工作人才、专业技术人才和高技能人才“四支队伍”培育。完善省属企业人才引进、分类评价和激励保障等机制，大力推行经理层市场化管理、高层次人才协议工资、科技成果转化收益提成、股权和分红激励等措施，营造人才成长良好环境。纵深推进全面从严治党。召开省属企业党风廉政建设和反腐败工作会议、省属企业负责人警示教育大会，督促省属企业建立全面从严治党主体责任清单，压实企业党委主体责任、党委书记第一责任人责任和班子成员“一岗双责”。会同驻委纪检监察组加大重大项目、并购重组、境外投资、国企混改等关键环节和重要领域监督，严肃查处靠企吃企、关联交易、设租寻租、利益输送等问题，督促省属企业处理信访举报和问题线索472件，立案87件，运用监督执纪“四种形态”处置559人次。

【履行社会责任】汇聚国资国企力量助力乡村振兴。积极投身脱贫攻坚与乡村振兴有效衔接，协调相关市州与18户央企对接形成了25个乡村振兴项目，计划投资82.93亿元，截至2021年底，已开工21个，完成投资9.19亿元。协调11户中央定点帮扶企业、79户归口管理企业2021年投入帮扶资金4.87亿元，实施帮扶项目1130个，帮助解决就业及劳务输出29131人，通过员工福利等方式采购消费“甘味”农产品4.84亿元。积极与中粮集团等央企对接，大力推广“甘味”品牌、多渠道销售“甘味”农产品，推动中粮集团与农垦集团在牧草种植、乳制品加工、农产品销售等方面开展合作，与陇南祥宇油橄榄公司在橄榄油产品开发、供应销售、品牌营销等方面开展合作。推动安全稳定和生态环保工作。持续推进安全生产三年整治行动，2021年省属企业未发生较大以上生产安全事故。指导省属企业坚持生态优先、绿色发展，严格落实能耗“双控”制度，加快产绿色转型。深入做好平安建设工作，督促省属企业排查化解各类信访矛盾问题1126件，督促相关省属企业及时解决农民工欠薪问题，为甘肃社会和谐稳定作出积极贡献，省政府国资委连续三年被省委省政府评为平安甘肃建设优秀单位、被省信访工作联席会议评为全省信访工作全面达标且工作成绩突出单位。坚决守住不发生重大风险的底线。建立健全《省属企业资产负债约束实施意见》等7个风险约束制度和大宗商品贸易业务等9个重大风险点约束管控办法，严控非主业投资和高风险业务投资，提升资源配置效率。建立投资项目负面清单，设定“禁止类”和“特别监管类”投资项目，强化事前规范、事中监督、事后评价，防范投资风险。实施负债总规模与资产负债率双重管控，省属企业“两金”占本年度流动资产的比重下降2.83%，资产负债率62.99%，处于全国国有企业良好值与平均值之间。落实省委省政府要求，协调省属企业设立了首期规模50亿元的甘肃省国企信用基金，已投放27.04亿元，同时，为兰州建投集团提供了14.81亿元的融资支持，帮助兰州建投集团化解债务风险。积极助力疫情防控。2021年，在全省全力打赢疫情防控遭遇战期间，省政府国资委严格落实省委、省政府疫情防控工作要求，定期召开省属企业疫情防控调度会，围绕打赢疫情防控遭遇战、阻击战进行工作部署和督导。各省属企业在严密做好自身疫情防控的同时，积极履行社会责任，一手抓防疫、一手抓生产，为疫情期间确保居民水、电、蔬菜等急需物资供应充足作出了积极贡献。靖煤集团、窑煤集团科学调整生产作业，提高煤炭产量和运输效率，确保全省工业和居民生活用煤；省农垦集团有效保障“菜篮子”“奶瓶子”等生活物资供应；药业集团即使向甘肃红十字会捐赠价值72.77万元药品；科技集团、金川集团及时做好应急生产准备，优先保障防护物资所需基础原材料和消杀物资生产；民航机场集团、公航旅集团、物产集团、文旅集团等企业第一时间强化机场、高速公路服务区运营管理，坚决堵住疫情防控漏洞，全力保障运输畅通要求。

【国企三年改革行动主要成效】全省国资国企聚焦“三个明显成效”目标，扎实推进各项改革措施落实，截至2021年底，已完成改革任务的80%，超进度完成任务。金川集团入选全国国有企业管理标杆企业创建名单，省化工研究院公司获评全国“科改示范”优秀企业，科技集团兰州助剂厂获得国家专精特新“小巨人”企业称号，公航旅集团等5户省属企业入列中国企业500强。去年7月，甘肃在全国地方国企改革推进会议上交流经验；今年1月，国务院国资委党委书记、主任郝鹏同志在全国地方国资委负责人会议上，对甘肃国企改革三年行动工作机制、混合所有制改革、产业转型升级、集中统一监管、推进央地合作等工作给予充分肯定。

（魏代虎）

市场监督管理

【市场主体】2021年，全省新设立市场主体30.98万户，累计达到203.27万户，注册资本达到4.86万亿元，比上年分别增长10.4%、8.87%和10.4%。全省个体工商户达到139.61万户，资金数额0.17万亿元；私营企业50.63万户，注册资本（金）3.22万亿元；农民专业合作社9.75万户，出资总额0.26万亿元，成员总数79.69万个。非公经济市场主体累计达到199.99万户，占市场主体总数的98.39%。全省累计登记注册外商及港、澳、台商投资企业2396户，注册资本330.04亿美元。

【登记注册】印发《甘肃省关于深化“证照分离”改革进一步激发市场主体发展活力实施方案》，共梳理出359个改革事项，按照直接取消审批、审批改为备案、实行告知承诺、优化审批服务4种方式分类实施改革。积极做好“证照分离”改革全覆盖信息化保障，为全省45个涉改部门提供信息推送接收交换平台，保障“证照分离”全覆盖信息化支撑，全面推行“证照分离”改革，破解准入不准营难题。印发《甘肃省市场监督管理局关于进一步加大市场主体培育力度开展便企服务“甘快办”的通知》，制定了“送照到家”等10条措施，将企业登记注册从“跑多趟”变为“一趟都不跑”，实现“不见面审批”。开辟绿色通道，开展政策宣传、咨询和业务帮办，积极帮助具有一定规模的个体工商户转型升级为企业，持续加大“个转企”服务力度，全省共完成个转企5900余户。

【信用监管】坚持以信息化推进信用监管现代化，依托甘肃省市场监管局登记注册系统和甘肃省部门协同监管平台，指导开发法定代表人“黑名单”移出、信用修复“网上办理”系统，实现了全省通办、全程网办、智能即办。全省市场监管系统移出法定代表人“黑名单”37人，移出经营异常名录企业（含农专社）7500户，恢复经营异常状态个体工商户34514户，办理行政处罚信息信用修复67户。制定出台《甘肃省市场监管局重点领域信用监管工作实施方案》，推进直接涉及公共安全和人民群众生命健康的市场监管重点领域信用监管，不断完善企业信息公示、信用承诺、“双随机、一公开”监管、信用风险分类管理、失信惩戒、信用修复等制度举措，进一步提升监管效能。在甘肃省“互联网＋监管”系统上开通了信用监管工作模块，利用大数据分析，将企业信用分为信用状况优良、信用状况良好、信用状况一般、信用状况偏低、信用状况低五类，实施企业信用分级分类监管。同时将企业信用风险分类结果应用于“双随机、一公开”抽查等日常监管活动，合理分配监管资源，实现对不同信用风险等级企业的差异化监管。

【行政许可】研究制定《甘肃省市场监管系统推行“证照联办”改革实施方案》，提出在部分食品许可领域实行“流程接续、业务衔接、并联审批、限时办结”的“证照联办”模式，压缩办理时间，精简申请材料，强化部门协同联动和无缝对接，让市场主体办事更加快捷、方便。完成《甘肃省推进高频政务服务事项“跨省通办”“省内通办”工作实施方案》规定的23项“跨省通办”、17项“省内通办”任务，“跨省通办”“省内通办”分别达到了方案规定比例的100%。按照一体化政务服务平台电子证照标准和技术规范，完成工业产品生产许可证、食品生产许可证等行政许可证书的电子证照模板制定工作，自建业务系统签发的15类证照全部完成了对接，行政审批结果在制发纸质证照的同时，同步汇聚数据信息至全省一体化政务服务平台统一电子证照库。共办理食品生产许可18件、工业产品生产许可证96件、食品相关产品67件、计量标准器具核准等计量类许可368件、特种设备类许可170件、检验检测机构资质认定336件、“三品一械”广告4583件，共邮寄各类证书及批件485件。

【综合行政执法】全省系统查办案件9943起，罚没款10195.43万元。推进双打工作，推动“两法衔接”平台系统的运用。销毁侵权假冒伪劣商品3万余件，总价值达200余万元。组织开展2021民生领域案件查办“铁拳”行动，上报典型案例9批次96起，曝光典型案例4批次38起，召开新闻发布会2场次。开展农村假冒伪劣食品专项执法行动，查办案件1086件，罚款655.47万元。开展打击整治非法制售口罩等防护用品专项行动，查办案件456件，罚没金额290.84万元。开展打击市场销售长江流域非法捕捞渔获物专项行动，检查各类市场主体24.8万家（次），对电商平台行政指导928次。建立平安甘肃建设联络员协调机制，开展扫黄打非、涉稳风险排查、文娱整治、跨境赌博、电信诈骗等各类综合治理行动成效显著，被中宣部表彰为2021年度全国“扫黄打非”先进集体。推进常态化扫黑除恶斗争，组织开展市场流通领域整治等常态化扫黑除恶专项治理，受到国家总局通报表扬。

【反垄断工作】对贯彻落实新修订的《公平竞争审查制度实施细则》做出全面安排部署，着力优化调整公平竞争审查工作联席会议制度。全年为省直部门和市州政府提供有关公平竞争政策咨询意见82件（次）；全省共审查政策措施4982件，其中修订废止81件；清理存量政策措施33502件，修订废止29件，适用例外规定2件。着眼提升质量，积极开展公平竞争审查第三方评估，在成功试点的基础上，组织对10个省级成员单位和8个市州政府开展第三方评估，提高审查质量和效果，推动公平竞争审查制度深入实施。积极配合总局开展有关案件调查工作，并及时上报调查情况，组织核查其他涉嫌垄断线索9条。持续强化监管，加大滥用行政权力排除、限制竞争行为查处力度，组织摸排甄别行政性垄断问题线索22件，立案调查滥用行政权力排除、限制竞争案件5起，办结3起。与青海省市场监管局签署《反垄断执法和公平竞争审查工作合作协议》，建立反垄断和公平竞争审查区域合作机制，助力兰西城市群建设高质量发展。

【价格监督检查和反不正当竞争】开展明码标价“护源”专项治理行动，建立并启动绿、黄、红三色预警机制，查办不明码标价案件352件，罚款96.2万元。检查医疗服机构355个，查办违法案件43件，责令退还违法所得61.3万元、罚没款1751.9万元，对8家省属公立医院违法行为实施了行政处罚。开展清理规范城镇供水供电供气供暖行业收费专项治理行动，检查相关单位891个，查办案件35件，实施经济制裁922.1万元。开展节日市场及粮食市场、停车场、殡葬行业价格秩序专项治理，保证特殊时期和相关领域价格稳定、收费合理。开展“治理涉企收费、减轻企业负担”专项行动，对全省中介机构、行业协会商会、交通物流领域收费进行了交叉检查，检查相关单位和市场主体228个，查出涉嫌违规问题48个，涉嫌违规收费金额4633.49万元。组织全省22家政策性银行和商业银行开展自查自纠，督促退还违规收费977.91万元。对4家商业银行违法违规收费行为进行立案处理，责令退还违法金额1752.24万元，罚款400.19万元。开展义务教育阶段学科类校外培训收费专项整治，配合做好“双减”工作。开展重点领域反不正当竞争执法专项行动，查处案件98件，实施经济制裁181.91万元。确定白银和兰州新区为全省商业秘密保护试点基地。查处传销案件5件，实施经济制裁2842.8万元。查处违规直销案件3起，实施经济制裁14.3万元。做好新冠肺炎疫情防控期间保供稳价工作，受理价格投诉举报676件，现场责令整改问题2500多起，下发《责令改正通知书》644份，查办价格违法案件375件，曝光典型案例232件，处置舆情25件。

【网络交易监管和消费者权益保护】召开全省网络市场监管部门联席会议，动员部署全省2021网络市场监管专项行动（网剑行动），依法开展网络市场专项整治，检查网站、网店1.56万个次，督促网络交易平台删除违法商品信息212条，责令整改网站218个次，提请关闭网站24个，责令停止平台服务的网站9个次，查处各类涉网案件52起，罚没款152.98万元。案件数和罚没款分别比上年网剑行动增长136%和534%。深入“开展放心消费承诺活动”，消费环境持续优化，消费者权益保护进一步提升。累计创建放心消费单位7173家，其中2021年新增放心消费创建单位2123家，打造5条放心消费街区，消费环境进一步优化。推动“线下购物无理由退货”工作，促进消费者权益保护提升，累计创建线下无理由退货单位711家，退货金额296万元。推进消费投诉信息公示，保障消费者知情权和选择权，全省公示消费投诉63次。严厉打击侵犯消费者权益行为，查处各类侵害消费者合法权益案件2888件，罚没款3511.9万元。创新消费纠纷多元化调处模式，在全省系统推广兰州新区消费纠纷诉前调解模式，有效地降低了消费维权成本，净化了消费环境。深入开展3•15国际消费者权益日消费宣传教育引导，不断增强消费者的维权意识和能力。12315系统共接收登记群众反映问题共计44.84万件，为消费者挽回经济损失8968.82万元，比上年分别增长9.71%、34.04%。组织开展校外培训机构利用不平等格式条款侵害消费者权益等专项整治工作。

【广告监管】全面加强校外培训广告常态化监管，推动“双减”工作落实落细。积极开展对互联网和传统媒体的广告监测工作，及时处理监测发现的涉嫌违法广告线索。通过人工监测和总局平台派发涉案线索，向综合行政执法局移送6起，平台公布的76条涉嫌违法广告线索均得到处理，完成了总局要求的查看率和处理率均达到100%的目标。按照“双随机、一公开”工作安排，对9个市、州的30家企业联合开展入户兽药广告检查；对8个市、州的25家企业涉及发布“三品一械”广告审查批准情况进行实地检查，及时将检查结果录入“互联网+监管系统”，面向社会公示。发布《关于加强广告宣传导向审查的提示》，认真开展借党史学习教育和建党100周年系列庆祝活动之名进行商业炒作牟利的专项整治活动。加强行政指导，多次组织媒体负责人召开约谈会，对多家媒体进行工作约谈，下发整改通知书19份，整改各类涉嫌违法广告430余条次；公开曝光10起违法广告典型案例；全省共查处各类违法广告案件201起，罚没款446.15万元；其中兰州市七里河区市场监管局查处的一起广告案件被国家市场监管总局评为全国十大典型案例之一。

【质量发展】省政府授予古浪县八步沙林场、兰州佛慈制药股份有限公司、金徽酒股份有限公司第七届甘肃省人民政府质量奖，授予甘肃虹光电子有限责任公司等五家单位第七届甘肃省人民政府质量奖提名奖；继续保留2015年度省政府质量奖获奖单位酒泉奥凯种子机械股份有限公司、甘肃滨河食品工业（集团）有限责任公司两户企业的甘肃省人民政府质量奖荣誉称号，撤销甘肃圣大方舟马铃薯变性淀粉有限公司甘肃省人民政府质量奖荣誉称号。推荐9个组织和5名个人申报参评第四届中国质量奖，古浪县八步沙林场荣获第四届中国质量奖提名奖。牵头起草《关于开展“陇字号”品牌评价认证推动高质量发展的指导意见》，推动“甘肃产品”向“甘肃品牌”转型升级。印发《全省质量基础设施“一站式”服务实施方案》，拨付资金240万元支持兰州、金昌、白银、定西、敦煌、徽县等地开展试点，金昌市“一站式”服务模式被市场监管总局列入全国为民办实事典型案例进行宣传推广。组织全省开展“质量月”宣传活动，取得良好宣传效应。督促各地落实消费品召回工作职责，指导各地做好消费品召回管理工作。

【产品质量安全监管】制定《甘肃省重点工业产品质量安全监管目录（2021年版）》，对质量安全风险较高和社会关注度高的131种工业产品强化重点监管。首批设立26个产品质量安全风险信息监测站。对11大类95种产品开展2831批次省级质量监督抽查，监督抽查合格率91.65%，不合格产品发现率8.35%。开展非医用口罩、塑料污染治理、车载卫星导航设备产品质量安全“三查一打”、涉及儿童和老年群体的“2021年儿童和学生用品安全守护行动”以及儿童老年用品“护苗助老关爱行动”、电线电缆质量安全“联查联打联治”、化肥领域“提质量保供应稳价格”六项专项监督检查。开展了国家储备棉出库公正检验工作，完成储备棉出库仪器化公证检验5085吨。按照“双随机、一公开”原则，抽取60家企业开展证后监督检查。检查食品相关产品新发证企业33家，其中合格企业28家，注销不合格企业3家。新发证化肥企业6家，其中合格企业5家，不合格企业1家。全年共下达食品安全抽检监测计划108962批次，食品抽检量稳定保持在4批次/千人，完成省级（含国转移）食品安全抽检监测任务13752批次，不合格/问题发现率为4.07%；市、县级抽检监测计划完成111791批次，不合格/问题发现率为3.22%。全省食品安全抽检核查处置任务共4388件，处置完成4055件，处置完成率达到92.41%，立案1869件，立案率42.59%，没收违法生产经营的食品货值14.6万元，没收非法所得44.9万元，下架、封存、召回不合格食品8.9万公斤，罚没金额1297.2万元。国、省级核查处置到期案件完成率达到100%。

【特种设备安全监察】检查特种设备36054台，排查整治隐患4150项，全省油气长输管道定期检验覆盖率100%，气瓶充装站建立并使用充装信息平台覆盖率96.5%。检查特种设备生产、经营、使用及检验检测单位24079家，下发安全监察指令书3202份，立案查处241件，责令停产停业41家，查封扣押设备513台，实施经济处罚722.5万元，受理并办结相关投诉举报643件。全面加强电梯安全监管，组织开展“安心乘梯守护行动”“电梯安全宣传周”等活动，应急处置平台在用直梯7.96万台，进入率97%，电梯刷卡维保率89.25%，累计处置电梯困人5626次，解救被困人员14222人次。智慧监管效能进一步提升，平台隐患设备率年平均值下降至2.19%，设备检验率年平均值提升至98.1%。全年完成考核发证25335人项，审核换证18136人项。组织做好特种设备无损检测人员取复证工作，全年完成考核发证603人项，完成审核换证553人项。组织开展5期特种设备安全监察员（B类）取证培训考核工作，共计培训709人。

【计量工作】市场监管系统各级计量技术机构全年共检定、校准各类计量器具157.6万台件，其中强制检定计量器具141.4台件，为各类市场主体免收强制检定费用1.16亿元，有力保证了全省量值统一和准确可靠。深入开展“计量服务中小企业行”活动，充分发挥计量政策及技术在帮助企业质量提升方面的作用。加强计量专业人才队伍建设，组织开展了全省计量标准考评员技能提升培训考核，举办了全省计量管理能力提升示范培训班，鼓励计量从业人员报考参加注册计量师考试，为符合条件人员进行注册。组织开展国家电网甘肃省电力公司智能电能表状态评价及更换试点工作，共计节约资金1.28亿元，并减少了巨量的电子垃圾，为全省绿色低碳发展做出贡献。按规定时限完成了第一、第二轮省局中央生态环境保护督察反馈问题整改任务。整理编写了《军民融合地方计量技术机构示例名录库》。

【标准化工作】下达地方标准制修订计划4批242项，审核发布地方标准241项，地方标准体系更加优化完善。企业标准自我声明公开和监督制度持续实施，全省共有3244家企业公开12308项标准，涵盖23513种产品。累计发布团体标准84项，团体标准活力充分释放。按照“双随机、一公开”的方式抽取267项团体标准和企业标准样本，开展了比对评价以及不合规标准的整改落实等后处理工作。在现代农业、美丽乡村、农村人居环境、高端装备制造、养老服务、商贸流通、医疗服务等领域持续开展标准化示范试点项目48个，传播了标准化理念，推广了标准化经验，有力地推动了全社会运用标准化方式组织生产、经营、管理和服务。新开发的“甘肃省地方标准管理系统”正式上线运行，进一步理顺了标准申报程序，畅通了标准申报渠道，实现了标准申报全过程线上办理，提升了标准化管理效能，方便了群众办事。

【认证认可与检验检测监管】2021年，全省各类认证证书达16613张，比上年增长10.21%。坚持服务检验检测市场化发展，鼓励民营企业和其他社会资本投资面向社会的检验检测服务。全省1115家获证检验检测机构，检测收入达41.67亿元，从业人员2.58万人。强化认证认可检验检测监管，组织检查认证机构9家，获证组织25个、认证40张，移交处理5家认证机构。加强部门协同联合监管，推进“进一次门、查多项事”，首次联合生态环境等七部门通过互联网监管平台抽取了34家获证检验检测机构，重点行业抽取检查24家，处理问题机构38家；组织开展全省冬季道路交通安全整治百日会战行动，联合公安交管部门对9市38家获证机构开展检查，处理问题机构38家，注销检测资质1家。开展打击货车非法改装行为，对电动自行车、电线电缆、家用燃气灶具、车载卫星导航设备等强制性产品进行质量安全排查，检查率达64.38%。

【食品安全监管】出台《甘肃省食品安全举报奖励办法》，印发《甘肃省食品安全重点工作安排》《甘肃省基层食品安全委员会办公室规范化建设指导意见》，制定市州政府和省食安委成员单位《考核细则》，加大督查考核力度，推进工作落实。建立食品小作坊全程管控体系，实现信息公示规范、管理制度规范、生产条件规范、过程控制规范、生产记录规范“五个规范”。全省乳制品生产企业产品自检自控率达到100%，全省建立实施HACCP体系的乳制品、肉制品生产企业127家，取得各类食品质量安全体系认证企业77家，占比达到43%。实施智慧管理，全省食品生产企业的平台加入率为93%，平台使用率达到73.2%以上。加强食品流通领域监管，对全省各类食品销售主体195461户进行智慧监管，全面加强手机APP应用，以大中型超市、食品（含食盐）批发企业、第三方仓储、物流电商为主的食品销售企业仓储场所积极安装可视化设备，全省“阳光仓储”接入率达到84%。查处不符合食品安全标准的食品（食用农产品）案件718起、8528.75公斤，案值105万余元，罚没金额426万余元。全省餐饮服务单位持证率100%，加入电子追溯监管平台68456家。全省实施“明厨亮灶”98371家，实施率93%，其中视频式45357家，透明式40722家，开放式12292家，“互联网+明厨亮灶”25066家。

【商标专利监管】2021年，全省商标有效注册量15.75万件，比上年增长17.17%，新增地理标志商标4件，累计有效地理标志商标151件。有效发明专利拥有量1.02万件，增长22.31%，每万人口高价值发明专利拥有量1.37件，增长17.09%；发明专利授权2253件，增长55.81%，PCT国际专利申请32件；地理标志证明商标新增7件，达到153件；新增知识产权质押融资金额7.05亿元，增长9.5%；地理标志专用标志使用企业增至223家，实现了“十四五”良好开局。商标和地理标志品牌培育保护工作成效显著，“甘味”“陇字号”“兰州牛肉面”商标注册取得突破性进展。制定印发《甘肃省地理标志产品保护示范区建设管理办法》，靖远文冠果油、靖远枸杞等9个地理标志产品纳入国家地理标志运用促进重点联系指导名录，陇南武都油橄榄、武都花椒和定西安定区马铃薯获批筹建国家地理标志产品保护示范区，知识产权公共服务体系不断完善。

【知识产权保护运用】省委省政府印发《甘肃省知识产权强省建设纲要（2021—2035年）》。颁布实施省级专项规划《甘肃省“十四五”知识产权保护和运用规划》。印发《2021年全省知识产权工作要点》《2021年全省知识产权工作任务台账》《2021年甘肃省深入实施知识产权战略加快建设知识产权强省推进计划》，细化2021年工作任务和措施。制定印发了《2021年全省知识产权保护工作检查考核工作方案》，首次启动对各市州、兰州新区知识产权保护工作检查考核工作。中国（甘肃）知识产权保护中心建成运营。构建知识产权纠纷多元化解机制，联合省商务厅推动省内电子商务平台建立知识产权保护制度，联合省法院印发《关于开展知识产权纠纷行政调解司法确认有关事项的通知》，联合省公安厅印发《关于加强协作配合强化知识产权保护的实施细则》。成立甘肃省知识产权纠纷人民调解委员会，支持兰州仲裁委设立知识产权仲裁院，协调相关调解机构入驻人民法院调解平台，各调解机构已接收人民法院委托知识产权调解案件463件、成功调解13件。印发《甘肃省中小微企业知识产权质押融资办法》《甘肃省知识产权质押融资“入园惠企”行动方案（2021—2023年）》。全年新增专利权质押融资20笔，质押专利139件，融资金额5.34亿元。落实2020年度知识产权奖补资金974万元。

【药品监管】持续深化“放管服”改革，深入推进“放管服”改革优化营商环境提质提标活动，省级89项行政服务事项实现“一次都不跑”、承诺办理时限较法定事项压缩67.05%，全年受理办结各类审批和服务事项7823件，100%实现零超时，在全省持续处于领跑地位。完善甘肃道地药材标准体系和技术指导原则，完成136个甘肃省中药材标准的制定、修订工作，出版发行《甘肃道地药材志》《甘肃省中药材标准》（2020年版），发布5批共155个品种甘肃省中药炮制规范，修订完成《甘肃省中药炮制规范》（2009年版），完成224个品种中药配方颗粒地方标准的制修订工作并向社会及时进行了发布。制修订24个审评检查相关程序文件，完成各类许可认证、检查、技术审查事项895件，提升了审核查验效能。受理全检新冠病毒疫苗样品620批（2.009亿剂），发出617批次（1.989亿剂）全检批签发合格报告，疫苗批签发能力大幅提升。全省疫苗配送企业、疫苗接种点日常监督检查实现2轮全覆盖，发现的120个问题隐患全部整改到位，疫苗全程冷链管理能力有效提升，储运、接种信息化追溯数据100%上传。完成各类检品并发出报告9621批次，比上年增长49.9%，其中完成国家药品抽检4个品种628批次任务，完成医疗器械国家监督抽样11个品种26批次任务，检出不合格产品14批次，异常产品31批次，均移交当地监管部门核查处置。清理取消第一类医疗器械备案产品37个。开展中药制剂和中药饮片生产、含兴奋剂药品生产经营、儿童化妆品专项检查，开展化妆品“线上净网、线下清源”和医疗器械“清网”专项行动，累计查办“两品一械”案件698件，比上年增长11.15%，罚没款2111万元，行政处罚案件增长率10.26%，案件信息公示率100%，全省未发生“两品一械”安全事件，有效保障了人民群众用药用械用妆安全。加强碳离子治疗系统上市后监管，治疗患者383名。加快构建“一体两翼”工作格局，选取省内27家药品上市持有人、12家医疗器械注册人备案人、9家化妆品生产企业、51家三级医疗机构开展药物警戒工作，检查覆盖率分别达到73%、11%、64%、100%。收集分析评价药品、医疗器械、化妆品不良反应病例报告25831、7938、2588例，比上年分别增长13.3%、31.5%、39.1%，风险预警信息得到有效管控。全程持续督导保障兰州生物所新冠病毒疫苗委托分包装生产线供应和质量安全，累计保障分装生产新冠病毒疫苗2.3亿剂，供应甘肃2100万剂，为全省疫情防控提供了重要的资源保障。提升应急审批的“甘肃方剂”质量，宣肺化浊颗粒等3个传统中药制剂快速备案并调剂使用，有近185万袋深度融入新冠肺炎预防、治疗和康复全过程，为全省在1个周期内战胜疫情做出了难能可贵的贡献。

（金光元　陈广宏）

统计

【党的建设】紧紧围绕国家统计局和省委、省政府关于统计工作的重大决策部署，强化党建引领，坚定不移推进全面从严治党。局党组始终把政治建设摆在首位，突出政治统领，强化理论武装，深化机关党的建设，为全省统计高质量发展提供了坚强的政治和组织保证。一是深入学习宣传贯彻党的十九届六中全会精神，通过党组会议、党组（扩大）会议、理论学习中心组（扩大）会议等专门安排部署贯彻落实工作，采取集中培训、专题研讨、辅导讲座、在线学习等多种形式学习宣传贯彻。二是认真履行全面从严治党主体责任，将全面从严治党的思想政治学习贯穿于统计改革发展中，党风廉政建设和统计行风建设得到进一步加强。三是及时制定局党组落实意识形态工作责任制整改工作方案、意识形态工作责任清单、意识形态工作责任制细则，将意识形态工作纳入党建工作责任制，做深做实思想政治工作。四是进一步巩固深化全国文明单位创建成果，深入实施公民道德建设工程，持续拓展群众性精神文明创建活动，推进志愿服务活动常态化，充分展示“全国文明单位”职工的精神风貌和良好形象。五坚持推进党组织标准化规范化建设，不断提高发展党员质量，持续抓好“一活动两行动”，积极开展“四察四治”专项行动，全体党员干部履职尽责的责任感、紧迫感和使命感不断增强，干事创业的精气神得到明显提升，为全省统计改革发展营造了风清气正的良好政治生态。

【重大决策部署贯彻落实】全省统计系统不断提高政治站位，不折不扣抓好党中央、国务院关于统计工作重大决策部署落实。一是提请省委、省政府多次在省委常委会、省政府常务会等会议专题学习习近平总书记关于统计工作重要讲话指示批示精神，中办、国办《意见》《办法》《规定》及统计法律法规，深刻领会精神实质、准确把握内涵要求，自觉主动贯穿于全省统计改革发展全过程。二是省委、省政府制定出台《关于进一步加强新时代统计工作的意见》后，各市州党委、政府相继出台了《关于进一步加强新时代统计工作的实施意见》。三是将学习贯彻习近平总书记关于统计工作重要讲话指示批示精神和《意见》《办法》《规定》纳入党组理论学习中心组学习计划，组织专题学习研讨，深化学习效果。四是以国家统计督察整改、省委巡视整改为契机，利用党组理论学习中心组学习会、业务培训会等时机，反复学习统计法律法规和国家统计政令，先后组织全省统计系统2385名统计人员参加统计法律法规知识测试。五是建立《甘肃省关于统计机构负责人和统计人员防范和惩治统计造假弄虚作假责任制规定》《甘肃省企业统计信用管理办法》《甘肃省统计从业人员统计信用档案管理办法》《甘肃省统计局统计违纪违法行为查处情况报告制度》《甘肃省统计局涉外调查事中事后监督管理制度》，防惩统计造假机制进一步得到健全完善。

【统计服务】密切关注经济社会发展中的热点难点，及时把握经济运行态势，全方位、多层次提升统计监测评价服务水平。一是统计监测评价体系进一步完善。聚焦黄河流域生态保护等重大战略部署，积极参与国家局开展黄河流域生态环境保护统计监测研究。围绕高质量发展、县域经济、绿色生态产业及数字经济等省委省政府中心工作，构建反映新发展格局统计监测体系，发挥统计监测评价职能。与省发改委研究制定《甘肃省县域经济发展综合评价考核办法（试行）》，与省社会科学院联合编写的《甘肃县域和农村发展报告（2020）》获得中国社会科学院第十二届“优秀皮书奖”一等奖。按季度开展十大生态产业统计监测，探索建立全省“三新”经济、民营经济等核算方案，力求全面准确反映我省贯彻新发展理念、推动高质量发展的新成效。二是统计服务水平进一步提升。紧紧围绕国家局和省委省政府决策部署，紧扣全省经济社会发展中心工作，积极开展经济运行情况专题调研，详细了解企业、农户生产经营情况，为精准研判全省经济形势提供第一手资料。加强部门协作，会同省发改委、甘肃调查总队，联合工信、商务、交通等多部门共同研判经济形势，共享统计信息，每月向省政府常务汇报全省经济运行情况，为省委省政府科学决策提供优质统计服务。充分利用网站、微信等平台，定期发布、解读经济运行情况，引导社会预期。精心组织做好“两会”服务，编印统计资料供全国和全省两会代表、委员参阅。按时编印《统计月报》《甘肃发展年鉴》等统计资料，及时对外提供统计数据，满足社会各界对统计数据的需求。

【统计现代化改革】以党的十九届五中全会提出的“推进统计现代化改革”为行动纲领，不断完善统计制度方法，深化统计重点任务改革，提升统计服务水平，增强统计保障能力，持续推进全省统计改革走深走实。一是以国家局《“十四五”时期统计现代化改革规划》为改革方向，积极研究制定甘肃省《“十四五”时期统计现代化改革实施方案》。二是持续巩固维护地区生产总值统一核算改革成果，研究制定《2021年季度市州地区生产总值统一核算方案》和《年度市州地区生产总值统一核算方法（试行）》。三是扎实开展资产负债表编制工作，编制完成2019年甘肃省资产负债表，持续推进2021年自然资源资产负债表编制工作。四是圆满完成高质量发展综合绩效评价相关工作，联合省委组织部、省发改委等部门制定《甘肃省高质量发展综合绩效评价部门工作方案》《甘肃省统计局高质量发展综合绩效评价工作实施方案（试行）》，完成甘肃省2020年度高质量发展综合绩效评价测算和实际评价工作。五是围绕碳达峰碳中和和生态文明建设目标任务，探索研究碳达峰碳中和统计监测核算工作。积极配合省工信厅完成全省工业领域碳达峰方案编制工作。根据国家局《关于开展省级碳排放统计核算方案研究工作的通知》要求，加强与相关行业主管部门沟通交流和调研走访，完成《甘肃省省级碳排放统计核算方案》。六是稳步推进服务业统计改革发展。成立甘肃省服务业统计改革领导小组，积极做好服务业生产指数试编试算工作，研究制定《甘肃省推进服务业统计改革发展工作方案》。七是持续完善科技创新和“三新”统计，建立健全数字经济统计监测体系，积极推进劳动工资统计改革，推进部门统计数据应用和共享，加快推进大数据在统计工作中应用，探索研究建立企业电子统计台账，健全统计监测服务体系，为全省经济社会高质量发展提供坚实统计保障。

【统计监督】坚持以党的十九届四中全会提出的“发挥统计监督职能作用”为指南，以国家统计督察为契机，有力发挥统计监督职能作用。一是省委、省政府对加强对统计法律法规执行情况、经济运行态势、落实重大决策部署、重大目标实现进程和重大政策执行效果的监督专门作出安排部署。省委将统计监督纳入巡视工作计划，建立健全对统计工作巡视监督常态化机制，强化日常监督检查。二是健全完善统计监督相关制度机制，省委办公厅修订印发《甘肃省市（州）领导班子和领导干部年度考核办法》，把统计造假、弄虚作假列为省管领导班子和领导干部年度考核“一票否决”事项。联合省纪委监委制定印发《甘肃省统计违纪违法问题线索移送工作办法（试行）》，建立统计违纪违法案件移送机制。三是联合省委组织部举办了处级干部发挥统计监督作用专题研讨班，专题为全省党外县处级领导干部做了统计监督辅导报告，先后对市州、部门和企业开展统计监督讲座。四是适时联合驻委纪检监察组，先后对全省1260家企业开展“双随机”执法检查，对部分乡镇进行“四不两直”抽查，为提高源头数据质量打下坚实基础。五是依托统计微信公众号等网络平台载体，开展“指尖上”普法宣传，提供“零距离”统计法治服务，在各级政府门户网站、统计微讯等平台畅通了统计违纪违法监督渠道。六是各市州均设立独立的统计执法监督机构，各县区统计部门均明确承担统计执法监督工作的内设机构，全省252人取得国家统计执法资格证，统计监督基础不断夯实。

【统计基层基础建设】深入贯彻落实《关于进一步加强统计基层基础建设的意见》，着力推进统计基层基础建设。一是认真贯彻落实国家统计局《关于全面推进企业电子统计台账工作的指导意见》，深入调研全省重点专业、重点企业电子台账建设情况，贸经、能源、服务业等专业制定下发电子台账模板，各市州指导企业建立健全电子台账，为全省切实推进基层统计工作和企业电子统计台账建设奠定了基础。二是根据《国家统计质量保证框架（2021）》《统计业务流程规范（2021）》精神，结合甘肃实际，研究制定甘肃省统计质量保证框架和统计业务流程规范，推动各相关专业处室制定专业统计流程规范。三是强化统计基层基础建设，加强基本单位名录库建设，狠抓基层统计队伍建设，强化基层业务指导与培训，切实提高基层统计工作规范化水平。四是修订完善《甘肃省统计数据质量控制办法》《甘肃省统计主要指标数据评估办法》，进一步提高统计源头数据的真实性。五是全力推进统计信息化建设。围绕《“十四五”时期统计信息化发展规划》，积极探索云计算保障大型普查、省级联网直报调查等大型统计调查工作，利用云计算提升综合统计预测预警水平，实现投资统计分析系统对投资项目深度分析功能，积极探索统计信息化发展的新理念、新机制、新模式。

【帮扶工作】紧盯落实“四个不摘”要求，始终把帮扶村巩固拓展脱贫攻坚成果摆在重要位置。一是依托优势产业开展帮扶。依托驻村工作队结合各帮扶村投入建成的扶贫产业，谋划确定各村乡村振兴产业项目，确保原有产业项目稳定发展，持续发挥效益，带动群众稳定增收。二是积极开展消费扶贫。引导鼓励局机关干部职工消费帮扶群众的产品和服务，用消费促进困难群众增收。截至目前，共计消费贫困地区和帮扶村农产品437.37万元。三是大力倡导“我为群众办实事”活动。积极联系爱心人士，针对帮扶村生活困难家庭适龄学生结对帮扶，成功结对 70 人，“七一”期间走访慰问老党员 20 多人，协同帮扶镇完成密须文史馆建设，新建村级统计工作室，开展统计业务指导等。四是做好巩固脱贫攻坚成果同乡村振兴有效衔接。认真学习贯彻习近平总书记关于脱贫工作重要论述，强化目标导向，强化责任担当，强化问题意识，结合工作实际，建立健全防止返贫动态监测和帮扶机制，对易返贫致贫人口及时发现、及时帮扶，守住防止规模性返贫底线。

（马文俊）

应急管理

【概况】2021 年，省应急管理厅在省委省政府的坚强领导下，坚持以习近平新时代中国特色社会主义思想为指导，全面贯彻落实党的十九大和十九届历次全会精神，面对安全风险加大和自然灾害增多的双重压力，面对经济社会发展和疫情防控的双重考验，深入研判安全形势，克服各类困难挑战，主动担当作为，认真履职尽责，推动应急管理体系和能力建设取得新成效，实现安全生产形势总体平稳，自然灾害损失大幅下降。甘肃省在 2020 年度国务院安委会对省级政府安全生产和消防工作考核中获得优秀等次。

【安全生产】2021 年，全省共发生各类生产安全事故 681 起，死亡 585 人，受伤 477 人，直接经济损失 1.43 亿元，比上年分别下降 5.29%、5.03%、12.32% 和 6.43%；发生 14 起较大生产安全事故，下降 36.36%；发生 1 起重大生产安全事故。

【自然灾害】2021 年，各类灾害造成 14 个市（州）、兰州新区和 83 个县（市、区）403.32 万人受灾，因灾遇难 1 人，房屋倒塌和严重损坏 7707 户 2.28 万间，一般损坏 1.05 万户 3.09 万间，直接经济损失 67.54 亿元，比上年分别下降 15.2%、97.1%、61.4%、80.2% 和 80%，整体灾情轻于上年。

【应急救灾】2021 年，5 月 22 日青海 7.4 级地震、甘南玛曲 4.4 级、8 月 26 日酒泉阿克塞 5.5 级地震、白银景泰“5·22”公共安全事件、平凉“7·26”重大道路交通事故等发生后，立即启动响应机制，迅速调度救援队伍和物资，有序开展应急救灾。针对舟曲、灵台重大滑坡险情灾情，迅速启动省级地质灾害Ⅲ级响应，赶赴现场协调调度救援力量，组织做好避险转移、监测预警、原因分析、应急处置等工作，有力保护了人民生命安全。

2021 年，及时下拨中央和省列自然灾害救灾资金、冬春临时生活困难救助资金共 5.3 亿元，调拨各类救灾物资 17 多万件，受灾群众基本生活得到妥善安置。

【公共应急频道】2021 年，公共应急频道通过专业节目调整建设等一系列工作的有序推进和完成，结合专业化频道特色和栏目定位，通过新闻消息、专题、公益广告、游飞字幕等多种形式，营造了安全生产、防灾减灾的浓厚氛围。专题栏目《问安陇原》围绕抗洪救灾、应急救援、防灾减灾等内容制作了多期防汛抗汛的节目，针对全省应急管理重点工作推出了系列的专题策划。在安全生产月，多组记者深入基层和企业，对安全生产演练、“五进”宣传、防灾减灾、防汛安全、森林防火、科普教育、基层应急救援能力提升等主题进行宣传报道；同时，加大了应急管理体制建设、防灾减灾科普宣传、应急演练、企业本质安全报道，在系统和行业内产生了一定的反响；《消防视线火线》栏目采制播发了《甘肃森林消防总队千里驰援河南救援一线》三期连续报道，全方位记录了我省森林消防指战员不畏困难险阻，进行排涝清淤、对遇险群众进行救助的大无畏精神；《消防视线·蓝盾》在“5.12 防灾减灾日”“119 消防宣传日”都推出特别报道，对 8 月 1 日起实施的中华人民共和国《高层民用建筑消防安全管理规定》，10 月 1 日新修订的《甘肃省消防条例》等进行了政策解读与案例报道，节目播出后反响良好。

（赵嵘）

社会事业

科学技术

【概况】2021年，是“十四五”开局之年，也是构建新发展格局起步之年。在省委省政府的坚强领导下，甘肃省科技工作坚持“四个面向”，紧扣“三新一高”，聚焦优化科技创新生态，统筹推进重点创新平台建设、重大科技项目攻关、重要体制机制改革，持续强化科技战略支撑，实现“十四五”良好开局。全省综合科技创新水平指数较上年提高2.08个百分点，达到53.71%，增幅居全国第8位。全省综合科技进步水平居全国第23位、西部第5位，保持在全国第二梯队。新入库科技型中小企业1832家，新认定省级科技创新型企业234家，新增高新技术企业142家、总数达到1371家。10项科技成果获国家科学技术奖，5项成果入选国家“十三五”科技创新成就展。4名科学家新当选两院院士，1名外国专家获中国政府友谊奖。全省高新技术产业化指数比上年提升2.46个百分点，达到58.96%；科技进步贡献率提升1.32个百分点，达到56.42%，科技创新有力支撑经济社会高质量发展。

【系统谋划科技创新】以习近平新时代中国特色社会主义思想为指引，全面贯彻落实习近平总书记对甘肃重要讲话和关于科技创新的重要论述，深入实施创新驱动发展战略，充分发挥党和政府作为重大科技创新领导者、组织者的作用，系统总结“十三五”时期创新型甘肃建设成效，积极适应新时代科技发展趋势和规律，编制《甘肃省“十四五”科技创新规划》。认真贯彻落实省委十三届十五次全会暨省委经济工作会议精神，按照省政府统一部署，研究“强科技”行动实施方案。深入开展省市协同提升区域科技创新能力调研活动，组织召开优秀青年科技人才座谈会、高校院所企业科技创新座谈会，携手为“强科技”行动把脉施策。

【科技体制机制改革】围绕科技体制机制改革、科技成果评价、科学技术奖励、科技成果“三权”改革等出台新规，营造了有利于科技创新的生态环境。出台《关于深化科技体制机制改革创新推动高质量发展的若干措施》，从8个方面提出83个政策点。修订《甘肃省科学技术奖励办法》，优化奖励机制，增加奖项数量，提高奖金额度。制定《甘肃省科技成果评价办法》，完善科技成果评价机制，规范科技成果评价工作。深化科技人才等重点领域改革，与省委组织部、省人社厅、省科协等部门共同出台《甘肃省高端人才引进扶持办法》。开展赋予科研人员职务科技成果所有权或长期使用权改革试点。启动科技管理流程再造，按照“体系化、规范化、高效化”的原则，重构科技管理制度体系。加强科研监督与诚信制度建设，制订《甘肃省科研项目监督管理办法》，协同行业主管部门分领域开展科研诚信专项整治行动。

【科技创新平台建设】获批省部共建干旱生境作物学国家重点实验室，获批3个国家野外科学观测研究站、2个国家级学科创新引智基地。新认定国家临床医学研究中心分中心11家、省级临床医学研究中心22家。通过地方政府专项债和地方财政配套资金共1.5亿元，启动同位素实验室一期工程建设，积极申报全国重点实验室。聚力推进“兰白两区”争先进位，推动兰白自创区与上海张江高新区在新能源、生物医药、科技金融、大数据等领域达成系列合作。兰州和白银高新区在全国高新区排名均明显提升，均前移12位，分别位列全国第53位、第116位。组织申报嘉峪关国家高新区，新设立陇西、庆城2家省级高新区。批复庆阳市建设省级科技成果转移转化示范区。

【关键核心技术攻关】结合国家重大战略需求，组织优势科研力量，在核物理、稀土、动物疫病、青藏科考和牛羊新品种选育等领域申报国家重点研发计划。全年共争取国家科技项目经费11.36亿元，创历史新高。与省交通厅、省政府国资委建立厅际会商机制，与嘉峪关、金昌市政府建立厅市会商机制，通过深化厅际、厅市科技工作会商，共同凝练科技需求、共同设计研发任务、共同组织项目实施，围绕新能源、新材料、石油化工、有色冶金、装备制造、生物医药、种质资源等领域，组织实施省级重大科技项目65项，投入经费超过2亿元。组织实施“揭榜挂帅”项目8项。引入院士专家团队，启动实施振兴河西国家玉米繁育制种基地行动。突出市场应用导向，促进成果转化和产业化应用，全省累计认定登记技术合同10177项，技术交易总额达280.44亿元，比上年分别增长37.47%和20.28%。

【激发企业自主创新】在全国率先出台企业创新联合体管理办法，并在核技术、冶金及新材料、能源装备、绿色智慧交通、动物疫苗、玉米种业等领域组建由企业牵头的7家创新联合体，投入科技经费1亿元，联合省内外近140家企业、高校院所开展产学研协同创新。制订《甘肃省科技企业孵化器考核评价体系》，引导孵化器建立专业化服务体系，不断增强孵化功能。修订《甘肃省科技创新型企业认定管理办法》，建立“科技型中小企业-省级科技创新型企业-高新技术企业”的梯次培育体系，结合企业不同发展阶段匹配相应扶持政策，实现高新技术企业培育、申报、认定及奖补政策兑现等全流程服务。扎实推进各类惠企政策应知尽知、应享尽享，落实奖补资金9975万元，支持企业加大研发投入，提升自主创新能力。

【科技保障改善民生】启动中西医结合防治新冠肺炎科研攻关，开展甘肃省人类遗传资源调查工作。兰州生物制品研究所生产灭活新冠疫苗2.34亿剂，并联合国家团队研发重组新冠疫苗，建成全链条、全自主年产20亿剂重组新冠疫苗生产线。持续加大食品安全、环境保护、自然灾害防范等领域研发部署。积极参与科技创新支撑平安甘肃建设行动。深化科技人文融合创新，首批认定省级科技文化融合基地10家、非物质文化遗产传承保护创新坊23家。精准对接全省农业产业发展技术瓶颈，组织实施农业科技计划项目169项，支持经费5285万元。在全国首创"双地"科技特派员帮扶机制。深入开展津企陇上行等系列活动。争取天津市设立东西部协作科技创新专项资金，为每个帮扶县支持科技创新资金100万元。设立鲁甘科技协作专项，推动山东省示范性科技创新成果在甘肃帮扶地区转移转化。

【大众创业万众创新】组织参与全国"双创周"甘肃分会场相关线上线下活动，持续推进省级创新型县（市、区）建设试点，大力推动大众创业万众创新，培育发展新动能。加强对众创空间分类指导，鼓励发展专业化众创空间，新认定10家省级众创空间。成功举办第六届中国创新挑战赛（甘肃·兰州），41支挑战团队与企业签订产学研合作协议。组织承办第十届中国创新创业大赛（甘肃赛区），推荐20家企业参加全国行业赛，1家企业在全国赛决赛中获成长组"优秀企业奖"。

【科技合作与交流】与中国工程院签订省院科技合作协议，共同组建中国工程科技发展战略甘肃研究院，启动首批6项战略咨询研究项目。与钢研科技集团、有研科技集团、矿冶科技集团和机械科学研究总院等4家中央科技型企业签订战略合作协议，全方位推进科技合作。启动农业科技"100+N"开放协同创新体系建设，承办中国有色金属学会第十三届学术年会，举办科技创新·知识产权高峰论坛，扩大我省科技影响力。积极参与"一带一路"科技创新行动计划，圆满完成中俄科技创新年活动11项重点任务，持续加强中以、中新、中匈、中塔等国际科技合作，成立中国—匈牙利技术转移中心兰州分中心，建成中国（甘肃）—塔吉克斯坦食品检测与研发联合实验室。制定外国人来甘工作便利化服务若干措施，组织参加深圳国际人才交流大会并获"最佳组织奖"。

教育

【综述】2021年，全省各级各类学校共1.52万所，在校生543.29万人，教职工44.44万人，专任教师38.94万人。其中：幼儿园8159所，在园幼儿97.03万人，专任教师6.03万人；普通小学4951所，在校生202.5万人，专任教师15.21万人；普通初中1471所，在校生88.48万人，专任教师8.23万人；普通高中363所，在校生51.52万人，专任教师4.73万人；中等职业教育学校180所，在校生20.22万人，专任教师1.35万人；特殊教育学校45所，在校生2.2万人，专任教师1116人；普通高等学校49所，本专科在校生61.34万人，专任教师3.24万人；研究生培养机构（不计校数）14个，研究生5.47万人，专任教师105人；成人高等学校4所，成人本专科在校生8.2万人，专任教师252人；其他各类高等学历教育在校生6.34万人。全省学前三年毛入园率93.3%，九年义务教育巩固率97.3%，高中阶段毛入学率95.3%，高等教育毛入学率48.3%。

【党的建设】"奋斗百年路·启航新征程""学百年党史·育时代新人"等主题活动覆盖各级各类学校，组织"四史"宣传教育主题活动近3.5万场次，百万中小学生向家长讲"四史"涌现优秀作品2万余件，高校专家学者在国家级期刊发表党史学习教育理论研究阐释文章43篇，省委教育工委、省教育厅获全省党史宣讲大赛"优秀组织奖"。全省教育系统完成"我为群众办实事"672件，解决了一批人民群众急难愁盼的问题。提请省委召开2次省委教育工作领导小组全体会议。实施党支部建设标准化提质增效行动和高校"双带头人"培育工程，在教育系统创建2800多个标准化党支部，23个高校党支部被列为全国党建工作样板支部，3个院系被树为全国高校标杆院系，全省高校"双带头人"书记配备率达到93.2%，"全面提升高校院（系）党组织组织力—2021年教育工委书记开局项目"构建起"大党建"工作新格局。

【思政教育】制定《落实〈习近平新时代中国特色社会主义思想进课程教材指南〉工作方案》。组建甘肃省教材工作委员会以及基础教育、职业教育、高等教育三个课程教材专家工作委员会，出台相应教材管理实施细则。全省2个单位被评为首届全国教材建设先进集体，获得全国优秀教材一等奖1项、二等奖6项。出台《甘肃省教育系统党委（党组）意识形态工作责任制实施细则》和《意识形态工作责任清单》。遴选建设首批"一校一品"甘肃省红色基因传承示范校16所。出台《甘肃省高校思想政治工作测评体系（试行）》。建成全国重点马院1个、省级重点马院5个、培育13个省级重点马院，省级重点马院对口支援7所民办高校。全省高校新增思政课教师230人（总数1860人）、师生比达1 ∶ 339，新增辅导员361人（总数3428人）、师生比1 ∶ 182。扎实推进文明校园建设，全国和省级文明校园分别达到39所、562所。出台《甘肃省"中小学德育工作星级校"创建实施方案》，入选全国典型案例14个。出台甘肃省全面加强和改进新时代学校体育、美育、劳动教育工作的若干措施，把"五育并举"纳入对市州政府履行教育职责评价范围。在第十四届全国学生运动会上荣获2金、22项前8名的良好成绩。在全国第六届大学生艺术展演中获得9个一等奖、8个二等奖、11个三等奖。创建3个国家级中小学劳动教育改革试验区。出台《甘肃省构建大中小幼一体化法治教育体系实施方案》《加强高校依法治校工作的若干措施》等文件。全省法治副校长配备率达98.5%。组织近400万学生参与"宪法卫士"活动，师生参与率达95%以上，位居全国第四。省教育厅2020年度法治建设工作被评定为“优秀”等次。

【教育体制机制改革】出台贯彻落实中共中央、国务院《深化新时代教育评价改革总体方案》的工作方案和实施方案，在全省14个市（州）和32所高校确定改革试点181个，全国深化新时代教育评价改革推进会表扬甘肃做法。出台《甘肃省深化高等学校考试招生综合改革实施方案》，率先在西北省份平稳实施高考改革（甘肃是全国第四批启动实施高考改革7省区之一），2021年秋季甘肃高考综合改革如期启动。建设甘肃省智慧教育云平台高考综合改革信息管理系统。积极稳妥推进中考改革，组织完成部分市（州）初中学业水平考试命题评估工作。出台甘肃省《关于深化新时代教育督导体制机制改革的若干措施》。出台《甘肃省“十四五”教育事业发展规划》，明确构建“1+10”教育高质量发展体系的整体目标。编制“十四五”高等学校设置规划，提出“六大类16项”规划设置事项。稳妥顺利完成5所独立学院转设工作。在全国率先启动实施省级新时代语言文字示范校创建工作，建成5个国家级、20个省级语言文字推广基地。在全国首创开展教师普通话水平抽检，2021年开始每年按3‰的比例对全省各级各类学校在职教师普通话水平进行抽检。“经典润乡土”活动项目成为全国10个案例之一、“童语同音”计划项目入围全国7个案例之一。

【基础教育】制定实施《甘肃省公办幼儿园生均公用经费标准》《甘肃省城镇住宅小区配套幼儿园建设管理办法》。下达近10亿元扩大城乡普惠性学前教育资源，增加公办园位1.9万个，公办园在园幼儿占比达56%、普惠性幼儿园覆盖率达91.2%。遴选培育甘肃省领航幼儿园26所，特色“学前教育绘本”列为全省“我为群众办实事”实践活动典型事例，甘肃成为全国首个探索研制本土化幼儿绘本的省份。

制定《县域义务教育阶段中小学布局结构调整规划（2021—2030）》《乡村学校教育质量提升行动实施方案》。全省87个县（市、区）全面实现义务教育基本均衡发展目标。义务教育阶段学校56人以上大班额比例下降到0.03%，66人以上超大班额全部消除。进城务工人员随迁子女在公办学校就读的比例达99%以上。出台甘肃省《关于进一步减轻义务教育阶段学生作业负担和校外培训负担的若干措施》《义务教育阶段学校课后服务经费保障办法》和落实手机、睡眠、读物、作业、体质等“五项管理”的“十条措施”等政策举措，出台甘肃省规范民办义务教育发展的工作方案，全省线上、线下义务教育阶段学科类校外培训机构压减率分别达到100%、89.62%，处于全国中上游，中央教育工作领导小组简报向全国推介甘肃省“双减”等工作典型做法。

投入补助资金4亿多元改善100多所普通高中学校办学条件。出台《甘肃省普通高中新课程实施指导意见》等6个配套政策文件及14个学科的教学指导意见和教学评价指导意见。成功举办中西部七省（区）普通高中“新课程新教材新高考”巡讲活动（甘肃站）。出台《甘肃省卓越高中建设方案》，推动65所省级示范性高中、89所特色实验高中争创一流。2021年全省高考录取率达87.08%（其中本科录取率48.6%），高考录取率比上年提高1.87个百分点。

出台实施新时代涉藏教育高质量发展工作方案等，投入补助资金1.2亿元实施项目16个，巩固提升民族地区办学条件。启动“2022年少数民族高层次骨干人才培养计划”（审核通过报考硕士研究生考生1103人），组织13所省级示范性普通高中招收民族地区学生520名，兰州新区甘南实验中学完成主体建设。

下达专项资金2000多万元实施县区特殊教育学校项目建设。制定《关于做好残疾儿童少年义务教育随班就读工作的实施方案》，全省随班就读资源中心、随班就读资源教室分别达到86个、196个，30万人口以上的县特殊教育学校实现全覆盖，残疾儿童少年义务教育入学率达98.94%。督促各地建立完善残疾人教育专家委员会、特殊教育指导中心。专题培训特教骨干教师200余人。

【高等教育】制定《甘肃教育现代化高等教育发展推进五年行动计划（2021—2025）》《新时代甘肃省研究生教育高质量发展实施方案（2021—2025年）》，召开全省研究生教育会议。启动甘肃省属高校国家一流学科突破工程，推动西北师范大学“教育学”等4所省属高校的5个学科加快进入国家一流学科建设行列。成立甘肃省高等学校本科教学指导、专业认证与教材建设委员会。河西学院增列为硕士学位授予单位，全省高校新增博士学位授权点3个、硕士学位授权点39个，分别新增国家级、省级一流本科专业建设点61个（总数128个）、98个（总数243个）。甘肃省新文科建设成为全国典型案例（全国共12个）、15个项目获批教育部新文科研究与改革实践项目。获批3个国家级基础学科拔尖学生培养基地。出台《甘肃省教育科技创新专项资金管理办法》，教育科研经费相比2020年增长1.57倍达到1亿元。2021年全省高校立项国家自然科学基金项目491项、占全省76%，立项国家社科基金项目91项、占全省91%。兰州交通大学获得2020年度国家科技进步二等奖，实现省属高校近年来国家科研“三大奖”零突破。西北师范大学成为全国现有3个教育信息化战略研究基地之一。兰州理工大学入选国家“高等学校学科创新引智计划”，是省属高校中第一个获批单位。出台《甘肃省关于深化医教协同进一步推动中医药教育改革与高质量发展的若干措施》。谋划校企共生融合发展创新港、甘肃核产业研究院建设。新增21个（总数60个）科教融合、产教融合省级研究生联合培养基地。

【职业教育】国务院办公厅连续两年将甘肃省纳入职业教育改革成效明显省份予以激励表扬。“加快推进‘技能甘肃’建设—2021年教育厅长开局项目”得到教育部肯定。在全国率先实施省级“双高计划”“优质中职”项目，遴选省级“双高”建设单位19个（10所高职院校和9个专业群）、“优质中职”校33所。3所高职院校、23所中职学校分别进入国家“双高计划”和“优质中职”建设序列，12.5%的中职学校被认定为国家级示范校。9所学校获批国家级现代学徒制试点单位（专业26个）。全省高中阶段职普招生比达到4∶6的国家要求。遴选首批省级产教融合试点单位40家，1家入围国家培育单位。组建30个省级职教集团，7个入围国家示范性职教集团。建成国家级应用技术协同创新中心11个、国家级校企共建生产性实训基地33个。甘肃农业大学、甘肃农业职业技术学院等4所高校获批国家乡村振兴人才培养优质校，环县、金塔等10个县被认定为全国农村职业教育和成人教育示范县。

【教育合作交流】省政府与国家铁路局签署共建兰州交通大学协议（全省的省部共建高校达13所），兰州财经大学等3所高校进入教育部对口支援序列（全省的对口支援高校达10所），与上海市教委、青海省教育厅签署合作协议。成功举办第二届黄河流域教育高质量发展论坛。中德学院落地甘肃。协调推动培黎职业学院与南京工业职业技术大学、广东省5所国家“双高计划”院校合作办学。举办“一带一路”高校联盟、中小学校长国际论坛和“百校结好”线上艺术展活动。3所中小学入围教育部第六批中美“千校携手”项目学校。甘肃省高校在境外设立9所孔子学院，9个“岐黄中医学院”和7个“中医中心”培训境外学员近800人次。国家高水平大学公派研究生项目录取67人，96个国家和地区在甘留学生2254人。

【教育保障体系建设】2021年中央财政下达甘肃省教育专项经费119.03亿元，比上年增长5.28亿元；省级财政预算安排教育专项经费154.07亿元，增长5.58亿元。全年下达义务教育家庭经济困难学生生活补助、中职学生免学费、高职（专科）脱贫户学生学费和书本费10.12亿元、资助学生97.1万名，下达农村义务教育学生营养膳食补助资金14.72亿元、受益学生164.4万名。“建宿舍扩食堂增学位”民生实事超计划完成年度任务，972套教师周转宿舍项目主体完工率达100%、投入使用451套，1171个食堂全部投入使用，14个市（州）主城区新增学位25520个。投入34.44亿元实施“薄提项目”6209个，惠及2886所学校156万名学生，项目开工率98.43%，总体进度在全国靠前。

全省中小学（含教学点）互联网接入率达100%、至少拥有一间多媒教室的学校占比达98.65%，未联网学校实现动态清零。全省“互联网+”师范院校支教服务项目覆盖17个县（区）278所中小学校（教学点），8所院校选派770名师生支教553个班级、授课2.9万余学时、上课学生总数达24万人次。兰州市被教育部确定为智慧教育示范区（培育），2个县（区）、3所学校被教育部确定为网络学习空间优秀区域和优秀学校。

首次实施国家和地方优师计划、小学教育专业学生定向培养计划。国培省培、教师能力提升等项目培训教师11.8万人次，特岗、“三区”专项和银龄讲学计划选派6000多名支教70个县区的中小学。开展了“为教师亮灯”、优秀教师先进事迹巡展、“园丁奖”评选表彰等系列活动。

完善疫情防控工作机构和制度机制，印发教育系统防疫工作“一通知三方案”，细化校园管控、健康监测、流调排查、环境消杀、应急处置等措施，坚决守住校园不发生聚集性疫情的底线。出台《甘肃省校园安全保护区社会治安综合治理十项规定》《甘肃省教育系统突发公共事件总体应急预案》等一揽子维护教育系统总体安全稳定的政策措施，召开7次全省性会议研究部署校园安全稳定工作，派出8个检查组赴全省各地检查学校开学工作。

（崔坚）

文化和旅游

【综述】2021年，全省文化和旅游工作坚持以习近平新时代中国特色社会主义思想为指导，紧紧围绕省委省政府的工作部署，践行新发展理念，着力打造文化制高点，出台实施《“十四五”文化和旅游发展规划》《甘肃省黄河文化保护传承弘扬规划》等专项规划、子规划、部门规划40余部，统筹推进文化事业、文化产业和旅游业协同发展，深入推动文化旅游融合发展，持续放大文化旅游业综合效应，切实促进文化旅游业提质增效高质量发展。

【行业规模】截至2021年底，全省共有文化和旅游单位6510个；A级旅游景区364家（其中5A级6家）；星级饭店390家；旅行社879家；公共图书馆104个、文化馆103个、村（社区）综合性文化服务中心17114个；娱乐场所1427家，互联网服务场所800家；99%的行政村、92%的社区建成综合性文化服务中心；省级及以上非遗扶贫就业工坊93家。全省不可移动文物16895处，其中世界文化遗产地7处，全国重点文物保护单位152处；博物馆纪念馆数量增加至228个；新改建旅游厕所8529座；建成自驾车房车营地25个。

【对外文化旅游交流】借助文旅部“欢乐春节”文化品牌活动，与日本、韩国、老挝、马来西亚、加拿大等驻外机构联合在线开展少儿书画展、中国水墨画教学培训、新春民族交响乐、甘肃文旅图片视频展播等活动；与老挝中国文化中心开展部省对口年度合作，举办“庆祝中老建交60周年‘交响丝路·如意甘肃’旅游文化宣传周”，在线举办敦煌数字文物展、中医药文化知识讲座以及敦煌文化、舞蹈和中国剪纸培训等交流活动；举办“2021年东亚文化之都·中国敦煌活动年开幕式”，加强甘肃与日本、韩国以及其他亚洲国家的文化交流与旅游合作；联合携程集团与韩国、新加坡、马来西亚、泰国在华商会举办“交响丝路 如意甘肃”为主题的入甘旅游专场推介会，聚焦在华国际客源市场，大力开展精准营销活动；与新华社通讯社新闻信息中心联合举办“‘交响丝路 如意甘肃’入境旅游精品线路征集活动”；组织省内重点旅游企业在线参加2021柏林国际旅游交易会、西班牙国际旅游交易会，线下参加第十七届厦门海峡旅游博览会及2021西安丝绸之路国际旅游博览会等国际展会活动，全方位多角度开展“如意甘肃”宣传推广。

【乡村旅游】围绕“打造文化兴、生态美、百姓富的文化旅游强省”目标，2021年下达省级旅游产业发展专项资金重点创建乡村旅游示范县8个、文旅振兴乡村样板村60个、培育乡村旅游合作社70个。以“相约陇原促振兴富了口袋富脑袋”为主题，举行2020年度中国·甘肃乡村旅游发展指数发布暨2021年甘肃乡村旅游市场启动仪式和“万车游陇原”首发活动，推介15条全省春季乡村旅游精品线路，助力乡村旅游产业，服务乡村振兴战略。积极推荐敦煌阳关镇等3个乡镇入选全国首批乡村旅游重点乡镇、榆中浪街村等6个村入选第三批全国乡村旅游重点村名录，新培育乡村旅游合作社80家；推荐陇南市五福临门、酒泉市肃云香庄2家民宿创建成为首批全国甲级旅游民宿。“甘肃：乡村旅游助力脱贫攻坚”成功入选“2021世界旅游联盟——旅游助力乡村振兴案例”，推荐的10条乡村旅游精品线路成功入选全国“体验脱贫攻坚成就、助力乡村振兴”乡村旅游学习体验线路300条。截至2021年底，全省共有全国乡村旅游重点村38个、全国乡村旅游重点乡镇3个、省级乡村旅游示范村310个，乡村旅游专业村1270个、乡村旅游合作社381个、农牧家乐21500户。

【红色旅游】进一步加大对乡村红色旅游产业的扶持力度。创新“党史教育+产业振兴”模式，开行“三区三州”红色旅游专列、推出“建党百年·红色之旅”6大主题20条精品线路、启动177场（次）红色文旅活动。联合省广电总台开播《如意甘肃·红色之旅》专题节目30期，推进爱国主义和革命传统教育大众化、常态化、实效化；在甘南州迭部县召开全省红色旅游工作座谈会；在高台干部学院开展“百名红色讲解员讲百年党史”宣讲活动；精心挑选全省20个红色景区，印制100万张甘肃红色旅游纪念登机牌在兰州中川机场投入使用；全省三条红色旅游线路成功入选全国“建党百年红色旅游百条精品线路”。截至2021年底，全省共有不可移动革命文物483处，共收藏可移动革命文物12536件（套）；共有全国爱国主义教育基地24个，省级爱国主义教育基地135个；A级红色旅游景区14处；16个景区入选全国红色旅游经典景区名录；全省革命旧址开放率80%以上，革命纪念馆全部向社会免费开放。

【文旅产业】建立文旅产业项目建设动态机制和重点项目跟踪服务机制，制定《2021年全省重点文旅产业项目库》，储备文旅产业发展重点项目469个。发挥旅游发展专项资金补助地方文旅项目支持引导作用，对2021年推荐申报的兰州黄河楼黄河文化艺术展览项目等47个项目进行补助。顺利推进实施大敦煌文化旅游经济圈等重点项目和省列文化旅游重大项目。编印《2021年全省重点文化产业和旅游产业招商引资项目册基本账》，录入重点招商引资项目529个，其中文化产业和旅游产业综合开发建设重点招商引资项目346个，文化旅游康养产业重点招商引资项目183个。人民银行金融支持扎尕那景区旅游扶贫、甘肃银行创新模式破解“又见敦煌”项目融资难题典型经验入选文旅部、人民银行、中国银保监会“文化、旅游与金融合作优秀案例”。参加2021中国特色旅游商品大赛、2021中国旅游商品大赛，在敦煌举办“一会一节”2021甘肃文化旅游商品大赛，积极推动文化文物单位文化创意产品开发。

【智慧文旅】由兰州大学申报、省文旅厅推荐的旅游信息融合处理与数据权属保护重点实验室获得文旅部认定，成为甘肃省首个文旅部重点实验室；“一部手机游甘肃”综合服务平台年度平台访问量342万人次，累计服务游客1280万人次；着力打造网上旅游营销枢纽，累计搭建线上宣传专题专栏52个、发布图文稿件2.7万余篇、浏览量超7.6亿次；完成全省旅游景区（场馆）分时预约平台建设，共接入全省384家景区（场馆），累计预约游客数398万人次；推进数字博物馆建设，完成126家博物馆、4436件藏品基础信息数据采集；联合喜马拉雅开通甘肃文旅有声图书馆，上线有声图书1.6万本；联合兰州文理学院、携程集团共建美丽乡村国际学院，为甘肃乡村旅游目的地、民宿经营、品牌营销等提供智力支持。

【文艺创作与活动】指导创排话剧《八步沙》、陇剧《大禹治水》、儿童剧《大豆谣》等一批精品作品，打磨提升《丝路花雨》《彩虹之路》等文艺精品。策划举办“一会一节”开幕式文艺展示“相约敦煌”、2021“东亚文化之都”中国敦煌活动年等重大演出活动，大型民族器乐剧《玄奘西行》在甘肃落地生根。策划开展“建党百年·春绿陇原”文艺展演展播300多场次、现场观众39.8万、网络访问3960万人次。组织举办“情系敦煌——段文杰、段兼善父子作品展”、《一心向党 爱我中华》——何鄂雕塑作品及图片展、“大河长风”——庆祝中国共产党成立100周年甘肃省黄河文化主题美术写生创作作品展等系列活动，8幅作品入选文化和旅游部主办“黄河文化主题作品展”。全力支持重点旅游城市打造实景演艺项目，大型旅游情景演艺《天下雄关》创排成功，张掖七彩丹霞景区沉浸式演艺剧目《阿兰拉格达》助力地方夜间旅游经济发展。成立甘肃省舞台艺术专家委员会，确定首批16个“全省艺术创作与研究基地”；成功举办甘肃省器乐大赛，2000多名选手参赛，116名选手和14个组合获得演奏奖项。

【公共文化服务】制定实施《关于推进全省公共文化服务高质量发展实施意见》等政策措施，组织实施智慧图书馆、公共文化云、戏曲进乡村文化惠民项目；配送流动舞台车31辆；在全省开展“追寻红色足迹 逐梦砥砺前行”红色经典诵读比赛、“舞动陇原”广场舞展演、“唱响新时代”群众大合唱等陇原儿女心向党系列群众文化活动3000余场次，参与群众2500余万人次（含线上），掀起建党100周年全省群众文化活动新高潮。2021年，全省各级公共图书馆到馆17万人次、线上服务40万人次，各级文化馆、文化站到馆站26万余人次、线上服务1174.389万人次；全省各类公共服务机构持续强化线上公共文化服务能力，整合10万余册电子书、3000余种人文期刊、400余种主流报纸、80万余集有声读物、300多篇（集）教学视频，线上浏览量达880多万人次，点击量达600多万人次；推动实施“陇上飞阅”数字文化建设，向基层图书馆配备516套分馆流通和500套数字资源阅读设备；在全省已脱贫的58个县区983个乡镇，开展演出戏曲演出活动6000余场次，服务群众近1000万人次。

【非物质文化遗产保护】全面贯彻非物质文化遗产“保护为主、抢救第一、合理利用、传承发展”工作方针。2021年，补助全省22个国家级非遗项目、13个省级非遗项目、3期国家级非遗传承人群研培计划培训班，12名国家级非遗代表性传承人记录工程以及国家级、省级非遗传承人开展传习活动等。

举办2021年甘肃省“文化和自然遗产日”非遗宣传展示主会场活动、庆丰收、迎国庆——“如意甘肃·多彩非遗”全省非物质文化遗产展演。在《兰州文理学院学报》（社会科学版）开设“非物质文化遗产研究”专栏，累计刊发6期计18篇甘肃省非遗研究领域学术论文。截至2021年底，全省累计公布四批493项省级非遗代表性项目；认定68名国家级、617名省级非遗代表性传承人，两批共3家企业入选国家级非物质文化遗产生产性保护示范基地；临夏砖雕、保安族腰刀锻制技艺等15个项目列入第一批国家传统工艺振兴目录。全省公布2186项代表性项目（市州级），认定3452名市（州）级传承人；公布5396（县区级）代表性项目，认定8299名县（区）级传承人，形成比较完整的国家、省、市、县四级非遗名录体系。

【旅游市场开发】坚持扩大假日旅游产品供给，先后推出“春游甘肃”“史上最热五一”“醉美端午”“迎双节·庆丰收·感党恩·游甘肃”等主题假日旅游产品。联合甘肃省民航机场集团和新华社甘肃分社，组团赴湖北恩施、浙江杭州、江苏南京举办“畅游交响丝路·启航如意甘肃”文化旅游推介营销活动，开通“杭州—恩施—兰州”“南京—延安—兰州”两条新航线，共建空中丝绸之路快线。与浙江长龙航空签订《关于共同推进“航空＋文化旅游”高质量发展战略合作协议》，合作打造“飞天号”“如意号”两架全机身彩绘飞机，致力打造“一带一路”最美航线。联合万达集团共同主办“牵手京津冀·畅游新甘肃”文化旅游主题推介系列展览活动；联合马蜂窝旅游网共同举办“云游丝绸之路”线上互动直播活动，历时20余天进行15场直播、200多万网友参与；联合中国铁路兰州局集团组织召开“迎双节·庆丰收·感党恩·游甘肃”旅游产品暨兰州铁路局运力服务保障新闻发布会。组织开展“丰收了·游甘肃”冬春文化旅游惠民活动，整合打出“10+8+N”文旅惠民行动组合拳，带动冬春旅游市场持续升温；全面《“引客入甘”补贴实施办法》，充分调动省内外旅行社和相关文旅企业开拓重点客源市场、做好“引客入甘”工作的积极性。

【节庆活动】成功举办第五届丝绸之路（敦煌）国际文化博览会和第十届敦煌行·丝绸之路国际旅游节，以线上线下相结合的方式举办开幕式暨高峰会议、会见会谈、会议论坛、展览展会、文艺演出等系列活动，有力促进了丝路沿线国家的文化交流与旅游合作，提升“交响丝路·如意甘肃”的国际知名度和影响力。策划推出《读者欣赏》“一会一节”特刊，在北京、上海等10余个省外重点客源城市高铁站及省内兰州、天水等客源地机场、高铁、火车站等投放“一会一节”宣传广告画面及《交响丝路、如意甘肃》形象宣传片，形成省内外多轮驱动营造氛围、联动扩大宣传效应的强大合力。

【市场管理】先后组织开展五一、建党100周年、旅游旺季、中秋国庆“双节”等重要时间节点执法检查，有力规范市场秩序。全年全省各级共受理旅游投诉1083件，有效维护旅游经营者和旅游者的合法权益。推进信用分级分类监管，委托第三方机构完成247家文旅企业信用评估，其中A级145家、B级66家、C级31家、D级5家。成功申报兰州市、酒泉市为全国旅游投诉调解与仲裁衔接试点城市，构建旅游投诉调解与仲裁衔接机制。联合临夏州政府举办全省文旅行业突发事件综合应急演练和安全生产培训，提升全行业安全生产和应急管理能力水平。强化知识产权保护，以“清源、净网、护苗、秋风、固边”五大专项行动为抓手，全年办理涉盗版侵权案件32起，有力净化文化市场环境。与青海省文旅厅协商制定《甘青两省文化市场综合行政执法工作机制协作规则》，联合开展甘青大环线旅游线路联合执法检查，交流工作经验，互相促进提高。

【行业服务质量】以“绿色发展、美好生活——传承丝路文明 畅游如意甘肃”为主题，举办5·19中国旅游日公益宣传活动，大力宣传全省文旅融合发展成果，努力形成文明旅游、安全旅游、品质旅游的良好氛围，加快疫情后全省旅游业高质量快速恢复发展，提升旅游行业文明服务质量。开展文明旅游示范单位评定工作，上报国家级示范单位2家，省级示范单位18家。

以高质量发展为目标，支持文旅企业建立“首席质量官”“标杆服务员”制度、优质旅游服务承诺标识和管理制度，接受社会监督；举办全省星级饭店服务质量提升培训班、全省旅游监管服务平台培训班；积极开展2021年“质量月”活动，印制9万余份宣传海报发放各文旅企业；扎实开展旅游从业人员技能升级行动，开展全省390家星级饭店复核，提升文旅企业质量意识。

（张萌）

卫生健康

【概况】2021年，甘肃省卫生健康委以习近平新时代中国特色社会主义思想为指引，全面贯彻落实党的十九大和十九届历次全会精神，认真贯彻落实党中央、国务院和省委、省政府决策部署，自觉把卫生健康工作置于党和国家事业发展全局，把党的路线方针政策贯穿于卫生健康各领域发展前瞻性思考、全局性谋划、战略性布局、整体性推进的全过程、各环节。围绕优化医疗卫生体系和服务“两个链条”，紧盯成效狠抓落实，统筹疫情防控和经济社会发展，推动全省卫生健康事业高质量发展走向更深更实，实现“十四五”良好开局。

【党的建设】全面加强公立医院党的建设。连续三年把加强公立医院党的建设列为全省卫生健康重点工作，深入推进党支部建设标准化工作，全系统2436个基层党组织开展党支部标准化建设提质增效。把加强公立医院党的建设作为重点内容列入大型医院巡查中，对省级三级公立医院进行全覆盖督导检查，持续推进落实二级及以上公立医院书记院长分设，全省49家三级公立医院和141家二级公立医院完成了书记、院长分设。扎实开展党史学习教育。召开专题部署动员大会，成立专门工作机构推进党史学习教育活动，对委系统245名县处级党员干部进行集中培训，利用红色革命教育基地现场教学，举办演讲比赛、知识竞赛、书画展和卫生健康事业发展成就展等庆祝建党100周年系列活动，扎实开展改造建设重症医学传染病区、推动检查检验结果互认等7项“我为群众办实事”实践活动，党史学习教育成果在疫情防控中充分彰显。加强党风廉政建设。落实全面从严治党主体责任，对4家委属单位开展巡察，完成委属单位巡察全覆盖目标。主要领导带队参加“阳光在线”直播，受理并及时办理群众反映问题72个。常态化开展重大节假日廉政提醒，对12个委属单位落实党风廉政建设情况进行监督检查，下发纪律监察建议书。强化执纪审查，受理查处信访举报9件，党纪处分2人。

【疫情防控】坚持将疫情防控作为服务全省经济社会发展的基础和关键，充分发挥参谋助手和专业化指导作用，竭尽全力遏制疫情扩散蔓延，快速、精准实现“动态清零”。严把入境人员关口。针对境外直接来甘和其他省份入境来甘人员形成了一整套行之有效的闭环管控制度和措施，出色完成22架次4754名伊朗、沙特、俄罗斯等国入境人员集中隔离和医疗救治任务，实现了零扩散、零感染、零死亡、零投诉的优异成绩。快速精准打赢疫情防控阻击战。突如其来的“10.17”聚集性疫情，点多、线长、面广、传播快、任务重，全省卫生健康系统勇挑重担、日夜奋战，以坚定果敢的勇气和坚忍不拔的决心，同时间赛跑、与病魔较量，成功夺取抗疫斗争的阶段性胜利，实现一个潜伏期内快速遏制疫情社会面传播的目标，仅用41天所有确诊病例清零，无死亡、无插管、无ECMO，为全国疫情防控大局和全省经济社会发展做出了积极贡献。离甘须持24小时核酸阴性报告彰显出防止疫情外溢的“甘肃担当”，快速精准遏制疫情传播扩散、隔离点储备充足等经验做法得到国家联防联控工作组的肯定。突出精准及时总结部署。省疫情联防联控领导小组依据形势、结合实际，增设综合协调组、流调溯源组、核酸检测组、集中隔离点管控组、城乡社区管控组，指挥机制调整为“一办十六组”，进一步靠实部门主体责任，健全完善提级指挥、下沉作战、混合编组、集中办公的扁平化运行机制。更新制定下发流调溯源、大规模核酸检测、集中隔离点管理、社会面及社区管控、医疗救治等15个方案预案、指引指南，形成了一整套符合甘肃实际的疫情防控实操手册。稳妥有序推进新冠病毒疫苗接种工作。完成2094.9万人全程免疫接种，其中533.14万人完成加强免疫接种。接种初期，克服供应紧张、供应量不稳定等重重困难，想尽一切办法“争疫苗”；高峰时期，全省共派出32个省级工作组分赴各地驻点办公，机关包保处长驻点督战，设置1783个接种单位，参与疫苗接种工作的医务人员近3.8万人，配齐配强接种现场救治力量，按期完成国家年度接种任务。

【巩固拓展脱贫攻坚成果同乡村振兴有效衔接】创新性提出脱贫攻坚成果同乡村振兴有效衔接“六大长效机制”（建立动态监测、提升基层医疗服务能力和公共卫生服务能力、重点人群健康“有人管”、健康促进、爱国卫生运动、家庭应急自救互救）和“五项行动”（三级医院对口帮扶、深化县域综合医改、农村低收入人口健康帮扶、重点地区重大疾病综合防控、重点人群健康改善）。县、乡、村三级医疗机构和合格医生动态清零，实现基本医疗稳定保障；脱贫人口及“三类户”大病专项救治和主要慢病签约管理实现“应治尽治、应签尽签”；建成14个市级大众急救培训基地，面向农村宣传、推广有机磷中毒、急性心梗、脑出血等十种突发疾病应急自救培训1万余人次；进一步丰富爱国卫生工作内涵，创新方式方法，推动从环境卫生治理向全面社会健康管理转变，把卫生城镇创建作为乡村振兴战略、推进健康甘肃建设的重要内容，新创建省级卫生县城5个，卫生乡镇167个，卫生村522个；制定《巩固拓展中医药扶贫成果同乡村振兴有效衔接实施方案》，推动“公司＋基地＋合作社＋农户”模式，科学引导群众通过种植中药材提高收入。

【医药卫生体制改革】积极推动公立医院综合改革，玉门市被国务院办公厅确定为2021年公立医院综合改革成效明显表扬激励县，中央财政奖励500万激励资金；4家国家试点和41家省级试点医院建立现代医院管理核心制度；全省公立医院人员支出占业务支出达到39.8%，比上年提高4.98%；将45种日间手术和15个日间诊疗病种纳入医保支付，群众看病就医便捷性进一步提高；全省实现收支平衡的公立医院占比80.45%，比上年增长2.91%，公立医院公益性特征进一步彰显。

【强化医疗卫生体系建设】围绕“优省市、强县区、活乡社、稳村组”，进一步筑牢医疗卫生体系建设。三级公立医院绩效考核排名提升到全国第16位，县级医院医疗服务能力基本标准和推荐标准排名分别提升到全国19名和20名，脱贫县县级医院服务能力基本标准和推荐标准排名均为全国第14名，从全国倒数跃居中游。全力推进国家肿瘤区域医疗中心和省级区域医疗中心建设，吸引全国优质医疗资源落户甘肃，遴选3家医院建设国家级临床重点专科，医学高峰和医疗高地建设取得新进展。争取省政府为民办实事项目资金4500万元，标准化改建完成15个市级重症医学传染病区域、30个县级医疗机构传染病病区。编制《“十四五”卫生健康事业发展规划》，制定印发《关于完善重大疫情防控体制机制健全公共卫生应急管理体系的实施意见》；争取中央预算内投资9.43亿元，支持疾控、妇幼、县级医院等基础设施建设项目20个；争取地方政府专项债券规模6.5亿元，支持4个医疗卫生机构基础设施建设；积极推进5个省列医疗卫生重大项目建设。全省有76个县全面建成检验、病理、心电、消毒供应5个县域医学中心，建成率88%，“乡检查、县诊断、乡治疗”的基层医疗服务体系初具成形；全省86个县市区中，建成胸痛中心37个、卒中中心57个、创伤中心38个、危重孕产妇救治中心79个、危重新生儿救治中心81个，基层急危重症救治体系初具规模。

【优化医疗服务质量提升】围绕“强管理、重规范、抓细节、补短板、优服务、提质量”，进一步优化医疗卫生服务链条。针对不同医院间检查检验结果不互认导致群众看病慢、看病贵、重复检查、流程繁琐等群众反映强烈的“急难愁盼”问题，推动全省范围内234家医疗机构实现7项检验结果、252家实现5项超声结果、176家实现7项放射影像结果互认，累计为患者节约检查费用超2亿元，成为全国最早在省级层面和全省区域做到检查检验结果互联互通、共享互认的省份，并评为全国“推进医改服务百姓健康十大新举措”。94个省级甲类重点学科中，89个与国内领先学科建立合作帮扶关系，9个与国外领先学科进行合作，重点学科提质增效取得新进展。省级专科（技术）联盟数量增加至100个，成员单位增至2911个，帮助基层开展新技术新项目659项，优质医疗资源服务下沉成效明显。建成全省医疗技术临床应用监管平台和19家培训基地，完成限制类医疗技术备案，医疗技术管理实现在线监管。基层卫生健康发展主要评价指标仅次于上海、浙江、北京、江苏、天津，位居全国第六，在2018—2020年全国各省份进步程度中排名第一。全省668家乡镇卫生院和社区卫生服务中心达到国家优质服务基本标准、123家达到推荐标准，国家基本公共卫生服务项目绩效考核评价连续多年保持在全国中上游水平。针对群众临床用血先付费、出院后到血站报销等“多跑路”问题，建成全省用血费用直接减免信息系统，献血者住院期间费用直接报销，减免时间由原来的3—7天缩短为半小时，实现“零跑路”，全年累计直免1582人次，受益群众比上年增长33.8%。

【中医药事业产业融合发展】“甘肃方剂”深度参与新冠肺炎预防、治疗和康复全过程，集中隔离点预防中药服药率达99.43%，群体性预防中药发放累计150余万付，144名确诊患者中医药全程参与救治率100%。印发《甘肃省“十四五”中医药发展规划》《关于加快中医药特色发展若干措施》，实施中医药发展九大工程，推动中医药特色发展。新建1个国家中医疫病防治基地和2个国家中医特色重点医院；1人获得“国医大师”称号，3人被评为全国名中医，全省国医大师达到2名，全国名中医达到6名；新建2个省级中医药治未病中心、7个省级区域中医（专科）医疗中心、1个省级中医康复中心和18个省级特色优势中医药专科，建成202个基层中医馆。按照“以文带医、以医带药、以药兴商、以商扶贫”思路，在“一带一路”12个沿线国家持续推进16个岐黄中医中心（学院）建设，与13个国家开展中医药国际交流与合作，累计捐赠“甘肃方剂”8500剂。依托国字号平台做大做强中医药产业链，全省规模以上中医药生产企业71户，实现工业总产值60.63亿元，比上年增长12.8%，实现工业增加值17.25亿元，增长12.2%。成功举办甘肃省“百千万”创业引领工程“创业达人”评选活动暨甘肃省首届中医药产业创业创新大赛。

【卫生人才队伍建设】持续聚焦“三个一批”（引进一批、树立一批、培养一批），让事业激励人才，让人才成就事业。2021年全省卫生健康系统共引进各类人才3822人，其中省级379人、市级3443人；柔性引进“高精尖缺”前沿人才18人；树立培养150名行业骨干人才和150名行业优秀青年人才，通过宣传、“上挂下派”等方式进行重点培养，提高名医专家影响力和辐射带动力；每千人口执业（助理）医师达到2.65人；每千人口注册护士达到3.41人，首次超过全国平均水平（3.34人）；选派3名优秀青年人才参加西部之光人才计划培养；48名县级医院骨干医师赴上海交通大学医学院附属瑞金医院定向进修培训；制定《甘肃省卫生系列高级职称评价条件标准》《甘肃省基层卫生系列高级职称评价条件标准》，在全国率先落实落地卫生系列职称改革和创新人才评价激励机制，并实现高级职称全过程全流程线上评审。制定改善医务人员工作条件、保障安全执业环境等9方面19条关心关爱措施，激励全省广大医务人员积极参加重大自然灾害或突发公共卫生事件处置工作。

【互联网+医疗健康】深入推行居民电子健康卡。在省市县乡村五级医疗机构持续推进电子健康卡应用，全省累计发放电子健康卡3224.56万张，在线挂号1.04亿次、检查5900.98万次、开方1.31亿次、取药8293.15万次、诊断1.06亿次、缴费9650.65万次，实现医疗健康服务“一码通用”。以信息化支撑新冠肺炎疫苗接种。构建覆盖省市县乡村疫苗管理“一网追溯”，实现疫苗信息、出入库管理、冷链、运输、储存、实时温度监测、接种预约等全过程信息化管理。扩展“健康甘肃APP”和“健康新甘肃”微信小程序，面向全省居民提供新冠肺炎疫苗接种提供预约服务，方便群众就近就便安全接种及查询。牵头建设甘肃省疫情防控管理平台。在全国第二批省份中以第1名的成绩提前完成了与国家平台互联互通、业务协同，实现数据共享、一键直查、区域协查、跨省协查、隔离点管理、密接人员管理、卡码融合、可视化展示等8项应用管理功能，累计对接区域协查、密接次密接、健康出行码等数据9500多万条。强化健康出行码管理和优化赋码管控工作。下发《关于调整甘肃健康出行码赋码转码权限通知》《关于健康出行码黄码赋码和转码相关事项的通知》，进一步明确转码规则，同时将赋码转码权限下放市县，便于第一时间对重点人群赋码管控。将居民电子健康卡、人员核酸检测结果、新冠肺炎疫苗接种记录和中高风险地区行程查询等信息进行融合应用，有效保障了常态化疫情防控形势下人员有序流动，共有3605.7万人申领甘肃省健康出行码，累计亮码6.69亿人次。

【卫生法制与监督】提请省人大通过《甘肃省中医药条例》，标志着全省中医药全面发展进入规范化、法治化的轨道；修订完成《甘肃省人口与计划生育条例》，明确了优化生育相关配套支持措施，并制定独生子女父母陪护假、育儿假等一系列支持政策。开展全省新冠肺炎疫情防控卫生监督专项行动，出动卫生监督员3.1万人次，检查医疗机构2.4万户，累计下达卫生监督意见书1.46万份，处罚287家，警告221家，罚款4.25万元，监督检查集中隔离医学观察点1859户次，下达卫生监督意见书679份。全省范围开展为期5个月的集中整治打击非法医疗美容服务行动，共查处医疗美容违法案件63件，罚款99.21万元，没收违法所得15.44万元，责令停业整顿医疗美容机构4家，吊销《医疗机构执业许可证》1家。开展为期3个月的医疗废物管理处置专项排查整治活动，共排查医疗机构10474家，限期整改1670户次，立案325件，其中警告172户次，罚款25.67万元。开展医疗乱象专项整治，全年共处罚医疗机构724家，立案491起，责令停业整顿7家，注销《医疗机构执业许可证》18家，吊销《医师执业证书》1人，移送其他部门案件6起。

【慢性“四病”管理】将高血压和糖尿病高危人群干预融入基本公共卫生服务均等化服务管理，与患者同筛查、同干预、同管理、同评估，甘肃省卫生健康委为794个项目县（市、区）配备肺功能仪，通过线上培训14661人全力提升基层医疗卫生机构肺功能检查评估和干预指导能力。利用甘肃省慢病管理信息系统开展“深化城乡居民高血压、糖尿病门诊用药保障和健康管理专项行动”，将系统中的参保人员整体纳入保障范围，不再进行“两病”门诊用药保障资格申请和审核，让慢性病患者少跑路，扩大政策受益面。充分利用信息化平台，切实提升慢性“四病”管控成效，对管理过程和管理效果（健康监测、风险评估、健康干预、干预效果评价）进行智能分析，全面提升管理效率与效果，慢病管理示范区创建再创新高，国家级达到7个、省级10个。全省共管理高血压患者225.5万人，管理率41.9%；共管理65岁以上老年高血压患者132万人，管理率61.9%；全省建档立卡贫困人口共发现高血压患者56.7万人，已管理55.3万人，管理率97.6%。共管理糖尿病患者49.4万人，管理率23.8%；共管理65岁及以上老年糖尿病患者26.6万人，管理率38.5%；全省建档立卡贫困人口中共发现糖尿病患者8.5万人，已管理8.25万人，管理率97.1%。

【全面加强“一老一小”服务和妇幼保健工作】制定印发《甘肃省托育机构设置标准细则（试行）》《甘肃省托育机构管理规范细则（试行）》，全省累计备案托育机构77家，可提供托位6256个；制定《甘肃省3岁以下婴幼儿照护服务专家库管理办法》，组建完成139人的省级专家库；制定印发《甘肃省开展全国婴幼儿照护服务示范城市创建活动实施方案》《关于创建省级示范试点托育机构的通知》，明确创建标准，提升规范化创建水平。印发《关于加强老年健康服务体系建设的实施意见》和《甘肃省加强老年人居家医疗服务工作实施方案》，建立家庭病床5552张，开设老年医学床位2919张、安宁疗护床位321张；遴选省人民医院、兰大一院、省三院为国家老年医学人才培训基地，67名学员参加培训并顺利结业；医养结合机构达到101家，从业人员9095人，床位总数22380张，医疗机构与养老机构签约286对；创建省级医养结合示范先行县12个、示范机构18个、示范基地8个；首批建成20个全国示范性城乡老年友好社区，58家单位申报创建老年友善医疗机构。全面推进妇幼保健机构标准化建设，28家达到二级以上标准、24家达到一级标准，达标率为53%；持续实施贫困听障患儿救治项目，新生儿听力筛查持续保持在98%以上，累计为1155名听障患儿植入人工耳蜗1450例，建成50家标准化市县级听力诊断分中心；7岁以下儿童健康管理率达到94.32%，0—6岁儿童眼保健和视力检查覆盖率达到91.76%。新增12个儿童血液病、恶性肿瘤救治管理病种；强化省级危重孕产妇和新生儿救治中心分片包抓指导，提升基层医疗救治能力，全方位保障母婴安全，2021年全省孕产妇死亡率、婴儿死亡率、5岁以下儿童死亡率分别为10.35/10万、3.2‰、4.13‰，均低于全国平均水平。全省人均期望寿命由2019年的73.92岁攀升至2021年的75.64岁，提升1.72岁。

【其他“健康甘肃”重点工作】扎实推进食品安全工作。新制定颁布甘肃省食品安全地方标准12项，在全国率先会同市场监管部门深入推进党参、黄芪、肉苁蓉等食药物质生产经营试点工作，相关举措成效获得国家卫健委等部门充分肯定；与市场监管部门紧密协作，加大涉疫食品排查检测力度，及时高效处置抽检新冠病毒阳性事件1起，全力保障冷链食品安全；在全国率先制订加强医疗机构食疗药膳工作相关政策文件，推动医疗机构食疗药膳工作。持续巩固重点地方病防控成效。举办全省地方病防治技能大赛；组织完成全省包虫病定点医院评审和复核评估工作，确定16家包虫病定点救治医院，优化救治流程，全面提高救治效果，全年外科救治包虫病患者113人；多措并举防止疟疾输入再传播；强化麻风病症状监测，顺利通过全国消除麻风病危害规划（2010-2020年）核查工作。加快职业健康防治体系建设。印发《甘肃省关于加强职业病防治技术支撑体系建设的实施方案》《甘肃省医疗卫生机构放射诊疗建设项目卫生审查管理规定》和《甘肃省职业病诊断医师考核管理办法》，建立职业健康专家库，组织开展建设项目防护设施“三同时”专项检查，以及卫生健康系统放射源安全和放射诊疗专项监督检查，全年共核查建设项目“三同时”问题线索3840项，限期整改721家，立案查处41起，下达执法文书1125份；检查放射诊疗单位1584家，发现问题700余条，实施行政处罚近100件。

（马维坤）

医疗保障

【概述】甘肃省医疗保障局以高质量发展为主题，以精细化管理和机制创新为抓手，奋力推进各项重点工作有效落实。2021年，全省基本医疗保险参保2587.1万人，其中，职工医疗保险参保372.3万人，居民医疗保险参保2214.8万人，参保率稳定在97%以上。基本医疗保险基金总收入401.6亿元，总支出317.8亿元，当期结存83.8亿元，累计结存371.7亿元。其中职工医疗保险基金收入200.5亿元，支出144.9亿元，当期结存55.6亿元，累计结存253.8亿元；居民医疗保险基金收入201.1亿元，支出172.9亿元，当期结存28.2亿元，累计结存117.9亿元。

【党建强基】一是坚定不移强化党的政治建设。严格落实新时代全面从严治党新要求，把党的政治建设摆在首位，坚持以习近平新时代中国特色社会主义思想武装头脑，深入贯彻落实习近平总书记对甘肃重要讲话和指示精神，特别是对医疗保障工作的重要论述和指示批示精神，坚决拥护“两个确立”，增强“四个意识”、坚定“四个自信”，做到“两个维护”。二是扎实开展党史学习教育。结合为民办实事活动，开展医保政策“四进”宣传、全省医保系统知识竞赛、陇原系列红色故事“党建半小时讲堂”“带头学史、现身讲史”“唱红歌、温誓词、强担当”“学党史、感党恩、跟党走”、清明祭英烈、红色观影、红色基地现场学习等系列活动，从党史学习中传承红色基因，汲取奋进力量。三是积极发挥党建引领作用。着力打造机关党建“五个一”（一个党建平台、一线党旗飘扬、一体融合推进、一本质量台账、一组真情实事）和机关文化“五个一”（一个开放书屋、一个健康小屋、一廊温馨诗画、一份师徒情谊、一台专业竞赛）两个品牌，激发党员干部深度参与党史学习教育、推动工作落实的积极性、主动性。同时，用学习成果指导实际工作，根据国家《“十四五”全民医疗保障规划》，报请省政府办公厅印发《甘肃省“十四五”全民医疗保障规划》，进一步校准了工作方向。

【疫情防控】认真贯彻落实习近平总书记关于疫情防控的重要讲话和指示精神，把保障人民群众生命安全放在首位。一是织密常态化疫情防控医疗保障网。2021 年，共拨付疫苗预付金 20.52 亿元，结算疫苗接种费用 2.58 亿元。疫苗采购价格由最初单剂 100 元，下调至 21 元，为常态化疫情防控提供有力保障。二是全力以赴助力打赢疫情防控阻击战。全省聚集性疫情暴发后，医保部门迅速反应，紧急拨付救治预付金 2.83 亿元，全额保障新冠肺炎确诊患者医疗救治费用。印发《关于支持疫情防控医疗物资采购保障工作有关事宜的紧急通知》，着力保障疫情防控医药物资采购。连续 6 次下调新冠病毒核酸检测价格，单人单样检测最高限价降低至 40 元 / 人次，混样检测统一降低至 10 元 / 人次，有效减轻多轮大规模核酸检测费用负担，助力打赢全省新冠疫情攻坚战。

【巩固拓展脱贫攻坚成果同乡村振兴有效衔接】全面贯彻落实党中央、国务院决策部署，坚决扛起巩固拓展医疗保障脱贫攻坚成果同乡村振兴有效衔接这项政治责任，坚持“四个不摘”，紧盯重点人群 100% 参保、100% 资助、100% 待遇享受，以及 100% 一站式结算 4 个底线性任务，周通报、月调度，逐项核对、逐户排查、逐人清零，着力固成效、守底线、建机制、促衔接，稳步推动各项工作有效落实。根据国家医保局《关于巩固拓展医疗保障脱贫攻坚成果有效衔接乡村振兴战略的实施意见》，落实“四个不摘”要求，印发甘肃省《实施方案》，进一步明确帮扶对象、帮扶标准、细化责任分工和推进措施。通过完善三重制度综合保障政策、巩固农村低收入人口参保覆盖面、积极动员参保缴费、分类实施参保资助等措施，建立健全防止因病返贫致贫动态监测和帮扶机制，巩固脱贫攻坚成果，坚决杜绝大规模因病致贫返贫。紧盯脱贫攻坚成果后评估工作要求，从参保动员、参保资助、待遇享受、巩固“一站式”结算成果四个方面形成监测台账模板，深入开展自查自纠，全面梳理存在问题，举一反三，查漏补缺，切实保障各项医保惠民政策全面落实落地。

【待遇保障】一是规范参保缴费。根据国家医保局、财政部、国家税务总局等相关文件精神，结合 2021 年度参保缴费工作实际，进一步规范了我省基本医保的参保目标、筹资标准、待遇衔接等具体内容。2021 年，城乡居民基本医疗保险人均筹资标准达到 860 元（其中财政补助 580 元，个人缴费 280 元），全省基本医疗保险参保人数达 2587.1 万人，参保率保持在 97% 以上。二是全面做实市级统筹。会同财政部门印发《关于做实城镇职工基本医疗保险市级统筹工作的通知》，按照“尽力而为、量力而行”的原则，对全省城镇职工基本医保分阶段、分类别推进市级统筹，确保参保人员待遇平稳衔接，基金安全运行。三是优化完善“两病”门诊用药保障机制。持续推进深化城乡居民高血压、糖尿病门诊用药保障和健康管理专项行动，2021 年，全省“两病”门诊用药待遇享受 14.36 万人，“两病”用药医保基金支出 1073.5 万元。四是探索建立多层次医疗保险体系。统筹推进长期护理保险、居民医保门诊统筹、缴费年限和待遇挂钩机制等试点工作；兰州市医保局联合商业保险公司推出“金城·惠医保”商业补充医疗保险产品，推进完善多层次医疗保险体系。五是建立健全职工医保门诊共济保障机制。深入贯彻落实国务院办公厅《关于建立健全职工基本医疗保险门诊共济保障机制的指导意见》，在全面梳理、扎实调研和广泛征求意见的基础上，省政府办公厅印发《甘肃省职工基本医疗保险门诊共济保障实施办法》，对推进此项改革在我省落地实施进行了全面部署。

【医药服务管理】一是抓好《2020 年基本医保药品目录》执行。联合省人社厅印发《关于执行 < 国家基本医疗保险、工伤保险和生育保险药品目录（2021 年）> 的通知》，国家医保药品目录于 2021 年 12 月 31 日 24 时全部完成系统切换，将甘肃省 25 个民族药、42 个有地方标准的中药饮片、608 种医疗机构制剂纳入全省医保基金支付范围。二是推动谈判药品落地。对国家谈判药品进行分类管理，认真落实“双通道”管理机制，满足谈判药品供应保障、临床使用等方面的合理需求。2021 年，全省谈判药品共使用 80 万人次，药品总费用 8.1 亿元，医保报销 5.3 亿元，人均报销比例达 65%。三是推进支付方式改革。深入推行按人头、按病种、总额预付等相结合的复合式付费方式，国家 DRG 试点城市庆阳市和省级试点城市金昌市，国家 DIP 试点城市定西市、武威市、陇南市全部进入实际付费，如期完成了试点改革工作任务。

【集采常态化制度化】一是扎实开展带量采购工作。认真落实《关于推动药品集中带量采购工作常态化制度化开展的实施方案》，推进国家组织的 218 个化学药品、胰岛素专项、冠脉支架、人工关节的集中带量采购在本省落地。首次牵头联合陕西省组成省际联盟，顺利完成 30 个化学药品集中带量采购。积极参加了省际联盟 53 个化学药品、17 类中成药、10 种医用耗材的集中带量采购工作。截至 2021 年年底，集采药品耗材价格平均降幅 50% 以上，累计节约费用超过 20 亿元。二是提高医药管理治理水平。按照“统一规划、统一分类、统一编码、统一维护、统一发布、统一管理”要求，贯彻执行全国医保信息业务编码标准。印发全省统一的《医疗保险诊疗项目目录》和《医疗保险医用耗材目录》，建立分类管理模式，逐步理顺诊疗项目比价关系，及时更新国家医用耗材编码，进一步提升医疗保障治理水平。

【基金监管】一是健全工作机制。成立省级打击欺诈骗保专项整治行动领导小组及联合工作专班，建立问题线索双向移送及“行刑衔接”工作机制，统筹协调全省打击欺诈骗保专项整治行动。二是持续巩固基金监管高压态势。深入开展定点医疗机构专项治理“回头看”、省级飞行检查、案件线索专查和存量问题清零等一系列工作，实现定点医疗机构现场检查全覆盖。2021年，全省医保系统共检查定点医药机构1.06万家，处理违法违规医药机构4958家，追回、扣减、处罚资金2.55亿元。三是探索推进监管方式创新。进一步完善基金监管责任体系、制度体系和信用体系，构建政府监管与社会监督相结合的监督模式，推动基金监管更加科学规范开展。积极指导国家医保局基金监管方式创新试点城市张掖市因地制宜、探索创新，组建“五市协同监管联盟”，构建市、县、乡、村四级医保监管体系，被国家医保局评为医保基金监管方式创新试点“优秀”等次。

【经办服务】一是整合服务环节优化经办流程。全面实现普通门诊费用省内、省外异地直接结算。2021年，共发生异地门诊直接结算28.7万人次，报销费用3431.71万元。在此基础上，省本级和兰州市参保人员在异地实现高血压、糖尿病等5种门诊慢特病直接结算。同时，积极推进省内无异地，对临时外出就医人员实现直接结算，有效解决群众就医“垫资”问题和返回参保地手工报销“时间长”问题。二是下大力气推进经办服务放管服改革。实行医药机构定点协议互认，方便了医药机构准入、退出和参保人员就医、购药。开通谈判药品医药机构“双通道”直接结算服务，为参保群众提供了更加高效的惠民服务。省直和兰州市将特殊疾病门诊补助审核认定下沉至定点医疗机构，由定点医疗机构“一站式”受理，病种认定时限由原来的3个月缩短至20个工作日。

【医保信息平台建设】作为西北地区唯一的国家医保信息化试点省，紧跟国家局统一部署，融合推进全省医保信息化和标准化建设，通过需求调研、系统开发、接口改造、编码贯标、系统对接、功能测试、数据治理、业务培训等各项工作，2021年5月24日，新信息平台在兰州上线，成为全国第1个上线国家医保信息平台的省会城市；2021年8月26日，新信息平台在全省全面上线，甘肃省成为全国第8个实现全域覆盖的省份，历史性地实现了全省医保信息系统“标准全省统一、数据省级集中、平台省级部署、网络全面覆盖”，实现了医保业务网上办理、掌上办理，为群众提供高效便捷的医保服务打下了坚实基础。

【政策宣传】一是充分发挥局网站、微信公众号以及各类新媒体宣传媒介作用。开展药品集中带量采购、参保缴费等专题宣传活动；对医保重点工作、政策法规、经办流程等群众关切的内容，有重点、高频次、广覆盖进行宣传。二是组织开展党史和医保政策知识竞赛活动。将党史学习和政策学习宣传深度融合，历时4个月，各级800多名来自机关、经办机构、两定机构干部职工参与，经过县级初赛、市州复赛、省级决赛，达到了宣传政策、锻炼队伍、展示形象的效果，各类媒体当日直播点击量超过180万人次。三是积极回应群众关切。建立信访事项分级分类、台账管理、限期办结、督办约谈、月通报五项制度。2021年及时回复领导信箱522件，办理信访1072件，电话解答5000多个。

（*伊欢*）

民政

【概况】2021年，争取民政事业中央专项资金及省财政预算资金共计130.5亿元，其中，一般公共预算财政拨款125.2亿元，包含困难群众救助补助资金123.8亿元、社会救助工作经费500万元，社会办养老机构一次性补贴439万元，综合养老服务中心提升改造工程经费1.3亿元，惠民殡葬和节地生态安葬政策资金50万元；彩票公益金2.2亿元，包含老年人福利类1.5亿元、残疾人福利类2554万元，儿童福利类1646万元，其他公益类2301万元；中央预算内投资项目资金3.09亿元。

【社会救助】建立健全分层分类的社会救助体系，省委办公厅、省政府办公厅印发《关于改革完善社会救助制度的若干措施》，加快构建政府主导、社会参与、制度健全、政策衔接、兜底有力的综合救助格局。省政府下发《关于进一步加强和改进临时救助工作的意见》，拓展了救助对象和申请渠道，丰富了救助方式和急难救助审批方式。制定《甘肃省最低生活保障审核确认实施细则》，规范低保审核确认工作，精准认定保障对象。制定《甘肃省特困人员认定办法》，适度拓展对象范围，提升服务质量。积极争取中央资金支持，在中央困难群众救助补助资金大幅减少的情况下，安排甘肃资金104.6亿元，比上年增加5.8亿元，全省共筹集救助资金123.8亿元（其中省级资金19.2亿元），为保障困难基本生活提供了坚实的资金基础。持续提高保障标准，经十三届省政府第120次常务会议研究决定，按照8%的比例继续提高城乡低保和特困供养省级指导标准，全省城市低保标准达到年人均7476元，农村低保标准达到年人均4788元，城乡特困人员年人均基本生活标准分别不低于9732元、6216元，护理标准不低于1680元、3360元、4800元。加大临时救助力度，指导各地充分发挥临时救助托底线、救急难作用，全省实施临时救助171.1万人次，支出资金24.95亿元，有效解决困难群众突发性、紧迫性困难。保障困难群众温暖越冬，指导各地按照“缺什么、补什么”的原则，通过公开招标为分散供养特困人员等特殊困难群体购买发放越冬物资。全省累计为18.4万名困难群众发放棉被、衣物等御寒物资63.6万件（套、双），支出资金1.58亿元；为18.9万名困难群众购买发放冬季取暖用煤13.7万吨，支出资金2.56亿元。扎实做好疫情期间救助工作，多措并举保障疫情期间困难群众基本生活，全省共为1278名因疫隔离困难群众实施临时救助37万元，为2.1万名因疫情影响造成基本生活困难的群众发放救助金1553万元。不断创新救助服务模式，积极推行“资金+物资+服务”的救助模式，指导各地科学统筹分散供养特困人员护理补贴，合理使用政府购买社会救助服务资金，由第三方服务机构提供照料护理服务，分散供养特困人员生活面貌得到显著改善。加强低收入人口动态监测，联合省乡村振兴局、省教育厅等6部门印发实施方案，瞄准因病、因残等返贫致贫因素，对低保对象、脱贫不稳定户等困难群众开展监测预警，共发出红色、橙色预警信息8.4万条，对3.8万户符合条件的对象落实了相应救助政策。开展社会救助兜底脱贫成果“回头看”行动，联合省乡村振兴局下发实施方案，指导各地逐人逐户开展摸底排查，对生活有困难的，主动介入、及时落实救助帮扶政策。全省共计摸底排查困难群众149.5万人，新纳入城乡低保范围13.5万人。开展“解忧暖心传党恩”行动，动员指导各级民政干部和基层工作人员走访慰问各类困难群众，入户开展政策宣讲，及时发现并帮助解决群众遇到的困难和问题。全省累计走访群众59.4万余户，帮助困难群众解决实际问题4676件，发放慰问款物1.06亿元。

【养老服务】不断健全制度体系。2021年，印发了《甘肃省人民政府办公厅关于促进养老服务发展的实施意见》，从“夯实居家养老服务基础、拓展社区养老服务功能、强化机构养老支撑功能、加快推动医养结合发展、补齐农村养老服务短板、提升智慧养老服务水平、繁荣老年用品市场、加强养老服务人才队伍建设、提高养老服务综合监管水平”9大任务和“加大政府投入力度、拓宽投融资渠道、加强供地保障、落实规划建设要求、减轻税费负担、加强消防安全管理”6项保障措施，就加快养老服务业发展提出实施意见。印发了《关于建立完善养老服务监管制度促进养老服务高质量发展的实施意见》，重点围绕“监管什么、谁来监管、怎么监管”三个核心问题，从突出监管重点、落实监管主体、提升监管效能、加强组织领导等四个方面提出了明确要求。顺利完成为民实事任务。将“全省建设100个城市街道综合养老服务中心”纳入省政府为民实事任务，积极争取省级财政公共预算1.3亿元，省、市、县共同配套列支3亿元，共新增养老服务设施用房面积13.24万平方米，增加床位2306张（其中护理型床位2139张）。开展居家社区养老服务提升项目试点。积极争取将兰州市、武威市纳入了“十四五”时期第一批中央彩票公益金支持的居家社区养老服务提升项目试点地区。争取中央专项资金6471万元重点为经济困难的高龄、失能老年人建设“家庭养老床位”和提供居家上门服务。加强养老服务人才队伍建设。联合省人社厅、省财政厅印发《关于加强全省养老护理员职业技能培训工作的实施方案》。全年指导各地培训3.2万名养老护理员。举办了全国养老护理职业技能大赛甘肃赛区选拔赛，并组织人员参加了全国大赛（省民政厅获优秀组织单位奖，甘肃省一名参赛选手获个人三等奖）。

【社会组织管理】积极推动社会组织党建工作由“有形覆盖”向“有效覆盖”转变，扎实开展党史学习教育，深化“四抓两整治”工作成效，统筹抓好全省社会组织党建工作指导，“两个覆盖”质量明显提升。动员引导全省3500余家社会组织，积极响应党和国家决策部署，充分发挥行业、专业优势，依法有序参与疫情防控工作。大力培育发展社区社会组织，印发《培育发展社区社会组织专项行动实施方案（2021—2023年）》，推进实施社区社会组织培育发展、能力提升、作用发挥、规范管理“四项计划”，全省1.06万家社区社会组织已成为创新基层社会治理的一支重要力量。组织实施“我为企业减负担”专项行动，全省各级行业协会商会共减轻企业负担6152.17万元，惠及企业8261家，规范完善会费标准和程序的256家，累计抽查检查行业协会商会668家。深化推进东西部协作社会组织帮扶，协作市103家社会组织开展帮扶项目115个，落实帮扶资金物资5058.14万元，较上年增长689.72万元，增幅15.79%。持续加强社会组织综合监管，严厉打击整治非法社会组织，全省累计查处非法社会组织120家，形成对非法社会组织的有效震慑。深入开展“僵尸型”社会组织专项整治，排查整治“僵尸型”社会组织2685家，持续净化社会组织健康发展环境。

【基层政权建设与社区治理】启动甘肃省第十次村民委员会和第七次居民委员会换届选举工作，省委、省政府成立换届工作领导小组，印发《甘肃省村（社区）“两委”换届工作方案》。在各级党委、政府的领导下，各级民政、组织等部门通力协作，严格依法办事，充分发扬民主，强化督导检查，强力有序推进，全省15935个村、1436个社区圆满完成了换届工作，同步完成村（居）务监督委员会换届工作。突出“双好双强”，一批致富能手、外出务工经商返乡人员、本乡本土大学毕业生、退役军人和机关事业单位退居二线或退休公职人员当选村、居委会主任。村、居委会班子成员年龄实现总体年轻化和结构“老中青”梯次配备的目标要求。制定下发村（居）民委员会换届指导手册和一般程序，确保换届工作规范运行。紧盯换届程序、人选资格、方法步骤等关键环节，省民政厅、省委组织部分3轮派出11个暗访督查组，深入各市（州）督查检查，对发现的执行程序不到位、人员标准有瑕疵等突出问题现场指导纠正。市（州）、县（市、区）同步派出工作督导组，乡镇（街道）成立工作指导组，全程参与换届选举工作。严密防范化解各种风险，对换届中可能出现的矛盾问题及早预判，对一些苗头性倾向性问题抓早抓小，及时解决在萌芽状态。通过此次换届，村（居）委会班子整体功能进一步增强，村（居）干部工作能力进一步提升，村（社区）治理机制进一步健全，群众对换届工作普遍比较满意。

【区划地名管理】积极开展优化行政区划设置研究，会同有关省份完成民政部关于功能区与行政区融合发展问题重点课题研究。组织市县立足本地实际，围绕县下设街道、单区市行政区划设置、撤镇设街道以及新时期行政区划工作发展等内容进行了探索研究。积极协助临夏州完成积石山保安族东乡族撒拉族自治县成立40周年庆祝活动报批相关工作。加强地名普查成果转化，完成《甘肃省标准地名图集》《甘肃省标准地名录》《甘肃省标准地名词典》编纂出版工作。稳妥推进不规范地名的清理整治工作，完成11条不规范地名清理整治任务。深入开展党史学习教育，立足“我为群众办实事”实践活动，组织实施“保护地名文化、记住美丽乡愁”乡村地名信息服务提升行动，增补乡村地名信息1万余条。积极挖掘甘肃红色地名文化资源，广泛征集红色地名文化作品，向民政部报送红色地名故事、摄影等作品70余个，其中《地名，以时代而辉煌、因历史而闻名——以庆阳境内的红色地名为例》和《红西路军安西战役纪念馆》荣获"红色地名礼赞百年"三等奖。扎实开展行政区域界线联检，完成甘陕、甘蒙省界和省内40条县级界线第四轮联合检查任务，更换丢失损毁界桩9颗。积极推进平安边界建设，不断提高依法治界管界水平，有力维护边界地区安定团结和社会稳定。

【社会事务】提高残疾人两项补贴省级分档补贴指导标准。从2021年1月起，困难残疾人生活补贴和重度残疾人护理补贴省级分档补贴指导标准每人每月分别提高10元。困难残疾人生活补贴：城市低保家庭和农村一、二类低保家庭中残疾人每人每月不低于110元，农村低保三、四类低保家庭残疾人补贴标准由各市、县自行制定。重度残疾人护理补贴：肢体、视力、智力、精神一级和智力、精神二级残疾人每人每月不低于110元，听力、言语一级和肢体、视力、听力、言语二级残疾人每人每月不低于60元。残疾人两项补贴资格认定申请实现"跨省通办"。2021年4月22日起，申请人申请残疾人两项补贴，可以向全国范围内任何街道办事处或乡镇人民政府设立的残疾人两项补贴受理窗口提出，不受户籍地限制，申请人提交的申请经全国残疾人两项补贴信息系统推送至申请人户籍地，由户籍地按程序审核符合条件后，即纳入补贴范围，由户籍地发放补贴。完善落实困难群众惠民殡葬政策。省民政厅会同省财政厅等5部门出台了《甘肃省惠民殡葬实施办法》，将惠民殡葬对象范围扩展为低保对象、特困人员、孤儿、事实无人抚养儿童、生活困难的重点优抚对象、遗体和人体器官捐献者等6类群体，实行殡仪馆"一站式"即时免费结算，并积极协调省财政列支2021年度惠民殡葬补助资金50万元，从2021年3月1日起执行，累计向困难群众提供基本殡葬免费服务1312人，免费金额约205万元。一些殡葬服务单位还为困难群众提供了低价服务"菜单"，有效扩大了惠民殡葬政策的覆盖面和受益面。调整下放经营性公墓审批权限。按照国务院深化"证照分离"和民政部深化"放管服"改革部署，将经营性公墓的审批权限下放到市州民政部门，并将审批结果报省厅备案。同时，指导市州民政部门按照"公益性为主体、营利性为补充、节地生态为导向"的原则，做到未纳入省级殡葬事业发展规划的不予审批、县市区未建设公益性公墓的不予审批、已建有经营性公墓且建设的墓位未趋于饱和的不予审批。持续开展殡葬突出问题专项整治。省民政厅组织对全省所有经营性公墓的审批、建设、运营情况进行了摸底排查，逐个建立工作台账，分市州列出问题清单，督促各地认真抓好整改。2021年8月26日省民政厅会同省发改委等8部门印发《甘肃省开展殡葬业价格秩序、公益性安葬设施建设经营专项整治行动方案》，开展了为期半年的全省殡葬业价格秩序、公益性安葬设施建设经营专项整治工作。从严督办加快推进殡葬设施建设，向14个市州和兰州新区一对一发了告知督办函，召开了全省殡葬工作推进会，要求各地抓紧推进落实，尽快完成欠账。下拨中央福彩公益金1413万元，集中用于资助7个在建项目。同时，在编制《甘肃省"十四五"殡葬事业发展规划》中，将殡葬设施补短板建设作为重点进行规划，明确各地数量布局，压实主体责任，确保"十四五"期间补齐短板。开展结婚登记"市内通办"试点。2021年3月，省民政厅下发了《甘肃省结婚登记"市内通办"试点实施方案》，组织兰州、金昌、酒泉、张掖、武威、白银、天水、定西等8个市先行开展结婚登记"市内通办"试点。为做好此项工作，省民政厅先期下发《采取有效措施加快提升婚姻登记信息化智能化水平实施方案》，要求全省127个婚姻登记处218个婚姻登记窗口全部配备具有身份证读卡、人脸采集比对、指纹采集比对、电子档案拍摄、电子签名等功能的一体化智能设备，全面提升婚姻登记信息化服务能力，补录自新中国成立以来未录入信息系统的婚姻登记历史档案数据有34万余条，有力保障了试点工作顺利进行，截至2021年底，共办理结婚登记"市内通办"980对，登记合格率100%。孤儿、事实无人抚养儿童认定申请实现"跨省通办"。2021年6月30日起，孤儿、事实无人抚养儿童认定采取任意地受理申请，户籍地负责审核的形式办理，申请人申请孤儿、事实无人抚养儿童认定，可以向全国范围内任意乡镇人民政府（街道办事处）提出，不受户籍地限制。申请人提交的申请经全国儿童福利信息系统推送至申请人户籍地，由户籍地按程序审核符合条件后，即纳入补贴范围，由户籍地发放基本生活费、基本生活补贴。未成年人保护工作迈上新台阶。2021年5月22日，甘肃省成立了由分管副省长任组长、38个成员单位组成的省未成年人保护工作领导小组，领导小组办公室设在省民政厅，由社会事务和儿童福利处承办日常具体工作，同时指导各市州、县市区全部成立了领导小组和办公室，实现了全覆盖。2021年7月6日，领导小组召开了第一次全体会议暨全省未成年人保护工作会议；2021年12月8日，领导小组办公室召开了全省未成年人保护工作总结会；省委、省政府主要领导分别于2021年12月17日、20日对未成年人保护工作作出批示。推荐全国农村留守儿童关爱保护和困境儿童保障工作先进集体7个、先进个人11名。推荐永登县等5个县（市、区），参与全国未成年人保护示范创建工作。组织全省儿童主任积极参加民政部"儿童主任的一天"征文活动，选送征文26篇，其中1篇获特等奖（全国共1篇）、1篇获二等奖、1篇获三等奖、2篇获优秀奖，省民政厅被评为"优秀组织奖"。《未成年人保护法》公布后，省未成年人保护领导小组将每年6月份确定为"未成年人保护工作宣传月"，2021年全省共组织各类宣传活动1701场次，发放资料26万份。

【慈善事业与社会工作】深入贯彻落实《中华人民共和国慈善法》，慈善事业稳步推进。在2021年民政重点工作评估中，甘肃贯彻落实慈善法取得积极成效，受到民政部通报表扬。甘肃推荐的光大银行——光大慈善信托（慈善信托）在第十一届中华慈善奖表彰大会中荣获"中华慈善奖"。召开全省慈善工作推进视频会议，通报表扬近年来在全省慈善领域做出突出贡献的15个先进个人和集体，交流经验做法。积极协调中国慈善联合会和光大信托发起成立慈善信托甘肃创新实践基地。2021年新增慈善信托备案20单，金额共计

5251多万元。截至12月底，累计完成慈善信托备案133单，总金额共计7.66亿。认真学习贯彻民政部“湖南会议”精神，乡镇（街道）社会工作人才队伍建设取得新突破。截至12月底，全省社会工作专业人才1.3万人，持证社工达到5247人。3月26日，省民政厅印发《甘肃省乡镇（街道）设立省级示范社会工作服务站实施方案》，统筹推进乡镇（街道）设立社工站试点工作，为乡镇（街道）社会工作人才队伍建设提供有力保障。截至2021年底，全省共建成社会工作服务站109个。9月15日，联合省委组织部等6部门联合印发《关于加快推进全省社会工作发展提升基层服务能力的意见》。截至2021年12月底，全省注册志愿服务团体2.1万余个，注册志愿者283.1万人。全省志愿服务站点1.6万余个，村（社区）覆盖率为96%，其中10个市（州）已实现全覆盖。联合省直相关部门印发《甘肃省关于贯彻落实<志愿服务条例>的实施意见》《关于加快推进全省基层志愿服务工作的指导意见》等一系列含金量高、指导性强的政策性文件。联合省委宣传部、省文明办在古浪县举行2021年“保护生态环境共建美好家园”压沙主题文明实践志愿服务活动，弘扬八步沙精神。10月份疫情发生后，第一时间印发《关于引导各类慈善社工志愿服务组织依法有序参与疫情防控工作的通知》。全省近120万志愿者、3.4万个志愿服务组织和5.2万支新时代文明实践志愿服务队奋战在疫情防控一线。

（史磊）

体育

【综述】2021年是实现第一个百年奋斗目标，开启第二个百年奋斗目标进军的第一年，也是“十四五”开局之年。全省体育系统认真落实习近平总书记关于推动体育改革发展和体育强国建设的一系列重要指示批示，在省委、省政府的正确领导下，在国家体育总局的悉心指导下，不畏困难、齐心协力、精心布局、顽强拼搏，圆满完成陕西全运会参赛等重大任务，并以此为契机推动各项体育工作取得新进展。围绕着全民健身、全运会参赛、夏（冬）季奥运会备战等体育中心工作，体育产业、体育文化、平安甘肃、体育法制、体育科研、体育社团、体育人才培养、老干部工作等方面的工作也取得了新成绩，在建设西部体育强省道路上迈出坚实步伐。

【竞技体育】优势项目稳中有进，潜优项目实现突破，新设项目成绩喜人，后备人才稳步成长。在陕西全运会上，甘肃代表团共取得3枚金牌、5枚银牌、3枚铜牌、22个四至八名的良好成绩，并荣获“体育道德风尚奖”，圆满完成预期目标任务，实现了“拿道德的金牌、风格的金牌、干净的金牌”，充分展现了甘肃体育健儿良好的精神风貌和陇原儿女青春激昂的时代风采。金牌榜排名和奖牌总数与上届全运会基本持平，四至八名人数超过上届全运会。扎实推进冰雪运动项目的发展，在全国越野滑雪锦标赛、冠军赛上获得1金1银9铜，实现了全省冰雪项目金牌和奖牌零的突破。在国际雪联越野滑雪系列赛坝上站自由短距离项目上，甘肃运动员取得了第六名的优异成绩。积极助力国家队备战东京奥运会，全省有2名运动员随中国代表团出征东京。全年共举办反兴奋剂教育活动15场，覆盖1200余人次；反兴奋剂宣传教育22场赛次，覆盖5000余人次。

【全民健身】坚持以人民为中心，加强全民健身顶层设计和规划引领，提请省政府印发《甘肃省全民健身实施计划（2021—2025年）》和《关于加强全民健身场地设施建设发展群众体育的若干措施》等文件，加快推动群众体育事业发展，不断提升全民健身公共服务水平。持续加强群众身边的公共体育设施建设，全年新建42个多功能运动场、2个群众滑冰场、10条健身步道、20个笼式足球场、35套智能健身路径和4个社区智能健身房，推动解决群众“健身去哪儿”难题取得重要进展。截至2021年底，全省已建成各类体育场地73878个，行政村农民体育健身工程1.6万余个，建成社会足球场地468块，健身步道75条，人均体育场地面积达到1.8平方米，56个大型公共体育场馆享受免低收费补助。在疫情防控常态化条件下通过线上线下方式成功举办全省第三届全民健身运动会、“8.8”全民健身日系列活动等各类群众性体育赛事活动、主题示范活动和规模性赛事活动共671项，累计225.6万人次参加。“陇越骑联”全省自行车长征赛、“金色的田野”广场舞比赛等已成为全省知名群众体育品牌赛事。全省经常参加体育锻炼的人数达到1000万人，比例达到36.9%，《国民体质测定标准》总体合格率（不含学生）达到92.3%，社会体育指导员人数达到9.5万人，每千人公益社会体育指导员人数为3人。疫情期间利用微信公众号、云赛甘肃等线上平台向大众推送适宜居家锻炼的各类运动方式及课程，以科学健身助力疫情防控。全省体育社会组织得到长足发展，在推动体育改革发展、构建多元化公共服务体系中的作用得到有效发挥。体医融合加快推进，第一批“全民健身与全民健康深度融合”示范点建设工作已在兰州、张掖、白银共5个示范点正式启动。在全国群众体育及体育系统先进表彰大会上，全省有60名群体先进个人、64个群体先进集体受到表彰。

【青少年体育】全面推动体教融合改革落实。经省政府审定，联合省教育厅制定甘肃省《关于深化体教融合促进青少年健康发展的若干措施》，以体教共同办赛为发力点，以打造试点县为支撑点，以补齐“短板”为突破点，青少年体育工作高质量发展取得良好开端。广泛开展青少年健身活动，协助教育部门推动学生“双减”工作，组织全省开展“奔跑吧•少年”主题健身活动126场；青少年体育冬夏令营活动29次；结合甘肃地域特色创办“甘小侠”西北五省区青少年演武大会；举办甘肃省“丝绸之路”青少年体育成长夏令营，参与人次超113万。加强全省业余训练工作，初步形成“中专体校＋业余体校＋学校体育＋青少年体育俱乐部”的后备人才培养体系。成功举办了全省各单项青少年锦标赛，约6500余名青少年运动员参赛，为竞技体育培养了一批后备人才。

【备战冬奥会】积极响应习近平总书记“带动三亿人参与冰雪运动”伟大号召，认真落实冰雪运动“南展西扩东进”战略，立足我省自然地理优势，广泛开展群众性冰雪赛事活动，编写《冰雪运动科普手册》，开展冰雪文化活动，组织冰雪运动骨干培训，引导更多群众走进冰场、雪场，以实际行动为北京冬奥会营造良好氛围。先后选送100多名我省运动员参加国家队“跨界、跨项”选材，有7名运动员、队医、科研人员、体能教练等在国家队参加集训。甘肃有11名技术官员通过北京冬奥会组委会选拔，服务第二十四届冬奥会和冬残奥会。加强冬季项目场地设施建设，支持白银建设国家级越野滑雪和冬季两项训练基地，为国家越野滑雪和冬季两项备战北京冬奥会、冬残奥会提供训练支撑。

【体育产业】贯彻落实省委经济工作会议精神，着眼新发展阶段，贯彻新发展理念，加强政策引导和扶持，经省政府同意，我省《关于促进全民健身和体育消费推动体育产业高质量发展的实施意见》印发执行，为推进体育产业高质量发展谋篇布局。积极支持体育产业基地发展，持续推进体育与文化、旅游、康养融合发展，敦煌市鸣沙山·月牙泉景区被认定为首批国家体育旅游示范基地，嘉峪关市、麦积区2地被命名为首批甘肃省体育产业基地，兰州建投金城文化旅游有限公司等4家单位被认定为首批甘肃省体育产业示范单位，嘉峪关铁人三项亚洲杯暨一带一路铁人三项赛等4个项目被认定为首批甘肃省体育产业示范项目。2021年，全省体育产业增加值为133.5亿元，占全省地区生产总值的1.5%；全省体育产业单位和个体经营户发展到7394家，直接从业人员超4.7万人。体育彩票平稳有序发展，全年销量达到36.78亿元，市场份额增加到62%，实现了年度市场份额占比的历史新高。甘肃体育产业集团筹建取得实际性进展，甘肃省体育馆正式引入第三方开放运营。重点建设项目有序推进，兰州体育馆提升改造项目、省临洮体育训练基地二期建设项目、七里河体育场建设项目努力克服疫情等不利因素影响，均完成阶段性建设目标。

【依法治体】体育法治建设有序推进，《甘肃省实施<中华人民共和国体育法>办法》通过省政府常务会议和省人大初审，增加了地方特色条款，进一步完善了体育安全监管的内容，为全省体育赛事活动安全和监管提供了法律法规保障。《甘肃省“十四五”体育发展规划》正式发布，研究制定了《甘肃省全民健身实施计划(2021—2025年)》《甘肃省贯彻落实体育强国建设纲要实施意见》《甘肃省体育赛事活动管理细则》等一批政策性、指导性强的文件，体育治理顶层设计进一步完善。严格执行重大行政决策程序，加强规范性文件、合同、协议合法性审查。科学决策水平和依法行政能力不断提升。稳步有序推进局系统机构改革，撤销兰州体育馆、省职工体育运动技术学校，成立了省体育局体育场馆设施设备管理中心、省临洮体育训练基地，分设成立了省田径曲棍球运动管理中心。体育领域“数字政府”建设稳步推进，体育系统首批政务服务事项实施清单编制工作顺利完成，行政效能持续提升。

【体育文化与宣传】积极协调各类新媒体对全省体育工作特别是全运会进行全媒体、多角度新闻报道，全年共计刊播甘肃体育新闻19800余条。加强对体育系统各类宣传平台的管理与监督，全年安全运营。省体育局官方网站全年共发布稿件2236条，350余万字，图片10108张，总点击量为336705次。甘肃体育微信公众号全年共推送258期1263篇新闻。《甘肃体育视野》全年印发6期，共9000册，约73万字，图片近1500张。组织创作甘肃省首部体育扶贫纪实报告文学《星火照耀》，并在“新甘肃”客户端、“新体育”客户端全图文刊发。以纪念甘肃棋圣彭述圣生平的《彭高棋传》一书顺利发行。组织开展了甘肃省体育科研和决策咨询研究项目2020年结项评审及2021年项目申报评审工作。经评审2021年共设重大项目2项、重点项目20项、一般项目29项。

【赛事安全】深刻汲取白银景泰“5·22”黄河石林百公里越野赛公共安全责任事件教训，痛定思痛、举一反三，坚持人民至上、生命至上，全面加强全省体育赛事活动安全。在全省范围全面开展体育赛事活动摸排清查工作，第一时间暂停、延期、取消了133项管理责任不清、举办规则不完善、安全防护标准不明确的赛事活动。制定专门方案，深入开展全省体育赛事活动专项整顿治理，加强督促检查，严格落实“一赛四案”要求和“熔断机制”，全面加强群众性赛事活动事前、事中监管和事后评估，全面提升体育安全水平。坚持建章立制、源头治理，优化体育领域“放管服”改革，提请省政府印发《关于进一步加强全省体育赛事活动安全监管服务工作的通知》，制定户外徒步、越野跑、山地自行车等我省举办频次较高的赛事活动办赛指引，初步实现了“放得下、管得住、服务好”的目标。针对北京冬奥会带来的冬季“冰雪热”，联合市场监管部门做好冰雪场所安全监督检查，确保冬奥会、冬残奥会期间广大群众能安全、舒心参与冰雪运动。举办经营高危险性体育项目管理工作专题培训班，进一步提升体育系统工作人员的安全意识、责任意识和服务意识。

（刘志忠）

广播电视

【概况】2021年，全省14个市州86个县区户户通用户548.85万户，设立乡镇服务网点293个、村级业务代办点415个。全省有线电视有效用户113.77万户。交互式网络电视（IPTV）用户519.82万户，其中，电信用户432.82万户，联通用户12万户，移动用户75万户。全省共办广播节目90套，电视节目112套；广播覆盖率达到99.43%，电视覆盖率达到99.49%。全省《信息网络传播视听节目许可证》持证网站82家，市州广播电视台备案网站7家；全省《广播电视节目制作经营许可证》持证机构494家，全年新增80家。全年受理国产电视剧备案8部，其中通过总局备案公示3部；审查电视剧完成片3部，核发电视剧发行许可证1部；受理网络影视剧备案117部，其中30部通过总局规划备案，5部通过成片审查取得上线备案。

【舆论引导】深入实施“舆论引导能力提升”工程，持续深化广播电视媒体“头条”建设和视听新媒体“首页首屏首条”建设，深度阐释习近平新时代中国特色社会主义思想，紧紧围绕习近平总书记重要活动、重要讲话、重要部署开展宣传，开展系列论述 6 期，举办政论专题 4 期，编发宣传提示 22 期 75 条，组织召开宣传工作例会 45 次，开展“奋斗百年路、启航新征程”重大主题宣传和“辉煌 100 年”“小康走起”等专题宣传，制播《思想的田野（甘肃篇）》《今日中国（甘肃篇）》节目栏目，形成大小屏互动、长短视频互补的报道声势。突出中国共产党成立 100 周年这条主线，牢牢把握“党的盛典、人民的节日”的基调定位，指导全省广播电视机构开展献礼建党百年大型全媒体主题宣传活动。完成系列直播转播任务，推出“新思想引领新征程·时代答卷”“认真学习十九届六中全会精神”等专栏，连续播出党史学习教育和“四史”宣传系列公益选片、公益广告。市（州）广播电视台和县（区）融媒体中心接续推出一批生动鲜活、有分量、接地气的成就报道，唱响了新时代主旋律最强音。

【疫情防控】全省广电行业以高度的政治责任感使命感，扎实开展信息发布、舆论引导和科普工作。省广电总台开设了《抗击疫情特别报道》《疫情防控甘肃在行动》《疫情头条》等专题专栏，获得广泛关注和好评。省、市、县广播电视台上下联动，形成了有力的疫情报道格局。应急广播、乡村大喇叭、网络新媒体在疫情防控中作用明显，62421 个“大喇叭”和音柱共播出防疫信息 566 条，播出 12646 次，覆盖 640 个乡镇 7927 个行政村。

【深化改革】全面落实媒体融合重点改革任务，向 71 家融媒体机构核发了《信息网络传播视听节目许可证》。完成了广播电视行政处罚职能移交和全民所有制企业公司制改革。“放管服”改革不断深化，全年办结行政审批事项 285 件，按期办结率、群众满意率持续保持 100%。高质量完成数字政府建设广电系统政务服务事项梳理工作，实现了审批事项要素在全省各市（州）、县（区）的统一。取得了电子通信业务咨询服务资质，进一步提升了便民利民效能。制定印发了《关于加强和规范全省广播电视和网络视听事中事后监管的若干措施》，构建起了权责法定、公平公正、简约高效的广播电视事中事后监管体系。

【公共服务建设】认真贯彻落实习近平总书记“推动媒体融合发展、打造智慧广电媒体、发展智慧广电网络”的重要指示精神，深入实施“如意甘肃·智慧广电”建设工程，编制印发《甘肃省“十四五”广播电视和网络视听发展规划》《甘肃省广播电视基本公共服务实施标准》，积极推动全省广播电视和网络视听事业产业转型升级。落实中央和省级公共文化补助和项目投资等 2 亿多元；投入 1.65 亿元在 36 个县建成应急广播体系；投入 2453 万元建成甘肃卫视高清频道上星传输系统，实现高清信号上星传输；14 个市（州）级台电视频道获批高标清同播；投入 764 万元对民族地区 3.32 万电视用户，配置有线高清交互数字机顶盒；投入 1800 万元的“三区三州”市级广电融合项目有序推进；启动实施投资 1500 万元的肃北县智慧广电固边工程项目；投资 2960 万元建成广播电视和网络视听省级监测监管平台，实现了对传统广播电视、IPTV、互联网电视、网络视听节目、节目内容评议、舆情、广告、两微一端、应急广播的全覆盖监测；玉门融媒体中心、合作广播转播台荣获全国服务基层、服务农村先进单位，广播电视传播覆盖水平和公共文化服务能力大幅提升。全系统扎实开展行业帮扶和定点帮扶工作，有力促进了巩固拓展脱贫攻坚成果同乡村振兴的有效衔接。

【精品创作】认真贯彻落实习近平总书记“找准选题、讲好故事、拍出精品”重要指示精神，统筹社会效益与经济效益，深入实施新时代精品工程和陇原文艺高峰攀登工程。着眼于展示敦煌文化、弘扬敦煌精神，创作的广播剧《我心敦煌·挚爱之疆》《青春敦煌》分别获第 31 届中国新闻奖一等奖、中国广播电视大奖；着眼于宣传传统文化、展示自然风貌，推进纪录片大省建设，《祁连山》《放羊的画家》分别入选总局重点纪录片扶持项目和季度推优名录，《新时代的我们》《南梁星火》《青春丰碑》入选庆祝建党100周年重点纪录片目录，《河西走廊》实现海外销售，《莫高窟与吴哥窟的对话》《扁都口》《阴平古道》《八坊十三巷》《敦煌乐器》等陆续在东南亚、中东欧国家多家电视台播出；着眼于实施乡村振兴战略，助推甘味农产品发展，指导拍摄现实题材电视剧《红果果金担担》；着眼于传承红色文化、反映陇原大地推动经济社会发展生动实践，打造电视剧《英雄的旗帜》《绿色誓言》《那年那月》《一碗沧桑》。《黑河鸟鸣》《放羊的画家》等 13 部纪录片、1 部电视剧、1 部动画片、1 部广播剧、1 部网络电影入选甘肃省第十届敦煌文艺奖，广播电视文艺宣传作用得到充分发挥。《文化自信·敦煌篇》系列公益广告入选第三届北京国际公益广告大会主题公益广告作品展。

【行业监管】深化拓展“管理优化”工程，做到守土有责、守土负责、守土尽责。严把政治关、导向关、审查关、播出关，督促落实播前三审和重播重审制度，监评省、市广播电视台自办栏目 103 个，编发《广播电视节目评议通报》188 期，巡查网站 121 家。组织开展“净网”“清朗”、涉军网络环境、非法卫星地面接收设施、保健食品广告、校外培训机构广告等专项整治活动，责令下架涉军事类视听节目 135 条，删除新闻类视听节目 896 条，坚决滤除杂音噪音，荧屏声频更加清朗、网络视听更加安靖。着力规范日常监管，做好公益广告播出，严格商业广告播出治理，督导处理 5 家机构违反宣传规定的问题，处理违规广告 27 起 90 条。综合整治天价片酬、阴阳合同、偷税漏税等文娱领域突出问题，及时排查清理节目库，维护行业发展秩序。

【安全播出保障】深入实施“安全播出”工程，坚持每季度召开安全播出电视电话调度会，扎实开展迎接建党百年安全播出大检查，常态化开展应急演练和安全检查。全省广播电视系统上下联动、通力协作，张掖市组织实施了网络安全建设项目，金昌市举办了加强网络攻击风险操作培训班，武威、定西、庆阳、陇南、白银、平凉、嘉峪关、临夏、甘南和甘肃矿区强化组织领导、修订完善方案预案，全省 7500 余名干部职工坚守在播出传输和监测监管一线，圆满完成建党百年安全播出传输保障任务，受到总局通报表扬，并在相关会议上介绍了甘肃经验。

【智慧广电建设】深入实施“如意甘肃·智慧广电”建设工程，中国广电甘肃网络公司“鲲迹云”平台建设、百草园公共文化服务混合云平台建设等重点项目有序推进，全省累计发展“甘小果”智能终端用户3.13万户，建设700M5G基站2569座。县级融媒体中心已全部建成，市级融媒体中心试点建设积极推进。天水广播电视台融媒体指挥中心投入使用，“一体策划、一次采集、多种生成、多元发布”的融媒体传播新格局初步形成。酒泉市着力打造综合性移动客户端，为广大群众开启了智能化、便捷化的生活。IPTV统一管理用户达到469.52万户，集成播控平台与传输系统规范对接取得良好成效。

（豆红玉）

生态环境

【总体情况】生态环境质量持续改善。2021年，全省可吸入颗粒物（PM_{10}）浓度均值为55微克/立方米，比上年下降1.8%；细颗粒物（$PM_{2.5}$）浓度均值为23微克/立方米，下降11.5%；受沙尘天气频发影响，优良天数比率为90.2%。74个地表水国控断面水质优良（达到或优于Ⅲ类）比例为95.9%，劣Ⅴ类水体比例为1.4%。全省土壤环境质量保持稳定，核与辐射环境质量稳定可控，全年未发生辐射事故，环境风险有效防控。

积极构建生态环保新格局。加快构建以全省“十四五”生态环境保护规划为主干，重点流域水生态环境保护等7个专项规划为支撑，黄河流域环境保护与污染治理专项实施方案等4个专项方案为拓展的全省生态环境保护“1+7+4”规划体系。截至2021年底，《甘肃省“十四五”生态环境保护规划》和《甘肃省黄河流域环境保护与污染治理专项实施方案》等2个专项方案已印发实施，其余专项规划和方案正在加快编制。出台全省深入打好污染防治攻坚战的实施意见，明确了“十四五”期间全省全面加强生态环境保护、深入打好污染防治攻坚战的时间表和作战图。

有序推进碳达峰碳中和工作。召开碳达峰碳中和与绿色金融发展战略研讨会，配合制定全省“1+N”政策体系方案，编制《甘肃省减污降碳协同增效实施方案》。参与全国碳市场建设，对7大行业重点控排单位开展碳排放核查。全面完成第一个履约周期碳排放配额分配和清缴工作。首批纳入国家碳市场交易，碳排放累计交易443万吨，累计成交额1.9亿元。指导甘南等地区开展碳汇项目开发，兰州市申报国家气候投融资试点。完成强制性清洁生产审核与验收企业67家。

主动服务重大项目落地。支持服务165个省列重大项目落地，涉及总投资额1815.34亿元。推进完成红沙梁煤矿等9家应急保供煤矿环评审批，西成铁路甘肃省诉求得到生态环境部支持。积极协调金塔核技术产业园乏燃料后处理工业示范厂辐射环境现场监督性监测系统总体方案设计获国家核安全局批复。

深化生态环境改革。安排省级专项资金，积极推进落实黑河石羊河流域上下游横向生态补偿。落实企业环境信息披露法定义务，建立健全环保信用监管机制。规范排污许可管理，累计核发排污许可证5123张，登记排污单位17926家。

健全完善法规标准体系。颁布《土壤污染防治条例》《固体废物污染环境防治条例》，形成覆盖各主要环境要素的地方法规体系。发布立项《城市生活污水、垃圾处理设施向公众开放技术规范》等20余项地方标准。

提升生态环境执法效能。出台《区域交叉检查办法》《非现场执法工作程序（试行）》，修订行政处罚自由裁量基准规定，开展执法大练兵活动。加快“电力大数据＋环保监管”模式运用。落实“双随机、一公开”监管，抽查企事业单位1.3万家次，参与跨部门联合检查595次。2021年全省立案查处违法案件953起，处罚款1.11亿元，五类案件（四个配套办法及移送犯罪案件）51起，移送污染环境犯罪案件线索7起，案件数量和罚款金额比上年增加3.5%和102.7%。

强化支撑保障能力建设。初步建立覆盖气、水、土、声、生态、辐射等要素的“天空地”一体化生态环境质量监测网络，涵盖各类监测站点（断面）7418个。完善跨区域、跨流域生态环境监测运行机制，开展监测专业技术人员大比武活动。生态环境监测大数据平台投入试运行，基本构建智慧高效的生态环境管理信息化体系。依托省生态环境专家委员会完成7项对策建议研究，积极为生态环境政策研究、环境管理提供智力支撑。

做好环境宣传工作。开展“六·五”环境日、全国“低碳日”系列宣传活动，陇原生态文明建设“绿色答卷”—全国主流网络媒体生态环保行活动，阅读量达2100多万次。全省召开新闻发布会71场次。

推动重大决策部署落地实施。抓紧抓实“一带一路”生态制高点建设。组织开展兰西城市群（甘肃）生态建设前期研究，谋划提出黄河干流和主要支流水土保持和生态提升等6大行动。围绕青藏高原生态环境保护和可持续发展，从严格落实空间管控要求等四方面，助推全省青藏高原地区可持续发展示范区建设。在全国率先出台促进乡村生态振兴的实施意见，以生态宜居为目标推进美丽乡村建设。

服务“六稳”“六保”。持续优化营商环境，省级45项政务服务事项全部“一网通办”，办理时限压减40%以上。修订省级环评审批建设项目目录（2021年本），赋予兰州市省级审批事权，探索开展20个行业环评告知承诺制审批，3类项目免除环评登记表填报。制定《环境影响区域评估技术要点》，降低企业成本。出台《甘肃省生态环境监督执法正面清单管理办法》，开展非现场监管1430家次，帮助指导企业整改问题1387个。落实柔性执法要求，全省实施“两轻一免”81次。

【生态环境治理】深入打好蓝天保卫战。制定《甘肃省“十四五”空气质量全面改善行动计划》。开展挥发性有机物突出问题排查整治，实施治理项目42个。推进钢铁行业超低排放改造，完成291台1420蒸吨燃煤锅炉综合整治。探索推广使用新型环保抑尘剂并取得积极成效。加强重点涉气排放源监管，推行机动车“三检合一”和I/M电子化闭环管理制度，强化非道路移动机械监管。全面推进重型柴油车国六阶段排放标准实施。组织实施机动车监管能力提升项目。

深入打好碧水保卫战。推进实施41个中央水污染治理项目。对全省234个地表水水功能区监测断面进行优化调整，确定67个省控断面水质目标。启动全省县级及以上集中式饮用水水源保护区矢量信息规范化审核工作。与相邻5省区签订《跨界流域突发水污染事件联防联控框架协议》。针对马莲河、蒲河、散渡河、祖厉河等水环境质量及部分污水处理设施排放不能稳定达标问题，启动预警通报8次，组织查找原因、提升水质。

深入打好净土保卫战。全面完成土壤污染状况详查。开展农用地镉等重金属污染源头防控，完成333家土壤污染重点监管单位隐患排查。推动实施建设用地土壤污染风险管控与治理修复，超额完成受污染耕地安全利用和严格管控任务。推进地下水基础环境状况调查评估和地下水环境监管能力建设，启动全省18个化工园区地下水环境调查。加强农村生态环境保护，推动实施185个行政村农村环境整治任务，全省农村污水治理率达到21.8%，农村黑臭水体治理率达到60.29%。

【生态环保监管】推进祁连山生态保护常态化监管。组织对涉及祁连山地区的5市11县和3场进行“回头看”检查，委托中科院对祁连山生态环境问题整改及生态环境变化进行评估，结果显示祁连山生态环境问题整治成效显著，生态状况总体稳定、局部向好，生态环境质量稳中有升、持续向好。制定出台《甘肃省祁连山生态环境保护考核工作实施方案（试行）》《祁连山生态环境监测与评估机制化工作方案》，推进祁连山生态保护由集中整改向常态化监管转变。

推进黄河流域污染防治。认真学习贯彻国家以及全省黄河流域生态保护和高质量发展领导小组全体会议精神，印发黄河流域环境保护与污染治理专项实施方案、污染防治专责组2021年工作要点。扎实推进4474个入河排污口排查整治，实施“黄河清废”行动，整治问题点位125个。成立“甘肃省黄河上游水源涵养区生态保护和修复工程研究中心”。与四川签订黄河流域横向生态补偿协议。安排省级资金，积极推进市州间生态补偿试点。沿黄流域41个国考断面水质优良比例为92.68%，高于沿黄省份平均水平。

持续加强生态保护监管。印发《关于加强生态保护监管工作的实施意见》《自然保护地生态环境监管工作暂行办法》。开展生态保护红线监管试点。完成2015—2020年全省生态状况变化调查与评估。连续5年开展“绿盾”自然保护地强化监督，持续推进问题整改。COP15生物多样性大会甘肃云展馆上线运行，浏览量40万余次，转发超过5000次，拍摄《多姿多彩 生态甘肃》主题宣传片，获生态环境部高度评价。

不断强化生态环境分区管控。完成省级“三线一单”发布工作，确定全省“三线一单”生态环境总体管控要求暨省级及以上工业园区生态环境准入清单，形成“1+5+15+N（842）”四级清单管控体系。14个市州和兰州新区完成市级生态环境准入清单发布和地市落地成果数据入库。

坚决守好环境安全底线。组织开展全省生态环境风险隐患大排查和流域环境风险系统评估。积极争取国家资金用于嘉陵江上游尾矿库综合治理。建立危险废物环境重点监管单位清单，排查企业822家、化工园区8家，“一点一策”推进整治问题629个。全年妥善处置11起突发事件，嘉陵江“1·20”铊浓度异常事件、兰州市“4·25”黄河水质石油类浓度异常事件处置科学有力，受到生态环境部表扬和省委省政府高度肯定。以案促建专项活动“甘肃做法”在全国推广学习。

严格核与辐射安全监管。抓好核与辐射安全隐患排查，首次结合省级环保督察，同步开展辐射安全监管督察。开展59批次放射性废物入甘现场监督检查和监测，72个国控及129个省控点辐射环境监测和27个重点污染源监督性监测工作。修订《甘肃省辐射事故应急预案》。开展伴生放射性矿开发利用企业现场检查，动态变更企业名录。指导甘肃稀土新材料股份有限公司开展3号尾液库尾渣处置技术论证工作。

【生态环保督察】着力推进中央生态环保督察问题整改。两轮中央生态环境保护督察反馈的113项整改任务已完成99项，转办的4627件信访件已办结4614件，办结率99.7%。完成两轮督察反馈问题年度整改成效第三方评估。配合省纪委监委完成中央生态环境保护督察移交的4个生态环境损害责任追究问题线索问责工作，并向社会公开。

扎实开展省级生态环境保护督察。出台《甘肃省生态环境保护督察工作实施细则》，在全国率先将河湖长制督察情况与省级例行督察统筹开展。完成第二轮第一批5市州省级生态环保督察。首次在督察进驻时播放生态环境问题警示片，督察过程中同步公开10个典型案例，传导了压力，形成了震慑。

强力推进全省生态环境问题排查整治。组织开展全省生态环境问题“大排查、大整治”，发现的4723个问题完成整治4573个，完成率96.8%。制作全省生态环境问题警示片1部和被督察市（州）生态环境问题警示片9部，反映各类生态环境问题201个，全部开展“双移交”，已完成整改119个。

（杜欣荣）

民族事务管理

【扎实开展铸牢中华民族共同体意识工作】在全国率先制定出台《甘肃省构建铸牢中华民族共同体意识工作体系的指导意见》，着力构建宣传教育、民族团结进步创建、促进各民族交往交流交融、政策法规、研究支撑、重大风险防控、组织领导等7个工作体系。制定《铸牢中华民族共同体意识2021年度工作方案》，分解落实34项重点工作。实施铸牢中华民族共同体意识教育“石榴籽”工程，把铸牢中华民族共同体意识教育纳入国民教育、干部教育、社会教育全过程，同精神文明创建和平安甘肃建设等统筹谋划、一体推进。设立首批铸牢中华民族共同体意识教育基地10家、培训基地3家、研究基地5家，编印《甘肃民族》铸牢中华民族共同体意识专刊，铸牢中华民族共同体意识工作体系建设走在了全国前列。构建铸牢中华民族共同体意识大宣传格局，与甘肃日报报业集团签订战略合作协议，扎实组织开展“庆祝建党100周年 宣传贯彻落实中央民族工作会议精神 媒体看甘肃·民族地区行”主题采访活动，全方位、多渠道宣传中央民族工作会议精神和甘肃省民族地区的发展变化。

【庆祝建党100周年系列主题活动】成功举办庆祝建党100周年“各族人民心向党”文艺晚会，受到了广泛好评。以“铸牢中华民族共同体意识，以优异成绩庆祝建党100周年”为主题，组织开展全省第18个民族团结进步宣传月活动，印发实施方案，召开视频动员大会，省委主要领导出席会议并讲话，省政府主要领导在宣传月活动总结上作出“很有成效”的批示，是宣传月活动开展18年来的第一次。成功举办第二届“石榴杯”甘肃省民族书画摄影作品展兰州首展及张掖、临夏、甘南、定西巡展，省政协主要领导等7名省领导出席开幕式并参观首展，整个展览活动累计3万多人（次）现场参观。

【民族地区高质量发展】认真组织编制《甘肃省“十四五”民族团结进步事业规划》。及时下达2021年中央财政衔接推进乡村振兴补助资金（少数民族发展任务）和省级少数民族发展资金38661万元，比上年增长6.1%。按时下达2021年民族乡发展资金3600万。配合相关单位出台《甘肃省财政衔接推进乡村振兴补助资金管理实施办法》《甘肃省统筹整合财政涉农资金管理办法》《甘肃省衔接推进乡村振兴补助资金绩效评价及考核办法》等文件，赴甘南州、临夏州等地开展专项资金管理使用情况督查调研，确保资金使用规范、安全、高效。切实发挥省民委委员单位作用，召开省民委委员全体会议暨民族工作重点联系单位会议，印发《省民委委员单位暨省民族工作重点联系单位2021年工作要点》，确定14个方面的重点工作，合力助推民族地区高质量发展。深入推动兴边富民行动，研究制定《甘肃省“十四五”兴边富民行动方案》，制定落实《甘肃省2021年兴边富民行动工作要点》。以“交响丝路 如意甘肃”为主题，组织参加“全国兴边富民成就展”，充分展现了党的十八大以来甘肃省在脱贫攻坚、生态文明、文旅产业等方面取得的成就，甘肃选送的图文大纲、图片、视频得到了主办方和参观者的一致好评。

【民族团结进步创建工作】坚持以铸牢中华民族共同体意识为鲜明导向，纵深推进民族团结进步创建“一廊一区一带”行动，指导张掖市、平凉市、甘南州3个牵头市（州）制定出台片区联创共建实施方案，并相继召开片区推进会，联创共建工作有序开展、稳步推进、效果显著。出台《全省民族团结进步创建测评指标（试行）》和《甘肃省关于深化民族团结进步创建“七进”活动的指导意见》，推动创建工作制度化和规范化。举办全省第六期民族团结进步创建工作河西片区培训班，不断提升做好创建工作的能力和水平。积极推荐申报第九批全国民族团结进步示范区示范单位，配合国家民委调研组赴天水市、兰州市开展创建全国民族团结进步示范市调研考核工作，甘肃省7个单位被国家民委命名为全国民族团结进步示范区示范单位。

【少数民族文化事业】积极参加第六届全国少数民族文艺会演，甘肃选送的南木特藏戏《唐东杰布》获优秀剧目奖，甘肃省民族歌舞团被抽调参加开幕式演出并获得各方面一致好评。加强少数民族文化事业发展专项资金使用管理，及时分配下拨2021年度资金1200万元，赴张掖、临夏、酒泉、定西等地对专项资金使用情况开展调研检查。制作拍摄全省民族工作纪实专题片《石榴花开陇原美》，在甘肃卫视播出后取得良好反响。创拍民族地区非物质文化遗产专题纪录片《丝路拾遗》。配合省文联完成了第六届甘肃省少数民族文学奖评奖活动。积极推进“河西走廊民族团结和历史文化课题”研究工作。全面启动全省第十届少数民族传统体育运动会前期筹备工作，做好《中国少数民族文物图谱（甘肃卷）》《中华民族交往交流交融史料汇编（甘肃卷）》编纂工作。大力推进少数民族语言文字和古籍整理工作，制定出台《〈甘肃少数民族语言文字保护丛书〉出版资助管理规定》《〈甘肃少数民族古籍丛书〉出版资助管理规定》，出版《河州金石录》和《肃北民间故事集》。会同省人社厅制定印发《甘肃省少数民族语言文字翻译专业职称评价条件标准》，组织召开了2021年度全省少数民族语言文字翻译专业高级职称评审会，评审通过正高级职称2人、副高级职称3人、中级职称4人，这是甘肃首次面向少数民族翻译专业技术人员的职称评审，从根本上解决了全省多年来少数民族语言文字翻译人员职称评审滞后的“老大难”问题。

【意识形态工作】认真履行意识形态工作主体责任，结合民族工作实际，制定印发《中共甘肃省民族事务委员会党组意识形态工作责任制实施细则》《中共甘肃省民族事务委员会党组意识形态工作责任清单》。制定落实《中央巡视反馈中涉民族工作领域意识形态有关问题的整改方案》《省委巡视专项检查意识形态工作反馈意见整改方案》《省民委2021年意识形态有关问题专项整治工作计划》，涉民族工作领域意识形态有关问题整改取得阶段性成效。切实发挥自有宣传平台作用，省民委官方网站荣获2020年度中国政务网站优秀奖。持续加强涉民族因素网络舆情引导管控，快速应对不良信息，未发生影响民族团结和民族工作开展的舆情。加强意识形态阵地管理，认真做好涉及民族事务公开出版物和影视作品的审核工作，审核出版物6件、电影及电影剧本6件，有效避免了民族出版领域有可能引发的不稳定因素。

【民族事务】认真贯彻实施民族区域自治制度，深入开展坚持和完善民族区域自治制度调研，形成专题调研报告报国家民委。积极开展涉民族法规立改废释工作，制定《工作方案》，配合省人大常委会民侨工委开展了《甘肃省实施〈中华人民共和国民族区域自治法〉若干规定》和《甘肃省清真食品管理条例》的清理工作，同时对全省72件涉民族法规进行了梳理，征求了省人大常委会法工委、民侨工委和相关州县的意见，邀请7名专家逐项进行了评估，提出了立改废释的建议。指导积石山县成功举办40周年庆祝活动，协调省财政为积石山县安排民生项目建设补助资金1500万元。制定《甘肃省民族事务委员会防范化解重大风险工作方案》和《省民委涉民族因素风险防控工作领导小组工作方案》，有序开展民族领域风险隐患排查化解工作。加强对清真食品审批事项事中事后的监管，制定印发《关于进一步加强行政审批事项事中事后监管的通知》和《关于推进数字政府建设加强政务数据共享管理的实施方案》，制定流程图和办事指南，对各市州县开展了培训。常态化开展“清真”概念泛化治理工作，联合省委统战部、省市场监管局印发《关于进一步做好“清真”概念泛化治理工作的通知》，对常态化开展泛化治理工作进行了安排部署。

（任伟）

人民生活

城镇居民

【城镇居民收入】2021年，甘肃城镇居民人均可支配收入36187元，较上年增加2365元，同比增长7.0%，与2019年相比，累计增长12.0%，两年平均增长5.8%。

工资性收入稳步增长，“压舱石”作用发挥明显。2021年，城镇居民人均工资性收入24463元，同比增长6.8%，较2019年累计增长12.7%，两年平均增长6.2%，占可支配收入的67.6%，比重最大，拉动收入增长4.6个百分点，对收入增长的贡献达到65.9%。2021年，全省坚持就业优先政策，按照抓培训、促就业、保增收的工作思路，加大新一轮积极就业政策落实力度，健全完善就业创业政策体系，突出做好高校毕业生、农民工、退役军人等重点群体就业工作，强化公共就业服务，新增就业稳定增长，输转城乡富余劳动力成效显著，就业形势总体平稳，工资性收入稳步增长。同时，部分企业工资标准上调，相关政策性增资机制及时落实，拉动城镇居民工资性收入稳步增长。

经营状况向好，经营净收入恢复性增长。2021年，城镇居民人均经营净收入2700元，同比增长8.5%，增速比上年同期回升8.3个百分点，增速最大，较2019年相比，累计增长8.7%，两年平均增长4.3%，占可支配收入的7.5%，拉动收入增长0.6个百分点，对收入增长的贡献达到8.9%。在疫情影响下，2020年居民人均经营净收入同比有所下降，对城镇居民影响更大。2021年以来，全省上下统筹疫情防控和经济社会发展，深化“放管服”改革，持续优化营商环境，完善涉企政策精准推送、普惠政策“不来即享”等制度，更大力度落实惠企政策，更大力度疏通堵点梗阻，更大力度保障发展要素，更大力度破解企业“急难愁盼”，着力解决民营企业融资难、融资贵问题，支持中小企业做大做强主业、做优做精产品，打造核心竞争力，提升融通发展能力，最大限度激发市场主体活力，有力促进了经济较快恢复发展，带动城镇居民经营净收入较快增长。2021年，城镇居民人均第二产业、第三产业经营净收入分别增长33.8%和5.6%。

财产净收入有所增长，对增收拉动作用增大。2021年，城镇居民人均财产净收入2831元，同比增长7.7%，较2019年累计增长11.5%，两年平均增长5.6%，占可支配收入的7.8%，拉动收入增长0.6个百分点，对收入增长的贡献达8.6%。财产净收入是城镇居民收入的短板，根据木桶原理，财产净收入影响城镇居民整体收入。全省持续加强体制机制改革，充分利用各类资源、资产和资金，激发创新活力，增加城镇居民财产净收入。同时，随着疫情影响的逐步消除，房屋租赁市场逐步回温，在上年低基数的基础上，财产性收入增长较快。

转移净收入稳步增长，民生保障力度增强。2021年，城镇居民人均转移净收入6193元，同比增长6.7%，较2019年累计增长10.7%，两年平均增长5.2%，占可支配收入的17.1%，拉动收入增长1.2个百分点，对收入增长的贡献达到16.5%。全省各地持续加大民生保障力度，提高养老金标准，加强困难群体基本生活保障，及时做好社会救济和临时救助，政策因素加持，促进转移性收入稳定增长。据人社部门资料显示，全省按照国家统一安排部署，完成了2021年退休人员基本养老金的调整，涉及全省160万退休人员，调整比例约为5%，对城镇居民收入产生积极的影响。

收入增长与经济增长速度基本同步。2021年，全省克服新冠疫情零星散发的不利影响，城镇居民收入全年保持稳定增长态势。2021年，甘肃城镇居民人均可支配收入36187元，比上年增长7.0%，城镇居民收入增速与经济增长速度基本同步。

增速持续恢复。2021年以来，随着我国统筹疫情防控和经济社会发展取得重大成果，甘肃经济发展也延续了前三季度稳中有进、稳中向好态势，加之就业形势稳定、相关民生政策持续落地等合力促进，带动城镇居民收入实现了稳步增长态势。甘肃城镇居民人均可支配收入增速基本恢复至“十三五”（2016—2020年）的水平，从2021年各季度增速来看，受上年同期基数逐渐回暖影响，全年增速逐级回落，但基本保持平稳，实现“十四五”良好开局。

收入结构有所微调。2021年，甘肃城镇居民四大类收入占可支配收入的比重有所微调，但基本相对稳定，工资性收入仍然是可支配收入的最重要组成部分，占比达67.6%，比2020年降低0.1个百分点；经营净收入占可支配收入的比重达7.5%，比2020年提高0.1个百分点。其中，第一、二、三产业经营净收入占人均可支配收入的比重分别为0.8%、0.6%、6.0%；财产净收入占可支配收入的比重达7.8%，与2020年相比，占比相同，转移净收入占可支配收入的比重略有下降，达17.1%，比2020年同期下降0.1个百分点。

【城镇居民消费支出】2021年以来，甘肃从加强消费新模式创新应用、推动重点消费品更新升级、塑造安全放心的消费环境等方面着手，着力提振居民消费信心，城镇居民消费潜力进一步释放，消费支出恢复增长态势，继续保持恢复性反弹。2021年，甘肃城镇居民人均生活消费支出25757元，比2020年增加1142元，同比增长4.6%，比2019年同期增加1303元，累计增长5.3%，两年平均增长2.6%。

从城农对比来看，城镇居民消费增速慢于农村居民。2021年甘肃农村居民人均消费支出11206元，同比增长12.9%，两年平均增长7.5%。城镇居民人均消费支出同比增速和两年平均增速分别慢于农村居民8.3和4.9个百分点，农村居民消费恢复好于城镇居民。

从两年对比看，八大类消费支出“五正三负”。2021年甘肃城镇居民八大类消费支出“五正三负”。从同比增速来看，教育文化娱乐、医疗保健支出增长较快，分别增长10.9%和9.6%；交通通信、食品烟酒、衣着支出略增，分别增长7.0%、6.7%、4.3%；其他用品和服务、居住、生活用品及服务为负增长，分别降低3.8%、0.9%和0.8%。

从三年对比看，消费八大项两年平均增长呈“七增一降”特点。其中人均食品烟酒、衣着、居住、生活用品及服务、交通通信、教育文化娱乐消费、医疗保健、消费支出两年平均增长分别为3.8%、0.5%、1.0%、6.4%、4.0%、2.7%和1.5%；人均其他用品和服务消费支出两年平均下降1.3%。

基本生活消费稳定增长。全省上下统筹推进疫情防控和民生保障，各项保民生政策持续落地见效，促进城镇居民基本生活消费继续较快增长。2021年，城镇居民人均食品烟酒支出两年平均增长6.7%，快于消费支出两年平均增速1.2个百分点，保供稳价政策落实力度不断加大，市场食品供应充足，居民食品消费量继续稳步增长。

服务性消费继续恢复性增长。2021年，甘肃城镇居民服务性消费延续恢复性增长态势，人均服务性消费支出达到11352元，同比增长7.8%，增速快于城镇居民人均生活消费支出3.2个百分点，比2019年增长4.2%，两年平均增长2.1%。人均服务性消费支出占城镇生活消费支出的比重为44.1%，比上年同期回升1.3个百分点，但仍然比2019年低0.5个百分点。

（黄馨仪）

农村居民

【农村居民收入】2021年，甘肃农村居民人均可支配收入11433元，较上年增加1089元，同比增长10.5%，与2019年相比，累计增长18.7%，两年平均增长9.0%。

就业创业形势稳定，工资性收入增长最快。2021年，全省农村居民人均工资性收入3337元，同比增长11.8%，增速最快，较2019年累计增长20.5%，两年平均增长9.8%，占可支配收入的比重为29.2%，对收入增长的贡献率是32.3%，拉动收入增长3.4个百分点。2021年，甘肃省各级党委政府高度重视居民就业工作，积极出台稳就业“硬核”政策措施，全面强化稳就业举措，坚持减负、稳岗、扩就业并举，加强劳务输转对接，加大劳务品牌培育，多渠道带动本地就业。创新开展“百千万”创业引领工程，以“六大活动、十项比赛”为抓手，持续优化创业创新环境，激发创业带动就业活力，有力促进农村居民就业，带动农民工资性收入增长。

农业生产形势较好，经营净收入贡献最大。2021年，全省农村居民人均经营净收入5124元，同比增长10.2%，较2019年累计增长18.6%，两年平均增长8.9%，占可支配收入的比重为44.8%，对收入增长的贡献率达43.5%，拉动收入增长4.6个百分点，是拉动农村居民收入增长的主要动力。2021年全省以巩固拓展脱贫攻坚成果、加快推动乡村产业振兴和农业现代化为主要抓手，启动实施现代丝路寒旱农业优势特色产业倍增计划。全省第一产业增加值1364.7亿元，同比增长10.1%。全年粮食生产基本稳定，实现夏秋“双增”，畜牧业养殖规模继续扩大，畜牧业生产稳定增长，为农村居民增收奠定了良好基础。着力“建基地、强龙头、延链条、聚集群、培园区、创品牌”，加快构建现代农业产业体系，全面实施“甘味”品牌营销战略，持续提升特色产业规模、质量和效益，促进农业稳定发展农民持续增收。

土地流转有序推进，财产净收入增长较快。2021年，全省农村居民人均财产净收入150元，同比增长10.6%，较2019年累计增长15.6%，两年平均增长7.5%，占人均可支配收入的比重为1.3%，比重较小，对收入增长的贡献率是1.3%，拉动收入增长0.1个百分点。2021年，甘肃依托地域优势产业，探索了多种“三变+”改革模式，形成土地股、劳务股、技术股、机械股、集体资产股、实物股等多种股权形式，让入股农民获得实实在在的股份收益，带动转让承包地租金收入。2021年，人均转让承包土地经营权租金净收入增长3.5%，人均出租房屋净收入增长14.0%，拉动了财产净收入增长。

惠民政策有效落实，转移净收入稳定增长。2021年，全省农村居民人均转移净收入2822元，同比增长9.7%，较2019年累计增长17.2%，两年平均增长8.2%，占可支配收入的比重为24.7%，对收入增长的贡献率是22.9%，拉动收入增长2.4个百分点。2021年全省继续加大财政补贴力度，养老金提标扩面，各类针对特殊困难家庭的社会兜底救助政策也有不同程度的提标，完善最低生活保障制度，完善和推进失业、工伤保险省级统筹，医疗报销力度加大，实现参保和代缴全覆盖，及时兑现耕地地力保护补贴和农机具购置补贴，多因素助推转移净收入增长。

农村居民收入实现恢复性增长。2021年，全省农村居民人均可支配收入增速比2020年提高3.1个百分点，高于“十三五”时期农村居民人均可支配收入年均增速2.2个百分点。受2020年疫情影响，2021年全省农村居民人均可支配收入增长呈现“高开低走”趋势，但两年平均增长9.0%，增速已逐步恢复至新冠疫情发生前水平，实现“十四五”良好开局。

农村居民收入增长快于经济增长。2021年全省地区生产总值10243.3亿元，比上年增长6.9%，两年平均增长5.3%。2021年全省农村居民人均可支配收入增长10.5%，扣除价格因素实际增长10.0%，比地区生产总值增速高3.1个百分点，农村居民收入增长速度快于经济发展速度。

实际增速快于全国平均水平。2021年，全国农村居民人均可支配收入18931元，名义增长10.5%，扣除价格因素，实际增长9.7%，比甘肃实际增速低0.3个百分点，甘肃农村居民人均可支配收入增速在全国的位次从2020年的第18位上升到第14位。

城乡差距进一步缩小。2021年，全省城镇居民人均可支配收入36187元，比上年增长7.0%，增速低于农村居民人均可支配收入增速3.5个百分点。城乡居民人均可支配收入比为3.17，比上年缩小了0.1，比2019年缩小了0.19，城乡居民收入差距继续缩小。

收入结构基本稳定。从收入四大项占比看，2021年农村居民人均可支配收入结构有所调整，但调整幅度不大。人均工资性收入占可支配收入的比重是29.2%，比2020年提高0.3个百分点；人均经营净收入占可支配收入的比重是44.8%，比2020年降低0.2个百分点；人均财产净收入占比两年基本没有变化，都是1.3%；人均转移净收入占可支配收入的比重是24.7%，比2020年降低0.2个百分点。

【农村居民消费】随着农村居民家庭收入的增加和消费观念的转变，2021年，农村居民人均消费支出11206元，较上年同期增加1283元，同比增长12.9%。与2019年相比，累计增长15.6%，两年平均增长7.5%，呈现恢复性增长。

农村居民消费增长快于城镇居民。2021年，全省城镇居民人均消费支出25757元，同比增长4.6%，两年平均增长2.6%。农村居民人均消费支出同比增速和两年平均增速分别高于城镇居民8.3和4.9个百分点。农村居民消费潜力强劲，消费意愿明显，农村居民消费恢复程度好于城镇居民。

八大类消费支出全面增长。医疗保健支出增长最快，同比增长19.4%。其他用品和服务、居住、交通通信、食品烟酒增长较快，分别增长16.8%、14.4%、13.6%、13.1%。衣着、生活用品及服务、教育文化娱乐增长稳定，分别增长10.8%、7.1%和6.7%。

消费八大项两年平均增长呈“七增一降”。其中人均食品烟酒、衣着、居住、生活用品及服务、交通通信、医疗保健、其他用品和服务消费支出两年平均增长分别为10.7%、10.5%、8.1%、4.5%、8.3%、7.3%和10.4%；人均教育文化娱乐消费支出两年平均下降1.4%。

生存型消费保持较快增长态势。2021年，农村居民人均生存型消费增长13.3%，比农村居民消费支出增速高0.4个百分点，拉动消费支出增长7.5个百分点，仍是拉动消费支出增长的主要因素。人均发展型消费增长13.1%，拉动消费支出增长4.7个百分点；人均享受型消费增长9.3%，拉动消费支出增长0.7个百分点。

服务性消费支出比重提高。随着疫情防控形势持续向好，生产生活秩序加快恢复，服务行业复工复产全面有序推进，服务型消费支出随之增加。2021，农村居民人均服务性消费支出4327元，同比增长14.8%，增速快于全省农村居民人均消费支出1.9个百分点。人均服务性消费支出占农村居民人均消费支出的38.6%，比上年提高0.6个百分点，拉动消费支出增长5.6个百分点。

（刘光丽）

人力资源和社会保障

【就业创业】就业政策惠民生，创新创业激活力。坚持实施就业优先政策，不断健全完善政策体系，强化就业服务保障，突出做好重点群体就业工作，确保全省就业形势总体稳定。全省实现城镇新增就业33.25万人，完成年度目标任务的103.9%，完成人社部下达任务的118.75%，均超额完成。其中，失业人员实现再就业13.97万人，就业困难人员实现就业4.92万人。为把握经济发展新常态，积极推动就业转型，有效应对疫情影响，省人社厅研究制定了《关于迅速落实服务全省疫情防控工作十条措施的通知》等一系列含金量高、针对强的“硬核”措施，持续为各类市场主体减负，稳定和扩大就业岗位，共为1.56万户企业发放稳岗返还资金1.9亿元，惠及企业职工92.5万人。全面提前完成“1万名未就业普通高校毕业生到基层就业”民生实事项目和7500名各类基层服务项目招募工作。各地按照每人1000元标准共为6.3万名困难毕业生发放了求职创业补贴，高校毕业生就业率达到93.2%。同时，将县级及以下教育机构、卫生机构、街道社区、基层站所等纳入用人单位范围，支持有条件的地区，探索采取聘用制的方式，强化基层队伍力量，提升社会治理能力。充分发挥创业担保贷款作用，全省新增发放创业担保贷款74.4亿元，吸纳带动就业9.94万人。

【技能培训】强化培训提素质，拓展渠道育人才。全省职业技能培训按照人社部和省委省政府的安排部署，以优质高效为目标，紧紧抓住“技能甘肃”建设契机，紧贴甘肃省特色产业发展和乡村振兴，着力健全“大培训”工作机制，大规模开展职业技能培训，2021年共开展各类职业技能培训101.04万人次（含以工代训29.1万人次），支出培训补贴资金11.35亿元。与天津市建立了高技能人才培养机制，每年从“工匠涵养班”仅有的30个名额中，专门拿出4个名额用于培养甘肃高技能人才。完成2021年32名“西部海员”招生工作，开辟了甘肃省劳动力外出务工的“海上通道”，得到任振鹤省长批示肯定；实施高技能拔尖领军人才培养计划，9名高技能人才分别入选领军人才和拔尖领军人才。助力打造兰州新区职业园区，划拨专项资金1500万元支持培黎职业学院技能人才实训中心建设。广泛开展行业职业技能竞赛和岗位练兵技术比武活动，先后举办了第三届马兰花全国创业培训讲师大赛、第二届全国技工院校学生创业创新大赛、全国养老护理职业技能大赛等甘肃赛区选拔赛约300多项，共有20万人参加。组织代表团先后参加了全国乡村振兴职业技能大赛和第一届全国博士后创新创业大赛，共获得3枚铜牌及5个优胜奖，实现了全省全国性职业技能大赛奖牌零的突破。全面推进“百千万”创业引领工程，围绕开展“六大活动、十项比赛”，组织开展各领域创业达人选拔赛。

【拓岗位稳就业】千方百计拓岗位，全力以赴稳就业。扶贫车间（就业工厂）拓岗位。严格落实“四个不摘”要求，加大政策扶持力度，鼓励各地多领域、多业态创建扶贫车间（就业工厂），2021年底全省共有2259个乡村就业工厂（帮扶车间）。此项工作，在国务院就业工作领导小组会议上，何伟副省长代表甘肃省作为西北唯一省份作了交流发言；甘肃在全国最早启动部署稳岗留工专项工作，在全国会议上交流介绍经验；省委、省政府在天水市召开全省扶贫车间转型发展暨就业帮扶工作现场会，推动2259个扶贫车间转型升级，在全国乡村振兴暨就业帮扶推进会议上介绍了经验。乡村公岗兜底线，将开发乡村公益性岗位作为就业扶贫的托底举措，开发了以乡村保洁、道路维护、养老服务、爱心理发为主的9大类岗位，选聘无法离乡、无业可扶、无力脱贫的农村贫困劳动力从事岗位服务，省级投入就业补助资金2.1亿元。其中爱心理发员有1.17万个，覆盖了全省75个贫困县的绝大部分村，既使贫困群众掌握了一技之长，奠定了创业基础，也为改善村民面貌、推进乡风文明和乡村振兴提供了重要支撑。

【社会保障】持续深化改革，社会保障体系不断健全。一是深入推进全民参保计划。2021年，全省企业职工基本养老保险参保375.5万人，机关事业单位基本养老保险参保126.9万人，城乡居民养老保险参保1387.89万人，工伤保险参保278.54万人，失业保险参保196.08万人。二是延续落实社保纾困助企政策措施。继续实施失业保险稳岗返还、农民工临时生活补助、农民合同制工人一次性生活补助、技能提升补贴等政策。2021年，领取失业金1.67万人，发放1.36亿元；领取技能提升补贴1.99万人次，发放0.3亿元；稳岗返还涉及1.56万户企业92.5万人，发放1.9亿元；领取农民工一次性生活补助987人，发放460.58万元；领取失业补助金17.81万人，发放7.05亿元，切实增强了广大参保企业和群众的获得感。三是社会保障待遇水平稳步提升。全面完成社会保险待遇正常调整发放工作，为全省129.7万名企业退休人员人均月增加139元，实现自2005年以来“17连涨”；为全省34.3万名机关事业单位退休人员人均月增加179.9元，实现自2016年以来“6连涨”。完成工伤待遇调整发放工作，截至2021年底全省伤残津贴达到人均3233.27元/月。按照《甘肃省政府工作报告》将“提高城乡居民基本养老保险省级基础养老金最低标准”列为10件为民实事之首要求，决定自2021年1月1日起，城乡居民基本养老保险省级基础养老金最低标准提高至每人每月20元，提标后甘肃省养老金最低标准达到每人每月113元。提标发放工作于2021年5月底提前一个月完成，提标发放319.39万人，发放1.92亿元，全省月人均待遇达到135.66元，比上年增长7.94%。四是完善落实社保帮扶政策。会同有关部门下发《关于做好巩固拓展基本养老保险全覆盖成果同乡村振兴有效衔接工作的通知》《关于巩固拓展社会保险扶贫成果助力全面实施乡村战略的通知》，明确社保帮扶政策措施和相关要求。指导各地人社部门加强与乡村振兴、民政等部门对接，强化信息数据共享，精准落实代缴帮扶政策。2021年，各县（市、区）共为272.1万名低保对象、特困人员、返贫致贫人口、重度残疾人和计划生育“两证户”等缴费困难群体代缴城乡居民基本养老保险费2.56亿元。

【人事人才服务】突出激励导向，人事人才管理服务不断优化。一是服务保障高层次和急需紧缺人才的力度不断加大。出台了加强人才引进支持营商环境、陇原青年英才选拔管理办法等一揽子政策文件，实施“一特设”“两单列”“三提高”“四下放”等一系列创新举措。推荐全国杰出专业技术人才先进个人、先进集体各2个，受到国家表彰；确定省领军人才补充调整人员163人。加强全省青年人才队伍建设，分期分批选拔500名左右陇原青年英才，以3年为周期予以个性化培养扶持。全面落实事业单位用人自主权，为省属事业单位的1.77万名工作人员办理岗位聘用结果备案手续。全省事业单位计划招聘1.93万人，完成招聘结果备案1.11万人，其中引进高层次和急需紧缺人才5215人，比上年度增加44.9%，为102名高层次和急需紧缺人才设置了特设岗位，兑现了相应待遇。二是持续深化职称制度改革。在全国率先出台了《关于高技能人才与专业技术人才职业发展贯通的实施办法》，打通了甘肃省高技能人才与专业技术人才职业发展通道；首个出台县以下基层高级职称单独分组、单独评审政策，被中宣部、中组部宣传报道；会同省民委在全省首次组建了少数民族语言文字翻译专业高级职称评审委员会，制定了评价条件标准，打破了甘肃相关专业常年依赖外省评审的局面；全省共有1364名“快递小哥”获得职称，打通“大国工匠”高级职称晋升通道，甘肃新一轮职称制度改革成效被人民网、光明日报、工人日报宣传报道，省委改革办、省委组织部专题刊发。2021年9月，人社部在兰州召开了全国深化职称制度改革工作总结会，甘肃省在会议上交流介绍经验。

【劳动关系监管】强化监管引导，劳动关系保持和谐稳定。以实施《保障农民工工资支付条例》为主线，以工程建设领域为重点，优化“陇明公”省级工资支付管理公共服务平台，全面加强督导检查，加大执法惩戒力度，根治欠薪取得积极成效。2020年度国务院根治拖欠农民工工资专项考核等级为B级，全国排名从23位晋升为21位，西北五省（区）排名第一，甘肃省劳动保障维权中心被国务院根治拖欠农民工工资工作领导小组授予“全国根治拖欠农民工工资工作先进集体”荣誉称号。2021年，共检查用人单位18190户，受理农民工欠薪案件412件，结案率100%，共为4921名农民工追回工资6222.5万元。出台维护新就业形态劳动者劳动保障权益的实施意见，加强就业形势动态监测和分析研判。印发《关于调整全省最低工资标准的通知》，全省一至四类地区月最低工资较原来标准每档分别增长200元。依法调解仲裁劳动人事争议，做好裁审衔接工作。

乡村振兴

【概述】2021年，甘肃省委、省政府坚持以习近平新时代中国特色社会主义思想为指导，深入学习贯彻党的十九大及十九届历次全会精神和习近平总书记关于“三农”工作重要论述、对甘肃重要讲话指示精神，把过渡期作为守底线、补短板、强弱项的重要机遇期，把防止规模性返贫作为头等大事，把促进农民增收作为根本之举，把实施乡村建设行动作为重要抓手，在巩固成果上持续用力，在乡村振兴上大胆探索，在实现有效衔接上积极作为，脱贫成果得到巩固拓展，特色产业发展势头良好，乡村建设行动扎实推进，有效衔接机制基本到位，农民群众追求幸福美好生活的精气神更足，巩固拓展脱贫攻坚成果同乡村振兴有效衔接实现良好开局。

【机制衔接】将脱贫攻坚中形成的组织领导、条块责任、工作推进、资金保障、社会帮扶、政策支持、考核评估等 7 个方面行之有效的体制机制和制度体系有效衔接和有机转换到巩固脱贫成果和推进乡村振兴上来，充实加强省委农村工作领导小组（省实施乡村振兴战略领导小组），省委书记、省长任双组长，每季度召开领导小组会议，省委省政府分管负责同志每月召开调度会议。将脱贫攻坚 12 个专责工作组转为乡村振兴专责工作组，成立产业、人才、文化、生态、组织振兴 5 个工作专班，11 名省级领导、26 个省直部门、14 个市州和兰州新区向省委省政府签订巩固拓展脱贫攻坚成果同乡村振兴有效衔接责任书。省、市、县各级乡村振兴机构全部挂牌。

【资金投入】2021 年投入财政衔接推进乡村振兴补助资金 238.49 亿元（中央 122.23 亿元、省级 72 亿元、市县 44.26 亿元）。省级下达中央 16 项、省级 13 项整合资金 295.7 亿元（中央 210.76 亿元、省级 84.94 亿元），实际整合涉农资金 263.6 亿元（中央 174.09 亿元、省级 75.19 亿元、市级 4.47 亿元、县级 9.85 亿元）。

【资金项目管理】组织开展 2021 年衔接资金中期绩效评价，14 个市（州）、86 个县全部完成绩效评价。开发巩固脱贫衔接乡村振兴项目资金统计应用系统，将衔接资金、涉农整合资金等 10 大类资金纳入系统管理，分类分级分部门联合审查项目资金的科学性、合规性。将脱贫攻坚期内“县级脱贫攻坚项目库”调整为“巩固拓展脱贫攻坚成果和乡村振兴项目库”，县级项目库建设范围由原来 75 个县扩展到使用衔接资金的 86 个县。对党的十八大以来形成的 1729.76 亿元扶贫项目资产全部确权登簿，纳入国有资产、农村集体资产和行业资产管理体系。

【监测帮扶】健全落实防止返贫动态监测和帮扶机制，紧盯脱贫不稳定户、边缘易致贫户、突发严重困难户“三类户”，强化行业数据共享比对，网格化排查所有农村居民。实行重点人群“六必访”“六必查”，对大病重病患者家庭、负担较重的慢性病患者家庭、重度残疾人家庭、留守老人妇女儿童、单亲家庭和失能老年人、遭遇重大变故和自然灾害家庭必访；对农村低保和特困供养对象、有病人住院家庭、供养高中和大中专学生家庭、残疾人家庭、突发意外家庭、有投诉举报情况的必查。根据监测对象基本情况、风险类别和发展需求，针对性制定“一户一策”帮扶计划，所有监测对象全部有针对性落实产业、就业等帮扶措施，超过 85% 的监测对象落实了两项以上帮扶措施。对存在“三保障”和饮水安全未稳定实现、没有稳定收入来源或大额刚性支出问题未稳定解决、没有制定并实施“一户一策”帮扶计划、刚落实帮扶措施还没有见到效果或者帮扶效果不明显、虽落实帮扶政策但整户不具备或丧失劳动能力、有大病重病患者等特殊困难人口、没有完整履行风险消除程序等七种情形的，明确不能消除风险。

【“两不愁三保障”成果巩固】强化控辍保学、教育资助、送教上门等措施，坚决防止新增失学辍学。为 98.89 万名家庭困难的义务教育学生、中高职业教育学生发放生活补助或减免学费、书本费，6209 个“能力提升”项目改善 2886 所学校办学条件。持续巩固提升脱贫地区医疗服务能力，脱贫人口 30 种大病专项救治病种救治覆盖率、四种重点“慢病”救治管理率均达 99.96%。继续落实基本医疗保险参保分类资助政策，将符合条件的农村低收入人口全部纳入基本医保、大病保险、医疗救助三重保障范围。持续开展住房安全动态监测，完成危房改造 148 户，抗震改造 2 万户，灾后重建和维修加固 3.46 万户。实施易地搬迁后续扶持后续产业发展项目 281 个，有劳动能力且有就业意愿的搬迁脱贫群众户均至少 1 人实现就业。持续加强农村饮水安全动态监测和工程运行管理，将 100 处农村水源保障工程作为省政府为民办实事项目，实际建成 144 处。

【低收入人口常态化帮扶】建立低收入人口常态化帮扶机制，对低保对象、低保边缘家庭等 10 大类 413.7 万人实时监测预警，对 3.7 万户符合条件的对象落实相应救助政策。持续提高保障标准，农村低保标准达到 4788 元，特困人员基本生活标准达到 6216 元，保障全省 142.5 万农村低保对象、9.1 万农村特困人员、1.7 万孤儿和事实无人抚养儿童的基本生活。向 63 万困难残疾人和重度残疾人发放两项补贴。为 113.6 万人次基本生活陷入困境的家庭和个人发放临时救助 16.6 亿元。

【重点帮扶县】确定宕昌县、礼县、武都区、西和县、文县、东乡族自治县、积石山保安族东乡族撒拉族自治县、永靖县、舟曲县、临潭县、通渭县、渭源县、岷县、秦安县、麦积区、张家川回族自治县、庄浪县、静宁县、镇原县、环县、靖远县、会宁县、古浪县等 23 个县区为国家乡村振兴重点帮扶县；康县、临夏县、卓尼县、安定区、秦州区、崆峒区、华池县、西峰区、景泰县、民勤县、皋兰县、甘州区、临泽县、敦煌市、肃州区、永昌县等 16 个县区为省级乡村振兴重点帮扶县。省委省政府主要负责同志带头联系包抓困难最多、任务最重的脱贫县，实现重点帮扶县省级领导联系帮扶全覆盖。从金融、土地、项目、基础设施等 14 个方面给予重点帮扶县集中倾斜支持，向 39 个重点帮扶县倾斜安排中央和省级衔接资金 134.52 亿元、占 69.26%。

【乡村发展】启动实施现代丝路寒旱农业优势特色产业三年倍增行动计划，将年度到县资金的 50% 以上用于产业发展，用于产业的资金 70% 以上用在三年倍增行动计划上。全省第一产业增加值达到 1364.7 亿元，增速连续五年排名全国前四。脱贫人口小额信贷新增发放 13.1 万户 61.83 亿元，累计 159.13 万户 717.44 亿元，贷款总量和贷款余额均居全国首位。全省光伏扶贫累计收益资金达 20 亿元，2893 个确权村每村收益平均超过 25 万元，4.6 万人通过光伏公益岗位劳动实现就业增收。千方百计扩大脱贫人口务工就业，全省外出务工脱贫劳动力199.1万人，比上年增加9.2万人。开展各类职业技能培训101万人次，其中脱贫劳动力11.6万人次。转型认定2259个乡村就业工厂（帮扶车间）。2021年，全省农村居民人均可支配收入达到11433元，比上年增长10.5%；脱贫人口人均收入达到10079元，增长18%。

【乡村建设】启动实施“5155”乡村建设示范行动，分别用5年、3年、2年、1年完成5个乡村建设示范市（州）、10个示范县（市）、50个示范乡（镇）、500个示范村建设任务，带动全省乡村建设行动有序开展、梯次推进。2021年完成投资159.98亿元，500个省级示范村基本建设完成。推动村庄从干净整洁向美丽宜居升级，实施改厕50万座，行政村卫生公厕覆盖率达到97%，农村生活污水治理率21.49%，农村黑臭水体整治率60.29%，90%的行政村生活垃圾得到有效治理。

【乡村治理】坚持抓党建促乡村振兴，健全党组织领导的德治、法治、自治相结合的乡村治理体系，全省95%以上的行政村建立了红白理事会、村民议事会、道德评议会等群众组织。创新开展“一行动一活动”，帮办实事11.38万次、12.99万件，让农村留守老人妇女儿童和特困群众老有善养、幼有优教、困有真帮。组织全省1242个乡（镇）、1.6万个村、13万多名乡村两级干部进行“岗位大练兵、业务大比武”，基层干部政策水平和工作能力明显提升。全面排查困难群众温暖过冬情况，摸排农户457万户，发放取暖补贴1.44亿元，发放棉被、衣物等御寒物资44.9万件（套、双）、冬季取暖用煤12.33万吨，有效解决14.27万户31.8万人温暖过冬问题。

【东西部协作】东西部协作在新的起点上升级加力，打造了“一县一园、百村振兴、津企陇上行、鲁企甘肃行、组团式帮扶、需求清单化管理”等一系列靓丽品牌，协作帮扶呈现出高位引领推动、高质拓展深化、高效推进落实的喜人局面。天津市、山东省投入甘肃省财政援助资金32.23亿元，超过协议数34%。引进落地东部企业193家、到位投资20.57亿元。帮助转移就业农村劳动力13.59万名，其中脱贫人口11.79万名。直接采购和帮助销售农产品53.36亿元，是协议数的4.5倍。实施“一县一园”和“百村振兴计划”，打造乡村振兴示范村159个，共建或在建产业园71个。保持与厦门市、福州市帮扶项目不停、协作企业不走、劳务协作不断。成功举办“津企陇上行”“万企兴万村”甘肃行动“光彩会宁行”活动。

【中央单位定点帮扶】召开中央企业助力甘肃乡村振兴和高质量发展座谈会，36家中央定点帮扶单位向甘肃省43个定点帮扶县投入帮扶资金6.17亿元，实施产业项目、园区建设、易地搬迁后续扶持、基础设施和公共服务建设等帮扶项目456个，帮助引进资金5.91亿元，引进农产品加工、畜禽养殖、新能源开发、文旅产业发展等帮扶项目218个，直接采购和帮助销售农产品4.33亿元。

【省内帮扶】省直相关部门建立厅级领导分片联系包抓机制，通过定期调度、现场督查指导，推动行业政策落实落地。从省直部门单位选派86名优秀处级年轻干部到86个县（市、区）挂职，主抓乡村振兴工作。选派2.2万多人到脱贫村、易地搬迁村（社区）、乡村振兴重点村、党组织软弱涣散村开展帮扶，7.19万名县乡干部全覆盖结对帮扶“三类户”。按照分级分类等各种方式，培训乡村振兴等各类基层干部43.3万人。

【典型宣传】在全国脱贫攻坚总结表彰大会上，舟曲县扶贫干部张小娟被追授“全国脱贫攻坚楷模”荣誉称号，甘肃省96位先进个人和72个先进集体受到表彰。召开甘肃省脱贫攻坚总结表彰大会，总结回顾脱贫攻坚取得的历史性成就，表彰在脱贫攻坚战中作出贡献的1469名先进个人、925个先进集体，深切缅怀在脱贫攻坚中献出宝贵生命的57名扶贫英烈。脱贫攻坚成就宣传深入开展，脱贫攻坚伟大精神深入人心，“五无甘南”、康县美丽乡村建设等典型经验和成功模式走向全国，为巩固脱贫成果和接续推进乡村振兴营造了良好氛围。

（冯宝元）

地县及兰州新区概况

兰州市

【基本情况】兰州，简称兰，别称金城，甘肃省省会，位于东经102°36′~104°35′、北纬35°34′~37°00′，属温带大陆性气候，地处中国陆域版图的几何中心，是黄河唯一穿城而过的省会城市，在大西北处于“座中六联”的独特位置，是西北地区重要的中心城市、工业基地和综合交通枢纽、丝绸之路经济带的核心节点城市，也是全国9大物流区域、10大物流通道和21个全国性物流节点城市之一，有西北地区最为密集的铁路网，是新亚欧大陆桥和我国面向中亚、西亚开放的战略通道。现辖城关、七里河、西固、安宁、红古5区和永登、榆中、皋兰3县，1个国家级新区—兰州新区，以及兰州高新技术产业开发区、兰州经济技术开发区2个国家级开发区。共设47个镇、14个乡、53个街道、730个村、433个社区，地域总面积1.31万平方公里，市区面积1631.6平方公里。2021年末全市常住人口438.43万人，城镇化率为83.56%。

【资源优势】兰州境内已探明各类矿床156处、矿种35个，主要有黑色金属、有色金属、贵金属、稀土和能源矿产等9大类。兰州是黄河上游最大的水利发电中心，水力资源丰富，水量稳定，是全国工业用电成本最低的城市之一。2021年全市总用水量9.1亿立方米。其中，生活用水量2.25亿立方米，工业用水量1.62亿立方米。兰州享有“丝路重镇”“黄河明珠”“西部夏宫”“水车之都”“瓜果名城”等美誉，源远流长的黄河文化、丝路文化、中原文化、西域文化在这里交相辉映。《读者》杂志被誉为“中国人的心灵读本”，是“中国期刊第一品牌”；《丝路花雨》《大梦敦煌》等国家舞台艺术精品书写了“文化兰州”的新篇章。兰州非物质文化遗产特色浓郁，太平鼓、高高跷、黄河水车制作技艺、兰州鼓子等制作技艺是国家级非物质文化遗产保护项目。兰州是丝绸之路大旅游区的中心，境内名胜古迹众多，沿河而建的兰州水车、中山铁桥、黄河母亲雕塑全国闻名；百里黄河风情线是全国最长的市内滨河公园和最大的城市带状公园，被誉为“兰州外滩”；什川镇被吉尼斯认证为“世界第一古梨园”，连城、青城和金崖是国家级历史文化名镇。白兰瓜、软儿梨、白凤桃、冬果梨等瓜果使兰州成为享誉海内外的瓜果城，百合、玫瑰、高原夏菜、黑瓜子、水烟等土特产蜚声中外，兰州牛肉面被称为“中华第一面”，牛奶鸡蛋醪糟、酿皮、灰豆、凉面、浆水面、甜醅子、热冬果、手抓羊肉等地方美食独具特色。

【国民经济】2021年，经初步核算，全市地区生产总值3231.29亿元，比上年增长6.1%。其中，第一产业增加值62.52亿元，增长7.4%；第二产业增加值1113.91亿元，增长5.6%；第三产业增加值2054.86亿元，增长6.4%。三次产业结构比为1.94 ∶ 34.47 ∶ 63.59。规模以上工业增加值增长8.3%；固定资产投资增长7.7%；社会消费品零售总额1757.74亿元，增长7.1%。一般公共预算收入276.73亿元，增长11.98%；一般公共预算支出484.59亿元，下降0.34%。按常住人口计算，人均地区生产总值73807元，比上年增长5.0%。

【供给侧结构性改革】充分发挥老工业基地优势，着力重振“兰州制造”，坚持“改旧”和“育新”并重，三次产业结构持续优化，统筹推进远郊县区发展，形成“一心两翼多点”城市功能布局。出台重振“兰州制造”配套政策，实施规模以上工业企业倍增计划，全年新增规上工业企业50户。实施振兴兰州制造暨产业链链长制三年行动计划，确立产业链链主企业47户，在15个重点产业链实施延链补链强链行动。坚持以科技创新赋能高质量发展，不断促进发展动能接续转换，出台促进科技创新“50条”等配套政策，深入实施重点人才项目、重大技术攻关专项“揭榜挂帅”，加快推进兰白国家自主创新示范区和兰白科技创新改革试验区建设，建成运营兰州科技创新园，兰石集团等3家牵头成立创新联合体，25项新技术、新工艺列入省级技术创新计划，重离子加速器实现产业化。2021年新认定高新技术企业131家，高新技术企业总数五年内翻了两番多。科技进步贡献率提升至60.4%，研发经费投入强度达到2.12%。连续3年成为全国15个创新策源地城市之一，兰州新区2021年入选“科创中国”试点园区。以打造区域消费中心城市建设为契机，推进现代服务业提档升级，布局建成兰州中心、兰州新区瑞岭国际等新型商务综合体。支持金融服务业加快发展，引进渤海银行、平安证券、德邦证券等金融机构，连续五年荣获“省长金融奖”，兰州银行A股首发通过审核。深度融入“一带一路”建设，加快建设国家陆港型、商贸服务型物流枢纽载体城市和国家跨境电商综合试验区，不断优化完善综合保税区、国际航空港、铁路口岸、国际通信专用通道等立体化开放平台功能。兰州航空口岸首次开通定期国际货运航线，中川机场2条国际货运航线获批第五航权，“兰州号”国际货运班列开行密度、发运列数持续增大，全年共发运国际货运班列333列，11124组，分别较上年增加131列、4651组。完成汽车整车进口首单业务，跨境电商综试区建设初见成效。成功举办第八届中国—中亚合作论坛，兰州作为丝绸之路经济带核心节点城市的区位优势更加凸显。

【乡村振兴】实施现代丝路寒旱农业优势特色产业三年倍增计划，打造兰州高原夏菜“优中优”主导产业集群，百合、玫瑰“独一份”产业集群，白兰瓜、软儿梨等“特中特”产业集群，中药材、马铃薯种薯“好中优”新兴产业集群；推进一二三产融合发展，种养加一体绿色循环产业集群和以自然景区、田园农庄为主的“农业+旅游”现代产业集群，推出10条乡村旅游精品线路。2021年，全市粮食播种面积达到126.78万亩，产量达到33.3万吨；蔬菜种植面积达到91.8万亩，产量达到208.26万吨。全市（不含新区）优势特色产业面积比上年增长4.6%，产量增长5.5%。持续推进省级现代产业园5个、市级现代农业园8个建设，新认定市级以上全产业链龙头企业20家。坚持“走出去”“引进来”，持续稳定全国20个省市100多个大型农产品批发市场份额。认定“甘味”区域公用品牌2个、企业商标品牌8个。持续改善农村人居环境，着力构建10大美丽乡村示范片带，创建美丽乡村示范村40个、村容村貌先进示范村100个、“美丽庭院”示范户1000户。

【项目建设】围绕黄河流域生态保护和高质量发展、“碳达峰”“碳中和”重大战略发展、十大生态产业发展、兰州—西宁城市群发展、“强省会”行动战略、榆中生态创新城建设、能源产业发展等重大关键领域，谋划储备一批重大工程项目。2021年全市谋划实施项目1363个、总投资9717亿元，市列重大项目120个、总投资3389亿元。兰州市轨道交通2号线一期工程完成主体结构，进入机电安装和装饰装修阶段，兰州至张掖三四线铁路、G312清水驿至傅家窑段公路、兰州中川国际机场三期扩建工程等项目加快建设，兰州国际空港规划编制及审批加快推进。湟水河兰州市西固段防洪治理工程、庄浪河兰州市西固段防洪治理工程、大通河永登段防洪治理工程项目加快建设。完成2020—2021年冬季清洁取暖评估工作。建成兰州市天然气输配工程（调峰储气供气站）。建成投运3个城市电网项目（330千伏2个，110千伏1项）和6个农村电网项目。17万千瓦风电存量项目建设加快实施。新建、改扩建学校10所（市级）。完成市中医医院、市口腔医院异地新建项目主体建设，建成五大急危重症救治中心29个，五大县域医学中心25个。推进黄河国家文化公园建设工作，奥体中心主体结构已全部完成。加速“新基建”布局，累计建成5G基站5200个，基本实现主城区和重点应用场景5G网络覆盖，全市互联网出口带宽达到3600G，兰州新区国际互联网数据专用通道开通运营，初步形成全省乃至西部最有潜力的数字产业基础。建成规模以上数据中心11座，数据总量超过150PB，存储能力超300PB。完成流通领域现代供应链体系试点城市建设，启动实施京东亚洲一号（兰州）智能电商产业基地项目，建成运营兰州新区空铁海公多式联运示范工程。推进现代供应链体系试点城市建设，引导企业线上线下融合发展，建成苏宁彭家坪物流中心配送中心和门店。

【人民生活】人民生活水平不断提高，2021年全市城镇居民人均可支配收入43244元，比上年增长7.7%；农村居民人均可支配收入16191元，增长10.5%。城乡收入比为2.67，较上年缩小0.07。全市城镇居民人均消费支出28376元，增长9.6%，恩格尔系数为30.9%；农村居民人均消费支出12600元，增长9.1%，恩格尔系数为32.8%。严格落实粮食安全责任制，建成现代粮食产业园，粮食安全保障能力不断提升。共建成粮食应急供应网点154家、应急加工企业3家、应急储运企业14家、应急配送企业9家，应急保障中心4家，实现粮油应急网点城乡全覆盖。扎实推进78个“十五分钟精致生活圈”建设，改造老旧小区416个，加装电梯304部，居民小区全覆盖推行生活垃圾分类，设施配备率达到100%，城区生活垃圾无害化处理率达到100%。发放救助资金2.6亿元，实施临时救助7890人次2437.30万元。建成城乡社区日间照料中心776个，新增养老护理型床位640张，养老机构护理型床位占比达到61.56%。兰州老街、水墨丹霞景区、野生动物园、黄河楼、中山铁桥等景区成为游客热门打卡地，兰州“假日夜经济”活跃度一度高居全国前列。全年累计接待国内外游客6936.1万人次，实现旅游总收入593.5亿元，旅游人均花费856元。

【环境保护】加快工业传统产业转型升级，落实工业领域“两高”项目整改。2021年全市规模以上工业能源消费量1440.23万吨标准煤，比上年增长0.76%，单位工业增加值能耗下降6.96%。空气质量主要污染物浓度持续下降，2021年空气质量优良天数比率为81.1%。建立重大储备项目库，建成黄河干流兰州段防洪治理工程，扎实推进河洪道生态治理、城市生态水系和城区污水处理厂提标扩容等项目建设。四级河湖长履职步入常态，持续深化河湖“清四乱”专项行动，充分运用卫星遥感、无人机、APP等提高河湖管理信息化水平，黄河兰州段出境水质综合评价稳定达到Ⅱ类，水质清净指数在全国36个重点城市中排名第一。积极推进土壤污染治理修复试点和农业面源污染治理，化肥农药施用量实现连续五年“零增长”，土壤环境保持总体稳定。全面开展大规模国土绿化行动，南北两山生态屏障功能不断强化，梯次推进“省门第一道”绿化提升，改造提升九州台、金城公园等一批生态文化景区，建成开放彭家坪都市文化休闲公园西区。有序推动兰州新区生态修复和水土流失综合治理、榆中县植被恢复、永登县沙化草原治理等项目，完成林草生态修复5.93万亩，义务植树831.97万株，新增改造城市绿地99.15公顷。全市森林覆盖率达13.93%，草原植被盖度达55.02%，国家园林城市创建成果不断扩大。清洁能源消费比重提高到44.3%，生态文明建设水平持续提升。

【社会保障】2021年全市民生支出387.67亿元，扶贫支出12.1亿元，合计占一般公共预算支出比重为82.5%。落实就业优先政策，全年城镇新增就业8.4万人，其中失业人员再就业3.16万人。年末城镇登记失业率为3.26%。全年输转城乡富余劳动力25.21万人，创劳务收入72.04亿元。城镇棚户区住房改造开工7249套，棚户区改造基本建成19210套，新筹集公租房3000套。2021年末全市共有2.75万人享受城镇居民最低生活保障，3.69 万人享受农村居民最低生活保障，0.36 万人享受农村特困人员救助供养。全市共有社区服务机构和设施 462 个。年末全市共有医疗卫生机构 2305 个，卫生技术人员 4.49 万人。医疗卫生机构拥有床位数 3.34 万张，其中医院 2.96 万张、卫生院拥有床位 0.11 万张。2021 年全市基本医疗保险总参保人数达 335.06 万，较上年增加 2.32 万人，应参保人群覆盖率稳固在 95% 以上。职工医保和城乡居民医保政策范围内住院医疗费用基金支付比例分别达到 77.93% 和 68.28%，达到历史最高水平。2021 年市医保基金用于保障新冠疫苗及接种费用预算总额达 7.6 亿元。全年资助 25.62 万人参加基本医疗保险，医疗救助资助保险人数 10.75 万次。

【社会事业】着力推进"公平普惠、优质均衡、开放共享、特色鲜明"的现代教育体系建设。2021 年全市所有义务教育阶段学校建成标准化学校，新增学位 1.3 万个，义务教育阶段大班额全部消除，县域义务教育基本均衡目标全部如期实现。全年普通高等教育招生 19.3 万人，中等职业教育招生 1.44 万人，普通高中招生 2.08 万人，普通初中招生 3.62 万人，普通小学招生 4.32 万人。幼儿园在园幼儿 13.54 万人，公办园在园幼儿占比达 53.57%，普惠性幼儿园覆盖率达 94.07%。学龄儿童入学率为 100%，九年义务教育巩固率为 100%，高中阶段入学率为 99.8%。完成"金城办"APP 与兰州市智慧医保系统、数字民政系统、兰州市工程建设项目审批管理系统的对接，实现医保异地备案、社会团体信息、工程建设项目审批进度等信息可在移动端查询和办理。完善一体化在线政务服务平台，"小兰帮办"被评为 2021 年"甘肃好品牌——最具影响力服务品牌"。"小兰之家"被评为智慧中国"2021 高质量发展营商环境特色 50 强"。年末广播综合人口覆盖率 99.84%，电视综合人口覆盖率 100%，基本形成覆盖兰州地区的"户户通"运维体系。国家体育消费城市试点工作积极推进，全市共有体育场地 9684 个，体育场地面积 790.54 万平方米，人均体育场地面积 2.09 平方米。持续深化平安兰州建设，深入推进全国市域社会治理现代化、社会治安防控体系建设标准化城市等试点工作，刑事、治安案件发案数连续 5 年下降，连续 3 年获得"平安甘肃建设优秀市"称号。

（徐静斌）

城关区

【基本情况】城关区是甘肃省省会兰州市的政治、经济、文化和商贸中心，位于甘肃省中东部，介于东经 103°46′～103°59′，北纬 35°58′～36°9′之间，依山傍水，气候宜人，属中温带半干旱型气候。土地总面积 208.01 平方公里，其中城区面积 67.19 平方公里，行政管辖 25 个街道和 154 个社区、18 个行政村。2021 年末，全区常住人口 149 万人，户籍人口 98.31 万人，居住着回族、满族、藏族、蒙古族、东乡族等 56 个少数民族。2021 年全区经济总量占兰州市的 35.8%，占甘肃省的 11.3%，经济实力居全省 86 个区县之首，跻身中国城区高质量发展水平百强区，位居第 53 位。

【资源优势】区位优势明显，城关区是全国唯一的集省、市、区三级党政机关于一地的区县，航空、铁路、公路、轨道交通发展迅速，路网四通八达，物流通畅便利。"兰州号""天马号"等中欧、中亚、南亚货运班列从这里出发，是"一带一路"连接亚欧大陆桥的重要黄金节点。历史文化厚重，具有"黄河之都""水车之都""丝路明珠"等美誉，一条河——黄河，兰州是黄河唯一穿城而过的省会城市，赋予了兰州"黄河之都"的美誉；一座桥——中山铁桥，是兰州历史最悠久的古桥，也是 5464 公里黄河上第一座真正意义上的桥梁，因而有"天下黄河第一桥"之称；一轮车——黄河水车，兰州是国内水车遗迹最多和保存最完整的城市，被誉为"水车之都"；一碗面——兰州牛肉面，2016 年获评"中华第一面"。丝路文化、黄河文化、伏羲文化、宗教文化在这里交汇融合，先后涌现了《读者》《丝路花雨》《大梦敦煌》等一大批世界级文化艺术精品。

【国民经济】2021 年，全区实地区生产总值 1156.6 亿元，比上年增长 6.2%。其中，第一产业增加值 0.6 亿元，下降 3.5%；第二产业增加值 187.6 亿元，增长 9.3%；第三产业增加值 968.4 亿元，增长 5.7%。三次产业结构比为 0.05 ：16.22 ：83.73。固定资产投资增长 1.1%；社会消费品零售总额 941.2 亿元，增长 6.5%。一般公共预算收入 41 亿元，增长 9.7%。

【乡村振兴】全年实现农林牧渔业增加值 6717 万元，比上年下降 3.3%，其中，农林牧渔服务业增加值 369 万元，增长 0.2%。大力实施乡村振兴战略，试点编制伏龙坪六村规划，严守耕地红线，坚决遏制耕地"非农化"，防止"非粮化"，开工建设高标准农田 5000 亩。加快发展都市精品农业，推进农业种植综合示范区建设，种植藜麦等特色粮食作物和经济作物近万亩，农民收入不断提高。

【项目建设】坚持把项目建设作为抓经济发展的核心工作，探索建立"六全"工作机制，组建项目服务团队 98 个，集中力量开展"百日攻坚"等系列行动，鸿嘉广场等 101 个续建项目加快建设，兰大二院 3 号医疗综合楼等 147 个新建项目开工 142 个，开工率和前期手续办结率均达到 96%，兰大一院门诊综合楼等 15 个项目竣工投用，完成投资 212 亿元。老旧小区改造 309 个、改造面积 268 万平方米，成功打造大众巷片区改造等 2 个省级试点项目，加装电梯 185 部。

【优势产业】科技资源富集，人才优势明显。辖区科研院所、高等院校分布广泛，特别是以中科院兰州分院所为代表的尖端科研单位，以兰州大学为代表的知名高等院校，以两院院士为代表的高层次人才队伍，为创新驱动战略提供智力支撑。投入资金 1.3 亿元，建成运营兰州科技创新园，吸引网易、中软国际等 60 家科技企业入驻园区，科技创新聚集发展效应日益凸显。金融机构众多，服务功能强大。区内银行、证券、保险、小额贷款公司等各类金融机构集聚，总部经济、楼宇经济、电子商务、会展经济、文化创意等新兴业态快速崛起，引进落地融创中国等三个"500 强"

企业在城关设立区域中心，打造高端产业总部聚集区。大力发展夜经济和地铁经济，正宁路、南关十字等夜市服务水平大幅提升，东方红广场地下商业街建成运营，入选2021中国夜经济繁荣百佳县市，位居第76位。

【**人民生活**】2021年，全区城镇居民人均可支配收入48716元，比上年增长7.7%；农村居民人均可支配收入31930元，增长10.3%。城乡居民收入比值为1.53，较上年缩小0.03。

城镇居民人均消费支出30550元，增长8.9%，恩格尔系数为31.57%；农村居民人均消费支出24558元，增长8.9%，恩格尔系数为25.76%。

【**环境保护**】深入贯彻习近平生态文明思想，以突出生态环境问题整改为契机，全面加强生态环境保护修复。大力推行林长制，实施徐家山等森林植被恢复项目，新建改建小游园7个，栽植苗木87万余株。严格落实河湖长制，深入开展“清四乱”专项行动，巡查河洪道50多公里，发现并解决问题36个。清淤疏浚小砂沟、烂泥沟等9条洪道，清理长度3200米、淤泥6000方。完成486个入河排污口排查整治及溯源监测。全力做好大气污染防治工作，低氮改造燃气锅炉30台，不断巩固“兰州蓝”成果。全年空气质量达标天数283天，达标率77.5%；PM_{10}日均浓度74μg/m³，比上年下降2.6%；$PM_{2.5}$日均浓度30μg/m³，下降3.2%。

【**社会保障**】2021年末，全区参加基本医疗保险人数65.05万人。其中，城镇职工基本医疗保险人数45.94万人，城乡居民基本医疗保险人数19.11万人。基本养老保险参保人数27.09万人。其中，城镇职工基本养老保险人数18.37万人。失业保险参保人数10.24万人，工伤保险参保人数10.07万人。省外养老保险转移接续实现线上办理。城乡低保标准比上年提高8%。发放救助金6156万元、公租房补贴3277万元，惠及群众3万余人。开工建设区综合福利院，建成街道综合养老服务中心13家、日间照料中心4家，新增养老床位380张。

【**社会事业**】科技创新活力有效释放。扎实推进国家级区域双创示范基地建设，实施“双创”项目67个，培育众创空间10家，打造科技成果转化基地3家，扶持科技计划项目54个。全年科学技术支出6118万元，占财政支出的1.06%，比上年提升0.08个百分点。专利授权量4741件，比上年增长13.18%。每万人口发明专利拥有量27.79件。签订技术合同1845项，技术合同成交金额59.74亿元。

义务教育均衡发展。稳步推进教育资源扩容增量三年行动计划，加快建设知行中学等8所学校，建成桃树坪小学等9所学校，开办方家湾小学等4所学校和幼儿园，组建静宁路等6个集团化办学体，引进教师404名，新增学位6390个，“大班额”全面消除。全面落实“双减”政策，全区义务教育阶段学校课后服务实现全覆盖，参与学生、教师占比分别达93.3%和100%。年末拥有普通中学50所，招生17324人，在校生52663人，毕业生16253人；普通小学72所，招生14539人，在校生83433人，毕业生11861人；职业中学13所，招生6241人，在校生14150人，毕业生5031人；特教学校2所，招生24人，在校生288人，毕业生60人；幼儿园248所，招生10614人，在园幼儿42870人。学前三年毛入园率97.5%，九年义务教育巩固率100%，高中阶段毛入学率99.67%。

医疗水平显著提升。落实落细常态化疫情防控措施，常住人口新冠疫苗全程接种率达82%，疫情防控屏障更为坚固。开工建设碧桂园医疗综合体等项目，加快实施市口腔医院异地新建等项目，完成区妇幼保健院标准化建设，区医院改扩建项目主体封顶。健全三级爱国卫生运动工作委员会，组建社区公共卫生委员会，加强社区卫生服务中心力量，基层公共卫生服务能力不断提升。在全省率先开展中医药进社区惠民生工程，打造标准化基层中医药服务机构7家。年末全区共有医疗卫生机构893家，其中医院50家，基层医疗卫生机构843家。卫生技术人员21546人，社区卫生服务中心（站）医务人员1807人。医疗卫生机构总床位14479张，其中三甲医院床位数10856张，每千人拥有床位数9.6张。全年总诊疗人次1094.03万人次，出院人数42.67万人。五岁以下儿童死亡率3.09‰，婴儿死亡率2.27‰。

文旅事业加快发展。着力推动文体事业蓬勃发展，开工建设碧桂园文化体育中心等项目，全市首家超高层观光项目“金城云端”正式运营，建成黄河风情线首个智慧书房，新建全民健身路径40条。全区共有国有艺术表演团体10个，艺术表演场馆3个，图书馆3所，博物馆2所，文化馆3所，文化站25个。年末广播节目和电视节目综合人口覆盖率均为100%。举办庆祝建党100周年等群众性活动600余场次，在兰州市第九届运动会上斩获金牌272枚，金牌数、奖牌数实现“双第一”。加快构建全域旅游示范区，通过抖音等新媒体对特色农家乐进行专题宣传，成功打造了兰山幸滙、雲上、漫山等一批乡村旅游网红打卡地，开发红色旅游精品线路4条，成功创建二营村省级乡村旅游示范村。全年累计接待游客3276.12万人次，比上年增长33.73%；实现旅游收入317.83亿元，增长28.74%。

（丁巨丽）

七里河区

【**基本情况**】七里河区位于东经103°36′~103°54′，北纬35°50′~36°06′。地处兰州市中南部，东至雷坛河，与城关区相壤；南与定西市临洮县为邻；东南至铁冶，与榆中县银山乡相邻；西南至七道梁、摩云关、湖滩，与临洮县、临夏州永靖县交界；西至彭家坪、崔家大滩、深沟桥，与西固区毗邻；北濒黄河，与安宁区和城关区靖远路街道徐家湾隔河相望。距兰州市人民政府驻地5公里。全区总面积397.3平方千米，黄河流经区内15千米，地表及地下水年径流量300多亿立方米。电力资源充足，森林覆盖率26.2%。年平均降水量360毫米，年平均气温10.5℃，全年日照小时数平均2446小时，无霜期在180天以上，冬无严寒，夏无酷暑。2021年年末全区常住人口71.8万人，比上年末增加0.3万人。其中，城镇人口62.9万人，城镇化率为87.7%。全区户籍总人口48.3万人，共17.9万户，平均每户2.7人。辖1乡、5镇、9个街道，有汉族、回族等45个民族。

【资源优势】境内有煤炭、石英石、石灰石、坩土、沙石、路标石以及地热等7种资源。阿干镇煤矿可开采的煤炭剩余348万吨。另有石灰石储量400万吨，砂子2亿立方米，天然卵石约1亿立方米，路标石0.5亿立方米，坩泥0.2亿吨，石英矿储藏量1亿吨。探明瓜州路有地热，井深2300米，水温63.5度，富含偏硅酸、氟、铁、偏硼酸等多种微量元素。天然林资源保护森林面积7.1万亩，国家重点公益林管护面积6.8万亩。

【国民经济】2021年全区地区生产总值539.4亿元，比上年增长3.5%。其中，第一产业增加值6.5亿元，增长0.8%；第二产业增加值200.8亿元，下降1.4%；第三产业增加值332.1亿元，增长4.6%。结构调整持续深化，三次产业结构比为1.2 ∶ 37.2 ∶ 61.6，全区第三产业增加值占全市的比重达到16.2%。城镇居民人均可支配收入41556元，农村居民人均可支配收入24266元，分别比上年增长7.8%和10.6%。完成一般公共预算收入15.8亿元，下降0.8%；一般公共预算支出26.1亿元，下降22.4%。年末全区人民币存款余额945亿元，比上年末下降2.2%；人民币贷款余额907.6亿元，增长3.1%。

【乡村振兴】2021年，全区完成农林牧渔业服务业增加值0.7亿元，比上年增长4.6%。全区粮食播种面积1.5万亩，增长9.1%。油料种植面积513.8亩，增加166.8亩；蔬菜种植面积12.6万亩，增加0.2万亩；中药材种植面积0.3万亩，增加972.2亩；果园面积0.8万亩，增加93.4亩。全年粮食产量0.4万吨，比上年增长9.2%。其中，夏粮产量392.9吨，下降15.9%；秋粮产量1.2万吨，增长18.6%。全年蔬菜产量23.8万吨，增长2.1%；园林水果产量1.2万吨，与上年持平；中药材产量0.1万吨，增长108.5%。年末大牲畜存栏0.7万头，比上年末下降18%。牛存栏0.7万头，下降18%；羊存栏2万只，增长16%；生猪存栏1.7万头，增长4%。牛出栏0.1万头，增长46%；羊出栏1万只，增长35%；生猪出栏2.1万头，增长1%。

2021年全区完成新造林4170亩，现有林业专业合作社林下经济示范点14个，家庭林场7个，森林旅游农家乐、森林人家78家，新增发展林业合作社1家，预增省级财政补贴林业专业合作社示范点1家。完成天然林资源保护工程二期有效管护森林面积7.1万亩，资金到位率和五险参保率均达到100%。完成国家级公益林管护面积6.8万亩，管护合格率达95%以上。

【项目建设】2021年完成招商引资到位资金220.2亿元，占全年目标的104.9%，市列25个重点推进项目中，已开工项目22个，到位资金187.2亿元，项目开工率和资金到位率分别为88%和45.7%。全年引进签约项目17个，总投资额213亿元，引进保利大都汇等投资10亿元以上项目8个，引进华润集团等“三个500强”和行业龙头企业投资项目7个。第27届兰洽会市专场签约项目13个，总投资额142.8亿元，分别是七里河万象汇项目、甘肃爱尔眼视光医院项目、保利天汇项目、璞砚酒店项目、王子饭店项目、西湖一号线商业综合体项目等，总投资1.5亿元的甘肃爱尔眼视光医院项目实现当年签约、当年开工、当年建成并投入运营。2021年，全区在库投资项目共计87个，其中5000万以上项目57个，5000万以下项目30个，房地产项目47个。固定资产投资比上年增长7.8%。

【基础设施建设】2021年，全区共推进农村公路新建项目3项，建设里程6公里；完成2020年结转项目2项，建设里程10.5公里。彭家坪片区建成通车道路14条，20公里。复工建设道路1条，完成300米沥青砼铺设。对已建成通车的10个重点道路交叉口信号灯等相关交安设施已建成投运。马滩片区建成通车T188#等4条、5.27公里道路。开（复）工建设道路2条，分别为S185#、S183#道路。2021年，崔家大滩片区周边T086#、S071#、B093#（深安大道-慈爱街）、B097#和B069#道路5条道路被列为重点建设项目。完成30条小街巷线缆入地、美化捆绑、废弃线缆清理，其中龚北路、北街小巷（太保制药厂—南山路）完成线廊埋设，其余道路完成线缆美化、捆绑整理。2021年全区实施各类棚户区改造项目15个，改造户数9575户。实施老旧小区改造新建项目，改造60个老旧小区，涉及8个街道，176栋楼，532个单元，9851户，建筑面积74万平方米。加装老旧住宅小区电梯50部，全部通过检验并交付使用。全年新增开发利用人防平战结合面积35698平方米，为社会提供就业岗位71个。

【优势产业】2021年全区以兰州中心、中天健广场等为重点的西站商圈强势崛起，以万达茂、温商银滩综合体等为支撑的三滩片区逐渐成型，现代服务业加快提质增效。做大文体旅游，聚焦“七大旅游组团”，推进石佛沟、大尖山、沈家岭景区提升改造，加快华夏文化博览园、简牍博物馆、奥体中心、七里河体育场等建成投运，兰州老街成功创建为“第一批国家级夜间文化和旅游消费集聚区”和“省级旅游休闲街区”，黄河楼、兰州老街带动三滩文体旅产业带初步成型。培育数字经济，推进颐高数字产业园、华为鲲鹏、哈工大机器人项目建设，引导兰州理工大学科技园、大方电子物联网平台等推进产业数字化和数字产业化。全力推进5G基站建设，完成区域试验网搭建及重点区域可商用网络建设和3家电信企业规划的5G需求466个，七里河主城区5G覆盖已基本完成。推动智能制造，推进兰州烟厂、黄河啤酒、长信电力等工业企业升级改造，引导铭帝铝业、海红科技、工大舞台等制造企业做大做强。大力实施工业企业倍增计划，重点培育兰州凯胜电力配件、兰州长信机电制造、甘肃建投智能工程和甘肃驰奈生物能源系统等企业。夯实农业发展，百合、精细特菜、设施农业、城郊休闲观光等特色优势产业引领现代农业发展，七里河区获评“省级农业科技园区”，成功创建“全国百合产业知名品牌示范区”。

【人民生活】城乡居民收入持续增加，生活水平进一步改善。2021年，全区城镇居民人均可支配收入达到41556元，比上年增长7.8%。其中人均工资性收入占比最大，达到28723.9元，增长5.6%，城镇居民家庭恩格尔系数为29.1%；农村居民人均可支配收入达到

24266 元，增长 10.6%，其中人均工资性收入 11670.8 元，增长 9.5%，农村居民家庭恩格尔系数为 35.6%。

【环境保护】2021 年，全区空气质量优良天数 278 天，达标率 76.2%；细颗粒物（$PM_{2.5}$）、可吸入颗粒物（PM_{10}）年均浓度分别为 34 微克 / 立方米、66 微克 / 立方米；二氧化氮（NO_2）年均浓度 50 微克 / 立方米，臭氧（O_3）第 90 百分位数浓度 147 微克 / 立方米，二氧化硫（SO_2）、一氧化碳（CO）第 95 百分位数浓度稳定达标且同比均下降。七里河桥断面水质达标率 100%（目标值 100%）；水功能区达标率 100%（目标值 100%）。全年未发生重大环境事件及核与辐射安全事件，未发生严重的环境违法行为，土壤环境质量总体良好。

【社会保障】2021 年，全区全年城镇新增就业 16479 人，其中失业人员再就业 4243 人。年末城镇登记失业率为 2.8%。全年输转城乡富余劳动力 16267 人，创劳务收入 4.4 亿元。全区保障困难群众基本生活救助对象 58673 户次、96884 人次，发放各类困难群众基本生活救助资金 5870.7 万元。救助对象认定准确率达到 99%，资金发放准确率达到 100%。

2021 年，全区城乡居民养老保险参保人数 59922 人，参保率 98.5%；灵活就业人员新增参保人数 5322 人，新增参保企业 1974 家，参保人数 8415 人；建筑业参加工伤保险 4 家，900 人，参保金额 41.9 万元，参保率 100%。全年社保扶贫代缴人数 11348 人，代缴资金 113.5 万元。城乡居民基本养老保险贫困人口覆盖率达到 100%。

2021 年，全区城乡居民医保参保人数 26.8 万人，参保率 96.3%，征收基金 8576.2 万元。行政事业单位、城镇职工和灵活就业人员参保人数 5.5 万人，征收医保基金 2.5 亿元。审核结算城乡居民基本医疗保险共 14.7 万人次、支出资金 1.7 亿元，审核结算城镇职工基本医疗、生育保险和公务员离休干部补助 158.2 万人次、支出各类资金 3.2 亿元。

【社会事业】2021 年，全区共有学校 304 所，其中区属学校 226 所。区属学校中幼儿园 162 所、小学 53 所（另有教学点 32 个，不计入学校总数）、初中 7 所、九年制学校 3 所、特教学校 1 所。区属学校在校学生 61805 人，其中幼儿园 22475 人、小学 36833 人、初中 2497 人；教职工 5708 人，其中专任教师 3944 人，专任教师中幼儿园 1329 人、小学 2361 人、初中 254 人。区属幼儿园 162 所，在园总人数 22475 人，毛入园率 96.3%。2021 年公办园入园率 50.66%，普惠园入园率 90.78%。义务教育阶段全区实际招生 6690 人（含民办小学），其中本区适龄儿童 3597 人，随迁子女 3093 人，平稳有序划拨 5727 名小学毕业生（含区外 133 名）到辖区 17 所初中学校就读。小学学龄儿童净入学率 100%，小学毕业生升学率 100%，九年义务教育巩固率 99.9%。

2021 年，全区新培育认定高新技术企业任务 2 家，实际完成 8 家。完成科技型中小企业入库任务 30 家，实际完成 55 家。推荐市级以上科技计划项目 10 项，实际推荐 11 项，市科技局立项 8 项，合计到位资金 250 万元，完成技术合同交易额 8.47 亿元。科技进步贡献率由去年的 56.5% 增加到 58.00%，提高 1.5 个百分点。全区现有国家级大学科技园 1 个、国家备案众创空间 2 家、省级 6 家、市级 9 家、区级 14 家、市级科技企业孵化器 4 家；有兰州大方电子有限责任公司等科技小巨人企业 3 家、高新技术企业 59 家、中小科技型入库企业 43 家、省级技术转移示范机构 5 家。

2021 年，全区共有文化产业单位 258 家，其中规上企业 7 家。区文化馆、区图书馆、乡镇（街道）、村（社区）的公共文化设施全部免费开放，固定开放时间，全年接待群众 30.6 万人次。围绕元旦、春节、端午节、中秋节、重阳节等重要传统节日，全年开展文体活动 1096 场次。2021 年全区接待游客人数比上年增长 81.7%，旅游综合收入增长 79.6%。在兰州老街开展 2021 年“文化和自然遗产日”全省非遗宣传展示活动，来自 14 个地州市的 1000 余件非遗精品依次亮相。成功创建彭家坪镇石板山村为“省级乡村旅游示范村”。兰州老街成功创建为“第一批甘肃省旅游休闲街区”。兰州老街成功创建为“第一批国家级夜间文化和旅游消费集聚区”。成功创建兰州极地海洋世界、兰州老街、兰州黄河楼为“国家 3A 级旅游景区”。

2021 年，全区共有卫生机构 427 个。其中，区级医院 4 所乡镇卫生院 7 个，私人开办达 321 个，其他机构 95 个。全部卫生机构拥有床位数 6900 个，卫生技术人员 9992 人，执业（助理）医师 3386 人。开展慢病防治工作。全区有效电子建档 50.57 万人，建档率 87%。我区 65 岁以上老年人建档管理 59294 人，建档率 88.3%，体检 28984 人，体检任务完成率 49.2%；高血压患者建档管理 35702 人，健康管理（1 次以上随访）27460 人次，指标完成率 80.8%，体检 22178 人；2 型糖尿病患者建档管理 12657 人，健康管理（1 次以上随访）9793 人次，指标完成率 91.5%，体检 8345 人；严重精神障碍在册患者 2279 例，检出率 3.6‰，规范管理率 88.7%，面访率 87.9%，服药率 79.5%。提升妇幼健康水平。完成省政府为民兴办实事农村妇女“两癌”筛查项目，完成率 100%。针对人口老龄化的趋势，加大对老龄人口的服务工作。完成 65 岁及以上老年人医养结合服务率 100%；失能老年人综合评估与健康指导率 100%；2021 年度老年健康信息录入人数 77882 人，录入率 100%。为 65 岁及以上老年人提供血压测量、末梢血血糖检测、康复指导、护理技能、保健咨询、营养改善指导等 6 个方面的服务。对高龄、失能、行动不便的老年人上门提供综合评估与健康指导服务工作，指导的具体内容包括与健康相关的生活照料、康复护理、心理支持等。

（张华）

西固区

【基本情况】西固区位于兰州市西郊，东与七里河区接壤，南连永靖县，西邻红古区，北与永登县、皋兰县、安宁区毗邻，黄河由西向东横穿全境，全区总面积 385.3 平方公里，辖 5 镇 1 乡 40 个行政村、7 个街道 70 个社区，现有人口 40.95 万人。

【资源优势】国家“一五”期间提出的 156 项建设工程中 4 个重点项目落

地西固，其中以兰石化为代表的汽煤柴油、乙烯、合成橡胶、催化剂等6大化工产品工业增加值占全区规上工业增加值的85%，以兰高阀、天华设计院为代表的装备制造获得国家多项荣誉，以中核504厂、蓝星碳纤维为代表的新能源、新材料生产技术达到国际先进水平，经过长期发展，西固形成了以石油化工、先进装备制造和新能源、新材料“三大板块”为支柱的工业体系，是全省和全市的核心工业区、中国西部最大的石油化工基地。

交通便利优势。西固地处国家“一带一路”建设重要节点，是向西辐射青海、新疆、西藏的重要中转站。陇海、兰新、兰渝等10个方向的铁路穿城而过，与G109国道、G312国道、兰海高速、南绕城高速等多条交通路网，形成了“承东启西、连南贯北”的公铁联运中心。随着中川城际铁路（陈官营站、福利区站、西固站）和地铁1号线的开通运营，西固的交通条件变得更加方便和快捷。

通道物流优势。甘肃（兰州）国际陆港位于西固的东川镇、新城镇，规划总面积73平方公里，熟化土地约3800亩。随着集装箱、口岸、保税、多式联运、智慧陆港等功能的日趋完善，中欧、中亚、南亚、中新南向四大贸易通道常态化运营，铁路物流枢纽的集散分拨和发运国际货运班列的平台优势更加明显。自2017年以来，累计开行班列868列，已成为全市和全省扩大对外开放、服务国家向西开放的重要平台。

教育资源优势。辖区内有天鹅湖、文化小区、东苑小区、25街区、北站等兰化、兰炼幼儿园以及西固区幼儿园等6所省级示范幼儿园；兰炼二小、兰炼一小（福利二小）、兰化一小、兰化三中、兰州八十二中等36所中小学均衡分布；有3所省级示范高中和6所市级示范中学，中高考升学率及教育整体实力历年在省市前列，全力打造“西部教育名区”。

文化旅游优势。西固的关山、南山两个省级森林公园面积1.1万余亩，三江口湿地、河口丹霞等风景优美，金城公园是国家3A级景区，河口古镇被命名为“中国传统村落”“中国美丽休闲乡村”和“甘肃历史文化名村”，辖区自然风光与丝路文化、黄河文化以及现代工业文明交汇融合，形成了丰富的旅游资源，具有较强的旅游发展潜力。2021年全区游客接待量406万人次。

【国民经济】2021年，全区实现地区生产总值446.9亿元，比上年增长4.7%。分产业看，第一产业增加值2.8亿元，增长2%；第二产业增加值255.1亿元，增长3.5%；第三产业增加值189.1亿元，增长6.3%。三次产业结构比为0.6 ∶ 57.1 ∶ 42.3。固定资产投资增长5.1%；社会消费品零售总额153.5亿元，增长7.1%。城镇居民人均可支配收入47865元，增长7.9%；农村居民人均可支配收入24084元，增长10.4%。

【乡村振兴】持续推动“农村做美”，马家山田园综合体开放营业，光月山千亩采摘园开启林下经济新模式，达川、河口等一批休闲农业和乡村旅游品牌持续提质，全年接待游客突破120万人次，“农业＋旅游”红利不断释放。现代农业发展壮大，整合乡村振兴各类资金1411万元，启动实施农业基础类项目13个；建成高标准温室大棚71座，培育壮大农业龙头企业3家；创新开展农产品进社区活动，建立产销对接惠农利民服务站（点）4个，农民增收空间得到有效扩展。坚决保障粮食安全，整治撂荒耕地908亩，肉类、蔬菜等农产品有效供给；兰州农作物育种试验示范基地建成投用，培育良种2类15种。乡村建设行动取得实效，启动8个省级示范村创建工作，完成6个村乡村规划编制，实施达川、张家大坪污水收集处理工程，村庄生活垃圾无害化处理实现全覆盖。

【项目建设】围绕“园区做强”，持续深化地企合作，编制完成石化产业链规划和产城融合规划，组建成立中陆化工集团有限公司，启动化工污水处理厂升级改造和水上公园应急缓冲池易地搬迁，为石化产业和城市发展拓展空间、夯实基础。全力支持兰州石化公司“减油增化”，年内建成3.5万吨/年丁腈橡胶项目，生产总规模将达到亚洲第一、世界第二；90万吨/年柴油加氢等一批投产项目推动企业生产效益再创新高，黄河流域高质量发展示范企业建设迈出坚实步伐。蓝星碳纤维项目达产运营，华能大万山80兆瓦、中电建青石台50兆瓦光伏发电项目开工建设，新材料新能源产业发展实现新突破。龙湖金城光年、绿地全球贸易港、汇金智慧汽车城等项目加速推进；金城中心打造了区域消费新亮点，成功引进永辉超市甘肃总部，第三产业规模不断壮大。龙昌石化、省建四公司、中石油西北销售兰州分公司等百亿级龙头企业发展势头强劲，全区大口径税收达到181亿元。

【优势产业】围绕“三新一高”要求，结合西固“基础是石油化工、出路在减油增化、转型靠陆港物流”的区情实际，坚持“工业强区、产业兴城、产城融合”，以石化产业发展为核心，全力协助兰州石化公司快上项目，加快推进超高分子量聚乙烯等高端新产品研发，打造乙烯、合成橡胶、可降解塑料等六大产业体系；深化地企融合机制，加快推进化工产业集中区认定工作，盘活石化厂区和周边闲置土地，破解化工项目准入、立项和建设难题，推动形成空间布局合理、产城深度融合、产业链条完备的千亿级石化产业集群。

【社会保障】稳就业政策更加精准，发放创业担保贷款2620万元，新增城镇就业10800人。加大社会救助力度，发放各类救助金3327.94万元，城乡低保、养老保险持续提标。全面落实“证缴分离、证改分离”，有效化解城镇住宅“登记难”问题，37个小区、27971户居民即将取得不动产权证。

【社会事业】持续打造教育名区，新建临洮街学校启用招生，福利东路学校开工建设，二十八中地下体育馆主体完工，“双减”工作有序推进，“5+2”课后延时服务全面推行；一体化办学深度融合、“一校一品”特色鲜明，85名优秀人才充实师资力量，石化学院升级本科大学。医疗保障能力持续提升，建成投用3家社卫中心，基层公共卫生体系实现全覆盖；宝石花医院晋级“三甲”，医疗水平迈上新台阶。为老服务基础不断夯实，5家街道综合养老服务中心年内完工。高质量承办市九运会开幕式和省第三届全民健身运动会自行车赛。

【城市品质】“城区做新”行动全面铺开，文化小区（二期）、东川棚户区等4个项目投入使用，石化14#街区、有机厂安置点等棚改项目加快建设，18个老旧小区改造有序实施，旧城改造成效显著。兰棉厂涵洞顺利通车，杏胡台片区生态城市双修项目开工建设，石化厂前广场及6个精致游园竣工投用，启动实施贾家堡生态绿化项目，高标准打造5个“15分钟生活圈”，基础短板不断补齐。完成南滨河路7.6公里风貌改造，开展石化厂界周边回收站点专项整治，清理30条小街巷架空线缆，拆除违建3.5万平方米，城市管理水平稳步提升。持之以恒抓好大气污染防治，空气环境质量优良率达75.23%；“水润金城、水秀金城”启幕开篇，全面推进元托峁沟、寺儿沟等河洪道综合治理，完成西小坪水源地清理整治任务，持续严抓严管水源地，为兰州水质清净度在全国36个重点城市中排名第一贡献了西固力量。

【社会治理】持续夯实基层社会治理根基，健全完善“社工委”运行机制，划分基层网格单元2172个，成立三级爱国卫生运动委员会和退役军人志愿服务队，社会治理现代化水平不断提升。妥善化解矛盾纠纷，组建地企融合共治中心，建立律师介入诉前调解机制，排查处置各类纠纷387件、成功率达99.7%；圆满完成重大节会期间维稳安保任务。严厉打击违法犯罪，新型网络犯罪、治安案件发案分别下降20%和32.9%。扎实开展安全生产专项整治三年行动，建立危化品运输“三全”管控机制，“三管三必须”职责清单全省率先试点，完成五〇四生活区及陆港安全隐患综合治理，安全生产四项指标全面下降，城市安全形势总体平稳。“平安西固”建设成效显著，荣获“平安中国建设示范县区”。

【政府建设】全面推行“五简五办五集成”新模式，认领政务服务事项1624项，“一网通办”率、网上可办率分别达91.5%、92%；创新“小兰帮办福利西固”板块，打造“地企直通车”特色服务品牌；惠企政策“不来即享”普遍落实，完成注册企业4101家。建立全员服务企业新机制，出台新引进企业增值税增量奖励政策，解决企业发展难题101个，落实减税降费政策6379万元。严守金融风险底线，化解政府性债务9.48亿元。组建产城融合发展公司和建西城市更新公司，搭建城市开发建设新平台；区城投公司信用升级，成为全省唯一获升2A县级平台。加快推进“港区做大”，国际陆港中国智能骨干网（甘肃）申通枢纽中心等项目落地实施，“中吉乌”国际货运班列双向贯通，实现发运班列、货值“双增长”。

（刘英）

安宁区

【基本情况】兰州市安宁区是甘肃省会兰州市城区之一，位于黄河北岸，东接城关区，南临黄河，与七里河区、西固区隔河相望，西至虎头崖与西固区相接，北与皋兰县接壤。区名源自明代军事城堡安宁堡，取“安宁无患、不受侵害”之意，是古丝绸之路的必经之地，有“金城西北之门户，河西五部之咽喉”之说。1953年建区，区域总面积82.33平方千米。介于东经103°34′~103°47′，北纬36°5′~36°10′之间。东西长19.6千米，南北宽2.7千米至7千米。境内依山傍河，东西两侧高，中间低缓，呈马鞍形，形成狭长河谷平原—安宁平原。海拔1517.3米至2067.2米，相对高差550米。内陆性气候特征明显，日光充足，气候宜人。2021年降水量349.9毫米，年蒸发量1664毫米；平均气温8.9摄氏度；日照2476.4小时，无霜期172天。主要自然灾害有霜冻、冰雹和风灾。区内绿化覆盖率达到42.98%，人均绿化面积14.59平方米，获“全国绿化模范县区”称号。

2021年末，全区共辖8个街道办事处56个社区，总人口44.3万人，有回、蒙古、满、藏等29个少数民族，是甘肃省第一个完全撤销乡镇和村级建制的城区。区内有西北师范大学等17所大中专院校、有农科院等2所科研机构，有各类科技人才3万余人。仁寿山景区为国家4A级景区；黄河风情线西段纵贯安宁区全境，有天斧砂宫、仁寿山、银滩湿地公园、兰州植物园、安宁生态文化园、九州台、文溯阁《四库全书》馆、兰州国学馆等自然、人文景观。是全国四大蜜桃之一“白凤桃”原产地，素有“十里桃乡”之称。

【国民经济】2021年，安宁区以总部经济、现代服务、高新技术、文化旅游等主导产业为载体，重点推进军民融合、先进制造、数据信息等生态产业，促进产业集群优化发展，逐步构建现代产业体系。全年地区生产总值260.11亿元，比上年增长5.6%。其中，第一产业增加值0.11亿元，下降19.5%；第二产业增加值78.87亿元，增长3.7%；第三产业增加值181.13亿元，增长6.5%。固定资产投资增长7.7%；社会消费品零售总额181.28亿元，增长7.7%。一般公共预算收入48.3亿元，增长27.96%；一般公共预算收入11.15亿元，增长12.3%。城镇居民人均可支配收入43841元，增长7.8%。

【环境保护】坚持把绿色作为最亮底色，深入实施“十里桃乡”再造工程，完成深沟生态修复综合治理等一大批生态项目，累计种植桃树1630亩，北山面山补植造林3460亩。精心打造枣林路等3个绿化精品街区，在北滨河路等重点路段补植补栽苗木约42万株，垂直绿化1.14万平方米，新建仁寿山大街西侧等6个小游园，增加绿地面积10万平方米，绿色获得感、生态幸福感不断增强。扎实开展保护母亲河“清四乱”专项行动，清查整治22条洪道及黄河沿线各类排水口，水生态水环境质量明显改善。深入排查整治突出生态环境问题，坚决清理“大棚房”、违建别墅、乱占耕地等违法建设，拆除桃园内私搭乱建13.2万平方米，“桃乡之美”更加彰显。

【供给侧结构性改革】坚持质量第一、效益优先，以供给侧结构性改革为主线，不断推动产业转型升级。中车兰州机车有限公司整体搬迁工艺水平提升项目建成进行试生产，长风智能机器人、兰飞智能电动伺服控制系统产业化等军民融合项目加速推进。荣光·陇汇广场、兰州富力城有序建设，中海环宇城、鼎泰·中汇广场持续引领商贸发展，砂之船·奥特莱斯提质增效，营业额呈两位数增长。立达医药物流产业园全面运营，15家限上医药批发企业全年完成销售额在50亿元以上。电子商务蓬勃发展，本地新增注册电商企业7家，交易额突破亿元大关。文化旅游百花齐放，仁寿山、九州台、天斧砂宫等景区优势凸显，游客黏性不断增强。成功举办第38届兰州桃花旅游节、兰州安宁蟠桃会暨桃王大赛，旅游综合收入达到47.4亿元。

【项目建设】坚持大抓项目、抓大项目、抓好项目，按照“干今年、备明年、想后年”的思路，实施社会性、地标性、支撑性强的固定资产投资项目69个，总投资654.53亿元。创新项目推进方式，精准组建13个服务团队，采用容缺受理、提醒预警、跟踪服务、领导包抓、项目承诺等务实举措，推动七里河安宁污水处理厂等一批重大项目高效有序实施，在全市上半年项目建设考核中排名第一。坚持“两真四有”精准招商和以商招商，第27届兰洽会签约项目6个，签约总额86.69亿元，华联欧尚超市等3个项目开工建设，到位资金5.67亿元。主动抢抓新一轮西部大开发、黄河流域生态保护和高质量发展、城市有机更新等多重政策叠加机遇，争取到位各类财政资金2.49亿元、政府债券资金3.88亿元，为经济发展提供重要的资金保障。

【民生与社会保障】面对突发疫情严重冲击，始终坚持政府过紧日子，让群众过稳日子的理念，民生投入不断加大，民生支出占一般公共预算支出保持在70%以上。城镇新增就业7535人，困难人员就业929人，就业供给更加充分，就业能级更高质量。不断扩大公共服务资源，北京八中初中部如期实现招生，沙井驿学校三馆一厅一广场核心区域已完成建设，甘肃省中心医院一期项目具备运营条件，区人民医院翻建项目建设完成并分批投入使用，教育医疗等优质公共服务发展成效明显。深入开展扶困帮困助困“春风行动”，投入各类救助资金1781万元，受助群众3.21万人。文体事业繁荣发展，开展庆祝建党100周年系列活动300余场次，建成全民健身路径10条。

【社会事业】坚持和发展新时代“枫桥经验”，建立健全“社工委”运行机制，完善信访和领导干部公开接访制度，接待群众来访144批456人次，按期办结率100%，社会矛盾纠纷明显减少，共建共治共享的社会治理格局逐步形成。纵深推进扫黑除恶、“两抢一盗”、禁毒整治、打击电信诈骗等专项行动，刑事案件、治安案件分别比上年下降12.7%和10.7%。强化食品药品、粮食安全等重点领域监管，被命名为“省级食品安全示范城市”荣誉称号，舌尖上的保障更加有力。扎实开展安全生产专项整治三年行动，安全生产四项指标“两降一升一平”，城市安全韧性不断增强。

（邵志成）

红古区

【基本情况】红古区是兰州市的远郊区，1960年建区，全区总面积567.66平方公里，总人口14.4万人，现辖4镇3街道，34个行政村，18个社区，有回、满、东乡、藏、蒙古等18个少数民族。区位优势独特，位于兰州、西宁两大省会城市的几何中心，东至甘肃省城兰州市区108公里，西至青海省西宁市107公里，109国道、京藏高速公路、兰青铁路、兰新高铁贯穿全境，是兰州市重要的工业基地和现代农业示范基地，也是“承东启西”发展现代商贸的大通道。

【资源优势】红古素有“八宝川”之称，境内矿产资源丰富，已查明的矿藏有煤、石油、黑色金属、有色金属、贵金属、非金属等11种；矿床、矿点、矿化点18处；已勘查过远景储量及工业储量的矿种有煤、石油、油页岩、铝土页岩、烧变岩、铁和沙金7种。境内水资源丰裕，黄河两大支流大通河、湟水河流经全区，年径流量46亿立方米，水能资源估算为30.57万千瓦，转化潜力巨大，是全省水利资源综合开发利用优势明显的少数县区之一。土地资源优越，沿湟水河、大通河河谷地带有优质耕地7.1万亩，谷丰渠、湟惠渠、海石渠、窑街二渠四条自流灌渠总长92.5公里，覆盖着全区绝大部分耕地，形成了完整的灌溉体系。

【国民经济】全区坚持以习近平新时代中国特色社会主义思想为指导，全面贯彻习近平总书记对甘肃重要讲话和指示精神，准确把握“三新一高”总体要求，深入实施“一城五支撑”发展战略，全区经济总体平稳运行。2021年，全区地区生产总值125.04亿元，比上年增长7.7%。其中，第一产业增加值6.42亿元，增长7.4%；第二产业增加值74.01亿元，增长7.8%；第三产业增加值44.61亿元，增长7.5%。固定资产投资增长7.6%；社会消费品零售总额28.42亿元，增长6.4%。

【乡村振兴】全区聚焦乡村振兴，强农业、美农村，让城乡融合更加协调。全区着力发展现代都市农业，做大现代农业园区，扶持发展鑫源第六产业园、半亩花田休闲农业示范园等现代农业园区。做优特色优势产业，加快创建省级现代蔬菜产业园，新改扩建千亩精细蔬菜、云泽牛羊规模养殖等标准化基地。同时抓好粮食安全，落实藏粮于地、藏粮于技战略，粮食总产量稳定在0.5万吨以上，播种面积稳定在1.6万亩以上。蔬菜种植面积稳定在9万亩，畜牧业占农业的比重达15%以上。

坚持城镇和村庄规划引领，深入开展乡村建设行动，改造提升农村公路20公里，完成清洁取暖及户厕改造2200户，打造乡村建设示范村6个、美丽乡村示范村2个。提升增收致富水平，以农民富裕富足为目标，扎实开展“万企兴万村”行动，建立健全脱贫富民长效机制，巩固拓展脱贫攻坚成果同乡村振兴有效衔接。

【项目建设】抢抓兰西城市群建设、黄河流域生态保护和高质量发展等国家战略，成功再获资源循环利用基地和独立工矿区搬迁改造重大利好政策，累计争取“四大”平台和一般债券等政策性资金46.9亿元，撬动社会资本360多亿元，谋划实施总投资达480亿元的前瞻性、引领性重点支撑项目594个。始终把项目建设作为动能转换的主引擎，坚定不移实施项目带动战略，累计实施总投资625亿元的重大项目322个，完成固定资产投资150亿元。构建外联内畅交通大格局，总投资18.3亿元的兰西客货运综合枢纽中心、京藏高速公路海石湾收费站连接道路改扩建等一批基础突破工程加快实施。

【优势产业】凝神聚力促进发展各

行业优势，质量效益不断优化。全区工业加快转型升级，围绕经济区红古园区扩区增容和连海经济开发区红古园区集群壮大，建立了煤基循环、新型建材等七大产业链“链长制”，引进了重点链主企业，建成和实施了总投资87亿元的宝方10万吨超高功率石墨电极、甘肃工业废弃物资源化利用及无害化处置等92个产业强基项目，战略性新兴工业企业达到7家，工业总产值突破180亿元。农业注重提质增效，守牢国家粮食安全生命线，落实全市乡村产业“1368”发展计划，扶持壮大兰州农发循环农业、大有现代有机示范等8个农业产业园区，建成了千亩“寿光”设施农业、中植10万头生猪等“四千五万”种养殖基地，农业新型经营主体数量是2016年的1.2倍，农业产业化率达55%以上。商贸活力持续迸发，重点打造了永兄综合购物、名都餐饮娱乐等八大商业片区，电子商务、信息技术等新兴业态蓬勃发展。

【人民生活】始终把保障和改善民生放在首位，累计投入资金38.6亿元，办结民生实事122件。教育资源不断扩充，国家义务教育基本均衡发展顺利通过验收，新改扩建中小学和幼儿园达到18所。医疗水平持续提升，省人民医院按“5+3+N”模式托管区医院，荣获省级卫生城“两连冠”。扫黑除恶、电诈打防、禁毒破案等专项斗争取得重大战果，妥善解决房产登记发证和失地农民养老保险等民生领域历史积累问题，稳步化解政府性债务和隐性债务，有效处置防汛抢险救灾等突发事件，安全生产形势总体稳定，群众的获得感、幸福感和安全感不断提升。

【环境保护】深学笃用习近平生态文明思想，深入践行“绿水青山就是金山银山”的理念，生态环境持续优化。坚决打赢蓝天、碧水、净土保卫战，空气质量优良率提高到90%以上，湟水河水质稳定为三类，建成区绿化覆盖率达37%。在生态联治方面率先发力，积极承办了甘青两省跨省界河流联防联控联治联席会议，加快实施了总投资5.1亿元的湟水红古段水污染综合治理、湟水—大通河交汇段生态环境综合治理等一批重点项目，在深入践行习近平总书记关于“兰州要在保持黄河水体健康方面先发力、带好头”的重要指示精神上展现了红古作为。

【社会保障】保障体系日益健全，城乡低保标准逐步提高，发放各类补助资金。集中开展了以环境治理、风貌整治、秩序规范等为重点的提质提标行动和“十大”精致项目建设，实施棚户区、老旧小区和“三不管”楼院改造项目47个，打造北山公园、华龙广场等精致点位26个，优化智慧停车泊位2100多个，惠及群众8万多人。全区养老保险参保单位446家，机关和企业参保人数39340人，城乡居民社会养老保险参保36638人，城镇居民社会养老保险参保9078人，全区养老保险参保率达98.18%；参加城镇居民基本医疗保险89864人，参保率100.49%；离退休人员基本养老保险金按时足额发放率和社会化发放率均达到100%；参加失业保险9125人。

【社会事业】教育和医疗水平持续提升。全区现有各级各类学校（含幼儿园）58所，其中职业教育1所（红古区职业教育中心），高中2所，幼儿园22所，义务教育中小学33所。全区在校学生2.1465万人，现有教职工1708人。拥有1个省级企业技术中心（窑街煤电），1个国家级企业技术中心（方大炭素），3个省级认定高新技术企业（阿敏生物、方大炭素、甘棠），1个博士后工作站（方大炭素），各类专业技术人员2160人，人才密度和综合科技实力较为坚实。全区现有医疗卫生机构115家，床位1206张，每千人拥有床位8.4张。社会办医院6家，乡镇卫生院3家，社区卫生服务中心、社区卫生服务站及村卫生所57家。现有卫生技术人员总数为1283人，每千人拥有卫生技术人员8.9人。培育高新技术企业3家、省级农业科技示范园4家，科技进步贡献率55%，建成方大炭素国家级企业技术中心，川海大桥连接道路和海石湾滨河路东、中段的建成通车，畅通了城区道路内循环，构建了“四横五纵一环”路网新格局。

（石成梅）

永登县

【基本情况】永登县位于甘肃省中部、兰州市西北部，现辖3乡13镇、11个社区、200个行政村，常住人口28.27万人，其中乡村人口14.5万人，主要有汉、回、满、藏、蒙、土、东乡等18个民族，地势由西北向东南倾斜，海拔在1590米至3650米之间。永登是古丝绸之路和亚欧大陆桥的要冲，是河西走廊的东部门户，是马家窑文化、半坡文化的重要发祥地，享有“彩陶之乡”的美誉。自汉武帝元狩二年（公元前121年），骠骑将军霍去病始筑令居塞，距今已有2100多年。

【资源优势】全县耕地139万多亩，天然林90.8万亩、草地548.2万亩。境内主要有黄河一级支流庄浪河和二级支流大通河，引大入秦工程年引流量4.43亿立方米。已探明矿产25种，石灰岩、石英岩、大理石、煤和水泥配料用黄土等矿产资源储量丰富，品位高、易开采。依托丰富的矿产资源和区位优势，先后建成了祁连山水泥、连铝、腾达西铁等一大批大中型骨干企业，基本形成了采矿、冶金、化工、建材、水电开发为支柱的工业产业格局，素有“冶金谷”“建材乡”之称。拥有国内连片分布面积最广、规模最宏大、离省会城市最近的树屏丹霞地貌，有全国规模最大、历史最悠久、保存最完整，素有西北“小故宫”之称的官衙式建筑群鲁土司衙门，有国家十大标兵森林公园之一的吐鲁沟4A级国家森林公园，有“陇上都江堰、地上银河”之称的引大入秦工程，还有药水沟温泉等风格独特的自然资源和人文景观10多处。满城汉墓，汉、明长城遗址，宋代摩崖石刻等历史文物遗迹30多处。苦水高高跷、太平鼓被列为国家级非物质文化遗产，苦水下二调、铁芯子、玫瑰栽培技术等7个项目被列入省市级非物质文化遗产。

【国民经济】2021年，全县地区生产总值125.98亿元，比上年增长6.6%。其中，第一产业增加值16.42亿元，增长8.9%；第二产业增加值35.88亿元，增长4%，其中工业增加值33.59亿元，增长4.1%；第三产业增加值73.68亿元，增长7.2%。固定资产投资比上年增长13%。社会消费品零售总额33.09亿元，增长7.2%。一般公共预算收入5.43亿元，增长16.1%；一般公共预算支出27.66亿元，下降5.8%。

【乡村振兴】2021年，全县持续巩固拓展脱贫攻坚成果同乡村振兴有效衔接，投入各类资金3.1亿元，实施产业发展、饮水巩固提升、农村人居环境改善等9大类130个项目。完成脱贫劳动力就业技能培训3600多人，输转脱贫劳动力29114人，优化调整公益性岗位2232个。建立“13539”监测帮扶机制，147户470人“三类户”消除致贫返贫风险。天津市宝坻区落实帮扶资金3690万元，实施协作项目18个，东西部协作持续深化。

【项目建设】积极抢抓黄河流域生态保护和高质量发展、兰西城市群建设、全域城乡融合发展、“工业强县”等战略和政策机遇，谋划储备2021年投资项目122个，总投资128.8亿元。积极申报中央、省、市预算内投资和地方政府专项债券项目，成功争取2021年中央预算内投资项目7个，到位资金1.24亿元，专项债券项目4个，到位资金2.12亿元。以省、市、县重大项目集中开工仪式和项目“五比五拼”活动为契机，加快推动树屏丹霞景区一期、树屏众创城一期、碧桂园永丰府、采粲田园综合体、老旧楼院改造、七山百万级光伏基地、坪城45兆瓦风力发电等重大项目顺利开工建设，并积极协调推进兰张三四线、G312傅家窑至苦水段顺利实施。深入开展“招商引资突破年”活动，年内全县执行招商引资项目47个，总投资168.22亿元。第27届兰洽会全县签约项目48个，签约总资金110.93亿元。

【产业发展】坚守粮食安全底线不松手，全年完成作物播种面积104.38万亩，粮食产量达到15.88万吨，连续3年保持在13万吨以上。全县各类畜禽养殖规模达到242.27万头（只、匹）。发展壮大新型经营主体，培育县级龙头企业6家、认定县级示范合作社34家、县级示范家庭农场18家。着力加快重点工业转型升级，新增规上工业企业5家。支持连铝公司、腾达西北铁合金有限公司、永登祁连山水泥有限公司、蓝星硅材料有限公司采用先进技术和设备进行优化升级。成功举办了第十四届“兰州玫瑰节”。兰州水墨丹霞景区开放运营，越国开心农场、幸福农场等乡村旅游不断升温。全县累计接待旅游人数达429.14万人次，实现旅游收入25.18亿元。组织开展“扶贫助农直播特卖会”等直播带货活动，永登一月红提、丁娃烧饼、九香玫瑰花茶、软儿梨、尕姐中药材、坪城藜麦、武胜驿牛羊肉等永登品牌知名度不断提升。

【城乡融合】县城建设步伐加快，老旧小区改造有序推进，老城区清洁能源供热优化提升、西城区集中供热项目基本完成，供排水管网改造工程建成投运，敷设天然气管道33公里，永登县迈入管道天然气时代。兰张三四线、G312树屏至苦水公路加快推进，创建农村特色示范路4条，改造危桥4座，硬化村组道路40公里。全域城乡融合环境综合整治深入开展，城市网格化管理、“门前三包”等制度进一步落实，“六乱”问题得到有效遏制。“三大革命”扎实推进，完成13个美丽乡村建设，建成树屏产业园污水处理厂及中水回用项目和2个乡镇污水处理站，城乡人居环境治理跃上新台阶。

【环境保护】强化联合执法，狠抓各类大气污染源治理，空气质量优良天数稳居全市第一。开展突出生态环境问题排查整治，常态化推进“两河一沟”和河湖“清四乱”行动，整改问题点位2000多处，高标准完成呢嘛沙沟杏花沟口水体处置任务，集中式饮用水水源地水质100%达标。全面推行“林长制”，完成东西两山绿化1520亩、人工造林1.62万亩、草原生态修复治理3万亩、新一轮退耕还草工程1.3万亩，绿色发展水平稳步提升。

【社会保障】大力实施重点民生工程，省市县为民兴办的23件实事全部完成。改造薄弱学校20所，建成学校标准化食堂4所，完成北城区幼儿园主体工程，永登九中实现招生。县医院门诊综合楼、县中医院住院综合楼、县传染病防治中心等项目加快实施，县医院传染病区“三区两通道”、县疾控中心水质检测实验室完成改造。城乡低保标准提高8%，发放城乡困难群众补助金5500多万元。输转城乡劳动力8.83万人，城镇新增就业2608人，失业人员再就业2031人，城镇登记失业率控制在4%以内。劳务输转88312人，创劳务经济收入21.27亿元；发放创业担保贷款70笔1381万元，带动就业142人；通过城镇公益性岗位安置就业困难人员134人。

（赵璟玥）

皋兰县

【基本情况】皋兰县地处甘肃省中部、兰州市东北部，为丝路重镇，陇西要冲。公元前121年设立金城县，素有“名藩自古皋兰”之称。东临白银市和榆中县，南接兰州市区，西连永登县，北依景泰县，县城距离兰州35公里、白银29公里、兰州新区23公里，是丝绸之路经济带的重要交通枢纽，是兰白都市圈的核心节点城市，是兰州新老城区一体化发展的重要区域。皋兰属温带半干旱气候，年平均气温8.3℃，年平均降水量163.1毫米，年均日照2768小时，无霜期144天。黄河流经皋兰县境内，年均流量311亿立方米。地形属黄土高原丘陵沟壑区，多为黄土梁峁、沟谷和小川台地等类型，地势为北高南低、西高东低，呈西北向东南倾斜，山脉多为南北走向，海拔在1459.2—2445.2米之间。2021年末，皋兰县总面积2136.69平方公里，现辖6个镇、5个社区、57个行政村，年末常住人口12.49万人，城镇化率56.54%。

【资源优势】皋兰县有丰富的矿藏资源，金属矿有金、银、锌、铜等，非金属矿有石英砂、大理石、花岗岩、粘土等，具有较高的开采价值。黄河流经县境南部，引大入秦、西岔电力提灌、大砂沟电力提灌三大水利工程覆盖全县，拥有调蓄水库五座、自来水厂四座，安全饮水管网覆盖全县。拥有装机23万千瓦的小峡水电站和330KV变电站一座、220KV变电所一座、110KV变电所三座。特色农产品高原夏菜、兰州白兰瓜、旱砂西瓜、红砂洋芋、优质林果软儿梨久负盛名。旅游资源得天独厚。

东南部什川镇有“世外梨园”之美誉，2012年12月24日被生态环境部授予“国家级生态乡镇”荣誉称号，于2013年4月12日由世界吉尼斯正式授牌并颁发“世界第一古梨园”认证证书，于2013年5月21日由农业农村部授牌“中国重要农业文化遗产”，2014年被评为国家4A级旅游景区；中部石洞镇有远近闻名的石洞寺；西南部九合镇有“万亩桃园”“天斧沙宫”丹霞自然景观；北部黑石镇地域广阔，有独特的高原风光。2009年5月20日，皋兰县被文化和旅游部命名为“中国民间文化艺术之乡”，太平鼓、兰州鼓子、魏振皆书法成为辖区三张亮丽的文化名片，其中太平鼓和兰州鼓子被列为国家级非物质文化遗产。

【国民经济】2021年，全县地区生产总值88.8亿元，比上年增长3.3%。其中，第一产业增加值9.2亿元，增长3.8%；第二产业增加值39.4亿元，增长2.0%；第三产业增加值40.2亿元，增长4.3%。社会消费品零售总额50.1亿元，增长6.4%；固定资产投资增长5.8%；一般公共预算收入8.37亿元，增长11.4%。

【乡村振兴】始终把解决好“三农”问题作为工作的重中之重，持续巩固拓展脱贫攻坚成果，加快推进乡村全面振兴，促进农业高质高效、乡村宜居宜业、农民富裕富足。健全完善防止返贫动态监测机制，紧盯脱贫不稳定人口、边缘易致贫人口、突发严重困难人口，开展精准帮扶，牢牢守住不返贫底线。以皋兰列入全省乡村振兴重点帮扶县为契机，积极争取省市支持，落实2021年衔接推进乡村振兴补助资金2.23亿元，组织实施各类项目170项，乡村振兴的基础得到有效夯实。大力实施乡村建设行动，组织开展37个发展类村庄规划编制，全力推进什川镇省级示范镇和忠和镇六合村、石洞镇阳洼窑村等10个省级示范村建设。启动实施农村人居环境整治提升五年行动，巩固“三大革命”成果，创建石洞镇文山村、什川镇下泥湾村等美丽乡村示范村8个。2021年5月，国家乡村振兴局组织召开全国农村厕所革命西部片区座谈会，在什川镇现场观摩，皋兰县做法得到与会人员的一致肯定。

【项目建设】坚持把项目建设作为推动经济社会发展的有力抓手和重要支撑，牢固树立“抓项目就是抓发展、谋项目就是谋未来”的工作理念，扎实开展“项目攻坚”和“项目五比五拼”活动，努力形成“谋划一批、储备一批、建设一批”的梯次滚动格局。围绕黄河流域生态保护和高质量发展、“一带一路”建设等战略，谋划补短板、增后劲、强基础、立长远的项目148项，总投资450.35亿元。大力发展绿色制造、生态农业、健康养老、节能环保、清洁能源等“生态+”产业，谋划储备十大生态产业项目51个，总投资159.7亿元，累计完成投资55.78亿元。积极对上汇报衔接争取资金，申报中央和省市各类投资项目56项，总投资达115.46亿元。持续开展项目前期手续办理攻坚活动，建立新建项目前期手续“三级清单”制度，组建16个项目服务团队，积极协调解决项目前期中存在的难点、堵点、卡点问题，全年实施投资项目88项，开复工87项，开工率97.95%，完成投资84.3亿元。

【优势产业】农业方面，聚焦高原夏菜、兰州白兰瓜、旱砂西瓜、红砂洋芋、优质林果和畜禽养殖等产业，着力提规模、创特色、育品牌，加快推进石洞镇阳洼窑乡村振兴产业示范园、什川镇河口村智慧农业示范园建设，新建1家5万头种猪繁育场、1家万头猪场、1家千头牛场，全县特色产业种植规模达到16.8万亩，累计建设标准化规模养殖场120家，现代农业优势进一步凸显。工业方面，组织实施甘肃冀丰工贸有限公司年产2200万片树脂砂轮二期项目、兰鑫钢铁集团有限公司尾气发电项目等新扩续改工业项目18个，初步形成以新型建材、装备制造、绿色冶金、生物医药、节能环保、食品轻工为支柱的产业发展格局。认真落实规上工业倍增计划，年内新培育甘肃华清轻工机械、甘肃德安建材等9家企业上规入库。服务业方面，抢抓建设兰州商贸服务型国家物流枢纽机遇，加快推进丰恩现代物流园、久和国际糖酒副食城二期等11个重点商贸物流项目建设，北龙口国际商贸物流城、久和汽配城等已建成商贸物流项目的产业集聚效应正在显现，皋兰的物流通道地位进一步彰显。着力完善什川古梨园服务设施，加大石洞寺、天斧砂宫等旅游景点建设力度，深入推进九合兰沟、忠和平岘等乡村旅游示范村建设，组织实施什川田园综合体、石洞寺游客服务中心等文化旅游项目6个，全力服务保障兰州野生动物园开园运营，文化旅游业带动消费的能力进一步提升。加快中小企业培育，成功培育兰州优冷供应链管理有限公司、兰州博时炜业汽车销售服务有限公司、世纪华联超市等5家企业上限入库。

【人民生活】人民获得感持续提升。全年全县城镇居民人均可支配收入27575元，比上年增长7.5%；农村居民人均可支配收入14092元，增长10.7%。城乡居民收入比为1.96，比上年缩小0.06。全县城镇居民人均消费支出15168元，比上年增长3.7%，恩格尔系数为34%；农村居民人均消费支出8941元，增长7.9%，恩格尔系数为32%。年末住户存款92.88亿元，比上年末增长8.4%。

【环境保护】有序推进低碳社会建设，公交车电动率达82.75%。大力开展“省门第一道”绿化、城际铁路绿化等项目建设；高质量完成24.83万亩国家级重点公益林和20.31万亩天然林资源的管护任务，建成林业生态小康村48个。稳步推进石洞寺森林公园建设，绿化荒山1000亩、栽植各类苗木359.43万余株。建成国家级标准化林业工作站2个。草原植被综合覆盖度稳定在53%左右。水土保持治理加快推进，累计治理水土流失面积434.2km^2，治理程度达47.74%。全面推进工业锅炉整治、扬尘污染源管控、“四烧”管控等大气污染防治行动，投资2.6亿元，对兰鑫钢铁、宏鼎磨料、鸿丰电石、腾达冶金等重点大气污染源企业进行环保设备升级改造，全县环境空气质量优良天数达标率达86.8%。认真落实河长制工作，县、镇、村三级河道管理模式规范运行。投资3021.54万元，完成忠和镇、什川镇生活污水治理项目。全县11座营运加油站全部完成双层罐改造，确保县域内水资源不受污染。土壤污染防治工作有序推进，印发《皋兰县黑石镇石青村尾砂矿治理项目的实施方案》，完成全县29家企业前期土壤污染状况调查工作。节能减排工作取得重大进展，万元 GDP 用水量下降到 115.74m^3，年能耗总量控制在 246 万吨标准煤之内。

【社会保障】民生保障水平不断提升。全县城乡低保标准提高 10%，城市低保标准由每人每月 589 元提高至 636 元，农村低保标准由每人每年不低于 4428 元提高至 4788 元，城乡特困人员基本供养生活标准从不低于 12215 元、5757 元提高到不低于 13198 元、6224 元，全年累计发放低保金 3385.58 万元；发放特困供养金 338.89 万元，困难群众基本生活得到切实保障。临时救助工作力度不断加大，全年实施救助 1589 人次，发放救助金 985.86 万元。积极做好各类儿童关爱保障工作，全年累计发放事实无人抚养儿童基本生活保障金 71.55 万元，社会散居孤儿基本生活保障金 15.31 万元；实施“福彩圆梦·孤儿助学”工程，全年保障金额 4.25 万元，落实 3 名考入普通高等院校且符合资助条件的事实无人抚养儿童每人 6000 元的助学金；成立皋兰县未成年人保护中心，建立农村留守儿童委托信息台账，并全部录入“全国儿童福利信息系统”实行动态管理，认真落实儿童督导员探访制度，将关心关爱儿童工作落到实处。全年为 1509 名困难残疾人、1928 名重度残疾人累计发放生活和护理补贴 405.3 万元。2021 年全县实现城镇新增就业 1322 人，完成目标任务的 101.69%，其中困难人员实现就业 311 人；城镇登记失业率 2.37%；组织开展各类培训 165 期 6878 人，其中岗位技能培训 785 人；输转城乡富余劳动力 2.66 万人，创劳务收入 7.14 亿元；共审核发放创业担保贷款 142 笔 3322 万元，带动就业 367 人。城乡居民养老保险发放率达 100%；城乡居民基本医疗保险参保 118260 人，稳定实现了常住人口 98% 以上的参保任务。

【社会事业】持续开展居家养老服务工作及服务质量情况“回头看”核查工作，实施养老服务对象扩面行动，当年新增 402 名符合条件的居家养老服务对象，全年服务老人达 49556 人次，核查拨付服务经费 151.229 万元，切实为高龄、失能半失能等老年人解决了生活困难。

2021 年，全县各级各类学校 78 所，其中幼儿园 30 所，小学 33 所（含教学点 9 个），初级中学 6 所，九年制学校 5 所，高级中学 2 所，职教中心 1 所，教师进修学校 1 所。在校学生 16433 人，其中幼儿园 3910 人（包括小学附设幼儿园 201 人），小学 7195 人，初中 3251 人，高中 2077 人。教职工 2017 人，其中专任教师 1813 人，专任教师中幼儿园 331 人、小学 653 人、初中 507 人、普通高中 302 人、职教中心 14 人、进修学校 6 人。组织实施皋兰县蔡河幼儿园建设项目，成功申报省级“安吉游戏”试验区试点，开展幼儿园“小学化”和“幼小衔接”专项治理活动，学前三年入园率达到 96.35%。全县中小学全面实施阳光招生，普通高中招生分配到各初中校名额比例提高到 50%。全县 537 名进城务工人员随迁子女和 272 名留守儿童全部实现就近入学，全县小学适龄儿童入学率和初中阶段入学率均达到 100%，义务教育巩固率达到 100%。全县普通高中招生 670 人，高中阶段毛入学率 99.24%。参加高考 1261 人，一本上线 229 人，上线率 18.16%；二本以上上线 653 人，上线率 51.78%；本专科上线 1250 人，上线率 99.13%。皋兰县魏家庄小学改扩建项目竣工投入使用，新增学位 800 个。投资 3202 万元实施皋兰一中图书馆及艺术中心提升项目；投资 440 万元实施皋兰一中管网改造工程；投资 1101.96 万元实施蔡河幼儿园及附属设施建设项目；投资 1399 万元实施皋兰三中教学楼加固及维修改造项目；投资 104 万元完成新增理化生操作技能考试标准实验室设备配备；投资 100 万元为石洞初中等 4 所农村初中校配备学生计算机 107 台、教学智慧黑板 16 套。

全县共有各级各类医疗卫生机构 116 个，其中，县级综合医院、中医医院、妇幼保健院、疾病预防控制中心、卫生监督所各 1 个，乡镇卫生院 6 个，标准化村卫生室 57 个，医疗点 8 个，社区卫生服务站 3 个，社会办机构 37 家。全县医疗卫生机构共开设床位 530 张，每千人口拥有床位 3.7 张；共有卫生技术人员 772 人，每千人拥有执业（助理）医师 1.39 人、注册护士 2.28 人；共有全科医生 62 人，每万常住人口全科医生数 4.2 人。持续推进新冠疫苗接种工作，累计接种 3 岁以上人群第 1 剂次 123035 人，第 2 剂次 119708 人，加强免疫接种 33234 人。

推进新型应急管理体系和能力现代化建设，保障应急救援队伍建设，扎实稳步推进安全生产专项整治三年行动计划，全面开展安全隐患排查，全县安全生产形势持续稳定向好。成功举办皋兰县“喜迎百年华诞·共享运动年华”第四届“黄河古道”全民健身节。首次承办市九运会青少年自行车赛、武术比赛、大众舞蹈比赛，县自行车队摘得 14 金、5 银、3 铜的成绩。同时市九运会荣获青少年组金牌榜第五名、团体总分第六名大众组优秀组织奖、体育道德风尚奖、最佳赛区等称号。积极备战参加“2021 年甘肃省青少年山地、公路自行车锦标赛”获得 4 金 2 银 4 铜，金牌数第 2，总成绩第 2 的佳绩。组织参加第三届西北五省八门拳邀请赛，在传统器械、传统拳术、太极等方面荣获了个人金奖 9 个、银奖 15 个、铜奖 15 个、纪念奖 4 个；集体项目银奖 1 个，团队武德风尚奖 1 个和集体三等奖的优异成绩。三川口社区心桥艺术团代表皋兰县参加“舞动金城”兰州第五届广场舞大赛，荣获优秀奖。

（魏孔安）

榆中县

【基本情况】榆中县现辖 20 个乡镇 268 个村 4 个社区居委会（含兰州高新区托管的定远、连搭 2 个镇 30 个村），总面积 3302 平方公里，耕地 105.74 万亩，常住人口 47.26 万人，其中农业人口 22.67 万人。全县分南部高寒二阴山区、北部干旱山区和中部川塬河谷区三类地区，海拔 1480 ~ 3670 米，属温带半干旱气候，年均气温 6.7℃，年降水量 350 毫米，无霜期 120 天。有陇上屋脊马啣山、兴隆山国家 4A 级旅游风景区（55 万亩原始森林）、国家历史文化名镇青城古镇等 8 处风景名胜，森林覆盖率 11.13%。

【区位优势】县城距兰州市区 35 公

里，与主城区零距离接壤，境内有连霍高速公路、南绕城高速、312、309国道、104线、217省道和陇海铁路纵横贯通，兰渝铁路、宝兰客专在榆中设客货枢纽，有4个高速公路出口和9个铁路货运站，逐步形成以“五横二纵一环”的交通网络。

【国民经济】2021年，全县地区生产总值188.49亿元，比上年增长2.3%。其中，第一产业增加值16.82亿元，增长7.34%；第二产业增加值93.85亿元，下降1.4%；第三产业增加值77.82亿元，增长5.3%。三次产业结构比为8.92 ： 49.79 ： 41.29。按常住人口计算，全年人均地区生产总值39804元，增长2%。社会消费品零售总额34.26亿元，增长11.7%。一般公共预算收入8.3亿元，增长3.27%。城镇、农村居民人均可支配收入分别为29146元、13764元，分别增长7.4%、10.8%。

【经济结构】2021年，全县围绕“强一产、优二产、精三产”的发展思路，坚持特色农业提档升级，高原夏菜、百合、中药材等特色产业种植面积增加60.7万亩，建成标准化规模养殖场650余家，养殖总量达到260万头（只），榆中正在由农业大县向农业强县迈进。坚持现代工业转型升级，净增规上企业23家，庄园乳业、陇神戎发、金阳高科等企业产品被列为甘肃名牌，形成冶金、建材、生物医药等门类齐全的二产体系。坚持第三产业提速增效，毅德商贸城、兰州高原夏菜副食品采购中心投入运营，年交易额分别达40亿元、75亿元，大型批发市场服务水平明显提升。电子商务、物流快递等现代服务业异军突起，年销售额百万元以上电商企业达16家。兴隆山顺利晋级省级旅游度假区，成功创建6个3A级景区、5个省级旅游示范村，实现旅游收入208亿元，榆中旅游影响力和美誉度大幅提升，经济结构持续优化，县域经济从一业独大向三产融合、多业并举转变。

【“三农”工作】2021年，全县农业增加值16.8亿元，比上年增长7.3%。农作物总播种99.02万亩，其中粮食播种面积44.92万亩。粮食总产量12.76万吨，其中夏粮3.04万吨，秋粮9.72万吨。油料5.21万亩，产量0.76万吨。高原夏菜种植35.65万亩，增长7.04%；总产量78.78万吨，增长13.24%。实现总产值18.96亿元，带动6万多户农户参与产业发展。新增高原夏菜、中药材、百合等特色产业3万亩，总产值突破36.7亿元。建成万头牛场等8个养殖小区。严守耕地红线，新建高标准农田5万亩，确保粮食安全。续推进农村“三大革命”，改厕3800座、改炕3000个，12个美丽乡村示范建设项目稳步推进，农村人居环境持续改善。

【项目建设】切实推进项目建设，制定重大项目建设考核办法，大力实施兰州车管所易地搬迁、金岛汽车产业园等131个重点项目，建成兰大研究生公寓、客运中心等项目。2021年全县共实施固定资产投资项目207个，其中续建项目142个，新建项目65个，全年固定资产投资比上年增长9.1%，项目建设对经济增长的贡献率持续攀升。

【招商引资】招商引资力度不断加大，完善《榆中县招商引资优惠政策》，第27届兰洽会成功签约项目28个，总投资153亿元，签约数量和总额均创历史新高。积极争取项目建设资金，成功申报债券项目2个，到位资金1亿元。

【产业发展】成功创建国家级出口食品农产品质量安全示范县、全国无公害蔬菜生产示范基地和全省冷凉型蔬菜出口创汇基地，获批全国8个田园综合体试点之一。2021年，全县工业企业达到284家，其中规模以上企业51家，基本形成以有色金属、生物医药、新型建材、乳制品加工等为主的工业体系。第三产业发展势头良好，商贸企业、电商物流、乡村旅游规模壮大，评为全国电商进农村示范县，聚集效应初步形成。

【疫情防控】面对突如其来的新冠疫情，县委县政府迅速激活战时机制、进入战时状态，织牢织密联防联控网络，完成新冠疫苗接种81.9万剂次，排查管控重点人群1万余人，完成三轮全员核酸检测132.5万人次，实现了零确诊、零感染目标。坚持内防疫情、外保主城，社会各界捐款捐物237万元支持抗疫一线，坚决完成市委、市政府交付的全市蔬菜稳价保供任务，组织400名医护人员支援兰州主城区疫情防控，彰显了榆中人民同舟共济、无私奉献的家国情怀，为全市打赢疫情防控阻击战做出了榆中贡献。

【环境保护】深入践行“绿水青山就是金山银山”的理念，高质量完成兴隆山自然保护区勘界立标，生态保护红线划定取得初步成果，矿山生态恢复综合治理加快推进。严格落实“河湖长制”，系统推进黄河流域（榆中段）水污染治理，宛川河生态补水6000余万方，河道管治基本实现规范化、科学化、常态化。全面推行“林长制”，加强42万亩公益林管护，实施退耕还林14万亩，完成造林绿化21万亩，森林覆盖率达到16%。坚决整改中央环保督察反馈问题，全县生态环境持续改善。

深入开展“春雷2021”攻坚行动，实现河湖“四乱”问题动态清零。编制实施《黄河流域宛川河生态修复综合治理方案》，宛川河生态修复治理快速推进。持续开展土壤污染治理，建成清水驿尾菜资源化处理项目，完成尾菜治理面积20万亩。深入实施造林绿化工程，完成绿化造林1.3万亩、退耕还林补植补造1.6万亩，生态环境质量进一步改善。

【社会事业】全县现有各类学校242所，其中有兰州大学、西北民族大学、甘肃中医药大学、兰州财经大学等大中专院12所，在校学生12万余人；各类医疗卫生机构393家，卫生技术人员2990人；驻榆部队22家。全面完成城镇小区配套幼儿园治理，探索学前教育一体化管理模式，成立县二、三、四幼儿园，新增园位2340个。加快构建公共卫生基层治理体系，调整完善爱国卫生委员会，成立乡村公共卫生委员会，筑牢基层公共卫生防护网。文体事业繁荣发展，被国家体育总局评为首批全国县域足球典型。持续强化安全生产专项整治，法治榆中、平安榆中建设深入推进，人民群众满意度和安全感不断提升。

省列8件、市列7件、县列10件为民兴办实事全面完成。新增城镇就业1723人，输转城乡劳动力8.7万人，实现劳务收入20.8亿元。社会保障能力进一步提高，城乡居民基本医疗和养老保险参保率达98%，城乡低保、特困人员基本生活保障分别提标8%、30%，发放民生兜底保障资金5200万元。

【城市建设】全年城市建设投资17.86亿元，实施市政道路10项15.23公里，其中，续建榆定路、甘肃建投榆创新科技产业园配套道路等4项8条10.4公里，新建经二路等6项6条4.83公里。建成环城东路、经二路、薇乐大道综合整治工程等6条10.6公里。完成兴隆路道路整治1.48公里；县城弱电入地工程现已完成所有弱电主管铺设约8公里，所有路段线缆入地及架空线缆清除。实施榆中县城区集中供热老旧管网改造工程，已完成兴隆路管网改造1.82公里；新建供热管网已完成经9—1路、纬六路1.2公里的铺设工作。实施榆中县青城镇污水管网改造工程，对29条街巷，全长11.2公里的道路进行新建、强电入地、给排水和污水收集等。新建全民健身中心和南河2个小游园。实施榆中县老旧小区改造（二期）项目，对三电家属院、物资局家属院等51个家属院，总建筑面积26.89万平方米老旧小区进行改造。

（金冉冉）

嘉峪关市

【基本情况】嘉峪关市位于甘肃省西北部，河西走廊中部，东临河西重镇酒泉市，距省会兰州776公里；西连石油城玉门市，至新疆哈密650公里；南倚终年积雪的祁连山与肃南裕固族自治县接壤，与青海相距300余公里；北枕色如铸铜的黑山，与酒泉金塔县、酒泉卫星发射基地和内蒙古额济纳旗相连接，中部为酒泉绿洲西缘。境内地势平坦，土地类型多样。城市的中西部多为戈壁，是市区和工业企业所在地；东南、东北为绿洲，是农业区，绿洲随地貌被戈壁分割为点、块、条、带状，占总土地面积的1.9%。

嘉峪关是长城文化和丝路文化的交汇点，拥有世界历史文化遗产地—嘉峪关关城、世界一流的国际滑翔基地、国家重点文物保护单位魏晋墓群、“西部八达岭”之称的悬壁长城、万里长城第一墩、讨赖河大峡谷、长城博物馆、迎宾湖旅游园区、东湖生态旅游景区和方特欢乐世界、方特丝路神画等旅游资源，是中国优秀旅游城市。嘉峪关市还是中国铁人三项运动训练基地和专业赛场，是国际铁人三项赛和全国汽车场地越野赛重要举办地，有西北一流的体育场馆，是举办国际、国内重大体育赛事的理想城市。

【国民经济】根据地区生产总值统一核算结果，经初步核算，2021年全市完成地区生产总值326.5亿元，按不变价格计算，比上年增长5.1%。其中，第一产业增加值5.7亿元，增长3.6%；第二产业增加值213.9亿元，增长4.1%；第三产业增加值106.8亿元，增长7%。三次产业结构由上年的1.9 ∶ 63.4 ∶ 34.7调整为1.8 ∶ 65.5 ∶ 32.7，第一产业占比下降0.1个百分点，第二产业占比上升2.1个百分点，第三产业占比下降2个百分点。按常住人口计算，人均地区生产总值103773元。

2021年，全市完成工业增加值207.7亿元，比上年增长4.3%。规模以上工业企业增加值增长5.6%。其中，市属规模以上工业企业增加值增长15.1%。规模以上工业企业产品产销率102%，比上年提高1.3个百分点。全年规模以上工业企业实现营业收入1050.8亿元，增长25.7%。实现利润总额86亿元，增长1.9倍，全市规模以上工业企业营业收入利润率8.2%。

全年完成社会消费品零售总额82.9亿元，比上年增长14.4%。限额以上单位商品零售21.1亿元，增长18.7%。其中，石油及制品类销售6.3亿元，增长20.9%；汽车类5.4亿元，增长17.9%；中西医药类0.4亿元，增长5.3%；烟酒类2.2亿元，增长19.4%。批发业商品销售额183.6亿元，增长29.9%；零售业商品销售额53亿元，增长24%；住宿业营业额2.3亿元，增长22.7%；餐饮业营业额8.1亿元，增长25.8%。

【乡村振兴】推进乡村特色产业高质量发展。嘉峪关市坚持把产业发展作为乡村全面振兴的重要根基，精准发力、靶向施策，因地制宜发展特色优势产业，有效带动农户增收致富。一是优化产业发展布局。以“种业、蔬菜、奶业、生猪”四大产业为主攻方向，启动实施现代丝路寒旱农业优势特色产业三年倍增行动。全年落实农作物种植面积9.7万亩，其中粮食5.5万亩，瓜菜等各类经济作物种植面积4.3万亩。完成祁牧乳业牧场扩建养殖基础设施建设和天兆宏源良种猪繁育基地一期种猪场提标升级项目，奶牛、种猪饲养量分别达到0.7万头和2.3万头。全市畜禽总饲养量达到64万头（只），比上年增长6.6%，生猪存栏5.8万头。二是引领产业转型升级。积极培育新型经营主体，认定市级农业产业化龙头企业1家，实现销售收入3.8亿元。认定市级示范社1家、市级示范家庭农场3家，全市“五有”标准合作社197家，合作社规范化率达到72%。申报认证绿色农产品1个、入选“甘味”企业商标品牌3个，积极组织“甘味”农产品参加北京推荐会、兰洽会等展会。借助“嘉酒优购、美天生鲜、嘉味”等电商平台销售本地农产品，不断拓宽销售渠道。高度重视冷链设施建设，扶持3个农民专业合作社开展储藏能力为1.6万立方米冷藏保鲜库项目建设，目前已建成冷藏保鲜库2座。三是强化农业科技创新。推进特色优势产业培育，开展粮食、蔬菜、瓜果等新优、高抗品种的引进试验示范推广，筛选粮食瓜菜新优品种53个、畜禽新品种15个，建成牛冻配改良点4个，农作物、畜禽良种化覆盖率分别达到95%和90%以上。建立全程机械化示范基地1000亩，农作物耕种收综合机械化水平达到82%，较上年增长1.5%。积极与省农科院、甘肃农业大学等科研院所合作，实施《绿色蔬菜高效标准化生产技术集成示范推广项目》《高效蔬菜制种新品种新技术示范推广项目》等农业科技项目7个。四是提档升级乡村旅游。按照“农旅结合、以农促旅、以旅强农”的总体思路，扶持发展“五小”产业，深度挖掘地蹦子、农民社火、民间小调、嘉峪宝卷等非物质文化遗产，不断丰富乡村旅游供给。实施乡村旅游发展以奖代补政策，为3个省级乡村旅游示范村、2个星级民宿、3个星级农家乐兑付奖补资金22万元。乡村民宿和农家乐规模品质逐步提升，全市累计培育民宿39家、星级农家乐77家。加强乡村旅游服务体系建设，打造乡村旅游精品路线5条，举办梨花节、西瓜节、农民丰收节等乡村旅游大型节会4场次，累计建成全国乡村旅游重点村1个、省级乡村旅游示范村6个。

全力保障粮食安全。制定印发嘉峪关市《防止耕地“非粮化”稳定粮食生产工作方案》《撂荒地专项整治工作方案》。严格执行耕地保护制度，落实各项惠农政策，充分调动农户种粮积极性，倒茬种植粮食作物，粮食生产稳中有增。全年粮食作物种植面积5.5万亩，总产量3.5万吨，分别占省级下达任务的137%、124%，圆满完成粮食生产目标任务。

持续巩固“三大革命”成果。实施农村人居环境整治提升五年行动，持续加大农村人居环境整治力度。一是巩固“垃圾革命”成果，建立“组清扫、村收集、镇转运、市处理”的长效运营模式，农村生活垃圾收集转运处理设施实现全覆盖、无害化处理率达到100%。巩固“风貌革命”成果，清理乱搭乱建，依法拆除废弃房屋、厂房棚舍483处。二是巩固“厕所革命”成果，开展户厕改造“回头看”工作，摸排问题厕所49个，现已全面完成整改。三是巩固“清洁村庄”创建成果，新创建“清洁村庄”1个，全市“清洁村庄”累计达到17个，入选省级“美丽庭院”示范村2个、示范户10个。

深化农村集体产权制度改革，完成清产核资、成员界定、折股量化、集体经济组织组建等工作，全市界定集体经济组织成员5993户、20772人，占改革涉及人口数的100%，股权证发放率100%，17个村均完成村集体股份经济合作社组建、颁证挂牌、登记赋码、开通银行账户及税务账户等改革任务，取得市场主体资格，均正常运行。鼓励支持村集体经济组织通过参股分红、资产租赁、资源开发、有偿服务、建设项目等方式，积极参与高标准农田建设、农村环境整治、农业生产社会化服务等涉农项目，确保农村集体资产保值增值。

【项目建设】2021年，嘉峪关市新入库各类新建项目96个，计划总投资136亿元，累计在库项目215个，计划总投资450亿元。牢牢把握“三新一高”导向，坚持高质量发展主线，以“冶金—循环经济—装备制造”和“光伏发电—电解铝—铝制品加工”两条千亿级产业链为支撑，依托酒钢公司、中核四〇四、东兴铝业等链主企业，通过创新强链、项目延链、招商补链，加快构建现代产业高质量发展体系。全年共组织实施各类工业建设项目53个，完成投资34.7亿元，为推动高质量发展奠定了坚实基础。城镇老旧小区改造、城市地下管网、农林水利、生态环境保护等基础设施建设投资增速较高，比上年增长22.8%，发挥了基础建设投资“稳定器”的作用。2021年新开工四〇四生活保障区、南湖国际、远东华府等房地产开工项目，为全市投资快速增长提供了强力支撑，全年房地产开发项目的投资比上年增长68.6%，房地产施工面积达299万平方米，增长20.8%。

【人民生活】全年全市城镇居民人均可支配收入47863元，比上年增长6.9%；城镇居民人均生活消费支出33263元，增长7.8%；城镇居民人均食品烟酒消费支出占人均生活消费支出的32%。

农村居民人均可支配收入24726元，比上年增长10%；农村居民人均生活消费支出18136元，增长10.3%；农村居民人均食品烟酒消费支出占人均生活消费支出的30%。

【环境保护】全市从事环保工作人员74人；声环境功能区类别为5类，声环境功能区面积132.7平方公里；年内空气质量达标天数312天，比上年减少24天。

全市气象雷达观测站点1个，年平均气温9.7度，比上年偏高0.5度，年平均降水量98.8毫米，比上年增长51.8%。

全年完成人工造林面积87公顷，开展全民义务植树57.5万株。

【社会保障】2021年末，全市参加城镇职工基本养老保险13.7万人，比上年增长5.5%，其中职工9.8万人，增长6.6%，离退休人员3.8万人，增长3%；年末参加城乡居民基本医疗保险12.2万人，增长6.3%；年末参加职工医疗保险10.6万人，下降7%，其中职工7.7万人，下降8.3%，离退休人员3万人，下降3.3%；参加失业保险6.7万人，增长1.4%；参加工伤保险7.3万人，下降0.7%，其中参保农民工1.1万人，增长22.1%；参加生育保险6.8万人，下降1.8%；年末参加城乡居民基本养老保险2.3万人，增长2.2%。城镇居民得到政府最低生活保障16215人，下降12.5%；农村居民得到政府最低生活保障2597人，增长8%；城乡医疗救助1821人次；各类收养性社会福利单位收养393人，增长2.1%；市慈善协会接受社会募捐317.8万元，增长47%。

年末共有提供住宿的社会服务机构2个，养老服务机构10个。社会服务机构床位40张，养老服务机构床位844张。年末共有社区服务中心31个。

【社会事业】2021年，全市中等职业教育招生896人，比上年下降18.4%；普通高中招生1982人，下降2.8%；初中学校招生2710人，增长4.5%；普通小学招生3434人，增长3.5%；特殊教育招生9人，在校66人；幼儿园在园幼儿12803人，学前3年毛入园率98.5%。年末全市共有文化馆1个，公共图书馆2个，广播电视台1座，电视综合人口覆盖率100%。有线电视用户2.1万户。年末全市共有医疗卫生机构133个，比上年增长3.1%。其中，医院、卫生院11个，妇幼保健院（所、站）1个，社区卫生服务中心（站）16个，疾病预防控制中心（防疫站）1个。医院、卫生院床位数2260张，卫生技术人员3923人。其中，执业医师和执业助理医师1324人；注册护士2496人，疾病预防控制中心（防疫站）卫生技术人员39人。乡镇卫生院3个，乡镇卫生院床位65张，乡镇卫生院卫生技术人员85人，报告甲、乙类传染病发病人数423例。全市共有体育场地895个，体育场地面积78.2万平方米。全年举办体育竞赛活动39次；参加比赛人数33100人；参加省级及以上比赛27次。获得省级及以上各类奖牌32枚，其中金牌6枚，银牌13枚，铜牌13枚。

（王亚琪）

金昌市

【基本情况】金昌市1981年建市，位于东经101°04′35″～102°43′40″，北纬37°47′10″～39°00′30″，地处甘肃省河西走廊东段，祁连山北麓，阿拉善台地南缘。北、东与民勤县相连，东南与武威市相靠，南与肃南裕固族自治县相接，西南与青海省门源回族自治县搭界，西与张掖市山丹、民乐县接壤，西北与内蒙古自治区阿拉善右旗毗邻，全市总面积9600平方公里，下辖永昌县、金川区，共有12个乡（镇），6个街道办事处，金昌市人民政府驻金川区。2021年末全市常住人口43.53万人，城镇化率78.43%。

金昌地处河西走廊中段，有“河西咽喉、丝路孔道”之称，是“一带一路”的重要节点。自古以来自然条件较差，区域年均蒸发量是降水量的18倍，是全国110个重点缺水城市和13个资源型缺水城市之一，也是中国西部地区自然生态环境比较脆弱的地区。

近年来，金昌市以建设西部戈壁园林城市为目标，牢固树立“以人为本、生态立市”的理念，突出“活力镍都·戈壁绿城”的主题，切实加快以节水型城市园林绿化为重点的生态环境建设，创建工作取得了明显成效。2013年，中国社科院发布“2013年城市竞争力报告”，金昌进入全国宜居城市百强行列，排名第77位，成为甘肃省最宜居的城市之一；2014年被国家城乡建设部命名为“国家园林城市”；2015年被中央文明委评选为全国文明城市，成为甘肃省唯一一座获得全国文明城市称号的城市，2017年、2020年又连续成功蝉联“全国文明城市”荣誉称号。

【资源优势】金昌缘矿兴企、因企设市，因盛产镍被誉为“祖国的镍都”。金昌横跨两个地质构造单元，以龙首山南侧深大断裂为界，北部为阿拉善台块，南部为祁连山褶皱带，在经历了漫长复杂的地质演化后，造就了优越的成矿条件，生成了丰富的矿产资源。境内已探明矿种38种，以镍、铜、钴和铂族贵金属为主的金川硫化铜镍矿床，在世界同类矿床中镍储量居世界第三，亚洲第一；与镍铜伴生的铂、钯、铱、钌、铑等稀贵金属储量居全国之首，铜、钴矿产储量居全国第二。风能、太阳能资源丰富，年平均日照辐射总量达到6200兆焦/平方米，年平均日照2955小时，风电规划区域70米高度实测年平均风速5.8米/秒以上，可开发风光电规模约1500万千瓦。先后被确定为全国首批工业资源综合利用示范基地、国家新材料产业化基地、国家新材料高技术产业基地、国家新型工业化示范基地、国家新能源示范城市、国家循环经济示范城市。驻金省属国有企业金川集团是世界领先的镍钴生产基地、铂族金属提炼中心和中国北方地区最大的铜生产企业，位列“世界500强”第336位，镍产量全球第三，钴产量全球第四，铂族金属产量全国第一，铜产量全国第四，高纯镍、高纯钴品质达到“5个9”，高纯铜品质达到“7个9”。

【国民经济】2021年，面对严峻复杂的国内外环境及新冠肺炎疫情冲击，在金昌市委、市政府的坚强领导下，全市各级各部门坚持以习近平新时代中国特色社会主义思想为指导，以习近平总书记对甘肃重要讲话和指示精神为统揽，深入贯彻落实党中央国务院重大决策部署和省市工作要求，立足新发展阶段，贯彻新发展理念，融入新发展格局，深化拓展“两区两城两融合”，砥砺前行、开拓创新，全市经济社会健康发展，人民生活水平稳步提高，生态环境持续改善，各项事业取得显著成绩，实现“十四五”良好开局，为全面转型高质量发展、建设现代化新金昌奠定了坚实基础。初步核算，全年全市地区生产总值428.61亿元，比上年增长8%。其中，第一产业增加值32.97亿元，增长11.4%；第二产业增加值285.46亿元，增长8.9%；第三产业增加值110.18亿元，增长5.2%。规模以上工业增加值增长12.3%；固定资产投资增长10.5%；社会消费品零售总额111.56亿元，增长10.9%；大口径财政收入74.32亿元，增长25.77%；一般公共预算收入26.98亿元，增长20.11%；进出口贸易总额188.23亿元，增长34.5%；居民消费价格总指数101.1%。

【乡村振兴】坚持巩固拓展脱贫攻坚成果同乡村振兴有效衔接，全面推进乡村振兴，挂牌成立市县区乡村振兴局，争取中央和省级乡村振兴有效衔接资金1.88亿元，市级财政安排衔接补助资金4713万元，大力实施“两行动三工程”（农村人居环境整治提升行动、乡村建设行动，兴业带富工程、培根铸魂工程、强基固本工程），在全省率先启动乡村建设试点，整市推进乡村建设，30个省级示范村建设任务基本完成，全市拆除破旧房屋1732院，新建房屋1631院，风貌改造901户，新改建农村卫生户厕2591座，自然村（组）新通硬化路233公里，金川区农村生活污水治理PPP项目建成投运，乡镇生活垃圾收运设施覆盖率、农村生活垃圾有效治理率均达到100%，村庄环境实现“两净一亮”（路净、院净、观瞻敞亮）和“视觉之内无垃圾”目标。高品质菜草畜产业链质效提升，新建精品产业基地10个，认定为国家级农业重点龙头企业2家，“永昌胡萝卜”获得国家地理标志证明商标。农村人居环境整治提升行动和村庄清洁百日攻坚行动成效明显，金川区在全省率先实现农村污水收集处理全覆盖。

【优势产业】全市毫不动摇推进工业强市，深化市企融合一体化高质量发展，全力打好产业基础高级化、产业链现代化攻坚战，坚持强龙头、补链条、聚集群，聚焦“2+4”产业链，实施五年培育行动计划，绘制产业链图谱，推行“七大机制”，大力开展精准招商，着力构建集群发展的现代产业体系。2万吨高精电子铜带一期、合成氨联碱装置搬迁升级改造、2.75万吨精细化工、0.8GWh三元动力电池等项目建成投产，1.5万平方米增材制造、低镍高硫阳极泥综合利用等项目加快推进，开工新能源项目240万千瓦，建成并网新能源存量项目32.5万千瓦，工业质量效益双提升，全年工业增加值比上年增长11%；实现利润61.58亿元，增长60.5%。实施高品质菜草畜产业链重点项目40个，建成高标准农田19.3万亩，粮食综合生产能力稳定增强，永昌县被列为全省肉羊产业优势产区、奶绵羊产业优势特色区域，金川区被列为全省奶牛产业优势产区。现代服务业体系加快形成，“东数西算”试点取得新成绩，紫光云节点、政务数据灾备中心等平台上线运行，网络货运数字产业园入驻企业79户，黄河文化产业带投融资促进活动成功举办，永昌红西路军纪念馆纳入全国百条红色旅游精品线路，“火星1号基地”获评新甘肃十大必去好评旅游景区。全年规模以上服务业企业营业收入比上年增长30.33%。全年接待国内游客412.6万人次，增长31.6%；旅游收入22.4亿元，增长22.6%。

【项目建设】坚持以高质量项目支撑高质量发展，优化投资结构，扩大有效投资，促进投资实现稳定增长，全年固定资产投资比上年增长10.5%，其中工业投资增长70.9%。聚焦重点、重大、重大前期、生态产业、招商引资“五个项目清单”及重点产业链项目清单，建成运行市级投资项目管理调度平台，实现“技术＋监管”“技术＋调度”；实行计划新开工项目“挂图作战”、重大项目协调推进机制，成立专班加强现场督导，力促项目建设。举办四批次重大项目集中开复工仪式、新能源产业园开工等活动，省列4个重大项目、46个重点项目全部开复工；3万Nm^3/h空分装置、金昌经开区标准化厂房一期、G570项目二期、金昌市全民健身中心、永昌县城乡客运及城市公共交通综合建设等一批项目建成，韩家峡水库、圆通速递金昌智慧创业园等重大项目有序推进。努力创新融资模式，金川区教育强基础补短板、城市更新行动补短板、永昌县乡村振兴人居环境整治及绿色产业发展等项目纳入全国PPP综合信息平台项目管理库并顺利实施。紧盯新时代推进西部大开发形成新格局、黄河流域生态保护和高质量发展、河西走廊经济带等重大机遇，立足产业、资源、区位优势，充实完善“十四五”重大项目储备库，谋划2022年重点项目338个，年度计划投资323亿元。绘制招商引资土地利用全景地图，大力开展“兴丝路、回河西、来金昌”专题推介和精准招商活动，第二十七届兰洽会签约项目44个，签约总金额188亿元、增长53.3%；60万吨新型作物专用肥料、金属多孔（膜）材料及成套装备制造产业化等一批重大补链强链项目落地实施，为经济稳增长提供坚实有力支撑。

【人民生活】居民收入稳步增加。全市城镇居民人均可支配收入45649元，比上年增长7%；城镇居民人均生活消费支出29966元，恩格尔系数为29.1%。农村居民人均可支配收入18500元，增长10.2%；农村居民人均生活消费支出13459元，恩格尔系数为30.6%。城乡居民收入比由2020年的2.54 ：1进一步缩小为2.47 ：1。居民物质和信息化水平稳步提高。年末全市注册机动车总量131738辆，比上年末增加8802辆，其中，个人汽车保有量91899辆，增加7525辆。固定电话用户4.79万户；移动电话用户55.33万户，其中5G用户13.77万户。年末全市宽带互联网用户21.59万户，增长8.55%。年末全市广播综合人口覆盖率99.50%，比上年末提高0.37个百分点；电视综合人口覆盖率99.57%，提高0.48个百分点。

【环境保护】持续加强生态环境保护。坚持推动经济社会绿色转型发展，坚决遏制“两高”项目盲目发展，严格落实能源消费总量和强度“双控”制度，环境污染治理成效明显。市区环境空气质量优良率达87%，综合指数排名全省第三，市区生活污水处理率达98%，国家地表水考核断面水环境质量排名全国第十一、全省第三，农用地土壤污染治理与修复技术应用试点项目全面完成。绿洲边缘经济型生态防护林、规模化防沙治沙等项目有序实施，完成人工造林2.2万亩、森林抚育1万亩、退化草原生态修复6.73万亩，沙化土地综合治理8.96万亩。固体（危险）废物规范化管理，农用地土壤污染治理与修复技术应用试点项目全面完成，秸秆综合利用率达到91%，废旧农膜回收率84%，尾菜处理利用率46%，畜禽粪污资源化利用率87.2%。深入推进工业、建筑、交通、公共机构等重点领域节能，大力开展绿色生活创建行动，建成国家级绿色矿山2家、省级绿色矿山5家，金川集团电线电缆公司电工用铜线坯评为省级绿色设计产品，金川集团化工新材料公司等5户企业评为省级节水型企业，生产生活方式加快绿色转型。

【社会保障】坚持以人民为中心的发展思想，不断健全公共服务体系，加快基本公共服务均等化，全力落实省市民生实事，提高社会保障水平。全面贯彻中央和省上疫情防控工作要求，强化联防联控、群防群治，着力提升核酸检测和流调溯源能力，落实落细各项防疫措施，有力守牢了疫情防控底线，保障了人民群众生命健康安全。全年城镇新增就业10063人，登记失业率2.9%，输转城乡富余劳动力8.05万人，创劳务收入18.6亿元。城乡居民基础养老金每人每月提标10元，城市低保月人均补助水平提高到541元，农村低保标准提高到每人每年4788元。建成城市街道综合养老服务中心6个，改造提升农村社区便民服务中心9个，市残疾人托养服务中心建成投用，市精神卫生福利中心、县区残疾人康复中心等项目顺利实施。金川集团职工医保和住房公积金纳入市级统管，基本养老保险、城乡居民医疗保险参保率分别达98.4%、98.7%。全年全市城镇棚户区住房改造新开工351套（货币化安置），棚户区改造基本建成2253套。国有土地上已售城镇住宅历史遗留“登记难”问题化解率达96.8%。年末全市共有社区服务指导中心1个，城乡社区服务中心139个，城乡服务站182个，城市社区日间照料中心34所，农村互助老人幸福院118所。

【社会事业】科技体制改革不断深化，科技创新能力不断增强。实施科技“揭榜挂帅”2项，金川集团获批组建“甘肃省镍钴资源高效利用及新产品开发创新联合体”，新认定高新技术企业15家，评价入库科技型中小企业49家。全市共有国家工程技术研究中心1个。全年登记市级科技成果69项，其中，应用技术类成果65项。专利申请量967件，比上年增长18.65%。发明专利授权量42件。有效发明专利436件，每万人口发明专利拥有量9.95件。高质量教育体系加快建设，教育“五好工程”（好教育、好学校、好校长、好老师、好学生）和“双减”等政策落实有力，教育教学水平稳步提高，“县管校聘”改革持续深化，金川区第二幼儿园、市第九小学、市第六中学、金川高级中学实验楼等项目加快建设。全市学前三年毛入园率为99.53%，九年义务教育巩固率为99.83%，高中阶段入学率为99.78%。健康金昌建设积极推进，医疗服务保障能力不断提升，创建全省首批医养结合示范基地1个、示范机构2个。市级重症医学传染病病区改建、永昌县人民医院救治能力提升等项目建成，市全民健康信息服务平台被授予全省首家全国医疗健康信息互联互通标准化成熟度四级乙等证牌。年末全市共有各级各类医疗卫生机构552家，卫生机构实际开放床位数3305张，每千常住人口拥有床位7.55张。卫生专业技术人员4833人，其中，执业助理医师1858人，每千常住人口拥有执业助理医师4.24人；注册护士2331人，每千常住人口拥有执业护士5.32人；卫生专业技术人员中正高级职称62人，副高级职称429人。

（马忠旺）

金川区

【基本情况】金川区是金昌市政治、经济、文化、社会活动的中心。全区共辖宁远堡、双湾2个镇、27个行政村和6个城区街道办事处、26个城市社区。金川区位于甘肃省河西走廊东段，龙首山支脉东大山北麓，阿拉善台地、巴丹吉林沙漠南缘，腾格里沙漠西北部，北东与武威市民勤县接壤，南与永昌县毗邻，西北与内蒙古自治区阿拉善右旗相连，西与张掖市山丹县搭界。区域总面积3060平方千米。境内属温带大陆性极干旱气候，南面局部属山地气候，北面具有明显蒙新沙漠气候特征，雨量少，光照强，风沙多。金川是中共金昌市委、市人民政府的驻地，因盛产镍而被誉为“祖国的镍都”。金川还是世界著名的多金属共生大型硫化铜镍矿之一，镍矿存储量居世界第三位，被誉为丝绸古道上的“夜明珠”。

【国民经济】2021年，全区地区生产总值327.6亿元，比上年增长8.1%。其中，第一产业增加值8.4亿元，增长9.5%；第二产业增加值254.1亿元，增长9%；第三产业增加值65.1亿元，增长4.6%。一般公共预算收入4.85亿元，增长21.7%，一般公共预算支出14.93亿元，增长21.2%。全区固定资产投资增长11.7%。社会消费品零售总额74.8亿元，增长10.5%。年末金融机构本外币各项存款余额360.8亿元，比上年末增长8.25%；金融机构本外币各项贷款余额268.8亿元，增长22%。

【乡村振兴】乡村建设行动扎实开展。严格落实“四个不摘”要求，“两不愁三保障”成果持续巩固。制定出台脱贫攻坚同乡村振兴有效衔接实施方案等政策措施，大力推进现代丝路寒旱农业优势特色产业三年倍增行动、农村人居环境整治提升行动，深入实施兴业带富工程、培根铸魂工程、强基固本工程，整合各类资金1.35亿元，储备实施重点项目39项，全面提升乡村建设动能。科学编制乡村建设总体规划和村庄建设规划，村庄清洁、农业面源污染防治扎实开展，农村生活污水收集处理项目投入运行，建成污水管网264.7公里、污水处理站19座，镇村基础设施进一步完善，双湾镇乡村建设省级示范镇创建稳步开展，建成乡村建设示范村15个。农村发展活力持续增强。持续巩固深化农村集体产权制度改革及“三变”改革成果，推进村级股份经济合作社发展，持续壮大村集体经济，全区27个股份经济合作社收入合计568.6万元，平均每村收入21.1万元。全力推动宁远堡镇龙景村全国乡村旅游重点村补短板项目及陈家沟村旅游基础设施建设项目，龙景村入选甘肃省文旅振兴乡村样板村创建名录。积极推进金川区电商产业园建设，依托“一园两中心”，大力推进电商产业发展，“山湾跑羊”“古城果蔬”等品牌全面上线。城乡融合水平不断提升。组织实施龙云里社区居民小区道路、供排水、供热等基础设施建设项目，有序推进城中村排水、供热、供气、道路和双湾镇新型城镇化示范镇等基础设施配套项目，推进污水管网全覆盖，不断提升小城镇综合承载能力。

【“三农”工作】全面落实藏粮于地、藏粮于技战略，平稳有序推进耕地地力保护补贴及种粮补贴，足额兑付耕地地力保护补贴资金2157万元，种粮农民一次性补贴127万元，有效提高了农民种粮积极性。粮食作物播种面积19.3万亩，产量10.8万吨，粮食综合生产能力持续提升。加快现代农业蔬菜产业园、金昌江楠农产品加工冷链物流园等园区建设，培育引进金从玉、金品玉等蔬菜产业龙头，建成高品质特色蔬菜基地9个，蔬菜种植面积6.7万亩（含复种），产量21.9万吨，成为全国“北菜南运”“西菜东调”、供粤港澳“大湾区”甘肃高原蔬菜主产区。持续加强优质牧草种植基地建设，全区优质牧草种植面积达到5.6万亩，干草总产量4.48万吨，产值达到1.43亿元。积极打造以奶业为主导，肉牛肉羊为补充的一体化集群发展新格局，建成规模化养殖场（区）42个，培育龙头企业12家。

【项目建设】坚持“以项目论英雄、以发展论能力”的鲜明导向，理清项目谋划思路，抓住重点行业领域谋划项目，做实做细项目前期工作，全力推动重点项目建设任务。健全完善项目包抓调度机制，按月召开专题调度推进会议，全力推动项目进度，共有在库项目210个，新增统计入库项目105个。其中，5000万元及以上项目91个，新增入库项目31个；500—5000万元项目119个，新增入库项目74个。实施城北停车场、老旧小区和棚户区改造、双湾镇新型城镇化示范镇基础设施建设、高标准农田建设以及金川区农村饮水安全巩固提升工程等重点项目建设。大力推进招商引资，完善重点项目协调服务机制，实行重点招商项目“四个一”服务模式。

【优势产业】金川区作为中国最大的镍钴生产和第三大铜生产基地，拥有世界第三大硫化铜镍矿床，主产品涉及镍系列、铜系列、钴系列、贵金属系列和化工产品系列产品等。形成了以矿业和金属为主业，采、选、冶、化、深加工联合配套，相关产业共同发展，工贸并举，产融结合的金川集团公司。全区工业增加值比上年增长11.2%，其中规模以上工业增加值增长12.8%，电解镍、精炼铜的产量分别为14.9万吨和48.8万吨。

【人民生活】坚持以大众创业、万众创新为导向，以扩大和稳定就业为目标，2021年全区新增城镇就业人数7567人，失业人员再就业6973人，就业困难人员再就业851人，登记失业率为2.83%。城镇居民人均可支配收入50755元，比上年增长6.7%，恩格尔系数为29.3%；农村居民人均可支配收入23016元，增长10%，恩格尔系数为26.5%。

【社会保障】提前完成城乡居民基础养老金提标工作，城乡居民养老保险、医疗保险参保率分别达到98%、99%，基本实现了应保尽保。全面推动义务教育均衡发展，金川区教育强基础补短板PPP项目有序推进，区第一幼儿园开园招生，区第二幼儿园开工建设。有序实施国家基本公共卫生服务项目，深化巩固省级慢性病综合防控示范区创建成果，医疗卫生事业不断发展。社会保障体系不断完善，6个城市街道综合养老服务中心和3个城市社区日间照料中心建设项目有序推进，宁远堡镇山湾村、双湾镇许家沟村等5个农村互助老人幸福院启动运营。

【环境保护】牢固树立“绿水青山就是金山银山”的发展理念，河（湖）长制、林长制全面落实，坚决筑牢生态安全屏障，全力打好污染防治攻坚战。统筹推进山水林田湖草沙系统治理，深入推进芨芨泉省级自然保护区建设管理，全面完成第一、二轮中央环保督察和省级环保督察反馈整改任务54项。加快推进国土绿化和防沙治沙行动，深入实施金川区绿洲边缘经济型生态防护林建设、北部草原生态修复等重点项目，完成人工造林0.66万亩、修复治理退化草原1.58万亩。加快推进生态环境问题排查整治，持续开展空气质量提升、水生态环境保护、土壤污染治理等行动，严格落实控煤、抑尘、治源等刚性措施，坚决打赢蓝天保卫战。深入推进农业面源污染治理，土壤环境质量总体稳定。有序推进城乡垃圾分类，金昌市城区餐厨废弃物综合处理PPP项目投入运营，城乡垃圾分类体系分拣处置中心建设项目即将建成。常态化开展河湖“清四乱”行动，大力开展地下水超采综合治理和饮用水水源地保护工作，全区地表水、农村集中式饮用水水源地水质达标率100%。稳步推进农田水利补短板项目一期工程，加快实施金川区中型灌区（金川片区）节水改造项目，金川区入选水利部第三批节水型社会建设达标县（区）名录。

（武恩红）

永昌县

【基本情况】永昌县地处河西走廊东部，祁连山北麓，阿拉善台地南缘，位于东经101°04′35″～102°43′37″，北纬37°47′21″～38°39′58″之间，东邻民勤、武威，西迎山丹，南依肃南、青海门源县，北与金川区接壤。县城距金昌市区50公里。全县辖9个镇1个乡，17个社区，112个村民委员会。区域总面积7439平方公里，2021年末常住人口17.43万人。境内地形以山地高原为主，山地、平川、戈壁、绿洲相连，属大陆性季风气候，平均海拔1950米，年平均气温6.3℃，年总降水量361.5毫米，全年无霜期178天，干燥多风，昼夜温差大，春季回暖慢。

境内文物古迹较多，有新石器时代的鸳鸯池、二坝遗址，有西汉时期的骊靬遗址、汉明长城以及为数众多的汉墓群，有唐代圣容寺塔，有被誉为“河西中天一柱”的明代永昌钟鼓楼，有以北海子塔为主的古建筑群和骊靬城、骊靬公园，成为旅游休闲的好去处。

【国民经济】2021年，全县地区生产总值101.01亿元，比上年增长7.9%。其中，第一产业增加值24.61亿元，增长12%；第二产业增加值31.28亿元，增长7.7%；第三产业增加值45.12亿元，增长5.9%。人均生产总值57558元，增长10.7%；一般公共预算收入3.41亿元，增长24.8%；社会消费品零售总额36.75亿元，增长11.6%；城镇居民人均可支配收入35124元，增长7.1%；农村居民人均可支配收入17203元，增长10.3%。

【项目建设】突出发展为要，聚焦“八大产业集群”谋发展、紧盯“四个百亿链条”促转型，天康、莫高、新希望等上市公司助力永昌，实施重大项目263项，向上争取资金62.94亿元，立足资源禀赋和产业基础，持续深化“抓精准化招商、促高质量发展”行动，充分利用“兰洽会”及各类商会组织等招商平台和渠道，精心筛选招商引资项目进行推介。全年全县签约招商引资项目55项，意向性投资额达130亿元；招商引资项目开工建设52项，落实到位资金33.98亿元；固定资产投资比上年增长7.9%。紧盯国家产业政策和投资导向，积极向上组织申报各类项目，全年申报项目98项，向上争取各类项目资金预计可达4.6亿元。

【“三农”工作】农业发展良好。加快发展现代丝路寒旱农业，粮食面积、产量保持稳定，奶绵羊初具规模，“三品一标”农产品90个，永昌胡萝卜获得国家地理标志证明商标，永昌县被认定为首批国家农产品质量安全县、全国第三批节水型社会建设达标县。全年农作物播种面积104.95万亩，比上年增长2.8%。其中，粮食作物播种面积72.6万亩，增长0.7%；油料播种面积3.03万亩，减少0.2万亩；中药材播种面积0.78万亩，与上年持平；蔬菜播种面积17.9万亩，增加4.77万亩；其他作物播种面积10.64万亩，减少2.21万亩。全年畜禽总饲养量达到179.24万头（只），比上年下降10.6%。其中，羊饲养量109.96万只，下降3%；猪饲养量10.96万头，增长0.7%；牛饲养量4.84万头，增长0.6%；家禽饲养量53.75万只，下降68.8%。全年完成造林面积1.57万亩，其中人工造林面积1.57万亩。封山育林40.43万亩、森林抚育0.5万亩。全县拥有农业机械总动力89.64万千瓦，比上年增长4.4%；机耕面积102.63万亩，增长2.7%；机播面积93.52万亩；机收面积87.7万亩；农业机械化综合作业水平达到91.31%。全年渔业养殖面积93亩，渔业产品570吨，增长18.8%。

【人民生活】城乡居民收入持续快速增加，生活水平和质量进一步提高。全年城镇居民人均可支配收入35124元，比上年增长7.1%；农村居民人均可支配收入17203元，增长10.3%。城镇居民人均生活消费支出22118.9元，增长11.9%，恩格尔系数为28.7%，城镇居民人均住宅建筑面积35.4平方米。农村居民人均生活消费支出12280.9元，增长15.5%，恩格尔系数为32.3%，农村居民人均住房面积42.8平方米。

【环境保护】全年完成农村环境综合整治项目1项，投入资金100万元。全县二氧化硫排放量692.27吨，均为工业源排放量。全县化学需氧量排放总量15.28吨，其中工业源排放量为14.78吨。一般工业固体废物产生量211.83万吨，综合利用量为54.51万吨。全县环境空气质量良好，县城有效监测天数320天，达标天数294天，达标率91.88%，剔除沙尘天气28天后达标率为100%。全县地表水、地下水水质优良（达到或优于Ⅲ类）比例为100%，集中式饮用水水源水质达到或优于Ⅲ类比例为100%，建成区内无黑臭水体产生。全县单位GDP能耗比上年下降0.2%。县城建成区绿地率31.52%。县城污水处理率99.8%。县城生活垃圾无害化处理率100%。河湖长制、田长制、林长制全面落实，污染防治三年攻坚行动如期完成，森林覆盖率达到19.1%。15个示范村共拆除废旧房屋1591院，村庄风貌改造652户，新建农宅1555院，生产生活条件明显改善。

【社会保障】全年城镇新增就业3498人，失业人员再就业3339人，就业困难人员实现就业1298人，城镇登记失业率3.5%。全县登记应届高校毕业生802人，实现就业729人，就业率为90.9%，通过实施引导高校毕业生到基层企业服务项目，成功引导80名普通高校毕业生到23家企事业单位服务。完成职业技能培训3876人，输转62445人（次），实现劳务收入16.89亿元。全县参加城镇企业职工基本养老保险14110人，参加失业保险14156人，参加工伤保险17111人。参加城乡居民基本养老保险114493人，参保率98.08%，享受待遇31734人。参加城镇职工基本医疗保险26357人，参加城镇职工生育保险15310人。参加城乡居民基本医疗保险186165人，全县基本医疗保险参保率98.31%。城乡居民基本医疗保险实行统一政策口径，统一筹资标准，统一报销比例、统一基金管理、统一报销流程。

2021年城市低保标准人均每月674元，年末全县城市低保对象1987户3508人，共发放低保金2385万元；农村低保标准由4428元/年·人提高到4788元/年·人，年末全县农村低保对象2693户5268人，共发放低保金2752.1万元。城市特困供养标准为10510元/年·人，农村特困供养标准为8067元/年·人，年末全县特困供养对象615户637人，共发放特困供养金532.8万元。发放残疾人补贴402万元。建成互助老人幸福院3个。

突出精准施策，扎实开展脱贫攻坚冲刺清零行动、“3+1”冲刺清零后续行动和“5+1”专项提升行动，“两不愁三保障”全面实现，“插花型”贫困县脱贫摘帽。省级乡村振兴重点帮扶县政策落地，乡村振兴三年行动、乡村建设行动、兴业带富工程、全国首例乡村振兴人居环境整治及绿色产业发展“PPP+EOD”项目启动实施，脱贫成果有力巩固，乡村振兴接续推进。

【社会事业】全年兑现县级双创奖补资金100万元；县财政列支科技三项费42万元，持续抓好高原夏菜、食用菌2项院地科技合作项目建设，新建科技示范点8个，引进蔬菜、食用菌新品种80余个，推广实用技术12项。紧盯政策导向和支持领域，推荐立项实施省、市级科技计划项目54项，向上争取项目资金913万元。强化创新主体培育，新认定高新技术企业10家、省级科技创新型企业2个，评价入库国家科技型中小企业34家；加快创新平台建设，新认定市级工程技术研究中心2家、市级农业科技示范园区1家，全力推动元生中新奶绵羊产业研究院建设，西北农林科技大学和元生中新奶绵羊产业研究院组装完成全国首个东佛里生绵羊高质量参考基因组，取得第一项重要科技成果。选派市级科技特派员16名，举办科技助推羊产业发展、科技创新能力提升等培训班4期，受训人数达420多人（次）。

全县现有普通中小学22所、教学点2个，职业中专1所；在校中小学生20137人，其中普通高中生4165人、职业中专学生1686人、初中生5758人、小学生8528人；中小学专任教师人。幼儿园27所，其中公办14所、民办13所，在园幼儿4180人。学前教育三年毛入学率达到99.2%；九年义务教育巩固率达到99.81%；高中阶段毛入学率达到99.75%；普通高考专科以上上线率达到98.9%。

全县共有文化馆1个，公共图书馆1个，博物馆1个，广播电视台1座，电视转播发射台5座，全县数字电视入户率达到98%，乡镇、村（社区）文化服务场所实现全覆盖，已报批国家级非遗项目1项、省级9项、市级38项、县级48项；建成乡镇非物质文化遗产传习所4个；“历史再现”博物馆6个。全年图书馆共借阅图书近6.5万余册，接待读者18.2万余人次。

全县共有国家4A级景区1个、3A级景区1个、2A级景区1个，旅行社2家、旅行社营业部5家、星级宾馆9家，旅游商品研发企业20家，建成省级乡村旅游示范村7个，乡村旅游品牌农家乐20家。全年接待游客213.22万人次，比上年增长32.5%；实现旅游综合收入11.32亿元，增长24.7%。

全县共有卫生机构359个，其中，县级公立医院2所，其他公共卫生专业机构3所，乡镇卫生院10个。卫生机构拥有床位数850张。卫生技术人员1593人，其中，执业（助理）医师527人，注册护士757人，其他卫生技术人员307人。全县已建成城镇社区卫生服务中心2个、社区卫生服务站8个，社区卫生服务覆盖率达到100%；全县112个村共有村卫生室111个，标准化村卫生室111所。婴儿和5岁以下婴儿死亡率分别为3.88‰和6.47‰；无孕产妇死，孕产妇住院分娩率保持在100%；国家免疫规划疫苗接种率平均保持在95%以上。全县餐饮业《食品经营许可证》持证率达100%，从业人员健康证持证率达到100%。餐饮单位量化分级测评达到优秀的62家，良好的874家，一般的109家，全县量化分级管理率达到100%；学校食堂（含托幼机构）量化分级测评达到优秀的25家，良好的14家，量化分级管理率达到100%。

全县实现了一场、一馆、一步道建设任务，县乡村“三级”体育网格覆盖率达到100%。成功举办了2020年至2021年度“第七届全国大众冰雪季”金昌市永昌县冰雪欢乐季系列活动。圆满完成了“踏青丝路游·健身探古迹”全民健身活动以及“四月八”民俗文化节“享民俗·纳凉消夏”毽球比赛。全县城乡居民健身意识进一步增强，每周参加1次及以上体育锻炼的人达到0.17万人次，经常参加体育锻炼的人达到9万人次，直接服务群众的各级社会体育指导员人数达到1565余人。

（姚林　李雪琴）

白银市

【基本情况】白银市地处黄河上游、

甘肃中部，是全国唯一以贵金属命名的城市，素以“铜城”闻名遐迩。1956年震惊世界的白银矿山大爆破，拉开了有色金属等矿产资源开发的序幕，白银市由此在一片戈壁荒滩上迅速崛起。1956年11月设市，1958年4月升格为地级市，1963年10月撤销，1985年8月恢复建市。是丝绸之路的枢纽要地、兰白都市圈的核心之地、藏金聚宝的资源富地、享誉全国的工业重地、绿色高效的农业基地、绚丽多彩的旅游胜地。位于北纬35°33′～37°38′，东经103°33′～105°34′之间，东西跨147.75公里，南北长249.25公里。总面积20098.54平方公里。黄河自南向北呈S形流经白银区、靖远县、平川区、景泰县，全长258千米，流域面积14710平方千米。境内海拔最高3321米、最低1275米。年平均气温3.1～9.1℃，年降雨量160—450mm，其分布由北向南逐渐增多。年日照时数2165—2485小时，由北向南逐渐减少。无霜期169—220天。现辖会宁、靖远、景泰三县和白银、平川两区，有53个镇、16个乡、9个街道。辖区总面积2.12万平方公里。2021年末，常住人口150.3万人，其中，城镇人口86.7万人，乡村人口63.6万人。

【资源优势】白银矿产资源丰富，境内发现矿产45种，金属矿藏有铜、铅、锌、金、银等30多种，煤炭储量16亿吨，凹凸棒资源探明储量50亿吨，陶土储量40亿吨，被列为国家级地质找矿整装勘察区。是我国规模最大的多品种有色金属工业基地、西部重要的新型化工能源基地、国家火炬计划有色金属新材料及制品特色产业基地、全国新型工业化产业示范基地。曾创造了铜产量、产值、利税连续18年全国第一的辉煌，具有年产各类有色金属68万吨、稀土12万吨、煤炭1400万吨的生产能力，氟化工产能和技术水平居全国前列。

【国民经济】2021年，面对严峻复杂的发展环境和交织叠加的风险挑战，在省委、省政府和市委、市政府的坚强领导下，白银市各级各部门始终坚持以习近平新时代中国特色社会主义思想为指导，认真贯彻落实习近平总书记对甘肃重要讲话和指示精神，坚持稳中求进工作总基调，立足新发展阶段，贯彻新发展理念，科学统筹疫情防控和经济社会高质量发展，扎实做好“六稳”工作、全面落实“六保”任务，紧紧围绕推动“十四五”发展开好局、起好步目标，真抓实干、迎难而上、奋勇前进，全力拓存创增，经济持续健康发展、社会大局和谐稳定，经济向好基础不断夯实。全市地区生产总值571亿元，比上年增长8.4%（其中第一、二、三产业增加分别值增长10.4%、9.9%、6.5%），三次产业结构比例为18.3 ∶ 38.1 ∶ 43.6。固定资产投资增长12.2%；社会消费品零售总额201.9亿元，增长22.2%；一般公共预算收入38.2亿元，增长14.4%。城镇居民人均可支配收入35586元，增长7.5%；农村居民人均可支配收入11878元，增长10.9%。居民消费价格上涨0.7%。

【乡村振兴】大力实施“乡村振兴+”战略，按照产业兴旺、生态宜居、乡风文明、治理有效、生活富裕的总要求，扎实开展农村人居环境整治、拆违治乱、厕所革命等专项行动，城乡生活垃圾无害化处理率100%。深入开展“四巩固四提升”专项行动，建立起“4+7+12”横向组织体系和纵向推进机制，靖远、会宁被确定为国家乡村振兴重点帮扶县，景泰被确定为省级乡村振兴重点帮扶县。以沿黄沿线为重点，大力发展路衍经济，着力打造以白银区“六朵金花”、平川区小黄湾等为代表的美丽乡村，全市17个村被评为“全国乡村治理示范村”“国家森林乡村”“全国文明村”“中国美丽休闲乡村”等称号。

【农业经济】甘肃中部生态移民扶贫开发供水工程和引洮供水二期、永泰川灌溉引水等一批重点工程大力实施。引进新希望、牧原、润丰、阿西娅等大型企业，农业龙头企业、合作社、家庭农场达到1.05万家，农产品加工转化率达到60%。建成高标准农田113万亩，有效解决干旱地区群众靠天吃饭的难题。牛、羊、菜、果、薯、药和小杂粮、黑毛驴、水产养殖（戈壁鱼虾）、文冠果等“十大特色”产业规模化集群化发展，特色林果、有机蔬菜、小杂粮等“好中优”农产品远销国内外，黑毛驴、奶骆驼、戈壁农业等“独一份”产业发展势头强劲，全市有30个农产品获得国家农产品地理标志认证，“三品一标”产品达到232个。

【工业经济】坚持产业兴市、工业强市战略不动摇，加快传统产业提档升级，战略性新兴产业持续壮大。老工业基地调整改造和转型升级受到国家表扬，获批建设兰白国家自主创新示范区。白银有色集团实现创新性“白银炉”与现代“闪速炉”优势互补，湿法炼锌建成世界第一大焙烧炉。稀土集团与北方稀土强强联合，产能居国内前三。全球规模最大的钛白粉单体工厂落户白银。银光集团光气化工、中瑞铝业铝合金、郝氏碳纤维复合材料等项目加快推进。2021年全市规模以上工业增加值比上年增长12.4%，工业固定资产投资增长60.8%。投资白银的发展含金量更足、含新量更高，呈现全面发力、多点突破、势头强劲的高质量发展新气象。

【第三产业】丰富三产育动能，推广“智慧+”商业消费新模式，打造线上线下融合发展新业态。引进白银首家全球化创新创业数字企业中创博利等，通过直播带货、线上销售，实现营业额21亿元，创税3亿元，成为引领数字经济发展的典范。全域发展文化旅游不断推进，“两大品牌景区、三大国家文化公园、三大旅游发展带、五大主题旅游线路”建设有序推进。会师旧址、黄河石林5A级旅游景区创建，顾家善村、大水䃎村入选全国乡村旅游重点村。全年全市接待旅游人数979万人次，实现旅游综合收入61.2亿元。唐道文化旅游生态城、红星美凯龙福门商场落地实施，白银综合物流园建成运营。国家雪上项目训练基地投入运营，圆满承办全国越野滑雪锦标赛和冠军赛，入选首批国家体育消费试点城市。

【项目建设】严格落实“项目为王”理念，紧盯“一区三大”“两区四基地”“三个千亿级”发展布局，扩大有效投资。景中高速、西会高速、国道341线白银至中川、省道217线白银至景泰、国道247线靖远至会宁、国道338线景泰至天祝、省道209线靖远至平川等干线公路建成通车，新改建农村公路9791公里。

白银通用机场即将启用。引洮一期、李家塬供水项目建成投运，甘肃中部生态移民扶贫开发供水工程、靖会大型灌区续建配套与现代化改造工程加快推进。全年在库项目556个。其中，续建项目309个，新入库项目247个。

【科技创新】加快推进兰白自创区和兰白试验区建设，实施国家、省级科技项目139个，科技企业孵化器孵化企业298家。培育省级以上创新平台、众创空间75家，共建产业技术研究院6家。累计有效发明专利481件，拥有量位居全省第二。科技对经济增长的贡献率达到53.8%。认定甘肃省科技创新型企业13家、省级科技型中小企业评价入库企业48家。白银科技企业孵化器新招孵企业11家，被人社部认定为第五批全国创业孵化器示范基地。引进科技成果转化专业服务机构1家，登记省市科技成果30项，完成技术市场交易额3.8亿元，登记技术交易合同148份。白银国家农业科技园区顺利通过科技部评估。

【园区建设】以市场化手段，进一步理顺“一区六园”体制机制。推进银东工业园一期二片区基础设施、高新区污水处理厂二期、刘川工业园污水预处理站集中水循环利用、大唐工业园污水处理厂等项目，提高园区承载能力，“一区六园”建成区达到91.2平方公里，入驻企业700多家，高新区、银西获得国家绿色园区称号。白银市重金属废物资源化无害化处置项目一期工程、瑞德林生物多肽及其分子砌块研发项目、中科捷鼎年产200吨环保抑尘剂中试生产线项目等3个产业项目建成试运行。青宇新材料一期项目建成投产，二期项目正在安装设备，计划年底投产；华隆芯光刻胶项目2个中试车间正在做规划设计。积极构建“核心区+延伸区+联动区”协同发展、多点支撑的产业集聚发展新格局，统筹推进银西、刘川、平川、正路、会宁工业园互补式、联动式、融合式发展，产业发展更加明晰。

【环境治理】全力推进国家黄河上游生态环境综合治理创新试验区建设，编制完成《白银市黄河流域生态保护和高质量发展规划》，黄河白银段国控断面水质综合评价达到Ⅱ类水质要求。实施国土绿化200多万亩，治理水土流失7522平方公里。着力打好污染防治攻坚战，落实“六个百分百”扬尘防治措施，$PM_{2.5}$、PM_{10}实现五年连降。2021年，市区空气质量优良天数达322天。全面推行河湖长制，疏浚河道132公里，完成黄河白银段防洪、祖厉河会宁城区段治理等工程，“一区六园”和11个重点镇污水处理设施建成投运。完成东大沟河道重金属污染治理。落实“双碳”要求，实施重点节能项目42个，节约能源近20万吨。“十三五”能耗“双控”考核结果为超额完成等次，受到省上通报表扬。

【城乡建设】举全市之力创建全国文明城市，白银的知名度、美誉度显著提高，成为充满活力、承载梦想的山水之城、魅力之城、幸福之城。中兰客专白银段加速铺轨，白银人民期盼已久的“高铁梦”即将实现。建成西北唯一的国家首批城市地下综合管廊，并荣获“鲁班奖”。完成十大生态公园改造，城市建成区人均公园绿地面积达12.1平方米。北京路、金沟生态景观带等新地标刷新了城市“颜值”。城镇居民人均住房面积由34.9平方米增加到40平方米。全市常住人口城镇化率达到57.7%。建成美丽乡村169个，白银区被评为全国休闲农业县，景泰县被评为中国最美乡村百佳县。

【民生工程】围绕打造宜居宜业宜游宜养之城目标，高标准推进全国文明城市创建，大力开展城市“八乱”治理，顺利进入新一轮全国文明城市提名行列，成功创建国家卫生城市。矿冶学院、靖远师范、工业学校三校合并，白银希望职业技术学院建成招生，职业教育综合办学实力大幅提升。持续深化医药服务改革，组建运行市医疗集团，定点医疗机构和村卫生室全部实现“一站式”结算，2家医院通过三级甲等综合医院评审，白银市中心医院开工建设，市第三人民医院、景泰县中医院、平川区中医院建成投用。棚户区、老旧小区和“三供一业”改造稳步推进，投资12亿元改造老旧小区406个，投资60亿元完成棚户区改造430万平方米，投资14亿元完成市区27个片区“三供一业”改造，惠及人口近10万户。

【社会事业】大力实施学前教育行动计划、“薄改与能力提升”等项目，扩大优质教育资源覆盖面。实施义务教育薄改等项目335个，新增城区义务教育学位9530个，5个县区通过义务教育基本均衡县评估认定。全市共有特殊教育学校3所，学前3年毛入园率为96.2%，初中入学率为100%，高中阶段毛入学率为98.1%。深入实施健康白银行动，持续深化医药服务改革，组建运行市医疗集团，定点医疗机构和村卫生室全部实现“一站式”结算。深入推进居家和社区养老服务改革试点，持续打造“幸福白银·银龄驿站”品牌，新建7个居家和社区养老服务站。积极探索实践以“村级运营、乡贤助力、群众互助”为基本模式的农村养老示范建设。成功举办了2021年白银市养老护理职业技能大赛暨全国养老护理职业技能大赛白银市选拔赛，取得了甘肃赛区选拔赛总成绩全省第二的优异成绩。慎终如始抓好疫情防控，运用网格化、云平台精准调度，疫情防控有力有效。选派近千名医务骨干驰援兄弟市州，展现了非常时期的白银担当。

（张志宏）

白银区

【基本情况】白银区位于甘肃中部、白银市西部，黄河上游中段，地理坐标介于北纬36°14′38″至36°47′29″、东经103°54′24″至104°24′55″之间，地处陇西黄土高原西北边缘，地形总趋势西北高，东南低，平均海拔1946.5米。西与兰州市皋兰县接壤；南临黄河，与榆中县青城乡及靖远县平堡乡隔河相望；东与靖远县刘川乡毗邻；北与景泰县中泉乡为界。辖区东西长约47公里，南北宽约60公里，总面积1350平方公里。白银区是汉族聚居、少数民族散杂居的地区，有汉、回、满、蒙、土家、苗等27个民族。2021年末常住人口为32.28万人，其中城镇人口29.47万人。

白银区坚持以习近平新时代中国特色社会主义思想为指导，认真落实中央和省、市委各项决策部署，围绕建设宜居宜业宜养宜游美丽白银区，大力实施工业强区、乡村振兴“两大战略”和产业升级、城市提升“两大行动”，统筹推进“三区联动”“三产协同”“三生融合”，经济运行稳中有进，生态环境质量稳步提升，民生保障持续改善，“十三五”规划目标任务总体完成，贫困人口实现全部脱贫退出，贫困发生率降至零。先后荣获“国家卫生城市”“全国双拥模范城”“全国健康促进区”“国家公共文化服务体系示范区”“全国休闲农业重点区”“中国宜居宜商宜游最具魅力区”“甘肃省文明区”“甘肃省园林城区”“第五批全省民族团结进步创建示范区”等称号。

【资源优势】紧盯“融合”目标，树牢“经营”理念，高点谋划、高标建设、高效推进，三大园区投资过百亿元，建成区面积达22平方公里。银西产业园入园企业达到90户，注册登记各类经济实体815家，累计实现技工贸收入158亿元，绿化面积超360万平方米，荣获“国家级绿色园区”称号。现代农业科技示范园建成350亩凤园花海，配套建设游客服务中心、高原夏菜示范园，年产值达1.6亿元，列为省级田园综合体试点。黄河假日城提升区域绿化10万平方米，列为国家级院士专家服务基地，入选全国优选旅游名录。

【国民经济】2021年，全区地区生产总值247.8亿元，比上年增长7.5%。其中，第一产业增加值6.1亿元，增长10.3%；第二产业增加值122.6亿元，增长7.5%；第三产业增加值119.1亿元，增长7.3%。规模以上工业增加值增长9.1%；固定资产投资增长9.4%；社会消费品零售总额110.2亿元，增长22.0%；一般公共预算收入8.95亿元，增长2.7%。

【供给侧结构性改革】白银区严格落实中央经济工作会议精神和省委经济工作会议精神，牢固树立新发展理念，落实高质量发展要求，以供给侧结构性改革为主线，瞄准市场需求，创造更优供给，推动区域特色产业集群做大做强做优，增强了园区吸引力和承载力。坚持创新核心地位，发展现代产业体系，立足区位优势、产业优势，挖掘资源要素潜力，树立企业导向、问题导向，进一步做好政策扶持、资源整合、精准服务，确保企业在依法规范经营的基础上，实现质量更好、效益更高、竞争力更强，推动产业持续向高端化发展。

【乡村振兴】编制《“十四五”巩固拓展脱贫攻坚成果同乡村振兴有效衔接规划》，制定《巩固拓展脱贫攻坚成果同乡村振兴有效衔接工作方案》《2021年巩固拓展脱贫攻坚成果同乡村振兴有效衔接工作要点》，明确了5年过渡期和年度指导思想、目标任务、政策措施，签订目标责任书，组建实施乡村振兴6大工作专班和13个专责工作组，明确目标、细化措施，确保各项工作顺利推进。围绕脱贫人口和边缘贫人口外出务工稳岗就业工作，持续增加其收入，坚决防止出现规模性返贫。根据省扶贫办《关于做好2021年脱贫人口和边缘易致贫人口务工就业帮扶和动态管理工作的通知》文件要求，继续对脱贫人口和边缘易致贫人口务工就业实行动态管理。2021年中央和省市区下达财政衔接乡村振兴补助资金9260.4万元，实施巩固拓展脱贫攻坚成果同乡村振兴有效衔接项目78个。精准摸清小额信贷需求，共审核发放176户611.3万。

【项目建设】2021年，白银区共实施基本建设项目153个，总投资390亿元，计划当年投资76.3亿元。其中，区列重点项目43个，市列项目19个，省列项目2个。争取中央预算、地方政府专项债权等项目资金3亿元，有力保障棚户区改造、金沟河生态治理、水系连通工程、大坪田园综合体等项目建设实施。加强项目谋划，包装储备十大生态产业项目125个、黄河流域和高质量发展项目143个、“十四五”重大项目251个。

【优势产业】有色金属深加工：以白银有色集团股份有限公司为重点，以有色金属矿产资源和废旧有色金属拆解回收利用为核心，着重提高矿石回采率、原矿回收率、冶炼回收率、加工材成品率等利用水平，逐步形成铜、铝、铅、锌、稀土及精细化工一体化产业链，有色金属粉体材料、高纯金属、高附加值压延加工产品、贵金属产品得到了有效发展，再生铜、再生铅等的高值利用得到了大幅提高。建材：以中材甘肃水泥有限责任公司、一刀玻璃有限责任公司等企业为重点，加速淘汰小水泥、小玻璃、实心粘土砖等落后工艺和产品，通过推广应用新型干法窑外分解、窑尾余热发电及利用工业废弃物和生活垃圾等工艺技术，高强煤粉灰砖、高强承重砌块、建筑保温材料等利用工业固体废弃物生产新型墙体材料和新型“生态水泥”得到了有效推广。装备设备制造：以中科宇能、中集华骏、甘肃柯登等已有一定基础的装备制造企业引入数字化、智能化与网络化技术，促进信息化与工业化“两化”深度融合，实现从生产型制造到服务型制造的改造升级。精细化工：以银光公司TDI为核心，整合区内化工资源，开发聚碳酸酯、碳纤维、锂材料、电池材料、氟材料高纯氢氟酸（PC）、MDI、PVC、DNT、民爆产品，扩大HDI、PC、PVC建设规模，通过延伸上下游产业链，促进上下游配套，建设醋酸、甲醇、涂料和化肥等生产线，精细化工产品的比重不断提高，形成了白银特色精细化工支柱产业。生物医药产业：依托银西生物医药园和白银科技企业孵化器，实施化学原料药、中药、医疗设备与器械、酶制剂、生物基础材料等重点工程建设，着力发展基础、前导、特色、辅助等四大产业，建设西北知名的生物医药中间体基地。农畜产品加工：依托雨润肉制品、鑫昊乳业、盼盼食品、德福祥面粉等知名企业，发挥区域农产品质量优良、特色明显的优势，形成了以蔬菜、瓜果为主的特色种植业，以养牛、养羊为主的畜禽养殖业，以特种畜产品生产、加工为主的产业体系。

【人民生活】2021年，全区城镇居民人均可支配收入43245元，比上年增长7.7%；城镇居民人均消费支出27663元，增长8.6%；城镇居民恩格尔系数30.5%。农村居民人均可支配收入18763元，增长10.8%；农村居民人均消费支出10966元，增长12.1%；农村居民恩格尔系数32.1%。

【环境保护】全年完成白榆公路综合治理项目三合至土崖湾片区工程绿化面积5140亩，栽植油侧柏、油松、云杉等苗木80.8万余株；完成白银区水川镇五柳村盐沟生态治理项目绿化面积1053亩，栽植侧柏、油松等苗木10万余株。完成村庄绿化点20处，创建绿化示范村4个，绿化面积298亩。全区管护林地2343公顷，草地103592公顷，湿地64.7公顷。

全年城区污水处理1610万立方米。处理生活垃圾9.5万吨、建筑垃圾60.3万吨、医疗垃圾503.2吨。城区可吸入颗粒物（PM_{10}）平均浓度为59微克/立方米；细颗粒物（$PM_{2.5}$）平均浓度为23微克/立方米。城区空气质量二级以上优良天数达到322天，占全年天数的88.5%。

【社会保障】全年城镇新增就业11015人，城镇登记失业率为2.61%。失业人员再就业4189人，就业困难人员再就业1503人，发放创业贷款92笔4457.5万元,开展各类职业培训7388人，全区完成劳务输转2.02万人，劳务收入5.3亿元。受理人事劳动争议案件277件。

全年实施棚改项目12个，6504套（户），货币化安置674户，建设安置房5830套63.6万平方米；改造城区老旧小区楼栋152栋4587户，建筑面积58万平方米；改造"三供一业"住宅楼1508栋6.2万户。新建日处理30吨污水处理站一座，100吨和150吨污水处理站两座。清理整治省全域办无人机航拍垃圾点566处。

全区企业职工养老保险参保19976人，征缴养老保险费14626万元；机关事业单位养老保险参保10025人，征缴养老保险费11153万元；工伤保险参保23720人，征缴工伤保险费948万元；失业保险参保19259人，征缴失业保险费934万元；城乡居民基本养老保险参保58260人，基金收入5111万元。

全年发放最低生活保障资金1.4亿元，惠及城镇居民8523户1.9万人，农村居民2059户4047人。保障特困供养人员246户259人，发放供养金211.8万元。发放监护人照料护理补贴102.6万元；实施临时救助3496户8388人，发放临时救助1337.5万元；发放困难残疾人生活补贴资金298.9万元，发放重度护理补贴的残疾人补贴资金234.6万元。发放城市低保对象供热补贴206.8万元。

【社会事业】年末辖区拥有各类学校129所（含教学点13所），在校学生62122人，教职工人数5436人，校舍建筑面积89.39万平方米。其中，大专及高职1所，在校学生7142人，招生人数2359人，教职工人数381人；中专及职业中专3所，在校学生2388人，招生人数959人，教职工人数355人；普通中学19所，在校学生16948人，招生数5521人，教职工人数2184人；小学34所（含教学点13所），在校学生22270人，招生人数3852人，教职工人数1328人；幼儿园71所，在校学生13254人，招生人数5186人，教职工人数1142人；特殊教育1所，在校学生120人，招生人数19人，教职工人数46人。学前三年毛入学率96.1%，小学入学率100%，初中入学率100%，高中阶段毛入学率97.9%。全区普通高校录取人数（包含中职生）达到2447人。

全年开展网上文化讲座61场次，开展戏曲（非遗）进校园活动15场次，开展送戏下乡活动5场次，建成20个文化体育活动广场，开展书画摄影展2场次，排查国家级文物保护单位3处、省级2处、市级4处。全区接待游客287.5万人次，旅游综合总收入18.1亿元，分别比上年增长13%和12%。其中，乡村旅游接待游客144.9万人，乡村旅游收入3.1亿元，分别增长26%和19%。全区文化旅游产业增加值3.08亿元，增长10%。

年末辖区拥有卫生机构195个，其中,医院6个,基层医疗卫生机构181个，专业公共卫生机构8个。各类卫生机构拥有床位2602张。卫生技术人员3670人，其中执业（助理）医师1287人。

（张宸豪）

平川区

【基本情况】平川区地处甘肃中部、黄河上游，是丝绸之路东段北线的黄金路段。位于白银市中部偏北，东与会宁县及宁夏回族自治区海原县接壤，南、北部均与靖远县相连，西与景泰县为邻。境内光热资源丰富，气温日差较大、干旱多风。2021年，年内最高气温38.5℃，最低气温-20.6℃，平均气温11℃，较历年平均高0.5℃；城区年降雨量192.4毫米，集中在8到10月份，蒸发量为1812.3毫米。现辖2个乡、5个镇、4个街道，61个村、33个社区。辖区总面积2126平方公里，年末全区常住人口19.96万人，城镇化率74.7%。

【国民经济】2021年，全区地区生产总值92.7亿元，比上年增长9.7%。其中，第一产业增加值6.7亿元，增长10.7%；第二产业增加值54.7亿元，增长12.8%；第三产业增加值31.3亿元，增长5.2%，三次产业结构比为7.2 : 59.1 : 33.7。规模以上工业增加值增长13.9%；固定资产投资增长23.2%；社会消费品零售总额19.3亿元，增长23.7%。

【优势产业】坚持依托园区做强工业，投资3亿元，建成标准化厂房19栋13万平方米，为招商引资奠定坚实基础，已签约入驻企业6家。菊芋全产业链、万吨食葵加工等生产线建成投入运营，60兆瓦分散式风力发电项目开工建设，培育"小升规"企业5家。大象能源入选首批国家级重点专精特新"小巨人"企业，铁基产学研基地开工建设，平川省级农业科技园区获批，科技创新环境向好发展。坚持围绕基地做优农业，推进黑毛驴产业园、种田无籽西瓜种植等农业产业化项目和荔森、东鹏等农业综合体建设，做大做强新型经营主体，建成高标准农田8万亩，衬砌渠道103公里，农业实现稳产增效。坚持着眼融合做活三产，成功举办"秋韵陶都·喜迎国庆"陶瓷小镇艺术节、鹯阴古渡商贸集市等活动，加快推进陶瓷小镇、红色小镇建设，全年全区旅游接待人数124.8万人次，实现旅游收入8.2亿元。

【乡村振兴】建立健全易返贫致贫人口快速发现和响应、防止返贫动态监测等5项机制，严格落实"一户一策"帮扶措施，返贫致贫风险点得到有效控制、及时消除。积极争取乡村振兴衔接资金，持续跟踪"两不愁三保障"及饮水安全巩固情况，强化易地扶贫搬迁后续扶持，扎实做好稳岗就业，推进特色产业发展，实现工作机制和政策体系平稳过渡、有序衔接。编制完成《水泉镇沿黄35公里乡村旅游发展总体规划》和27个村"多规合一"实用性村庄规划，精心打造陇上泉村、古韵陡城等美丽乡村。深入推进"清洁乡村美丽庭院"五年专项行动，创建省市区三级乡村建设示范村 11 个、清洁村庄 30 个，建成积分超市 61 个，打造美丽庭院 2000 户，新建农村卫生户厕 4000 座，清理各类垃圾 1.9 万吨，拆除乱搭乱建废旧厂房棚舍 3329 处。

【城市品质】高质量编制国土空间规划，“一区一城四基地”城市定位更加清晰。实施城市更新行动“十大片区”攻坚，全力推进 56 项重点项目，开工在建 30 项，完成投资 12.6 亿元。凯宾天桥投入使用，完成长征火车站站前广场提升改造，沁川湖南北扩容主体完工，环城北路、陶都大道、兴平北路等工程加快推进。深入开展城乡拆违治乱“春雷”行动，拆除南门片区、S308 线、红会大坝口等地各类建筑。扎实推进机动车停放“一难两乱”问题专项整治试点工作，规范设置停车泊位。全面推行“网格化”管理和“错时延时”执法，拆除违章建筑、残垣断壁。

【生态建设】抢抓黄河流域生态保护和高质量发展战略机遇，实施“一山两院三线四河五园”绿化工程，完成高速引线、南门及 S308 线绿化和城区 24 条道路补植补造，新增造林 2.5 万亩、城区绿化 30 万平方米。全面落实城区道路“机械清扫 + 人工保洁 + 多功能抑尘”作业模式，空气质量优良天数 287 天，在剔除沙尘天气影响后，PM_{10} 平均浓度为 76 微克 / 立方米，$PM_{2.5}$ 平均浓度为 33 微克 / 立方米，二氧化硫平均浓度为 11 微克 / 立方米。建立“河长 + 警长”“河长 + 检察长”治河联动机制，建成黑水、红土梁、黄水沟、响泉沙河堤防护岸 23.7 公里。深入开展规范矿山开采秩序专项整治行动，回填历史采坑 15 个，治理河道 20.4 公里。持续巩固县级集中式饮用水水源地环境保护专项整治成果，共和镇生活污水处理厂投入运行，水环境质量持续改善。

【营商环境】严格执行“无障碍沟通、无缝隙对接、无条件服务”机制，扎实开展优化营商环境专项整治行动和深化“放管服”改革优化营商环境提质提标年活动，大力推进“一窗受理”“全程网办”，全面推行政务服务“好差评”工作机制，率先实现 60 类以上高频电子证照标准化共享应用。有序推进企业无纸全程电子化登记和电子营业执照应用，新增市场主体 2831 户，比上年增长 13.6%。加快经济开发区管理体制改革，全面落实省级经济开发区管理权限。

【疫情防控】10 月中旬，新一轮新冠疫情在全省、全国扩散外溢，面对严峻的疫情形势，全区上下第一时间启动应急防控机制，坚决落实“四快两严”“六个精准”管控措施，压实三级网格责任体系，关口前移、锁定重点、严密防范，有效实现阻击“三零”目标。安排财政资金 1640 万元，购置移动方舱实验室和应急医疗物资，开展全员核酸检测和三轮次重点人群核酸检测共计 28 万人次，累计接种新冠疫苗 34 万人次，全面铸牢疫情防控防线。组织动员干部群众及志愿者 2.3 万人一线作战、群防群控，众志成城、同心协力，接受社会各界捐款捐物 205 万元，书写大疫大考平川答卷。主动服务全省抗疫大局，150 名平川医护人员逆行出征、驰援兰州天水，用实际行动展现了非常时期的平川担当。

【人民生活】2021 年，全区城镇居民人均可支配收入 41804 元，比上年增长 7.6%，生活性消费支出 21667 元，增长 7.6%；农村居民人均可支配收入 12792 元，增长 11.0%，生活性消费支出 10758 元，增长 10.5%，城乡居民人均可支配收入比为 3.27 ： 1，人民生活实现了质的飞跃。

【社会保障】坚持发展为民取向，促进财力、政策、服务向民生倾斜。紧盯群众关注的教育、医疗、养老、供热等热点问题。建成平川二中、乐雅学校综合教学楼，平川第二幼儿园、第四幼儿园和王家山中心幼儿园投入使用，全区共有中小学及幼儿园 95 所，其中完全小学 32 所，小学教学点 12 所；初级中学 7 所，九年一贯制学校 7 所，高级中学 3 所，幼儿园 34 所（教育部门办 14 所，民办 20 所）；小学附设幼儿班 37 所。义务教育阶段学校“双减”课后服务实现全覆盖。

平川中医院和 7 个乡镇卫生院胸痛救治单元建成，医疗卫生服务能力进一步提升。年末全区共拥有各类医疗卫生机构 169 个，其中医院 4 家。卫生技术人员 2049 人，全区共为 20883 人（次）符合报销规定的住院患者支付医疗保险待遇 10288.5 万元。综合养老服务中心和 4 个街道综合养老服务中心开工建设。全区参加城乡居民养老保险人数 69156 人，征缴基本养老保险费 1692 万元，发放养老金 2585 万元。供暖设施增容改造，切实解决了城区供暖热力不足的问题。城市低保达到 1912 户 4721 人，全年发放保障资金 3253.2 万元；农村低保达到 1630 户 5009 人，全年发放保障资金 1459.5 万元。

（展润琴）

靖远县

【基本情况】靖远县位于黄河中上游，地处甘肃省中东部，白银市腹地，介于东经 104°18′至 105°18′，北纬 36°15′至 37°15′之间，东西长 120 公里，南北宽 135 公里。东临宁夏海原县，西接白银区，南邻会宁县，北与景泰县、宁夏中卫市毗邻。全县总面积 5595.36 平方公里，属黄土高原丘陵沟壑区和干旱草原区，地势东高西低，由南向北倾斜，分为川区、山塬区和黄河谷地三类地形，平均海拔 1398 米。属温带半干旱气候，2021 年，全年最高气温 39.1°C，最低气温 -21.7°C，平均气温 13.4°C，年无霜期 216 天，年降雨量 211.9 毫米，年日照时间 2530.7 小时，四季分明，日照充足。现辖 13 个镇，5 个乡，177 个村民委员会，15 个居民委员会，1167 个村民小组，70 个居民小组。全县有汉、回、满等 9 个民族，2021 年总人口 50.21 万人。

【资源优势】靖远自古以来就是丝路商贸重镇，地处新丝绸之路经济带必经地段和“兰白核心经济区”开发重点区域，公路、铁路和黄河航运条件便利。黄河流经县境 10 个乡镇、154 公里，流域面积 100.49 平方公里，拥有水能开发资源 300 万千瓦以上，风能、太阳能可开发面积 150 平方公里以上。煤炭、有色金属、石灰石、高岭土、坡缕石等矿产资源储量丰富，坡缕石储量达 10 亿吨，开发前景广阔。

【国民经济】2021 年，全县地区生产总值 82.75 亿元，比上年增长 9.2%。

其中，第一产业增加值39.13万元，增长9.3%；第二产业增加值12.08亿元，增长16.1%；第三产业增加值31.54亿元，增长6.8%。三次产业结构比为47.29 ：14.6 ：38.11。

【农业】坚持“外引”“自建”结合，大力培育新型农业经营主体，引进培育了东雷生物、金草堂药业、哈思特、金煜康达等4家龙头企业，扶持美娅泛农、汇勤生物、陇源农林、鼎鑫农业、天地源等一批本土企业加快发展。新型经营主体的快速发展，有效带动了蔬菜、肉羊、枸杞、中药材等特色优势产业高质量发展。2021年，全县农作物播种面积163.56万亩，其中粮食播种面积79.85万亩（夏粮播种面积13.4万亩，秋粮播种面积66.45万亩），粮食总产量达到21.1万吨；蔬菜种植面积15.58万亩（不包括薯类），蔬菜总产量73.86万吨。

【工业】围绕“工业强县”战略，立足新发展阶段，坚持新发展理念，构建新发展格局，扎实推进“两区四基地”建设，把引进竞争力强、成长性好、实力雄厚的企业作为招商引资工作的着力点，采取“走出去”和“请进来”“线上”和“线下”、洽谈会和展会相结合的方式，全力以赴搞活产业大招商行动。通过抓项目建设、抓惠企服务和加大金融扶持、健全奖励机制等多项举措，不断壮大全县工业经济。全年实现工业增加值8.25亿元，比上年增长31%。

【商业】深化产业合作，组织县内17家龙头企业赴天津和平区开展消费帮扶产销对接活动，与重庆消费扶贫中心甘肃馆有关负责人进行了对接洽谈，在馆内建立“甘味靖品扶贫产品”专区，并启动“甘味靖品”专场推介会、“消费扶贫活动周”“甘味靖品入渝”宣传推广周等一系列活动。全力提振消费市场，完成了汽车家电促销活动补贴，打造了“怡园古城”夜间经济示范区，开展了应对疫情促进消费增长活动，依托臻品甘肃靖远端电商平台，开设防疫情促消费活动专区，进一步激发了居民的消费热情。全年完成社会消费品零售总额25.85万元，比上年增长22.9%。年末全县限额以上批零住餐企业共33家，其中，批发业8家，零售业19家，餐饮业2家，零住餐个体户共4家。

【项目建设】全县坚持把项目建设作为稳增长的重要抓手，全力以赴抓开工、促进度、扩投资，有效促进了固定资产投资较快增长。2021年，全县共组织实施固定资产项目个数116个，其中新建项目52个、续建项目64个，固定资产投资比上年增长17.96%。不断创新工作思路，改进招商方式，拓展招商领域，狠抓责任落实，着力改善和优化投资环境，密切对接农发行、省建投等机构平台，多渠道撬动金融、社会资本参与项目建设，全年共实施招商引资项目23项，到位资金33.39亿元。其中，新开工项目11个，续建项目12个。

【交通通信】靖远距兰州150公里、白银67公里，白宝铁路、G025（刘白高速）、G109线、S207线、S308线及正在规划建设的包兰铁路复线贯穿全境。京呼银兰光缆横贯全县，已建成交换程控化、传输数字化、有线和无线相结合的现代化信息通信网络，邮电通信事业发展迅速，交通通信十分便捷。2021年，全县交通运输邮政仓储业共完成增加值1.13亿元。客运量88.56万人，客运周转量6642万人公里，货运量1422万吨，货运周转量184884万吨公里。年末固定电话用户4.75万户，移动电话用户39.09万户，互联网用户11.66万户。

【城乡建设】牢固树立“绿水青山就是金山银山”的发展理念，围绕“畅通、宜居、文明”的目标定位，加大规划建设力度，城乡面貌在建管并举中得到新改善。城区污水处理厂改扩建工程已完成工程建设，并进行竣工验收，完成投资额1亿元；城南沟截污治理工程建设，总投资5246.2万元，已完成工程建设；金三角环路工程已完成工程主要建设。2021年，城市污水处理率达到93%，城市生活垃圾无害化处理率100%。

【财政金融】全年全县一般公共预算收入5.05亿元，比上年增长13.27%。其中，税收收入2.73亿元，增长24.29%；非税收入2.32亿元，增长2.54%。一般公共预算支出41.56亿元，下降1.66%。年末全县金融机构各项存款余额136.7亿元，比上年末增长11.58；金融机构各项贷款余额99.72亿元，增长4.42%。

【人民生活】深入贯彻以人民为中心的发展思想，加快发展社会事业，积极办惠民实事，全力维护社会稳定，人民群众的幸福感、获得感、安全感显著增强，民生事业在共建共享中实现新提升。城乡居民收入继续增长，全年城镇居民人均可支配收入30477元，比上年增长7.6%；农村居民人均可支配收入12531元，增长10.82%。大力支持高校毕业生、残疾人、返乡人员等重点群体创业就业，全年新增城镇就业4505人，共有1670名下岗失业人员通过各种渠道实现了再就业，年末城镇登记失业率3.79%。城乡居民基本养老保险参保率达到98%，全年发放城镇居民最低生活保证金2402万元，发放农村居民最低生活保障金5964万元。

【医疗卫生】不断提升卫生健康服务水平，靖远县人民医院多措并举，借力发展，2021年创建成为三级乙等综合性医院。积极整合优势医疗资源，组建健康管理中心和介入诊疗中心，介入中心通过与郑州大学第一附属医院、兰州大学第一医院、白银市第一人民医院等“三甲”医院合作，已成功开展介入手术310例。城乡居民医疗保险参保率达到96.33%。2021年底，全县医疗卫生计生机构达到527个，其中，县级综合医院、中医医院、疾病预防控制、妇幼保健、卫生监督和计生服务机构各1家，民营专科医院1家，社区卫生服务中心1家，卫生服务站2家，乡镇卫生院20家，村卫生室177所，个体医疗网点320家。全县医疗卫生机构实有床位1685张，卫生计生机构共有卫生技术人员2073人。

【科技教育】强化产学研合作，加速科技成果转化。围绕县域设施蔬菜、食用菌产业的发展瓶颈，积极主动与甘肃省农业大学、甘肃省农科院、甘肃省经济作物技术推广站对接，达成合作意向。甘肃汇勤生物科技有限公司与天津中医药大学、合作开发研发肉苁蓉等系列健康产品，甘肃米香源农业科技有限责任公司与西北农林科技大学开展利用发酵技术发展西瓜及废弃物处理和更深化利用，天津科润黄瓜研究所在北湾镇新坪村开展黄瓜新品种引进示范推广工作。目前，靖远县在农业领域已转化枸杞专用微生物有机肥研发与施肥技术试验研究、“甘杞2号”枸杞新品选育等

2项重大科技成果。全年财政科学技术经费支出1061万元，共实施科技计划项目4项，其中市列项目4项。全县授权专利167件，拥有有效发明专利43件，每万人口拥有量达到1.08件。

全县深化教育综合改革，全力改善办学条件，靖远县清华园实验学校建设项目一期工程已完成建设并投入使用。县第四幼儿园扩建项目已建设完成并投入使用，县第五幼儿园全部建设完成，县三幼、县九幼、县十幼及五合镇柏茨林易地扶贫搬迁安置点幼儿园建设项目等四所幼儿园正在进行装饰工程和室外附属工程。乌兰镇营房小学等16所学校新建食堂并配备食堂设备，大芦中学等5所农村学校新改建教师周转宿舍56套，三滩镇三台小学等20所农村中小学实施中小学厕所改造项目。2021年末全县共有各类学校199所，幼儿园97所，在校学生人数54192人，教师总数6578人。2021年全县大中专院校录取人数3600人，普通高校招生考试二本上线总人数2231人（二、三本合并）。

【旅游资源】境内有各级文物保护单位244处，其中国家级文保单位1处（明长城靖远段）、省级文保单位11处（法泉寺石窟、寺儿湾石窟、钟鼓楼、黑城子古城堡、潘育龙将军墓、明长城靖远段、仁和张氏民居、芦沟堡、屈吴山潮云寺、靖远黄河铁桥），境内红色旅游资源丰富，为继承和发扬红色文化奠定了良好基础。中国百大名寺法泉寺同陕西法门寺一脉相承，其石窟艺术与敦煌莫高窟极为相似，被评为国家3A级旅游景区和省级森林公园。154公里黄河风情线上，高山、峡谷等自然景观星罗棋布，黄河风情、名胜古迹、人文遗址、科技园区、森林公园、田园风光交相辉映，“农家乐”悄然兴起。以法泉寺、寺儿湾为主的石窟文化游，以乌金峡、河心岛为主的黄河风情游，以平堡特色观光、东湾现代高效农业示范园为主的观光农业游，以虎豹口红西路军强渡黄河遗址为主的红色文化游，以哈思山、泰和山、屈吴山为主的森林生态游，以北城滩、黑城子为主的历史文化游等旅游线路极具开发价值，发展黄河文化旅游产业潜力巨大，前景广阔。2021年开发建设糜滩镇独石村、东湾镇瓜园村、三合村、兴隆乡大庙村，北湾镇中堡村等5个乡村旅游示范村。积极开展糜滩镇独石村、东湾镇瓜园村全省文旅振兴乡村样板村创建，大力实施文旅助力乡村振兴战略，打造高质量乡村振兴“旅游版”。2021年全县接待游客134万人次，实现旅游综合收入8.48亿元。

（吴明）

会宁县

【基本情况】会宁县位于甘肃中部，白银市南端，地处北纬35°24′—36°26′，东经104°29′—105°31′之间。东与静宁、西吉、海原三县接壤，南同通渭县毗邻，西连定西、榆中两县，北靠靖远县、平川区。南北长约140公里，北部东西宽约90公里，南部宽约50公里，总面积6439平方公里。县境群山连绵，梁峁交错，沟壑纵横，可概括为“七川八塬九道梁”，属典型的黄土高原丘陵沟壑区。

会宁是黄河上游重点生态保护区。祖厉河是黄河一级支流，纵贯会宁南北，会宁境内干流153 km，占全长的70%，境内流域面积在50平方公里以上的支流共有39条，覆盖27个乡镇50.3万人口。2021年，祖厉河流域被国家发改委列入全国第二批流域水环境综合治理与可持续发展18个试点名单。

会宁地处西北黄土高原和青藏高原交接地带，属陇西黄土高原丘陵沟壑区，平均海拔2025米，年平均日照时数2600小时、平均气温8.1°C，年平均降雨量370毫米、蒸发量1800mm以上。现辖24个镇4个乡，317个村（居）委会，2179个村（居）民小组。全县有汉、回、东乡、藏、满、哈萨克、蒙古族等7个民族。2021年末常住人口为40.04万人，其中，城镇人口14.95万人，乡村人口25.09万人。

【资源优势】会宁有独具特色的绿色产业，海拔适中、雨热同期、光照充足，非常适宜农作物生长，是全省马铃薯、玉米、小杂粮等农作物主产区。经过多年的发展，培育形成了马铃薯、草畜、小杂粮、籽瓜、杏等特色产业，“懿隆”荞麦米，“三利”荞麦挂面、良谷米、胡麻油，“万里缘”杏仁露，“祁连雪”马铃薯淀粉等产品获得国家绿色食品认证。获得中国地理标志产品18个（地理标志证明商标17个、地理标志保护产品1个），是“中国马铃薯之乡”“中国亚麻籽之乡”。“会宁胡麻油”通过国家地理标志产品认定。会宁被中国特产之乡委员会命名为“中国小杂粮之乡”和“中国肉羊之乡”。绿色产业开发具有坚实的基础和广阔的市场前景。会宁历史文化丰富，素有“秦陇锁钥”之称。早在5000多年前的新石器时代，境内就有人类生息繁衍。汉唐时期，会宁是古丝绸之路中西商旅要道，现存大量的历史文化遗迹。牛门洞新石器遗址出土的彩陶、磨制石器等文物，是甘肃仰韶文化马家窑类型、半山类型和齐家文化共存的见证；境内有古城遗址和以汉墓群为代表的古人类墓葬20多处，其中最具代表性的是筑于金代的郭蛤蟆城和宋代的西宁城，属省级文物保护单位。省级森林公园铁木山，集文化遗产、人文景观和自然景观为一体，现存多处石窟和庙宇古建筑，地貌独特，森林葱郁，有“旱塬秀峰”之称。位于铁木山下的马明心教堂，始建于清乾隆年间，为伊斯兰哲赫忍耶门宦创始人马明心的创道传教遗址，是全国各地穆斯林进行宗教活动的主要圣地之一，有“小麦加”之称。

【国民经济】全年全县地区生产总值76.8亿元，比上年增长7.4%。其中，第一产业增加值31.7亿元，增长11.3%；第二产业增加值7.2亿元，增长3.2%；第三产业增加值38亿元，增长4.7%。三次产业结构比由上年的42.2 ：9.5 ：48.3调整为41.2 ：9.4 ：49.4。工业增加值增长23.2%；社会消费品零售总额27亿元，增长21.1%；固定资产投资增长8.3%；一般公共预算收入3.6亿元，增长10.6%；一般公共预算支出51亿元，增长9.9%。年末全县金融机构本外币存款余额136.4亿元，比上年末增长12.3%；金融机构本外币贷款余额110.8亿元，增长13.1%。

【乡村振兴】乡村建设示范行动有序推进，启动实施乡村建设示范行动，完成村庄规划编制66个。结合“光彩会宁行”兴村行动，重点打造红堡子、青江驿等5个示范村。硬化村组道路303公里。改建农村户厕2.5万座，整改问题厕所223座。围绕“三清一改”村庄清洁行动，整治农村环境问题986个，创建省级“清洁村庄”118个。编制《会宁县农村生活污水治理专项规划》，实施柴家门等6个乡镇的生活污水处理站建设项目。

【四通情况】平定高速公路、国道312线、309线横跨东西，国道247线、定会路贯通南北；境内公路总里程达到4620公里，其中国道335公里，省道567公里，县道646公里，乡道1280公里。实现了100%的乡镇通水泥混凝土路面，100%的行政村通公路、通汽车。110千伏输变电线路拉通。乡、村、社通电率均为100%。全县乡镇通纤率和村级电话入户率均达到100%。宽带用户达到13.6万户，本地电话用户年末达到6.7万户，年末移动电话用户达到53.6万户，互联网ADSL、FTTH宽带用户年末达到13.6万户。

【金色教育】会宁自古崇文修德、尊师重教，仅明清两代就有进士20人、文武举人115人。自恢复高考以来，会宁已向全国输送大学生16万余人，其中获得博士学位1100多人，硕士学位5500多人，59名会宁学子被北大清华录取，形成了领导苦抓、家长苦供、社会苦帮、教师乐教、学生乐学的“三苦两乐”会宁教育精神，素有“西北高考状元县”的美誉。至今，这里还流传着“家有千石粮，不如一人在书房”的说法。

年末全县共有学校301所，其中普通中学46所（含普通高中5所、九年制学校2所），小学191所（含教学点108个），幼儿园59所（含民办幼儿园21所），职业学校4所，特殊教育学校1所。在校学生74926人，比上年减少472人，其中普通高中8875人，普通初中14158人，小学32755人，幼儿园、学前班15409人，职业学校3639人，特殊教育学校90人。教职工总数8360人，其中专任教师8087人。2021年高考录取5310人，其中本科3015人，专科（含高职）2295人。

【医疗卫生】年末全县共有卫生机构37个（不含个体诊所），床位2330张，卫生技术人员1307人。年内门诊就诊90.73万人次，出院人数5.56万人，治愈率91%，好转率98%，住院危重病人抢救成功率98.1%。卡介苗接种率100%、麻苗接种率99.99%、糖丸接种率99.96%、百白破接种率99.97%，乙肝疫苗首针及时接种率98.76%、乙肝疫苗全程接种率为99.98%。5岁以下儿童死亡率为5.08‰，婴儿死亡率为3.26‰，孕产妇住院分娩比例达99.97%。健康教育覆盖率以村为单位达到100%。

【社会保障】2021年末，全县参加城镇职工基本养老保险人数8148人，比上年末增加472人，征缴养老保险费7570万元，为4080名离退休人员发放养老金11614.3万元，增长8.4%；机关事业单位养老保险缴费人数14024人，退休人数4206人，征缴养老保险费2.67亿元，发放养老金2.79亿元；参加城乡居民基本养老保险人数31855人，征缴养老保险费381.32万元，为符合待遇领取条件的8.88万名60周岁以上城乡居民发放养老金14454.56万元；为943名村干部办理了养老保险，征缴养老保险费943万元，发放村干部养老金263人18.99万元。参加失业保险人数为4092人，征缴失业保险费208万元，支出失业保险231万元。参加工伤保险人数为18669人，征缴工伤保险费673万元，支出工伤保险502万元。全年全县共有城市低保保障对象2401户6719人，发放保障资金4685.28万元；农村低保保障对象11328户34391人，发放保障资金10083.68万元；享受农村特困救助供养1724人，发放供养资金1443.52万元。年末全县共有养老服务设施220个，其中，社区养老服务设施42个（包括日间照料中心），农村互助型养老设施178个（包括农村幸福互助院）。

【人民生活】全年城镇居民人均可支配收入22340.8元，比上年增长7.3%；城镇居民人均消费支出16116.06元，增长7.21%；城镇居民家庭恩格尔系数为31.89%，比上年下降0.17个百分点。全年农村居民人均可支配收入9806.65元，增长10.7%；农村居民人均生活消费支出7751.94元，增长9.5%；农村居民家庭恩格尔系数为34.6%，比上年下降0.1个百分点。

【红色旅游】会宁县是全国红色旅游名城。1936年10月，中国工农红军第一、二、四方面军三大主力在会宁胜利会师，是中国革命史上的一个新转折点。会宁被列为全国30条红色旅游精品线路、100个红色旅游经典景区和20个重点红色旅游城市之一，成为享誉全国的红色旅游胜地。先后建成以“万分之一时间走完万分之一长征路”为主题，再现二万五千里长征艰辛悲壮情景的红军长征胜利景园，建成了目前国内规模最大、唯一全面反映长征历史的红军长征胜利纪念馆，会师圣地有邓小平同志亲笔题名的“中国工农红军一二四方面军会师纪念塔”和由120多名将军题词的“将帅碑林”。

红军会宁会师旧址被评为全国首批百个爱国主义教育示范基地之一，是全国4A级旅游景区和全国重点文物保护单位。会师楼被评为“大国印记：1949-2009中国60大地标”之一。2010年4月，会宁在上海“迎世博·2010中国文化旅游主题年高峰论坛”上又被评为“中国十大文化休闲旅游县”。红军会宁会师旧址荣获“美好目的地如意甘肃行”2021甘肃文旅最佳打卡地。2021年获评第十五批“省级文明县”“美丽中国·最佳宜居宜业宜游名县”和“美丽中国·红色文化旅游名城”。

2021年，全县接待游客332.5万人次，比上年增长0.41%；实现旅游综合收入19.7亿元，下降2.64%。

（牛红红）

景泰县

【基本情况】景泰县位于甘肃省中部，河西走廊东端，东临黄河，西接武威，南邻兰州、白银，北依宁夏、内蒙古，历史上是通往河西、新疆、宁夏、内蒙古的交通要道，也是丝绸之路上的重要节点。全县总面积5484.72平方公里，地理坐标在东经103°33′~104°43′，北纬36°43′~37°38′之间。海拔1274—3321米。属温带大陆干旱气候，年均气温9.7℃，无霜期在296天左右。年总日照2418小时，年降水量为206.8毫米。现辖8个镇、3个乡，136个行政村，

13个社区。2021年末常住人口为24.44万人。其中，城镇人口12.24万人，乡村人口9.2万人，城镇化率57.08%。

景泰历史文化悠久，早在4500多年前，就有先民在这里繁衍生息。西汉以来，三次设县，五置县城，1933年始称景泰县县名寓“景象繁荣、国泰民安”之意，先后隶属武威、定西、皋兰、白银、武威、白银。农业生产便利，是黄河上游重要的农业灌溉区，黄河流经县境112公里，有被誉为“中华之最”的景泰川电力提灌工程，现有耕地面积100.06万亩，是甘肃省产粮和畜禽养殖大县。工业基础良好，石膏储量3.85亿吨，居全国第二；纸面石膏板年产能1.2亿平方米，居全省第一。主要工业产品水泥、电石、铁合金等均占全省总量的10%左右。2021年底有规模以上工业企业30家，能源装机总量达189万千瓦。旅游资源独特，有国家地质公园黄河石林4A级景区，全国文物保护单位永泰古城等景区景点，《神话》《大敦煌》《天下粮仓》等百余部影视剧取景拍摄。

【国民经济】2021年，全县地区生产总值70.9亿元，比上年增长10.4%。其中，第一产业增加值20.6亿元，增长10.9%；第二产业增加值21亿元，增长16.6%；第三产业增加值29.3亿元，增长6.3%。规模以上工业增加值增长7%；固定资产投资增长8.3%；社会消费品零售总额16亿元，增长1.7%；一般公共预算收入4.3亿元，增长14.1%；城乡居民人均可支配收入分别达31573元、14079元，分别增长7.4%、11.1%。万元地区生产总值能耗、化学需氧量和二氧化硫排放量严格控制在指标以内。

【乡村振兴】编制完成乡村振兴战略规划，健全防返贫动态监测和帮扶机制，边缘户人口收入稳定超过脱贫标准。整合涉农资金3.9亿元，争取东西部协作资金3847.5万元，实施光伏、水利等项目33个，消费扶贫总额达2.6亿元。全年输转劳动力5.4万人次，实现劳务综合收入12.7亿元。高标准完成32个村庄规划编制，打造提升芦阳年味小镇、草窝滩番茄小镇等特色小镇5个，建成省级乡村建设示范村10个，被确定为省级乡村建设示范县、乡村振兴重点帮扶县。

【项目建设】抢抓黄河流域生态保护和高质量发展等重大机遇，谋划储备打基础、利长远重大项目500个，总投资1440亿元；全年实施500万元以上重点项目155个，固定资产投资较上年增长8.3%，其中，第一产业投资下降56%，第二产业投资增长126.9%，第三产业投资增长49.1%。永泰川灌溉引水工程干管延伸、五佛乡红鼻梁沙河综合治理等项目如期建成，引大入中供水工程扩容改造等项目加快推进。实施招商引资项目22个，当年到位资金19.4亿元，资金到位率71.8%。

【工业经济】2021年，全县工业增加值比上年增长17.6%，其中规模以上工业增加值增长16.8%。“一园一区”扩容提质，建成大唐工业区经三路南段、翔发矿热炉更新改造等项目，新增中小微企业1400户、入规企业6家，工业经济综合实力稳中有升。乡村旅游蓬勃发展，综合商超、电子商务等服务业多点开花，批零住餐行业逐步趋暖，三次产业融合发展成效初显。

【农业发展】2021年，全县农作物播种面积94.5万亩，粮食总产量20.8万吨，比上年增长0.3%。生猪存栏12万头，增长10.7%，出栏17.1万头，增长32.4%；牛存栏13769头，增长7.9%，出栏3000头，增长12.4%；羊存栏65.7万只，增长6.9%，出栏69.1万只，增长21.1%；禽存栏106.1万只，增长36.8%，出栏60.5万只，增长19.1%。现代农业产业体系逐步完善，牧原百万头生猪养殖、寺滩万亩设施产业园等项目加快推进，海升集团带动景泰优质农特产品销往全国，品高公司被认定为农业产业化国家重点龙头企业，新增“甘味”品牌3个，“三品一标”获证主体累计达41家、获证产品66个。

【社会民生】全年全县财政民生支出21.5亿元，占一般公共预算支出的85.5%。城镇新增就业3660人，登记失业率3.4%。城乡低保、特困供养、残疾人补贴等稳步提标、应保尽保，发放各类保障资金8428万元。教育投入继续加大，新建校舍3.2万平方米，四幼、五幼、红水镇中心幼儿园主体工程完工，八小建成投用，引进高层次急需紧缺人才118名，“择校热”“大班额”“入公办园难”等问题有效缓解。医疗领域重大改革落地落实，县疾控中心、残疾人康复中心、中医院感染科相继建成，妇幼保健院“二甲”创建通过省级复评，基层慢性病规范管理能力逐步提升。常态化疫情防控抓细抓实，粮食物资保障充分。实施新时代公民道德建设工程，精神文明建设全面推进。

【生态环境】谋划储备黄河流域生态保护和高质量发展项目186个，被确定为兰西城市群生态建设重点县。扎实开展国土绿化倍增行动，新增绿化面积10.2万亩。持续推进矿山生态环境恢复治理，加强大气“五源”管控、河湖“四乱”整治，完成各类突出生态环境问题整改167个。积极开展草原生态修复，高效落实草原鼠虫害防治10万亩。立案查处环境违法企业9家，污染防治攻坚战成果显著。

【城市建设】2021年，全县实施老旧小区改造120个6246户，提升东环路、昌林路等城区主干道2条；扎实开展机动车停放“一难两乱”专项整治，施划道路标识标线2.7万平方米、停车泊位2309个。实施大唐工业区蒸汽供应特许经营项目，顺利完成供热管网资产转让，昌林路以西片区纳入集中供热，城区供热服务质量全面提升。《景泰县城市街道管理办法》规范施行，5G网络、云数据等新基建稳步建设，城市建管水平不断提高，承载能力明显增强。

（李力）

天水市

【基本情况】天水市位于甘肃省东南部，辖秦州、麦积两区和武山、甘谷、秦安、清水、张家川回族自治县五县及国家级经济技术开发区，共有113个乡镇、10个街道办事处，总面积1.43万平方公里。2021年末，全市常住人口295.65万人。区位优势明显，是陕甘川三省要冲、西北咽喉通道、甘肃东大门，是兰州、西安两大省会城市居中相向的重要节点城市，高铁到兰州和西安车程均为1.5小时左右。陇海铁路、310国道、连霍高速、十天高速、宝兰客专，构成了四通八达的陆运网络。天水机场开通西安、重庆、天津、杭州、南京、银川等多条直飞航线，公路畅通、铁路贯通、航路广通的区域性综合交通枢纽初步形成。历史文化厚重，是中华民族和华夏文明的重要发祥地，是首批国家历史文化名城，有8000多年的文明史、3000多年的文字记载史和2700多年的建城史，人文始祖伏羲、女娲和轩辕黄帝皆诞生于此，以伏羲文化、大地湾文化、秦早期文化、麦积山石窟文化和三国古战场文化为代表的“五大文化”源远流长，构成了天水丰富的历史文化资源。现有文物保护单位1802处，其中国家级21处、省级50处、市县级399处。工业基础较好，是全国三线建设布局的老工业基地和重要的装备制造业基地之一，传统工业主要以集成电路、机械制造、电工电器、医药食品、建筑建材为主，集成电路封装测试、数控机床、中高压开关柜等在全国有较高知名度。航空维修制造、新材料新能源等新兴产业正在培育发展，具有较强的产业配套能力和竞争优势。国家级天水经济技术开发区和20多个工业园区发展势头良好，基础设施日益完善，项目承载能力较强，已成为承接产业转移的重要平台。农业特色鲜明，是我国北方最佳水果、蔬菜生产基地，国家级农业科技园区是中国西部航天育种基地，农业主要以果品、蔬菜、畜牧、中药材等特色产业为主，农林特产质优品繁，花牛苹果、秦安蜜桃、秦州樱桃、清水核桃、下曲葡萄、甘谷辣椒、武山蔬菜等农产品在全国具有较高知名度，发展特色农业、循环农业、农产品精深加工和农业高新技术产业前景广阔。人力资源丰富，“天水白娃娃”“羲皇故里建筑工”“羲里娲乡家政大嫂”等劳务品牌拥有良好口碑。相继荣获中国金融生态城市、国家商标战略实施示范城市、全国循环农业示范市等称号，五次被命名为“全国科教兴市先进城市”，连续六次被命名为“全国双拥模范城”，连续三届12年获“全国社会治安优秀地市”荣誉称号，并获得“长安杯”全国社会治安综合治理最高奖，先后被评为全省文明城市、全省卫生城市、甘肃省园林城市，正在积极创建全国文明城市。

【自然资源】天水地跨长江、黄河两大流域，属大陆性暖温带半湿润气候，冬无严寒，夏无酷暑，气候温和，四季分明，是西北最佳宜居城市，小陇山、关山、秦岭三大林区林地面积1026万亩，是西北最大的天然林基地，“天水蓝”“天水绿”成为靓丽名片。矿产资源丰富，已发现的矿种有金、铁、锰、铜、铅、锌、银、钼、钨、镍、镁、白云岩、蛇纹岩、透辉石、地热等40多个。旅游资源丰富，是中国优秀旅游城市，现有A级以上旅游景区46处，其中5A级景区1处、4A级8处。明代建筑伏羲庙和伏羲创画八卦遗址卦台山，是全球华人寻根祭祖的圣地。麦积山石窟是中国四大石窟之一，被称为“东方雕塑馆”，列入世界文化遗产名录，与大像山、水帘洞、拉梢寺等共同组成了古丝绸之路东段“石窟艺术走廊”，兼具南秀北雄的特点，是旅游休闲的理想胜地。

【国民经济】2021年，全市地区生产总值750.33亿元，比上年增长7.3%。其中，第一产业增加值141.14亿元，增长10.3%；第二产业增加值195.68亿元，增长5.4%；第三产业增加值413.51亿元，增长7%。三次产业结构比为18.8 ∶ 26.1 ∶ 55.1。按常住人口计算，全年人均地区生产总值25279元，增长8.3%。规模以上工业增加值增长11.5%。规模以上工业企业营业收入304.42亿元，增长26.3%；销售产值428.66亿元，增长22.8%。社会消费品零售总额296.22亿元，比上年增长9.3%。按经营地统计，城镇消费品零售额230.62亿元，增长8.4%；乡村消费品零售额65.6亿元，增长12.6%。一般公共预算收入57.88亿元，增长7.36%；一般公共预算支出336.07亿元，下降4.51%。年末金融机构人民币各项存款余额1749.44亿元，比上年末增长8.5%；人民币各项贷款余额1390.27亿元，增长11.8%。

【乡村振兴】完善防返贫监测和帮扶机制，分层分类落实帮扶措施，没有出现规模性返贫问题。深入实施优势特色产业三年倍增行动，唐人神200万头生猪全产业链养殖等项目加快建设，众兴菌业技术研发及产业化项目落地实施。培育发展龙头企业34家、农民专业合作社382家，陇上花牛等14个产品入选“甘味”品牌。加快推进乡村建设，硬化通自然村（组）道路760公里，新建农村水源保障工程23处、高标准农田11.4万亩。持续开展农村人居环境整治，新改建户厕6.4万座，建成农村生活污水处理站69座、垃圾焚烧站52座、垃圾压缩站106座。

【农业经济】2021年，全市粮食作物种植面积480.33万亩，比上年增加0.2万亩。粮食总产量133.02万吨，比上年增产4.04%。其中，夏粮产量44.93万吨，增产4.72%；秋粮产量88.08万吨，增产3.7%。油料产量11.55万吨，增产0.83%；蔬菜产量234.27万吨，增产9.47%；中药材产量5.57万吨，增产10.71%；水果产量173.72万吨，增产13.28%。肉类产量8.54万吨，增长35.89%。禽蛋产量1.87万吨，增长12.03%。年末牛存栏25.42万头，增长17.2%；牛出栏10.26万头，增长12.5%。羊存栏33.43万只，增长13.2%；羊出栏21.57万只，增长20%。生猪存栏87.86万头，增长10.5%；生猪出栏84.23万头，增长29.5%。

【项目建设】369个清单项目完成投资610亿元。天平高速、麦积山景区旅游连接线建成通车，皇城隧道、区域粮食仓储物流园一期建成，静天高速、引洮供水二期配套工程、天水国际陆港基础设施等项目进展顺利。秦州、武山、甘谷3个风电站即将建成，新能源装机总量达到1100兆瓦。修订完善招商引资优惠政策，新签约项目70个，省外项目到位资金422亿元，东旭集团、杰瑞集团等行业领军企业落户天水。全年固定资产投资比上年增长11%，其中项目投资增长11.2%。

【优势产业】实施“三化”改造项目42个，东旭新材料产业园一期、华天科技集成电路封测智慧园区、天光半导体产品研发与产业化、长城果汁10万吨高端果蔬汁灌装生产线建成投产，旭盛科技OLED载板、电传所国家重点实验室（三期）加快建设。天水工业博物馆一期建成开放。推行产业链链长制度，确定华天电子等15户企业为第一批链主企业，协调解决产业链发展问题53个。天水国家级经济技术开发区扩区增容迈出新步伐，三阳川高新技术产业园土地征收、基础设施建设加快推进。企业创新能力不断提升，新增国家级工业设计中心1个、省级企业技术中心和行业技术中心3个、省级技术创新示范企业1户，甘肃省集成电路制造材料创新联合体在天水市组建。加快发展文化旅游产业，西关古城一期建成开放，麦积山游客服务中心、白鹿仓旅游度假区等加快建设，创建国家级美丽休闲乡村2个、省级乡村旅游示范村9个，秦安大地湾、张家川马家塬遗址入选国家百年百大考古发现。健全商贸物流体系，秦州万达广场建成运营，天水南站万达广场开工建设，江南市场项目进展顺利。中国（天水）跨境电商综合试验区公共服务平台启动运营，秦州区、武山县被列为全省电子商务同城配送试点县区。积极推进城市更新行动，实施城市优化更新项目59个。完善城市基础设施，有轨电车二期、三阳川隧道及引线工程进展顺利。入选全国海绵城市建设示范市，启动建设项目36个。实施智慧城市项目80个，网络理政中心加快建设，5G网络实现城区和重点场所全覆盖。扎实推进全国文明城市创建，常态化开展“包街包巷包小区”志愿服务，全面整治市容环境，城区面貌明显改观。

【人民生活】2021年，全市城镇居民人均可支配收入32251元，比上年增长7.3%；农村居民人均可支配收入10034元，增长10.6%。城镇居民人均消费支出17359元，增长7.3%；农村居民人均消费支出11035元，增长7.8%。城镇居民恩格尔系数27.3%，农村居民恩格尔系数30.3%。

【环境保护】2021年，全市环境空气质量优良天数345天，占监测总天数的94.5%。剔除沙尘天气后，环境空气质量综合指数（AQI）为3.47，细颗粒物（$PM_{2.5}$）年平均浓度25微克/立方米。渭河葡萄园国控出境断面水质综合评价结果为Ⅲ类。城市环境功能区水质达标率100%，国控、省控断面地表水水质达标率100%，县级及以上集中式饮用水水源地水质达到考核要求。严格落实河湖长制和林长制，完成国土绿化16.1万亩，实施中小河流治理工程9处，藉河生态治理三期、渭河城区段防洪及环境治理、葫芦河秦安段生态修复加快推进。加大污染治理力度，实施城乡居民清洁能源改造4万户，清水、麦积污水处理厂提标改造和18个镇级污水处理厂全面完成。清水县入选全国全域森林康养试点建设县。

【社会保障】2021年，全市参加机关事业单位基本养老保险、城镇职工基本养老保险、城乡居民基本养老保险、工伤保险、失业保险和生育社会保险分别为13.66万人、26.53万人、202.73万人、19.4万人、12.08万人和19.41万人。参加城镇职工基本医疗保险30.11万人。城镇职工离退休人员11.13万人，机关事业单位退休人员3.7万人。企业职工基本养老保险基金支出37.14亿元，机关事业单位养老保险基金支出23.98亿元。集体劳动合同签订率87.3%。年末全市共有城市最低生活保障对象1.82万户、4.48万人，累计发放低保补助资金2.62亿元；农村最低生活保障对象8.07万户、26.15万人，累计发放低保补助资金7.05亿元。农村临时救助34.15万人次。城镇新增就业47632人，其中失业人员再就业14636人。城镇登记失业率为4%。共组织劳务输转72.69万人，创劳务收入194亿元。

【社会事业】2021年，全市共有省级工程技术研究中心16家，重点实验室8家，其中，国家级1家、省级7家。省级科技创新型企业23家，高新技术企业75家。登记市级科技成果171项。专利授权量1123件，其中发明专利授权量57件。共签订技术合同605项，技术合同成交额34.26亿元。九年义务教育巩固率为99.69%，高中阶段教育毛入学率为95.7%。共有文化艺术表演团体27个。文化馆8个，乡镇综合文化站113个，公共图书馆8个，各类藏书92万册。广播、电视人口覆盖率分别达99.51%和99.5%，有线数字电视用户8万户。共有医疗卫生机构3236个，其中医院110个，医院中有综合医院57个，中医医院21个，中西医结合医院1个，专科医院31个。基层医疗卫生机构3096个，其中社区卫生服务中心（站）93个，卫生院136个，村卫生室2502个。专业公共卫生机构27个。卫生技术人员20551人，其中执业医师和执业助理医师6814人。医疗卫生机构床位19408张，其中医院15057张，卫生院2935张。共有体育场地5896块，体育场地面积396.34万平方米，人均体育场地面积1.33平方米。全民健身点265个，经常参加体育锻炼的约151万人。在省级以上各类比赛中共获得金牌38枚、银牌30枚、铜牌43枚。

（张颖）

秦州区

【基本情况】秦州区是天水市政治、经济和文化中心，有汉、回、蒙、藏等10个民族。地理位置独特，区位优势明显。扼陕甘川之要道，自古为陇右门户、战略要冲和商贸中心，古往今来，这里人流物聚，商贾云集，是陇东南最大的交通枢纽和商品物资集散地，受西安、兰州两大城市的双向辐射，是联系西北与中原、西南的交通枢纽。国道310、316线，宝鸡—天水、天水—定西、湖北十堰—天水高速公路，宝鸡—兰州铁路客运专线横贯境内，东西连接、南北畅通的立体化现代交通网络日趋完善，交通枢纽地位更加凸显。秦州区是秦人的发祥地，区域内文物古迹众多，人文始祖伏羲就诞生在这里，故有“羲皇故里”之称。总面积2442平方公里，现辖7个街道办事处，47个社区居委会，16镇，420个村民委员会和2个镇辖居委会。2021年末，全区常住人口65.14万人。

【资源优势】秦州历史悠久，文化渊深，山川秀丽，景色宜人，旅游资源十分丰富，是中华民族和中华文明的发祥地之一，位列“三皇之首”的人文始祖伏羲诞生地，是海内外炎黄子孙瞻仰伏羲、寻根祭祖的圣地，也是我国最早设置的郡县之一，已有2700年的建城史，漫长的历史演变，形成了伏羲文化、秦宗文化、三国文化、明清建筑文化和民俗风情文化五大文化旅游景观，文化源远流长，是中国历史文化名城。自然人文景观灿烂，名胜古迹众多，现有全国重点文物保护单位4处，省级、县级文化保护单位59处，国家4A级旅游景区 3 处，著名的伏羲庙、玉泉观、南郭寺、文庙、南北宅子等人文景观和李子园、齐寿山、太阳山自然生态景观交相辉映，是中国优秀旅游城市。地跨黄河、长江两大流域，集南秀北雄于一体，风景优美，气候温润，素有“陇上江南”的美誉，是陇上最佳宜居环境城市。

【国民经济】2021 年，全区地区生产总值 235.98 亿元，比上年增长 7.3%。其中，第一产业增加值 20.15 亿元，增长 10.2%；第二产业增加值 77.55 亿元，增长 9.2%；第三产业增加值 138.28 亿元，增长 6%。规模以上工业增加值增长 17.2%。规模以上工业企业营业收入 177.9 亿元，增长 33.9%；销售产值 231.58 亿元，增长 28.7%。社会消费品零售总额 95.05 亿元，增长 8.9%。固定资产投资增长 6.4%。一般公共预算收入 12.2 亿元，增长 10.22%；一般公共预算支出 45.27 亿元，增长 5.3%。年末金融机构人民币各项存款余额 726.77 亿元，比上年末增长 7.9%；人民币各项贷款余额 659.26 亿元，增长 9.5%。

【乡村振兴】巩固拓展脱贫攻坚成果，健全完善防止返贫动态监测和帮扶机制，全覆盖落实帮扶措施，纳入监测对象 2438 户 9837 人，跟进落实精准扶贫贷款 913 户 4260 万元、产业扶持 925 户 118.84 万元、务工补贴 863 人 25.89 万元、医疗救助 595 人 76.87 万元、公益性岗位 214 人、纳入低保 1828 户 6432 人，监测对象消除风险 2072 户 8586 人，风险消除 87.3%。建立健全巩固拓展脱贫攻坚成果同乡村振兴有效衔接项目库，储备项目概算投资 8.54 亿元。安排实施中央和省、市、区各级财政衔接补助资金 4.09 亿元，推进实施乡村振兴。形成扶贫项目资产 37.93 亿元。其中，经营性资产 0.95 亿元，公益性资产 27.16 亿元，到户类资产 9.81 亿元。创建乡村建设示范镇 4 个、示范村 32 个，修建河堤 2501 米，硬化巷道 3.84 万平方米，彩绘文化墙 2.12 万平方米，栽植绿化行道树 1.03 万株。紧盯农村“三留一困”重点人群，开展“汇爱心”服务活动 100 余次。开展乡村振兴“岗位练兵比武”活动 500 余次。

【农业经济】2021 年，全区粮食作物种植面积 72.96 万亩，比上年增长 0.09%；蔬菜种植面积 10.89 万亩，增长 9.07%。粮食总产量 22.44 万吨，比上年增长 3.07%。其中，夏粮产量 7.87 万吨，增长 4.76%；秋粮产量 14.57 万吨，增长 2.18%。蔬菜产量 24.49 万吨，增长 10.77%。水果产量 34.62 万吨，增长 12%。年末牛存栏 1.36 万头，增长 4%；牛出栏 0.51 万头，增长 72%。羊存栏 3.6 万只，增长 20%；羊出栏 1.92 万只，增长 1%。生猪存栏 13.12 万头，增长 25%；生猪出栏 11.28 万头，增长 109%。

【项目建设】实施 G310 线秦州至甘谷至武山段公路升级改造工程、天水江南市场项目、天水市职教园区建设项目、福田·天水中心城市综合体、天水曲溪城乡供水工程（水源部分）、天水装配式建筑产业园一期建设项目等 163 个。招商引资项目 19 个，总投资 372.88 亿元，到位资金 82.98 亿元，资金到位率 92.2%。第 27 届兰洽会签约项目 4 个，签约金额 222.2 亿元。按照动态管理的原则，论证储备项目 31 个，总投资 916.75 亿元。

【优势产业】坚持以乡村振兴为统揽，大力发展现代特色农业，林果、畜牧、蔬菜、中药材、劳务五大特色优势产业持续做大做强。农业产业化龙头企业 115 家。其中，省级龙头企业 21 家，市级 32 家。农民专业合作社 1815 家。其中，国家级示范社 9 家，省级 41 家，市级 87 家，区级 316 家。全喜农民专业合作社被评为国家级示范社。优化完善冷链物流空间布局，实施农产品仓储保鲜冷链物流项目，建成果品贮藏保鲜库 219 座，新增储藏能力 5000 吨。建成秦州省级农业科技示范园、牡丹镇大柳树等 8 大设施蔬菜基地，建成设施蔬菜智能连栋温室 20 万平方米、绿色高质高效示范基地 1000 亩、新特优品种展示基地 200 亩。“秦州大樱桃”获得国家农产品地理标志登记认证，入选 2021 年度中国最受市场欢迎的樱桃区域公用品牌 20 强。统筹推进电商同城配送新业态可持续发展，作为全省首批电商同城配送项目建设县区，搭建了“臻品甘肃”秦州端电商同城配送平台体系。坚定不移实施“工业强区”战略，天水华天科技股份有限公司集成电路多芯片封装测试扩大规模项目、集成电路高可靠封测产业升级项目、天水天光半导体有限责任公司 SiC 肖特基二极管研发及产业化项目，瓷封集成电路检测和试验能力提升建设项目、天水二一三电器有限公司智能低压电器基础元件研发及产业化转型升级项目、天水市工业国有资产投资有限公司工业博物馆项目、天水华天传感器有限公司物联网变送器研发及产业化项目、多信号智能变送器项目、天水天光半导体有限责任公司高精度低温漂电压基准源集成电路产业化项目顺利推进。积极贯彻落实“宽带中国”战略，将信息通信基础设施作为战略性公共基础设施，全面推动 5G 基站规划建设，提升 5G 时代通信行业的基础设施共享水平。

【人民生活】2021 年，全区城镇居民人均可支配收入 35215 元，比上年增长 7.5%；农村居民人均可支配收入 11601 元，增长 10.6%。城镇居民人均消费支出 26813 元，增长 8.4%；农村居民人均消费支出 11530 元，增长 4.9%。城镇居民恩格尔系数 24.8%，农村居民恩格尔系数 26.6%。

【环境保护】2021 年，秦州区国控点可吸入颗粒物（PM_{10}）浓度均值为 47 微克 / 立方米，比上年上升 2.2%；细颗粒物（$PM_{2.5}$）浓度均值为 22 微克 / 立方米，下降 8.3%；综合指数 3.28，下降 0.9%。优良天数 329 天，减少 19 天，优良率为 94%，下降 4%。秦州区国控 + 省控可吸入颗粒物（PM_{10}）浓度均值为 52 微克 / 立方米，下降 5.45%；细颗粒物（$PM_{2.5}$）浓度均值为 24 微克 / 立方米，下降 4.0%；综合指数 3.42，下降 1.72%。优良天数 342 天，减少 19 天，优良率为 95.3%，下降 1.9%。饮用水源水质达标率 100%；藉河水质类别达到地表水Ⅲ类标准；区域环境噪声、交通干线噪声平均值达到国家标准。水污染防治投入资金 2.3 亿元，建成农村生活污水处理站 42 座，铺设污水管网 18.79 公里。16 镇 420 个行政村中，建站处理 12 镇 78 村，纳管并网 4 镇 28 村，农村生活污水有效治理共 106 个行政村，污水收集处理率 25.2%。

【社会保障】2021 年末，全区城乡居民社会养老保险参保 31 万人，参保率96.62%，续保率97.32%；为5.85万名符合待遇享受条件的60周岁以上参保人员发放养老金0.97亿元；为符合条件的270名村干部发放养老保险待遇40.07万元。参加企业职工养老保险统筹3.9万人。其中，离退休人员1.52万人。机关事业单位养老保险参保1.93万人。其中，退休人员5306人。失业保险参保1.01万人，城镇职工基本医疗保险参保2.82万人，城乡居民基本医疗保险参保47.92万人，生育保险参保2.01万人。企业职工基本养老保险基金征缴1.72亿元，失业保险基金征缴13万元，工伤保险基金征缴857万元。城镇新增就业1.5万人，城镇登记失业率3.95%。失业人员再就业4432人，就业困难人员再就业1794人。城镇公益性岗位1318人，乡村公益性岗位3670人。

【社会事业】2021年，全区组织实施各级各类科技项目91项。其中，省市科技项目28项，区级科技计划项目立项63项，验收科技项目41项，科技成果登记33项。新认定高新技术企业3家，重新认定高新技术企业9家，培育省级创新型企业6家，入库甘肃省科技型中小企业47家。有效专利量1749件，实施农业科技项目48项，引进新品种22个，推广应用新技术26项，开展技术培训400多期2.1万人次。充分发挥农业土专家、田秀才等乡土人才的示范带动作用，建立科技示范基地3个。区属（含市直）公办幼儿园、中小学校258所，专任教师6932人，在校学生数9.42万人。高考上线2296人，上线率49.16%。医疗机构54家（不含民营医院），区级综合医疗1个，疾控机构1家，妇幼保健机构1家，专科医院2个，镇卫生院20所，公共卫生健康培训中心1所，民营医院33家。床位数2472张（含民营医院）。专业技术人员732人。其中，具有高级职称的64人，中级职称的188人，初级职称的480人。

（崔保春）

麦积区

【基本情况】麦积区位于秦岭西端北麓，是天水市的“东大门”，是陇东南的交通枢纽、商埠“旱码头”和商流物流中心，是国家扶贫开发工作重点县区和六盘山特困片区国家重点扶持县区，是全省深度贫困县区之一，2019年底全区实现整区脱贫摘帽。1985年撤销天水县设立北道区，2005年更名为麦积区。横跨长江、黄河两大水系，夏无酷暑，冬无严寒，是名副其实的陇上“小江南”，也是中国农耕文明的主要发祥地。是陇东南的交通枢纽、商埠“旱码头”和商流物流中心。早在汉唐时期，这里就是货通南北、物济东西的地方，有“丝路商贸明珠”之美誉。陇海铁路、G30高速公路、310国道横贯东西，天水机场开通民航，天平铁路、天平高速、麦甘公路建成通车，宝兰客专开通运营，甘肃（天水）国际陆港加快建设，天陇铁路、静天高速启动建设现辖17个镇、3个街道，379个行政村、35个社区。总面积0.35万平方公里。2021年末，全区常住人口55.27万人。

【资源优势】麦积区是“东方艺术雕塑馆”世界文化遗产麦积山石窟所在地，是中华人文始祖伏羲故里，以伏羲文化、秦早期文化、麦积山石窟文化等构成了麦积丰富的历史文化资源。境内旅游资源丰富，有麦积山国家5A级景区、世界天水“第一洞天福地”仙人崖、人文始祖伏羲创画八卦的卦台山、享有“小黄山”美誉的石门、九曲清幽的曲溪胜景、荟萃珍奇物种的小陇山植物园，还有许多天酿佳泉和古遗址、古建筑、古墓葬，既是中外游客观光旅游的理想境地，也是西北最佳森林旅游避暑胜地。被列为全国全域旅游示范区、全国新型城镇化综合试点区、全国农村一、二、三产业融合发展先导区和国家电子商务进农村综合示范区，被评为中国优秀生态文化旅游区、全国休闲农业与乡村旅游示范县区、全国体育先进县区、全国县域足球典型县区、中国深呼吸小城100佳城市、甘肃省县域竞争力十强县区、2021中国最美乡村百佳县市，2018、2019、2020连续三年入选“中国最美县域榜单”。

【国民经济】2021年，麦积区地区生产总值193.7亿元，比上年增长6.7%。其中，第一产业增加值19.8亿元，增长10.2%；第二产业增加值82.6亿元，增长3.9%；第三产业增加值91.3亿元，增长8.2%。规模以上工业企业增加值增长8.7%。规模以上工业企业营业收入26亿元，下降1.8%；销售产值82.03亿元，增长4.7%。社会消费品零售总额79亿元，增长9.3%。固定资产投资增长6.4%。一般公共预算收入7.6亿元，增长14.1%；一般公共预算支出41.3亿元，增长6.9%。年末金融机构人民币各项存款余额334.1亿元，比上年末增长7.6%；人民币各项贷款余额304.6亿元，增长13.8%。

【乡村振兴】严格落实“四个不摘”要求，健全完善防返贫动态监测机制，全面落实1967户7556人边缘易致贫户、1000户4135人脱贫不稳定户帮扶措施，筹资130万元为1.3万人购买“防贫保险”。统筹整合财政涉农资金5.3亿元，落实西青区、中车集团帮扶资金7269万元，建成农村供水巩固提升工程10处，硬化通自然村、小巷道及产业路552公里，2个省级、4个市级、10个区级乡村建设示范村加快推进。麦积花椒产业园等加快建设，安装防雹棚等防灾设施1675亩，修复灾毁农田3万亩，建成高标准农田1.3万亩、果蔬保鲜库45座，新改建标准化规模养殖场14个。麦积区被列为国家乡村振兴重点帮扶县区、全省农村公路“十县百路”示范县区，被评为中国苹果产业五十强县（区），陇上花牛、羲皇九龍果等6个产品入选“甘味”品牌，“花牛苹果”品牌评估价值位列全国十五强。

【农业经济】2021年，全区粮食种植面积63.85万亩；粮食总产量19.82万吨，比上年增长4.2%。其中，夏粮产量7.21万吨，增长3.1%；秋粮产量12.61万吨，增长4.8%。蔬菜产量20万吨，增长7.4%。中药材产量0.41万吨，增长10.8%。水果产量30.55万吨，增长12.7%。年末牛存栏1.14万头，增长23.9%；牛出栏0.4万头，增长11.1%。羊存栏2.37万只，增长6.3%；羊出栏1.46万只，增长14.1%；生猪存栏14.1万头，增长10.8%；生猪出栏16.1万头，增长36.7%。

【项目建设】项目建设成效显著。国家和省、市列重大项目协调保障有力有序，麦积山景区旅游公路、天平高速建成通车，麦积山大景区游客服务中心即将建成，东旭集团天水新材料产业园二期启动建设，甘肃（天水）国际陆港、静天高速、有轨电车示范线（二期）等20个重大项目有序推进。279个区列重点项目加快实施，完成投资85.2亿元，甘泉玉兰小镇棚户区改造、街亭出口至温泉旅游公路等项目全面完工，麦积山国际露营地、白鹿仓国际旅游度假区、天水人文纪念园等项目加快建设，总投资110亿元的麦积黄龙抽水蓄能项目列入国家“十四五”规划。2021年全县共争取各类项目275个，到位资金22.5亿元；实施招商引资项目27个，到位资金53.28亿元。

【优势产业】麦积区是驰名中外的“花牛”苹果的故乡，农林土特产品质优品繁，已形成林果、畜牧、蔬菜三大农业支柱产业，是全国苹果主产区之一，是甘肃省和天水市的优质绿色农产品生产基地。“花牛”苹果醇香爽口，荣膺第五届国际农产品博览会金奖和“中国优质农产品”金奖，被评为“中国驰名商标”，“下曲”葡萄通过国家AA级绿色食品认证，均获“中华名果”和“中国知名特产”称号。元龙花椒、伯阳鲜桃、新跃红杏等7个农产品获得国家A级绿色食品认证。我区成为全国“农业标准化示范区”“优质葡萄生产基地”“优质苹果生产重点县区”和“中国果品产业龙头县区”，被评为全国农产品特色优势区，境内有天水国家农业科技园区。工业基础较为雄厚，形成了以机械制造、电工电器、电子信息、医药食品、新型建材等行业为主的区域工业体系。国家经济技术开发区社棠工业园、天水高新技术工业园、二十铺工业园、东柯河工业园初具规模，锻压大型数控机床和数控端面车床、风动凿岩机、羲皇牌金针菇等产品在国内享有较高声誉，天水锻压机床有限公司技术中心、天水风动机械有限责任公司技术中心被国家发改委认定为国家级技术中心。

【人民生活】2021年，全区城镇居民人均可支配收入32671元，比上年增长7.1%；农村居民人均可支配收入10075元，增长10.8%。城镇居民人均消费支出16830元，增长3.6%；农村居民人均消费支出13590元，增长2.1%。城镇居民恩格尔系数26.9%，农村居民恩格尔系数27%。

【环境保护】环境质量明显提升。第二轮省级环保督察交办的69个问题和省级生态环保暗查暗访暗拍警示片涉及的4个问题按期办结，东部水源地水质达标率100%。完成农村“三改一补”8000户，建成镇村污水处理站3座，提升改造城区垃圾中转站4座。全面推行林长制，完成各类造林绿化2.1万亩、城区公共绿化12.47万平方米、庭院绿化12.65万平方米。深入实施农村人居环境整治五年提升行动和村庄清洁行动，改造户厕1.2万座，打造整村改厕示范村28个。扎实开展河湖“清四乱”行动，拆除河道违法建筑5处，清理河道垃圾300余吨，平整河道7.5公里，长江流域禁捕工作取得实效。

【社会保障】2021年末，发放城镇住房租赁补贴1614户383.4万元，城乡低保金1.3亿元，城乡特困供养金1025.1万元，重度残疾人补贴1225.5万元，困难残疾人补贴995万元，临时救助4913.6万元。城乡居民医保参保49.7万人，参保资助16万人2030万元，医疗救助1.7万人次2170万元。城乡居民养老保险参保率98%，发放养老金1.41亿元。工伤保险待遇257万元，为184家企业发放稳岗返还资金29.3万元，为483家企业减免养老保险费用3121.6万元。完成614名退役士兵社保接续工作，发放补助资金1319.9万元；安置转业士官25名，发放抚恤补助资金2481.8万元。新增城镇就业9523人，发放创业贷款0.9亿元。坚持财政资金向民生领域倾斜，区财政投入民生支出资金26亿元。

【社会事业】2021年，全区共有国家工程技术研究中心4个，登记区级科技成果16项，其中应用技术类成果5项。专利申请量59件。其中，发明专利授权量13件，实用新型42件，外观设计4件。每万人口发明专利拥有量1.47件。九年义务教育巩固率99.68%，高中阶段毛入学率95.5%。伯阳初中、社棠中心学校维修等项目全面完工，天成幼儿园建成招生。文化事业蓬勃开展。共有文化艺术表演团体4个，文化馆1个，乡镇综合文化站17个，公共图书馆1个，各类藏书19.5万册，广播综合人口覆盖率99.75%，电视节目综合人口覆盖率99.25%。天水大革命历史纪念馆、麦积民俗馆、霍松林文学艺术馆建成开馆，3个城市街道综合养老服务中心建成使用。医疗保障不断完善。共有医疗卫生机构616个，卫生机构职工人数3850人，床位数1518张。马跑泉中心卫生院异地迁建项目竣工验收。竞技体育水平保持稳定。共举办区级以上体育赛事3次，体育场地数993个，人均体育场所面积1.97平方米。深入推进安全生产专项整治三年行动，排查整治桥南建材市场周边、秦州商场、陇鑫市场等重点区域经营场所3706家（处），消除安全隐患2931处。全面开展“八五”普法，积极排查化解矛盾纠纷，省、市交办重点信访积案全部办结。扎实推进“平安麦积”建设，常态化开展“扫黑除恶”专项斗争，共破获各类刑事案件354起，2起20年以上命案积案成功告破。

（李泽昊）

清水县

【基本情况】清水县位于甘肃省东南部，天水市东北，陇山西南麓渭河支流牛头河流域，东界陕西省陇县、宝鸡，南连麦积、秦州两区，西接秦安，北临张家川回族自治县，天平铁路、庄天二级公路贯穿全境，是关中—天水经济区和天水市连接平（凉）庆（阳）关中地区的“桥头堡”。古称上邽，以“清泉四注”而得县名，历史悠久，人杰地灵。是中华人文初祖轩辕黄帝的诞生地、秦始祖非子首封地、西汉名将赵充国的家乡、古丝绸之路关陇大道上的重镇。总面积2012平方公里，现辖15镇3乡，260个村民委员会，1118个村民小组，4个社区居委会。2021年末，全县常住人口23.85万人。

【自然资源】清水县气候温和，四季分明，适宜多种农作物和果类生长。农作物有8大类、15科、46属、56种、419个品种，分为粮食、经济及近缘野生植物三大类群。有地方历史特色的清水大麻，栽培悠久，是全省大麻基地。

树种有35科、54属、120种；其中乔木85种、灌木29种。果树有6科、12属、15种、75个品种。药材有262种、栽培种12个。牧草栽培种3—4个品种、野生132种，具有饲料价值的63种。动物家禽家畜13种、52个品种。野生动物百余种，可定名的鸟类52种。矿产资源丰富，已发现的有铁、锰、铜、铅、钼、白云石、大理岩钾长石等14种。旅游资源较丰富，见闻于记载和群众中流传的有清水八景、八奇。“八景”是霞洞悬珠、月台云影、宝盖朝岚、青岩暮雨、红崖晚照、清泉烟柳、玉屏拱翠、汤浴温泉。“八奇”是庞公仙境、高岭飞泉、驼眠白石、牛卧悬崖、击鼓深潭、八狼遗迹、悬石古洞、五龙胜景。位于县城南28公里处的花石崖，相传为唐玄奘取经途中大战黄木狼的万紫山、有黄木狼洞遗址，并有寺庙建于悬崖之上，此地林木苍郁、岩石嶙峋、寺庙兀立、有峻险之美，集人文景观和自然景观于一身，为观光旅游之胜境。另外，位于县城东8公里处的清水温泉，为全国十三大名泉之一，自宋明以来已为陇上胜迹，以水质优良而名扬国内，2012年被评为“中国温泉之乡”。

【国民经济】2021年，全县地区生产总值40.87亿元，比上年增长8%。其中，第一产业增加值15.11亿元，增长10.3%；第二产业增加值2.36亿元，增长11.6%；第三产业增加值23.4亿元，增长6.3%。三次产业结构比为37 ∶ 5.8 ∶ 57.2。规模以上工业增加值增长7.2%；规模以上工业企业营业收入5.29亿元，增长38.5%；销售产值4.8亿元，增长7.7%。社会消费品零售总额10.76亿元，增长10.1%。固定资产投资增长36.43%。一般公共预算收入2.42亿元，增长13.7%；一般公共预算支出24.9亿元，下降2.5%。年末金融机构人民币各项存款余额87亿元，比上年末增长12.22%；人民币各项贷款余额57.3亿元，增长13.58%。

【乡村振兴】紧盯“三农”工作重心历史性转移，扎实推进巩固拓展脱贫攻坚成果同乡村振兴有效衔接，组建5个工作专班和16个专责工作组，制定“5+16”工作方案，确保衔接工作不留空档。投入4.95亿元实施衔接项目88个，健全防止返贫动态监测机制，全面落实监测户产业、就业、兜底等扶持措施，牢牢守住了不发生规模性返贫的底线。持续深化东西部协作和定点帮扶，39项帮扶事项顺利推进。围绕创建“省级乡村建设示范县”，按照“产业定带、带上选村、村分等级、梯次推进”的思路，采取建设“达标村、精品村、示范村”的路径，扎实推动公共基础设施、基本公共服务、乡村治理和精神文明建设，10个省级示范村、4个市县示范乡镇、30个精品村和60个达标村有序推进。

【农业经济】2021年，全县粮食总产量18.34万吨，比上年增长1.74%。油料产量1.82万吨，水果产量15.08万吨，核桃产量1.47万吨，花椒产量0.2万吨。年末牛存栏4.83万头，猪存栏12.88万头，羊存栏5.46万只。出台产业发展奖补政策，做大做强果品、畜牧、蔬菜、中药材、小杂粮“五大特色产业”，全力推进特色产业片带建设，完成果园提质增效管理46万亩，新增规模养殖场8个。推行“龙头企业＋合作社＋种养大户＋农户”模式，大力开展撂荒地整治，完成复耕复种16.2万亩。

【项目建设】制定印发《发展壮大县域经济实力实施方案》和《建立重大建设项目协同推进机制的意见》，全县上下抓项目、争项目的意识明显增强。谋划储备清陇高速、北滨河路等重点项目120个。其中，中央预算项目45个，专项债券项目25个。围绕实现“双碳”目标，协同谋划推进中核新华黄龙抽水蓄能电站项目建设。争取中央预算和专项债券资金4.34亿元。实施西关小学分校、西城区集中供热等重点项目161个，完成投资60.2亿元。“兰洽会”签约三峡风电、易德广场等项目5个，总投资36.3亿元。制定出台《加大招商引资力度推动高质量发展实施方案》，创新招商思路，改进招商方式，积极与省公航旅、中植集团、正大集团、山东土地集团等企业密切沟通，初步达成基础设施建设、产业发展和旅游开发合作意向，“大招商、招大商”格局初步形成。全年全县项目投资增长21.12%。

【优势产业】围绕构建现代农业产业体系，以全产业链发展理念，大力发展干鲜果、畜牧、中药材、食用菌、小杂粮“五大特色产业”，建成干鲜果园61.5万亩、果蔬保鲜库24座、规模化养殖小区95个，创建“清水黑木耳”“清水薄皮核桃”“初祖农耕”等公共品牌，“清水半夏”“清水粉壳蛋”“清水花椒”“邽山土蜂蜜”获得国家地理标志认证。立足陇东南清洁能源一体化发展示范区定位，积极推进能储一体清洁能源产业发展，全县新能源总装机162.44兆瓦。其中，风电场一座60兆瓦，光伏发电102.44兆瓦。依托独居魅力的轩辕故里、非子封邑、充国家乡、清水温泉、生态花园、陇上乡村、运动休闲等文化生态体育旅游资源，精心打造“轩辕故里·康养福地”县域公共品牌，积极培育发展康养及大健康产业，建成中医养生馆32家，以“康”为主体、“养”为特色、“游”为纽带的多业态互补全域旅游起步良好。

【人民生活】2021年，全县城镇居民人均可支配收入30451元，比上年增长7.2%；农村居民人均可支配收入9110元，增长10.4%。城镇居民人均消费支出15160元，增长8.3%；农村居民人均消费支出10470元，增长5.2%。城镇居民恩格尔系数27.19%，农村居民恩格尔系数28.75%。

【环境保护】深入贯彻习近平生态文明思想，落实最严格的环境保护制度，狠抓环境污染治理，全力打好蓝天、净土、碧水保卫战。扎实开展大气污染防治“十大行动”，完成“三改一补”4040户，对建筑施工工地不间断督查，着力加大扬尘管控力度，空气质量优良天数比率95.5%。持续加强水生态环境保护，整治入河排污口49个，建成村镇污水处理站6个，延伸污水管网3.2公里，城区污水处理厂扩容改造工程投入使用。创新“短信提醒＋巡河日志＋手机APP”巡河管理模式，强化河道巡查动态监管，实现了河道巡查常态化、规范化、制度化，牛头河流域省考断面水质达到三类水体标准。积极推进净土保卫战，鑫烨化工土壤污染治理与修复项目竣工验收，农业面源和畜禽养殖污染有效治理。扎实开展中央、省市生态环保督察反馈问题整改，实施各类造林4.51万亩，绿化美化公路767公里、河岸31公里，生态文明建设持续加强。深入推进全域无垃圾治理，创新推行“户分类、组收集、村转运、镇处理”生活垃圾分类处理模式，建成17个乡镇生活垃圾焚烧站、27个乡村污水处理站，农村生活垃圾治理模式在省内外推广，被评为“全国农村生活垃圾分类和资源化利用示范县”。260个行政村通沥青路或水泥路，建成小泉峡百里生态长廊、邽山生态园、花舞北山公园等生态景点，完成造林绿化18.8万亩，创建3个“国家级森林乡村”，“两山青翠、碧水中流，花香满径、绿意倾城”的生态效应全面彰显。大力推进公路绿化，公路沿线种植百日草1157公里，建设公路景观节点133处，形成了干线公路“一路多景”、农村公路“一村一景”的公路绿化景观。

【社会事业】2021年，发放城乡低保、特困供养、临时救助等资金1.1亿元。实施红堡镇、气象站片区棚户区改造300套。坚持把稳定就业放在突出位置，完成职业技能培训5938人，新增城镇就业4506人。开展科技骨干培训1300人(次)、普及型培训1.16万人(次)。完成光伏智能充电桩等专利授权12项、注册“花香传奇”“春韵”等商标126件。始终坚持以人民为中心的发展思想，坚持教育优先发展战略，制定出台《关于新时代推进清水教育高质量发展的意见》。启动建设西城区幼儿园、县六中综合实验楼和陇东中学等16所乡村学校维修项目，办学条件不断改善。初等教育普及工作成效显著。入学率100%，辍学率0，毕业率100%，完成率100%。高考二本以上上线人数1409人。其中，理科上线1108人，文科上线301人。本科上线率65.53%。成功举办天津美术学院书画邀请展、中国交响乐团和天津“德云社”相声专场演出等活动，甘肃电视台《大戏台》走进清水特别节目成功录制，群众文化生活不断丰富，知名度、美誉度持续攀升。广播乡通播率100%，实现广播时间5475小时，电视机11.97万台，通电视村数260个。电影放映场次3144次，观众人数7.07万人（次）。共有卫生机构338个；各类医务人员1168人，其中卫生技术人员1114人；病床数1211张。县医院传染病区完成主体工程。安全有序接种新冠疫苗17.81万人，目标人群疫苗接种位居全市第一。举办体育运动会11次，参加运动会运动员800人（次）。

（新丽萍）

秦安县

【基本情况】秦安县位于渭河支流葫芦河下游，属陇中黄土高原西部梁峁沟壑区，山多川少，沟壑纵横，基岩出露少，河谷多呈葫芦状，蜿蜒曲折，地势西北高而东南低。最大河流葫芦河由四大支流清水河、南小河、显清河、西小河等河流汇成，自北而南，纵贯秦安中部。秦安东接清水县和张家川回族自治县，南邻麦积区，西连通渭县、甘谷县，北靠庄浪县、静宁县，总面积1604平方公里。现辖17镇，428个村民委员会，1410个村民小组，8个社区居委会。2021年末，全县常住人口40.82万人。

【资源优势】粮食作物以冬小麦、玉米、洋芋三大作物为主，其次为高粱、谷子、糜子、荞麦、洋麦、莜麦、豆类等。经济作物有胡麻、油菜籽、向日葵、蔬菜、瓜果等。药材资源较为丰富，药用植物靠人工栽培，以党参为主，其次是大黄、当归、茴香、附子等。野生药物有甘草、冬花、半夏、地骨皮、柴胡、陈皮、黄芩、土沙参、五加皮等。矿物类药物有龙骨、石膏等。林木均为人工栽植。人工栽培的草类主要有紫花苜蓿、草木樨、草高粱和零星种植的红豆草、沙打旺、聚合草、箭舌豌豆等。名优特产有鲜桃、西瓜、白脆、苹果和梨，品种多、历史久、口感好、产量高。秦安蜜桃、秦安花椒、秦安苹果获国家地理标志产品保护。秦安县先后被命名为中国名特优经济林桃之乡、中国苹果之乡、中国花椒之乡、全国经济林建设先进县、全国经济林产业示范县、中国果业发展百强优质示范县。

【国民经济】2021年，全县地区生产总值87.21亿元，比上年增长6.4%。其中，第一产业增加值24.38亿元，增长10.6%；第二产业增加值8.24亿元，下降4.1%；第三产业增加值54.59亿元，增长6.4%。三次产业结构比为27.96∶9.45∶62.59。规模以上工业增加值增长0.8%。规模以上工业企业营业收入7.19亿元，下降10.7%；销售产值7.24亿元，下降9%。社会消费品零售总额38.9亿元，增长9.6%。固定资产投资下降6.5%。一般公共预算收入3.1亿元，增长12.8%；一般公共预算支出40.6亿元，下降7%。年末金融机构人民币各项存款余额181.8亿元，比上年末增长4.1%；人民币各项贷款余额128.9亿元，增长6.1%。

【乡村振兴】2021年，秦安县被列入国家乡村振兴重点帮扶县。编制完成3个省级示范村和2个历史文化名村的乡村规划。监测对象风险消除评估认定风险消除监测对象2771户1.24万人，消除比例79.98%。统筹各类资金0.46亿元，实施义务教育薄弱环节改善与能力提升项目26所，落实学前教育、义务教育等各级各类学生资助政策10.01万人次1.22亿元。与天津市津南区签订了《“十四五”东西部协作框架协议》，落实各类帮扶资金0.71亿元。落实扶贫小额信贷21.16亿元。驻村帮扶干部594名。省、市、县三级147家帮扶单位投入帮扶资金0.36亿万元。关爱农村留守老人0.33万人、留守妇女1.29万人、留守儿童1.66万人、特困群众2.06万人，捐赠物品折资56万元。完成户厕改造1.2万户。

【农业经济】2021年，全县粮食作物种植面积84.24万亩，油料种植面积11.54万亩，蔬菜种植面积9.23万亩，中药材种植面积3.98万亩，果园面积32.37万亩。粮食总产量22.36万吨，比上年增长3.36%。其中，夏粮产量6.78万吨，增长5.04%；秋粮产量15.58万吨，增长2.65%。蔬菜产量20.81万吨，增长15.18%。中药材产量0.27万吨，增长10.07%。水果产量58.21万吨，增长15%。年末牛存栏0.52万头，出栏0.15万头；羊存栏1.78万只，出栏1.27万只；生猪存栏8.06万头，出栏5.53万头。

【项目建设】2021年，全县共争取各类投资项目35项，总投资11.07亿元。其中，落实国家、省市资金10.92亿元。实施各类项目104个，完成投资60.97亿元。41个“三个清单”项目，总投资141.89亿元，完成投资54.93亿元。争取落实国家、省、市资金6.72亿元，落实到位地方政府专项债券 4.2 亿元。

【人民生活】2021 年，全县城镇居民人均可支配收入 31712 元，比上年增长 7%；农村居民人均可支配收入 10216 元，增长 10.9%。城镇居民人均消费支出 16351 元，增长 5.8%；农村居民人均消费支出 9958 元，增长 9.3%。城镇居民恩格尔系数 30%，农村居民恩格尔系数 30.4%。

【环境保护】坚持以习近平生态文明思想为指导，紧紧围绕“生态立县、绿色发展”战略目标，认真践行“两山”论，持续高位推进重点区域生态治理，在黄河流域生态治理和高质量发展中蹚出了一条秦安特色之路。2021 年，城区年均气温 11.9℃，年平均降雨量 432.4 毫米，年日照时数 1826.3 小时，无霜期 227 天。

【社会保障】2021 年末，全县城镇新增就业 5454 人，开展职业技能提升培训 5562 人，城镇登记失业率 3.76%。职工基本养老保险参保 8257 人，征缴企业职工基本养老保险费 0.6 亿元。城乡居民基本养老保险参保 35.4 万人，保费收入 0.77 亿元。城镇职工参加医疗保险 1.97 万人，保费收入 0.79 亿元。城乡居民参加医疗保险 50.37 万人，保费收入 4.33 亿元。参加工伤保险 1.42 万人，保费收入 170.45 万元。

【社会事业】2021 年，全县共有 188 名科技特派员开展技术服务，建立科技示范村 2 个、示范基地 2 处。拥有高新技术企业 2 家，国家级示范生产力促进中心 1 家，国家星创天地 1 家，省级企业技术研发中心 1 家，省级创新型企业 1 家，省级科技型中小企业评价入库 7 家，省级引智示范基地 1 处，市级众创空间 5 家。组织实施科技项目 75 项。共有各级各类学校 294 所；中小学生 5.87 万人，在园幼儿 1.25 万人，学前班幼儿 198 人；公办教职工 6760 人。普及初等教育的入学率 100%，毕业率 100%，升学率 100%。学前三年毛入学率 96.01%，九年义务教育巩固率为 99.82%。普通初级中等教育入学率 100%，毕业率 100%。普通高中升学率 60.09%，高中阶段毛入学率 97.37%。二本及以上上线人数 2942 人，上线率 47%。共有文化艺术表演团体 2 个，图书馆 1 所，各类藏书 7.2 万册，文化馆 1 所，农家书屋 433 个，乡村广播电视站 17 个，广播覆盖率 99.98%，电视地面接收站 6 座，电视覆盖率 99.96%，有线电视用户 7792 户，转播节目 201 套。共有各类卫生机构 515 家；卫生技术人员 1691 人，其中，执业医师 455 人，助理医师 205 人；标准床位 2071 张。

（张振林）

甘谷县

【基本情况】甘谷县位于渭河上游，东邻天水市秦安县、麦积区，南接天水市秦州区、陇南市礼县，西与天水市武山县接壤，北与定西市通渭县相连。南北长 60 公里，东西宽 49 公里。境内地表形态主要为山地、丘陵、河谷，渭河自西向东横贯全境，中部为断陷河谷，地势平坦，南部为秦岭山脉西延石质山区，海拔较高，北部为六盘山余脉黄土梁峁沟壑区，山势较低。人口以汉族为主，居住着汉、回、藏、维吾尔等多个民族。属温带气候，气候类型为大陆性季风气候，四季分明，光照充足，雨量偏少。境内河流主要有渭河、散渡河、古坡河、西小河四条，属黄河支流渭河水系，河流总长 131.1 公里。现辖 13 镇 2 乡 10 个社区 405 个行政村 1553 个自然村，总面积 1582.2 平方公里。2021 年末，全县常住人口 50.18 万人。

【资源优势】甘谷光、热、水、土条件较好，树种资源较为丰富，全县天然林和常用造林树种有 32 科 44 属 107 种 81 个品种，其中包括经济果种 7 科 101 属 37 种。天然林主要分布在南部古坡镇、武家河镇、磐安镇，境内其他各地均有零星落叶阔叶林、常绿阔叶林分布。县域文化旅游资源丰富，有“华夏第一县”黄金品牌、“姜维故里”经典品牌、“大像山石窟”文化品牌、“生态古坡”绿色品牌。实施文化创新和文化遗产保护工程，对毛家坪遗址开发加大保护力度，推动大像山、华盖寺、姜维墓等重点景区晋等升级，打造精品旅游线路。加快推进旅游与农业、文化、康养等产业深度融合，落实景区景点门票优惠和“引客入甘”政策。矿产资源有石灰石、花岗岩、磷矿、赤铁矿等二十多种。

【国民经济】2021 年，全县地区生产总值 87.61 亿元，比上年增长 7.9%。其中，第一产业增加值 24.13 亿元，增长 10.5%；第二产业增加值 14.24 亿元，增长 2.9%；第三产业增加值 49.24 亿元，增长 8.1%。三次产业结构比为 28 ：16 ：56。规模以上工业增加值增长 3.8%。规模以上工业企业营业收入 11.62 亿元，下降 4.9%；销售产值 12.95 亿元，增长 7.3%。社会消费品零售总额 33.57 亿元，增长 10.9%。固定资产投资增长 10.1%。一般公共预算收入 4.31 亿元，增长 14.2%；一般公共预算支出 39.93 亿元，增长 5.3%。年末金融机构人民币各项存款余额 179.85 亿元，比上年末增长 11.5%；人民币各项贷款余额 102.3 亿元，增长 20.8%。

【乡村振兴】坚持巩固拓展脱贫攻坚成果同接续推进乡村振兴统筹并重，始终把防止规模性返贫作为底线任务。因人因户分类施策，精准落实帮扶措施，发现一户、帮扶一户、动态清零一户，监测对象风险消除率 89%。加快补齐农村基础设施短板，新建村组道路 71 条 139 公里，创建“十县百路”示范公路 26.2 公里，建设生命安全防护工程 13 条 50 公里。深化农村人居环境整治，常态化开展全域无垃圾治理，改厕 1.2 万户，硬化巷道 49.5 万平方米，改造抗震农房 272 户。

【农业经济】2021 年，全县粮食总产量 20.9 万吨，比上年增长 5.4%。其中，夏粮产量 7.95 万吨，增长 4.6%；秋粮产量 12.95 万吨，增长 5.9%。蔬菜产量 47.01 万吨，增长 10.2%；水果产量 21.8 万吨，增长 13.5%。年末生猪存栏 30.24 万头，增长 11.3%；生猪出栏 22.08 万头，增长 42.2%。坚持“蔬菜增效益、果椒提品质、畜牧上档次、中药材扩规模”，全面实施现代丝路寒旱农业优势特色产业三年倍增行动计划，持续深入实施“4+2”农业产业振兴行动，促进果品质量不断提升。新改扩建规模养殖场 14 个。围绕粮食等重要农产品和特色主导产业发展，稳步推进农业保险“增品、扩面、提标”工作，完成各类保险

35.59万亩（头、只）。新培育引进龙头企业2家，扶持农民专业合作社51家、家庭农场25家，省级现代农业产业园创建工作有序推进。

【项目建设】实行重点项目清单化管理，一对一研究解决项目建设中存在的困难问题，有针对性地落实调度措施，千方百计抓开工、督进度，项目带动效应明显提升。2021年，全县组织实施重点项目131项，完成投资57.63亿元。新安大道一期、西城区九年制学校1#、2#教学楼、教师周转房、县级公共体育场、妇幼保健院综合楼、散渡河流域水土保持综合治理等18个项目全面建成。县医院迁建、博物馆、渭河流域综合治理、绿色建材产业园、引洮二期城乡供水大庄及礼辛工程等82个项目加快推进。抢抓国家重大战略机遇，聚焦黄河流域高质量发展、“两新一重”等重点领域，紧盯交通基础、农林水利等地方政府专项债券投向。新签约招商引资项目11项85.46亿元，杰瑞锂电池负极材料项目前期工作进展顺利。

【产业优势】突出质量效益，坚持调结构、促转型，大力发展十大生态产业，县域特色优势产业提质增效。坚持蔬菜强品质、果椒增效益、养殖提档次、中药材扩规模，实施现代丝路寒旱农业优势特色产业三年倍增行动，加快磐安国家级农业产业强镇建设，打造“一乡一业”示范镇3个、“一村一品”示范村15个，建成甘谷辣椒示范基地1.5万亩、绿色无公害韭菜种植基地1万亩，发展菜豆、中药材标准化生产基地3500亩、2万亩，新增果蔬保鲜库容0.8万吨，实施果园提质改造5.2万亩，新建标准化养殖场14个。

【人民生活】2021年，全县城镇居民人均可支配收入31555元，比上年增长7.4%；农村居民人均可支配收入10034元，增长10.3%。城镇居民人均消费支出13820元，增长8.8%；农村居民人均消费支出11044元，增长13.2%。

【环境保护】加强生态系统保护和修复，全面推行林长制，实施了渭河流域磐安东坪造林、天门山景区绿化美化、磐谢公路绿化等重点生态工程，完成各类营造林草6.58万亩，公路绿化98公里。新兴镇鸭槐沟、武家河镇武家河村沟道彻底治理。强化建筑施工“六个百分百”抑尘措施管理，城区道路全部采用湿法作业，12吨以上渣土车全部落实密闭运行措施。完成“三改一补”6000户，城区餐饮门店清洁能源改造率94%，油烟净化设备安装率97%。持续加大煤炭交易市场监管力度，常态化开展农村“四烧”巡查检查，环境空气质量不断改善。认真落实河长制，持续开展河道环境综合整治，完成渭河流域入河排污口排查整治36个。

【社会保障】2021年年末，全县机关事业单位参保1.7万人，企业职工参保1.81万人，城乡居民基本养老保险参保37.07万人。为4093名退休干部发放养老金2.69亿元，为6658名企业退休职工发放养老金2.15亿元。支出工伤保险费144人次101万元，发放丧葬抚恤金139人154.21万元，为符合发放条件的8.1万人发放养老金1.17亿元，发放丧葬补助金418.76万元，退保支出134.26万元。被征地农民养老保险参保3674人配套财政补贴3979.89万元，村干部养老保险为438人发放养老金38.05万元，离职和死亡清退22人支出10.88万元，农村代课教师613人发放养老补助67.15万元，“三线”公路建设人员176名人均月增发40元，60周岁以上农村老放映员19人每人每月增发10.8元，乡村医生发放工龄补助金167.74万元。新增城镇就业5931人，城镇登记失业率3.95%。积极落实就业创业扶持政策，持续做好高校毕业生、农民工、退役军人等重点群体就业工作，开展各类培训5937人次，发放创业担保贷款6670万元，98家“扶贫车间”转型升级，新开发公益性岗位4442个。

【社会事业】2021年，全县共有县级学会14个，会员人数180人。专业技术人员8924人，县级高效农业示范区2个，农作物良种覆盖面99.6%，农业先进实用技术覆盖面94%。实施省、市、县科技项目51项。其中，市级11项，县级37项。共有中小学484所，公民办幼儿园298所；在校中小学生11.01万人。各类教职工6984人。参加高考6535人，上线4112人，上线率62.92%。共有乡镇文化站15个，文化专干15人。举办展览100次，组织文化活动88次，剧团戏剧演出90场次。图书馆1所，各类藏书7.2万册，馆藏文物1599件。有线电视用户5600户，电视人口覆盖率95%，村广播室405个，村通播率达95%。共有各类卫生机构26个。其中，县级卫生机构2个，乡镇卫生院17个（中心卫生院6个），疾病预防机构1个，妇幼保健机构1个，卫生监督机构1个，县红十字会1个。卫生技术人员1197人。参加县及县以下运动会0.8万人次，举办专项比赛7次，参加省、市比赛1次，获得国家省、市级荣誉28项，向省、市输送运动员3人。

（王元元）

武山县

【基本概况】武山史称宁远，位于甘肃省东南部渭水河畔，是中华民族古文化的发祥地之一。《清康熙宁远县志》记载：武山“东通三辅，西控五凉，渭水环城，南山瞰邑。落门扼其前路，广吴捍其上游。”自西汉以来，这里就是“丝绸之路”南路通道的必经之地，亦是中西经济文化汇合的要塞。追溯历史，远在38000年前，境内渭河两岸就有人类踪迹，原始先民已在这块土地上生息繁衍，创造了史前文化。东汉灵帝中平五年（公元188年）在此建县。气候宜人，属温带大陆性季风气候，冬无严寒，夏无酷暑，四季分明，环境宜居，海拔在1365—3120米之间。区位优势明显，陇海铁路、连霍高速公路和310国道贯穿东西，洛礼二级公路、贺岷公路和武漳公路连通南北。是全国科技进步先进县、国家级电子商务进农村综合示范县、省级文明县、全省双拥模范县。总面积2011平方公里，现辖13镇2乡，344个行政村，11个社区。2021年末，全县常住人口35.99万人。

【资源优势】文物古迹众多，有仰韶、马家窑和齐家文化遗址36处，水帘洞、木梯寺、狼叫屲、圣寿寺为国家级文物保护单位，省级文物保护单位7处。4A级景区水帘洞位于莲花峰下的天然石洞内，2001年被列为全国重点文物保护单位。拉梢寺摩崖浮雕大佛通高

42.3米，为世界最大的摩崖浮雕。武山是“陇上玉器之乡”，享有“众山皆藏玉”的美誉，驰名中外的夜光杯是用鸳鸯玉精雕而成。境内非金属矿产资源丰富，已探明鸳鸯玉、石灰石、大理石、花岗岩等矿产10余种。水资源丰富，黄河一级支流渭河从距武山县82公里的鸟鼠山发源地滚滚而来，至鸦儿峡麻黄滩入境，自西向东横贯腹部，汇纳榜沙河、漳河、山丹河、大南河、聂河五条支流，干流总长48公里，激荡的渭水孕育出纹理别致、质地独特的渭河奇石。武山温泉为宁远八景之一，被誉为“西北第一泉”，属低硫高酮负碳酸温泉，水质富含天然氡因子，为极具医用价值的复合型矿泉。

【国民经济】2021年，全县地区生产总值71.1亿元，比上年增长7.8%。其中，第一产业增加值26.7亿元，增长10.4%；第二产业增加值8.3亿元，增长0.4%；第三产业增加值36.2亿元，增长7.6%。三次产业结构比为37.6 ∶ 11.7 ∶ 50.7。规模以上工业增加值增长0.1%。规模以上工业企业营业收入8.81亿元，下降1.92%，销售产值9.49亿元，增长5.15%。社会消费品零售总额28.63亿元，增长8.7%。固定资产投资增长4.69%。一般公共预算收入2.81亿元，增长13.31%；一般公共预算支出33.31亿元，增长6.05%。年末金融机构人民币各项存款余额141.62亿元，比上年末增长13.87%；人民币各项贷款余额88.51亿元，增长21.71%。

【乡村振兴】坚决贯彻习近平总书记关于巩固拓展脱贫攻坚成果与乡村振兴有效衔接的重要指示批示精神，制定了《关于实现巩固拓展脱贫攻坚成果同乡村振兴有效衔接的实施意见》，编制了《武山县“十四五”时期巩固拓展脱贫攻坚成果同乡村振兴有效衔接规划》。深入开展“岗位大练兵、业务大比武”活动、巩固拓展脱贫攻坚成果“大排查”以及“十查十纠”活动，广泛开展《乡村振兴促进法》宣传活动，为全面推进乡村振兴、加快农业农村现代化营造良好的氛围。严格落实三级书记抓巩固拓展脱贫攻坚成果同乡村振兴有效衔接责任，修订完善了《武山县驻村帮扶工作队管理办法》。制定了《关于健全完善防止返贫动态监测和帮扶机制的实施方案》。充分发挥国家级电子商务示范县项目的示范带动效应，指导33家供应商的85种产品进驻中国社会扶贫网和832电商平台，有效带动了脱贫群众增收。发放扶贫小额信贷贷款2.48万户12.1亿元，拨付驻村帮扶工作经费171.6万元，落实驻村帮扶工作队员补助672万元，为468名帮扶队员购买人身意外保险。坚持把党建引领作为巩固拓展脱贫攻坚成果、接续推进乡村振兴的关键措施，新建和维修村级组织活动场所60个，引导各类人才向基层一线流动，分类别评审初、中、高三级专业技术人才550多名，引进教育、卫生等行业急需紧缺人才27名，选派13名城区骨干教师优秀长期扎根农村支教，助力乡村振兴。大力开展城乡共治百日攻坚“六大行动”和“一爱一为”志愿服务活动，清理农村生活垃圾2500多吨、水塘111口、沟渠570多公里，拆除塌房烂院、废弃棚圈等1056处。

【农业经济】2021年，全县粮食总产量15.32万吨，比上年增长5.61%。油料产量1.59万吨，增长9.8%；蔬菜产量96.4万吨，增长7.51%；中药材产量1.51万吨，增长6.41%。肉类总产量1.5万吨，增长11.3%。年末生猪出栏19.01万头，增长23.68%；牛出栏1.21万头，增长8.26%；羊出栏6.53万只，增长17.24%。完成造林面积4.75万亩，增长12.83%。现代农业提档升级，建成了渭河川道设施蔬菜省级现代农业示范区，实施了唐人神集团武山年产100万头生猪绿色养殖全产业链、桦林赵坪千亩矮化密植苹果园等一批特色农业产业项目，新建标准化规模养殖场65个，新发展优质果园2.67万亩，新培育农产品加工运销企业18家，新认证国家绿色食品A级产品12个，武山豆角、武山蒜苗成功注册国家地理标志证明商标，武山韭菜入选“甘味”农产品名录，被命名为首批省级农产品质量安全县。加快补齐农村基础设施短板弱项，新建自然村道路77条131公里，建成生命安全防护工程11条40公里，完成了25个“多规合一”村庄规划编制工作。

【项目建设】2021年，全县实施各类投资项目68个，总投资90.2亿元。实施重点项目152个，争取国家和省级资金7.6亿元。县道303线西关至车川道路提升改造、鲁班沟防洪治理工程等项目全面建成，周庄渭河大桥、引洮供水二期配套城乡供水、杨河45兆瓦风力发电等项目加快建设，渭北热源厂、洛门镇区至县二中道路提升改造、国道310线城区段安全防护工程等城建项目建成投用，建成唐人神集团洛门邓湾等3个养殖场，武山湘大生物饲料、鑫兆建材等工业项目全面建成，洛门蔬菜批发市场2万吨冷链物流、龙台马年油菜花海观光基地停车场和观景步道等项目基本建成。唐人神集团·武山年产100万头生猪绿色养殖全产业链项目、武山县年产350万吨骨石料生产线项目、武山杨河45MW分散式风电项目等三个项目列入全市生态产业发展重大调动性工程清单。争取到位棚户区改造配套设施、渭河桦林牛庄至鸳鸯邱家峡治理、榜沙河防洪工程、渭河桦林至鸳鸯可持续发展工程等项目。县一中迁建、洛门三小、城关四幼等教育项目基本建成。

【优势产业】大力实施产业培优培强、基础设施提升、生态环境保护、营商环境优化、民生共建共享“五大工程”，着力打造全省优质绿色农产品全产业链示范高地、全域旅游胜地、新型建材产业基地，奋力建设经济繁荣、城乡美丽、生态宜居、治理高效、人民幸福的现代化新武山。引进了欧洲防风、四季豆、螺丝椒、沙沃萝卜、娃娃菜等特优蔬菜品种和韭菜、甘蓝等蔬菜新品种共计30多个。“武山韭菜”成功入选“甘味农产品”品牌目录。完成了武山韭菜、武山甘蓝、武山西葫芦、武山水萝卜四个产品的绿色A级食品认证，申报成功并开展实施“武山县省级现代农业产业园（蔬菜）”创建项目。

【人民生活】2021年，全县城镇居民人均可支配收入30029元，比上年增长6.9%；农村居民人均可支配收入10476元，增长10.7%。城镇居民人均消费支出10914元，增长6.24%；农村居民人均消费支出10402元，增长8.63%。城镇居民恩格尔系数28.17%，农村居民恩格尔系数28.68%。

【环境保护】持续推进黄河流域渭河支流生态保护和高质量发展，坚决打好蓝天碧水净土三大保卫战。加快推进清洁能源推广利用，列入2021年为民办实事项目的4000户“三改一补”城乡居民清洁能源改造工作已全部完成。扎实开展入河排污口整治，25个入河排污口已完成整治23个。完成武山县污水处理厂、武山县矿泉疗养院污水处理站等2处入河排污口设置审批。加大农村生活污水治理力度，洛门镇龙泉村污水处理站建成投运，鸳鸯镇污水处理厂配套建设污水收集管网1348米，桦林镇赵坪村污水处理站已完成基础土建工作。完成县城区水源地和9个乡镇“千吨万人”集中式饮用水水源地巡查6次，水源地环境安全进一步得到保障。89条河沟道及15座淤地坝全部纳入管理范围，县乡村三级河湖长常态化巡河2.67万人次。扎实开展河湖“清四乱”行动，发现问题5个并全部完成整改，拆除违规搭建在榜沙河上的便桥1座，有力确保了河道生态安全。扎实开展废旧农膜回收利用，设立废旧农膜回收示范网点25个，回收废旧农膜1145吨，捡拾反光膜600余斤。全面推进农村人居环境整治提升五年行动，建成污水处理站5座、垃圾焚烧站7座、垃圾压缩站9座，新建洛门镇镇区污水管网6.3公里，整治农村黑臭水体4条，各类垃圾箱（池）达4800个，完成卫生户厕改造7882户。农村人居环境有效改善。完成造林6.6万亩、绿化道路200公里、绿化美化村庄100个，创建国家级森林乡村4个、省级森林小镇2个。

【社会保障】2021年末，全县城镇新增就业5067人，城镇居民登记失业率3.5%，失业人员再就业1363人，创业担保贷款发放6037万元，职业技能培训8407人。企业职工基本养老保险基金支出1.46亿元，失业待遇325.2万元。机关事业单位养老保险参保1.38万人，发放养老保险待遇1.76亿元。企业参保1.23万人，发放企业职工基本养老保险待遇1.46亿元。城乡居民基本养老保险参保27.14万人，参保率95%。工伤保险参保455户，1.92万人。为符合参保代缴条件的8.8万名困难群体代缴保费928.86万元。享受城市居民最低生活保障3738人，享受农村居民最低生活保障3.98万人，享受农村特困人员救助供养1817人。为1613名经济困难老年人下拨生活补贴资金197.28万元。

【社会事业】2021年，全县新增县列科技项目31项。中等职业教育招生1396人，在校生2119人，毕业生76人；普通高中招生3927人，在校生1.18万人，毕业生3945人；初中招生6466人，在校生1.77万人，毕业生6525人；普通小学招生5147人，在校生3.6万人，毕业生6500人；特殊教育招生17人，在校生87人，毕业生28人；在园幼儿1.47万人。对344个农家书屋出版物补充更新9100余册，提档升级3个乡镇综合文化站、15个村级文化活动室公共数字文化服务设备。共有医疗卫生机构366个，乡镇卫生院15个，社区卫生服务中心1个，村卫生室344个，民营医院9个，个体诊所48个。床位数1539张。

（张雷）

张家川回族自治县

【基本概况】张家川回族自治县东依陕西陇县，南邻清水县，西接秦安县，北与华亭、庄浪两县接壤。境内自然景观和文化遗址较多，主要景观有五龙山、老龙潭、斩蛇崖、小麦积、五指山、青石崖、石人峰等，主要文化遗址有五龙山云风寺遗址、佛爷崖太极八卦图、二郎神脚印石、拴马桩以及宣化岗拱北、清真寺、正觉寺、花果山石窟、摩崖石刻、老庵寺、街亭古战场遗址、秦亭遗址、马家塬战国古墓遗址等。地势由东北向西南倾斜，东西长62公里，南北宽48公里。总面积1311.8平方公里，现辖10个镇、5个乡，255个行政村，县人民政府驻张家川镇。2021年末，全县常住人口24.4万人。

【资源优势】境内植物有木本、草本、观赏和药用4大类，600多种。乔木类主要集中在东北部天然林区，有21目，32科，46属，84种，灌木类主要集中在东北部关山区，种类繁多。野生草本植物比较常见的有240多种，有31科、106属154种。观赏植物有70多种。中药材已达38科，124种，其中野生药材112种，栽种药材12种。珍贵动物9种，均属国家一、二、三级保护动物。铁、铜、铅、锌、水晶、长石、大理石、花岗岩等20多种矿产资源，储量丰富。

【国民经济】2021年，全县地区生产总值33.88亿元，比上年增长8.6%。其中，第一产业增加值10.91亿元，增长10.1%；第二产业增加值2.36亿元，增长7.2%；第三产业增加值20.48亿元，增长8%。三次产业结构比为32.2 ：7 ：60.8。规模以上工业增加值增长0.5%。规模以上工业企业营业收入3.74亿元，增长28.7%；销售产值3.84亿元，增长47.3%。社会消费品零售总额10.25亿元，增长8.5%。固定资产投资增长15.36%。一般公共预算收入1.29亿元，增长11.9%；一般公共预算支出31.3亿元，增长7.5%。年末金融机构人民币各项存款余额98.26亿元，比上年末增长9.4%；人民币各项贷款余额49.37亿元，增长11.8%。

【乡村振兴】张家川县深入贯彻落实习近平总书记关于“三农”工作的重要论述，以稳产保供，产业振兴、乡村建设、绿色发展、惠农富农五个方面为总抓手，狠抓“三农”工作，加快推动农业农村工作提质增效。把抓好粮食安全生产摆在首要位置，认真落实藏粮于地、藏粮于技战略和省长粮食安全责任制，按照“稳政策、稳面积、稳产量”的要求，做到耕地面积、播种面积、粮食产量“三个不减”。不断加大农业基础设施建设，建设旱涝保收、稳产高产的水毁农田修复。坚持把巩固拓展脱贫攻坚成果作为乡村振兴的首要任务，深入系统谋划，推动“三农”工作重心历史性转移，实现巩固拓展脱贫攻坚成果同乡村振兴有效衔接。着力打造农业产业化基地建设，围绕“4+2”产业布局，立足资源优势，按照“有优势、有规模、有标准、有品牌、有影响”的要求，创建农业产业化“四园两体三基地”建设聚焦环境治理，提升乡村建设和治理能力。完成新建改建农村户用卫生厕所9500座，创建整村推进示范村50个。瞄准脱贫户，围绕市场需求和脱贫户意愿，对从事种养殖业的18—60周岁之间男性，18—55周岁之间的女性，且能正常从事农业生产的脱贫户，从产业扶贫与乡村振兴有效衔接政策、新型农业经营主体培育、村集体经济的壮大与发展、农村“三变”改革等。

【农业经济】2021年，全县粮食总产量13.82万吨，比上年增长5.8%。其中，夏粮产量4.29万吨，增长5.56%；秋粮产量9.53万吨，增长5.8%。油料产量0.49万吨，增长10.8%。肉类总产量1万吨，增长11.1%。年末牛存栏12.11万头，增长19%；牛出栏5.2万头，增长11.8%。羊存栏16.8万只，增长83.8%；羊出栏6万只，增长25%。猪存栏1.72万头，增长6.2%；猪出栏2.2万头，增长10%。

【项目建设】扎实做好“六稳”工作，全面落实“六保”任务，实施重点建设项目68项，完成投资28.68亿元。建设阿阳华府等房地产开发项目3个，完成老旧小区改造3个。全力推进餐饮服务、畜牧养殖、现代饲草、特色种植等产业提质增效，新增市级农业重点龙头企业2家，现代肉牛产业园、风电光伏等项目前期进展顺利。新增规上企业1家，申报省级“专精特新”中小企业1家，工业经济保持平稳运行。持续优化营商环境，落实“一企一策”纾困政策，新增市场主体496户。新签约招商引资项目5项，到位省外资金10.38亿元。2021年全县项目投资比上年增长25.49%。

【优势产业】坚持把产业发展作为县域经济的重要支撑，强龙头、补链条、聚集群，建好经济开发区、现代肉牛产业园、餐饮服务业数字化平台“三大产业平台”，构建“4+2”现代产业体系，打造餐饮服务、畜牧养殖、现代饲草、特色种植、清洁能源、文化旅游六个产业，坚持数字化赋能、规模化提升、品牌化打造，建成餐饮服务业数字化平台、孵化中心和配送中心，将在外地开设的餐饮店纳入产业平台，建成一批标准化示范店家、连锁店。大力实施良种繁育、屠宰分割、熟食加工、冷链物流、疫病防控、品牌建设“六大工程”，构建全链条一体融合的畜牧养殖产业体系。优化现代饲草产业布局，健全完善科技推广服务体系，逐步增加优质饲草种植面积，提高秸秆饲料化利用率。坚持以“粮头食尾”“农头工尾”为引领，大力实施现代丝路寒旱农业优势特色产业三年倍增行动，因地制宜建设乡村振兴特色产业种植示范带。坚持发展风电光电、抽水蓄能等项目，加快天然气利用，构建“风、光、水、气、热”等多元清洁能源产业格局。坚持“筑巢”和“引凤”双管齐下，高起点谋划建设关山大景区，加快农文旅等产业深度融合。

【人民生活】2021年，全县城镇居民可支配收入29723元，比上年增长7.3%；农村居民人均可支配收入9059元，增长10.5%。城镇居民人均消费支出11763元，增长5.01%；农村居民人均消费支出10944元，增长10.22%。城镇居民恩格尔系数27.7%，农村居民恩格尔系数28.4%。

【环境保护】全面推行林长制，新增造林面积6552亩，道路绿化147公里。扎实推进污染防治攻坚战，空气质量持续好转。城区污水处理厂除磷单元改造完成，整治入河排污口41个，治理黑臭水体2条。樊河、清水河中小河流治理工程全面完工。积极开展土壤污染治理与修复技术应用试点，轻度和中度污染耕地安全利用率达98%。新建户用卫生厕所9500座。常态化开展全域无垃圾治理，创建省级“千村美丽”示范村10个、市级示范村21个、清洁村庄105个。

【社会保障】2021年末，全县参加城乡基本医疗保险32.6万人，参加城镇居民最低生活保障1388人，参加农村居民最低生活保障人数2.9万人，农村五保户供养899人，参加城乡基本养老保险19.43万人，参加失业保险3232人。城镇新增就业3267人，城镇登记失业率4.17%，开展职业技能培训3481人（次）。改造困难老年人居家适老设施901户，为707户特困供养人员提供“四个一”服务，社会救助实现应救尽救。

【社会事业】系统推进教育评价改革，深入开展师德师风专项整治，“双减”政策和课后服务较好落实，西城教育园区建设有序推进。“书香张家川”全民阅读深入开展，马家塬遗址入选全国“百年百大考古发现”，圪垯川遗址考古发掘再现新石器时代仰韶文化大型聚落。县医院传染病区、中医医院整体搬迁等项目基本建成。政法队伍教育整顿扎实有效，社会治安防控体系提档升级。依法依规解决信访诉求，群众合法权益得到有效保障。安全生产专项整治三年行动系统推进，自然灾害应对防御能力明显提升。大力开展食品安全排查整治行动，有效保障人民群众“舌尖上的安全”。对照创建省级文明县评价指标，常态化开展“包街包巷包小区”、文明劝导等志愿服务活动，“拆违治乱”“牛皮癣”“蜘蛛网”等专项整治成效显著，公民文明素质、城乡文明程度明显提高。

（马渊文）

武威市

【基本情况】武威市位于甘肃省中部，河西走廊东端，是中国旅游标志——马踏飞燕的出土地。1986年被国务院命名为全国历史文化名城和对外开放城市，2001年5月经国务院批准撤地设市，2005年被命名为中国优秀旅游城市，2012年10月被命名为“中国葡萄酒城”。现辖凉州区、民勤县、古浪县和天祝藏族自治县，总面积3.23万平方公里，有9个乡、84个镇、9个街道办事处。2021年末常住人口144.3万人，其中，城镇人口69.6万人，乡村人口74.7万人，聚居着汉、藏、回、蒙等41个民族。

【资源优势】矿产资源较丰富，主要以煤炭和非金属类矿产为主。武威市已发现煤、铁、钛、铜、金、稀土、石墨、芒硝、石膏、重晶石、普通萤石、建筑用砂、建筑用石料和砖瓦用粘土等各类矿产45种，占全省已发现矿种数的37.82%；其中已查明资源储量的有煤、铁、锰、铜、金、石墨、芒硝、磷、石膏、水泥用灰岩等34种；重要和优势矿产为煤、钛、稀土、石墨、芒硝、石膏、普通萤石、水泥用灰岩等。全市已发现各类矿产地292处，其中大型矿床11处，包括煤2处、稀土1处、石墨1处、水泥用灰岩2处、建筑用砂5处；中型矿床13处，包括煤1处、芒硝1处、石膏5处、电石用石灰岩1处、水泥用石灰岩2处、制灰用石灰岩1处、配料用黄土1处、砖瓦用页岩1处；小型矿床268处。其中煤炭已探明储量为16.7亿吨；石灰岩已探明储量为4.02亿吨（其中：电石灰岩 0.21 亿吨，水泥灰岩 3.81 亿吨），远景储量约 18.91 亿吨（其中：电石灰岩3亿吨，水泥灰岩 15.91 亿吨）；石膏已探明储量为 9.8 亿吨；油页岩已探明储量8.73 亿吨；芒硝已探明储量0.08 亿吨；钛铁矿、石墨、稀土储量分别为 28 万吨、667 万吨和 70 万吨。

文化旅游资源独具特色。武威悠久的历史留下了丰厚的文化遗产，现有全国重点文物保护单位 13 处，省级文物保护单位 49 处，馆藏文物 5 万多件套，现存汉明长城 629 公里。中国旅游标志铜奔马、中国石窟鼻祖天梯山石窟、重要历史事件“凉州会盟”纪念地、陇右学宫之冠文庙、稀世珍宝西夏文“活字典”西夏碑、中国著名佛经翻译家鸠摩罗什舌舍利塔，都是全国唯一性文化资源。五凉文化、西夏文化等多种文化兼容并蓄，相映成辉，中国文化宝库中的明珠——凉州词更是被人们千古传诵。武威自然景观独特，旅游资源丰富，有国家 4A 级景区 9 处、3A 级 11 处、2A 级 2 处，富集了除海洋以外所有的地貌景观，雪山冰川、森林草原、绿洲田园、大漠戈壁，各种独特的自然景观与历史文化、民族风情，构成了一幅美丽画卷。武威，民族民俗风情浓郁，有凉州贤孝、武威宝卷、凉州攻鼓子、民勤曲子戏、华锐藏族民歌、天祝土族格萨尔、天祝唐卡等国家级非遗项目 7 项，省级非遗项目 29 项。

【国民经济】2021 年，全市实现地区生产总值 600.2 亿元，比上年增长 8.1%。其中，第一产业增加值 187.4 亿元，增长 10.8%；第二产业增加值 104 亿元，增长 8.4%；第三产业增加值 308.9 亿元，增长 6.4%。三次产业结构比为 31.2 ∶ 17.3 ∶ 51.5。按常住人口计算，人均地区生产总值 41361 元，增长 10.2%。全部工业增加值增长 13.8%，规模以上工业增加值增长 17.1%。固定资产投资增长 12.5%。社会消费品零售总额 162 亿元，增长 12.6%。一般公共预算收入 32.3 亿元，增长 1%。年末金融机构本外币存款余额 1111.6 亿元，比上年末增长 8.7%；本外币贷款余额 931.3 亿元，增长 5.1%。

【乡村振兴】扎实推动巩固拓展脱贫攻坚成果同乡村振兴有效衔接，建立易返贫人口快速发现、评估响应、精准帮扶、风险消除、动态监测五项机制，5349 户 16728 名监测对象全部落实帮扶措施。整合财政涉农资金 16.7 亿元，落实财政衔接推进乡村振兴补助资金 15.9 亿元、东西部协作和中央单位定点帮扶资金 1.3 亿元，实施产业发展、基础建设等各类项目 375 项，脱贫成果不断巩固。持续巩固“两不愁三保障”，新建公办幼儿园、中小学 9 所；实现标准化村卫生室和合格村医“两个全覆盖”，脱贫人口基本医疗保险参保率和资助率均达 100%；完成农房抗震试点改造 3113 户；实施农村水源保障工程 7 项。强化易地搬迁后续扶持，编制古浪黄花滩、天祝南阳山和凉州区邓马营湖后续扶持发展规划，实施后续扶持项目 51 项。编制“多规合一”实用性村庄规划 146 个，完成农户改厕 2.1 万座，农村天然气入户 3900 户，6 个国家重点镇建成污水处理设施并投入运行，1083 个行政村全部建成卫生公厕。

【“三农”工作】全年农作物播种面积达 385.4 万亩，其中粮食作物播种面积 240 万亩、经济作物播种面积 145.4 万亩。粮食产量 122.1 万吨，其中夏粮产量 25.9 万吨、秋粮产量 96.2 万吨。蔬菜种植面积 64.5 万亩，增长 1.9%；产量 271.2 万吨，增长 3.2%。食用菌、瓜类、草莓产量分别达到 9.5 万吨、55.7 万吨、326.4 吨，比上年分别增长 33.4%、19.5% 和 65.3%；青饲料面积 31.4 万亩，增长 21.6%。猪、牛、羊、鸡存栏量分别达 90.5 万头、71.7 万头、557.8 万只、851.2 万只，分别增长 3%、18.3%、13.8% 和 6.4%；出栏量分别达 183.4 万头、33.3 万头、443 万只、520.2 万只，分别增长 15.8%、13%、32% 和 14.8%，牛奶产量 9.4 万吨，增长 2 倍；禽蛋产量 3.1 万吨，增长 6.8%。全市农业产业化龙头企业达到 194 家（其中国家级 3 家、省级 77 家）、合作社 6801 家、家庭农场 5811 家，冷藏静态库容达到 69.9 万吨。累计建成高标准农田 195.5 万亩，农业综合机械化率提高到 80.8%。农村集体产权制度改革阶段性任务基本完成，组建并赋码登记农村集体经济组织 1046 个；培育发展 95 家企业、284 个农民合作社深度参与“三变”改革，农户累计获得入股分红 1.9 亿元。

【优势产业】围绕符合国家战略、适应市场需求、契合资源禀赋、促进群众增收的原则，着力强龙头、补链条、聚集群，促进一、二、三产业融合发展。

现代农业稳定向好。深入实施现代丝路寒旱农业优势特色产业三年倍增行动，加快发展“8+N”农业优势主导产业，全年实现农业增加值 190.4 亿元，“牛羊猪禽果菜菌草”八大优势主导产业成为农业增效、群众增收的重要支撑。“三品一标”农产品达到 339 个，天祝白牦牛、藜麦、民勤肉羊、蜜瓜、河西走廊酿酒葡萄 5 种农产品入选“甘味”知名区域公用品牌。凉州区获批创建国家现代农业产业园，武威现代生态奶业产业园入选全省 10 个百亿级产业园，民勤、古浪入选“甘味”肉羊产业集群，建成 3 个粤港澳大湾区菜篮子生产供应基地，武威市被誉名“中国食用菌之乡”。

生态工业势头强劲。建立产业链链长制，集中精力培育“链主”企业，全方位壮大以“龙头企业＋骨干企业＋配套中小企业”为支撑的产业集群，推动重点产业高端化、智能化、绿色化发展。武威伊利乳业产销两旺，红太阳面业日处理 1500 吨小麦制粉生产线、泰昆年产 25 万吨饲料、光大环保垃圾焚烧发电等项目建成投运，禾通农业 10 万吨玉米压片、新希望六合 33 万吨饲料等一批项目加快建设，全市产值过亿元企业达到 56 户，比上年净增 9 户。武威工业园区获评省级“绿色园区”，在全省省级开发区年度考核中获优秀等次。抢抓“双碳”战略机遇，统筹新能源开发和产业链构建，引进 15 家大型央企和知名民企，开工建设新能源装备制造、光伏发电等项目 24 项，总投资 208 亿元，在建装机规模 300 万千瓦。

文化旅游持续壮大。雷台文化旅游综合体主体工程全部完工，历史文化街区保护建设、天梯山生态文化旅游区、苏武沙漠大景区等重点项目加快推进。神州荒漠野生动物园提升扩建、古浪战役纪念馆二期、八步沙“两山”实践创新基地等项目建成运营。大型原创话剧《八步沙》在京成功首演。常态化举办凉州文化论坛，五凉文化论坛列入全省“一会一节”分项活动。凉州区高坝镇蜻蜓村入选全国乡村旅游重点村。全年接待国内外游客1286.3万人次，比上年增长10.1%；实现旅游总收入70.6亿元，增长6.9%。

【项目建设】坚持把项目建设作为推动高质量发展的主抓手，谋划确定高质量发展重大项目242项，建立重大项目协同推进机制，实行"五个一"包抓和APP平台调度管理，全年固定资产投资比上年增长12.5%。实施500万元及以上项目590项，完成投资比上年增长10.6%，其中5000万元及以上项目171项，完成投资增长17%。兰张三四线铁路、钍基熔盐堆核能系统等重大项目加快建设，北仙高速武威至仙米寺段、民勤通航小镇等项目开工建设，民勤县城第二热源厂、黄花滩370万方调蓄水池、古浪县城污水处理厂提标改造等项目建成投运。抢抓政策机遇，围绕生态环保、民生保障、基础设施等重点领域，申报落实中央和省预算内投资项目157项，到位资金15.4亿元；发行专项债券项目60项，落实资金22亿元。

【人民生活】全年城镇居民人均可支配收入33791元，比上年增长7%；人均消费支出25872元，增长9.1%；恩格尔系数31.1%，比上年降低0.6个百分点。农村居民人均可支配收入14859元，增长10.3%；人均消费支出12336元，增长12.7%；恩格尔系数27.1%，比上年降低0.5个百分点。

【基础设施建设】兰张三四线铁路中川机场至武威段正线工程量完成80%以上，控制性工程新乌鞘岭隧道即将贯通。中心城区第二水源地、凉州西营五干片区调蓄水池、古浪黄花滩调蓄供水工程5号水池等项目建成投用。北仙高速武威至民勤段正式通车，实现县县通高速。深入开展新一轮全国文明城市创建，开工建设市政道路30条、建成通车24条；新建续建公共停车场12个；改造供排水管网90公里，供热管网42.3公里，新建改造换热站19个；完成老旧小区改造200个、1.47万户。持续开展城市绿地倍增行动，新增城市（县城）绿地70.3万平方米，提质改造47.4万平方米。智慧武威·城市大脑建成运营，"天马行市民云"APP上线运行，5G网络实现城区和重点景区全覆盖。

【环境保护】全力打好蓝天、碧水、净土三大保卫战，地表水考核断面、地下水点位和县级及以上饮用水水源地水质全部达标，土壤环境质量总体安全。凉州城区PM_{10}、$PM_{2.5}$等空气监测指标浓度均值稳定在国家达标城市行列。统筹推进山水林田湖草沙冰综合治理，完成人工造林37.7万亩、草原综合治理36.6万亩、退化林分修复6.5万亩，国土绿化提质增效17.3万亩。编制实施《武威市黄河流域生态保护和高质量发展规划》及"十四五"实施方案，谋划储备重点项目785项，开工建设92项、完成投资86.7亿元。八步沙林场治沙经验纳入国家"黄河规划纲要"，并荣获省政府质量奖和中国质量奖提名奖。深入开展祁连山国家公园体制试点，将12个自然保护地整合优化为7个。国土"三调"顺利收官。全面推开林长制，建成乡镇休闲公园18个、行政村公共休闲绿地622处。严格落实《武威市节约用水条例》，4个县区全部创建为全国节水型社会达标县区。城市再生水利用率达到46%，居全省前列。

【社会事业】加大公共财政投入力度，民生支出占一般公共预算支出的85%。扎实开展"就业援助月""春风行动"等就业促进行动，全年城镇新增就业17012人，其中失业人员再就业5409人。年末城镇登记失业率为3.38%。全年输转城乡富余劳动力40.09万人，其中省外17.99万人、省内22.11万人。强化妇女儿童、农村留守人员、残疾人等群体关爱服务，武威市被确定为全国居家和社区基本养老服务提升行动试点地区。健全完善公共卫生和重大疾病防治应急防控体系，积极推进分级诊疗制度实施，医保DIP支付方式改革试点稳步推进。祁连路小学、武威第二十五中学等学校建成招生，新增公办幼儿园园位1180个、中小学学位6210个，消除义务教育"大班额"84个。"双减"政策全面落实。凉州医院、市第二人民医院完成迁建并投用，武威肿瘤医院整体搬迁及功能提升等项目有序推进。

【社会保障】年末全市企业职工基本养老保险参保人数17.85万人，其中离退休人员5.37万人；机关事业单位工作人员养老保险参保7.36万人，其中离退休人员2.05万人；城乡居民基本养老保险参保人数90.27万人，其中领取养老保险待遇人数24.44万人。失业保险参保人数11.01万人，领取失业金人数1.04万人。工伤保险参保人数15.84万人，其中农民工参保3.73万人，享受工伤保险待遇人数1443人。全年城镇职工基本医疗保险参保人数15.8万人，比上年增加0.9万人；城乡基本医疗保险参保人数146.4万人，比上年减少2.2万人。

全年城镇居民最低生活保障救济人数1.6万人，农村最低生活保障救济人数5.28万人，农村五保供养0.57万人。年末福利院1所，在院人数174人；民办养老机构6所，拥有床位4284张；农村敬老院14个。年末各类养老机构拥有床位数7708张，在院人数3102人。

【对外开放】武威国际陆港"一中心两口岸"建成运营，铁路集装箱场站加快建设，一批木材加工项目落户陆港。积极拓展合作渠道，与格鲁吉亚互设海外仓及出口产品分拨中心，开通武威—格鲁吉亚第比利斯班列，发运"天马号"中欧班列8列，货运总量7980吨、总值2.4亿元。全年实现外贸进出口总额4.65亿元，增长10.3%，其中出口4.55亿元，增长75.4%。成功举办"民企武威行"活动，与各方商会、公益组织达成消费帮扶协议3.3亿元，签约项目83项、总投资137亿元。全年实施招商引资项目314项，落实招商引资到位资金239.8亿元，增长11.4%，其中省外到位资金171.2亿元，增长17%。

（刘锦莲　朱多璋）

凉州区

【基本情况】凉州区位于甘肃省中部，河西走廊东端，是中国旅游标志——马踏飞燕的出土地。1986年被国务院命名为全国历史文化名城和对外开放城市，2001年撤销县级武威市设立凉州区，2005年被命名为中国优秀旅游城市，2012年被命名为中国葡萄酒城。全区总面积4907平方公里，耕地面积146.74万亩，现辖37镇、2个生态建设指挥部、9个街道办事处，共有442个村民委员会、39个社区居委会，聚居着汉、藏、回、蒙等38个民族，常住人口87.86万人，其中，城镇人口47.39万人，乡村人口40.47万人。

【自然环境】凉州区山区、川区、沙区面积各占约三分之一，是典型的资源性缺水地区。近年来，扎实推进全域生态文明建设，通过实施石羊河流域重点治理、祁连山生态环境问题整改、污染防治攻坚行动、国家节水行动、绿地递增行动、科学防沙治沙、全域无垃圾专项行动等，凉州区被水利部命名为节水型社会建设达标县区，被省住建厅命名为“甘肃园林城市”，全区生态环境逐步好转。

【特色产业】凉州区区位优越，东接兰州、南靠西宁、北临银川和内蒙古、西通新疆，是古丝绸之路要冲，兰新铁路、G30线、金武高速等重要公铁通道在此交汇，兰张三四线铁路中川机场至武威段正在加快建设。区内有甘肃省三大陆港之一的甘肃（武威）国际陆港和甘肃武威工业园区、甘肃武威黄羊工业园区、凉州工业园区，园区基础设施配套完善、产业承载能力较强，现已形成了以食品加工、装备制造、新能源、高新技术、农产品精深加工、特色化工、电子商务、现代物流为主的特色主导产业。

凉州区农业资源得天独厚，是全国生猪调出大县、全省肉牛产业大县、肉羊产业强县，是全国北方冬春设施蔬菜规模化生产基地之一、西北地区最大的设施蔬菜生产基地，2019年被农业农村部确定为全国农产品质量安全县。近年来，着力打造沿山沿川沿沙“三大特色产业带”，大力发展牛羊猪禽菜果菌薯药草“10+N”特色产业，牧原生猪、伊利乳业、优然牧业、德青源金鸡、海升水果胡萝卜、众兴菌业等一批重点农业项目落地建设，初步构建起了现代奶产业体系、饲草产业体系及特色蔬菜产业体系，农业产业发展势头强劲、质效不断提升。

【国民经济】初步核算，全年全区实现地区生产总值376.6亿元，按不变价格计算，比上年增长7.2%。其中，第一产业增加值98.6亿元，增长10.5%；第二产业增加值68.2亿元，增长4.7%；第三产业增加值209.7亿元，增长6.5%。三次产业结构比为由2020年的24.9 ∶ 17.6 ∶ 57.5调整为26.2 ∶ 18.1 ∶ 55.7。按常住人口计算，人均生产总值达到42752元，比上年增长8.4%。全部工业增加值增长10%，其中规模以上工业增加值增长14.3%。固定资产投资增长12.2%。

【脱贫攻坚】凉州区是全省17个插花型贫困县区之一。2013年，有贫困人口11.39万人，主要分布在张义山区、杂木河流域、金塔河流域、西营河流域、腾格里沙漠沿沙“五个片区”25个镇的206个行政村（其中贫困村85个），贫困发生率15.7%。2020年底，全区11.39万建档立卡贫困人口全部实现脱贫，贫困人口自主发展能力稳步提高，全区历史性告别了绝对贫困。

【“三农”工作】全年实现农业增加值99.89亿元，比上年增长10.4%。农作物播种面积163.63万亩，增长4%。其中，粮食作物总播种面积120.12万亩，增长11.8%；经济作物播种面积43.52万亩，下降12.7%。全年粮食总产量70.27万吨，增长17.3%。其中，夏粮产量13.60万吨，秋粮产量56.67万吨。全区畜禽规模养殖场达到238个，其中养牛场49个（奶牛场5个）、养羊场49个、养猪场118个、养鸡场17个、养鸽场5个。全年肉类总产量达14.17万吨，下降9.54%。

【项目建设】全区实施500万元及以上在建项目235项，比上年增加18项；计划总投资394.9亿元，比上年增加3.52亿元。其中亿元以上项目66项，增加4项。全年固定资产投资比上年增长12.2%。其中，第一产业投资增长33.82%，第二产业投资下降7.96%，第三产业投资增长15.29%。500万元及以上项目完成投资增长8.18%。工业固定资产投资下降7.96%。

【优势产业】凉州历史悠久，人文荟萃，以其“通一线于广漠，控五郡之咽喉”的军事战略要地和“车马相交错，歌吹日纵横”的商埠重镇为世人所瞩目。自汉武帝开辟河西四郡，历代王朝都曾在这里设郡置府，东晋十六国时期的前凉、后凉、南凉、北凉和隋末的大凉均在此建都，史有“五凉古都，河西都会”之称。文化遗产丰厚，现有全国重点文物保护单位10处（武威文庙、西夏碑、雷台汉墓、白塔寺遗址、天梯山石窟、长城、旱滩坡墓群、磨咀子和五坝山墓群、高昌王和西宁王墓、海藏寺），省级文物保护单位29处，市县级文物保护单位108处，馆藏文物5万多件，是全省文物资源最为丰富的地区之一。有中国旅游标志马踏飞燕、稀世珍宝西夏碑、“陇右学宫之冠”武威文庙、“石窟鼻祖”天梯山石窟、西藏纳入中国版图的历史见证地“凉州会谈”纪念馆、鸠摩罗什舌舍利塔等珍贵历史文化遗存。境内名胜古迹众多，雪域高原、绿洲风光和大漠戈壁等自然景观与历史文化交相辉映，具有较高的文化旅游价值，全省最大的文化旅游PPP项目武威雷台文化旅游综合体项目即将建成投运，武威历史文化街区保护建设项目加快建设。2021年，全区接待国内游客938.11万人次，比上年增长5.4%；旅游综合收入50.71亿元，增长2.6%。

【人民生活】加强就业信息、政策宣传力度，以劳务输转为抓手，组织开展“线上＋线下”招聘活动，搭建有用工需求的企业和求职人员双选平台，有力促进劳动力稳定就业。2021年，全区城镇新增就业10374人，城镇失业再就业2406人。城镇登记失业率为3.86%，达到年度目标要求。全区城镇居民人均可支配收入35912元，比上年增长7.1%，净增2381元；农村居民人均可支配收入18137元，增长10.1%，净增1664元。城乡居民人均可支配收入比为1.98，较上年缩小0.06个百分点，城乡收入差距进一步缩小。

【环境保护】全区有环境监测站1个，环境监测人员有15人，地表水考核断面水质达标比例为100%；城市集中式饮用水水源地水质达标率100%；农村集中式饮用水水源地水质达标率100%；地下水水质达标比例为100%。剔除沙尘影响后，PM_{10}平均浓度65微克/立方米，$PM_{2.5}$平均浓度28微克/立方米，优良天数313天，优良天数比例为85.8%。全区完成人工造林1.66万亩，其中，防沙治沙1.27万亩，绿洲区绿化0.39万亩；完成义务植树460万株。

【社会保障】民生福祉持续增进。

年末全区城镇职工和城乡居民基本医疗保险参保人数分别达61091人、812088人。全区企业职工、机关事业单位、城乡居民基本养老保险参保人数分别达72870人、24901人、424599人。参加失业和工伤保险人员分别达49492人、67715人。全区保障城市低保对象3238户7395人，保障农村低保对象10068户21753人，全年共发放各类城乡低保资金9896.67万元；保障农村特困供养对象2311人，全年累计发放资金1779.83万元。全区共有养老机构10所，床位2481张。

【社会事业】认定国家高新技术企业4家；争取国家和省、市级科技项目9项、项目资金275万元，认定国家和省、市级各类科技创新平台1家、市级科技创新型企业11家。争取省、市、区科技创新扶持资金533万元；指导评价入库科技型中小企业65户；完成技术合同交易额8.2亿元、比上年增长4.6%；选派科技特派员100名、法人科技特派员27名，累计开展培训64场次，培训农民0.8万人以上。全年授权专利808件，比上年增加16件，授权发明专利23件。

年末共有各类学校和幼儿园414所，比上年增加1所，在校（园）学生（幼儿）158230人，比上年增加437人。其中，中等职业学校9所，在校学生9989人；中学78所，在校学生48319人；特殊教育学校1所；小学156所，在校学生66495人；幼儿园171所，在园幼儿33321人。小学学龄儿童入学率、巩固率、毕业率均达100%；初中入学率、巩固率、毕业率均达100%；初中毕业生升入高中阶段的比率为95.2%。九年义务教育巩固率达100%。全区共有文化馆1个，公共图书馆7个，乡镇文化站37个。数字有线电视入户率和广播电视无线覆盖率分别达到89%和99.98%。

年末全区共有卫生机构953个，其中医院、卫生院45个。社区卫生服务中心（站）9个。全区拥有床位7571张，卫生技术人员9676人。全年甲、乙类法定报告传染病发病人数2822例，报告死亡4人；报告传染病发病率438.2799/10万，死亡率0.4518/10万。全区有各类运动场所3082个，室外全民健身路径688条，新建成农民体育健身工程行政村20个；全年经常性体育锻炼人数达到36.72万人次。

（张颖）

民勤县

【基本情况】民勤县地处河西走廊东北部，石羊河流域下游，南临凉州区，西南与金昌市连接，东西北三面均与内蒙古自治区接壤，被巴丹吉林和腾格里两大沙漠包围，国土面积1.59万平方公里，以“俗朴风醇，人民勤劳”得名。境内有国家、省市级文物保护单位16处，素有“人在长城之外、文居诸夏之先”的美誉，是全省有名的“文化之乡”。全县辖18个镇、29个社区居委会、248个村民委员会，聚居着汉、藏、回、蒙等16个民族，2021年末全县常住人口17.39万人，其中，城镇人口7.21万人，乡村人口10.18万人，常住人口城镇化率41.45%。

【资源优势】民勤境内光、热、水、土资源组合优越，具有发展绿色有机农业得天独厚的自然条件，蜜瓜、茴香、果蔬及肉羊等农畜产品质优量大，先后被中国蔬菜流通协会授予“中国蜜瓜之乡”“中国茴香之乡”“中国人参果之乡”，被中国食品工业协会誉名为“中国肉羊之乡”，被世界中餐业联合会授予“中华苏武沙羊美食之乡”称号。煤、芒硝、石墨等矿藏资源极具开发潜力，属太阳能、风能资源丰富区。旅游资源富集，有亚洲最大沙漠人工水库红崖山水库、石羊河国家湿地公园、青土湖、“西部庄园之最”瑞安堡以及摘星小镇、沙漠雕塑国际创作基地等沙漠特色旅游资源。

【特色产业】蜜瓜、茴香、果蔬和肉羊“3+1”主导产业推进步伐加快。以“7+2”农业产业园建设为依托，持续放大示范效应，2021年，全县蜜瓜、茴香、果蔬种植面积分别为10.59万亩、5.34万亩、12.54万亩，产量分别达38.6万吨、1.64万吨、52.46万吨；肉羊饲养量达253万只。清洁能源产业蓬勃发展。钍基熔盐堆核能系统项目进展顺利；兴业48.5兆瓦、航天日泽19.5兆瓦、中节能70兆瓦光伏发电、远景智能风机制造基地、共享储能电站、民勤陇玉20万千瓦光伏、民勤红沙岗国能20万千瓦光伏发电等项目开工建设，至2021年底，全县已建成并网风光电项目装机总容量1853兆瓦。旅游产业活力显现。摘星小镇、苏武小镇项目建成运营，通航小镇、通航乐园、文化体育中心等项目顺利推进。苏武沙漠大景区被评为国家4A级旅游景区，民勤乡村记忆博物馆被评为国家3A级旅游景区。全年接待旅游人数120.11万人次，比上年增长24.4%；实现旅游综合收入7.31亿元，增长17.9%。

【国民经济】初步核算，2021年，全县实现地区生产总值91.2亿元，按不变价格计算，比上年增长9.7%。其中，第一产业增加值42.2亿元，增长10.2%；第二产业增加值13.8亿元，增长28.5%；第三产业增加值35.3亿元，增长4%。人均地区生产总值达到51940元。三次产业结构比为46.2 ∶ 15.1 ∶ 38.7。全年全部工业增加值比上年增长41%，其中规模以上工业增加值增长29.7%。固定资产投资增长6.6%。社会消费品零售总额21.2亿元，增长12.1%。招商引资实际到位资金41.5亿元，增长11.6%。

【乡村振兴】持续巩固拓展脱贫攻坚成果，探索建立“336”防返贫动态监测和帮扶机制，严格落实“四个不摘”要求，精准认定兜底保障对象3566户6736人，实现应保尽保，应兜尽兜。转型认定扶贫车间11家，吸纳就业人数524人，完成劳动力职业技能培训6038人；调优配强帮扶力量，全县248个行政村实现帮扶单位全覆盖。加强粮食安全和重要农副产品有效供给，粮食面积稳定在40万亩以上；不断提高农产品质量，全县果蔬样品抽样合格率达100%。加快农村电商发展，培育发展电商企业206家，开设网上店铺1167家，淘宝、京东、美团等10家平台设立线下体验店，辐射带动群众就业2000多人，销售产品360余种。全年电子商务交易额达8.4亿元，其中农产品网销额达5.92亿元。扎实推进乡村建设示范行动，薛百五星、三雷建新、西渠号顺等12个省级示范村基本建成。

【“三农”工作】突出品牌强农，“民

勤茴香”通过农业农村部农产品地理标志认证，全县“三品一标”产品认证达81个。收成镇蜜瓜产业园被认定为第八批粤港澳大湾区“菜篮子”生产基地。注重延链补链，建成家禽屠宰、沙葱制品、辣椒制品、沙生药材等农产品加工项目，全县各类加工企业达到69家。

深入实施优势特色产业三年倍增行动，进一步加大产业结构调整力度，大力发展蜜瓜、茴香、果蔬和肉羊“3+1”主导产业，农业生产稳健运行，农业经济稳中加快。2021年，农作物播种面积89.50万亩，其中粮食作物播种面积40.18万亩，经济作物播种面积43.88万亩。果蔬种植面积12.54万亩，蜜瓜种植面积10.59万亩，茴香种植面积5.34万亩。全年粮食总产量21.06万吨，比上年增长17.98%。畜禽饲养总量达643.61万头（只），同比增长12.92%。肉类总产量3.83万吨，比上年增长48.4%。全县实现农林牧渔业增加值43.03亿元，增长10.0%。

【项目建设】2021年，全县实施500万元及以上项目121项，房地产开发项目15项，完成固定资产投资比上年增长6.63%。其中，第一产业投资增长5.2%，第二产业投资增长48.35%，第三产业投资下降1.51%。借助“民企武威行”“兰洽会”等平台，积极开展产业链招商、以商招商、委托招商、精准招商，全年共实施招商引资项目79项，比上年增加20项；落实到位资金41.54亿元，比上年增长11.64%，其中省外到位资金34.26亿元，增长10.73%。

【人民生活】2021年，城镇新增就业人数2509人，输转城乡富余劳动力60138人、创劳务收入16.32亿元。积极落实职工工资增长政策。全县城镇居民人均可支配收入29074元，比上年净增1877元，增长6.9%。农村居民人均可支配收入17059元，比上年净增1593元，增长10.3%。城乡居民人均可支配收入比值为1.7，比上年缩小0.06。

【环境保护】全年城市空气质量优良天数274天，优良天数比率为75.1%。红崖山水库国控断面地表水水质综合评价达到地表水Ⅲ类标准。县城污水处理厂一期提标改造项目完成竣工验收，城市污水处理率达到96.5%。城市生活垃圾无害化处理率99%。全年国土绿化（含人工造林）面积7.9万亩，通道绿化100公里，义务植树235万株；加大退化草原修复与治理，完成退化草原治理3.8万亩，草原植被盖度18.65%。城区新增绿地面积4.8万平方米，建成区绿地面积达257.57万平方米，绿地率31.6%。

【社会保障】年末全县参加城镇职工基本养老保险人数2.20万人；参加城乡居民基本养老保险人数12.56万人。参加基本医疗保险人数20.63万人，其中参加城镇职工基本医疗保险人数1.64万人；参加城乡居民基本医疗保险人数18.99万人。参加失业保险人数1.24万人，领取失业保险金人数0.01万人。参加工伤保险人数2.53万人。参加生育保险人数1.18万人。年末全县共有4441人享受城市居民最低生活保障，6310人享受农村居民最低生活保障，759人享受农村特困救助供养。全年救助医疗对象1.4万人次；救助城乡困难家庭6468户。依托智慧养老服务云平台，为全县1746名分散特困供养对象、经济困难老年人、残疾人等提供照料护理服务，民勤“智慧养老”模式被省乡村振兴局在全省范围推广。年末全县共有公办养老机构4所，民办养老机构2所；日间照料中心152个。

【社会事业】年末全县共有各级各类学校和幼儿园50所，其中普通高中2所，独立初中6所，九年一贯制4所，中等职业中专1所，小学14所，幼儿园22所，特殊教育学校1所。义务教育阶段学龄儿童入学率100%，残疾儿童少年入学率95%；九年义务教育巩固率100%；高中阶段毛入学率96.66%，高考综合录取率达到93%以上。

提升公共卫生服务能力。完成3个核酸检测实验室扩容升级和18个卫生院发热诊室标准化改造，医疗废物处理、集中医学留观点等项目加快推进。县医院成功创建“三乙”综合医院，县中医院骨伤科和血栓病科已成为市级中医重点专科，针灸科和心脑病科分别被列为全省第八批、第九批省级重点专科建设科室。

文化事业繁荣发展。民勤曲子戏被国务院公布为第五批国家级非遗代表性项目，建成苏武传说传承基地，开发制作苏武传说剪纸连环画文创产品2套，编辑出版《民勤唢呐艺术》。建成数字文化馆，防沙治沙纪念馆完成改造提升，扩展陈展面积534平方米。成功举办了春节晚会、民勤曲子戏等非遗项目进校园、第七届美丽民勤书法美术摄影大赛展览、第七届端阳节赛诗会、民勤非遗摄影展、苏武传说书法美术大赛展等活动，“民勤非遗”参加了文化和旅游部主办的2021年春节“视频直播家乡年”线上展演活动，视频播放量和视频点赞量均位居全国第6位。

（许晓伟）

古浪县

【基本情况】古浪，系藏语古尔浪哇的简称，意为黄羊出没的地方。古浪县地处河西走廊东端，为古丝绸之路要冲，隶属中国旅游标志之都——马踏飞燕的出土地甘肃省武威市。全县国土总面积5046平方公里，东南分别与白银市景泰县和武威市天祝县相连，西北与武威市凉州区接壤，北邻腾格里沙漠，是青藏、蒙新、黄土三大高原交汇地带。县境内区域类别多，自然条件差异大，地势南高北低，海拔1550～3469m，平均气温5.6℃，年降水量300毫米左右，蒸发量2300毫米以上，日照时数2852.3h，无霜期140天左右。全县辖15镇4乡1个街道，193个村（居）委会。2021年末常住人口24.34万人，其中城镇人口7.98万人。境内居住汉、回、藏、蒙、苗、满、东乡土、毛南、瑶等十多个民族。

【资源优势】主要矿产资源有石灰石、煤炭、石膏、花岗岩、重晶石等，其中石灰石储量达12.4亿吨，具有较高的开采价值。古浪区位优势明显，境内享誉古今的“金关银锁”古浪峡，“扼甘肃之咽喉，控走廊之要塞”，自古就以“驿路通三辅，峡门控五凉”的重要地理位置而闻名。县境内道路通畅、交通便捷，连霍高速G30线、国道312线和兰新铁路纵穿南北，省道308线、316线、营双高速公路、干武铁路横贯东西，凉古路、金古路大海路、十条路等县乡公路与通村公路相互连接，共同构筑了四通八达的交通路网。古浪历史文化悠久，早在四千多年前的新石器时代，就有先民繁衍生息。汉武帝元狩二年（公元前121年）始置县。明初以水名“古尔浪洼”（藏语，意为黄羊沟）冠县名沿袭至今。县境内有仰韶、马家窑、齐家沙井等多处文化遗址，存有彩陶、汉代青铜器、唐代鎏金佛、宋元瓷器等文物，尤以明清水陆画和《甘珠尔》大藏经最为著名。古浪人文景观荟萃，国家级自然保护区昌灵山，素有“西北小武当”之称，是世界上距沙漠最近的原始次生林带；汉、明长城相互交汇，至今雄风犹存，是宝贵的历史文化遗产；南部山区石门峡、香林寺、寺洼冰峡等自然风光是夏季绝佳的森林避暑胜地；大靖财神阁，土门三义殿、山陕会馆、罗汉楼、玉皇殿等许多古代建筑遗迹，具有厚重的文化底蕴；红军西路军古浪战役纪念馆是华夏文明传承创新区“红色文化弘扬”板块红西路军“一综十二专”纪念馆之一，是省、市、县爱国主义、国防教育和党史教育基地。

【国民经济】2021年，全县实现地区生产总值72.1亿元，按可比价计算，比上年增长9.4%。其中，第一产业增加值31.8亿元，增长13.1%；第二产业增加值7.4亿元，增长8.1%；第三产业增加值32.9亿元，增长6.7%。三次产业结构比为44.11 ：10.32 ：45.57。按常住人口计算，人均地区生产总值29362元，增长14%。规模以上工业增加值增长9.2%，全年固定资产投资比上年增长14.1%。全年实现社会消费品零售总额21.2亿元，增长12.2%。完成一般公共预算收入2.66亿元，增长24.9%。

【乡村振兴】制定出台《古浪县2021年农业产业奖补方案》，以脱贫户和“边缘户”为重点，支持群众发展羊、牛、菜等自种自养产业，落实补助资金10371户4197.4万元，设施农牧业补助资金6371.8万元。兑付到户产业入股资金分红5758.03万元，群众入股分红全部兑付到户。实现村集体经济收入5305.37万元，村均收入28.52万元。出台《古浪县到户产业扶持资金后续使用管理办法（试行）》，强化到户产业扶持资金管理使用，确保持续发挥效益，促农增收。扩大政策性农业保险覆盖面，承保种植业25.38万亩、养殖业387.36万头（只）、香菇自然灾害及价格指数840万袋，参保脱贫户20580户，累计支付理赔金额4897.09万元，受益19488户（次）。

【“三农”工作】立足区域资源禀赋，着力打造沿山沿川沿沙“三大特色产业带”，大力发展羊、牛、菜、食用菌、草、禽、猪、特色林果、马铃薯、中药药、古浪香瓜等“8+N”现代农业优势主导产业，有力加快了农业产业现代化步伐。全县累计建成日光温室1.5万座3万亩、养殖暖棚19.37万座1162.69万平方米，蔬菜产量达到62万吨，比上年分别增长3.3%；牛羊禽猪存栏量分别达到11.3万头（奶牛3.26万头）、221.2万只、188.22万羽、19.2万头，分别增长23.49%、9.4%、6.3%，其中羊存栏量位居全省第一。鼓励支持企业、合作社等各类主体积极申报“三品一标”及“甘味”品牌，累计认证“三品一标”农产品84个，古浪香瓜、古浪“红光头”小麦获得国家地理标志认证，伊禧堂手工挂面、甄程牛羊和天源农业手工拉面3个品牌入选“甘味”知名农产品目录，打造“八步沙”区域品牌6个。每个产业都有龙头企业带动、有合作社支撑、有群众深度参与，让农民群众有了家门口的增收产业，为“三农”重心转移后全面推进乡村振兴奠定了产业基础，蓄积了强劲动力。

【项目建设】落实县级领导包抓责任，实行项目清单管理，推行联审联批，加强施工调度，努力增加固定资产投资总量。实施500万元以上项目133项，其中亿元以上项目23项。黄花滩移民区富民产业道路工程、大靖镇第二幼儿园、八步沙“两山”实践创新基地、2020年调增配电网工程、古浪片区人畜饮水供水延伸工程等84个项目已建成投运。争取落实中央及省预算内投资项目48项，资金1.17亿元；地方政府专项债券项目15项，债券4.7亿元。全县完成固定资产投资比上年增长14.13%。

高度重视项目谋划储备工作，逐步实现了“谋划一批、申报一批、建设一批、完工一批”的项目管理循环机制，谋划储备黄河流域生态保护和高质量发展项目172项，总投资438.13亿元，2021年实施山水林田湖草沙生态修复、龙泉寺水库除险加固等55个项目，总投资47.83亿元，完成投资22.1亿元。

【招商引资】充分利用“民企武威行”“兰洽会”等重点节会的平台作用，在古投资企业作用，积极推行节会招商、以商招商，拓展招商渠道。持续优化“管家式”服务，设立招商引资项目代办服务窗口，配备专职代办员，为招商引资项目无偿代办前期手续。2021年，全县共实施招商引资项目72项，完成全部到位资金40.54亿元，增长13.56%，其中实施省外项目40项，落实到位资金30.36亿元，增长3.83%。

【产业培育】特色优势产业实现了从小到大、从有到优、从短到长、从低到高、从粗到精、从弱到强的“六个转变”。着力培育发展“10+N”优势主导产业，重点打造移民区万亩戈壁农业、万只种羊繁育、万头肉牛、万头奶牛产业园等高标准示范基地，建成农业产业示范点项目55项，丝路寒旱农业示范基地项目新建高标准日光温室完成主体898座、扣棚764座、定植237座；海升集团12万平方米现代智能温室全面项目建成投运，累计完成采摘销售串收番茄100吨；2021年高标准农田建设项目完成7万亩；开工建设1.78万亩耕地地力提升项目；6万头生态奶牛产业园一期建成，入园奶牛3.06万头，8家牧场挤奶大厅启动运营，日产鲜奶266吨，启动建设5万头生态奶牛产业园。正阳现代农业土豆泥休闲食品加工项目获第二届全国农村创业创新项目创意大赛甘肃赛区三等奖，甄程牛羊肉获“敦煌国际美食名菜”荣誉、参加第二十一届中国绿色博览会获得金奖；黄花滩移民区五道沟、六道沟、感恩新村日光温室产业园被省农业农村厅批准创建省级绿色食品（蔬菜）标准化生产基地。

【文化旅游】不断提高文化旅游业软实力。2021年全县旅游接待人数108.93万人（次），实现旅游综合收入6.04亿元，旅游人数首次突破百万大关。充分挖掘古浪富集的文化旅游资源，集中打造以古浪战役纪念馆为代表的红色文化游，以八步沙为代表的生态研学游，以黑松驿丝路驿站为代表的民俗风情游，以古丰、黄羊川花海为代表的乡村观光游，促进文化旅游产业深度融合。古浪战役纪念馆扩建工程建成开放，八步沙“两山”实践创新基地竣工运营，积极推动金水源丝路驿站、大漠绿洲生态旅游文化影视基地、土门笔架山庄等乡村旅游发展。打造乡村旅游精品民宿点3个，扶持发展特色农家乐50家，黄羊川镇菜子口村、黑松驿镇黑松驿村成功创建为省级乡村旅游示范村，土门镇台子村成功入围2021年度省级文旅振兴乡村样板村创建。

【生态环保】系统推进生态建设，完成国土绿化24.3万亩，退化草原治理12.25万亩，实施退耕还林还草18.06万亩；开展省级森林城市创建，通过见缝插绿、街角延绿等措施绿化县城区13万平方米，因地制宜开展村庄绿化美化，完成88个乡村公共休闲绿地。扎实推进国家节水行动，加快实施高标准农田建设项目配套高效节水技术，高效节水灌溉面积累计达57万亩，农艺节水技术面积稳定在50万亩以上，建成现代农业高效节水示范区11个；工业废水全部达标排放，规上企业用水重复利用率达92%。

古浪八步沙林场“农林牧副”多业并举生态治沙促人沙和谐案例被生态环境部筛选为《“绿水青山就是金山银山”实践模式与典型案例（第一批）》18个典型案例之一，在中国生态文明年会进行推广；古浪八步沙林场荒漠化防治被自然资源部遴选为《中国生态修复典型案例集》18个中国生态修复典型案例之一，在联合国《生物多样性公约》第十五次缔约方大会向全球推介生态与发展共赢的“中国方案”。

全县河湖环境进一步改善。突出重点流域水污染治理，有序推进农村“千吨万人”型饮用水水源地环境保护专项整治行动，深入推进河湖“清四乱”常态化、规范化，强化土壤污染管控和修复，有效防范风险，对土壤污染重点监管企业土壤和地下水污染隐患排查，强化农业面源污染治理，全县畜禽粪污、秸秆、废旧农膜和尾菜处理利用率分别达到87.8%、94.6%、80.4%和45.2%。

【人民生活】2021年，全县城镇居民人均可支配收入27299元，比上年增长6.8%。其中，工资性收入21598元，增长7.5%；经营净收入2125元，增长5.95%；财产净收入961元，增长4.21%；转移净收入2616元，增长3.26%。城镇居民人均生活消费支出18230元，增长7.5%。

农村居民人均可支配收入8965元，比上年增长10.4%。其中，工资性收入3306元，增长10.47%；经营性净收入4762元，增长10.4%；财产性净收入134元，增长9.15%；转移性净收入763元，增长10.31%。农村居民人均生活消费支出7897元，增长11.67%。

【社会保障】2021年，全县城乡居民医疗保险参保人数300843人，参保率98.2%。城乡居民医疗保险筹集总额25834万元，共为参保居民报销医疗费用20867万元。当年城乡医保基金使用率为80.77%。实际补偿中，住院补偿达70.99%，门诊补偿67.75%。城镇职工基本养老保险参保人数22049人，工伤保险参保人数17758人，比上年上升16%。失业保险参保人数11604人，增长14%。各项社会保险基金当年征缴32848万元，增长19.93%。农村社会养老保险参保人数212913人，参保率为98.6%。当年征缴个人养老保险费7368元，全年发放养老金11350元，年底累计基金余额4299万元。

2021年，全县农村低保对象7025户17802人，农村特困对象1292户1407人，城市低保对象870户2029人。年末有孤儿102名，事实无人抚养儿童278名，留守儿童608人，困境儿童3616人，留守老人1021人，残疾人“两项补贴”对象8902人。全县共有养老福利机构4所，设置床位800张，年底入住对象586人，其中残疾人420人。累计建成156个城乡社区老年人日间照料中心。当年共发放城乡低保、特困供养、临时救助、残疾人“两项补贴”等各类困难群众救助资金1.49亿元，全力保障了困难群众基本生活。

（胡东山）

天祝藏族自治县

【基本情况】天祝，藏语称华锐，意为英雄之地，是周恩来总理命名的全国第一个少数民族自治县，是中国高原藜麦之都、中国白牦牛之乡、中国高原食用菌之乡、中国高原夏菜之乡、中国高原走马之乡。全县辖14镇5乡、178个行政村、20个居委会，有藏、汉、土、回、蒙古等28个民族，其中藏族人口占总人口的30.3%。境内海拔2040—4874米，年平均气温4.0℃，年降水量360.9毫米。文化底蕴深厚。夏至汉初先后为羌戎、月氏、匈奴等民族驻牧地，汉武帝时归入汉王朝版图，唐代后逐步形成以吐蕃（今藏族）为主体民族的多民族聚居地，明至清初实行千百户制度，清乾隆时期设庄浪茶马厅，管理境内36族、14寺院。1936年，以天堂寺、祝贡寺首字“天祝”命名。天堂寺有亚洲最大的宗喀巴木雕坐像，东大寺内藏有全国至今发现的唯一大型《西游记》全本壁画；“华锐藏族民歌”“土族格萨尔”列入国家级非物质文化遗产保护名录；境内有乌鞘岭长城、松山古城、祁连岔山唐代吐谷浑王族成员墓群等古迹。区位优势明显。地处祁连山东端，素有河西走廊“门户”之称。南接兰州，东靠景泰，北邻古浪，西邻青海，西北与肃南县接壤，距省城兰州市120公里，距中川机场100公里，距武威市130公里。位于县境中部的乌鞘岭横亘东西，是古丝绸之路咽喉要塞。兰新铁路、G30高速、G312国道和正在建设的兰张三四线高铁贯穿全境。生态地位重要。全县林地总面积346.11万亩，草地总面积473.19万亩，森林覆盖率35%。祁连山国家级自然保护区占全县总面积的61.4%，是石羊河流域6条内陆河（金塔河、杂木河、黄羊河、古浪河、大靖河、西营河）和黄河流域2条外流河（大通河、金强河）的重要水源涵养区和水源补给区。旅游资源富集。境内自然风光神奇秀美，有景色瑰丽的天祝三峡、静谧优美的冰沟山水、雄奇险峻的马牙雪山，祁连冰沟河景区创建为国家4A级旅游景区。万人锅庄舞、华锐藏族民歌、土族格萨尔说唱等，展现出浓郁的藏土民俗风情。出产“唯独天祝有”的高原珍珠白牦牛、健康美丽的“粮食之母”藜麦、肉质鲜美的手抓羊肉等。“青藏之眼·绿色天祝”旅游品牌持续擦亮打响，是离内地最近的高原藏乡生态旅游目的地。

【国民经济】经初步核算，2021 年全县地区生产总值 60.3 亿元，按不变价格计算，比上年增长 9.4%。其中，第一产业增加值 14.7 亿元，增长 10%；第二产业增加值 14.6 亿元，增长 12%；第三产业增加值 31 亿元，增长 8%。三次产业结构比为 24.48 ∶ 24.15 ∶ 51.37。全部工业增加值增长 11.4%，其中规模以上工业增加值增长 18.8%。固定资产投资增长 17.4%。社会消费品零售总额 22.2 亿元，增长 12.2%。一般公共预算收入 3.7 亿元，增长 11%；一般公共预算支出 41.1 亿元，下降 4.5%。城镇居民人均年可支配收入 29733 元，增长 7.2%；农村居民人均可支配收入 9763，增长 10.4%。

【乡村振兴】巩固拓展脱贫成果。严格落实“四个不摘”要求，健全完善防止返贫动态监测和帮扶机制，557 户 1802 人返贫、致贫风险已全部消除，风险消除率 85.82%。依托就业创业服务超市组织线上、线下招聘活动 22 场次，实现脱贫劳动力 23218 人、边缘人口 333 人稳定就业。推进乡村人才振兴。制定《天祝县优化人才发展环境的办法》《关于加快推进乡村人才振兴的实施意见》等，引进急需紧缺人才 39 名。繁荣发展文化事业。举办“三下乡”等各类文化活动 860 余场，录播节目 190 余期，评选读书标兵等 160 余名，开展非遗展示展演、流动图书等活动 1400 余场次。加快建设美丽乡村。统筹生产、生活、生态“三生”关系，按照“多规合一”要求编制完善县域村庄布局规划，完成 2 个省级试点、4 个市级试点村庄规划，加快推进 16 个美丽乡村建设。

【“三农”工作】发展壮大“八大产业”“五小产业”，特色农业种植面积达 63.61 万亩，畜禽饲养量达 304.95 万头只（羽），培育农业龙头企业 39 家、农民专业合作社 1022 家、家庭农场 3076 家。加快推进 12 个现代农业产业园建设，8 家已建成投产。“三品一标”农产品认证数量累计达到 79 个，认证生产基地 25.44 万亩。天祝县全域通过绿色食品产地环境评价。发布运用“天祝原生”文旅农区域公共品牌，打响“中国白牦牛之乡”金字招牌，成功誉名“一都三乡”，累计认证“三品一标”农产品 79 个，入选“甘味”商标品牌 6 个。松山农村产业融合发展示范园入选第二批国家农村产业融合发展示范园，天祝现代农业产业园入选省级现代农业产业园，打柴沟镇被认定为第十批全国“一村一品”示范村镇。

【项目建设】持续加大资金投入，着力解决基础设施功能性、结构性短板，充分发挥了稳投资、保增长的压舱石作用。兰州至张掖三四线铁路天祝段加快推进，国道 338 线天祝段和炭赛、南旦、高祁等普通国道、省道建成投运，实施安全生命防护工程 1455 公里、建设农村公路 1366 公里、改造危旧桥 27 座，新建乡村停靠站 135 个，综合交通网络逐步完善。建成二道墩水库、石门河调蓄引水、金强川灌区水源保障等重大工程，水利基础设施持续改善。新建 35 千伏输电线路 10 公里，新建改造 10 千伏及以下线路 720 公里，11 座村级光伏电站并网发电。敷设天然气管网 50 公里，城区居民小区和住宅楼全覆盖。建成 4G 通信基站 625 个、5G 基站 41 个，行政村通信网络全覆盖。生态环保、产业发展、城乡建设、教育卫生、文化旅游等方面一大批强基础、惠民生、保发展的重大项目相继建成，高质量发展的基础进一步夯实。

【优势产业】文化旅游产业发展势头强劲，冰沟河景区成功申创国家 4A 级景区，天堂村、大红沟村入选全国乡村旅游重点村。精心举办赛马会、乡村旅游节等系列节会，民族传统赛马大会被纳入“中华民族大赛马体系”，入围“2020 年中国最具民族风情百佳县市”，“青藏之眼·绿色天祝”文化旅游品牌知名度、吸引力不断提升。2021 年，全县接待游客 119.15 万人次，比上年增长 21.80%；实现旅游综合收入 6.54 亿元，增长 22.70%。生态工业转型升级，金强工业集中区创建为省级工业园区，组建碳化硅集团公司，引导企业组团发展，规上工业中碳化硅产量达 26.36 万吨，比上年增长 25.1%。新型防水材料、高性能耐火制品和白牦牛、羊、食用菌、藏中药材等一批精深加工项目相继建成投产。新能源产业加快发展，风电装机规模达到 9.95 万千瓦，光电装机规模达到 3.23 万千瓦。

【生态文明】加强系统治理。实施黄河流域生态保护和高质量发展战略，认真开展生态综合补偿试点县工作，治理水土流失面积 10.39 平方公里。完成生态资源本底调查和祁连山国家公园自然资源确权登记、价值评估。推进污染防治。落实大气污染防治“三保”措施，环境空气质量六项污染物浓度均值同比“两升四降”，县城空气环境质量优良率 90.1%。实施国家节水行动，推进排污权、用能权、碳排放权市场化交易。实施土壤污染防治工程，推进化肥农药减量增效和白色污染治理。开展国土绿化。完成人工造林 1.12 万亩、义务植树 105.22 万株、人工种草 2.08 万亩、改良退化草原 3.1 万亩、治理黑土滩 4.07 万亩。全县草原综合植被覆盖率达 94.54%，森林覆盖率达 34.38%。更好地满足了群众对美好生态环境的需求。

【城乡建设】坚持规划引领，编制完成中心城区 4 个片区控制性详细规划，2 个省级、4 个市级试点和 16 个美丽乡村村庄规划。实施城南集中供热改建、城南老旧管网二期改造等项目，供排水设施不断完善。完成华秀路东段、格桑路、安远路等 7 条市政道路绿化，打造小游园 4 个。改造老旧小区 43 个，涉及住宅楼 80 栋、居民 2232 户，实现应改尽改。实施厕所、垃圾、风貌“三大革命”，新建农村卫生户厕 2132 座，清理农村生活垃圾 3.4 万余吨。统筹生产、生活、生态“三生”关系，推进 16 个美丽乡村建设，城乡居民住房条件持续改善。深入推进“一查三整顿”，依法依规清查整治农村乱占耕地建房、违建别墅和“大棚房”，清理处置“五未”土地 2160.78 亩，拆除城市临违建筑 24.32 万平方米。实施厕所、垃圾、风貌“三大革命”，改造农村卫生厕所 2.33 万座，安装乡村路灯 1.74 万盏，创建清洁村庄 178 个、省级美丽乡村 8 个，城乡居民的宜居舒适感、获得感、幸福感明显提升。

【社会事业】积极稳妥推进“放管服”改革、供给侧结构性改革、农村土地承包经营权改革等各项改革，出台优化营商环境和招商引资扶持“双 40 条”政策措施，“不来即享”“不见面审批”“项目管家”等机制全面推行，累计为市场主体减免税费1.01亿元，清理盘活财政存量资金2.11亿元，偿还政府债务1.18亿元，化解隐性债务5.98亿元，完成土地确权登记80.05万亩，民生投入只增不减，全年民生支出30.51亿元，占一般公共预算支出的81.1%。省市县列18件民生实事全部办结。新增城镇就业2367人，城镇登记失业率控制在3.2%以内。统筹推进教育、卫生等各项社会事业，落实学前教育、义务教育阶段各类补助资金3853万元，城乡居民养老保险、医疗保险参保率分别达98.6%、98.45%。全面落实最低生活保障、特困人员救助供养等政策，实现各类困难对象应保尽保、应救尽救。

【社会治理】深入开展平安天祝行动。“平安细胞工程”创建参与率达到100%。创建市级“平安家庭”21户、县级“最美家庭”50户、乡镇“平安家庭”216户。坚持全面依法治县。初步构建公共法律服务实体、热线、网络多元化服务平台。开展法律宣传活动1330余场次，普法10万余人次。培养法律明白人8640名，创建“民主法治示范村”85个，建立县级公共法律服务中心1处，乡镇、村公共法律服务站（室）197个。完善社会治理体系。构建市域社会治理现代化“五位一体”责任体系，形成整体联动、系统推进的工作格局。探索建立“您码上说、我马上办”“板凳会议”和城市社区“1245”工作法等基层社会治理14种新模式，打造了市域社会治理试点工作“天祝样板”。

（韩海军）

张掖市

【基本情况】张掖，位于青藏高原和蒙古高原交汇的河西走廊中部，西汉以“张国臂掖，以通西域”而得名，历史上又称甘州。自古以来就是丝绸之路商贾重镇和咽喉要道，素有“塞上江南”“金张掖”之美誉。境内祁连山水源涵养区、黑河绿洲、荒漠戈壁三大生态系统交错衔接，雪山冰川、森林草原、七彩丹霞、田畴沃野、湿地候鸟、荒漠沙丘等地貌交相辉映，使张掖成为坐落在祁连山、黑河湿地两个国家级自然保护区之上的城市，2019年成功创建为国家生态文明建设示范市。国土总面积3.86万平方公里，辖甘州区、肃南县、民乐县、临泽县、高台县、山丹县一区五县，辖区有汉、裕固、藏、蒙、回等38个民族，其中分布于祁连山区的裕固族是全国独有的少数民族。2021年末，全市常住人口112.25万人，城镇人口58.95万人，城镇化率52.52%。

【资源优势】境内河流众多，阳光充足，土地肥沃，灌溉便利，是国家现代农业示范区，是全国最大的玉米制种区和重要的粮食、蔬菜、瓜果、油料和牛羊生产基地，也是全省以钨钼、铜、金、铁、煤、粘土、钾盐等矿种为主的金属、非金属矿产集中区和水能、光能、风能开发区。张掖既有“半城芦苇”的自然美景，也有“半城塔影”的历史风貌，文化沉积深厚，人文景观丰富，是国家级历史文化名城和中国优秀旅游城市。这里有中国最美之一的祁连山草原、张掖丹霞、黑河湿地、黑河峡谷和平山湖大峡谷，有全国最大的山丹马场、保存最完整的汉明长城、历史文化名山焉支山、名城骆驼城、红西路军战斗遗址和烈士陵园，有距城市最近的七一冰川、沙漠公园，有全国最大的室内泥塑卧佛张掖大佛、坐佛山丹大佛，有与敦煌莫高窟同时代的马蹄寺石窟群，还有独特的裕固族、蒙古族、藏族风情等。

【国民经济】2021年，全市实现地区生产总值526.23亿元，比上年增长7.0%。其中，第一产业增加值153.98亿元，增长11.0%；第二产业增加值102.57亿元，增长5.7%；第三产业增加值269.67亿元，增长5.3%。三次产业结构比为29.3 ∶ 19.5 ∶ 51.2。十大生态产业增加值201.51亿元，占全市地区生产总值的38.3%，比重比上年提升10.9个百分点。工业增加值比上年增长8.6%，其中规模以上工业增加值增长8.7%。社会消费品零售总额228.58亿元，增长13.7%。一般公共预算收入28.3亿元，增长4.9%；一般公共预算支出157.11亿元，下降12.5%。

【乡村振兴】巩固拓展脱贫攻坚成果，健全完善防止返贫动态监测和帮扶机制，178户“三类户”全部落实“一户一策”帮扶措施。启动实施乡村振兴三年行动，部署开展乡村振兴“十项重点工作”，被确定为省级乡村建设示范市，甘州、临泽2个省级乡村振兴重点帮扶县，3个省级乡村建设示范镇，60个省级乡村建设示范村创建工作有序推进。大力发展特色优势产业，超额完成全省三年倍增计划下达任务。持续加大投入力度，争取中央预算内投资3.97亿元、各级财政衔接推进乡村振兴补助资金7.2亿元。深入推进“三大革命”“六大行动”，完成农村低收入群体危房改造和农房抗震改造1808户，实施风貌改造2123户，建成卫生户厕1.3万座，宅基地复垦410户，7个省级森林乡镇、10个森林乡村获批创建。

【农业经济】认真贯彻落实党中央和省委“三农”工作部署，集中力量打造绿色蔬菜、奶牛肉牛、现代种业、现代设施农业“四个百亿元”农业产业集群，不断壮大“六大区域特色产业”，全市农业农村经济保持稳中向好态势。全市粮食种植面积317.89万亩，比上年减少12.24万亩；油料种植面积14.3万亩，减少2.17万亩；蔬菜种植面积56.25万亩，增加14.27万亩；中药材种植面积24.83万亩，减少4.19万亩；果园面积10.92万亩，增加0.47万亩。粮食产量149.14万吨，比上年增长3.2%；蔬菜产量177.37万吨，增长34.2%；园林水果产量7.37万吨，增长12.0%；中药材产量9.99万吨，下降8.8%。肉类产量14.67万吨，比上年增长19.6%；牛奶产量18.06万吨，增长99.0%。年末牛存栏67.48万头，增长17.1%；出栏31.11万头，增长14.2%。羊存栏350.86万只，增长12.0%；出栏330.51万只，增长23.2%。生猪存栏50.88万头，增长11.0%；出栏85.29万头，增长29.0%。

【项目建设】牢牢抓住项目建设这个牵引，制定投资项目、重大项目、前期项目“三个清单”，落实重大项目领导包抓机制，全年开复工各类建设项目633项，完成投资近300亿元，其中省市列重大项目完成投资110.6亿元。加大项目资金争取力度，争取地方政府专项债券、中央和省级预算内资金39.2亿元。积极推进招商引资，中船集团风电机组设备总装基地及风电智慧研发运维中心、青海云鑫万头肉牛生态养殖循环产业园等173个招商项目落地建设。开展“冬日无闲大抓项目”活动，推进“六个一批”工作（谋划论证储备一批、完成前期工作一批、衔接争取资金一批、推介招商引资一批、解决遗留问题一批、建成验收一批），有力推动固定资产投资较快增长。2021年，全市固定资产投资比上年增长11.0%，其中，项目投资增长10.2%，房地产投资增长16.2%。按三次产业分，第一产业投资增长14.7%；第二产业投资增长34.5%，其中工业投资增长35.7%；第三产业投资增长4.3%。基础设施投资下降27.7%，民间投资增长15.0%。

【优势产业】现代农业蓬勃发展。全年粮食播种面积、产量等指标超额完成。玉米制种、绿色有机蔬菜、肉牛养殖、牧草种植规模效益不断提升，中药材、食用菌、马铃薯、小杂粮、特色林果、花卉等区域特色产业持续壮大，甘州玉米制种、临泽戈壁设施农业、高台蔬菜、民乐现代高效设施农业创建为省级现代农业产业园。生态工业蓄势赋能。新能源、新材料、特色农畜产品加工、精细化工等优势产业快速发展，智能制造、大数据、凹凸棒石、通用航空等新兴产业方兴未艾。积极落实“强工业”行动，谋划实施工业突破发展三年行动，以综合能源、新材料和农产品精深加工为重点，采取专家、专图、专责、专资、专策“五专”措施，着力打造2个千万千瓦级风光清洁能源基地和河西氢能示范城市。民乐生态工业园区被认定为国家级绿色园区。全域旅游业提质增效。成功创建全国旅游标准化试点城市、首批国家文化和旅游消费试点城市，张掖国家地质公园晋级世界地质公园，建成5A级景区1家、4A级景区19家、四星级饭店16家、全国乡村旅游重点村5个。创作推出《回道张掖》《张国臂掖》《阿兰拉格达》等文旅剧目。游客接待人数、旅游综合收入增幅稳居全省前列，入选国际旅游联合会“最美中国旅游城市”。现代服务业蓬勃兴起。大力发展生产性和生活性服务业，张掖城区物流产业园和山丹军民融合产业园等项目加快建设，电商交易、医养融合、养老服务等新兴业态快速发展，第三产业增加值占全市地区生产总值的比重达到51.2%。

【人民生活】持续加大民生投入，全市民生支出133.5亿元，占一般公共预算支出的84.5%。省委省政府为民办实事涉及张掖市的8件全部办结。果断处置新冠肺炎疫情，以最快速度、最小代价遏制了疫情扩散蔓延，守护了人民生命安全和身体健康。坚持就业优先，争取就业补助资金1.3亿元，城镇新增就业2.02万人，城镇登记失业率为2.79%。全年输转城乡富余劳动力29.44万人，其中市外输转20.27万人，市内输转9.17万人。城镇居民人均可支配收入31091元，比上年增长7.3%；农村居民人均可支配收入17670元，增长10.3%。城镇居民人均消费支出24296元，增长10.0%；农村居民人均消费支出15861元，增长10.3%。居民恩格尔系数城镇为28.8%，农村为29.3%。

【环境保护】全面贯彻习近平生态文明思想，持续治理修复生态环境，中央和省级环保督察反馈问题按时序进度完成整改，祁连山生态保护修复与建设综合治理、退牧还草、三北防护林、规模化防沙治沙建设任务全面完成。完成林草生态修复266.2万亩，其中营造林47.2万亩，全省唯一的中央财政支持国土绿化试点示范项目在张掖市获批实施。深入打好污染防治攻坚战，城市细颗粒物（$PM_{2.5}$）浓度比上年下降20%，8个国家级地表水、5个省级考核断面水质均达到二类及以上标准，土壤环境质量持续向好，全年空气质量优良天数比例为89.3%。城市区域声环境评价（昼间）总体较好，城市区域声环境质量等级为二级。全年平均气温为7.8℃，比上年偏高0.4℃。年日照小时数2838.8小时，比上年减少74.1小时。年降水量174.9毫米，比上年减少7.5毫米。临泽县被命名为“绿水青山就是金山银山”实践创新基地。

【社会保障】持续加强社会保障，城乡低保标准提高8%，争取城乡社会救助资金5.8亿元，救助困难群体12.9万人次。全市参加城镇职工基本养老保险人数20.9万人，参加城乡居民基本养老保险人数68.17万人；参加城镇职工基本医疗保险人数14.29万人，参加城乡居民基本医疗保险人数106.35万人；参加失业保险人数9.28万人；参加工伤保险人数12.07万人，其中参加工伤保险的农民工3.77万人。全年保险公司保费收入41亿元，支付各类赔款及给付11.25亿元。年末城镇居民最低生活保障人数1.64万人，农村居民最低生活保障人数4.77万人。

【社会事业】科技事业有新进展。全年全市登记市级科技成果9项，其中应用技术类成果9项。专利申请量3006件，比上年增长3.1%；专利授权量2254件，增长2.8%，其中发明专利授权量64件，有效发明专利370件，每万人口发明专利拥有量3.27件。共签订技术合同538项，增长34.8%；技术合同成交金额28.59亿元，增长16.6%。教育事业稳步推进。普通本专科招生0.64万人，在校生2.1万人，毕业生0.49万人。中等职业教育招生0.48万人，在校生1.23万人，毕业生0.3万人。普通高中招生0.73万人，在校生2.16万人，毕业生0.65万人。初中招生1.3万人，在校生3.82万人，毕业生1.25万人。普通小学招生1.14万人，在校生7.45万人，毕业生1.22万人。特殊教育招生14人，在校生195人。幼儿园在园幼儿3.88万人。文旅事业健康发展。年末广播节目综合人口覆盖率99.91%，比上年末提高0.02个百分点；电视节目综合人口覆盖率99.92%，提高0.02个百分点。全市共有体育场地4802个，体育场地面积315.69万平方米。全年体育获得各类奖牌50枚，其中金牌12枚。全年接待国内游客3513.73万人次，比上年增长17.8%；国内旅游收入197.07亿元，增长6.5%。医疗卫生条件持续改善。年末共有医疗卫生机构1420个。其中，医院46个（医院中综合医院23个，中医医院10个，专科医院13个），基层医疗卫生机构1310个（社区卫生服务中心（站）33个，卫生院88个，村卫生室754个），专业公共卫生机构61个，卫生监督所（中心）6个。年末卫生技术人员1.14万人，其中，执业医师和执业助理医师0.4万人，注册护士0.54万人。医疗卫生机构床位1.13万张，其中，医院0.85万张，卫生院0.18万张。

（张春梅）

甘州区

【基本情况】甘州区是张掖市的政治、经济、文化中心，位于古“丝绸之路”南北两线和“居延古道”交汇点上，南依祁连山，北邻内蒙古阿拉善右旗，东连镍都金昌，西接古郡酒泉，历来为河西走廊重镇，兵家必争、商旅必经之地。古甘州历史悠久，人文荟萃，据文字记载，已有5000年历史。从夏商到春秋战国时期，先后有羌、戎、狄等少数民族居住，北凉沮渠蒙逊建郡至西魏废帝三年改为甘州，因甘泉清冽而得名，甘州之称自此开始。1936年冬中国工农红军西路军西渡黄河，进入河西走廊，设立了“甘州中心县委”，1949年9月19日张掖解放。中华人民共和国成立后，先后在张掖设专区、地级市，1961年恢复县制，1985年成立县级张掖市，2002年3月1日撤市设甘州区。因具有良好的生态环境和区位优势，被誉为山青、水秀、天蓝、地绿的“塞上江南”，宜居、宜游、宜学的“湿地之城”，明净、清新、亮丽的“清凉之都”，文明、和谐、繁荣的“戈壁水乡”，黑河湿地国家级自然保护区、甘肃张掖国家湿地公园、张掖城北国家城市湿地公园、张掖绿洲现代农业试验示范区、国家级张掖经济技术开发区坐落其中，芦水湾景区创建为省级度假区，屋兰古镇升级为4A级景区，是国务院公布的中国历史文化名城和中国优秀旅游城市。全区国土总面积3661平方公里，张掖国家级经济技术开发区坐落其中，辖18个乡镇、5个街道办事处，245个行政村，2007个村民小组，26个社区，2021年常住人口51.76万人，城镇化率54.56%，有汉、回、蒙、裕固等34个民族。

【资源优势】甘州区地处甘肃省河西走廊中段，位于东经100°6′~100°52′，北纬38°32′~39°24′之间，平均海拔1474米，属典型的温带大陆性气候，年平均降水量113-120毫米，日照时数2932-3085小时，无霜期138-179天。境内有黑河、酥油口河、大野口河、山丹河4条主要河流和26条季节性河流，年径流量24亿立方米，水能蕴藏量达2.2亿千瓦，地下水储量10亿立方米，地表水与地下水富足，拥有广袤的河流湿地、沼泽湿地和人工湿地共7.7万亩，仅城北湿地就达2.8万亩。甘州区地处北纬38度“黄金带”上，境内地势平坦，光热资源充沛，土地肥沃，灌溉农业发达，盛产小麦、玉米、小杂粮、葵花、蔬菜等80多种农产品和名贵中药材，是全国最大的县级玉米制种基地、重要的商品粮生产基地、肉牛养殖示范区和五大“西菜东运”基地之一，是全国优势农产品区域、国家级杂交玉米种子生产基地核心区域、甘肃省7个粮食生产大县之一。近年来，先后被命名认定为国家现代农业示范区、农业改革与建设试点示范区、国家农业产业化示范基地、全国粮食生产先进县、全国无公害蔬菜生产十强区、全国畜牧大区、全国肉牛优势主产区、全国适度规模化母牛养殖示范区、全国生猪调出大县、第三批全国农村创业创新典型县、省级可持续发展实验区，农业整体发展水平处于全国一熟制地区先进行列。甘州环境优美，文化旅游资源丰富，是华夏文明传承区丝绸之路文化发展带的重要节点城市，1986年被国务院命名为全国历史文化名城。区内寺庙、古城、墓葬、烽燧等名胜古迹遍布，有亚洲第一卧佛之称的西夏国寺和汉代黑水国遗址、隋代木塔、明代钟鼓楼、西来寺以及古汉墓群等著名的历史文物古迹，曾有“一湖山光，半城塔影，苇溪连片，古刹处处”的赞誉。甘州境内祁连山水源涵养区、黑河湿地、荒漠戈壁三大生态系统交错衔接，中国第二大内陆河黑河穿境而过，森林草原、荒漠沙丘、七彩丹霞、绿洲沃土、湿地芦苇等各类地貌形态富集，是中国优秀旅游城市、中国最美乡村百佳县市。随着近年来的大力培育和发展，全区文化旅游体育产业呈现出井喷式增长态势，现已成为辐射周边县市的游客集散中心和文化旅游消费中心。

【国民经济】2021年，全区实现地区生产总值229.86亿元，比上年增长7.2%。其中，第一产业增加值56.91亿元，增长11%；第二产业增加值38.43亿元，增长6.8%；第三产业增加值134.52亿元，增长5.3%。三次产业结构比为24.8 ： 16.7 ： 58.5。人均地区生产总值44332元，比上年增长7.2%。规模以上工业增加值增长12.5%；固定资产投资增长10.06%；社会消费品零售总额127.06亿元，增长14%。一般公共预算收入9.08亿元，增长5.09%；一般公共预算支出40.25亿元，增长4.5%。全年居民消费价格比上年增长0.6%，商品零售价格上涨1.9%。

【乡村振兴】坚持以产业兴旺助推乡村全面振兴，按照“建基地、强龙头、延链条、聚集群、提品质、创品牌、拓市场”的思路，持续优化产业结构，加快构建现代农业产业体系，持续提升主导产业规模质量和效益。2021年，全区农作物播种面积121.82万亩，比上年增加5.55万亩，其中粮食作物播种面积93.27万亩，粮食总产量达到49.42万吨。制种玉米种植面积60.09万亩，比上年增加值2.43万亩。以供粤港澳及出口东南亚特色蔬菜种植为引领，蔬菜种植面积23.34万亩，比上年增长43.7%；蔬菜产量79.51万吨，增长46.39%。建成标准化奶肉牛养殖场132个，年末大牲畜存栏27.05万头，增长20%。猪饲养量39.7万头，增长16.15%；牛饲养量37.29万头，增长17.69%；羊饲养量180.32万只，增长19.35%；家禽饲养量427.99万只，下降45.22%。猪出栏25.35万头，增长27.45%；羊饲养量180.32万只，增长19.35%；家禽饲养量427.99万只，下降45.22%；牛出栏11.17万头，增长8.55%；羊出栏92.57万只，增长38.81%；家禽出栏249.38万只，下降48.36%。全年肉产量61451吨，增长45%；禽蛋产量6251吨，下降40.15%；牛奶产量113522吨，增长1.07倍。坚持脱贫攻坚与乡村振兴有效衔接，齐心协力攻脱贫、促振兴，农村面貌持续改善。双塔村特色民宿、乌江镇水云乡畔等44个示范项目进展顺利，10个村被确定为省级乡村振兴示范村，乡村振兴考核连续两年全省第一，产业发展典型案例入选全国乡村振兴优秀案例，创建为全国“四好农村路”示范县（区）。农村人居环境整治成效显著，创建清洁村庄186个，被确定为全国生活垃圾分类试点县（区），上榜中国最美乡村百佳县（区）。

【项目建设】始终把项目建设作为加快发展的关键举措，坚持集中联审联批、集中开工投产、集中调度推进，严格落实重点项目指挥长责任制和区级领导、部门单位联系包抓项目制度，扎实开展“冬日无闲·大抓项目”活动，重大项目建设推进有力。开复工各类建设项目225项，城区水生态修复治理、酥油口下库等17个省市列重点项目成效显著，旅游大通道X036畜牧园至S301光伏产业园段建成通车，张掖奥体中心开工建设，全年固定资产投资比上年增长10.06%。其中，项目投资增长3.45%，房地产投资增长33.37%。按三次产业分，第一产业投资增长63.32%；第二产业投资下降25.97%，其中，工业投资下降25.97%；第三产业投资增长10.48%。

【优势产业】现代种业、绿色蔬菜、奶牛肉牛等主导产业集群初具规模。认证“三品一标”产品87个，“甘州娃娃菜”入选“甘味”农产品区域公用品牌目录，乌江镇被认定为全国“一村一品”示范镇。大力发展新型经营主体，培育国家和省级农业产业化龙头企业18家，创建为全国农业现代化示范区、全国农业科技现代化先行区、全国主要农作物全程机械化示范区和全省有机农产品示范区、农业产业融合发展试点示范区。工业经济转型升级步伐加快，河西制药、昆仑生化等56户企业完成搬迁改造，经开区污水处理厂、供水厂、供热供气站等项目建成投用。规上工业企业达到76家。主动融入河西走廊清洁能源基地建设，中国能建光储氢供热综合应用示范等项目加快建设，龙源电力40兆瓦光伏发电项目建成并网。昆仑生化等4户企业列入绿色基金支持名录，兰标生物“无水免冲智慧生态厕所”成为北京冬奥会指定使用产品。甘泉红色历史文化旅游区、中共甘州中心县委旧址分别创建为4A级、3A级景区，明清街被确定为第一批省级旅游休闲街区，成功创建省级乡村旅游示范县区、全国旅游标准化试点城市。高总兵府、明粮仓获批国家级文物保护单位，劳动南街、文庙巷古民居迁建恢复工程顺利推进，《甘州小调》《甘州乐舞》等剧目荣获国家级奖项，屋兰古镇“九曲黄河灯阵”入选吉尼斯世界纪录，被评为国家公共文化服务体系示范县（区）。全年接待游客1136.35万人次、实现旅游综合收入64.51亿元，比上年分别增长33.17%和32.04%。现代服务业加速崛起。健康、养老、育幼等生活性服务业加速向高品质和多样化升级，经开区现代城市后勤补配物流科技园、经开区多式联运铁路物流园、甘州区智慧物流城市共配平台等商流项目加快推进，建成雷寨旺青冷链物流、嘉信生产资料配送中心暨农资市场和祥汇园、绿松产地批发市场及长沙门、万家便民市场等项目，成功与盒马鲜生平台签订生鲜直供协议，全区电商交易额达11.9亿元。

【人民生活】城乡居民收入持续增加。2021年，全区城镇居民人均可支配收入31763元，比上年增长7.0%；城镇居民人均消费支出23872元，增长11.8%；城镇居民家庭恩格尔系数为28.75%。农村居民人均可支配收入18610元，比上年增长10.5%；农村居民人均生活消费支出15862元，增长14.3%；农村居民家庭恩格尔系数为28.85%。城镇新增就业8189人，再就业9110人，困难人员就业1147人，城镇登记失业率2.8%。

【生态环保】深入贯彻习近平生态文明思想，举全区之力推进祁连山和黑河湿地国家级自然保护区生态环境整治保护修复，各类环保督察反馈问题按时限全部完成整改。蓝天、碧水、净土保卫战成效显著。实施大规模国土绿化52.7万亩，绿化覆盖率达到20.8%。空气质量达到国家二级标准，空气可吸入颗粒物年日均值52ug/m^3，二氧化硫年日均值9ug/m^3，二氧化氮年日均值23ug/m^3，空气质量优良天数为326天，优良天数比例为89.3%。黑河甘州段入选全国美丽河湖治理优秀案例，水环境质量名列全国前茅，黑河干流张掖段各监测断面水质达标率100%。农药、化肥、地膜减量化行动扎实开展，土壤环境质量达到清洁等级，是全国绿色生态示范城市、国家生态文明建设示范市。

【社会保障】坚持民生为本，持续增进人民福祉，社会保障事业成效显著。城镇职工基本养老保险制度逐步完善，城乡居民社会养老保险工作稳步推进，基本医疗保险制度实现城乡居民全覆盖，社会保险统筹层次逐步提高，基金规模持续壮大，待遇水平大幅提高，服务能力显著增强。2021年末，全区参加城乡居民基本养老保险248510人，参加城镇职工养老保险31666人，参加机关事业单位养老保险11440人。参加城乡居民基本医疗保险415374人，参加城镇职工基本医疗保险32699人。参加失业保险22471人。参加工伤保险33056人，其中参加工伤保险的农民工14319人。全区享受城市最低生活保障的居民4785人，发放城市最低生活保障资金3464.19万元，比上年增加737.6万元；享受农村最低生活保障的居民12143人，发放农村最低生活保障资金5035.05万元，比上年增加1714.27万元。

【社会事业】坚持教育优先发展战略，进一步落实立德树人根本任务，着力增强各类教育发展的整体性、协调性，着力深化素质教育丰富学校办学内涵，着力建设甘州教育对外开放新品牌，着力践行以人民为中心的发展思想，教育事业再上台阶。城区适龄儿童实现就近入园，义务教育阶段学校“大班额”问题基本消除。被确定为全国中小学劳动教育试验区，入选首批全国县域足球典型县。学龄儿童入学率达到100%，初中入学率达到100%。2020年向全国各类高、中等专业院校输送新生3689人，高考录取率达到95.82%。科技创新取得新进展。全年科学技术支出4044万元，比上年增长124.3%。全年共取得市级以上科技成果34项。受理专利申请728件，授权专利812件，有效发明专利114件。全年共签订技术合同182项，比上年增长95.6%；技术合同成交金额9.52亿元，增长15.2%。健全完善公共卫生服务体系，全力改善城乡医疗卫生条件，成功创建全国慢性病防控综合示范区，年末全区共有各类医疗卫生机构598个，其中综合医院15家，中医医院2家、专科医院12家，疾病预防控制中心（防疫站）2个，妇幼保健院（所、站）2个，乡镇卫生院22个，社区卫生服务中心6个。卫生技术人员6164人，卫生机构拥有床位5626张。面对突如其来的新冠肺炎疫情，坚持人民至上、生命至上，采取有力有效措施，迅速激活应急指挥体系，压紧靠实城区“六级”管控责任和农村“四级”防控责任，建立健全核酸检测、流调溯源、集中隔离、居家留观、社区管控运行体系，同时间赛跑、与病毒较量，在最短的时间内阻断疫情传播链条、遏制疫情扩散蔓延势头，以最快的速度复工复产复学复市、恢复正常生产生活秩序，打赢了疫情防控遭遇战、阻击战、歼灭战，夺取了疫情防控决定性胜利，为全国、全省、全市防控大局做出了“甘州贡献”、提供了“甘州样本”。

（高彩花）

肃南裕固族自治县

【基本情况】肃南裕固族自治县成立于1954年，因地处肃州（酒泉）以南而得名，是全国唯一的裕固族自治县。地处河西走廊中部，祁连山北麓一线，东西长650公里，南北宽120—200公里，总面积23887平方公里，东邻天祝藏族自治县，西接肃北蒙古族自治县，南与青海省相邻，北与武威、永昌、山丹、民乐、张掖、临泽、高台、酒泉、嘉峪关、玉门等甘青2省7个市州15个县（市）区接壤。境内草原广袤、土地肥沃、森林茂密、河流纵横、矿藏丰富，除明花乡属沙漠外，其余均系山地，平均海拔约3200米。祁连山主峰素珠莲及著名的“七·一冰川”即在境内。由于地势复杂，气候差异明显，全年平均气温4.7℃，日照时数2556.5小时，无霜期83天左右。全县森林面积46万公顷，森林覆盖率达到22.6%；基本草原面积2677.55万亩，湿地面积232.5万亩。动植物资源除原始森林和种类繁多的优质牧草外，还有100多种中药材和19种主要珍贵野生动物，植物84科499属1044种。境内主要河流分布有石羊河、疏勒河、黑河三大水系，总流域面积21462平方公里。辖3镇5乡、102个村委会、3个社区，是多民族聚居的少数民族县，境内居有裕固、藏、蒙古、回及少量的满、东乡、保安等共19个少数民族。

【资源优势】矿产资源丰富。截至2021年底，已探明的矿产27种，分布在228处。已探明的主要金属矿产有铜、铁、钨、铬、锰等。非金属矿有萤石、石灰岩、石英砂、硫、粘土、石膏、石棉、磷镁、白云岩、玉石、芒硝、重晶石、大理石、矿泉水和能源矿产煤炭等16种32处。其中已探明的钨矿储藏量在全国单个矿山储藏量中排名前5位，储藏量达46万吨。水资源十分丰富。石羊河、黑河、疏勒河横贯全境，总流域面积为2.15万平方公里，水能蕴藏量达204万千瓦时，冰川蓄藏量约159亿立方米，共有大小河流33条，年径流总量约43.11亿立方米，人均流量11.4万立方米，是河西绿洲灌溉的主要水源。旅游资源十分丰富。从人文资源看，既有建于北魏时期的马蹄寺、文殊寺、金塔寺等历史文化遗迹，又有裕固族等独特的民族风情和历史文化；既有可与敦煌莫高窟相媲美的石窟壁画艺术，又有博大精深的藏传、汉传佛教等宗教文化。从自然资源看，既有雪山冰川、又有大漠戈壁；既有草原森林，又有河流瀑布；既有幽谷深涧，又有绿洲平原，具有得天独厚的旅游资源优势。动植物资源丰富，生物多样性程度高，在我国干旱半干旱生物多样性保护中占有极其重要的地位，是西北内陆干旱区重要的生物基因库。境内有鸟类196种、昆虫1201种、兽类58种、两栖爬行类13种，其中有白唇鹿、雪豹、蓝马鸡、藏雪鸡等国家重点保护的一、二类野生动物59种；境内有高等植物84科399属1044种，盛产雪莲、冬虫夏草、大黄、锁阳等100多种中药材。

【国民经济】2021年，全县实现地区生产总值33.06亿元，比上年增长5.8%。其中，第一产业增加值8.29亿元，增长7.2%；第二产业增加值12.44亿元，增长5.2%；第三产业增加值12.32亿元，增长5.3%。三次产业结构由上年的26.66 ∶ 34.58 ∶ 38.76调整为25.09 ∶ 37.65 ∶ 37.26。工业增加值10.49亿元，增长8.1%；其中规模以上工业增加值10.1亿元，增长8.7%。固定资产投资增长10.27%。社会消费品零售总额6.17亿元，增长12.3%。一般公共预算收入27345万元，增长6.8%；一般公共预算支出134255万元，下降38.4%。

【生态保护】坚持生态立县，把祁连山生态保护作为最大政治责任，争取国家生态综合补偿试点县项目补助资金及流域横向补偿省级奖励资金2960万元，到位草原生态补奖资金1.94亿元，生态功能区转移支付资金1亿元；争取资金9105万元，实施无主矿区、采煤沉陷区治理及退化草原修复治理、森林草原有害生物防治、三北防护林等项目。投资1926万元，完成5个乡镇及祁青工业园区污水处理厂在线监控设施和乡镇锅炉房封闭式储煤棚建设，规范城乡污水处理厂运行管理，城区空气优良天数比例达93.9%，居全市第一。

【人民生活】城乡居民收入继续增加，生活水平进一步提高。全年城镇居民人均可支配收入33531元，比上年增长7.5%；城镇居民人均消费性支出34404元，增长5.9%；城镇居民家庭恩格尔系数为28.9%，与上年持平。农村居民人均可支配收入21783元，增长10%；农村居民人均生活消费支出22528元，增长5.9%；农村居民家庭恩格尔系数为30%，比上年上升0.7个百分点。

【乡村振兴】统筹推动乡村振兴向整体推进、向全域拓展，以建设美丽宜居乡村为导向，全年谋划实施基础设施建设、乡村绿化美化、人居环境改善、乡村旅游、现代农牧业、生态产业等六大类乡村振兴示范项目44项，完成投资6.68亿元，高起点高站位高标准打造榆木庄村等10个乡村建设示范村。大河乡西柳沟村、康乐镇红石窝村创建为国家级森林乡村，康乐镇创建为省级森林小镇。新建改建户用卫生厕所632座，创建省级“清洁村庄”19个。整合各类资金资源加大乡村产业人才培育，建成乡村人才培养基地3个，培育示范点（户）102个，培养特色产业技术人才1358名，带动养殖（经营）户456户，为乡村发展提供了人才支撑。

【项目建设】争取政府债券资金1.5亿元，一般性转移支付增量资金8041万元；争取中央及省级预算内项目资金1.42亿元，完成土地占补平衡指标交易7200万元。投资13亿元的G213肃祁二级公路、投资25亿元的S18张肃一级公路张掖至康乐段全线贯通，投资1.6亿元的S593元明二级公路开工建设，投资24亿元的G569北山至仙米寺（肃南段）高速公路项目取得实质性进展。开工各类项目43项，招商引资累计到位资金7.29亿元，第27届兰洽会成功签约5个项目，签约总额11.43亿元。

【供给侧结构性改革】纵深推进“放管服”改革，持续优化营商环境，并联审批、容缺受理、不来即享等改革举措相继落实，“一网通办”“好差评”“智慧肃南”“12345”便民热线全面推行，便民事项网上可办率达90%以上，压减办事时限70%，公共资源交易全流程线上运行。建成县乡标准化便民服务大厅，“双随机一公开”监管实现全覆盖。加快商事制度改革，有序推进“非禁即入”、电子证照、“多证合一”，中小微企业数量和规模不断扩大。农村“三变”改革、集体产权制度改革、公车改革、户籍制度、执法司法、国有企业等重点环节和关键领域改革取得新进展。“三医联动”、供销合作等改革持续深入。全面完成机构改革任务，进一步理顺职能职责。

【民生保障】着力推进全国文明城市、全国民族团结进步示范区等创建工作。投资879万元实施县幼儿园、肃南二中及乡镇学校食堂等基础设施改造提升工程；投资3774万元实施县医院传染病区、人才引进配套设施、祁丰卫生院职工周转宿舍及乡村卫生分院中医馆建设等项目。完成城乡妇女“两癌”免费检查900人。对老年人意外伤害保险进行扩面，对全县养老金、低保金等进行提标，发放各类救助金2109.4万元，惠及7500余人次。遗属生活补助标准由每人每月320元—600元统一提高到每人每月1100元。通过事业单位公开招聘、特岗教师、三支一扶、社区专职人员等多渠道安置高校毕业生就业274人。农民工工资清欠率100%，妥善处置各类矛盾纠纷182件，化解率99.4%。共化解政府性债务740万元、玉水苑欠债等政府隐性债务3059万元。

【绿色畜牧业】坚持畜牧稳县，投入资金3613万元实施绿色畜牧业发展、农牧业基础设施建设，推进繁育基地到市场销售全链条扶持；投资6000多万元实施大明现代农牧业示范区明花草古井饲草料基地建设；投资1557万元实施高标准农田建设1万亩；投资300万元实施共享牧场建设；投资480万元新建大瓷窑生态搬迁农牧民产业转型示范基地，养殖棚圈、储草棚及配套水电路等基础设施建设有序推进；投资500万元实施黑河提灌一期工程，解决大瓷窑灌溉用水难题。积极推广异地借牧、机械剪毛、品质改良、贷款贴息等措施，全力支持高山细毛羊及牦牛、肉牛产业发展。天然草原草畜平衡区载畜量重新核定提高到127.7万个羊单位。

【全域旅游】坚持文旅兴县，投资4289万元改造提升马蹄寺游客服务中心、民族风情商业街等基础设施，投资720万元打造红石窝红色美丽村庄，投资336万元改造巴尔斯圣山景区道路等基础设施。巴尔斯圣山景区成功创建3A级旅游景区，大河乡西岔河村被评为全省乡村旅游示范村。投资3600万元实施少数民族传统项目综合体育馆。投资1980万元启动肃祁公路沿线景观节点和观景平台建设，积极打造环祁连山肃南段最美自驾风景线。大力完善智慧旅游平台功能，实现县内4A级景区无线网络全覆盖。

【社会事业】坚持和发展新时代“枫桥经验”，积极构建矛盾纠纷多元化解机制，矛盾纠纷排查化解率达98%以上。深入推进“平安肃南”建设，积极开展县域社会治理现代化试点，基层社会治理“三中心”全面建成，投资1380多万元实施“雪亮工程”，社会治理智能化水平有效提升。深入推进安全生产领域改革发展，连续5年未发生较大以上生产安全事故，自治县成立67年未发生森林草原火灾。建立完善金融风险防范化解机制，严厉打击非法集资、金融欺诈等非法金融活动，金融风险得到有效遏制。全面落实粮食安全责任制，持续提升粮食安全保障能力。强化食品药品安全监管，大力创建省级食品安全示范城市。深化扫黑除恶专项斗争，严厉打击各类违法犯罪，实现命案积案全部清零，人民群众安全感、满意度明显提升。扎实开展民族团结进步创建工作，持续铸牢中华民族共同体意识，全国民族团结进步示范区创建成果进一步巩固。

【城乡环境】投资9600万元实施县城民俗度假区改造及景观提升工程，完成县城公共建筑特色改造、主街道及滨河路改造、雨污分流、景观水系、夜景打造、绿化提升和停车场建设等工程，县城天然气利用项目落地实施，城区公共设施全面更新。县城建成面积2.15平方公里，城镇化率达40.57%；城镇人均拥有道路面积17.5平方米；县城绿化覆盖率达到41.4%，人均公园绿地面积17.3平方米，城区亮化率、自来水普及率、垃圾处理率均达到100%，污水收集率达到99.1%。

（王生忠）

民乐县

【基本情况】民乐县地处祁连山北麓、河西走廊中段，属祁连山水源涵养区，是黑河水资源可持续利用和永续补给的绿色生态屏障。总面积3687平方公里，辖10镇、1个城市社区管理委员会，有汉、回、藏等14个民族，2021年末，全县常住人口19.07万，城镇化率48.2%。

【资源优势】全境海拔由北至南在1589—5027米之间，地势南高北低，地形分山地和倾斜高平原两大类。年均气温5.3℃，平均日照时数2666—3248小时，年均降水量246—530毫米，属大陆性荒漠草原气候。独特的地理和水土光热条件是培育天然绿色农产品的理想之地，主要农作物紫皮大蒜、中药材、马铃薯等以品质优良而闻名，是河西走廊重要的中药材生产加工、马铃薯脱毒种薯繁育及种植加工、油菜和蔬菜制种基地，被确定为国家农业标准化马铃薯种植示范区、全省首批有机产品认证示范区、优质中药材标准化生产示范县和板蓝根优势种植区，紫皮大蒜、马铃薯入选全国名特优新农产品目录，先后荣获“中国板蓝根之乡”“全省肉羊产业大县建设先进县”等称号。县境内自然风光唯美大气，荒漠戈壁、田园绿洲、森林草原、高山峡谷、雪山冰川等特色迥异、雄浑壮美的全景式高原生态景观从北到南依次呈现，可谓“中国地貌景观大观园”。“大斗拔谷”扁都口、“金色奇观”油菜花、国道227线七彩丝路休闲农业观光带、“一山一寺一园一河”生态景观等自然美景和人文景观交相辉映，乡村旅游和休闲观光农业蓬勃发展，全域旅游、全线旅游基本成型。圣天寺景区创建为国家3A级旅游景区，滨河酒文化产业园成功创建国家4A级旅游景区，方舟温泉水世界、金阳光生态农业观光园创建为3A级旅游景区，扁都口景区晋升为国家4A级旅游景区，扁都口油菜花景观获评“中国美丽田园”称号，被确定为全省休闲农业示范县。

【国民经济】2021年，全县实现地区生产总值68.76亿元，比上年增长7.8%。其中，第一产业增加值23.16亿元，增长11.9%；第二产业增加值13.96亿元，增长8.7%；第三产业增加值31.64亿元，增长4.4%。固定资产投资增长11.53%；实现社会消费品零售总额26.39亿元，增长13.2%。

【乡村振兴】统筹推进乡村建设行动，开工建设乡村绿化美化、人居环境改善、农村基础设施建设等乡村振兴重点示范项目53项，总投资130.86亿元，年度计划投资47.47亿元。大力改善农村人居环境，创建省级乡村建设示范村10个、“清洁村庄”43个，完成厕所改造2040座。持续加强乡村治理，不断强化软弱涣散村党组织整顿工作，推动城乡基层党组织建设进一步标准化、规范化。严格落实“四个不摘”要求，建立健全防止返贫动态监测和帮扶机制，10313名脱贫人口和边缘人口实现务工就业。落实公益性岗位1636人，1019户易地扶贫搬迁户实现“一户一人”稳定就业。为5672户脱贫户和34户监测户购买“防贫保险”，为880户脱贫户办理种养产业综合保险，为592户脱贫户发放小额信贷2906万元。大力实施乡村建设行动，完成卫生改厕2040座，风貌改造112户，创建省级乡村建设示范村10个。选派87名干部赴乡村一线驻村帮扶，吸引36名优秀人才返乡创业。持续推进新时代文明实践中心（所、站）规范化建设，健全完善“一约四会”制度，培树“十佳百名”先进典型，乡风文明建设取得新进展。

【项目建设】严格落实重大项目“五个一”工作机制，开复工重点项目119项。争取中央和省级预算内投资项目13项1.17亿元、地方政府专项债券项目10项5亿元。谋划储备“十四五”重大项目10类592项，计划总投资1516亿元。大力实施招商引资突破行动，出台招商引资优惠政策，建立完善招商引资工作目标责任制和考核奖惩激励机制，签约化工产业园污水处理、孕马血清加工二期等项目24项，开工建设锦拓生物糠醛香料、中药材产业发展等项目21项，落实省外到位资金20.6亿元。

【优势产业】大力实施现代丝路寒旱农业优势特色产业三年倍增行动，新建高标准农田16万亩，特色产业种植面积达61万亩，粮食播种面积达70万亩，获评第二批省级农产品质量安全县。新建、改扩建规模化养殖小区12个，畜禽饲养量达268.8万头只。大力推动生态工业增量提质，投资34.7亿元实施重点工业项目11项，利鸿含氟新材料、维尔沃硼同位素系列产品等项目加快实施，通试高纯无机氟化盐、大民新材料800兆瓦高效光伏组件、仓宇果蔬包装箱生产等项目开工建设。工业园区化工产业园加快建设，蒸汽热源厂、化工污水处理厂、特勤消防站等项目顺利推进。加快发展新能源产业，储备新能源产业项目14项。积极推进传统产业“三化”改造，滨河白酒生产线扩建、滨河万吨葡萄酒生产、银河蛋白清液回收利用等项目加快实施。认定省级专精特新企业1户、高新技术企业4户、绿色工厂1个，新增规上企业3户。

【人民生活】城乡居民收入平稳增长，生活水平逐步提高。2021年，全县城镇居民人均可支配收入28531.6元，比上年增长7.4%；农村居民人均可支配收入15185.8元，比上年增长10.2%。城乡居民人均收入比值为1.87，比上年缩小0.06。开展劳动力就业技能、创业、岗位技能提升等培训7800人；建成市级创业孵化基地2个，发放创业担保贷款6998万元；输转城乡富余劳动力8.14万人，实现劳务收入20.66亿元。积极促进高校毕业生、下岗失业人员、退役军人、农民工等重点群体多渠道就业，城镇新增就业3025人，城镇登记失业率2.8%。

【环境保护】深入打好污染防治攻坚战，持续强化扬尘防控、煤质管控、炉烟炕烟治理和秸秆垃圾禁烧，城区空气质量优良天数比率达88.8%。全面落实河湖（警）长制，加快推进洪水河海潮坝段河道治理、苏油口中型灌区续建配套与节水改造等项目，全面加强水源地保护，全县水环境质量稳定向好。着力加强农业面源污染治理、畜禽粪污资源化利用，土壤环境质量持续改善。深入实施祁连山生态保护与建设综合治理等生态项目，完成森林抚育2.4万亩、封山育林10万亩、退化草地治理2万亩，建成城市绿化带395亩、交通大林带368亩、防风固沙带1557亩。

【社会保障及社会事业】坚持教育优先发展，新招录教师82名，文化产业园小学及幼儿园等重点项目加快实施。普通高考再创佳绩，5名学生被清华大学、北京大学录取。坚持“外防输入输出、内防扩散反弹”，精准高效应对突如其来的新冠肺炎疫情，全县上下令行禁止、协调联动，有效遏制了周边疫情输入扩散。全力推进新冠病毒疫苗全民接种，加快构建群体免疫屏障，疫情防控保卫战、阻击战取得阶段性成效。全面落实异地就医直接结算政策，医保基金支出1.33亿元。发放城乡低保、特困供养、残疾人“两项补贴”等各类救助资金7575万元。严格落实就业创业支持政策，发放就业创业担保贷款6998万元，城镇新增就业3025人。全面推行“五治”融合基层社会治理模式，县镇村三级综治中心规范化建设实现全覆盖。安全生产“四项指标”全面下降，安全生产形势总体平稳。投资1650万元建成全县四级道路交通智能管理系统，着力加强农村道路交通安全“两站两员”建设，在全市率先建立道路交通安全县镇村三级联管机制。深入推进法治民乐、社会信用体系建设，严厉打击电信诈骗、非法集资等违法犯罪行为，群众的安全感、满意度进一步提升。

（王延昭）

临泽县

【基本情况】临泽县地处河西走廊中段，东经99°51′~100°30′、北纬38°57′~39°42′之间。县境东邻张掖市甘州区，经武威、兰州与内地相连，西接高台县，过嘉峪关通新疆，南依祁连山与肃南裕固族自治县接壤，出梨园口可达青藏高原，北毗内蒙古自治区阿拉善右旗，越合黎山可抵蒙古大漠，为历代兵家必争、商旅必经之地。境内国家重要交通线密集，兰新铁路、兰新复线、兰新高铁、312 国道、G30 高速公路自东向西穿境而过，2016 年建成全省首家通用航空机场，拥有立体化的交通网络。全县总面积 2729 平方公里，辖 7 个镇，71 个行政村和 5 个社区，2021 年末常住人口 11.43 万人，有汉、回、藏、蒙古、裕固等 11 个民族，城镇化率 48.56%。

【资源优势】已探明的矿种主要有锰、铁、铜、金、煤、凹凸棒、海泡石、石膏、石英石、矿泉水等，其中，凹凸棒石探明储量 13.5 亿吨，远景储量 34.2 亿吨，富含锌、硒、硼、锶等 20 多种微量元素。全县注册各类凹凸棒石企业 35 家，从事凹凸棒石生产加工企业 11 家，初步构建了以矿产资源选采、研发、加工、销售为一体的全产业链发展格局，已经形成饲料添加剂、日用化妆品系列、农用复合肥系列、富氧分子筛、凹土生活净水器、动物猫砂、空气净化剂等 30 多个产品和 65 万吨凹凸棒石有机肥（土壤调理剂）及 5 万吨牛羊营养舔砖生产线。以打造特色旅游文化强县为目标，精心打造中国枣乡、种业大县、丹霞奇观、戈壁天堂、红色圣地“五张名片”。全域旅游蓬勃发展，丹霞景区游客服务中心、河西民俗博览园等 51 个延链补链项目顺利实施，丹霞口文旅小镇、流沙河景区建成 4A 级景区，七彩丹霞景区晋升为 5A 级景区、成功创建世界地质公园、荣获“中国最佳自然生态旅游项目奖”“最美中国旅游景区奖”。

【国民经济】2021 年，全县实现地区生产总值 65 亿元，比上年增长 7.3%。其中，第一产业增加值 24.38 亿元，增长 10.1%；第二产业增加值 9.89 亿元，增长 5.8%；第三产业增加值 30.73 亿元，增长 6.6%。三次产业结构比为 37.5 ∶ 15.2 ∶ 47.3。十大生态产业增加值 28.4 亿元，占地区生产总值比重为 43.7%，比上年提高 13 个百分点。工业增加值比上年增长 8.0%，其中规模以上工业企业增加值增长 8.5%。固定资产投资比上年增长 14.47%。其中，第一产业投资下降 11.6%，第二产业投资增长 62.7%，第三产业投资增长 9.7%。实现社会消费品零售总额 21.82 亿元，增长 12.9%。全县一般公共预算收入 1.97 亿元，增长 4.5%；一般公共财政预算支出 16.19 亿元，下降 7.5%。年末金融机构各项存款余额 93.33 亿元，比上年末增长 12.29%；各项贷款余额 70.23 亿元，增长 1.89%；金融机构存贷比 75.25%，下降 7.71 个百分点。

【乡村振兴】紧扣“走在前、当标杆、作示范”的目标定位，主动融入全市“两带四区四线”示范带建设，坚持“统筹规划、分步实施、重点示范、整体推进”原则，以彩虹谷为突破口，以贯穿县域的四条“井”字形廊道为轴线，聚力打造丹柳路“鸟语花香”生态旅游廊道、张罗路“琳琅满目”特色产业廊道、312 国道“车水马龙”通道经济廊道、临平路“泉水叮咚”生态经济廊道 4 条乡村振兴示范带，合理布局实施生态产业、文化旅游、基础设施等项目，推动乡村振兴向全域拓展提升。

【“三农”工作】连续第 14 年出台促农增收 1 号文件，整合涉农资金 1.11 亿元，不断优化“4+1+N”产业布局，大力实施现代丝路寒旱农业特色优势产业三年倍增行动计划，着力打造现代种子、现代丝路寒旱农业产业功能区，持续推动绿色生态农业提质增效。2021 年，全县农作物总播种面积 47.6 万亩；粮食作物播种面积 36.2 万亩，其中小麦面积 1 万亩，玉米面积 34.5 万亩；种植各类蔬菜 6.5 万亩。粮食总产量 165073 吨。年末牛饲养量 24.1 万头，比上年增长 9.6%；出栏 9.7 万头，增长 18.4%。猪饲养量 20.7 万头，增长 29.2%；出栏 14.5 万头，增长 36.5%。羊饲养量 48.6 万只，增长 25.0%；出栏 26.4 万只，增长 48.8%。家禽饲养量 71.4 万只，增长 10.5%；出栏 39.8 万只，增长 14.5%。全年肉类总产量 2.2 万吨，增长 16.2%；禽蛋产量 0.10 万吨，增长 6.03%；牛奶产量 2.4 万吨，增长 57.8%。

【项目建设】成立项目落地建设和前期手续代办工作专班，设立“项目管家”全程提供“保姆式”“代办制”和“不来即享”服务。邀请客商来临考察对接 58 批次，县委、县政府主要领导带队赴外招商 8 次，累计签约项目 33 项，签约总金额 105.5 亿元。实施七彩天狼航空运动小镇、平川北滩 50 兆瓦风电场建设等续建项目 6 项，开工建设千亩设施蓝莓生产基地、光伏支架制造、金沙湾沙漠旅游度假营地等新建项目 31 项，总投资 104.8 亿元。（其中：兰洽会签约项目 7 项，金额 31.9 亿元，开工率 100%，非省级重大节会签约项目 17 项，金额 8.65 亿元，新能源项目及配套产业项目 7 项，金额 64.25 亿元）。全年累计落实招商引资到位资金 53.2 亿元，比上年增长 13%。

【优势产业】玉米制种：持续抓好企业准入和总部入临两个关键，全县准入玉米制种企业 31 家，落实玉米制种基地 23.3 万亩，玉米制种产量达 10.7 万吨。奶肉牛：全县累计建成标准化养殖场（区）157 个。其中，肉牛养殖场区 82 个，奶牛养殖场（区）8 个，牛饲养量达 24.1 万头。通用航空：泛美航空、金汇旅游、神龙无人机生产项目稳步推进，通航产业园被确定为省级军民融合产业园示范区、丝绸之路国际通航大会永久会址。凹凸棒石：凹凸棒石产业迈出高值化发展步伐，脱色剂、提纯转白等 17 项科研成果实现产业化，成功举办第十五届中国凹凸棒石高层论坛。特色旅游：丹霞景区晋升为 5A 级景区，张掖世界地质公园创建成功，红色旅游资源丰富，探明的含硫温泉、富锶矿泉水，具备发展康养产业、打造国家全域旅游示范区的独特优势。

【人民生活】全年全县城镇居民人均可支配收入 30249.4 元，比上年增长 7.3%；城镇居民人均生活消费支出 21457.3 元，增长 8.8%；城镇居民家庭食品消费支出占消费支出的比重为 30%，比上年提高 1.4 个百分点。农村居民人均可支配收入 18879.8 元，增长 10.4%；农村居民人均生活消费支出 15587.5 元，增长 5.1%；农村居民家庭食品消费支出占消费总支出的比重为 29.9%，与上年持平。

【环境保护】全县林地面积 62135.74 公顷，森林覆盖率达 16.66%。全县城区绿化面积达 253.89 万平方米，城区绿化覆盖率达 41.4%，绿地率达 38.4%，人均公园绿地面积15.94平方米。全县空气质量综合指数3.45，优良天数比例为85.3%，可吸入颗粒物（PM_{10}）浓度均值58微克/立方米，细颗粒物（$PM_{2.5}$）浓度均值为27微克/立方米，比上年下降16%。县城和11个乡镇集中式饮用水源水质达标率达到100%。全县回收废旧地膜1880.8吨（折纯）吨，废旧地膜回收率达84.95%，尾菜综合处理利用率达80.65%，秸秆综合利用率达90.05%。新（改）建户用卫生厕所1330户，农村卫生厕所覆盖率达63.14%，全县71个行政村全部创建为清洁村庄。

【社会保障】2021年，全县新增城镇就业2625人，比上年减少105人，485名高校毕业生实现了就业；年末城镇登记失业率为2.7%。年内输转劳动力3.1万人，其中有组织输出2.48万人，实现劳务收入8.1亿元，增长8%。年末城镇居民最低生活保障人数1528人，农村居民最低生活保障人数5569人，全县98.29%的适龄城乡居民纳入城乡居民社会养老保险范围，发放养老金3780.45万元。参加企业职工养老保险5858人；参加失业保险8128人；参加工伤保险12227人；参加城乡居民医疗保险122631人，参保率98.58%。

【社会事业】引进新品种111个，推广新技术41项，全社会研发经费支出9373万元，占地区生产总值的比重达1.63%以上。登记技术合同交易额4.6亿元，新增高新技术企业6家、累计达到26家，认定省级科技型企业7家，评价入库科技型中小企业41家，获批省级创新型县试点建设。全年授予专利权284件，比上年下降36.3%；年末有效专利1391件。现有普通高中1所，在校学生1958人；职业中学1所，在校学生1288人；初级中学3所，在校学生3582人；普通小学78所（含教学点67个），在校学生7104人；幼儿园73所，在园幼儿3734人。3—6岁幼儿入园率99.92%；小学适龄儿童入学率、巩固率均达100%；初中适龄少年净入学率达100%，巩固率达99.92%；高中阶段毛入学率达96.35%。高考录取率97.05%，其中本科录取率83.01%。全县有文化馆（美术馆）、图书馆、博物馆各1个，村级文化广场72个。举办各类大型节庆和民俗文化体育活动20余场次；开展“送戏下乡”等文化惠民演出活动70余场次。全县有广播电视台1座、微波台1座，中央广播电视节目无线数字化覆盖工程基站2座，广播电视覆盖率100%；网络双向化改造达80%，有线数字电视用户19832户，入户率65.54%；宽带用户4398户，入户率22.18%。全县有各级各类医疗卫生机构126家，其中二级甲等综合医院1家，二级甲等中医医院1家，中心卫生院4所，一般卫生院4所，村卫生室84个，个体诊所28所。医疗机构在职职工854人，其中卫生专业技术人员781人。拥有床位1015张，其中中医院拥有床位260张、卫生院拥有床位230张。全县共有各类体育场地534个，其中城市社区居民体育健身场所59个，镇村体育健身场所324个，人均体育场地面积4平方米。举办2021甘肃省风筝交流大赛、中华垂钓大赛甘肃“鸿健杯”首届库钓大赛、“陇越骑联”甘肃省自行车长征赛、“2021奔跑吧！临泽”等品牌赛事活动4场次。

（杨玉梅）

高台县

【基本情况】高台县位于河西走廊中部，介于北纬39°03′50″~39°59′52″，东经98°57′27″~100°06′42″之间。东接临泽县，南与肃南裕固族自治县相连，西与肃南县、酒泉市相邻，北与金塔县、阿拉善右旗接壤。县城位于黑河南岸，东距张掖市80公里，南距肃南县60余公里，西北距酒泉市100公里，东南距兰州市500公里。高台属张掖绿洲一部，南为祁连山北麓，北为合黎山，两山夹峙，中为绿洲平原。地势南北高，中间低，黑河纵贯全境，形若马鞍。地形地貌复杂，由祁连山北麓冲积洪积平原、黑河沿岸冲积平原、沙砾戈壁、中部平原、洪积细土平原、合黎山地、沙漠盐沼平积平原、黑河湿地构成。海拔介于1260—3140米，年平均气温9.4℃，温差15—20℃，日照3010小时，年降水总量98.3毫米，蒸发量899.4毫米，全年无霜期153天左右。全县辖新坝、骆驼城、南华、巷道、合黎、宣化、黑泉、罗城、城关9镇，9个城镇社区、136个行政村、1005个村民小组。总户数55236户，总人口15.83万人，有回族、裕固族、土族、藏族、蒙古族、东乡族等16个少数民族，少数民族人口0.18万人。

【资源优势】全县总面积4346.61平方公里，其中耕地66.37万亩，东西长99.13公里，南北宽90.93公里。自然条件优越，县境内有黑河、摆浪河、大河、水关河、石灰关河、红沙河6条主要河流，中小型水库20座，总库容4988万立方米，地下水允许开采量1.32亿立方米。风能、太阳能资源丰富，县境内已探明的矿种主要有芒硝、原盐、萤石、硅石、铁、锰等20多种，其中芒硝储量约1112.85万吨，原盐储量157.56万吨，钾盐26万吨，为全省最大产盐地。境内有国家级文物保护单位汉明长城、骆驼城遗址、许三湾城及墓群3处，省级文物保护单位5处，县级文物保护单位47处。全县馆藏文物4161件，其中国家一级文物132件，主要有魏晋壁画砖、彩绘木器、木版画、十六国时期纪年简牍和汉晋丝绸等。许三湾古墓群是全国分布最密集、保存最完好的特大古墓群。非物质文化遗产有13大项、38类、2818个子项。乐善秦剧团有上百年传承史，秦腔獠牙特技表演、高台民歌、通背捶、八虎棍、黄河灯阵被列入省级非物质文化遗产保护名录。市级非物质文化遗产22项。博物馆为国家三级博物馆，图书馆为国家一级图书馆。建成国家AAAA级景区3个、国家AAA级景区1个。

【国民经济】2021年，全县地区生产总值60.36亿元，比上年增长6.8%。其中，第一产业增加值23.37亿元，增长10.08%；第二产业增加值9.21亿元，增长6.1%；第三产业增加值27.78亿元，增长5.7%。三次产业结构比由上年的35.99 ：15.46 ：48.55调整为38.71 ：15.25 ：46.04。第一产业所占比重上升2.72个百分点，第二产业所占比重下降0.21个百分点，第三产业所占比重下降2.51个百分点。社会消费品零售总额实现 19.57 亿元，增长 13.7%。一般公共预算收入 2.46 亿元，增长 7.03%。

【供给侧结构性改革】紧紧围绕“一控两减三基本”目标，推广应用标准化栽培、缓释肥、水肥一体化、土壤盐碱地改良等农业新技术 31 项，引进推广番茄、西甜瓜、茄果类新品种 63 个，落实新坝冷凉罐区有机蔬菜生产、精品西瓜标准化生产、制种玉米全程机械化示范基地、粮菜兼用千亩马铃薯示范基地、生猪肉牛标准化养殖等示范项目 28 个，推广有机肥面积 15 万亩，配方施肥技术 45.2 万亩。推广引进玉米机械去雄、激光平地、自动驾驶、深松整地等农业绿色发展农机具 329 台，补贴扶持各类农机 3005 台，农业机械化率达 87.5% 以上。加大农业废弃物综合利用，加强市场运作和项目扶持，鼓励企业回收处理秸秆 44.84 万吨、废旧农膜 0.14 万吨、处理尾菜 16.1 万吨。积极培育农产品精深加工经营主体 89 家，农业产业化龙头企业 58 家，农业产业化联合体 13 个，农产品加工转化率达 64.8% 以上。深入挖掘“寒旱”特质和无公害绿色优势，共裕农牧、港峰文汇等企业认证“三品一标”农产品 22 个，“高台黑番茄”入选“甘味”农产品区域公用品牌，大漠紫光、悦品天月、新绿达等 7 个品牌入选“甘味”企业商标品牌，农业质量效益和竞争力不断提高。大力开展技术改造，紧盯市场实际需求，着力释放供给端活力，发挥技改稳投资的关键作用，补短板、促升级、增后劲，积极支持企业通过技术改造，提升创新能力。金康脱水蔬菜修建了冷库提升了反季节脱水蔬菜的加工能力，对应对洋葱等蔬菜价格变化起到了积极作用；通过生产线改造，宏源矿业萤石精粉年生产能力进一步提高；天鸿生化加大科研投入、优化生产工艺，所产免疫血清类药品在同类产品中认可度进一步更高。

【乡村振兴】全年全县完成农业增加值 23.53 亿元，比上年增长 8.42%；农村居民人均可支配收入 17870.4 元，增长 10.3%。严格落实“四个不摘”要求，健全完善防止返贫监测帮扶机制，累计监测对象 27 户 77 人。大力实施特色产业培育工程，脱贫人口人均可支配收入 16251 元，比上年增长 17.38%，顺利通过全省巩固拓展脱贫攻坚成果专项考核第三方评估和 2021 年度实施乡村振兴战略和巩固拓展脱贫攻坚成果产业帮扶实地核查考核。大力发展现代丝路寒旱农业，培育壮大优势特色主导产业，建成供港蔬菜、设施西瓜、精品辣椒等 5000 亩以上规模种植基地 9 个，蔬菜面积 13.02 万亩，经济作物制种 16.95 万亩。新改扩建肉牛、生猪等规模养殖场区 26 个，全县畜禽饲养总量达 263 万头 / 只 / 羽，祁连传奇葡萄酒、康翠蔬菜等 8 个产品入选“甘味”品牌，农业质量效益和综合竞争力不断提升，高台县获评全国率先基本实现主要农作物生产全程机械化示范县。高质量完成 18 个发展类村庄规划编制工作和 10 个省级乡村建设示范村建设任务，建成明水村、太安村等乡村振兴综合示范点 12 个，新改建农村房屋 417 户，建成乡村公路 56 公里，建设高标准农田 6 万亩，改造农村厕所 1550 户，创建清洁村庄 10 个，农村生活污水治理率 46%，村庄绿化率 51.2%。围绕“一控两减三基本”目标，推广应用标准化栽培、缓释肥、水肥一体化等农业新技术 31 项，引进推广番茄、西甜瓜、茄果类新品种 63 个，建成各类农业科技示范点 28 个，推广有机肥面积 15 万亩，配方施肥技术 45.2 万亩。实用农机具广泛应用，补贴政策全面落实，农业机械化综合作业水平 87.5%。培育农业产业化联合体 13 个，年加工各类农产品达 57 万吨，农产品加工转化率 64.8%。

【项目建设】2021 年，全县固定资产投资比上年增长 10.1%。其中，5000 万元及以上项目 21 项，完成投资比上年增长 30.9%；500—5000 万元项目 69 项，完成投资下降 4.9%；房地产开发投资项目 3 项，完成投资下降 73.3%。从产业分类看，一产投资增长 33.2%，二产投资下降 1.4%，三产投资增长 9.4%，三次产业投资结构为 24.5 ： 34.5 ： 41。从投资主体看，政府投资项目 38 项，完成投资增长 65.3%，占全县投资比重 36.4%；民间投资项目 55 项，完成投资增长 2.1%，增速比上年提高 20.6 个百分点，占全县投资比重 63.6%。以北环路东延伸段、城区污水处理厂三期、石炭沟供热管网工程等为主的市政公用基础设施项目，以职中师生餐厅、城关幼儿园、县人民医院防控救治能力提升等为主的教育卫生项目，以规模化防沙治沙、黑河湿地公园改造提升、城市建成区绿化提升等为主的生态保护项目已陆续建成，逐步投入使用。以红色基因传承基地、北河新村棚改项目等为主的房建项目稳步推进。

【优势产业】立足区位优势和自然禀赋，坚持发展以蔬菜、制种、草畜三大主导产业和辣椒、马铃薯、中药材三个区域特色产业为重点的现代丝路寒旱农业，持续推动农业结构调整和转型升级。建成供港蔬菜、设施西瓜、加工番茄、精品辣椒等 5000 亩以上规模种植基地 9 个，完成蔬菜等高效经济作物 26.32 万亩。统筹抓好规模养殖场区改造升级、补栏扩量、畜禽防疫等工作，新改扩建规模养殖场区 28 个。坚持走资源循环、产业聚集的生态工业发展之路，持续实施生态工业突破行动，围绕“综合能源、农副产品加工、装备制造、矿产建材、化工”五大工业体系，优化产业布局，延伸产业链条。十大生态产业实现增加值 24.88 亿元，占地区生产总值比重达 41.2%。狠抓晋昌源年产 20 万吨中温煤焦油加氢、120 万吨捣固炼焦等 18 个重点工业项目，推动形成以农副产品加工、清洁能源、智能装备、矿产建材和精细化工为主的生态产业集群。实施“十强双百”企业振兴计划，支持企业扩能升级，年内新建企业入库 1 户，年底小升规入库 5 户，全县工业企业达到 149 户，其中规上工业企业 25 户，增加值比上年增长 13.6%。加强金融支持企业力度，确保企业资金链不断。2021 年，累计为企业发放贷款 5.2 亿元，企业贷款余额达 23 亿元。主动对接省、市发展战略和重大政策机遇，积极统筹谋划重大项目，通过项目征集、筛选、梳理，“十四五”共谋划工业项目 86 个，为工业经济高质量发展奠定了基础。

【人民生活】2021 年，全县城镇居民人均可支配收入 30079.4 元，比上年增长 7.2%，其中，工资性收入增长 7.8%，经营净收入增长 4.6%，财产净收入增长 6.6%，转移净收入增长 8.7%；人均消费支出 24989 元，增长 7.95%；恩格尔系数 29.31%。全县农村居民人均可支配收入17870.4元，比上年增长10.3%，其中，工资性收入增长8.4%，经营净收入增长12.2%，财产净收入增长7.8%，转移净收入增长11.8%；人均生活消费支出16629元，增长9.34%；恩格尔系数31.49%。城乡居民人均可支配收入比为1.68，较上年缩小0.05。

【环境保护】开展“四带一区”生态建设，完成人工造林4.58万亩，义务植树80万株，新增城市绿化面积17万平方米。坚决扛起生态环境问题整改整治责任，中央、省市环保督察交办的各类问题按时序完成整改。打好“蓝天”“碧水”“净土”三大保卫战，深入推进河湖清“四乱”，开展岸线利用项目专项整治、“春雷2021河湖管护攻坚行动”，排查15处集中式饮用水源地环境风险，城乡集中式生活饮用水源水质良好，达标率100%。统筹推进炉烟炕烟、秸秆垃圾焚烧等主要污染源专项治理，建成1个洁净型煤配送中心和11个煤炭二级配送网点，完成农村土炕治理2145铺。持续强化城市保洁和主干道湿扫及道路洒水作业，加强实施工地管理，精细化管控扬尘污染，全县环境空气质量有效改善。落实秸秆置换有机肥、农膜以旧换新、畜禽粪污资源化利用等扶持政策，改造升级3个区域粪污处理中心，废旧农膜、尾菜、秸秆、畜禽粪污资源化利用分别为83%、80.3%、90.9%、86%，推进农村人居环境综合治理，城乡生活垃圾收集清扫保洁实现全域覆盖，全县生活垃圾无害化处理率100%。

【社会保障】落实就业政策，促进退役军人、农民工、高校毕业生等重点群体就业创业，输转城乡富余劳动力3.13万人，城镇新增就业2733人，城镇登记失业率2.79%。实施办学条件改善计划，城关幼儿园、职业中专师生餐厅等项目开工建设，高中标准化考场、霞光小学师生餐厅、明水小学教师周转房等项目投入使用。深化教育改革，提高教学质量，职业中专入围省级中职教育“双优校”建设单位，骆驼城镇中心小学入选全国中小学中华优秀传统文化跳绳项目传承学校。深化医药卫生体制改革，推进紧密型医共体建设，实施防控救治能力提升、医疗废物收转运、防控物资储备库等项目，改（扩）建县级发热门诊，建成核酸实验室4个，新（改）建镇村卫生院（室）7个。创新养老助残新模式，农村低收入家庭老年人关爱服务、城镇重度残疾人托养照护、残疾儿童康复实现全覆盖。“五险一金”提标扩面，城乡低保、特困供养连续五年提标发放，基本养老、孤残补贴等民生政策全面落实，集医疗保险、民政救助、商业保险为一体的多层次社会保障体系不断完善。加快“全国乡村治理体系试点”和“国家数字乡村试点县”建设，创建全国文明单位（村）3个、全国乡村治理示范镇（村）2个，“四级七天”矛盾纠纷化解工作法入选全国乡村治理典型案例。“七五”普法通过验收，高台县被评为“全国法治县创建先进单位”。落实安全生产责任制，开展风险隐患排查整治，安全生产形势总体稳定。落实“四个最严”要求，食品药品安全监管全面加强。深化平安高台建设，实施雪亮工程，推进扫黑除恶专项斗争，做好信访积案化解和矛盾纠纷调处工作，社会大局安定有序。

（李建荣）

山丹县

【基本情况】山丹县位于河西走廊中段，地处东经100°41′~101°42′，北纬37°50′~39°03′之间。东靠永昌，西邻张掖、民乐，北过龙首山与内蒙古阿拉善右旗接壤，南以祁连山和青海省为界。县域地形波状起伏，山川交错。三面环山，南面有祁连山，东南有大黄山，北部有龙首山，西南是丘陵地带。海拔介于1550米—4441米，属大陆性高寒半干旱气候，年平均气温8.4℃，日照2778.3小明，年均降水量205毫米，全年无霜期188天。全县总面积5402.43平方公里，人口密度27.5人/平方公里。下辖6个镇、2个乡，6个居民委员会，111个村民委员会。2021年末全县常住人口14.86万人，城镇化率56.04%，有汉族、回族、东乡族等12个民族。

【资源优势】山丹历史悠久，文化灿烂，旅游资源丰富。有亚洲最大的马场—山丹军马场，景色别致，是领略草原风光的好去处。有被称为“丝路绿宝石”的4A级旅游景区—焉支山景区，这里因西汉名将霍去病大败匈奴和隋炀帝西巡接见西域27国王公使节而载入史册。有全省保存最完整、被称之为“露天长城博物馆”的汉、明长城。有著名新西兰国际友人路易·艾黎的陵园和捐赠文物陈列馆。有始建于北魏，距今1600年的全国最大室内泥胎坐佛—大佛寺景区。现已逐步演绎成“焉支风、马场梦、长城魂、艾黎情、佛山缘”五大旅游品牌。县内煤炭、黏土、铁、石灰岩、硅石、白云岩等矿产资源较为丰富。水资源主要来自降水和南部祁连山、中部大黄山的融雪补给，河流主要有源于祁连山北麓和大黄山区的马营河、霍城河、山丹河等河流以及北部龙首山浅山区的季节性间歇河流。县内有95876部队、中牧山丹马场、山丹农场、培黎职业学院、山丹培黎学校等省、市驻丹企业和单位。

【国民经济】2021年，全县实现地区生产总值69.19亿元，比上年增长5.8%。其中，第一产业增加值17.86亿元，增长12.9%；第二产业增加值18.65亿元，增长1.2%；第三产业增加值32.68亿元，增长4.5%。三次产业结构比为25.8∶27∶47.2。全部工业增加值比上年增长3.2%，其中规模以上工业增加值下降1.7%。固定资产投资增长10.02%。实现社会消费品零售总额27.56亿元，增长13.5%。一般公共预算收入和一般公共预算支出分别完成3.65亿元和18.36亿元。

【供给侧结构性改革】着力推进产业转型升级，马铃薯、油菜、中药材、优质牧草、食用菌、肉羊肉牛“六大区域特色产业”初具规模。新能源等新兴产业快速布局，协合太阳能发电、龙辉新能源等2个光伏发电项目投产运行，甘肃天聚、山丹焰中、绣花庙风电场建设项目加快建设。传统工业加快改造，花草滩煤矿绿色矿山综合治理、智能化矿井建设项目加快推进。山丹马场高铁站等一批重点文旅及基础设施配套项目建成投运，艾黎纪念馆被命名为“全国爱国主义教育示范基地”和“国际主义教育基地”，全年接待游客378万人次、实现旅游综合收入22亿元，创建为“省级全域旅游示范区”。十大生态产业增加值占地区生产总值比重达到34.4%，高质量发展的后劲越来越足。

【乡村振兴】坚持以乡村振兴战略引领农业农村发展，积极推进脱贫成果巩固、特色产业培育、乡村示范建设和人居环境改善，努力开创农业强、农村美、农民富的新局面。持续做好防返贫动态监测及帮扶工作，严防返贫和致贫，巩固拓展脱贫成果。扎实推进乡村振兴“十项重点工作”，投资14.77亿元实施乡村振兴项目24项，祁连西路风貌改造全面完工，永宁新村等6个生态宜居村庄建成生态宜居房136套、农村公租房114套，拆除复垦农村危旧空置房358户，改造农村卫生户厕2782座，建设垃圾转运站8处，农村产业基础、公共设施、人居环境得到进一步改善。

【项目建设】全年实施各类重点项目78项，高新技术企业孵化园、山丹马场高铁站等58个项目建成投用。争取地方政府专项债券3.5亿元，开工建设花草滩循环经济产业区基础设施配套工程等7个债券项目，为重大项目建设提供了有力支撑。开工建设现代肉羊融合发展产业园和孕马养殖基地，打造四坝村农业综合集成等产业示范点15个。大力推动新能源产业开发，山丹焰中、甘肃天聚2个光伏发电项目即将建成投用，全县光电装机总量达到20万千瓦。

【优势产业】优化提升现代农业，建成万亩以上种植基地6个。“三品一标”认证达到44个，“焉支山”羊羔肉、“菇东东”佐饭酱等5个产品入选“甘味”农产品品牌目录，丹马菜籽油、耀汉子黑小米等8个特色农产品荣获全国绿色有机博览会金奖。培育壮大生态工业，谋划建设花草滩氢能产业示范基地，一批新能源项目签约或开工建设；加快推进高新技术企业孵化园项目，与西安龙德科技等4家公司达成入驻意向。创新发展现代服务业，组织实施促消费扩内需专项行动，带动消费2700万元。积极培育同城电商、“直播经济”等新业态，充分利用京东商城（中国特产·张掖馆）、张掖农特产品供应分销平台和同城网销平台，产品销售额达到9000多万元。文旅融合发展效应加速释放。加快推进“一园两核四片区”文旅产业布局，实施仙堤书院复原、四坝文化展览馆等项目13项，举办全省速度轮滑锦标赛等文体活动50余场次。

【人民生活】全年全县城镇居民人均可支配收入30961.4元，比上年增长7.4%；城镇居民人均消费支出25239.5元，增长9.7%，城镇居民家庭恩格尔系数为28.3%。农村居民人均可支配收入17007.4元，比上年增长10.1%；农村居民人均消费支出14291.3元，增长10.9%，农村居民家庭恩格尔系数为28.9%。全年城镇新增就业2835人，年末城镇登记失业率2.88%。输转劳动力6.28万人，劳务收入达到16.05亿元。

【环境保护】组织实施山水林田湖草沙生态保护与修复、“一园四带”造林绿化、山丹河城区段河道治理与景观提升等重点生态项目，城市中心绿地公园建成使用，成功创建为“甘肃园林城市”。完成人工造林1.33万亩、封山育林11.88万亩、人工种草7.72万亩，全县森林覆盖率达到21.3%，草原综合植被盖度达到40.36%，沙化土地治理率达到66%，湿地保护率达到58.8%。深入打好污染防治攻坚战，全年空气可吸入颗粒物PM_{10}浓度均值56ug/m³，$PM_{2.5}$浓度均值21ug/m³，二氧化硫浓度均值4ug/m³，二氧化氮浓度均值16ug/m³，一氧化碳浓度均值1.4mg/m³，臭氧最大8小时浓度均值为122ug/m³。空气质量优良天数287天，优良天数比率为82.9%，环境空气质量稳定保持在国家二级标准。地表水省级考核断面和县城集中式饮用水水质100%达标，土壤环境质量总体稳定。坚持把引水节水作为生态保护治理的重要举措，山丹河上游河库水系连通工程进展顺利。全年总用水量13407.94万立方米。其中，地表水9087.0815万立方米，地下水4320.8585万立方米。被水利部命名为“全国第四批节水型社会建设达标县”。

【社会保障】年末全县企业职工基本养老保险参保人数16464人（含退休领取待遇人员），机关事业单位养老保险参保人数7711人（含退休领取待遇人员），城乡居民基本养老保险参保人数100701人；失业保险参保人数10050人；工伤保险参保人数15621人。年末全县参加城乡居民基本医疗保险161725人。参加城镇职工基本医疗保险23501人。城乡居民养老保险覆盖率、医疗保险参保率分别达到98.76%和98.52%。年末全县城镇居民得到政府最低生活保障4119人；农村居民得到政府最低生活保障6691人。1186人享受城乡特困人员救助供养，全年临时救助2.2353万人次。年末拥有敬老院5所，床位数720张，收养人数360人。

【社会事业】教育事业稳步发展，全县拥有高等专业学校1所，中等专业学校1所，高级中学1所，普通中学5所（其中：初中2所，九年一贯制2所，十二年一贯制1所），小学18所。培黎学校、培黎职业学院分别被确定为“中国工合系统干部培训学院”和“全国路易·艾黎精神教育基地”“智能制造领域中外人文交流人才培养基地”。启动城市更新“十大专项行动”，投资12.46亿元实施城市更新项目33项，改造棚户区6个、老旧小区（楼院）39个，新建改建城市道路13条，敷设地下管网82公里，设置智慧停车位800个，增设环卫设施650处，规范沿街商户门头牌匾1276块，新建城市景观绿地22处，城市中心绿地公园建成开园，新建公共厕所6所，机关事业单位厕所和城区公厕免费开放，“智慧城市”管理服务平台建成运行，街长制和物业管理走向规范化、标准化，“脏乱差堵”等城市病得到对症治疗，城市功能品质大幅提升。扎实推进“平安山丹”建设，扫黑除恶专项斗争、政法队伍教育整顿取得实效，安全生产“四项指标”全面下降，“五治三团”融合治理成效显著，“依法化解矛盾纠纷”列入第一批全省法治政府建设示范项目，山丹县被国家信访局授予信访工作“三无”县荣誉称号。卫生事业健康发展，全年共设置各级各类医疗卫生机构185个，年末全县卫生技术人员1446人。实施医疗服务质量提升工程，妇幼保健院产儿科综合楼、中医医院应急救护能力建设和“三区两通道”发热门诊改造项目建成投用。探索建立疫情防控应急处置工作有效做法，建立“一张图、全链条、闭环式”管理机制，科学、规范、高效做好流调溯源、隔离留观、小区封控、社会面管控、市场保供等工作，最大程度地保障了人民群众的生命安全和身体健康。

（张海霞）

平凉市

【基本情况】平凉市位于甘肃东部，是古“丝绸之路”西出长安“第一城”，关中平原城市群的重要节点城市，素有“陇上旱码头”之称。2002年撤地设市，地处陕、甘、宁三省（区）交汇处，东邻陕西咸阳，西连甘肃定西、白银，南接陕西宝鸡、甘肃天水，北倚宁夏固原、甘肃庆阳，是甘肃东部重要的区域性中心城市和承接中东部省区产业转移与开放开发的“东大门”。西平铁路及青兰、福银高速和312国道横穿东西，宝中铁路、天平铁路纵贯南北。随着彭大、灵华等高速公路以及平凉军民合用机场、平庆铁路的陆续建成，平凉将成为甘肃东部重要的交通枢纽。全市辖崆峒、华亭和泾川、灵台、崇信、庄浪、静宁7县（市、区），总面积1.1万平方公里，有汉、回、蒙等33个民族，2021年末常住人口182.5万人，城镇化率46.0%。

【资源优势】平凉资源相对富集，属黄土高原丘陵沟壑区，半干旱、半湿润大陆性气候，海拔890～2857米，年均气温8.5℃，年降水量420～600毫米，水资源总量16.7亿立方米，森林覆盖率33.8%。平凉属于全国14个大型煤炭基地之一黄陇煤田的重要组成部分，煤炭资源储量650亿吨，探明储量110亿吨，石油资源量4.3亿吨，石灰石储量30多亿吨。境内有国家首批5A级旅游景区崆峒山、佛教圣地大云寺等历史人文自然景观100多处。平凉红色圣迹遍布，毛泽东、周恩来、张闻天、王稼祥等党和红军领导人曾在这里留下了光辉的革命足迹。境内发现仰韶、齐家等各个时期的古遗址2252处，有全国重点文物保护单位12处、省级文物保护单位65处，馆藏文物4万多件，其中国家一级文物222套。出土的佛舍利金银棺、西周青铜器和南宋货币银盒子等文物，被誉为“中华之最”。特别是泾川县近50年间相继3次出土佛舍利，在全国绝无仅有，被誉为“华夏佛宝圣地”“世界佛舍利供养地”。崆峒山道源文化、古成纪伏羲文化、西王母远古文化、皇甫谧医学文化独具魅力，崆峒武术自成一派。

【国民经济】2021年，全市地区生产总值554.0亿元，比上年增长7.8%。其中，第一产业增加值130.5亿元，增长10.7%；第二产业增加值148.2亿元，增长8.2%；第三产业增加值275.2亿元，增长6.3%。三次产业结构由上年的22.9 ：24.2 ：52.9调整为2021年的23.5 ：26.8 ：49.7。全年居民消费价格比上年上涨0.5%。全部工业增加值114.5亿元，增长11.8%，其中规模以上工业增加值增长11.0%；社会消费品零售总额191.3亿元，增长15.4%。全年共接待国内游客3155.7万人次，增长26.4%。国内旅游收入170.2亿元，增长36.7%。大口径财政收入70.6亿元，增长11.7%。一般公共预算收入38.2亿元，增长16.3%。财政支出229.2亿元，同口径增长7.7%。年末，全市金融机构本外币各项存款余额1100.0亿元，比上年末增长8.1%；本外币各项贷款余额751.1亿元，增长7.7%。

【供给侧结构性改革】扎实开展“放管服”改革，市区政务服务中心进驻事项实现“一网通办”，投资项目、工程建设项目全流程审批时限分别压缩至60个和90个工作日内。制定金融助力实体经济高质量发展等措施，为市场主体减税降费2.4亿元。国资国企改革有序推进，经营类事业单位改革全面完成。推动成立西安市平凉商会，与北京恒泰洁能、上海电气、中煤国地等企业签订战略合作协议，引进低阶煤高效低碳清洁化综合利用等项目245项，省外招商引资到位资金127.5亿元。

【乡村振兴】平凉是西北重要的畜牧业基地和农林产品生产基地，被农业农村部划定为黄土高原苹果生产优势区和最佳适生区、全国肉牛优势产区，被商务部命名为“国家外贸转型升级苹果基地”。“静宁苹果”荣获国家地理标志产品保护、中国驰名商标等八张国家级名片，“平凉红牛”为全国第一个活牛类证明商标，在首届中国牛·优质牛肉品鉴大会上荣获“品质特别奖”和“最具风味奖”。2021年，全市严格落实“四个不摘”要求，“一户一策”做实1.0万户3.9万易返贫致贫人口监测帮扶，返贫致贫风险动态清零。深入实施优势特色产业三年倍增行动，农业农村部批准开展现代生态循环农业整市建设试点，西部肉牛种质创新基地、平凉红牛交易中心、东方希望现代化生猪养殖等项目积极推进，苹果商品率提高5个百分点。全年农林牧渔业增加值131.5亿元，增长10.7%。粮食播种面积430.9万亩，增长1.3%。粮食总产量112.8万吨，增长2.5%，其中，夏粮产量33.4万吨，增长2.6%；秋粮产量79.4万吨，增长2.4%。蔬菜种植面积41.9万亩，增长11.9%。蔬菜产量66.8万吨，增长16.0%。挂果园面积135.8万亩，增长0.5%。园林水果产量176.3万吨，增长12.7%。中药材种植面积6.8万亩，增长4.6%。中药材产量2.8万吨，增长10.1%。全年肉类总产量9.3万吨，比上年增长17.6%。年末牛存栏52.4万头，增长14.3%；牛出栏38.9万头，增长9.3%。生猪存栏43.9万头，增长12.6%；生猪出栏56.2万头，增长28.6%。羊存栏21.1万只，增长16.7%；羊出栏18.4万只，增长20.6%。鸡存栏360.2万只，下降4.4%；鸡出栏336.7万只，增长15.3%。

【项目建设】全年500万元以上和房地产项目696个，完成固定资产投资比上年增长11.9%。分产业看，第一产业投资增长12.2%，第二产业投资增长4.0%，第三产业投资增长13.5%。分领域看，基础设施投资增长28.4%，制造业投资增长10.2%，房地产开发投资增长16.4%。全年500万元以上投资项目（不含房地产）563项，比上年增加71项，完成投资增长9.1%。民间投资（含房地产项目）增长9.3%。房屋施工面积837.7万平方米，增长9.9%。商品房销售面积190.1万平方米，增长13.9%。年城镇棚户区改造928户。农村危房改造1户，其中建档立卡贫困户危房改造1户，农房抗震设防改造1354户。

【优势产业】平凉是陇东能源基地核心区和全省最大的煤电产业基地，现有生产煤矿22座，产能2718万吨，占全省煤炭产能的57%；已建成火电企业

3户，装机容量413万千瓦，占全省的21.8%；甲醇产能60万吨；全国第一套FMTP科技示范项目华煤20万吨聚丙烯试车生产，形成了以煤炭为基础、电力为龙头、化工冶材为主导的特色循环产业集群。2021年，境内赤城、邵寨煤矿建成投产，灵台电厂核准年内开工，二氧化碳捕集利用等延链项目开工，煤炭资源开发逐步由粗放型的燃料采掘向精细化多元化的原料材料转型。实施“三化”改造项目27个，国维150万吨玉米淀粉生产一期建成投产，智能光电企业入园13户、入规5户。全年全市规上工业增加值比去年增长11.0%。

【人民生活】全年全市居民人均可支配收入20923元，比上年增长8.3%。其中，城镇居民人均可支配收入33398元，增长7.4%；农村居民人均可支配收入10800元，增长10.7%。城乡居民人均可支配收入比为3.1，比上年缩小0.1。全年全市城镇居民人均消费性支出20804.9元，增长8.3%，城镇居民恩格尔系数为30.2%；农村居民人均消费性支出10062.8元，增长9.3%，农村居民恩格尔系数为28.0%。

【生态环境】全年全市环境空气质量优良天数为338天，达标率为92.6%。细颗粒物（$PM_{2.5}$）年均浓度为17微克/立方米，比上年下降22.7%。大气环境可吸入颗粒物（PM_{10}）年均浓度为48微克/立方米，下降12.7%。二氧化硫（SO_2）年均浓度为7微克/立方米，下降12.5%。二氧化氮（NO_2）年均浓度为33微克/立方米，与上年持平。全市地表水断面水质优良比例为100%，其中泾河、汭河、水洛河、葫芦河全年水质综合评价达到国家Ⅲ类水质标准要求，达溪河全年水质综合评价达到国家Ⅱ类水质标准要求。城市集中式饮用水水源地水质达标率均为100%，地下水质量考核点位水质达标率100%。区域环境噪声54.1分贝，交通干线噪声平均值64.9分贝。

【社会保障】年末全市共有社区服务机构和设施1663个，其中社会服务中心109个，社区服务站1525个，社区养老机构和设施27个，社区互助型养老设施2个。年末全市城镇从业人员36.2万人，其中本年新增城镇就业2.9万人，下岗失业人员再就业9580人。城镇登记失业率为3.7%。全年输转城乡富余劳动力47.9万人。年末全市参加城镇职工基本养老保险人数22.9万人，比上年末增加6862人。参加城乡居民基本养老保险人数129.6万人，减少10383人。参加基本医疗保险人数204.5万人，减少10659人。其中，参加职工基本医疗保险人数17.1万人，参加城乡居民基本医疗保险人数187.4万人。全年资助参加基本医疗保险人数54.4万人，医疗救助17.9万人次。参加失业保险人数11.6万人，增加7624人。年末全市领取失业保险金人数1467人。参加工伤保险人数16.0万人，增加4302人，其中参加工伤保险的农民工3.0万人，减少6047人。参加生育保险12.7万人，增加1.2万人。各项社会保险基金总收入52.2亿元，各项社会保险基金总支出47.4亿元。年末全市共有3.0万城镇居民和13.4万农村居民享受政府最低生活保障，7160人享受农村特困人员救助供养，全年临时救助17.8万人次。国家抚恤、补助退役军人和其他优抚对象1.4万人。

【社会事业】全年全市科技、教育、文化、广播、卫生健康等社会事业取得新成就。全市争取国家和省上科技项目25项，其中国家项目1项。安排实施市列科技项目34项。全年登记市级科技成果33项，比上年增长153.8%。专利授权量1384件，增长114%。全市有各级各类学校1722所。其中，幼儿园877所，特教学校4所，小学668所，初中108所，九年制学校27所，完全中学13所，中等职业学校8所，独立高中15所，普通高校2所。全年普通高校招生5897人，在校生18693人。中等职业学校招生8346人，在校生21861人。普通高中招生13979人，在校生41896人。初中招生24542人，在校生72500人。各类学校在校学生37.4万人。学龄儿童入学率94.3%，九年义务教育巩固率97.9%，高中阶段毛入学率95.5%。全市参加高考考生14920人，上线人数8210人，上线率69.8%。重点本科上线3956人，上线率33.6%，比去年同期提高4.1个百分点。全市有各种艺术表演团体7个，公共图书馆8个，博物馆7个。全年发行《平凉日报》344期，1066.4万份。全市有广播电台8座，广播电视卫星收转站10座。年末全市广播节目综合人口覆盖率99.3%，电视节目综合人口覆盖率98.4%。有线电视用户6.3万户，比上年增加0.2万户。年末全市共有医疗卫生机构（包括村卫生室、诊所）2403个。其中，医院、卫生院154个，社区卫生服务中心72个，诊所（卫生所、医务室）573个，妇幼保健院8个，疾病预防控制中心（防疫站）8个，卫生监督所8个，乡镇卫生院102个。卫生技术人员15775人。其中，执业医师和执业助理医师6069人，注册护士6695人。医院、卫生院实有床位1.5万张，全年总诊疗950.7万人次，出院人数38.9万人。全市共有体育场地7978个，体育场地面积407.40万平方米，人均体育场地面积2.2平方米。全市运动员参加省级以上各类赛事获得奖牌43枚，其中金牌8枚，银牌13枚，铜牌22枚。

【安全生产】全年全市共发生各类生产安全事故34起，死亡45人。亿元生产总值生产安全事故死亡人数0.081人，煤矿百万吨死亡人数0.092人。全年发生道路交通事故20起，死亡32人，受伤60人，直接经济损失925.9万元，道路交通事故万车死亡人数0.8人。

（雷振东）

崆峒区

【基本情况】崆峒区以国家风景名胜区崆峒山而得名，地处甘肃东部，六盘山东麓，东邻泾川、镇原，南依华亭、崇信，西与宁夏回族自治区泾源、原州区接壤，北与彭阳、镇原县毗邻，历史上为丝绸古道西进北上甘凉的第一座关隘重镇，亦为陕甘宁三省交通要塞和陇东传统商品集散地，素有“旱码头”之称，现为平凉市政治、经济、文化中心。区域属陇东黄土高原丘陵沟壑区，西北高峻多山，东南丘陵起伏，中部河谷密布，平均海拔1540米。气候属半干旱、半湿润季风型大陆性气候。全区辖17个乡镇、3个街道办事处和1个大景区，有252个村、19个城市社区，总面积1930平方公里。2021末全区常住人口50.0万人，城镇化率67.0%。

【资源优势】崆峒区矿产资源较为丰富，主要分布在中南部，境内矿藏有石油、天然气、煤、地热、石灰岩、白云岩、耐火粘土、膨润土、陶瓷土、砖瓦用粘土、水泥配料用粘土、矿泉水等矿产15种，已探明储量的矿产有13种（能源矿产1种，非金属矿产12种），其中煤炭储量0.8亿吨、石灰岩储量7.5亿吨、白云岩储量9942.7万吨、地热490方/日，特别是石灰岩和部分非金属矿产资源储量较大。地表水资源量1.4亿立方米，地下水资源量0.6亿立方米。植物资源1300多种，动物资源50多种。境内发掘出仰韶、齐家和商周文化遗址150多处，重点文物保护单位40余处，珍藏文物1300多件。有国家5A级风景名胜区、国家级地质公园、道源圣地崆峒山等旅游景点。

【国民经济】2021年，全区完成地区生产总值171.3亿元，比上年增长6.9%。其中，第一产业增加值完成20.2亿元，增长12.6%；第二产业增加值完成42.0亿元，增长7.7%；第三产业增加值完成109.1亿元，增长5.7%。三次产业结构比为11.8 ：24.5 ：63.7。全部工业增加值26.0亿元，增长11.9%，其中规模以上工业增加值增长12.5%。全年建筑业增加值16.0亿元，增长1.3%。固定资产投资增长25.1%。基础设施投资增长50.6%，民间固定资产投资增长7.8%。社会消费品零售总额91.9亿元，增长15.5%。一般公共预算收入7.1亿元，下降1.6%；一般公共预算支出37亿元，增长4.7%。年末全区金融机构本外币各项存款余额450.0亿元，增长7.7%；本外币各项贷款余额331.4亿元，增长6.3%。

【供给侧结构性改革】供给侧结构性改革深入开展，“证照分离”“一网通办”、证明事项清理、投资项目审批等“放管服”改革举措全面落实，积极推行企业投资建设项目信用承诺制改革试点，一般投资项目开工前审批时限压缩至50天，特殊情况最多不超过90天，国资国企、财税金融、农村“三变”、集体产权制度、供销合作社等改革持续深化，改革红利惠及更多企业和群众；持续推进水价形成机制改革，居民自来水阶梯水价制度和非居民用水价格累进加价制度全面落实。全面不断优化营商环境，推进线上“全程网办”“一窗受理”改革，加强数字政府建设，积极探索基层服务模式。不断优化减证便民服务，放宽登记注册条件，全年累计新增各类市场主体6562户，比上年增长13.0%，累计达到4.5万户。加快“双随机一公开”“互联网+”监管体系全面建立，规范有序的市场环境加速形成。

【乡村振兴】抢抓省级重点帮扶县政策机遇，整合各类资金4.4亿元，实施巩固拓展脱贫攻坚成果同乡村振兴有效衔接项目103项，持续加大产业就业扶持力度，稳定增加脱贫人口收入，全区脱贫人口人均可支配收入达到8681元，比上年增长14.6%。紧盯守住不发生规模性返贫底线，研究制定了《崆峒区防止返贫动态监测和帮扶机制工作管理办法》，新识别易返贫致贫户17户85人，针对全区869户2823人监测户，逐户制定落实“一户一策”帮扶计划，消除666户2294人返贫致贫风险，下剩风险未消除户203户529人。持续深化东西部协作帮扶，争取帮扶资金4344万元，实施协作项目21项，成功承办“津企陇上行”活动和“津诚所至·协作同甘”产业节，助销农产品9100万元。各级帮扶力量和驻村工作队累计进村入户9732人次，筹措各类帮扶资金428.55万元，帮办利民实事1450件。扎实开展乡村振兴“岗位大练兵、业务大比武”活动，区乡村三级累计开展培训学习492场次、政策宣讲394场次、实践操作588场次、现场观摩174场次、考试测评134场次、其他形式活动72场次，切实提升基层干部工作能力。同时，对2013—2020年全区形成物化资产并纳入台账管理的237184.7万元各类扶贫项目资产进行了确权登记，其中，到户资产40716.3万元，公益类资产190696.6万元，经营类资产5771.8万元，资产确权比例100%。

【项目建设】全区实施重点建设项目195项，其中，在建项目167项（续建49项，新建118项），前期项目28项，总投资387.7亿元，当年计划完成投资118.4亿元。195个重点项目中，新型工业化发展项目18项、现代农业发展项目69项、城市规划建设管理项目65项、交通基础设施项目14项、旅游产业开发项目10项、民计民生项目5项、社会治理项目4项、能源项目10项。截至12月底，在建项目开工建设167项，开工率为100%，完成投资122.5亿元，占年度投资计划的102.3%，项目开工率和投资完成率较往年有较大提升。

【优势产业】现代农业提档升级，大力实施优质粮食工程和“牛扩量、果提质、菜突破”工程，全面加快平凉红牛交易中心、泾河川万亩设施蔬菜产业园、老旧果园改造提升等项目建设，粮食产量稳定在17万吨以上，建成中国农科院西部肉牛种质创新基地、甘肃中肽生物研发基地和白水丰源、柳湖永红等农业示范园，打造了伊通牛肉、崆峒山药等特色品牌。启动实施优势特色产业三年倍增行动计划，新增养牛户320户、设施蔬菜1000亩，新植果树经济林3000亩。全区肉牛饲养量、果树经济林、蔬菜种植面积分别达到24.2万头、11.7万亩和8.59万亩，群众增收产业进一步壮大。全面落实“一业一策、一企一策”互保共建措施，祁连山水泥公司骨料机制砂、唐庄石灰公司新型节能环保石灰生产线配套提升等项目建成投用。商贸物流快速发展，培育限上企业13户。实施国家电子商务进农村综合示范项目，健全完善电子商务公共服务和物流配送体系，金鼎时代广场、新阳光市场等商贸设施和崆峒、大秦等乡镇农贸市场建成运营，新河湾、新民路等城市商圈持续扩大，夜间经济、生鲜电商、物流配送、家政服务等新业态快速发展。在央视进行了“养生崆峒”区域公共品牌宣传，建成崆峒文旅电商O2O体验馆。外引内联，外贸进出口总额完成1131万元。

【文化旅游】2021年，崆峒区围绕创建全国文明城市和城市更新行动，巩固提升国家全域旅游示范区创建成果，投资6660万元，完成文化馆美术馆展教布展、平东工委革命遗址恢复保护工程、崆峒大剧院维修改造、常青源康养农产品加工旅游服务等项目建设。持续推进海寨沟景区、白庙虎山生态园等重点项目建设进度，建成乡镇街道文化馆图书馆总分馆 20 个，省级乡村旅游示范村 1 个，村级体育健身场地 6 个。举办了平凉崆峒文化旅游节、冰雪文化旅游节、东西部协作电商产业节、庆祝建党 100 周年等系列文化活动，组织了全区职工篮球赛、青少年足球选拔赛、登山挑战赛等各类体育竞赛活动。全区共接待游客 801.6 万人（次），实现旅游综合收入 39.8 亿元，比上年分别增长 12.9% 和 10.2%。

【人民生活】着力稳定重点群体就业，完善就业创业服务体系。2021 年全区城镇新增就业 8103 人，下岗失业人员再就业 2508 人。城镇登记失业率为 4.0%。全年输转城乡劳动力 8.8 万人，其中，省外输转 2.8 万人，省内输转 5.9 万人。全年公益性岗位新援助 262 人，新开发岗位 42 个，疫情期间为 3 个街道办事处开发临时性城镇公益性岗位 202 个。发放创业担保贷款 271 户 6576 万元。全年城镇居民人均可支配收入 33440.3 元，比上年增长 7.4%；农村居民人均可支配收入 13359.0 元，增长 9.9%。全年城镇居民人均消费支出 23365.9 元，增长 9.0%；农村居民人均消费支出 10272.9 元，增长 14.1%。城镇居民恩格尔系数 33.6%，农村居民恩格尔系数 33.2%。

【环境保护】整治燃煤锅炉 26 台 67.4 蒸吨，完成清洁取暖改造 1.18 万户，登记非道路移动机械 1017 台，检测 810 台。2021 年 1-12 月，平凉中心城区优良天数 338 天，优良率 92.6%，剔除沙尘影响后，PM_{10}、$PM_{2.5}$ 平均浓度为48微克/立方米和17微克/立方米，比上年分别下降 12.7% 和 22.7%，均完成了省上下达的年度目标任务，空气质量全面达到国家二级标准。完成八里部队营房、新阳光蔬菜批发市场、天门片区等 6 处区域雨污分流改造工程，建成应急调蓄池 2 座，西阳、大秦等 9 个乡镇污水支管网建设全面竣工，14 个乡镇污水处理站移交平凉市天雨污水处理厂管理，节约压减地下水用水量 1126.9 万立方米。截至 2021 年底，泾河地表水国控、省控断面水质达到Ⅲ类，城乡水源地水质、地下水考核点位水质达标率 100%。完成了耕地土壤环境质量类别划分，建立了土壤环境质量类别分类清单，绘制了技术报告和结果图件，全区暂无受污染地块。

【社会保障】城乡居民基本医疗保险、养老保险实现应保尽保，社会救助标准逐年提高，退役军人服务保障全面加强。培育市级农民工返乡创业示范乡镇 1 个、示范基地 2 个，省级创业典型 7 个，国家级充分就业示范社区 1 个、省级 2 个，举办了“中国创翼”第一届平凉市崆峒区创新创业大赛和第一届崆峒区乡村振兴职业技能大赛，拨付灵活就业人员社保补贴、公益性岗位补贴、高校毕业生见习补贴共 2370.1 万元。推行“电子培训券”模式，开展培训工种 13 个，完成各类培训 62 期 6716 人。深入开展失业保险援企稳岗“护航行动”，办理稳岗返还 275 户 56.2 万元，发放失业金、失业补助金 1.5 万人 1441 万元；开展建筑业“同舟计划”，推进高风险企业及其农民工全部参加工伤保险。落实事业单位公开招聘人事权限下放政策规定，引进紧缺专业人才 295 人。持续深化平安崆峒建设，“雪亮工程”、110 联合作战研判指挥中心等项目建成投用，创新宗教事务管理，深化矛盾纠纷排查化解，“一核多元、五治融合”社会治理模式在全省推广。加强全民法治宣传教育，“七五”普法任务全面完成。纵深推进扫黑除恶专项斗争，扎实开展禁毒“两打两控”专项行动，强化道路交通、建筑施工、特种设备、食品药品、防汛防火等领域安全生产专项整治，营造了和谐稳定的社会环境。

【社会事业】慎终如始加强新冠肺炎疫情防控，精准落实常态化防控措施，完成疫苗接种 91.5 万人次，有力保障了群众生命安全和身体健康。教育、卫生、养老等公共服务设施不断完善，新建改建学校 240 所 19.2 万平方米，中心城区教育布局不断优化，“大班额”“择校热”“入园难”等问题得到有效缓解，全区共有各级各类学校 357 所，九年义务教育巩固率 98.0%。平凉四中、西大街小学搬迁、市二院内科住院楼改造等项目建成投用，城乡居民基本养老保险提标工作全面完成，发放大病保险、医疗救助、社会救助等资金 2.2 亿元。全力支持税务、电力、通信、金融、保险等驻区单位和工青妇、工商联等群团组织开展工作，文化、科技等事业协调发展，现代眉户剧《崆峒山下》入选“全国优秀现实题材舞台艺术作品展演”剧目。双拥、地震、外事、侨务、档案、地方志、气象、老龄、慈善等事业长足发展。

（鲍颖）

泾川县

【基本情况】泾川县位于甘肃省东部、陕甘交界处。总面积 1409.3 平方公里（不含张老寺农场）。现辖 14 个乡镇，1 个城市社区，212 个行政村。2021 年末全县户籍人口 34.7 万人，常住人口 21.6 万人，城镇化率 40.3%。

【资源禀赋】泾川县人文历史悠久，是古人类重要发祥地之一，县内有早期旧石器时代文化遗存和晚期智人头盖骨化石，西汉设安定县，北魏建泾州，隋代置安定郡，金大定七年改名泾川县，建州置郡设县历时 2100 多年。区位优势独特，泾川是丝绸古道西出长安的门户重镇，目前，国道 312 线、福银高速、西长凤高速及西平铁路横贯全境，是西兰银三大中心城市交汇处和陇东重要交通枢纽。属暖温带亚湿润区，境内海拔 930~1460 米。自然条件优越，森林覆盖率 47.3%，水土保持治理程度 82.4%。泾河县内流长 58 公里，流域面积 743 平方公里；汭河县内流长 18 公里，流域面积 105 平方公里。先后荣获“甘肃省实现绿化第一县”“全国生态林业建设先进县”“全国水土保持先进县”等称号。文化底蕴深厚，是西王母文化发祥地，始建于西汉元封年间的王母宫被誉为“天下王母第一宫”，是甘肃省唯一的“海峡两岸交流基地”。1964 年以来先后三次出土佛舍利，被誉为“华夏佛宝圣地”。旅游资源丰富，大云寺·王母宫大景区为甘肃省 19 个重点建设大景区之一，吴焕先烈士纪念馆为全省爱国主义教育基地，王母宫石窟、南石窟寺为国家级文物保护单位，现有国家 4A 级旅游景区 2 个，3A 级旅游景区 6 个。产业资源富集，培育形成果品、畜牧、蔬菜等特色产业，探明煤炭资源量21.7亿吨，石油探明储量8000万吨、远景资源量1.8亿吨。

【国民经济】2021年，面对新冠肺炎疫情多点暴发、宏观经济持续下行和自然灾害频发的严重影响，全县上下坚持以习近平新时代中国特色社会主义思想为指导，深入学习贯彻党的十九大和十九届历次全会精神，认真落实习近平总书记对甘肃重要讲话和指示精神，紧扣“三新一高”要求，勇毅前行、攻坚克难，各项工作取得了显著成效。全年完成地区生产总值46.1亿元，比上年增长6.6%。其中，第一产业增加值14.0亿元，增长11.9%；第二产业增加值5.4亿元，下降0.3%；第三产业增加值26.8亿元，增长5.4%。社会消费品零售总额13.2亿元，增长15.0%；一般公共预算收入2.5亿元，增长13.9%；一般公共预算支出23.2亿元，下降1.0%。年末全县金融机构各项存款余额119.2亿元，各项贷款余额77.6亿元。

【供给侧结构性改革】深化农村综合改革，深入推进农村集体产权制度改革，加快经营性资产股份合作制改革，挂牌成立212个村级股份经济合作社，全面完成登记赋码，发放股权证8万份，稳步推进农村宅基地改革，盘活利用闲置宅基地256宗118亩，创新推广农村“三变”改革，制定出台扶持壮大村级集体经济实施意见，村集体经济收入5万元以上的行政村达到112个，农村发展活力明显增强。加快国有企业改革，先后完成泾州宾馆改制及县招待所、自来水公司、房地产开发公司、城东集中供热站4户全民所有制企业改革，全面完成11户国有企业清产核资和财务专项审计。有效整合盘活国有资源资产，组建成立资产近20亿元的同富城乡建设开发集团公司，下属8个子公司。持续优化营商环境，深化“放管服”改革，加快“数字政府”建设，全面推广“一网通办”“不来即享”“不见面审批”和项目“帮办代办”制度，累计在甘肃政务服务网上办结受理事项16万件，全县新增市场主体1666户，全面落实支持中小微企业发展政策，协调8家银行与18户企业签订意向协议，落实展期降息3.6亿元，发放贷款11亿元，促进中小微企业高质量发展。

【乡村振兴】坚持把巩固拓展脱贫攻坚成果同乡村振兴有效衔接作为重大政治任务，严格落实“四个不摘”要求，全力以赴抓重点、补短板、强弱项，各项工作扎实有序推进。建立健全防止返贫动态监测和帮扶机制，扎实推进脱贫攻坚后评估各项工作。按照“以点连线、扩线成面、整体提升”的思路，整合各类资金1.4亿元，以汭丰、玉都等6个乡镇和17个村为重点，积极推进乡村建设行动，硬化村组道路、村内巷道106公里，建成中塬供水保障工程，涧河沟道防洪治理工程全面建成，集中抓建省级乡村振兴示范乡镇1个、省市县级示范村20个，乡村建设呈现出节点突破、片带推进的良好态势。巩固拓展脱贫成果。紧扣源头监测纳入和末端风险消除两个关键，全面推行网格化管理模式，实行县级领导包乡镇、乡镇领导包村、乡村干部包户的工作机制，对1013户“三类户”精准落实“一户一策”帮扶措施，强化产业扶持和后续帮扶，有效消除了返贫致贫风险。持续深化东西部协作，扎实开展“津企陇上行”活动，争取天津武清区帮扶资金4851万元，谋划实施项目21个。大力推进乡村建设。坚持节点突破、片带推进，科学编制8个乡村建设示范村村庄规划，统筹整合各类资金2.5亿元，谋划实施增收产业、人居环境、基础设施等方面项目72个，改造农村供水管网42公里、电网线路79公里，硬化村组道路96公里，新增天然气入户1559户。深入推进农村“三大革命”“六项行动”，改造农户卫生厕所1.1万座，创建省市级乡村振兴示范村14个、清洁村庄74个，农村基础条件和人居环境明显改善。全面加强乡村治理。突出育新人、树新风、扬正气、保稳定，研究制定《2021—2022年乡村治理体系建设推进方案》，不断加强换届后村“两委”班子建设，加快形成“五治”融合的乡村治理体系。深入推进平安乡村和农村精神文明示范工程建设，充分发挥乡村新时代文明实践所（站）作用，扎实开展“文明家庭”“道德模范”等先进典型评选活动，大力整饬高价彩礼、大操大办等陈规陋习，打造乡村治理示范乡镇2个、示范村8个。坚决保障粮食安全。全面实施“两藏”战略，认真落实“三个不减”要求，严格规范耕地占补平衡，严查耕地撂荒等行为，坚决遏制耕地“非农化”、防止“非粮化”，建成高标准农田1.5万亩，完成撂荒地整治2.2万亩，建成小麦万亩示范片和高质量小麦千亩示范点6个，粮食安全保障能力不断提升。

【项目建设】坚持把项目建设作为促进县域经济发展的强力引擎，积极对接争取，狠抓项目管理和建设，2021年全县固定资产投资比上年增长5.7%。其中，房地产开发投资8.9亿元，工业固定资产投资完成1.1亿元。严格落实“三个一”包抓责任制和清单化管理制度，二甲基砜食品添加剂生产线、阿林中药材种植加工等项目建成投产，正大饲料泾川分公司完成属地注册，豹子沟煤矿复工复产，5万吨全生物可降解塑料、30万吨高效环保超微细粉、100兆瓦光伏复合等项目加快实施。西关正街建设、蒋家大桥改造等项目全面完成，温泉小镇大景区、中小企业孵化园、黑河防洪治理、城区供热扩容改造等项目进展顺利，刘李河水库开工建设。多方争取中央预算内资金8586万元、地方政府专项债券资金1.4亿元。加大招商力度，与正大集团、平凉华能等企业签订合作协议10项，招商引资省外到位资金完成13.3亿元，比上年增长46.9%。

【优势产业】坚持以产业链链长制为牵引，立足资源禀赋和产业布局，着力强龙头、补链条、聚集群，全力促进县域经济高质量发展。深度开发农村特色产业，全县新栽植果园420亩，搭建果园防雹网580亩，改造提升老旧果园3万亩，成功举办泾川县2021年现代果业高质量发展高端论坛暨庆祝中国农民丰收节第三届果品展销会，新建改建标准化肉牛养殖场4个、日光温室81座、钢架大棚870座，搭建连栋大棚1.6万平方米。全县农作物播种面积55.0万亩，其中，粮食作物播种面积43.7万亩，粮食产量11.9万吨。种植蔬菜3.5万亩，蔬菜产量3.0万吨；种植油料4.0万亩，产量0.5万吨；瓜类面积2.4万亩，产量6.9万吨；种植药材0.5万亩，产量0.2万吨。挂果果园面积17.5万亩，水果产量21.9万吨。牛、猪、羊、鸡饲养量分别为5.0万头、17.2万头、5.3万只、166.5万只。年末牛存栏2.8万头、猪存栏8.0万头、羊存栏3.2万只、鸡存栏82.3万只。加快推进文旅融合发展，大云寺·王母宫5A级旅游景区创建加快推进，温水资源开发、温泉小镇建设、旅游产业发展迈出新步伐，泾明白家、王村完颜等乡村旅游示范村提档升级步伐加快，成功举办第九届海峡两岸西王母文化论坛、“人间四月天醉美乡村游”等活动。

【人民生活】全年城镇居民人均可支配收入30328元，比上年增加1986.7元，增长7.0%；城镇居民人均消费支出17173.2元，增长6.3%。农村居民人均可支配收入12541元，增长11.1%，农村居民人均消费支出10268元，增长12.9%。将改善民生作为全年财政工作的硬任务，优先保障民生支出预算，着力解决群众“急难愁盼”问题，全县用于教育文化、社保卫生、环境保护等11类重点民生支出18.8亿元，占财政总支出的81%。

【环境保护】大力推进生态建设“六大工程”，严格落实“河（湖）长制”和“林长制”，深入开展河湖“清四乱”、水源地保护等专项行动，完成河堤治理9.6公里、造林绿化3.1万亩。创建省级清洁村庄193个，基本实现了城乡环卫一体化，持续开展大规模造林绿化行动，创建国家级森林乡村10个、省级森林小镇5个。全年可吸入颗粒物（PM_{10}）平均浓度为54微克/立方米，可吸入细粒物（$PM_{2.5}$）平均浓度为30微克/立方米，二氧化硫平均浓度9微克/立方米，二氧化氮平均浓度18微克/立方米，臭氧平均浓度82微克/立方米，一氧化碳平均浓度0.9毫克/立方米。列入国家考核的泾河泾川段出境断面、黑河泾川段出境断面地表水水质综合评价达到Ⅲ类标准，水质达标率100%；列入省、市考核的汭河泾川段水质达到Ⅲ类水质标准，全县城乡集中式饮用水源水质达标率100%，王村镇地下水考核点水质达标率100%。

【社会事业】坚持以人民为中心的发展思想，持续加大资金投入，着力解决好群众最关心、最直接、最现实的利益问题。省列7件、县列10件实事办理成效明显，东街小学改扩建、王村中学教师周转宿舍、职教中心实训车间等项目全面建成，县医院新院区正式启用，新冠肺炎疫情防控、疫苗接种工作有序推进，县博物馆、大云文化学术报告厅建成主体，公共服务能力不断增强。全面落实临时救助、医疗救助、残疾人“两补”等政策措施，机关事业单位退休人员、城乡居民养老保险提标工作全面完成，基本医疗保险实现应参尽参，养老服务机构改革初见成效，新增城镇就业3996人，输转城乡劳动力7.4万人。持续巩固扫黑除恶专项斗争成果，严厉打击电信网络诈骗犯罪行为，全面排查调处矛盾纠纷，妥善处理信访突出问题，扎实开展道路交通、食品药品等重点领域专项整治，不断深化应急管理体制改革，切实强化安全生产和防灾减灾工作，为全县经济发展创设了良好的社会环境。

（王海峰）

灵台县

【基本情况】灵台县位于陇东黄土高原南缘，地势西北高、东南低，海拔在890~1520米之间，其中县城海拔966.8米；年平均气温10.4℃；年降水量1025.7mm；年日照总时数1940小时，全年无霜期230天。境内有一塬（什字塬）一山（南部山区）两道川（达溪河、黑河川区），全境东西长78公里，南北宽40公里，总流域面积1975.8平方公里，属黄土高原沟壑区。东南与陕西长武、彬县、麟游、千阳、陇县接壤，西北与本省崇信、泾川县毗邻。全县辖9镇4乡6个居委会、186个行政村、1423个村民小组。2021年末全县常住人口15.3万人。其中，城镇人口5.4万人，乡村人口9.9万人。

【国民经济】2021年，全县地区生产总值39.0亿元，按不变价格计算，比上年增长9.6%。其中，第一产业增加值14.0亿元，增长12.1%；第二产业增加值3.6亿元，增长8.1%；第三产业增加值21.4亿元，增长8.7%。三次产业结构之比为35.9 ∶ 9.1 ∶ 55.0。全县固定资产投资比上年增长17.9%；实现社会消费品零售总额9.7亿元，增长15.3%。一般公共预算收入1.7亿元，增长48.8%。年末全县金融机构各项存款余额84.5亿元，比上年末增长14.7%；各项贷款余额48.5亿元，增长8.9%。

【供给侧结构性改革】持续深化供给侧结构性改革，全力推动牛果菜产业提质增效、煤电产业加速突破、现代服务业融合发展，产业结构进一步优化，质量和效益明显提升。新建改建肉牛养殖场区11处，牛饲养量达到12.2万头；全县苹果园面积达到9.4万亩，苹果产量达到11.0万吨；矮化果园走在了全国产业前沿，获得国家矮砧苹果种植标准化示范区、现代矮砧苹果新技术集成示范县、2021年度中国苹果产业五十强县等荣誉称号；抓建标准化蔬菜生产小区29个，种植设施蔬菜0.3万亩，全县蔬菜种植面积达到3.0万亩，产量达到4.5万吨。邵寨煤矿建成投产，灵台电厂前期工作正式启动，唐家河等矿井前期工作积极推进，百里煤田勘探取得初步成效。以古灵台荆山森林公园、皇甫谧文化园两大景区为重点，以县内“一日游”四条精品旅游线路为纽带，以中台、邵寨、独店、朝那、星火等重点旅游村镇为支点，深挖文化内涵，融入旅游元素，全力构建全域旅游共建共享新格局。加快发展民营经济，积极培育小微企业，全年新增市场主体1926户，年末市场主体总数达到1.2万户。县乡村电商、物流网络实现全覆盖，城乡消费规模持续扩大。

【乡村振兴】坚持“建基地、强龙头、延链条、聚集群”，积极对接洽谈，全力推进牧原集团灵台生猪产业化项目前期工作、伊利集团万头奶牛产业化项目落地。大力推进810家合作社规范化运营整县提升试点，创建县级示范社130家。大力建办家庭农场，将种养大户纳入合作社管理，扶持家庭农场适度规模经营，创建市县级示范场32家。持续深化劳务输转“灵台模式”，全县输转劳动力5.4万人，其中就近就便输转1.6万人，输转脱贫人口2.3万人，有组织输转脱贫人口2.0万人。保持扶贫车间政策延续，完成扶贫车间向乡村就业工厂转型升级10个、乡村就业帮扶车间转型38个，就近就便吸纳劳动力1084

人，其中脱贫劳动力539人。对2013年以来使用各类扶贫资金投入形成的扶贫项目资产确权登记移交，分门别类建立管理台账，加强经营监管，防止资产闲置和损失浪费。对全县186个行政村按照“五类村庄”进行科学分类，编制完成村庄规划26个，对接确定乡村振兴省级示范乡镇1个、示范村2个，市县级示范村20个。统筹各类资金1.5亿元，实施乡村基础设施、富民产业培育、农村人居环境整治等项目71项，硬化村社道路76条56公里，新建改造10千伏以下电力线路177公里，铺设农村天然气管道26公里，布设5G基站39个，绿化美化乡村主干道路102公里。

【“三农”工作】坚定不移贯彻落实中央、省市关于耕地保护和粮食生产系列决策部署，年内全县粮食播种面积77.5万亩，粮食总产量达到19.7万吨，播种面积创历年新高，粮食产量实现“十三连丰”。大力开展撂荒耕地专项整治行动，通过代耕代种、土地流转、生产托管、发展多元富民产业等多种形式完成撂荒耕地复耕复垦0.38万亩。着力稳定40万亩粮食生产功能区面积，优先在粮食生产功能区配套建设高标准农田，组织修复灾毁农田0.7万亩，建成高标准梯田2.5万亩，全县高标准农田总面积达到5.5万亩。年内完成测土配方施肥77万亩，秸秆还田36万亩，种植绿肥3万亩，治理受污染土壤100亩。推进良种良法融合，建成新品种示范基地3.5万亩，引进农作物新品种180个，自主培育灵选冬小麦新品种1个，建成“灵选”系列良种繁育基地5800亩，全县主要粮食作物良种覆盖率达到98%，建成北部塬区旱作农业技术双垄沟播玉米示范基地18.5万亩，创建冬小麦绿色高质高效基地20万亩。实施农村人居环境整治提升五年行动，持续推进“三大革命”“六项行动”。完成卫生改厕6068座，整改问题厕所961座。开展全域无垃圾治理，健全垃圾清运体系，购置配套垃圾清运车辆29台，可移动垃圾收集箱520个，修建固定垃圾仓457处。累计拆除危旧房屋和残垣断壁2551处，清腾土地429亩，整治公路沿线环境卫生133公里，完成县域主干道绿化美化89.4公里，抓建清洁村庄67个。

【项目建设】紧盯国家推动西部大开发形成新格局、“一带一路”建设、黄河流域生态保护和高质量发展、十大生态产业发展等重大政策机遇，狠抓项目谋划储备，谋划论证各类前期项目130项，概算总投资306亿元。争取中央预算内资金项目11项，到位资金9466万元，争取地方政府专项债券项目10项，到位资金2.6亿元。围绕国省投资重点，上报2021年中央预算内投资项目和专项债券项目75项，概算总投资107.2亿元。实施的113项重点建设项目，年内完成投资51.1亿元，占年计划的102.2%；列入全市“三个一”包抓的6个重大项目，完成投资2.1亿元；列入投资清单的64个项目，完成投资比上年增长20%。

【优势产业】实施现代丝路寒旱农业优势特色产业三年倍增行动，大力推动“牛扩量、果转型、菜提质”产业培育工程，全面推进优势特色产业提档升级。果产业以创建苹果省级现代农业产业园为抓手，围绕抓建北部塬区果园种植优势带，新植矮化果园0.4万亩，在北部塬区5乡镇抓建绿色标准化矮化果园种植基地2万亩；持续推进“两个实验示范中心”建设，建成苹果试验田120亩，试验研发18个；甘灵果、甘果佬、陇东灵果3个苹果品牌成功入选“甘味”知名农产品目录；全县苹果面积达到9.4万亩，苹果产量达到11.0万吨。牛产业以创建平凉红牛繁育核心区和育种试验区为目标，新建、改建肉牛养殖场11处，人工授精站点5个，完成黄改冻配任务2.0万头，选育平凉红牛核心育种群500头，新增平凉红牛5012头，种植“粮改饲”7.1万亩，完成青贮饲草34.5万吨，全县牛饲养量达到12.2万头，出栏肉牛5.4万头。成功签约引进伊利优然1+1高产牧场项目。菜产业坚持浓缩主栽品种，持续推广“三新”技术，抓建标准化蔬菜生产小区29个，新增设施蔬菜种植面积300亩，种植设施蔬菜0.3万亩。在北部塬区6乡镇集中连片种植高原蔬菜1.2万亩，全县复种高原夏菜面积达到2.4万亩，引进推广朝天椒等新优蔬菜品种，建办种植基地0.5万亩，全县蔬菜种植总面积达到3.0万亩，产量达到4.5万吨。持续推进规模化养殖场改扩建和规范运营，建成生猪产业养殖场2处、羊产业养殖场3处，招引牧原集团来灵投资兴业，项目前期工作顺利推进。建成梅花鹿、林麝、野猪等特色经济动物养殖产业基地3处。大力扶持花椒、小杂粮、中草药等特色作物规模化种植，建成连片种植基地0.8万亩，经营实体5个。

【人民生活】全县累计输转劳动力5.4万人，有组织输转劳动力4.5万人，创劳务收入13.6亿元。其中输转脱贫人口2.3万人，县内就近就便输转1.6万人。发放创业担保贷款4090万元、一次性创业补贴61.5万元、就业见习补贴58.9万元、社保补贴94.5万元、求职创业补贴15万元、稳岗返还补贴5.2万元、“以工代训”补贴21万元，为1300名脱贫劳动力发放跨省务工一次性交通补贴78万元，为1172名城乡公益性岗位人员发放岗位补贴和社保补贴1801万元。开发城镇公益性岗位安置就业困难人员243人。全年城镇新增就业2841人，失业人员再就业1040人，就业困难人员实现就业349人。全县城镇居民人均可支配收入27434.8元，比上年增长8.7%，人均消费支出16170.5元，增长8.8%，恩格尔系数26.7%，比上年提高0.8个百分点；农村居民人均可支配收入10758.4元，增长10.2%，人均生活消费支出7544.0元，增长13.3%，恩格尔系数31.8%，降低1.6个百分点。城乡居民储蓄存款余额70.8亿元，比上年增长11.7%。

【环境保护】着力解决环境保护基础设施建设薄弱问题。争取中央和省市环保专项资金0.3亿元，实施了灵台县泾河流域水环境综合整治项目、灵台生态环境监测站项目等4项环保项目。加大对县城区大气环境问题整治力度，全县空气环境质量持续改善。强化扬尘污染治理，县城建成区机械化湿法清扫率达到了80%。持续开展燃煤锅炉整治，改造、淘汰燃煤锅炉1台。加强散煤市场管控，进一步完善和规范运行煤炭交易市场和集中配送体系。开展非道路移动机械环保监管，对全县非道路移动机械进行了摸底调查和编码登记，开展了尾气排放检测。开展打击“黑加油站

（点）”专项行动联合执法，切实维护了车用成品油市场经营秩序和消费者权益。深入开展河湖“清四乱”行动，县、乡、村三级河长扎实开展巡河巡湖，全县累计开展巡河湖12610人次，共发现、整改各类河湖问题24起，消除达溪河沿岸各类环境风险隐患，强化流域水污染综合治理。实施西城区、滨河北路西段等4个污水管网建设项目，埋设污水管网0.9公里，老城区污水管网改造及新建工程二期埋设污水管网2.7公里。县城建成区污水收集管网累计达到72.5公里，污水收集管网覆盖率达到99.2%，污水收集率达到了97.5%。实施了新开和百里2处乡镇水源地规范化建设项目，对全县25处乡镇集中式饮用水水源地全部进行了规范化保护，确保了乡镇集中式饮用水水源安全。建立了“乡管理县运营”污水处理站运行管理模式，什字、独店等6个重点乡镇生活污水管网覆盖率达到了65%以上。定期开展禁塑限塑执法检查和全域无垃圾专项督查，净土保卫战扎实推进。对全县畜禽养殖场（小区）治污基础设施运行情况开展执法检查，促使畜禽粪污资源化利用率达到76.3%。以创建废旧农膜回收利用示范县为目标，发放“以旧换新”地膜112.9吨，建成废旧农膜加工企业3家，专业化回收网点9处，回收废旧农膜1800吨，废旧农膜回收率达到90%。开展受污染耕地安全利用47.9亩，受污染耕地安全利用率达到了95%以上。全县推广使用寡糖素、苦参碱等生物农药2.2万亩，统防统治38.1万亩，农药使用量比上年下降5.4%，农药使用零增长行动目标全面实现。

【社会保障】持续提高社会保障水平，全年累计发放各类困难群众社会救助资金9813万元，其中城市低保资金700.9万元，农村低保资金4343.5万元，城市特困资金15.8万元，农村特困资金573.7万元，经济困难老年人资金39.2万元，孤儿资金68.9万元，事实无人抚养儿童资金65.5万元，临时救助资金3048.2万元，流浪乞讨人员救助资金20万元，残疾人两项补贴资金718.2万元，政府购买服务资金219万元。持续扩大基本医疗保险覆盖面，全年基本医疗保险共参保19.9万人，其中参加职工医疗保险1.0万人，参加城乡居民医疗保险18.9万人。全年为参保群众报销医药费41.8万人次1.6亿元，其中职工医保报销23.2万人次0.3亿元，城乡居民医保报销18.6万人次1.3亿元，极大减轻了群众的医疗负担。继续落实贫困人口基本医保、大病保险、医疗救助三重保障政策，脱贫人口、低收入人口共住院报销1.3万人次，基本医保报销3351.8万元、大病保险报销610.9万元、医疗救助报销1187.7万元，农村低收入人口三重报销后政策范围内住院费用报销比例平均达到83.2%；对脱贫人口、低收入人口等特殊群体个人参保缴费进行了资助，共资助53943人690.9万元。

【社会事业】扎实推进城乡基本公共服务均等化、普惠化。投资2689万元，实施义务教育能力提升、“为民办实事”建设项目，全面改善学校办学条件。建成县职业中专新校区，城东、皇甫2所幼儿园投入使用，有效解决县城幼儿园大班额的问题。全面落实“两免一补”政策，为5454名脱贫家庭学生落实资助政策692.3万元。全县高考一本上线365人，上线率36.1%，比上年提高5.9个百分点；二本以上上线904人，上线率81.1%，比上年提高4个百分点。高中阶段毛入学率95.9%，九年义务教育巩固率达到98.6%，学前教育三年幼儿入园（班）率达到94.7%，各类教育教学质量稳步提高。投资2323万元实施县医院提标扩能建设项目，对全县120急救系统进行升级改造并和市120急救网络进行对接，对承担120急救任务的救护车安装了车载终端，构建起了统一指挥、反应快捷、运转高效、覆盖城乡的全新急救网络。投资3078万元实施灵台县体育中心续建项目，取得突破性进展；投资200万元实施滨河大道智慧健走步道项目，修建5883平方米的健走步道投入使用。

（李德文）

崇信县

【基本情况】崇信县位于甘肃省平凉市东部，关山东麓，泾河之南。东靠泾川、灵台两县，西与华亭市相连，北接崆峒区，南与陕西省陇县毗邻。全县辖4镇2乡，1个工业集中区，79个行政村。2021年末常住人口8.2万人，城镇化率44.0%。

【资源优势】县域内自然资源丰富，主要矿藏有煤炭、陶土、坩泥、石灰石、石英砂、矿泉水等，尤以煤炭资源最为丰富，已探明储煤面积138平方公里，煤炭储量18.8亿吨，属全省大型煤炭工业基地和全国100个重点产煤县之一，共有煤矿企业9户，煤电化产业开发前景广阔，资源开发潜力巨大。川区地势宽阔平坦，土质肥沃，具有发展现代农业的独特优势。水资源丰富，泾河的主要支流汭河、黑河自西向东贯穿全境，年径流量2.1亿立方米。县内西南山区天然次生林区植被良好，森林植被覆盖度达到了90%以上，根据森林资源规划调查结果，全县境内约有植被29科42属69种，全县境内已知野生动物共170余种，其中鱼类4余种、鸟纲85种、哺乳纲74种、两栖纲3种、爬行纲5种。历史文化悠久灿烂，周人的先祖公刘定居芮鞫，发展农耕文化，影响深远；唐贞元四年（公元788年），陇右节度使武康郡王李元谅筑崇信城，取“尊崇诚信”之意，建县于北宋建隆四年（公元963年），距今已有1057年的历史。境内有国家4A级旅游景区龙泉寺、国家3A级旅游景区华夏古槐王、梁坡水街、绿源美生态苑、武康王文化园，省级风景名胜区五龙山、省级森林公园唐帽山等众多人文自然景观，“山水龙泉养生崇信”声名远播。建成A级景区2个，省级乡村旅游示范村2个，打造乡村旅游示范点8个。乡镇综合文化站7个，村级文化广场65个，农家书屋79个。成功申报“陇东民歌”“山梁走唱”“顶灯说唱”“点灯背猴”4个省级“非遗”项目，“弦子腔”等50个市级“非遗”项目，“根雕”等60个县级“非遗”项目，并在全县挂牌成立了9个“非遗”传承基地。

【国民经济】2021年，全县地区生产总值52.1亿元，比上年增长11.9%。其中，第一产业增加值10.0亿元，增长0.7%；第二产业增加值28.1亿元，增长21.7%；第三产业增加值14.0亿元，增长 6.4%。全县工业增加值 26.7 亿元，增长 22.3%，规模以上工业增加值增长 24.3%；社会消费品零售总额 5.2 亿元，增长 15.4%；一般公共财政预算收入 3.4 亿元，增长 21.3%；一般公共财政预算支出 15.0 亿元，增长 26.8%。年末全县银行业金融机构各项存款余额 51.4 亿元，比上年末增长 12.2%；各项贷款余额 34.4 亿元，下降 0.2%。

【供给侧结构性改革】坚持工业强县战略，扎实推进“三去一降一补”，着力改善发展环境，积极引导企业加快技术改造，提升产业基础能力和产业链现代化水平，不断提高产业经营效益，稳步提升工业发展质量，融合推进文化旅游产业，全力推动牛果菜产业扩量提质，不断降低实体经济企业成本。三次产业结构比为 19.2 ： 53.9 ： 26.9。

【脱贫攻坚与乡村振兴有效衔接】扎实开展“大排查”“十查十纠”等行动，及时甄别发现农户致返贫风险点，有针对性组织开展帮扶，全力消除各类风险。投入财政衔接补助资金 13010 万元，实施项目 55 项，其中，产业发展项目 37 项 9460 万元，就业项目 4 项 310 万元，巩固三保障成果项目 1 项 57 万元，基础设施建设项目 9 项 2052 万元，人居环境整治项目 2 项 330 万元，产业贷款贴息项目 1 项 670 万元，项目管理费 1 项 131 万元。完成了 14 个乡村建设示范村创建任务；硬化村组道路 62 公里，砂化产业道路 28 公里；建办姚洼、沟老、油府庄窑洞养牛示范带 3 处，打造赵湾、黄寨等乡村旅游 5 处；建办汭河川区蔬菜产业基地、崇信红牛繁育场等产业基地 8 处；落实 692 户农户产业奖补 737 万元，发放公益性岗位补贴、务工交通补助、“雨露计划”等就业补助 310 万元。顺利通过了国家衔接资金绩效评价组乡村振兴补助资金绩效评价工作。

【“三农”工作】2021 年，全县农作物播种面积 40.6 万亩；粮食作物播种面积 27.1 万亩，比上年增长 0.1%。全年粮食产量 6.3 万吨，增长 1.9%；蔬菜产量 11.4 万吨，增长 21.3%。园林水果产量 3.5 万吨，增长 12.1%。年末猪、牛、羊存栏分别达到 3.5 万头、5.7 万头和 3.1 万只。全年猪牛羊禽肉产量 1.1 万吨。牛奶产量 1487.4 吨。大力推广测土配方、旱作农业等技术，积极引进推广先玉 335、玉源 7879、均隆 1217、灵选 6 号、兰天 653 等粮食新品种，全县粮食作物播种面积达 27.1 万亩，预计产量 6.3 万吨。按照“塬果川菜整县牛”的发展思路和“建基地、强龙头、延链条、聚集群”的总要求，全力实施现代丝路寒旱农业三年倍增行动计划，着力推进特色优势产业扩量提质创牌增效。扎实开展农民专业合作社质量提升行动，坚持“四个一批”原则和“五有”标准，对全县农民专业合作社进行了分类规范提升。年内新注册农民专业合作社 12 家，全县农民专业合作社累计达 347 个，其中，运营规范的 130 个，运营较规范的 156 个，运营较规范以上的合作社达到 82.4%。全年共开办政策性农业保险品种 15 个，完成签单保费 694.1 万元。建成高标准农田 2 万亩，累计培训农民 1.4 万人（次）。

【项目建设】紧紧围绕项目生成“四个渠道”和“八个一批”要求，抢抓政策机遇，强化衔接争取，加大推进力度，争取中央预算内投资项目 10 项、地方政府专项债券项目 8 项，实施招商项目 57 项。全年全县固定资产投资完成 214600 万元，比上年增长 41.2%。固定资产投资项目 62 个，其中 5000 万元及以上项目 12 个，完成投资增长 105.4%；500—5000 万元项目 50 个，完成投资增长 29.14%；房地产开发项目完成投资下降 44.3%。按三次产业分，第一产业投资下降 0.6%；第二产业投资下降 53.3%；第三产业投资增长 291.6%，三次产业投资结构比为 5.2 ： 21.7 ： 73.1。

【优势产业】大力推进工业强县战略，赤城煤矿已投产；煤炭、电力生产稳步提高，全年生产原煤 639 万吨，发电 62 亿度。加快推进农业产业开发。鼓励各类经营主体发展壮大红牛产业，累计建成标准化养殖场（区）41 个，修建养畜暖棚 341 座，发展 10 头以上养殖大户 2400 多户。新建设施蔬菜大棚 4513 座 2050 亩，建成了枣林菌类产业园。深入挖掘文化旅游资源，统筹推进规划建设，持续扩大宣传营销，加快文化旅游产业融合发展，全县有文化旅游企业 57 家，从业人数 600 多人，建成特色文化旅游街区 1 条、旅行社及分社 6 家，文创产品生产企业 4 家，开发文旅产品 3000 多件。全年接待游客和旅游综合，分别增长 4.56% 和 5.42%。

【人民生活】全县城镇居民人均可支配收入 39879 元，比上年增长 7.3%；农村居民人均可支配收入 10380 元，增长 10.8%。城镇居民人均消费支出 22422.8 元，增长 12.4%；农村居民人均消费支出 9710.0 元，增长 10.1%。实施供热二期换热站、敷设污水管网、汭溪文园建设等城镇化项目，新增商品房面积 8.6 万平方米。全面建成了古槐王景区旅游公路、新窑镇木家沟黑河桥、马湾桥至平头沟道路维修、村道安全生命防护、自然村组道路硬化、汭河川区现代循环农业示范园道路和杨家沟产业路；G312 线散花沟至花所段、S28 灵华高速公路和 S320 陕西彬县至华亭公路推进顺利；九功大桥拆除重建工程在封冻停工前已完成桥梁下部结构。集中力量推进 S304 沿线、南部塬区等人居环境整治，扎实开展“五化”提升、“路渠杆线”治理等“十大行动”，城乡居民人居环境得到明显改善。

【环境保护】积极践行绿水青山就是金山银山理念，有序推进国土空间规划编制。完成造林绿化 1.9 万亩，建设景观廊道 76 公里。部署开展“两慎两不两禁两无”专项整治行动和矿区环境卫生大会战，地表水和集中式饮用水水源地水质稳定达标。全年环境空气质量优良天数达标率为 91.7%，全县地表水断面水质优良比例为 100%。细颗粒物（$PM_{2.5}$）年均浓度为 22 微克 / 立方米，比上年下降 15.4%。大气环境可吸入颗粒物（PM_{10}）年均浓度为 52 微克 / 立方米，下降 7.1%。二氧化硫（SO_2）年均浓度为 10 微克 / 立方米，增长 11.1%。二氧化氮（NO_2）年均浓度为 13 微克 / 立方米，增长 8.3%。

【社会保障】积极落实稳就业措施，全年新增城镇就业 2185 人，失业人员再就业 947 人，城镇登记失业率 3.9%。全县机关事业单位养老保险参保 4398 人，企业职工养老保险参保 3693 人，城乡居民养老保险参保 58135 人。参加基本医疗保险人数 90828 人，其中，参加职工基本医疗保险人数 7194 人，参加城乡居民基本医疗保险人数83178人。工伤保险参保6936人，生育保险参保5935人。积极发展普惠性养老和互助性养老，完善帮扶残疾人、孤儿等社会福利制度，残疾人托养补贴、老年人免费体检等22项惠民实事全部兑现，老年养护院启动运营。全县共有2209户5584名农村困难群众享受农村低保，有552户1221名城镇困难居民享受城市低保，城乡特困供养人员280人。

【社会事业】实施县二中综合教学楼、第四幼儿园续建项目2个，新建学前教育发展、义务教育薄弱学校改善与能力、改善普通高中办学条件、现代职业教育质量提升、教育强国推进工程、中央预算内投资六大类40个项目，新建面积1.8万平方米。2021年全县共有学校107所，各类学校在校学生16070人，有教职工1371人，二本及以上线率86.8%，一本上线率30.7%。深化健康崇信建设，完成县乡医疗机构提质升级，新建县医院传染病病区、疾控中心疾病预防能力和公共卫生应急管理服务中心，完善公共卫生应急处置机制，提高应对突发公共卫生事件能力。全县共有各级各类医疗机构137个，有医生274人，护士399人，各医疗机构共设病床640张。实施文明创建行动，繁荣发展文化体育事业和文化产业，争创全国文明城市、国家园林县城和国家“绿水青山就是金山银山”实践创新基地，县体育公园全面建成。全县电视覆盖率99.2%，广播覆盖率99.0%，组织各类文化活动300多场（次）。

（赵小勇）

庄浪县

【基本情况】庄浪县位于甘肃中东部，六盘山西麓，属黄土高原丘陵沟壑区。境内海拔在1405～2857米之间，无霜期176天，年平均气温8.9℃，年降水总量430.9毫米。庄浪人杰地灵，人文历史悠久，民风淳朴。从20世纪60年代开始，全县广大干部群众经过34年坚持不懈地努力，建成了百万亩水平梯田，1998年被水利部命名为全国第一个“梯田化模范县”，铸造了“实事求是，崇尚科学，自强不息，艰苦创业”的庄浪精神，成为“甘肃精神”的重要组成部分。在中央电视台纪录片频道播出的《航拍中国》甘肃篇、新闻频道播出的《共和国发展成就巡礼·甘肃篇》、综合频道播出的《中国粮的奇迹》等节目中，分别对庄浪梯田和生态建设作了专门介绍，获得社会各界广泛关注和赞誉。全县辖18个乡镇、1个城市社区、293个行政村，总面积1553平方公里。2021年末全县常住人口33.3万人，城镇化率28.8%。

【国民经济】2021年，全县经济发展保持了稳中有进好势头。全年全县地区生产总值76.4亿元，比上年增长7.8%。其中，第一产业增加值28.7亿元，增长11.4%；第二产业增加值6.7亿元，下降3.1%；第三产业增加值40.9亿元，增长7.2%。全县三次产业比重由上年的36.1 ：9.2 ：54.7调整为37.6 ：8.8 ：53.6。从经济增长的动力因素看，三次产业对经济增长的贡献率分别为50.5%、-2.1%、51.6%，分别拉动经济增长3.9、-0.2和4.0个百分点。全县工业增加值2.6亿元，增长12.3%；规模以上工业增加值增长12.8%；固定资产投资下降10.5%；社会消费品零售总额23.9亿元，增长15.2%；一般公共预算收入3.6亿元，增长26.7%；一般公共预算支出39.7亿元，下降5.0%。2021年末，全县金融机构本外币各项存款余额127.7亿元，比上年末增长4.6%；各项贷款余额80.5亿元，增长8.3%。

【乡村振兴】坚持把改善民生、和谐稳定作为底线任务，严格落实“四个不摘”要求，健全防止返贫动态监测和帮扶机制，持续跟踪脱贫人口收入变化、“两不愁三保障”及饮水安全巩固情况，统筹整合各类资金7.1亿元，安排农业生产发展和农村基础建设项目127个，为所有脱贫户和边缘户实施果树经济林建设等13个特色优势种养业补助项目；实施乡村公益性岗位等8个稳岗就业类项目，为可享受政策的监测对象重点实施果园提质增效、露地蔬菜和良种牛引进项目，536户监测户户均扶持资金1.5万元，1668户边缘户户均扶持资金1.4万元，有效巩固了脱贫成果。天津市河西区投入资金5730.6万元，南开大学帮扶资金196.2万元，省内各级帮扶单位投入资金1860万元，落实帮扶项目723个。持续加强易地扶贫搬迁后续帮扶，帮助安置区群众发展苹果3346亩、马铃薯3159亩，养殖肉牛3914头，建成蔬菜大棚126座。扎实推进农业保险工作，全县农业保险定损理赔1661万元，受益农户1.1万户，有效保障了灾后脱贫户的收益稳定。建成乡村建设示范村33个，完成建设投资1.6亿元，硬化村组道路162公里、巷道15.8万平方米，改造户厕9915座，完成“三荒”造林3万亩，栽植行道树290公里，创建“清洁村庄”示范村82个，乡村生产生活条件持续改善。组织开展乡村振兴“岗位大练兵、业务大比武”培训学习133场次，开展宣讲119次，实践操作152次，现场观摩53场次，开展考试测评44场次4850人，各类媒体刊发信息262条，有力提升了乡村干部的政策理论水平和工作能力。

【“三农”工作】2021年，全县农作物播种总面积达到96.7万亩，其中粮食作物81.7万亩、油料3.4万亩、蔬菜8.0万亩，粮、油、菜总产量分别达到21.6万吨、0.5万吨、15.8万吨。全县牛、猪、鸡、羊饲养量分别达到13.6万头、24.8万头、180.9万只和2.9万只，出栏量分别为3.8万头、12.7万头、77.4万只和1.3万只。产业扶持项目有序推进。发展旱作农业7.1万亩，补贴粮饲兼用玉米3.8万亩、脱毒种薯3.9万亩、中药材12209亩、中蜂3000箱、代养牛2000头、露地蔬菜871.6亩，收贮青贮玉米4.4万亩、完成饲草青贮37万吨，奖补“五小”产业4474户，培育高素质农民750人、合作社带头人300人、家庭农场主360人，养牛大户3000人，建成果蔬保鲜库18座；扶持10个养猪合作社和5家养猪家庭农场扩大养殖规模，扶持18个乡镇每个乡镇选取2~3个示范性家庭农场发展苹果、种薯、饲草等特色产业。突出综合施策，全力保障粮食安全。累计建成高标准农田3.7万亩，完成深松整地2万亩、农业托管服务面积3万亩，完成水毁农田修复1.0万亩，补贴机具910台

（件）、受益农户570户，主要粮食作物综合机械化率达到了56%。

【项目建设】全年500万元以上及房地产项目116个，完成固定资产投资比上年增长36.5%。按三次产业分，第一产业投资增长51.4%；第二产业投资下降58.2%，其中工业投资下降62.2%；第三产业投资下降8.0%。全年500万元以上投资项目（不含房地产）103项，比上年增加28项，完成投资下降26.0%。房屋施工面积106.6万平方米，增长36.8%。商品房销售面积37.8万平方米，增长16.8%。

【优势产业】现代农业围绕特色优势产业延链补链，改造果园5.5万亩，全县挂果园36.6万亩，产值24亿元；建成"平凉红牛"育种群选育基地3处，投放良种牛3819头，牛存栏达13.62万头，种植饲草12万亩，完成青贮37万吨，畜牧业增加值6.5亿元；建成马铃薯种薯繁育基地25万亩，种植马铃薯36万亩，产值6.9亿元；建成植物类中药材标准化种植基地2处，种植中药材1.2万亩，建成动物类中药材标准化养殖基地3处、中药材晾晒加工场1处，年产中药材4200吨，产值1.2亿元。地方工业大力支持淀粉加工、果醋生产、有机肥生产等企业扩大规模、改进工艺、提升效益，不断完善县工业集中区基础设施，提升服务功能，建成了玻璃加工、中高档家具、绿色建材、马铃薯薯渣利用和混合饲料生产线等一批工业项目，进一步扩充了全县工业总量，延伸了产业链条，有力推进了农业提质、工业增效。文化旅游和服务业充分挖掘资源优势，全力推进关山大景区建设，开建了云崖寺石窟壁画彩塑保护修复、陈家洞景区基础设施建设，完成了韩店石桥和通化陈堡两个省级美丽乡村样板村建设项目施工图设计等前期工作，全年接待游客115万人（次），实现旅游综合收入4.5亿元。输转劳动力10.7万人（次），创劳务收入26.6亿元，呈现出多业态并举、多元化发展、多极点增长的崭新格局。

【人民生活】全年全县城镇居民人均可支配收入33262.9元，比上年增长7.8%；城镇居民人均消费性支出18949.3元，增长11.0%。农村居民人均可支配收入8778.3元，增长10.6%；农村居民人均消费性支出9794.4元，增长7.9%。城乡居民人均可支配收入比值为3.8，比上年缩小0.1。

【环境保护】坚持把生态环保作为坚守底线，秉承"绿水青山就是金山银山"的理念，坚决打好污染防治攻坚战，一体化推进生态环境保护治理，累计完成生态造林40万亩，绿化乡村道路2368公里，治理水土流失124平方公里，全县森林覆盖率达到28.8%。城区生活污水、工业集中区污水处理厂、乡镇环保设施正常运行，建成南湖、韩店、阳川、岳堡4乡镇污水管网15.2公里，水洛河河道综合治理工程建成投用，城区第二生活垃圾填埋场进展良好。严格落实河（湖）长制、林长制工作责任，深入开展河湖"清四乱"专项整治行动，城区生活污水处理厂提标扩容、中水回用、污泥无害化处理、工业集中区污水处理厂、涉河乡镇污水处理设施和垃圾处理设施建成投用，水洛河断面水质稳定达标，大气、水、土壤污染治理取得明显成效，生态环境保护实现阶段性目标。

【社会保障】规范落实基本医疗、基本养老政策，发放各类惠农资金3.3亿元、养老金3.2亿元，报销医药费用1.7亿元。认真落实创业就业政策，签约引进急需紧缺人才182名，考录安置高校毕业生196名，安置退役军人35名，新增城镇就业人员3600人。规范落实城乡五保低保、大病医疗救助、救灾救济政策，发放各类社会救助资金2.2亿元、困难群众越冬取暖补助2218.4万元，统一购置发放棉衣1620件、棉被221套、火炉1969个、电暖171个、煤炭2736吨，高度重视退役军人优抚工作，建成了县光荣院和残疾人康复中心，社会保障水平不断提升。

【社会事业】优先发展教育事业，县职教中心搬迁投用，北城九年制学校建成招生，县第七幼儿园建成主体，南坪中心小学综合楼等7个农村教育类项目有序推进。持续深化教育体制改革，全面推行"县管校聘"管理改革，狠抓教育教学质量提升，2021年全县高考重点本科上线805人，普通本科上线1500名，上线率78%。深入推进健康庄浪建设，持续抓好常态化疫情防控，加快推进新冠疫苗接种"清零"，全力压实"四方"责任，配备接种人员542人，共接种66.1万剂（次）29.2万人，建成了县医院等4个核酸检测实验室，组建县级核心流调队9支、乡级外围流调队42支，布设168个核酸采样点，基本达到了24小时全员检测能力。县医院东城新院区建成主体工程，县中医院南城新院区建成投用，8个乡镇卫生院业务用房、职工宿舍等项目全部开工建设；群众性文化体育活动广泛开展，县级公共体育场全面建成。大力推行科技特派员制度，科技成果转化应用加快推进。

（魏娟）

静宁县

【基本情况】静宁位于甘肃省东部，平凉市西部。地处黄土高原中部，六盘山西麓，黄河支流渭河上游的葫芦河流域。东南同庄浪县相依，西、南与甘肃省通渭县、秦安县毗连，北与宁夏回族自治区隆德县、西吉县接壤，西北与会宁县为邻，县境南北长81公里，东西宽68.8公里，总面积2193.9平方公里。2021年，全县户籍总人口47.5万人，其中，城镇人口11.5万人，主要有汉、回两个民族。现辖17个镇、7个乡、1个城市社区管委会，333个村民委员会、2320个村民小组，9个居民委员会。

【自然资源】县境内已发现的非金属矿产有石灰石、煤、高岭土、火山岩棉、硅石、粘土；金属矿产有铅锌矿、钒钛磁铁矿、黄铁矿、铁锰矿。其中石灰石储量较大，分布集中，品位高，易开采。全年平均气温8.7℃，年降水量371.6毫米，年降雨天数154天，全年日照总时数2023小时；空气质量有效监测天数357天，优良天数337天，优良率94.4%。

【国民经济】2021年，全县地区生产总值达到87.3亿元，比上年增长8.3%。一、二、三次产业分别实现增加值36.1亿元、11.7亿元、39.5亿元，比上年分别增长11.3%、1.3%和7.9%。三次产业结构由上年的40.8∶13.6∶45.6调整为41.3∶13.5∶45.2。现代农业提质发展。毫不松懈抓好粮食生产，建成高标准农田3.1万亩，推广旱作农业85万亩，粮食总产量达到26.2万吨。坚定不移推进果产业提质，改造老果园3万亩，新建优质苗木繁育基地2000亩，建成葫芦河城川至威戎等3个苹果产业高质量发展示范带，果品总产量达到85.6万吨，成功举办中国苹果首届产销峰会暨甘肃（平凉）果品贸易大会。持之以恒促进牛产业扩量，创建原安等万头养牛示范乡镇5个、界石铺崔岔等养殖示范村30个，培育昊康牧业等养殖企业5个，牛存栏10.8万头，出栏5.2万头。全力以赴打造劳务产业品牌，精准排摸务果专业技术人员2.8万人，组织输转劳动力10.1万人、创收21.3亿元，"静宁果农"成为助农增收的新名片。工业经济稳中向好。加快完善园区基础，新建道路5条3.2公里，改造提升高速公路出入口，建成312沿线商务驿站。持续壮大工业总量，实施农副产品加工产业园等重点工业项目12项，合作研制新型数码电子雷管生产设备，延链开发果汁果脆等新产品，工业经济增加值增长15.5%。强化运行监测调度，落实各项惠企政策，协调中长期贷款1.8亿元，培育巨能燃气等规上企业2户，工业企业实现增加值4.1亿元，比上年增长8.4%。其中规模以上工业增加值增长15.5%，规模以上工业企业营业收入增长26%。第三产业活力增强。高标准推进旅游综合开发，界石铺红军长征纪念馆完成旧址保护修缮，城川吴庙"旅游一条街"加快建设。串点成线打造旅游线路，接待果品采摘、休闲体验等游客201.4万人次，旅游综合收入增长68%。多层次促进消费市场回暖，批零住餐销售额增速达到16%。依托"互联网＋外贸"模式，建成海外仓7个、营销中心9个，进出口额达到1.9亿元，被商务部命名为国家外贸转型升级基地。大力度支持民营经济发展，减税降费2亿元以上，新发展非公经济主体3800户。社会消费品零售总额完成31.0亿元，比上年增长15.8%。交通运输仓储和邮政业完成增加值1.8亿元，增长9.0%。

【乡村振兴】精准开展帮扶，创新推行防返贫监测帮扶"十步动态管理法"，排查识别"三类户"3345户1.46万人，一户一策落实产业奖补1036万元，安排公益性岗位5349人，兜底保障506户1348人，致贫返贫风险消除率98.6%。强化控辍保学，教育扶持政策惠及9万人次。兜牢医保底线，落实"三重保障"报销4.87万人2.45亿元。加强农房监测，完成抗震改造502户。保障饮水安全，新建蓄水池6座，改造配水管道347公里。深化协作帮扶，争取东西部扶贫协作和中央定点帮扶资金1.2亿元，助销农产品6235.7万元。加快乡村建设，硬化村组道路150公里、巷道47.3万平方米，改造户厕1.3万座，安装太阳能路灯3350盏，30个乡村振兴示范村创建扎实推进。

【项目建设】坚持争引并举，实施重大项目226项，完成投资42亿元。扩大招商引资，落地项目49个，省外到位资金12亿元，增长34%。强化要素保障，开工建设红旗110千伏输变电工程，维修养护县乡公路57公里，完成天然气入户2427户，新建加油加气站4个，建成5G网络基站78个、改造宏站125个，发展基础进一步夯实。统筹城镇建设，编制国土空间等各类规划11个，土地增减挂跨省交易3018亩，新开续建商住房100万平方米，改造老旧小区住宅楼18栋506户。聚力推进棚改攻坚，历年片区拆迁率达到98.3%。新开续建西滨河路等城市道路6条5.8公里，新增绿地2.5万平方米。有序推进威戎、仁大等重点小城镇建设，油铺街道13.8公里，敷设雨污管网39.4公里，城镇面貌发生了较大变化。

【优势产业】静宁苹果产业经过30多年的不懈发展，已初步成为县域经济发展的区域首位产业。近年来，静宁县委、县政府紧紧围绕建设苹果强县目标，坚持特色农业、地方工业、文化旅游三大产业互促互推、整体提升发展思路，在苗木繁育、生资供应、贮藏加工、物流配送、市场营销、乡村旅游等领域进行全产业链开发，促进形成一、二、三产业融合发展态势。全县建成国家级标准园2500亩、省级标准园5000亩、县级示范园32万亩；标准化管理面积60万亩，认证基地面积59.5万亩；良种苗木繁育基地2000亩；18家加工包装企业，加工转换能力12万吨，生产纸箱3.1亿平方米，产值10亿元；246家电子商务网店；1个静宁苹果地理标志商标，品牌价值159.0亿元；134个企业商标（德美、红六福、陇原红、常津等）；28家直营店，9家出口企业。2021年全县苹果产量78.8万吨。

【人民生活】全力措办民生实事，省列实事全部兑现，向全县人民承诺的10件20项实事中，城镇新增就业等8项已办结，南环路改建等10项按计划有序推进，老年养护院、社会救助管理站等2项正在积极争取项目。居民收入持续增收，城镇居民人均可支配收入30709元，比上年增长8.0%；农村居民人均可支配收入9858.2元，增长10.5%。全力做好社会保障，城镇新增就业4400人，招录高校毕业生303人，发放社会救助资金2.8亿元。参加城镇职工基本养老保险32951人，比上年增长17.2%；参加城镇职工失业保险16622人，增长4.5%。安全生产形势总体稳定，扫黑除恶斗争常态化推进，政法队伍教育整顿活动深入开展，平安静宁建设成效显著。

【环境保护】持续开展国土绿化行动，推进整流域综合治理，完成绿化8.6万亩，建设绿色通道610公里，创建国家级森林城市各项指标达到评价要求。深入开展污染防治攻坚，从严整治环境突出问题，争取环保专项资金4260万元，葫芦河流域水环境综合治理项目全面建成，仁大河、甘沟河、渝河等治理进展顺利，环境质量持续向好。

【社会事业】教育均等化水平进一步提高。坚持教育优先战略，实施学前教育推进、义务教育能力提升等项目，新建改建校舍6万平方米，教育均等化水平进一步提高。全县有各级各类学校455所，其中小学219所（含教学点122个），初中29所，完全中学5所，独立高中3所（含民办华源中学），幼儿园197所（其中公办185所，民办12所），中等职业学校1所，特殊教育学校1所，各级各类学校公办教职工6940人，各级各类在校学生6.9万名，高考二本上线率达到42.9%。公共卫生服务能力不断增强。加快健康静宁建设，县医院综合楼建成投用，县中医医院完成整体搬迁，医疗废弃物集中处理中心投入运营，公共卫生服务能力不断增强。下重拳严防疫情输入，常态化抓好科学防控，大力度推进疫苗接种，织密筑牢安全防控屏障。全县共有医疗卫生机构 523 个，其中县级医院 3 个、乡镇卫生院 25 个、村卫生室 370 个、厂校医务室等其他医疗机构 6 个、民营医院 4 个、个体诊所 112 个。卫生专业技术人员 3064 人，核磁、CT 等大型医疗设备 100 余台（件），病床 2666 张，平均每千人拥有病床 5.2 张。群众文化生活不断丰富。实施文化惠民工程，完成原体育馆维修封顶，精心举办建党 100 周年系列活动，开展送戏下乡等文化惠民行动，群众性精神文化生活不断丰富。全县共有公共图书馆、博物馆、文化馆各 1 个，乡（镇）文化站 24 个，村文化室 333 个。全县广播综合人口覆盖率为 99.3%，电视综合人口覆盖率为 98.6%，有线电视传输干线网络总长 3380 公里，有线电视用户 12000 户。

【社会保障】全年用于民生方面的支出达到 39.1 亿元，占总支出的 81%，省市县列实事有效落实，城乡社保提标扩面，发放各类保障资金 4.8 亿元，受益群众 8.3 万人次。年末全县共有城镇居民 6826 人和农村居民 4.0 万人享受政府最低生活保障，2040 人享受农村特困人员救助供养，全年临时救助 3.8 万人次。国家抚恤、补助退役军人和其他优抚对象 3486 人。年末全县参加城镇职工基本养老保险人数 3.3 万人，比上年末增加 5000 人。参加城乡居民基本养老保险人数 27.8 万人。参加基本医疗保险人数 42.0 万人，减少 3516 人。其中，参加职工基本医疗保险人数 2.5 万人，参加城乡居民基本医疗保险人数 39.4 万人。参加失业保险人数 1.7 万人，增加 700 人。年末全县领取失业保险金人数 508 人。参加工伤保险人数 2.2 万人，增加 400 人，其中参加工伤保险的农民工 5400 人，减少 2600 人。

（马飞）

华亭市

【基本情况】华亭市位于甘肃省东部、关山东麓，东临崇信县，西连庄浪县和宁夏回族自治区泾源县，南接张家川回族自治县和陕西省陇县，地处陕甘宁三省（区）交汇处。华亭历史悠久，北魏普泰二年立华亭镇，因皇甫麓有华尖山亭而得名。隋大业元年（公元605年）置华亭县。中华人民共和国成立后仍置华亭县。1958 年 12 月撤县并入平凉市，1962 年恢复华亭县，2018 年 12 月 18 日，华亭撤县设市。现辖 7 镇、3 乡、1 个城市社区、1 个省级工业园区，101 个行政村，26 个社区，总面积 1183 平方公里。2021 年末全市常住人口 17.9 万人。自然资源富集，煤炭储量丰富，煤炭具有"三高三低"（高挥发性、高化学活性、高发热量，低灰、低硫、低磷）的优良品质，是优质的动力、气化和化工用煤。境内林丰草茂，植被良好，关山林区有 40 万亩原始森林，森林覆盖率达到 38.2%。华亭交通便利，宝平、天平铁路、省道 304、203 线及在建的彭大、天平、泾华、华崇灵高速、平华一级公路穿境而过，境内铁路总里程 68.8 公里、公路 1118 公里，实现了乡乡通油路、村村通水泥路和城乡客运站点全覆盖。水利水保设施不断加强，有中小水库 4 座，年供水量是 437.0 万立方，在全市率先实施了饮用水水质改善工程，建成了农村饮水安全工程示范县、自来水化县。电力通讯发达，农村畅通工程实现行政村全覆盖，光纤宽带传输网络辐射城乡，移动通讯、宽带上网等数字化通信网实现乡镇全覆盖。工业基础雄厚，工业体系完备，形成了以煤电、煤化工为龙头，陶瓷、建材、冶金、装备制造等多业并举、规模优势突出的地方工业体系，全市有年产 60 万吨甲醇、7200 万平方米建筑陶瓷、1000 吨 PE、PPR 管材、煤矿等规模以上工业企业 15 户。农业特色鲜明，现有耕地 41.7 万亩。粮食作物以小麦、玉米为主，盛产核桃、大黄、独活，是全省优势农产品产业带重点开发区域之一，被列为甘肃优质肉牛生产基地和中药材、干果生产基地。"华亭大黄""华亭独活""华亭核桃"地理商标通过国家核准注册，建成全国核桃种植标准化示范县，进入全省养牛大县、药材种植大县和蔬菜大县行列。人文古迹众多，境内现存古人类遗址、古墓葬群、石窟石雕、古城堡遗址和古动物化石点 106 处，馆藏珍贵文物近 1000 件，曲子戏、传统打击乐表演等民间艺术跻身全国"非遗"项目。生态环境良好，属黄土高原丘陵沟壑区、温带湿润性气候，境内山川兼有，气候宜人，年平均气温 8.5℃，降雨量 723.3 毫米，海拔 1226 米—2748 米，河流交叉纵横，汭河、汭河、黑河 3 大水系源于本县，多年平均总径流量 2.1 亿立方米。旅游资源丰富，国家 4A 级森林公园莲花台和国家 3A 级莲花湖公园、双凤山公园和米家沟生态园，风光绮丽的五台山、规模宏大的石佛群和石拱寺、神奇的海龙洞、药王洞、仙姑山等景区风景秀丽，交通便捷，开发前景广阔。华亭市先后荣获"全国文明县城""全国园林县城""国家级生态文明建设示范县""中国中小城市科学发展百强""中国最具投资潜力中小城市百强""中国最具区域带动力中小城市百强""全国人民满意城市""全国民间文化艺术之乡""全省首批新型城镇化试点县""全省基层医疗卫生机构综合改革先进示范县""甘肃省民族团结进步示范县"等荣誉称号。

【国民经济】2021 年，面对国内外环境的复杂变化和新冠肺炎疫情的严重冲击，在市委、市政府的正确领导下，全市上下坚持稳中求进工作总基调，贯彻新发展理念，聚焦高质量发展，积极应对疫情和宏观经济下行压力，一手抓疫情防控、一手抓经济社会发展，打出了战疫情促发展的"组合拳"，全市经济社会发展经受住了疫情冲击，实现了稳步复苏，发展质量明显提升，呈现平稳健康发展态势。全年全市地区生产总值 81.7 亿元，按不变价格计算，比上年增长 6.8%。其中，第一产业增加值 7.5 亿元，增长 12.3%；第二产业增加值 50.7 亿元，增长 7.3%；第三产业增加值 23.5 亿元，增长 4.3%。三次产业结构比为 9.2 ∶ 62.0 ∶ 28.8。全年人均地区生产总值 45209 元，比上年增长 7.9%。

【供给侧结构性改革】2021 年，在市委的坚强领导下，全市上下认真贯彻习近平新时代中国特色社会主义思想，按照"聚焦现代化，聚焦高质量，奋进开新局"的总体思路，坚持稳中求进工作总基调，深入推进供给侧结构性改革，全力抓好稳增长、促改革、调结构、惠民生、防风险、保稳定各项工作，全市经济社会呈现转型步伐加快、质量不断提升、活力明显增强、民生持续改善的良好态势。全年十大生态产业增加值13.4亿元，占全市地区生产总值的16.4%，比重比上年提高3.2个百分点。年末在库生态产业企业7户，其中先进制造产业2户，清洁生产产业5户。积极开展财税金融改革，实现政银企对接常态化，全市金融机构贷款累计达到70.5亿元，增长0.9%，金融对实体经济的支撑力进一步增强。全年新登记市场主体1980户，日均新登记市场主体5.4户，日均新登记企业1.4户。年末市场主体总数达11252户。其中，企业2729户，个体工商户8176户，农民专业合作社347户。

【三农工作】2021年，全市“三农”工作坚持以市场导向为切入点、以农民增收为核心，立足特色产业开发，从体制机制创新上发力，加快构建华亭现代农业体系。全年粮食作物种植面积31.1万亩，油料种植面积1.7万亩，蔬菜种植面积3.4万亩，中药材种植面积3.6万亩。全年粮食产量7.7万吨，其中，夏粮产量2.0万吨，秋粮产量5.7万吨。全年蔬菜产量5.5万吨，中药材产量1.6万吨，核桃产量2460.5吨。全年猪牛羊禽肉产量1.0万吨。年末牛存栏5.6万头，出栏5.0万头；猪存栏3.4万头，出栏5.7万头；羊存栏2.1万只，出栏3.6万只。着眼推动农业产业提质增效，大力培育“一村一品、一域一业”特色产业，芍药、草莓、金银花和鹿、麝等种养业多点开花。

【项目建设】2021年，全市充分发挥投资的关键性作用，及时研究解决用地、融资、审批等瓶颈难题，全力组织实施以高等级公路建设、煤化工延链补链、绿色生态产业发展等为重点的500万元以上项目85个，华亭市世纪花园D2区建设工程、华亭市南大街片区棚户区改造项目、X072神峪至水联公路改建工程、X049平凉至华亭公路县城至麻池梁段改建工程如期建成投用，20万吨聚丙烯、安口南集配站改扩建、中小企业创业园等项目进展顺利。全年招商引资到位资金30.15亿元，增长15.3%，共实施招商引资新、续建项目83个，其中省外项目22个，到位资金12.9亿元，下降25.1%。全年固定互联网宽带接入用户7.9万户，增长7.6%。年末互联网宽带接入端口132800个，移动宽带接入用户普及率为95部/百人，固定宽带接入用户普及率为68部/百人。

【优势产业】2021年，全市第二产业占比达到62.0%，工业依然是经济发展的优势产业，全年煤炭产量1453.6万吨，甲醇产量60.0万吨，发电量16.1亿千瓦时，实现工业增加值50.0亿元，规模以上工业企业营业收入比上年增长21%。同时，市委、市政府不断加快结构调整步伐，统筹推进新型工业、旅游商贸三业协调发展。着眼调整工业内部结构，支持重点企业实施接续产业项目，20万吨聚丙烯项目加快建设，甲醇、卫生洁具、西瓦等非煤产品产量大幅增长。着眼完善文化旅游三产发展要素，创新运营机制促进消费回补，成功签约低空飞行观光旅游项目，开工建设蔺莲公路，积极开发乡村旅游线路，培育乡村旅游示范村。加快培育“诗画关山·山水华亭”旅游品牌，大型原创古装曲子戏传奇剧《关山千古情》荣获莲花台文艺奖戏剧类一等奖，荣获崆峒文艺奖剧目类二等奖；创编改编的曲子戏《十唱莲花台》、秦腔《梨园荟萃》，快板《夸华亭》赢得广泛好评；东华镇黎明川芍药观赏、安口镇朱家坡果蔬采摘、砚峡乡东沟小渔村和策底镇大南峪等乡村旅游大力发展。全市共接待游客161.0万人次，旅游综合收入达7.4亿元。

【人民生活】2021年，全市用于民生事业支出15.6亿元，省、市列为民措办实事到位。省、市列为民实事全部落实，乡镇卫生院服务能力提升、标准化村卫生室、体育惠民健身等项目全面完成，创业就业、医疗保障、居家养老、文化惠民、民政兜底等政策全面落实，公共服务水平稳步提升。新增城镇就业4234人，城镇登记失业率控制在3.7%以内；城乡养老、低保、特困供养标准逐年提高，社会保险、困难救助做到应保尽保、应发尽发，全市共有低保对象9570人，发放保障金3921.4万元；共有特困供养对象776人，发放保障金656.1万元；共发放临时救助2.3万余人2256.9万元。九年义务教育巩固率较去年有所提高，改革发展成果更多更公平惠及人民群众。

【环境保护】2021年，全年环境空气质量优良天数为320天，与上年持平。细颗粒物（$PM_{2.5}$）年均浓度为26微克/立方米，比上年下降21.2%。大气环境可吸入颗粒物（PM_{10}）年均浓度为63微克/立方米，比上年上升6.8%。二氧化硫（SO_2）、二氧化氮（NO_2）年均浓度分别为8微克/立方米和14微克/立方米，均达到国家二级排放标准。全市地表水断面水质优良比例为100%，汭河全年水质综合评价、城市集中式饮用水水源地水质达标Ⅲ类、地下水质量考核点位水质达标率均达到国家Ⅲ类标准要求。紧扣突出环境问题整改，不断强化源头防范和综合治理，河长制全面推开，完成城乡造林绿化4.1万亩，市域内燃煤锅炉整治全部完成、商户餐饮油烟清洁改造全部达标，挥发性有机物综合治理全面完成。

【社会保障】2021年，市委、市政府聚焦增进福祉，编密织牢民生保障安全网，全面落实稳岗措施，发放稳岗资金233万元，新增城镇就业4234人，输转城乡劳动力3.5万人，实现劳务创收9.3亿元。“五险合一”信息系统全面建成，城乡居民基本医保并轨运行，异地就医实现全国联网即时直接结算，全民参保登记率达到98.6%。养老服务中心项目进展顺利，敬老院改造提升、城乡日间照料中心建设任务全面完成，居家养老服务平台正常运营。全面落实救济救助、城乡低保、社会保障、困难群体补助等政策，民生保障水平不断提升。

【社会事业】2021年，突出城乡公共资源的公益性、均等性、普惠性和便利性，全面建成西郊小学综合楼、西塬小学教学楼、马峡初中学生宿舍楼和上关中心幼儿园等6个新续建项目，持续改善办学条件，着力解决好入园难、大班额等突出问题。依托开展紧密型医共体试点市建设，加快建设马峡、河西卫生院业务用房等7个医养项目，推动医疗卫生资源下沉，全面提升医疗卫生服务能力。广泛开展文化下乡活动，不断丰富群众精神文化生活。继续深入推进“七五”普法和法律“八进”活动，广大干部群众依法化解矛盾、维护稳定和解决问题的能力不断提升；严格落实安全生产“一岗双责”，持续加强企业矿山、公共消防、道路交通等重点领域安全监管，全市经济社会发展大局和谐稳定。

（王玉霞）

酒泉市

【基本情况】酒泉地处河西走廊西端，南接青海，西邻新疆，北界内蒙古并与蒙古国接壤，东西长673公里，南北宽517公里，总面积16.8万平方公里。境内和周边分布着玉门石油管理局、酒泉钢铁公司、四〇四核工业城等一批国有重点大中型企业。酒泉历史悠久，文化积淀浓厚，是敦煌艺术的故乡、中国航天事业的摇篮、全国首座千万千瓦级风电基地、我国石油工业和核工业的发祥地、铁人王进喜故乡和“铁人精神”发源地，被省委省政府确定为省域副中心城市、承接东中部产业转移示范区和千亿元一体化产业聚集区。全市辖1区2市4县，分别为肃州区、玉门市、敦煌市、金塔县、瓜州县、肃北县和阿克塞县，有68个乡镇438个村，8个街道办事处68个社区。境内聚居着汉、回、蒙、哈萨克、裕固等43个民族。2021年末，全市常住人口105.33万人，城镇化率65.22%。

【资源优势】酒泉有丰富的风能和太阳能，境内的瓜州、玉门素有“世界风库”和“世界风口”之称。全市可用于风光资源开发利用的戈壁荒滩面积约9.7万平方公里，风能资源理论储量2亿千瓦，太阳能理论储量23亿千瓦。2021年末，全市发电装机容量2059.5万千瓦，比上年增长24.9%。其中，火电装机容量344.3万千瓦；水电装机容量50.2万千瓦；并网风电装机容量1245万千瓦，增长29%；并网太阳能发电装机容量417万千瓦，增长45.8%；生物质发电装机容量3万千瓦。区域气候干燥、昼夜温差大、光热资源丰富，是典型的绿洲灌溉现代农业区，祁连山和阿尔金山的雪山融水形成疏勒河、黑河、哈尔腾河三大水系。粮食、棉花、蔬菜资源丰富，建成有5000余种种子的3个种植资源库，是全国、全省的商品粮棉基地，也是全国最大的瓜菜、花卉制种基地和全省重要的玉米制种基地。矿产资源丰富，成矿地质条件优越，矿种齐全，黑色金属、贵金属和非金属矿产资源优势明显。全市已发现矿产97种，已查明资源储量的矿产73种。查明矿产地415处，其中，大型矿产地26处、中型49处、小型340处。旅游资源丰富，境内文物古迹1393处，省级以上文物保护单位84处，建成A级旅游景区47家。敦煌莫高窟、月牙泉、西汉胜迹、酒泉卫星发射中心等景区成为国内外游客向往的旅游目的地，丝路精神、莫高精神、玄奘精神、铁人精神、载人航天精神一脉相承，是中华民族新时代复兴的精神高地。酒泉曾被评为“最具人气的西部名城”，是中国优秀旅游城市。

【国民经济】2021年，全市地区生产总值762.7亿元，比上年增长8.9%。其中，第一产业增加值133亿元，增长10.9%；第二产业增加值329.8亿元，增长9.4%；第三产业增加值299.9亿元，增长7.6%。三次产业结构17.4 ：43.3 ：39.3。一般公共预算收入42.3亿元，增长17%；一般公共预算支出153.7亿元，增长11%。规模以上工业增加值增长12.9%。固定资产投资增长12.5%。社会消费品零售总额290.9亿元，增长19.3%。居民消费价格比上年上涨1.3%。

【供给侧结构性改革】供给侧结构性改革持续推进。2021年，全市规模以上工业企业实现营业收入495.4亿元，比上年增长27.7%。每百元营业收入中的成本为77.7元，增加2.2元；营业收入利润率3.5%，提高0.5个百分点；资产负债率65.7%，降低0.4个百分点。市场活力加快释放。“放管服”改革持续深化，微观主体活力不断增强。全年新登记市场主体2.38万户，年末市场主体总数达13.34万户。科技创新动能持续增强。财政投入科技经费1.2亿元，比上年增长59.8%。全年登记新技术成果80项，比上年增加7项；有效发明专利拥有量241项，每万人发明专利拥有量2.28项。全年签订技术合同167项，增长35.8%；技术合同成交额36.4亿元，增长17.4%。数字产业稳步推进。加快落实《酒泉市5G建设及应用专项实施方案》，着力提升信息化支撑和服务保障能力。全市移动电话用户达到132.6万户，固定宽带用户发展到55.9万户，行政村宽带和4G网络覆盖率达到100%，新建并开通5G基站888个。积极推进“互联网＋先进制造”“中国制造2025”专项行动，恒亚水泥等4户企业获工信部两化融合贯标认定，大禹节水、奥凯种机被认定为全省第一批智能工厂，西部天成三车间和鲁玉能源液化气深加工车间被认定为全省第一批数字化车间。

【乡村振兴】深入实施乡村振兴战略，布局发展现代种业、高效蔬菜、特色林果、食药同源、绿色畜牧和农畜加工六大特色产业，建成国家现代农业（种业）产业园和全国最大的戈壁生态农业基地。2021年，全市粮食种植面积100.5万亩，比上年增长10.6%；粮食产量55.2万吨，增产13.4%。蔬菜种植面积53.5万亩，增长11.5%；蔬菜产量165.5万吨，增产14.1%。药材种植面积44万亩，增长5.4%；药材产量10.8万吨，增产16.9%。果园面积19.1万亩，比上年增长2.7%；水果产量28.5万吨，增产6%。全市牛饲养量28.6万头，增长14.2%；羊饲养量700.7万只，增长15.6%；生猪饲养量57.6万头，增长20.1%；家禽饲养量1074.3万只，增长8.8%。扎实推进农村人居环境整治和乡村建设行动，累计新改建农村道路4021公里，农村“三大革命”“六大行动”成效显著，创建“清洁村庄”415个。全年完成82个示范村规划编制，改建土坯房2740户，改厕1.6万户，建成惠及12万人的农村供水保障工程，建设高标准农田25万亩。肃州被农业农村部确定为实施农房改造提升工程加快乡村建设行动试点县区，敦煌被列入省级乡村建设行动示范县，肃北马鬃山镇入围全国首批20个“兴边富民行动中心城镇”试点镇。成功举办四届种博会和首届花博会，玉门下西号镇获全国“一村一品”示范镇，瓜州西湖村获评“全国乡村特色产业亿元村”。肃州、敦煌被确定为省级乡村振兴重点帮扶县。

【项目建设】持之以恒狠抓项目建

设，确定107个重大项目实行市级领导包抓和部门帮办，集中开工项目13批次120个，玉门新希望等274个项目建成投产，酒额铁路酒泉至东风段开通运营，敦当高速等建成通车。2021年，开工建设项目（含房地产）1185个，完成固定资产投资比上年增长12.5%。从投资构成看，项目投资1103个，完成投资增长18%，占投资总额的90.5%；房地产开发项目82个，完成投资下降22.1%。分产业看，第一产业投资增长48.2%，第二产业投资增长48%，第三产业投资下降16.8%。基础设施投资下降17.8%，占固定资产投资的比重为18.3%。民间固定资产投资增长4.3%，占固定资产投资的比重为49.3%。持之以恒抓招商，市县两级尽锐出战打好招商引资攻坚战，2021年，全市落地招商项目781个，引进到位资金536.5亿元，比上年增长24.3%，引进省外到位资金417.6亿元，增长43.2%，招商引资成为经济增长的源头活水。

【优势产业】“工业强市”战略成效明显。2021年，全市工业增加值296.1亿元，比上年增长10.5%，其中规上工业增加值增长12.9%。新能源再启大规模开发。2021年，相继启动建设了“十三五”存量风光电项目124.25万千瓦、酒湖工程配套风电200万千瓦、利用现有间隔送出风光电80.6万千瓦、“十四五”第一批风光电项目、国家第一批沙漠、戈壁、荒漠基地等新能源项目，全年新增新能源并网装机411万千瓦，极大壮大了酒泉新能源基地装机规模。坚持以资源换装备、互保共建互为市场，新能源装备制造业延链补链强链取得重要进展，23家行业知名企业落户酒泉经开区，浙江运达、广东明阳等风电链主企业，广东欧昊、浙江正泰等光伏制造企业项目开工建设。聚力发展现代化工产业，编制印发了《酒泉市化工产业发展规划》《酒泉市化工园区产业发展错位指导意见》《酒泉市危险化学品“禁限控”目录》，4个化工园区全部通过2020年全省化工集中区承载能力评估认定，安全风险等级全部达到一般安全风险等级（C类），全市已累计引进备案化工项目146个，其中建成投产54个。巩固提升矿产品加工业，设立了马鬃山经济开发区，编制印发了《马鬃山经开区发展总体规划》，马鬃山经开区一期供水、供热等工程加快建设，鑫磊石材、红沙梁煤矿等重大项目投产。加快协同发展核产业，编制印发了《酒泉市核产业发展规划》《甘肃金塔核产业园总体发展规划（2021-2035）》等相关规划，已谋划储备核关联重大项目54项。大敦煌文化旅游经济圈建设稳步推进。鸣沙山·月牙泉荣获“国家体育旅游示范基地”，“瓜州玄奘之路戈壁徒步文化体验活动”入选国家体育产业示范项目。酒泉市成功入选第二批国家文化和旅游消费试点城市，敦煌夜市获评第一批国家夜间文化旅游消费聚集区和省级文旅休闲街区。肃州、金塔成功创建省级全域旅游示范区，肃州新东村等7个村成功创建省级乡村旅游示范村，玉门昌马村等4个行政村纳入省级文旅振兴乡村样板村创建名单。酒泉市丝绸之路文化研究中心（图书馆）项目开工建设，全市文化馆图书馆总分馆制全面建成，市县乡村四级公共文化服务网络实现全覆盖，酒泉、玉门、瓜州、敦煌等4家文化馆定级为国家一级文化馆。

【人民生活】落实就业优先政策，全年累计发放创业担保贷款9.6亿元，组织技能培训11.2万人次，城镇新增就业13082人，安置下岗失业人员再就业6718人。输转农村劳动力15.8万人，比上年增加0.21万人；实现劳务收入47.3亿元，增长6%。年末城镇登记失业率为2.71%。全市城镇居民人均可支配收入42794元，比上年增长6.8%；城镇居民人均生活消费支出29261元，增长6.5%。城镇居民恩格尔系数28.2%，比上年降低0.3个百分点。农村居民人均可支配收入21923元，增长10.1%；农村居民人均生活消费支出15780元，增长9.2%。农村居民恩格尔系数28.8%，比上年降低0.2个百分点。年末全市共有艺术表演团体3个，剧场6个，文化馆8个。各类博物馆、纪念馆46个，其中在省文物局备案31个。公共图书馆8个，图书总藏量104.5万册。全年出版报纸683.4万份，出版杂志1.9万册，发行图书410万册。全市共有调频、电视转播发射台15座，广播电视台8个，广播人口和电视综合人口覆盖率100%。全市有线电视网络总长2.22万公里。有线电视终端用户38.7万户，入户率99%。数字电视用户9.41万户，入户率99.27%。

【环境保护】始终扛牢生态文明建设政治责任，坚决打好污染防治攻坚战，各类环保督察反馈问题整改有序。打好蓝天保卫战。完成玉门油田炼化总厂挥发性有机物综合治理等4个项目，完成农村清洁取暖改造任务1.7万户，累计淘汰燃煤锅炉33台99.9蒸吨，抽检柴油货车654辆，登记编码非道路移动源2452台。严格落实施工场地“六个百分之百”防尘措施，城区道路机械化清扫率达75%以上。2021年，酒泉城区环境空气优良天数297天，优良天气率81.4%，PM_{10}，$PM_{2.5}$浓度比上年双下降，其他指标均达到国家二级标准。打好碧水保卫战。4个化工园区均建成工业污水处理设施，启动玉门市城镇生活污水尾水治理项目，建成38个乡镇集中式饮用水水源地保护项目，农村生活污水治理率达33.2%。2021年，全市11个国、省控地表水断面水质达标率、优良率100%，县级及以上城市集中式饮用水水源地水质达标率87.5%。打好净土保卫战。加快同福化工铬污染场地修复治理二期项目建设进度，建成填埋场，修复治理污染土壤7.9万方，完成4个行政村环境综合整治任务，接收省内外危废10.6万吨，转出1.1万吨，全市土壤环境安全总体可控。认真开展生态环境问题排查整治。全市共排查发现生态环境问题421个，完成整改402个，整改完成率95.5%。

【社会保障】全市社会保障和就业支出17.9亿元，比上年增长11.9%。年末全市基本养老保险参保人数66.32万人，比上年末增加1.43万人，参保率96.2%，其中城乡居民养老保险参保人数44.92万人，减少0.38万人。城乡居民基本医疗保险参保人数78.15万人，减少0.21万人，参保率95.9%。生育保险参保人数12.74万人，增加1.26万人。失业保险参保人数11.62万人，增加1万人。工伤保险参保人数14.54万人，增加1.19万人，其中农民工参保人数4.06万人，增加0.25万人。城乡低保标准提高8%，全市共有1.8万人享受城市最低生活保障，2万人享受农村最低生活保障，全年发放城乡最低生活保障金1.92亿元。为811名退役士兵补交社保接续资金1700余万元。安全生产形势保持稳定，食品药品安全充分保障，扫黑除恶取得阶段性成果，平安建设成绩斐然，刑事、治安案件发案率实现双下降，信访维稳形势平稳，民族团结宗教和顺。酒泉市连续五届获评“全国双拥模范城”，荣获“全国民族团结进步示范市”称号。荣膺“平安中国建设示范市”，是全国60个、甘肃唯一上榜的市州。

【**社会事业**】持续增加优质教育资源供给，入公办园难有效缓解，以酒泉中学为示范的高中教育改革全面铺开，酒泉衡泉实验学校和玉门志远学校项目加快建设。2021年，全市有各类学校356所。其中，普通高校1所，普通中等专业学校11所，普通小学96所，幼儿园191所，特殊教育学校2所；普通中学55所，其中完全中学4所、高级中学11所、初级中学39所、十二年一贯制学校1所。各类学校占地面积834.4万平方米，其中普通中小学占地534.2万平方米。校舍建筑面积254.4万平方米，其中普通中小学建筑面积150.4万平方米。体育运动场面积183万平方米，图书藏量497万册。九年义务教育巩固率99.7%。高中阶段教育毛入学率96.78%。普通高校考生本科上线率74.28%，普通高校录取学生总数9534人，总录取率88.25%。完善医疗服务体系，群众卫生健康水平显著提高，启动了酒泉市人民医院迁建，玉门公立医院综合改革受到国务院表彰。全市共有医疗卫生机构1007个，其中医院43个、卫生院77个。卫生技术人员9227人，其中执业医师2968人、执业助理医师886人、注册护士4620人。卫生机构床位7948张，其中医院5735张、卫生院1510张。全市共有卫生防疫防治机构8个，卫生技术人员256人。妇幼卫生机构8个，卫生技术人员209人。乡村医生和卫生员580人，农村有医疗点的村占总村数的100%。全市有社会福利院7个，福利院床位422张。各类养老机构36个，住宿型床位2621张。年末共有社区服务中心80个，每百户居民服务设施面积不低于30平方米的社区服务站455个。

（郭娜）

肃州区

【**基本情况**】肃州区位于甘肃省西部，河西走廊西段，是古丝绸之路上的重要历史文化名城，是国家实施“一带一路”战略甘肃段上的黄金节点城市，与现代驰名世界的中国航天城—酒泉卫星发射中心、世界闻名的敦煌莫高窟、“天下第一雄关”嘉峪关、中国最早的石油工业基地玉门油田、国家重要的核工业基地四○四厂、西北最大的钢铁基地酒泉钢铁公司接壤紧邻。海拔高度1340—2200米，年平均气温8.7℃，年降水量145.8毫米，年日照时数3175小时。全区辖14个建制镇、1个民族乡，21个城市社区居委会，总面积3353平方公里，是酒泉市人民政府所在地，也是全市政治、经济、文化、科技、教育、金融中心。近年来，肃州区以推进经济高质量发展为目标，认真落实中央和省市各项决策部署，聚焦市委“1246”思路目标，加快建设酒泉首善之区和现代化省域副中心城市，经济社会呈现出蓬勃发展的良好局面。现有国家现代农业产业园、第二批国家农村产业融合发展示范园、全国农村一、二、三产业融合发展先导区、全国社区治理和服务创新实验区、陆港型国家物流枢纽承载城市、全国商贸流通重要节点城市、“高铁枢纽”城市、电子商务示范基地等国家级发展平台。

【**资源优势**】肃州属于国家光热资源一类地区，太阳能资源丰富，年平均日照时数在3000小时以上，是国家布局的百万千瓦级光电基地，也是全国重要的风光电装备制造基地，拥有集光伏开发与应用为一体的新能源综合利用示范试验区和酒泉新能源装备制造产业园。肃州区玉米、蔬菜、花卉制种享誉国内外，是全国重要的对外制种基地；盛产小麦、玉米、洋葱、蔬菜、瓜果、啤酒花等200多种农产品和奶牛、肉牛、肉羊、肉鸡、猪等大宗畜禽产品，是全国有名的洋葱生产集散中心和畜禽养殖中心。区内石油、花岗岩、祁连玉等矿藏与粘土、石膏、石灰石、沙石等建筑材料资源分布广、储量丰富。肃州区旅游资源丰富，境内已发现的文物古迹266处，4A级旅游名胜西汉酒泉胜迹、酒泉古泉、四坝文化遗迹、西河滩文化遗迹、东晋壁画墓、西凉李镐墓、钟鼓楼、晋城门等名胜古迹闻名全国；肃州清泉绿洲、大漠孤烟、长河落日、祁连雪峰、海市蜃楼等独具魅力的独特自然景观，使肃州成为丝绸之路上绚丽多彩的旅游观光胜地。

【**国民经济**】2021年，在区委、区政府的坚强领导下，努力克服经济下行压力及周边地区疫情散发等不利影响，扎实做好“六稳”工作，全面落实“六保”任务，全区经济发展加快恢复，发展质量明显提高。初步核算，2021年，全区生产总值232.3亿元，比上年增长9.2%。分产业看，第一产业增加值41.4亿元，增长11.2%；第二产业增加值58.5亿元，增长7.6%；第三产业增加值132.4亿元，增长9.2%。三次产业结构比为17.8 ∶ 25.2 ∶ 57。人均生产总值51006元，比上年增长8.9%。十大生态产业增加值占全区生产总值的比重为27.7%，比上年提高2.4个百分点。2021年，全区规模以上工业增加值比上年增长14.3%；固定资产投资额增长21.1%；实现社会消费品零售总额143.8亿元，比上年增长21.5%。全年完成财政总收入23.3亿元，比上年下降4.5%，一般公共预算收入9.3亿元，增长3.0%；财政总支出44.3亿元，比上年下降2.6%。年末全区金融机构人民币各项存款余额563.2亿元，比年初增长12.5%；各项贷款余额417.1亿元，增长10.4%。

【**供给侧结构性改革**】2021年，肃州区积极落实中央关于供给侧结构性改革工作部署，去产能、去杠杆、去库存、降成本效果显现。商品房库存减少，房地产业库存比上年减少7.3亿元，下降11.9%。商品房销售较快增长，库存面积下降，全年商品房销售面积达到86.4万平方米，比上年增长19.8%，商品房待售面积为48.3万平方米，下降17.5%。补短板投入持续加大。一般公共预算支出中节能环保、社保就业、城乡社区、住房保障等支出增长较快。

【乡村振兴】2021年，肃州区深入推进乡村振兴战略，全力落实现代农业产业园建设、戈壁生态农业、农业产业发展等重点工作，加快实施特色优势产业三年倍增行动，持续发展壮大制种、蔬菜、草畜三大主导产业，农业农村经济保持平稳增长。全年实现农林牧渔业增加值48.0亿元，比上年增长10.6%。国家级农业平台的示范带动作用不断增强。建成3000亩种子试验研发基地，打造商业化育种中心、新品种实验基地，聚力实施种子品牌战略，培育"敦煌飞天""蓝翔园艺""希望瑞丰"等知名品牌。成功举办了第四届酒泉现代种业博览会和首届酒泉花卉博览会。现代种业已成为肃州区促进农业增效农民增收最显著的产业。全区蔬菜面积达到23.5万亩（含复种），比上年增长9.5%，蔬菜产量70.5万吨，增长12.8%。全区累计认证"三品一标"农产品91个，"三品一标"认证面积占到全区可食用面积的56.2%。全面落实粮食安全"行政首长责任制"，粮食种植面积和产量稳中有增，全年粮食作物面积42.4万亩，增长2.9%；粮食总产量达到23.1万吨，增长4.2%。畜牧业发展平稳，主要畜禽饲养量达到1027.6万头（只），增长12.7%，存栏373.0万头（只），增长14.0%，出栏654.6万头（只），增长11.9%，出栏率为63.7%。农村生活垃圾治理成效明显，年内新建标准化农村公厕25座，改造户厕6000座，打造整村推进改厕村20个，实现全区农村重点区域无害化卫生公厕建设全覆盖。高标准农田整县推进示范区建设有序推进，2021年，肃州区成功获批高标准农田建设整县推进示范区，建成了全省首个"玉米无人化农场"，示范面积达到了1350亩，玉米耕、种、管、收等环节全部实现全程机械化作业。

【项目建设】2021年，肃州区委、区政府坚持"项目为王、招商为要"的理念，以招商引资为突破口，狠抓固定资产投资项目签约落地工作，有效保障了全区固定资产投资持续快速增长态势。全区完成固定资产投资额比上年增长21.1%，其中区本级完成投资增长18.3%，酒泉经开区完成投资增长51.2%。按三次产业分，第一产业投资增长44.4%，第二产业投资增长22.4%，第三产业投资增长15.9%。全年房地产开发项目完成投资比上年下降16.5%。城区多条市政道路更新改造项目先后开工建设，自然村道路建设稳步推进，洪水河水库和酒嘉绕城高速公路项目有条不紊进行，基础设施投资增长1.1倍。现代戈壁农业产业园区建设稳步推进，高标准农田改造、种子加工、农产品仓储和设施农业投入不断加大，畜牧业投资增长48.3%。酒泉市人民医院迁建、洪水河水库、酒泉市肃州区农村土坯房改造、S60酒（泉）嘉（峪关）绕城高速公路工程（酒泉段）、酒泉硅碳产业园蓝宝石衬底智能生产项目、甘肃衡泉实验学校、水发浩海甘肃酒泉戈壁现代农业园建设项目、酒泉深能北控能源开发有限公司肃州区东洞滩83.6兆瓦平价上网光伏发电等重大项目持续推动，5000万元以上项目投资增长51.8%。

【优势产业】现代农业十大产业园区初具规模，蔬菜、制种、草畜等产业竞相发展。2021年，以建设国家现代农业产业园和国家区域性蔬菜良种繁育基地为依托，引导扩大蔬菜花卉高效经作制种面积，全区玉米、瓜菜、花卉各类良种繁育面积为34.6万亩，比上年增长18.3%；制种面积占到种植面积的40.7%，比重比上年提高5.7个百分点。东洞滩光电示范园区成功晋级为全市三大光伏园区之首，引进建成新能源装备制造龙头骨干企业24户，形成了风电装备、光伏发电、新型建材三大产业体系，新兴产业与传统产业齐头并进，文化旅游商贸融合发展。循环农业、先进制造、文化旅游等十大生态产业发力见效，初步形成了以农产品精深加工、清洁能源、装备制造为代表的产业集群。

【人民生活】2021年，区委、区政府在做好疫情防控的同时，进一步统筹城乡发展，持续实施富民增收、提质增效的民生实策，人民福祉不断增进。全年城镇居民人均可支配收入45817元，比上年增长7.1%；城镇居民人均生活消费支出32614元，比上年增长7.0%；城镇居民恩格尔系数27.8%。农村居民人均可支配收入21617元，增长10.1%；农村居民人均生活消费支出18638元，增长9.9%；农村居民恩格尔系数为27.8%。随着乡村振兴战略深入实施，积极落实农业增效、农民增收的各项措施，农民收入保持持续较快增长。2021年，全区农村居民人均可支配收入增速快于城镇居民3个百分点，城乡居民人均收入比值为2.12，比上年下降0.06，城乡居民收入差距逐步缩小。与全省平均水平相比，全区城镇居民人均可支配收入高于全省9630元，农村居民可支配收入高于全省10184元。居民消费价格总水平比上年上涨1.3%，保持平稳可控。

【环境保护】坚决打好污染防治攻坚战，加快燃煤锅炉淘汰和扬尘治理，全面落实河长制，地表水、地下水水质持续改善，集中式饮用水全部达标，土壤环境质量保持稳定，全年空气质量优良天数达297天。全区建成区绿化覆盖面积2536.1公顷，绿地面积2171.6公顷，其中公园绿地面积572.8公顷，建成区绿化覆盖率达到37%。城市供水综合生产能力24万立方米/天（含自备水源），城市污水日处理能力10万立方米/天，城市生活垃圾无害化处理率达到100%。年内新增生活垃圾分类居民小区142个。

【社会保障】全年新开发就业岗位11672个，城镇新增就业5584人，年末城镇登记失业人员2738人，城镇登记失业率2.5%。输转农村劳动力6.7万人，实现劳务收入19.3亿元。年末全区城镇职工基本养老保险参保人数为5.9万人，其中在岗职工4.4万人，离退休人员1.5万人。城乡居民基本养老保险参保人数15.3万人，其中城镇居民养老保险参保人数1.6万人，农村居民养老保险参保人数13.7万人。基本医疗保险参保人数40万人，其中职工基本医疗保险参保人数9.5万人，城乡居民基本医疗保险参保人数30.5万人。年末生育保险参保人数2.1万人，参加失业保险人数为2.9万人，参加工伤保险人数为4.7万人。年末全区共有8484人享受城镇居民最低生活保障，6508人享受农村居民最低生活保障，732人享受农村特困供养。全区共有养老服务机构17个，城市日间照料中心26个，乡镇老年人活动中心4个，农村互助老人幸福院77个，养老服务机构床位数达到3337张。

【社会事业】辖区内有普通高校1所，在校学生13734人，教职工730人；中专（中职）学校6所，在校学生6583人，教职工447人；中学23所，在校学生23015人，教职工2206人；小学28所，在校学生25761人，教职工1792人；特殊教育学校1所，在校学生106人，教职工44人；幼儿园95所，在园幼儿15586人，教职工1800人。年内在中央和省、市广播电视台播发稿件632条。在央视频、学习强国、视听甘肃等平台播发稿件9804条。播发肃州新闻、肃州发布、醉美肃州APP新闻、抖音短视频等17550条。播发专题栏目257期、公益广告34505条、影视节目4565集、专题片64部。年内举办大型文艺活动9场次、文化惠民演出82场次、各类文化宣讲活动100余场次。举办第二届冰上趣味运动会、机关职工运动会、农民运动会、徒步活动等体育活动100余场次。组织参加体育竞技比赛获得省级金牌1枚，市级金牌15枚、银牌30枚、铜牌23枚。全区国家级高新技术企业56户。63户企业进入科技型中小企业评价库，其中11家企业成功入围省级创新型企业。全年省部级以上科技成果50项，基础理论成果5项，应用技术成果43项，软科学成果2项。签订技术合同99项，技术合同成交金额22.06亿元。全年专利申请受理量342件，专利申请授予量810件，其中授权发明专利17件，万人发明专利拥有量达到2.6件。年末辖区内共有医疗卫生机构406个，其中医院20个、卫生院20个，卫生防疫防治机构2个，妇幼保健院（中心）2个，社区卫生服务中心（站）13个，其他卫生机构349个。年末卫生技术人员4681人，其中执业医师和助理医师1800人，注册护士2248人。医院、卫生院床位3521张。建成省级重点专科1个，市级重点专科2个，区级重点专科5个。启动酒泉市二院三级综合医院创建工作，新院区建设项目规划有序开展。全面提升“互联网+健康医疗”水平，全区医疗机构依托HIS系统实现电子病历、电子健康档案“一张网”，实现了跨层级、跨机构的信息互联互通与共享调阅。

（吴晓霞）

金塔县

【基本情况】金塔县位于河西走廊中端北部边缘，古丝绸之路沿线，是连接两省（甘肃、内蒙古）三市（酒泉、嘉峪关、张掖）的重要通道，举世闻名的酒泉卫星发射中心坐落于县境内。辖区总面积1.88万平方公里，其中绿洲面积180万亩，现辖7镇2乡、1个城市社区管委会，总人口14.2万人。县域内地形开阔，地势平坦，源于祁连山冰川群中的黑河、讨赖河流经全境，多年平均径流量达到14.5亿立方米，境内有鸳鸯池、解放村等水库14座，总库容量达1.8亿立方米，灌溉着金塔、鼎新两大绿洲。金塔县历史悠久、文化灿烂，旅游资源丰富，境内有国家级文物保护单位汉代大湾城、地湾城、肩水金关、长城烽燧等古城堡遗迹。省道214线、酒航公路、肃航一级高速公路贯横南北与国道312相连，嘉策铁路、清绿铁路和在建酒航铁路贯穿全境，百公里内有通往全国各地的鼎新、嘉峪关和下河清三个机场，外进内出十分便利。通信网络覆盖城乡，设施完善；文化、教育、卫生、金融、商贸服务功能健全，经济发展保障有力。

【资源优势】金塔县水土条件优越，黑河、讨赖河流经全境，绿洲面积2400平方公里，耕地75.3万亩，是“全国商品粮基地县”、甘肃农区养羊大县、“全国三大对外制种基地”之一。光热资源富集，年平均日照时数3321小时，年有效风能时数超过4000小时，累计获批新能源指标690兆瓦，光伏并网发电538兆瓦。矿产储量丰富，已探明矿产有八大类30多个品种，储量达20亿吨以上。旅游资源得天独厚，有自然人文景观200多处，航天摇篮、万亩胡杨、居延汉简三张名片久负盛名，其中国家沙漠胡杨森林公园于2017年创建为AAAA级景区。

【国民经济】2021年，全县地区生产总值77.9亿元，比上年增长9.4%。其中，第一产业增加值33.3亿元，增长13.1%；第二产业增加值19亿元，增长5.5%；第三产业增加值25.6亿元，增长7.5%。第一产业增加值占地区生产总值比重为42.8%，第二产业增加值比重为24.3%，第三产业增加值比重为32.9%。按常住人口计算，人均地区生产总值64315元。十大生态产业增加值21.7亿元，占地区生产总值比重为27.8%。

【“三农”工作】依托戈壁生态农业和现代丝路寒旱农业大平台，持续发展优势特色产业集群发展，加快农业农村现代化发展，促进农业高质高效、乡村宜居宜业、农民富裕富足。2021年，全县农村经济蓬勃发展，农民收入稳步增长。全县农作物播种面积65.2万亩，比上年增加1万亩，增长1.5%。粮食种植面积24.1万亩，比上年增长12.1%。其中，夏粮面积9.5万亩，增长3.7%；秋粮面积14.6万亩，增长17.7%。棉花种植面积0.3万亩，下降52.8%。油料种植面积1.7万亩，下降51.2%。蔬菜种植面积15.3万亩，增长13.2%。药材种植面积3.4万亩，增长4.7%。瓜类种植面积5.7万亩，增长11.4%。制种面积8.3万亩，增长14%。孜然种植面积1.8万亩，下降31.6%。

全年粮食产量13.7万吨，比上年增加1.8万吨，增长15.3%。其中，夏粮产量4.5万吨，增长7%；秋粮产量9.2万吨，增长19.8%。棉花产量375吨，下降52.1%。油料产量0.3万吨，下降50.2%。蔬菜产量61.6万吨，增长15.9%。瓜类产量26.2万吨，增长12.9%。孜然产量0.4万吨，下降32%。药材产量2.9万吨，增长57.8%。

全年猪牛羊禽肉产量2.4万吨，比上年增长23.9%。其中，猪肉产量0.7万吨，增长28.4%；牛肉产量0.04万吨，增长11.8%；羊肉产量1.5万吨，增长23.6%；禽肉产量0.1万吨，增长9.8%。禽蛋产量1484.4吨，增长0.8%。牛奶产量919.8吨，增长31.4%。年末生猪存栏4.8万头，比上年增长1.7%；全年生猪出栏10.2万头，增长28.4%。牛存栏7593头，增长7.4%；出栏4296头，增长11.8%。羊存栏66.1万只，增长3.7%；羊出栏100.4万只，增长23.6%。家禽存栏49.5万只，增长0.8%；出栏112.4万只，增长 9.8%。全年水产品产量 334 吨，增长 6%。羊毛产量 1275.6 吨，增长 3.7%。

大力发展劳务经济，全年输转劳动力 26658 人，实现劳务收入 8.2 亿元，比上年增长 8%。

【项目建设】全县开工建设各类项目 154 个，其中，5000 万元以上项目 37 项，完成投资比上年增长 29.4%；5000 万元以下项目 110 项，完成投资增长 35.1%。全年全县固定资产投资比上年增长 21.1%。按三次产业分，第一产业投资增长 110.4%，第二产业投资增长 27.2%，第三产业投资下降 6.4%。民间固定资产投资增长 17.9%。基础设施投资增长 1.1 倍。

【优势产业】金塔县地形开阔，地势平坦，县内光热资源、矿产资源、土地资源非常丰富。矿产资源县内已探明的主要有铜、铁、铅、锌、金、镁、钨、煤炭、芒硝、石膏、花岗岩、硅、红柱石等 8 大类 50 多个品种，总储量达 20 多亿吨。特别是煤炭、菱镁石、花岗岩等资源十分富集，发展煤化工、金属采选冶炼和花岗岩板材等高载能产业有着得天独厚的优势。县上以“建设三大产业基地、培育三大百亿级产业链、创建三大省级示范区”产业布局为抓手，放大资源优势、突出区位优势、集成发展优势。坚持工业强县战略不动摇，累计开工建设工业能源项目 286 项，完成投资 216 亿元，农副产品精深加工、新能源、矿产品采选加工、精细化工、建筑建材、装备制造“六大产业”初具规模。煤化工产业初见规模，海拓化工、晋泰森科技、金缘泰新材料等 25 个化工项目落地建设。累计培育杨氏宏图、闽兴石材等石材企业 19 户，粤水电、正泰光伏等项目相继建成并网。年末全县发电装机容量 73.4 万千瓦，比上年末增长 35%。其中，水电装机容量 0.6 万千瓦，与上年持平；并网光伏发电装机容量 19 万千瓦，增长 35.3%。强力推进园区平台建设，工业集中区升格为省级开发区，北河湾循环经济产业园化工集中区获批全省首批化工园区之一，园区总规划面积达到 126 平方公里，入驻各类企业 158 户。

【人民生活】全县城镇居民人均可支配收入 40221 元，比上年增长 6.7%；城镇居民人均消费支出 26585 元，增长 5.6%；城镇居民恩格尔系数 27%，比上年下降 0.1 个百分点。农村居民人均可支配收入 22192 元，增长 10.3%；农村居民人均消费支出 14394 元，增长 7%；农村居民恩格尔系数 32.4%，比上年下降 2.2 个百分点。

【环境保护】全县各类建设用地供应总量 383.7 公顷，比上年增长 33.4%。全年水资源总量 3.74 亿立方米。总用水量 3.74 亿立方米，比上年增长 0.5%。其中，生活用水 0.05 亿立方米，与上年持平；工业用水 0.08 亿立方米，与上年持平；农业用水 3.37 亿立方米，与上年持平；生态用水 0.24 亿立方米，增长 0.5%。万元地区生产总值用水量 526.3 立方米，下降 6.6%；万元工业增加值用水量 55 立方米，下降 23%。全年完成造林面积 0.9 万公顷，其中人工造林面积 0.9 万公顷，占全部造林面积的 100%。年末全县有自然保护区 1 个，自然保护区总面积 16.3 万公顷。金塔城区空气质量优良天数 263 天，空气优良天数比率 72.9%。细颗粒物（$PM_{2.5}$）年平均浓度 22 微克 / 立方米，细颗粒物（PM_{10}）年平均浓度 69 微克 / 立方米，空气质量综合指数 2.99%。地表水质达标率 100%，饮用水质达标率 100%。年末城市污水日处理能力 1 万立方米，城市生活污水集中处理率 91%，生活垃圾无害化处理率 100%。集中供热面积 196 万平方米。城市建成区绿化覆盖率 44.6%。人均公园绿地面积 22.5 平方米。

【社会保障】年末全县参加城镇职工基本养老保险人数 1.55 万人，比上年末增加 0.07 万人。参加城乡居民基本养老保险人数 7.82 万人，减少 0.07 万人。参加基本医疗保险人数 13.5 万人，减少 0.2 万人。其中，参加职工基本医疗保险人数 1.2 万人，增加 0.02 万人；参加城乡居民基本医疗保险人数 12.3 万人，减少 0.2 万人。参加失业保险人数 0.7 万人，增加 0.03 万人。参加工伤保险人数 1.38 万人，增加 0.01 万人。其中，参加工伤保险的农民工 0.42 万人，增加 0.27 万人。参加生育保险人数 0.8 万人，增加 0.02 万人。年末全县共有 1778 人享受城市最低生活保障，2123 人享受农村最低生活保障，494 人享受农村特困人员救助供养。年末全县有养老机构 4 个，养老服务床位 340 张。

【社会事业】全县组织实施各类科技项目 8 项，取得科技成果 9 项。科技对经济增长的贡献率 56.6%，全县农作物新品种、新技术覆盖率 95%，农业科技进步贡献率 59.6%。全县科技特派员人数 120 人，下派服务率 90%。全年登记新技术成果 9 项。专利申请受理量 86 件，有效发明专利 2 件，每万人口发明专利拥有量 1.1 件。全年共签订技术合同 68 项，技术合同成交金额 4.1 亿元，比上年增长 60%。

教育事业。全年职业中专招生 440 人，在校生 1315 人，毕业生 655 人。普通高中招生 770 人，在校生 2379 人，毕业生 884 人。初中招生 1114 人，在校生 3635 人，毕业生 1438 人。普通小学招生 785 人，在校生 5409 人，毕业生 1118 人。学前教育在园幼儿 2667 人。九年义务教育巩固率 99.7%。高中阶段毛入学率 96.6%。普通高校考生本科上线率 79.2%。

文化事业。年末全县有博物馆 1 个，公共图书馆 1 个，流通 6.8 万人次，文化馆 1 个，档案馆 1 个。全县共有调频、电视转播发射台 3 座，广播电视台 1 个，广播节目综合人口覆盖率 100%，电视节目综合人口覆盖率 100%。

卫生事业。年末全县共有医疗卫生机构 140 个，其中医院 4 个。在医院中有公立医院 2 个，民营医院 2 个；基层医疗卫生机构 98 个，其中乡镇卫生院 12 个，社区卫生服务中心 1 个，村卫生室 85 个；专业公共卫生机构 2 个，其中疾病预防控制中心 1 个，卫生监督所 1 个。年末卫生技术人员 1037 人，其中执业医师和执业助理医师 366 人，注册护士 378 人。医疗卫生机构床位 789 张，其中，医院 619 张，乡镇卫生院 170 张。

（杨光）

瓜州县

【基本情况】瓜州县位于甘肃省河西走廊西端，东临玉门市，西通敦煌市，南北与肃北蒙古族自治县相连，西北与新疆维吾尔自治区哈密市接壤。是连接甘肃、新疆、青海、西藏四省区的交通枢纽。1949年10月，安西县人民政府成立。2006年8月更（复）县名为瓜州县。县城位于东经94°45' ~ 97°00'，北纬39°52' ~ 41°53'，东西长185千米，南北宽220千米，海拔1150米—2000米，总面积2.41万平方公里。瓜州县是移民大县，全县10镇5乡中整建制移民乡镇6个（民族乡镇4个），移民人口8.2万人，2021年末，全县常住人口12.89万人，城镇化率42.82%。

【资源优势】境内矿产资源居全国前列，已探明矿产品有金、银、铜、铁、铝、铅、锌、花岗岩、石英石等40余种，140个产地矿产地密度5.6个/千平方公里，地质储量2813万吨。主要矿冶产品有黄金、白银、贵金属、铅锌金属、铁精粉、铁球团、花岗石板材、工业硅、碳化硅等。瓜州县风光电资源丰富，风能密度174瓦/平方米，日平均风速不低于3米/秒，风能资源可利用面积达到1万平方公里，年风能有效利用数达3000小时以上，风能储量超4000万千瓦；太阳能资源丰富，年日照最长可达170天，总辐射量在6350兆焦耳/平方米以上，截至2021年底，全县新能源装机并网达到850万千瓦，连续5年被评为“中国新能源产业百强县”和“中国风能产业强县”，同时配套4*100万千瓦调峰火电机组，清洁能源利用前景广阔。境内有文物古迹465处，其中世界遗产1处，国家级文物保护单位10处。成功创建生活省级全域旅游示范区，有榆林窟、锁阳城遗址、东千佛洞、戈壁雕塑长廊等景点，瓜州又是汉代大书法家草圣张芝的故乡，被命名为“全省书法家创作基地”。是唐玄奘西行求经九死一生之地，是红西路军最后征战之地，以“理想、行动、坚持”为理念的玄奘之路商学院戈壁挑战赛被命名为“国家体育产业示范项目”。瓜州是中国西北地区典型的荒漠绿洲灌溉农业区，已实现由传统农业向特色农业的转变，棉花、蜜瓜、枸杞、中药材和戈壁农业已成为农业农村重点产业，素有“中国蜜瓜之乡”“中国锁阳之乡”之美称，瓜州枸杞荣登中国区域品牌价值百强榜并入选中国农业品牌名录；枸杞、骏枣荣获第二十届中国绿色食品博览会金奖。

【国民经济】2021年，全县地区生产总值115.7亿元，比上年增长16.3%；人均地区生产总值89734元，增长17.4%；三次产业结构由2020年的17 ∶ 46 ∶ 37调整为2021年的17 ∶ 49 ∶ 34。财政总收入10.34亿元，增长33.4%。工业增加值54.4亿元，增长26.1%，其中规上工业增加值增长28.2%；固定资产投资增长30.1%；社会消费品零售总额40.5亿元，增长20%。

【乡村振兴】紧盯“农业增效、农民增收”目标，持之以恒调结构、提品质、强龙头、拓市场，现代农业体系加速构建。争取落实中央、省市及县财政配套资金1.3亿元，实施产业培育、基础设施、就业培训等各类项目128项。持续跟踪建档立卡户富民产业发展、家庭收入状况和“两不愁、三保障”情况，严格落实教育、医疗等各项帮扶措施，实现返贫人口动态清零。探索推进“保险＋期货”试点工作，农业生产市场风险得到有效对冲。全面推动落实蜜瓜、枸杞产业发展五年规划，投入专项资金8000万元，持续发展壮大蜜瓜、枸杞、果蔬、草畜特色产业。修建日光温室177亩、钢架大棚2358亩，引进甘甜、都知蜜等蜜瓜新品种39个，特色经济作物种植面积达到62万亩，蜜瓜、枸杞订单销售率达到80%，牛羊饲养量稳定在140万头（只）。扶持壮大国家、省、市级合作社、龙头企业75家、典型家庭农场5家。完成高标准农田建设4.4万亩，引进瓜苗移栽机、机采棉播种机等大型机械120台，实施全省首个社会资本参与的国土综合整治和生态修复试点项目，带动全县土地规模化经营17万亩。深入实施乡村建设行动，积极创建省级示范乡镇1个、示范村5个。完成农村住房改造提升335户、土炕改造3100座，整村推进“厕所革命”示范村13个，新改建户厕4400座，实施集中式饮用水源地保护项目20个。铁路沿线安全环境隐患整治全面完成，138公里自然村硬化路建成通车。全面落实“两免一补”政策，发放各类补助资金1460余万元，惠及学生29922人次。建立建档立卡人群健康档案33174份，代缴医疗保险407万元，为农村低收入人口报销住院费用5532万元，签约服务率、参保率、大病救治率均达到100%。稳步提高城乡低保和特困供养标准，累计发放各类救助金2318万元。

【项目建设】全县年内开工建设项目（含房地产）228个，完成固定资产投资额比上年增长30.1%。风电二期二批、康瑞医药、松盛医药等64个新建项目开工建设，常乐电厂二期、晶蓝科技、大西新材料、东来化工等28个续建项目加快实施，润浩、华润、华能等风电项目并网调试。以打造全省一流智慧绿色化工园区为目标，科学规划产业布局，优化区域功能定位，狠抓基础设施完善，柳沟园区危化品停车场、一二级消防应急救援站、中水调蓄池等项目基本建成，工业污水厂、集中供汽、危废处理一期等配套工程建成竣工，综合服务大楼、职工公寓即将投用，园区服务水平和孵化带动能力全面提升，百亿级园区已初具雏形。树牢全域招商、全产业链招商的理念，全面推行“不来即享”“容缺受理”政务服务，实行项目帮办代办制，保证项目落地各环节无缝对接，筛选重点招商引资项目80个，为经济持续高质量发展提供了强力支撑。怡园、颐宁等老旧小区改造和直隶州城二期绿化等“六小”便民工程，热源厂扩容改造项目开工建设，城区和主要景区5G网络实现全覆盖，新能源公交车上线运营，小区物业管理逐步规范，城市更加宜居宜业宜游。

【优势产业】瓜州县依托境内丰富的新能源资源和西北最大火电调风电源及境内丰富的矿产资源，建成华能酒泉，龙源甘肃，中电国际等35家新能源企业，总装机容量并网850万千瓦；引进甘肃三新硅业、宝丰硅材料、甘肃中科凯越等9家硅材料加工企业，晶蓝科技、甘肃骐鹏科技等50余家化工企业，中能峰频、寰泰储能瓜州年产300MW全钒液流储能装备项目等源网荷储及多能互补企业，腾飞矿业、古堡泉等矿产品加工企业24家，建立了以新能源产业集群、硅资源综合利用产业集群、煤化工和精细化工产业集群、绿电零碳产业集群为主的柳沟煤化工产业园、柳园循环经济产业园区及北大桥现代高载能产业园区等现代工业体系，为县域经济高质量发展提供可靠支撑。

【文化旅游】坚持以打造大敦煌文化旅游经济圈的重点融合区为目标，以资源互补、文化互动、营销互介、客源互送、目的地互推为抓手，全面巩固全域旅游示范区创建成果。投资30.7亿元的交响丝路1号线前期手续加快办理，悬榆路、双石公路二期及交旅融合项目工程可研、初步设计完成编制，葫芦河自驾营地、锁阳城游客综合服务中心等景区景点资产完成评估。锁阳城遗址塔尔寺抢险加固工程、东千佛洞安防项目进展顺利。深度挖掘县域文化旅游资源优势，蘑菇台子户外星空露营地和戈壁清泉户外营地建成投用，自驾游、休闲游目的地配套功能更加完备。第十六届“玄奘之路戈壁挑战赛”成功举办，带动各类徒步活动109场次，拉动服务业直接收益超过4000万元。戈壁雕塑艺术长廊、红西路军安西战役纪念馆旅游聚集效应显著提升，旅游接待人数较2019年同期增长38%。开展节假日补贴促消费活动，多渠道筹措资金2800余万元，拉动消费4亿元。扎实推进全国电子商务进农村综合示范县项目，县级仓储物流中心加快建设，电商公共服务中心建成投用。

【人民生活】全县城镇居民人均可支配收入37951.2元，比上年增长6.8%；城镇居民人均生活消费支出22981.12元，增长7.3%，城镇居民恩格尔系数29.59%，比上年降低0.26个百分点。农村居民人均可支配收入21371.78元，增长10.2%；农村居民人均生活消费支出12578.55元，增长7.11%；农村居民恩格尔系数30.43%。全年城镇新增就业人员2331人，其中疫情防控临时性公益岗位76个，年末城镇登记失业率控制在3%以内。推荐110名高校毕业生进企业就业，发放各类就业创业奖补资金2642.7万元。培训城乡富余劳动力3121人，输转各类劳动力2.7万人，实现劳务收入7.3亿元。大力实施城市更新行动，生态文化创新区全面建成，棚户区、老旧小区改造和“六小”便民工程稳步推进，城市品质和功能显著提升，人民群众幸福感、获得感更加充实。

【环境保护】建成环境污染治理项目4个，完成环境保护总投资1195万元。瓜州县城区区域噪声适用标准区划面积34.59平方公里，达标区面积34.59平方公里。地表水质达到国家Ⅱ类标准，饮用水质达标率80%。城区空气质量优良天数280天，空气优良率80%，可吸入颗粒物（PM_{10}）年均浓度61微克/立方米，比上年下降1.6%；细颗粒物（$PM_{2.5}$）年均浓度17微克/立方米，下降19%。全县二氧化硫（SO_2）、二氧化氮（NO_2）和一氧化碳（CO）年平均浓度值达到一级标准，可吸入颗粒物（PM_{10}）、细颗粒物（$PM_{2.5}$）和臭氧（O_3）年平均浓度值达到二级标准，环境空气质量综合评价达到二级标准，县域内环境空气质量保持稳定。地表水质达标率100%，饮用水质达标率100%。年末城市污水日处理能力0.8万吨，污水处理率达到97.68%；生活垃圾无害化处理率100%，集中供热面积317万平方米。城市建成区绿化覆盖率30.22%。人均公园绿地面积12.97平方米。

【社会保障】全县社会保障支出2.26亿元，比上年下降4.2%。年末全县城镇基本养老保险参保人数1.16万人，比上年增加256人，参保率97%；城乡居民养老保险参保人数6.92万人，参保率98%。城乡居民基本医疗保险参保人数11.21万人，参保率97.5%。失业保险参保人数7231人，增加213人。工伤保险参保人数1.05万人，增加308人，其中农民工参保人数930人，减少790人。生育保险参保人数10257人，增加472人。年末全县共有1453人享受城市居民最低生活保障，3989人享受农村居民最低生活保障。全年发放最低生活保障金2424.87万元。

【社会事业】全力办好惠民实事，持续加大公共投入，民生支出占一般公共预算支出的80%，改革发展成果更多更公平惠及全县人民。张芝幼儿园前期工作有序推进，张芝小学开工建设，瓜州中学建成投用。九年义务教育巩固率为100%，高中阶段教育毛入学率100%，初中教育六合率52.9%、巩固率99.6%。普通高中考生本科上线率83%，比上年提升10个百分点；普通高校本科录取率84%。学龄儿童入学率100%，巩固率100%。小学毕业生升学率100%。时刻筑牢新冠肺炎疫情防线，中医院传染病区投入使用，目标人群两剂次疫苗接种任务全面完成，疫情“零输入”“零发生”。持续推进“健康瓜州”建设，县医院门诊大楼开工建设，中医院建成投运。全县共有医疗卫生机构131个，医院3个，卫生院14个。卫生技术人员928人，卫生机构床位914张，卫生防疫防治机构1个，卫生技术人员17人。妇幼卫生机构1个，卫生技术人员22人。乡村医生和卫生员67人，农村有医疗点的村占总村数的87%。公共卫生应急管理体系和医疗卫生服务能力再上新台阶。

（陈芳）

肃北蒙古族自治县

【基本情况】肃北县地处河西走廊西段，是甘肃省唯一的以蒙古族为主体的少数民族自治县，也是全省唯一的边防县。肃北县周边与1个国家（蒙古国）、3个省区（新疆、青海、内蒙古）、10个县市接壤，县总面积55263平方公里，是甘肃省面积最大的县。辖地分南北两部分，南部祁连山区（习惯称南山），平均海拔3000米以上。北部马鬃山区（习惯称北山），平均海拔2000米左右。县辖4个乡镇26个行政村2个社区。2021年末全县户籍人口12486人，常住人口为1.51万人，城镇人口1万人，城镇化率66.08%。

【国民经济】2021年，在县委、县政府的坚强领导下，全县上下坚持以习近平新时代中国特色社会主义思想为指导，全面贯彻落实党的十九大、十九届历次全会精神，持续推动全县巩固拓展疫情防控和经济社会发展成果，扎实做好“六稳”工作，全面落实“六保”任务，全县经济稳中向好，经济总量迈上新台阶，发展质效全面改善，社会治理不断提升，民生福祉稳步增进，全方位推进高质量发展取得积极成效，“十四五”实现良好开局。2021年，全县地区生产总值19.8亿元，比上年增长9.1%。其中，第一产业增加值1.4亿元，增长9.7%；第二产业增加值9.4亿元，增长11.7%；第三产业增加值9亿元，增长6.8%。全县三次产业结构比为：7 ：48 ：45，人均地区生产总值达130965元；固定资产投资比上年增长33.1%；社会消费品零售总额3.7亿元，增长20.6%；一般公共预算收入3亿元，增长1.7%；多项人均指标在全省、全市位居前列。

【牧农发展】坚持以农业农村现代化为核心，全力保障牧农业健康发展，在保证粮食种植面积的基础上，按照“稳粮增饲扩经”发展思路，2021年农作物播种面积达19052.3亩，实施防洪治理、人饮巩固提升等农业农村重点项目76项。畜牧业坚持走好“牧区放养＋设施养殖”的“两条腿”走路发展模式，畜牧业质效明显提升，饲养羊36万只、牛2万余头、骆驼近8000峰。雪域生态有机肥生产线投入运营，取得羊、骆驼、牛3个有机产品认证，有机羊养殖规模近16万只。

【优势产业】深入实施“工业强县”战略，成立肃北马鬃山经济开发区，编制完成《肃北县工业强县发展规划》《肃北县工业产业发展研究》，实现年产铁精粉100万吨、煤炭30万吨、石材5万立方米、黄金1.8吨生产能力，风电装机容量120万千瓦，亿元产值企业9户，全县规上工业企业突破20户。西钒科技石煤提钒扩建、北东矿业井巷改造等工程开工建设，华润、三峡新能源等风电项目年内并网发电，煤炭保供进展顺利。

【文化旅游】落实“引客入肃”奖补政策，精心策划6条精品旅游线路，完成紫亭湖生态景区等20个文旅项目，成功举办自治县成立70周年庆典活动，结合建党100周年系列活动，策划推出生态与民俗体验及“红色文化研学”等精品旅游线路，党河峡谷至县城徒步穿越道路投入使用。肃北蒙古族祝赞词被列入第五批国家级非物质文化遗产代表性项目名录。全年接待国内外游客50.32万人（次），实现旅游业综合收入4.05亿元。

【项目建设】2021年计划实施的50项重点项目，开复工项目42项，开工率84%，争取到中央、省级预算内项目，地方政府专项债券项目7项，落实资金1.49亿元；组织申报西部大开发、地方专项债券、2022年中央预算内投资项目共54项。组织各部门、乡镇上报确定2022年重大投资项目65项，项目谋划月活动谋划项目472项。全力实施兴边富民行动，成功争取马鬃山镇列入全国首批20个兴边富民行动中心城镇试点行列，国防特殊困难县财政补助资金取得实质性进展。顺利完成“七彩花田·千亩花海”田园综合体、“菜篮子”稳产保供示范园、民族体育活动中心、文博中心、党河东岸基础设施提升、双创大厦、巴音朝伦新天地、京新高速白明段、党河外滩文旅综合体等一系列对投资有带动作用的大项目。组织重大招商活动8批次，完成招商引资到位资金26.24亿元。

【生态环保】落实习近平生态文明思想，第一轮中央、省市反馈的181项生态环境问题全部完成整改，并取得市级认定意见，办结中央、省级环保督察交办信访投诉问题10件，投入1.5亿元，全面完成85宗矿业权矿山环境恢复治理，争取矿权退出省级补助资金2.24亿元，完成81宗矿业权退出，县域生态功能逐步修复和恢复。第二轮中央环保督察反馈29个问题全面整改，市级生态环境问题整改完成62个，马鬃山片区36宗无主矿山环境完成恢复治理。污染防治攻坚战成效持续巩固提升，河湖长体系全面建立。人工造林、荒漠化治理、围栏封育草场等61.9万亩，森林覆盖率达5.33%，大气综合指数排名全市第一。

【民生福祉】党政机构改革顺利完成，“放管服”改革深入推进，市民服务中心投入使用。教育投入不断加大，“三增长一提高”机制全面落实，新建蒙古族学校教学楼、党城湾镇幼儿园，九年义务教育巩固率达100%，蒙古族学校启动国家通用语言文字教育和统编教材使用工作。医药卫生体制改革稳步推进，县妇计中心、人民医院、疾控中心先后建成，蒙医心身互动疗法推广应用取得成效。应届高校毕业生就业率达85%以上，城镇登记失业率持续控制在4%以内。城市低保标准提高42%，牧农村低保年人均补助标准提高54%，老年公寓、残疾人托养中心、居家养老服务平台投入使用。荣获“全国民族团结进步模范集体”“第三批全国民族团结进步创建活动示范单位”。三年“扫黑除恶”专项斗争成效明显，无邪、无毒、无黄、无命案县成果持续保持。

【城乡建设】不断优化路网布局，实施肃沙一级、马桥一级、马口二级等公路建设项目，新改建农村公路1760公里。提升改造县乡净化水厂、污水处理厂、垃圾填埋场，完成城区集中供热、建筑节能改造工程。建成5G基站24座，实现县城区域及马鬃山镇区5G网络的覆盖。实施棚户区改造、城区基础设施改造等42项市政基础建设项目。污水处理厂水质达到一级标准，城乡生活垃圾无害化处理率达100%，更换维修供排水、供热等管网1.6公里，新增绿化面积53.6万平方米，绿化覆盖率达46.7%，获“国家园林县城”称号。

【人民生活】坚持人民至上，民生事业繁荣发展。新冠肺炎、鼠疫等重大传染病继续保持“零输入、零发生”；城镇登记失业率1.33%，城乡低保标准提高8%，城乡居民基本医疗保险参保率达100%；刑事、治安案件持续下降，全县安全生产形势稳定向好；居民收入不断提高，2021年，全县城镇居民人均可支配收入44721元，比上年增长6.8%；农村居民人均可支配收入31690元，增长9.7%。

（仲霞）

阿克塞哈萨克族自治县

【基本情况】阿克塞哈萨克族自治县位于甘肃省酒泉市最西端，介于甘肃、青海、新疆三省（区）交界处。东与肃北蒙古族自治县接壤，北与敦煌市毗邻，南与青海省相连，西与新疆维吾尔自治区相望。是一个以哈萨克族为主体，汉、回、维、藏、土、裕固、萨拉等十三个民族共同居住的少数民族自治县。阿克塞县于1954年8月建县，县辖三乡一镇11个行政村，总土地面积2.91万平方公里，其中天然草场面积98.64万公顷，占总面积的29.47%。城市道路硬化率、天然气入户率、自来水入户率、供电供热普及率、有线电视普及率均达到100%。县城绿化覆盖率达53.12%，人均公共绿地面积达45平方米。2021年末，全县常住人口1.1万人，城镇化率达到94.35%。

【资源优势】阿克塞县境内草原广阔、戈壁浩瀚、崇山连绵、畜产丰富。阿克塞草原由海子、前山、哈尔腾等三大草场组成，属高山荒漠半荒漠草原。可利用草场面积1.18万多平方公里，约占全县总面积的35%。野生动物有二纲五目、八科十四种，其中野骆驼、野牦牛、野驴、盘羊、藏原羚、黄羊、雪豹、猞猁、雪鸡、天鹅等数量达7358头(只)。矿产资源丰富，现已发现的有铁、铜、镍、铅、黄金、锌、石棉、水晶、蛇纹石、白云母、石墨、岩盐、芒硝、煤等41个矿产品种。积极抢抓“双碳”机遇，将新能源产业作为自治县当前和今后一个时期的首位产业加快培育，始终坚持抓基地规划引领，全县新能源产业发展走上了快车道。截至2021年底，全县建成新能源装机222兆瓦，在建光热50兆瓦，在建光伏发电项目300兆瓦，在建风电150兆瓦，在建光热+示范项目750兆瓦，为全县“十四五”经济社会发展起好步打下了坚实基础。

【国民经济】2021年，全县地区生产总值10.74亿元，比上年增长0.1%。其中，第一产业增加值1.22亿元，增长7.5%；第二产业增加值2.81亿元，下降17%；第三产业增加值6.7亿元，增长7.1%。三次产业结构比为11.4 ∶ 26.2 ∶ 62.4。人均地区生产总值98107元，增长0.1%。全年开工建设项目（含房地产）69个，完成固定资产投资下降40.9%；社会消费品零售总额3.33亿元，增长14.6%。财政总收入1.89亿元，下降14.93%。城镇居民可支配收入46199元，增长6.4%；农村居民人均可支配收入34229元，增长9.9%。

【乡村振兴】把产业发展作为乡村全面振兴的重要引擎。持续保障粮食安全有效供给，落实最严耕地保护制度，耕地地力平均质量等别11等，落实粮食作物面积2900亩，产粮1700吨。强化重要农副产品有效供给，落实饲草作物耕种面积5886亩，草原各类牲畜饲养量21万头（只），年均出栏8.9万头（只），仔畜成活率达到95%以上。112座养殖圈舍高效利用，各类牲畜年设施饲养量3.45万头(只)，年均出栏2.1万头（只），兑现养殖补奖资金5.6万元。实施农业保险品种6个，完成投保290户，保费322.41万元，累计完成赔款108.82万元，直接受益农牧户352户次。“哈尔腾羊”通过有机农产品认证，“哈萨克马”“阿克塞骆驼”取得国家地理标志认证。积极培育乡村优势特色产业，以肉羊、肉牛、饲草特色产业为发展方向，制定出台《现代丝路寒旱农业优势特色产业三年倍增行动计划（2021—2023年）》，创建“哈尔腾”县域公共品牌，组织实施了有机羊肉屠宰加工冷链、优质高产苜蓿示范基地、规模化标准化养殖场、河西绒山羊保种场等一批优势特色产业发展项目。

【项目建设】全年开工建设项目（含房地产）69个，完成固定资产投资比上年下降40.9%。从投资构成看，5000万元及以上项目16个，完成投资下降45%，占全县投资总额的86%，5000万元以下项目52个，完成投资增长24%，占投资总额的14%。分产业看，第二产业投资增长708%，第三产业投资下降52.7%，第二、三产业占固定资产投资的比重分别为21.2%、78.8%。房屋施工面积5.64万平方米，其中住宅4.7万平方米。商业营业用房0.56万平方米，其他0.36万平方米。2021年新开工住宅面积2.23万平方米。

【人民生活】随着一系列惠民政策的全面落实，居民收入稳步增长。2021年，全县城镇居民人均可支配收入46199元，比上年增长6.4%；城镇居民人均消费性支出32024元，增长2.8%；城镇居民人均居住面积38.63平方米；城镇居民恩格尔系数27.01%，比上年降低0.43个百分点。农村居民人均可支配收入34229元，增长9.9%；农村居民人均消费性支出27057元，增长6.4%；农村居民人均居住面积50.18平方米；农村居民恩格尔系数27.89%，比上年降低1.11个百分点。

【环境保护】2021年，全县环境空气质量综合指数2.59，空气质量优良天数为279天，优良率为79.5%；可吸入颗粒物（PM_{10}）53微克每立方米；细颗粒物（$PM_{2.5}$）23微克每立方米；二氧化硫（SO_2）、氮氧化物（NO_2）、臭氧（O_3）、一氧化碳（CO）等四项指标均达到国家环境空气质量二级标准；全县境内地表水市控断面及县级饮用水水源地水质均达到考核目标要求，水质达标率100%，地下水环境质量保持稳定。1个县级及以上城市集中式饮用水水源地和1个乡镇集中式饮用水源地水质均达到Ⅲ类标准。5个农牧村地表水引水点水质均达到Ⅲ类标准。各功能区噪声昼夜检测标准均符合规定限值，达标率100%。全年全县未发生重大以上级别突发环境污染事件、生态破坏事件及较大以上级别辐射安全事故。

【社会保障】2012年末，全县基本养老保险参保人数6522人，比上年末增加104人，参保率95.8%。其中，城乡居民养老保险参保人数1377人，比上年末减少7人；企业职工养老保险参保人数2941人，增加95人；机关事业单位养老保险参保人数2204人，增加16人。失业保险参保人数2935人，比上年末增加147人；工伤保险参保人数3937人，增加149人，其中农民工参保人数512人，增加165人。年末全县共有302名城乡居民享受最低生活保障。全年发放企业离退休人员基本养老金2282万元，发放失业金61万元，发放工伤保险金88万元；年末全县医疗保险参保人数9537人，比上年末增加4人，参保率100.5%；生育保险参保人数3488人，增加70人。支付城乡居民医疗保险费用457万元。2021年累计发放城乡低保资金189万元，特困供养资金30.3万元，残疾人两项补贴资金10.91万元，孤儿生活补助资金4.4万元。

【社会事业】现有完全中、小学各1所，幼儿园1所（两个校区），全县在校在园的学生和幼儿共1919名，其中中学698名(高中307名，初中391名)、小学786名、幼儿园435名；少数民族学生845名，占学生总数的44%；教职工总数为172人，有专任教师156名，其中中学52名，小学62名，幼儿园42名；少数民族专任教师42名，占专任教师的26.9%。城乡适龄幼儿入园率达到了98%以上，落实义务教育全免费政策，大力开展“控辍保学”专项行动，义务教育巩固率、中小学适龄儿童入学率、小学毕业率均达到了100%，残疾儿童入学率达到100%，本科批次总体上线率达30.7%，专科上线率达69.3%，高考录取率达95.04%。

全县共有医疗卫生机构12个。其中：综合医院1所、保健机构1所、防疫机构1所、其他卫生机构6个，个体办诊所3所。卫生技术人员136人，其中执业医师29人，执业助理医师10人，注册护士39人；卫生机构床位82张，其中医院50张，卫生院32张。每千人拥有床位9张。居民健康档案建档率96.37%，老年人健康管理率97%，高血压管理率96%，Ⅱ型糖尿病患者管理率98%，老年人健康体检率75.8%。

全县拥有集文化、图书、博物为一体的综合文化馆一个，总藏书7.29万册。年末广播综合人口覆盖率、电视综合人口覆盖率均达到100%。体育场馆1个，举办运动比赛4次，开展“挑战十万步，抗疫健康行”线上步数大比拼等赛事活动10余场次。组建球类、自行车、跆拳道等运动俱乐部11个。

（马尔丹娜）

玉门市

【基本情况】玉门是古丝绸之路重镇，历史悠久、文化灿烂，因西域和阗美玉由此通关而得名，又因唐代诗人王之涣“羌笛何须怨杨柳，春风不度玉门关”的诗句而声名远扬。玉门地处甘肃省河西走廊西部、祁连山北部，位于东经96°15′~98°30′，北纬39°40′~41°00′之间，主要地貌由祁连山地、走廊平原和马鬃山地三部分构成，属中温带干旱气候。国道312线、连霍高速公路、兰新铁路、兰新高铁横贯全境，是通往新疆、青海、西藏和连接蒙古、中亚、欧洲的重要通道。玉门因油而兴、依矿而建市，是中国石油工业的摇篮、“铁人”王进喜的故乡，全国重要的新能源基地，国家园林城市，全国文明城市提名城市，县域综合实力连续多年位居全省第一。全市总面积1.35万平方公里，辖新老2个市区、3个工业园区、12个乡镇、3个街道办事处，境内聚居着汉族、回族、蒙古族、藏族、东乡族等29个少数民族。2021年末，全市常住人口13.73万人，城镇化率为64.23%。

【资源优势】境内矿产资源丰富，煤、铁、铅、锌、芒硝、石膏等14种资源储量较大，煤、金、石膏、水泥石灰岩、饰面用花岗岩开发利用率非常高。境内水资源充沛，有发源于祁连山的疏勒河、小昌马河、石油河和白杨河4条河流，全年水资源总量8.08亿立方米，水资源可利用量5.58亿立方米。风光资源丰富，玉门地属国家一类风资源区和二类光资源区，70米高度平均风速达7.9米/秒，风能资源理论蕴藏量3000万千瓦以上，理论可开发利用量2000万千瓦；日照时数在3362小时以上，年总辐射量每平方米约6400兆焦耳，日照时数大于6小时的天数超过310天，可用来开发太阳能发电项目面积近3000平方公里，是建设太阳能光伏发电的理想区域，也是甘肃省太阳能总辐射量最高区域之一。全市可开发风电、光电土地面积4200平方公里，发展新能源产业具有得天独厚的资源优势和广阔前景。

【国民经济】2021年，全市地区生产总值突破200亿元，达到222.5亿元，比上年增长6.5%，县域经济综合实力连续五年位居全省第一，连续两年入选“中国西部百强县市”，是甘肃省唯一上榜的县级市。分产业看，第一产业增加值23.8亿元，增长10.4%；第二产业增加值164.2亿元，增长5.9%；第三产业增加值完成34.5亿元，增长6.4%。三次产业结构比为10.7 ∶ 73.8 ∶ 15.5。人均地区生产总值161991元，比上年增长7.5%。十大生态产业增加值101.8亿元，占全市地区生产总值的45.8%，比重较上年提高7.3个百分点。一般公共预算收入5.21亿元，增长23.7%；一般公共预算支出22.81亿元，下降0.3%。固定资产投资增长13%。完成社会消费品零售总额29.1亿元，增长18.6%。

【乡村振兴】坚持产业振兴引领乡村振兴，深入实施优势特色产业三年倍增行动，建设高标准农田5.1万亩，建成土地流转连片示范点41个，流转土地10.7万亩，托管农业生产土地3万亩，粮食种植面积稳定在16万亩。农业产业强镇、枸杞小镇等项目加快推进，新希望集团30万头生猪种养一体化项目建成投产，引进落地投资500万元以上农产品加工项目12个，农产品加工和仓储能力分别达到34万吨和10万吨。农业下游畅通攻坚战取得阶段性成果，发展方向和产业定位更加明确，瓜、果、菜、猪、羊、草六大产业提质增效，43个农产品获得“三品一标”认证，成功打造“中国蜜瓜之乡”“中国韭菜之乡”“中国黑枸杞之乡”“中国人参果之乡”，获评“全国农村创新创业典型县”“乡村振兴中国农产品流通创新示范市”。

【项目建设】全面推行“承诺即开工、容缺即审批”帮办服务，开工重点项目126个，昌马120万千瓦抽水蓄能项目进展顺利，龙源20万千瓦风电、西部鑫宇、尚上化工、金利通等83个项目加快推进，凯盛大明一期第一条线竣工点火，中核20万千瓦风电、世纪德坤、中车株洲等25个项目建成投产。2021年，全市固定资产投资比上年增长13%。分规模看，5000万元以上的项目71个，投资增长23.9%，占全部投资额的72.1%；500—5000万元项目164个，投资下降8%，占全部投资额的27.9%。分产业看，第一产业投资增长75.1%；第二产业投资增长24.9%；第三产业投资下降12.2%。创新开展“链长制”招商，组建6个产业链招商小组，制定“四图”“五清单”，成功举办新能源产业发展大会、中国农药产业高质量发展论坛，签约陕煤集团新能源可降解材料等招商引资项目86个，引进到位资金100亿元，其中省外到位资金86亿元，争取各类财政性资金21亿元。

【优势产业】玉门工业基础较为完善，现有经济开发区、石油化工、建材化工3个工业园区，总规划面积近100平方公里。坚持把工业作为立市之本、强市之要，坚持优势资源向优势产业倾斜，持续壮大新能源及装备制造和化工两大产业集群，现已初步培育形成石油化工、煤化工及精细化工、新能源及装备制造等支柱产业。全年工业增加值161亿元，比上年增长6.2%，占地区生产总值的比重为72.4%。其中，66户规模以上工业企业增加值增长9.2%。全市规模以上工业中，石油化工、煤化工及精细化工、新能源及装备制造等支柱产业工业增加值占规模以上工业增加值的96.8%。玉门东建材化工工业园、老市区化工工业园被认定为省级化工产业集中区，玉门经济开发区获批省级高新技术产业开发区。

【人民生活】加快城乡融合发展步伐，投资1.7亿元，实施城建重点项目22个，改造棚户区1582套、老旧小区876户，新改建换热站5座、供热管网8.3公里，国道312线城区过境段改线分流工程建成通车，解决了困扰群众多年的出行拥堵、噪音扰民问题；投资9729万元，硬化村组道路110公里，改造土坯房437户，完成清洁取暖1400户，9个行政村被确定为全省乡村建设示范村。全年新增城镇就业2277人，安置下岗失业人员再就业2196人。年末城镇登记失业率为2.22%。全年输转城乡富余劳动力2.54万人，与上年持平；实现劳务收入8.15亿元，较上年增长7.8%。全市城镇居民人均可支配收入39536元，比上年增长6.9%；城镇居民人均生活消费支出23909元，增长4.6%；城镇居民恩格尔系数30.2%，比上年降低0.6个百分点。农村居民人均可支配收入21942元，增长10.1%；农村居民人均生活消费支出13101元，增长9.1%；农村居民恩格尔系数29.6%，比上年提高1.3个百分点。

【环境保护】深入践行“绿水青山就是金山银山”的理念，建立国土空间规划体系，国土绿化生态保护修复、自然生态综合整治试点和湿地保护项目加快推进，58个中央环保督察反馈问题和74个省市环保督察反馈问题全部整改完成。全市共有自然保护区3个，自然保护区面积19.29万公顷。年末森林面积8.79万公顷，森林覆盖率7.25%；草原植被盖度18.62%；城市绿化覆盖率37.3%；人均公园绿地面积33.4平方米。城区空气质量优良天数281天，空气优良天数比率79.4%，空气质量综合指数2.75%。城市水环境功能区水质达标率100%，地表水质达标率100%。玉门市相继获评“国家园林城市”“全国生态文明建设典范城市”“全省绿化模范市”。

【社会保障】全市社会保障和就业支出3.05亿元，比上年增长15.5%。年末全市基本养老保险参保人数10.53万人，比上年末增加0.29万人，参保率97.93%。其中城乡居民养老保险参保人数7.12万人，减少0.07万人。全市基本医疗保险参保人数13.62万人，其中，城乡居民基本医疗保险参保人数11.08万人，增加0.05万人，参保率98.8%。生育保险参保人数1.49万人，增加0.05万人。失业保险参保人数2.4万人，增加0.06万人。工伤保险参保人数1.85万人，增加0.37万人，其中农民工参保人数0.53万人，增加0.28万人。年末全市共有4435人享受城市最低生活保障，4242人享受农村最低生活保障，全年发放城乡最低生活保障金4226.8万元。

【社会事业】年末全市各类专业技术人员2452人，其中具有中级及以上职称人员1405人。财政投入科技经费2670万元，比上年增长85.9%。科技进步贡献率达到58%。全市共有各级各类学校49所，在校学生数23211人，教职工1567人，其中专任教师1482人。高考二本以上上线率64.65%，石油中专本科专科上线率100%。适龄幼儿学前三年教育毛入学率达到98.58%，义务教育巩固率达到99.68%，高中阶段教育入学率达到96.6%。年末全市共有公共图书馆1个、文化馆（美术馆）1个、博物馆1个、纪念馆1个。玉门市文化馆被评为国家一级馆，玉门市博物馆被评为国家二级馆。全市共有调频、电视转播发射台4座，广播电视台1个，广播人口覆盖率100%，电视综合人口覆盖率98.6%。全市共有医疗卫生机构107个，卫生技术人员1355人，其中执业医师和执业助理医师424人，注册护士573人。医疗卫生机构床位1175张。第一人民医院创建为“三级乙等综合医院”，公立医院综合改革受到国务院通报奖励。全市体育场地合计3.8万平方米，人均体育场地面积2.8平方米，15分钟体育健身圈基本建成。全市累计建成各类养老服务机构60所，其中，公办兜底养老机构3所，公建民营养老机构2所，社区老年人日间照料中心18个，农村互助老人幸福院32个，老年人活动中心5所。

（杨超）

敦煌市

【基本情况】敦煌市位于甘肃河西走廊最西端，是甘肃、青海、新疆三省（区）交汇地。处于东经92°13′~95°30′、北纬39°40′~41°40′之间。平均海拔高度1139米，东西长60—240公里，南北宽90—230公里。年平均气温10.6℃，气温最高月份7月，气温最低月份12月，年平均无霜期159天，日照时数3039.1小时，年降雨量11.7毫米，蒸发量1051毫米，属典型的暖温带干旱性气候。总面积3.12万平方公里，绿洲面积约1400平方公里。发源于祁连山的党河是敦煌重要的水利命脉，全长390公里，流域面积1.68万平方公里，年径流量4.05亿立方米。全市辖9镇，8个城市社区居民委员会，56个村民委员会。2021年末全市常住人口18.53万人。

【资源优势】光能、矿产等自然资源丰富。全年全县年太阳辐射量6472.91兆焦耳/平方米。矿产资源已探明有金、银、钒、铁、磷、硫、石棉、芒硝等26个品种。旅游资源得天独厚，境内现存各类文物景点265处，有3处世界文化遗产，分别是莫高窟、玉门关遗址、悬泉置遗址；全国重点文物保护单位4处，分别是莫高窟、玉门关遗址、悬泉置遗址、敦煌境内长城；省级文物保护单位12处；市级文物保护单位1处；县级文物保护单位47处。5A级景点1处（鸣沙山　月牙泉），4A级景点2处（阳关和雅丹国家地质公园），3A级景点8处（敦煌影视城、三危山景区、敦煌夜市、敦煌同舟岛、敦煌雷音寺、敦煌光电博览园、党河生态公园和千年敦煌月牙泉小镇民俗文化旅游景区），1A级景点1处（白马塔）。

【国民经济】2021年，全市地区生产总值83.8亿元，比上年增长5.2%。其中，第一产业增加值12.16亿元，增长6.2%；第二产业增加值19.28亿元，增长7.4%；第三产业增加值52.39亿元，增长4.2%。三次产业结构由2020年的14.42 ∶ 22.67 ∶ 62.91调整为2021年的14.51 ∶ 23 ∶ 62.49，人均地区生产总值45253元，增长5.3%。全年社会消费品零售总额50.45亿元，增长12.92%。全市在建项目108个，完成固定资产投资下降34.28%。

【供给侧结构性改革】严格贯彻落实国家“放管服”改革要求，通过在线审批监管平台，推行并联审批、联审联批机制，“网上申报、线上接件、线下办理、信息共享”的运行审批模式运行良好。政府重大行政决策、过错责任追究等机制不断健全，法律顾问体系逐步完善，法治政府建设深入推进，社会治理能力和治理体系现代化程度稳步提高。持续深化“放管服”改革，一体化政务服务实现市镇村（社区）全覆盖。普法宣传、统计调查、防震减灾、消防安全、双拥共建、民族宗教、人防建设、气象服务持续加强。

【乡村振兴】坚决守牢稳产保供底线，全年农作物播种面积18.47万亩，比上年增加0.53万亩。其中，粮食播种面积6.92万亩，比上年增加1.41万亩；棉花播种面积3.08万亩，减少0.26万亩；蔬菜、瓜类高效特色产业播种面积4.32万亩，增加0.14万亩。针对敦煌产业发展短板和弱项，依据规划谋划延链补链项目，搭建上游、中游、下游贯通的农业全产业链服务平台。积极争取上报并实施了高标准农田、农产品仓储保鲜冷链设施建设、肃州镇产业强镇、优势特色产业集群等项目7个。结合“大棚房”问题专项清理整治行动“回头看”工作，将坚决遏制耕地“非农化”“非粮化”和撂荒地整治作为保障粮食的重要手段，督促各镇复垦复耕撂荒地6009.25亩。采取以奖代补的方式，安排80.4万元，支持345户脱贫不稳定户、边缘易致贫户、特殊困难户等有产业发展基础和意愿的已脱贫户自主发展种养殖产业。持续落实小额信贷、雨露计划等惠民政策，安排资金71.1万元实施“雨露计划”项目，发放兜底保障等各类资金累计3206.56万元。经综合测算，全市脱贫户2021年人均可支配收入达14833元，比上年增加3709元，增长33%。统筹投入1.8亿元全面推进乡村建设示范行动，硬化广场地坪1350平方米，硬化村庄街道7.09万平方米；清通消防通道114条、硬化81条28.4公里；铺设自来水管网95.9公里、修建水表井57座、检查井12座。全年争取中央、省、市财政衔接补助资金共计11386万元，实施产业发展、乡村建设、巩固拓展脱贫成果等3个方面31个项目。完成户厕改造1007座、土坯房改造提升156户、改造圈舍933座。农村改革进一步深化。成立村级股份经济联合社56个、组级经济合作社1个，发放农村集体经济组织登记证57份，发放股权证31368份，增强村级组织造血功能和为民服务的能力。

【项目建设】全市在建项目108个，固定资产投资比上年下降34.28%。其中，亿元以上项目38个，完成投资下降38.96%；5000万元以上项目48个，完成投资下降39.04%；500至5000万元项目67个，完成投资增长31.07%。紧盯国家产业政策，结合产业优势，围绕产业发展、基础设施补短板、民生改善等方面做好项目谋划储备和资金争取工作，共储备项目244个、总投资2438.8亿元，其中纳入省市“十四五”规划及各级专项规划项目173个。扎实做好项目谋划储备和资金争取工作，编制报送争取2022年中央预算内投资项目18个，总投资10.42亿元，计划争取上级资金6.13亿元。全力推进重点项目建设，全市开工建设各类项目109个，城市中小学基础设施建设、龙源40兆瓦、中节能30兆瓦、后备水源地、丝路明珠花苑一期、海联国际饭店等一批重点项目顺利推进。截至12月底，共办理政府投资项目可研批复51个，总投资42.79亿元，企业投资项目备案112个，总投资110.24亿元。抢抓“双碳”机遇，持续推进新能源项目建设。积极争取列入全省分布式光伏整乡（镇）推进试点县，争取到分布式项目总装机容量182.4兆瓦，位列酒泉市分布式光伏项目第一。全力推进空港建设，推进经济区项目招商工作，武汉南铧投资公司与敦煌太阳旅游集团合作，计划投资8.53亿元，占地941.5亩的敦煌航空国际货站项目、敦煌航空跨境电商中心等6个项目正在办理前期手续；持续推进市域铁路建设，敦煌至雅丹旅游铁路建设项目已完成可研编制工作。

【优势产业】编制了《敦煌市“十四五”文体广电和旅游（文物）发展规划》，积极谋划“十四五”文化旅游项目43个，敦煌长城国家遗址公园建设项目成功列入“十四五”时期文化保护传承利用工程项目储备库，新增馆藏文物101件（套）。扶持建立3处非遗传习基地和传习所，成功申报12项非遗保护项目列入酒泉市级名录，17名代表性传承人成功评定为酒泉市第三批代表性传承人。全面推动研学产品提质增效，开展研学资源、研学机构、研学旅游市场调研，动员研学单位积极申报全国研学旅行基地，文化学院、博物馆等9家文旅单位成功申报第二批酒泉市中小学生研学旅行基地。完成“东亚文化之都·中国敦煌活动年”开幕式以及敦煌国际设计周、敦煌国潮文化展等12项分项活动举办。承办第十六届玄奘之路国际商学院戈壁挑战赛、红旗漫卷·劲行以歌天劲制药2021年百团会师戈壁行、第七届千人走戈壁国际商界精英戈壁挑战赛等10余项展、会、赛活动。顺利完成“一会一节”中论坛、展览、演出、食宿、文化旅游体验等工作任务，积极筹划世界文化遗产旅游联盟大会。举办第四届“朝圣敦煌”全国美术作品展、迎新春—敦煌人文摄影作品展、第五届迎春楹联书法展、“航拍敦煌”摄影展、“百年风华颂”庆祝中国共产党成立100周年书画作品巡回展、诵经典朗读大奖赛等活动10余期，举办“裸读时光”及主题诵读活动近百期，开展各类培训、研学、社教活动65场次。赴来宾、北海、漳州、绍兴、深圳等地开展美术作品联展、地方文献展、文物展，加大了敦煌文化的对外传播力度。创新策划“漠上花开·春润敦煌”乡村旅游振兴系列活动，开展多项乡村旅游特色活动，助力乡村旅游复苏发展。2021年全市接待国内外游客1024.3万人，比上年增长55.56%。

【人民生活】全年全市城镇居民人均可支配收入40350元，比上年增长6.6%；农村居民人均可支配收入22112元，增长10%。城镇居民人均消费支出27854元，增长7.61%，城镇居民恩格尔系数为27.8%；农村居民人均消费支出16643元，增长12.37%，农村居民恩格尔系数为26.2%。年末城镇居民人均住宅建筑面积33平方米，农村居民人均住房面积52.57平方米。推进城市道路建设，新续建道路12条，续建道路6条，建成平吉路、云景路、西域路、子亭路等9条道路。加快城市更新改造，完成2020年65栋棚户区旧楼改造。组织实施老旧小区改造。其中，一期和2021年老旧小区改造，已完成5个片区3362户改造任务；二期8个社区155栋5543户，已完成总量的98%。完成五大历史街区43条巷道基础设施改造，建成北台街区广场、书苑、社区中心等服务设施。狠抓公用设施建设，启用城市水源地置换工程，实现河水并网入城，保障城市饮用水质安全。实施城市后备水源地建设，新建城市供水管网23.4公里，取水井26眼，完成工程总量的95%。加快推进第三热源厂建设，多渠道协调解决项目资金困难，争取省级专项补助资金500万元，全力保障群众冬季供暖。加强城区排水设施维护，开展城市排水设施清淤治堵行动，完成城区113公里排水管网检查维护，清理132个单位和小区168座化粪池，更换排水井防臭密封盖272座，解决城区臭气外溢现象。

【环境保护】实行最严格的环境保护制度，坚决打好蓝天、碧水、净土三大保卫战，年空气质量优良率稳定达到国家二级标准，万元GDP用水总量和工业用水总量控制在省市下达指标以内，生态补水量年均保持在5500万立方米以上，城市绿地、生态绿网、交通绿廊等生态安全屏障更加稳固。牢固树立“两山”理念，坚决扛起生态文明建设和生态保护政治责任，蓝天、碧水、净土三大保卫战扎实推进，开展大规模国土绿化行动，城市绿地、生态绿网、交通绿廊等生态安全屏障稳固提升、全力排查政治生态环保问题，大力开展大棚房、违建别墅、河湖清“四乱”等专项整治行动。坚持绿色、地毯、循环发展，推广应用各类新能源汽车480辆，淘汰燃煤锅炉183台，实施冬季清洁取暖盖章1.5万户，生态文明建设水平不断提高。全年全市万元生产总值能耗比上年下降4.63%。

【社会保障】全市城镇登记失业率控制在3.5%以内，基础养老金政府补贴提高44.6%，最低生活保障标准提高40%以上，居家养老服务普惠至全市75周岁以上老人。年末全市基本养老保险参保人数97719人，比上年增长1.47%，其中：企业职工养老保险参保人数18910人，增长1.54%；城乡居民养老保险参保人数71544人，下降2.7%；机关事业单位养老保险参保人数7265人，增长13.9%。参加失业保险人数16742人，增长70%。参加工伤保险人数18904人，增长20.35%。参加生育保险人数16872人，增长14.67%。参加医疗保险人口136550人，下降1.85%。其中，城镇职工参保人数22899人，增长12.97%；城乡居民参保人数113651人，下降4.38%。全年各项医疗保险基金总收入25158万元。其中，职工医疗保险（含大病医疗保险和补充医疗保险）收入13760万元；居民医疗保险收入10124万元；城乡居民医疗救助资金收入1274万元。全市有社会福利院1所，农村敬老院1个，民办养老机构2个，城市流浪乞讨人员救助站1所，城市社区老年人日间照料中心12个，农村互助老人幸福院24个。全年救助城乡特困供养对象3377人次、城市低保对象15727人次、农村低保对象24420人次、孤儿179人次，临时救助6931人。发放各类救助资金4145.49万元，其中：城乡低保金1831.65万元，城乡特困供养救助359.66万元，临时救助金1432.78万元，孤儿基本生活费21.93万元，无人抚养儿童生活补贴47.34万元,残疾人两项补贴452.14万元。全市共有老年人口养老床位945张，其中机构养老床位388张，日间照料床位557张。

【社会事业】第一幼儿园、第五小学建成投用，679个义务教育改薄工程全面完成，高中阶段教育毛入学率97.39%，初中教育入学率100%，初中毕业生升学率99%，学龄儿童入学率100%，学前三年教育普及率98.22%。适龄残疾儿童、少年入学率100%，进城务工人员和流动人口子女入学率100%。高考上线率、本科（二批次）上线率、重点（一批次）上线率分别达99.6%、65.1%和22.7%。建立全市居民电子健康档案，推行“先诊疗后付费”“一站式结报”，实现跨省异地就医住院直接结算。大力开展爱国卫生运动，国家卫生城市通过审核验收。抓好疫情防控各项工作，构建市、镇、村（社区）、组四级防控网络，完善外防输入、内抓规范各项措施，持续阻断输入性风险，控制流动性风险，严防聚集性风险，全市全年累计接种新冠病毒疫苗396795剂次，完成两轮次全员核酸检测，取得“零疫情”防控阶段性成果。

（姜佳）

庆阳市

【基本情况】庆阳市位于甘肃省东部，地处东经106°20′至108°45′与北纬35°15′至37°10′之间，习称“陇东”。东接陕西省宜君、黄陵、富县、志丹等县；北邻陕西省定边、吴起、志丹县及宁夏回族自治区盐池县；西与宁夏回族自治区固原市原州区、彭阳县、同心县接壤；南与平凉市泾川县及陕西省彬州市、长武县、旬邑县相连；南北长207公里，东西跨208公里，总面积27119平方公里。辖庆城、环县、华池、合水、正宁、宁县、镇原7县和西峰区，116个乡（镇），3个街道办事处，79个社区。地形北高南低，海拔在885—2082米之间，中南部为黄土高原沟壑区，北部为黄土丘陵沟壑区，东部为黄土丘陵区。境内山、川、塬兼有，沟、峁、梁相间，高原风貌雄浑独特。全市有董志、早胜、宫河、平泉、新集、孟坝、屯字、西华池、盘克、临泾、春荣、永和等12条较大塬面，塬地总面积27万公顷，是农作物主产区。董志塬面积为136.47万亩，平均海拔1421米，横跨四个县区，是世界上面积最大、土层最厚、保存最完整的黄土塬面，堪称“天下黄土第一塬”。地处东南部的子午岭，林木茂密，水草丰盛，其470多万亩次生林，为植被最好的水源涵养林，有“天然水库”之美誉。机场航线通达10多个城市，银西高铁南北贯穿全境，甜永高速公路建成通车。扬黄延伸供水工程和茨子沟、五台山、小盘河、莲花寺水库等一批水利工程相继建成，棚户区改造和供热、供气、供排水、垃圾污水处理等一批市政项目建成投用，生产生活条件持续改善。全市年平均气温为10.1—11.9℃，年日照1869.5—2336.4小时。年降水量701.9毫米，比历年偏多37%。2021年末，全市常住人口215.94万人，城镇化率为43.13%。

【资源优势】庆阳能源富集、物产丰富。庆阳是甘肃的石油天然气化工基地、长庆油田的主产区。已探明石油总资源量59.74亿吨，石油地质储量20亿吨，占鄂尔多斯盆地总资源量的40%；已探明天然气总资源量2万亿立方米，占鄂尔多斯盆地总资源量的10%，天然气地质储量318.86亿立方米。2021年原油产量967.3万吨，加工量352.5万吨。庆阳气田庆探1区块建成产能3亿方，在建产能4亿方，庆阳瑞华天然气一期、永欣石化两个石油石化产业链项目建成投用，庆阳瑞华天然气二期、庆阳宏大化工科等项目正在加快推进。庆阳素有"陇东粮仓"之美誉，盛产小麦、玉米、油料；荞麦、小米、燕麦、黄豆、紫苏等特色小杂粮久负盛名，庆阳黄花菜、环县羊羔肉、曹杏、黄柑桃、九龙金枣等地方特产倍受消费者青睐，以晚熟红富士苹果为最。庆阳地处全国优质红富士苹果最佳适生区，是农业农村部确定的中国优质苹果栽培的最佳优生带。"庆阳苹果"以个大形正、色泽艳丽、质脆肉细、甜酸适口、香味浓郁而备受广大消费者欢迎，远销国内多个大中城市及东南亚、中东欧等"一带一路"沿线国家。第十七届中国国际农产品交易会上，"庆阳苹果"品牌入选2019首批中国农业品牌目录，旗下的"庆阳苹果—赤诚"品牌SOD奶蜜苹果、"庆阳苹果—陇清"品牌、"庆阳海升苹果"等一批驰名品牌，是其中的代表。庆阳是甘肃优质农畜产品生产基地，早胜牛、环县滩羊、陇东黑山羊、羊毛绒等大宗优质农牧产品享誉国内外。庆阳是全国规模最大的白瓜籽仁加工出口和杏制品加工基地，是全国品质最优、发展面积最大的黄花菜基地，是国家有关部门和单位命名的"中国优质苹果之乡""中国黄花菜之乡""中国小杂粮之乡"和"中国杏乡"。庆阳还是中医药之乡，产有甘草、黄芪、麻黄、穿地龙、柴胡等300多种中草药，其中69种已列入《中华人民共和国药典》。

【国民经济】2021年，全市上下坚持以习近平新时代中国特色社会主义思想为指导，深入贯彻"三新一高"发展理念，坚决落实省、市各项决策部署，育产业、抓调度，扩项目、强动能，全市经济发展呈现总量提升、增长稳健、韧性增强的良好态势，实现了"十四五"开门红，为推进全市经济社会高质量发展奠定了坚实基础。全市完成地区生产总值885.3亿元，比上年增长5.2%。其中，第一产业增加值111.9亿元，增长10.2%；第二产业增加值445.8亿元，增长3.7%；第三产业增加值327.6亿元，增长5.2%。三次产业对经济增长的贡献率分别为25.5%、33.2%和41.3%，分别拉动经济增长1.3个、1.7个和2.2个百分点。

【乡村振兴】基础改善重塑了乡村面貌，"两不愁三保障"全面达标，实现农村义务教育、医疗保障、安全饮水、安全住房、自然村动力电和行政村硬化路、通信网络、文化中心、清洁村庄"九个全覆盖"。产业壮大鼓起了群众腰包，全力打好产业、就业、消费、旅游、光伏、生态扶贫"组合拳"，已脱贫人口人均可支配收入达到8901元。乡村振兴奏响了崭新乐章，严格落实"四个不摘"，巩固拓展脱贫攻坚成果同乡村振兴有效衔接，镇原、环县列为国家乡村振兴重点帮扶县，华池、西峰列为省级重点帮扶县，合水列为省级乡村建设示范县，55个村列为省市级乡村建设示范村。

【项目建设】2021年，全市固定资产投资比上年增长11.1%。项目入库成效显著，全市在库固定资产投资项目728个（不含房地产），当年新进库481个。5000万元以上项目205个，完成投资额增长0.3%；5000万元以下项目523个，完成投资额增长43.6%。一二产业投资高速增长，第一产业投资额增长1.7倍；第二产业投资增长68.6%，其中工业投资增长72.4%；第三产业投资下降4.9%，其中基础设施建设投资下降26.2%。项目资金到位充足，全年500万元及以上项目本年到位资金比上年增长17.3%，国内贷款和自筹资金为主要来源，分别占到位资金的29.9%和30.8%。民间投资增长40.3%，占全市固定资产投资的45.3%，比重比上年提高9.4个百分点。房地产拉动力强劲，房地产开发投资增长29.6%，拉动全市固定资产投资增长5.6个百分点。房屋施工面积661.82万平方米，增长10.8%；商品房销售面积143.19万平方米，增长56.0%。

【优势产业】综合能源开发取得突破，页岩油发现了储量10亿吨级的庆城大油田，已探明地质储量10.5亿吨；天然气庆城境内探明地质储量318亿立方米；煤炭已探明地质储量215亿吨，分布在全市1.98万平方公里范围内。境内自产天然气组分中氦气含量达到万分之七点五，优于国内其他区域，具备很高的商业开发价值。陇东至山东±800千伏特高压直流输电工程纳入国家"十四五"电力规划，华能风光火储一体化电源项目开工建设，风能、光伏、生物质发电量64亿千瓦时。油气配套服务、农产品加工、生物制药、精细化工等产业不断壮大。现代农业集群加速构建，建成高标准农田236万亩，2021年全市粮食产量达到133.67万吨。引进中盛、圣农、正大、东方希望、海升等龙头企业，形成了肉牛、肉羊、肉鸡、生猪、苹果等现代农业集群。宁县国家级现代农业产业园通过认定，建成了全国最大的苹果矮化自根砧基地。"庆阳苹果"入选中国最具影响力的十大苹果区域品牌。"环县羔羊肉"被中国畜牧业协会评为全国十佳羊肉品牌。获批全国一体化算力网络国家枢纽节点，跻身全国八大枢纽节点城市行列。庆阳云计算大数据中心一期项目建成投用，国家数据中心集群（甘肃·庆阳）"东数西算"产业园区规划启动，电信、移动庆阳至西安直连链路建成开通，数据信息产业发展拉开架势。全域旅游助力三产发展，建成环州故城、合水花溪谷等景区景点16处，创建国家级、省级乡村旅游重点村镇和示范村17个，全年接待国内外旅游人数1050万人次，比上年增长39.4%；实现旅游收入56.7亿元，增长31.6%。庆城药王洞村被评为2021年中国美丽休闲乡村，南佐遗址入选2021年"考古中国"重大项目。

【人民生活】居民收入持续增加，2021年，全市城镇居民人均可支配收入36036元，比上年增加2420元，增长7.2%，增速高于上年2.5个百分点；农村居民人均可支配收入11538元，增加1116元，增长10.7%，增速高于上年3.1个百分点。

城乡居民人均可支配收入比值为3.12，比上年缩小0.11个百分点，农村增速高于城镇3.5个百分点。人民群众生活品质不断提升，群众生活更加体面。

【环境保护】坚持绿水青山就是金山银山，全力整治生态环境突出问题，为构筑黄土高原生态安全屏障作出了庆阳贡献。污染防治攻坚战打出了洁净空间，铁腕治污，精准施策，力补欠账，马莲河、蒲河水质由Ⅴ类、Ⅳ类提升到Ⅲ类，市区优良天气率达到95.6%，土壤环境质量总体稳定，天蓝水清地绿的愿景变成现实。重点生态工程绿了山川、保了大塬，再造一个子午岭、一村万树等大规模国土绿化行动深入实施，造林500万亩，森林覆盖率达到26.2%。南梁镇被生态环境部命名为“绿水青山就是金山银山”实践创新基地。董志塬固沟保塬工程纳入国家黄河战略规划。海绵城市建设树立了试点标杆，投资63亿元实施“一轴两心三带五湖三沟道五片区”项目256个。主城区雨水年径流量控制率、污染削减率、雨水收集利用率分别达到90.6%、62.7%、34.3%，有效减少水土流失，遏制了塬面萎缩，为西部湿陷性黄土地区海绵城市建设探索了可复制的经验。

【社会保障】全面兜底织牢保障网，全年城镇新增就业2.63万人，其中失业人员再就业10072人，城镇登记失业率控制在4.5%以内。城乡居民基本医疗、基本养老保险和老年人高龄津贴实现全覆盖，城市社区和行政村养老服务设施覆盖率分别达到87%、71%，社会保障水平不断提升。年末全市参加城乡居民养老保险人数1565689人。其中，参保职工64586人，参保离退休人员33533人。参加城镇职工基本医疗保险人数16.78万人。参加城乡居民基本医疗保险人数219.83万人，参保率稳定保持在98%以上。全年筹集城乡居民医保基金198014万元，基金支出共计184425万元，基金累计结余48990万元。参加失业保险人数13.08万人。参加工伤保险人数12.45万人，增加7449人。参加生育保险人数11.9万人，增加0.9万人。全市城市低保11139户25624人，比上年末减少258户、减少859人；农村低保59150户172713人，减少3398户、减少6226人。年末全市共有各类社区服务机构和设施2406个。其中，社区服务中心119个，社区服务站1331个，社区养老照料机构和设施65个，社区互助型养老设施891个。

【社会事业】社会事业呈现服务加强、全面进步的新气象。科技推广成效显著，全年专利授权量1079件，增长5.3%，其中发明专利授权量44件，增长193%。有效发明专利125件，每万人口发明专利拥有量0.57件。教育事业全面发展，全市普通高等学校招生8524人，在校学生28576人，毕业39531人；中等职业学校招生795人，在校学生18199人，毕业3133人；普通高中招生17005人，在校学生50552人，毕业16599人。九年义务教育巩固率达到99.7%。全市大专以上高考录取人数19476人，比上年增加255人，录取率87.8%，比上年提高2.82个百分点。文化事业蓬勃开展，全市共有专业国有文化艺术表演团体9个，全年演出1586场（次），观众75万人（次）；年末共有公共图书馆9个，藏书69.85万册；博物馆、纪念馆19个，文物藏量32397件；综合性档案馆9个，馆藏各类档案60.34万卷、109.57万件，资料10.04万册，照片2.35万张；文化站119个。全市有线电视用户增加到7.2万户，有线电视人口覆盖率和广播人口覆盖率均达到100%。全年《陇东报》出版365期，发行1158万份。医疗保障不断完善，全市医疗卫生机构总数2077个，比上年增加12个。年末实有医疗床位14527张，比上年净增770张，增长5.6%。共有卫生技术人员21753人，增长10.9%；其中，执业医师4872人，增长6.9%；执业助理医师1834人，增长18.5%；乡村医生和卫生员数1488人，增长34.4%。竞技体育水平保持稳定，全市共有体育场地4751个，体育场地面积399万平方米。全市举办县以上运动会44次，参加运动员56000人次。在省级以上运动会上庆阳市体育健儿共夺得9枚金牌，11枚银牌，15枚铜牌。

（梁甜甜）

西峰区

【基本情况】西峰地处甘肃省东部，泾河上游，位于董志塬腹地，处在东经107°27′42″～107°52′48″和北纬35°25′55″～35°5′11″之间，北靠庆城县，南接宁县，西和镇原县毗邻，东与合水县相望。属陕、甘、宁三省区金三角地带，是庆阳市政治、经济、文化、交通和商贸流通中心。新中国成立初期，陇东分区改名为庆阳分区，区署设西峰，遂成立西峰市，1950年6月西峰市撤销，划归庆阳县管辖，1954年改市为区，1955年改区为镇。1985年5月，经国务院批准设立西峰市（县级），2002年西峰撤市设区。2021年全区共辖5镇2乡和6个街道办事处，100个行政村，954个自然村，36个社区。总土地面积999.31平方公里、149.9万亩。2021年末，全区常住人口51.38万人，城镇化率达到63.2%。

【资源优势】西峰系黄土高塬沟壑区，海拔1421.0米，地势由东北向西南倾斜。地形呈一扇状，南北长约47.7公里，东西宽约34.8公里，属半干旱大陆性气候，具有季风及黄土高塬气候的双重特点，冬春多干旱，夏秋雨水较多，暴雨多集中在七、八月份。主要农作物以小麦、玉米为主，并盛产谷子、糜子、胡麻、洋芋、黄豆、油菜等，苹果栽培处于最佳纬度区。什社小米以其色泽黄亮、营养丰富而成为具有地方特色的珍品，黄花菜被国家经贸委认定为“西北特级金针菜”。主要旅游资源有发掘多处的新石器时代仰韶文化、齐家文化遗址，北魏永平二年开凿的北石窟寺，二十世纪六十年代建设的巴家咀水库大坝，肖金宋代金城寺砖塔、小崆峒山、南小河沟等自然景观以及以周祖农耕文化为主线的公刘庙、老洞山等历史遗迹。民俗文化绚丽多彩，皮影、剪纸、刺绣、陇东道情被誉为“陇东四绝”。

【国民经济】2021年，西峰区实现地区生产总值283.8亿元，比上年增长4.6%。其中，第一产业增加值增长15.2%，第二产业增加值增长2.3%，第三产业增加值增长6.0%。三次产业结构比由上年的2.8 ：45.9 ：51.3调整为2.7 ：49 ：48.3，第一产业占比降低0.1个百分点，第二产业占比提高3.1个百分点，第三产业占比下降3个百分点。全年全区十大生态产业增加值占地区生产总值的48.5%。规上工业增加值增长6.1%；社会消费品零售总额增长11.8%。城镇居民可支配收入完成38037.7元，增长7.5%；农村居民可支配收入完成12905.2元，增长10.3%；居民消费价格上涨0.7%，低于控制目标2.3个百分点。

【供给侧改革】2021年，西峰区实施乡村建设行动，启动“1315”示范工程，肖金街区面貌明显改善，打造了西合、肖显、董陈3条示范线，15个示范村创建高位推进，“一村一品、一路一景”特色乡村建设成效明显。深入实施城市更新行动，改造老旧小区72个，打通断头路4条，新增停车泊位690个、城市绿地380亩、供热能力444万平方米、供水面积12平方公里，城市服务保障能力不断提升。实行“平台统一调度、部门协作配合、网格一线落实”工作机制，深入开展环境卫生保洁、车辆乱停乱放、施工随意围挡、物业管理服务等专项整治行动，城市管理更加有序，环境面貌焕然一新。坚持绿色发展，深入推进“再造一个子午岭”提质增效工程，人工造林5万亩。以办好人民满意的教育为目标，严格执行“双减”要求，全面落实进一步提升教育质量20条措施，新增学位1900个，引进优秀紧缺教师216名，师资力量、教学质量、教育环境大幅提升。加强防灾减灾工作，灾后重建安全住房380户，妥善处置市管公房D级危楼，有效保障了群众生命安全。坚持分类施策、集中突破，为28个小区16730户居民办理不动产证，历史性解决了事关群众切身利益的“登记难”问题。政府机构改革全面完成，“放管服”改革纵深推进，国有企业改革、公共服务市场化运营取得重大进展，政府治理水平和行政效能不断提升。

【乡村振兴】2021年，全区启动实施“1315”示范工程，探索农旅型、文旅型、产业型、生态环保型、康养型“五型”乡村建设模式。制定了“五有”“五化”“五好”“五治”“五美”的乡村建设示范标准。争取上级财政衔接专项资金2.1亿元，建设项目356个。突出“防”、抓住“稳”、竭力“帮”，及时更新5230户脱贫户数据，对118户“三类户”逐户核查，精准落实帮扶措施。

【三农工作】2021年，按照“果畜兴农”的总体要求，全区制定印发了《西峰区现代丝路寒旱农业优势特色产业三年倍增行动计划总体实施方案》及其子方案，助推生猪、苹果、瓜菜主导产业全产业链、全循环链、全价值链发展，实现质量效益“双提升”。生猪产业，依托正大集团，着力建设集生猪繁育、育肥、屠宰、加工、销售为一体的全产业链条。前端突出仔猪保供扩产能，建设肖显、芮岭2400头种猪育肥基地；中端突出生猪育肥扩规模，建成投产显胜5000头生猪育肥基地，启动建设温泉齐楼、彭原鄢旗坳1.12万头育肥基地；末端突出屠宰加工扩链条，开工建设正大食品50万头生猪屠宰加工项目。苹果产业，按照“老果园抓改造、挂果园抓提质、幼果园抓管理”的思路，积极推广以高接换头、整形修剪、果园改土和配方施肥为重点的老旧、低产果园改造技术，全年完成更新栽植2400亩，老旧果园提质改造2万亩；新建500吨果蔬保鲜冷藏库1座，全区总储藏库容量累计达到7万吨；招引居立果业在彭原鄢旗坳新建200亩苹果脱毒育苗中心一处。瓜菜产业，围绕蔬菜稳产保供，加大盘活闲置资产力度，大力推进设施瓜菜和露地蔬菜生产，恢复肖金设施蔬菜基地正常生产日光温室746座，“三川”发展钢架大棚786座以上，建成3个1000亩的大棚西瓜生产基地，提升“菜篮子”供给能力。全年建成设施瓜菜示范点13个和百亩露地瓜菜示范点10个，瓜菜面积达到7.7万亩（其中设施瓜菜1.5万亩），瓜菜产量达到16.9万吨，产值2.6亿元。

【项目建设】2021年全区固定资产投资比上年增长11.1%，其中5000万元以上项目45个，增长60.7%，完成投资额下降23.5%；500—5000万元项目56个，增长51.4%，完成投资额增长26.6%。按构成分，建筑安装工程完成投资额增长9.8%；设备工器具购置完成投资额下降69.8%；其他费用完成投资额增长100.5%。按三次产业分，第一产业投资下降18.7%；第二产业投资下降67.5%，其中工业投资增长70.3%；第三产业投资增长48.3%。民间固定资产投资增长21.7%。全年项目投资中，制造业投资增长0.6%，电力、热力、燃气及水生产和供应业投资增长116.6%，交通运输、仓储和邮政业投资增长43.5%，水利、环境和公共设施管理业投资下降60.2%。

【优势产业】2021年，西峰区加大产业培育力度，建成肖显2400头种猪繁育场，全区生猪存栏规模达到16.5万头；启动建设现代农业产业园、正大食品加工厂等农业产业延链项目，生猪繁育、育肥、屠宰、加工、销售全产业链正在加快形成。将工业园区作为壮大地方工业实力的主平台，启动实施园区居民搬迁安置和综合服务楼等基础设施建设，新建标准化厂房4栋，园区综合承载能力不断提升。推动传统产业扩能提产、新兴产业加速集聚，西峰制药厂搬迁扩能、瑞海嘉提氦项目投产运行，宏大20万吨双氧水2万吨吗啉、酒钢风电风筒、森续环保设备生产等高端制造项目相继落户，在全市率先引进“新三板”上市企业国电远鹏能源科技股份有限公司。陇东国际农产品冷链物流园项目全面启动，红星美凯龙家居广场建成试运营，多元化现代商贸物流体系不断完善。

【人民生活】2021年，全区城镇居民人均可支配收入38037.7元，比上年增长7.5%；农村居民人均可支配收入12905.2元，增长10.3%。城镇居民人均生活消费支出23982.6元，增长12.3%；农村居民人均生活消费支出11931.2元，增长3.1%。城镇居民恩格尔系数27%，比上年降低0.03个百分点。农村居民恩格尔系数33.1%，比上年提高0.5个百分点。全年城镇新增就业6574人，其中失业人员再就业2902人。城镇登记失业率为3.87%。全年劳务输转5.86万人，实现劳务收入18.98亿元，人均劳务收入3.24万元。

【财政税务】全年全区财政收入23.6亿元，比上年增长11.2%，一般公共预算收入12.6亿元，增长23.6%。其中，地方各项税收收入19.8亿元，增长10.4%；非税收入0.68亿元，增长24.3%。从主体税种看，国内增值税下降6.9%，企业所得税下降1.8%。个人所得税增长1.1%。一般公共预算支出34.8亿元，增长12.6%。其中，民生支出25.10亿元，增长1.0%，民生支出中扶贫支出2.17亿元，增长77.9%。年末全区金融机构人民币存款余额达到531.2亿元，比上年末增长5.8%。其中，非金融企业增长7.6%，住户存款增长9.8%。各项贷款余额333.0亿元，增长4.1%。其中，短期贷款下降9.1%，中长期贷款增长6.8%。

【环境保护】2021年城区空气质量优良天数共340天，优良天气率93.2%，区内1个市考地表水监测断面中，达到或优于Ⅲ类断面比例为100%。区内监测的区域声环境评价（昼间）总体较好，区域声环境质量等级均为二级。全年全区平均气温10.8℃，比上年增长0.5℃。年日照小时数2157.6小时，比上年增加103.9小时。年降水量819.3毫米，比上年增加238.6毫米。全区气象雷达观测站点1个，卫星云图接收站点1个。

【社会保障】2021年末辖区城乡居民基本医疗保险参保人数285706人。城镇职工基本医疗保险参保人数18827人；城镇职工生育保险参保人数15531人；年末城乡居民基本养老保险参保人数176844人。城镇职工基本养老保险参保人数13125人；失业保险参保人数18468人；工伤保险参保人数32669人。年末全区共有8062人享受城市居民最低生活保障，13155人享受农村居民最低生活保障，627人享受农村特困人员救助供养。年末全区共有社区服务指导中心6个，社区服务中心3个，社区服务站18个，社区养老照料机构和设施15个，社区互助型养老设施15个。

【社会事业】全年授权专利441件，有效发明75个。全区共有各类学校241所，中等职业学校5所，中学25所，特殊教育学校1所，普通小学84所，幼儿园126所。辖区现有专业剧团2个，文化馆2个，图书馆2个，博物馆2个，电影院4个，画院1个，文化站10个，村（社区）文化室115个，农家书屋121个，星级宾馆2个，农家乐23个。全区共有医疗卫生机构403个。其中医院17个，医院中有综合医院5个，中医医院3个，专科医院9个；基层医疗卫生机构379个，专业公共卫生机构7个。辖区共有体育场地数895个，举办县级以上运动会22场（次），参加县级以上运动会运动员人数29750人。全年累计接待国内外游客253.8万人(次)，比上年增长14.9%；旅游综合收入达13.32亿元，增长17.5%。初步推出了蒲河川十里风情长廊线、养生运动线、寻根溯源线、民俗文化线、时令采摘线、历史文物线6条全区经典旅游线路，形成旅游产品对外宣传推介。

（左展宇）

庆城县

【基本情况】庆城县位于甘肃省东部、泾河上游，地处陕甘宁三省区交汇地带，东邻合水，西濒黑河，与镇原县相望，南与西峰毗邻，北与环县、华池接壤。位于兰州至青岛、福州至银川、银川至百色、延安至九寨沟高速公路和西安至银川铁路交汇处，国道309线、211线，省道202线贯通全境，距离庆阳机场40公里，是庆阳北三县的交通枢纽，是西安、银川经济圈的重要节点。庆城县辖9镇6乡，2021年末全县常住人口23.2万人，总土地面积2692.6平方公里，山川塬兼有。

【资源优势】庆城历史悠久，资源富集。中医鼻祖岐伯诞生于庆城，并在此与轩辕黄帝谈医论道，成就中华医学巨著《黄帝内经》，形成了独树一帜的岐黄中医药文化，被中国社科院确定为世界非物质文化遗产；夏太康年间，周先祖率族人迁徙于此，教民稼穑，削土筑城，开创了华夏农耕文明的先河。庆城是农业农村部确定的全国绿色无公害农产品示范县和首批无公害苹果示范基地，现已形成以苹果、肉羊两大产业为主导，中药材、小杂粮、瓜菜等特色产业为补充的农业产业体系；庆城是原陕甘宁边区的重要组成部分，1937年1月建立中共庆阳县委，蔡畅同志为第一任书记。抗战时期，作为拱卫延安党中央的西大门和陇东地区政治军事指挥中心，王维舟、耿飚率领八路军129师三八五旅驻防庆城达八年之久；1940年，毛泽东同志亲笔为陇东中学题写了校名；庆城是长庆油田的发源地和原油主产区，1970年钻出第一口油井（庆一井），经过50多年的发展壮大，长庆油田目前已成为全国第一大油气田，油田作业区已遍布庆城县，年产原油150万吨以上，天然气3亿立方米以上。

【国民经济】2021年，庆城县地区生产总值94.2亿元，比上年增长5.8%。其中，第一产业增加值11.8亿元，增长11.2%；第二产业增加值56.2亿元，增长3.0%；第三产业增加值26.1亿元，增长8.4%。三次产业结构比由2020年的13.9 ∶ 56.7 ∶ 29.4调整为12.6 ∶ 59.7 ∶ 27.7。全年固定资产投资总额比上年增长11.0%；社会消费品零售总额18.6亿元，增长12.8%；一般公共预算收入4.1亿元，增长8.8%。年末金融机构各项存款余额137.8亿元，比上年末增长8.8%；各项贷款余额125.4亿元，增长11.2%。

【供给侧改革】紧盯“双碳”战略和能耗“双控”目标任务，积极推进清洁能源产业发展，优化能源资源配置，稳步推进产业结构调整，全年扎实推进和深化重点领域和关键环节改革，不折不扣完成各项改革任务。发展环境持续优化，“放管服”改革全面推进落实，全年政务服务事项90%进驻政务大厅、98%实现在线办理、48%实现跨省通办和省内通办，行政许可审批时限缩减85%，“数据多跑路、群众少跑腿”成为常态。全面落实政策精准推送和“不来即享”服务，减税降费1.85亿元。“12345”政务热线实行“7×24小时”在线服务，事项办结率99.7%，满意率98.7%。

【乡村振兴】乡村振兴初具成效，建立了防贫动态监测、一户一策帮扶、防贫返贫保险、风险消除评估“四项机制”，切实防止了规模性返贫致贫风险。2019年至2021年12月，全县累计纳入“三类户”868户3328人。研究制定了《庆城县易致贫返贫户“一户一策”扶持项目菜单》，分层分类落实帮扶措施，全年累计落实“一户一策”奖补资金543万元。创新推出了防返贫保险，采取购买第三方保险服务的方式，将全县5.8万脱贫人口和“三类户”作为投保对象，按程序核定发放保险资金41户55.28万元。严格执行“七个不消”标准，确保风险彻底消除。截至目前，638户2387人稳定消除风险。统筹安排衔接资金和整合财政涉农资金共3.3亿元，集中安排实施产业、就业、乡村建设等巩固拓展脱贫攻坚成果同乡村振兴有效衔接项目6大类104个，形成“多个渠道引水、一个龙头出水”的资金投入格局。积极筹集资金217.2万元为87户实施了农村住房抗震改造项目，有效提升了全县农村居民住房安全水平。对2013年以来投入的17.315亿元各级各类扶贫资金，按照公益性资产、经营性资产和确权到农户或其他经营主体的扶贫资产三种类型进行确权登记，建立了县级管理台账，完成了确权登记和资产移交。按照示范乡镇、示范村23项建设标准，投资7400万元，扎实实施“2镇10村”示范创建行动，创建乡村振兴市级示范乡镇2个、省级示范村2个、市级示范村3个、县级示范村5个；创建清洁村庄43个，实施“一村万树”重点村9个、一般示范村27个。开展两后生培训2368人，兑付补助资金357.75万元，做到了符合条件的贫困家庭子女全面享受资助政策。

【项目建设】全年项目建设呈现出梯次推进、重点突破的良好态势。全年实施500万元以上建设项目142个，谋划储备2022—2023年重大项目164个。申报中央预算内投资项目31个，第二轮申报18个。申报专项债券项目53个，国家审核通过11个。2018年棚改安置房等43个项目全面建成，老旧小区改造等56个项目稳步推进，育才路建设、全民健身中心等14个项目复工复产。全年共实施招商引资项目50个，其中新建项目36个，续建项目14个。

【优势产业】农业产业发展势头良好，产业组团发展，招引培育“农”字号企业13家，创新推广“331+”产业扶贫模式，新建中盛产业园。肉羊、苹果产业的主导地位更加凸显，新建千只肉羊合作社37个、200头规模以上肉牛合作社7个、生猪规模养殖场9个，更新栽植瑞阳、瑞雪等新优苹果1200亩，问伐改造1万亩。工业经济实力进一步增强，能源开发和地方工业齐头并进，庆城获批全市首个省级高新技术产业开发区。累计实施工业项目19个，长荣机械、嘉辉食品被认定为省级“专精特新”中小企业，全年完成原油产量150万吨、开采天然气3.43亿立方米。文化旅游产业持续健康发展，启动岐黄周祖文化旅游区国家5A级景区创建工作，赤城镇老庄村、马岭镇马岭村通过乡村旅游示范村省级评审，庆城镇药王洞村被评为全国乡村旅游重点村，全年累计接待游客272.52万人（次），实现旅游综合收入12.58亿元。

【人民生活】2021年，庆城县城镇居民人均可支配收入达到36147元，比上年增长7.4%；城镇居民人均消费支出29400元，增长7.6%。农村居民人均可支配收入达到11140元，增长10.5%；农村居民人均生活消费支出11131元，增长1.8%。

【环境保护】2021年，庆城县环境空气质量优良天数308天，优良天气率89.5%；可吸入颗粒物（PM_{10}）平均浓度62ug/m³，细颗粒物（$PM_{2.5}$）平均浓度27ug/m³，二氧化硫（SO_2）、二氧化氮（NO_2）、一氧化碳（CO）和臭氧（O_3）平均浓度分别为11ug/m³、21ug/m³、1.1mg/m³、118ug/m³，均控制在环境空气质量二级标准范围内。经调查，公众对生态环境改善质量较为满意，满意度达到91.5%。生态环境不断改善，全面落实“河（湖）长制”“林长制”，植树造林16.2万亩，加固护岸18公里，绿化河道2435亩，县城、驿马污水处理厂和乡镇污水处理站出水水质均达到国家一级A排放标准，马莲河、蒲河流域的省、市考断面水质持续稳定达标。

【社会保障】社会保障能力显著提高，大力发展普惠性民生，注重抓好保障性民生，统筹推进教育、卫生等社会事业全面发展。全年新增城镇就业人员3520人，年末城镇登记失业率3.51%，控制在预期目标以内。全年城市居民最低生活保障人数为2870人，发放城市低保资金2041.44万元。农村最低生活保障人数为12146人，发放农村低保资金3732.38万元。全县农村特困救助人数771人，其中集中供养172人，全县共有福利机构1个，床位180张。全年，企业职工基本养老保险征缴基金5963万元，参保缴费3942人，较上年3710人增加232人，发放养老保险金5767万元；失业保险参保6702人，缴费5802人，参保缴费率达100%，累计发放失业保险待遇185.94万元；工伤保险农民工参保率99%，新开工项目参保率98%，累计发放工伤保险待遇1467万元；机关事业单位养老保险征缴基金14660万元，职业年金1781万元，发放养老金16003万元，参保6268人，缴费6143人，参保缴费率达98%。

【社会事业】2021年末，全县共有卫生健康单位29个，其中县直卫生健康单位8个，基层卫生计生单位21个；共有正式职工860人；共设病床1213张，每千人拥有病床5.16张。孕产妇住院分娩率100%，5岁以下儿童死亡率7.7‰，婴儿死亡率4.62‰，新生儿死亡率3.59‰，无孕产妇死亡。2021年，全县各级各类学校220所，在校学生44839人，教职工3212人。学前三年教育毛入园率达到98.92%，九年义务教育阶段巩固率为99.93%。全县高考一本进线率37.21%，本科进线率81.52%，均位居全市县区第一名；总录取率94.57%。2021年，全年科技工作完成上报市级以上科技计划项目35个，获批立项12个，争取项目资金84万元，完成技术合同成交金额1.1亿元；庆城省级高新技术产业开发区建设完成了阶段性工作任务，培育科技型中小企业8户，省级科技创新型企业1户，国家高新技术企业3户，市级星创天地1个，市级众创空间1个。争取落实省、市创新平台政策性奖补资金63万元；聘请下派科技特派员80名，组建科技特派员服务团队5支，争取省市选派“三区”科技人才团队2个。以科技特派员和“三区”科技人才为主体，累计开展宣传培训100期，指导建立种养科技示范点16个，引进推广秦月、瑞香等苹果新品种5个；落实东西部协作帮扶资金100万元，引进天津市农科院、天津奥群牧业等科研力量，组织实施东西部科技创新项目5项；争取市级科技宣传经费12万元，组织开展科技活动周、科普宣传日、防灾减灾科普宣传等系列活动20余次。2021年，庆城县获批全市首个省级创新型县。2021年末，全县共有文化馆总馆1个，分馆17个，群众书画交流培训服务中心一处。挖掘非遗项目达到56项，其中省级3项，市级9项，县级44项；传承人达到134人，其中省级2人，市级19人，县级113人。全年主办及承办群众文化活动：组织品牌节庆活动4个，组织文艺活动4次，受益观众4000人。举办培训班30场次，培训人员2500人次。举办展览10场，参观人员4000人次。组织公益性讲座5场，参观人员400人次。2021年年末图书馆藏书量168001册。年接待读者8977人次，年流通28879册，新办借书卡92张。庆城县博物馆1个。共有9个固定展室，举办3个临时展览，接待观众78651人，学生和儿童共23673人。全年文化产业总收入19277.9万元，文化产业增加值为952.9万元，比上年增长5.2%，共计注册文化企业133家，注销5家，新增2家。艺术表演团体1个，全年完成公益性演出81场，大型综合演出16场，商业性演出25场，经济毛收入达到26万元。体育事业。组织7人参加庆阳市一级社会体育指导员培训；2人参加庆阳市羽毛球二级裁判员培训；2人参加庆阳市二级跆拳道裁判员培训等；组织20人参加了2021年全市广场舞、柔力球二级社会体育指导员培训。联合县羽毛球协会在庆城县中油测井陇东项目部举办了庆城县2021年第一届羽毛球混合团体赛，共50人参加；举办“凤城杯”弹弓竞技友谊赛参赛人数60人。举行全县青少年篮球、乒乓球后备人才选拔赛，篮球赛选拔了12名男队员，乒乓球赛选拔16名队员；庆城县全民健身服务指导中心联合教育局举办庆祝中国共产党成立100周年暨2021届中（职）学生综合运动会，共有5000名学生参加比赛；庆城县“奔跑吧少年”青少年乒乓球集训圆满结束，共有48名学员参加集训；举办“奔跑吧·少年”主体健身活动，城内五所小学共计140名运动员参加比赛。组织9名运动员参加庆阳市乒乓球选拔大赛，4名运动员成功选拔参加甘肃省乒乓球锦标赛；组织15名运动员参加庆阳市田径选拔赛，5名运动员入选。组织10名运动员参加2021年“学史力行践初心·全民运动强体魄”干部职工篮球邀请赛，获得精神文明奖。

（樊良志）

环县

【基本情况】环县踞陕、甘、宁三省（区）之交界，鄂尔多斯盆地之腹中，大西北经济圈之中枢，银（川）—（长）武大动脉纵贯全境，神府、宁东、华亭、彬长四大煤田分布四周，中石化、中石油、延长油矿开采区块均有分布。西距兰州480公里，北距银川260公里，南距西安420公里，东距榆林280公里、延安320公里。全县辖20个乡镇、251个行政村，1487个村民小组，总土地面积9236平方公里，2021年末全县常住人口30.22万人，城镇化率37.23%。境内海拔高度在1200—2089米之间，2021年年均气温10.3℃，全年降雨量386毫米，全年日照总时数2321.6小时。

环县是红色教育的传播地，传统光荣，民风淳朴。环县是1936年解放的革命老区，红军长征途经之地，原陕甘宁省委、省政府驻地，是陕甘宁根据地的重要组成部分、中国人民解放战争的总后方。第二次国内革命战争最后一战山城堡战役就发生在环县境内。习仲勋同志为第一任县委书记。革命战争年代，环县人民的无私奉献，为中国革命做出了巨大贡献。计划经济时代，环县作为农业大县，曾将大批粮食调往省内外，有力地保障了城市粮食供给，支援了国家的工业化发展。进入市场经济后，环县由于特殊的地理环境，经济发展相对缓慢，属于国家扶贫开发工作重点县和干旱困难县。

【资源优势】环县是绿色杂粮的原产地，品质优良，物美价廉。环县盛产荞麦、糜子、谷子、洋芋、燕麦等小杂粮和胡麻、葵花、黄豆、中药材等多种经济作物，质优品良，属绿色无公害产品。其中小杂粮产量居全省之首，被命名为“中国小杂粮之乡”。全县羊只饲养量居全省第二，是西北羊绒、羊毛、皮张和各种肉食品的主产地之一。

环县矿产资源丰富，境内有石油、天然气、石灰岩、煤炭、白云岩等多种矿藏。石油地质储量达5亿多吨，是长庆油田的主产区之一；优质石灰岩储量达2000多万吨，正在开发利用；白云岩储量达18亿吨，属特优品位；全县煤炭预测储量684亿吨，其中千米以浅整状煤田预测储量51亿吨，煤层气预测储量3480亿立方米。现已探明千米以浅整状煤田储量达22亿吨，构造简单，煤质优良，煤炭开发全方位展开。

【国民经济】2021年，全县地区生产总值129.6亿元，比上年增长5.3%。其中，第一产业增加值18.5亿元，增长8.7%；第二产业增加值72.7亿元，增长5.2%；第三产业增加值38.4亿元，增长3.3%。规模以上工业增加值增长0.9%；固定资产投资额增长10.1%；社会消费品零售总额18.2亿元，增长12.8%。一般公共预算收入6.9亿元，增长9.2%。城镇居民人均可支配收入35513元，增长7.2%；农村居民人均可支配收入11136元，增长11%。

【脱贫攻坚】五年来，全县上下聚焦脱贫攻坚最大任务，尽锐出战，决战决胜，215个贫困村全部出列，3.26万户14.05万农村贫困人口如期脱贫，是全省唯一提前一年实现脱贫摘帽的深度贫困县，历史性地撕掉了贫困标签。在艰苦卓绝的脱贫攻坚战中，全县上下众志成城改穷业、战天斗地换穷貌，天津市南开区和中国化学工程集团不惧山海之远，共克贫困之坚，投入帮扶资金3.25亿元，捐款捐物3400万元，完成消费扶贫2.16亿元，共同绘就了波澜壮阔的时代画卷。强力推进易地搬迁和危房改造，保障了2.24万户农村群众居有所安，规模占全市1/3，惠及全县1/4的农村人口，被评为全国易地扶贫搬迁成效明显县，危房改造受到国务院通报表扬。持续推进“百里调黄河”引黄工程，建成甜水堡45万方、五里屯108万方调蓄水库，调蓄能力达到260万方，扬黄管线翻山越岭延伸4000多公里，新建集中供水工程175处、分散供水工程2.97万处，全县22万人用上了黄河水，53.4%的农户通上了自来水。新修农村公路522公里、砂砾路1222公里，改造农电线路2394公里，梯田面积达到244

万亩，吃水难、行路难、用电难等问题历史性解决。义务教育巩固率、县域内就诊率、贫困人口政策范围内住院报销比例均高于省定标准，高质量打赢了脱贫攻坚战。从中涌现出了一大批先进典型，48个集体、52名个人荣获全国全省先进。

【项目建设】全县上下围绕项目建设"主引擎"，上争、外引、内培齐发力，累计实施重大项目301个。银西高铁、甜永高速建成通车，341国道即将建成，对外交通瓶颈加快破解。稳步推进能源资源开发，玉门油田、延长油田落户环县，甜水堡二号煤矿正式投产，风光电装机容量达到67万千瓦，累计生产原油1018万吨、原煤507万吨、风光发电75.8亿度。交易土地增减挂和耕地占补平衡指标2.2万亩，获得资金26亿元，保障了一批重大项目的顺利推进。实施招商引资项目39个，其中超过5亿元的6个，到位资金76.9亿元，在促进产业升级、提升城市服务、稳定投资增长方面发挥了关键作用。全县生产总值年均增长10%，连续三年超过百亿元，综合实力由全省第39位上升到第19位；一般公共预算收入年均增长20%，总量实现翻番，达到6.3亿元，由全省第36位上升到第15位，打下了高质量发展的坚实基础。

【优势产业】全县上下众口一词念羊经，一心一意兴羊业，千家万户发羊财，以构建现代羊产业"三大体系"为抓手，引培龙头企业7家，建办合作社368个，培育养羊专业乡8个、专业村26个，羊只饲养量达到300万只。伟赫乳业18万吨乳制品加工厂建成投产，中盛食品厂累计屠宰肉羊70万只，销售额14亿元，年屠宰量居全国前十，销售额列行业第六。成立了"一院四所"，让科技成为产业发展的最大引擎，庆环公司被认定为"高新技术企业"，聘请的澳大利亚专家戴维德博士获得"中国政府友谊奖"。探索形成了"引育繁推一体化、种养加销一条龙"的环县模式，成功举办了全国第八届草产业高质量发展大会和全省扶贫产业体系建设现场会，环县被列为全省现代农业产业园、全国农业全产业链典型县，草羊产业步入全国"第一方阵"。"环县羊羔肉"4次登上国家级权威排行榜，荣列全国十佳羊肉品牌榜首，成为国家队运动员备战保障产品。草羊业产值突破50亿元，带动农村居民人均可支配收入年均增长9.1%，增速全市第一。年均种粮190万亩，产粮40万吨左右。注册了"环乡人"农产品区域公用品牌，培育电商企业256家，累计完成网络零售额7.23亿元，年均增长36.5%，连续三年"双11"零售额突破800万元，环县电商扶贫入选商务部十大案例，在全省、全国交流经验。中央电视台先后28次报道环县产业脱贫，吸引了12个省市80多个县（区）来环考察学习，"中国羊谷·善美环州"名扬全国。

【人民生活】2021年年末总户数10.24万户，总人口36.43万人（公安户籍人口），其中：城镇7.36万人，农村29.07万人。全年城镇居民人均可支配收入35513元，增长7.2%。农村居民人均可支配收入11136元，同比增长11%。全年输转劳动力6.71万人，创收18.77亿元，其中，贫困劳动力输转3.99万人，创收10.33亿元。城镇累计新就业2888人，新增就业3111人，城镇登记失业率2.87%。

【环境保护】全县上下齐抓共管、铁腕治污，累计投入环保资金10亿元，聚力攻坚污染防治。全面淘汰砖瓦企业轮窑类设施，城区清扫保洁逐步推行机械化，湿法作业、洒水抑尘、油烟净化等措施有效落实，管住了大气污染源，PM_{10}、$PM_{2.5}$等指标全部达标，城区优良天气率由85%提高到88.9%。完成县城污水处理厂改造提升，全覆盖建成乡镇污水处理厂，配套"人工湿地"5处，全流域治理河道，水生态环境明显改善。加快推进大规模国土绿化，完成植树造林79万亩，栽植公路行道树98条1659公里，森林覆盖率提高了1.37个百分点。新建维修淤地坝75座，治理水土流失面积493平方公里，废旧农膜回收率保持在80%以上，环境质量稳步提升。

【社会事业】坚持旧城改造、新区拓建、故城打造协同发力，贯通时空绘蓝图、填沟造地建新城，城市发展在夯基垒台中厚积成势。棚户区改造完成征拆35.8万平方米，新建安置小区12个，4361户城镇住房困难家庭实现了"安居梦"。建成全市规模最大的搬迁安置小区—富润小康嘉园，让1242户农民"进城上楼"。改造老旧小区住宅楼37幢，惠及897户。建成市政道路13条9公里，"四纵十六横"路网基本形成，县城建成区面积达到9.5平方公里，扩大了30%。新建集中供热工程2处，县城集中供热率达到95%以上。培育形成了环江地中海小吃一条街，夜市经济持续繁荣。建成南区生态文化广场，更换人行道砖5万平方米，完成东山公园、盘旋路、体育场和环江民俗文化风情线提升改造，新增城市绿地21.2万平方米，新建停车场7个、公厕28座，购置新能源公交车47辆、出租车60辆，县城更加宜居、更具活力。

【社会保障】全县上下共谋民利、共建和谐，将80%以上财政资金用于民生领域，民生保障更有温度。办理人大代表建议187件、政协委员提案169件、民生实事75件。新建幼儿园4所，完成环城小学、合道中心小学整体搬迁和135所薄弱学校改造，义务教育均衡发展和职教水平居于全省前列，高考进线率由60%提高到67.11%。县医院通过三乙评审，县中医院通过二甲评审，更换乡镇卫生院救护车20辆，协同共建医联体、医共体，医疗服务水平极大提升。医疗保险城乡统筹，累计为90.27万人（次）报销医疗费9.83亿元。全力打好疫情防控阻击战，守住了"零输入、零感染"的底线。文艺事业、文化产业繁荣发展，环县道情皮影远赴加拿大等4国交流展演，电视剧《陇原英雄传》入选新中国成立70周年展播剧目，历史文化游、红色游、乡村游方兴未艾。"放管服"改革由点到面，政务服务"一网通办"事项887项，一窗受理率达到88%，"群众少跑腿、数据多跑路"逐渐成为常态。社会保障提标扩面，累计发放养老保险、社会救助、就业补助等资金25.3亿元。安全生产责任体系、执法监管体系、应急救援管理体系深化完善，安全监管持续加强。深入开展扫黑除恶专项斗争，积极化解矛盾纠纷，社会大局和谐稳定。

（李晓成）

华池县

【基本情况】华池县位于甘肃省东部，庆阳市北部，地处东经107°29′~108°33′，北纬36°07′~36°51′之间。东、北与陕西省志丹、吴旗、定边县接壤，西、南与环县、庆城、合水为邻，县境南北长37—110公里，东西宽27—84公里，地形北高南低，海拔在1100—1780米之间。华池古属雍州，1934年，陕甘边区苏维埃政府成立，同时成立华池县。1958年至1961年合并于庆阳县。1962年恢复华池县至今。全县共辖6镇9乡，5个社区，111个行政村，646个村民小组，2021年末全县户籍人口13.95万人，常住人口11.8万人，有汉、蒙、回、藏、维、苗、壮、满、侗、土家、彝、布依、朝鲜等13个民族居住。总土地面积3790平方公里，可耕地面积99.92万亩。

【资源优势】华池属黄土高原丘陵沟壑区，境内梁峁相间，沟壑纵横。境内有元城河、柔远河、城壕河、二将川河四条主要河流，年总流径量6288万立方米。石油蕴藏面积2200平方公里，储量8.6亿吨，初步预测悦乐矿区（含庆城、环县）储煤面积约2364平方公里，预测储量约80亿吨。横跨县境东端的天然屏障子午岭林区原始次森林面积达150多万亩；土地资源丰富，土层深厚，光照充足，适生作物品种繁多。白瓜籽、黄花菜、黑木耳、小杂粮等土特产品驰名陇上。黄豆、荞麦深受国内保健食品原料市场的青睐。沙棘原浆口服液、白瓜籽等走出国门，销往美国、东南亚等地。华池是陕甘边区最早的革命根据地之一。1929年建立党组织，1931年建立了装南梁游击队。1934年刘志丹、谢子长、习仲勋等老一辈革命家在南梁创建了西北第一个陕甘边苏维埃政权—南梁政府。以南梁为中心的陕甘边革命根据地，是第二次土地革命战争后期我党“硕果仅存”的革命根据地，是党中央和中央红军长征的落脚点，是八路军奔赴抗日前线的出发点。南梁革命纪念馆是国家“AAAA”级旅游景区，被国家确定为全国爱国主义教育示范基地和全国国防教育基地。

【国民经济】初步核算，2021年全县地区生产总值117.9亿元，比上年增长3.1%。其中，第一产业增加值6.78亿元，增长5.9%；第二产业增加值94.7亿元，增长3.3%；第三产业增加值16.4亿元，增长1.3%。三次产业结构比由上年的6.3：77.5：16.2调整为6.7：76.5：16.8。规模以上工业增加值增长1.8%；社会消费品零售总额8.9亿元，增长10.8%。城镇居民人均可支配收入36760元，增长6.6%；农村居民人均可支配收入11119元，增长10.7%。

【供给侧改革】扎实开展党史学习教育，政府系统党风廉政建设全面加强。坚持依法决策、依法行政，自觉接受人大、政协监督，办理人大代表建议152件、政协委员提案280件。“放管服”改革稳步推进，取消、调整、承接行政审批事项79项，全力推行政务服务事项“不见面审批”，网上开通率99%。全面完成政府机构改革，政府职能更加清晰，协调服务更加顺畅。从严落实中央“八项规定”及其实施细则精神，严厉惩治侵害群众利益的不正之风，风清气正、求真务实的干事创业环境逐步形成。坚持把人民群众生命安全和身体健康放在第一位，外防输入、内防扩散，做到了“零确诊、零感染、零疑似”，疫情防控取得了阶段性成效。竭力保障财政运转，开源节流，向上争取，严管支出，多措并举，千方百计偿还民营、中小企业欠款9.68亿元，累计化解政府隐性债务16.52亿元，是目前全年财政收入的5倍，同时保障了职工工资、单位运行、脱贫攻坚、环境治理和民生资金所需，华池县被纳入财政部全国隐性债务风险化解试点县，全县财税金融运行平稳有力。高度重视平安华池建设，认真开展扫黑除恶、安全生产专项整治三年行动，安全生产事故和刑事治安案件不断下降，社会大局持续稳定。

【乡村振兴】紧扣“一巩固五振兴一行动”，扎实推动巩固拓展脱贫攻坚成果同乡村振兴有效衔接，促进农业高质高效、乡村宜居宜业、农民富裕富足。实施集中供水工程37处、分散供水工程10458处，改造危房1.1万户，新修村组硬化路470公里，行政村全部通硬化路。义务教育入学率达到100%，医保参保率达到99%，贫困群众“两不愁三保障”目标全部实现，全县56个贫困村全部退出，9243户35656名贫困人口全部脱贫，历史性解决了绝对贫困问题，与全国一道全面建成小康社会。各级帮扶单位和帮扶干部鼎力支持，各界爱心人士积极参与，东西部扶贫协作、中央企业定点帮扶工作扎实有效，落实衔接资金3.14亿元，实施各类项目135个，加快了全县乡村振兴进程。

【“三农”工作】深入实施现代丝路寒旱农业优势特色产业三年倍增行动，抓紧抓实“双百双十”产业基地建设，持续强龙头、扩规模、延链条、聚集群，加快构建种养加、产供销、贸工农一体化推进、全链条发展的现代农业产业体系。一是农业结构调整步伐加快。2021年全县农林牧渔服务业总产值11.4亿元，农林牧渔业增加值6.9亿元。二是林业生产形势良好。全年全县造林面积18.28万亩，育苗面积1.6万亩，当年苗木产量9421.5万株，果园面积1.02万亩，水果产量0.82万吨，林木蓄积量300万立方米，森林覆盖率30.71%。三是畜牧业平稳增长。年末大牲畜存栏2万头，比上年增长22.32%。牛存栏1.65万头，增长32.89%；出栏0.76万头，增长31.89%。猪存栏3.36万头，增长11.62%；出栏3.19万头，增长17.76%。羊存栏20.64万只，增长32.82%；出栏6.04万只，增长25.67%。家禽存栏23.54万只，下降16.26%；出栏16.41万只，增长25.84%。肉类总产量4522吨，增长20.81%。牛奶产量1074吨，下降23.61%。鲜蛋产量1213吨。四是农业机械化水平提高。年末全县水平梯田面积67.15万亩，比上年末增长1.51%；有效灌溉面积7.97万亩；保证灌溉面积6.21万亩。农用化肥施用量实物1.15万吨，下降1.48%。薄膜使用量0.19万吨，增长6.14%；地膜覆盖面积39.56万亩，下降2.55%；棚膜覆盖面积0.26万亩，增长3.11%；日光温室520亩，增长26.73%。年末农业机械总动力18.99万千瓦，增长4.05%。拖拉机2759台，旋耕机2608台，脱粒机6830台，草料加工机械11045台。

【项目建设】持续推进城市更新，投资7.6亿元实施了华吴路、教育路拓宽改造、建材路片区道路等市政工程

30个，改造棚户区34.6万平方米2890户、老旧小区38个，开发商住小区11个。建成县城集中供热工程，城区集中供热覆盖率100%，天然气主管网覆盖率90%，修建停车场7处、公厕13处。县城区面积扩展到8.29平方公里，城镇化率达到43.49%，城市设施更加完善，功能更加齐全。全力改善交通出行，打庆高速、通用机场、S506孙家湾至白马公路开工建设，S201线杨新庄至南梁段、乔紫南公路建成通车，交通出行条件发生了巨大变化。农村“三大革命”成效显著，新建、改建农村户厕1.28万座，创建“清洁村庄”111个，人居环境全面改善。2021年，全县固定资产投资比上年增长97.3%，其中，5000万元以上项目投资增长240%，5000万元以下项目投资下降30%，房地产投资下降10%。

【优势产业】紧盯做大传统能源，100万吨页岩油开发全面推进，建成了城壕H60国内陆上最大的页岩油开发平台和紫坊畔白409最大的丛式钻井平台，原油产量实现“五连增”，2021年底达到334.59万吨，占全市原油产量的35%，是全市第一采油大县。大力发展新型能源，城壕、五蛟3.3万千瓦光伏并网发电，华能华池南梁及紫坊畔分散式风电项目年底将建成并网，风电建设填补了华池县空白。统筹推进其他工业，沙棘综合加工生产线扩建、污油泥处理等26个工业项目建成投产，总投资12.1亿元的石墨深加工、天然气回收利用等7个工业项目开工实施，工业经济由单一向多元转变，结构体系趋于合理。消费市场活力充分激发，各类市场主体增至7100户，电子商务交易额2.2亿元，经济社会发展后劲持续增强。

【人民生活】2021年，全县城镇居民人均可支配收入36760元，比上年增长6.6%；农村居民人均可支配收入11119元，增长10.7%。城乡收入比为3.31 ：1。城乡居民恩格尔系数分别为29.9%和33.29%。城乡居民人均住房面积分别为30.97平方米和23.08平方米。2021年全县事业单位各类专业技术人员1944人，其中高级技术人员431人。全年城镇新增就业1266人，其中失业人员再就业618人。城镇登记失业率为4.27%。全年输转城乡富余劳动力3.14万人，其中有组织输出2.58万人；劳务总收入达到12亿元，增长0.93%。

【财税保险】全年一般公共预算收入3.7亿元，比上年增长27.1%。其中，税收收入1.28亿元，增长23.3%；非税收入2.39亿元，增长29.19%。从主体税种看，增值税0.53亿元，增长9.64%；企业所得税325万元，下降46.46%；个人所得税337万元，增长18.25%。一般公共预算支出23.38亿元，增长14.62%。年末全县金融机构人民币各项存款余额63.2亿元，比年初增长14.3%；其中住户存款余额50.5亿元，比年初增长12.0%。金融机构人民币各项贷款余额33.1亿元，比年初增长21.5%。存贷比为1.91 ：1。全年保费总收入17609.89万元，比上年增长11.54%；支付各类赔款及给付7141.9万元，增长48.84%。

【环境保护】2021年环境空气质量监测结果达到和好于二级的天数315天，优良天气率为89.2%。全县2条河流考核断面中（柔远河新堡断面、葫芦河林镇断面），水质为优的1个（葫芦河林镇断面），水质为良的1个（新堡大桥断面），水质达标率为100%，水质优良（达到或好于Ⅲ类）比例为100%。与上年相比，柔远河新堡大桥、葫芦河林镇断面水质持续向好。全县开展监测的2处县级集中式饮用水源地均达到地表水（地下水）Ⅲ类水质标准。全县声环境质量Ⅰ类、Ⅱ类、Ⅲ类、Ⅳ类功能区昼间、夜间等效声级均达标。全年全县平均气温为8.9℃，比上年增加0.5℃。年日照小时数2294.6小时，比上年增加19.3小时。年降水量653毫米，比上年减少162毫米。年平均相对湿度62%，比上年下降2个百分点。无霜期210天，比上年减少59天。

【社会保障】坚持人民至上、民生为要，全力推进实事惠民、科教育民、文化乐民、卫生健民、就业安民、保障亲民“六大惠民工程”，保障了人民安居乐业、社会安定有序。全县参加城乡居民养老保险人数80597人，参加企业养老保险人数2893人，参加机关事业养老保险人数6162人。全县参加城乡居民基本医疗保险人数118813人，其中，农村居民111788人；城镇居民7025人，参保率99.3%。参加城镇职工基本医疗保险人数9340人。参加失业保险人数5220人。参加工伤保险人数10154人。参加生育保险人数8495人。全县城市低保1027户2289人，比上年末增加19户、增加5人；农村低保4000户11481人，比上年末增加621户、增加1600人。年末全县共有各类社区服务机构和设施207个。其中，社区服务中心15个，社区服务站116个，社区养老照料机构和设施76个。

【社会事业】全年共组织实施农业、工业、医疗卫生和社会公益事业等各类国家、省、市科技计划项目5项，共投入科技经费56万元。专利授权量75件，比上年增长74%，其中发明专利授权量2件，增长100%。有效发明专利12件，每万人口发明专利拥有量1件。全县共有各类学校141所。教职员工2182人，当年新招生6174人，在校学生24039人，学龄儿童入学率100%，6—12岁儿童入学率100%，高中阶段毛入学率97.99%，九年义务教育巩固率99.88%，学前教育三年毛入园率97.09%。全县大专以上高考录取人数1078人，录取率94.56%。新建、改建校舍3万平方米。全县共有专业国有文化艺术表演团体1个，乡镇文化站15个，广播电视机构2个，调频转播台5座。全县医疗卫生机构总数151个。其中，医院2个，乡镇卫生院19个（含社区医疗工作站），社区卫生服务中心（站）1个，村卫生室111个，诊所14个，妇幼保健院（站）1个，疾病预防控制中心1个，卫生监督所（中心）1个，地方病防治机构1个。全县共有体育场地134个（含村级体育场），举办县以上运动会2次，参加运动员405人次，获奖40人次。全年接待国内外旅游人数166.1万人次，实现旅游收入7.31亿元。

（胡俊伟）

合水县

【基本情况】合水县，合水古称乐蟠，位于甘肃省最东部，是著名的黄河象故里、古石刻之乡、秦直道要冲、子午岭腹地、红二十六军摇篮。地处陇东黄土高原，位于东经107°51′~108°42′，北纬35°38′~36°36′之间，东邻陕西省富县，西连庆城县，南接宁县，北靠华池县及陕西省志丹县，东西长138公里，南北宽80公里，总土地面积2888.0平方公里（433.2万亩）。辖西华池镇、吉岘镇、何家畔镇、肖咀镇、段家集乡、固城镇、店子乡、太莪乡、板桥镇、老城镇、蒿咀铺乡和太白镇，共80个行政村，5个社区。地形东北部为丘陵沟壑区，海拔1458—1682米，西南部分为高原沟壑区，海拔1190—1387米。地处子午岭山麓，境内地势山川相间，东北高，西南低，子午岭纵贯南北，将县分为东西两大部分，呈现出东水东流，西水西去之势，岭上有穿境而过的“秦直道”被誉为古代中国的高速公路，闻名遐迩；岭下有“小江南”之称的太白川，林草茂密。系泾河上游地带，境内有县川河、马莲河、固城河、葫芦河四条河流，以子午岭为分水岭，马莲河、县川河、固城河为泾河支流，葫芦河为洛河支流。国道309、211和银西高速、青兰高速交错过境，南太高速合水段开工建设，全县乡镇通油路率达到100%，全县交通基础设施建设实现新突破。合水县属温带大陆性气候，光照充足，雨量充沛，四季分明，气候宜人，平均年总日照时数2457.2小时，无霜期165天。2021年全年全县年平均气温9.8℃，较历年偏高0.4℃。年日照总时数为2259.1小时，比常年平均少照198小时，占可照时数的51%。年降水量783.8毫米，比历年偏多181.6%。年最大积雪深度4cm，出现在12月2日。最大冻土深度32cm，出现在12月，共5天。晚霜冻结束在3月6日，比历年最早日期早29天，初霜冻开始于10月25日，比历年最晚日期早1天。全年无霜日数245天，属无霜期偏多年份。

【资源优势】合水县内物华天宝，沃野千里，资源丰富，主要盛产小麦、玉米、马铃薯、黄豆、油料等特色小杂粮品质优良，备受推崇；瓜菜、苹果、白瓜籽、黑木耳、鹿茸等优质土特产品久负盛名，备受青睐；甘草、麻黄、柴胡、远志、枣仁等150多种名贵中药材及核桃仁、花椒、槐米、稻米等土特产品倍受客商青睐；梅花鹿、狐、黄羊、野猪等140余种野生动物与200多万亩森林依栖相伴，生息繁衍。石油、煤炭等矿产资源丰富，已探明石油储量2.7亿吨，煤炭总储量71.3亿吨，最优煤层厚度12.8米，开发潜力巨大。境内发掘文化遗址及文物点654处，其中列为省级保护的10处，地、县级保护的31处，馆藏各类文物3000余件；1973年春，在板桥镇穆旗村挖掘出土的第四季早期完整的黄河剑齿象化石，是世界上发现最早、骨骼最大、个体保存最完整的剑齿象化石，曾轰动世界，书写了合水历史上最有价值、最辉煌的一页，现陈列在北京自然博物馆。国家AAA级旅游景点陇东古石刻艺术博物馆被誉为“可移动的敦煌莫高窟”。石桥遗址、九站遗址为新石器时代的仰韶文化、齐家文化、寺洼文化；西辕的青铜器，战国时代的铁器、玉器；春秋时期的古道；北魏的保全寺石窟、张家沟门石窟；唐宋的莲花寺石窟遗址和古建筑，证明了至少在四千年前就有人类在这块土地上生息劳动着。主要民俗文化有剪纸、香包、刺绣、根雕、皮影、面塑、石雕等。《合水面塑风俗》《合水石雕艺术》《合水编结技艺》《合水民谣》被列入省级非物质文化遗产名录，《合水唢呐》《合水香包刺绣》被列入市级非物质文化遗产名录，被命名为省级“面塑之乡”。合水是南梁根据地和陕甘宁边区的重要组成部分，刘志丹太白起义、包家寨子会议、倒水湾整编等历史事件在境内发生，为中国革命做出了巨大贡献。包家寨子革命纪念馆和陕甘红军纪念园面向社会免费开放。

【国民经济】2021年，全县地区生产总值68.1亿元，比上年增长3.6%。其中，第一产业增加值7.3亿元，增长10.8%；第二产业增加值43.9亿元，增长2.2%；第三产业增加值17.0亿元，增长3.5%。三次产业结构比由2020年11.9：60.8：27.3调整为10.7：64.4：24.9。全年人均地区生产总值50568元，比上年增长4.1%。规模以上工业增加值增长3.3%；固定资产投资增长10.5%；社会消费品零售总额10.4亿元，增长11.7%。一般公共预算收入26120万元，增长36.3%。城镇居民人均可支配收入34429.7元，增长6.47%；农村居民人均可支配收入11401.9元，增长10.8%。单位生产总值能耗和主要污染物排放均在控制目标以内。

【乡村振兴】坚持真帮实扶，强化防返贫动态监测。通过乡村两级入户核查、部门预警推送等方式，全面核实存在致贫返贫农户，及时帮扶，跟踪监测，建立“对象觉察、风险预警、及时纳入、动态帮扶、问题消除”的全过程闭环管理机制，坚决防止发生规模性返贫。厚植发展优势，加强富民产业培育。深入推进“五个十万”工程（10万只奶羊培育、10万头肉牛扩繁、10万亩苹果提质、10万亩瓜菜增效、10万亩牧草保障），培育壮大支柱产业，不断夯实群众增收根基。完成老弱病果园退果还田5160亩，郁闭园改造6000亩，栽植2000亩，全县果园留存面积9.5万亩。建成奶羊规模养殖场35个，投资8182.74万元，建设万只奶羊繁育中心1处，奶羊存栏2.9万只。建成千头标准化良种肉牛培育基地1个，调引基础母牛2.0万头，新（改）建合作社6个、圈舍500座，投放到户能繁母牛788头，发放贷款2398万元，全县肉牛饲养量3.6万头。恢复启动各类设施大棚2600座，新建设施大棚223座，种植各类瓜菜8.5万亩。新种紫花苜蓿4000亩，建办草业合作社8个，完成玉米、甜高粱等饲草种植3万亩，青贮饲草25万吨。农业产业产值达到7亿元，占农村居民人均可支配收入的70%以上，实现了村有致富产业、户有增收项目。拓宽增收渠道，抓好稳岗就业创业。

【项目建设】2021年，全县固定资产投资比上年增长10.5%，增长态势良好。从项目投资看，全县在库500万元以上投资项目88个。其中，5000万元以上项目20个，增长25%；5000万元以下项目68个，增长54.5%；房地产项目9个，增长74.4%。从三次产业看，第一产业固定资产投资增长2.7倍，第二产业2.3倍，第三产业下降2.2%。项目建设增长的良好态势使合水城乡面貌彻底蜕变、焕发新颜。投资6.5亿元新建改建省道、县乡道路、通村通组道路563公里，建成了一批群众期盼的产业路、入户路，全县路网格局进一步优化，通行能力大幅提升，被评为“四好农村路”全国示范县，农村道路交通状况的大幅改善。

【优势产业】2021年，合水经济结构加大调整、新旧动能加速转换。纵深推进经济结构战略性调整，播种粮食作物23万亩，产量达到7万吨以上，粮食安全的压舱石作用充分显现。大力实施农业特色产业“五个十万”工程，果园面积达到9万亩，畜牧养殖达到80万头（只），瓜菜面积稳定在5万亩，种植各类牧草14万亩，特色产业格局拉开架式，现代农业体系初步成型，主导产业对农村居民人均可支配收入的贡献率达到70%以上。能源资源开发稳步推进，原油产量比上年增长3.6%。地方工业企业规模达到390户，百跃羊乳等13户重点企业入驻工业集中区。新能源产业从无到有，建成扶贫光伏电站12兆瓦，并网发电4342万千瓦时，被确定为全省分布式光伏整乡推进试点县。着力培育现代新兴产业，太白生态康养、花溪谷等文旅项目顺利推进，陕甘红军纪念馆、包家寨子会议旧址成为延安—南梁精品红色旅游线路重要节点，全年累计接待游客120万人次以上，实现旅游收入3.9亿元；投资8000万元，在全市率先建成智慧城市运行管理中心，智慧农业、智慧教育、智慧城管等多个领域数字化应用迅速发展，成功举办了2021合水县域城市智能体峰会；国家级电子商务进农村综合示范县全面建成，电商交易额达到10.7亿元，文化旅游、数字经济、电子商务等新兴产业，为全县发展注入了新动能，成为新的经济增长点。

【人民生活】2021年，全县城镇居民人均可支配收入34429.7元，比上年增长6.5%，农村居民人均可支配收入11401.9元，增长10.8%。城乡收入比3.0，比上年缩小0.1个百分点。

城镇居民人均生活消费支出19431.7元，比上年增长4.2%；农村居民人均生活消费支出10055.5元，增长6.8%。从恩格尔系数看，城镇居民恩格尔系数为28.9%，比上年降低0.4个百分点；农村居民恩格尔系数为33.7%，比上年降低1.9个百分点。

【环境保护】全县3条主要河流3个考核断面中，水质为优的2个（太白、玉皇沟）；水质为良好的1个（铁李川）。按水功能类别评价，3个地表水功能区水质全部达标，水质达标率为100%，水质优良（达到或好于Ⅲ类）比例为100%。与上年相比，国家、省、市考核断面水质明显变好。全县开展监测的3处县级集中式饮用水源保护区（合水县新村水库、香水水库、徐阳沟水库），全部达到地表水（地下水）Ⅲ类水质标准，水质达标率100%；太莪、肖咀、段家集3个乡镇饮用水源地水质均符合《地下水质量标准》Ⅲ类标准，王家河水库、太乐沟水源地均符合《地表水质量标准》Ⅲ类标准，5个乡镇集中式饮用水水源保护区水质达标率100%。城区二氧化硫浓度9mg/m^3、二氧化氮浓度12mg/m^3、可吸入颗粒物52mg/m^3，平均浓度达到《环境空气质量标准》二级标准；县城城区及交通干线环境噪声平均等效声级均达到《声环境质量标准》限值。

【社会事业】2021年，全县社会事业取得新进步。全年专利授权量42件，比上年增长16.7%，其中发明专利授权量2件，增长100%。实用新型专利34件，增长3%。外观设计专利6件，增长200%。

全县共有各类学校175所，其中，普通高级中学1所，职业中学1所，独立初中2所，九年制学校5所，小学71所，幼儿园95所；共有教职工2307人；年末在校学生28431人。学前教育毛入学率为98.9%，九年义务教育巩固率99.8%。全县本科以上院校高考录取人数576人。

全县现有文化馆、图书馆、博物馆各1所，文联组织1个，藏书7.8万册，文物藏量3291件。电视台、广播电台各1座，电视和广播人口覆盖率达到100%，全县拥有有线数字电视用户4199户。乡镇文化站12个，建成乡村舞台80个、文化集市12处，农家书屋80个。生产香包、刺绣等民俗文化产品21.2万件。文化企业达到82户。

包家寨子革命纪念馆、黄河古象森林公园、南区文化广场、陕甘红军纪念园面向社会免费开放；花溪谷生态旅游景区，已完成基础设施及配套设施建设。建成旅游农家乐4户，全年接待各类旅游人数81.9万人次，实现旅游综合收入3.9亿元。

全县有卫生机构145个，其中综合医院1个、中医医院1个，卫生院11个、疾病预防控制中心1个、妇幼保健机构1个、卫生监督所1个，社区卫生服务中心1个、村卫生室84个、民营医疗机构44个。设置卫生床位数985张，实际开放688张。卫生技术人员891人，其中，执业助理医师341人，注册护士334人。年末医疗机构共接诊门诊患者23.12万人次，住院1.9万人次，业务收入8239.6万元。

全县有体育场地数279个，等级教练员6人，等级裁判员58人。举办县级以上运动会5次，参加县级以上运动会运动员人数3500人次，市级以上比赛获得奖牌22枚。

【社会保障】2021年，年末全县城镇企业职工基本养老保险参保人数3319人，缴费人数3075人，征缴养老保险基金4674.0万元；全县现有企业退休职工2288人，机关事业单位退休职工2006人。当年办理退休手续89人。失业保险参保人数5110人，征缴失业保险基金302.7万元；工伤保险参保人数7895人，征缴工伤保险基金256.1万元。

年末全县城乡居民社会养老保险应参保人数107003人，参保人数106229人，参保率为99.3%。60岁以上已享受待遇人数为23133人，发放养老保险待遇3749.6万元，养老保险待遇发放率为100%。

年末全县城镇职工基本医疗保险参保人数9438人，征缴基本医疗保险基金4070.9万元。城乡居民基本医疗保险参保152064人，参保率为99.8%；征缴个人保险费4257.8万元。全年城乡居民医保基金支出总额7572.6万元，累计受益2.3万人次。城乡居民参保资助59704人，资助金额654.3万元。年末全县保障城市低保对象809户166人，发放保障金1189.9万元，比上年增加16.6万元；保障农村低保对象4775户12656人，发放保障金3285.8万元，比上年减少944.4万元。

（张东林）

正宁县

【基本情况】正宁县位于甘肃省庆阳市东南部、子午岭西麓，属陇东黄土高塬沟壑区，东与陕西省黄陵县以子午岭为界，南与陕西省旬邑县、西南与陕西省彬州市相邻，西与陕西省长武县以泾河为界，北与本市宁县相接。地处东经107°56′2″~108°38′8″，北纬35°14′40″~35°36′18″。地形东高西低、东宽西窄，略呈三角形，东部为子午岭林区，中西部为平原沟谷宜农区。境内被支党河、嘉峪河、四郎河分割为“四塬三川”，平均海拔1460米，年平均气温9.9℃，年降水量952.4毫米，无霜期249天。全县辖8镇2乡、94个行政村、7个社区居委会、678个村民小组。县域总面积1319.5平方公里，耕地43万亩。

【资源优势】正宁气候湿润、土壤肥沃，物产富饶，是天然的绿色农产品生产基地，素有“陇东粮仓”之称，农产品种类繁多，品质优良，“陇蜜”苹果、“宫河”大葱、罗川旱烟享誉陇原，形成了“塬面烟果、川区蔬菜、林缘草畜、全县劳务”的特色产业格局，旱作农业发展、农业结构调整走在全省前列。煤炭、石油、天然气储量丰富，是庆阳建设亿吨级大煤田的重点区，已探明煤炭储量25亿吨。宁正煤田核桃峪800万吨矿井实现联合试运转，银西高铁、甜永高速正宁段建成通车，正宁电厂开工建设，罗川煤田正待开发，潜力巨大。

【国民经济】2021年，全县上下以习近平新时代中国特色社会主义思想为指导，全面贯彻党的十九大和十九届历次全会精神，全力巩固拓展疫情防控和经济社会发展成果，做好“六稳”工作、落实“六保”任务，全县经济社会发展态势稳健，“十四五”规划目标开局良好。初步核算，全年全县地区生产总值27.4亿元，比上年增长3.3%。其中，第一、二、三产业增加值分别完成6.6亿元、2.3亿元、18.6亿元，分别增长10.9%、5.4%、0.7%。三次产业结构比由上年21.9 ∶ 7.7 ∶ 70.4调整为2021年的23.9 ∶ 8.3 ∶ 67.8。人均地区生产总值15955元。全县一般公共预算收入23011万元，增长103.1%。社会消费品零售总额121927.3万元，增长10.7%。

【乡村振兴】严格贯彻中央、省市巩固拓展脱贫攻坚成果同乡村振兴有效衔接决策部署，巩固拓展脱贫攻坚成果同乡村振兴有效衔接重点工作。精准识别监测。以所有农户为对象，重点关注“三类户”收入支出状况、“两不愁三保障”及饮水安全状况等，共监测5.39万户18.76万人，识别“三类户”405户1468人。完善帮扶机制。制定《正宁县健全防止返贫动态监测和帮扶机制工作方案》，按照“脱贫不脱帮扶”的要求，对巩固拓展脱贫攻坚成果和乡村振兴任务重的村，继续选派驻村第一书记和工作队。向29个乡村振兴任务重的村选派第一书记29名、驻村队员62名，向一般村选派驻村队长65名、队员138名，持续深化各级结对帮扶关系127个，积极搭建“政银企担”合作平台，全年发放小额信贷1767户8816.03万元。强化基础设施建设。围绕特色产业发展、基础设施提升、通信网络提升、供水工程提标、通组联户路延伸、综合服务提质等六方面，争取中央专项彩票公益金支持欠发达革命老区乡村振兴建设项目资金5000万元、中央预算内投资四郎河川水流域综合治理项目资金2400万元。

【“三农”工作】全年全县农林牧渔业增加值完成6.75亿元，比上年增长10.6%。其中，第一产业增加值6.56亿元，增长10.9%；农林牧渔服务业增加值0.19万元，增长0.8%。粮食作物播种面积12.94万亩，增长13.01%。蔬菜种植面积1.52万亩，下降53.52%。果园面积11.79万亩，下降1.42%。中药材面积2.95万亩，增长45.32%。粮食总产量5.21万吨，增长12.28%；粮食平均亩产403公斤。蔬菜产量2.31万吨，下降36.54%。水果产量7.95万吨，增长8.76%。中药材产量14386吨，增长54.84%。肉类产量5733.69吨，增长39.45%。奶类产量444.61吨，增长164.4%。牛存栏1.92万头，增长61.34%，出栏0.74万头，增长164.29%；羊存栏1.65万只，增长25.95%，出栏1.11万只，增长26.14%；猪存栏8.29万头，增长18.43%，出栏6.03万头，增长34%；家禽存栏20.72万只，下降15.57%，出栏11.87万只，增长19.54%。

【项目建设】2021年，全县固定资产投资比上年下降15.4%。按三次产业分，第一产业投资下降6.0%；第二产业投资增长24.3%，其中工业投资增长24.3%；第三产业投资下降36.8%。全年在库项目67个（含房地产项目11个）。其中，5000万元以上项目20个，增长53.8%，完成投资额下降18.2%；5000万元以下项目47个，增长9.3%，完成投资额下降8.3%。全年房地产开发投资额比上年下降4.4%。房屋施工面积11.3万平方米，下降66.3%。商品房销售面积0.4万平方米，下降69.1%。在县城建设上，组织实施集中供热二期工程、集中供热四期工程、轩辕大道西口排水下沟工程，山河路消火栓敷设工程、环城路部分路段排污管网敷设工程、平安路道路工程、污水处理厂提标改造项目、月明路雨水工程、北沟排洪工程等市政项目9个。在村镇建设上，坚持把小城镇建设作为助力乡村振兴的重要抓手，按照“基础先行、建管并重”的思路，坚持规模适度、增强特色、强化功能的原则，总投资3170万元，组织实施小城镇环境整治、基础设施项目、便民服务等项目21个。以县城为中心，乡镇街区为辐射，以镇带村、以村促镇的城镇建设体系正在形成。先后组织实施污水拉运、南北沟污水提升泵站、县城环城路污水管网敷设、污水处理厂提标改造项目5个，疏通管网15.9公里，在全市率先推行排水许可制度，发放排水许可证385户。

【人民生活】全年全县城镇居民人均可支配收入34170元，比上年增长7.2%；农村居民人均可支配收入12455元，增长10.1%。城镇居民人均生活消费支出23438元，增长4.7%；农村居民人均生活消费支出8572元，增长9.6%。城镇居民恩格尔系数为30.2%，农村居民恩格尔系数为32.9%。全年城镇新增就业2148人，城镇登记失业率为3.8%，失业人员再就业837人，就业困难人员再就业372人，职业技能培训5720人次，脱贫劳动力培训365人，输转城乡富余劳动力4.81万人。

【财税金融】全年全县一般公共预算收入23011万元，增长103.1%。其中，税收收入7498万元，增长20.3%；非税收入

15513万元，增长204.4%。从主体税种看，增值税2191万元，下降17.5%；企业所得税289万元，下降1.7%；个人所得税147万元，增长90.9%。一般公共预算支出221839万元，增长28%。其中一般公共服务支出22336万元，下降12%。年末全县金融机构人民币各项存款余额97.4亿元，比上年末增长15.8%；人民币各项贷款余额45.5亿元，增长41.6%。

【环境保护】全年空气监测总天数为365天，剔除无效天数后，有效监测天数349天，优良天数为322天，优良率为92.3%，高于年度控制目标7.23个百分点。PM_{10}年均值为47μg/m³，低于年度控制目标23个百分点，$PM_{2.5}$年均值为18μg/m³，低于年度控制目标17个百分点，全面完成了省市的控制标准。国控四郎河罗川断面及支党河张家堡断面均达到《地表水环境质量标准》（GB3838-2002）Ⅲ类标准，达标率100%。县城集中式饮用水源地庵里水库水质达到《地表水环境质量标准》（GB3838-2002）Ⅲ类标准，水质良好，水质达标率100%。农村环境质量监测正宁县龙咀子村大气及水质（四郎河出入境断面）均达到省市控制目标。乡镇集中式饮用水源地红土窑水库、嘉峪川水库监测结果均符合《地表水环境质量标准》（GB3838-2002）中Ⅲ类标准；三嘉乡东庄村地下水符合《地下水质量标准》（GB/T14848-1993）中Ⅲ类标准。

【社会保障】全年保障城乡低保对象5724户15298人，发放城乡低保金5990.2万元；保障特困供养人员491户531人，发放特困供养金520.3万元；救助因病、因学、因灾等其他原因导致基本生活困难的人员25274人，发放临时救助金2850.27万元；保障残疾人两补人员6923人，发放残疾人两项补贴376.2万元，城乡困难群众基本生活得到有效保障。全年城镇企业职工养老保险参保3096人，基金收入5535万元，基金支出8329万元，缴费人数增长率29.97%；机关事业单位养老保险参保7139人，基金收入7263万元，基金支出14585万元，参保人员缴费率100%；工伤保险参保8801人，基金收入250万元，基金支出318万元，农民工参保905人，参保率98%；失业保险参保6770人，基金收入331万元，基金支出231.33万元；城乡居民基本养老保险参保138609人，征缴基金2677万元，基金支出6156万元，发放率100%，特殊困难群体代缴31496人，代缴资金314.96万元，贫困人口覆盖率100%。全年医保各项基金累计收入25786.02万元，累计支出21090.92万元。城乡居民医保参保199897人，参保率99.35%，基金支出14730.2万元；城镇职工医保参保13496人，基本医保基金收入5542.2万元，补充医保基金收入1432.62万元，基金支出4913.28万元；医疗救助参保资助50914人607万元，救助大病患者4850人次、642万元。

【社会事业】全县共有各级各类学校140所。其中，幼儿园29所，教学点16所，小学78所，九年制学校6所，初中7所，完全中学2所，独立高中1所，职专1所。全县学前三年毛入园率96.61%，九年义务教育巩固率99.13%，高中阶段毛入学率94.19%。全县年末共有文化馆、图书馆各1个，藏书4.64万册；博物馆2个，文物藏量4649件；乡镇文化站10个；广播电视台、电视播转台、中短波广播转播台各1个，广播节目综合人口覆盖率100%，电视节目综合人口覆盖率100%。全年接待游客62.85万人次，实现旅游综合收入8765万元。

全年组织开展了8场次文艺演出，创作编排、演出大型原创红色秦腔现代剧《寺村塬》，荣获庆阳市第八届新创剧目综合创作一等奖，编剧、导演一等奖，作曲、舞美二等奖和四个单项奖。举办了“风雨沧黄百年路·高歌猛进新征程”主题书画展，展出书画作品167幅，在人民广场设置正宁红色故事宣传展牌40面80版；组织开展了“非遗过大年文化进万家”“博物馆的未来：恢复与重塑”“绿色发展美好生活——传承丝路文明畅游如意甘肃”等宣传活动，拍摄制作王录拉板糖、正宁老豆腐、正宁荏果子等非遗专题片5部，展出展板50面，发放宣传资料2500份。全县共有医疗卫生机构16个，床位1008张，在职职工1072人，卫生技术人员874人。全县共有体育场地101个，体育场地面积227040.5平方米。国家级社会体育指导员9人，一级体育指导员43人，二级体育指导员96人，三级体育指导员441人。全年共论证储备科技项目11个，立项实施8个。其中，省级科技项目3个，立项2个，申报市级科技项目6个，立项4个，申请东西部扶贫协作项目2个，立项2个。累计引进板栗南瓜、天贵糯932甜糯玉米、西门塔尔肉牛等新品种68个。认定省级高新技术企业1家，认定省级科技创新型企业1家，创建市级科技创新服务平台4个。引进省、市科技人才16名，选派县级科技特派员34名，成立了4个科技服务团队。

（曹金锋）

宁县

【基本情况】宁县位于甘肃省庆阳市东南部，东倚子午岭，南通陕西，西临泾河和蒲河，北与庆阳市合水、西峰接壤，扼甘、陕、宁三省之要冲，是三省结合部人流、物流、信息流、资金流的窗口，具有显著的区位优势。全县总土地面积2653.7平方公里，确权耕地面积90万亩，辖18个乡镇、257个行政村，13个社区，2个工业园区，2021年末常住人口33.22万。年降水量543.5㎜，年平均气温10.2℃，无霜期229天，属典型大陆性季风气候。海拔860—1760米，境内主要有九龙河，马莲河、泾河、蒲河等9条河流，土壤以黑垆土、黄绵土为主，是小麦、玉米、油料、黄豆等作物的主产区，素有“陇东粮仓”之美称，是中华民族最早开拓的区域之一。境内历史文化遗址众多，黄土地域文化深厚，香包、刺绣、剪纸、石雕等民俗文化产品享誉陇上。

【资源优势】宁县是新兴的能源资源大县，境内煤炭、石油、天然气资源丰富，主要有煤、石油、煤层气、建筑用砂（沙）石、石灰石、矿泉水，砖瓦用黏土矿遍布境内。其中，煤炭、石油、天然气等矿产资源储量丰富，遍布境内。煤炭预测储量1027亿吨，占全省预测储量的73%。其中，千米以内浅储量77亿吨，探明储量102亿吨；石油预测储量4亿吨，煤层气预测储量2150亿立方米，天然气储量1636亿立方米。据测算，每平方米有煤 38.6 吨、石油 0.08 吨、煤层气 81 立方米。铜矿基本出露于政平北山岩层，含量甚少。县内长庆桥工业集中区是国务院支持甘肃重点建设的工业集中区，也是国家能源局批准的煤电化产业聚集区。宁县也是甘肃省重要的优质农畜产品生产基地和绿色农产品精深加工基地，苹果、曹杏、黄甘桃、九龙金枣、羊肚菌、黑木耳和早胜牛等特色农畜产品，品质优良、驰名全国。2021 年成功创建了以苹果为主导产业的国家级现代农业产业园。

【国民经济】2021 年，全县实现地区生产总值 71.1 亿元，比上年增长 11.9%。其中，第一产业增加值 21.7 亿元，增长 11.9%；第二产业增加值 12.5 亿元，增长 15.7%；第三产业增加值 36.9 亿元，增长 10.9%。三次产业结构由上年的 31.6 ：15.2 ：53.2 调整为 30.6 ：17.6 ：51.8。固定资产投资增长 11.2%；规模以上工业增加值增长 17.5%；社会消费品零售总额 24.1 亿元，增长 12%。城镇居民人均可支配收入 35792.5 元，增长 6.87%；农村居民人均可支配收入 11509.3 元，增长 10.9%；一般公共预算收入 2.73 亿元，增长 8.3%。

【供给侧结构性改革】持续深化“放管服”改革，整合公安、税务、不动产、公积金等 48 个单位 830 项政务服务事项，进驻政务大厅集中办理，群众和企业办事实现“只进一扇门”。98% 的政务服务事项实现“最多跑一次”，县级 100 项高频事项实现“一网通办”。减证便民、行政审批等措施落实到位，整体办事效率提高 40%。建成“12345”政务热线平台，及时办理网民留言，政民互动更加高效便捷。农村集体产权制度改革扎实推进，土地承包经营权确权登记顺利完成。公立医院综合改革创出新路子，分级诊疗、医联体、双向转诊等制度落实见效。财税改革持续加强，减税降费政策全面落实，市场活力明显增强。

【乡村振兴】严格落实“四个不摘”要求，制定《健全防止返贫动态监测和帮扶机制工作方案》，建立“四种方式”发现响应、三级评审认定风险、“一户一策”抓实帮扶、三级复核稳定消除监测帮扶机制，跟进落实各项帮扶措施。深入开展巩固拓展脱贫攻坚成果“大排查”“六查三讲一完善”“十查十纠”“关爱服务”等活动，对 12.68 万户“两不愁三保障”及饮水安全全面排查整改。扎实开展“岗位大练兵、业务大比武”活动，选派驻村干部 181 名。全面落实“两免一补”“营养餐”等政策，推行“双线四级”常态化控辍保学联动机制，通过跟班就读、送教上门等方式跟进帮扶。不断完善慢性病家庭签约医生服务体系，积极落实“先诊疗后付费”“一站式”即时结报和困难群众参保分类资助政策，脱贫人口实现全参保、全资助。不断强化农户住房安全动态监测，对因灾造成房屋受损的农户分类妥善安置，加快推进维修重建。实施农村饮水安全工程 12 处、供水管理及水质提升工程 2 处；完成湘乐川昔家沟至庞川段防洪治理工程。抢修水毁农村集中供水工程 148 处、小电井 706 眼。持续推进易地搬迁基础设施和配套公共服务建设，建成易地搬迁安置区垃圾暂存点 16 处、村级光伏电站 3 处，实施文化广场等公共服务项目 5 处。养护公路 3791.46 公里，抢通暴洪灾害损毁点 102 处，为全县 2257 公里农村公路购买了灾毁保险。根据搬迁群众意愿和就业能力，开展高素质农民培训 2100 人（次）、职业技能培训 7011 人（次），有就业意愿的搬迁户全部稳定就业。发放脱贫人口小额信贷 3119 户 1.55 亿元。扶持发展“五小”产业 1223 户。落实脱贫户分红 7524.41 万元。

【项目建设】全年固定资产投资比上年增长 11.2%。实施 500 万元以上固定资产投资项目 110 个，其中 5000 万元以上投资项目 16 个，500—5000 万元项目 85 个，房地产开发项目 9 个。第一、二产业投资分别增长 51% 和 100.7%，第三产业投资额下降 22.9%。宁正矿区铁路专用线、银西高铁宁县站至县城连接线、康盛源药业中药饮片生产线、中科产业园纳米微球生产、宁南物流园铁路专用线集装箱站台等 23 个项目已建成，新庄煤矿、亿联国际商贸城、县二院提升改造、义务教育薄弱环节改善与能力提升等 14 个项目完成年度建设任务，其他 30 个项目有序推进，10 个前期项目完成可研编制和规划设计。

【优势产业】新庄煤矿建设顺利推进。原油产量增长 2.13 倍。探索形成苹果产业“宁县模式”，成功创建国家现代农业产业园，“人类第四个苹果”入选中国农业品牌目录，焦村镇、中村镇被命名为全国苹果产业“百强镇”，宁县入选“中国苹果五十强县”。建成规模养殖场 157 个，大家畜存栏 138 万头（只）。年均种植瓜菜 26 万亩以上、中药材 7 万亩以上。瓦斜永吉村、湘乐莲池村分别入选全国、全省乡村旅游重点（示范）村。申报国家名特优新农产品 1 个，绿色食品认证产品 3 个，有机认证 1 个，认证绿色食品 17.78 万亩、地理标志产品 45 万亩。举办 2021“人类第四个苹果·花海炫宁州”马拉松赛等文旅活动，接待游客 98 万人（次），实现旅游收入 1.9 亿元。完善县乡村电商服务体系，电商交易额 3.68 亿元。

【人民生活】2021 年宁县加强普惠性、基础性、兜底性民生建设，不断提升人民群众获得感幸福感安全感。全年输转劳动力 13.05 万人，劳务收入 41.68 亿元。发放创业贷款 2982.7 万元，扶持创业 468 人，城镇增加就业 4269 人，失业人员再就业 1590 人，就业困难人员再就业 569 人，11031 人参加职业技能培训，1987 人参加返贫监测劳动力培训。12464 人参加失业保险，城镇登记失业率 3.37%。城乡居民收入不断增加，全县城镇居民可支配收入 35792.5 元，增长 6.9%；农村居民人均可支配收入 11509.3 元，增长 10.9%。教育教学环境持续优化，19 个幼儿园实施学前教育能力提升项目，14 个小学实施食堂建设项目，宁县马坪新区第二幼儿园和凤凰上境博苑阳光幼儿园、早胜第二小学、长庆桥小学建成招生。医疗服务水平持续提升，健全完善覆盖城乡的公共卫生服务体系，乡镇卫生院、村卫生室全面达标。

【环境保护】县城污水处理厂提标改造全面完成，乡镇污水处理站全覆盖，污水实现达标排放，马莲河、蒲河国考断面水质稳定达标。全面落实控煤、减排、抑尘、禁燃等措施，县城 PM_{10}、$PM_{2.5}$ 分别下降 19.6%、26.7%，空气质量明显改善。土壤污染防治全面加强。中、省环保督察反馈问题整改到位。累计完成国土绿化69.4万亩，治理水土流失225.1平方公里，森林覆盖率达到40.3%。

【社会保障】年末全县参加城镇职工基本养老保险人数13030人，参加城镇职工基本医疗保险人数17890人。参加失业保险人数12464人，城镇登记失业率3.37%。全年输转劳动力13.05万人，劳务总收入41.68亿元。新型农村合作医疗参合人数45.89万人，参合率99%。深入开展城市困难群众脱困解困行动，发放城乡低保1.28亿元，居民养老保险金1.22亿元，报销城乡居民医疗费用2.4亿元，惠及群众32万人。救助受灾群众10838户，发放资金1325.7万元。完成社会福利院改造提升项目，培训养老护理员708人（次）。认定孤儿75人，发放资金77.9万元。发放退役士兵补助1071万元。

【社会事业】完成薄弱学校改造、中小学校食堂建设等项目36个。积极实施“三优+”工程，以强带弱，均衡发展，高考本科进线率提高8.96个百分点。建成县医院综合楼、和盛医院门诊楼主体工程，创建省市级重点专科9个。辑宁楼、凝寿寺塔维修保护全面完成，石家墓群发掘保护顺利推进，遇村遗址被认定为全国重点文物保护单位。儿童幸福乐园、县二院康养中心建设加快推进。举办庆祝中国共产党成立100周年等系列活动。全力化解国有土地已售城镇住宅历史遗留“登记难”问题，积极回应群众关切，人民群众获得感、幸福感和安全感不断增强。

（王志超）

镇原县

【基本情况】镇原县地处甘肃省东部，庆阳市西南部，东临革命圣地延安，南眺十三朝古都西安，西望省会兰州，北界塞上明珠银川，是陕甘宁革命老区的重要组成部分。属于黄土高原沟壑区，境内山川塬兼有，沟峁梁相间，地势西北高东南低，平均海拔1456米，最高点海拔1767米（三岔老爷山），最低点海拔1011米（上肖毛河），全年平均气温为10.3℃，年降水量571.4毫米，无霜期233天左右。辖13镇6乡、215个行政村、5个社区、1991个村民小组，南北长91.2公里，东西宽78.3公里，总面积3506平方公里。2021年末，全县常住人口35.7万人，城镇化率29.9%。

【资源优势】镇原历史源远流长，人文底蕴厚重，文化资源丰富，自然景观独特，民俗产业多彩，是陇上久负盛名的：历史文化大县。镇原乃华夏故土，历史悠久，人杰地灵。早在旧石器时代就有人类在此繁衍生息；夏商周属雍州，秦属北地郡，汉首置临泾县，唐时置原州，元称镇原州，明改州为县，沿承至今。镇原是东汉著名政论家、文学家、思想家王符和北魏灵太后胡充华的故里。历代文臣武将层出不穷，如李恂、胡奋、席固、皇甫镛、胡顺之、杨政、仇钺、许理等保家卫国、守职重实；东汉王符“潜夫论”，蜚声中外；北魏灵太后临朝摄政，治国清明；甘肃近代十大名医之首慕元春名扬陇东、杏林楷模；慕寿祺从政清勤，博史善文，《甘宁青史略》独领风骚。镇原县又以陇东“文化大县”闻名，近现代书画名家张宸枢、张炳麟、邓博五、段思坎等人闻名省内外，2010年被中书协命名为“中国书法之乡”，现有镇原籍中书协会员35人、美协会员7人，建成占地150亩文化产业基地1处，有书画协会、分会等专业组织机构4家，各类书斋画廊260多处，专业创作团队400多人，书法爱好者10万多人。民间艺术底蕴深厚，尤以剪纸、香包、刺绣独具特色，被文化和旅游部命名为“中国民间文化艺术之乡”，有国家、省、市级艺术大师70多人。旅游资源大县。境内北石窟寺、石空寺、玉山寺规模宏大，造像生动，是北魏、唐宋石窟艺术的经典代表；太阳池、翟池、白马池三座天然湫池碧波荡漾，堪称“高原明珠”；以潜夫山为代表的大小名山30多座，山山有来历，个个有传奇，开发潜力巨大。镇原曾为陕甘宁边区的重要组成部分，毛泽东等老一辈无产阶级革命家长征途中夜宿三岔镇，三岔红军长征纪念馆、援西军纪念馆等红色旅游资源引人注目。特别是“关陇丝路第一驿”——北石窟驿景区，融丝路、石窟、民俗文化于一城，再现了丝路古驿的历史沧桑和繁华景象，是甘肃最具特色的丝路景区之一。目前已初步形成以北石窟大景区为龙头，有效串联彭阳古城、玉山寺、“三池”、石空寺、潜夫山、书画产业基地、胡氏文化产业园等景点的茹河川区文化旅游黄金圈和庆阳、平凉、固原三市文化旅游的重要接续区。传统农业大县。县域经济以农业为主，盛产小麦、玉米、高粱等多种农作物，荞麦、小米、黄豆等特色小杂粮久负盛名，红杏、苹果、忘忧草等农产品享誉国内外，是陇东主要粮油和瓜菜生产基地之一，素有“陇东粮仓”“中国杏乡”的美誉，曾被命名为“全国黄花菜基地县、优质瓜果生产基地重点县、粮食生产先进县”。近年来，按照“因地制宜、突出效益，龙头带动、订单生产，政府扶持、保险托底”的思路，大力培育特色产业，成功引进了圣农集团、天士力集团、正大集团、海升集团、中盛农牧、广州立达尔、天津物宗园等大型农业产业化龙头企业23家，实现了助农增收和“产业兴县”的华丽转身。矿产储备大县。境内探明石油、天然气、煤炭、石英砂、黏土等矿产资源富集，初步探明石油储量2.6亿吨，年产原油60万吨，煤炭储量193亿吨，开发前景广阔，在全市率先实现了“气化镇原”，是陇东能源化工基地的重要组成部分。

【国民经济】2021年，镇原县完成地区生产总值93.2亿元，比上年增长5.6%。其中，第一产业增加值31.5亿元，增长8.7%；第二产业增加值24.7亿元，增长8.4%；第三产业增加值37亿元，增长2%。三次产业结构比为33.8∶26.5∶39.7。规模以上工业增加值增长11.4%；固定资产投资增长11.3%；社会消费品零售总额24.3亿元，增长11.4%。

【三农工作】2021年，镇原县完成农林牧渔业增加值31.8亿元，比上增长8.7%。全年粮食作物播种面积132.4万亩，增长3.1%；粮食总产量达到31.9万吨，下降8.3%。其中，夏粮产量9万吨，增长9%；秋粮产量22.9万吨，下降13.7%。蔬菜产量10.4万吨，增长6%。水果产量8.5万吨，增长8.5%，其中苹果产量7.8万吨，增长9.2%。年末大牲畜存栏15.3万头，增长4.7%。

猪、牛、羊出栏分别增长33.2%、10.7%、22.5%。肉类产量5.4万吨，增长42.7%。

【乡村振兴】坚持把巩固成果作为推进乡村振兴的前提基础，扎实开展"四项示范"，着力推进有效衔接，落实防返贫监测"四环"管理，识别"三类户"710户2892人，消除风险521户2065人，实施易地搬迁后续扶持项目3个，完成52亿元扶贫项目资产确权颁证，创建乡村振兴示范镇2个、示范村31个，实施东西协作和中央定点帮扶项目22个，改造提升农房（窑）1474户，实施水源补充、水质改造等项目91处，建设乡村景观节点123处，硬化庭院及入户路25.2万平方米，打造乡村风情线3条，"冬日无闲·擦亮镇原"城乡环境大整治行动扮靓了宜居底色。

【项目建设】2021年，始终坚持"抓项目就是抓发展"的理念，全县固定资产投资比上年增长11.3%。在库固定资产投资项目59个，当年新入库项目31个。其中5000万元以上项目20个，完成投资额增长73%；5000万元以下项目39个，完成投资额下降20.5%。一产投资增势强劲、二产投资回升明显。第一产业投资额增长141.1%；第二产业投资额增长57.9%；第三产业投资额下降18.3%。全年房地产开发投资额下降30.3%，商品房销售面积增长465.8%。

【产业开发】始终瞄准产业结构升级和创新驱动转型"两个突破点"精准发力，不断"强龙头、延链条、聚集群"，着力构建优质高效的现代产业体系。农业走向集群。新建高标准农田4.6万亩，粮食总产31.9万吨。启动实施优势特色产业三年倍增行动，创新拓展"331+"产业合作模式，规范提升合作社1302个，带动肉鸡、草畜、瓜菜、苹果、药材五大产业延链扩链、提质发展，现代农业体系初步形成，农村居民人均可支配收入中产业收入占比达到62.6%。工业扩容增量。全面落实"减、增、降、缓、服"助企纾困政策，减免税费9384万元。培育入库规上企业1户，全县规上企业达到11户，研发新产品13项。投资12.7亿元，实施工业项目10个，新打油水井99口、天然气井4口，生产原油77万吨，完成规上工业总产值15.5亿元。三产快速发展。北石窟驿、聚德小镇景区晋级工作全面启动，6处重点文保利用项目有序实施，秦腔现代剧《豆腐引子》获全市调演综合一等奖和5个单项一等奖。培育限上商贸企业2户，组织开展让利促销和"直播带货"活动，电商交易额完成10.8亿元。

【人民生活】2021年，镇原县城镇居民人均可支配收入34546.3元，比上年增长7.4%；城镇居民人均消费支出20144.3元，增长6.1%。农村居民人均可支配收入11204.8元，增长10.7%；农民人均消费支出10483.8元，增长7.5%。居民家庭恩格尔系数城镇为28.1%，比上年下降0.9个百分点；农村为29.6%，下降0.1个百分点。深入推进农村"三大革命"，建成垃圾收集转运站27处、配备垃圾箱2000个，改造户厕16171万座，创建清洁村庄85个。

【环境保护】认真贯彻落实习近平生态文明思想，持续打好"蓝天、碧水、净土"保卫战，污染防治取得决定性进展。深入开展扬尘、燃煤、尾气等污染综合治理，整治燃煤锅炉24台、砖瓦轮窑60家，全年空气优良天数达到89.7%；全面落实河（湖）长制，建成工业污水处理厂二期工程，实施5个乡镇雨污分流工程，新建乡镇污水处理站4座；全面实施大规模国土绿化行动和固沟保塬等生态工程，造林绿化17.1万亩，治理流域面积162平方公里，农村人居环境明显改善。

【社会保障】年末全县城乡居民养老保险参保324723人。机关事业单位养老保险参保12524人，其中在职职工8966人，退休职工3558人。企业职工基本养老保险参保6659人，其中，在职职工4002人，离退休职工2657人。工伤保险参保431个单位16774人。参加城镇职工基本医疗保险人数19772人，参加城乡居民基本医疗保险人数439519人，参保率98.79%。全年筹集城乡居民医保基金37798.63万元，基金支出共计31084.73万元，基金当年结余6713.9万元。全县共有城市低保对象1319户2757人；农村低保对象15149户42649人。全年共发放困难群众生活救助补助资金2.4亿元，救助困难群众10.2万人次。年末全县共有城市社区5个，养老服务机构6个，日间照料中心145处。

【供给侧结构性改革】"放管服"改革持续深化，设立投资项目"1+1"帮办团队和专区，梳理"跨省通办"事项52个、"省内通办"事项77个，年内办件量36100余件。持续深化行政审批制度改革，梳理依申请行政权力事项958项、公共服务事项12524项、依职权行政权力事项1243项，编制政务服务事项清单14660个。"证照分离""多证合一"改革推进有力，新登记注册市场主体2730户。6家县属国有企业完成脱钩改制。农村集体产权制度改革试点成果获评市级优秀。财税金融、医疗药品、国企供销等改革顺利推进，为发展破除了障碍、打通了壁垒、蓄积了后劲。

【社会事业】始终把改善民生作为发展的出发点和落脚点，全年民生支出8.6亿元，发放惠农资金5.4亿元，省、市19件民生实事全部办结。"双减"政策全面落实，"四项改革"稳步推进，增设城区学位2190个，"大班额"问题得到有效缓解，义务教育均衡发展通过国家评估。疫情防控有力有效，各类人群疫苗接种有序推进，分级诊疗制度全面落实，城乡医保应保尽保。安置退役军人11名、高校毕业生189名，新增城镇就业4147人。发放城乡低保、特困人员、优抚对象、残疾人等补助资金10.5万人2.7亿元。政府债务化解、高风险机构化险工作稳步推进，守住了不发生区域性金融风险的底线。安全生产形势总体平稳，社会大局安定和谐。

（赵菡）

定西市

【基本情况】定西市位于甘肃中部，通称"陇中"，地处黄土高原、青藏高原和西秦岭交汇地带。境内有以国家4A级旅游景区漳县贵清山、遮阳山和渭河源大景区为代表的自然景观，以红军长征通渭"榜罗会议"、岷县"岷州会议"纪念馆为代表的红色旅游景点。

陇海铁路、兰渝铁路、宝兰高铁和G30连霍高速、G22青兰高速、G75兰海高速公路穿境而过，通定、定临、陇漳、

S10 凤合高速马坞至西寨段一期等 4 条地方高速建设项目有序推进，综合交通运输体系加快构建。定西是国家中医药产业发展综合试验核心区和全国首批区域性马铃薯良种繁育基地，正在全力打造“中国药都”“中国薯都”“中国西部草都”和全国特色种子种业基地。陇西县、岷县、渭源县分别被命名为“中国黄芪之乡”“中国当归之乡”“中国党参之乡”。总面积 1.96 万平方公里，总耕地 1210.4 万亩，农民人均 4.5 亩。现辖 1 区 6 县，32 个乡、87 个镇、3 个街道办事处，88 个居民委员会、1887 个村民委员会。2021 年末，全市常住人口 250.78 万人，城镇化率 39.51%。

【国民经济】2021 年，面对严峻复杂的宏观环境和疫情等多重挑战，全市上下认真落实“三新一高”要求，有效统筹疫情防控和经济社会发展，全市经济发展稳中有进、稳步提质，地区生产总值突破500亿元大关，达到500.8亿元，比上年增长 8.3%。其中，第一产业增加值 98.4 亿元，增长 10.4%；第二产业增加值 82.7 亿元，增长 5.8%；第三产业增加值 319.8 亿元，增长 8.3%。三次产业结构比为 19.6 ∶ 16.5 ∶ 63.9，对经济增长的贡献率分别为 25.4%、11.1%、63.5%。人均地区生产总值 19915 元，增长 9.1%。固定资产投资增长 15.3%；社会消费品零售总额 185.5 亿元，增长 16.5%；一般公共预算收入 30.6 亿元，增长 19.2%；一般公共预算支出 281.2 亿元，同口径增长 4.6%。

【农业生产】以实施乡村振兴战略为核心，持续深化农村改革，稳步发展粮食生产，农业农村经济稳步发展。2021 年种植各类农作物 827.4 万亩，比上年增长 1.6%。其中，粮食作物 601.04 万亩，增长 2.1%；经济作物 218.6 万亩，增长2.9%。粮经比为73.3 ∶ 26.7。马铃薯、中药材、蔬菜等特色优势产业种植面积分别达到 273.2、135.8 和 48.6 万亩，分别增长 3.8%、3.4% 和 4.9%。全年粮食总产量 158.9 万吨，与上年基本持平。其中，夏粮 29.4 万吨，秋粮 129.6 万吨。年末大牲畜存栏 53.2 万头，比上年末增长 13.7%。猪、牛、羊、家禽存栏分别为 86.2 万头、45.9 万头、137.03 万只和 554.2 万只，出栏分别为 62.8 万头、12.01 万头、97.3 万只和 450 万只。鲜蛋产量 2.1 万吨，增长 15.9%；牛奶产量 1.5 万吨，增长 18%。“三变”改革全面推开，农村土地“三权分置”有序推进。改造农村危房 21.4 万户，易地扶贫搬迁 2.1 万户，农村自来水入户率达到 91%。建成农村公路 9067 公里，行政村全部通硬化路。

【工业经济】紧紧围绕“工业产业攻坚大突破年”行动计划，聚焦“六个高于”目标要求，持续推动工业发展“333”行动计划。全年实现工业增加值 45.4 亿元，比上年增长 10.9%，工业增加值占地区生产总值的比重为 9.1%。其中，规模以上工业增加值增长 14.3%。以医药制造业、有色金属冶炼和压延加工业、电力热力生产和供应业、非金属矿物制品业为主的四大重点行业实现增加值 40.8 亿元，增长 13.9%。医药制造业、有色金属冶炼和压延加工业、电力热力生产和供应业、非金属矿物制品业分别比上年增长 27.2%、26.3%、11.2% 和 7.1%。113 户民营企业实现增加值增长 19.9%，占全市规模以上工业增加值的比重由上年的 46.1% 提高到 50.3%。

【乡村振兴】全市上下牢记习近平总书记殷切嘱托，以贫困不除、誓不罢休的豪情壮志，以不获全胜、决不收兵的坚定意志，上下同心、攻坚克难，84.24 万贫困人口全部脱贫、1101 个贫困村全部退出、7 个县区全部摘帽，创造了减贫治理的定西样本，同全国一道全面建成小康社会。投入各类扶贫资金 280 亿元开展“绣花式”扶贫，“两不愁三保障”目标全部实现。推广“551”产业发展模式，构建“7+X”优势特色产业体系，龙头企业、农民专业合作社带动能力有效提升，特色富民产业遍地开花。义务教育阶段辍学学生动态清零，行政村标准化卫生室全覆盖，贫困人口“三重医疗保障”和兜底保障实现应保尽保、应兜尽兜。改造农村危房 21.36 万户，易地扶贫搬迁 2.1 万户，农村自来水入户率达到 91%。建成农村公路 9067 公里，行政村全部通硬化路。东西部扶贫协作和中央单位定点帮扶硕果累累，1092 个项目建成投用。定西市及安定区、渭源县、临洮县被确定为首批“中国扶贫交流基地”，福州定西劳务协作等 4 个模式入选“联合国全球减贫案例”。与此同时，全市坚持巩固提升拓展并重，一手抓防止返贫，对 7.34 万监测人口全部落实针对性帮扶措施，一手抓乡村振兴，全面启动乡村规划编制，加快推进乡村建设示范行动，定西在农业农村现代化的康庄大道上阔步前行。

【项目建设】项目建设成效显著，宝兰高铁、兰渝铁路让 5 个县区迈入高铁时代，渭武和通定、定临、陇漳以及凤合高速白西段加快建设，即将实现县县通高速，通渭风电基地建成并网发电，引洮二期主体工程建成，定西生态科技创新城和“两港两中心”全面启动建设。招商合作取得重大突破，实施项目 717 个、到位资金 1706 亿元。实施引洮水资源高效利用“六大工程”项目 164 个、完成投资 30 亿元。开工建设兰临 750 千伏输变电工程。兰州至定西、兰州至临洮天然气管线建成通气，完成入户 3.8 万户。谋划实施“十大城建工程”项目 1339 个，城市展览馆、体育运动中心等重大公共服务设施建成投用，城市建成区面积达到 97.7 平方公里，完成棚户区改造 6.9 万户、老旧小区改造 1.28 万户，新增停车位 2.1 万个，5G 网络覆盖市县主城区，城市更加靓丽宜居。全市固定资产投资比上年增长 15.3%，连续四年保持 15% 以上增速。工业投资增势强劲，连续 12 个月保持 100% 以上的增速。5000 万元及以上重大项目对全部投资增长的贡献率为 47%。全年集中开工重大项目六批次 685 个，总投资 2381 亿元。

【优势产业】定西深入开展现代丝路寒旱农业优势特色产业三年倍增行动，积极构建优势特色产业标准化体系，马铃薯、中药材种植面积分别达到 273.2 万亩、135.8 万亩，多年生牧草留床面积稳定在 360 万亩，中药材年交易量突破 100 万吨，马铃薯原原种生产能力超过 12 亿粒，优势特色产业总产值达到 925 亿元。成立国家中药材标准化与质量评估创新联盟甘肃省联络站、定西种子种业研究院，组建定西牧草产业科技创新战略联盟，西北最大的中药材种质资源库建成投用，“渭源白条党参”“顺和”被认定为中国驰名商标，药博会、马铃薯大会影响力显著提升，中国药都、中国薯都、中国西部草都建设取得新成效。种子种业、高原夏菜、经济林果等产业迅速壮大，现代农业产业体系正在形成，粮食总产量稳定在160万吨左右。

【城市建设】2021年，以“十大城建工程”为主的233个各类城建项目进展顺利。中华路市民广场、大碱沟水生态综合治理项目、定西万达广场、渭源街人民公园、智慧农贸市场等一批项目完成建设并投入运行。定西市新城区商务区建设项目，包括市会务中心、市委党校新建校址和定西现代科技园等3个项目有序推进；全市实施老旧小区电梯改造10部，已全面完成电梯安装并交付业主使用；全市实施城市生态加密和景观提升工程25个，栽植各类苗木553.6万株，统筹布局小雕塑、小花坛、小喷泉、小亭榭，扮靓生态颜值，彰显地域文化，提升城市品位。

【人民生活】2021年，全市财政用于民生领域支出234.9亿元，比上年增长5.2%。支出占一般公共预算支出的比重保持在80%以上。全年新增城镇就业15455人，城镇登记失业率3.1%。全市共输转城乡劳动力63.8万人，实现劳务收入159.9亿元，比上年增长8%；人均劳务收入25083元，增长11%。城乡居民收入稳步增长，城镇居民人均可支配收入29711元，增长7.6%；城镇居民人均消费支出20208元，增长5.2%；城镇居民家庭恩格尔系数为29.6%，比上年降低0.2个百分点。农村居民人均可支配收入9798元，增长10.8%；农村居民人均生活消费支出9773元，增长9.1%；农村居民家庭恩格尔系数为33.6%，比上年提高0.3个百分点。

【环境保护】统筹山水林田湖草土系统治理，黄河流域生态保护和高质量发展规划付诸实施。谋划启动渭河源林草生态扶贫巩固提升项目，开创多渠道融资、大规模推进林业生态建设新模式。全面建立四级林长体系，推进大规模国土绿化，完成造林封育193万亩、全民义务植树9874万株、面山绿化67.9万亩，新修梯田72.8万亩，新增水土流失治理面积1626平方公里。福州生态林、洮河国家湿地公园、大碱沟水生态综合治理工程全面建成。坚决打赢蓝天、碧水、净土保卫战，空气质量优良天数比率达到95.3%。推行河（湖）长制，河湖“清四乱”常态化开展，“五河共治”持续加强，输送引洮生态水2.23亿立方，饮用水源地水质优良率达到100%，城市污水处理率达到95%。完成自然保护地矿业权退出及矿山恢复治理247宗。全域无垃圾专项治理取得阶段性成效，城市生活垃圾无害化处理率达到100%。开展农村人居环境整治，建设卫生厕所18.7万座，创建“千村美丽”示范村195个、清洁村庄1207个。重拳整治生态环境问题，395件中央和省级环保督察交办信访问题全部办结销号。

【社会保障】全面加强医保基金监管，继续实行带量采购，持续推进按病种分值付费国家改革试点，建成市县乡村四级医保经办服务体系。城乡居民基本养老保险市县级基础养老金最低标准提高到118元。年末全市城镇职工养老保险参保人数11.4万人，机关事业单位养老保险参保人数11.4万人，城乡居民基本养老保险参保人数165.95万人。城镇职工基本医疗保险参保人数18.14万人，城乡居民基本医疗保险参保人数253.8万人。失业保险参保人数10.8万人，工伤保险参保人数13.2万人，生育保险参保人数13.2万人。全年享受城市最低生活保障的居民2.2万人，共发放城市低保金1.5亿元；享受农村最低生活保障的居民19.4万人，共发放农村低保金6.2亿元。全市城乡特困供养1.5万人，发放特困供养金1.2亿元。发放临时救助金2.6亿元，救助城乡困难群众19.2万人。建成乡镇（街道）社会工作服务站40个，新增养老服务机构11个，创建示范性托育机构3个，提升“一老一小”服务保障水平。

【社会事业】2021年，承办省办实事“建宿舍扩食堂增学位”项目，投入资金9206万元，新建、改扩建校舍6.4万平方米，建设教师周转宿舍144套，新建、改扩建中小学食堂180个，购置食堂设备106套，新增市区主城区义务教育学位1200个。市办实事项目投资1.8亿元、新建、改扩建校舍5.8万平方米，新增学位5700个，有效破解城区“入园难”和城镇义务教育阶段“大班额”问题，着力解决“上学难”问题。投资7763万元，在七县区23所学校新建维修校舍6.8万平方米，购置仪器设备1549台件套。投资1.5亿元，为七县区139所幼儿园新建维修校舍12.3万平方米，购置教学仪器设备1667台件套、图书5000册、课桌椅1958套、生活设备3492套。全年科学技术支出15386万元，登记备案科技成果216项，认定登记技术服务合同282份，交易额8.8亿元。专利授权1333件。其中，授予发明专利权20件，有效发明专利拥有量211件。每万人口发明专利拥有量0.8件。全市7个县级公立医院、129个乡镇卫生院和1751个村卫生室综合评价均达到国家监测要求。救治脱贫人口大病患者1.1万人，分类救治或签约脱贫人口重点“慢性病”患者5.4万人，救治管理率达99.99%。市第二人民医院、通渭县人民医院、临洮县人民医院成功争创为三级乙等综合医院，全市公立医院已建成胸痛、卒中、创伤、危重孕产妇和危重新生儿等急危重症救治中心48个。7县区均建成了检验、病理、心电、影像和消毒供应5个区域医学中心，检验、病理中心、消毒供应中心已实现辖区万人以上乡镇卫生院全覆盖，心电和影像中心覆盖率达90%以上。各县区分级诊疗病种数均达到250种以上，30种大病80%以上的病种均能够在县域内得到诊治。

（张剑　杨虎）

安定区

【基本情况】安定区位于甘肃省中部偏南，地跨东经104°12′48″~105°01′06″，北纬35°17′54″~36°02′40″之间，南北长82.9千米，东西宽73.3千米，总流域面积3638.7平方千米，东面和东北面与会宁县接壤，西面和北面与榆中县毗邻，西南面和临洮县交界，南面与渭源、陇西二县相连，东南面和通渭县邻接，是定西市委、市政府所在地，全市政治、经济、文化中心。陇海铁路，巉柳、平定、天定高速公路，312、310国道穿境而过，距省会兰州仅100千米，因而被称为“兰州门户、甘肃咽喉”。安定区气候属中温带干旱、半干旱区，大陆性季候风气候显著。正常年降水量400毫米左右，多集中在秋季，蒸发量高达1500多毫米，是一个干旱、冰雹、霜冻、低温等自然灾害频繁的农业区。全区辖12个镇7、个乡和3个街道办事处，年末户籍人口46.83万人，其中乡村人口36.07万人，耕地215.7万亩，是“中国马铃薯之乡”。

【国民经济】2021年，全区地区生产总值128.81亿元，比上年增长8.3%。其中，第一产业增加值19.76亿元，增长10.2%；第二产业增加值24.26亿元，增长6.4%；第三产业增加值84.79亿元，增长8.3%，三次产业结构比为15.4 ：18.8 ：65.8。固定资产投资增长26.9%；社会消费品零售总额70.4亿元，增长17.3%；一般公共预算收入5.13亿元，增长16.4%。年末全区各类金融机构存、贷款余额分别达到325.8亿元和251.1亿元，比上年末增长6.9%和8.2%，金融助力经济发展的能力不断提高。

【乡村振兴】强化防贫动态监测帮扶，为2248户8494名监测对象精准落实“一户一策”帮扶措施，1369户5225人消除返贫致贫风险。扶贫资产确权登记全面完成，扶持2万户脱贫户和边缘户发展薯草畜菜优势特色产业，安排后续扶持资金2423万元，助力搬迁群众增收致富、安居乐业。创新金融支持产业发展，“农商快贷”整村授信、“乡村振兴贷”启动实施，发放惠农贷款38.6亿元；全省首个大规模生猪“保险+期货”项目实施，产业发展风险防控体系更加完善。落实各类就业奖补资金575.2万元，职业技能培训4291人，输转脱贫劳动力3.9万人次，就近就地就业2.2万人。启动农村人居环境整治五年提升行动，改造户厕1万座，配置垃圾收集设施2500个，创建清洁村庄85个。实施乡村建设行动，改造升级农村电网365公里，硬化产业路313公里，农村饮水稳定供应，新增危房全部消除，完成21个行政村村庄规划编制，“一镇九村”示范乡村建设有序推进。强化协作帮扶，争取东西部协作、中央单位定点帮扶资金8135万元，实现消费帮扶1.8亿元，脱贫成果得到有效巩固提升。

【农业生产】2021年，全区农林牧渔业增加值19.76亿元，比上年增长10.2%。粮食作物播种面积148.02万亩（马铃薯88.06万亩、玉米40.66万亩、小麦8.33万亩），经济作物29.07万亩。全年粮食产量40.02万吨，油料产量1.07万吨，蔬菜产量35.25万吨，中药材产量0.54万吨。大牲畜存栏9.33万头，增长12.3%，其中牛存栏7.91万头，增长15.4%；大牲畜出栏2.32万头，增长11.3%，其中牛出栏2.25万头，增长12.0%。羊存栏40.14万只，增长13.2%；羊出栏30万只，增长24.0%。生猪存栏15.91万头，增长16.4；生猪出栏8.6万头，增长30.4%。

【项目建设】紧盯“1346”建设时序，集中开复工项目103个，有效拉动全区固定资产投资增长26.9%。争取一般债券、专项债券、中央预算内投资等政策性资金10.3亿元，组建国投集团，国有资产规模达到60亿元，筹资渠道有效拓宽。加快“一城一中心”建设，定西生态科创城规划馆建成开放，总投资85亿元的智能停车场、科创大道、综合管廊等11个重点项目加快推进，陇中仓储商贸物流中心道路工程启动建设。实施重点招商引资项目33个，到位资金39.3亿元，增长68%。

【优势产业】实施马铃薯、草牧、蔬菜产业三大优势特色产业三年倍增行动，加快构建现代农业产业体系。马铃薯产业“提效”发展，生产微型薯6.5亿粒，建设种薯、加工薯、商品薯标准化基地60万亩，新增储藏能力2万吨，高规格举办2021年中国•定西马铃薯大会暨高峰论坛，马铃薯全产业链发展模式入选全国乡村产业高质量发展“十大典型”，被命名为全国马铃薯全产业链典型县。草牧产业“提速”发展，新建牧草良种繁育基地6700亩，种植优质牧草42万亩；顺优万头肉牛育肥基地、硕鑫5万头生猪育肥场建成投产，雪顿6000头奶肉牛养殖基地开工建设，发展规模养殖场（户）733家，草畜一体化发展格局加快形成。蔬菜产业“提质”发展，开展新品种新模式试验示范，建立绿色标准化种植基地5万亩，新增设施蔬菜200亩，新建冷藏库12座，销售额达25亿元。鲁家沟川带现代农业产业园启动建设，硬化园区道路22公里，实施产业类项目12个。完成耕地轮作试点3万亩，新修高标准梯田6万亩，培育合作社171家，认定国家级示范社5家。

【人民生活】全年城镇新增就业2998人。其中，失业人员实现再就业802人，就业困难人员实现就业461人。城镇居民人均可支配收入31250元，比上年增长8%；城镇居民人均消费支出10209元，增长10.9%；城镇居民家庭恩格尔系数29.8%。农村居民人均可支配收入9205元，增长7.6%；农村居民人均消费支出8582元，下降2.7%；农村居民家庭恩格尔系数36.2%。

【环境保护】启动“绿满陇中”行动，实施三北防护林、面山绿化提升改造、坡耕地水土流失综合治理等重点林业生态工程，青岛生态林全面启动建设，造林绿化9万亩，义务植树300万株，新增水土流失治理62.7平方公里。开展空气质量提升行动，10蒸吨及以下燃煤锅炉全部淘汰，城区建筑工地智慧监管平台建成运行，PM_{10}、$PM_{2.5}$控制在目标值以内，市区空气质量优良率达94.7%。实施关川河新城段生态治理工程，内官污水处理厂规范运营，关川河水质达到四类标准。城区生活垃圾场完成提升改造，土壤污染管控持续加强。集中开展矿产资源开采恢复治理、河道采砂规范管理、砖瓦行业落后产能淘汰三大专项行动，省级第二轮环保督察反馈的28个问题加快整改，交办的31件信访投诉案件办结30件。

【社会保障和社会事业】投资5.9亿元，实施关川中学、关川小学、公园路幼儿园等重点教育项目6个，交通路中学、香泉中学教学楼完成改扩建，中华路幼儿园建成招生，新增学位1560个。高考应届本科上线率达68.9%，比上年提高7.2个百分点。定西理工中专入围甘肃省优质中等职业学校建设计划。市二院内儿科住院楼、区二院医疗综合楼及3所卫生院业务楼完成主体工程，市二院被评为三级乙等综合医院，安定区被评为省级慢性病综合防控示范区。3个核酸实验室完成提升改造，疫情防控常态化开展。秦腔《潞安州》获评甘肃第六届戏剧红梅奖大赛非遗传承剧目。全力稳就业促就业，发放“双创”贷款10.9亿元，新增城镇就业2998人，城镇登记失业率2.9%。全面落实特困供养、临时救助、医疗救助等政策，发放各类保障资金 1.48 亿元。3 个街道综合养老服务中心建成运行，居家养老服务全面开展。城镇住宅历史遗留“登记难”问题化解率达 96%。77 件人大代表建议和 60 件政协委员提案高质量办结，满意率达 100%。高效办理网民留言、民生平台等反映事项 8764 件，解决了一批群众切身利益问题。全面开展安全生产“八大领域”专项整治，应急救援、协同保障能力进一步提升，未发生较大及以上安全生产事故。建成三级综治中心，及时化解矛盾纠纷和信访问题，有效保障群众饮食用药安全，全面完成征兵任务、国防动员各项工作。同时，民族宗教、外事侨务、气象服务、档案管理、地震、工会、妇女、儿童、共青团、残疾人等事业都取得了新的进步。

（邵继刚）

通渭县

【基本情况】通渭县位于甘肃省东南部，定西市东侧，介于东经 104°57′~105°38′，北纬 34°55′~35°29′之间，海拔高度为 2521—1410 米。东西长约 78 公里，南北宽约 64 公里，总面积 2908.5 平方公里。东南、南分别与秦安、甘谷县接壤，西南、西分别与武山、陇西县相邻，西北、北、东北分别与安定、会宁和静宁县毗连。全县现辖 14 镇、4 乡，332 个村民委员会、10 个社区居委会，2440 个村民小组。通渭县地处黄土高原南部边缘地带，为黄土丘陵沟壑区，地势西北高，东南低。县内主要河流牛谷河、金牛河、安逸河、清溪河、苦水河，由于干旱少雨，加之地下水位下降，部分河流出现断流。全县的矿藏资源主要有温泉地热、花岗岩、大理岩、安山岩、硅铁矿、高岭土等。距县城 8 公里有一处温泉，山幽泉雅，可供人们治病、疗养、休闲，通渭温泉日泛水量 6000 吨以上，地下 200 米处恒温 113℃，地表水温 53.9℃，富含钾、钠、锂、锶、硼、钙、铁、碘、硼酸、硫酸、氟、氡等 32 种元素和化合物，属国内少见的复合型富质高热矿泉；花岗岩仅露地可采储量 29.4 亿立方米，大理岩总储量约 900 万立方米，安山岩总储量约 10 亿立方米。全县适宜于多种农作物的生长，粮食作物以冬小麦、春小麦为主，其次为玉米、马铃薯、豆类（扁豆、豌豆、蚕豆）、糜子、谷子、莜麦、荞麦等；经济作物主要有油料（胡麻、油菜）、蔬菜、甜菜等；药材主要有金银花、党参、柴胡、黄芪、甘草、板蓝根等。通渭历史悠久，县内建有榜罗红军长征纪念馆、义岗红军烈士陵园、红军长征纪念碑等革命纪念建筑。鹿鹿山、尖岗山、清凉山是避暑、游玩的理想场所。

【国民经济】2021 年，全县实现地区生产总值 61.63 亿元，比上年增长 8.1%。其中，第一产业增加值 11.81 亿元，增长 10.2%；第二产业增加值 7.57 亿元，增长 3.4%；第三产业增加值 42.25 亿元，增长 8.4%。三次产业结构为 19.1 ∶ 12.3 ∶ 68.6，与上年相比，第一、二产业占比均下降 0.7 个百分点，第三产业占比上升 1.4 个百分点。第一、二、三产业对经济增长的贡献率分别为 24.7%、5.5% 和 69.8%；固定资产投资增长 36.1%；社会消费品零售总额 14.32 亿元，增长 15.2%；一般公共预算收入 2.63 亿元，增长 18.8%；一般公共预算支出 39.99 亿元，下降 7.0%。

【农业经济】2021 年，全县农作物播种面积 160.73 万亩，比上年增长 1.87%，其中粮食作物播种面积 132.02 万亩，增长 1.2%。粮食总产量 368054.62 吨，下降 1.1%。其中，夏粮 83140.72 吨，增长 6.0%；秋粮 284913.9 吨，下降 0.3%。油料种植面积 14.23 万亩，增长 1.7%；油料产量 17666.73 吨，增长 3.2%。全年完成造林面积 13.12 万亩，增长 52.2%。全年肉类总产量 12423.15 吨，增长 34.5%。大牲畜存栏 11.65 万头，增长 13.2%；牛存栏 8.9 万头、增长 15.3%，出栏 2.45 万头、增长 11.9%；猪存栏 9.2 万头、增长 10.7%，出栏 9.99 万头、增长 33.4%；羊存栏 12.69 万只、增长 13.7%，出栏 8.58 万只、增长 12.0%；鸡存栏 50.08 万只、增长 6.7%，出栏 39.35 万只、增长 11.8%。年末全县拥有农业机械总动力 28.82 万千瓦；农业生产用电量 2398.1 万千瓦小时；化肥施用量（折纯）18211.35 吨，下降 0.9%；农田有效灌溉面积 4.07 万亩；全年水平梯田累计 176.05 万亩。

【工业经济】2021 年，全县共有16 家规模以上工业企业，工业总产值 104699.2 万元，比上年增长 21.6%；工业销售产值 99646.8 万元，增长 20.4%；产销率达 95.2%。规模以上工业增加值增长 29.7%，其中，重工业增加值增长 56.2%，轻工业下降 0.8%。轻重工业增加值结构比为 75.5 ∶ 24.5。从主要产品产量看，全年生产小麦粉 28995 吨，下降 0.7%；饲料 10625 吨，下降 18.0%；乳制品 3497.8 吨，下降 72.8%；塑料制品 11932 吨，增长 2.1%；商品混凝土 155274 立方米，增长 51.9%；发电量 100254.7 万千瓦时，增长 30.7%。

【乡村振兴】2021 年，全县全面落实“四个不摘”要求，动态监测帮扶“三类人口”3181 户 1.3 万人。安排衔接资金 8.7 亿元，落实扶贫小额信贷 5595 万元，实施产业帮扶 1197 户，转型发展乡村就业工厂（车间）35 家，维修处理供水管网 21.9 公里，落实教育资助政策 4.4 万人次，实施医疗“三重保障”1.6 万人次，改造抗震农房 888 户，实施兜底保障9353 户3.2 万人，“两不愁三保障”成果持续巩固。乡村建设行动全面启动，28 个“多规合一”实用性村庄规划完成编制，创建示范乡镇 1 个、示范村 21 个。全县脱贫攻坚同乡村振兴衔接成果得到了有效巩固。

【文化旅游】全县共有文化相关产业机构 138 个，艺术表演团体 20 个，文化馆 1 个，公共图书馆 1 个（被文化和旅游部命名为“国家三级图书馆”），博物馆 1 个，影剧院 1 个，美术馆 1 个，档案馆 1 个，馆藏档案 23272 卷，42324 件。电视覆盖率 98.5%，广播覆盖率 99.0%。全年接待游客 165.42 万人次，比上年增长 36.0%；国内旅游收入 7.64 亿元，增长 49.0%。

成功举办第十一届书画艺术节、第二届常家河“山楂小镇”景区山楂花乡村文化旅游节、第七届通渭悦心国际书画村景区文化旅游节暨全县五一黄金周文化旅游惠民系列活动、2021 年中国旅游日“绿色发展美好生活——传承丝路文明畅游如意甘肃”主题宣传活动、首届襄南传统古村落小镇隔里沟乡村文化旅游节、第四届马营梯田古镇马莲花文化旅游节、“走进中国书画名城·相约温泉康养小镇”通渭悦心国际书画村“端午·想不到游园会”、第三届山楂采摘文化旅游节、陇川镇徐湾·秦王文化乡村旅游节、第三届风雪华家岭文化旅游节等12场次乡村文化旅游节活动。

【项目建设】抓制度保障促项目建设方面，健全完善项目包抓“1+1托4机制”，制定出台了《通渭县2021年项目包抓“1+1托4机制”工作任务推进方案》，确定30名县级领导和79个县直部门负责，统筹“推进一个建设项目、服务一个重点企业、招引一个产业项目、推进一个项目前期”等4个方面的工作；紧盯“1346”建设时序，研究制定了《通渭县2021年投资项目开复工工作方案》，按照“成熟一批、开工一批”的原则，积极参加全市投资项目集中开复工活动。

抓项目建设促投资增长方面，坚持以项目建设带动发展，把投资作为带动县域经济发展的重要引擎，不断加大项目建设力度，拉动固定资产投资高位增长，全年全县固定资产投资较上年增长36.1%。分产业看，第一产业投资增长959.7%，第二产业投资增长176.4%，第三产业投资下降24.8%。

抓新能源产业开发利用方面，全面贯彻落实国家碳达峰碳中和战略部署，全力加快存量风电项目建设，有序推进多能互补示范项目和分布式光伏整县推进试点项目建设，开创新能源助力乡村振兴新模式。已建成110万千瓦并网发电，剩余10万千瓦在2022年并网发电。全面建成投产后，按照年有效风时数1900小时、平均上网电价0.49元/千瓦时计算，年可实现发电量22.8亿千瓦时、发电收入11.2亿元以上、税收收入约1.4亿元。

【优势产业】全年启动实施现代丝路寒旱农业优势特色产业三年倍增行动，种植粮食作物132万亩，粮食年产量达到37万吨；重点推动建设牧草、肉牛、肉羊、生猪、果品、金银花、黄芪七个现代农业产业园，省级现代农业（肉牛）产业园完成创建，百万头生猪全产业链绿色养殖产业园2个15万头繁育场、金银花健康产业园建成投产，新发展金银花2万亩、山楂1万亩，全县牛羊饲养量达到8.9万头、13.3万只，果品、花椒、金银花基地达到19.3万亩、12.8万亩、12万亩，发展道地中药材6.5万亩，全面创建陇中百万亩生态产业示范区，花椒、山楂产业发展成效被新华社作为典型案例进行了专题报道；新引进龙头企业3家、累计达33家（省级10家、市级8家、县级15家），规范运营合作社1326个，3.01万户脱贫户依托特色种养业和新型经营主体带动持续稳定增收。

【人民生活】2021年，全县城镇居民人均可支配收入28026.7元，比上年增长7.5%；城镇居民人均住房建筑面积27.2m²，城镇居民恩格尔系数为27.4%，比上年降低1.5个百分点。农村居民人均可支配收入8850.4元，增长11.0%；农村居民人均住房建筑面积26.6，农村居民恩格尔系数为29.8%，比上年提高0.2个百分点。开展线上线下招聘服务活动，转移城乡劳动力9.8万人，新增城镇就业1638人。

【环境保护】2021年，剔除输入性沙尘天气后，空气可吸入颗粒物（PM_{10}）年平均浓度为59ug/m³，细颗粒物（$PM_{2.5}$）年平均浓度28ug/m³，二氧化硫年平均浓度为0.27ug/m³，二氧化氮年平均浓度为0.5ug/m³；地表水国考断面水质达标75%，县级以上城市饮用水水源地水质达标率100%。

【社会保障以及社会事业】2021年，全县农村低保人数34047人，发放保障资金10887万元；农村五保户人数2099人，发放保障资金1628.3万元；累计发放城镇低保资金4733.9万元，保障对象达到6978人。

全县共有独立高中3所，独立初中6所，九年一贯制学校36所，在校学生普通高中6057人，职业生1193人，初中生7159人；完全小学29所，在校学生18688人，其中，特教1所，在校学生128人；幼儿园143所，在园幼儿10608人。小学适龄儿童入学率达到100%，小学毕业升学率100%。年末全县共有卫生医疗机构394个，其中医院4所，病床1602张，卫生机构人员数2316人，卫生技术人员1996人。有疾控中心、妇幼保健站各1个，卫生社区服务中心1个。乡镇卫生院18所，床位数367张。举办县级各类群体竞赛活动20项，共有202支代表队10000余人/次参加市级以上比赛8项（次），共230名运动员参赛。

（邢珍文）

陇西县

【基本情况】陇西县位于甘肃省东南部，定西市中部，渭河上游。地处陇中黄土高原中部，北纬34°50′~35°23′，东经104°18′~104°54′之间。东接通渭县，南连武山、漳县，西邻渭源县，北靠安定区，东西宽52公里，南北长46公里，总面积2408平方公里。辖12个镇、5个乡，215个行政村、11个社区，1287个村民小组，年末常住人口42.5万人，居住着汉、回、满等27个民族。是中华民族传统文化的重要组成部分，境内有“陇西堂”“李家龙宫”“李贺墓”等多处李氏文化遗址遗迹。

【国民经济】2021年，全县地区生产总值87.36亿元，比上年增长8%。其中第一、二、三产业增加值分别为15.79亿元、16.31亿元和55.26亿元，分别增长10.6%、7.5%和7.4%。固定资产投资增长1.7%；社会消费品零售总额32.6亿元，增长16%；一般公共预算收入6.39亿元，增长22.2%。年末金融机构存贷款余额分别达到198.63亿元和198.17亿元，分别比上年末增长2.96%和7.78%。

【农业生产】全县耕地面积171.25万亩，乡村人口人均占有耕地4亩。2021年全县共播种各类农作物134.84万亩，其中粮食作物96.25万亩，经济作物37.32万亩，夏秋比和粮经比分别为15.4∶84.6和72.1∶27.9。中药材、草牧、马铃薯、菌菜是农村的主导产业。一是中药材产业。全县已普查到的中药材品种310种，在全国统一普查的363个主要品种中，陇西有96种，占全国的26.4%；常用的130多个品种中，陇西有93种，占全国的72%。2021年中药材种植面积29.5万亩，总产量9.84万吨。二是草食畜牧业。陇西是“中国腊肉之乡”，畜产品加工具有悠久的历史，千吨以上肉制品加工企业7家，年加工各类肉制品近1.5万吨，金钱肉、口条、火腿被誉为“陇原三绝”，“陇原情”“足赤”牌肉制品为地方名优产品，驰名陇上。

【乡村振兴】按照“守底线、巩成果、提质量、促振兴”的总体要求，紧紧围绕“产业兴旺、生态宜居、乡风文明、治理有效、生活富裕”总体目标，以巩固脱贫攻坚成果为首要任务，以产业发展为核心，以乡村建设为重点，以“五大振兴”为抓手，严格落实“四个不摘”责任，强化监测帮扶，坚决守住防止返贫底线，新识别“三类人口”85户392人，累计消除风险1896户8279人；实施特色种养业提升，推进乡村特色产业提质增效。建立中药材绿色标准化示范种植基地5万亩，带动中药材标准化种植面积35万亩，完成马铃薯种植50万亩、菌菜种植13.5万亩。新建圈舍159座、引进牛羊5612头。多措并举推进稳岗就业，完成劳务输转13.75万人，转型升级乡村就业帮扶车间46家，吸纳用工996人，新增返乡创业人员1427人，带动就业3072人，完成各类培训4350人（次）；强化乡村建设，40个省市县乡村建设示范村分层分类推进示范打造，完成22个村庄规划编制，持续推进自然村组道路、农村电网升级改造等建设；强化力量整合，持续优化帮扶力量和深化协作帮扶，落实各类社会帮扶资金532万元，完成消费帮扶2.23亿元。全面完成对全县17个乡镇215个行政村10.5万户42.8万人的排查。

【项目建设】高效能推进项目建设，建立健全项目建设全过程、体系化推进机制，104项市列清单项目累计完成投资84.6亿元，盘龙山20万千瓦风电场、中国中药陇西中药材仓储交易中心等重点项目建成投用，陇西县电商冷链物流快递分拨中心建设项目、定西市生活垃圾焚烧发电项目、陇西县中西医结合医院建设等一批重点项目启动建设。谋划全县“十四五”重大带动性基础设施项目清单71项，市列投资清单项目115项，县列投资清单项目125项。

【资源优势】陇西县种植中药材历史悠久，有“千年药乡”“天下药仓”美称。2021年，全县建成黄芪、党参10万亩标准化种植基地，中药材绿色标准化种子种苗繁育基地2050亩，培育10个产值过亿元的中药饮片加工企业，10个产值过10亿元的中成药加工企业，研发十大保健产品，创建十大名优品牌，持续推动中医药产业提档升级。在省农业农村厅的指导帮助下，打破行政区域界限实施全流域规划，确定了“两园两带”的总体布局，组织全县11家农业产业化龙头企业、28家农民专业合作社，在14个乡镇29个村建成中药材绿色标准化示范基地3.18万亩，带动全县建成中药材绿色标准化种植基地5万亩，全县中药材种植面积常年稳定在35万亩，标准化种植理念的引入，改变了以往粗放型的种植管理模式。

【人民生活】全年全县城镇居民人均可支配收入28888.7元，比上年增长7.4%；农村居民人均可支配收入10837.4元，增长10.8%；输转劳动力13.75万人，创劳务收入30亿元。供水供气、污水处理等市政公共设施更加完善，城市规划区供水普及率、燃气普及率、污水处理率、生活垃圾无害化处理率持续提升。农村面貌发生历史性变迁，“四好农村公路”助力促农增收和脱贫攻坚，等级公路达到1937.51公里，乡镇硬化路通达率、行政村道路硬化率均达到100%。农村居民用水用电等生活条件大幅改善，以“厕所革命”、全域无垃圾治理为重点的农村人居环境整治取得显著成效。

【环境保护】牢固树立“绿水青山就是金山银山”生态发展理念，加大生态修复保护力度，扎实开展大规模国土绿化行动，实施山水林田草系统综合治理，在全县4.7万亩乡村面山及退耕还林林木稀疏区域实施造林整地9500亩，完成义务植树140万株。持续打好污染防治攻坚战，“河长制”和最严格水资源管理制度全面落实，入河排污口专项整治、河道“四乱”问题整治、地下水超采区治理有序推进，渭河陇西城区段河道生态综合治理规划有序实施，开发区内所有工业企业废水实现集中处理、达标排放。城市道路和建筑工地扬尘治理、机动车尾气和柴油货车污染治理扎实开展，煤质管控措施严格落实，县内建筑施工、城区拆迁和道路工程场地全部落实防尘措施并实现在线监测。农业面源污染综合治理持续强化，工业废弃物污染风险管控和历史遗留污染区域治理全面加强，废旧农膜回收4024吨，处理利用尾菜5.6吨，畜禽废弃物资源化利用率达到83%。取缔垃圾点3680个，清理垃圾1.3万余吨，改建、新建农村户用卫生厕所9000座，创建清洁村庄65个，农村人居环境不断改善。

【社会保障和社会事业】社会保障覆盖面逐步扩大。参加城镇职工基本医疗保险人数37105人；参加城乡居民基本养老保险人数261313人，参保率99.5%；参加城镇基本医疗保险在职职工人数24204人；参加工伤保险人数26326人，享受工伤待遇人数120人；参加生育保险人数24204人，享受生育保险待遇人数513人；参加失业保险人数20686人，领取失业保险金人数178人；城镇居民最低生活保障人数2484人，比上年下降7.45%；农村居民最低生活保障人数2.90万人，增长0.68%。民生领域支出31.52亿元，占一般公共预算支出的80%。坚持以人民为中心的发展思想，大力投入民生改善和社会事业资金，解决了一批事关群众切身利益的热点难点问题。居民汽车保有量4.4万辆，全县公路营运汽车1102辆。5G网络基本覆盖城区和重点乡镇。城区环卫作业实现网格化全天候保洁。高校毕业生、城镇失业人员、退役军人等重点群体就业倾全力保障，城乡医疗和养老保险实现统一管理。教育布局更趋科学合理，师德师风建设全面加强，教育质量稳中有升。县乡村医疗服务体系更加健全，医疗服务水平大幅提升，医共体建设稳步推进，疫情防控常态化开展。文化、科技等事业取得全面进步和长足发展，扫黑除恶成效显著，社会治理更加有力，社会大局和谐稳定。

（原伟伟）

渭源县

【基本情况】渭源县位于甘肃省中部，定西市西南部，是黄河最大支流渭河的发源地，也是中国古丝绸南路和唐蕃古道的必经之地，属西秦岭末端向北部黄土高原过渡区，地形地貌复杂多样。公元前205年设立县制，名首阳县，公元551年改名渭源县。县域面积2053.25平方公里，海拔在1930—3941米之间，县城海拔2080米，地势西南高，东北低。全年平均气温7.1℃，年日照时数2092.9小时，年总降水量433毫米，全年无霜期186天。共辖12个镇、4个乡、217个行政村、12个社区居委会，县城距省会兰州市174公里，距陇海铁路陇西站55公里，交通区位优势明显。2019年实现整县脱贫摘帽，2021年被确定为国家乡村振兴重点帮扶县，是甘肃省乡村建设示范县、国家乡村振兴局定点帮扶县和青岛市城阳区东西协作帮扶县。

【资源优势】渭源县素有“中国党参之乡、中国马铃薯良种之乡”之称，是全国马铃薯标准化种植示范县。年种植马铃薯40万亩，年产种薯80万吨，脱毒瓶苗5.4亿株、原原种5亿粒、原种10万吨。其中，马铃薯原原种产量占全国的四分之一，被农业农村部授予“全国马铃薯标准化种植示范县”。县内有野生中药材资源485种，中药材种植品种15种，素有“渭水当归传两广”之说和“千年药乡”“党参故里”的美誉。年产干药量8万吨，中药材年加工量8万吨，其中中药饮片年生产能力5万吨，是“国家级出口食品农产品（中药材）质量安全示范区”，“渭源白条党参”荣获中国驰名商标称号，党参、当归享誉陇上。

【国民经济】2021年，全县地区生产总值46.06亿元，比上年增长8.9%。其中，第一、二、三产业增加值分别为15.79、4.01和26.27亿元，分别增长10.4%、5.2%和8.4%，三次产业结构比为34.3 ∶ 8.7 ∶ 57，对经济增长的贡献率分别为28.74%、12.39%和58.87%。人均地区生产总值16722元，增长15.5%。社会消费品零售总额10.77亿元。

【优势产业】渭源县良好的生态环境孕育了丰富天然的绿色食品原材料，形成了马铃薯种植、中医药、草牧业三大优势主导产业。打造了绿色食品、有机农产品、无公害农产品、地理标志农产品和“甘味”农产品的安全优质特色农产品公共品牌，建立了蚕豆、洋芋、油料、中药材、牛羊等一批依据区位优势而发展起来的优质高效农产品生产基地，淀粉、畜牧、林果、水产、蔬菜、中药材六大支柱产业已具一定规模。同时，“三品一标”认证通过的农产品数量和面积持续增长，逐渐形成了“渭源白条党参”、“渭水源”中药材、“秀峰”牛肉、“牧儿山”乌鸡蛋、“来点土豆”牌系列方便食品等一批具有较大知名度的农业公共品牌。

【农业生产】2021年，全县实现农林牧渔业增加值159006万元，比上年增长10.3%；农林牧渔服务业1148万元，增长6.6%。农作物种植面积110.7万亩，增长0.24%。粮食作物播种面积73.2万亩，总产量18.53万吨。蔬菜播种面积1.43万亩，产量1.15万吨。中草药材播种面积31.76万亩，产量9.61万吨。花卉种植面积0.12万亩。猪出栏5.27万头，增长21.3%；牛出栏1.4万头，增长10.5%；羊出栏11.16万只，增长21.1%；鸡出栏100.29万只，增长13.4%。

【工业发展】2021年，全县有工业企业228家，其中小型企业145户，微型企业83户。省级龙头企业11家，市级龙头企业10户。全县6种工业产品获得“甘肃名牌”称号，5个商标被标为甘肃省著名商标。自2010年启动建设渭源工业集中区以来，累计投入资金3.6亿多元，构建形成了渭源工业园、渭源物流园、会川工业园“一区三园”布局，累计入驻企业65家，完成固定资产总投资26亿元，已通过GMP认证企业30家，GSP认证企业5家。工业集中区年产值达到5.3亿元，上缴税金950万元，稳定就业达到4500多人，被认定为“省级农民工返乡创业示范基地”“市级创业就业孵化示范基地”，已成为县域经济发展的核心板块。2021年，全县工业增加值1.71亿元，比上年增长11.0%，占地区生产总值的3.7%。现有规模以上工业企业17家，规模以上工业增加值增长14.5%。

【乡村振兴】渭源县探索建立“15531”网格化防贫监测运行体系，根据风险类别、发展需求分层分类制定“一户一策”帮扶计划，并采取发展产业、扩大就业、健全社会保障体系、公益性岗位、小额贷款等措施给予精准扶持。启动实施农村人居环境整治提升五年行动，持续实施“三大革命”，努力改善农村人居环境。新建卫生厕所8769座、硬化巷道48.2万平方米。创建清洁村庄80个，改造提升乡村景观建筑827处，四旁植树35万株，面山绿化3.3万亩，道路绿化820.7公里。投入资金8.66亿元，对标创建指标，创建省级示范村10个、市级示范村3个、县级示范村8个，积极推进示范县创建。在脱贫攻坚战和巩固脱贫攻坚成果、有效衔接乡村振兴的实践中，投入乡村振兴补助资金2054万元，带动2.76万户农户持续稳定增收。大力发展“光伏+”扶贫、带动产业，着力构建“光伏+”全产业链光伏带动体系。已建成会川、田家河、路园、莲峰4个光伏食用菌产业园，大棚441座，年产值2577万多元。具有较大规模“光伏+食用菌”基地12家、“光伏+蔬菜”基地7家、“光伏+中药材育苗”基地2家、“光伏+养殖”和“光伏+产业车间”基地各1家，建成分布式“光伏+产业”点33个。累计建成农光互补食用菌1600亩、设施蔬菜、党参和黄芪育苗等种植业750亩、互补特色养殖业150亩，互补率达到85%以上。全县年产羊肚菌、金耳、熊掌、猴头等名贵食用菌4511.35吨，收益7933.85万元以上，“农光互补”产业融合叠加效应持续放大，有效推动了乡村建设。

【交通发展】全县境内G30连霍高速、G75兰海高速和国道211、310穿境而过，省道227、229及渭武高速建成通车，已建成以渭武高速、天定高速渭源连接线为主线，国道、省道过境段互联互通的“一线三纵四横”环线公路网络、兰渝铁路在渭源设站并全县通车。全年铁路客运量32.4万人（兰渝铁路渭源站）；公路客运量112.07万人，公路货运量726.67万吨，公路运输总周转量139059.49万吨公里，比上年增长2.1%。全县现有公路3011.67公里，公路密度为88.22公里/百平方公里；行政村通硬化路率达到100%，自然村组道路1190公里，自然村通硬化路率达到61.1%。

【招商引资】渭源县围绕把传统产业做优做精、新兴产业做大做强，积极实施补链招商、强链招商和扩链招商。2016—2021年共签约引进招商引资项目72个，总投资202.17亿元，落实到位资金196.23亿元，有效支撑了工业集中区项目和工业经济产能，对产业进行嫁接改造、关联配套，形成完整的产业链条，招商引资工作取得了明显成效。

【项目建设】全县牢固树立“项目为王”理念，把项目建设作为追赶发展的总抓手，落实“1+1托4”项目包抓机制，紧盯项目建设“1346”时序要求，保要素、促前期、保开工，运用项目建设集中开复工机制，全面推进各项目开复工建设，有力保障固定资产投资稳定增长。2021年，全县固定资产投资比上年增长25.0%，实施500万元以上及房地产开发项目117个，其中5000万元以上项目17个，500—5000万元项目88个，房地产开发项目12个。项目投资完成额占全部投资额的58.1%，其中，5000万元以上项目占29.8%，500—5000万元项目占28.4%。房地产开发项目完成投资额比上年增长49.5%，占全部投资额的41.9%。

【人民生活】全年城镇新增就业1447人，失业人员实现再就业469人。年末城镇登记失业人数120人，城镇登记失业率2.24%。当年安置退役士官5人。年末共有公益性岗位就业人员907人，其中本年安排195人。全年累计劳务输转7.27万人，比上年增长14%。其中，组织输转7.03万人，组织化输转率为95%；输转脱贫人口3.71万人；实现劳务收入16.98亿元，增长8%。累计兑现发放东西部劳务协作奖补资金436万元，发放2020年下欠疫情奖补5439.90万元，受益群众11075人次。城镇居民人均可支配收入28661元，增长7.9%；农村居民人均可支配收入9750元，增长10.6%。城乡居民收入比2.94，比上年下降0.07。全县城镇居民人均消费支出20716.3元，增长6.2%；农村居民人均消费支出9586.4元，增长8.1%。

【教育事业】积极争取各类项目资金8155万元，建设教师周转宿舍52套，改善23所幼儿园、1所职业中专、2所高中和24所义务教育阶段学校办学条件，新改扩建校舍2.9万平方米。引进紧缺专业人才4名，招录特岗教师52人，建立了渭源县中小学（幼儿园）校（园长）后备干部人才库。创建全国校园足球特色幼儿园1所，省级禁毒示范学校1所，市级平安校园7所，县级文明单位2所，县级文明校园5所。2021年，全县高考文化课二本以上上线1478人，上线率78.49%，高考本科上线人数逐年增加，学前教育和职业教育稳步发展，教育教学质量逐步提升。

【卫生发展】年末全县共有医疗卫生机构318个，其中，医院6个，乡镇卫生院17个，村卫生室217个，社区卫生服务中心（站）1个，诊所、卫生所、医务室74个，专业公共卫生机构3个。医疗卫生机构卫生技术人员803人，其中执业医师（含助理）457人，注册护士233人。乡村医生、卫生员222人，医疗卫生机构床位数1586张。孕产妇住院分娩率100%，婴儿死亡率6.2‰，公共卫生服务体系进一步健全，卫生事业蓬勃发展。

【文化旅游】全县境内融汇了仰韶文化、马家窑文化、齐家文化等三大古代文化，文化底蕴深厚，自然风光秀美，积淀形成了以公而忘私、变堵为疏、科学治水精神为主的“大禹导渭”文化，以互让君位、耻食周粟、抱节守志精神为主的“伯夷叔齐”文化，是黄河上游古文化发祥地之一。境内有始建于明朝洪武年间的灞陵桥，葬有孤竹国二圣伯夷、叔齐的首阳山、省级森林公园莲峰山、鸟鼠同穴渭水源、秦长城遗址等16处旅游景点。全县现有AAAA级景区2处、AA级旅游景点2处，国家级森林公园、省级地质公园和省级风景名胜区各1处，为全省旅游胜地。渭河源景区入选“2020年新甘肃十大最治愈景区”和省级旅游度假区，被列入甘肃省19个核心大景区之一，渭源县被评为全国避暑旅游样本城市、中国夏季休闲百佳市县。全年接待国内外游客190.19万人次，比上年增长23.4%；实现旅游综合收入8.38亿元，增长11.4%。

【体育事业】全县共有体育场馆2个，公共体育场地面积65.32万平方米，群众健身点58个，社会体育指导员1111人，专职教练员6人，在训队员20人，等级裁判员34人，各类体育协会、俱乐部16个。2021年，建成项目总投资939万元，总建筑面积6216.94平方米，建设规模包括体育公园、礼仪广场、停车场三大部分的全民健身体育馆附属工程建设项目。建成价值30万元的笼式足球场一个，为全县足球事业的进一步发展奠定了坚实的基础。成功申请举办了“天华杯”2021甘肃省青少年自行车锦标赛、“法信杯”2021年甘肃省青少年三人制篮球锦标赛、“定西水投杯”2021年全省乒乓球邀请赛和“定西水投杯”甘肃省第二届美丽乡村休闲垂钓大赛（渭源·鹿鸣谷站），进一步加快了文体旅融合发展。

【环境保护】开展大气污染、燃煤锅炉污染、燃煤污染、扬尘污染、餐饮油烟污染、工业企业污染、秸秆、垃圾等焚烧治理，全力打好污染防治攻坚战。对全县21个建筑工地严格落实“6个100”防尘抑尘措施，督促全县13家汽修厂安装了VOCs综合治理设施。全县优良天数228天，优良率94.2%。当年完成“三同时”环保验收项目7个，总投资2.87亿元，其中环保投资471.49万元。全县城镇生活污水处理率90%，工业废水处理15.96万吨，工业固体废物综合利用率100%。峡口水库、漫坝河、石门水库3个饮用水水源地水质均达到《地表水环境质量标准》（GB3838-2002）Ⅲ类水质标准，渭河进出口监测断面水质稳定达到《地表水环境质量标准》（GB3838-2002）Ⅲ类标准，县城区生活污水处理厂自动监控数据传输有效率、监测结果公布率和监督性监测达标率均为100%。

（张文斌）

临洮县

【基本情况】临洮，因境内有洮河而得名，位于甘肃中部、定西市西部。全县总面积2855平方公里，有18个乡（镇），323个村、12个社区，总人口55.49万，其中乡村户籍人口37.07万人，有汉、回、东乡等28个民族。总耕地面积154万亩。历史文化悠久。临洮，古称狄道，是黄河古文化的重要发祥地之一，素有“彩陶之乡”“文化县”之称。

举世闻名的马家窑文化、寺洼文化、辛店文化均因首先发现于境内而得名。自周安王十八年（公元前384年）建置狄道县以来，长期为郡、州、道、府、县治所在地，迄今建县已有2400多年历史。境内战国秦长城、陇西李氏祖籍地、汉代古墓群、唐代哥舒翰纪功碑、八思巴文化等人文遗产遗迹星罗棋布，剪纸、皮影、花儿、傩舞等民俗文化风情多样，马家窑文化命名地、战国秦长城西起首、老子飞升地和貂蝉故里是临洮的四张“文化名片”。现有国家AAAA级景区1家、国家级文物保护单位4个、省级文物保护单位10个。区位优势明显。临洮是省会兰州的南大门，县城距兰州市区80公里，是南向通道经济带上重要节点城市。兰临、临渭高速和国道212及省道309、311、229线穿境而过，城乡道路纵横交错，四通八达，是连接甘肃中南部与临夏、甘南两个少数民族地区的必经之地和欧亚大陆桥经济带辐射圈内重点县区。随着临洮军民合用机场改扩建、兰汉十高铁、定临高速、临康广高速等项目的规划实施，临洮的交通条件将更加便利。资源禀赋较好。黄河上游最大的支流—洮河，流经县内9个乡镇115公里，年过境水量46亿立方米，水质优良无污染，属国家一级保护水系。全县有效灌溉面积32.7万亩，有大中型灌区3个，现代农牧业发展条件优越。境内分布高岭土、方解石、花岗岩、萤石等矿产资源10多种、30多处，洮河谷地地势平坦、地貌完整，沿岸可开发利用的滩涂地达2万多亩。产业特色鲜明。依托洮河谷地良好的气候条件，培育形成了560万头（只）畜禽、60万亩马铃薯、27万亩蔬菜、18万亩中药材、7万亩花木、6万亩百合生产基地，临洮花卉先后在各类花卉博览会上获得70多个奖项。谋划实施马家窑洮砚特色小镇、李氏文化产业园等过亿元文化旅游项目23个，甘肃临洮体育训练基地荣升为西北第二个国家级综合性体育训练基地。引进建设了甘肃（南部）农产品交易集散中心、“一带一路”智惠产业创新城等重大商贸物流项目，全县限额以上商贸企业达到32家。依托临洮经济开发区，引进入驻企业75家，发展形成了以金属冶炼、建筑建材、机械制造为主导产业的工业产业体系，规模以上工业企业达到37家。人居环境良好。全县海拔1730—3670米，年平均气温7℃，年降水量317—760毫米，无霜期80—190天。境内南屏山、岳麓山、玉井峰等景区生态植被良好，洮河谷地光热水条件得天独厚，气候湿润，是居家生活、休闲度假的理想之地。县城建成区面积达17.96平方公里，景观水面达100万平方米，在川区10个乡镇全面开展生活垃圾统一收集、集中处置行动，城市绿化覆盖率达32%，全县森林覆盖率达8.65%，城乡环境卫生面貌得到全面改善，被评为“省级卫生城”和“省级园林城市”。发展前景广阔。围绕“一点一河两岸三区五板块”的空间布局，规划建设了“一区三园”的工业聚集发展平台，占地19.5平方公里的中铺工业园被纳入兰州高新技术产业开发区；成功创建的占地88.8平方公里的临洮国家现代农业产业园，成为推动全县农业全产业链发展的重要平台；占地24.7平方公里的马家窑洮砚特色小镇成为全省18个重点特色小镇之一、8平方公里的洮河国家湿地公园荣获“中国森林氧吧”殊荣，谋划建设的战国秦长城国家文化公园、马家窑遗址公园将成为推动文旅融合发展的强劲引擎。

【国民经济】2021年，全县地区生产总值90.52亿元，比上年增长8.1%；规上工业增加值增长10.2%；固定资产投资增长15%；社会消费品零售总额27.2亿元，增长15.5%；一般公共预算收入4.84亿元，增长21.1%。年末金融机构人民币各项存、贷款余额分别达到217.44亿元和140.04亿元，较上年末增长8.04%和2.77%，金融助力经济发展的能力不断提高。全年县内旅游人数186.9万人（次），增长17.6%；旅游收入8.7亿元，增长8.6%。

【乡村振兴】2021年，持续加强“三类人口”监测帮扶，扎实推进乡村建设示范行动，下大气力整治农村人居环境，统筹整合各类涉农资金4.94亿元，实施产业培育、基础设施、农民增收等项目82个，改建卫生厕所1.2万户，加快建设洮阳乡村建设示范镇和25个示范村，创建清洁村庄100个，脱贫质量成色全面提升，乡村振兴步伐明显加快。

【项目建设】2021年，牢固树立“项目为王”意识，全力抓项目、促投资，累计安排前期费1500万元，确保重大项目开工一批、储备一批、谋划一批，切实发挥投资有效性，论证储备今后五年重大项目275个、总投资1302亿元。印发《临洮县2021年投资项目清单》《临洮县“一总五分”项目计划清单》《临洮县2021年投资项目开复工活动总体方案》《临洮县“紧握奋进之笔·书写得意之作”项目推进实施方案》《临洮县2021年项目包抓“1+1托4机制”工作任务推进方案》。按照“1346”项目建设时序，以集中开工方式倒逼项目建设，奇正藏药医药产业基地、盛世家园、卧龙湾幼儿园等123个项目通过四批次集中开复工活动开工建设，第二热源厂、光大生活垃圾焚烧发电等47个项目建成使用。按照“成熟项目抓申报、已报项目抓争取”的资金争取思路，有洮河定西市临洮县太石至红旗段防洪治理、黄土高原水土流失综合治理等31个项目下达中央预算内资金1.67亿元，城区给水厂扩建二期、县医院医疗设备采购等6个项目通过第一二批下达地方政府专项债券资金4.4亿元。紧盯中央预算内、地方政府专项债券最新投资导向，谋划申报第一实验小学室外工程、烈士纪念设施建设、畜禽粪污资源化利用整县推进等2022年中央预算内项目24个、总投资13.4亿元，申请资金5.15亿元；通过国家重大项目库、地方债务风险系统推送2022年地方政府专项债券项目44个，总投资76.38亿元，专项债券资金需求52.52亿元。

【人民生活】2021年，城镇新增就业人口2905人，城镇登记失业率为3.89%。全年城镇居民人均可支配收入29695元，比上年增长7.6%；城镇居民人均消费支出21319元，增长2%。农村居民人均可支配收入10324元，增长11.1%；农村居民人均生活消费支出10183元，增长9.9%。

【环境保护】2021年，建立推行“林长制”，完成生态造林3.2万亩、城乡面山绿化1万亩、农村“四旁”植树340万株，栽植城市景观绿化美化花木124万株，高标准改造农田2.2万亩，新修淤地坝3座，三大污染防治攻坚战成效显著，生态环境质量持续改善。

【社会保障及社会事业】2021年，投入民生资金22亿元，开展救助保障16万人（次）。引进教育、医疗急需紧缺人才34名，累计发放助学资金、助学贷款4280万元，救助贫困学生7064名，高考文化课应届本科上线率达90.4%，有3名学生被清华、北大录取。临洮县被评为全市“教育质量振兴先进县区”，被国务院残工委授予“全国残疾人工作先进单位”称号，县人民医院成功晋升为三级乙等医院。多措并举化解了8501套城镇住宅历史遗留“登记难”问题。认真办理人大代表意见建议125件、政协委员提案86件。

（陈海霞）

漳县

【基本情况】漳县位于甘肃省东南部、定西市南部，地处黄土高原陇西地台和西秦岭山地交汇过渡地带，海拔1640—3941米，年平均气温8°C，无霜期283天，年总日照时数2175.3小时，年总降水量439.2毫米，全县总面积2165.18平方公里。境内有“西北盐业第一井”的古盐井，有姜维大战铁笼山、邓艾大败姜维等三国古战场和被誉为“海内之最”的国家级文物保护单位汪氏元墓群等历史文化遗址。有国家AAAA级旅游景区、国家森林公园贵清山/遮阳山等自然景观，有红军长征“中共中央西北局盐井会议”会址等红色旅游资源，有武阳扇鼓、金钟花儿、盐川社火等地域风俗，孕育了漳盐文化、汪氏文化、山水文化、红色文化和民俗文化等。2005年被中国登山协会命名为“中国国家攀岩队训练基地”。全县现辖10镇3乡135个行政村768个村民小组和5个社区，2021年末常住人口16.54万人。

【自然资源】漳县物华天宝，资源较为丰富。全县已查明资源储量矿产11种，其中岩盐、石灰石、红柱石、大理石储量丰富，石灰岩探明储量1000多万吨，红柱石远景储量约1亿吨。特别是岩盐矿石资源富集，目前已探明的岩盐储量近2000万吨，远景储量3.5亿吨，平均品位为69.83%，有害微量元素低于国家标准，具有很高的开采价值，发展盐化工、建材等具有很大优势。全县林地面积132.41万亩，占全县土地面积的40.77%；森林面积59.37万亩，森林覆盖率18.28%；草地面积65.47万亩，草原综合植被覆盖度78.33%。整合优化后，境内有漳县珍稀水生动物国家级自然保护区、贵清山国家森林公园、贵清山省级自然保护区、泰山省级森林公园等4个自然保护地，总面积16231.08公顷、占国土面积7.5%，其中2个自然保护区核心区面积3450.42公顷、占国土面积1.59%。境内有漳河、龙川河、榜沙河三条主要河流，河道总长131.5公里，年径流量5.581亿立方米。

【国民经济】2021年，全县地区生产总值28.52亿元，比上年增长8.2%。其中，第一产业增加值6.18亿元，增长10.7%；第二产业增加值5.79亿元，增长4.5%；第三产业增加值16.54亿元，增长8.2%。三次产业结构比为21.7 ∶ 20.3 ∶ 58.0，对经济增长的贡献率分别为32.4%、10.8%和56.8%。十大生态产业增加值12.53亿元，比上年增长5.8%，占全县地区生产总值的43.9%，比重较上年提高13个百分点。社会消费品零售总额6.6亿元，增长16.6%。一般公共预算收入19507万元，增长18.2%；一般公共预算支出183277万元，下降0.43%。

【农业经济】2021年，全县农林牧渔业增加值6.2亿元，比上年增长10.7%。共种植各类农作物50.19万亩，增长4.78%。其中，粮食作物33.38亩，增长4.11%；经济作物16.78万亩，增长6.16%。粮食作物中夏粮18万亩，秋粮15.37万亩。马铃薯、中药材、蔬菜等特色优势产业种植面积分别达到10.15、9.8和5.08万亩，分别比上年增长1.11%、9.54%和2.42%。粮食总产量8.55万吨，增长4.77%。其中，夏粮4.1万吨，秋粮4.4万吨。年末大牲畜存栏2.96万头，比上年末增长12.95%。猪、牛、羊、家禽存栏分别为2.55万头、2.34万头、7.32万只和22.24万只，分别增长4.12%、21.13%、25.43%和10.48%；出栏分别为2.59万头、0.47万头、3.17万只和23.15万只，分别增长20.87%、11.01%、21.98%和14.49%。全年肉类总产量0.37万吨，比上年增长11.23%；禽蛋产量0.07万吨，比上年增长16.29%；牛奶产量0.01万吨。

【工业经济】2021年，全县全部工业增加值4.89亿元，比上年增长5.4%。分门类看，采矿业增加值增长4.5%，制造业增长5.5%，电力热力燃气及水生产和供应业增长4.4%。规模以上工业增加值增长1.2%。规模以上工业企业实现营业收入8.5亿元，下降3%；实现利润总额1.26亿元，下降54%；营业成本5.97亿元，增长23%。生产水泥219.34万吨，下降5.35%；生产盐12.15万吨，增长22%。年末共有规模以上工业企业2户，5G基站38个。

【项目建设】2021年，全县固定资产投资比上年下降21.4%，实施500万元以上项目78个。按三次产业分，第一产业投资增长19.94%，第二产业投资增长343.3%（其中，工业投资增长100%），第三产业投资下降26%，分别占固定资产投资的3.5%、9.8%和86.7%。基础设施投资增长42.3%。民间固定资产投资增长77.7%。全年房地产开发投资比上年增长55.05%。其中，住宅投资增长88.33%，办公楼投资下降72%，商业营业用房投资下降64.75%。商品房销售面积1.226万平方米，增长109.98%。房屋施工面积7.8万平方米，增长89.8%。

【城镇建设】加快城乡一体化建设，城镇化率达到34.71%。全面完成泰安路和文苑北路“钉子户”房屋搬迁工作，泰安路、文苑北路全面贯通，城区“三横九纵”道路框架初步形成。新增2座热力站，配建供热管网4公里，城区供热能力达到145万平方米；新建城区污水管网2.4公里，污水处理厂规模达到0.6万m^3/d，日处理生活污水6000吨，出水达到一级A标准。城区商贸街、贵清路两条主街道改造路面107000平方米，施划道路标线4500平方米，改造人行道24000平方米。实施城市老旧小区改造7个，改造户数292户。重点实施城区主街道、城市出入通道、城市公园广场、住宅小区增绿、建筑工地等“六大增绿工程”，投资1300余万元累计栽植各类乔灌木186564株。

【人民生活】2021年，全县城镇居

民人均可支配收入28729元，增长7.3%；农村居民人均可支配收入9220元，增长10.7%。城乡居民人均可支配收入比值为3.1，比上年缩小0.1。城镇居民人均消费支出17852元，增长6.7%；农村居民人均消费支出9479元，增长3.7%。年末全县城镇职工养老保险参保人数3343人，比上年末增长0.63%；机关事业单位养老保险参保人数5488人，增长1.83%；城乡居民基本养老保险参保人数115524人，下降0.28%。城镇职工基本医疗保险参保人数9663人，增长2.7%；城乡居民基本医疗保险参保人数175255人，下降0.4%。失业保险参保人数4243人，增长39.43%。工伤保险参保人数7134人，增长0.14%。生育保险参保人数7046人，增长2.5%。全年享受城市最低生活保障的居民1454人，共发放城市低保金950.3万元；享受农村最低生活保障的居民12890人，共发放农村低保金4264.7万元。全县城乡特困供养706人，发放特困供养金617.33万元。发放临时救助金1790.2万元，救助城乡困难群众18126人。年末全县共有各类社区综合服务机构和设施153个。其中，社区服务中心13个，社区专项服务机构和设施140个。综合养老服务机构3个，服务床位120张。

【疫情防控】坚持把疫苗接种作为最重要的疫情防控措施，按照“突出重点、应接尽接、保障安全”的原则和“党委政府找人、卫健部门接种”要求，全面加快新冠疫苗加强针接种进度，构建免疫屏障。2021年末，全县全人群累计接种新冠疫苗285637剂次。

【环境保护】人民居住环境质量进一步提高，扎实开展燃煤控制、扬尘抑制、尾气治理和Vocs治理等专项整治行动，剔除沙尘天气影响后，城区空气质量优良天数为342天，优良率为95.8%，二氧化硫（SO_2）、二氧化氮（NO_2）、一氧化碳（CO）和臭氧（O_3）平均浓度控制在《环境空气质量标准》（GB3095—2012）二级标准以内，空气环境质量达标率100%。城区空气可吸入颗粒物（PM_{10}）和细颗粒物（$PM_{2.5}$）平均浓度均能够控制在省市下达指标之内。漳河、龙川河、榜沙河3个地表水、漳县城区饮用水水源地和6个“千吨万人”以上的农村饮用水水源地水质等重要流域水功能区水质达标率100%。区域环境噪声和交通干线噪声分别控制在了国家规定的排放限值之内。

【社会事业】2021年，全县年末共有各级各类学校190所。其中，高级中学2所，初级中学4所，九年一贯制学校10所，小学43所，小学教学点62所，幼儿园68所，职业高中学校1所。年末全县共有医疗卫生机构154个，其中，医院2个，乡镇卫生院13个，社区卫生服务中心（站）1个，村卫生室134个，疾病预防控制中心1个，妇幼保健院1个，卫生监督所1个，计划生育技术服务机构1个。卫生技术人员535人，其中，主任医师、副主任医师和主治医师95人。医疗卫生机构床位765张（含社区卫生服务），其中，医院550张（县人民医院300张，中医院250张），乡镇卫生院91张，中心卫生院104张。年末全县共有文化馆1个，公共图书馆1个，博物馆1个，档案馆1个。广播电视台1个，电视发射54部，广播调频发射站5个，全县有线数字电视1500户。年末广播节目综合人口覆盖率为100%；电视节目综合人口覆盖率98%。全县国家学生体质健康标准测试合格率达98.5%以上。全年科学技术支出204.7万元，比上年增长0.14%。登记备案科技成果2项，认定登记技术服务合同7份，交易额500万元，增长0.25%。专利授权28件，增长0.4%。

（张喜梅　蔡蕾）

岷县

【基本情况】岷县古称临洮，位于甘肃省定西市南部。岷县由于地理位置优越，地处甘肃南部中心地带，国道212线纵贯南北、国道316线横贯东西，“兰渝”铁路和“兰海”高速途径县境，是通往兰州、陇西、陇南、甘南和四川的必经之地。自古就有“西控青海，南通巴蜀，东去三秦”之说，商贸活跃，享有陇原“旱码头”美称。全县总流域面积3578平方公里，耕地119万亩，水域面积22万亩，森林面积97万亩，草场面积390万亩，森林覆盖率10.6%。人口49.47万人，辖15镇3乡、371个村（居）委会，2423个村民小组。全境地形属高原形态，山峦起伏，沟壑纵横。其中岷县与迭部交界处的达拉梁海拔高度为3574米，属岷县最高峰。马坞油坊庄海拔高度为2040米，为最低点，相对高度差1714米。岷县气候高寒阴湿、复杂多变，年平均气温6.1℃，年平均降水量650毫米左右，年无霜期90—120天，平均海拔2751.7米，年平均日照时数2183.7小时。受大陆性气团、副热带暖湿气团的交替影响和地形对大气抬升的作用，容易形成极端天气，冰雹、暴雨、霜冻等自然灾害多发频发，防灾减灾任务繁重。

【国民经济】2021年，全县地区生产总值57.85亿元，比上年增长9.6%。其中，第一产业增加值12.19亿元，增长10.5%；第二产业增加值6.32亿元，增长6.2%；第三产业增加值39.34亿元，增长9.8%；三次产业结构比为21.1：10.9：68。工业增加值2.46亿元，增长11.2%，其中规模以上工业增加值增长18.3%；建筑业增加值3.86亿元，增长3.1%；固定资产投资增长26.9%；社会消费品零售总额23.58亿元，增长17%；一般公共预算收入2.76亿元，增长22.1%；城镇居民人均可支配收入29121元，增长7.8%；农村居民人均可支配收入9224元，增长10.5%。

【乡村振兴】坚持把防返贫作为底线性任务，从严落实“四个不摘”要求，推动脱贫攻坚政策举措和工作体系逐步向乡村振兴平稳过渡。全力巩固拓展脱贫攻坚成果。紧盯3839户1.49万“三类人口”，不断健全完善防返贫监测和帮扶机制，精准制定“一户一策”帮扶计划，助力消除返贫致贫风险，无返贫致贫人口。深入推进特色产业发展。累计投入资金1.08亿元，用于特色产业发展和基础设施提升。脱贫户人均产业增收1000元以上，村集体经济村均收入达3.64万元。完成23.06亿元扶贫项目资产确权。扎实开展乡村建设行动。启动创建乡村建设示范村18个。实施农村人居环境整治提升五年行动，改建农村户用卫生厕所1万座，创建清洁村庄119个。持续拓展帮扶协作。中国进出口银行帮扶资金1750万元，青岛西海岸新区帮扶资金6862万元，完成消费协作1.14亿元，互访对接、人才交流400余人次，协作共建县医院口腔中心投入使用，打造7个乡村振兴示范村。持续强化驻村帮扶，调整轮换工作队成员247名。

【项目建设】坚持争引并举、合力攻坚，重大项目支撑引领作用逐步凸显。项目建设强力推进。实施500万元以上项目71个，争取到位中央预算内投资4811万元、地方政府专项债券资金3.3亿元。项目储备科学充足。谋划2022年投资项目90个530.48亿元、重点前期推进项目48个276.85亿元。岷县通用机场项目，可研编制等前期工作有序开展；岷县南川污水处理厂和总投资3.9亿元的岷县工业园区国际陆港多式联运物流中心项目已开工建设。招商引资成效显著。组团参加兰洽会、青岛国际啤酒节、青岛黄河流域"9+2"跨境电商产业合作交流大会、中医药高质量发展论坛等节会，招引项目12个、总投资43.78亿元，省外到位资金35.04亿元、增长98.75%。

【优势产业】深入实施"产业富县"战略，持续优化产业结构，集聚县域经济发展动能。现代农业提质增效。整治撂荒地550亩，中药材种植面积稳定在60万亩以上，粮食产量稳定在6.7万吨以上。规划创建现代农业产业园（中药材），建设中药材绿色标准化基地148个，建成高原夏菜基地10个，规范提升养殖场34个、农民专业合作社110个，引进培育龙头企业4家。设施畜牧业建设稳步实施。培育提升肉牛规模养殖场10个，合作社2家，扶持发展肉牛养殖大户202户；培育提升肉羊规模养殖场20个，培育合作社1家，扶持发展肉羊养殖大户104户，新（改、扩）建生猪养殖场10个，全县能繁母猪存栏0.93万头，生产优质仔猪8.05万头。

【环境保护】大力实施"生态立县"战略，积极践行绿色发展理念，全力改善环境质量。生态修复治理见实见效。编制完成黄河流域生态保护和高质量发展规划，谋划储备5大类项目111个，总投资464.77亿元。启动实施渭河源生态扶贫巩固提升等项目，全年造林封育6.7万亩。其中，林业重点工程1.7万亩，城乡面山绿化5万亩，通道绿化794.5公里，全民义务植树405.2万株。全县林地面积139.82万亩，占国土面积的26.08%；森林面积58.12万亩，活立木蓄积199万立方米，森林覆盖率达到10.84%；草原面积191.78万亩，草原植被盖度89.9%。污染防治攻坚有力有序。扎实开展燃煤控制、扬尘抑制等专项整治行动，空气优良天数保持在360天以上。全面整治河湖"四乱"，境内主要河流沿线生态有效改善。"三清一改"专项行动扎实推进，面源污染综合防治全面完成。全年剔除输入性沙尘天气后，空气可吸入颗粒物（PM_{10}）年平均浓度为51ug/m^3，细颗粒物（$PM_{2.5}$）年平均浓度21ug/m^3，二氧化硫年平均浓度为16mg/m^3，二氧化氮年平均浓度为14mg/m^3。

【社会保障】全面完成城乡低保和城乡居民养老金提标，城乡居民基本医疗保险、养老保险参保率均达到98%以上，民生保障网络进一步织牢。2021年全县企业职工养老保险参保人数6191人，比上年增长4.29%；机关事业单位养老保险参保人数11630人，增长5.84%；失业保险参保人数13763人，增长8.19%；工伤保险参保人数15987人，增长13.66%；城乡居民基本养老保险实际参保338547人，增长1%；生育保险参保人数1.53万人，增长6.99%。全年城镇职工基本医疗保险参保人数1.91万人，增长9.6%；城乡居民基本医疗保险参保人数44.73万人，增长0.4%。城乡居民基本医疗保险基金支出总额2.52亿元，下降0.79%；累计享受待遇24.04万人次。全年享受城市最低生活保障的居民2381人，共发放城市低保金1470.26万元；享受农村最低生活保障的居民37828人，共发放农村低保金12889.13万元。全县城乡特困供养人数2619人，发放特困供养金2164.46万元；发放孤儿基本生活保障金88.87万元，共保障孤儿73人；发放临时救助资金7391.63万元，救助城乡困难群众62434人；落实困难残疾人生活补贴和重度残疾人护理补贴7961人，共发放补贴资金1014.12万元；落实经济困难老人补贴523人，共发放补贴资金65.89万元。

【社会事业】引进教师791人，落实学生资助补助资金3334万元。改扩建薄弱学校35所3.68万平方米，解决城区学校扩址问题，北城初中、北城区幼儿园、长虹幼儿园、安泰幼儿园实现秋季招生。年末全县有各级各类学校497所，其中，高级中学2所，完全中学2所，独立初中16所，九年制学校10所，完全小学136所，教学点99个，幼儿园230所，职业中专1所，特殊教育学校1所。在校（册）学生97337人，其中，高中在校生9369人，初中在校生19760人，小学在校生44734人，在园幼儿20716人，中职在校生2593人，特殊教育在校生165人。全县共有教职工6357人，其中专任教师6155人。学前教育三年毛入园率99.88%，九年义务教育巩固率为99.9%，高中阶段毛入学率为96.01%。向全国各类高等院校输送新生3296人，高考录取率达到82.7%，比上年降低0.2个百分点。县乡医疗卫生单位38个，其中，县级6个（县人民医院、县中医院、县疾控中心、县妇幼保健院、县卫生综合监督执法所、县中心血库），乡镇卫生院22个，民营医院10个（含民营社区卫生服务中心1个），标准化村卫生室358个。医疗卫生机构床位数2354张，其中，县人民医院640张，县中医院630张，妇幼保健院49张，乡镇卫生院565张，民营医院470张。执业（助理）医师1205人，注册护士1364人，卫生高级职称136人（正高10人、副高126人），中级职称178人。医护比1：1.13。年末共有乡镇综合文化站18个，农家书屋359个，文化信息资源共享工程村级终端接收站点300个；建成村级综合性文化服务中心（乡村舞台）300个；建成城市数字影院1个。全县有广播电视台1个，发射主站1个，辅站14个，补点站29个，有线电视用户0.4万户。年末广播节目综合人口覆盖率为95.44%，电视节目综合人口覆盖率95.44%。

（包建科）

陇南市

【基本情况】陇南市位于甘肃省东

南部，东邻陕西，南接四川，地处中国大陆二级阶梯向三级阶梯的过渡地带，位于秦巴山区、青藏高原、黄土高原三大地形交汇区域，西部向青藏高原边缘过渡，北部向陇中黄土高原过渡，东部与西秦岭和汉中盆地连接，南部向四川盆地过渡，整个地形西北高东南低，西秦岭和岷山两大山系分别从东西两方伸入全境，境内形成了高山峻岭与峡谷盆地相间的复杂地形，是甘肃省唯一的长江流域地区。境内辖1区8县，全市共199个乡镇，其中55个乡（含4个民族乡）、140个镇、4个街道，3160个村委会，122个社区，总面积2.78万平方公里，常住人口238.7万人，其中城镇人口89万人。境内分布着汉、回、藏、蒙等29个民族，古为“秦陇锁钥、巴蜀咽喉”之要地，今有“陇上江南”之美誉，既是北方人眼中的南方、温婉而秀丽，又是南方人眼中的北方、粗犷而豪放。

【资源优势】北纬33°“魔线”在这里穿越而过，孕育了南北兼具的独特气候条件，秦岭和岷山在这里交汇，嘉陵江、白龙江、西汉水在这里奔腾，水力蕴藏量426万千瓦，造就了其丰富的生物资源，境内自然生长的树种有1300多种，其中有花椒、核桃、油橄榄、茶叶、银杏等经济树种400多种，是甘肃重要的绿色农特产品生产基地；有中药材1300多种，其中名贵中药材300多种，《本草纲目》中的党参、当归、红芪、大黄、甘草等五大药材中，四种产于陇南，而且以量大质优闻名于国内外，素有“天然药库”“千年药乡”之称誉。已探明金属和非金属矿34种，有亚洲最大类卡林型金矿（文县阳山金矿）、全国最大规模的单体方解石矿床（两当方解石矿）、全国第二大铅锌矿体（西成铅锌矿）、全国第三大锑矿体（西和崖湾锑矿），被地质学家李四光誉为“宝贝的复杂地带”。

【国民经济】2021年，全市地区生产总值502.5亿元，比上年增长7.0%。其中，第一产业增加值95.4亿元，增长9.8%；第二产业增加值125.3亿元，增长8.2%；第三产业增加值281.8亿元，增长5.7%。规模以上工业增加值增长12.8%；规模以上工业企业实现营业收入176.4亿元，增长31.1%；企业利润总额33.7亿元，增长97.1%。固定资产投资增速增长12.4%。其中，民间投资下降2.6%，占全市固定资产投资的比重为32.8%；基础设施投资增长23.4%，占比为54.2%。社会消费品零售总额164.3亿元，增长17.8%。进出口总额2.2亿元，增长11.1%。其中，出口总额2.2亿元，增长9.4%；进口总额0.04亿元，增长3.7倍。一般公共预算收入28.2亿元，增长21.5%。其中，税收收入50.7亿元，增长24.7%。

【乡村振兴】深刻把握“三农”工作重心历史性转移，严格落实“四个不摘”要求，用足用好五年过渡期政策，用好东西协作、中央定点和社会帮扶等各类帮扶资源，抓实巩固拓展脱贫攻坚成果同乡村振兴有效衔接具体举措，统筹推进“五个振兴”，让人民群众的获得感、幸福感、安全感更加充实、更有保障、更可持续。健全帮扶机制，健全完善“3229”防返贫动态监测帮扶机制，常态化入户走访，全覆盖监测识别，对重点人群做到“六必访”“六必查”，动态掌握群众基本情况，做到监测不漏一户、不错一人。同时，创新探索出政府防贫险、农业险、保险＋期货、险资入陇、“三户一孤”险等“五险”并举防返贫机制，做到应保尽保、应赔快赔，进一步增强应对自然风险的能力，从源头上筑起防返贫致贫的防线。建设美丽乡村，把美丽乡村建设作为提升农村人居环境、助力农村精神文明建设、巩固脱贫攻坚成果的龙头工程，全市共建成省市级乡村建设示范村102个，县级乡村建设示范村2066个。发展乡村旅游，在美丽乡村建设的基础上提质升级，打造出康县花桥、文县白马山寨、徽县青泥岭等102个具有乡土气息、田园风光、康养功能为一体的乡村旅游示范村，“美丽乡村＋”的发展模式成为增加农民收入和乡村振兴的“绿色引擎”，2021年全市乡村旅游综合收入达26亿元。

【项目建设】牢固树立大抓项目、抓大项目、抓好项目的导向，深入实施项目带动战略，扎实推进项目建设攻坚行动，把项目建设作为推动高质量发展的重要抓手，坚持以项目建设扩投资、稳增长、促发展，实现了数量、质量、效益的同步提升。2021年，全市实施500万元以上项目596个，完成投资258.9亿元；争取国省预算内资金和政府债券资金46.7亿元；推进重大前期项目52个，总投资691亿元。加快推进景礼、康略两条在建地方高速公路，建设普通省道113公里、自然村组道路2038公里。建成水利项目34个。实施农村电网巩固提升工程，完成“十四五”第一批风电项目资源配置。康县花桥温泉酒店建成，徽成健康谷中医药康养产业园等一批文旅康养项目启动实施。“新基建”加快推进，谋划实施智慧环保、智慧交通等项目，新建5G基站720个。

【优势产业】牢固树立大抓产业的鲜明导向，多措并举强龙头、补链条、聚集群，推动一、二、三产业融合发展、传统产业与新兴产业协同发展，打造百亿产业园区，培育百亿产业集群，壮大优势主导产业，努力构建更具竞争力的现代产业体系。2021年，全市生态产业增加值71.4亿元，比上年增长23.1%，占全市地区生产总值的18.9%。大力实施特色产业三年倍增行动，巩固提升油橄榄、花椒、核桃、苹果、中药材、食用菌等特色优势产业，全市农业特色产业产值达到210亿元，对农村居民人均可支配收入贡献率达到42%。全年油橄榄栽种面积76万亩，产量4.2万吨，产值25.1亿元；花椒栽种面积293万亩，产量4.5万吨，产值53.5亿元；核桃栽种面积437.6万亩，产量10.8万吨，产值20.4亿元；苹果种植面积66.3万亩，产量59.8万吨，产值22.2亿元；中药材种植面积109.2万亩，产量20.4万吨，产值27.2亿元；食用菌生产4085万袋，产量4.1万吨，产值5.4亿元。全面实施“强工业”行动，推动有色冶金、白酒酿造、农产品精深加工、新型建材、清洁能源等传统优势工业转型升级，加快合金新材料、生物医药等高新技术产业发展。其中，金徽酒股份有限公司和红川酒业有限责任公司生产的白酒在全国白酒市场占据“一超一强”地位，金徽矿业股份有限公司先后获得“全国首批绿色工厂”“全国绿色矿山典范企业”等荣誉称号，公司于2022年2月22日在上海证券交易所A股主板成功上市。着眼打造百亿级工业园区，统筹推进各类产业园区功能互补、协调发展，要素向园区集中、产业向园区集群，不断提升园区能级水平，着力打造新的经济增长极。全年共实施“三化”改造项目12个，市列重点工业项目30个，完成投资15.2亿元。新培育入规企业6户，发展中小微企业3376户。陇南经济开发区科创孵化园、中小微企业孵化园等项目陆续建成，园区总产值达到19.9亿元，增长66.3%。大力推进数字产业化、产业数字化，坚持不懈发展电子商务，做大做强陇南电商平台，提升产业链、供应链能力，提高市场主体竞争力，推动陇南电商创新发展。2021年，全市共有各类网店1.4万家，交易额达到52.1亿元，拥有亿元级电商企业5家。

【人民生活】城乡居民收入平稳增长，生活水平逐步提高。2021年，全市城镇居民人均可支配收入达28694元，比上年增长7.1%；农村居民人均可支配收入9314元，增长11.2%。全市城市面积达到69.8平方公里，公园绿地面积742.5公顷，绿地面积达到1569.7公顷，常住人口城镇化率为37.3%。全市实施棚户区改造948套、教师安居住房3000套、市级公租房250套。实施老旧小区改造7251户，涉及182个小区，总投资7.9亿元，已全部开工建设。实施长江大道东延伸段二期工程、陇南市级人防综合基地、东江新区王石沟排洪渠环境整治工程、东江新区十号路道路工程等71个新建、续建市政基础设施项目，完成投资12.1亿元。持续巩固全域无垃圾治理成果，不断健全完善农村生活垃圾收运、处置体系，全市现有无害化垃圾处理场34座，建成农村垃圾收集池4063座，城乡基本实现了垃圾收集、处理全覆盖。

【环境保护】坚定不移践行“两山”理念，强化生态优先绿色发展的价值取向，正确处理经济发展同生态保护的关系。深入打好污染防治攻坚战，加强大气污染防治，大力推广清洁能源，确保空气质量稳居全省前列；系统推进水污染防治，补齐污水处理设施短板，提升污染监测预警能力，确保流域环境安全；注重土壤污染风险管控，加强农业面源污染防治，有就处置固体废物，提高土壤质量。2021年，全市17处饮用水水源地水质达标率均为100%。武都城区空气优良天数比例达98.5%，细颗粒物（$PM_{2.5}$）浓度均值为18微克/立方米，可吸入颗粒物（PM_{10}）浓度均值为44微克/立方米，环境空气质量综合质量指数3.1。全面推行河湖长制、林长制，统筹山水林田湖草一体化保护修复，加强“两江一水”流域综合治理，持续开展大规模国土绿化行动，加快建设以大熊猫国家公园为主体的自然保护地体系，全面落实长江“十年禁渔”，加强秦巴生物多样性生态功能区保护与建设，筑牢长江上游生态安全屏障。2021年，完成人工造林53.5万亩。全市林业用地面积2714.4万亩，全市森林面积1890.5万亩，森林覆盖率45.3%。认真落实“双碳”要求，加强节能减碳约束管理，推动形成绿色发展、循环发展、低碳发展。加快发展绿色产业，形成科技含量高、资源消耗低、环境污染少的产业结构和生产方式，提高经济绿色化程度。打造绿色园区，积极推进矿山、冶金、建材等重点行业和关键领域绿色化改造，推广应用清洁生产工艺。打造绿色企业，加大政策支持，引导企业建设绿色工厂、推行绿色生产、开发绿色产品。加强生态文明科普宣传，营造绿色低碳生活浓厚氛围，引导全社会认同绿色生活理念、践行绿色生活方式。建设节水型城市，开展节约型机关、绿色家庭、绿色学校、绿色社区创建活动。倡导绿色消费，发展低碳交通，鼓励绿色出行，让绿色低碳生活成为新时尚。

【社会保障和社会事业】坚持以人民为中心的发展思想，竭力解决民生难题、办好民生实事、增进民生福祉，向着幼有善育、学有优教、劳有厚得、病有良医、老有颐养、住有宜居、弱有众扶的目标奋力迈进，全力打造美好生活福地。加强各类实践基地建设，推动公共资源向师生全面开放。加强教师队伍建设，改革校长选拔任用机制，实施教师安居工程，加大激励表彰力度，让教师成为全社会最尊崇的职业，让教育成为陇南现代化建设的动力源泉。2021年，全市学校总数2306所，教职工3.4万人。其中，专任教师3.2万人。在校学生数51.2万人。学龄儿童入学率100%，初中入学率100%，高中阶段教育入学率95.1%。2021年普通高考报名2.4万人，其中4217人通过综合评价录取，实际参加考试1.8万人，本科上线1.1万人，上线率63.6%；本科录取9740人、录取率55.5%。其中，9名考生被清华大学录取，6名考生被北京大学录取，436名考生被985院校录取。全面实施公共卫生防控救治能力提升工程、公立医院高质量发展工程、重点人群健康服务补短板工程、促进中医药传承创新工程、医护安居工程，构建高效医疗卫生服务体系。引进培养高层次医疗人才，加强与高水平医疗机构合作，加快医联体建设，发展智慧医疗，支持市医院建设市级区域医疗中心，推动县区医疗机构晋等升级，努力提高医疗服务水平。2021年，全市有公立医疗卫生机构295个，其中县级以上综合医院10个、中医院8个、疾病防控中心10个。拥有病床位1.2万张，共有卫生技术人员1万人，其中执业医师和执业助理医师4857人、注册护士6260人。全市共有艺术表演团体102个，文化馆10个；公共图书馆9个，藏书达100.4万余册；共有博物馆纪念馆17个，共有全国重点文物保护单位8处，省级文物保护单位43处，市县级文物保护量位328处；博物馆纪念馆藏品数量1.1万件/套。全市直播卫星及广播和电视综合覆盖率分别为98.1%和98.6%。全面落实积极的就业政策，不断完善功能，大力促进高校毕业生就业和城乡富余劳动力转移就业，认真开展职业技能培训，城乡就业创业水平稳步提高，全市城镇新增就业1.5万人，城镇登记失业率控制在3.1%。2021年，全年共输转城乡富余劳动力69.5万人，比上年增长1.6%。其中有组织输转54.5万人，创劳务收入176.3亿元，增长7.5%。深入实施全民参保计划，完善基本养老保险和基本医疗保障制度，完善大病、工伤、失业等保险制度，全市各险种社会保险基金总收入42.4亿元、支出32.4亿元，累计结余26.6亿元。城乡居民养老保险参保168.4万人，工伤保险参保13.1万人，失业、生育保险参保人数分别达到5.4万人、10.1万人。全市城镇职工和城乡居民医保参保人数分别为16.8万人和248.8万人。

（王蘅）

武都区

【基本情况】武都区地处长江流域嘉陵江水系白龙江上游，秦巴山系结合部，素有“巴蜀咽喉、秦陇锁钥”之称。全区辖36个乡镇、4个街道，643个村、58个社区，2021年常住人口54.48万人，城镇化率45.79%。武都历史悠久，先秦时期就有道（县）建置，西汉元鼎六年（公元前111年）设武都郡，唐景福元年（公元892年）武州更名为阶州，历来为镇、郡、州、地、市所在地，2004年1月撤县设区，现为陇南市委、市政府所在地。全区土地面积4683平方公里，耕地134.46万亩，有林地和疏林地190多万亩，境内山大沟深、沟壑纵横，海拔667—3600米，年降水量460毫米左右，年均气温14.6℃，属北亚热带半湿润气候，素有“陇上江南”之称。自然资源丰富，油橄榄和花椒种植面积、产量、产值、品质均居全国首位，油橄榄可与地中海沿岸媲美，“大红袍”花椒享誉全国，是“中国油橄榄之乡”和“中国花椒之乡”；“米仓红芪”饮誉中外，是“中国红芪之乡”，有“千年药乡”之美誉；栗香毛尖、仁和绿茶和金陇红茶色润清香，备受青睐；有水杉、红豆杉和大熊猫、金丝猴等国家级保护动植物。旅游开发前景广阔，全区森林覆盖率达30.4%，高于全省平均水平，旅游资源丰富，发展潜力巨大，享有“华夏第一洞”盛誉的国家4A级景区万象洞、水帘洞、朝阳洞、千坝草原、裕河金丝猴保护区等景点绚丽多姿、美妙神奇，与天水麦积山、四川九寨沟连成一条旅游热线。矿产资源富集，已探明的金属和非金属矿藏有铁、铜、磷、金、煤炭、石膏等30余种，品质优良，储量可观。水力资源潜力巨大，境内有白龙江、广坪河、西汉水三大水系，年径流量53.7亿立方米，水力理论蕴藏量70万千瓦，可开发量为20万千瓦。

【国民经济】2021年，全区完成地区生产总值154.22亿元，比上年增长7.3%。其中，第一产业增加值30.48亿元，增长11.2%；第二产业增加值15.77亿元，增长6.1%；第三产业增加值107.97亿元，增长6.6%。固定资产投资增长5.2%。实现社会消费品零售总额79.48亿元，增长18.1%。实现地方财政收入5.48亿元，增长20%；一般公共预算支出46.33亿元，比上年同口径增加支出2.78亿元，增长6.4%。年末金融机构各项存款余额400.58亿元，比上年末增长20%，其中住户存款余额208.71亿元，增长13.9%；金融机构各项贷款余额275.13亿元，增长3.91%。

【“三农”工作】紧紧围绕农业农村经济稳步推进工作目标，全年粮食种植面积56.4万亩，粮食产量13.63万吨，比上年增长1.52%；油料总产量0.75万吨。培育壮大特色产业，种植蔬菜18.12万亩、中药材20.86万亩、马铃薯27.02万亩、茶叶3.4万亩；完成经济林基地建设5.8241万亩（花椒3万亩，油橄榄2.6241万亩，核桃0.2万亩），综合管护面积180万亩。出栏生猪12.82万头，鸡90万只，发展中蜂14655箱。创建市级产业示范点6个，区级产业示范点30个，引进培育农业龙头企业1家，规范提升农民专业合作社974家。认证“三品一标”农产品3个，累计达到25个。

【乡村振兴】严格实行党政主要负责人“双组长”负责制和“三级书记”抓乡村振兴工作责任制，紧紧围绕区委“五看五比五促进”工作思路，完善制度建设，做到六个“结合”，大抓练兵比武，为持续巩固好脱贫攻坚成果，全面实施乡村振兴奠定了坚实的基础。住房安全方面，建立健全了农村脱贫人口住房安全动态监测机制，排查鉴定因灾或自然新增危房，实现动态清零。农村居民住房灾后重建任务2404户已基本完成。医疗保障方面，2021年已脱贫人口应参保15.147万人参保实现全覆盖；边缘户应参保8220人，参保率100%。教育保障方面，严格落实“政教双线捆绑式控辍保学”工作机制，全区中小学生未出现失学辍学现象，640名残病适龄儿童全部落实了保教措施。安全饮水方面，完善了安全饮水工程长效监管机制，扎实开展“三防一加强”农村饮水安全大排摸，确保了群众饮水安全。易地扶贫搬迁方面，在全面完成“十三五”时期入住任务3882户16548人的基础上，积极做好搬迁后续巩固提升工作，大力发展油橄榄、花椒、辣椒等产业，实现了到户产业扶持全覆盖和经济效益与生态效益融合，增加了村级集体积累，带动了群众就业和增收。

【项目建设】坚持把项目建设作为拉动投资、促进经济增长的重要支撑，紧紧围绕乡村振兴、灾后重建、特色产业等重点领域精心谋划，精准调度推进。全区项目投资比上年增长7.92%，其中市、区项目完成投增长3.37%，重大项目（武都至九寨沟高速公路项目）完成投资增长21.82%。2020年公路灾毁恢复重建、“8·12”暴洪灾害损毁农田修复、城区新水源地工程等项目全面完工，城乡天然气供气、“8·12”暴洪灾害集中安置（两水、汉王）、7个棚户区改造等项目有序推进，陇南祁连山水泥有限公司搬迁项目已完成可研，正在开展前期工作；甘肃威特再生资源建材有限公司建筑垃圾回收处理项目已部分建成。2021年地方政府专项债券项目共8个，发行债券资金4.6亿元；抗疫特别国债项目共4个，落实资金1.25亿元，资金拨付率100%。签约招商引资项目5个，签约资金21.4亿元，到位资金14.3亿元。

【优势产业】大力推进农业优势特色产业三年倍增行动计划，新发展油橄榄5万亩、花椒3万亩、种植中药材20.86万亩，花椒、油橄榄综合产值分别达36亿元、20亿元，“3+6”农业特色产业体系助农增收作用凸显。加快工业经济发展，规模以上工业增加值比上年增长3.2%；马安高新技术产业园、汉坪高新技术产业园已完成规划设计。建成万象洞景区文化旅游创意产品展示基地，五马裕河片区、张坝古村落旅游基础设施不断完善，全年共接待游客239.68万人次，创旅游综合收入12.62亿元。创新发展“直播经济”和“网红经济”，实现电商销售总额19.9亿元。

【人民生活】抢抓新型城镇化建设机遇，加大市政设施、棚户区改造项目建设力度，不断提升城市品位。2020年老旧小区改造、“城市双修”、东堤路道路及给排水改造工程等项目相继建成，陇南市滨江体育场、腾飞大厦、中山街、两水镇等7项已开工棚户区改造项目进展顺利，国道212线给水管网改建项目、城区截污干管项目等工程已开工建设。积极开展城镇生活垃圾分类处理工作、“厕所革命”行动和“城乡环境卫生秩序百日集中整治”活动，在城区投放分类垃圾箱1200个，完成改建新建农村户用卫生厕所1.5万座，全力推动农村房屋安全隐患排查整治工作，农村面貌极大改善。全年城镇居民人均可支配收入30627元，比上年增长6.8%；农村居民人均可支配收入9803元，增长11.9%。

【环境保护】加强生态环境的监管，扎实推进“一江十九河”生态脆弱区生态修复，全力打好三大污染防治攻坚战。大气质量持续向好，可吸入颗粒物（PM_{10}）浓度均值为35微克/立方米，可吸入细颗粒物（$PM_{2.5}$）浓度均值为18微克/立方米。深入推进“河长制”，加强水源监测，全区水质状况总体安全，白龙江武都段水质保持在国家地表水Ⅱ类水质标准，集中式饮用水源地水质、地表水水质达标率均为100%。强化土壤污染源头防控，推进土壤污染治理修复和风险管控，全区内无污染地块。严格贯彻“林长制”，大力实施国土绿化行动，在城区南北两山栽植各种苗木33.75万株，完成义务植树182万株，绿色长廊建设50公里。完成水土流失治理面积6.38km^2。围绕“碳达峰”“碳中和”目标，全面落实节能减排措施，单位生产总值能耗完成市上调整目标。乡村垃圾收集站（池）、农村环境综合整治、地质灾害治理、土地整理、矿山环境综合治理等项目有序推进。

【社会保障及社会事业】统筹社会事业，民生福祉保障有力，4G网络实现全覆盖，新建5G基站346座，信息化水平和综合实力全面提升。全面落实鼓励服务业发展优惠政策，推动现代物流、电子商务、文化旅游、社会零售等现代服务业加快恢复和物业经济、夜间经济同步发展。完成对万象洞、朝阳洞以及五凤山等旅游景区的年度复核工作，万象洞景区水毁道路修复工程、池坝乡红色旅游步道建设项目和乡村旅游道路建设稳步推进。全区有各类学校334所，年末有教职工6468人，在校学生数123437人。学龄儿童入学率100%，9年义务教育巩固率98.6%，高中阶段毛入学率95.1%。全区高考报考考生4936人，本科上线2863人，比上年增加416人，上线率达到66.15%，其中有5人进入全省前一百名，比上年增加1人。年末全区有公立医疗卫生机构52所，其中县级综合医院1所，中医院1所，疾病防控中心1所，社区服务中心8所，乡镇卫生院40所，社区卫生服务中心8所；拥有病床位2508张；有卫生技术人员1970人，其中，执业医师和执业助理医师644人，注册护士910人，药师（士）178人。年末全区企业职工参加基本养老保险8916人，征收养老保险费11035.10万元；参加失业保险6500人，征收失业保险金378.89万元；城乡居民参加基本养老保险32.40万人，征收养老保险费6953.47万元；城镇职工参加医疗保险2.29万人，征收职工医疗保险费9317.71万元；城镇居民参加医疗保险5.26万人，征收医疗保险费14728万元；城镇居民发放低保金7676.51万元；农村居民发放低保金12716.17万元；供养特困人员4849人，发放特困供养金4130.34万元。

（宗春荣）

成县

【基本情况】成县位于陇南市东北部，东北与徽县接壤，西与西和相邻，南以西汉水为界与康县相望，东南与陕西略阳毗邻。属西秦岭余脉，地势呈西北高，东南低，海拔在750—2377米之间，境内多高山峡谷，地貌特征南北为山地，中部为丘陵。属暖温带半湿润气候，四季分明，冷暖适度，年均气温12.9℃。无霜期230天，年日照时数1594.0小时。年均降雨量638.0毫米左右，相对湿度73%。境内有犀牛江、东河、南河、洛河等“一江三河”丰厚的水资源。全县辖14镇3乡，245个村14个居委会，土地总面积1677平方公里，其中，耕地59.84万亩，林地173.5万亩，天然草场15.5万亩；森林覆盖率42.9%。2021年末，全县常住人口24.09万人，其中城镇人口12.3万人，常住人口城镇化率为51.07%。人口出生率9.57‰，人口自然增长率0.01‰。主要有汉族、回族、藏族、东乡族等29个民族，少数民族以回族为主。

【资源优势】成县自然资源丰富，境内四季分明，气候宜人，生态良好，土地肥沃。县内已知植物种类1958种，动物种类54种。特色农业逐步壮大，初步形成了“一主四辅两补充”多元化产业发展体系；以核桃产业为主导，养殖、中药材、果蔬、油料等为辅助，辣椒、万寿菊为补充的多元化产业发展体系。目前，全县农业特色产业面积达到76万亩，其中核桃实现适宜区全覆盖51万亩、1100万株。成县矿产资源富集。境内已发现矿产23种，金属矿藏主要有铅、锌、金、银、铜、铁等，非金属矿藏主要有大理石、花岗岩、石英石、冰洲石等。其中，铅锌地质储量约1100万金属吨，是国内第二大铅锌矿，品位高，储藏浅，易开采，成为继白银、金川之后甘肃第三个有色金属工业生产基地，目前已形成年产铅锌原矿320万吨、冶炼10万吨、白酒6000吨、水泥320万吨的生产规模，发展壮大和基本形成了“一主导”（铅锌）、“两优势”（建材、白酒）、“三补充”的工业产业格局；全县大理石储藏量92亿吨，品类齐全，质地细腻，花纹艳丽，居全省首位。成县历史悠久，文化底蕴厚重。先秦设道，东汉置郡，唐、宋、元设州，治同谷县，明初降州为县，始称成县，相沿至今。县域生态环境良好，自然景观奇特，文化胜迹众多，风光秀丽，山水有致。境内有国家级森林公园鸡峰山、国家重点文物保护单位《西狭颂》摩崖石刻为全国仅存“汉三赋”中保存最完整，历史研究价值极高，古西汉栈道，风光峻奇、环境优美；南宋抗金名将吴挺陵园，历史蕴藏丰富；诗圣杜甫流寓同谷纪念地“杜少陵祠”，合山环水，景幽文蕴；唐韵遗风裴公湖人文景观和五龙山红色旅游景区；省级森林公园尖子山；有五仙洞、大云寺、甸山、金莲洞、泥功山、石门沟、浪沟峡等风景名胜。

【国民经济】2021年，全县实现地区生产总值73.38亿元，比上年增长8.1%。其中，第一产业增加值8.91亿元，增长8.0%；第二产业增加值34.71亿元，增长13.7%；第三产业增加值29.76亿元，增长2.8%。第一产业增加值占全县地区生产总值比重为12.14%，第二产业增加值占比为47.30%，第三产业增加值占比为40.56%，与上年相比，第一产业比重下降0.56个百分点，第二产业比重上升5.3个百分点，第三产业比重下降4.74个百分点。人均地区生产总值30426元，增长13.3%。全年大口径财政收入11.34亿元，增长50.22%。固定资产投资增长3%。粮食种植面积32.2万亩，粮食产量9.82万吨。实现社会消费品零售品总额16.93亿元，增长18.39%。全年城镇居民人均可支配收入28190.8元，增长7.3%，农村居民人均可支配收入11201.9元，增长11.3%。年末全县金融机构各项存款余额144.06亿元，比上年末增长11.05%；各项贷款余额83.91亿元，增长4.79%。

【乡村振兴】全面落实“四个不摘”要求，全面巩固拓展脱贫攻坚成果，有序推进乡村振兴。建立完善防返贫监测常态化机制，截至年底，全县共有监测对象778户2819人，“一户一策”精准帮扶、动态清零，坚决防止规模性返贫。持续推进基础设施建设，新建自然村（组）硬化路项目61.7公里，打造“十县百路”3条示范路，实施45公里村道安全生命防护工程。完成总投资1.02亿元的8.5万亩水毁农田修复项目。统筹资金1741万元，用于乡村振兴示范镇、示范村建设。推进农村人居环境整治“三大革命”“六大行动”，创建“清洁村庄”62个，完成3500座农村户厕改造任务。稳步推进脱贫人口小额信贷工作。制定《成县乡村振兴村庄规划编制实施方案》，对全县245个村庄进行分类，确定省列乡村振兴示范镇1个，示范村2个，县列乡村振兴示范村4个。全年输转劳动力5.67万人，实现劳务收入10.8亿元。推进“陇货入青”“成货入城”活动，累计销售农特产品7945.36万元。

【产业发展】产业发展更加多元。完成51万亩核桃树综合管护和12.4万株核桃树高接换优工作。发展订单辣椒和万寿菊4.6万亩；创建市级农业优势产业示范点6个。新增蔬菜2.1万亩、中药材2万亩、烤烟0.4万亩、油橄榄0.2万亩。全力加强工业调度服务，11户规模以上工业企业满负荷生产，实施工业建设项目19项，完成固定资产投资2亿元。西狭颂国家5A级旅游景区创建步伐加快，陈院生态园国家4A级旅游景区创建前期工作基本完成。实施乡村振兴旅游补短板项目，推进全域旅游示范县创建。推进“一部手机游成县”智慧旅游系统建设，西狭颂古陶、红色面塑等文创产品被选送参加全国旅游商品大赛。接待国内外游客228.43万人次，比上年增长18.57%；综合收入10.21亿元，增长6.78%。

【项目建设】2021年，成县实施500万元以上“三个清单”投资项目58项。甘肃暖山农业叶黄素产业园项目完成联调联试，成县九源5000吨核桃及农林系列产品综合加工、成县祁连山水泥有限公司90万立方商品混凝土搅拌站等新建项目顺利推进。县中医院迁建项目开工建设，妇幼保健院迁建项目完成主体工程。灾后恢复重建集中安置楼（油库片区）项目开工建设；279户暴洪灾后群众自建住房竣工240户，1396户维修房屋竣工1384户；县道X519小黄路改建工程建成投用，鸡峰镇朝霞村道路及地质灾害治理、马莲垭至苏元水毁道路修复及“8·12”暴洪灾害道路恢复重建等项目按期完工；南河（中下游）防洪治理、青岛路排水防涝工程加快建设。

【人民生活】建成县大数据中心，智慧停车系统开始试运行，数字政府建设迈出新步伐。工信局旧址等片区棚改安置楼开工建设，原国税局家属楼等19个老旧小区改造工程加快推进，九鑫水木鑫城住宅小区三期、天成锦苑商住小区等13个房地产开发项目有序推进，新建商品房面积43.55万平方米，完成投资10.04亿元。城区污水管网并入店村污水处理厂、城区污泥无害化处置、黄渚污水收集管网、小川污水处理等工程建成。攻坚棚户区改造和项目建设用地征迁，打通同谷北路，完成成州家具城拆除和梁山路南段土地清表，青岛路与梁山路、育才路与陇南师专东校区连接贯通；依法拆除原地矿公司住宅楼及周边临时简易房，北大街棚户区拆迁有序推进。完成中医院迁建项目和石碑村至陈院梁楼村道路项目用地征收，杜甫草堂游客服务中心开工建设，城市建设步伐进一步加快。认真落实了向全县人民承诺的10件民生实事，完成农村卫生户厕改建3500座，城区2座公厕建设项目完成了前期工作；19个老旧小区26栋住宅楼改造工程正在加快实施；东河二期生态公园已建成开放；完成了全县2150名城镇低收入妇女和农村妇女“两癌”免费筛查；超额完成了60公里自然村（组）道路硬化任务，建成3条特色示范路；按阶段完成了全民新冠疫苗免费接种；完成了120名未就业高校毕业生到企业、社区及基层单位就业计划；完成了农业保险扩面、提标、降费目标，承保种植业8.4万亩、养殖业16.03万头（只、羽、箱）；为符合条件的1181名在校中职学生发放补助资金354.3万元；智慧停车项目正上线运行。

【环境保护】推进“一江三河”生态廊道建设，加强森林公园、水源涵养区生态保护与修复治理，持续推进国土绿化行动，实施天然林保护、退耕还林还草、水土保持、美丽乡村绿化、县乡村公路绿化等生态工程，全面落实146.07万亩天然林和公益林管护任务，高标准完成7.8公里公路绿化美化工程，引导和发动群众，栽植各类绿化苗木119万余株。为17个乡镇245个行政村配发农作物秸秆粉碎机384台，集中开展闲置农作物秸秆整治，推进秸秆还田综合利用。开展“清田行动”，设立2400多个废旧农膜回收点，完成废旧农膜回收360余吨，回收率达85%以上。对工业企业、燃煤锅炉、施工工地扬尘、煤炭经营市场和黄标车等重点领域排查整治。持续推进水污染防治行动计划，开展“一江三河”流域河湖清“四乱”行动，全面落实禁渔措施，全县污水处理达标率达到90%以上。推进农村乱占耕地建房专项整治和“两违”整治，拆除违法建筑11处。保障粮食安全，完成撂荒地整治5908亩。开展全国第一次自然灾害综合风险普查，86个地质灾害隐患点专业监测预警设备联网运行，全县安全生产事故起数比上年下降47.5%。

【社会保障】全县共有各类提供住宿的社会服务机构63个，其中，县级综合福利院1个，乡镇中心敬老院2个，村级五保家园和日间照料中心60个。社会服务床位1006张，其中，养老机构服务床位 170 张，村级五保家园和日间照料中心床位 836 张。年末共有社区服务中心 13 个，社区服务站 13 个。年末全县领取失业保险金人数 21 人，参加工伤保险人数 16320 人，参加职工生育保险人数 16000 人。年末全县参加城镇职工基本养老保险人数 18759 人；参加城乡居民基本养老保险人数 154396 人，比上年末减少 780 人。参加基本医疗保险人数 251239 人，增加 1123 人，其中，参加职工基本医疗保险人数 23529 人，增加 1699 人；参加城乡居民基本医疗保险人数 227710 人，减少 576 人。参加失业保险人数 8497 人，增加 789 人。年末全县共有 907 户 1752 人享受城市最低生活保障，发放低保金 1201.63 万元；5837 户 12804 人享受农村最低生活保障，发放低保金 5900.96 万元。全年国家抚恤、补助退役军人和其他优抚对象 14937 人，优抚对象补助资金 706.51 万元。

【社会事业】不断改善办学条件，完成 26 个薄改与能力提升项目，全面开展“互联网+”教育试点，通过直播课堂、录播课堂，成县一中及 27 所初高中实现与成都七中育才学校教育资源共享。年末全县学校总数 244 所，教职工 2941 人，在校学生数 51161 人。九年义务教育巩固率为 98.72%，高中阶段入学率为 93.39%。2021 年本科上线率 71.23%，中考全科合格率 20.64%，位列全市第一。全县高等教育专科学校 1 所，教职工 593 人，在校学生数 10661 人。加强公共卫生服务体系建设，县人民医院成功创建“三级乙等”医院，建成乡镇卫生院具有中医特色中医馆 5 个，完成 7 个乡镇卫生院优质基层服务评选工作。年末全县共有医疗卫生机构 585 个。年末卫生技术人员 1799 人，其中，执业医师和执业助理医师 483 人、注册护士 876 人。医疗卫生机构床位 1586 张，其中医院 1380 张、乡镇卫生院 206 张。全年总诊疗人次 76.21 万人次，出院人数 3.9 万人。坚持常态化疫情防控，组织开展疫情防控应急演练，制定完善全员核酸检测应急预案，常态化疫情防控措施、机制不断完善，新冠疫苗接种工作压茬推进。全县共有 3 家医疗卫生机构提供新型冠状病毒核酸检测服务，总检测能力达到 6244 份 / 天。全县共有体育综合训练场地 1 个，室内体育馆 1 座，室内体育场地面积 1600 平方米，全民健身路 1 条，公共健身设施完善。全力推进群众参保，落实特殊人群参保资助 695.61 万元，实现参保和资助全覆盖。发放社会救助资金、慰问金 8060.25 万元，特殊群体生活保障水平全面提升。

（侯彦明）

文县

【基本情况】文县位于甘肃南陲，坐落在甘、川、陕三省交界处，地处秦巴山区，素有“陇上江南”“大熊猫故乡”美誉。被文化和旅游部命名为“中国民间文化艺术之乡”，被中国民协命名为“中国白马人民俗文化之乡”。全县总土地面积 5003.4875 平方公里。辖 14 镇 6 乡，305 个村民委员会，7 个社区，1305 个村民小组。年末全县常住人口 19.44 万人，城镇化率 33.49%。境内有汉、藏、回、满、羌等 12 个民族，少数民族乡镇 1 个。地理位置处于亚热带向暖温带过渡地带，素有“一山有四季，十里不同天”的特征，境内气候宜人，冬无严寒，夏无酷暑。

【资源优势】水资源富甲陇原。有“两江八河”、360 条溪流，年径流总量 90 多亿立方米，水能理论蕴藏量 303 万千瓦，其中可开发利用的达 212 万千瓦，约占甘肃省的五分之一。矿产资源富集。有金属和非金属矿藏 20 多种。境内已探明的阳山金矿是亚洲最大类卡林型金矿。硅矿储量 3 亿多吨，铜金属储量 5 万多吨，重晶石矿储量 4200 多万吨。生物资源丰富。茶叶、纹党参、花椒、油橄榄等为陇上著名农特产品。境内有国家级自然保护区 1 个（白水江自然保护区）、省级自然保护区 3 个（博峪河自然保护区、大鲵自然保护区、尖山自然保护区）。特别是白水江国家级自然保护区栖息着大熊猫、金丝猴等珍稀动物 20 多种，生长银杏、珙桐和红豆杉等珍稀树种 20 多种。旅游资源独特。中国四大天池之一的文县天池、白马藏族民俗村、碧口古镇与茶文化、阴平古道、白水江自然保护区等一批旅游景点闻名遐迩，与四川省九寨沟、黄龙、陕西省青木川古镇等景区景点连成了一条黄金旅游线，开发前景广阔。

【国民经济】2021 年，全县实现地区生产总值 61.27 亿元，比上年增长 6.1%。其中，第一产业增加值 7.89 亿元，增长 8.5%；第二产业增加值 34.07 亿元，增长 6.2%；第三产业增加值 19.31 亿元，增长 5.1%。规模以上工业增加值比上年增长 1%；社会消费品零售总额 7.08 亿元，增长 16.9%。城镇居民人均可支配收入 26926 元，增长 7.7%；农村居民人均可支配收入 8570 元，增长 11.4%。一般公共预算收入 2.37 亿元，增长 16.7%；年末金融机构人民币各项存款余额为 98.08 亿元，比上年末增长 11.8%；人民币贷款余额 58.24 亿元，增长 8.4%。

【“三农”工作】坚持“长短结合、大小结合、远近结合”，加大力度推进纹党参、花椒、核桃、茶叶、油橄榄等优势支柱产业集中连片上规模，统筹推进果蔬、特色养殖、食用菌、小杂药等见效快产业向专精特优发展，扶持发展到户“五小产业”，做到“一乡一业”“一村一品”，促进群众经营性收入稳定增长。健全完善利益联结机制，培育壮大龙头企业，规范提升专业合作社，促进村集体经济快速发展，实现合作发展、共同富裕。2021 年全县实现农林牧渔业增加值 7.95 亿元，比上年增长 8.5%。粮食作物种植面积 20.6 万亩，总产量达到 3.89 万吨；蔬菜播种面积 7.55 万亩，产量 11.04 万吨；油料作物播种面积 3.64 万亩，产量 0.4 万吨；茶园面积 8.7 万亩，产量 662 吨；花椒面积 11.25 万亩，产量 0.47 万吨；核桃面积 13.92 万亩，产量 0.67 万吨；油橄榄面积 5.75 万亩，产量 0.08 万吨；中药材种植面积 7.03 万亩，产量 756 吨。牛存栏 1.16 万头，出栏 0.39 万头；猪存栏 5.47 万头，出栏 5.64 万头；羊存栏 4.28 万只，出栏 2.12 万只；家禽存栏 29.07 万只，出栏 15.3 万只。

【乡村振兴】严格落实“四个不摘”要求，健全落实防返贫监测帮扶机制，对易返贫致贫人口、农村低收入人口特别是“三类户”，加强常态化动态监测，真正做到发现一户、监测一户、帮扶一户、清零一户，严守不发生规模性返贫底线。保持政策不减、投入不减、力度不减，继续落实各项政策措施，不断夯实产业发展、就业扶持、“两不愁三保障”及饮水安全基础，强化易地扶贫搬迁后续扶持，织密兜牢保障底线，全力补齐短板弱项；深化东西协作、定点帮扶和社会帮扶，在产业、人才、劳务、消费等领域开展更广泛更全面的交流合作，让脱贫成果更加稳固更可持续。截至2021年11月底，全县21923户75532名脱贫人口人均纯收入达9250.93元，比2020年增长9.5%。坚持按照“分析、排查、核实、交办”四步走方式和月报制度，对脱贫不稳定户、边缘易致贫户，以及突发严重困难户，通过农户自主申报、乡村干部排查、行业部门预警和社会监督发现等4种方式开展进行。2021年，新识别“三类户”114户400人，其中，边缘易致贫户17户57人，脱贫不稳定户35户131人，突发严重困难户62户212人，做到了“应纳尽纳”。严格落实“四个不摘”要求，对全县3679户11247人监测帮扶对象，在“两不愁三保障”和饮水安全的政策基本保持稳定，产业帮扶、就业帮扶、兜底保障、公益岗位、入股分红等帮扶工作持续推进，做到了“应扶尽扶”。

【项目建设】树立“发展为要、项目为王”理念，结合灾后恢复重建，坚持基础先行，重点推进“两新一重”建设，不断夯实高质量发展基础。全年实施500万元以上项目54个，完成投资比上年增长10.8%。其中，5000万元以上项目15个，完成投资增长6.3%（“武九”项目完成投资22.89亿元，增长2.3%）；500—5000万元项目39个，完成投资增长31.5%；房地产开发投资增长8.62%。完成了糖酒公司项目工程、陈氏庄园酒店建设项目、“8.12”暴洪灾害水毁公路修复工程19条、公路改建工程1条、泥石流治理工程2个、高标准农田建设项目、洪涝灾害农田修复工程、地质灾害治理工程、第三幼儿园、文县疾控中心检测检验中心改造项目。

【环境保护】深入贯彻习近平生态文明思想，牢固树立绿色发展理念，坚决打好蓝天碧水净土保卫战，空气质量优良率逐年提高，饮用水水质达标率、土壤安全利用率均达到100%。认真履行生态环境部门医疗废物、医疗污水规范处置监管职责。对辖区内各医疗机构、重点排污企业以及饮用水源地开展了执法检查，尤其对医疗废物、废水的收集、运输、贮存、处置等环节进行了详查，进一步规范了医疗废物收集处置行为，加强了医疗废物的安全管理。累计执法检查20批次，出动执法人员178人次，检查医疗机构68家次、城区污水处理厂2次、垃圾填埋场2次。并通过微信和政务网及时发布空气、饮用水水源地环境质量、回应群众密切关注的问题。

【社会保障】落实就业扶持政策，农村劳动力转移就业和技能培训扎实开展。社会保障体系进一步完善，城乡居民基本养老保险、基本医疗保险、城乡低保、临时困难救助等社会保障政策全面落实。退役军人服务保障体系不断完善。教育质量不断提高，高考上线人数逐年增加，文县一中被评为省级示范性普通高中，县职专通过省上示范校评估验收。医疗保障水平不断提升，县第一人民医院评为二级甲等医院，建成新冠肺炎核酸检测实验室，启用120急救调度指挥中心，医疗机构实现“一站式”一网结算和远程会诊全覆盖。群众性文化体育活动广泛开展，食品药品安全监管不断加强。“平安文县”建设取得明显成效。全县社会大局和谐稳定，人民群众的获得感、幸福感、安全感不断增强。全县有幼儿园49个；小学109所；中学24所，其中高中5所，职业中学1所。全县幼儿园在园人数7356人，小学在校学生数14658人，初中在校学生数5555人，高中在校学生数4437人，职业中学在校学生数999人。全县共有医疗卫生机构34个，与上年持平；其中医院8个，妇幼保健院（所、站）1个，社区卫生服务中心（站）2个，疾病预防控制中心（防疫站）1个。医院、卫生院床位数1549张，卫生技术人员510人，其中执业医师和执业助理医师182人；注册护士95人，疾病预防控制中心（防疫站）卫生技术人员22人。乡镇卫生院24个，乡镇卫生院床位662张，乡镇卫生院卫生技术人员246人。

（杜敏）

宕昌县

【基本情况】宕昌县位于甘肃省南部，陇南市西北部，东接礼县，南连武都，西邻舟曲，北靠岷县，地处西秦岭、青藏高原、黄土高原交汇的复杂构造带，境内最高海拔4154米，最低海拔1138米，年平均气温10.0℃，年平均无霜期180天，年平均降水量635.5毫米，年蒸发量1180.9毫米，年平均日照时数2085.1小时，年太阳辐射量119.5千卡/㎝，境内气候温和，光照充足，冬无严寒，夏无酷暑，属大陆温带季风气候区。全县幅员3331平方公里，辖14个乡、11个镇、336个行政村，年末全县常住人口24.84万人，其中城镇人口7.06万人，城镇化率为28.43%。

【资源优势】中药材资源丰富，驰名中外的中药材有当归、大黄、党参、红芪、丹参、柴胡等636种，尤以当归、党参、红芪、大黄四大药材质优量大。矿产资源种类繁多，已探明的矿产有锑、铜、铅、锌、金、铁等金属，石灰石、石膏、重晶石、煤、泥、炭、玛瑙等非金属。林副特产主要有野生蕨菜、松花蜂蜜、生漆、羊肚菌、花椒、核桃、柳编工艺品、手工地毯等。旅游资源富集，县境内著名的景点有哈达铺红军长征纪念馆、素有“小九寨沟”之称的国家AAAA级风景区官鹅沟、南阳牛头寺、宕昌古国遗址、高庙山公园等。宕昌先后被国家有关行业协会评为“中国绿色名县”“中国最佳文化生态旅游目的地”“中国低碳旅游示范县”“中国红色经典旅游胜地”。

【国民经济】2021年，全县实现地区生产总值33.61亿元，比上年增长7.0%。其中，第一产业增加值8.03亿元，增长10.7%；第二产业增加值1.39亿元，增长2.3%；第三产业增加值24.19亿元，增长6%。第一、二、三产业对全县地区生产总值的贡献率分别为18.1%、4.2%和77.7%，第三产业成为拉动经济增长的主要动力。按常住人口计算，全年人均地区生产总值13530.6元，增长12.1%。三次产业结构比为23.9 ∶ 4.1 ∶ 72.0。

【乡村振兴】健全完善“12257”防返贫动态监测帮扶机制，动态消除影响脱贫的义务教育、基本医疗、安全住房、饮水安全问题，为3851户15577人“三类对象”全部购买防返贫保险，通过产业发展、社会保障等综合帮扶措施消除风险2836户11381人。1759名帮扶干部与“三类”对象结对，各级帮扶单位落实帮扶资金170余万元。市南区、天津大学落实帮扶资金8877万元，消费帮扶7472万元。整合资金6亿元，用于产业发展和农村基础设施建设。加大易地扶贫搬迁后续扶持，龙头企业带动发展1977户8491人，63家帮扶车间带动699人稳定就业。发放脱贫人口小额信贷1850户9121.77万元。扎实开展农村集体产权制度改革，核实集体资产总额97401.68万元，确权登记扶贫项目资产36.88亿元。

【项目建设】全年实施重点项目85项，完成投资16.1亿元。完成119条灾毁农村公路恢复重建，新建、维修加固水毁堤防15.7公里。加快城区集中供热、供水工程等市政公共设施建设进度，按照“景城一体化”方向，谋划启动了渭武高速鹅嫚沟口互通立交、羊马城隧道、城区滨江干线水景观等项目，稳步推进两河口等特色小镇建设和沙湾镇区南片综合开发，以集中完善和提升村容村貌为重点，改建卫生厕所7000座，新建低温碳化垃圾处理站5个，建成岳藏甫、瓦舍坪村等10个乡村建设行动示范点。坚持“抓面子”“治根子”相统筹，在全县范围内开展了城乡环境卫生综合整治行动，提升了城乡整体面貌和人居环境。

【优势产业】全县中药材种植面积稳定在40万亩，打造了13.3万亩中药材绿色标准化种植基地，改造提升食用菌基地10个、产业园区4个，生产食用菌菌棒400万棒，谋划建设投资近60亿元的宕昌县现代农业产业园，全县鸡存栏110万只、养殖中蜂7.4万群，新建油橄榄示范基地1万亩、花椒示范基地0.2万亩，农业保险综合承保率达到94%，“宕昌黄芪”新入选“甘味”农产品区域公用品牌，“羌源富民”品牌新入选“甘味”农产品企业公用品牌，农业产业规模化、集约化、组织化水平不断提升。组织开展劳动力培训13458人，“点对点”“一站式”输转劳动力8.65万人，实现劳务收入22.9亿元。

【旅游开发】持续完善软硬件设施，优化服务管理，实施了景观、道路提升、停车场、游客咨询服务中心等一批旅游基础设施项目，客运架空索道项目扎实推进，草药谷旅游度假村建成运营，全力创建官鹅沟国家5A级景区。发挥哈达铺红色革命资源优势，加快推进哈达铺红军街民居古建筑修缮及景区环境整治提升，成功举办“哈达铺在红军长征中的历史地位及作用学术研讨会”。新建、改扩建旅游厕所10座，提升改造城关镇立界村、瓦舍坪村、新城子藏族乡岳藏甫村旅游重点村，新组建旅游协会3家，与省内外142家旅行机构签订了营销协议，发展星级农家乐、民宿客栈8家，新增星级宾馆酒店2家。全年接待游客204.7万人次，实现旅游综合收入11.79亿元。

【改革创新】深化“放管服”改革，加快推进数字政府建设，认领编制县级政务服务事项1481项、乡镇级政务服务事项1550项、村级政务服务事项14620项。全面推行“一件事一次办”，“证照联办”，新增各类市场主体914户，中小微企业146户。积极推动县属国有企业整合、县级融资平台建设，扎实推进宕昌国有资产管理运营集团公司组建，金融机构存贷款余额分别达到83.74亿元、56.7亿元。成立陇南电商兰州配送中心宕昌特色产品体验馆，陇南同城配送宕昌端上架14类190余款产品，全县开办网店1443家，培育限上商贸物流企业3家，电商线上销售额达到2.31亿元。

【环境保护】认真组织实施土地综合整治和生态修复、草原生态修复治理项目，扎实开展国土空间规划、“多规合一”实用性村庄规划编制工作，划定永久基本农田55775.19公顷，整治撂荒地6800亩，完成洪涝灾害灾毁农田修复项目5.71万亩。完成天保人工造林、封山育林0.9万亩、生态修复荒山绿化4145亩、森林抚育2万亩、义务植树110万株、退耕还林9446.3亩，建成绿色通道40公里，森林覆盖率达到30.15%。科学划分水源地保护区，认真落实长江禁捕要求，全面落实河湖长制和林长制，深入推进大气、水、土壤污染防治，空气质量排名全市第一。

【疫情防控】面对突如其来的新一轮新冠肺炎疫情，坚定贯彻“快、准、稳、狠”要求，第一时间落实人力、财力保障，按照“十同”范围，围绕云南昆明旅行团等7条线索，快速开展流调溯源，核查信息1000余万条。严格按规定做好赋码、转码，科学应对疫情传播，降低感染风险。健全完善网格化管控机制，第一时间封控重点区域、关键场所，全面落实规范化、精细化管理，开展定期消杀和人员、环境核酸采样检测，持续加强集中隔离点管控，全县共设置采集点718个，组建采样小组1012个，开展城区及周边乡镇全员核酸检测7轮54万余人次。统筹推进疫情防控和经济社会发展，逐步恢复群众正常生产生活。

【民生事业】认真落实城乡居民基本养老保险、医疗保险和低保、特困供养等政策，危旧房屋动态排摸重建维修，积极化解国有土地上已售城镇住宅历史遗留“登记难”问题。全面提升公共文化服务水平，建成21个乡镇图书馆、文化馆总分馆、316个村级综合文化站，新申报哈达铺县级文物22处、县级非遗项目13项。全面加快教育事业发展，实施教育项目53个，国家义务教育均衡发展抽检顺利过关，成立宕昌县振兴教育促进会，2021年全县高考一本上线312人，较去年增长16%。全力推进卫生事业发展，县中医院新院区建成投用，新建车拉、沙湾、南阳、木耳和兴化5所卫生院中医馆。全面开展安全生产大检查，深度推进扫黑除恶专项斗争，认真开展矛盾纠纷排查调处，扎实推进灾后恢复重建，积极动员受灾群众、地质灾害易发地群众搬迁发展，安全发展水平得到提升，社会秩序和谐稳定。

（韩黎明）

康县

【基本情况】康县位于甘肃省东南部，嘉陵江上游，西汉水之滨，陕甘川三省交汇地带。东经105°18′~105°58′，北纬32°53′~33°39′。南北长84.9公里，东西宽64.2公里。境内气候属亚热带向暖温带过渡区域，雨量充沛，气候湿润，光照充足，年总降水量858mm，年均气温11.6℃，年总日照时数1390.3小时，无霜期229天。东邻陕西略阳县，南接陕西宁强县，西邻武都区，北隔西汉水（犀牛江）同成县相望，总面积2967.95平方公里，耕地总面积69万亩。全县共有21个乡镇（18个镇3个乡）、350个村、3个社区、1个居委会，总人口19.6万人，共有25个民族，汉族人口占99.6%，有回族、苗族、土家族、藏族、东乡族、壮族、布依族、彝族、满族、蒙古族、侗族、瑶族、维吾尔等少数民族。

【资源优势】康县物产丰富，素有“万宝山”之称，境内有高等植物172科1400余种，有香果、红椿、香樟、红豆杉、楠木等珍贵稀有树种28种；有银耳、木耳、天麻、猴头、灵芝等林木真菌96种；有天麻、杜仲等野生药材576种；生存栖息着各类野生动物600多种，其中有国列一、二级重点保护的金丝猴、林麝、猕猴、大鲵等野生动物14种。康县享有“中国核桃之乡”“中国有机茶之乡”“中国黑木耳之乡”“中国西北蚕桑重点基地县”“全国经济林建设先进县”“全国食用菌行业先进县”。生态优势，境内青山绿水，现有森林约338.29万亩，活立木蓄积量1252.72多万立方米，全县森林覆盖率达到67.4%，林木绿化率高达74.3%，是一块难得的绿色净土，是西北地区生态环境最好的县之一，拥有“中国绿色名县”和“陇上江南”之美称。矿产资源，康县地处秦岭西南段，属陕南、陇南、川北“金三角”的一部分，境内已发现的主要矿种有金、铜、铁等金属矿产，金矿是县内优势资源，黄金储量丰富，岩金矿在县境内大部分地区均有分布。铜矿主要分布在康南的阳坝—太平一带地区，已探明铜矿石资源储量448.8万吨。水利资源，全县共有一江十四河，水能蕴藏量（理论）9.98万千瓦，可开发量约占3.68万千瓦。人力资源，全县城乡劳动力资源总数13.88万人，其中乡村劳动力12.13万人；当年输转劳动力5.756万人，创劳务收入14.97亿元。

【国民经济】2021年，全县实现地区生产总值257970万元，比上年增长6.9%。其中，第一产业增加值48526万元，增长10.1%；第二产业增加值41996万元，增长6.6%；第三产业增加值167448万元，增长6.1%。三次产业结构比为18.81 ∶ 16.28 ∶ 64.91，对经济增长的贡献率分别为26.4%、13.7%、59.9%。人均地区生产总值15963元，增长10.8%。全年实现社会消费品零售总额75817万元，增长16.5%。固定资产投资增长43.1%。一般公共预算收入14100万元，增长21.6%。年末金融机构各项存款余额726929万元，比年初增长16.74%；各项贷款余额341206万元，比年初下降2.32%。

【供给侧结构性改革】康县始终把产业结构调整作为转型升级的重要抓手，传统产业加快转型升级，现代医药制造、农特产品深加工、电子商务、乡村旅游、休闲康养等产业蓬勃发展，经济发展呈现新格局。以金融、邮政快递外卖、演艺广告服务、电子商务、旅游康养等为主体的现代服务业快速发展，经济结构实现持续优化。2021年末，全县累计共有市场主体11819户。其中，个体工商户9139户，私营企业1480户，农民专业合作社1200户。全县非公经济增加值达到15.64亿元，占地区生产总值的比重达到60.62%。

【“三农”工作】2021年，全县农林牧渔业增加值4.9648亿元，比上年增长10.1%。粮食生产保持稳定，粮食总产量达到37446.4吨，比上年增长3.24%。其中，小麦产量17433吨，增长1.33%；玉米13768.3吨，增长5.16%；薯类3462.9吨，增长5.11%。畜牧业呈现恢复性增长态势，牛出栏2296头，增长3%；猪出栏39493头，增长45%；羊出栏9617只，增长19%；家禽出栏17.1万只，增长3.13%。特色产业产品产量持续增长，核桃产量9174吨，增长8%；花椒产量871.8吨，增长11.75%；中药材产量9235吨，增长4.6%；茶叶产量775.59吨，下降5%；蚕茧产量133.49吨，增长18.31%；食用菌产量2686.1吨，增长37.64%。2021年“三品一标”新认证绿色食品3家4个产品。完成高标准农田建设项目任务2万亩和灾毁农田建设任务3万亩。开展农民专业合作社示范社创建活动，创建国家级示范社4家、省级示范社13家、市级示范社36家、县级示范社81家。

【乡村振兴】2021年，全县上下认真学习贯彻习近平总书记关于巩固拓展脱贫攻坚成果同乡村振兴有效衔接重要论述，全面贯彻落实中央、省市各项决策部署和“四个不摘”“三个落实”要求，着力在抓巩固、促拓展上下功夫，有力有效推进巩固拓展脱贫攻坚成果巩固与乡村振兴有效衔接，紧紧围绕收入持续稳定、“两不愁三保障”和饮水安全持续巩固等方面，选派驻村帮扶工作队203个610名工作队员，常态化动态管理“三类户”共1683户5654人，通过兜底保障、农村公益性岗位聘用、发展产业、劳务输转、购买“政府防贫救助保险”等措施，有793户2527人全部消除致贫返贫风险。全年县级巩固拓展脱贫攻坚成果与乡村振兴项目库资金规模达54606.59万元。其中，产业发展25250.52万元，就业方面3632.7万元，健康方面1220万元，易地搬迁980万元，生态扶贫802.4万元，基础设施建设20074.03万元，其他2646.94万元。年度财政衔接推进乡村振兴补助安排资金31526.91万元。其中，中央13611万元，省级16612万元，市级360万元，县级943.91万元。强力推动脱贫人口小额信贷工作，为辖区内脱贫人口和边缘易致贫人口发展产业、持续稳定增收提供金融支撑，累计发放贷款1351户6203.36万元。

【项目建设】全县围绕抓重点补短板、强弱项，积极谋划重点项目，坚持把项目建设作为夯基础、稳增长的重要举措，大力实施项目带动战略。全力落实项目在线审批和并联审批，项目审批服务不断优化。扎实推进重大产业、基础设施、民生和生态环境项目等各类重点项目300多项；实施了康县水系连通及水美乡村建设试点项目、城市“双修”、城镇建设、城区管网供水改造、民用天然气入户、农村人饮工程灾害恢复重建、高标准农田建设及灾毁农田修复等项目59项；建成廉租房、经济适用房2981套，县体育场项目、城西孙家院和食用菌中心片区1471套棚户区改造工程全面完工即将交付使用；推进康县公共卫生应急医疗救治中心门诊住院综合大楼、康县工业园区孵化园等建设项目7个；“一带一路”美丽乡村论坛会址建成投用，S44康略高速全段开工建设。

【优势产业】康县生态旅游资源丰富，从南到北无山不青、无水不秀，风光旖旎，景色迷人。茶园、竹海、灵山、秀水、幽谷、茂林、飞瀑、流泉、构成了康县独具特色自然生态风光，这里山川秀美，千峰叠翠，万峡溢绿，悬泉飞瀑，百鸟争鸣，是西北天然生物园和野生动物园，已成为西北地区较有名的生态旅游胜地和享誉省内外的生态旅游名县。有国家级湿地公园1个，省级森林公园1个，省级大鲵自然保护区1个。旅游景点主要有白云山森林公园、梅园沟、幽梦谷、海棠谷、龙神沟、红豆谷、清河原始森林、响水泉、白马关古城遗址、托河溶洞等等，县内有近百处自然和人文景观。美丽乡村建设实现350个行政村和1642个自然村全覆盖，已有2镇和20村被评为“中国最美村镇”，建成4个国家4A级景区和2个3A级旅游景区，康县长坝花桥旅游示范村和阳坝自然风景区，已成为省内黄金旅游线路，其风光具有“陇上版纳”之赞誉，其中的房车露营地、菩提广场、梅园沟、红豆谷、清河原始森林更是景区之精华。近年来，依托美丽乡村打造全域乡村旅游大景区，实施了“十村百户千床”乡村旅游示范工程，建成了70多个以长坝镇花桥村、长坝镇福坝村、城关镇凤凰谷村、王坝镇大水沟、何家庄村、阳坝镇宋沟村、阳坝珍爱茶山村、岸门口镇朱家沟村等为典型的乡村旅游示范村和农家客栈317户、乡村宾馆12家，不断提升康县旅游的美誉度和知名度，全县已初步打造成了“不要门票的生态旅游大景区”。康县已荣获“国家全域旅游示范县”“中国最佳生态宜居宜旅游目的地”“中国最美绿色生态旅游名县”及“全国休闲农业和乡村旅游示范县”“中国最美康养文旅度假县”等荣誉称号。“一带一路”美丽乡村论坛主会址项目全面完工并如期顺利召开。全年旅游总人数289.7万人次，旅游综合收入12.73亿元，旅游从业人数4682人。

【人民生活】居民收入持续稳定增长，生活水平显著提高。2021年，全县农村居民人均可支配收入8670.6元，比上年增长11.2%；农村居民人均消费支出11717元，农村居民恩格尔系数为28.96%。城镇居民人均可支配收入27459元，增长7.2%；城镇居民人均消费支出20850.8元，城镇居民恩格尔为32.15%。

【环境保护】持续加强生态文明建设，着力构建生态安全屏障，城乡环境质量进一步提高。有林草地面积342.77万亩，活立木蓄积量1252.72万立方米，全县森林覆盖率达到67.4%，林木绿化率高达74.3%。重点生态县环境质量考核全面达标，全面完成了四项主要污染物总量控制计划指标。其中：SO_2、NO_2、可吸入颗粒物PM_{10}、细颗粒物$PM_{2.5}$浓度均值均达到国家二级标准。城区和18个乡镇集中式饮用水水源地水质标准达标率100%；城市环境空气质量优良率99%，城市燃气普及率83%，城市供水率99.8%，城市污水处理率99%，垃圾处理站6个，生活垃圾无害化处理率达90%，城市绿地率39.1%。

【社会保障】始终坚持保基本、兜底线、补短板、惠民生，不断增进民生福祉，基本实现了养老、医疗、失业、工伤和生育保险全覆盖。城乡居民养老保险参保人数130127人，参保率98%。其中，城镇居民养老保险参保2368人，农村居民养老保险参保127759人。城镇企业职工养老保险参保职工人数3576人，工伤保险2785人；机关事业单位职工参加养老保险6676人，失业保险2752人。城乡居民基本医疗保险参加人数179200人，城乡居民参保率达98%。其中，乡村居民参加医疗保险172378人，城镇居民参加医疗保险6822人。城镇职工基本医疗保险参保9556人。城镇居民最低生活保障568人，发放低保金413.9万元；农村低保11512人，发放低保金4926.4万元；农村五保对象1756名，发放供养资金1455万元。城镇新增就业1475人，年末城镇登记失业率1.8%。

【社会事业】科技、教育、文化、卫生健康等社会事业取得新成就。截至2021年底，全县有发明专利累计20件（2021年授权量0件）、实用新型专利累计46件（2021年授权量34件）、外观设计专利累计20件（2021年授权量6件）。现有各级各类学校187所，在校学生27053人，在校教职工2076人。2021年，幼儿园入园率98.2%，小学学龄儿童入学率98.5%，小学毕业生普通初中升学率100%，高中阶段毛入学率达96.3%。2021年全县参加普通高考报名1186人，共录取1066人，其中，本科录取594人，专科录取472人。一本上线率26.6%，本科上线率76%，实现了清华、北大双突破。有博物馆（含纪念馆）1个，非物质文化遗产馆1个，21个乡镇综合文化站全部达到了三级以上标准，“乡村舞台”、农家书屋在全市率先实现了全县行政村全覆盖，县城区建成文化小广场4个，安装健身器材18件；建成农村文化广场210个，乡村戏台41个，建村史馆30个，农民体育健身工程45个，安装体育健身器材1450余件；3个乡镇文化站和7个贫困村配置了平板电脑、摄像机、电子图书阅读一体机、打印机、文化资源共享工程接收设备，21个乡镇192个村配置了文化活动乐器，全县350个农家书屋配发图书35000册。创建文化产业示范点3个、注册成立乡村文化旅游公司8个；新建农民健身工程10个，累计达到254个。发展印刷、图书、音像、娱乐、根雕、奇石、字画装裱、农家客栈、体育文化用品销售、文化演艺公司、农家乐、乡村文化旅游公司等民营文化旅游产业124家，建成了300平方米的文化产品展厅。全县农家书屋、文化活动室、新时代文明实践（所）站等公共服务的文化场所覆盖率达到80%。村村都配套了服务中心、村史馆、小广场、健身工程、卫生室、乡村戏楼、文化小广场等公共服务设施。现有医疗卫生机构529个（含诊所126个）。共有医疗卫生工作人员1821人。拥有床位750张，共有卫生技术人员861人，其中，执业医师207人，执业助理医师80人。落实医疗体系和服务两个链条，全县累计建立居民电子健康档案18.07万人份，建档率99.23%，适龄儿童预防接种91.8%，“五苗”接种率97.98%，妇女“两癌”检查1851人。疫情防控常态化，全县新冠疫苗累计接种31.47万人次。

（郗明）

西和县

【基本情况】西和县位于甘肃省东南部、陇南市北端，地处长江流域西汉水上游。辖16镇4乡、384个行政村、10个社区居委会，常住人口34.85万人，总面积1861平方公里，其中农地确权面积73.55万亩。境内平均海拔1692米，2021年年均气温10.2℃、无霜期223天、降水量647.1毫米，城镇化率29.06%。西和历史悠久、资源丰富，是人文始祖伏羲的诞生地、仇池国的故土和中国乞巧文化之乡，是甘肃最适宜马铃薯生长的地区之一和久负盛名的中国半夏之乡。野生药材有柴胡西贝母、淫阳霍等，是久负盛名的“中国半夏之乡”。加工业产品有亚麻、粉条、粉丝等，手工艺品有泥塑、根雕及剪纸、刺绣等。

【国民经济】2021年，全县地区生产总值389507万元，比上年增长7.6%。其中，第一产业增加值85725万元，增长10.5%；第二产业增加值72851万元，增长3.9%；第三产业增加值230931万元，增长7.5%。三次产业结构比为22.0∶18.7∶59.3。按常住人口计算，人均地区生产总值11163.7元。全年一般公共预算收入2.27亿元，比上年增长17.2%；一般公共预算支出33.32亿元，下降24.36%。完成社会消费品零售总额95695万元，增长17.5%。规模以上工业增加值下降4.1%。城镇居民人均可支配收入27796元，增长7.3%；农村居民人均可支配收入8735.7元，增长11.6%。金融机构存贷款余额分别达到134.12亿元和68.13亿元，较年初增长6.61%和4.91%。

【“三农”工作】落实“六个精准”，实施“五个一批”，强化责任、政策、工作“三落实”，贫困人口“两不愁、三保障”全面实现，累计减贫3.57万户16.2万人，退出贫困村223个，贫困发生率降至零。全县告别绝对贫困，如期实现脱贫摘帽，与全国人民一道迈入小康社会。全年全县农作物播种面积76.25万亩，比上年增长1.55%。粮食作物播种面积56.22万亩，增长0.21%。其中，小麦面积23.68万亩，增长0.68%；玉米面积8.55万亩，增长0.045%；薯类面积21.45万亩，下降0.55%。粮食作物总产量15.55万吨，增长2.52%。其中，夏粮产量5.12万吨，增长3.64%；秋粮产量10.43万吨，增长1.98%。油料作物播种面积6万亩，总产量0.72万吨，增长8.16%；蔬菜产量4.19万吨，增长6.63%；水果产量1.95万吨，增长2.35%；中药材种植面积8.4万亩，增长1.2%；产量2.18万吨，增长28.39%。

【项目建设】由于重大项目支撑减弱，项目个数较少等因素，投资增速呈逐月下降态势，全年完成固定资产投资比上年下降12.1%。城乡建设加快推进。坚持城乡一体，强基础、促融合，城乡差距逐步缩小。实施市政重大项目63项，城市路网由“两纵五横”发展到“三纵三十一横”。建成19栋1810套棚改安置房和一批商业住宅小区。天然气覆盖2.3万户，城区供暖能力达到180万平方米。新建改建公路936公里，等级公路总里程达到2046公里，行政村通硬化路、通客车率均达到100%，西河县被评为全国“四好农村路”示范县。建成小型集中供水工程272处、规模化水厂14个，解决了农村人口安全饮水问题。完成危房改造1.48万户，实施易地搬迁1656户。累计完成10千伏及以下农村配电网线路建设704公里，开通4G基站967座、5G基站41座，自然村通动力电、行政村通网络实现全覆盖。修建护村护路护地河堤60公里，完成高标准农田建设12.9万亩、水土流失综合治理360平方公里。扎实开展“拆危治乱”和环境综合整治，城乡面貌焕然一新。产业发展提质升级。启动实施农业优势特色产业三年倍增行动，建成种养加产业基地106个。年内新增规模以上工业企业2户，6个入园项目建成投产。云华山、晚霞湖景区基础设施建设加快推进。实施海通现代物流园等项目，年内新增限上商贸流通企业3户。招商引资扩量提质。新建续建招商引资项目18个，到位资金9.3亿元，开工新签约项目1个，西和大酒店即将建成投用。与联想集团签订“智慧校园”建设协议，与甘肃建投四建集团签订战略合作框架协议，引进四川鑫顺矿业与县内企业深度合作，上海东方龙商务集团来西河县对接考察。城乡建设加快推进。实施城市建设项目36个，治理城区小巷道84条6.5公里，何坝、长道等8个污水处理厂建成投用，城南集中供热扩容提升改造等项目加快推进。新建自然村组硬化路325公里、产业路80公里、安全生命防护工程70公里、养护维修工程87公里、便民桥10座，完成堤防工程30处7.5公里、水毁农田修复治理9.6万亩。

【环境保护】树牢底线思维，抓安全生产、筑生态屏障，安全生产形势稳定向好，生态文明建设持续加强。全面落实安全生产责任制，加强应急救援队伍建设，组建13个安全生产专业委员会，完成尾矿库闭库治理17座，创建“绿色矿山”5户，全县未发生重特大安全生产事故。深入推进污染防治攻坚战，依法淘汰落后产能，严控“两高”项目，建立健全水污染防治工作协作机制，编制完成“三线一单”，完成生态造林5.37万亩、退耕还林16.17万亩，建设“绿色长廊”450公里，全县森林覆盖率达到38.74%，环境质量稳步提升。

【社会事业】统筹推进扫黑除恶斗争、禁种铲毒、平安创建和民族宗教等工作，扎实开展矛盾纠纷“大走访、大排查、大化解”行动，有效预防和严厉打击各类违法犯罪活动，保障人民群众安居乐业。民生保障更加有力。聚焦群众关切，增人民福祉、保和谐稳定，社会事业全面发展，人民生活持续改善。全力阻击新冠肺炎疫情，压实“四方”责任，坚持联防联控、群防群治，累计排查来西返西人员22.9万人次、核酸检测25.1万人次、疫苗接种51.95万人次，构筑起疫情防控的坚固防线。培育“巧嫂巧妹巧汉子”劳务品牌，年均输转劳动力10.5万人、新增城镇就业3000人。坚持教育优先发展，投资7.7亿元新建、改建各类学校322所，落实各类学生资助资金3.2亿元，行政村幼儿园实现全覆盖，义务教育巩固率、学前教育入园率分别达到98.2%和96.9%，顺利通过国家义务教育发展基本均衡县验收。县医院、中医院分别通过“三乙”“二甲”等级评审，乡镇卫生院规范提升，标准化村卫生室、合格村医实现全覆盖。西和麻纸制作技艺、陇南（西和）影子腔分别入选国家、省级非遗保护名录，“三馆一站”免费开放。实施“加油木兰”“春蕾计划”项目，资助4000余人。低保、特困供养、养老、优抚等社会保障资金和干部职工工资及配套、补助资金及时足额发放。社会民生改善提升。高考一本、二本上线率分别达到12.59%和51%，清华、北大录取4名考生，县职业中专整体迁建工程即将完工，北辰小学和县级公共体育场建成投用。面对全省疫情点多、线长、面广的严峻形势，经受住了德尔塔变异病毒在县域周边传播的考验，全县无病例输入。县乡村医疗水平持续提升，县医院传染病病区升级改造全面完成。城乡居民基本医保、养老保险参保率分别达到95.4%和95.92%。兜底保障9776户2.36万人，占农业人口的6.12%。农村留守老人、妇女儿童和特困群众关爱服务行动扎实开展。国有土地上已售城镇住宅历史遗留“登记难”问题有序化解。社会大局和谐稳定。深化“平安西和”建设，深入推进扫黑除恶专项斗争，社会大局保持和谐稳定。深入开展扫黑除恶专项斗争，依法推进“黄赌毒”“盗抢骗”“三反一查”等专项治理，严厉打击各类违法犯罪行为。严格落实安全生产工作责任制，建立安全生产工作责任清单，加强安全监管执法、隐患排查治理、基层基础建设和安全宣传教育，持续深入开展“双查双整”专项行动，全县安全生产形势总体稳定。坚持法治信访和依法治访，严格落实县级领导周四定期接访、带案下访和重点信访案件包抓化解制度，高度重视网络舆情，及时回应网民诉求，信访秩序不断好转。深入开展法治宣传教育，扎实推进“七五”普法，依法治县进程明显加快。

（姜流洋）

礼县

【基本情况】礼县地处甘肃省东南部、陇南市西北部，长江流域嘉陵江水系西汉水上游，东邻天水、西和，西接宕昌、岷县，南连武都，北与武山、甘谷接壤。辖区面积4266.03平方公里，辖29乡镇568个行政村9个社区，户籍人口53.16万人。民族构成以汉族人口为主，另外还有回、藏、满、蒙、苗、彝等6个少数民族。境内海拔最高3312米，最低1080米，年均气温10.7℃，年降水量508.5毫米，年无霜期200天左右。礼县是传统农业县，是全国苹果生产重点县，优质水果生产基地县，全国电子商务进农村综合示范县。

【资源优势】礼县历史悠久，文化底蕴深厚，是秦人的发祥地，先秦文化与中华原生文明的摇篮，黄河仰韶文化与长江巴蜀文化的交汇点，古称“西垂、西犬丘”，为秦人最早都邑所在地，素有“秦皇祖邑·三国胜地”之美誉，以大堡子山秦西垂陵园为代表的先秦文化、祁山武侯祠为代表的三国文化、盐官盐井祠为代表的盐井文化、大香山为代表的观音文化和以乞巧文化为代表的地域民俗文化，积淀深厚、魅力独特，具有极大的保护开发利用价值。礼县是全国优质苹果生产重点县和国家级苹果原产地保护示范区，目前已形成沿西汉水上游两岸及其支流60公里的苹果产业带，总面积达60万亩，礼县苹果是国家地理标志保护产品，深受国内外市场和广大消费者欢迎，通过跨境电商远销20多个国家和地区。礼县是甘肃省确定的牛羊产业大县、畜牧产业发展示范县，畜牧产业前景广阔。礼县是国家级大黄生态原产地保护示范区和出口大黄质量安全示范区，独特的自然条件和地理环境非常适宜中药材生长，有中药材152科629种，中药材面积达12万亩，礼县大黄是国家地理标志保护产品，黄芪、党参、当归、淫羊藿等道地药材品质上乘，市场销量好。礼县劳动力资源富集，有乡村劳动力29万人，可供输转劳动力16万人，“礼贤妹”“礼贤大嫂”等成为全国劳务知名品牌。礼县矿产资源丰富，境内矿产资源富集，已探明矿藏有金、锑、铅、锌和花岗岩等20多种，已探明黄金储量150吨、远景储量300吨以上，花岗岩大理石地质储量400万立方米、远景储量1200万立方以上。

【国民经济】2021年，全县实现地区生产总值466202万元，比上年增长6.9%。分产业看，第一产业增加值118949万元，增长9.2%；第二产业增加值60952万元，增长15.6%；第三产业增加值286301万元，增长4.6%。三次产业增加值结构比为25.52 ∶ 13.07 ∶ 61.41，与上年相比，第一产业所占比重下降0.02个百分点，第二产业比重上升1.84个百分点，第三产业比重下降1.83个百分点，城镇建设步伐加快，城镇化率达到31.33%。固定资产投资增长59.8%。规模以上工业增加值增长201.1%；工业销售产值180597万元，增长156.2%。在主要产品产量中，黄金产量4935.99千克，增长422%；天然花岗岩产量509950平方米，下降7.9%；果汁11236吨，增长46.4%。社会消费品零售总额155307万元，增长17.9%。实现一般公共预算收入22587万元，增长40.7%；一般公共预算支出为379833万元，下降12.7%。年末金融机构存款余额达到1575018万元，比上年末增长10.7%。其中居民储蓄存款余额1266482万元，增长11.6%。

【供给侧结构性改革】创新制定“一扶一带”产业发展奖补机制，建设农业产业示范点375个，全县经济林果达到130万亩，中药材、蔬菜面积分别达到12.7万亩、11.1万亩；建成养殖小区31个，累计建成规模养殖场552个、发展养殖大户1110户。全县农业总产值达到20.9亿元。全年实施重点管理项目108项，完成投资47.11亿元。商贸流通持续活跃，文化旅游融合推进，电子商务高速发展，实现电商交易额6.1亿元。

【乡村振兴】严格落实“四个不摘”要求，全力推进各项重点工作落实，牢牢守住不发生规模性返贫的底线，巩固拓展脱贫攻坚成果取得明显成效，全面推进乡村振兴迈出坚实步伐。健全完善防返贫监测帮扶机制，创新建立了“1+6”防返贫监测帮扶机制，自主开发“礼县防返贫监测户户清平台”，对所有农户精准精细开展清查，确保各类问题早发现、早帮扶、早整改、早清零。巩固提升“两不愁三保障”成果，实施“8·12”暴洪灾害农村住房重建维修828户，完成住房抗震改造18户；全面落实低收入人口参保资助政策，脱贫人口和边缘人口参保率达到100%；健全完善农村安全饮水工程建管一体机制，严格落实水质监测措施，有效提升了供水保障能力；全面完成城乡低保、特困供养对象补助提标工作，加强农村低收入人口预警监测，加大临时救助力度，实现了应保尽保、应兜尽兜。持之以恒促进稳岗就业，兑现外出务工交通补助和劳务奖补资金3.83万人2397.92万元。大力推进乡村建设，实施乡村振兴示范村建设12个，创建清洁村庄60个，实施农村户用卫生厕所改造24604座，有效提升了农村人居环境。深化拓展帮扶协作工作。主动加强与青岛市崂山区的合作对接，青岛市和崂山区落实我县帮扶资金8450万元，消费帮扶497万元。持续深化定点帮扶，国家市场监管总局直接投入资金100万元，消费帮扶1.09亿元，协调引进社会帮扶物资和帮扶资金1261万元，引进项目14个。

【“三农”工作】2021年，全县实现农林牧渔业增加值122873万元，比上年增长9.1%。全年粮食总产量1546534.5吨，比上年增长2.9%。分作物看，小麦总产量81536吨，增长5.0%；玉米总产量46178吨，增长1.1%；洋芋总产量18891吨，增长1.6%，其余各种作物均较上年有所增长。苹果产量达150340吨，增长11.3%；花椒产量4269吨，增长9.0%；核桃产量达16157吨，增长7.9%，林果产业成为农民增收的重要支柱。劳务经济稳定增长，全县输转劳务12.5万人，实现劳务收入33.1亿元，有力促进了农民增收。

【项目建设】全年实施重点管理项目108项，总投资170.94亿元，年度完成投资47.11亿元。其中实施500万元以上投资项目57项，总投资163.55亿元，完成投资43.92亿元，投资完成率96.7%。S35景泰至礼县高速公路陇南段项目加快推进，大堡子山国家考古遗址公园项目顺利实施，S553瑶峪至上坪公路完成建设，实施水毁堤防修复工程4.37公里、新一轮农村电网改造升级工程256公里，基础设施条件持续改善。

【优势产业】全力保障粮食安全，实施水毁农田修复项目4.86万亩，发展旱作农业16.05万亩，全县粮食播种面积稳定在86万亩以上。大力实施农业优势特色产业三年倍增行动，新栽植苹果8204亩、花椒3.2万亩、乌龙头1万亩、油橄榄3000亩，完成核桃花椒嫁接换优105万株，建设中药材标准化种植基地4.5万亩，发展万寿菊5000亩，发展订单辣椒1.42万亩。发展规模养殖场38个、养殖大户42户。扶持建设标准化规模养鸡场8家、冷水鱼养殖13家，水产养殖面积达2470亩。积极实施农业保险，办理种植业保险15.68万亩，养殖业保险67.46万头/只/箱，累计落实保险理赔700.52万元，受益农户12803户。大力发展文化旅游产业，编制完成《礼县旅游业“十四五”规划》，秦文化博物馆创建国家4A级旅游景区，建成秦皇湖景区旅游基础设施项目、祁山武侯祠景区长城墙维修工程，发展旅游星级饭店4家、A级景区3家，旅行社3家，接待游客61.8万人次，实现旅游收入3.2亿元。全面落实“一企一策”服务措施，陇南紫金李坝金矿10000t/d采选项目及附属工程建成投产，支持青峰石材、久联民爆、西子森含商砼、鑫晟源生物科技等规上企业稳定生产，礼县德通天然气有限责任公司纳入规模以上工业企业序列，工业经济综合实力不断增强。全力推动电商健康发展，提升电商产业链、供应链、物流链体系，全县发展各类网店1982家，发展跨境电商企业7家，搭建同城配送平台10个，培育各平台电商直播主体126名。

【城乡建设】总投资2.64亿元，实施城镇基础设施建设项目32项。城区供水及管网改造工程建成投用，有效解决了城区供水不足的问题。秦汉大道人防通道项目、城区生活垃圾填埋场加固二期工程、赤土山地质灾害治理工程全面建成。实施城区小巷道治理29条3500米。北城区、二一九、西城区等棚户区改造进展顺利，已建成棚改安置房1706套，已安置787户。加快推进康龙翡翠城、金斌金水湾、兆庆家园等商住小区建设，房地产市场平稳健康发展。突出地域文化特色，加强盐官、白河等中心小城镇建设，盐官镇、白河镇污水处理厂建成投用，盐官小城镇集中供水工程、盐官十字路片区市政基础设施建设工程启动实施。按照建管并重、疏堵结合、标本兼治思路，强力推进城区环境综合整治百日行动，提高城市精细化管理水平，为广大群众创造更加舒适宜居的人居环境。

【环境保护】持续加强生态建设，开展大规模国土绿化行动，完成义务植树170万株，建设绿色通道65公里，完成新一轮退耕还林1.07万亩。建成宽川镇双崖村烂山湾滑坡治理工程等地质灾害防治项目6个。全面推行林长制，扎实推进野生动植物保护工作。全面强化生态环境问题排查整治，扎实推进“蓝天保卫战”，持续加强工业、燃煤、扬尘、机动车和农村面源污染综合治理，空气质量稳定达标。扎实推进“碧水保卫战”，积极开展集中式饮用水水源地环境保护专项行动，城区污水处理厂二期工程及污泥无害化处置工程建成投用，持续开展全县入河排污口排查，保障水生态安全。全面落实河湖长制，持续推进河湖“清四乱”，加大河道采砂监管力度，全面落实长江流域“十年禁渔”政策，牢牢守住水生态环境安全底线。扎实推进“净土保卫战”，依法加强耕地保护，深入推进城乡乱修乱建、农村乱占耕地建房等重点领域专项整治。

【社会保障和社会事业】优先发展教育事业，县委、县政府出台了《关于进一步加快教育改革发展的实施意见》，举全县之力推动教育改革发展。新改扩建义务教育中小学校10所，新建2所学校教师周转宿舍75套，维修幼儿园27所，基层办学条件得到有效改善。全面提升医疗服务水平。县医院内科综合大楼全面建成，县中医医院门诊急诊医技综合楼项目顺利实施，县妇幼保健院业务综合楼搬迁投入使用。加强乡镇卫生院标准化建设和村卫生室规范化建设，培训县乡村三级医务人员527人，医疗服务能力不断提高。加快发展文化体育事业。建成西汉水风情线健身步道、礼县体育场维修、应急广播体系建设等项目，建成29个乡镇场综合文化站，为55个行政村配发了体育器材、秦腔戏箱，开展文化惠民和送戏下乡演出144场，大力开展各类文体活动，丰富了人民群众精神文化生活。全面落实就业创业扶持政策，建成礼县职业技能公共实训基地，发放创业担保贷款600人7950万元，城镇新增就业1093人。完成劳务技能培训6050人，输转劳务12.5万人（有组织输转10.6万人），创收30.68亿元。城乡居民人均可支配收入分别达到26664元、8708.5元，比上年分别增长7.1%、11.8%。发放住房困难家庭补贴20.4万元。化解国有土地上已售城镇住宅历史遗留“登记难”问题3469套，省市县确定的民生实事全部办结。深入推进安全生产专项整治三年行动，加大重点领域安全隐患排查整治力度，未发生较大及以上生产安全事故。深入开展矛盾纠纷排查化解，加强法治宣传教育，完善社会治安防控体系，扎实推进信访积案化解，维护了社会大局持续稳定。

（苏麟）

徽县

【基本情况】徽县位于甘肃省东南部，西秦岭南麓，嘉陵江上游，东邻秦川，南通巴蜀，素有“陇上江南”之美誉。全县辖15个乡镇、213个村民委员会，10个居民委员会，总面积2699平方公里，全年粮食种植面积46.6万亩，年末户籍总人口22.48万人。主要有汉族、回族、藏族、蒙古族、壮族、锡伯族、满族、畲族、土家族、苗族10个民族，以汉族为主，少数民族以回族为主，全县约0.94万人，有7个民族聚集村。境内海拔在700—2500米之间，南北为山地，中部为浅山丘陵，属北暖温带向亚热带过渡性气候，年均气温12.5℃，无霜期277天，全年降雨量826.9毫米。国道316线、省道江武公路、十天高速及宝成铁路从县境内穿过。

【资源优势】现已探明的矿藏有铅、锌、铁、金、铜、汞、硫、砩石、大理石、石灰石等4大类22种矿产资源，储量丰富。全县主产小麦、玉米、大豆、油菜籽、稻米等粮油作物，盛产核桃、银杏、板栗、柿子、生漆、狼牙蜜等林副产品，出产杜仲、柴胡、黄芩、金银花、天麻等400多种野生中药材。全县有各类野生植物250多种，百年以上银杏树遍布全县。有野生动物200多种，其中有羚牛、红腹锦鸡、白唇鹿、长臂猿、梅花鹿、大鲵等珍贵动物10多种。徽县地质构造复杂，地貌奇特，自然风光集北国之雄奇与南国之灵秀于一体，景色宜人，民风淳朴，文化古迹众多，旅游资源丰富独特。境内的三滩风景名胜区总面积约800平方公里，森林覆盖率达80%以上，保持着原始如初的自然风貌，高山草甸、峡谷溶洞、飞瀑流泉、云海日出、奇花异卉、珍稀动植物和人文古迹融为一体，是徽成盆地的绿色屏障和天然动植物乐园，也是闻名省内外的旅游胜地，被誉为陇上的“西双版纳”。险要的地理位置和优美的自然风光，自古以来就牵引着文人墨客的目光和脚步，形成了徽县厚重的历史文化积淀。诗仙李白在《蜀道难》中吟唱：“青泥何盘盘，百步九折萦岩峦”，抒发了诗人面对青泥岭之雄奇的感叹。诗圣杜甫寓居徽县栗亭，写下了《木皮岭》《水会渡》《白沙渡》等名篇，“始知五岳外，别有他山尊”的诗句使木皮岭名载史册。南宋名将吴玠抗金的蜀道要塞仙人关、闻名天下的青泥古道和具有重要历史文物价值的“新修白水路记碑”、佛爷崖唐代摩崖石刻、栗川郇庄宋代白塔等众多文物古迹，极具文化研究和旅游开发价值。

【国民经济】2021年，全县经济整体呈现平稳增长态势。初步核算，全年地区生产总值56.85亿元，比上年增长6.4%。其中，第一产业增加值10.68亿元，增长8.2%；第二产业增加值21.35亿元，增长4.4%；第三产业增加值24.64亿元，增长7%。三次产业结构比由上年20.6 ：33 ：46.4调整为2021年的19.1 ：37.6 ：43.3。三次产业结构区间合理。县域经济整体呈现出以农业稳定增长为基础，工业合理运行为动力，三产相关行业协同发展为促进的平稳增长格局。

【农业工作】全县围绕“调优农业结构、培育特色产业、加快土地流转、争创示范园区”的工作思路，以农业增效、农民增收为核心，在保障粮食生产安全的基础上，大力推进农业结构调整，发展富民产业，有力促进了农村经济平稳健康发展。全年粮食总产量14.62万吨，比上年增长0.29%。

【工业发展】县委、县政府举全力积极推进新型工业化进程，按照“项目支撑、龙头引领、园区承载、产业集群、组团发展”的总体思路，改造提升传统产业，大力培育新兴产业，做大做强骨干企业，培优培强中小企业，加快工业园区建设，打造具有区域竞争力的产业集群，促进工业经济负压前行，实现了较快增长，运行质量和效益明显提升。2021年，12户规模以上工业企业完成增加值比上年增长1.2%。其中，轻工业工业增加值增长0.8%，重工业增加值增长1.6%。

【项目建设】准确把握当前投资运行形势，充分发挥投资稳增长、调结构、促转型、惠民生的关键作用，全力推进项目建设，加快调整投资结构转型升级，在全国经济进入新常态的大背景下，全县固定资产投资保持了较稳的升降态势，全年固定资产投资比上年下降6.36%。按投资分类看，项目投资增长59.2%，房地产投资下降48.8%。

【生态旅游】生态旅游和人文旅游同步快速发展。充分发挥“陇上江南”的独特资源优势，积极探索自然生态、人文景观和休闲娱乐相结合的特色旅游产业开发路子，初步形成了以三滩生态旅游为主体，以嘉陵江漂流、月亮峡度假村、银杏山庄特色农家乐为辅助的三滩风情旅游线。旅游业蓬勃发展。全年接待游客161.1万人次，实现旅游收入7.47亿元。

【社会事业】全年全县推出科研成果8项，科技进步贡献率达到43.8%、科技成果转化率达到57.5%。适龄儿童入学率和初中入学率均达到100%，全县高考录取人数达到1475人，录取率达到88.5%。全县有文化机构43个，从业人员720人（含个体户）。全县电视人口覆盖率达到98.9%，城区有线电视节目增至164套，城区有线电视用户2124户，城乡人民文化生活水平显著提高。全县共有县级医疗机构3个，乡镇卫生院17个，预防保健所1个，村级卫生室218个，覆盖率达100%。民营医疗机构10个。卫生技术人员1151人，其中执业医师598人（含助理医师）。每千人拥有卫生技术人员6.1人，医疗机构共有床位1378张，每千人拥有病床7.3张。积极开展全民健身运动，中老年健身活动广泛开展，广场舞健身运动蓬勃发展，增强了全民健身意识，提高了体育事业发展水平。全县共举办各类群众运动会28次，参加运动员4万余人次。

【人民生活】人口自然增长率保持稳定。全年全县总户数6.85万户，户籍总人口为22.48万人。其中，城镇人口8.52万人，乡村人口13.96万人。全年出生人口1904人，出生率为8.47‰；死亡人口1825人，死亡率8.12‰；人口自然增长率0.35‰。常住人口18.91万人，城镇化率42.28%。城乡居民生活水平明显提高。全年全县城镇居民人均可支配收入27893.1元，比上年增加1824.8元，增长7%；农村居民人均可支配收入11263.9元，比上年增加1116.3元，增长11%。社会保障覆盖面进一步扩大。全县参加基本养老保险人数152485人。其中，城镇职工基本养老保险参保人数8517人，机关事业单位养老保险参保人数10351人，城乡居民基本养老保险参保人数133617人。工伤保险参保人数15364人；失业保险参保人数7062人。社会救助稳步推进。农村低保3469户，7624人，累计发放保障金3773.6万元；社会临时救济金3170.9万元；特困供养金1211.3万元，其中城镇10.5万元，农村1200.9万元；残疾人两项补贴415.3万元；孤儿供养金32.9万元；事实无人抚养儿童保障金13.2万元；经济困难老年补贴19.2万元。

（马亮）

两当县

【基本情况】两当县位于甘肃省东南部，地处陕甘川交界的秦岭山区。嘉陵江自东北向西南横贯全境，属长江上游嘉陵江水系和汉江水系。北靠天水，西邻徽县，东南二面与陕西宝鸡、汉中相连。全县辖6镇，6乡，116个行政村，5个社区。2021年末，全县常住人口3.93万人，其中城镇人口1.85万人，城镇化率为47.11%。全县分布着汉、回、蒙古、苗、彝、满、土家族等7个民族。全县总面积1408.73平方公里，总耕地面积154496.42亩。年平均气温11.3℃，无霜期193天，雨量充沛，日照充足，森林覆盖率高，气候宜人，素有“养生胜地”之称。先后被评为全国休闲农业与乡村旅游示范县、全国红色旅游经典景区县、全国园林县城、全国绿化模范县、中国绿色名县、中国候鸟旅居县、国家生态文明建设示范县、全国村庄清洁行动先进县，入选中国首批“美丽中国·深呼吸小城高质量发展实验区”名单，连续五年跻身“中国百佳深呼吸小城榜”，成功创建为首批省级全域旅游示范区。2021年再次获评“最具生活环境竞争力县”“省级森林城市”称号。

【资源优势】境内有丰富的矿产资源，已探明的有金、银、铜、煤炭、陶土、大理石等10多种；有羚羊、獐子、水獭、大鲵、麝、锦鸡等珍稀动物；有红豆杉、铁杉、银杏、香樟、合欢、白皮松等珍稀树种；有油松、华山松、落叶松、红桦等用柴树种；出产鹿茸、麝香、猪苓、五灵脂、天麻、杜仲、黄姜等中药材400多种。县内生态良好，森林覆盖率达69.4%，林木绿化率达84.55%。

【国民经济】2021年，全县完成地区生产总值118075万元，比上年增长6.8%。其中，第一产业增加值38637万元，增长9.7%；第二产业增加值4298万元，增长5.5%；第三产业增加值75140万元，增长5.4%。固定资产投资36843万元，增长7.54%。社会消费品零售总额15688.7万元，增长16.4%。

【农业农村工作】以农业供给侧结构性改革主线，以稳定粮食生产为基础，以巩固拓展脱贫成果与乡村振兴有效衔接为目标，全力推动乡村产业振兴，带动群众增收致富，努力实现农业增效、农民增收、农村和谐。全年实现农林牧渔业增加值39077万元，比上年增长9.8%。粮食产量27851.94吨，增长6.92%。蔬菜产量3.57万吨，增长4.51%。牛存栏6697头，羊存栏6663头，猪存栏23408头，生态放养鸡存栏37.31万羽，出栏103.71万羽；中华蜂养殖59359箱；食用菌产量2180.12吨；发展各类食用菌800万袋（其中，香菇、木耳等木腐菌300万袋，草腐菌、羊肚菌500万亩）；种植中药材63069.94亩，产量19909.94吨；蔬菜种植面积24180.55亩，蔬菜总产量35699.88吨；水产品产量67吨。引进和培育龙头企业17家（省级3家、市级6家、县级8家），全县共有农民专业合作社339家，培育发展家庭农场65家。建成中蜂养殖示范点28处，中蜂繁育场5处，中华蜂成熟蜜基地，成功举办第六届全国中蜂产业发展大会暨蜂产品博览会；发展“五小”产业1073户；正在建设两当县创业创新示范园1处；建设3个田园综合体；培育国家级示范社1个，省级示范社5个、市级示范社5个、县级示范社23个。

【乡村振兴】严格落实“四个不摘”要求，坚持以“底线任务”的定位狠抓落实，以“典型引路”的方法扩面提质，深入推进“十查十看”集中行动，全县巩固拓展脱贫攻坚成果同乡村振兴有效衔接各项工作取得了明显成效。全县共监测出“三类户”49户163人，全部纳入监测管理，有针对性地制定了“一户一策”帮扶计划，实时落实大病医疗报销、救助、低保等兜底政策，采取产业发展、劳务补助等帮扶办法，确保监测户不返贫不致贫。全县15个部门、12个乡镇、116个行政村及3339户脱贫户等档案资料，已按照目录完成分类、编号和归档工作，为精准扶贫档案集中保管和有效利用打下了基础。编制2021年巩固拓展脱贫攻坚成果同乡村振兴有效衔接项目库，入库项目485个，资金总量达41330.555万元；编制整合使用财政涉农资金项目计划。整合财政涉农资金16405.96万元，用于农业产业发展10792.35万元、农村基础设施建设5613.61万元，为巩固拓展脱贫攻坚成果同乡村振兴有效衔接提供资金保障。开展莱西—两当东西劳务协作专场招聘会9期，通过“点对点”输送，共组织38名两当籍农民工赴青岛就业，捐赠医疗物资、苗木、南瓜种子等折资115.9万元，有力推动了村村结对、企村结对、社会组织结对帮扶工作。审核发放贷款360户1646.5万元脱贫人口小额信贷。

【项目建设】坚持把项目建设作为推动县域经济发展的“强引擎”和“硬支撑”，注重规划引领，强化要素保障，积极破解项目建设难题，投资关键作用进一步发挥。全年实施500万元以上项目25项，总投资16.58亿元。截至2021年12月底，全县开复工项目27项，开复工率108%，完成投资5.48亿元（其中：市列重点项目完成投资1.85亿元），完成年度目标任务的106.4%。2021年，全县累计争取项目资金 2.96 亿元（其中：债券资金 9890 万元，中央预算内资金 9700 万元，省预算内资金 155 万元，银行贷款 5113 万元，地方配套 3150 万元，企业自筹 1628 万元），比上年增长 17.13%。

【文化旅游】坚持走“以红带绿、以绿托红、红绿结合”发展之路，求真务实，开拓创新，文化、体育、广电和旅游等各项工作有序推进。传统音乐“两当号子”被国务院正式公布为第五批国家级非物质文化遗产项目；云屏三峡国家 AAAA 级旅游景区入选“中华秦岭 100 景”榜单；陈沟景区创建国家 AAA 级旅游景区。参加陇南市第五届网络春晚《两当情歌》演出、百年历程辉煌成就庆祝中国共产党成立 100 周年甘肃省美术作品展、“百年追梦·美丽陇南”——庆祝中国共产党成立 100 周年陇南市美术作品展、文学作品征集活动等，并荣获二、三等奖。各项文化活动丰富多彩，先后举办了陇越骑联第一届甘肃省业余自行车联赛两当站暨“红色记忆·生态之旅”文化旅游推介会、国家级非物质文化遗产“两当号子”专场演出、庆“五一”迎“五四”暨第三届“红川酒业杯”职工篮球赛及登山活动、“百年谱华章·颂歌献给党”两当县庆祝中国共产党成立 100 周年文艺演出、“舞动巾帼风采·共庆百年华诞”广场舞大赛、馆校共建和全民阅读活动、“致敬戍边英雄·传承红色基因”第八届全县少儿书画展、“悦读者”亲子阅读会、“悦读者”朗诵大赛等，开展“戏曲进乡村”文化惠民服务项目 72 场，文化惠民工程—新时代文明实践广场活动 71 次。全年旅游接待 131.2 万人次，旅游综合收入 5.5 亿元。

【电子商务】现有网店 473 个，全年实现电子商务交易额 13726.37 万元（其中线上 5272.59 万元，线下 8453.78 万元），十三五以来电子商务销售额累计达到 6.83 亿元。建设陇南电商平台两当端异地店 2 个，全县 11 家电商龙头企业培育主播 17 人，组建直播电商团队 3 支，开展农产品直播带货累计 421 场次，完成直播带货农产品 1973.1 万元，建设直播基地 2 个（乔河村、街道村），直播村 1 个（灵官村）。培育电商发展服务运营优秀团队 2 个，电商千万级销售企业 3 家，百万级电商销售企业 32 家，商务领域批发零售线上企业 1 家，工业领域规模以上企业 1 家。平稳有序运营陇南电商平台两当端，上架产品 12 大类 253 款，开展线上直播 21 场次，线下地推 11 场次，积极参加县外活动 3 场次，实现交易 6992 单 563.49 万元，完成目标任务的 17.6%。2021 年东西协作消费帮扶销售农特产品 4411.71 万元。累计建设“三专三区”5 处，其中 2021 年新增 3 处（青岛 1 处、莱西 1 处、白银平川一处），直接销售两当农特产品 527 万元。

【人民生活】推进社会治理创新，社会大局和谐稳定，人民生活水平不断提高。2021 年，全县城镇居民人均可支配收入 29481.2 元，比上年增长 6.9%；农村居民人均可支配收入 8554.2 元，增长 11.1%。全县城乡居民实际参保人数 39873 人，比上年增加 110 人，其中农村低收入人口参保 14474 人，参保率达到 100%。全县城乡居民基本医疗保险住院报销共 6020 人次，报销金额 2264.75 万元。全县大病保险补偿 1189 人次，补偿金额 333.69 万元。全县医疗救助 1857 人次，救助金额 330.49 万元。

【社会事业】用心用力保障民生，社会事业不断进步。2021 年，全县各级各类学校 56 所，在校学生 6050 人，教职工 735 人。学前三年毛入园率 101.02%。免除学前保教费 147.928 万元，受益学生 2797 人次。小学学龄儿童净入学率 100%，小学毕业生升学率 100%，九年义务教育巩固率 99.74%。发放农村义务教育阶段家庭经济困难寄宿生生活费补助 388.435 万元，资助学生 7272 人次；发放义务教育阶段非寄宿生生活补助 61.10635 万元，资助学生 2301 人次。高中阶段毛入学率 97.2%。参加高考 245 人，高考本科上线 156 人，本专科录取 226 人。发放高中阶段免学费、书费资金 65.86 万元，资助学生 659 人次；发放高中助学金 297.65 万元，资助学生 2852 人次。全县有公立医疗卫生机构 17 个，其中县级综合医院 1 个、疾病防控中心 1 个、妇幼保健站 1 个、卫生监督所 1 个、乡镇卫生院 13 个。拥有病床位 196 张，卫生技术人员 186 人，其中执业医师和技业助理医师 83 人。私立医院 2 个。

（周秋红）

临夏回族自治州

【基本情况】临夏回族自治州位于黄河上游、甘肃省中部西南面，北邻兰州、东邻定西，西邻青海省，南与甘南藏族自治州毗邻，成立于 1956 年 11 月，总面积 8169 平方公里，现辖临夏市 1 个县级市，临夏县、康乐县、永靖县、广河县、和政县 5 个县，东乡族自治县、积石山保安族东乡族撒拉族自治县 2 个自治县，123 个乡镇、7 个街道办事处，1090 个行政村、102 个社区居委会。2021 年末全州常住人口 211.66 万人，城镇化率为 38.01%，州内聚居回、汉、东乡、保安、撒拉等 40 多个民族，其中东乡族、保安族是临夏独有的民族。州内地形复杂，河谷纵横，丘陵起伏，海拔在 1563~4585 米之间，平均海拔 2000 米。年平均气温 5.6~9.7℃，年平均降水量 273.7~592.7 毫米，年平均蒸发量 1190.8~1551.7 毫米，年日照总时数 2360.6~2571.1 小时，年平均相对湿度 59%~70%，无霜期 178~221 天。

【资源优势】临夏州历史文化悠久，区位优势明显，民族风情浓郁，旅游资源富集，商贸流通活跃，是甘肃省“回藏风情草原风光线”上的黄金地段。按《中国旅游资源普查分类系统》对照分析，在 68 种全部基本旅游资源中，临夏就有 45 种，占 66.2%。临夏州具有较大可开发潜力的旅游资源 84 处，其中达到世界级 3 处、国家级 9 处、省级 35 处。临夏州地处西秦岭与祁连山多金属成矿的延伸交汇部，具有较为丰富的矿产资源。已发现的各类矿产资源 43 种，占全省已发现矿种数的 25%。全州境内河流纵横，有黄河、洮河、湟水河、大夏河及其支流 43 条。黄河自西入境横贯北部，流长 124 公里，多年平均流量 882.4 立方米 / 秒。境内有形成距今 1.7 亿多年前的恐龙足印群，其数量之繁多、分布之密集、清晰度之高世所罕见，还有距今 1300 多万年的在亚欧大陆分布最为集中的三趾马、铲齿象、和政羊等古动物化石群，其数量、品种、规模和完整程度占据了六项世界之最，被誉为“古动物的伊甸园”。临夏州文化资源禀赋独特，著名的马家窑文化、齐家文化、半山文化闻名遐迩，黄河文化、彩陶文化、丝路文化、民俗文化、红色文化等交相辉映。临夏州自古是丝绸之路南道、唐蕃古道、甘川古道之要塞，素有“西部旱码头”“茶马互市”之称。黄河三峡、炳灵寺石窟等景观巧夺天工，临夏美食、民族特需用品、毛纺地毯、手工艺品享有声誉，民族建筑、砖雕、木雕、彩绘等别具一格。

【国民经济】2021 年，全州实现地区生产总值373.8亿元,比上年增长8.1%。其中，第一产业增加值 65.3 亿元，增长 10.1%；第二产业增加值 72.9 亿元，增长 8.8%；第三产业增加值 235.6 亿元，增长 7.4%。全年全州粮食总产量 70.8 万吨，比上年增长 1.2%；肉类总产量 6.6 万吨，增长 7.9%。完成工业增加值 33.4 亿元，增长 4.8%；固定资产投资增长 26.0%；社会消费品零售总额 117.5 亿元，增长 10.0%。一般公共预算收入 23.1 亿元，增长 20.5%；一般公共预算支出 307.6 亿元，下降 4.0%。2021 年末，全州金融机构各项存款余额达 827.1 亿元，比上年末增长 10.0%；各项贷款余额 587.4 亿元，增长 8.7%。

【供给侧结构性改革】严格按照《临夏州强化政策落实推行“不来即享”工作方案》要求，全面梳理惠企政策、精准推送到位，大力推进网上办事、推动更多事项“零跑腿”，不断深化“不来即享”。全面实行“放管服”改革问题清单化管理。积极推进以电子税务局为主的网上办税，将甘肃省电子税务局网上办税系统接入临夏州政务服务网，深入推行“非接触式”办税模式。全面推进水、电、气、暖、通信等市政报装服务纳入工程建设项目审批综合窗口，大力压缩办理时限。推进住房公积金办理“一窗通办”，真正实现“一窗受理、集成服务”。研究制定《临夏州 12345 政务服务热线平台升级改造方案》，打造“7×24 小时”不断线的政务服务便民热线。全面清查整治法定下放行政审批事项和备案事项，按要求取消、调整和下放行政审批事项。实时认领梳理政务服务事项，持续提升网上政务服务能力。持续推进投资项目审批制度改革、工程建设项目审批制度改革，创新服务方式，努力提升审批服务效率。深化不动产登记便民利民改革，“互联网 + 不动产登记”建设上线运行，采用“外网申请、内网审核”，线上线下相结合的方式办理业务，在永靖县开展不动产登记“交房（地）即交证”。公共资源交易全流程电子化走在全省前列、实现项目数量金额双提升。全面实行“一门、一窗、一网、一次”的服务模式，不断释放商事制度改革政策红利，持续压缩企业开办时间，市场监管部门打造 1 小时“工商快照”。持续强化事中事后监管，全面实施“双随机、一公开”监管全覆盖、常态化。全面落实减税降费政策，不折不扣“减到位、免到位、降到位”。

【乡村振兴】严格落实“四个不摘”要求，调整充实临夏州实施乡村振兴战略领导小组，成立“五大振兴”工作专班统筹推进产业、人才、文化、生态、组织“五大振兴”。紧盯不发生规模性返贫的底线要求，创新建立临夏州农户户情信息管理系统，赢得了国家有关部委的充分肯定。调整优化帮扶队伍，实行领导包村、干部包社联户制度，实现所有村驻村帮扶、所有户责任到人。深化拓展协作帮扶。全面高效推进济临协作，济南市 10 个区与临夏州 8 个县市开展结对帮扶，济南其余 2 区 2 县与临夏州 4 县结为友好合作关系。全州 130 个乡镇街道、209 个村（社区）、157 所学校、66家医院与济南对应单位结对。济南市拨付财政资金 5.5 亿元实施项目 198 个，32 家鲁企在临夏注册落地，济南新建转化车间 51 个，共建现代产业园区 9 个。安排专项资金 7303 万元，打造东西部协作乡村振兴示范村16个。接续推进厦临友好合作，新引进厦企 5 家、新建帮扶车间 7 家，向厦门输转劳动力 3197 人。深入推进中央单位定点帮扶，8 家中央单位落实帮扶资金物资 2.1 亿元，实施帮扶项目 92 个。着力强化光伏帮扶，全州 105 座光伏电站累计发电 3.5 亿度，结转收益 2.5 亿元，设置光伏公益性岗位 1.2 万个，带动“三类户”6991 名。制定《临夏州乡村建设示范行动实施方案》，按照填平补齐、完善功能、打造提升的要求，根据村庄分类，编制完成了 32 个省级示范村的村庄规划。2 个省级示范县和 5 个省级示范乡镇创建工作也同步谋划、同步推进、同步落实。32 个省级示范村累计投入建设资金 6.2 亿元，5 个示范乡镇累计投入建设资金 1.6 亿元，2 个示范县累计投入资金 8.7 亿元。2021 年全州投入财政衔接推进乡村振兴补助资金达 36.8 亿元。制定农村留守老人妇女儿童和特困群众关爱服务行动实施方案，全州共摸排关爱服务对象 23490 人，投入资金 4110.3 万元，开展关爱服务 28852 人次、帮办实事 15481 件。

【项目建设】临夏州始终坚持把项目建设作为经济发展的“总钥匙”，全年共实施 500 万元以上重点投资项目 685 个。重点项目有序实施。临夏州妇幼保健院搬迁改造、临夏州公共实训基地、莲麓至积石山大河家旅游扶贫大通道等一批重点项目建成投入使用；临大高速、南阳渠提质增效及水系连通工程、临夏州职业技术学校、临夏市环城北路等项目进展顺利；临康广高速、临夏现代职业学院文旅学院、州大数据云计算中心等项目相继开工建设；临夏民用机场、兰合铁路、兰永临高速、永积高速、临夏州供水保障生态保护水源置换工程等项目前期工作取得突破性进展。项目储备加速扩容。抢抓新时代推进西部大开发、黄河流域生态保护和高质量发展等重大战略机遇，谋划储备“十四五”重点项目 731 个总投资 4604 亿元。全年争取落实中央省级预算内资金 21.5 亿元，比上年增长 21%，争取落实专项债券资金 53 亿元，增长 111%。固定资产投资持续快速增长。全年全州固定资产投资增长 26.0%，增速居全省 14 个市州第一位。其中，第一产业投资增长 106.8%，第二产业投资增长 40.1%，第三产业投资增长 22.7%。按投资领域分，项目投资增长 18.2%，房地产投资增长 60.8%。全年全州商品房销售面积增长 189.5%。

【优势产业】全力推进“五个百亿级产业”发展，促进特色产业多元发展、多极突破。农业产业加速壮大。落实最严格耕地保护制度，高质量打好“农业产业结构调整攻坚战”，累计投入资金5.4亿元用于农业产业结构调整，特色种植业面积达到172.7万亩；统筹实施14个优势特色产业三年倍增行动，培育引进新型经营龙头企业25家，11个农产品品牌入选第二批“甘味”农产品品牌目录，新认证“三品一标”农产品23个。加强草食畜牧业全产业链建设，新建规模养殖场（小区）61家，新发展规模养殖户1134户。文旅产业稳步提升。推动实施黄河三湾旅游度假区、普乐方五色谷主题乐园、华谊兄弟星剧场美好生活综合体等文旅重点项目；炳灵寺世界文化遗产旅游区成功创建全省第六个、全州首家国家5A级景区，临夏世界地质公园申创取得重要进展。加强与中旅集团、华侨城集团、华谊兄弟等国内顶尖文旅企业的深度合作，推动旅游产业高质量发展。工业产业优化升级。主动参与产业布局调整，积极承接产业转移，加强园区建设和龙头企业扶持，推进临夏经济开发区创建省级高新技术产业开发区，实施康乐县和积石山县2个工业集中区、16个工业重点项目、17个三化改造项目及23个食品和民族特需用品特色化改造项目，加大省级技术创新示范企业、高新技术企业、绿色制造体系企业申报创建力度。美食产业势头良好。启动实施美食产业“政策集成、体系构建、强链延链、提质优质、品牌振兴、服务提升、金融破题”七大工程，实施河州品牌振兴战略计划，培育“河州味道”地方公共品牌，打造中式快餐店1000家，叫亮临夏美食金字招牌。

【人民生活】2021年全州城镇居民人均可支配收入24902元，比上年增长6.7%;农村居民人均可支配收入9006元，增长11.0%。城乡居民人均可支配收入比为2.77，比上年缩小0.11。全州城镇居民人均生活消费支出18238元，增长7.5%；农村居民人均生活消费支出8002元，增长10.4%。全州城镇居民恩格尔系数为28.6%，农村居民恩格尔系数为31.3%。就业形势稳定。全年城镇新增就业1.8万人，其中失业人员再就业0.55万人。城镇登记失业率为3.6%。全年劳务输转人数57.1万人，比上年增长2.2%,其中农村52.3万人,城镇4.8万人;创劳务收入142.4亿元，增长9.2%。

【环境保护】强力推进水污染防治。全州城区污水处理率达到96.25%，大河家镇等10个镇污水收集处理设施建成投运；完成22个“千吨万人”乡镇级水源地规范化建设及保护区边界矢量图绘制工作。深入推进大气污染防治。完成临夏海螺水泥公司4500吨熟料生产线收尘改造项目，康乐、和政、积石山县3个集中供热站脱硝设施建设项目，拆除不符合国家产业政策的砖瓦窑厂134家，实施燃煤锅炉“煤改气”2台12蒸吨；完成2.25万个土炕清洁能源改造。共建成煤炭一级交易市场12个，配套建设二级配送网点221个。扎实开展环保督察问题整改工作。中央、省级环保督察交办的信访问题已全部办结（11件阶段性办结）；两轮中央环保督察反馈的36项问题已完成整改35项；第一轮省级环保督察反馈的21项问题已完成整改17项；“绿盾”专项行动的58个问题已全部完成整改。全力推进黄河流域生态保护和高质量发展。制定印发《临夏州“十四五”生态环境保护规划》《临夏州黄河流域环境保护与污染治理专项实施方案》和8县（市）县域农村生活污水治理专项规划，编制完成《临夏州重点流域水生态环境保护“十四五”规划（送审稿）》。全面完成生态环境部交办的874个排污口的监测和溯源任务，印发实施《临夏州黄河流域入河排污口“一口一策”整治方案》，正在有序推进排污口整治。污染源普查工作成效明显。全面完成各类污染源普查数据填报、审核和定库工作，及时发布《临夏州污染源普查公报》。生态环境监管能力全面提升。基本完成生态环境系统机构改革工作；建成17个空气自动监测站、4个水质自动监测站、生态环境大数据平台、大气污染防治智慧监管平台、机动车尾气监管平台和3个机动车尾气遥感监测系统、省级环境应急临夏物资储备库。全面加强环境执法工作。2021年全州共实施行政处罚27件，共处罚款262.9万元，实施查封（扣押）4件；共受理信访投诉问题192件，已全部办结。

【社会保障】年末全州参加城镇职工基本养老保险11.6万人，参加城乡居民基本养老保险143.2万人。参加基本医疗保险228.4万人，参加城乡居民基本医疗保险215.5万人。参加失业保险的职工3.1万人，领取失业保险金991人次。参加工伤保险12.1万人，其中参加工伤保险的农民工2.6万人。年末全州共有3.7万人享受城市最低生活保障，22.1万人享受农村最低生活保障，8762人享受农村特困人员救助供养。全年共实施临时救助27.2万人，救助资金4.1亿元,资助85.8万人参加基本医疗保险，全年国家抚恤、补助退役军人和其他优抚对象6220人。年末全州共有养老机构12所，集中供养床位数1634张；儿童福利机构5所，集中供养床位数1154张。年末共有社区服务中心130个，其中乡镇123个，街道7个；社区服务站1126个，其中城市97个，农村1029个。

【社会事业】以民生改善为重点，扎实推进社会事业全面发展。2021年，共签订技术合同49项，技术合同成交金额1.9亿元，比上年增长45.9%。全年共登记科技成果17项，其中农牧类7项，企业类5项，综合类5项。专利授权量447件，增长20.0%。年末全州各级各类学校2522所，其中幼儿园1282所，小学1114所，九年一贯制学校21所，初级中学71所，完全中学6所，高级中学14所，高职院校1所。普通高中在校生3.94万人、初中9.10万人、普通小学25.11万人、在园幼儿11.88万人。全州普通中学专任教师10746人、小学14656人。九年义务教育巩固率为97.98%，高中阶段毛入学率为84.5%。年末全州共有医疗单位1874个，其中县级及以上医院63个，乡镇卫生院127个；年末专业卫生技术人员13326人，其中执业医师4862人,注册护士5778人。医疗卫生机构床位12776张，其中医院9123张，乡镇卫生院2713张。年末全州共有体育场地7001个，体育场地面积360.8万平方米,人均体育场地面积1.8平方米。

（代永珍）

临夏市

【基本情况】临夏市地处黄河上游，位于甘肃省西南部，是临夏回族自治州州府所在地，全州政治、经济、文化和商旅中心，距省会兰州117公里，地理坐标北纬35°37′，东经103°11′，地势以0.8%的纵坡自西南向东北倾斜。市区北、西、南被临夏县环抱，东与东乡县隔河相邻，形成北塬坡、南龙山、路盘山、凤凰山诸峰耸崎合围的黄土高原带状河谷阶地，地势平坦。大夏河（古称漓水）穿境而过，牛津河、红水河在市区汇入大夏河后注入黄河刘家峡水库。市域属中温带内陆气候，海拔1823—1960米，四季分明、日照充足、雨量充沛、气候宜人，年日照时数2178.1小时，年降水量360.0毫米，年平均气温8.3℃，无霜期221天，土地肥沃物产丰饶、自然条件优越。市域总面积88.6平方公里，建成区面积24平方公里，辖4个镇、7个街道，35个行政村、43个社区，2021年末常住人口35.97万人，城镇化率88.9%，境内有汉、回、东乡、保安、撒拉等18个民族，是国内少数民族人口集中的地区之一。

【资源优势】区位优势突出，地处丝绸之路经济带甘肃黄金段上的重要节点，有着依藏面兰的得天独厚区位优势，在历史上是古丝绸之路的南道重镇，是西部地区的重要商埠，素有“茶马互市”、西部“旱码头”和“河湟雄镇”之称；旅游资源独特，临夏“花儿”艺术自成一脉、源远流长，紫斑牡丹冠绝国内，砖雕、彩陶、雕刻葫芦更为众多文化瑰宝之最，堪称临夏“三绝”。近年来，临夏市坚持培优育强，促进了产业结构的升级优化，全力打造以中心广场为主的商贸经济圈，以红星美凯龙爱琴海购物公园、百益、中天健、义乌、天元为主的高端商务圈，以华谊兄弟星剧场美好生活综合体为主的文化旅游圈，以折桥康养小镇、凤凰山主题游乐园为主的康养游乐圈“四大经济圈”，主动培育和融入州委州政府着力打造的“五大百亿级产业”，成功引进华谊兄弟、中旅风景、国家电投、红星美凯龙等知名企业，在文旅融合、数字经济、商贸物流、现代农业等新型产业发展上实现了新突破。

【国民经济】2021年，全市实现地区生产总值106.06亿元，比上年增长8.3%。其中，第一产业增加值2.50亿元，增长4.4%；第二产业增加值17.74亿元，增长10.7%；第三产业增加值85.82亿元，增长8.0%。全年完成一般公共预算收入7.07亿元，比上年增长21.9%；完成一般公共预算支出30.62亿元，同口径增长11.8%。实现工业增加值7.78亿元，比上年增长4.7%。规模以上工业增加值下降5.8%，固定资产投资增长29.3%。完成社会消费品零售总额59.35亿元，增长10.2%，居民消费价格同比上涨1.1%。全年完成客运量519万人，旅客周转量27883万人公里，分别增长16.6%和13.9%；完成货运量2478万吨，货物周转量409828万吨公里，分别下降0.9%和0.7%。拥有出租车1087辆，公共汽车234辆。

【供给侧结构性改革】持续深化“放管服”改革，优化营商环境，打造了标准化市政务服务大厅，全面推进“一窗受理、集成服务”和“证照分离”“多证合一”改革，承接下放行政审批事项97项，645项政务服务事项实现“最多跑一次”。统筹推进政府机构、公务用车、农村集体产权制度等领域改革，经济社会发展更具活力。

【乡村振兴】以打好农业产业结构调整攻坚战、补齐基础设施短板攻坚战、文旅产业深度开发攻坚战、职业技能培训攻坚战“四大攻坚战”为抓手，深入推进省州示范镇、村创建，因地制宜打造折桥休闲康养一、二、三产业融合发展园、南龙凤凰山主题游乐园、枹罕牡丹文化产业园和牛羊文化产业园、城郊花卉产业园“五大园区”，初步构建了农文旅一体化、集群化、差异化发展新局面，推动巩固拓展脱贫攻坚成果同乡村振兴的有效衔接，促进了农业高质高效、农村宜居宜业、农民富裕富足。

【项目建设】始终把项目作为经济发展的主抓手和压舱石，群策群力谋项目、争资金、搞建设，先后两次举办重点项目集中开工仪式，动工130个，争取到各类资金18.8亿元，掀起了城市建设的新热潮。全市固定资产投资同比增长29.3%。分领域看，项目投资比上年增长5.9%，房地产投资增长77.6%。民间投资增长36.1%。截至2021年底，全市当年入库项目47个，计划总投资124.3亿元，其中项目投资入库32个，计划总投资58亿元；房地产项目入库15个，计划总投资64亿元。

【优势产业】着眼优化产业结构，聚力打造魅力花都，走转型跨越的特色之路，进一步促进优势产业提质增效。一是做精花卉朝阳产业。以百益亿农国际鲜花港、牡丹科技园、花卉产业园、大夏河百里牡丹长廊为支撑，打通花卉育种、种植、加工、储运、销售各环节，培育壮大以河州紫斑牡丹为主导，芍药、玫瑰为补充的花卉产业。二是做大文化旅游产业。以争创国家级全域旅游示范区、旅游度假区、历史文化名城和5A级旅游景区为抓手，持续打好文旅产业深度开发攻坚战，主动融入全州旅游大通道、大环线建设。持续壮大河州美食产业，充分挖掘临夏特色餐饮优势，提档升级一批老字号旗舰店、示范店，扶持新建一批标准化加盟店、连锁店，延伸美食产业链。加强临夏美食品牌宣传推介力度，让“游在景区、吃在河州”成为时尚。三是做强商贸物流产业。结合打造“四大经济圈”，大力实施宜商城市建设工程，合理调整商贸业经营结构，培育发展一批专业市场、商场和特色街区，提升改造现有老旧商场、农贸市场和综合市场，提升商贸业发展水平。

【人民生活】聚焦群众对美好生活的新期待，实施棚户区改造5480套、老旧小区改造2772户、城中村改扩翻1205套，开工建设黄河国家文化公园—河州牡丹园、人民公园。推进文化体育惠民工程，建成东城区和西区全民健身中心，打造60里环河健身步道长廊，不断满足群众文化体育生活需求。2021年，全市城镇居民人均可支配收入25663元，比上年增长7.1%；人均消费支出21194元，增长14.7%；恩格尔系数30.6%。农村居民人均可支配收入17760元，增长10.9%；人均生活消费支出15194元，增长14.4%；恩格尔系数30.1%。新增城镇就业人数3415人，城镇登记失业率为3.7%，开发公益性岗位609个。输转劳务人员3.8万人，创劳务收入10.3亿元。

【环境保护】统筹推进蓝天、碧水、净土三大保卫战，严格落实“减排、控煤、抑尘、限车、禁烧”等大气污染防控措施，拆并燃煤锅炉544台，改炕49100个、改厕13400个，大力度推进全域无垃圾治理，精细化开展城市综合管理，道路机械化清扫率达到70%，空气优良天数比例达到90.9%，PM_{10}、$PM_{2.5}$浓度比2016年分别下降14.1%和11.1%。全面建立三级河长责任体系，重拳整治河道乱占、乱采、乱堆、乱建问题，埋设农村污水管网291.5公里。全面落实土壤污染防治行动计划，土壤环境总体保持稳定。全市森林覆盖率达到11.9%。

【社会保障】全力抓好社会保障，落实就业优先政策，加大技能培训、劳务输转、创业贷款、稳岗就业力度，加强公益性岗位开发管理，全力支持农村劳动力、“两后生”、零就业家庭、残疾人、退役军人等重点群体就业创业。认真办好民生实事和建议提案，加强社会救助、社会事务、社会福利工作，做好残疾人、留守儿童、空巢老人等弱势群体关心关爱。推进基本养老保险全国统筹、失业工伤保险全省统筹和基本医疗保险州级统筹，坚决根治拖欠农民工工资问题，全力保障农民工合法权益。加强国防动员和双拥工作，提高退役军人服务保障规范化水平。2021年，全市参加城镇职工养老保险的单位391户9320人，待遇享受9670人，全年享受支付养老金2.14亿元。参加职工医疗保险人数为11796人。参加城乡居民医疗保险的人数达211919人。累计发放城乡低保和特困供养资金10443.5万元，城乡低保对象和城乡特困供养对象共6126户和18912人。其中，农村低保对象1623户5638人，城市低保对象4027户12631人。农村特困供养对象289户374人。城市特困供养对象187户269人。

【社会事业】全面优化教育资源布局，建成中小学幼儿园10所、新增学位1.6万个，与北京实验学校共同创办河州中学教育集团，利用济南市市中区优质教育资源整体托管4所学校，创造了东西协作“1+10+4+N”教育帮扶模式，闯出了振兴临夏市教育的新路子。完善落实分级诊疗制度、全民医保制度、药品供应保障制度、综合监管制度，治理规范民办医疗机构，探索建立“互联网+医疗健康”服务模式，推动基本公共卫生服务均等化。深入开展爱国卫生运动，慎终如始抓好常态化新冠疫情防控，继续开展全民新冠疫苗接种，切实维护人民群众生命健康安全。全市共有各类学校161所，在校学生87541人，专任教师5342人。全市拥有各级各类医疗卫生机构21个，床位数3641床，卫生技术人员3978人。

（刘旭光）

临夏县

【基本情况】临夏县位于甘肃省中部，临夏回族自治州西南部，黄河南岸。县境东西宽53.1公里，南北长59.85公里，总面积1212.4平方公里。地貌为青藏、黄土高原参半，多山沟，兼有塬、川，海拔1735—4636米之间。地处温带半湿润区和高寒湿润区的过渡带，属温带半湿润气候，无霜期196天。现辖16个乡、9个镇，218个行政村、7个社区居委会。2021年末，全县常住人口32.22万人，城镇化率为19.06%。

【国民经济】2021年，全县实现地区生产总值50.34亿元，比上年增长7.8%。其中，第一产业增加值11.85亿元，比上年增长10.9%；第二产业增加值5.99亿元，增长17.5%；第三产业增加值32.49亿元，增长5.4%。全年完成社会消费品零售总额11.07亿元，比上年增长9.1%；一般公共预算收入2.62亿元，增长18.9%；一般公共预算支出43.44亿元，下降4.9%。年末全县金融机构各项存款余额达到83.57亿元，比上年末增长6.1%；各项贷款余额50.27亿元，增长5.6%。

【资源优势】临夏县地处甘、青两省交界处，东通省会兰州，西接青海牧区，国道213线穿境而过，兰临合高速直达省城兰州、直通九色甘南，临循高速全程贯通，区位优势日益凸显。土壤无污染、日照时数长、昼夜温差大、水利资源充足，境内有大夏河、牛津河、老鸦关河、红水河等9条黄河支流，有三岔坪林场、太子山国家级自然保护区，自古以来是黄河上游重要的水源涵养区和生态安全屏障。有露骨积雪太子山、高山湖泊五山池、碧波荡漾莲花湖，以及关滩沟、龙首山、槐树关等自然风光，有红色文化传承的解放军抢渡黄河纪念馆，还有手抓羊肉、河州包子、发子面肠等特色小吃，打造形成了河西-莲花环库山水观光游、北塬农业休闲采摘游、西南森林生态度假游、大夏河沿岸风情游等精品旅游路线。有马厂、半山、马家窑等古文化遗址，崔家庄、杨家河、任家崖等省级文物遗址，形成了以世界非物质文化遗产“花儿”为代表的民俗文化，临夏砖雕、葫芦雕刻、马五哥等5项民间文化艺术被纳入省级非遗名录。

【供给侧结构性改革】坚决打好农业产业结构调整攻坚战，推广种植高原蔬菜、中药材、食用菌等特色农作物，新引培胜辉、鑫河州塬等龙头企业，成立农村产业融合展示展销中心，成功举办油桃、高原蔬菜等特色农产品采摘节和农民丰收节，农业产业规模品牌效益大幅提升。全年粮食播种面积达到35.0万亩，比上年增长0.5%；粮食总产量14.3万吨，增长1.2%；油料11940.6吨，增长25.7%；蔬菜15.3万吨，增长39.1%；中药材5844.7吨，增长94.6%。肉类总产量11373.9吨，比上年增长27.2%。发展美食产业，成立美食产业服务中心，制定出台实施方案和奖补办法，跟进发放创业担保贷款5.1亿元、惠及4757户群众，县内外新增牛肉拉面等特色餐饮门店221家、总量达到9147家，“小拉面”正在成为“大产业”“摇钱树”“致富路”。

【乡村振兴】临夏县作为国家“三区三州”和省上“两州一县”特殊扶持地区，全县城乡面貌、老百姓的生产生活条件发生了翻天覆地的变化，已开通7条城乡公交线路、覆盖15个乡镇88个村，惠及25万人，实现了“出门水泥路、抬脚上客车”的梦想；坚持以公园式的思路打造农村，加快美丽乡村建设步伐，实施文化广场、村社道路、灌区改造、安全饮水、拆旧排危、人居环境提升改造等重大项目，看病难、看病贵的问题得到有效解决，家家户户吃上了安全达标的自来水，农村生产生活条件大幅改善，钱家村、新发村被评为国家、省级乡村旅游示范村。因地制宜编制完成31个村“多规合一”村庄规划，以“十改八治四化”为抓手，高起点、高标准推进乡村建设行动，先锋乡和新集镇苗家村、土桥镇辛付村省级示范乡村建设任务基本完成，北部塬区和红水沟流域风貌改造成效显著。

【项目建设】以项目建设为龙头，全力抓项目、争资金，补短板、强弱项，改变基础设施落后的现状。S309、旅游大通道、吊漫路、砂红井等致富通道全面建成，全县公路通车总里程达1182公里。扎实推进新型城镇化建设，惠民嘉苑、漓水大桥、滨河路、生活污水垃圾处理厂、县城天然气管网等一批重大工程，大夏河景观带、绿化亮化工程使县城更加靓丽、更有品味。2021年，全县固定资产投资比上年增长16.5%。

【优势产业】誉为“万顷塬”的北塬片是全省最大的台塬区和全州最大的自流灌区，建成了北塬国家现代农业科技园区，培育形成了以“牛羊菜果薯药菌花”特色产业为主导的产业发展体系，成为临夏州乃至周边重要的“菜篮子”“果盘子”，2019年被列入全国100个、全省3个首批国家农村产业融合发展示范园。蔬菜产业发展势头强劲，全县种植红笋、红头葱、辣椒等各类蔬菜8万亩，产量达17.5万吨；食用菌产业发展迅速，种植羊肚菌、赤松茸、香菇等食用菌0.3万亩，产量达0.3万吨；花卉产业初具规模，依托北塬现代农业科技园区发展玫瑰、紫斑牡丹、芍药等鲜切花种植1337亩，建成的中荷国际鲜花港成为亚洲一流、国内领先的花卉产业新名片。油菜、马铃薯产业稳步发展，集中采购统供双低杂交油菜良种30.4吨，全县种植油菜达到4.6万亩，建设马铃薯规模化种植基地0.7万亩，全县种植马铃薯6.5万亩。特色种植规模不断扩大，全县种植当归、大黄、金银花中药材1.6万亩，种植树莓1200亩。

【人民生活】城乡居民收入持续增加，生活水平不断提升。2021年，全县城镇居民人均可支配收入24701元，比上年增长6.9%；农村居民人均可支配收入9503元，增长11.2%。城乡居民人均收入比为2.6，比上年缩小0.10。城镇居民人均生活消费支出13104.4元，增长7.11%；农村居民人均生活消费支出8193.2元，增长6.49%。全县城镇居民恩格尔系数为33.6%，农村居民恩格尔系数为33.1%。

【环境保护】牢固树立“绿水青山就是金山银山”的理念，坚决打好蓝天碧水净土保卫战，全面彻底整改中央、省级环保督察及“绿盾”专项行动反馈问题，认真开展大棚房、违建别墅、耕地“非农化”、河湖“四乱”等问题清理整治行动，牢牢守住了生态环境保护红线。累计完成造林6.2万亩、绿色通道278公里、土地整治4.9万亩，治理水土流失面积22.4万亩，森林覆盖率达到16.2%，扎实推进大气污染联防联控，深入开展煤质管控、燃煤锅炉整治、散乱污企业整治、面源污染管控、扬尘污染治理、冬季清洁取暖、重污染天气应对，区域空气质量得到不断改善，全县细颗粒物（$PM_{2.5}$）浓度均值为38.2微克/立方米，可吸入颗粒物（PM_{10}）浓度均值为84.8微克/立方米，优良天数的比率为84.2%，全力推进“千吨万人”水源地环境整治，饮用水水质达标率100%，地表水水质达标率100%。

【社会保障】持续加大民生保障力度，尽心竭力为群众解难题、办实事，一大批暖心惠民贴心事得到有效解决，全县重点优抚对象1374人，其中参战涉核人员233人，发放城镇居民低保金1481.3万元，农村低保金10728.6万元，特困供养资金1586.0万元，残疾人两项补贴资金125.2万元，孤儿供养资金88.6万元，全县企业职工养老参保5113人，机关事业单位养老参保12133人，城乡居民养老保险284310人。参加城乡基本医疗保险人数达到420934人，进一步完善落实城乡居民医保和大病保险政策，减轻困难群众医疗负担，各族群众的获得感和幸福感显著提升。

【社会事业】持续加大投入，把财力精力更多地投向教育、医疗、就业、文化等民生事业，全面提升公共服务普惠共享水平，更好满足人民群众对美好生活的向往。基础教育普及均衡程度大幅提高，顺利通过省级评估验收。全县共有各级各类学校407所，教职工4703人，在校学生69836人，学前教育三年毛入园率96.1%，九年义务教育巩固率97.6%，高中阶段毛入学率79.1%。医疗服务能力大幅提升，县乡村三级医疗机构全部达到标准化，县人民医院被评为二级甲等医院，全县共有医疗卫生单位38个，医院床位数1106张，专业技术人员799人。村卫生所（室）216个，个体诊所31个，从业人员219人。养老、低保、残疾人补贴等社保政策全面落实，织密织牢了兜底保障网络，“大班额”“乘车难”、取暖供暖等急难愁盼问题得到有效解决。深入开展扫黑除恶专项斗争、政法队伍教育整顿，高度重视安全生产工作，依法管理民族和宗教事务，进一步巩固扩大了民族团结、宗教和顺、社会和谐的大好局面。

（包学清）

康乐县

【基本情况】康乐县于1940年建县，位于临夏回族自治州东南部，总面积1083平方公里（含自然保护区），东临临洮县、南接渭源县和临潭县、西靠和政县、北连广河县，距省城兰州108公里，属兰州一小时经济圈。国道310线（临康和二级公路）和248线（康治二级公路）、省道311线和322线贯穿全境，沿太子山旅游扶贫大通道已经全线开通。康乐县地处黄土高原向青藏高原过渡的农牧交汇地带，海拔2015.8米，年均气温7.5℃，年降水量443.6毫米，无霜期221天，素有“胭脂三川米粮川”之美称。康乐县历史悠久，自古是丝绸之路、唐蕃古道之要冲、各民族“茶马互市”的活跃区，是貂蝉故里，胭脂赤兔马的产地。县辖5个镇10个乡，4个社区152个行政村。2021年末，全县常住人口25.74万人，城镇化率为23.78%。有回、汉、东乡、保安等9个民族。

【优势资源】古代文化遗址分布广泛，新石器时代的马家窑、半坡和齐家文化遗址80多处，挖掘出钟石刀、石斧、骨针、陶罐、瓮等众多古代文物。旅游景点众多，境内河谷纵横、群峰叠翠、风光秀丽，有白石暑雪、药水灵津、麻山雄关、亥姆晨烟、走龙飞瀑、悬崖古道、古木擎天、古殿雄阁、虎狼锁钺等十大景观。位于南部的莲花山国家4A级旅游景区，因形似莲花而得名。传统的“六月六”莲花山花儿会、旖旎的自然风光和悦耳的洮岷“花儿”吸引八方游客。全年全县接待游客人数160.7万人次，旅游综合收入7.4亿元，其中乡村旅游接待游客人数45.5万人次，旅游综合收入1.1亿元。

【国民经济】2021年，全县实现地区生产总值25.64亿元，比上年增长7.6%。其中，第一产业增加值8.32亿元，增长10.8%；第二产业增加值4.93亿元，增长3.2%；第三产业增加值12.39亿元、增长7.5%。三次产业结构比为32.5 ：19.2 ：48.3，人均地区生产总值9979元。全年完成社会消费品零售总额8.89亿元，增长11.9%，固定资产投资增长19.1%。完成一般公共预算收入1.49亿元，增长23.0%；一般公共预算支出31.7亿元，增长11.6%。2021年末全县金融机构各项人民币存款余额达74.1亿元，比上年末增长20.6%；各项人民币贷款余额37.5亿元，增长20.3%。

【供给侧结构性改革】坚持将保障粮食安全放在突出位置，毫不放松抓粮食生产安全。扎实开展种质资源保护、积极培育新型经济主体、大力推进“甘味”品牌建设和冷链保鲜设施建设、全面推进覆盖农业保险、加强农业资金整合力度，持续强化到户产业帮扶措施。落实食用菌、高原夏菜、林下经济等产业补助奖金1884.2万元，落实食用菌种植大棚奖补资金116万元。大力整治撂荒地，扎实推进高标准农田建设、积极调整产业结构、推动高标准农业园区建设。

【乡村振兴】制定印发了《康乐县关于健全完善防止返贫动态监测和帮扶机制的实施方案》，建立健全全县户情信息管理系统，切实做到常态化识别检测对象。全力推进美丽乡村建设，先后将塔关、五户、关北等44个村作为乡村建设重点村，推动八松乡、苏集镇塔关村、虎关乡关北村省级示范村创建工作。投资1.22亿元实施农村人居环境提升行动，先后拆除危房危户1658户3416间、断壁残垣9.7万平方米，硬化改造村社道路24.7公里，刷新更换乡界村界标识牌167面，发动群众在屋前屋后种植花卉2.3万平方米。

【项目建设】结合国家产业政策和投融资政策，创新谋划投资了70亿元的景古天池山抽水蓄能项目和3亿元的集中式光伏发电项目。全县组织实施重点项目102项，总投资111亿元；续建项目23项，总投资31.4亿元。其中，康乐县杨家河景古镇景古村易地扶贫搬迁安置点堤防综合治理工程、一中餐厅、苏集中心养老院等8个项目已全面完工；新开工项目79项，总投资79.9亿元，S36临洮至康乐至广河高速公路、康乐县莲麓镇（城中村）棚户区改造等项目进展顺利。

【优势产业】康乐县旅游资源富集，“花儿故里，生态康乐”已经成为康乐全新的旅游形象。一年一度的“六月六莲花山花儿会”已列为国家级非物质文化遗产名录，旖旎的自然风光和悦耳的洮泯“花儿”吸引八方游客。着力构建了“一核一带两轴多极”的康乐县全域旅游发展布局，以县城旅游集散地和胭脂湖景区为核心，打造沿太子山旅游扶贫大通道串联景古镇、五户乡、草滩乡、八丹乡、上湾乡、鸣鹿乡和八松乡，形成以竹子沟、草场沟和白桦林为主要节点的生态旅游带，以310、248国道为轴线开发西蜂窝寺、西拱北、牡丹谷、亥姆寺、线家楼红军长征遗址等旅游景点。康乐县旅游景区提档升级成效显著，胭脂湖、草长沟成功入围国家4A级旅游景区，竹子沟、白桦林成功入围国家3A旅游景区，先后荣获“新时代·中国最美乡村旅游目的地”“中国美丽乡村特色旅游县”等荣誉称号。农业特色产业蓬勃发展。全县建成食用菌大棚1960座，食用菌总产量3400吨，总产值达5800多万元；生产香菇菌棒617万棒，菌棒产值达到2800多万元。培育高原夏菜种植企业18家，流转土地7500亩，育苗145.5亩，种植甘蓝、西兰花等蔬菜8800亩，新建育苗大棚207座9.2万平方米，日光温室10座1.4万平方米。全县肉牛存栏8.7万头，出栏4.8万头，肉产量0.9万吨。

【人民生活】2021年，全县城镇居民人均可支配收入24601元，比上年增长6.8%；农村居民人均可支配收入9200.2元，增长11.3%。城镇居民人均生活消费支出18102元，增长3.2%；农村居民人均生活消费支出8594元，增长10.7%。

【环境保护】生态环境持续改善，全县空气质量优良率达78.42%。深入推进生态保护和高质量发展，完成了投资1136.8万元的土炕改造项目，持续推进农村环境整治项目，完成莲麓镇污水处理厂建设、县城污水处理厂提标扩容改造和县医废收集转运处置体系建设项目的主体工程建设，加快三岔河水环境综合治理建设，持续推广“煤改气”“煤改电”等清洁能源利用。

【社会保障及社会事业】年末全县城镇职工养老保险参保2585人，发放退休养老金1997万元，发放丧葬抚恤金48万元。全县失业保险参保1868人，支出失业保险金22.6万元，全县工伤保险参保人数9675人，工伤保险基金支出39.3万元。城乡居民基本养老保险参保率达97.6%。全面实施教育扶贫巩固提升、教学质量稳步提高、立德树人全面推进等十大行动，设立2775万元教育专项资金，落实600万元教师绩效奖励资金，390万元高中教育社会实践活动经费，积极落实教育惠民资金14620.8万元，其中学前教育保教资金2114万元，义务教育家庭经济困难学生生活补助金1579万元；高中学生免学杂费、课本费资金870万元等。

（马兰英）

永靖县

【基本情况】永靖县隔黄河与东乡县、临夏县、积石山县相望，东北部与兰州市七里河、西固、红古区接壤，西面与青海省民和县相连，地处青藏高原和黄土高原过渡地带。全县总面积1863.6平方公里，辖17个乡（镇）、134个村（居）委会，东西长68公里，南北宽51公里，平均海拔2100米，年平均气温10.2°C，极端最高气温37.3°C，极端最低气温-17.8°C，属大陆性气候，生态类型有川塬区、高寒阴湿区和干旱半干旱区。年平均降雨量260毫米左右，无霜期195天，日照时数2450.9小时。

【资源优势】水电能源充沛。黄河流经县域107公里，建有炳灵峡、刘家峡、盐锅峡、八盘峡4座大中型水电站和白川、福川、英东3座小型水电站，总装机容量277万千瓦，年发电127亿度，占全省水力发电量的近30%；水域面积32万多亩，总库容60多亿立方米，占全省地表水储量的20%，是新中国水电事业的摇篮、西北重要的水电能源基地。旅游资源富集。县内炳灵寺世界文化遗产旅游区为国家5A级景区，黄河三峡属国家4A级旅游景区和省级旅游度假区，有炳灵石林、恐龙足印2个国家地质公园，有世界上目前发现的最大恐龙足印化石，有因建设三大水电站形成的三座高峡平湖，综合旅游资源位列全省乃至全国前列。文化遗产众多。有丰富多彩的仰韶文化、马家窑文化、辛甸文化、齐家文化等古文化遗迹，被列为“中国傩文化保护基地”“联合国教科文组织民歌考察采录基地”，被誉为恐龙之乡、彩陶之乡、傩文化之乡、花儿之乡、工匠之乡、水电之乡、百合之乡。

【国民经济】2021年，全县实现地区生产总值68.6亿元，比上年增长7.7%。其中，第一产业增加值16亿元，增长7.4%；第二产业增加值24.9亿元，增长5.3%；第三产业增加值27.7亿元，增长10%。人均地区生产总值38206元，增长14.1%。固定资产投资增长17.5%；社会消费品零售总额10.6亿元，增长9.5%；一般公共预算收入4.4亿元，增长19.6%。

【供给侧结构性改革】持之以恒培育发展特色产业，健全产业体系，坚持走做出特色、打造有机、延伸链条、提升效益的路子。围绕“牛羊菜果薯药菌百合”八大特色产业，全面推进农业产业结构调整。投资2.3亿元完成农业产业结构调整32万亩，建成“双创”现代农业产业园13个，千亩示范点17个，建成投资5655万元的济南天桥·临夏永靖产业协作示范园高效日光温室194座。实施黑方台节水控水、沙子沟灌区改造等项目，改善新增高效节水灌溉面积近4万亩。持续深化“龙头企业+合作社+农户+金融保险”四方联利机制，发展壮大村集体经济。积极争创全国有机产品认证示范区，认证有机产品23个，面积6.6万亩。坚持文旅产业龙头地位不动摇，注重融合发展、提质增效，加快创建国家级旅游度假区。建成5G基站158座，电商消费等新兴产业逐步兴起。

【乡村振兴】抢抓国家乡村振兴重点帮扶县政策机遇，压实责任、细化措施，乡村振兴稳步推进。整合投入资金5.5亿元，实施项目8类94个，建立防返贫快速监测机制，坚决守住防止发生规模性返贫的底线。深入推进职业技能培训，完成各类劳动力培训15520人，输转劳动力5.7万人，落实就业奖补1300万元，发放创业担保贷款40121万元。完成消费帮扶1.2亿元。规范运行光伏电站，累计上网电量1.0亿度，产生收益7409万元，开发光伏公益岗位2434个。加强扶贫项目资产管理，加快扶贫车间向乡村就业工厂转型升级，共转型14家。实施乡村建设行动，编制村庄规划31个，安排资金1.3亿元，集中力量优先打造省级示范村2个，东西协作乡村振兴示范村3个，为全面推进乡村振兴积累经验。持续改善农村基础设施，扎实开展入户大走访、政策大宣讲、环境大整治、成果大排查“四项活动”，全面补齐短板弱项。

【项目建设】按照争项目、抓落地、扩增量的思路，动工建设一批、谋划储备一批，持续增强发展动能。组织实施500万元以上项目81项，总投资113.3亿元，完成投资40.2亿元。兰合铁路全线动工，兰永临高速、永积高速即将动工建设。大力开展招商引资，全县在建招商引资项目19项总投资49亿元，完成投资12亿元。全面推进项目谋划和前期工作，共谋划申报2022年中央预算内投资项目25项总投资10.7亿元，申报第一批专项债券项目27项总投资37亿元，已下达专项债资金3亿元、14个项目。

【优势产业】立足打造国家级旅游度假区目标，依托炳灵寺世界文化遗产旅游区国家5A级旅游景区的核心带动作用，以黄河沿线为重点，差异化打造景区景点，持续提升旅游基础条件，精细化配套附属设施，促进文旅产业提质升级、协同发展。全年共接待游客212.9万人，实现旅游收入10.2亿元。树立“无工不富、无工不强”的理念，实行“一企一策”帮扶计划，全面落实减费降税、惠企纾困等措施。精心编制甘肃永靖工业园区总体发展规划，成立永靖兴工集团，配套完善园区公共基础设施，着力培育产业孵化基地，推动传统工业企业转型发展，提升企业综合实力。

【人民生活】城乡居民生活不断改善，全年城镇居民人均可支配收入24703.4元，比上年增长7.0%；城镇居民人均消费支出15332.6元，增长7.9%。农村居民人均可支配收入8932.3元，增长11.2%；农村居民人均消费支出8741.6元，增长9.1%。全年城镇新增就业人员2594人，其中失业人员再就业人员742人。

【环境保护】坚持保护优先、标本兼治，筑牢黄河上游生态安全屏障。深入打好污染防治攻坚战，全力保护天蓝水净地绿的美丽家园。强化大气污染联防联控，关闭拆除砖瓦轮窑6家，开展秸秆禁烧专项巡察行动，加强扬尘污染综合治理，加大劣质煤炭管控力度，优良天数达到286天以上。从严落实河湖长制，在黄河、洮河、湟水河重点河段安装监控摄像头，组织各级河长常态化巡河，扎实推进“春雷2021”河湖攻坚行动，集中整治河流“四乱”问题，完成黄河流域排口排查溯源，持续推进饮用水源保护。加强土壤污染防控，对重点企业定期监测，建成县医疗废物暂存转运体系项目，动工建设农村垃圾转运站6个，常态化开展城乡环境综合整治，秸秆、尾菜、畜禽养殖废物综合利用率不断提高。严格环境监管，累计开展现场执法检查300多次，在建项目规范落实环保措施，持续保持对污染行为的高压态势。全面推行林长制，建立县、乡、村三级林长制责任体系，认真做好增绿、护绿、用绿三篇文章，推进国土绿化行动，完成库区北岸、叉牛沟、鹰鸽嘴等片区造林绿化5350亩。推动绿色低碳发展，广泛开展节水节能行动，促进资源节约高效利用。

【社会保障】全县参加城镇职工基本养老保险3771人。参加城乡居民基本养老保险126392人，参保率98.5%。参加基本医疗保险188376人，其中，参加职工基本医疗保险15781人，参加城乡居民基本医疗保险172595人。参加失业保险6717人，年末领取失业保险金85

人。参加工伤保险16253人，其中参加工伤保险的农民工650人。参加生育保险12400人。全县共有558人享受城市居民最低生活保障，9174人享受农村居民最低生活保障，589人享受农村特困人员救助供养。年末全县共有各类社区服务机构和设施25个，其中社区服务站1个，社区养老照料机构和设施12个，社区互助型养老设施12个。

【社会事业】千方百计加大民生投入，完善公共服务和社会治理体系，不断增强人民群众获得感、幸福感和安全感，完成各类民生支出21.31亿元。优先发展教育事业，投资3.6亿元的黄河中学、三峡中学建成招生，投资2400万元的太极幼儿园改扩建项目基本完工，维修学校29所。全面落实教育资助政策，拿出300多万元奖励优秀师生，输送433名“两后生”到厦门、济南接受优质职业教育。加快建设“健康永靖”，建成县医院业务楼儿科楼、医疗机构发热门诊、核酸检测实验室等项目，注重医德医风建设，全县医疗水平不断提高。广泛开展爱国卫生、全民健康素养促进行动，成功创建省级慢性病综合防控示范区。全面落实常态化疫情防控措施，完成新冠疫苗接种16.2万人。落实各项惠民政策，实施城镇棚户区改造2318套；关心关注特殊群体，切实兜牢民生底线，共落实低保、临时救助等各类救助资金8964.4万元。加强市场综合监管，做好水、电、气、暖等稳价保供工作，切实保障群众生活。健全粮食安全保障体系，开展耕地“非农化、非粮化”整治行动，复耕撂荒地2.38万亩。持续深化平安永靖建设，安全生产形势持续向好，成功创建省级食品安全示范城市。推进“八五”普法工作，依法加强民族宗教事务管理，妥善化解各类矛盾纠纷，有效维护退役军人合法权益，社会大局和谐稳定。

（孔德鸿）

广河县

【基本情况】广河，古称太子寺。地处陇西黄土高原丘陵沟壑地带，位于甘肃省中部西南，临夏回族自治州东南部，东临定西市临洮县，西接和政县，南连康乐县，北靠东乡族自治县，总面积538平方公里。地势自西南向东北倾斜，中部广通河沿线为川区，南北为山地。平均海拔1953米，属温带半干旱气候，平均气温6.9℃，平均降雨量466.5毫米，全年无霜期215天，日照时数2571.1小时。东西长45公里，南北宽13公里。距兰州70公里、临夏市40公里，省道兰郎公路和康临高速公路纵贯全境。广河县历来是中国西部的一个重要商埠，早在汉朝时期这里就是“丝绸之路”的重要驿站，举世闻名的“唐蕃古道”穿此而过，这里商贸流通活跃，具有“西部旱码头”美誉。县内民间资本相对富足，特别是皮毛市场与国内各大市场接轨，是西北地区乃至全国的重要集散地之一，三甲集镇被誉为“西北皮毛集散第一集”。现辖3个乡6个镇，102个村6个社区居委会。2021年末常住人口26.31万人，城镇化率35.48%。2019年广河县整县脱贫摘帽，先后被评为全国粮改饲示范县、全国电子商务进农村综合示范县、全国“四好农村路”建设示范县、首批国家农业绿色发展先行区、国家羊产业集群发展项目县、全国绿色种养循环农业试点县、省定牛羊产业园、全省有机肥示范县。

【旅游资源】广河历史悠久，文化底蕴丰厚。境内自然遗存丰富，文物古迹众多，是我国新石器时代与夏商过渡期典型文化——齐家文化的发祥地，有马家窑文化遗址和丰富的古动物化石遗迹，在国内外享有一定声誉，有“齐家文化摇篮”之美称。堡子山（旧名棺木山）遗址是古太子寺八景之一，名曰:“棺木藏宝”，文物内涵极其丰富，集马家窑文化半山类型、齐家文化、辛店文化、寺洼文化一起被列为省级文物保护单位。

【国民经济】2021年，广河县实现地区生产总值21.89亿元，增长10.9%。其中，第一产业增加值5.45亿元，增长13.8%；第二产业增加值3.60亿元，增长7.7%；第三产业增加值12.84亿元，增长10.7%。三次产业结构比24.9 ：16.5 ：58.6，人均地区生产总值8353元。固定资产投资增长10.9%；社会消费品零售总额11.4亿元，增长9.8%；一般公共预算收入1.6亿元，增长20.4%。

【乡村振兴】制定《广河县健全防止返贫动态监测和帮扶机制实施办法》，建立“农户网上一键申请评估”办理机制，健全防止返贫动态监测和帮扶机制，消除致（返）贫风险273户1437人。对农户开展全覆盖户情核查，全县九年义务教育巩固率97.5%，医疗保险参保率96.6%，“三类户”和特殊困难户参保率100%。实施农村住房抗震结构改造447户，累计落实各类救助资金1.2亿元，农村低保、特困供养、残疾人、孤儿等特殊困难群体实现应保尽保，城乡居民基本养老保险参保率95.0%。

【优势产业】推进牛羊产业提质增效。推广粮改饲机械化，投资9500多万元购置各类农机具1.35万台，推广粮改饲21.5万亩，加工青贮、黄贮饲草110万吨，玉米种植、收获加工农机化率分别达86.5%和90.6%。全县发展千头牛、万只羊养殖基地9个，龙头企业15家，规模养殖场328家、规模养殖户1.6万多户，全县牛存栏14.3万头，羊存栏135万只，种养业收入占农村居民人均可支配收入的40.3%。扩大劳务产业规模。投入劳务培训资金1390万元，开展了牛肉拉面、挖掘机等技能培训1.4万人，完成输转劳务人员6.0万人，务工收入占农村居民人均可支配收入的44%。着力打造“临夏美食·河州味道”品牌，广河群众在全国各地经营牛肉拉面为主的餐饮门店4656家、牛羊肉销售门店165家，带动就业近2万人。向824家餐饮店发放贷款1.16亿元。

【环境保护】加大项目建设力度，持续推动生态环境好转。投资3.8亿元实施坡耕地水土流失综合治理、灌区干渠提升改造、沟道治理、东区绿化长廊、县城和三甲集生活污水处理厂提标改造、全生物降解地膜示范推广等项目20项，以项目建设推动生态环境质量提升。打好污染防治攻坚战。全力开展冬季大气污染整顿整治攻坚行动，以县城和三甲集为重点，改造燃煤炉清洁能源82台，查封“散乱污”企业4家、拆除砖瓦轮窑9家；全面落实河长制，重点河段设置监控设备48处，定期开展水质监测；建设高标准农田4.6万亩，规范处置工业废物，加强秸秆、废旧地膜、畜禽粪污综合利用，秸秆综合利用率95%以上、废旧农膜回收利用率85%以上、畜禽粪便利用率85.4%，空气、水环境和土壤质量持续提升。加大造林绿化力度。投资5785万元实施广河县北山生态修复改造提升工程，栽植各类苗木58.5万株、花灌木300多万株，提升改造绿化面积6455亩。投资3831.9万元综合治理坡耕地水土流失面积22.5平方公里，区域水土流失得到有效控制。

【社会保障】持续加大民生投入，着力增进民生福祉。完成教育、医疗卫生等十一类民生支出22.8亿元，占一般公共预算支出的83.9%。全面完成城乡低保提标，新纳入农村低保对象744户1504人，新增特困供养18户22人，新纳入残疾人“两项补贴”487人，发放城乡低保金3.6亿元、特困人员救助金3765万元，临时救助3.4万人、救助金5135万元，涉及广河县的6项省列为民实事全部完成。

【社会事业】坚持教育优先发展，加大教师招录力度，引进先进教育资源，实行绩效考核管理，不断提高教育教学质量。县城东分校、怡和幼儿园等一批学校幼儿园的建成并投入使用，有效解决了入园难、上学难、大班额的问题，全县新增义务教育阶段学位5100个，九年义务教育巩固率达97.5%。医疗服务水平进一步提升。投资3.2亿元实施中西医结合医院、医疗废弃物处置中心、县医院传染病区等卫生项目3项。投资1280万元采购核酸检测设备11台（套）、负压救护车2辆、移动式PCR方舱实验室1个，将县中医院改造为全州定点救治医院。实施齐家文化博物馆提升改造和科普广场建设项目，积极配合州上申报临夏世界地质公园。稳步推进“篮球之乡”创建工作，规划实施体育（篮球）公园建设项目，举办各类群体性体育赛事50余场次。广河县篮球队代表临夏州获得十四届全国运动会乡村组甘肃赛区冠军，并进入全国八强，成功举办姚基金希望小学篮球季甘肃赛区邀请赛，城关小学、城关二校、庄窠集小学代表甘肃省参加全国联赛，荣获小组第二名、第三名，广河县创建“篮球之乡”案例在中央电视台播出。

（马成华）

和政县

【基本情况】和政历史悠久，古为羌戎之地，前凉设金剑县，宋崇宁四年称宁河县，明嘉靖十年设和政驿，和政之名自此而始。县域位于临夏回族自治州南部，地处黄土高原与青藏高原交汇地带，东与广河县、康乐县接壤，南与甘南州卓尼县、夏河县相邻，西与临夏县毗连，北与临夏县、东乡县交界，总面积960平方公里。和政县全境以太子山为主山脉，形成四个河谷地带和两个沟谷地带，平均海拔2200米，年平均气温6.3摄氏度，年日照小时数2182.5小时，无霜期178天，年平均降水量522.2毫米，农作物主要有小麦、油菜、蚕豆、玉米等，特色林果有啤特果。境内主要河流有广通河、牛津河、大小南岔河、牙塘河，年径总流量为3.6亿立方米，水能总蕴藏量为3.7万千瓦，可开发量为2.6万千瓦。境内康临高速公路、临康和二级公路贯通东西，和合公路贯穿南北，县城距省城兰州市90公里，距州府临夏市20公里，面向兰州、服务藏区的交通区位优势明显。全县辖9个镇4个乡，122个行政村4个社区。2021年末常住人口20.56万人，城镇化率28.94%。

【资源优势】自然资源富饶，全县森林覆盖率为36.56%，特色林果啤特果闻名遐迩，是全国绿化委员会命名的“全国绿化模范县”。旅游资源丰富，境内有松鸣岩、博物馆、法台山、万兽谷4处国家4A级景区；省级风景名胜区太子山、省级森林公园南阳山等为代表的“宁河八景”享誉陇上，被誉为“陇上绿色明珠”，是农业农村部、文化和旅游部命名的“休闲农业与乡村旅游示范县”。古动物化石富集，已发现古动物化石出露点达80多处，建成的和政古动物化石一、二、三号馆共收藏各类化石标本3万余件，分属3纲8目150个属种，占据了六项世界之最，被誉为“东方瑰宝、高原史书”“古动物化石之乡”。文化底蕴深厚，是河州花儿的发祥地之一，松鸣岩花儿会列入第一批国家级非物质文化遗产保护名录，入选联合国教科文组织“人类非物质文化遗产代表作名录”，被中国民协授予“中国花儿传承基地”，被文化和旅游部命名为“中国民间文化艺术之乡”。

【国民经济】2021年，全县实现地区生产总值30.9亿元，比上年增长8.2%。其中，第一产业增加值5.1亿元，增长12.2%；第二产业增加值6.4亿元，增长8.8%；第三产业增加值19.4亿元，增长7.2%。三次产业结构比16.5∶20.7∶62.8。完成工业增加值2.1亿元，比上年增长7.6%。规模以上工业增加值增长12.4%；社会消费品零售总额5.1亿元，增长8.9%。全年全县粮食种植面积15.54万亩，粮食总产量5.74万吨，肉类总产量4615.4吨。

【乡村振兴】全力推动巩固拓展脱贫攻坚成果同乡村振兴有效衔接，对所有农户进行了全覆盖核查，精准识别“三类户”271户1269人，落实2项以上帮扶措施256户、纳入兜底保障208户，发放各类创业贷款3.87亿元，为特困群体改造院门285座、围墙8258米，硬化院落6.1万平方米，守住了防止规模性返贫的底线。大力实施乡村建设行动，扎实推进10个省级乡村建设示范村建设，投资3.4亿元实施了道路提升、改厨改厕、污水处理、风貌改造等项目，乡村颜值和基础设施实现大提升。持续深化定点帮扶和东西部协作，中国银保监会、济南市槐荫区共落实帮扶资金8100多万元，实施现代农业产业园区、农村公路危桥改造等项目32个，完成消费帮扶3600多万元。

【项目建设】抢抓政策窗口期、机遇叠加期，全年实施新续建项目120个，总投资132.8亿元，其中，续建项目35个64亿元，新开工项目85个68.8亿元。村组道路硬化、天然气管网和储气设施工程（一期）、中部水源提质增效等55个项目已建成，棚户区改造、公共实训基地等50个项目正加速建设，时光隧道、生活污水处理厂中水回用等15个项目前期进展顺利。全年固定资产投资比上年增长26.5%。房屋施工面积 55.1 万平方米，增长 4.1%。

【优势产业】全面打响农业产业结构调整攻坚战，落实产业奖补资金 5512 万元，大力扶持食用菌、高原夏菜、中药材等特色产业，建设了 6 个万亩、15 个千亩种植基地，新建高标准农田 6.5 万亩。特别是通过大田种植与大棚种植相结合、林下套种与工厂化生产为补充的方式，培育壮大以赤松茸为主、双孢菇、木耳等为辅的食用菌产业，建成了狼土泉、新营大庄赤松茸大田种植基地、怡泉新禾双孢菇工厂化生产基地，实施了综合农贸市场及冷链物流仓储中心、食用菌制种生产线等项目，食用菌种植面积达到 1.74 万亩。新认定“三品一标”农产品 3 个、“甘味”品牌 3 个，“和政啤特果”入选“甘味”区域公用品牌，农产品市场竞争力显著增强。坚持把文旅产业作为县域经济发展的首位产业，实施了古动物化石研究和展示中心、桦林古动物化石埋藏原址馆展陈工程（二期）、李家坪至桦林旅游公路等文旅项目，松鸣岩桦林游客服务中心、花儿剧场相继建成投运，黄松沟、三岔沟等景点基础设施日益完善，古动物化石博物馆获世界纪录认证，被确认为“世界上铲齿象头骨化石最多的博物馆”。全面推进大南岔河流域生态观光廊道建设，实施了大南岔河水生态修复治理、大南岔河——金剑山绿化提升等项目，对沿河沿路、面山荒坡进行了绿化美化亮化，建成“花儿绽放”“诗画田园”等主题公园 7 个，“一廊一带七节点”的多彩画廊正在形成。全年旅游接待人数 176.8 万人次，比上年增长 36.1%；旅游收入 82672.16 万元，增长 31.2%。

【人民生活】全年全县城镇居民人均可支配收入 24107.7 元，比上年增长 6.7%；人均消费支出 21198.6 元，增长 3.6%。农村居民人均可支配收入 8537.3 元，增长 11.0%；人均消费支出 8318.7 元，增长 14.4%。

【环境保护】深入推进污染防治攻坚战，实施了牛津河流域三十里铺河段防洪治理、城关镇洒拉崖不稳定斜坡治理等项目，治理水土流失面积 1596 公顷，栽植各类苗木 318 万株，花卉 1300 亩，改厨改厕 5630 座。统筹推进农业面源污染防治，扎实开展美丽县城规划建设“十大行动”和“三清一改”整治，拆除违法建筑 66 处，城乡环境品质不断提升。持续加强河流水域岸线管理，突出生活污水、工业废水、“散乱污”企业治理，清理河道边沟 246 公里，县域内主要河流基本实现了河畅、水清、岸美的目标。和政县成功入选 2022 年全国 42 个、全省唯一一个中央财政支持的水系连通及水美乡村建设试点县。

【社会保障】年末全县共有 3177 户 7150 人享受城市居民最低生活保障，7442 户 25535 人享受农村居民最低生活保障。1005 户 1141 人享受城乡特困人员救助供养。其中城乡分散供养 877 户 995 人，集中供养 128 户 146 人。全年 218229 人参加城乡居民基本医疗保险。

【社会事业】年末全县共有初级中学 9 所，小学 75 所，普通高级中学 1 所，幼儿园 142 所。普通中学在校学生数 11947 人，小学在校学生数 26678 人，幼儿园在校学生数 9638 人；高中专任教师 230 人，初中专任教师 607 人，小学专任教师 1503 人，幼儿园专任教师 534 人。2020 年高考二本以上录取 483 人，录取率达 63.8%。年末全县有县级公立医疗机构 2 个，乡镇卫生院 14 所，村卫生室 122 所，民营医院 4 家；全县共有卫生技术人员 1239 人，其中医师 449 人、护士 400 人、医技人员 118 人；设置医疗床位 1195 张，每千人拥有床位 5.6 张。

（虎瑞鹂）

东乡族自治县

【基本情况】东乡族自治县是全国唯一的以东乡族为主体的少数民族自治县，也是甘肃三个特有少数民族之一东乡族的发祥地和主要聚居区，地处西北黄土高原和青藏高原的过渡地带，位于甘肃省中部，临夏回族自治州东部，东以洮河与临洮县为界，南与广河县、和政县相连，西隔大夏河与临夏市、临夏县为邻，北邻刘家峡水库与永靖县相望。境内山峦起伏，沟壑纵横，四面环水，境内缺水，植被稀疏，总面积 1510 平方公里，最高海拔 2664 米，最低海拔 1735 米，年平均气温为 5~9°C，年均降水量 350 毫米，年蒸发量 1400 多毫米，无霜期 207 天。全县共有 16 个乡 8 个镇，194 个村民委员会 15 个社区。2021 年末常住人口 29.09 万人，城镇化率 20.87%。

【资源优势】东乡族自治县由于其特殊的气候条件，形成了许多名优土特产品，东乡洋芋、唐汪大接杏、唐汪葵花籽、大红枣、河滩花椒、东乡天然地耳等农特产品质优良，东乡手抓羊肉、东乡花馃馃等民族食品名扬四海。劳动力资源丰富，富余劳动力较多。旅游资源丰富，先后建成了东大坡森林公园、盛世生态旅游度假村、布楞沟红色村史馆、“杏花村”等一批旅游景点，打造完成唐汪镇马巷村省级旅游示范村，唐汪镇河沿村、河滩镇祁杨村、东塬乡林家村正在打造旅游示范村；利用丹霞幽谷奇特景观，积极申报创建“石拉泉大峡谷”3A 级景区，全面带动民宿、农家乐等文旅产业发展，旅游基础设施不断完善，旅游综合开发迈出实质性步伐。

【国民经济】2021 年，全县地区生产总值 40.7 亿元，比上年增长 7.8%。其中，第一产业增加值 10.3 亿元，增长 9.0%；第二产业增加值 7.7 亿元，增长 12.7%；第三产业增加值 22.6 亿元，增长 5.8%。全县完成工业增加值 1.22 亿元，增长 2.2%。规模以上工业增加值下降 11.4%；社会消费品零售总额完成 3.61 亿元，增长 11.4%；固定资产投资增长 38.7%；一般公共预算收入 1.36 亿元，增长 23.6%；一般公共预算支出 47.31 亿元，下降 14.8%。2021 年全县粮食播种面积 42.6 万亩，粮食总产量达 11.7 万吨。全县年末各项存款余额 48.5 亿元，比上年末增长 3.23%；各项贷款余额 46.3 亿元，增长 7.3%。

【乡村振兴】大力弘扬脱贫攻坚精神，加快推进乡村振兴战略，弥补基础设施短板，完善基本公共服务，加强乡村治理和精神文明建设，着力走好乡村美、产业旺、农民富、治理优的乡村振兴之路，坚持规划引领，统筹城镇和村庄规划建设，以河滩、达板、唐汪等乡镇为重点，以河沿、马巷、林家等村为引领，积极打造示范乡镇、示范村，2021 年全县共安排衔接资金和统筹整合财政涉农资金10.4亿元，重点用于产业发展、技能培训、易地搬迁后续扶持、“雨露计划”、乡村建设等，同时聚焦资源整合，按照“东乡所需、历城所能、协作发展”的原则积极推进东西协作工作，共安排七大类25个项目支出资金7565万元。已完成消费帮扶金额8417.3万元，共组织5批39人次东乡籍人员到历城企业务工，历城区14个街道与东乡县23个乡镇签订结对帮扶协议，组织辖区内社区、企业共捐赠资金、物资合计825余万元。历城区8家企业与东乡县政府签订合作框架协议，现已在东乡县注册落地4家。

【项目建设】紧盯国家政策投资导向，加大项目筛选论证，紧紧围绕保固投稳增长目标，投资8588.6万元实施了折红路沿线生态造林、沿洮面山生态造林、折红路绿色长廊建设、布楞沟山旱地林果产业示范园等项目，完成造林15.2万亩、新一轮退耕还林4.3万亩、绿色通道384公里；投资1.3亿元实施了县城南区、八丹沟、毛沟等山洪沟道治理工程，完成高标准梯田12万亩、坡耕地改造5.8万亩、河道治理39公里，治理水土流失面积368平方公里。东乡县沿洮河经济带开发建设项目安居工程、甘肃国强职业技术学校项目和东乡县达坂镇2017年棚户区改造项目等续建项目进展顺利，兰合铁路、安临一级公路、东乡县S230达板至三甲集段公路工程项目、东乡县布楞沟山旱地林果产业示范园供水工程等新开工项目进展顺利，“四大”经济带同步推进，全面加快了基础设施建设项目步伐，项目建设成效显著。2021年全县共列实施500万元以上项目103项（已完成建设任务57项、投资34.5亿元），总投资241.4亿元，全县固定资产投资比上年增长38.7%。

【优势产业】进一步放大羊、马铃薯、劳务餐饮等支柱产业优势。申报成功了省级现代农业（肉羊）产业园和马铃薯标准化扩繁种植产业园，实施了达板冷链物流园、金银花产业园、藜麦加工产业园、甘肃方大百泉马铃薯深加工等项目，实现了特色种养全产业链发展。进一步完善牛羊奖补政策，以村为单位创新实施“牛羊产业村达标提升工程”，总投资7.1亿元实施了东乡县牛羊交易市场建设项目、县城南区牛羊屠宰加工项目、东乡县达板冷链物流园建设项目，东乡族自治县伊康源肉联加工等一批肉羊产业全产业链重点项目；引进培育伊东羊业、凯盛养殖、布楞沟合作社、优尔塔合作社、文奎合作社、阿伊莎合作社等一批新兴养殖经营主体；在达板镇建设了集“饲草料加工厂、良种肉羊养殖场、牛羊交易市场、牛羊肉屠宰加工厂、农产品冷链物流产业园、金银花加工产业园、藜麦加工产业园、马铃薯加工产业园、食品加工产业园”为一体的农村一、二、三产业融合发展示范区，为创建东乡县羊产业全产业链集群打下了坚实基础。马铃薯产业方面重点以田地公司为依托，启动了1000万粒脱毒马铃薯原原种扩繁计划，在北岭乡前进村建立了100亩的马铃薯新品种试验示范等核心技术攻关区，在龙泉镇荒山村建立了600亩的马铃薯集中连片示范区，在董岭乡、大树乡实施了2000亩富锌马铃薯种植项目。结合县情实际推动特色产业发展，新推广种植金银花9000多亩、藜麦1.79万亩、高原夏菜等蔬菜2350亩，依托农投公司、伊森菌业、爱福农业三家食用菌龙头企业，大力发展黑木耳、香菇、赤松茸、羊肚菌等食用菌产业。种植1000亩牛奶玉米，全面推进和提升乡村旅游产业。大力实施“东乡美食餐饮走出去”和大培训大就业工程，累计发展餐饮实体店1800多家、完成技能培训4.8万人（次）、输转劳务36.4万人（次）、创收69.1亿元。

【人民生活】全年全县农村居民人均可支配收入7125.5元，比上年增长11.5%；城镇居民人均可支配收入23509.4元，增长6.6%。

【环境保护】继续推进国土环保可持续发展，强化基本农田保护，深入开展大气污染、水污染及农村面源污染大排查、大整治活动。对2021年开工的所有建设项目全部进行了环境影响评价；严格控制污染物排放总量，各减排项目按期完成；对全县砖瓦窑轮进行专项整治，拆除全县24家砖厂，全部完成锅炉清洁能源改造或拆除。深入推进全域无垃圾整治工作，扎实开展了“拆危治乱”专项行动，拆除破旧房屋、废弃圈舍、残垣断壁围墙，陈年垃圾、乱堆乱放、乱搭乱建等问题得到有效整治，城乡环境面貌展现出新气象，着力提高了人居环境质量。

【社会事业】实施“教育立县”战略，以义务教育办学评估和创建优质学校为抓手，实施了“薄改与能力提升”“为民办实事”、中石化帮扶等项目，新建改扩建学校11所、幼儿园8所，优化调整了中小学布局，办学条件得到进一步改善，实现了义务教育阶段学生稳定上学、就近入学。充分发挥名校示范效应，通过结对帮扶、聘任优秀校长、跟岗挂职、培训交流、建立远程信息平台等方式，打造高水平管理团队和教师队伍，全面提高区域内学校的办学水平和教育质量，推进区域义务教育均衡和谐发展。全县现有各级各类学校445所，其中职业学校2所、完全中学3所、初级中学3所、高级中学1所，九年制学校11所、小学200所（教学点105所），幼儿园225所。现有学生76258名，其中高中学生2375名、小学41167名、初中11810名，在园幼儿19752名。教职工4056人，其中专任教师3643人。积极推行新型农村合作医疗，大力发展村级卫生事业，使全县农村医疗卫生条件得到了进一步改善。2021年底全县共有医疗机构26个、医务人员518人、病床823张。加强了文化基础设施建设，23个乡镇建立了文化站和“农家书屋”，各行政村建立了村级文化广场，“东乡族擀毡工艺”和东乡族民间文学《米拉尕黑》被列为第二批国家级非物质文化遗产保护项目，进一步加强了文物遗址保护工作，对4处省级文物遗址点和13处县级文物遗址重新测绘四址范围，增设保护碑、保护界桩、公示牌。

【社会保障】全县参加失业保险的职工人数0.18万人，参加基本养老保险的人数22.37万人，参加基本医疗保险的人数37.28万人。全社会低保户数1.3万户（其中，农村1.09万户，城镇0.21万户），低保人数5.19万人（其中，农村4.45万人，城镇0.74万人），基本实现了应保尽保。

（唐占英）

积石山保安族东乡族撒拉族自治县

【基本情况】积石山保安族东乡族撒拉族自治县成立于1981年，位于甘肃省西南部，东南与临夏县接壤，西与青海省循化撒拉族自治县毗邻，北与青海省民和县隔河相望，东北部与永靖县以黄河为界，南北宽约33公里，东西长约37公里，总面积909.97平方公里。全县地形由西南向东北倾斜，西南高、东北低，西南部为高寒阴湿地区，中部为二阴山区，东北部为高寒干旱山区，海拔1787—4308米。全县属典型的大陆性季风气候区，年均降水量为660.2毫米，平均年蒸发量约880毫米。全年日照时数1754.2小时，无霜期203天。冬春季干燥，夏秋季湿润。积石山有保安、东乡、撒拉、回、汉、土、藏等10个民族，是甘肃省唯一的多民族自治县，也是全国唯一的保安族聚居地。现辖17个乡（镇）、145个行政村、11个社区居委会。2021年末常住人口23.89万人，城镇化率为22.54%。

【旅游资源】旅游资源独具特色，积石山地处黄土高原和青藏高原的交汇处，是中原地区与边远少数民族地区的过渡地带，是农业文化和草原文化的结合部，是一个多元文化荟萃之地，是天然的地质民俗博物馆。积石山西南部山峰横亘，山势连绵起伏，巍峨挺拔，极富阳刚之美。大山峻岭之间有幽邃曲折、小溪潺潺、鸟语花香的大墩峡、崔家峡、樊家峡等美丽的峡谷，山麓有天高云淡、碧草如茵、牛羊成群的宽阔的黄草坪、香水坪等天然牧场。积石山县4A级景区大墩峡，被誉为西北的“西双版纳”，植物物种极为丰富，西北杜鹃、紫丁香等漫山遍野、姹紫嫣红，特别是“红桦”“华山松”全国少有。河州八景之一的积石关、国家2A级旅游风景区积石民俗村、极具科考价值的古冰川遗迹石海更是旅游名胜。县东北与著名的炳林寺石窟隔黄河相望，西与青海省循化县孟达“天池”国家级自然保护区毗邻。三坪遗址汇集了马家窑、马厂、齐家、辛家四种类型的古文化层，现珍藏于中国历史博物馆的“彩陶王”出土于积石山县安集乡三坪村。

【国民经济】2021年，全县完成地区生产总值29.73亿元，比上年增长7.6%。其中，第一产业增加值5.72亿元，增长15.3%；第二产业增加值1.62亿元；增长18.1%；第三产业增加值22.38亿元，增长5.3%。固定资产投资增长38.3%，一般公共预算收入1.3亿元，增长20.6%；社会消费品零售总额7.5亿元，增长9.3%。

【供给侧结构性改革】2021年农业特色产业稳步发展，农作物播种面积31.3万亩，油料播种面积7.4万亩。推广种植旱作农业13.5万亩，膜侧油菜7.3万亩。花椒种植达到14.0万亩，核桃种植达到8.8万亩，中药材达到1.0万亩。工业平稳增长，全年工业增加值1.3亿元，培育了2家规上工业企业。第三产业快速发展，文旅融合发展深入推进。2021年成功举办积石山县成立40周年县庆活动。全年共接待游客124.6万人次，旅游综合收入5.5亿元。电商物流协同发展，“爱豆计划”数字产业助力全县增收。截至2021年底，直接带动全县153名大学生稳岗就业，人均月收入4000元以上。截至目前累计为积石山县地方大学生发放工资390万元。

【乡村振兴】2021年积石山县衔接推进乡村振兴补助资金48403万元，编制项目93个。其中产业发展类项目45个18856.5万元、易地搬迁后续扶持项目2个1680万元、农村小型基础设施建设1个3200万元、旅游扶贫类项目5个1591万元、就业扶贫类项目3个1905万元、乡村振兴类项目25个9283.8万元、省级乡村建设示范村项目10个5852万元，其他项目2个2520万元。投入213.3万元实施“雨露计划”两后生补助项目惠及2807人；概算投资739万元实施了吹麻滩镇前庄村、后沟村，刘集乡肖家村人居环境改造提升项目；累计投入资金2.23亿元实施村组道路硬化、村庄绿化、农宅风貌改造、路灯安装、道路排水渠建设、垃圾收集处理、污水综合治理等省级乡村建设示范村建设项目217个。全县累计完成墙面粉刷100多万平方米，栽植云杉等苗木3605株，安装太阳能路灯1600盏，改建排水沟渠47条；扎实开展村庄清洁行动，全县按照统一“五改”（改厨、改浴、改厕、改暖、改炕）标准完成改厨2590户、改浴1694户、改厕2318户，为“三类户”新建厨房29个、洗浴间35个、厕所125个，改造土炕3887铺、取暖改造393铺，完成取暖改造238户，创建“清洁村庄”43个。

【项目建设】2021年，全县共实施500万元以上重点建设项目58项，总投资73.48亿元，其中新开工项目41项、续建项目17项。康乐莲麓至积石山大河家旅游大通道（积石山县段卧龙沟至尕护林）公路建设工程、2019年老旧小区（新世纪花苑）改造项目、大河家镇镇区地下管网提升改造工程、临大路沿线绿化美化工程、体育场提升改造项目等18项已完工。2021年共下达中央和省级预算内投资项目16项，下达投资1.1亿元，已完工9项，正在建设5项，未开工2项，完成投资0.8亿元，投资完成率为73%。坡耕地水土流失综合治理工程完成招投标工作已开工建设。全年共下达专项债券项目4项，已全部开工建设，项目总投资33.6亿元，下达投资6亿元，支付资金3.4亿元，资金支付率为57%。

【优势产业】光伏产业初具规模，建成联村光伏扶贫电站18座、总装机容量67.15兆瓦，截至2021年底全县光伏电站累计发电1.68亿千瓦时、分配收益资金1.1亿元。全县推广种植食用菌1万亩，其中赤松茸0.6万亩、其他菌类0.4万亩。其中，在中咀岭乡金昌村、居集镇甘藏村连片种植赤松茸3500亩；在刘集乡高李村、关家川乡何家村建设钢架大棚151座种植香菇85座棚；在小关乡唐藏村建设日光温室48座种植羊肚菌200亩。全面推动畜牧业发展提档升级，2021年共新建肉牛产业园1个、建设种羊场和良种羊扩繁场各1个、建成肉鸽养殖场1个，新建乩藏镇甘藏沟等4个养殖小区；扶持养殖龙头企业1个、养殖合作社22个。在寨子沟、柳沟、关家川等乡镇种植中药材6.6万亩，其中黄芪、党参、当归等5.5万亩、金银花8000亩、艾草3000亩。全县种植高原夏菜2万亩，其中在石塬镇、郭干乡、刘集乡、徐扈家乡集中连片种植4300亩。

【人民生活】2021年，全县农村居

民人均可支配收入 7633.7 元，比上年增长 11.3%。其中，工资性收入 2235 元，经营净收入 2572.5 元，财产净收入 87.7 元，转移净收入 2738.5 元。城镇居民人均可支配收入 23975.7 元，增长 6.5%。其中，工资性收入 17965.4 元，经营净收入 1682.8 元，财产净收入 296.6 元，转移净收入 4030.9 元。

【环境保护】全县牢固树立绿色发展的理念，深入实施“生态立县”战略，加强生态环境保护，全面整治城乡环境，全力创建“无垃圾县”，加快美丽乡村建设。大力实施封山育林、植树造林、退耕还林工程，2021 年，新增造林面积 2 万亩，通道绿化 130 公里，育苗 0.5 万亩。完成造林合格面积 2 万亩，新修修梯田 7900 亩，治理水土流失面积 77 平方公里，全县森林覆盖率提高到 19%。依法严厉查处乱采滥挖行为，加强了水土保持和水源地保护。加快推进“美丽乡村”和小康示范村建设，扎实开展全域无垃圾专项治理和农村拆旧排危专项行动，城乡人居环境明显改善。

【社会保障】2021 年，全县城乡居民基本医疗保险参保率达 96.1%，城乡居民报销 37488 人次 9912.5 万元，发放医疗救助 1652.7 万元；征收城乡居民基本养老保险费 2215 万元，发放 377067 人次 5499 万元；发放农村低保户低保金 6630.5 万元，发放临时救助金 4035.8 万元、五保户供养金 855.3 万元。在县综合福利院集中供养五保老人 150 名，县儿童福利院共收养孤儿 115 名，有效解决了弱势群体的后顾之忧。

【社会事业】坚持教育强县战略，公共服务不断提升。全县人均受教育年限为 8.06 年，义务教育巩固率达到 98.6%。始终坚持以人为本，全面提升以教育为主的公共服务水平，让发展成果惠及各族群众，全年政府补贴教育惠民资金 1.12 亿元。全县高考本科及以上上线 514 人，各类高校录取 1605 人。全县适龄儿童入学率达到 99.9%。全县共有学校 242 所，其中独立高中 2 所，完全中学 1 所，初级中学 8 所，九年制 1 所，小学 173 所，幼儿园 56 所。全县共有各级各类医疗卫生机构 171 个，共有医疗卫生人员 466 名，拥有病床 927 张。城镇新增就业 1899 人，城镇登记失业率下降到 2.5%。2021 年，劳务输转 8.1 万人（次），创劳务收入达 19.6 亿元。

（徐尚娟）

甘南藏族自治州

【基本情况】甘南藏族自治州是全国十个藏族自治州之一，位于甘肃省西南部，地处青藏高原东北边缘与黄土高原西部过渡地段，是藏、汉文化的交汇带，是黄河、长江的水源涵养区和补给区，被费孝通先生称之为“青藏高原的窗口”和“藏族现代化的跳板”，并被国家确定为生态主体功能区和生态文明先行示范区，境内草原广阔，海拔 1100—4900 米，大部分地区在 3000 米以上。自治州辖夏河、碌曲、玛曲、迭部、舟曲、临潭、卓尼七县及合作市，共有 99 个乡镇（街道办）、662 个行政村，国土总面积 4.5 万平方公里。全州总人口（户籍人口）75.34 万人，比上年末增加 0.12 万人，其中藏族人口 42.94 万人，占总人口数的 56.99%。常住人口 69.10 万人，其中，城镇人口 30.10 万人，城镇化率为 43.52%。

【资源优势】文化旅游。境内共有 A 级景区 36 处，自然保护区 5 个，其中国家级自然保护区 4 个；森林公园 6 个，其中国家级森林公园 1 个；地质公园 5 个，其中国家级地质公园 2 个。有全国文物保护单位夏河拉卜楞寺、卓尼禅定寺和碌曲郎木寺等 121 座藏传佛教寺院；有红军长征经历的天险腊子口、俄界会议遗址等十多处革命历史遗迹；有香浪节、晒佛节、采花节、花儿会等几十种民俗节庆活动，被中国社会科学院西部发展研究中心评为“西部最具魅力的旅游景区”；被《中国国家地理》等评为“人一生要去的 50 个地方”之一；被联合国人居环境发展促进会等评为“中国最具民族特色旅游目的地”；被中国摄影家协会授予“中国摄影创作基地”；荣获亚洲旅游“红珊瑚”奖、“十大最受欢迎文旅目的地”等荣誉称号。

山野珍品。全州中藏药和林下资源丰富，是全省重要的中藏药材和山野珍品生产加工基地。境内有红景天、雪莲、冬虫夏草、贝母等中藏药材 850 多种，羊肚菌、蕨菜、木耳、松茸、沙棘等山野珍品 130 多种。

清洁能源。甘南地处长江、黄河上游，境内有黄河、洮河、大夏河、白龙江等 120 多条干支河流，水电资源理论蕴藏量达 361 万千瓦，占全省水电资源蕴藏量的 21%，可开发量为 216 万千瓦，占全省可开发量的 22%。全州日照时间长，风量大，太阳能、风能等清洁能源资源也十分丰富。

【国民经济】根据地区生产总值统一核算结果，初步核算，全年全州实现地区生产总值 230.04 亿元，按不变价格计算，比上年增长 4.8%。其中，第一产业增加值 42.34 亿元，增长 2.1%；第二产业增加值 28.63 亿元，下降 8.0%；第三产业增加值 159.07 亿元，增长 8.1%。三次产业结构比由 2020 年的 20.19 ：13.31 ：66.50 调整为 2021 年的 18.41 ：12.44 ：69.15，第一产业比重提高 1.78 个百分点，第二产业下降 0.87 个百分点，第三产业提高 2.65 个百分点。全年全州社会消费品零售总额 48.78 亿元，比上年增长 8.7%。一般公共预算收入 10.19 亿元，下降 2.7%。一般公共预算支出 198.04 亿元，下降 10.8%。年末，全州金融机构人民币各项存款余额 415.42 亿元，比上年末增长 7.0%；各项贷款余额 261.27 亿元，增长 1.0%。

【乡村振兴】全年共落实中央和省级财政衔接推进乡村振兴补助资金 15.57 亿元，整合涉农资金 16.66 亿元，州级安排预算专项资金 0.17 亿元，各县市统筹衔接补助资金 1.88 亿元。完成结对县市 17 个乡村振兴示范村的“百村振兴计划”编制；新增引导落地投产企业 17 家、完成投资 1.34 亿元；对接东部协作区共建产业园 9 个，引导入驻园区企业 12 个。按照“一县一园区”的建设目标，启动建设农业产业园区 8 个，建成产业强镇 1 个，在建 1 个。围绕“五无甘南”创建，大力培育绿色无公害农畜产品，累计认证“三品一标”产品 205 个，其中无公害农产品 31 个，绿色食品 104 个，有机农产品 60 个，登记农产品地理标志 10 个。积极搭建就业服务平台，共输转城乡富余劳动力 12.01 万人，实现劳务收入 24.4 亿元，输转脱贫劳动力

6.99万人；完成169家乡村就业工厂和乡村就业帮扶车间的转型认定（其中新认定14家），吸纳富余劳动力0.55万人，其中脱贫劳动力和低收入人口0.22万人。筹措资金2025万元，重点对“三类户”及部分因病、因灾、因学、因意外等潜在致贫返贫风险的脱贫户购买“防贫保”，参保人数达到19万人。全面启动《甘南州扶贫开发志》《甘南州全面小康建设志》编纂工作。

【项目建设】王夏高速基本建成，卓合高速加快推进，玛曲至久治、峰迭至代古寺等7条公路和木耳至大峪沟、水地至拉尕山等4条景区公路建成通车，全州公路总里程由7705公里提升到8548公里。兰合铁路即将全线开工，西成铁路甘青隧道加快建设，内畅外联的交通体系初步形成。黄河玛曲段防洪治理等一批流域治理工程全面建成，河道防洪能力大幅提升。引洮入潭、引洮济合工程竣工投运。5G通信网络实现县市城区全覆盖，大数据应用融入百姓生活。全年实施给排水、供暖供气、垃圾污水处理等市政设施建设项目96个，改造棚户区5.4万套、老旧小区9157户。全面完成城镇污水管网建设任务，新增污水管网19.55公里，老旧污水管网改造11.68公里；建成乡村生活垃圾无害化处理设施43座，日处理量达475吨，覆盖率达100%；全州8个县市城区生活污水处理率达到95.2%。全年共组织施工项目718个，其中5000万元及以上项目57个；新开工项目348个。

【优势产业】文化旅游产业。全年全州建成文化旅游标杆村17个、建成观景台76处、3A级旅游厕所338座、全域旅游专业村100个、具有旅游功能的生态文明小康村297个、培育精品民宿和星级农家乐3000余家。打造8条精品旅游风情线，新创郎木寺、尕秀、扎尕那、阿万仓4个4A级景区。藏医康养、数据信息、通道物流、清洁能源等新兴产业多点布局，产业关联度、融合度逐步提升。全州共有16个村入选国家名录，荣获“全国美丽乡村”“中国美丽乡村百家范例”“全国乡村旅游重点村”“中国乡村旅游模范村”等荣誉称号，美丽乡村覆盖率位居甘肃省第一。卓尼、迭部入选“2021中国最美乡村百佳县市”榜单；大峪沟荣获第三届“甘肃特色气候小镇”称号；俄界、腊子口成功晋升国家4A级旅游景区。南木特藏戏《唐东杰布》入选第六届全国少数民族文艺会演，荣获优秀剧目奖，音乐剧《达玛花开》入选中宣部庆祝中国共产党成立100周年优秀舞台艺术作品展演参演作品并荣获第六届甘肃戏剧红梅奖大赛剧目奖。5项非物质文化遗产代表性项目入选第五批国家级非物质文化遗产代表性项目名录。全年全州接待国内外游客2000万人次，比上年增长19.6%；实现旅游综合收入100亿元，增长20.5%。

现代农牧业。加快种植业结构调整，粮经饲比例优化调整为56.20:35.47:8.33。培育壮大“牛羊猪鸡果菜菌药”八大特色产业，高标准建设畜禽养殖场和养殖示范点。特色种植业由增产向提质转变，经济作物种植面积达到42.99万亩，种植藏中药材31.16万亩，建设药材绿色标准化种植基地16.25万亩，种植高原夏菜3.4万亩，建设以羊肚菌为主的食用菌0.38万亩，建设藜麦标准化生产基地0.52万亩，被认证为中国医药行业优质道地中药材十佳贵规范化种植示范基地。着力提高农牧业组织化程度，扶持“专精特新”企业7家，培育“五有”专业合作社2388家，创建国家和省级示范社141个。甘南牦牛、甘南藏羊等21个品牌入选“甘味”目录，“中国牦牛乳都”品牌享誉全国。成功举办“2021年甘南州首届农特产品交易会”，销售总额达到247.33万元；成功签约订单47个、签约金额2.9亿元。农产品质量安全抽检率达到100%。全州现有县级以上农业产业化龙头企业44家（国家级2家，省级15家，州级14家，县级13家），带动农户14.94万户。

【人民生活】全年全州城镇居民人均可支配收入29481元，比上年增长6.6%；城镇居民人均消费支出22575元，增长10.8%；城镇居民恩格尔系数36.0%，比上年提高0.1个百分点；城镇家庭每百户拥有家用汽车66.1辆。全州农村居民人均可支配收入10142元，比上年增长11.1%；农村居民人均消费支出8194元，增长6.7%；农村居民恩格尔系数41.6%，比上年降低0.7个百分点；农村家庭每百户拥有家用汽车26.8辆。全年居民消费价格比上年上涨1.1%，商品零售价格上涨1.7%。全年全州城镇新增就业4395人，失业人员再就业2165人，就业困难人员就业1817人。城镇登记失业率为3.06%。全年输转城乡富余劳动力12.01万人，劳务创收24.44亿元，通过东西协作，提供就业岗位使5353名劳动力就业；全年应届高校毕业生报到注册3205，就业2941名；招聘700名普通高校毕业生到基层实现就业、“三支一扶”人员204名、特岗教师177名；举办网络招聘会7场，提供就业岗位234个，需求人数8792人；“直播带岗”活动40场，提供就业岗位9000余个；通过开发公益性岗位，解决4670名就业困难人员再就业；建成扶贫车间169个，吸纳富余劳动力5488人。发放创业担保贷款25339万元。

【环境保护】全年实施玛曲黄河水源涵养区和碌曲尕海、黄河首曲湿地等一批生态保护修复工程，以及天然林保护、退耕还林、退牧还草、水土保持等重点生态工程，大规模开展国土绿化，森林覆盖率达到24.57%，草原综合植被覆盖度达到97%。积极谋划15个3亿元的项目申报中央水污染专项库，争取落实中央水污染专项资金7229万元，实施水源地保护、水生态修复、水环境调查评估等项目8个。切实提升城镇生活污水处理水平，合作、夏河、临潭、卓尼、碌曲五县市农村污水治理试点项目开工建设。全州13个地表水考核断面、6个地下水考核点位和13个县级以上集中式饮用水水源，水质达到或优于Ⅲ类比例为100%，城市建成区保持无黑臭水体。合作市城区空气质量优良天数比例为98.4%，七县城区优良天数平均比例保持在99%以上。城市区域声环境质量等级为二级，城市道路交通声环境质量平均等效声级64.0分贝，声环境质量评价为好。乡村生活垃圾收运设施覆盖率达到100%，有机肥替代化肥全面推开，“白色污染”问题有效解决，国家明令禁止的化学农药彻底退出甘南市场。

【社会保障】年末全州参加城镇职工养老保险人数2.7万人。参加城乡居民基本养老保险人数39.8万人。参加城镇职工基本医疗保险人数8.2万人。参加城乡居民基本医疗保险人数62.5万人。参加失业保险人数4.04万人。年末全州领取失业保险金人数103人。参加工伤保险人数7.36万人，其中：参加工伤保险的农民工0.87万人。参加生育保险人数6.3万人。全年为37267名农村低保对象发放低保金9090万元；为10546名城市低保对象发放低保金7332万元；为3419名城乡特困供养对象发放供养金2893万元；为848名孤儿和事实无人抚养儿童发放生活补助1184万元；为7268名困难残疾人和10065名重度残疾人发放生活补贴和护理补贴2722万元。全年实施临时救助60331人次；救助各类流浪乞讨人员205人次。全年办理结婚登记6802对，收养登记17例。全年福利彩票销售6168万元。年末全州社会养老床位2797张，投入运营的养老院20家。

【社会事业】全州共有各级各类学校（园）827所，其中：幼儿园418所，小学355所，普通中学47所，职中3所，中专3所，特殊教育学校1所；在校（园）学生（幼儿）140497名，其中幼儿园26597名，小学66315名，初中28728名，高中15241名，中职3445名，特校171名。双语中小学140所，在校学生48762名；双语幼儿园102所，在园幼儿5373名；寄宿制学校191所，寄宿学生60541名。学前三年毛入园率94.05%，九年义务教育巩固率99.3%，高中阶段毛入学率96.0%。全年全州中职教育招生2299名，“内地普通高中民族班扩招工程”招收少数民族初中应届毕业生71名，“千名人才培养计划”录取776名，天津定向医学类本科录取38名。年末全州共有医疗卫生机构883个，卫生技术人员4756人，医疗卫生机构床位3808张。全州婴儿死亡率降至5.87‰，5岁以下儿童死亡率降至6.25‰，孕产妇死亡率12.51/十万，住院分娩率上升到99.24%。全州建成区域医学中心37个、急危重症救治中心1个，职业病诊断检查服务机构覆盖率达到100%。全年推荐省列科技计划项目53项，科技部专项计划项目1项；选派科技特派员470名，选派“三区”人才120名；技术合同成交金额1.4亿元。全年专利申请195件，其中发明专利3件；实用新型专利96件；外观设计专利24件。全州共有各类体育场地3499个，体育场地面积128.76万平方米。共有健身站点141个，单项体育协会和农民体协105个，社会体育指导员2216名，国民体质监测站8个。全年在县乡共举办群众性体育赛事活动24余场，参与总人数超过8.6万人次；在农牧村举办群众性体育赛事活动10余场，参与人数超过2万人次。成功举办“喜迎建党100周年，健康中国你我同行”2021年甘南州全民健身系列赛事活动、甘南州‘九色甘南杯’第二届乒乓球、羽毛球赛，来自全州的12支代表队的400名运动员参加了比赛。组织参加了甘肃省第三届全民健身运动会，并在象棋、乒乓球、羽毛球、广场舞和篮球比赛中取得了优异的成绩。

（黎学慧）

合作市

【基本情况】合作市地处青藏高原东南端，甘、青、川三省交界处，位于甘肃省西南部，地理坐标东经102°54′，北纬39°59′。东连卓尼，南靠碌曲，西接夏河，北倚临夏州和政和临夏两县，距省府兰州265公里，国道213线，省道306线中贯合作，形成了甘青川藏区与内地联系较为便捷的公路网络，是内地通往青海、西藏的枢纽。境内大部分地区海拔在3000—4000米之间，平均海拔2936米，年均气温3.8℃，没有绝对无霜期，属高寒阴湿地区，夏季受印度洋暖湿气流的影响，形成湿润凉爽的气候特征。市区四周山阜罗列、山清水秀，是西北高原一颗璀璨的明珠。合作藏语为“黑措”，意为羚羊聚居的地方，是一方吉祥的热土，是夏季旅游避暑的圣地。全市总面积2670平方公里，辖3乡、3镇、4个街道办，38个村民委员会，249个村民小组，8个社区（居委会）。2021年末全市常住人口11.23万人，其中城镇人口7.78万人，占总人口的69%。

【资源优势】大力发展工业经济，全年生产奶粉2920吨、干酪素乳粉3200吨、黄金3100千克。持续推动文旅融合发展，投资1.2亿元建成加拉尕玛旅游标杆村和麻木索那、门娄开斗等专业村，投资1200万元实施米拉日巴佛阁景区基础设施建设项目，推进当周草原5A级景区创建，开工建设当周林卡高端民宿，积极打造合冶公路美仁草原风情线，进一步完善景区基础设施。争取专项债券1.9亿元支持燎原、百草做大做强。成功申报“绿色食品”2家12个产品、“无公害农产品”4家4个产品，“一心三区”产业布局初步形成。

【国民经济】2021年，全市实现地区生产总值完成61.5亿元，按可比价计算，比上年增长5.7%。其中，第一产业增加值3.22亿元，增长1.6%；第二产业增加值9.14亿元，下降13.6%；第三产业增加值49.13亿元，增长10.2%。累计完成一般公共财政收入24220万元，增长9.64%；一般公共预算支出181248万元，下降38.87%。

【供给侧结构性改革】优化投资结构、产业结构开源疏流，在经济可持续高速增长的基础上实现经济可持续发展与人民生活水平不断提高；优化产权结构，国进民进、政府宏观调控与民间活力相互促进；优化投融资结构，促进资源整合，实现资源优化配置与优化再生；优化产业结构、提高产业质量，优化产品结构、提升产品质量。大力发展“牛羊饲粮药菌”特色产业，投资2164万元培育那吾镇羊肚菌、高原生态乳业等种养基地10个，建设高标准农田3000亩。

【乡村振兴】坚持“三农”优先发展，建设生态文明小康村、新建改造“四好农村路”、实施乡镇集中供热、垃圾填埋、垃圾中转和污水处理工程，巩固提升农牧村饮水安全工程，实施农村公益事业财政奖补项目。大力扶持村集体经济发展，规范提升农民专业合作社，推进“三变”改革。积极开展农村人居环境整治三年行动，聚焦“三大革命”“六大行动”，创建清洁村庄、实施农村环境综合整治、新建公厕、改造提升户厕，农牧村人居环境明显改善，奏响了一曲农业农村全面进步的羚城乐章。深入推进巩固拓展脱贫攻坚成果同乡村振兴有效衔接，争取社会帮扶资金9484.35万元，整合衔接资金9845万元，提升农牧村基础设施建设和公共服务水平，启动乡村建设行动示范村创建。加快自然村通硬化路建设进程，投资9049万元新建村组道路21条106公里。投资2700万元完成12个农牧村人居环境连片整治，投资1500万元实施9个农牧村产业发展人畜分离暖棚建设项目。全力打造清洁村庄，持续推进乡村治理，高标准承接了全国村庄清洁行动现场会和全省乡村治理现场推进会。

【项目建设】始终树牢发展抓项目理念，投资14.27亿元实施重大项目61个，合和公路、北城区天然气集中供热、卡加曼田园综合体、录豆囊旅游基础设施等重点项目抓紧建设，引洮济合工程实现并网供水，市综合服务中心建成投用。争取政府债券10.76亿元，用于推进重点项目建设和支持化解中小银行风险。用足用好优商惠商政策，新签约各类招商引资项目12个，总投资22.6亿元，云账户结算中心、环保手提袋生产等4个项目建成投用，碧桂园·瑞府、首曲家园、永丰名都、牧光互补新能源基地、格桑花大厦等6个项目开工建设，5G分布式数据存储中心、玉海锦绣苑即将开工，招商引资成效突飞猛进，"十四五"发展实现开门红。

【优势产业】大力发展文化旅游产业，完成当周草原、美仁大草原、勒秀洮河风景区建设，打造俄合拉旅游标杆村和9个专业村，成功举办"一会一节""民企甘南行"和香巴拉旅游艺术节等节庆活动，旅游人数和收入分别增长15%和19%。持续壮大园区经济，出台一系列加快园区发展优惠政策，不断完善园区基础设施，入驻企业36家，完成投资12.7亿元，累计实现产值32亿元；成立甘南牦牛乳研究院，成功申报专利及转化应用科技成果40项，创建国家级绿色工厂2个、全国十佳种植基地1个，园区晋升为国家农业科技园区和省级开发园区，铺就了一条特色鲜明转型升级的羚城道路。大力发展"牛羊饲粮药菌"特色产业，投资2164万元培育那吾镇羊肚菌、高原生态乳业等种养基地10个，建设高标准农田3000亩，超额完成草畜平衡超载牲畜核减任务，全年肉类产量7500吨、奶类产量6100吨。大力发展工业经济，全年生产奶粉2920吨、干酪素乳粉3200吨、黄金3100千克。持续推动文旅融合发展，投资1.2亿元建成加拉尕玛旅游标杆村和麻木索那、门娄开斗等专业村，投资1200万元实施米拉日巴佛阁景区基础设施建设项目，推进当周草原5A级景区创建，开工建设当周林卡高端民宿，积极打造合冶公路美仁草原风情线，进一步完善景区基础设施。争取专项债券1.9亿元支持燎原、百草做大做强。成功申报"绿色食品"2家12个产品、"无公害农产品"4家4个产品，"一心三区"产业布局初步形成。

【人民生活】2021年，全市城镇居民人均可支配收入29471元，比上年增长6.6%；农村居民人均可支配收入10312元，增长10.91%。不断完善教育基础设施，投资1.53亿元续建教育项目8个、新建教育项目5个，挂牌运行教育集团9个，市第三幼儿园顺利开园招生，建成数字校园指挥平台和4所智慧校园，稳步推进"县管校聘"制度改革，强化师资队伍建设，招录教师72名，引进高层次专业人才5名，与西北师范大学签订教育帮扶协议。完善大病专项救治政策，优化慢病签约服务，融资2.3亿元盘活市综合医疗服务中心，加快基层医疗机构发热诊室建设，全面开展"优质服务基层行"活动，严格落实常态化疫情防控措施，全力推进疫苗接种。开发乡村公益性岗位1100个，开展职业技能提升培训1400人，发放创业担保贷款1025万元，城镇新增就业520人。投资1005万元新建社会福利综合服务中心，投资600万元建设城市街道综合养老服务中心2个，健全分层分类救助体系。退役军人服务保障成效显著，双拥共建成绩突出。

【环境保护】全年全市空气优良天数为342天，优良天数比例为98.8%。可吸入颗粒物（PM_{10}）浓度均值为37微克/立方米，比上年下降15.9%，低于年度目标值6微克；细颗粒物（$PM_{2.5}$）浓度均值为19微克/立方米，下降13.6%，低于年度目标值3微克，空气质量逐年有明显改善。城市区域声环境质量合作市区域环境2021年昼间监测1次，监测点位共138个，平均等效声级48.6分贝，声环境质量评价为较好。城市道路交通声环境质量合作市道路交通2022年昼间监测3次，监测点位共41个，平均等效声级63.3分贝，声环境质量评价为好。城市功能区声环境质量合作市功能区全年监测4次，监测点位共7个，昼间平均等效声级范围在49.6—62.4分贝之间，夜间平均等效声级范围在37.5—53.8分贝之间，达标率为100%。

【社会保障】全市城镇新增就业773人，完成全年目标任务660人的117%，安置失业人员再就业183人，完成全年目标任务170人的107.6%；就业困难人员再就业192人，完成全年目标任务100人的192%。大就业信息系统录入期末从业人员15529人，登记失业人员397人，城镇登记失业率为2.49%。今年全市高校毕业生报到347人，实现就业316人，就业率为91.07%。全市城乡居民基本养老保险参保人数32648人，企业养老保险参保人数3080人，机关事业单位养老保险参保人数4267人，享受养老待遇9335人。工伤保险参保人数7350人，缴费人数7350人，累计收入271.68万元，累计支出154.79万元，辖区共发生工伤（亡）事故19起，其中工伤14起，工亡5起，4起未参保，1起外地参保。全市失业保险参保人数4650人，征缴失业保险费270.52万元。累计领取失业金人员40人，发放失业金51.29万元；累计领取失业补助金130人，发放补助金62.67万元；对符合技能提升补贴申领条件的14人发放补贴资金1.75万元；对符合稳岗返还申报要求的大型企业按本企业及其职工上年度实际缴纳失业保险费的30%返还，惠及企业9户552人，返还资金9.72万元，中小微企业按本企业及其职工上年度实际缴纳失业保险费的60%返还，惠及企业115户1201人，返还资金10.59万元。超额完成全市新增城镇就业目标任务。认真组织实施普通高校毕业生到基层就业，在《微羚城》上发布公告，8月初举办了专场招聘会，8月下旬签订了劳动合同，9月份安排上岗，其中教育机构49名，乡镇卫生院55名，乡镇站所1名，到企业服务170人。

【社会事业】2021年，精心谋划，制定了《合作市教育工作要点》，以七个方面39条任务谋篇布局，推动全市教育事业稳步向前。合作市现有各级各类学校63所，其中中学2所、小学18所，幼儿园43所。在校学生15006人，教职工1162人。全市义务教育巩固率达到99.82%，高中阶段毛入学率达到96.91%，学前三年毛入园率达到97.85%。全市把普及科学技术、提高全民科学文化素质作为强化科技工作、服务新农牧村建设的重要目标，抓住“科技、文化、卫生、法律”四下乡、“5·12防震减灾日”、安全生产月、世界环境日、科技活动周、科技活动日等活动的有利时机，加大科技政策法规及科技知识的普及宣传力度，创新科普宣传方式，结合市中学科技馆等科普平台，广泛开展科普宣传活动24场次，出动科普大篷车10台次。

（李淑莉）

临潭县

【基本情况】临潭，古称洮州，位于甘肃省南部、甘南藏族自治州东部，北接康乐县和渭源县，东临岷县，西南两侧均与卓尼县接壤，地处青藏高原东北边缘，是农区与牧区、藏区与汉区的结合部，行政区域面积1393.5平方公里，地貌大致分为河谷川塬、低山丘陵、高山深谷三种类型，平均海拔2825米，为典型的高寒阴湿地区，夏季多雷暴雨、冰雹。辖16个乡镇141个行政村，705个村民小组。2021年全县总人口16.14万人，有汉、回、藏、蒙古等15个少数民族，少数民族人口占总人口的38.8%。2021年全年平均气温4.5℃；年降水量414.2mm，减少238mm；总日照时数为2104.9小时，增加167.2小时。播种面积20667公顷，主要种植小麦、青稞、蚕豆、豌豆、洋芋、油菜、药材、藜麦、高原夏菜等。

【国民经济】全县全年实现地区生产总值277261万元，按可比价计算，比上年增长6.5%。其中，第一产业增加值48762万元，增长1.4%；第二产业增加值27832万元，增长12.4%；第三产业增加值200667万元，增长7.3%。第三产业中，仓储和邮政业增加值19570万元，增长11.4%；金融业增加值15793万元，增长1%；房地产业增加值12081万元，增长4.8%；其他服务业增加值130117万元，增长7.6%。三次产业结构比为17.6 ∶ 10 ∶ 72.4。实现社会消费品零售总额41100万元，增长5.5%。完成一般财政预算收入8115万元，增长44.7%。年末全县金融机构各项存款余额57.95亿元，比上年末增长8.7%；贷款余额33.99亿元，下降4.5%。

【乡村振兴】建立筛查预警机制和信息比对机制，针对全县识别的1170户边缘易致贫户、427户脱贫不稳定户和6户突发严重困难户精准落实“一户一策”帮扶提升计划，增强“造血”功能，实现了监测对象帮扶措施全覆盖。全县全年累计投入各级各类资金6.21亿元，其中，各级财政衔接补助资金4.3050亿元，统筹整合使用涉农资金8600万元（不含衔接资金），一般债券资金5344万元，东西部扶贫协作资金5160万元。完成各类技能培训2095人（次）；落实11897户的县级劳务奖补共1318.46万元，全县全年输转劳动力4.35万人次，比上年下降3.3%；创劳务收入8.71亿元，增长1.3%；全县12家乡村就业工厂（车间）吸纳富余劳动力352人，其中，已脱贫劳动力和边缘易致贫劳动力231人，为12家企业落实奖补资金共50万元。完成续（选）聘生态护林员1275人、选聘生态管护员2061人、选聘草原管护员141人，总计发放管护报酬2078.7万元。全年累计增加村集体经济收入723.56万元，村集体经济5万元以上的村达到73个，占比51.8%。完成33296户135487人农村集体经济组织成员身份确认工作，发放股权证33296户。完成43个村庄规划编制工作，建设10个乡村建设示范村；投资2000万元实施农村人居环境提升项目，改建新建农村户厕4673户；投入10196万元实施黄河流域农业面源污染治理项目，着力构建废旧农膜回收加工、畜禽粪污资源化利用、农作物秸秆综合利用三大体系。

【优势产业】围绕特色农牧产业高质量发展，着力构建现代产业体系。一是围绕“牛羊猪药菜菌”六大特色产业发展，全面实施现代丝路寒旱农业优势特色产业三年倍增行动计划，建立了“一个产业一套班子、一套实施方案、一套扶持政策、一套专家团队、一套考核体系”建立了“五个一”推进机制，全面推进“牛羊猪药菜菌”六大特色产业提质增效，财政衔接资金和涉农整合资金重点用于乡村特色产业发展，优先支持特色产业三年倍增计划行动，衔接资金用于产业发展21645万元，占比50.28%，产业发展衔接资金用于三年倍增计划15426万元，占比71.27%；涉农整合资金用于乡村特色产业发展26229万元，占比57.92%；用于三年倍增计划20360万元，占比77.62%。二是文化旅游产业蓬勃发展。旅游形象进一步提升，旅游市场活力进一步激发。2021年，全县共接待游客186.0136万人次，比上年增长19.31%，创旅游综合收入9.3823亿元，增长15.7%。文体工作进一步焕发活力，“我们的中国梦文化进万家”等一系列活动获得广泛好评，羽毛球比赛、篮球争霸赛等体育活动受到广泛关注；文化设备进乡村、图书流动点建设等工作稳步推进；洮州卫城、尕路田大房子、磨沟遗址已被列为国家级文物保护单位；万人拔河、龙神赛会顺利列入第五批国家级非物质文化遗产代表性项目名录。文化、体育助推全县旅游产业发展效果明显。

【项目建设】全县全年累计争取下达各类资金19.09亿元，比上年增长121%。其中，2021年涉藏专项第一、二、三批共下达项目21项，下达投资4.29亿元；2021年新增专项债券下达项目6项，下达投资11.81亿元；下达省预算内基建资金、天津援建、兰州援建、保障性安居工程、以工代赈等各类资金2.99亿元。文化产业园、乡镇污水处理、全民健身中心等65个建设项目已编制完成可行性研究报告及初步设计；当年下达的农牧村护田河堤，迎宾路道路及排水，新城、洮滨供水工程，东明山旅游景区基础设施等45个重点建设项目已全部开工建设，完成年度投资1.72亿元。古战川景区旅游基础设施、青藏之窗·冶力之舟，冶力关创建国家5A级旅游景区基础设施、生态产业园区创新路及供水附属工程等6个州列重大项目进展顺利，累计完成年度投资3.2亿元。

【人民生活】2021年，全县年内新

增城乡就业人员708人，城镇登记失业率2.16%。全县城镇居民人均可支配收入29128元，比上年增长6.7%。其中，工资性收入21654元，增长6.9%；经营性净收入6665元，增长6.2%；转移性净收入399元，增长6.3%。城镇居民人均消费支出15841元，增长6.2%。全县农村居民人均可支配收入9704元，增长11.3%。其中，工资性收入5363元，增长12.3%；经营性净收入2704元，增长12%；转移性净收入1621元，增长7.4%。农村居民人均消费支出8858元，增长5.5%。

【环境保护】全县上下以深入推进“五无甘南”建设，着力开展村庄清洁行动和农村人居环境整治，全方位打造生态宜居新家园为整体思路。一是全面推进全域无化肥。大力实施有机肥替代化肥行动。采取“政府奖补一半、群众自筹一半”的方式，全年推广施用有机肥2.2万吨，全县农药使用量实现负增长，农药利用率在40%以上，培育有机肥生产企业1家，年产量达到6万吨，畜禽粪污资源化利用率达到78%；二是全域无垃圾治理和村庄清洁行动深入推进。乡镇生活垃圾收集转运处理设施实现100%全覆盖，95%以上的村庄人居环境得到有效治理；全县共完成卫生户厕新（改）建4673座，完成率100%，卫生户厕普及率达86%。三是加强“全域无塑料”日常监管。实施“网格化”监管，开展“全覆盖”检查，全面禁止市场销售和使用塑料购物袋和一次性塑料制品，有效遏制了“白色污染”的传播。四是全面推进污染防治攻坚战，全县境内地表水监测断面冶木河峡口断面水质、引洮入潭工程牙当饮用水源地水质监测结果均在《地表水环境质量标准》三类标准限值之内，水质优良比例达100%。$PM_{2.5}$、PM_{10}平均浓度平稳下降，城区空气质量优良天数比例为98.8%，剔除沙尘天气影响后，优良天数比例为100%。农村环境质量三个监测点位三种类型土壤中，PH、汞等5项重金属检测结果均达标。

【社会保障】2021年末，全县城镇职工医疗保险参保人9027人，比上年增长4.7%，征缴保金7386万元，增长4.3%，报销支出3478万元，增长21.7%；城乡居民医疗保险参保人139969人，增长0.2%，征缴保金4467万元，增长27.9%，报销支出3812.54万元，下降22.3%。城乡居民养老保险参保人96449人，下降1.1%，征缴保金1728.02万元，增长14.7%，发放养老金3359.94万元，增长10.7%；企业职工基本养老保险参保人1490人，增长13.2%，征缴保金1550万元，增长10.9%，发放养老金1811万元，增长8.3%；机关事业单位养老保险参保人6540人，下降1.6%，征缴保金12909.34万元，增长14.7%，发放养老金10158.36万元，增长8.4%。失业保险参保人4213人，增长3.9%，征缴保金347万元，增长26.2%，发放保险金88万元，增长87.2%。工伤保险参保人9187人，增长37.8%，征缴保金202.4万元，下降36.8%，发放保险金234.4万元。全县共有农村低保3249户、8847人，户数和人数均比上年增长1.9%；发放农村低保金2555.36万元，增长6.1%。城市低保729户、1594人，比上年分别下降22.2%、17.8%；发放城市低保金1183.87万元，下降13.8%。城乡特困供养人员979户1091人，发放供养金802.99万元。临时救助共救助13231人次，共救助金额2182.24万元。

【社会事业】2021年末，全县有各级各类学校217所。其中，完全中学2所，独立初中3所，职业技术中学1所，九年制学校5所，小学111所（其中教学点95所），幼儿园（含学前）89所（其中民办9所）。在校学生25385人，下降1.7%；在校教职工2425人，增长3.7%。九年义务教育巩固率达到99.28%以上，小学适龄儿童入学率达到100%。初中阶段入学率达到100%。中小学生人均校舍建筑面积为13.91平方米，图书40.22万册。三级驾培机构2户，教练员44人、管理及文职人员13人、教学车44辆、教学场地共约33500平方米。全县产妇住院分娩率为100%，孕产妇系统管理率为93.4%；孕产妇死亡率0。新生儿死亡率6.4‰；婴儿死亡率6.4‰，5岁以下儿童死亡率6.4‰。全县设置21个接种点43个接种台，抽调291名专业预防接种人员从事新冠疫苗接种工作。完成各阶段人群新冠病毒疫苗接种26.8万剂次。储备核酸采样人员409名、实验室检测技术人员42名、医疗救治人员93名；现有PCR实验室3个，全县全年核酸检测实验室累计核酸检测29.3万人次，县内医疗机构医务人员累计核酸检测4.33万人次，检测结果均为阴性。全县有博物馆2个、纪念馆1个、公共图书馆1个、文化馆1个。乡镇综合文化站16个，乡村文化舞（戏）台141个，健身广场141个，旅游道路观景台6个。全县全年共接待游客186.01万人次，创旅游综合收入93823万元，分别比上年增长19.3%和15.7%。

（杜元恒）

卓尼县

【基本情况】卓尼县位于甘肃省南部，甘南藏族自治州东南部，地理位置介于东经102°43′~104°02′和北纬34°40′~35°40′。东邻定西市岷县、漳县和渭源县，北靠临夏回族自治州康乐县、和政县，西连本州合作市、碌曲县和夏河县，南接迭部县和四川省若尔盖县。海拔高度2000至4972米，年均气温6.4℃，全年降水量470.9mm，属大陆性气候。现辖11个镇，4个乡，3个居委会，97个村委会，461个村民小组。土地总面积5419.68平方公里，耕地面积26387公顷，林地面积222668公顷，草场面积332668公顷。2021年末常住人口9.53万人，有藏、汉、回、土、满、苗等10多个民族，其中藏族人口6.78万人，占总人口的71.14%。

【资源优势】全县深入实施文化旅游“一十百千万”工程，着力打造百里洮河风情线旅游长廊，完成了总投资1307万元的百里洮河风情线人居环境整治和乡村旅游基础设施项目，启动大峪沟5A级景区创建工作。新增精品民宿20家、农家乐11户，新建和改造提升星级旅游厕所6座，投资3292万元打造了拉路河和初路全域旅游示范村。大力宣传国家级、省级非遗项目，巴郎鼓舞在全县各级各类学校教育传承。成功举办第九届“和谐杯”篮球运动会。组织文旅从业人员培训班8期，开展文化惠民演出60余场次。全年共接待游客110万人次，创旅游综合收入5.53亿元。

【国民经济】2021年，全县实现地区生产总值29.48亿元，按不变价计算，比上年增长1.1%。其中，第一产业增加值5.85亿元，增长2%；第二产业增加值4.14亿元，下降21.1%；第三产业增加值19.49亿元，增长7.2%。完成工业增加值3.61亿元，下降23%。固定资产投资增长7%。完成一般公共预算收入1.07亿元，增长18.4%；一般公共预算支出23.93亿元，下降10.5%。社会消费品总额4.08亿元，增长3.4%。年末金融机构人民币各项存款余额为45.1亿元，增长12.1%；人民币各项贷款余额为23.26亿元，下降3.5%。

【“放管服”改革】深入推进“放管服”改革，全力打造优质营商环境，建成15个乡镇政务服务中心和100个行政村便民服务中心，认领录入乡镇村级政务服务事项8800余条，取消行政事项4项、调整5项、上线运行1159项，完成一体化政务服务平台建设对接。全力推行“好差评”制度，受理事项群众评价满意度达100%。稳步推进公立医院综合改革，健全现代医院管理制度，柳林镇社区卫生服务中心积极创建“社区医院”。

【乡村振兴】严格落实“四个不摘”要求，深入推进“大排查、大整治”工作，守好防贫底线，对167户740人监测对象逐户精准落实帮扶举措，91户413人消除返贫致贫风险，“两不愁三保障”成果持续巩固。到位衔接资金1.89亿元，投向农牧村基础设施建设8488万元、示范乡村建设2110万元、产业发展8028万元、“两后生”培训325万元。全面开展扶贫资金项目清理规范、精准扶贫档案收集管理、政策落实核查及问题整改，收回互助资金1802万元，各乡镇和行业部门资料全部完成归档。总投资2300万元的西诚农业公司5000吨果蔬保鲜库、总投资2370万元的高原夏菜科普育苗中心、总投资5000万元的九峰药业深加工项目、总投资1.14亿元年产量为2000万菌棒的食用菌加工项目入驻园区，为全县产业发展奠定了坚实基础。在保障粮食安全和生猪稳产保供的基础上，不断优化产业结构，中藏药材种植面积保持在8万亩以上，种植高原夏菜0.6万亩、青稞4.83万亩、油菜1.55万亩，培育食用菌、藜麦等地方特色产业，推广种植食用菌500亩、藜麦0.1万亩。建成高标准农田1.5万亩。深入开展合作社规范提升行动，规范化率达75%以上。优势特色产业三年倍增行动计划持续推进，特色农牧业发展势头强劲，规模效益逐步凸显。

【项目建设】总投资2.82亿元的S581线木耳至大峪沟旅游公路完成建设任务，S10卓合高速公路（卓尼段）项目完成18.73亿元的路基工程建设任务、占路基总投资的60%，S230线峡城至柏林段公路项目前期进展顺利，完善生命安全防护工程27公里。总投资3949万元的城南片区棚户区改造、总投资6608万元的多架新城区洮河大桥、总投资3000万元的城区巷道改造提升二期工程、总投资1839万元的滨河东路人行道改造提升工程全面完成。总投资1.23亿元的藏王廊桥项目完成总工程量的95%，总投资9983万元的集中供暖二期及热平衡改造完成总工程量的90%，总投资8312万元的喀尔钦镇、扎古录镇道路改造提升工程均完成总工程量的80%，总投资3949万元的畜盖洮河大桥、总投资6485万元的多架新城区道路及排水工程均完成总工程量的60%，总投资2807万元的藏巴哇镇、刀告乡道路改造提升工程均完成总工程量的20%。整合各类资金1.99亿元，有力有序推进两个产业园区道路及给排水、供水等基础设施项目。全力开展招商引资工作，第二十七届“兰洽会”新签约项目3项、签约金额6.45亿元，九峰药业深加工项目和三智雅苑小区开工建设，完成投资4000万元。

【优势产业】卓尼县地域辽阔，历史悠久，人杰地灵，物产丰富。境内有马家窑文化、齐家文化和寺洼文化遗址，有历史悠久、环境清幽的安多古刹—禅定寺、旗布寺、杓哇寺、贡巴寺等十多处寺院，灿烂的古文化源远流长，民族风情五彩缤纷，独特的“觉乃藏族三格毛”头饰和服饰别具一格，多姿多彩，具有浓郁的地方特色，这使得旅游产业逐渐发展成为卓尼县的特色优势产业。全县抢抓创建“国家全域旅游示范区”的有利时机，进一步提升了旅游产业发展的层次和水平，积极参加敦煌文博会、津洽会、兰洽会及藏区传统村落保护与生态文明小康村建设展览论坛等活动，对卓尼县旅游资源进行了专场推介，有效提升了卓尼的对外知名度，文化旅游业的综合效益持续显现。

在全省范围内率先出台《农牧村环境巩固提升工作指导标准》，城乡环境整治成效不断提标升级，农村人居环境整治工作受到国务院通报表扬并获得奖励资金2000万元，投向百里洮河风情线打造、农牧村厕所革命、环境综合整治提升、乡村旅游基础设施建设四方面。持续提升城市品位，改造提升了人行道、亮化和门头牌匾，新建游步道720米。继续推广使用有机肥2.01万吨、补贴资金1055万元，有机肥替代化肥率达100%。集中开展全域无塑料专项整治行动，签订承诺书6000余份，没收塑料制品236公斤，实现禁塑闭环管理。城乡集中式饮用水水质均达到标准要求，地表水、地下水（水源地）水质优良比率均保持100%，土壤环境质量总体保持稳定，受污染耕地安全利用率达到98%以上，污染地块建设用地安全利用率保持100%。新增“三品一标”优质认证企业3家、产品9个，“卓尼当归”“卓尼柴胡”登记为国家地理标志农产品，“秘境卓尼”区域公用品牌效应初步显现。

【人民生活】2021年，全县城镇居民人均可支配收入达到29455元，比上年增长6.5%。其中，工资性收入25559元，增长6.4%；经营净收入1451元，增长6.2%；财产净收入480元，增长1.1%；转移净收入1965元，增长9%。城镇居民人均生活消费支出25273元，增长10.2%。农村居民人均可支配收入达到10008元，增长11.5%。其中，工资性收入2692元，增长8.3%；经营净收入6881元，增长12.9%；财产净收入33元，增长10%；转移净收入402元，增长11%。农村居民人均生活消费支出6997元，增长7.3%。

【环境保护】完成全民义务植树造林绿化0.18万亩、大规模国土绿化1.1万亩、森林抚育0.7万亩。有效管护天然林资源296万亩、生态公益林232万亩，森林蓄积量达到2415万立方米。完成草原黑土滩治理4万亩、毒害草治理2万亩、退化草原改良35万亩。投资4694万元实施了洮河扎古录至多架段水环境综合治理、县城建成区及周边清洁取暖土炕改造、小沟无主矿山土壤详查和6个饮用水源地保护与标准化建设项目。投资810万元完成了老虎湾沟无主历史遗留矿山和下拉地矿山地质环境保护与恢复治理项目。办理完成第二轮省级环保督察信访投诉3起。落实落细河湖长制工作责任，田长制、林长制工作全面启动。全力推进草畜平衡超载牲畜核减工作，全面淘汰土山羊，核减牲畜16.74万个羊单位，占减畜任务的120%，有力维护了草原生态环境安全，促进了畜牧业可持续发展。

【**社会保障和社会事业**】总投资1.29亿元的柳林初级中学、总投资1250万元的柳林第二小学（二期）和总投资516万元的阿子滩等3所学校教师周转宿舍完成建设任务，总投资228万元的完冒中心小学教师周转宿舍完成总工程量的80%，总投资1亿元的柳林镇九年制学校完成总工程量的30%，总投资920万元的纳浪九年制学校教学楼完成总工程量的20%。积极开展“双减”工作，促进学生全面健康发展。累计输转劳动力1.6万人、创劳务收入3.1亿元，完成职业技能培训1050人。引进卫生专业技术人才27人、全科医生特设岗位3人，补聘辅警12人，招录“三支一扶”、特岗教师87人，安置军转人员2人。总投资1375万元的医疗废物收集转运体系、总投资1100万元的县医院救治能力提升项目均完成总工程量的80%。居民电子健康档案建档率达到90%以上，基本医疗保险参保率达到98%。健康促进县创建工作通过省级验收。发放城乡低保金1262万元、特困供养金249万元、临时救助183万元、残疾人“两项补贴”269万元。为孤儿、事实无人抚养儿童发放生活补助金149万元，新排摸出高海拔地区55周岁以上的特困供养人员60人，为2302户3539名特困供养等困难群众发放生活必需品折合资金633万元。

（吴杰　牛彦春）

舟曲县

【**基本情况**】舟曲县位于甘肃南部，甘南藏族自治州东南部，介于东经103°51′30″~104°45′30″，北纬33°13′~34°1′。东邻陇南市，北接宕昌县，西南与迭部县、文县和四川省九寨沟县接壤。舟曲县地处南秦岭山地，岷山山系呈东南—西北走向贯穿全境，海拔高度在1173米—4504米之间，地势西北高，东南低，东西长99.4公里，南北宽88.8公里。白龙江谷地海拔较低，其高度在1200米左右，南北两侧的山地高峰可达4000米以上，中部的大草坡、葱花坡、吊草坡一带，山势较缓，海拔在3000米左右。县境内山峦重叠，沟壑纵横，地形复杂，是典型的高山峡谷区。土地总面积3010平方公里。辖4个乡，15个建制镇，208个行政村，4个社区居委会，528个村民小组分布在403个自然村。年末全县户籍总人口14.41万人。其中，城镇人口4.16万人，乡村人口10.25万人。

【**资源优势**】舟曲县境内自然资源丰富，主要有水力、矿产、中药材、经济林果、山野菜等。水力资源得天独厚，“一江两河”及其40多条支流总径流量36.88亿立方米，水能总蕴藏量为76.8万千瓦。矿产资源贮量丰富，开发前景广阔。现已探明有色金属、黑色金属和非金属共20多种，主要有煤、铁、金、锑、铜、锌、锰、石灰岩、大理石等。中药材品种较多，名贵中药材有纹党、当归、红芪、大黄、柴胡、天麻等70余种。可食性山野菜资源有薇菜、蕨菜、刺五加等80余种，食用菌有香菇、木耳、羊肚菌等130多种。全县有林地面积12.27万公顷，森林覆盖率31.62%，天然林活立木蓄积量1700万立方米，是全省优良的天然用材林分布区之一。经济林产品主要有花椒、核桃、柿子、石榴等。

【**国民经济**】2021年，全县实现地区生产总值30.5亿元，按可比价格计算，比上年增长5.8%。其中，第一产业增加值4.7亿元，增长0.1%；第二产业增加值3.0亿元，增长6.3%；第三产业增加值22.8亿元，增长7.1%。完成一般公共预算收入1.2亿元，增长6.6%；一般公共预算支出26.2亿元，下降21.9%。年末金融机构各项存款余额73.1亿元，增长0.4%；各项贷款余额47.1亿元，增长2.2%。社会消费品零售总额4.7亿元，增长5.1%。

【**供给侧结构性改革**】持续推进供给侧结构性改革，政务服务事项实现“一门一窗一网一次”办理。“多证合一”“证照分离”注册登记等商事制度改革深入推进，市场主体数、注册资本额大幅增长。财税金融改革不断深化，非税收入征缴实现电子化，小微企业普惠性减税降费全面推行。农村综合改革持续推进，农村土地承包经营权、扶贫项目资产确权登记和农村集体资金清产核资工作全面完成，行政村村集体经济组织全覆盖，惠农金融服务站达157个。创建联合国开发计划署“韧性建设与可持续发展合作项目示范区”。与中邮等24家企业开展乡村旅游、特色产业深度合作交流，舟曲职专与5家央企、10所高职院校联合办学。

【**乡村振兴**】落实农业农村优先发展方针，创新思路、突出重点、强化举措、集成政策，乡村生态振兴成效凸显，各项工作均取得显著成效。充分运用“国家乡村振兴重点帮扶县”政策，严格落实“四个不摘”要求，健全防止返贫动态监测和帮扶机制，加强扶贫项目资产后续监管，做好1127户4390名易地搬迁群众后续扶持工作，持续深化中央定点帮扶和东西部协作，坚决防止发生规模性返贫风险。落实最严格的耕地保护制度，坚决遏制耕地“非农化”、防止“非粮化”，全力推进高标准基本农田建设和灾毁农田修复，保护好耕地资源，保障粮食安全。围绕促进农业高质高效、乡村宜居宜业、农民富裕富足目标，坚定不移推进农业供给侧结构性改革，优化农业产业结构和区域布局，打造高质量农产品供给体系。完成全县国土空间和乡镇、行政村规划编制工作，形成国土空间开发保护“一张图”。深入实施乡村建设行动，建设生态文明小康村255个，实现村组全覆盖。扎实开展农村人居环境整治提升五年行动，深入推进村庄清洁和绿化行动，农户卫生厕所覆盖率、农村生活污水治理率分别达75%和60%以上。深化农村土地、集体产权制度和农业水价综合改革，建立健全乡村社会治理体系，培养新型职业农民，培育文明乡风。

加快创建全域旅游示范区，“多彩

石城生态农庄”各皂坝村、“田园城马英雄故里”城马村、“康养小镇·葡萄之乡”土桥子村、白龙江百里风情线的知名度和美誉度逐步显现。精心打造“十张文化名片”，举办中国楹联文化翠峰山高峰论坛等节会活动近百场次，出版《舟曲民间古藏文苯教文献》并举办国家级学术会议，“东山转灯”入选国家级非遗名录。荣膺“中国最美生态文化旅游名县”“最美旅游胜地”等称号，中邮传媒助力舟曲扶贫行动入围“世界旅游联盟旅游减贫案例100”名录，加入“大九寨”文旅发展联盟。

【项目建设】大力推进项目建设，基础设施日益完善。渭武高速舟曲连接线、峰（迭）代（古寺）2条国省干线公路和东山至大川等县乡道路建成通车，舟（曲）永（和）公路、“两桥一隧”等加快建设，行政村通畅率、自然村通达率均达100%，“外联内畅”交通路网逐步成型。敷设天然气和集中供暖管网26.4公里，新建改造输电线路319公里，4G网络和新老城区5G网络全覆盖，在全州率先建成“智慧城市”。实施“8·17”暴洪泥石流灾害恢复重建项目28个，农田水利、防灾减灾等重建项目加快推进。

【人民生活】全面落实党的一系列强农惠农政策和省州确定的各类民生实事，竭尽全力为群众办实事、谋福祉，全力组织实施了县上确定的一大批民生实事，居民生活水平持续提升。全年农村居民人均可支配收入达到9825元，比上年增长10.8%；城镇居民人均可支配收入达到29128元，增长6.3%，

【环境保护】深入践行“绿水青山就是金山银山”理念，统筹山水林田湖草系统治理，实施地质灾害治理项目90个，修建防洪堤68.4公里，治理流域和水土流失面积762.6平方公里；新增造林面积5.5万亩、人工种草8万亩，兑现各类补助3亿余元，森林覆盖率、草原覆盖度分别达51%和83%；划定永久基本农田13577公顷、畜禽养殖禁养区703.7平方千米，建设高标准基本农田3.4万亩。扎实推进三大污染防治攻坚战，整改中央和省州生态环保督察反馈问题105个，强力整治“大棚房”、违建别墅、水源地违建、农村乱占耕地建房等问题，扎实开展“一江两河”流域全面禁捕行动，276名河长和11名警长常态化巡河1.1万人次，生态环境综合执法体系更加健全。纵深推进“五无甘南·美丽舟曲”建设，改造农村户厕10046座，创建清洁村庄162个，“禁塑”措施全面落实，垃圾无害化处理率达92%，倡导使用商品有机肥、农家肥近6万吨。空气质量连年排名全州第一，集中式饮用水水源水质全部达Ⅲ类以上标准，被列为生态环境质量“变好”的57个国家重点生态功能区县市之一。

【社会保障】深入践行以人民为中心的发展思想，全年为10173名农村低保对象发放低保金2672万元；为2958名城市低保对象发放低保金2053万元；为659名城乡特困供养对象发放供养金445万元；为62名孤儿和事实无人抚养儿童发放生活补助97万元；为2507名困难残疾人和2604名重度残疾人发放生活补贴和护理补贴811万元。全年实施临时救助19706人次；救助各类流浪乞讨人员26人次；努力办好人民满意教育，在全州率先实现义务教育均衡发展，学前三年毛入园率、义务教育巩固率、高中阶段毛入学率分别达95.92%、99.23%和98.46%；“健康舟曲”加快实施，医药卫生体制改革深入推进，分级诊疗制度持续完善，兰大二院、天津市“组团式”帮扶成效显著，荣获“全省妇幼健康优质服务示范县”称号；地质灾害避险搬迁有序推进，创新协调开通“感恩号”专列运输，无缝对接户籍学籍迁转、就业就学就医保障、惠农政策落实等工作，搬迁至兰州新区群众实现安居乐业。

（谈俊隆）

迭部县

【基本情况】迭部县位于甘肃省南部，地处白龙江上游的甘肃和四川两省结合部。地理坐标北纬33°39′~34°20′，东经102°55′~104°05′，土地总面积5108平方公里。古称“叠州”，藏语的意思是“大拇指”，被称为是山神“摁”开的地方。境内重峦叠嶂，群山连绵，森林广袤，河流纵横，冬无严寒，夏无酷暑。可供开发利用的水能、矿产、森林、旅游、山野珍品等资源十分丰富。全县辖11个乡镇、52个村委会、233个村民小组。

【资源优势】白龙江横贯全境110公里，落差700米，平均坡降6.4‰，是县内最大河流。大小支流30多条，水能蕴藏量80.74万千瓦；矿产资源20余种；木本植物种类60科、123属、314种；野生山野菜菌类130种；野生珍稀动物27种；药用植物有545种，其中著名的藏中药药用植物127种，主要有红景天、雪莲、冬虫夏草、贝母、猪苓、羌活、大黄、黄芪等。

境内举世闻名的天险腊子口、俄界会议遗址、次日那毛主席旧居、崔古仓开仓放粮遗址、巧夺天工的大峡谷等人文、自然景观以及浓厚纯朴的民族风情形成了一道熠熠生辉的风景线。与驰名中外的九寨沟山水相连，是得天独厚的天然“氧吧”。

【国民经济】2021年，全县完成地区生产总值20.39亿元，比上年增长5.5%。其中，第一产业增加值4.12亿元，增长0.5%；第二产业增加值4.13亿元，增长2.6%；第三产业增加值12.15亿元，增长8.5%。三次产业结构由上年的22 ∶ 21 ∶ 57调整为20 ∶ 20 ∶ 60。

【乡村振兴】完成了消除绝对贫困的艰巨历史任务。投入资金18.4亿元，易地扶贫搬迁群众245户1160人，建设村级标准化卫生室40个，荣获“四好农村路”省级示范县称号，开发公益性岗位5348个。全县义务教育适龄儿童入学率、贫困人口参保率、住房安全达标率和安全饮水覆盖率均达100%。扶贫产业体系健全完善，光伏扶贫电站收益1977万元，村集体经济全面盘活，创收402万元。脱贫攻坚顺利通过国家普查验收，全县2800户13743名贫困人口全部稳定脱贫，高质量打赢了脱贫攻坚战。

【项目建设】全力推进项目建设工作。一是项目争取工作成效显著。共争取到位中央预算内投资项目25个，总投资6.84亿元。其中，中央预算内投资4.33亿元，有效拉动县域经济社会发展。二是各类项目有效储备。精准把握国家政策，进一步加大项目储备力度，编制完成《迭部县2022年中央预算内

建设项目投资建议拟申报表》共87项，总投资23.56亿元，申请投资21.1亿元。充实完善专项债券项目库共7大类35项，总投资44.8亿元，申请专项债券资金38亿元，已录入在线审批平台及国家重大项目库21项，总投资32.1亿元，申请专项债券22.2亿元。三是重大项目顺利推进。总投资28.2亿元的省列重大项目扎尕那生态旅游康养社区建设项目和总投资1.25亿元的白龙江流域综合治理工程、总投资4980万元的河日滩道路及给排水工程及总投资1.8亿元的扎尕那核心景区基础设施建设项目等州列重大项目有序推进。四是产业园区建设有序推进。不断加大产业园区基础设施建设力度，累计投入1.13亿元，开工建设园区道路、防洪和护坡等工程，同时积极推进企业入园工作。五是招商引资成效显著。全年共征集到重点招商引资项目25个补充到项目库，总投资约30.34亿元；第27届“兰洽会”共签约光伏发电、民俗旅游、房地产开发3个项目，签约总金额4.86亿元；共实施各类续建招商引资项目10个，累计完成投资3.64亿元。

【优势产业】现代农牧业不断壮大，发展专业化养殖场19个、经济林果8800亩、建成设施农业大棚680座，蕨麻猪养殖规模达6.41万头，培育“四上”企业19家，创建示范合作社66家。认证国家绿色食品A级产品12个，迭部蕨麻猪和迭部羊肚菌认证为国家地理标志保护产品。县、乡、村三级物流体系初步建成，津迭两地6家企业签订供销协议，实现销售收入6500万元。依托红绿资源优势，全力打造文旅产业。扎尕那大景区成功晋升国家4A级景区，腊子口、俄界、茨日那景区成功创建国家3A级景区。文化旅游“一十百千万”工程成果丰硕，打造旅游标杆村5个，发展旅游专业村38个、特色民宿和农家乐260家。成功举办四届“三大节会”品牌赛事活动，荣获“大力士之乡”“甘肃省民族体育（则巴）推广基地”称号，全县接待游客达716.36万人次，旅游综合收入达39.3亿元，旅游业呈“井喷式”增长。

【人民生活】2021年，全县城镇居民人均可支配收入29128元，比上年增长6.25%；农村居民人均可支配收入9666元，增长11.12%。机关事业养老保险参保4801人，缴费率99%，基金收入7524万元，其中财政配套779万元，利息收入101.39万元，领取待遇人员1456人，基金支出7975.14万元；城乡居民养老保险基金收入为1665.8万元，领取待遇人员5584人，共发放848.8万元，丧葬费40.11万元；企业养老保险参保人数1037人，缴费人数增长率8%，基金收入为1019万元，支出1898万元；农民工工伤保险参保1125人，参保率95%，新开工项目应参保户数为37户，已参保35户，参保率为95%，基金收入为150万元，享受工伤待遇6人，发放资金10万元；失业保险参保人数3448人，缴费率102%，基金收入263.34万元，支付3人失业人员失业待遇3.6万元，代缴3人失业人员医疗保险8232元，支付314人失业人员失业补助金177.20万元，对符合稳岗返还政策的48户企业返还资金8.6万元。各项社会保险待遇按时足额发放。

城乡居民参加基本医疗保险应参保人数为44350人，实际参保人44257人，参保率99.79%；其中已脱贫户和“三类”户人口应参保人数14482人，其中本地参保人数14241人，异地参保人数241人，参保率100%，实现了全县已脱贫户和“三类”户人口参保全覆盖，完成全县参保率不低于95%的指标任务。2022年城乡居民基本医疗保险参保缴费42315人，征缴入库参保费1354.08万元，平均征缴入库率95.73%。对城乡低保差额保障对象个人缴费给予差额资助。2021年全县参保资助人数16620人，落实资助金额2582940元，其中全额资助638人，资助金额178640元，差额资助15982人，资助金额2404300元（其中已脱贫人口资助13571人，资助金额2046050元）。2022年全县参保资助人数16428人，落实资助金额199.91万元。其中全额资助476人，资助金额15.23万元，差额资助15961人，资助金额184.67万元，实现全县已脱贫户和“三类户”人口参保资助全落实。

全县新增城镇就业3230人，劳务输转2.65万人。坚持教育优先发展，投入1.81亿元大力改善办学条件，提前两年实现县域义务教育基本均衡发展目标，县政府履行教育职责情况以优秀等次通过省级督导评估。医疗水平不断提升，县医院、藏医院分别评为二级甲等综合医院和二级甲等民族医院。高度关注困难群体生活，发放社会救助资金1.36亿元。投入4.13亿元，实施城镇棚户区改造4983户，发放住房租赁补贴144.78万元，城乡居民住房条件有效改善。

【环境保护】纵深推进城乡环境综合整治，抢占生态文明“制高点”，打造绿色发展“升级版”，实现了“全域无垃圾”目标。统筹推进山水林田湖草沙系统治理，投资6.22亿元，实施流域治理、生态修复、灾害防治等各类生态项目40个。扎实推进“蓝天、净土、碧水”保卫战，有效管护公益林205.66万亩、国土绿化10.5万亩、义务植树95.7万株，植被覆盖率达97.3%，森林覆盖率提高0.35%。连年荣获“全国百佳深呼吸小城”“国家生态文明建设示范县”“国家生态综合补偿试点县”称号，扎尕那农林牧复合系统被联合国粮农组织评选为全球重要农业文化遗产。

【社会保障】全年民生事业支出11.63亿元，高质量完成省州民生实事16项。大力扶持就业创业，公开招聘“三支一扶”、特岗教师、专职社区工作者、公车司勤人员等75人，引导大中专毕业生到企业工作55人。“双拥”成果不断巩固，城乡低保、特困供养、残疾人补贴、儿童救助等政策全面落实，发放各类社会救助资金1788.18万元。社会保障能力不断提高，城乡居民养老、医疗保险参保率分别达95%、99.71%。持续巩固义务教育均衡发展成果，招录紧缺学科教师28名，投资2018万元实施教育项目38个，教育综合水平不断提升。深入推进健康迭部建设，投资2500万元建成县人民医院康复中心业务用房，投资1539万元的医疗废弃物处置中心建设项目顺利实施。持续开展医疗机构对口帮扶，全县医疗服务水平明显提升。提高干部职工冬季取暖费补助标准，每人每月增加200元。

【社会事业】完成就业人数433人，失业人员再就业403人，就业困难人员再就业265人，创业担保贷款发放35笔1871万元。组织招聘1万名未就业普通高校毕业生到基层就业服务项目55人，招聘社区工作者15名，招聘公务用车司勤人员14人。疫情期间开放临时性疫情防控公益性岗位20名。全县失业率控制在4%以内。完成劳务输转5058人，创劳务收入0.99亿元，完成技能提升培训1390人，培训后实现就业创业379人。

（桑杰次力）

玛曲县

【基本情况】玛曲县位于甘南藏族自治州西南部，青藏高原东端，甘、青、川三省结合部，境内海拔3300—4806米。2021年降水量535.8毫米，日照时间23084小时，年平均气温3.1℃，全年无霜期56天。境内河流纵横，黄河从青海久治县门堂乡流入县境内木西合乡，经西、南、东、北环流全县，最后返流至青海、河南、蒙古族自治县，形成久负盛名的“天下黄河第一弯”。全县辖2乡6镇1场1站，2个居民委员会，36个村民委员会。

【资源优势】全县土地总面积9156平方公里，有天然草场858667公顷，其中可利用草场面积830333公顷，占草场面积的96.7%。天然草场植被覆盖良好，植物种类丰富，素有“亚洲第一草场”美誉。主要畜种有牦牛、欧拉羊和河曲马，境内栖息着梅花鹿、马鹿、白唇鹿、棕熊、香獐、麝香、雪豹、猞猁、水獭、白天鹅、黑颈鹤、白肩雕、蓝马鸡、雪鸡、藏原羚等10多种珍禽异兽；伴生有47科、413种优生野生植物，其中39科，151种具有良好的药用价值，特别是分布面积广、数量多，药用和经济价值较高的有冬虫夏草、水母雪莲、红景天、甘肃贝母等20多种。

【国民经济】2021年，全县实现地区生产总值22.14亿元，按可比价计算，比上年增长3.3%。其中，第一产业增加值7.48亿元，比上年增长4.2%；第二产业增加值1.91亿元，下降16.7%，第三产业增加值12.76亿元，增长6.3%。完成固定资产投资12.03亿元，比上年增长6%。实现社会消费品零售总额34231万元，增长3.4%。

【乡村振兴】“十三五”期间，累计投入扶贫资金14.41亿元，竭尽全力攻壁垒、破难题、补短板、强弱项。全县1741户7078人建档立卡贫困人口全部实现脱贫，15个贫困村整体退出，2018年整县“脱贫摘帽”，2020年高质量完成国家脱贫攻坚普查。切实加大易地扶贫搬迁、生态文明小康村建设等项目整合力度，采取收购库存房源和易地重建两种模式，全面落实建档立卡贫困户的住房安全保障。整合涉农资金、天津市河北区和嘉峪关市帮扶资金、县级财政扶贫配套资金，实施以庭院环境整治、房屋室内简装、家具统购统配为主要内容的人居环境改造提升工程。

【项目建设】“十三五”期间，累计实施国家投资项目213个，总投资34.2亿元。改造城镇棚户区4576户，供水普及率达100%。建成46.58兆瓦光伏电站。县、乡、村文体场所基本实现全覆盖。玛久二级公路、玛沁三级公路、S330河曲马场至黄河桥三岔路口三级公路、齐哈玛黄河大桥等重点交通项目建成通车。黄河玛曲段防洪治理工程、牧区节水灌溉工程等水利工程顺利实施，极大改善了城乡基础设施条件。

【人民生活】2021年，全县城乡居民收支不同程度增长，人民生活水平不断提高，农村居民人均可支配收入12138元，比上年增长11.23%。其中，工资性收入89元，增长6.88%；经营净收入8707元，增长13.61%；财产净收入32元，增长9.76%；转移净收入3310元，增长5.53%。农村居民家庭人均消费性支出11302元，增长10.49%；农村居民恩格尔系数44.42%，比上年降低0.02个百分点。城镇居民人均可支配收入30746元，比上年增长6.4%。其中，工资性收入30121元，增长5.77%；经营净收入153元，增长4.82%；财产净收入461元，增长2.27%。城镇居民家庭人均消费性支出22703元，增长7.8%。城镇居民恩格尔系数为32.65%，比上年降低0.24个百分点。

【环境保护】结合污染防治攻坚战、牧村人居环境整治、河湖“清四乱”、城乡环境综合整治“百日攻坚”“六治两提”等行动，全力推进“五无甘南”创建工作，探索实施“五无甘南·绿色玛曲·清洁牧户”百日攻坚、“五无甘南+”系列专项行动等创建活动。投资1.1亿元，完成草原划区轮牧围栏10万亩，治理沙化土地4050亩、沙化草原8.25万亩、“黑土滩”退化草地14.1万亩、毒害草地1万亩，实施退化草原改良9万亩、人工种草2万亩、人工造林0.31万亩。扎实开展草原禁牧和草畜平衡“回头看”工作；积极推进剩余2项金矿资源开发生态环境问题整改，且达到整改时序要求；完成玛曲县生态状况评估以及矿山企业生态损害赔偿等工作。持续打好“三大污染防治攻坚战”，全面规范燃煤销售市场，城区10蒸吨以下燃煤锅炉整治清零；督促各行业领域规范处置各类危险废物；梳理入河排污口39个；完成采日玛镇、齐哈玛镇、曼日玛镇、木西合乡4个乡镇水源地保护区调整界定工作；积极推进若尔盖—黄河首曲国家公园建设。全力打好“蓝天、碧水、净土”三大污染防治攻坚战，县域空气、水质、土壤质量优良率达100%。完成黄河玛曲段入河排污口现场排查、溯源调查和隐患整治任务，县域空气、水质、土壤质量优良率达100%。纵深推进城乡环境综合整治、“全域旅游无垃圾示范区”创建活动、牧村人居环境整治行动。完善生活垃圾收运体系建设，生活垃圾无害化处理率达98%。

【社会保障】社会保障更加完善，全县城镇新增就业401人，失业人员实现再就业233人，就业困难人员再就业147人，城镇失业率3.65%。为56名未就业高校毕业生和5家县内企业提供创业贷款1800万元；完善牧村劳动力转移就业工作机制，全年劳务输转1901人，创收0.58亿元。企业职工基本养老保险缴费人数0.14万人，基金收入1705万元，基金支出1804万元，缴费人数增长16%；机关事业单位养老保险缴费人数0.44万人，基金收入7108万元，支出7963万元，参保人员缴费率96%；工伤保险缴费人数0.49万人，基金收入114万元，支出24万元，农民工参保率100%，新开工项目参保率100%；失业保险缴费人数0.33万人，基金收入223万元，支出10万元，参保人员缴费率100%；征缴城乡居民基本养老保险

1014万元，支出565万元，城乡居民基本养老保险贫困人口覆盖率达100%。

截至2021年底，全县城乡居民医疗保险参保人数47617人，参保率95%；城镇职工医疗保险基金本年收入3564万元，支出1931万元；州级下拨城乡居民基本医疗保险基金2000万元，支出1772万元；医疗救助补助资金上年结余946万元，财政配套收入295万元，支出468万元。

【社会事业】普惠政策全面落实，累计投入1985万元，为民办成168件实事。教师队伍持续壮大，办学条件明显改善，办学质量显著提升，学前教育三年毛入园率、高中阶段毛入学率较“十二五”末分别提高19.4和15.9个百分点，义务教育均衡发展提前3年通过国家评估认定。全力改善医疗卫生基础条件，深入推进健康玛曲建设，远程会诊医疗系统覆盖乡镇、连通省内外优质医疗平台；高原慢特病康复中心项目和县人民医院内外科综合楼建设项目顺利实施；免费开展牧村妇女“两癌”筛查4109人。全面落实新冠肺炎疫情防控措施，建成2个县级核酸实验室，实现县内“零感染”。完善“先诊疗、后付费”“分级诊疗”和“一站式”结报制度，享受城乡居民医疗保险待遇达12.5万人次，累计报销资金达1亿元。开发各类公益性岗位3077个，落实未就业高校毕业生创业贷款2840万元，新增城镇就业2171人，实现再就业1028人，城镇失业率控制在4%以内。城乡居民基本养老保险参保率达到96%，农村一、二类低保和城市低保人均年标准不断提高。

（宁馨）

碌曲县

【基本情况】碌曲县地处青藏高原东部，位于甘南藏族自治州西南部，在甘、青、川三省交界处，南邻四川省若尔盖县，西界青海省河南县，西南与本州玛曲县接壤，东连本州卓尼县，北部与本州夏河县毗邻。地理坐标位于东经101°35′36″~102°58′15″，北纬33°58′21″~34°48′48″。地势西高东低，东西长126公里，南北宽93公里，海拔最高处额日宰4483米，最低处吾乎扎滩2860米，相对高差1623米，平均海拔在3000米以上，极端高温26.7℃，极端低温-21.2℃，年降水量526.9mm，年均气温2.8℃，气候高寒、阴湿、降温频繁。全县总面积5299平方公里。现辖7乡镇、24个村民委员会、95个村民小组。2021年末，全县总人口3.81万人，藏族人口3.58万人，占总人口的93.96%，是一个以藏族为主多民族杂居的纯牧业县；常住人口3.59万人，其中城镇人口1.67万人，城镇化率46.52%。

【资源优势】紧紧围绕黄河上游生态保护和高质量发展，立足资源禀赋和地理区位条件，大力发展畜牧、旅游、藏医药、劳务、光伏等绿色产业。纵深推进生态文明小康村建设和“一十百千万”工程，小康村建设实现了全覆盖，郎木寺、贡巴、西仓等许多村镇实现了华丽转身、精彩绽放。尕秀村被评为改革开放40年来全国49个“美丽乡村”之一，是全州第一个成功评审4A级旅游景区的村庄。加快发展文旅产业，实施郎木寺、尕海、则岔、尕秀景区提升工程，创建4A级旅游景区3个，建成观景台8处、旅游厕所25座，扶持农牧家乐172家，旅游特色商铺49家，宾馆饭店179家，旅游基础设施不断完善，旅游环境得到极大改善。编排大型歌舞剧《碌曲神韵》《盛世锅庄》，“中国锅庄之乡”魅力碌曲旅游文化品牌效应不断放大，旅游业呈现井喷式发展态势。全年累计接待游客134.61万人次，实现旅游综合收入5.96亿元。

【国民经济】2021年，全县地区生产总值145192万元，按可比价计算，比上年增长4.0%。其中，第一产业增加值43041万元，增长0.6%；第二产业增加值8488万元，下降5.7%；第三产业增加值93663万元，增长6.9%。三次产业结构比由2020年的33.8 ：5.9 ：60.3调整为29.6 ：5.9 ：64.5，第一产业比重下降4.2个百分点，第二产业比重保持不变，第三产业比重上升4.2个百分点。全部工业增加值3765万元，下降7.7%；社会消费品零售总额29486万元，增长5.0%；固定资产投资增长5.8%；大口径财政收入5927万元，增长6.2%；一般公共预算收入3525万元，增长10.1%；一般公共预算支出17.5亿元，下降1.6%。年末金融机构各项存款余额168354，比上年末下降12.8%；各项贷款余额123509万元，下降2.77%。

【供给侧结构性改革】深入推进政府职能转变，“七美碌曲”绽放新颜。持续深化“放管服”改革，取消和调整行政审批事项292项。加快“互联网＋政务服务”建设，314项政务服务事项实现“最多跑一次”，推行“一窗式服务”，完成县政务服务中心标准化升级改造，政务服务事项办结率达99%。商事制度改革持续深化，“双随机、一公开”监管机制实现全覆盖。全国经济和地名普查、政府机构改革、公务用车改革、国有林场改革、国税地税征管体制改革、供销合作社改革全面完成，西仓、双岔、尕海撤乡改镇。不动产统一登记工作、农牧村集体土地房屋确权登记发证工作稳步推进。营商环境持续优化，经济社会发展更具活力。

【乡村振兴】严格落实“四个不摘”要求，持续巩固拓展脱贫攻坚成果。启动扶贫开发志、全面小康志编纂工作，全面展示记录脱贫攻坚“红色家谱”。年内安排县级配套资金1300万元，聚焦巩固拓展脱贫成果和乡村振兴，着力提升产业发展质量。集中开展专项督查，对全县156户边缘人口进行数据比对，修正完善“一户一策”241户1117人。积极争取东西部扶贫协作帮扶资金3276万元，实施了16个稳岗就业、教育培训和携手奔小康等项目。农牧村基础设施持续改善，农牧民生产生活水平稳步提高，脱贫质量得到进一步巩固提升。

【项目建设】年内开工建设项目46个，其中新开工项目24个，续建22个。扎实开展郎木寺景区“双月攻坚”行动，提升“魅力名镇”颜值，郎木寺镇整体形象加速“蝶变”。高标准建设贡巴、尕秀2个旅游标杆村，建设红科、贡去乎等7个旅游专业村。碌卓公路贡阿段、贡则公路开工建设，完成红科至科才5.25公里公路建设。自然村组道路、危桥改造、养护维修等交通项目深入推进。通过与省交通厅积极衔接汇报，争取将碌卓路作为乌玛高速甘青段连接线打捆建设至双岔镇，与西成铁路双岔站形成交通枢纽。全面完成9处农牧村饮水安全巩固提升工程。总投资2.49亿元的青藏高原生态文明创新示范区暨尕海湖旅游特色小镇基础设施建设项目开工建设。加强项目稽查和管理，开展历年项目竣工验收。签约招商项目9个，当年完成投资1.42亿元。

【优势产业】大力扶持牦牛、藏羊、蕨麻猪等特色产业，开工建设李恰如牦牛生态养殖示范基地。筹措4016万元“百社带千户”扶持资金，扶持壮大专业合作社107个，带动牧户5319户。对29家发挥示范带动作用的专业合作社落实奖励资金350万元。双岔紫青稞、李恰如天池牦牛获得转换证书，碌曲黑牦牛、藏羊、蕨麻香猪已获专利商标受理。全年全县年末各类牲畜存栏429797头、只，比上年减少115315头、只，下降21.16%。肉类产量12966吨，比上年减少366吨，下降2.75%。牛奶产量15589吨，下降45.31%；绵羊毛产量214吨，下降20.74%。

【人民生活】2021年，城镇居民人均可支配收入30360元，增长6.81%；城镇居民人均消费支出27361元，增长11.60%。农村居民人均可支配收入11976元，增长11.01%；农村居民人均消费支出8215元，增长11.62%。持续发展劳务经济，年内劳务输转5620人，创劳务收入1.04亿元，落实劳务奖补资金200万元，发放创业担保贷款1640万元。

【环境保护】扎实推进“五无甘南”创建行动，排查整治“蜘蛛网”飞线320处，拆除废弃电杆、油木黑杆45根，清理规整线缆16万米。新敷设污水管网11.7公里。全面推行河湖长制，落实河湖管理保护机制，持续开展“清四乱”专项行动。深入推进国道213线和洮河沿线环境综合整治，环保退出红科沟5家砂石料场并进行生态恢复治理，完成草畜平衡牲畜核减25.17万羊单位。大力发展光伏清洁能源，总投资50亿元的“牧光互补”100万千瓦新能源基地项目落地建设。

【社会保障】投资8500万元，落实省州为民办实事13项，进一步保障和改善了民生。发挥社会保障兜底作用，为6886名特殊人群每人代缴200元养老金。积极拓宽就业渠道，城镇新增就业321人，公开招录大中专毕业生78名，安置城镇公益性岗位148人。全县城乡居民基本医疗保险参保人数32341人，参合率达99.30%，累计门诊和住院补偿支出1570万元，参合农牧民受益人数19222人次。

【社会事业】加快推进科技馆和城关小学宿舍楼建设项目，完成3座幼儿园、2所小学教学及宿舍楼建设，办学条件持续改善。“健康碌曲”建设不断加快，综合诊疗能力有效提升。计划免疫、母婴安全、妇幼保健、疾病防控、老年人权益保障、家庭医生签约服务等方面持续加强。城乡居民基本医疗保险参保率居全省第一，新医保系统全面上线，医保普通门诊费用实现异地刷卡结算。“三馆一站”和新时代文明实践中心全面对外开放，全州第一部村志《尕秀村志》顺利出版，广播电视覆盖率达到95%以上。政府购买社会救助服务成效明显，落实救助资金9528万元，统筹保障低保对象、特困供养人员、经济困难老年人、贫困残疾人和孤困儿童等城乡困难群众基本生活。全县示范型退役军人服务中心（站）顺利通过国家和省州验收。

（冯睿）

夏河县

【基本情况】夏河县位于甘肃省西南部，甘南藏族自治州西北部，东经102°31′，北纬35°12′，地处青藏高原东部边缘，秦岭山脉的西段，处于甘南高原和黄土高原的过渡带，东南面分别与州属合作市、碌曲县相邻，北依临夏回族自治州临夏县及青海省循化县、同仁县，全县土地总面积为6274平方公里，大部分地区海拔高度在3000—4200米之间，最高点为甘加达里加山主峰，海拔4636米，最低点在夏临交界处的土门关一带，海拔2200米。气候寒冷湿润，年平均气温4.4℃，年均降水量410毫米，平均无霜期56天，全年日照时间2296小时。下辖10个乡、3个镇，65个村委会、4个社区（居委会），439个村民小组，有藏、汉、回、撒拉、蒙古、朝鲜、土等14个民族。2020年末常住人口8.63万人，城镇化率32.20%。

【资源优势】夏河县境内各类植物品种较多，有大量的牧草、药材、林木等野生物，有适量的农作物、蔬菜、花卉等栽培植物。拥有比较丰富的矿产资源，县内有大夏河和洮河两大水系，自产水资源16.3亿立方米，人均占水量11673立方米，为全省丰水区。旅游资源得天独厚，堪称中国藏族地区的缩影。藏传佛教文化辉煌灿烂，草原风光景色如画，森林松涛神韵幽远，高山湖泊清澈深邃，民俗文化绚丽多姿，人文景观特色浓郁，已形成了功能齐全，设施配套的旅游服务体系和以草原生态、宗教文化、藏族风情为品牌的特色旅游。

【国民经济】2021年，夏河县实现地区生产总值23.37亿元，按可比价计算，比上年增长3.5%。分产业看，第一产业增加值7.78亿元，增长3.7%；第二产业增加值2.5亿元，下降9.1%；第三产业增加值13.1亿元，增长5.9%。固定资产投资比上年增长7.4%；实现社会消费品零售总额63660万元，增长4.6%。城镇居民人均可支配收入29538元，增长6.9%；农村居民人均可支配收入10207元，增长11.4%。完成一般公共预算收入10478万元，下降11.11%；一般公共预算支出232026万元，下降6.6%。

【供给侧结构性改革】2021年，夏河县围绕“放管服”三条主线，以“最多跑一次”改革为目标，坚持行政审批事项简化、优化、标准化、数字化“四化”联动，推动“放管服”改革提速增效。乡镇村（社区）两级政务服务体系标准化建设实现全覆盖，投资238.5万元完成14个乡镇党政综合服务中心提升改造，205项经济社会管理权限下放至各乡镇，69个行政村（社区）便民服务站全部接入政务外网，1216项政务服务事项实现网上办理。累计办理政务服务事项6.5万件，办结率均为100%，位居全州前列。积极推行企业简易注销登记改革和公共资源交易项目全流程电子化服务。新增各类市场主体425户、新增注册资金5.8亿元。全面落实“一企一策”和招商引资优惠政策措施，设立招商引资项目“一站式”服务窗口，企业办事更加便捷高效。

【乡村振兴】2021年，夏河县始终

坚持把巩固拓展脱贫攻坚成果同乡村振兴有效衔接作为重大政治任务，大力弘扬伟大的脱贫攻坚精神，接续推进乡村全面振兴。聚焦“两不愁三保障”薄弱环节，整合各类涉农资金2.38亿元，加快推进产业发展、基础改善和民生保障。坚持动态管理、分类指导、精准施策，全县69户边缘户和94户监测户消除了致贫返贫风险。完成驻村第一书记和驻村工作队队员轮换，新选派158名工作队员驻村开展帮扶工作。强化扶贫资产管理，共核查扶贫项目资产19.1亿元。续聘乡村公益性岗位3534人，发放报酬2321.62万元。精准开展劳动力技能和创业致富带头人培训，输转富余劳动力5910人，实现劳务收入1.3亿元。深化东西部协作、对口支援和中央企业定点帮扶等重点工作，落实帮扶资金7600万元。组织开展“数家珍、说变化、话未来”观摩评比活动，积极挖掘特色亮点，因地制宜谋划产业发展思路，奋力推进乡村振兴战略全面实施。启动《夏河县扶贫开发志》《夏河县全面建设小康志》《夏河县乡镇、村（社区）志》编纂工作。

【项目建设】2021年，夏河县认真研究国家政策和投资导向，加大项目谋划和争取实施力度。全年共争取各类项目资金8.6亿元，新建项目50个；投资77.45亿元续建项目43个，已完工28个。共签约招商引资项目9个，引进资金16.36亿元。总投资33.75亿元的750兆瓦“牧光互补”新能源基地建设项目已开工建设。总投资6050万元的乡镇集中供热工程、水环境综合治理工程稳步推进。总投资8800万元的县城应急水源工程已完成建设任务。总投资4648.4万元新建乡镇村组道路101公里。逐一对照筛查“十三五”时期实施的各类项目，完成验收68个，交付使用202个。阶段性编制完成《夏河县国土空间总体规划（2020—2035年）》。

【优势产业】2021年，夏河县始终坚持生态畜牧业基础地位不动摇，优化调整产业结构，大力实施畜种结构调整。投资1603.5万元，实施良种繁育工程，组建牦牛核心群9个、藏羊繁育核心群10个、娟姗犏雌牛杂交改良群15个、安格斯肉牛杂交改良群10个，建设标准化奶牛养殖示范基地1个、娟姗犏雌牛合作社养殖基地7个、鲜奶收购站1个。推广种植羊肚菌、中藏药材、优质青稞、杂交油菜、马铃薯等11.5万亩。总投资688万元的安多集团安多牧场特产商城开业运营。投资9659万元建设完成14个乡村振兴及农牧村人居环境连片综合整治项目；投资1.3亿元实施文化旅游“一十百千万”工程，成功打造3个文化旅游标杆村、3个全域旅游专业村、7个生态文明小康村、星级藏家乐和精品民宿260家，旅游综合服务保障能力不断提升。精心编排常态化演出精品剧目《梦回拉卜楞》，丰富人民群众精神文化生活和游客文化体验。现代物流、电子商务和文化旅游成为新的经济增长点，发展势头强劲。

【人民生活】2021年，全县城镇居民人均可支配收入29538元，比上年增长6.9%。农村居民人均可支配收入10207元，增长11.4%。聚焦“两不愁三保障”薄弱环节，整合各类涉农资金2.38亿元，加快推进产业发展、基础改善和民生保障。坚持动态管理、分类指导、精准施策，全县69户边缘户和94户监测户消除了致贫返贫风险。

【环境保护】2021年，夏河县按照州委、州政府“一年打响、释放甘南力”目标要求和县委具体工作部署，聚焦全域无垃圾、全域无化肥、全域无塑料、全域无污染、全域无公害，积极推进“五无甘南”创建行动。投资9106.92万元，扎实开展“三大会战”、十项重点工作集中攻坚行动和文旅产业融合发展“六个一”等重点工作。扎实推进黄河流域生态保护和高质量发展，投资1.24亿元实施生态环境保护与修复工程，治理退化草原3.5万亩，治理草原鼠虫害110万亩，人工造林3500亩、封山育林5000亩。严格落实河湖长制，打好治水“组合拳”，稳步推进林长制、田长制、路长制，实现山水林田湖草沙生命共同体整体保护。扎实开展“清四乱”专项行动，整治大夏河涉河问题54个，清除弃土弃渣3.3万方。认真落实国家粮食安全战略，新建高标准农田1.4万亩。全面彻底整改中央和省州生态环保督察反馈问题，共落实牲畜出栏补助资金970万元，核减牲畜53万个羊单位，在全州范围内率先超额完成减畜任务。持续加大城乡基础设施建设力度，大力实施风貌改造“四化”工程，城乡面貌焕然一新。

【社会保障及社会事业】2021年，夏河县坚持教育优先发展战略，足额落实义务教育经费“三个增长”。投资7800万元，实施王格尔塘中学整体搬迁及县藏族中学、博拉中学教师周转宿舍、浪格塘幼儿园、勒吉合幼儿园等建设项目。总投资6000万元的阿木去乎九年寄宿制学校建成并顺利开学。发放乡村教师补助、班主任津贴515万元，资助困难学生8710人次520万元。

着力提升卫生健康工作。总投资2648万元的县藏医医院药浴楼、王格尔塘镇中心卫生院、拉卜楞镇2个社区卫生服务中心建成并投入使用。坚决落实常态化疫情防控措施，压实“四方”责任、落实“四早”要求，严格人物同防，全县累计开展核酸检测10.5万人次，检测进口冷链食品235吨，接种疫苗13.3万人次。

2021年，夏河县投资1.3亿元实施文化旅游“一十百千万”工程，成功打造3个文化旅游标杆村、3个全域旅游专业村、7个生态文明小康村、星级藏家乐和精品民宿260家，旅游综合服务保障能力不断提升。精心编排常态化演出精品剧目《梦回拉卜楞》，丰富人民群众精神文化生活和游客文化体验。现代物流、电子商务和文化旅游成为新的经济增长点，发展势头强劲。

2021年，夏河县始终坚持以人民为中心的发展思想，加大民生领域投入，高质量完成省列6件、州列10件民生实事。筹措资金86.3万元购买十元民生救助保险，为全县1.6万人代缴养老保险102.5万元；落实贫困大学生救助资金71.8万元，发放低保、特困供养、残疾人补贴、困难僧人补助、临时救助等各类资金8411万元。城镇新增就业520人，城镇登记失业率控制在3%以内。依法保障农民工合法权益，追讨农民工工资506万元。投资3488.5万元，新建唐尕昂、甘加、博拉、科才等4个乡镇敬老院。

（祁荣龙）

兰州新区

【基本情况】兰州新区位于甘肃省兰州市北部的秦王川盆地，南北长约49公里，东西宽约23公里，地处兰州、西宁、银川3个省会城市共生带的中间位置，是丝绸之路经济带上的重要节点，也是甘肃对外开放的重要窗口和门户。2010年12月，甘肃省设立兰州新区。2012年8月，国务院批复为国家级新区，并赋予“西北地区重要的经济增长极、国家重要的产业基地、向西开放的重要战略平台、承接产业转移示范区”战略定位，规划范围涉及兰州市永登、皋兰两县6镇，总面积1744平方公里，规划控制面积821平方公里，核心区规划建设面积246平方公里。现已托管永登县中川镇、秦川镇和皋兰县西岔镇3个镇，面积约843.7平方公里。2021年，新区年末常住人口30万人。兰州新区是青藏高原、内蒙古高原、黄土高原的过渡带和阻断腾格里沙漠南移的重要屏障，也是回族、藏族、东乡族等多民族的交融地。地势由西北向东南倾斜，东西两面是低矮黄土山丘，平均海拔1910米。属典型的温带半干旱大陆性气候，四季分明，阳光充足，冬季寒冷干燥，春季多风少雨，夏无酷暑，秋季温凉。

交通条件便捷。兰州新区是渝新欧、蓉欧、郑新欧等国际货运大通道必经之地，是国家“八纵八横”铁路网的重要枢纽，有10条铁路干线在这里交汇，7条高速公路与周边城市相连。省内唯一的大型国际机场——中川国际机场，2021年底客运吞吐量1217.12万人次，比上年增长9.39%；货邮吞吐量7.31万吨，增长4.46%。

【国民经济】2021年，新区完成地区生产总值300.07亿元，比上年增长20%，增速继续领跑全省和各国家级新区。其中，第一产业增加值3.69亿元，增长21.9%；第二产业增加值148.48亿元，增长21%；第三产业增加值147.91亿元，增长19%。三次产业占比为1.2 ∶ 49.5 ∶ 49.3。规模以上工业增加值增长20%；社会消费品零售总额67.06亿元，增长12%；固定资产投资增长11.1%。一般公共预算收入32.37亿元，增长63.9%；一般公共预算支出71.5亿元，增长49%。年末本外币存款余额220.27亿元，比上年末增长0.4%；本外币各项贷款余额634.84亿元，增长11.4%。

【供给侧结构性改革】着眼于新区建设发展实际，深入推进供给侧结构性改革，围绕“去产能、去库存、去杠杆、降成本、补短板”五大任务，全力促进经济向高质量发展方向迈进。坚持淘汰严重过剩产能。在承接产业转移、招商引资方面严把入口关，严格环保、质量、安全等标准，坚持引进专精特新产业，坚决淘汰落后产能，2021年规上工业单位增加值能耗比上年下降8.73%。抓好房地产行业去库存。紧盯新区“承接产业转移示范区”的战略定位，坚持用产业集聚吸引人口集聚，抢抓新区黄金发展机遇，用好土地改革、财税制度改革、创新创业引导机制，大力在引进龙头企业和人才引进方面下功夫，努力减少房地产库存储备，提升储备空间的利用效率和周转量。2021年，新区商品房待售面积21.64万平方米，比上年下降17.1%，其中住宅待售面积4.86万平方米，下降11.5%。紧盯新兴产业降成本。持续加大对战略性新兴产业支持力度。2021年，新区规上工业企业每百元营业收入中的成本为91.99元，比上年减少1.5元；战略性新兴产业增加值15.37亿元，占地区生产总值比重为5.1%；高技术制造业工业增加值6.85亿元，增长27.6%，占地区生产总值比重为2.3%，占比比上年提高0.3个百分点。加快补齐产业发展短板。着力破解制约产业项目引进、落地、建设、投产等全过程的突出难题，引导要素资源向产业基础和产业链的薄弱环节、短板节点集聚。全年新引进产业项目155个，甘肃滨农科技、何尉环保科技、甘肃朗玛旗云、甘肃农垦药物碱厂等项目快速建设，2021年，新区工业投资增长40.8%，民间投资增长14.1%。

【乡村振兴】农村“三变”改革持续深化，农业农村发展活力不断释放。严防耕地“非粮化”，着力稳定粮食生产。抢抓撂荒地整治重大契机，全力推动高标准农田提升改造，全年整治撂荒地5.35万亩，提升改造高标准农田10万亩，全年粮食作物播种面积6.22万亩，比上年增长2.9%；粮食产量1.56万吨，增长1.2%。全面推进农村人居环境提升整治。立足生态宜居，以农村人居环境整治“小切口”推动乡村振兴“大战略”。创建省级乡村建设示范村10个，17个保留村逐步从“美丽乡村”向“美丽经济”转变。新区村镇区域累计清理各类垃圾1.5万余方，清理枯草约3.6万平方米，处理废旧农膜、棚膜70余吨，尾菜资源化处理2000余吨，清理流动摊点、店外店、占道经营150余处，拆除油木杆91个、水泥杆38个，拆除废弃通讯线缆10余吨。新建500座厕所，累计完成农村户厕改造10103户，保留村常住户厕所改造覆盖率达到85%以上。深入推进“四好”农村公路提质扩面，新建农村公路14公里。

【项目建设】紧紧围绕加速产业集聚、扩大对外开放、提升城市能级、优化生态环境等方面，精心谋划、做大做强项目盘子，省市列重大项目顺利推进。全年实施项目418个，其中新入库项目180个。在机场三期、T3连接线等重点项目带动下，新区固定资产投资比上年增长11%。其中基础设施项目投资增长53.7%，占固定资产投资的比重为36%；房地产项目投资增长3.55%，占投资的比重为32%。从三次产业看，第一产业占固定资产投资的2.6%，第二产业占24%；第三产业占73.4%。全年实施省市列重大项目21个，完成投资占全部投资的36.4%。

基础设施项目加快推进。着眼城乡一体化发展和产业园区基础设施配套，加快推进基础设施项目建设，进一步提升新区城市承载功能。道路交通方面，G341线白银至中川一级公路建成试通车，中川机场三期扩建、机场环线铁路、机场T3航站楼连接线等加快推进，完成投资124.16亿元，比上年增长38.5%。社会事业方面，新区第八小学、瑞岭名郡学校初中部建成投用，甘南实验中学、成功教育园、贺阳教育、衡水中学等项目加快推进，完成投资19.95亿元，增长119.8%。农林水利绿化方面，水阜河水生态综合治理工程基本建成；第一污水厂、第四污水厂、职教园区污水处理厂建成使用；景中高速出入口、临港生态区等绿化工程已完成，完成投资6.25亿元，增长73.4%。市政公用设施方面，灾后移民安置公用设施配套、新区南站市政配套、机场三期市政配套项目顺利推进，完成投资15.66亿元，增长175.4%。

【优势产业】坚持把产业项目作为推动发展的“牛鼻子”，深入开展“产业项目建设”攻坚行动，项目投资刷新历史纪录，“产业新区”框架加速构建。先进装备制造产业增添动能。重离子应用技术及装备制造产业基地等80个项目建成投运，联塑集团、广西柳工等16个项目加快建设，兰石超高温熔盐制备技术及装备、大成光热发电装备等在国内重大新能源项目中示范推广。建投重工获评“国家级服务型制造示范企业”。秦川园区入选国家先进制造业和现代服务业融合发展试点，成为全省唯一入选区域。

绿色化工产业快速崛起。化工园区东区基础设施全面建成，西区基础配套快速建设，新落地项目60个，巨化集团、东方希望等产业领航企业签约园区，滨农科技、泰邦化工等52个项目建成试生产，康巴斯、东瑞制药等项目加快建设，专精特新A区全面投产、BC区快速建设，光气产业园前期工作有序推进。全年康鹏威耳、智资医药、莱安能源等12家化工园区企业实现增加值16.15亿元，比上年增长99.2%。

新材料新能源产业加快发展。2021年新引进项目15个、总投资156亿元，宝武、海亮等世界500强企业入驻园区，德福铜箔由年产5万吨增至20万吨，全球最大铜箔研发生产基地在兰州新区诞生。储能正负极、电解液生产企业相继落地，为新能源产业全链发展打下良好基础。长飞光纤等3家企业入围“国家级绿色工厂”。

生物医药产业蓬勃兴起。积极发挥“西部药谷”资产资源优势，加大全产业链招商力度，引进项目48个、总投资90亿元。申联全球首条合成肽疫苗生产线、省药物碱厂建成投产，西北首个医药物流产业园入驻企业880家，佛慈获评“甘肃省政府质量奖”，和盛堂获评甘肃首批“绿色工厂”“省级工业设计中心”。

数据信息产业持续推进。新开工项目6个、总投资30亿元。移动、国网云数据中心等14个项目上网运行，腾讯、阿里巴巴等100多家国内知名互联网企业入驻托管，云平台业务承载用户超3万户，甘肃省“数字政府”政务云新区节点、电信大数据产业中心等14个项目加快推进。省超级计算产业技术创新战略联盟揭牌成立，无人驾驶测试应用基地建成投用。

节能环保及临空产业取得突破。抢抓“双碳”机遇，高标准规划建设20平方公里城市矿产与表面处理产业园区，引进项目23个、总投资70亿元，万吨级锂电池精准拆解等24个项目加快推进。依托中川国际机场三期扩建，成立甘肃新港航空产业公司，系统编制航空产业发展规划，积极引进知名航空产业项目落户新区，大力发展航空产业和临空经济。

现代农业成为全省标杆。积极推进农业集约化、规模化、智能化发展，2021年新区第一产业增加值增速达21.9%。养殖业方面，新希望、天兆、兰牧工商等重点养殖企业扩增达产，全年生猪出栏12.47万头，比上年增长310%；羊出栏3.66万只，增长58%。种植业方面，特色花卉、优质果蔬、食用菌等“新区甘味”产品扩种增产，日产30万枝鲜切花热销全国、走出国门。特别是在新区农投集团、昌源合作社支撑下，瓜果类产量同比增长38倍、花卉产量同比增长10倍。新区现代农业示范园被认定为“农业农村信息化示范基地”，与空港现代农业产业园、双创基地一并入选“全国农村创业园区”。

【人民生活】2021年，新区城镇居民人均可支配收入37451元，比上年增长8%。其中，工资性收入26676元，增长8.1%；经营净收入3038元，增长12.4%；财产净收入4889元，增长6.7%；转移净收入2748元，增长5.1%。农村居民人均可支配收入14424元，增长11.3%。其中，工资性收入12499元，增长12.3%；经营净收入272元，增长6.6%；财产净收入311元，增长4.9%；转移净收入1342元，增长5%。

【环境保护】环境质量持续稳定向好。环境空气质量达标天数327天，可吸入颗粒物（PM_{10}）浓度均值为62微克/立方米，比上年下降7.5%；细颗粒物（$PM_{2.5}$）浓度均值为25微克/立方米，下降10.7%；空气质量综合指数为3.56。集中式饮用水水源地水质达标率均为100%。新区无污染地块，土壤环境保持稳定。危险废物规范处置率达到100%。未发生任何核与辐射环境事件，辐射环境安全可控。未发生任何突发环境事件。生态修复成效明显。高标准统筹生态保护和污染防治，完成国土综合整治40平方公里，造林1万亩，复绿4万亩，新增城市绿化面积3000亩，建成区绿地率提高到36%。饮用水源水质达标率、污水及生活垃圾收集处理率均达100%，土壤环境清洁无污染，生态修复治理经验得到国家部委、省市和社会各界高度认可并推广。

【社会事业】持续加大民生投入，强化教育医疗等公共服务保障，社会事业保障水平不断提升。教育资源保障力度进一步加大。新区所属学校89所，其中幼儿园49所，小学24所，初级中学6所，九年一贯制学校6所，高级中学4所，共有在校学生4.06万人，教职工0.19万人。学前教育普惠率达到100%；义务教育招生及时有效率达到100%。其中，新开办幼儿园9所、新增学前教育学位2190个；实施新区学前教育协同发展、城乡幼儿园对口帮扶，在全省率先全面开展幼儿园和小学课后服务，惠及学生2万余人。社会保障水平稳步提升。城乡居民基本养老保险、医疗保险参保率分别达98.6%、99.6%。稳步做好被征地农民参加基本养老保险工作，失地农民新增参保0.76万人，累计达到3.99万人，1.02万人享受养老保险待遇。特殊困难群体基本养老、医疗保险参保率、代缴率100%。积极争取专项资金，全年疫苗接种19.57万人次。实施居民医保“三大提标”行动任务，住院发生符合规定的医疗费用报销比例上调5%，年度最高支付限额提高到5万元，普通门诊费用年度最高支付限额上调至130元，进一步减轻了参保人员就医负担。社会就业形势稳定。2021年，新区城镇新增就业3.8万人，城镇登记失业率低于4%；共输转城乡富余劳动力2.23万人；创劳务收入6.34亿元。

（杨彦荣）

1 综 合

General Survey

简要说明

一、本篇资料主要内容

本篇资料主要包括行政区划、河流基本情况、国民经济和社会发展综合资料、私营个体经济基本情况及法人单位与产业活动单位基本情况资料。

二、本篇资料来源

1. 甘肃行政区划资料是截至 2021 年末全省行政区划变更情况汇总，由省民政厅提供。

2. 河流资料由省水利厅提供。

3. 国民经济和社会发展综合资料是由省统计局国民经济综合统计处抽取全书的精华，通过对各篇章主要统计指标及其速度、结构、比例和效益等加工计算，来反映国民经济和社会发展的总体情况。

4. 全省私营个体经济资料来自省市场监督管理局。

5. 全省法人单位与产业活动单位资料由省统计局普查中心汇总、加工整理。

1-1 行政区划（2021）
Divisions of Administrative Areas in Gansu (2021)

单位：个 (unit)

地级区划名称	Prefectures, Autonomous Regions and Municipalities	地级 Prefecture Level	县级 County Level					乡镇级 Townships Level				街道办事处 Street Communites
				县 Counties	自治县 Autonomous Counties	县级市 County-level Cities	市辖区 Districts under the Jurisdiction of Cites		镇 Towns	乡 Towns	民族乡 Ethnic Community Towns	
甘肃省	**Gansu**	**14**	**86**	**57**	**7**	**17**	**5**	**1229**	**892**	**305**	**32**	**127**
兰州市	Lanzhou	1	8	3		5		61	47	14		53
嘉峪关市	Jiayuguan	1						3	3			3
金昌市	Jinchang	1	2	1		1		12	11	1		6
白银市	Baiyin	1	5	3		2		69	53	15	1	9
天水市	Tianshui	1	7	4	1	2		113	101	12		10
武威市	Wuwei	1	4	2	1	1		93	84	9		9
张掖市	Zhangye	1	6	4	1	1		60	48	8	4	5
平凉市	Pingliang	1	7	5		1	1	102	70	23	9	3
酒泉市	Jiuquan	1	7	2	2	1	2	68	53	9	6	8
庆阳市	Qingyang	1	8	7		1		116	73	42	1	3
定西市	Dingxi	1	7	6		1		119	87	32		3
陇南市	Longnan	1	9	8		1		195	140	51	4	4
临夏州	Linxia	1	8	5	2		1	123	58	61	4	7
甘南州	Gannan	1	8	7			1	95	64	28	3	4

1-2 河流基本情况
Major Rivers

名 称	River	流域面积（万平方公里） Drainage Area Within Borders (10 000 sq.km)	河流长度（公里） Length Within Borders (km)	年径流量（亿立方米） Annual Flow (100 million cu.m)
长江	Yangtze River	3.83	3484.66	113.60
#白龙江	Bailong River	1.85	450.00	66.80
黄河	Huanghe River (Yellow River)	14.27	7752.46	109.81
#洮河	Taohe River	2.40	673.00	35.38
内陆河	Inland Rivers	24.48	4691.00	44.75
#疏勒河	Shulehe River	13.01	583.00	8.48
黑河	Heihe River	5.60	413.00	20.15
石羊河	Shiyanghe River	3.98	179.60	13.33
苏干湖	Sugan Lake	1.89	204.00	2.78

注：1. 流域面积依据第三次全省水资源调查评价（审查通过）已更新。
2. 增加了苏干湖水资源信息，河长为大小哈尔腾河河长之和。

a) The basin area has been updated based on the third water resources survey and evaluation of Gansu province (passed by review).

b) The water resources information of Sugan Lake has been added, and the length of the river is the sum of the lengths of the large and small Harten Rivers.

1-3 国民经济和社会发展总量与速度指标

指　标	Item	总量指标 Aggregate Data	
		2010	2015
人口（万人）	**Population (10 000 persons)**		
年末常住人口	Permanent Population at Year-end	2559.98	2523.18
城镇人口	Urban Population	924.66	1116.26
乡村人口	Rural Population	1635.32	1406.93
就业（万人）	**Employment (10 000 persons)**		
就业人员数	Total Number of Employed Persons	1397	1346
第一产业	Primary Industry	861	768
第二产业	Secondary Industry	215	217
第三产业	Tertiary Industry	322	361
城镇登记失业人数	Number of Registered Unemployed Persons in Urban Areas	10.72	9.48
国民经济核算	**National Accounts**		
地区生产总值（亿元）	Gross Regional Product (100 million yuan)	3943.73	6556.55
第一产业	Primary Industry	472.61	733.37
第二产业	Secondary Industry	1910.35	2505.41
第三产业	Tertiary Industry	1560.77	3317.77
人均地区生产总值（元）	Per Capita GDP (yuan)	15421	25946
固定资产投资（%）	**Investment in Fixed Assets (%)**		
固定资产投资总额	Total Investment in Fixed Assets	36.24	11.17
第一产业	Primary Industry	10.69	30.75
第二产业	Secondary Industry	32.99	-2.74
第三产业	Tertiary Industry	39.98	21.94
财政（亿元）	**Finance (100 million yuan)**		
财政收入	Government Revenue	745.25	1386.28
一般公共预算收入	General Public Budget Revenue	353.58	743.86
一般公共预算支出	General Public Budget Expenditure	1468.58	2958.31
物价总指数（上年 =100）	**Price Indices (preceding year=100)**		
商品零售价格指数	Retail Price Index	104.6	101.0
居民消费价格指数	Consumer Price Index	104.1	101.6
工业生产者出厂价格指数	Producer Price Indices for Industrial Products	115.0	87.0
工业生产者购进价格指数	Purchasing Price Index for Industrial Producers	114.4	87.0
农业生产资料价格指数	Price Indices for Farm Products	101.7	98.6
能源（万吨标煤）	**Energy (10 000 tons of SCE)**		
能源生产总量	Total Energy Production	4631.59	5816.78
能源消费总量	Total Energy Consumption	5829.85	7488.50

Principal Aggregate Indicators on National Economic and Social Development and Their Related Indices and Growth Rates

			速度指标（%） Indices and Growth Rates					
			指数（2021 年为以下各年 %） Index (2021 as Percentage of the Following Years)				年均增长速度 Average Annual Growth Rate	
2019	2020	2021	2010	2015	2019	2020	2011-2015	2016-2020
2509.02	2501.02	2490.02	97.27	98.69	99.24	99.56	-0.29	-0.18
1272.07	1306.28	1327.93	143.61	118.96	104.39	101.66	3.84	3.19
1236.95	1194.74	1162.09	71.06	82.60	93.95	97.27	-2.96	-3.22
1333	1331	1319	94.42	97.99	98.95	99.10	-0.74	-0.22
706	597	580	67.39	75.52	82.14	97.15	-2.25	-4.91
201	237	238	110.92	109.76	118.38	100.42	0.21	1.79
426	497	501	155.72	138.73	117.65	100.80	2.34	6.60
10.83	12.20	13.08	122.01	137.97	120.78	107.21	-2.43	5.17
8718.30	8979.67	10243.31	231.26	139.31	110.97	106.95	10.67	5.43
1059.33	1188.09	1364.72	189.50	143.02	115.85	110.05	5.79	5.38
2862.42	2824.84	3466.56	217.24	129.76	112.35	106.38	10.86	4.05
4796.55	4966.74	5412.02	253.77	145.50	108.91	106.53	11.77	6.43
34707	35848	41046	236.94	140.95	111.70	107.30	10.95	5.61
6.56	7.85	11.11	253.05	81.02	119.83	111.11	23.67	-6.12
-9.74	37.01	-3.06	705.45	101.67	132.82	96.94	37.46	0.96
23.82	0.45	39.86	128.31	53.68	140.49	139.86	17.63	-17.43
4.26	8.05	6.06	380.99	102.09	114.59	106.06	28.32	-0.76
1589.52	1625.97	1863.93	250.11	134.46	117.26	114.63	13.22	3.24
850.49	874.55	1001.86	283.34	134.68	117.80	114.56	16.04	3.29
3951.60	4163.40	4032.56	274.59	136.31	102.05	96.86	15.03	7.07
101.9	101.3	102.0						
102.3	102.0	100.9						
98.3	93.9	116.4						
99.0	94.1	118.1						
101.1	100.7							
6394.63	6729.39	7031.70	151.82	120.89	109.96	104.49	4.66	2.96
7818.02	8104.71	8434.23	144.67	112.63	107.88	104.07	5.14	1.59

1–3　续表 1

指　标	Item	总量指标 Aggregate Data 2010	2015
农业	**Agriculture**		
农林牧渔业从业人员（万人）	Employed Persons of Agriculture, Forestry, Animal, Husbandry & Fishery (10 000 persons)	724.82	668.07
农林牧渔业总产值（亿元）	Gross Output Value of Agriculture Forestry, Animal Husbandry and Fishery (100 million yuan)	905.22	1386.18
主要农产品产量（万吨）	Output of Major Farm Products (10 000 tons)		
粮食	Grain	948.82	1154.58
棉花	Cotton	7.99	4.82
油料	Oil-bearing Crops	66.06	76.71
中草药材	Chinese Medicinal Materials	48.47	83.75
甜菜	Beet Roots	23.31	18.26
蔬菜	Vegetables	752.71	1086.19
园林水果	Garden Fruits	197.17	304.06
肉类	Meat	81.50	89.90
#猪牛羊肉	Pork,Beef,Mutton	75.15	82.43
工业	**Industry**		
工业增加值（亿元）	Value-added of Industry (100 million yuan)	1613.76	2031.55
规模以上工业主要产品产量	Main Product Output of Industry above Designated Size		
原煤（万吨）	Coal (10 000 tons)	4547.20	4390.27
原油（万吨）	Crude Oil (10 000 tons)	382.14	820.09
原油加工量（万吨）	Crude Oil Processing (10 000 tons)	1383.54	1424.31
发电量（亿千瓦小时）	Electricity (100 million kWh)	791.53	1139.45
粗钢（万吨）	Crude Steel (10 000 tons)	662.25	852.10
水泥（万吨）	Cement (10 000 tons)	2414.11	4764.30
乙烯（万吨）	Ethene (10 000 tons)	69.48	64.20
卷烟（万箱）	Cigarettes (10 000 pack)	80.00	103.00
建筑业	**Construction**		
建筑业从业人员（万人）	Number of Employed Persons of Construction (10 000 persons)	45.76	55.10
建筑业增加值（亿元）	Value-added of Construction (100 million yuan)	296.59	484.24
房地产业	**Real Estate**		
房地产业施工房屋面积（万平方米）	Floor Space of Buildings under Construction (10 000 sq.m)	3130.40	8586.18
房地产业竣工房屋面积（万平方米）	Floor Space of Buildings Completed (10 000 sq.m)	598.66	962.24
房地产业商品房销售面积（万平方米）	Floor Space of Commercialized Buildings Sold (10 000 sq.m)	756.51	1434.96
#住宅	Residential Buildings	692.07	1307.48
房地产业商品房销售额（亿元）	Total Sale of Commercialized Buildings (100 million yuan)	227.81	704.93
#住宅	Residential Buildings	201.47	603.08
交通运输	**Transportation**		
货运量（万吨）	Freight Traffic (10 000 tons)	29009	58258
#铁路	Railways	4926	5936
公路	Highways	24050	52281

continued

			速度指标（%） Indices and Growth Rates					
			指数（2021 年为以下各年 %） Index (2021 as Percentage of the Following Years)				年均增长速度 Average Annual Growth Rate	
2019	2020	2021	2010	2015	2019	2020	2011-2015	2016-2020
645.18	638.90	629.09	86.79	94.16	97.51	98.46	-1.62	-0.89
1887.58	2103.61	2439.54	186.47	142.43	117.12	111.29	5.54	5.06
1162.58	1202.21	1231.46	129.79	106.66	105.92	102.43	4.00	0.81
3.27	3.01	3.06	38.25	63.41	93.57	101.52	-9.62	-8.98
63.18	61.45	58.79	88.99	76.63	93.05	95.66	3.03	-4.34
113.15	123.22	131.46	271.21	156.97	116.18	106.69	11.56	8.03
26.51	22.42	15.88	68.12	86.98	59.90	70.83	-4.77	4.19
1388.75	1478.51	1655.25	219.91	152.39	119.19	111.95	7.61	6.36
438.54	481.07	539.07	273.40	177.29	122.92	112.06	9.05	9.61
101.68	110.09	135.31	166.03	150.52	133.07	122.91	1.98	4.14
95.75	101.67	124.60	165.79	151.16	130.14	122.55	1.86	4.29
2319.75	2265.39	2849.82	231.46	134.44	114.15	107.78	11.48	4.52
3663.08	3848.12	4151.06	91.29	94.55	113.32	107.87	-0.70	-2.60
903.55	968.74	1029.05	269.29	125.48	113.89	106.23	16.50	3.39
1465.63	1467.55	1469.87	106.24	103.20	100.29	100.16	0.58	0.60
1479.60	1601.18	1724.61	217.88	151.35	116.56	107.71	7.56	7.04
877.77	1059.17	1059.00	159.91	124.28	120.65	99.98	5.17	4.45
4409.48	4651.15	4450.03	184.33	93.40	100.92	95.68	14.56	-0.48
53.34	69.70	73.85	106.30	115.04	138.46	105.96	-1.57	1.66
94.30	92.24	93.20	116.50	90.49	98.83	101.04	5.18	-2.18
43.02	40.86	49.34	107.82	89.55	114.69	120.74	3.78	-5.80
552.99	568.30	625.87	164.40	111.07	105.12	100.92	8.16	1.94
10977.33	11328.26	13197.55	421.59	153.71	120.23	116.50	22.36	5.70
674.14	881.36	1463.07	244.39	152.05	217.03	166.00	9.96	-1.74
1705.31	1967.92	2224.09	293.99	154.99	130.42	113.02	13.66	6.52
1569.16	1863.81	2118.38	306.09	162.02	135.00	113.66	13.57	7.35
1019.28	1293.41	1344.89	590.35	190.78	131.95	103.98	25.35	12.91
907.07	1205.42	1267.78	629.26	210.22	139.77	105.17	24.52	14.86
63611	67240	76110	262.37	130.64	119.65	113.19		2.91
5366	5966	6444	130.82	108.56	120.09	108.01	3.80	0.10
58228	61272	69665	289.67	133.25	119.64	113.70		3.22

1–3 续表 2

指 标	Item	总量指标 Aggregate Data 2010	2015
客运量（万人次）	Passenger Traffic (10 000 person-times)	53776	41516
# 铁路	Railways	2178	3123
公路	Highways	51404	37242
邮电通信业	**Postal and Telecommunication Services**		
邮政业务总量（亿元）	Business Volume of Postal Services (100 million yuan)	8.49	16.32
电信业务总量（亿元）	Business Volume of Telecommunication Services (100 million yuan)	444.81	347.29
移动电话年末用户（万户）	Number of Mobile Telephone Subscribers at Year-end(10 000 subscribers)	1390.10	2108.10
固定电话年末用户（万户）	Number of Fixed Telephone Subscribers at Year-end (10 000 subscribers)	411.90	325.99
互联网宽带接入用户（万户）	Broadband Subscribers of Internet (10 000 subscribers)	109.52	245.34
批发、零售和旅游业	**Wholesale, Retail Sales and Tourism**		
社会消费品零售总额（亿元）	Total Retail Sales of Consumer Goods (100 million yuan)	1373.52	2737.10
国内旅游人数（万人次）	Number of Domestic Tourists (10 000 person-times)	4284.45	15633.00
国内旅游收入（亿元）	Earnings from Domestic Tourism (100 million yuan)	237.20	975.00
对外经济贸易	**Foreign Trade**		
进出口总额（万元）	Total Value of Exports and Imports (10 000 yuan)	5026829	4939668
出口总额	Total Exports	1111806	3611754
进口总额	Total Imports	3915023	1327914
金融业（亿元）	**Financial Intermediation (100 million yuan)**		
金融机构人民币各项存款	Deposits of National Banking System	7115.37	16141.19
金融机构人民币各项贷款	Loans of National Banking System	4433.05	13292.18
保险公司保费收入	Insurance Premium of Insurance Companies	146.34	256.89
保险公司赔付支出	Indemnity Expenditure and Payment of Insurance Companies	31.18	92.75
教育	**Education**		
专任教师数（人）	Number of Full-time Teachers (person)		
# 普通高等学校	Regular Higher Education Institutions	20761	26132
普通中学	Regular Secondary Schools	120689	128621
普通小学	Regular Primary Schools	140381	140320
在校学生数（万人）	Students Enrollment (10 000 persons)		
# 普通高等学校	Regular Higher Education Institutions	38.15	45.05
普通中学	Regular Secondary Schools	203.10	153.86
普通小学	Regular Primary Schools	237.04	180.24
地方财政用于教育的支出（亿元）	Government Expenditures on Education (100 million yuan)	228.23	498.33
科技	**Science and Technology**		
研究与试验发展经费支出（亿元）	Expenditure on R&D (100 million yuan)	41.59	82.72

continued

			速度指标（%） Indices and Growth Rates					
			指数（2021 年为以下各年 %） Index (2021 as Percentage of the Following Years)				年均增长速度 Average Annual Growth Rate	
2019	2020	2021	2010	2015	2019	2020	2011-2015	2016-2020
42321	26831	15634	29.07	37.66	36.94	58.27		-8.36
5969	4153	4601	211.27	147.34	77.09	110.79	7.47	5.87
36085	22478	10813	21.04	29.03	29.97	48.10		-9.60
38.63	47.13	49.80				21.19	13.98	23.62
1958.92	2556.96	292.31				24.40	-4.83	49.08
2751.17	2673.83	2744.72	197.45	130.20	99.77	102.65	8.68	4.87
331.75	309.80	301.20	73.13	92.40	90.79	97.22	-4.57	-1.01
870.69	931.42	1025.24	936.12	417.89	117.75	110.07	17.50	30.58
3700.27	3632.35	4037.11	293.92	147.50	109.10	111.14	14.79	5.82
37422.70	21288.22	27601.91	644.23	176.56	73.76	129.66	29.55	6.37
2680.00	1454.38	1841.78	776.47	188.90	68.72	126.64	32.67	8.33
3804149	3824498	4919265	97.86	99.59	129.31	128.63	-0.35	-4.99
1313538	856364	969151	87.17	26.83	73.78	113.17	26.57	-25.01
2490611	2968133	3950114	100.90	297.47	158.60	133.08	-19.45	17.45
19717.01	20938.25	22546.39	316.87	139.68	114.35	107.68	17.80	5.34
20424.30	21935.57	23730.41	535.31	178.53	116.19	108.18	24.56	10.54
444.32	485.19	490.32	335.07	190.87	110.35	101.06	11.91	13.56
151.59	169.31	174.57	559.84	188.22	115.16	103.11	24.36	12.79
29755	31030	32369	155.91	123.87	108.79	104.32	4.71	3.50
126850	127233	129645	107.42	100.80	102.20	101.90	1.28	-0.22
148408	150870	152144	108.38	108.43	102.52	100.84	-0.01	1.46
52.49	58.11	61.34	160.77	136.17	116.85	105.56	3.38	5.22
140.81	139.00	139.99	68.93	90.99	99.42	100.72	-5.40	-2.01
194.14	200.91	202.50	85.43	112.35	104.31	100.79	-5.33	2.19
636.05	662.99	661.92	290.02	132.83	104.07	99.84	16.90	5.88
110.24	109.64	129.47	311.31	156.51	117.44	118.08	14.74	5.80

1-3 续表 3

指 标	Item	总量指标 Aggregate Data 2010	2015
文化	**Culture**		
图书出版总印数（万册）	Number of Books Published (10 000 Volumes)	6737	6650
期刊出版总印数（万册）	Number of Magazines Issued (10 000 Volumes)	11082	9672
报纸出版总印数（万份）	Number of Newspapers Issue (10 000 Copies)	40714	50828
人民生活	**People's Livelihoods**		
全省居民人均可支配收入（元）	Per Capita Disposable Income of Households (yuan)	7358	13467
城镇居民人均可支配收入（元）	Per Capita Disposable Income of Urban Households (yuan)	13820	23767
农村居民人均可支配收入（元）	Per Capita Disposable Income of Rural Households (yuan)	3747	6936
城镇居民人均居住面积（平方米）	Per Capita Net Floor Space of Urban Residents (sq.m)	27.9	34.0
农村居民人均居住面积（平方米）	Per Capita Net Floor Space of Rural Residents (sq.m)	21.0	29.3
卫生	**Health Care**		
卫生机构数（个）	Number of Health Care Institutions (unit)	10267	11031
#医院、卫生院	Number of Hospitals and Health Centers	1728	1793
卫生机构床位数（张）	Number of Beds in Health Care Institutions (unit)	94883	127011
#医院、卫生院	Number of Beds in Hospital and Health Centers	82422	118609
卫生技术人员（人）	Number of Medical Technical Personnel (person)	97387	129523
#执业（助理）医师	Number of Licensed (Assistant) Doctors	38249	49663
社会保险	**Welfare and Social Insurance**		
社会保险基金收入（亿元）	Revenue of Social Insurance Fund (100 million yuan)	227.37	444.56
社会保险基金支出（亿元）	Expenses of Social Insurance Fund (100 million yuan)	174.41	413.69
参加基本养老保险人数（万人）	Participants in Basic Endowment Insurance (10 000 persons)	621.47	1542.94
参加失业保险人数（万人）	Participants in Unemployment Insurance (10 000 persons)	164.46	162.76
参加基本医疗保险人数（万人）	Participants in Basic Medical Insurance (10 000 persons)	588.79	634.96

注：本表中卫生机构数不包含村卫生室数。

continued

			速度指标 (%) Indices and Growth Rates					
			指数 (2021 年为以下各年 %) Index (2021 as Percentage of the Following Years)				年均增长速度 Average Annual Growth Rate	
2019	2020	2021	2010	2015	2019	2020	2011-2015	2016-2020
9665	9593	11445	169.88	172.10	118.42	119.30	-0.26	7.60
8038	7971	8193	73.93	84.71	101.92	102.78	-2.69	-3.79
41127	34404	31054	76.27	61.10	75.51	90.26	4.54	-7.51
19139	20335	22066	299.89	163.85	115.29	108.51	12.85	8.59
32323	33822	36187	261.85	152.26	111.95	106.99	11.45	7.31
9629	10344	11433	305.12	164.83	118.73	110.52	13.11	8.32
34.6	35.0	35.5	127.16	104.31	102.50	101.43	4.04	0.56
31.3	32.0	32.1	152.94	109.41	102.42	100.42	6.93	1.73
10234	9829	9456	92.10	85.72	92.40	96.21	1.45	-2.28
2097	2073	2058	119.10	114.78	98.14	99.28	0.74	2.94
172594	177929	183246	193.13	144.28	106.17	102.99	6.01	6.97
162205	167260	171393	207.95	144.50	105.66	102.47	7.55	7.12
178869	188932	201099	206.49	155.26	112.43	106.44	5.87	7.84
62891	66396	70673	184.77	142.31	112.37	106.44	5.36	5.98
1011.53	1010.80	1226.48	539.41	275.89	121.25	121.34	14.35	17.85
949.88	1029.76	1127.36	646.37	272.51	118.68	109.48	18.86	20.01
1841.94	1872.68	1890.39	304.18	122.52	102.63	100.95	19.95	3.95
172.97	187.36	196.08	119.23	120.47	113.36	104.65	-0.21	2.86
2572.94	2590.40	2587.19	439.41	407.46	100.55	99.88	1.52	32.47

a) Number of health care institutions in this table doesn't include villages clinics.

1-4 国民经济和社会发展结构指标
Structural Indicators on National Economic and Social Development

单位：%　　　　(%)

指 标	Item	2005	2010	2015	2020	2021
人口	**Population**					
城乡结构	Urban and Rural Composition					
城镇	Urban	30.02	36.12	44.24	52.23	53.33
乡村	Rural	69.98	63.88	55.76	47.77	46.67
性别结构	Sexual Composition					
男	Male	51.44	51.08	51.04	50.76	50.84
女	Female	48.56	48.92	48.96	49.24	49.16
年龄结构	Age Composition					
0—14 岁	Aged 0-14	23.42	18.16	17.54	19.40	19.16
15—64 岁	Aged 15-64	69.35	73.61	72.63	68.02	67.79
65 岁及以上	Aged 65 and Over	7.23	8.23	9.83	12.58	13.05
就业	**Employment**					
产业结构	Industrial Composition					
第一产业	Primary Industry	63.67	61.61	57.06	44.85	43.97
第二产业	Secondary Industry	14.66	15.36	16.11	17.81	18.04
第三产业	Tertiary Industry	21.67	23.03	26.83	37.34	37.98
国民经济核算	**National Accounts**					
生产总值产业结构	Industrial Composition					
第一产业	Primary Industry	16.32	11.98	11.19	13.23	13.32
第二产业	Secondary Industry	41.42	48.44	38.21	31.46	33.84
第三产业	Tertiary Industry	42.27	39.58	50.60	55.31	52.83
财政	**Government Finance**					
一般公共预算收入中	Of General Public Budget Revenue					
税收收入	Tax Revenue	74.46	62.30	71.22	64.94	66.62
#国内增值税	Domestic Value-added Tax	27.55	20.01	16.95	45.81	45.45
企业所得税	Corporate Income Tax	9.17	9.07	11.17	11.34	12.00
个人所得税	Individual Income Tax	5.63	5.05	3.57	3.62	3.59
非税收入	Non-tax Revenue	25.54	37.70	28.78	35.06	33.38
能源	**Energy**					
能源生产	Energy Production					
原煤	Raw Coal	71.72	68.37	52.02	39.17	40.52
原油	Crude Oil	12.07	11.79	20.14	20.57	20.91
天然气	Natural Gas	0.57	0.28	0.27	0.70	0.70
一次电力及其他能源	Primary Electricity and Other Energy	15.64	19.56	27.57	39.56	37.87
能源消费	Energy Consumption					
煤炭	Coal	67.84	64.08	60.21	52.74	55.45
石油	Petroleum	16.17	16.99	16.15	15.33	14.58
天然气	Natural Gas	2.88	3.39	4.45	5.29	5.25
一次电力及其他能源	Primary Electricity and Other Energy	13.11	15.54	19.19	26.64	24.72
投资	**Investment in Fixed Assets**					
固定资产投资结构	Composition of Total Investment in Fixed Assets					
产业结构	Industrial Composition					
第一产业	Primary Industry	4.79	4.08	6.20	4.94	4.31
第二产业	Secondary Industry	40.04	47.29	39.82	16.27	20.48
第三产业	Tertiary Industry	55.17	48.62	53.98	78.79	75.21

1-4 续表 1 continued

单位：% (%)

指 标	Item	2005	2010	2015	2020	2021
资金来源结构	Composition of Funding Sources					
国家预算内资金	State Budget	9.62	16.41	13.01	15.02	12.45
国内贷款	Domestic Loans	19.90	18.36	11.69	20.30	16.78
债券	Bonds			0.21	0.34	0.18
利用外资	Foreign Investment	1.65	0.53	0.25	0.40	0.17
自筹资金	Self-raising Funds	55.31	52.54	64.81	40.30	44.87
其他投资	Other Investments	13.52	12.16	10.02	23.64	25.56
农业	**Agriculture**					
农林牧渔业产值结构	Composition of Gross Output Value of Agriculture					
农业	Agriculture	66.01	69.47	68.62	67.69	66.54
林业	Forestry	2.89	2.44	2.44	1.51	1.35
牧业	Animal Husbandry	20.80	15.63	15.69	23.54	25.41
渔业	Fishery	0.19	0.09	0.10	0.09	0.08
农林牧渔服务业	Service for Agriculture,Forestry, Animal Husbandry and Fishery	10.11	12.37	13.14	7.17	6.63
工业（规模以上）	**Industry (above designated size)**					
按轻重工业分	Grouped by Light and Heavy Industries					
轻工业	Light Industry	18.77	14.09	19.24	15.25	13.64
重工业	Heavy Industry	81.23	85.91	80.76	84.75	86.36
按工业门类分	Grouped by Industries					
采矿业	Mining				18.54	21.07
制造业	Manufacturing				62.60	62.11
电力、热力、燃气及水生产和供应业	Production and Supply of Electricity, Heat, Gas and Water				18.86	16.82
建筑业	**Construction**					
建筑业总产值结构	Composition of Gross Output Value of Construction Industry					
国有经济	State-owned Enterprise	37.22	17.33	14.77	28.32	25.81
城镇集体经济	Collective-owned Enterprises	11.97	7.72	6.74	2.75	2.59
其他	Others	50.81	74.95	78.49	68.93	71.60
运输业	**Transportation**					
货运量结构	Composition of Freight Traffic					
#铁路	Railways	12.67	16.98	10.19	8.87	8.47
公路	Highways	87.14	82.91	89.74	91.12	91.53
国内商业	**Domestic Trade**					
社会消费品零售总额构成	Composition of Retail Sales of Consumer Goods					
城镇	Urban		80.55	79.69	82.35	81.97
#城区	City Subdivision		59.82	58.79	59.07	58.62
乡村	Rural		19.45	20.31	17.65	18.03
对外经济贸易	**Foreign Trade**					
进出口总值构成	Composition of Imports and Exports					
出口	Exports	41.51	22.12	73.12	22.39	19.70
进口	Imports	58.49	77.88	26.88	77.61	80.30
教育	**Education**					
普通学校在校学生结构	Composition of Student Enrollment in Regular Schools					
大学	Colleges and Universities	4.40	7.98	11.88	14.60	15.19
中学	Secondary Schools	37.32	42.46	40.58	34.92	34.67
小学	Primary Schools	58.28	49.56	47.54	50.48	50.14

1-4 续表 2 continued

单位：%　　　　(%)

指 标	Item	2005	2010	2015	2020	2021
普通学校专任教师结构	Composition of Full-time Teachers in Regular Schools					
大学	Colleges and Universities	6.05	7.37	8.86	10.04	10.30
中学	Secondary Schools	40.50	42.82	43.59	41.16	41.27
小学	Primary Schools	53.45	49.81	47.55	48.80	48.43
科技	**Science and Technology**					
R&D 经费内部支出结构	Composition of Intramural Expenditure on R&D by Sources					
基础研究	Basic Research		13.58	15.45	14.68	13.19
应用研究	Applied Research		21.05	15.59	21.85	20.22
试验发展	Experimental Development		65.37	68.95	63.47	66.59
人民生活	**People's Living Conditions**					
农村居民消费结构	Consumption Composition of Urban Residents					
食品烟酒	Food,Tobacco and Liquor	47.20	44.71	32.86	30.89	30.94
衣着	Clothing	5.07	6.26	6.83	6.13	6.02
居住	Residence	13.23	18.75	17.88	19.21	19.46
生活用品及服务	Household Facilities,Articles and Services	4.07	4.99	6.52	5.93	5.63
交通通信	Transport and Communications	8.52	8.73	11.88	12.44	12.51
教育文化娱乐	Education, Cultural and Recreation	14.17	8.09	12.50	12.21	11.54
医疗保健	Health Care and Medical Services	6.26	6.90	9.81	11.49	12.16
其他用品及服务	Other Goods and Services	1.48	1.57	1.73	1.70	1.76
城镇居民消费结构	Consumption Composition of Urban Residents					
食品烟酒	Food,Tobacco and Liquor	36.04	37.41	30.63	28.72	29.28
衣着	Clothing	12.35	12.69	10.08	7.55	7.53
居住	Residence	10.43	9.20	20.28	23.51	22.25
生活用品及服务	Household Facilities,Articles and Services	5.61	6.04	6.45	6.75	6.40
交通通信	Transport and Communications	9.78	10.88	10.60	12.52	12.80
教育文化娱乐	Education, Cultural and Recreation	14.44	11.49	11.72	9.86	10.45
医疗保健	Health Care and Medical Services	7.54	8.37	7.97	8.49	8.90
其他用品及服务	Other Goods and Services	3.82	3.92	2.27	2.60	2.39
卫生	**Health Care**					
卫生机构人员结构	Composition of Health Agency Personnel					
#执业助理医师	Licensed (Assistant) Doctors	36.65	33.15	27.24	27.92	28.53
#执业医师	Licensed Doctors	28.65	27.14	22.04	22.61	23.42
注册护士	Registered Nurses	27.64	25.70	26.24	35.85	37.03
药师（士）	Pharmacist	6.20	4.38	3.36	3.24	3.27
技师（士）	Technician	4.27	4.79	3.68	4.45	5.14
医院床位结构	Composition of Hospital Beds					
#医院	Hospitals	73.97	64.25	74.48	77.90	77.83
卫生院	Health Centers	20.09	22.62	18.91	16.10	15.70

注：2014 年以前城乡居民食品烟酒支出为食品支出（下表同）。

a) Expenditures of food, tobacco and liquor are the expenditures of food before 2014.The same applies to the tables following.

1-5 国民经济和社会发展比例及效益指标
Indicators on Proportions and Efficiency in National Economic and Social Development

指 标	Item	2005	2010	2015	2020	2021
人口与就业	**Population and Employment**					
出生率（‰）	Birth Rate (‰)	12.59	12.05	12.36	10.55	9.68
死亡率（‰）	Death Rate (‰)	6.57	6.02	6.15	7.91	8.26
自然增长率（‰）	Natural Growth Rate (‰)	6.02	6.03	6.21	2.64	1.42
总抚养比（%）	Gross Dependency Ratio (%)	44.20	35.85	37.68	47.02	47.51
少儿抚养比（%）	Children Dependency Ratio (%)	33.77	24.67	24.15	28.52	28.26
老年抚养比（%）	Elderly Dependency Ratio (%)	10.43	11.18	13.53	18.49	19.25
城镇登记失业率（%）	Registered Unemployment Rate in Urban Areas(%)	3.26	3.21	2.14	3.27	3.40
国民经济核算	**National Accounts**					
全员劳动生产率（元/人·年）	Overall Labor Productivity (yuan/person·year)	12045	22044	48601	64197	72478
第一产业	Primary Industry	2950	4275	8079	14649	22218
第二产业	Secondary Industry	29704	65333	147425	139920	126525
第三产业	Tertiary Industry	23683	41090	76688	98222	106029
人均生产总值（元）	Per Capita GDP (yuan)	7332	15421	25946	35848	41046
人民生活	**People's Livelihoods**					
城乡收入比（农村居民收入为1）	Urban and Rural Income Ratio(Rural Income as 1)	3.98	3.69	3.43	3.27	3.17
财政	**Government Finance**					
财政收入相当于生产总值比例（%）	Proportion of Government Revenue to Gross Regional Product (%)	13.65	18.90	21.14	18.11	18.20
一般公共预算支出相当于生产总值比例（%）	Proportion of General Public Budget Expenditure to Gross Regional Product (%)	23.03	37.24	45.12	46.36	39.37
农业	**Agriculture**					
农业从业者人均农产品产量（千克）	Output of Farm Corps per Agricultural Laborer (kg)					
粮食	Grain	1099.2	1309.0	1728.2	1881.7	1957.54
中草药材	Chinese Medicinal Materials	46.7	66.9	125.4	192.9	208.97
油料	Oil-bearing Crops	66.1	91.1	114.8	96.2	93.45
猪牛羊肉	Pork,Beef and Mutton	84.2	103.7	123.4	159.1	198.07
每公顷播种面积农产品产量（千克）	Output of Farm Crops Per Hectare of Sown Area (kg)					
粮食	Grain	3235	3485	4251	4557	4601
中草药材	Chinese Medicinal Materials	2489	3183	4027	4296	4508

1–5 续表 continued

指 标	Item	2005	2010	2015	2020	2021
工业	**Industry**					
总资产贡献率（%）	Ratio of Total Assets to Industrial Output Value (%)	8.37	11.01	5.65	8.00	9.19
资产负债率（%）	Assets-Liability Ratio (%)	58.70	62.32	65.37	60.02	59.09
流动资产周转次数（次 / 年）	Number of Times of Annual of Turnover Circulating Funds (times/year)	1.96	2.05	2.08	1.71	1.91
成本费用利润率（%）	Ratio of Profits to Industrial Cost (%)	3.49	4.73	-1.08	4.31	5.99
产品销售率（%）	Proportion of Products Sold (%)		95.15	94.78	99.55	99.11
建筑业	**Construction**					
产值利税率（%）	Ratio of Pre-tax Profits to Gross Output Value (%)	3.80	8.10	7.48	6.58	7.01
全员劳动生产率（元 / 人）（按总产值计算）	Overall Labor Productivity (yuan/person) (By Gross Output Value)	73456	164323	303474	383299	460174
对外经济贸易	Foreign Trade					
进出口总额相当于生产总值比例（%）	Proportion of Total Value of Imports & Exports to Gross Product (%)	11.61	12.75	7.53	4.26	4.80
邮电通信业	**Postal and Telecommunication Services**					
移动电话普及率（部 / 百人）	Popularization Rate of Mobile Telephone (set/100 persons)		52.75	81.37	101.00	109.70
互联网普及率（%）	Internet Penetration (%)				122.0	122.0
金融	**Financial Intermediation**					
金融机构人民币存款相当于生产总值比例（%）	Deposits of Financial Institutions as Percentage of GDP (Renminbi) (%)	155.30	180.42	246.18	233.17	220.11
金融机构人民币贷款相当于生产总值比例（%）	Loans of Financial Institutions as Percentage of GDP(Renminbi) (%)	103.16	112.41	202.73	244.28	231.67
教育	**Education**					
小学学龄儿童净入学率（%）	Net Enrollment Ratio of Primary Schools (%)	98.87	99.46	99.83	99.99	99.99
小学升学率（%）	Promotion Rate from Primary Schools to Junior Secondary Schools (%)	96.67	95.67	96.90	99.52	99.31
初中升学率（%）	Promotion Rate from Junior Secondary Schools to Senior Secondary Schools (%)	48.58	48.31	60.00	60.22	63.86
平均每个教师负担学生数（人）	Students Taught Each Teacher (person)					
普通高等学校	Regular Higher Education Institutions	15	18	18	19	21
普通中等专业学校	Regular Secondary Vocational Schools	20	23	17	14	15
普通中学	Regular Secondary Schools	20	17	12	11	11
普通小学	Regular Primary Schools	23	17	13	13	13
科技	**Science and Technology**					
R&D 经费内部支出相当于生产总值比例（%）	Ratio of Intramural Expenditure on R&D to GDP (%)	1.01	1.03	1.22	1.22	1.26
卫生	**Health Care**					
每万人执业（助理）医师（人）	Number of Licensed (Assistant) Doctors per 10 000 Population (person)	11.7	14.9	19.1	26.5	28.4
每万人口医疗卫生机构床位数（张）	Beds of Medical Institutions per 10000 Population(unit)	25.0	37.1	48.9	71.1	73.6
城市市政建设	**Urban Municipal Development**					
供水普及率（%）	Coverage Rate of Urban Population with Access to Tap Water(%)		91.57	97.28	96.12	98.44
燃气普及率（%）	Coverage Rate of Urban Population with Access to Gas (%)		74.29	85.77	94.80	96.87
人均公园绿地面积（平方米）	Public Recreational Green Space Per Capita (sq.m)		8.12	12.23	14.28	15.15

1-6 甘肃国民经济主要指标占全国比重（2021）
Percentage of Gansu's National Economy in the Whole Nation (2021)

指 标	Item	全国 Whole Nation	甘肃 Gansu	甘肃省占全国% As Percentage of the Whole Nation
年末总人口（万人）	Total Population at Year-end (10 000 persons)	141260.0	2490.0	1.76
就业人员（万人）	Employment at the Year-end (10 000 persons)	74652	1319	1.77
国内生产总值（亿元）	Gross Regional Product (100 million yuan)	1143669.7	10243.3	0.90
第一产业	Primary Industry	83085.5	1364.7	1.64
第二产业	Secondary Industry	450904.5	3466.6	0.77
第三产业	Tertiary Industry	609679.7	5412.0	0.89
固定资产投资增长（%）	Growth Rate of Investment in Fixed Assets (%)	4.9	11.1	
一般公共预算收入（亿元）	General Public Budget Revenue (100 million yuan)	202554.6	1001.9	0.49
一般公共预算支出（亿元）	General Public Budget Expenditure (100 million yuan)	245673.0	4032.6	1.64
在岗职工平均工资（元）	Average Wage of Fully Employed Staff and Workers (yuan)	110221	88289	80.10
全体居民人均可支配收入（元）	Annual per Capita Disposable Income of Households (yuan)	35128	22066	62.82
城镇居民人均可支配收入（元）	Per Capita Disposable Income of Urban Residents (yuan)	47412	36187	76.33
农村居民人均可支配收入（元）	Per Capita Net Income of Rural Residents (yuan)	18931	11433	60.39
主要农产品产量（万吨）	Output of Major Agricultural Products (10 000 tons)			
粮食	Grain	68284.7	1231.5	1.80
油料	Oil-Bearing Crops	3613.2	58.8	1.63
肉类	Output of Meat	8990.0	135.3	1.51
主要工业产品产量	Output of Major Industry Products			
农用化肥（万吨）	Chemical Fertilizers (10 000 tons)	5543.6	18.0	0.32
原煤（万吨）	Coal (100 million tons)	41.3	0.4	1.01
原油（万吨）	Crude Oil (10 000 tons)	19888.1	1029.1	5.17
发电量（亿千瓦小时）	Electricity (100 million kWh)	85342.5	1724.6	2.02
粗钢（万吨）	Crude Steel (10 000 tons)	103524.3	1059.0	1.02
水泥（万吨）	Cement (10 000 tons)	237724.5	4450.0	1.87
邮政业务总量（亿元）	Business Volume of Postal Services (100 million yuan)	13698.3	49.8	0.36
电信业务总量（亿元）	Business Volume of Telecommunication Services (100 million yuan)	17197.5	292.3	1.70
社会消费品零售总额（亿元）	Total Retail Sales of Consumer Goods (100 million yuan)	440823.2	4037.1	0.92
进出口总额（亿元）	Total Exports and Imports (100 million)	390921.7	491.9	0.13
#出口总额	Total Exports	217287.4	96.9	0.04
普通高等学校在校学生数（万人）	Students Enrollment in Institutions of Higher Education (10 000 persons)	3496.1	61.3	1.75
R&D 经费内部支出（亿元）	Internal Expenditure on R&D (10 000yuan)	27956.3	129.5	0.46
医疗卫生机构数（个）	Number of Health Care Institutions(unit)	1030935	25758	2.50
医疗卫生机构床位数（万张）	Number of Hospital Beds(10 000 units)	945.01	18.32	1.94
执业（助理）医师（万人）	Licensed (Assistant) Doctors (10 000 persons)	428.76	7.07	1.65

注：1. 国家数据来源于《中国统计年鉴2022》。
 2. 本表卫生机构数包含村卫生室数。

a) Data of national are from the *China Statistical Yearbook 2022*.

b) Number of health care institutions in this table include villages clinics.

1-7 人均国民经济主要指标
Per Capita Major Indicators of National Economy

指 标	Item	2005	2010	2015	2020	2021
生产总值（元）	Per Capita GDP (yuan)	7332	15421	25946	35848	41046
第一产业	Primary Industry	1196	1848	2902	4743	5469
第二产业	Secondary Industry	3036	7470	9914	11277	13891
第三产业	Tertiary Industry	3099	6103	13129	19827	21687
主要工农业产品产量	Output of Major Industry and Agricultural Products					
粮食（千克）	Grain (kg)	329	371	457	480	493
中药材（千克）	Chinese Medicinal Materials （kg）	14.0	19.0	33.1	49.2	52.7
油料（千克）	Oil-Bearing (kg)	19.8	25.8	30.4	24.5	23.6
肉类	Output of Meat	27.4	31.9	35.6	43.9	54.2
禽蛋（千克）	Eggs (kg)	5.7	6.2	8.2	7.9	8.9
牛奶（千克）	Milk (kg)	12.5	13.6	14.9	23.0	26.7
粗钢（千克）	Crude Steel (kg)	180	259	337	423	424
原煤（千克）	Coal (kg)	1423	1778	1737	1536	1663
发电量（千瓦小时）	Electricity (kWh)	1990	3095	4509	6392	6911
社会消费品零售总额（元）	Total Retail Sales of Consumer Goods (yuan)	2435	5371	10831	14500	16177
一般公共预算收入（元）	General Public Budget Revenue (yuan)	486	1383	2943	3491	4015
一般公共预算支出（元）	General Public Budget Expenditure (yuan)	1688	5742	11706	16620	16159
在岗职工平均工资（元）	Average Annual Wage of Staff and Workers (yuan)	14939	29588	54454	83392	88289
全体居民人均可支配收入（元）	Annual per Capita Disposable Income of Households (yuan)	3962	7358	13467	20335	22066
城镇居民人均可支配收入（元）	Per Capita Disposable Income of Urban Residents (yuan)	8323	13820	23767	33822	36187
农村居民人均可支配收入（元）	Per Capita Disposable Income of Rural Households (yuan)	2091	3747	6936	10344	11433

1-8 个体工商业基本情况（2021）
Basic Statistics on Individual Industrial and Commercial Business (2021)

行 业	Itme	户数（户）Number of Household (household)	资金数额（万元）Amount of Funds (10 000yuan)
合计	**Total**	**1396080**	**16510334**
农、林、牧、渔业	Agriculture,Forestry,Animal Husbandry and Fishery	84531	2808461
采矿业	Mining	591	43762
制造业	Manufacturing	60910	635174
电力、热力、燃气及水生产和供应业	Production and Supply of Electricity, Heat, Gas and Water	238	8464
建筑业	Construction	5596	124737
批发和零售业	Wholesale and Retail Trades	769438	7213984
交通运输、仓储和邮政业	Transport,Storage and Post	19505	265833
住宿和餐饮业	Hotels and Catering Services	241922	3110914
信息传输、软件和信息技术服务业	Information Transmission, Software and Information Technology	12460	116670
金融业	Financial Intermediation	42	805
房地产业	Real Estate	654	7842
租赁和商务服务业	Leasing and Business Services	21308	405618
科学研究和技术服务业	Scientific Research and Technical Services	1962	24448
水利、环境和公共设施管理业	Management of Water Conservancy, Environment and Public Facilities	186	4102
居民服务、修理和其他服务业	Services to Households，Repair and Other Services	151105	1342237
教育	Education	854	17213
卫生和社会工作	Health and Social Service	9427	84486
文化、体育和娱乐业	Culture, Sports and Entertainment	15325	295324
其他	Others	26	261

1-9　私营企业基本情况（2021）
Basic Conditions of Private Enterprises (2021)

行　业	Item	户数（户） Number of Enterprises (unit)	注册资本（金）（亿元） Registered Capital (100 million yuan)
合计	**Total**	**506334**	**32161.80**
农、林、牧、渔业	Agriculture,Forestry,Animal Husbandry and Fishery	47907	2190.41
采矿业	Mining	2704	577.40
制造业	Manufacturing	25827	2392.12
电力、热力、燃气及水生产和供应业	Production and Supply of Electricity, Heat, Gas and Water	3059	957.94
建筑业	Construction	73922	5503.15
批发和零售业	Wholesale and Retail Trades	167150	6570.90
交通运输、仓储和邮政业	Transport,Storage and Post	13322	3524.67
住宿和餐饮业	Hotels and Catering Services	13273	500.03
信息传输、软件和信息技术服务业	Information Transmission, Software and Information Technology	18301	673.49
金融业	Financial Intermediation	4350	1799.44
房地产业	Real Estate	15846	1596.31
租赁和商务服务业	Leasing and Business Services	52024	2857.79
科学研究和技术服务业	Scientific Research and Technical Services	23798	1361.57
水利、环境和公共设施管理业	Management of Water Conservancy, Environment and Public Facilities	2955	315.02
居民服务、修理和其他服务业	Services to Households，Repair and Other Services	19696	574.28
教育	Education	5819	71.10
卫生和社会工作	Health and Social Service	1926	111.11
文化、体育和娱乐业	Culture, Sports and Entertainment	14361	578.22
其他	Others	94	6.83

1-10 分地区按行业门类分组的法人单位数（2021）
Number of Legal Entities Grouped by Industry Category in Regions (2021)

单位：个 (unit)

地 区	Region	法人单位数 Number of legal Entities	农、林、牧、渔业 Agriculture, Forestry, Animal Husbandry and Fishery	采矿业 Mining	制造业 Manufacturing	电力、热力、燃气及水生产和供应业 Production and Supply of Electricity, Heat,Gas and Water	建筑业 Construction	批发和零售业 Wholesale and Retail Trades
甘肃省	**Gansu**	**343392**	**71228**	**1698**	**18561**	**2061**	**24036**	**75356**
兰州市	Lanzhou	68271	6359	108	4372	179	5241	21164
嘉峪关市	Jiayuguan	4989	272	30	383	42	300	1767
金昌市	Jinchang	11340	1592	118	881	142	806	3401
白银市	Baiyin	23219	6649	204	1215	88	1476	5164
天水市	Tianshui	31374	6369	57	1398	84	2346	6218
武威市	Wuwei	16067	4439	51	916	104	708	2928
张掖市	Zhangye	37892	9005	163	1703	228	4256	7656
平凉市	Pingliang	15728	3982	50	694	77	651	2785
酒泉市	Jiuquan	19214	2493	240	1352	333	1645	4464
庆阳市	Qingyang	29489	5874	295	1525	109	2203	6923
定西市	Dingxi	22938	6497	79	1309	169	955	3922
陇南市	Longnan	26013	10139	171	840	202	881	3483
临夏州	Linxia	27930	4776	60	1535	140	2171	4542
甘南州	Gannan	8928	2782	72	438	164	397	939

1-10 续表 1 continued

单位：个 (unit)

地 区	Region	交通运输、仓储和邮政业 Transport, Storage and Post	住宿和餐饮业 Hotels and Catering Services	信息传输、软件和信息技术服务业 Information Transmission, Software and Information Technology	金融业 Financial Intermediation	房地产业 Real Estate	租赁和商务服务业 Leasing and Business Services	科学研究和技术服务业 Scientific Research and Technical Services
甘肃省	**Gansu**	**6461**	**7143**	**5677**	**1626**	**9176**	**27891**	**9923**
兰州市	Lanzhou	1667	2105	2230	321	3027	7352	3281
嘉峪关市	Jiayuguan	138	122	106	39	165	567	152
金昌市	Jinchang	451	172	269	52	245	1020	408
白银市	Baiyin	436	274	330	67	580	1526	431
天水市	Tianshui	473	709	321	85	756	1584	884
武威市	Wuwei	211	220	125	43	390	728	249
张掖市	Zhangye	643	679	757	127	819	4956	1061
平凉市	Pingliang	453	316	127	107	346	878	348
酒泉市	Jiuquan	423	490	295	94	575	1912	650
庆阳市	Qingyang	530	479	436	466	686	2520	1045
定西市	Dingxi	332	326	150	80	483	937	438
陇南市	Longnan	258	324	222	53	368	1074	293
临夏州	Linxia	373	531	238	58	593	2348	546
甘南州	Gannan	73	396	71	34	143	489	137

1-10 续表 2 continued

单位：个 (unit)

地 区	Region	水利、环境和公共设施管理业 Management of Water Conservancy, Environment and Public Facilities	居民服务、修理和其他服务业 Service to Households, Repair and Other Services	教育 Education	卫生和社会工作 Health and Social Service	文化、体育和娱乐业 Culture, Sports and Entertainment	公共管理、社会保障和社会组织 Public Management, Social Security and Social Organizations
甘肃省	**Gansu**	**2285**	**6918**	**12973**	**3873**	**7130**	**49376**
兰州市	Lanzhou	455	1889	2200	809	1569	3943
嘉峪关市	Jiayuguan	43	195	198	45	142	283
金昌市	Jinchang	103	230	285	79	233	853
白银市	Baiyin	145	375	882	184	556	2637
天水市	Tianshui	179	628	1051	403	496	7333
武威市	Wuwei	124	214	759	249	237	3372
张掖市	Zhangye	313	624	785	276	935	2906
平凉市	Pingliang	111	306	855	234	343	3065
酒泉市	Jiuquan	187	468	596	198	669	2130
庆阳市	Qingyang	205	708	1551	267	530	3137
定西市	Dingxi	122	318	1692	317	479	4333
陇南市	Longnan	116	357	856	312	337	5727
临夏州	Linxia	133	485	960	374	410	7657
甘南州	Gannan	49	121	303	126	194	2000

1-11 分地区按三次产业和机构类型分组的法人单位数（2021）
Number of Legal Entities by Three Strata of Industry and Type of Institutions in Regions (2021)

单位：个 (unit)

地 区	Region	法人单位数 Number of legal Entities	按三次产业分 Grouped by Three strata of Industry			按机构类型分 By Type of Institutions				
			第一产业 Primary Industry	第二产业 Secondary Industry	第三产业 Tertiary Industry	企 业 Business Entity	事业单位 Institution Entity	机 关 Government Entity	社会团体 Social Organization	其 他 Others
甘肃省	**Gansu**	**343392**	**66769**	**45735**	**230888**	**217732**	**16553**	**6563**	**14290**	**88254**
兰州市	Lanzhou	68271	6157	9741	52373	58763	1872	742	1356	5538
嘉峪关市	Jiayuguan	4989	240	732	4017	4201	166	67	89	466
金昌市	Jinchang	11340	1467	1916	7957	9127	337	187	303	1386
白银市	Baiyin	23219	6269	2962	13988	14293	1009	379	980	6558
天水市	Tianshui	31374	5956	3872	21546	16570	1440	556	2779	10029
武威市	Wuwei	16067	4169	1774	10124	7602	922	397	1535	5611
张掖市	Zhangye	37892	8270	6322	23300	28016	1211	450	1073	7142
平凉市	Pingliang	15728	3849	1464	10415	7923	1362	509	374	5560
酒泉市	Jiuquan	19214	1861	3539	13814	13897	997	449	717	3154
庆阳市	Qingyang	29489	5226	3856	20407	18813	1825	524	743	7584
定西市	Dingxi	22938	6040	2506	14392	9765	2089	549	1373	9162
陇南市	Longnan	26013	9949	2090	13974	9327	1335	693	1247	13411
临夏州	Linxia	27930	4603	3894	19433	15620	1393	564	1220	9133
甘南州	Gannan	8928	2713	1067	5148	3815	595	497	501	3520

1-12 分地区按登记注册类型分企业法人单位数（2021）
Number of Business Entities by Status in Regions (2021)

单位：个 (unit)

地 区	Region	企业单位数 Number of Enterprises	内资企业 Domestic Funded Enterprises	国有企业 State-owned Enterprises	集体企业 Collective-owned Enterprises	股份合作企业 Cooperative Enterprises	联营企业 Joint Ownership
甘肃省	**Gansu**	**217732**	**217495**	**1477**	**1056**	**201**	**106**
兰州市	Lanzhou	58763	58668	475	338	91	32
嘉峪关市	Jiayuguan	4201	4199	34	10	1	1
金昌市	Jinchang	9127	9119	54	42	7	2
白银市	Baiyin	14293	14275	55	98	10	5
天水市	Tianshui	16570	16561	143	82	12	5
武威市	Wuwei	7602	7588	62	50	7	9
张掖市	Zhangye	28016	28000	141	85	18	8
平凉市	Pingliang	7923	7916	85	50	3	3
酒泉市	Jiuquan	13897	13866	86	31	11	10
庆阳市	Qingyang	18813	18800	59	37	10	4
定西市	Dingxi	9765	9759	98	89	9	12
陇南市	Longnan	9327	9323	78	53	8	5
临夏州	Linxia	15620	15610	76	67	13	6
甘南州	Gannan	3815	3811	31	24	1	4

1-12 续表 continued

单位：个 (unit)

地 区	Region	有限责任公司 Limited Liability Corporations	股份有限公司 Share-holding Corporations Ltd.	私营企业 Private	其他 Others	港、澳、台商投资企业 Enterprises with Funds from Hong Kong, Macao and Taiwan	外商投资企业 Enterprises with Foreign Investment
甘肃省	**Gansu**	**36869**	**3353**	**172264**	**2169**	**100**	**137**
兰州市	Lanzhou	7488	825	49253	166	45	50
嘉峪关市	Jiayuguan	325	23	3765	40	1	1
金昌市	Jinchang	1925	109	6832	148	5	3
白银市	Baiyin	1548	202	12304	53	4	14
天水市	Tianshui	3316	360	12585	58	0	9
武威市	Wuwei	2321	195	4910	34	7	7
张掖市	Zhangye	3746	183	23147	672	7	9
平凉市	Pingliang	1425	229	6105	16	3	4
酒泉市	Jiuquan	6483	204	6897	144	13	18
庆阳市	Qingyang	2200	240	16231	19	5	8
定西市	Dingxi	2353	266	6922	10	2	4
陇南市	Longnan	1645	275	7167	92	2	2
临夏州	Linxia	1200	166	13441	641	3	7
甘南州	Gannan	894	76	2705	76	3	1

主要统计指标解释

行政区划 指国家对行政区域的划分。根据有关法规规定，我国的行政区域划分如下：（1）全国分为省、自治区、直辖市；（2）省、自治区分为自治州、县、自治县、市；（3）自治州分为县、自治县、市；（4）县、自治县分为乡、民族乡、镇；（5）直辖市和较大的市分为区、县；（6）国家在必要时设立的特别行政区。

平均增长速度 平均增长速度表明社会经济现象在一个较长的时期内逐期平均增长变化的程度，它不能根据各个环比增长速度直接求得，但与平均发展速度之间存在着一定的数量关系：平均增长速度 = 平均发展速度 – 1。

平均发展速度是一种根据环比发展速度计算的序时平均数，由于各时期对比的基础不同，所以计算平均发展速度不能采用一般的序时平均数的计算方法，计算方法分为水平法和累计法。水平法，又称几何平均法，即将环比发展速度按连乘法用几何平均数公式计算。累计法，也称方程法，根据一段时期内各年发展水平总和与基期水平的关系，列出方程式计算平均发展速度。水平法着重考虑最后一年所达到的发展水平；累计法着重考虑整个时期累计发展水平的总量。

本《年鉴》内所列的平均增长速度，除固定资产投资用“累计法”计算外，其余均用“水平法”计算。从某年到某年平均增长速度的年份，均不包括基期年在内。如“十二五”平均增长速度是以2010年为基期计算的，则写为2011—2015年平均增长速度，其余类推。

企业（单位）登记注册类型 是以在工商行政管理机关登记注册的各类企业为划分对象，以工商行政管理部门对企业登记注册的类型为依据，将企业登记注册类型分为内资企业、港澳台商投资企业和外商投资企业三大类。内资企业包括国有企业、集体企业、股份合作企业、联营企业、有限责任公司、股份有限公司、私营公司和其他企业；港澳台商投资企业和外商投资企业分别包括合资经营企业、合作经营企业、独资经营企业和股份有限公司。对不在工商行政管理部门进行登记注册的行政机关、事业单位和社会团体，主要按其经费来源和管理方式进行划分。

国有企业 指企业全部资产归国家所有，并按《中华人民共和国企业法人登记管理条例》规定登记注册的非公司制的经济组织。不包括有限责任公司中的国有独资公司。

集体企业 指企业资产归集体所有，并按《中华人民共和国企业法人登记管理条例》规定登记注册的经济组织。

股份合作企业 指以合作制为基础，由企业职工共同出资入股，吸收一定比例的社会资产投资组建，实行自主经营，自负盈亏，共同劳动，民主管理，按劳分配与按股分红相结合的一种集体经济组织。

联营企业 指两个及两个以上相同或不同所有制性质的企业法人或事业单位法人，按自愿、平等、互利的原则，共同投资组成的经济组织。联营企业包括国有联营企业、集体联营企业、国有与集体联营企业和其他联营企业。

有限责任公司 指根据《中华人民共和国公司登记管理条例》规定登记注册，由两个以上、五十个以下的股东共同出资，每个股东以其所认缴的出资额对公司承担有限责任，公司以其全部资产对其债务承担责任的经济组织。有限责任公司包括国有独资公司以及其他有限责任公司。

股份有限公司 指根据《中华人民共和国公司登记管理条例》规定登记注册，其全部注册资本由等额股份构成并通过发行股票筹集资本，股东以其认购的股份对公司承担有限责任，公司以其全部资产对其债务承担责任的经济组织。

私营企业 指由自然人投资设立或由自然人控股，以雇佣劳动为基础的营利性经济组织。包括按照《公司法》《合伙企业法》《个人独资企业法》规定登记注册的私营独资企业、私营合伙企业、私营有限责任公司、私营股份有限公司和个人独资企业。

其他内资企业 指上述企业之外的其他内资经济组织。

2 人口 Population

简要说明

一、本篇资料主要内容

本篇资料主要包括人口方面的基本情况，计划生育情况。

二、本篇资料来源

1. 本篇资料由省统计局人口与就业处整理。

2. 总人口指当地户籍人口与户口待定人口之和，包括户籍外出人口，不包括外来人口。

3. 常住人口是指实际经常居住在某地区半年以上的人口，包括离开户籍地半年以上的外来人口，不包括当地户籍外出半年以上的外出人口。常住人口包括：居住在本乡镇街道、户口在本乡镇街道或户口待定的人；居住在本乡镇街道、离开户口所在乡镇街道半年以上的人；户口在本乡镇街道、外出不满半年或在境外工作学习的人。

4. 家庭户是指以家庭成员关系为主、居住一处共同生活的人组成的户。

5. 城乡人口是指居住在城镇、乡村地域上的人口，城镇、乡村是按 2008 年国家统计局《统计上划分城乡的规定》划分的。

6. 计划生育资料来源于省卫健委。

2-1 人口数及构成
Population and Its Composition

单位：万人 (10 000 persons)

年 份 Year	年末总人口 Total Population (year-end)	按性别分 By Sex 男 Male 人口数 Population	比重（%） Proportion	女 Female 人口数 Population	比重（%） Proportion	按城乡分 By Urban and Rural 城镇 Urban 人口数 Population	比重（%） Proportion	乡村 Rural 人口数 Population	比重（%） Proportion
1978	1870.05	965.88	51.65	904.17	48.35	269.44	14.41	1600.61	85.59
1979	1893.79	977.39	51.61	916.40	48.39	279.89	14.78	1613.90	85.22
1980	1918.43	989.72	51.59	928.71	48.41	290.65	15.15	1627.78	84.85
1981	1941.40	1004.29	51.73	937.11	48.27	304.72	15.70	1636.68	84.30
1982	1974.88	1021.41	51.72	953.47	48.28	305.83	15.49	1669.05	84.51
1983	1999.84	1034.52	51.73	965.32	48.27	324.91	16.25	1674.93	83.75
1984	2025.88	1047.58	51.71	978.30	48.29	345.18	17.04	1680.70	82.96
1985	2052.89	1063.19	51.79	989.70	48.21	366.71	17.86	1686.18	82.14
1986	2085.39	1078.36	51.71	1007.03	48.29	389.58	18.68	1695.81	81.32
1987	2115.73	1093.41	51.68	1022.32	48.32	413.88	19.56	1701.85	80.44
1988	2148.15	1110.38	51.69	1037.77	48.31	439.69	20.47	1708.46	79.53
1989	2184.86	1128.92	51.67	1055.94	48.33	467.12	21.38	1717.74	78.62
1990	2254.67	1151.95	51.09	1102.72	48.91	496.25	22.01	1758.42	77.99
1991	2284.92	1180.85	51.68	1104.07	48.32	508.76	22.27	1776.16	77.73
1992	2314.19	1197.59	51.75	1116.60	48.25	521.59	22.54	1792.60	77.46
1993	2345.23	1194.25	50.92	1150.98	49.08	534.75	22.80	1810.48	77.20
1994	2387.25	1222.27	51.20	1164.98	48.80	548.23	22.96	1839.02	77.04
1995	2437.95	1256.49	51.54	1181.46	48.46	562.06	23.05	1875.89	76.95
1996	2466.86	1276.67	51.75	1190.19	48.25	572.07	23.19	1894.79	76.81
1997	2494.20	1278.57	51.26	1215.63	48.74	582.26	23.34	1911.94	76.66
1998	2519.37	1289.16	51.17	1230.21	48.83	592.63	23.52	1926.74	76.48
1999	2542.58	1292.05	50.82	1250.53	49.18	603.18	23.72	1939.40	76.28
2000	2515.31	1303.69	51.83	1211.62	48.17	603.93	24.01	1911.38	75.99
2001	2523.35	1307.85	51.83	1215.50	48.17	618.47	24.51	1904.88	75.49
2002	2530.76	1311.95	51.84	1218.81	48.16	656.99	25.96	1873.77	74.04
2003	2537.19	1313.00	51.75	1224.19	48.25	694.68	27.38	1842.51	72.62
2004	2541.48	1314.45	51.72	1227.03	48.28	727.12	28.61	1814.36	71.39
2005	2545.10	1309.20	51.44	1235.90	48.56	764.04	30.02	1781.06	69.98
2006	2546.79	1308.54	51.38	1238.25	48.62	791.80	31.09	1754.99	68.91
2007	2548.19	1308.50	51.35	1239.69	48.65	804.97	31.59	1743.22	68.41
2008	2550.88	1309.11	51.32	1241.77	48.68	820.11	32.15	1730.77	67.85
2009	2554.91	1310.16	51.28	1244.75	48.72	834.18	32.65	1720.73	67.35
2010	2559.98	1307.64	51.08	1252.34	48.92	924.66	36.12	1635.32	63.88
2011	2551.73	1302.66	51.05	1249.07	48.95	950.52	37.25	1601.21	62.75
2012	2550.15	1302.87	51.09	1247.28	48.91	988.95	38.78	1561.20	61.22
2013	2537.13	1295.71	51.07	1241.42	48.93	1027.54	40.50	1509.59	59.50
2014	2531.08	1292.37	51.06	1238.71	48.94	1070.14	42.28	1460.94	57.72
2015	2523.18	1287.83	51.04	1235.35	48.96	1116.26	44.24	1406.93	55.76
2016	2520.10	1286.01	51.03	1234.09	48.97	1161.01	46.07	1359.09	53.93
2017	2522.07	1286.76	51.02	1235.31	48.98	1213.62	48.12	1308.45	51.88
2018	2515.08	1282.94	51.01	1232.14	48.99	1249.74	49.69	1265.34	50.31
2019	2509.02	1279.60	51.00	1229.42	49.00	1272.07	50.70	1236.95	49.30
2020	2501.02	1269.52	50.76	1231.50	49.24	1306.28	52.23	1194.74	47.77
2021	2490.02	1266.01	50.84	1224.01	49.16	1327.93	53.33	1162.09	46.67

注：1. 1981年及以前数据为户籍统计数；1982、1990、2000、2010、2020年数据为当年人口普查数据推算数，其余年份数据为年度人口抽样调查推算数据（下表同）。

2. 2000年及以后数据为常住人口口径。

a) Figures 1981 (inclusive) are from household registrations; for the year 1982,1990,2000,2010 and 2020 are the census year estimates; the rest of the data covered in those tables have been estimated on the basis of the annual national sample surveys of population. The same applies to the relevant tables following.

b) Data since 2000 are obtained from the standard of permanent population.

2-2 人口出生率、死亡率和自然增长率
Birth Rate, Death Rate and Natural Growth Rate of Population

单位：‰ (‰)

年 份 Year	出生率 Birth Rate	死亡率 Death Rate	自然增长率 Natural Growth Rate
1978	17.77	5.87	11.90
1980	16.53	5.15	11.38
1985	18.31	5.46	12.85
1986	21.14	5.91	15.23
1987	20.55	5.71	14.84
1988	20.41	5.06	15.35
1989	22.57	5.60	16.97
1990	20.68	6.08	14.60
1991	19.38	6.05	13.33
1992	19.37	6.64	12.73
1993	20.16	6.84	13.32
1994	20.82	6.84	13.98
1995	20.65	6.49	14.16
1996	18.43	6.64	11.79
1997	17.22	6.20	11.02
1998	16.45	6.41	10.04
1999	15.61	6.44	9.17
2000	14.38	6.41	7.97
2001	13.58	6.43	7.15
2002	13.16	6.45	6.71
2003	12.58	6.46	6.12
2004	12.43	6.52	5.91
2005	12.59	6.57	6.02
2006	12.86	6.62	6.24
2007	13.14	6.65	6.49
2008	13.22	6.68	6.54
2009	13.32	6.71	6.61
2010	12.05	6.02	6.03
2011	12.08	6.03	6.05
2012	12.11	6.05	6.06
2013	12.16	6.08	6.08
2014	12.21	6.11	6.10
2015	12.36	6.15	6.21
2016	12.18	6.18	6.00
2017	12.54	6.52	6.02
2018	11.07	6.65	4.42
2019	10.60	6.75	3.85
2020	10.55	7.91	2.64
2021	9.68	8.26	1.42

2-3 七次人口普查基本情况
Basic Statistics on National Population Census in 1953, 1964, 1982, 1990, 2000 , 2010 and 2020

指 标	Item	1953	1964	1982	1990	2000	2010	2020
总人口（万人）	**Total population (10 000 persons)**	**1109.36**	**1263.06**	**1956.93**	**2237.11**	**2512.43**	**2557.53**	**2501.98**
男	Male	580.80	657.17	1012.37	1159.28	1302.17	1306.41	1270.09
女	Female	528.56	605.89	944.56	1077.83	1210.26	1251.11	1231.89
性别比（以女性为 100）	Sex Ratio (female=100)	109.88	108.46	107.18	107.56	107.59	104.42	103.10
家庭户规模（人／户）	**Average Family Household Size (person/household)**	**5.40**	**4.95**	**5.17**	**4.58**	**3.99**	**3.49**	**2.77**
各年龄组人口（%）	**Population by Age Group (%)**							
0-14 岁	Aged 0-14	39.56	40.18	36.32	27.97	27.00	18.16	19.40
15-64 岁	Aged 15-64	57.35	57.75	60.19	67.97	68.00	73.61	68.02
65 岁及以上	Aged 65 and Over	3.09	2.07	3.49	4.06	5.00	8.23	12.58
民族人口	**Population by Ethnicity**							
汉族（万人）	Han (10 000 persons)	1013.18	1167.50	1802.03	2051.50	2292.51	2316.48	2236.34
占总人口比重（%）	Percentage to Total Population (%)	91.33	92.43	92.08	91.70	91.25	90.57	89.38
少数民族（万人）	Ethnic Minorities (10 000 persons)	96.18	95.56	154.90	185.61	219.92	241.05	265.64
占总人口比重（%）	Percentage to Total Population (%)	8.67	7.57	7.92	8.30	8.75	9.43	10.62
每十万人拥有的各种受教育程度人口（人）	**Population with Various Education Attainments Per 100 000 Persons (person)**							
大专及以上	Junior College and Above			551	1104	2665	7520	14506
高中和中专	Senior Secondary School and Technical Secondary School			6246	7825	9863	12686	12937
初 中	Junior Secondary School			12190	16851	23925	31213	27423
小 学	Primary School			27679	29127	36907	32504	29808
文盲人口及文盲率	**Illiterate Population and Illiterate Rate**							
文盲人口（万人）	Illiterate Population (10 000 persons)			634.48	631.06	361.32	222.22	168.03
文盲率（%）	Illiterate Rate (%)			50.91	39.17	19.68	8.69	6.72
城乡人口（万人）	Population by Residence (10 000 persons)							
城镇人口	Urban Population	111.27	140.58	300.19	493.06	603.23	923.66	1306.73
乡村人口	Rural Population	998.09	1122.48	1656.74	1744.05	1909.20	1633.87	1195.25
平均预期寿命（岁）	**Life Expectancy (year old)**			**65.75**	**68.25**	**70.39**	**72.23**	**75.64**
男	Male			65.05	67.42	69.28	70.60	73.64
女	Female			66.49	69.17	71.88	74.06	77.85

注：1. 1953 年、1964 年、1982 年及 1990 年全国人口普查标准时点为当年 7 月 1 日零时，2000 年、2010 年和 2020 年全国人口普查标准时点为当年 11 月 1 日零时。

2. 2000 年、2010 年、2020 年人口为常住人口。

a) Standard reference time of national population census in 1953,1964,1982 and 1990 was zero hour of July 1st, and in 2000,2010 and 2020 was zero hour of November 1st.

b) Total population of 2000,2010 and 2020 are permanent population.

2-4 人口年龄结构和抚养比
Age Composition and Dependency Ratio of Population

单位：%

(%)

年 份 Year	按年龄组分 By Age			少儿儿童 抚 养 比 Children Dependency Ratio	老年人口 抚 养 比 Elderly Dependency Ratio	总抚养比 Gross Dependency Ratio
	0-14 岁比重 Aged 0-14 Proportion	15-64 岁比重 Aged 15-64 Proportion	65 岁及以上比重 Aged 65 and Over Proportion			
1953	39.56	57.35	3.09	68.98	5.39	74.37
1964	40.18	57.75	2.07	69.58	3.58	73.16
1982	36.32	60.19	3.49	60.34	5.80	66.14
1990	27.97	67.97	4.06	41.15	5.97	47.12
2000	27.00	68.00	5.00	39.71	7.35	47.06
2001	25.98	68.41	5.61	37.98	8.20	46.18
2002	24.95	69.31	5.74	36.00	8.28	44.28
2003	23.91	70.06	6.03	34.13	8.61	42.73
2004	22.75	71.01	6.24	32.04	8.79	40.83
2005	23.42	69.35	7.23	33.77	10.43	44.20
2006	22.29	70.36	7.35	31.68	10.45	42.13
2007	21.33	71.18	7.49	29.97	10.52	40.49
2008	21.17	71.25	7.58	29.71	10.64	40.35
2009	20.81	71.56	7.63	29.08	10.66	39.74
2010	18.16	73.61	8.23	24.67	11.18	35.85
2011	18.03	73.47	8.50	24.54	11.57	36.11
2012	17.84	73.28	8.88	24.34	12.12	36.46
2013	17.72	73.04	9.24	24.26	12.65	36.91
2014	17.62	72.83	9.55	24.19	13.11	37.31
2015	17.54	72.63	9.83	24.15	13.53	37.68
2016	17.44	72.19	10.37	24.16	14.36	38.52
2017	17.46	71.62	10.92	24.38	15.25	39.63
2018	17.49	71.25	11.26	24.55	15.80	40.35
2019	17.42	70.97	11.61	24.55	16.36	40.90
2020	19.40	68.02	12.58	28.52	18.49	47.02
2021	19.16	67.79	13.05	28.26	19.25	47.51

2-5 年末各市（州）人口年龄构成和抚养比（2021）
Age Composition and Dependency Ratio of Population by Region at Year-end (2021)

市（州）	Region	年末常住人口（万人）Permanent Population at Year-end (10 000 persons)	0-14 岁 Aged 0-14	15-64 岁 Aged 15-64	65 岁及以上 Aged 65 and Over	总抚养比（%）Gross Dependency Ratio (%)	少年儿童抚养比 Children Dependency Ratio	老年人口抚养比 Old Dependency Ratio
甘肃省	**Gansu**	**2490.02**	**477.00**	**1688.02**	**325.00**	**47.51**	**28.26**	**19.25**
兰州市	Lanzhou	438.43	61.58	324.00	52.84	35.32	19.01	16.31
嘉峪关市	Jiayuguan	31.53	4.91	23.02	3.60	36.97	21.35	15.62
金昌市	Jinchang	43.53	6.05	31.31	6.17	39.01	19.31	19.70
白银市	Baiyin	150.30	27.90	100.57	21.84	49.46	27.74	21.72
天水市	Tianshui	295.65	60.55	195.37	39.72	51.33	30.99	20.33
武威市	Wuwei	144.33	25.28	98.47	20.58	46.57	25.67	20.90
张掖市	Zhangye	112.25	18.53	78.30	15.42	43.36	23.66	19.70
平凉市	Pingliang	182.47	35.12	119.81	27.54	52.30	29.31	22.98
酒泉市	Jiuquan	105.33	15.60	76.50	13.23	37.68	20.39	17.29
庆阳市	Qingyang	215.94	46.17	140.41	29.36	53.80	32.89	20.91
定西市	Dingxi	250.78	49.52	166.19	35.07	50.90	29.80	21.10
陇南市	Longnan	238.73	50.44	157.38	30.91	51.69	32.05	19.64
临夏州	Linxia	211.66	59.98	129.79	21.89	63.08	46.21	16.87
甘南州	Gannan	69.10	15.38	46.89	6.83	47.36	32.79	14.57

2-6 各市（州）城乡人口及构成（2021）
Population of Urban and Rural and Its composition by Region (2021)

单位：万人 (10 000 persons)

市（州）	Region	年末常住人口 Permanent Population at Year-end	城镇 Urban		乡村 Rural	
			人口数 Population	比重（%）Proportion（%）	人口数 Population	比重（%）Proportion（%）
甘肃省	**Gansu**	**2490.02**	**1327.93**	**53.33**	**1162.09**	**46.67**
兰州市	Lanzhou	438.43	366.35	83.56	72.08	16.44
嘉峪关市	Jiayuguan	31.53	29.77	94.44	1.76	5.57
金昌市	Jinchang	43.53	34.14	78.43	9.39	21.57
白银市	Baiyin	150.30	86.71	57.69	63.59	42.31
天水市	Tianshui	295.65	138.01	46.68	157.64	53.32
武威市	Wuwei	144.33	69.60	48.22	74.73	51.78
张掖市	Zhangye	112.25	58.95	52.52	53.29	47.48
平凉市	Pingliang	182.47	83.97	46.02	98.50	53.98
酒泉市	Jiuquan	105.33	68.69	65.22	36.63	34.78
庆阳市	Qingyang	215.94	93.13	43.13	122.81	56.87
定西市	Dingxi	250.78	99.08	39.51	151.70	60.49
陇南市	Longnan	238.73	89.00	37.28	149.73	62.72
临夏州	Linxia	211.66	80.45	38.01	131.21	61.99
甘南州	Gannan	69.10	30.07	43.52	39.03	56.48

2-7 分地县年末人口数
Population at Year-end by Region & County

单位：万人 (10 000 persons)

地、县	Region & County	2010	2015	2016	2017	2018	2019	2020	2021
兰州市	**Lanzhou**	**361.91**	**397.89**	**405.66**	**414.31**	**421.53**	**428.67**	**437.18**	**438.43**
城关区	Chengguan	128.00	137.81	139.98	142.42	144.35	146.34	148.74	149.00
七里河区	Qilihe	56.14	63.50	65.07	66.76	68.22	69.71	71.48	71.75
西固区	Xigu	36.43	38.36	38.83	39.38	39.79	40.21	40.77	40.95
安宁区	Anning	28.86	35.77	37.41	39.14	40.72	42.32	44.21	44.30
红古区	Honggu	13.62	13.93	14.02	14.15	14.22	14.30	14.39	14.40
永登县	Yongdeng	41.94	33.49	32.52	31.61	30.59	29.58	28.33	28.27
皋兰县	Gaolan	13.20	12.29	12.34	12.42	12.45	12.49	12.50	12.49
榆中县	Yuzhong	43.72	45.39	45.81	46.32	46.67	47.04	47.45	47.26
兰州新区	Lanzhou New Area		17.36	19.68	22.12	24.52	26.69	29.30	30.00
嘉峪关市	**Jiayuguan**	**23.21**	**27.16**	**27.99**	**28.89**	**29.68**	**30.49**	**31.40**	**31.53**
金昌市	**Jinchang**	**46.44**	**44.98**	**44.76**	**44.64**	**44.35**	**44.09**	**43.76**	**43.53**
金川区	Jinchuan	22.88	24.38	24.73	25.12	25.42	25.74	26.09	26.10
永昌县	Yongchang	23.56	20.59	20.04	19.52	18.93	18.35	17.67	17.43
白银市	**Baiyin**	**170.98**	**160.58**	**158.78**	**157.29**	**155.24**	**153.26**	**150.88**	**150.30**
白银区	Baiyin	29.47	31.52	31.98	32.51	32.93	33.36	33.84	32.28
平川区	Pingchuan	19.26	19.61	19.72	19.86	19.93	20.02	20.10	19.96
靖远县	Jingyuan	45.54	41.29	40.51	39.81	38.97	38.14	37.17	36.58
会宁县	Huining	54.11	46.98	45.63	44.38	42.96	41.57	39.93	40.04
景泰县	Jingtai	22.60	21.18	20.93	20.73	20.45	20.18	19.85	21.44
天水市	**Tianshui**	**326.63**	**311.55**	**309.08**	**307.21**	**304.25**	**301.44**	**298.00**	**295.65**
秦州区	Qinzhou	64.45	64.86	65.05	65.37	65.46	65.59	65.69	65.14
麦积区	Maiji	55.39	55.33	55.41	55.60	55.60	55.62	55.61	55.27
清水县	Qingshui	26.73	25.31	25.07	24.88	24.61	24.34	24.02	23.85
秦安县	Qinan	51.61	46.47	45.52	44.66	43.65	42.65	41.47	40.82
甘谷县	Gangu	56.03	53.18	52.71	52.34	51.78	51.24	50.59	50.18
武山县	Wushan	43.78	39.95	39.25	38.63	37.87	37.13	36.25	35.99
张家川县	Zhangjiachuan	28.64	26.45	26.06	25.72	25.29	24.87	24.37	24.40
武威市	**Wuwei**	**181.66**	**163.55**	**160.21**	**157.18**	**153.59**	**150.07**	**145.91**	**144.33**
凉州区	Liangzhou	101.12	94.52	93.36	92.39	91.09	89.83	88.32	87.86
民勤县	Minqin	24.13	20.92	20.31	19.75	19.11	18.48	17.74	17.39
古浪县	Gulang	38.91	31.86	30.50	29.20	27.80	26.41	24.79	24.34
天祝县	Tianzhu	17.50	16.25	16.03	15.84	15.59	15.35	15.06	14.75
张掖市	**Zhangye**	**120.06**	**116.21**	**115.64**	**115.30**	**114.55**	**113.86**	**112.99**	**112.25**

注：2010，2020 年数据为当年人口普查数据推算数；其余年份数据为年度人口抽样调查推算数据。各地区数据为常住人口口径。

a) Data of 2010 and 2020 are the census year estimates; the rest are the estimates from the annual national sample survey of population. Data by region are of permanent residents.

2-7 续表 1 continued

单位：万人 (10 000 persons)

地、县	Region & County	2010	2015	2016	2017	2018	2019	2020	2021
甘州区	Ganzhou	50.79	51.19	51.36	51.63	51.72	51.83	51.93	51.76
肃南县	Sunan	3.37	3.06	3.01	2.96	2.90	2.84	2.77	2.73
民乐县	Minle	21.96	20.54	20.29	20.08	19.80	19.53	19.20	19.07
临泽县	Linze	13.44	12.48	12.31	12.16	11.97	11.78	11.56	11.43
高台县	Gaotai	14.35	13.42	13.25	13.12	12.93	12.75	12.54	12.40
山丹县	Shandan	16.15	15.53	15.43	15.36	15.24	15.13	14.98	14.86
平凉市	**Pingliang**	**207.01**	**195.31**	**193.31**	**191.69**	**189.38**	**187.17**	**184.49**	**182.47**
崆峒区	Kongtong	50.53	50.32	50.37	50.51	50.48	50.47	50.42	50.01
泾川县	Jingchuan	28.14	25.10	24.53	24.02	23.41	22.82	22.12	21.56
灵台县	Lingtai	18.41	16.96	16.70	16.47	16.19	15.91	15.58	15.34
崇信县	Chongxin	10.22	9.19	9.00	8.82	8.62	8.42	8.18	8.21
庄浪县	Zhuanglang	38.32	35.83	35.39	35.03	34.53	34.06	33.49	33.29
静宁县	Jingning	42.44	39.37	38.83	38.36	37.76	37.17	36.47	36.13
华亭市	Huating	18.95	18.54	18.49	18.48	18.40	18.33	18.23	17.92
酒泉市	**Jiuquan**	**109.69**	**107.29**	**107.00**	**106.92**	**106.45**	**106.04**	**105.50**	**105.33**
肃州区	Suzhou	42.88	44.08	44.40	44.81	45.05	45.32	45.61	45.49
金塔县	Jinta	14.76	13.42	13.18	12.96	12.70	12.44	12.13	12.08
瓜州县	Guazhou	14.89	13.87	13.68	13.53	13.33	13.13	12.90	12.89
肃北县	Subei	1.50	1.50	1.50	1.51	1.51	1.51	1.51	1.51
阿克塞县	Akesai	1.06	1.08	1.08	1.09	1.09	1.09	1.10	1.10
玉门市	Yumen	15.99	14.83	14.63	14.45	14.22	14.00	13.74	13.73
敦煌市	Dunhuang	18.61	18.51	18.52	18.57	18.55	18.54	18.52	18.53
庆阳市	**Qingyang**	**221.39**	**218.99**	**218.89**	**219.23**	**218.78**	**218.44**	**217.91**	**215.94**
西峰区	Xifeng	37.80	44.46	45.87	47.37	48.71	50.07	51.61	51.38
庆城县	Qingcheng	26.22	24.79	24.55	24.35	24.07	23.80	23.47	23.20
环 县	Huanxian	30.33	30.30	30.35	30.46	30.46	30.47	30.47	30.22
华池县	Huachi	12.10	11.98	11.98	12.00	11.97	11.96	11.93	11.80
合水县	Heshui	14.59	14.05	13.96	13.90	13.80	13.70	13.57	13.38
正宁县	Zhengning	18.12	17.67	17.61	17.58	17.49	17.41	17.31	17.04
宁 县	Ningxian	40.61	37.00	36.34	35.76	35.04	34.34	33.52	33.22
镇原县	Zhenyuan	41.62	38.75	38.24	37.81	37.24	36.69	36.03	35.70
定西市	**Dingxi**	**270.11**	**260.43**	**258.95**	**257.98**	**256.08**	**254.31**	**252.11**	**250.78**
安定区	Anding	42.09	42.03	42.09	42.24	42.23	42.25	42.24	42.07
通渭县	Tongwei	34.98	33.57	33.34	33.18	32.90	32.64	32.32	32.11

2-7 续表 2 continued

单位：万人 (10 000 persons)

地、县	Region & County	2010	2015	2016	2017	2018	2019	2020	2021
陇西县	Longxi	45.37	43.91	43.70	43.57	43.29	43.02	42.69	42.50
渭源县	Weiyuan	32.44	30.00	29.57	29.19	28.71	28.24	27.68	27.41
临洮县	Lintao	50.78	49.24	49.02	48.89	48.59	48.32	47.97	47.83
漳　县	Zhangxian	19.32	17.97	17.73	17.52	17.26	17.00	16.69	16.54
岷　县	Minxian	45.13	43.71	43.50	43.38	43.10	42.84	42.52	42.32
陇南市	**Longnan**	**256.97**	**248.06**	**246.71**	**245.84**	**244.10**	**242.48**	**240.46**	**238.73**
武都区	Wudu	55.58	54.95	54.92	54.99	54.88	54.78	54.65	54.48
成　县	Chengxian	24.26	24.13	24.15	24.21	24.19	24.18	24.16	24.09
文　县	Wenxian	21.88	20.72	20.52	20.37	20.14	19.92	19.65	19.44
宕昌县	Tanchang	27.44	26.38	26.22	26.10	25.90	25.70	25.46	24.84
康　县	Kangxian	18.01	17.07	16.91	16.79	16.60	16.43	16.21	16.16
西和县	Xihe	39.36	37.11	36.73	36.42	35.97	35.55	35.04	34.85
礼　县	Lixian	45.87	44.00	43.70	43.49	43.13	42.78	42.36	42.03
徽　县	Huixian	20.03	19.45	19.37	19.32	19.21	19.10	18.97	18.91
两当县	Liangdang	4.54	4.24	4.19	4.15	4.09	4.03	3.96	3.93
临夏州	**Linxia**	**194.93**	**202.32**	**204.15**	**206.40**	**207.90**	**209.51**	**211.24**	**211.66**
临夏市	Linxia	27.47	31.44	32.29	33.20	34.00	34.81	35.73	35.97
临夏县	Linxia	32.65	32.35	32.35	32.41	32.36	32.32	32.26	32.22
康乐县	Kangle	23.36	24.40	24.65	24.95	25.17	25.39	25.63	25.74
永靖县	Yongjing	18.02	17.99	18.01	18.07	18.07	18.07	18.07	17.88
广河县	Guanghe	22.80	24.35	24.71	25.11	25.43	25.75	26.11	26.31
和政县	Hezheng	18.54	19.44	19.65	19.90	20.08	20.28	20.48	20.56
东乡县	Dongxiang	28.50	28.66	28.74	28.88	28.92	28.97	29.01	29.09
积石山县	Jishishan	23.59	23.69	23.75	23.86	23.88	23.92	23.94	23.89
甘南州	**Gannan**	**69.00**	**68.87**	**68.97**	**69.20**	**69.19**	**69.20**	**69.18**	**69.10**
合作市	Hezuo	9.04	10.10	10.33	10.58	10.79	11.01	11.25	11.23
临潭县	Lintan	13.72	13.19	13.10	13.05	12.94	12.84	12.72	12.70
卓尼县	Zhuoni	10.07	9.77	9.73	9.71	9.65	9.60	9.53	9.53
舟曲县	Zhouqu	13.21	12.83	12.78	12.75	12.68	12.61	12.53	12.51
迭部县	Diebu	5.22	5.20	5.21	5.23	5.22	5.22	5.22	5.20
玛曲县	Maqu	5.49	5.58	5.61	5.65	5.67	5.69	5.71	5.71
碌曲县	Luqu	3.57	3.57	3.57	3.59	3.59	3.59	3.59	3.59
夏河县	Xiahe	8.68	8.63	8.64	8.66	8.65	8.65	8.63	8.63

2-8 分地县年末城镇人口比重
Proportion of Urban Population at Year-end by Region & County

单位：% (%)

地、县	Region & County	2010	2015	2016	2017	2018	2019	2020	2021
兰州市	**Lanzhou**	**76.28**	**80.58**	**81.47**	**82.68**	**83.03**	**83.08**	**83.10**	**83.56**
城关区	Chengguan	98.47	98.62	98.65	98.72	98.76	98.76	98.76	98.77
七里河区	Qilihe	83.86	86.16	86.60	87.57	87.66	87.66	87.66	87.67
西固区	Xigu	87.99	90.90	91.01	91.66	91.80	91.81	91.81	91.82
安宁区	Anning	100.00	100.00	100.00	100.00	100.00	100.00	100.00	100.00
红古区	Honggu	73.54	75.31	75.50	75.89	75.99	76.00	76.01	76.03
永登县	Yongdeng	32.98	44.84	47.26	48.53	48.63	48.64	48.64	48.71
皋兰县	Gaolan	32.04	46.78	50.35	55.68	56.51	56.52	56.53	56.54
榆中县	Yuzhong	31.94	45.20	46.95	48.77	49.23	49.23	49.23	52.03
兰州新区	Lanzhou New Area		43.86	48.90	57.31	57.94	57.95	57.96	60.04
嘉峪关市	**Jiayuguan**	**93.32**	**94.31**	**94.38**	**94.40**	**94.41**	**94.41**	**94.43**	**94.44**
金昌市	**Jinchang**	**62.10**	**69.51**	**71.12**	**73.08**	**74.33**	**75.43**	**77.40**	**78.43**
金川区	Jinchuan	85.50	89.70	90.13	90.45	90.79	90.99	91.38	91.38
永昌县	Yongchang	39.39	45.60	47.65	50.72	52.25	53.62	56.90	59.04
白银市	**Baiyin**	**39.48**	**47.46**	**49.31**	**51.44**	**53.10**	**54.47**	**56.56**	**57.69**
白银区	Baiyin	83.69	88.48	88.99	89.49	89.99	90.30	90.81	91.29
平川区	Pingchuan	61.21	66.61	68.56	70.40	71.70	71.83	73.54	74.69
靖远县	Jingyuan	25.00	31.92	33.74	35.59	37.03	38.07	39.45	41.39
会宁县	Huining	19.29	25.84	27.39	29.85	31.21	32.93	35.34	37.33
景泰县	Jingtai	40.91	46.93	48.49	50.27	52.22	53.37	56.22	57.08
天水市	**Tianshui**	**28.36**	**36.56**	**38.53**	**40.71**	**42.52**	**43.54**	**45.57**	**46.68**
秦州区	Qinzhou	49.50	57.66	59.63	61.53	63.72	64.05	65.61	66.98
麦积区	Maiji	41.16	49.14	49.85	52.50	55.11	55.29	57.91	59.09
清水县	Qingshui	15.73	22.88	24.49	26.73	28.12	28.88	32.90	33.84
秦安县	Qinan	18.22	26.77	27.86	29.29	31.11	32.31	33.77	35.25
甘谷县	Gangu	18.13	26.57	30.17	32.35	33.28	34.89	36.26	36.81
武山县	Wushan	19.96	27.31	29.76	32.44	33.59	34.34	35.91	37.09
张家川县	Zhangjiachuan	18.93	22.87	24.10	25.16	25.94	28.27	29.94	30.49
武威市	**Wuwei**	**27.56**	**36.12**	**38.34**	**40.94**	**43.06**	**44.67**	**47.01**	**48.22**
凉州区	Liangzhou	32.89	41.78	43.99	46.70	48.78	50.31	52.83	53.94
民勤县	Minqin	18.99	28.31	30.63	33.38	35.68	37.55	40.12	41.45
古浪县	Gulang	16.96	23.28	25.22	27.19	28.96	30.29	31.71	32.79
天祝县	Tianzhu	32.17	38.43	40.18	42.14	43.85	45.02	46.37	47.60
张掖市	**Zhangye**	**34.84**	**42.96**	**44.80**	**46.86**	**48.47**	**49.59**	**51.29**	**52.52**

2-8 续表 1 continued

单位：%　　(%)

地、县	Region & County	2010	2015	2016	2017	2018	2019	2020	2021
甘州区	Ganzhou	42.97	49.27	50.43	51.83	52.32	52.65	53.57	54.56
肃南县	Sunan	31.09	35.91	36.91	37.54	37.98	38.78	39.33	40.57
民乐县	Minle	22.88	32.48	34.16	37.90	41.67	43.83	46.70	48.20
临泽县	Linze	28.10	37.03	38.35	40.22	43.19	44.97	46.84	48.56
高台县	Gaotai	24.60	36.82	42.86	45.90	47.40	48.85	51.10	52.71
山丹县	Shandan	41.02	47.53	48.41	49.73	51.31	52.82	55.11	56.04
平凉市	**Pingliang**	**29.09**	**36.58**	**38.31**	**40.25**	**41.83**	**42.81**	**44.77**	**46.02**
崆峒区	Kongtong	49.44	60.21	62.38	64.58	65.29	65.55	65.92	66.98
泾川县	Jingchuan	24.66	31.55	33.19	35.08	37.12	37.99	39.14	40.73
灵台县	Lingtai	19.79	25.12	26.39	27.47	28.80	31.18	34.49	35.26
崇信县	Chongxin	31.09	39.87	41.19	42.68	42.79	42.89	43.02	44.00
庄浪县	Zhuanglang	15.01	19.13	20.52	22.25	23.79	25.41	28.42	28.78
静宁县	Jingning	16.16	20.72	22.22	24.20	26.71	27.37	30.90	32.97
华亭市	Huating	46.72	55.50	56.69	58.17	59.32	59.88	60.67	62.35
酒泉市	**Jiuquan**	**50.05**	**57.05**	**58.58**	**60.40**	**61.63**	**62.57**	**64.20**	**65.22**
肃州区	Suzhou	59.54	66.23	67.66	68.28	70.01	70.84	71.88	72.47
金塔县	Jinta	31.88	38.44	40.06	41.98	43.70	44.49	50.12	50.91
瓜州县	Guazhou	29.79	35.00	37.13	39.17	38.56	39.41	39.96	42.82
肃北县	Subei	50.80	58.47	59.33	62.25	63.91	64.24	65.81	66.08
阿克塞县	Akesai	95.21	94.26	94.04	93.85	93.67	93.58	93.26	94.35
玉门市	Yumen	49.40	56.39	57.52	61.66	62.27	63.04	63.56	64.23
敦煌市	Dunhuang	56.73	63.44	64.52	66.61	67.60	68.61	70.10	71.21
庆阳市	**Qingyang**	**23.79**	**32.61**	**34.81**	**37.17**	**39.16**	**40.22**	**41.89**	**43.13**
西峰区	Xifeng	48.41	53.51	55.20	57.87	59.61	60.61	61.94	63.20
庆城县	Qingcheng	26.27	32.34	34.40	36.41	38.27	39.05	40.57	41.94
环　县	Huanxian	18.65	27.66	29.87	31.93	33.78	34.53	36.21	37.23
华池县	Huachi	21.18	34.01	36.13	38.15	40.01	40.78	42.15	43.49
合水县	Heshui	21.91	31.44	33.52	35.55	37.38	38.24	39.64	41.18
正宁县	Zhengning	24.10	33.27	35.32	37.41	39.09	39.89	41.22	42.72
宁　县	Ningxian	14.86	24.05	26.08	28.13	29.75	30.63	32.34	33.35
镇原县	Zhenyuan	13.61	20.55	22.62	24.68	26.65	27.58	28.98	29.92
定西市	**Dingxi**	**23.42**	**30.82**	**32.51**	**34.38**	**35.91**	**36.93**	**38.39**	**39.51**
安定区	Anding	37.82	43.99	45.66	47.51	49.14	51.05	52.65	52.89
通渭县	Tongwei	13.15	20.49	22.17	24.02	25.55	26.23	27.09	27.43

2-8 续表 2 continued

单位：% (%)

地、县	Region & County	2010	2015	2016	2017	2018	2019	2020	2021
陇西县	Longxi	36.03	42.81	44.49	46.35	47.82	48.81	51.27	51.60
渭源县	Weiyuan	14.61	23.43	25.09	26.93	27.46	27.83	28.49	29.22
临洮县	Lintao	24.49	31.32	32.99	34.83	37.50	38.38	39.30	39.79
漳 县	Zhangxian	19.58	28.38	30.07	31.91	32.61	32.00	33.83	34.71
岷 县	Minxian	12.03	19.51	21.17	22.97	24.08	25.56	27.14	31.45
陇南市	**Longnan**	**19.70**	**27.96**	**29.83**	**31.85**	**33.58**	**34.67**	**36.18**	**37.28**
武都区	Wudu	25.22	33.60	35.68	38.91	40.24	42.09	44.55	45.79
成 县	Chengxian	35.33	40.03	44.45	44.84	45.47	46.43	50.14	51.07
文 县	Wenxian	15.64	20.87	23.36	27.66	28.54	30.73	32.50	33.49
宕昌县	Tanchang	15.25	20.65	22.42	23.45	25.55	27.09	27.31	28.43
康 县	Kangxian	15.94	21.22	22.08	25.78	30.05	30.25	30.35	31.16
西和县	Xihe	12.49	23.29	25.09	25.54	27.78	27.83	27.88	29.06
礼 县	Lixian	12.03	23.49	24.14	26.59	28.69	29.51	30.23	31.33
徽 县	Huixian	27.76	36.66	37.69	37.82	38.18	38.67	41.70	42.28
两当县	Liangdang	34.50	41.03	42.48	43.41	44.97	45.34	45.46	47.11
临夏州	**Linxia**	**24.30**	**31.02**	**32.49**	**34.07**	**35.29**	**35.86**	**36.75**	**38.01**
临夏市	Linxia	80.48	86.10	87.71	87.92	88.12	88.31	88.51	88.90
临夏县	Linxia	8.03	13.79	14.25	14.96	15.27	15.50	15.87	19.06
康乐县	Kangle	10.66	16.64	18.46	19.72	21.49	21.94	22.97	23.78
永靖县	Yongjing	38.69	44.30	45.70	49.47	51.02	51.63	52.50	52.94
广河县	Guanghe	20.14	26.90	28.61	30.98	32.01	33.32	34.41	35.48
和政县	Hezheng	16.36	22.02	23.82	25.48	26.69	26.94	27.82	28.94
东乡县	Dongxiang	12.15	16.82	17.08	17.97	18.60	18.92	19.48	20.87
积石山县	Jishishan	8.79	15.03	16.63	18.40	20.77	20.78	21.88	22.54
甘南州	**Gannan**	**24.46**	**33.67**	**35.73**	**37.95**	**39.78**	**40.82**	**42.27**	**43.52**
合作市	Hezuo	63.56	67.16	67.18	67.20	67.21	67.21	67.44	69.28
临潭县	Lintan	19.03	29.26	32.06	34.25	36.24	36.99	37.53	38.74
卓尼县	Zhuoni	15.62	24.87	27.03	29.35	31.50	33.02	34.88	35.99
舟曲县	Zhouqu	13.12	21.82	23.94	27.29	28.94	29.90	31.90	32.77
迭部县	Diebu	18.08	27.88	30.13	32.76	34.87	36.21	38.07	39.42
玛曲县	Maqu	20.22	36.02	39.75	44.25	48.32	51.49	55.62	57.09
碌曲县	Luqu	18.23	30.81	33.89	37.05	40.11	42.34	45.43	46.52
夏河县	Xiahe	28.92	31.98	32.41	33.03	33.18	32.64	32.20	33.14

2-9 各地、县人口的城乡结构和出生率、死亡率、自然增长率（2021）
Total Population by Urban and Rural Residence and Birth Rate,Death Rate, Natural Growth Rate by Region & County (2021)

单位：万人 (10 000 persons)

地、县	Region & County	年末常住人口 Permanent Population at Year-end	城镇 Urban		乡村 Rural		出生率（‰）Birth Rate（‰）	死亡率（‰）Death Rate（‰）	自然增长率（‰）Natural Growth Rate（‰）
			人口数 Population	比重（%）Proportion	人口数 Population	比重（%）Proportion			
兰州市	**Lanzhou**	**438.43**	**366.35**	**83.56**	**72.08**	**16.44**	**7.61**	**5.84**	**1.77**
城关区	Chengguan	149.00	147.17	98.77	1.83	1.23	5.37	3.56	1.81
七里河区	Qilihe	71.75	62.90	87.67	8.85	12.33	10.61	6.98	3.63
西固区	Xigu	40.95	37.60	91.82	3.35	8.18	9.06	5.14	3.92
安宁区	Anning	44.30	44.30	100.00	0.00	0.00	7.68	5.88	1.81
红古区	Honggu	14.40	10.95	76.03	3.45	23.97	6.95	4.86	2.08
永登县	Yongdeng	28.27	13.77	48.71	14.50	51.29	10.60	12.01	-1.41
皋兰县	Gaolan	12.49	7.06	56.54	5.43	43.46	8.80	11.20	-2.40
榆中县	Yuzhong	47.26	24.59	52.03	22.67	47.97	3.80	7.60	-3.80
兰州新区	Lanzhou New Area	30.00	18.01	60.04	11.99	39.96	12.48	5.06	7.42
嘉峪关市	**Jiayuguan**	**31.53**	**29.77**	**94.44**	**1.76**	**5.57**	**9.67**	**5.86**	**3.81**
金昌市	**Jinchang**	**43.53**	**34.14**	**78.43**	**9.39**	**21.57**	**6.71**	**9.55**	**–2.84**
金川区	Jinchuan	26.10	23.85	91.38	2.25	8.62	5.37	5.75	-0.38
永昌县	Yongchang	17.43	10.29	59.04	7.14	40.96	8.55	15.38	-6.84
白银市	**Baiyin**	**150.30**	**86.71**	**57.69**	**63.59**	**42.31**	**9.56**	**8.58**	**0.98**
白银区	Baiyin	32.28	29.47	91.29	2.81	8.71	6.05	9.07	-3.02
平川区	Pingchuan	19.96	14.91	74.69	5.05	25.30	11.48	6.49	4.99
靖远县	Jingyuan	36.58	15.14	41.39	21.44	58.61	11.39	8.14	3.25
会宁县	Huining	40.04	14.95	37.33	25.09	62.66	10.75	10.50	0.25
景泰县	Jingtai	21.44	12.24	57.08	9.20	42.91	7.75	6.78	0.97
天水市	**Tianshui**	**295.65**	**138.01**	**46.68**	**157.64**	**53.32**	**9.78**	**8.81**	**0.97**
秦州区	Qinzhou	65.14	43.63	66.98	21.51	33.02	7.49	8.71	-1.22
麦积区	Maiji	55.27	32.66	59.09	22.61	40.91	8.30	7.58	0.72
清水县	Qingshui	23.85	8.07	33.84	15.78	66.16	11.28	9.61	1.67
秦安县	Qinan	40.82	14.39	35.25	26.43	64.75	9.24	10.94	-1.70
甘谷县	Gangu	50.18	18.47	36.81	31.71	63.19	9.73	7.94	1.79
武山县	Wushan	35.99	13.35	37.09	22.64	62.91	10.24	9.41	0.83
张家川县	Zhangjiachuan	24.40	7.44	30.49	16.96	69.51	18.04	8.20	9.84
武威市	**Wuwei**	**144.33**	**69.60**	**48.22**	**74.73**	**51.78**	**8.93**	**10.21**	**–1.28**
凉州区	Liangzhou	87.86	47.39	53.94	40.47	46.06	9.20	8.97	0.23
民勤县	Minqin	17.39	7.21	41.45	10.18	58.55	7.40	14.23	-6.83
古浪县	Gulang	24.34	7.98	32.79	16.36	67.21	9.77	11.40	-1.63
天祝县	Tianzhu	14.75	7.02	47.60	7.73	52.40	8.05	10.74	-2.68
张掖市	**Zhangye**	**112.25**	**58.95**	**52.52**	**53.29**	**47.48**	**8.12**	**8.82**	**–0.70**

2-9 续表 1 continued

单位：万人 (10 000 persons)

地、县	Region & County	年末常住人口 Permanent Population at Year-end	城镇 Urban 人口数 Population	城镇 Urban 比重（%） Proportion	乡村 Rural 人口数 Population	乡村 Rural 比重（%） Proportion	出生率（‰） Birth Rate (‰)	死亡率（‰） Death Rate (‰)	自然增长率（‰） Natural Growth Rate (‰)
甘州区	Ganzhou	51.76	28.24	54.56	23.52	45.44	8.95	8.83	0.12
肃南县	Sunan	2.73	1.11	40.57	1.62	59.43	10.12	10.05	0.07
民乐县	Minle	19.07	9.19	48.20	9.88	51.80	7.84	7.78	0.05
临泽县	Linze	11.43	5.55	48.56	5.88	51.44	4.32	8.03	-3.71
高台县	Gaotai	12.40	6.53	52.71	5.86	47.29	6.21	9.83	-3.62
山丹县	Shandan	14.86	8.33	56.04	6.53	43.96	9.78	9.65	0.13
平凉市	**Pingliang**	**182.47**	**83.97**	**46.02**	**98.50**	**53.98**	**9.44**	**9.16**	**0.28**
崆峒区	Kongtong	50.01	33.50	66.98	16.51	33.02	9.53	6.62	2.91
泾川县	Jingchuan	21.56	8.78	40.73	12.78	59.27	8.52	12.78	-4.26
灵台县	Lingtai	15.34	5.41	35.26	9.93	64.74	8.57	11.97	-3.40
崇信县	Chongxin	8.21	3.61	44.00	4.60	56.00	10.30	8.94	1.36
庄浪县	Zhuanglang	33.29	9.58	28.78	23.71	71.22	9.55	9.16	0.40
静宁县	Jingning	36.13	11.91	32.97	24.21	67.03	10.62	9.89	0.73
华亭市	Huating	17.92	11.18	62.35	6.75	37.65	8.09	8.09	0.00
酒泉市	**Jiuquan**	**105.33**	**68.69**	**65.22**	**36.63**	**34.78**	**7.78**	**7.52**	**0.26**
肃州区	Suzhou	45.49	32.97	72.47	12.52	27.53	6.50	7.65	-1.15
金塔县	Jinta	12.08	6.15	50.91	5.93	49.09	8.41	9.71	-1.30
瓜州县	Guazhou	12.89	5.52	42.82	7.37	57.18	9.89	7.99	1.90
肃北县	Subei	1.51	1.00	66.08	0.51	33.92	8.80	6.38	2.42
阿克塞县	Akesai	1.10	1.04	94.35	0.06	5.65	8.17	5.10	3.07
玉门市	Yumen	13.73	8.82	64.23	4.91	35.77	9.46	7.32	2.15
敦煌市	Dunhuang	18.53	13.19	71.21	5.33	28.79	7.65	5.69	1.96
庆阳市	**Qingyang**	**215.94**	**93.13**	**43.13**	**122.81**	**56.87**	**9.98**	**8.73**	**1.25**
西峰区	Xifeng	51.38	32.47	63.20	18.91	36.80	8.97	7.44	1.53
庆城县	Qingcheng	23.20	9.73	41.94	13.47	58.06	8.11	6.96	1.14
环　县	Huanxian	30.22	11.25	37.23	18.97	62.77	8.43	7.13	1.29
华池县	Huachi	11.80	5.13	43.49	6.67	56.51	9.14	8.03	1.10
合水县	Heshui	13.38	5.51	41.18	7.87	58.82	9.25	8.15	1.09
正宁县	Zhengning	17.04	7.28	42.72	9.76	57.28	8.95	7.70	1.26
宁　县	Ningxian	33.22	11.08	33.35	22.14	66.65	12.69	11.64	1.06
镇原县	Zhenyuan	35.70	10.68	29.92	25.02	70.08	12.49	11.32	1.17
定西市	**Dingxi**	**250.78**	**99.08**	**39.51**	**151.70**	**60.49**	**9.97**	**8.92**	**1.05**
安定区	Anding	42.07	22.25	52.89	19.82	47.11	10.57	8.06	2.54
通渭县	Tongwei	32.11	8.81	27.43	23.30	72.57	9.53	8.49	1.04

2-9 续表 2 continued

单位：万人 (10 000 persons)

地、县	Region & County	年末常住人口 Permanent Population at Year-end	城镇 Urban		乡村 Rural		出生率 (‰) Birth Rate (‰)	死亡率 (‰) Death Rate (‰)	自然增长率 (‰) Natural Growth Rate (‰)
			人口数 Population	比重（%） Proportion	人口数 Population	比重（%） Proportion			
陇西县	Longxi	42.50	21.93	51.60	20.57	48.40	10.38	9.92	0.46
渭源县	Weiyuan	27.41	8.01	29.22	19.40	70.78	9.27	9.80	-0.53
临洮县	Lintao	47.83	19.03	39.79	28.80	60.21	9.70	8.72	0.98
漳 县	Zhangxian	16.54	5.74	34.71	10.80	65.29	10.81	9.64	1.17
岷 县	Minxian	42.32	13.31	31.45	29.01	68.55	9.76	8.49	1.28
陇南市	**Longnan**	**238.73**	**89.00**	**37.28**	**149.73**	**62.72**	**9.85**	**9.44**	**0.41**
武都区	Wudu	54.48	24.95	45.79	29.54	54.21	8.66	7.67	1.00
成 县	Chengxian	24.09	12.30	51.07	11.78	48.93	9.57	9.23	0.35
文 县	Wenxian	19.44	6.51	33.49	12.93	66.51	10.27	9.20	1.07
宕昌县	Tanchang	24.84	7.06	28.43	17.78	71.57	10.09	10.31	-0.22
康 县	Kangxian	16.16	5.03	31.16	11.12	68.84	10.37	10.16	0.21
西和县	Xihe	34.85	10.13	29.06	24.72	70.94	10.33	9.98	0.36
礼 县	Lixian	42.03	13.17	31.33	28.86	68.67	10.82	10.81	0.00
徽 县	Huixian	18.91	7.99	42.28	10.92	57.72	9.22	9.02	0.21
两当县	Liangdang	3.93	1.85	47.11	2.08	52.89	10.58	10.59	-0.01
临夏州	**Linxia**	**211.66**	**80.45**	**38.01**	**131.21**	**61.99**	**15.55**	**7.87**	**7.68**
临夏市	linxia	35.97	31.98	88.90	3.99	11.10	12.55	6.81	5.75
临夏县	linxia	32.22	6.14	19.06	26.08	80.94	14.52	8.69	5.83
康乐县	Kangle	25.74	6.12	23.78	19.62	76.22	14.02	8.57	5.45
永靖县	Yongjing	17.88	9.47	52.94	8.42	47.06	10.57	8.90	1.67
广河县	Guanghe	26.31	9.34	35.48	16.97	64.52	19.84	7.06	12.78
和政县	Hezheng	20.56	5.95	28.94	14.61	71.06	15.59	8.04	7.55
东乡县	Dongxiang	29.09	6.07	20.87	23.02	79.13	21.34	7.57	13.77
积石山县	Jishishan	23.89	5.38	22.54	18.50	77.46	15.05	7.94	7.11
甘南州	**Gannan**	**69.10**	**30.07**	**43.52**	**39.03**	**56.48**	**11.67**	**7.63**	**4.04**
合作市	Hezuo	11.23	7.78	69.28	3.45	30.72	8.90	4.45	4.45
临潭县	Lintan	12.70	4.92	38.74	7.78	61.26	12.59	10.23	2.36
卓尼县	Zhuoni	9.53	3.43	35.99	6.10	64.01	10.49	8.39	2.10
舟曲县	Zhouqu	12.51	4.10	32.77	8.41	67.23	11.18	7.19	3.99
迭部县	Diebu	5.20	2.05	39.42	3.15	60.58	7.68	7.68	0.00
玛曲县	Maqu	5.71	3.26	57.09	2.45	42.91	17.51	7.00	10.51
碌曲县	Luqu	3.59	1.67	46.52	1.92	53.48	13.93	8.36	5.57
夏河县	Xiahe	8.63	2.86	33.14	5.77	66.86	13.90	8.11	5.79

2-10 计划生育情况
Statistics of Family Planning

项 目	Item	2010	2015	2019	2020	2021
全省计划生育状况	**Situation of Family Planning of Gansu**					
政策计划内生育（万人）	Births under Control (10 000 persons)	24.48	23.51	26.96	24.81	23.12
符合政策计划生育率（%）	Family Planning Rate that Consistent with the Policy (%)	91.36	92.58	96.07	94.33	95.73
已婚育龄妇女人数（万人）	Married Women at Childbearing Age (10 000 persons)	562.33	571.76	508.76	470.60	463.84
实际采取节育措施的人数（万人）	Number of Married People Adopting Birth Control Measures (10 000 persons)	490.28	493.58	407.43	366.92	296.07
城市计划生育状况	**Situation of Family Planning of Urban**					
政策计划内生育（万人）	Births Under Control (10 000 persons)	3.75	3.92	6.59	4.95	4.53
符合政策计划生育率（%）	Family Planning Rate that Consistent with the Policy (%)	99.03	98.02	99.33	98.81	98.94
已婚育龄妇女人数（万人）	Married Women at Childbearing Age (10 000 persons)	113.69	125.22	118.02	109.29	111.05
实际采取节育措施的人数（万人）	Number of Married People Adopting Birth Control Measures (10 000 persons)	93.89	103.29	86.22	78.22	56.46
农村计划生育状况	**Situation of Family Planning of Rural**					
政策计划内生育（万人）	Births under Control (10 000 persons)	20.65	18.92	20.37	19.86	18.59
符合政策计划生育率（%）	Family Planning Rate that Consistent with the Policy (%)	90.08	91.44	94.65	94.48	94.93
已婚育龄妇女人数（万人）	Married Women at Childbearing Age (10 000 persons)	436.70	425.65	390.74	361.31	352.79
实际采取节育措施的人数（万人）	Number of Married People Adopting Birth Control Measures (10 000 persons)	388.58	374.35	321.21	288.70	239.61

主要统计指标解释

人口数 指一定时点、一定地区范围内有生命的个人总和。年末统计的年末人口数指每年 12 月 31 日 24 时的人口数。

城镇人口和乡村人口 城镇人口是指居住在城镇地域内的全部常住人口；乡村人口是除上述人口以外的全部人口。

出生率（又称粗出生率） 指在一定时期内（通常为一年）一定地区的出生人数与同期内平均人数（或期中人数）之比，用千分率表示。本资料中的出生率指年出生率，其计算公式为：

$$出生率=\frac{年出生人数}{年平均人数}\times 1000‰$$

式中：出生人数指活产婴儿，即胎儿脱离母体时（不管怀孕月数），有过呼吸或其他生命现象。年平均人数指年初、年底人口数的平均数，也可用年中人口数代替。

死亡率（又称粗死亡率） 指在一定时期内（通常为一年）一定地区的死亡人数与同期内平均人数（或期中人数）之比，用千分率表示。本资料中的死亡率指年死亡率，其计算公式为：

$$死亡率=\frac{年死亡人数}{年平均人数}\times 1000‰$$

人口自然增长率 指在一定时期内（通常为一年）人口自然增加数（出生人数减死亡人数）与该时期内平均人数（或期中人数）之比，用千分率表示，其计算公式为：

$$人口自然增长率=\frac{本年出生人数-本年死亡人数}{年平均人数}\times 1000‰$$

$$=人口出生率-人口死亡率$$

总抚养比 也称总负担系数。指人口总体中非劳动年龄人口数与劳动年龄人口数之比。通常用百分比表示。说明每 100 名劳动年龄人口大致要负担多少名非劳动年龄人口。用于从人口角度反映人口与经济发展的基本关系。计算公式为：

$$GDR=\frac{P_{0\sim14}+P_{65^{+}}}{P_{15\sim64}}\times 100\%$$

其中：GDR 为总抚养比；

$P_{0\sim14}$ 为 0~14 岁少年儿童人口数；

P_{65+} 为 65 岁及 65 岁以上的老年人口数；

$P_{15\sim64}$ 为 15~64 岁劳动年龄人口数。

老年人口抚养比 也称老年人口抚养系数。指某一人口中老年人口数与劳动年龄人口数之比。通常用百分比表示。用以表明每 100 名劳动年龄人口要负担多少名老年人。老年人口抚养比是从经济角度反映人口老化社会后果的指标之一。计算公式为：

$$ODR=\frac{P_{65^{+}}}{P_{15\sim64}}\times 100\%$$

其中：ODR 为老年人口抚养比；

P_{65+} 为 65 岁及 65 岁以上的老年人口数；

$P_{15\sim64}$ 为 15~64 岁的劳动年龄人口数。

少年儿童抚养比 也称少年儿童抚养系数。指某一人口中少年儿童人口数与劳动年龄人口数之比。通常用百分比表示。以反映每 100 名劳动年龄人口要负担多少名少年儿童。计算公式为：

$$CDR=\frac{P_{0\sim14}}{P_{15\sim64}}\times 100\%$$

其中：CDR 为少年儿童抚养比；

$P_{0\sim14}$ 为 0~14 岁少年儿童人口数；

$P_{15\sim64}$ 为 15~64 岁劳动年龄人口数。

3

国民经济核算

National Accounts

简要说明

一、本篇资料主要内容

本篇资料主要包括国民经济核算基本情况资料。

二、本篇资料来源

本篇资料由省统计局国民经济核算处汇总、加工整理。

地区生产总值数据是由省统计局国民经济核算处根据不同产业部门、不同支出构成的特点和资料来源情况而采用不同方法计算的。本年鉴公布的地区生产总值以及与之有关的指标数据，最后一年数据不是最终数，还会在获得更多的财务和行政记录等资料后发生变动。如果遇到普查或者重大核算方法改革，在能够获得更详细的基础资料的情况下，地区生产总值的历史数据还会发生变动。

3-1 地区生产总值

Gross Regional Product

单位：亿元　　本表按当年价格计算。Data in this table are calculated at current prices.　　(100 million yuan)

年 份 Year	地区生产总值 Gross Regional Product	第一产业 Primary Industry	第二产业 Secondary Industry	第三产业 Tertiary Industry	农林牧渔业 Agriculture,Forestry, Animal Husbandry and Fishery Industries	工业 Industry	建筑业 Construction
1978	64.73	13.21	39.04	12.48	13.21	34.66	4.38
1979	67.51	12.89	40.98	13.64	12.89	36.90	4.08
1980	73.90	16.46	39.85	17.59	16.46	35.25	4.60
1981	70.89	17.63	35.30	17.96	17.63	31.33	3.97
1982	76.88	19.68	38.54	18.66	19.68	33.63	4.91
1983	91.50	27.65	42.92	20.93	27.65	37.52	5.40
1984	103.17	27.83	49.98	25.36	27.83	43.65	6.33
1985	123.39	33.08	58.81	31.50	33.08	50.54	8.27
1986	140.74	38.02	65.27	37.45	38.02	56.01	9.26
1987	159.52	45.27	68.40	45.85	45.27	58.26	10.14
1988	191.84	52.77	81.33	57.74	52.77	67.28	14.05
1989	216.84	59.01	91.79	66.04	59.01	77.62	14.17
1990	242.80	64.06	98.33	80.41	64.06	83.93	14.40
1991	271.39	66.55	111.91	92.93	66.55	97.19	14.72
1992	317.79	74.20	128.66	114.93	75.32	110.21	18.45
1993	372.24	87.43	159.96	124.85	88.88	136.74	23.22
1994	453.61	103.87	198.67	151.07	105.59	174.56	24.11
1995	557.76	110.65	256.83	190.28	112.67	226.29	30.54
1996	722.52	188.12	311.98	222.42	191.13	276.37	35.61
1997	793.57	190.21	337.79	265.58	193.76	286.70	51.09
1998	887.67	202.76	373.43	311.48	206.73	311.26	62.17
1999	956.32	191.84	410.07	354.42	196.21	326.99	83.08
2000	1052.88	194.10	421.65	437.13	199.18	327.60	94.04
2001	1125.37	207.96	458.07	459.35	213.55	355.51	102.56
2002	1232.03	215.51	501.69	514.83	221.30	389.38	112.31
2003	1399.94	238.00	572.24	589.70	244.39	452.32	119.92
2004	1653.61	283.32	680.27	690.02	287.00	549.52	130.75
2005	1864.63	304.28	772.24	788.11	308.41	633.32	138.92
2006	2202.97	329.83	972.50	900.64	334.51	818.27	154.23
2007	2675.12	365.93	1254.14	1055.05	390.98	1070.21	183.93
2008	3071.70	391.24	1429.93	1250.53	418.60	1197.09	232.84
2009	3268.26	418.39	1473.24	1376.63	447.31	1214.03	259.21
2010	3943.73	472.61	1910.35	1560.77	501.73	1613.76	296.59
2011	4816.94	525.60	2288.63	2002.71	558.26	1947.15	341.48
2012	5393.12	590.94	2493.31	2308.87	626.71	2107.12	386.19
2013	6014.53	658.10	2674.04	2682.39	698.34	2262.55	428.90
2014	6518.39	695.77	2823.26	2999.36	739.69	2374.32	466.12
2015	6556.55	733.37	2505.41	3317.77	780.74	2031.55	484.24
2016	6907.91	800.75	2483.50	3623.66	834.46	1995.53	498.33
2017	7336.74	859.75	2515.75	3961.24	896.00	2020.50	504.60
2018	8104.07	926.05	2761.64	4416.38	962.28	2253.41	518.24
2019	8718.30	1059.33	2862.42	4796.55	1097.15	2319.75	552.99
2020	8979.67	1188.09	2824.84	4966.74	1227.29	2265.39	568.30
2021	10243.31	1364.72	3466.56	5412.02	1406.79	2849.82	625.87

注：1. 根据地区生产总值最终核实，修订了 2020 年地区生产总值相关数据。
　　2. 2021 年地区生产总值数据为初步核算数。
　　3. 以下相关表同。

a) According to the final verification of gross regional product ,the relevant data of gross regional product 2020 were revised.
b) Data of gross regional product 2021 are preliminary accounting figures.
c) The same applies to the relevant tables following.

3-1 续表 1 continued

单位：亿元 (100 million yuan)

年份 Year	批发和零售业 Wholesale and Retail Trades	交通运输、仓储和邮政业 Transport,Storage and Post	住宿和餐饮业 Hotels and Catering Services	金融业 Financial Intermediation	房地产业 Real Estate	其他 Others	人均地区生产总值（元） Per Capita GDP (yuan)
1978	3.23	4.55		1.18		3.52	348
1979	3.26	4.83		1.32		4.23	359
1980	3.27	6.86		1.95	0.09	5.42	388
1981	3.50	7.07		0.10	0.60	6.69	367
1982	3.74	7.18		2.17	0.10	5.47	393
1983	4.07	8.63		2.26	0.11	5.86	460
1984	5.14	10.16		2.52	0.12	7.42	513
1985	7.36	11.40		3.76	0.13	8.85	605
1986	9.33	12.71		5.54	0.13	9.74	680
1987	10.67	15.67		8.37	0.17	10.97	759
1988	10.94	22.55		10.50	0.45	13.30	900
1989	11.82	29.08		10.90	0.50	13.74	1001
1990	12.01	30.64		11.30	0.90	25.56	1094
1991	12.45	31.17		13.28	0.96	35.07	1196
1992	28.29	14.18	10.86	14.87	1.14	44.47	1382
1993	31.01	15.03	12.10	15.73	1.48	48.05	1598
1994	37.48	21.40	12.69	24.02	7.83	45.93	1917
1995	46.72	28.72	20.27	30.74	9.76	52.05	2312
1996	54.96	33.66	23.90	32.54	11.25	63.10	2946
1997	63.25	43.74	26.29	41.64	13.71	73.40	3199
1998	68.42	52.20	29.92	50.55	18.66	87.76	3541
1999	73.57	60.26	33.58	54.08	21.48	107.08	3778
2000	78.54	78.38	34.27	55.87	24.78	160.21	4163
2001	84.37	89.00	36.91	57.53	27.44	158.50	4467
2002	94.83	107.01	35.08	42.08	41.52	188.52	4875
2003	100.45	127.13	38.15	43.05	49.26	225.27	5525
2004	116.90	126.11	44.64	44.51	59.66	294.52	6512
2005	129.71	152.23	48.38	47.12	68.58	337.96	7332
2006	144.31	181.45	52.05	54.14	80.65	383.36	8653
2007	164.59	197.24	57.63	67.18	94.26	449.10	10501
2008	193.73	233.66	63.07	80.44	108.46	543.81	12048
2009	226.83	240.50	69.92	99.66	120.08	590.72	12802
2010	266.25	260.10	74.38	126.08	139.74	665.11	15421
2011	343.43	303.58	91.26	201.85	182.81	847.12	18846
2012	387.79	330.26	101.14	262.47	217.61	973.83	21141
2013	445.59	349.19	112.36	342.99	269.79	1104.81	23647
2014	475.83	343.92	118.94	449.21	313.05	1237.31	25724
2015	490.29	342.21	126.70	555.13	335.34	1410.35	25946
2016	516.57	343.74	133.31	646.29	364.70	1574.98	27396
2017	540.63	378.28	138.67	717.99	394.35	1745.72	29103
2018	587.60	407.23	142.98	774.45	440.82	2017.06	32178
2019	646.28	438.39	158.27	862.33	470.49	2172.66	34707
2020	662.13	409.88	138.77	859.27	540.47	2308.17	35848
2021	763.37	471.55	160.59	911.58	580.84	2472.91	41046

3-2 地区生产总值构成

Composition of Gansu Gross Regional Product

单位：% 本表按当年价格计算。Data in this table are calculated at current prices. (%)

年 份 Year	地区生产总值 Gross Regional Product	第一产业 Primary Industry	第二产业 Secondary Industry	第三产业 Tertiary Industry	农林牧渔业 Agriculture,Forestry, Animal Husbandry and Fishery Industries	工业 Industry	建筑业 Construction
1978	100	20.41	60.31	19.28	20.41	53.55	6.77
1979	100	19.09	60.70	20.20	19.09	54.66	6.04
1980	100	22.27	53.92	23.80	22.27	47.70	6.22
1981	100	24.87	49.80	25.34	24.87	44.20	5.60
1982	100	25.60	50.13	24.27	25.60	43.74	6.39
1983	100	30.22	46.91	22.87	30.22	41.01	5.90
1984	100	26.97	48.44	24.58	26.97	42.31	6.14
1985	100	26.81	47.66	25.53	26.81	40.96	6.70
1986	100	27.01	46.38	26.61	27.01	39.80	6.58
1987	100	28.38	42.88	28.74	28.38	36.52	6.36
1988	100	27.51	42.39	30.10	27.51	35.07	7.32
1989	100	27.21	42.33	30.46	27.21	35.80	6.53
1990	100	26.38	40.50	33.12	26.38	34.57	5.93
1991	100	24.52	41.24	34.24	24.52	35.81	5.42
1992	100	23.35	40.49	36.17	23.70	34.68	5.81
1993	100	23.49	42.97	33.54	23.88	36.73	6.24
1994	100	22.90	43.80	33.30	23.28	38.48	5.32
1995	100	19.84	46.05	34.12	20.20	40.57	5.48
1996	100	26.04	43.18	30.78	26.45	38.25	4.93
1997	100	23.97	42.57	33.47	24.42	36.13	6.44
1998	100	22.84	42.07	35.09	23.29	35.06	7.00
1999	100	20.06	42.88	37.06	20.52	34.19	8.69
2000	100	18.44	40.05	41.52	18.92	31.12	8.93
2001	100	18.48	40.70	40.82	18.98	31.59	9.11
2002	100	17.49	40.72	41.79	17.96	31.60	9.12
2003	100	17.00	40.88	42.12	17.46	32.31	8.57
2004	100	17.13	41.14	41.73	17.36	33.23	7.91
2005	100	16.32	41.42	42.27	16.54	33.96	7.45
2006	100	14.97	44.14	40.88	15.18	37.14	7.00
2007	100	13.68	46.88	39.44	14.62	40.01	6.88
2008	100	12.74	46.55	40.71	13.63	38.97	7.58
2009	100	12.80	45.08	42.12	13.69	37.15	7.93
2010	100	11.98	48.44	39.58	12.72	40.92	7.52
2011	100	10.91	47.51	41.58	11.59	40.42	7.09
2012	100	10.96	46.23	42.81	11.62	39.07	7.16
2013	100	10.94	44.46	44.60	11.61	37.62	7.13
2014	100	10.67	43.31	46.01	11.35	36.42	7.15
2015	100	11.19	38.21	50.60	11.91	30.99	7.39
2016	100	11.59	35.95	52.46	12.08	28.89	7.21
2017	100	11.72	34.29	53.99	12.21	27.54	6.88
2018	100	11.43	34.08	54.50	11.87	27.81	6.39
2019	100	12.15	32.83	55.02	12.58	26.61	6.34
2020	100	13.23	31.46	55.31	13.67	25.23	6.33
2021	100	13.32	33.84	52.83	13.73	27.82	6.11

3-2 续表 1 continued

单位：% (%)

年 份 Year	批发和零售业 Wholesale and Retail Trades	交通运输、仓储和邮政业 Transport,Storage and Post	住宿和餐饮业 Hotels and Catering Services	金融业 Financial Intermediation	房地产业 Real Estate	其他 Others
1978	4.99	7.03		1.82		5.44
1979	4.83	7.15		1.96		6.27
1980	4.42	9.28		2.64	0.12	7.33
1981	4.94	9.97		0.14	0.85	9.44
1982	4.86	9.34		2.82	0.13	7.11
1983	4.45	9.43		2.47	0.12	6.40
1984	4.98	9.85		2.44	0.12	7.19
1985	5.96	9.24		3.05	0.11	7.17
1986	6.63	9.03		3.94	0.09	6.92
1987	6.69	9.82		5.25	0.11	6.88
1988	5.70	11.75		5.47	0.23	6.93
1989	5.45	13.41		5.03	0.23	6.34
1990	4.95	12.62		4.65	0.37	10.53
1991	4.59	11.49		4.89	0.35	12.92
1992	8.90	4.46	3.42	4.68	0.36	13.99
1993	8.33	4.04	3.25	4.23	0.40	12.91
1994	8.26	4.72	2.80	5.30	1.73	10.13
1995	8.38	5.15	3.63	5.51	1.75	9.33
1996	7.61	4.66	3.31	4.50	1.56	8.73
1997	7.97	5.51	3.31	5.25	1.73	9.25
1998	7.71	5.88	3.37	5.69	2.10	9.89
1999	7.69	6.30	3.51	5.66	2.25	11.20
2000	7.46	7.44	3.25	5.31	2.35	15.22
2001	7.50	7.91	3.28	5.11	2.44	14.08
2002	7.70	8.69	2.85	3.42	3.37	15.30
2003	7.18	9.08	2.73	3.08	3.52	16.09
2004	7.07	7.63	2.70	2.69	3.61	17.81
2005	6.96	8.16	2.59	2.53	3.68	18.12
2006	6.55	8.24	2.36	2.46	3.66	17.40
2007	6.15	7.37	2.15	2.51	3.52	16.79
2008	6.31	7.61	2.05	2.62	3.53	17.70
2009	6.94	7.36	2.14	3.05	3.67	18.07
2010	6.75	6.60	1.89	3.20	3.54	16.86
2011	7.13	6.30	1.89	4.19	3.80	17.59
2012	7.19	6.12	1.88	4.87	4.03	18.06
2013	7.41	5.81	1.87	5.70	4.49	18.37
2014	7.30	5.28	1.82	6.89	4.80	18.98
2015	7.48	5.22	1.93	8.47	5.11	21.51
2016	7.48	4.98	1.93	9.36	5.28	22.80
2017	7.37	5.16	1.89	9.79	5.38	23.79
2018	7.25	5.02	1.76	9.56	5.44	24.89
2019	7.41	5.03	1.82	9.89	5.40	24.92
2020	7.37	4.56	1.55	9.57	6.02	25.70
2021	7.45	4.60	1.57	8.90	5.67	24.14

3-3 地区生产总值指数（上年 =100）
Indices of Gansu Gross Regional Product (preceding year=100)

本表按不变价格计算。Data in this table are calculated at constant prices.

年 份 Year	地区生产总值 Gross Regional Product	第一产业 Primary Industry	第二产业 Secondary Industry	第三产业 Tertiary Industry	农林牧渔业 Agriculture,Forestry, Animal Husbandry and Fishery Industries	工业 Industry	建筑业 Construction
1978	113.2	96.0	115.1	128.8	96.0	113.7	129.2
1979	101.4	87.4	104.9	103.2	87.4	105.7	97.2
1980	109.1	123.9	98.0	135.4	123.9	96.6	112.1
1981	91.6	93.8	85.9	102.3	93.8	85.8	86.3
1982	108.9	116.1	108.3	104.0	116.1	107.6	113.3
1983	114.9	112.6	113.1	120.4	112.6	112.3	119.4
1984	113.8	111.2	112.9	117.7	111.2	113.2	110.9
1985	113.2	108.1	113.5	116.9	108.1	111.2	129.8
1986	111.0	106.9	106.2	122.7	106.9	105.0	113.2
1987	108.9	106.5	102.4	120.3	106.5	102.2	103.4
1988	113.7	107.6	113.9	116.9	107.6	113.1	118.8
1989	108.8	106.0	109.8	109.0	106.0	110.0	108.2
1990	105.6	105.0	105.4	106.3	105.0	105.9	102.4
1991	106.6	101.6	109.0	107.6	101.6	109.0	108.9
1992	109.9	105.8	110.2	112.6	107.6	110.3	109.9
1993	111.6	108.8	113.6	111.1	108.8	114.2	110.2
1994	110.8	106.1	111.0	113.7	106.1	111.3	109.4
1995	110.4	103.1	110.0	115.5	103.1	110.1	109.3
1996	112.0	109.9	110.4	114.9	109.9	110.5	109.9
1997	109.1	98.1	110.0	114.1	98.1	110.3	108.3
1998	109.7	105.1	108.8	112.9	105.1	107.3	118.6
1999	109.0	99.5	108.5	113.8	99.5	96.3	178.7
2000	109.7	101.6	110.1	112.5	101.6	110.2	109.8
2001	109.8	107.6	109.5	111.0	107.6	110.0	107.8
2002	109.9	105.9	110.2	111.3	105.9	110.9	107.9
2003	111.3	105.5	111.8	113.2	105.5	113.9	104.3
2004	110.9	106.3	112.5	111.2	105.9	115.1	102.2
2005	111.8	105.8	113.4	112.6	105.9	116.1	101.2
2006	112.0	105.1	114.6	112.1	105.2	116.4	106.3
2007	112.3	99.7	117.4	111.8	106.1	117.9	114.8
2008	110.1	107.5	108.7	112.5	107.1	110.3	100.5
2009	110.2	105.2	111.3	110.7	105.1	111.5	110.2
2010	111.8	105.8	114.8	110.3	105.6	115.8	109.2
2011	113.2	105.9	116.0	111.9	105.9	117.6	107.2
2012	111.8	106.8	112.6	112.1	106.8	113.1	109.6
2013	111.3	105.4	110.5	114.0	105.6	111.4	110.2
2014	109.0	105.5	107.9	111.3	105.6	107.8	108.2
2015	108.2	105.3	107.5	109.6	105.4	107.8	105.7
2016	107.6	105.5	106.8	108.8	105.5	107.4	104.4
2017	103.5	105.4	99.2	106.3	105.3	99.4	98.2
2018	106.1	104.9	104.2	107.8	104.6	105.2	99.5
2019	106.2	105.8	104.7	107.2	105.6	104.9	103.6
2020	103.8	105.3	105.6	102.2	105.1	105.9	104.2
2021	106.9	110.1	106.4	106.5	109.9	107.8	100.9

3-3 续表 1 continued

年 份 Year	批发和零售业 Wholesale and Retail Trades	交通运输、仓储和邮政业 Transport,Storage and Post	住宿和餐饮业 Hotels and Catering Services	金融业 Financial Intermediation	房地产业 Real Estate	其他 Others	人均地区生产总值 Per Capita GDP
1978	122.0	105.5				116.5	111.9
1979	105.0	100.0		120.2		97.9	100.2
1980	136.7	104.4		128.4		155.7	107.7
1981	222.4	50.2		98.3	97.9	97.2	90.4
1982	101.8	103.0		109.4	108.2	105.6	107.4
1983	112.2	113.7		104.3	105.3	141.8	113.2
1984	117.9	121.0		108.9	107.7	118.2	112.3
1985	112.0	129.5		120.3	118.8	114.5	111.7
1986	150.0	109.7		136.2	119.3	98.8	109.4
1987	135.2	110.2		139.7	118.8	96.5	107.3
1988	124.3	111.1		123.2	120.2	101.7	112.0
1989	114.2	112.2		109.0	107.2	92.7	107.0
1990	105.6	97.3		109.3	108.8	115.3	103.1
1991	278.6	41.3		109.4	109.0	105.8	104.2
1992	86.8	108.0		106.4	105.4	104.0	108.5
1993	116.2	109.6	118.1	109.4	111.4	104.7	110.1
1994	119.6	121.1	103.8	111.1	114.6	109.2	109.1
1995	108.4	122.9	139.0	115.8	117.4	110.5	108.2
1996	115.3	121.8	115.6	114.8	117.3	110.0	110.1
1997	110.8	124.6	105.9	119.9	115.4	113.0	107.8
1998	108.0	119.0	113.6	105.5	117.3	118.3	108.6
1999	109.8	116.6	114.6	107.0	115.1	119.7	108.0
2000	109.7	119.8	104.9	103.1	113.1	118.0	109.8
2001	108.4	114.4	108.7	103.8	113.0	113.3	110.2
2002	114.1	121.8	96.5	72.9	152.9	113.8	109.5
2003	111.4	123.8	114.4	101.4	116.2	110.4	111.0
2004	108.6	95.0	104.2	132.2	89.5	124.7	110.7
2005	110.7	116.2	103.9	110.4	108.2	114.3	111.7
2006	109.9	109.4	109.2	165.1	75.0	114.7	111.9
2007	109.2	108.2	109.4	112.8	101.4	110.6	112.2
2008	109.1	109.8	111.3	103.9	95.8	119.4	110.0
2009	115.0	102.5	122.2	109.6	105.3	112.0	110.1
2010	112.4	105.5	121.7	110.9	100.3	110.9	111.6
2011	113.0	105.9	207.8	125.1	55.6	112.8	113.2
2012	110.1	105.5	127.0	116.3	105.0	112.4	112.0
2013	112.0	101.2	129.3	119.1	102.8	113.6	111.7
2014	105.7	98.0	128.6	114.0	102.6	113.4	109.4
2015	102.0	101.4	123.6	108.2	103.8	111.3	108.5
2016	104.4	101.0	103.5	116.4	109.0	109.7	107.9
2017	103.2	109.9	102.4	107.1	104.4	107.2	103.5
2018	106.9	107.7	101.7	104.4	106.5	110.6	106.2
2019	107.9	108.0	109.3	110.6	104.7	106.0	106.4
2020	104.0	94.9	89.7	102.4	106.0	103.5	104.1
2021	109.2	111.4	112.1	100.5	105.8	107.0	107.3

3-4 地区生产总值指数（1978=100）

Indices of Gansu Gross Regional Product (year of 1978=100)

本表按不变价格计算。 Date in this table are calculated at constant prices.

年 份 Year	地区生产总值 Gross Regional Product	第一产业 Primary Industry	第二产业 Secondary Industry	第三产业 Tertiary Industry	农林牧渔业 Agriculture,Forestry, Animal Husbandry and Fishery Industries	工业 Industry
1979	101.4	87.4	104.9	103.2	87.4	105.7
1980	110.6	108.3	102.8	139.7	108.3	102.1
1981	101.3	101.6	88.3	142.9	101.6	87.7
1982	110.3	118.0	95.6	148.6	118.0	94.3
1983	126.7	132.9	108.1	178.9	132.9	105.9
1984	144.1	147.8	122.1	210.5	147.8	119.9
1985	163.2	159.8	138.6	246.1	159.8	133.3
1986	181.2	170.8	147.1	302.0	170.8	139.9
1987	197.3	182.0	150.7	363.4	182.0	143.0
1988	224.2	195.9	171.7	424.8	195.9	161.7
1989	243.9	207.6	188.4	463.2	207.6	177.9
1990	257.6	217.9	198.5	492.5	217.9	188.4
1991	274.5	221.4	216.4	529.8	221.4	205.4
1992	301.7	234.3	238.5	596.3	238.3	226.5
1993	336.6	254.9	270.9	662.4	259.3	258.6
1994	372.9	270.4	300.7	753.4	275.1	287.8
1995	411.5	278.8	330.8	870.1	283.6	316.8
1996	460.7	306.4	365.2	1000.1	311.7	350.1
1997	502.5	300.6	401.8	1141.0	305.8	386.1
1998	551.4	315.9	437.3	1287.8	321.4	414.3
1999	601.2	314.3	474.4	1465.6	319.8	398.9
2000	659.5	319.4	522.2	1648.2	324.9	439.5
2001	723.8	343.5	571.8	1829.1	349.5	483.4
2002	795.3	363.6	630.3	2035.1	369.9	535.9
2003	885.4	383.7	704.7	2304.6	390.2	610.3
2004	982.0	407.7	792.7	2563.8	413.2	702.3
2005	1098.4	431.2	898.7	2887.9	437.4	815.1
2006	1230.1	452.9	1029.9	3237.5	460.1	949.0
2007	1381.5	451.5	1209.0	3619.4	488.0	1118.8
2008	1521.4	485.6	1314.2	4070.0	522.7	1234.1
2009	1676.6	510.6	1462.3	4503.9	549.1	1375.6
2010	1873.5	540.3	1679.2	4969.6	579.9	1593.2
2011	2120.5	572.2	1947.8	5562.6	614.2	1873.8
2012	2369.7	611.3	2193.0	6236.4	655.9	2119.0
2013	2638.1	644.2	2423.8	7107.5	692.4	2360.6
2014	2875.4	679.7	2614.5	7908.6	731.2	2544.2
2015	3110.1	715.9	2811.3	8667.7	770.7	2742.9
2016	3347.7	755.3	3002.1	9427.0	813.0	2945.2
2017	3465.6	796.4	2978.0	10021.8	856.4	2926.7
2018	3678.3	835.4	3102.1	10800.3	895.6	3079.6
2019	3904.6	883.8	3246.9	11579.6	945.7	3230.5
2020	4051.4	930.4	3429.3	11838.9	993.7	3421.6
2021	4332.8	1023.9	3648.0	12611.5	1092.3	3687.7

3–4 续表 1 continued

年 份 Year	建筑业 Construction	批发和零售业 Wholesale and Retail Trades	交通运输、仓储和邮政业 Transport,Storage and Post	金融业 Financial Intermediation	其他 Others	人均地区生产总值 Per Capita GDP
1979	97.2	105.0	100.0	120.2	97.9	100.2
1980	109.0	143.5	104.3	154.3	152.5	107.9
1981	94.1	319.3	52.3	151.7	148.3	97.5
1982	106.6	325.2	53.9	166.0	156.6	104.7
1983	127.3	365.0	61.3	173.1	222.1	118.5
1984	141.1	430.4	74.1	188.5	262.6	133.1
1985	183.2	482.2	96.0	226.8	300.8	148.7
1986	207.4	723.4	105.3	309.0	297.1	162.7
1987	214.5	978.4	116.1	431.6	286.7	174.6
1988	254.7	1216.1	129.0	532.0	291.5	195.5
1989	275.7	1388.8	144.7	579.8	270.3	209.2
1990	282.3	1466.5	140.8	633.6	311.8	215.7
1991	307.4	4085.7	58.2	692.8	329.8	224.8
1992	337.9	3545.8	62.8	736.8	343.1	243.8
1993	372.3	4119.1	68.8	806.1	359.2	268.5
1994	407.4	4927.7	83.4	895.5	392.4	292.9
1995	445.3	5343.7	102.5	1037.0	433.7	317.0
1996	489.4	6161.3	124.8	1190.5	477.3	349.2
1997	530.0	6828.1	155.4	1427.4	539.5	376.6
1998	628.6	7371.6	185.0	1505.9	638.0	408.8
1999	1123.1	8096.1	215.6	1611.4	763.8	441.5
2000	1233.1	8883.3	258.3	1661.3	901.6	484.7
2001	1329.7	9631.7	295.6	1724.4	1021.9	534.0
2002	1435.4	10989.4	359.9	1257.4	1162.5	585.0
2003	1496.6	12241.5	445.8	1275.0	1283.0	649.4
2004	1529.3	13288.8	423.5	1686.0	1600.1	718.8
2005	1547.9	14712.8	492.3	1861.7	1829.4	802.7
2006	1646.0	16174.9	538.5	3073.9	2097.8	898.1
2007	1889.6	17664.2	582.9	3467.0	2320.0	1008.0
2008	1898.4	19268.1	640.2	3601.0	2769.0	1109.1
2009	2092.9	22161.7	656.4	3948.3	3100.3	1220.7
2010	2284.9	24915.7	692.7	4380.5	3439.5	1361.7
2011	2450.0	28151.7	733.4	5480.9	3878.1	1541.4
2012	2685.3	30990.0	773.5	6374.8	4358.8	1726.4
2013	2958.9	34707.0	782.8	7594.7	4953.5	1928.4
2014	3200.2	36680.6	767.3	8660.6	5615.5	2109.6
2015	3382.2	37422.7	777.8	9368.3	6247.3	2288.9
2016	3530.0	39076.9	785.8	10904.0	6850.4	2469.8
2017	3467.2	40332.3	864.0	11681.5	7341.1	2556.2
2018	3449.2	43103.6	930.1	12197.4	8116.0	2714.7
2019	3573.4	46522.5	1004.5	13490.3	8606.4	2888.4
2020	3722.3	48367.6	953.1	13813.9	8903.8	3006.9
2021	3756.5	52816.8	1061.7	13885.8	9522.8	3226.4

3-5 分行业增加值
Value-added by Sector

单位：亿元　　本表按当年价格计算。Data in this table are calculated at current prices.　　(100 million yuan)

行　业	Sector	2015	2018	2019	2020	2021
地区生产总值	**Gross Domestic Product**	**6556.55**	**8104.07**	**8718.30**	**8979.67**	**10243.31**
农林牧渔业	Agriculture, Forestry, Animal Husbandry and Fishery	780.74	962.28	1097.15	1227.29	1406.79
采矿业	Mining	455.69	474.62	488.59	425.46	607.80
制造业	Manufacturing	1220.49	1376.62	1417.14	1394.69	1755.87
电力、热力、燃气及水生产和供应业	Production and Supply of Electricity, Heat, Gas and Water	355.37	402.17	414.01	445.24	486.15
建筑业	Construction	484.24	518.24	552.99	568.30	625.87
批发和零售业	Wholesale and Retail Trades	490.29	587.60	646.28	662.13	763.37
交通运输、仓储和邮政业	Transport, Storage and Post	342.21	407.23	438.39	409.88	471.55
住宿和餐饮业	Hotels and Catering Services	126.70	142.98	158.27	138.77	160.59
信息传输、软件和信息技术服务业	Information Transmission, Software and Information Technology	96.39	120.27	156.23	184.66	198.43
金融业	Financial Intermediation	555.13	774.45	862.33	859.27	911.58
房地产业	Real Estate	335.34	440.82	470.49	540.47	580.84
租赁和商务服务业	Leasing and Business Services	128.04	154.32	172.76	169.21	179.74
科学研究和技术服务业	Scientific Research and Technical Services	116.00	172.98	218.92	233.53	251.16
水利、环境和公共设施管理业	Management of Water Conservancy, Environment and Public Facilities	28.71	38.65	42.62	45.79	48.47
居民服务、修理和其他服务业	Service to Households, Repair and Other Services	67.56	86.61	96.13	95.03	102.04
教育	Education	315.52	474.62	503.41	533.03	575.21
卫生和社会工作	Health and Social Service	154.76	235.96	228.80	244.03	268.86
文化、体育和娱乐业	Culture, Sports and Entertainment	39.12	52.84	56.77	48.51	52.75
公共管理、社会保障和社会组织	Public Management, Social Security and Social Organization	464.25	680.83	697.01	754.39	796.26

3-6 三次产业和主要行业贡献率

Share of the Contributions of the Three Strata of Industry and Main Sectors to the Increase of the GDP

单位：%　　本表按不变价格计算。Data in this table are calculated at constant prices.　　(%)

年 份 Year	地区生产总值 Gross Domestic Product	第一产业 Primary Industry	第二产业 Secondary Industry	第三产业 Tertiary Industry	#工业 Industry	#批发和零售业 Wholesale and Retail Trades	#金融业 Financial Intermediation
1995	100	6.77	40.87	52.36	35.57	11.41	6.93
1996	100	17.49	36.76	45.75	31.91	10.46	5.90
1997	100	-4.34	45.98	58.36	40.72	16.92	10.72
1998	100	9.79	38.17	52.04	27.24	13.99	3.04
1999	100	-0.99	39.13	61.85	-14.60	14.22	4.01
2000	100	2.69	43.08	54.23	32.87	16.91	1.62
2001	100	21.51	38.03	40.45	30.82	6.26	5.31
2002	100	10.72	41.38	47.91	34.31	17.11	-13.77
2003	100	8.48	41.82	49.70	38.58	18.11	0.41
2004	100	9.45	46.02	44.52	44.41	-4.37	8.95
2005	100	7.68	46.05	46.28	45.28	11.22	3.18
2006	100	17.22	47.64	35.15	38.77	5.14	4.54
2007	100	-0.38	59.85	40.54	51.34	5.34	3.87
2008	100	10.11	38.07	51.81	37.74	7.47	1.43
2009	100	6.72	48.34	44.94	41.72	1.90	3.34
2010	100	6.26	55.73	38.00	50.58	3.35	3.27
2011	100	9.29	60.24	30.46	51.44	4.77	3.65
2012	100	6.51	53.16	40.33	47.34	2.87	4.90
2013	100	5.09	46.48	48.43	43.31	0.62	6.22
2014	100	6.22	43.41	50.36	37.23	-1.17	6.14
2015	100	6.41	45.33	48.26	40.76	0.80	4.12
2016	100	28.87	-102.30	173.44	-116.82	10.51	73.68
2017	100	16.97	-8.63	91.66	-5.53	13.85	18.55
2018	100	8.89	24.66	66.44	25.26	6.49	6.82
2019	100	10.41	27.06	62.54	23.43	6.86	16.06
2020	100	15.42	52.51	32.07	45.72	-7.30	6.20
2021	100	19.15	28.88	51.97	28.25	7.49	0.72

注：贡献率指三次产业或主要行业增加值增量与 GDP 增量之比。

a) Share of the contributions of the three strata of industry or main sectors to the increase of the GDP refers to the proportion of the increment of the value-added of each industry to the increment of GDP.

3-7 三次产业和主要行业对地区生产总值增长的拉动
Contribution of the Three Strata of Industry and Main Sectors to GDP Growth

单位：百分点　　本表按不变价格计算。Data in this table are calculated at constant prices.　　(percentage points)

年份 Year	地区生产总值 Gross Domestic Product	第一产业 Primary Industry	第二产业 Secondary Industry	第三产业 Tertiary Industry	#工业 Industry	#批发和零售业 Wholesale and Retail Trades	#金融业 Financial Intermediation
1995	10.36	0.70	4.23	5.43	3.68	1.18	0.72
1996	11.96	2.09	4.40	5.47	3.82	1.25	0.71
1997	9.08	-0.39	4.17	5.30	3.70	1.54	0.97
1998	9.72	0.95	3.71	5.06	2.65	1.36	0.30
1999	9.03	-0.09	3.53	5.59	-1.32	1.28	0.36
2000	9.70	0.26	4.18	5.26	3.19	1.64	0.16
2001	9.76	2.10	3.71	3.95	3.01	0.61	0.52
2002	9.87	1.06	4.08	4.73	3.39	1.69	-1.36
2003	11.33	0.96	4.74	5.63	4.37	2.05	0.05
2004	10.92	1.03	5.03	4.86	4.85	-0.48	0.98
2005	11.85	0.91	5.46	5.48	5.36	1.33	0.38
2006	11.99	2.06	5.71	4.21	4.65	0.62	0.54
2007	12.31	-0.05	7.37	4.99	6.32	0.66	0.48
2008	10.12	1.02	3.85	5.24	3.82	0.76	0.14
2009	10.20	0.69	4.93	4.58	4.25	0.19	0.34
2010	11.75	0.74	6.55	4.47	5.94	0.39	0.38
2011	13.18	1.22	7.94	4.01	6.78	0.63	0.48
2012	11.76	0.77	6.25	4.74	5.57	0.34	0.58
2013	11.32	0.58	5.26	5.48	4.90	0.07	0.70
2014	9.00	0.56	3.91	4.53	3.35	-0.10	0.55
2015	8.16	0.52	3.70	3.94	3.33	0.07	0.34
2016	7.64	2.21	-7.82	13.25	-8.93	0.80	5.63
2017	3.52	0.60	-0.30	3.23	-0.19	0.49	0.65
2018	6.14	0.55	1.51	4.08	1.55	0.40	0.42
2019	6.15	0.64	1.66	3.85	1.44	0.42	0.99
2020	3.80	0.59	2.00	1.22	1.74	-0.28	0.24
2021	6.90	1.32	1.99	3.59	1.95	0.52	0.05

注：拉动指GDP增长速度与三次产业或主要行业贡献率之乘积。

a) Contribution of the three strata of industry or main sectors to GDP growth refers to the growth rate of GDP multiplied by the contribution share of every industry

3-8 全员劳动生产率
Overall Labor Productivity

单位：元 / 人 · 年 (yuan/person·year)

年 份 Year	全员劳动生产率 Over all Labor Productivity	第一产业 Primary Industry	第二产业 Secondary Industry	第三产业 Tertiary Industry
		按 1970 年价格计算	Price Base Year=1970	
1979	919.21			
1980	934.90			
		按 1980 年价格计算	Price Base Year=1980	
1980	979.46			
1981	826.16			
1982	860.96			
1983	908.36			
1984	943.73	280.70	4073.73	2548.05
1985	1024.24	305.66	3875.36	2365.80
1986	1110.14	329.55	3439.36	2783.45
1987	1177.68	358.43	3339.04	2648.03
1988	1292.30	383.62	3696.74	2631.97
1989	1361.74	388.93	3922.11	2931.99
1990	1373.21	384.32	4161.38	3003.44
		按 1990 年价格计算	Price Base Year=1990	
1990	1937.44	743.33	5316.57	3894.89
1991	1994.39	723.48	5583.22	4203.68
1992	2180.27	765.82	5867.99	4781.47
1993	2329.48	800.31	6136.56	5224.61
1994	2460.54	832.30	6091.22	5379.84
1995	2654.57	872.55	6086.88	5624.34
1996	2890.33	946.38	6343.43	6151.33
1997	3104.16	926.81	6663.90	6803.05
1998	3385.54	994.42	6998.07	7208.94
1999	3741.61	1026.29	7724.67	7722.36
2000	4192.28	1067.45	8955.59	8558.59
		按 2000 年价格计算	Price Base Year=2000	
2000	7100.98	2206.86	14600.57	13903.40
2001	7794.21	2362.74	16650.70	15076.75
2002	8494.27	2489.45	18399.54	16335.12
2003	9387.47	2621.82	20302.90	18190.80
2004	10344.50	2783.09	22585.12	19887.54
2005	12044.91	2950.21	29704.47	23683.44
		按 2005 年价格计算	Price Base Year=2005	
2005	12807.33	3425.75	31611.04	24369.51
2006	14954.74	3607.96	43045.35	28986.77
2007	16656.18	3595.48	49528.31	31655.78
2008	18053.62	3832.37	52416.10	34604.97
2009	19394.34	3949.42	56377.21	37004.63
2010	22043.78	4275.22	65333.26	41090.14
		按 2010 年价格计算	Price Base Year=2010	
2010	27333.61	5298.99	86492.51	47288.30
2011	32157.49	5869.84	103702.60	54324.89
2012	36449.98	6420.27	117358.55	60625.11
2013	40982.10	6947.13	128435.61	67797.44
2014	44834.28	7509.86	137051.36	72775.15
2015	48601.32	8079.11	147424.88	76688.50
		按 2015 年价格计算	Price Base Year=2015	
2015	48675.20	9461.63	115490.67	93466.35
2016	52531.22	10190.72	124346.52	97759.04
2017	54562.81	10996.12	125289.36	99582.04
2018	57998.95	11769.47	132456.61	103043.99
2019	61658.73	12691.10	141740.26	106180.91
2020	64197.28	14648.70	139919.99	98222.26
		按 2020 年价格计算	Price Base Year=2020	
2020	67414.94	18234.86	128975.91	107641.81
2021	72477.71	22217.61	126524.96	106028.52

3-9 各市（州）地区生产总值（2021）
Gross Regional Product by Region (2021)

单位：万元　　本表按当年价格计算。Data in this table are calculated at current prices.　　(10 000 yuan)

市（州）	Region	地区生产总值 Gross Regional Product	第一产业 Primary Industry	第二产业 Secondary Industry	第三产业 Tertiary Industry	农林牧渔业 Agriculture, Forestry,Animal Husbandry and Fishery Industries	工业 Industry	建筑业 Construction
兰州市	Lanzhou	32312898	625192	11139074	20548632	648752	8866005	2284746
嘉峪关市	Jiayuguan	3265083	57461	2139352	1068271	57648	2077377	62340
金昌市	Jinchang	4286145	329743	2854615	1101787	352830	2625721	230661
白银市	Baiyin	5710220	1042307	2176706	2491206	1072048	1782585	394517
天水市	Tianshui	7503325	1411395	1956791	4135139	1420163	1449094	523985
武威市	Wuwei	6002254	1873651	1039971	3088631	1903689	722140	318003
张掖市	Zhangye	5262267	1539785	1025749	2696732	1626178	639282	390655
平凉市	Pingliang	5539695	1305310	1482215	2752170	1315138	1145047	337357
酒泉市	Jiuquan	7627395	1330056	3298436	2998904	1431781	2960951	339183
庆阳市	Qingyang	8852654	1119041	4457933	3275680	1138679	4164112	346389
定西市	Dingxi	5007560	983536	826541	3197483	1002492	454220	372585
陇南市	Longnan	5025256	953543	1253082	2818630	970476	1060810	193329
临夏州	Linxia	3737874	652767	728879	2356228	681118	333674	395686
甘南州	Gannan	2300427	423428	286267	1590733	446871	217173	69272

3-9 续表 1 continued

单位：万元　　(10 000 yuan)

市（州）	Region	批发和零售业 Wholesale and Retail Trades	交通运输、仓储和邮政业 Transport, Storage and Post	住宿和餐饮业 Hotels and Catering Services	金融业 Financial Intermediation	房地产业 Real Estate	其他 Others	人均地区生产总值（元） Per-Capita GDP (yuan)
兰州市	Lanzhou	2692609	2669322	440919	4329601	2305669	8075276	73807
嘉峪关市	Jiayuguan	156556	112890	45605	181157	86682	484829	103773
金昌市	Jinchang	167765	40366	26712	150110	92711	599268	98205
白银市	Baiyin	359019	210134	57005	410455	263909	1160547	37919
天水市	Tianshui	591616	356731	85585	636921	479391	1959840	25279
武威市	Wuwei	811366	156476	72127	375284	431745	1211424	41361
张掖市	Zhangye	475617	193353	95754	425115	200525	1215787	46726
平凉市	Pingliang	256871	92067	75166	380509	380087	1557455	30192
酒泉市	Jiuquan	468723	335845	95896	477227	299680	1218110	72356
庆阳市	Qingyang	491464	140154	208233	409393	301538	1652692	40810
定西市	Dingxi	426511	128688	107201	470103	302461	1743299	19915
陇南市	Longnan	378781	75185	84175	448995	319397	1494109	20974
临夏州	Linxia	247477	74511	120699	278360	245167	1361181	17677
甘南州	Gannan	109294	129761	90820	142600	99392	995245	33272

3-10 各市（州）地区生产总值构成（2021）
Composition of Gross Regional Product by Region (2021)

单位：% 本表按当年价格计算。Data in this table are calculated at current prices. (%)

市（州）	Region	地区生产总值 Gross Regional Product	第一产业 Primary Industry	第二产业 Secondary Industry	第三产业 Tertiary Industry	农林牧渔业 Agriculture, Forestry,Animal Husbandry and Fishery Industries	工业 Industry	建筑业 Construction
兰州市	Lanzhou	100	1.93	34.47	63.59	2.01	27.44	7.07
嘉峪关市	Jiayuguan	100	1.76	65.52	32.72	1.77	63.62	1.91
金昌市	Jinchang	100	7.70	66.60	25.70	8.23	61.26	5.38
白银市	Baiyin	100	18.25	38.12	43.63	18.77	31.22	6.91
天水市	Tianshui	100	18.81	26.08	55.11	18.93	19.31	6.98
武威市	Wuwei	100	31.22	17.33	51.46	31.72	12.03	5.30
张掖市	Zhangye	100	29.26	19.49	51.25	30.90	12.15	7.42
平凉市	Pingliang	100	23.56	26.76	49.68	23.74	20.67	6.09
酒泉市	Jiuquan	100	17.44	43.24	39.32	18.77	38.82	4.45
庆阳市	Qingyang	100	12.64	50.36	37.00	12.86	47.04	3.91
定西市	Dingxi	100	19.64	16.51	63.85	20.02	9.07	7.44
陇南市	Longnan	100	18.98	24.94	56.09	19.31	21.11	3.85
临夏州	Linxia	100	17.46	19.50	63.04	18.22	8.93	10.59
甘南州	Gannan	100	18.41	12.44	69.15	19.43	9.44	3.01

3-10 续表 1 continued

单位：% (%)

市（州）	Region	批发和零售业 Wholesale and Retail Trades	交通运输、仓储和邮政业 Transport, Storage and Post	住宿和餐饮业 Hotels and Catering Services	金融业 Financial Intermediation	房地产业 Real Estate	其他 Others
兰州市	Lanzhou	8.33	8.26	1.36	13.40	7.14	24.99
嘉峪关市	Jiayuguan	4.79	3.46	1.40	5.55	2.65	14.85
金昌市	Jinchang	3.91	0.94	0.62	3.50	2.16	13.98
白银市	Baiyin	6.29	3.68	1.00	7.19	4.62	20.32
天水市	Tianshui	7.88	4.75	1.14	8.49	6.39	26.12
武威市	Wuwei	13.52	2.61	1.20	6.25	7.19	20.18
张掖市	Zhangye	9.04	3.67	1.82	8.08	3.81	23.10
平凉市	Pingliang	4.64	1.66	1.36	6.87	6.86	28.11
酒泉市	Jiuquan	6.15	4.40	1.26	6.26	3.93	15.97
庆阳市	Qingyang	5.55	1.58	2.35	4.63	3.41	18.67
定西市	Dingxi	8.52	2.57	2.14	9.39	6.04	34.81
陇南市	Longnan	7.54	1.50	1.68	8.93	6.36	29.73
临夏州	Linxia	6.62	1.99	3.23	7.45	6.56	36.42
甘南州	Gannan	4.75	5.64	3.95	6.20	4.32	43.26

3-11 各市（州）地区生产总值指数（2021）
Indices of Gross Regional Product by Region (2021)

（上年 =100） 本表按不变价格计算。Data in this table are calculated at constant prices. (preceding year=100)

市（州）	Region	地区生产总值 Gross Regional Product	第一产业 Primary Industry	第二产业 Secondary Industry	第三产业 Tertiary Industry	农林牧渔业 Agriculture, Forestry,Animal Husbandry and Fishery Industries	工业 Industry	建筑业 Construction
兰州市	Lanzhou	106.1	107.4	105.6	106.4	107.3	106.7	101.6
嘉峪关市	Jiayuguan	105.1	103.6	104.1	107.0	103.8	104.3	98.8
金昌市	Jinchang	108.0	111.4	108.9	105.2	111.2	111.0	91.7
白银市	Baiyin	108.4	110.4	109.9	106.5	110.3	112.0	102.1
天水市	Tianshui	107.3	110.3	105.4	107.0	110.3	109.1	97.0
武威市	Wuwei	108.1	110.8	108.4	106.4	110.6	113.8	98.5
张掖市	Zhangye	107.0	111.0	105.7	105.3	110.6	108.6	101.7
平凉市	Pingliang	107.8	110.7	108.2	106.3	110.7	111.8	98.6
酒泉市	Jiuquan	108.9	110.9	109.4	107.6	110.6	110.5	100.2
庆阳市	Qingyang	105.2	110.2	103.7	105.2	110.1	104.3	100.6
定西市	Dingxi	108.3	110.4	105.8	108.3	110.3	110.9	100.5
陇南市	Longnan	107.0	109.8	108.2	105.7	109.8	108.8	105.2
临夏州	Linxia	108.1	110.1	108.8	107.4	110.0	104.8	112.4
甘南州	Gannan	104.8	102.1	92.0	108.1	102.2	90.0	99.4

3-11 续表 1 continued

（上年 =100） (preceding year=100)

市（州）	Region	批发和零售业 Wholesale and Retail Trades	交通运输、仓储和邮政业 Transport, Storage and Post	住宿和餐饮业 Hotels and Catering Services	金融业 Financial Intermediation	房地产业 Real Estate	其他 Others	人均地区生产总值 Per-Capita GDP
兰州市	Lanzhou	108.7	110.7	113.3	99.6	103.5	108.6	105.0
嘉峪关市	Jiayuguan	114.0	110.9	113.2	103.1	104.1	105.5	103.0
金昌市	Jinchang	110.5	113.8	108.4	105.8	101.4	103.5	108.7
白银市	Baiyin	115.9	112.5	113.1	99.7	104.6	105.5	109.5
天水市	Tianshui	107.3	112.6	113.4	103.0	107.8	106.9	108.3
武威市	Wuwei	109.5	112.9	113.2	99.1	106.3	105.8	110.2
张掖市	Zhangye	110.0	111.9	108.0	99.4	103.6	104.9	107.7
平凉市	Pingliang	107.5	112.4	109.9	101.1	106.9	106.9	109.2
酒泉市	Jiuquan	113.8	111.6	106.7	101.1	105.4	107.5	109.2
庆阳市	Qingyang	104.5	114.2	109.1	100.6	106.7	104.6	105.8
定西市	Dingxi	112.0	112.9	111.7	101.5	108.4	108.9	109.1
陇南市	Longnan	106.8	111.0	113.0	102.3	105.3	105.8	107.8
临夏州	Linxia	107.8	114.1	119.1	101.8	120.5	105.1	107.5
甘南州	Gannan	106.9	111.7	114.4	103.0	117.9	107.2	104.8

3-12 各地、县地区生产总值（2021）
Gross Regional Product by Region & County (2021)

单位：万元　　本表按当年价格计算。Data in this table are calculated at current prices.　　(10 000 yuan)

地、县	Region & County	地区生产总值 Gross Regional Product	第一产业 Primary Industry	第二产业 Secondary Industry	第三产业 Tertiary Industry	农林牧渔业 Agriculture, Forestry,Animal Husbandry and Fishery Industries	工业 Industry	建筑业 Construction
兰州市	**Lanzhou**	**32312898**	**625192**	**11139074**	**20548632**	**648752**	**8866005**	**2284746**
城关区	Chengguan	11565810	6347	1875804	9683658	6717	1139981	741120
七里河区	Qilihe	5393541	64925	2007739	3320877	71532	1598977	412529
西固区	Xigu	4468992	27534	2550797	1890662	27993	2363486	188399
安宁区	Anning	2601103	1094	788694	1811315	1109	634541	154153
红古区	Honggu	1250350	64227	740064	446059	65140	728137	13453
永登县	Yongdeng	1259754	164216	358778	736760	166067	335913	22865
皋兰县	Gaolan	887763	91762	393942	402059	93692	377036	16906
榆中县	Yuzhong	1884910	168231	938483	778196	177989	798869	139614
兰州新区	Lanzhou New Area	3000674	36857	1484771	1479046	38513	889065	595706
嘉峪关市	**Jiayuguan**	**3265083**	**57461**	**2139352**	**1068271**	**57648**	**2077377**	**62340**
金昌市	**Jinchang**	**4286145**	**329743**	**2854615**	**1101787**	**352830**	**2625721**	**230661**
金川区	Jinchuan	3276007	83634	2541790	650584	95018	2349846	193176
永昌县	Yongchang	1010138	246109	312826	451203	257812	275875	37485
白银市	**Baiyin**	**5710220**	**1042307**	**2176706**	**2491206**	**1072048**	**1782585**	**394517**
白银区	Baiyin	2478412	61247	1226345	1190821	65968	1059250	167095
平川区	Pingchuan	926893	66560	547598	312736	68393	452916	94682
靖远县	Jingyuan	827513	391309	120802	315402	401245	82480	38322
会宁县	Huining	768223	316702	71894	379627	324345	32878	39017
景泰县	Jingtai	709178	206491	210067	292620	212098	155061	55401
天水市	**Tianshui**	**7503325**	**1411395**	**1956791**	**4135139**	**1420163**	**1449094**	**523985**
秦州区	Qinzhou	2359804	201524	775485	1382795	202510	561537	213948
麦积区	Maiji	1936772	197861	825700	913211	199121	783179	58809
清水县	Qingshui	408680	151100	23577	234002	152378	10938	12640
秦安县	Qinan	872092	243768	82447	545877	244077	27761	54685
甘谷县	Gangu	876140	241330	142372	492438	243069	39725	102647
武山县	Wushan	711061	266687	82537	361837	268496	18349	64188
张家川县	Zhangjiachuan	338777	109124	24673	204979	110512	7605	17068
武威市	**Wuwei**	**6002254**	**1873651**	**1039971**	**3088631**	**1903689**	**722140**	**318003**
凉州区	Liangzhou	3766031	986292	682358	2097381	998855	434869	247622
民勤县	Minqin	912428	421705	137690	353033	430341	113763	23950
古浪县	Gulang	721250	318162	74412	328675	322555	43952	30467
天祝县	Tianzhu	602544	147491	145511	309542	151938	129555	15963
张掖市	**Zhangye**	**5262267**	**1539785**	**1025749**	**2696732**	**1626178**	**639282**	**390655**

3-12 续表 1 continued

单位：万元 (10 000 yuan)

地、县	Region & County	地区生产总值 Gross Regional Product	第一产业 Primary Industry	第二产业 Secondary Industry	第三产业 Tertiary Industry	农林牧渔业 Agriculture, Forestry,Animal Husbandry and Fishery Industries	工业 Industry	建筑业 Construction
甘州区	Ganzhou	2298590	569097	384267	1345226	631237	224252	162365
肃南县	Sunan	330575	82940	124447	123188	83759	104890	20046
民乐县	Minle	687588	231578	139627	316382	234677	97172	42455
临泽县	Linze	650019	243824	98888	307307	261486	42425	56463
高台县	Gaotai	603593	233699	92057	277837	235332	47098	44987
山丹县	Shandan	691902	178648	186463	326791	179687	123445	64338
平凉市	**Pingliang**	**5539695**	**1305310**	**1482215**	**2752170**	**1315138**	**1145047**	**337357**
崆峒区	Kongtong	1713177	202331	419935	1090910	203569	260271	159709
泾川县	Jingchuan	461319	139628	54188	267503	140216	21364	32827
灵台县	Lingtai	390044	140160	35664	214219	141115	28941	6726
崇信县	Chongxin	520921	100335	280535	140051	101879	266962	13622
庄浪县	Zhuanglang	763645	287110	67378	409157	289462	26300	41082
静宁县	Jingning	873297	360706	117580	395011	362799	40848	76734
华亭市	Huating	817292	75039	506935	235318	76097	500361	6657
酒泉市	**Jiuquan**	**7627395**	**1330056**	**3298436**	**2998904**	**1431781**	**2960951**	**339183**
肃州区	Suzhou	2323303	414518	585045	1323740	480397	348746	236709
金塔县	Jinta	778529	333005	189414	256111	352227	165319	24167
瓜州县	Guazhou	1157124	196926	567516	392682	203899	543714	24169
肃北县	Subei	197756	13980	93609	90167	14204	87932	5677
阿克塞县	Akesai	107428	12272	28127	67029	12389	24834	3292
玉门市	Yumen	2224952	237708	1641950	345294	244228	1610213	32248
敦煌市	Dunhuang	838304	121646	192776	523882	124437	180192	12921
庆阳市	**Qingyang**	**8852654**	**1119041**	**4457933**	**3275680**	**1138679**	**4164112**	**346389**
西峰区	Xifeng	2838313	77229	1389097	1371987	82765	1228751	192838
庆城县	Qingcheng	941686	118310	562205	261171	120675	532318	45695
环　县	Huanxian	1295726	185105	726561	384060	186651	706870	20771
华池县	Huachi	1178517	67820	946500	164197	68626	915742	31798
合水县	Heshui	681409	72853	438649	169907	73988	427638	11655
正宁县	Zhengning	274103	65587	22799	185717	67494	12484	10324
宁　县	Ningxian	711061	217313	125100	368648	220655	101052	25117
镇原县	Zhenyuan	931839	314824	247022	369993	317825	239257	8190
定西市	**Dingxi**	**5007560**	**983536**	**826541**	**3197483**	**1002492**	**454220**	**372585**
安定区	Anding	1288112	197558	242643	847911	198881	125446	117402
通渭县	Tongwei	616263	118071	75729	422462	118746	27790	47991

3-12 续表 2 continued

单位：万元 (10 000 yuan)

地、县	Region & County	地区生产总值 Gross Regional Product	第一产业 Primary Industry	第二产业 Secondary Industry	第三产业 Tertiary Industry	农林牧渔业 Agriculture, Forestry,Animal Husbandry and Fishery Industries	工业 Industry	建筑业 Construction
陇西县	Longxi	873649	157855	163154	552639	167848	103838	59316
渭源县	Weiyuan	460610	157858	40069	262682	159006	17068	23001
临洮县	Lintao	905241	168431	183869	552941	173654	106634	77236
漳　县	Zhangxian	285170	61833	57892	165445	62062	48888	9004
岷　县	Minxian	578514	121929	63183	393402	122296	24557	38634
陇南市	**Longnan**	**5025256**	**953543**	**1253082**	**2818630**	**970476**	**1060810**	**193329**
武都区	Wudu	1542246	304784	157682	1079780	306007	67763	89919
成　县	Chengxian	733868	89132	347141	297596	94154	321819	26378
文　县	Wenxian	612756	78932	340705	193119	79532	329715	10990
宕昌县	Tanchang	336132	80294	13918	241920	80761	10007	3911
康　县	Kangxian	257969	48526	41996	167448	49649	27493	14503
西和县	Xihe	389507	85725	72851	230932	87813	66401	6450
礼　县	Lixian	466202	118949	60952	286301	122873	34458	26494
徽　县	Huixian	568499	108565	213541	246393	110610	201255	12286
两当县	Liangdang	118075	38637	4298	75140	39077	1899	2399
临夏州	**Linxia**	**3737874**	**652767**	**728879**	**2356228**	**681118**	**333674**	**395686**
临夏市	Linxia	1060560	25019	177372	858168	28128	77802	99732
临夏县	Linxia	503361	118531	59892	324938	123760	20394	39645
康乐县	Kangle	256354	83249	49254	123851	88660	11287	37966
永靖县	Yongjing	686065	159948	249042	277075	164531	152865	96351
广河县	Guanghe	218945	54527	36033	128385	57081	25656	10377
和政县	Hezheng	308597	50873	63997	193727	52903	20754	43243
东乡县	Dongxiang	406718	103378	77067	226274	106719	12151	64915
积石山县	Jishishan	297273	57242	16222	223809	59337	12766	3457
甘南州	**Gannan**	**2300427**	**423428**	**286267**	**1590733**	**446871**	**217173**	**69272**
合作市	Hezuo	615054	32204	91465	491385	33808	70078	21480
临潭县	Lintan	277261	48762	27832	200667	52216	11241	16675
卓尼县	Zhuoni	294765	58530	41360	194875	61716	36072	5288
舟曲县	Zhouqu	305146	47148	30407	227591	51706	24270	6137
迭部县	Diebu	203969	41211	41285	121474	42020	32519	8766
玛曲县	Maqu	221382	74767	19059	127556	77485	14881	4178
碌曲县	Luqu	145192	43041	8488	93663	46703	3765	4723
夏河县	Xiahe	237657	77765	26371	133522	81216	24346	2025

3-12 续表 3 continued

单位：万元 (10 000 yuan)

地、县	Region & County	批发和零售业 Wholesale and Retail Trades	交通运输、仓储和邮政业 Transport, Storage and Post	住宿和餐饮业 Hotels and Catering Services	金融业 Financial Intermedia-tion	房地产业 Real Estate	其他 Others	人均地区生产总值（元） Per Capita GDP (yuan)
兰州市	**Lanzhou**	**2692609**	**2669322**	**440919**	**4329601**	**2305669**	**8075276**	**73807**
城关区	Chengguan	1415286	716837	230935	1987007	1236612	4091315	77690
七里河区	Qilihe	244116	759314	54713	938052	371540	942769	75314
西固区	Xigu	131506	447747	29233	532663	119969	627996	109374
安宁区	Anning	377479	1805	45615	222305	202012	962084	58776
红古区	Honggu	25068	152039	11807	57721	31049	165935	86854
永登县	Yongdeng	68488	271896	15634	108271	46122	224498	44514
皋兰县	Gaolan	50509	48618	4984	42638	80358	173021	71061
榆中县	Yuzhong	49832	100750	26448	85593	141771	364044	39804
兰州新区	Lanzhou New Area	330324	170315	21551	355351	76234	523615	101206
嘉峪关市	**Jiayuguan**	**156556**	**112890**	**45605**	**181157**	**86682**	**484829**	**103773**
金昌市	**Jinchang**	**167765**	**40366**	**26712**	**150110**	**92711**	**599268**	**98205**
金川区	Jinchuan	100572	19874	14845	86771	56085	359819	125542
永昌县	Yongchang	67193	20492	11868	63339	36626	239448	57558
白银市	**Baiyin**	**359019**	**210134**	**57005**	**410455**	**263909**	**1160547**	**37919**
白银区	Baiyin	185477	162846	22180	314814	66527	434256	74972
平川区	Pingchuan	36350	10378	8390	17140	38163	200482	46274
靖远县	Jingyuan	46810	11310	7286	28688	46329	165042	22442
会宁县	Huining	34854	2694	10157	26914	63039	234324	19214
景泰县	Jingtai	55528	22907	8991	22899	49850	126443	34350
天水市	**Tianshui**	**591616**	**356731**	**85585**	**636921**	**479391**	**1959840**	**25279**
秦州区	Qinzhou	165462	63773	26465	322344	124540	679226	36074
麦积区	Maiji	165455	206724	17150	116161	77134	313041	34935
清水县	Qingshui	12991	1335	7333	23483	34602	152980	17075
秦安县	Qinan	142789	24728	11091	58571	63295	245094	21196
甘谷县	Gangu	64564	42979	13240	50448	80441	239025	17389
武山县	Wushan	31022	6308	6303	41645	67040	207710	19686
张家川县	Zhangjiachuan	9334	10885	4002	24269	32338	122763	13893
武威市	**Wuwei**	**811366**	**156476**	**72127**	**375284**	**431745**	**1211424**	**41361**
凉州区	Liangzhou	720456	114886	58689	225525	289738	675391	42752
民勤县	Minqin	48979	4896	3151	45749	43231	198369	51940
古浪县	Gulang	23776	19076	3499	43920	64248	169755	29362
天祝县	Tianzhu	18155	17617	6787	60091	34529	167908	40430
张掖市	**Zhangye**	**475617**	**193353**	**95754**	**425115**	**200525**	**1215787**	**46726**

3-12 续表 4 continued

单位：万元 (10 000 yuan)

地、县	Region & County	批发和零售业 Wholesale and Retail Trades	交通运输、仓储和邮政业 Transport, Storage and Post	住宿和餐饮业 Hotels and Catering Services	金融业 Financial Intermedia-tion	房地产业 Real Estate	其他 Others	人均地区生产总值（元） Per Capita GDP (yuan)
甘州区	Ganzhou	289103	93555	49981	144031	87748	616318	44336
肃南县	Sunan	17862	3647	3716	16615	7689	72351	120209
民乐县	Minle	49048	11601	6381	83076	40222	122956	35934
临泽县	Linze	40235	31144	9802	51667	18616	138181	56548
高台县	Gaotai	34379	22582	12280	64995	11768	130172	48404
山丹县	Shandan	44990	30823	13594	64731	34481	135811	46374
平凉市	**Pingliang**	**256871**	**92067**	**75166**	**380509**	**380087**	**1557455**	**30192**
崆峒区	Kongtong	134696	42516	23923	205828	159233	523432	34115
泾川县	Jingchuan	20776	2683	12478	32375	49041	149559	21119
灵台县	Lingtai	11361	738	4505	27938	22805	145915	25230
崇信县	Chongxin	9157	4046	7673	16719	12201	88661	63581
庄浪县	Zhuanglang	31392	6173	9873	39937	52781	266645	22869
静宁县	Jingning	34679	18379	8376	32163	60941	238378	24060
华亭市	Huating	14809	17531	8339	25549	23084	144865	45209
酒泉市	**Jiuquan**	**468723**	**335845**	**95896**	**477227**	**299680**	**1218110**	**72356**
肃州区	Suzhou	247206	84047	33437	201663	178431	512667	51006
金塔县	Jinta	19625	13111	5214	61885	23504	113476	64315
瓜州县	Guazhou	93875	78592	10740	44249	23110	134776	89734
肃北县	Subei	6416	13309	2775	7276	2859	57309	130965
阿克塞县	Akesai	4989	7614	2492	6019	1505	44292	97661
玉门市	Yumen	35918	65239	6633	46309	28487	155677	161991
敦煌市	Dunhuang	60695	73932	34606	109825	41783	199913	45253
庆阳市	**Qingyang**	**491464**	**140154**	**208233**	**409393**	**301538**	**1652692**	**40810**
西峰区	Xifeng	253087	92602	77778	241331	84061	585100	55116
庆城县	Qingcheng	28111	14896	19676	21606	24180	134530	40356
环　县	Huanxian	65434	4458	32092	31388	33721	214341	42699
华池县	Huachi	24869	3461	13697	18631	14855	86837	99348
合水县	Heshui	14155	3298	14167	21023	16701	98783	50570
正宁县	Zhengning	15710	4156	9274	13388	27661	113611	15958
宁　县	Ningxian	30001	9597	13167	32557	49491	229424	21308
镇原县	Zhenyuan	60097	7685	28380	29469	50868	190067	25982
定西市	**Dingxi**	**426511**	**128688**	**107201**	**470103**	**302461**	**1743299**	**19915**
安定区	Anding	173838	53861	23728	138745	35731	420481	30557
通渭县	Tongwei	39552	10828	11273	45522	48713	265849	19130

3-12 续表 5 continued

单位：万元 (10 000 yuan)

地、县	Region & County	批发和零售业 Wholesale and Retail Trades	交通运输、仓储和邮政业 Transport, Storage and Post	住宿和餐饮业 Hotels and Catering Services	金融业 Financial Intermedia-tion	房地产业 Real Estate	其他 Others	人均地区生产总值（元） Per Capita GDP (yuan)
陇西县	Longxi	74442	28471	21584	87139	46578	284432	20511
渭源县	Weiyuan	26416	5855	7716	34484	34459	152604	16722
临洮县	Lintao	68573	10521	19543	84193	59695	305193	18899
漳　县	Zhangxian	16616	3479	5824	21497	20510	97290	17163
岷　县	Minxian	27075	15672	17533	58522	56775	217448	13638
陇南市	**Longnan**	**378781**	**75185**	**84175**	**448995**	**319397**	**1494109**	**20974**
武都区	Wudu	173674	34654	31367	259310	83984	495569	28265
成　县	Chengxian	30343	3027	8969	23100	27254	198824	30421
文　县	Wenxian	20597	4068	7539	17561	22987	119767	31348
宕昌县	Tanchang	42944	3190	10237	29089	34274	121719	13365
康　县	Kangxian	6723	2943	2842	21754	17963	114102	15938
西和县	Xihe	15457	3213	7802	23709	47576	131087	11147
礼　县	Lixian	24096	10816	4478	44604	54071	144312	11049
徽　县	Huixian	57135	12009	6308	20203	26490	122203	30015
两当县	Liangdang	7812	1266	4633	9665	4798	46525	29925
临夏州	**Linxia**	**247477**	**74511**	**120699**	**278360**	**245167**	**1361181**	**17677**
临夏市	Linxia	112166	35726	32469	119908	68957	485673	29582
临夏县	Linxia	34255	8592	21701	24568	18434	212014	15614
康乐县	Kangle	13141	3313	7761	21742	23851	48633	9981
永靖县	Yongjing	18181	9010	15095	39415	27223	163394	38169
广河县	Guanghe	19333	3054	12091	19991	34145	37217	8353
和政县	Hezheng	17671	2542	7482	18883	24296	120824	15036
东乡县	Dongxiang	16053	3280	10889	16904	25589	150217	14000
积石山县	Jishishan	16677	8995	13211	16947	22673	143211	12430
甘南州	**Gannan**	**109294**	**129761**	**90820**	**142600**	**99392**	**995245**	**33272**
合作市	Hezuo	35104	76328	19123	48305	52106	258721	54720
临潭县	Lintan	13358	19570	6208	15793	12081	130117	21814
卓尼县	Zhuoni	3608	5520	6975	14108	6530	154949	30930
舟曲县	Zhouqu	25849	10166	13220	20443	9983	143371	24373
迭部县	Diebu	8933	5691	22151	8817	4727	70346	39150
玛曲县	Maqu	7743	7911	6747	13753	1971	86712	38771
碌曲县	Luqu	4403	2641	3884	7454	1484	70135	40444
夏河县	Xiahe	10295	1935	12512	13928	10508	80894	27539

3-13 各地、县地区生产总值指数（2021）
Indices of Gross Regional Product by Region & County (2021)

（上年=100） 本表按不变价格计算。Data in this table are calculated at constant prices. (preceding year=100)

地、县	Region & County	地区生产总值 Gross Regional Product	第一产业 Primary Industry	第二产业 Secondary Industry	第三产业 Tertiary Industry	农林牧渔业 Agriculture, Forestry,Animal Husbandry and Fishery Industries	工业 Industry	建筑业 Construction
兰州市	**Lanzhou**	**106.1**	**107.4**	**105.6**	**106.4**	**107.3**	**106.7**	**101.6**
城关区	Chengguan	106.2	96.5	109.3	105.7	96.7	123.6	93.3
七里河区	Qilihe	103.5	100.8	101.4	104.6	101.2	101.8	99.6
西固区	Xigu	104.7	102.0	103.5	106.3	101.9	104.0	97.9
安宁区	Anning	105.6	80.5	103.7	106.5	80.4	103.4	105.1
红古区	Honggu	107.7	107.4	107.8	107.5	107.4	107.9	98.6
永登县	Yongdeng	106.6	108.9	104.0	107.2	108.8	104.1	102.2
皋兰县	Gaolan	103.3	103.8	102.0	104.3	103.8	102.2	97.7
榆中县	Yuzhong	102.3	107.3	98.6	105.3	107.3	98.3	100.1
兰州新区	Lanzhou New Area	120.0	121.9	121.0	119.0	120.9	120.9	121.1
嘉峪关市	**Jiayuguan**	**105.1**	**103.6**	**104.1**	**107.0**	**103.8**	**104.3**	**98.8**
金昌市	**Jinchang**	**108.0**	**111.4**	**108.9**	**105.2**	**111.2**	**111.0**	**91.7**
金川区	Jinchuan	108.1	109.5	109.0	104.6	109.4	111.2	89.2
永昌县	Yongchang	107.9	112.0	107.7	105.9	111.9	109.2	99.1
白银市	**Baiyin**	**108.4**	**110.4**	**109.9**	**106.5**	**110.3**	**112.0**	**102.1**
白银区	Baiyin	107.5	110.3	107.5	107.3	110.4	108.1	104.0
平川区	Pingchuan	109.7	110.7	112.8	105.2	111.0	116.2	100.6
靖远县	Jingyuan	109.2	109.3	116.1	106.8	109.4	131.0	95.2
会宁县	Huining	107.4	111.3	103.2	104.7	111.4	123.2	91.8
景泰县	Jingtai	110.4	110.9	116.6	106.3	110.0	117.6	113.8
天水市	**Tianshui**	**107.3**	**110.3**	**105.4**	**107.0**	**110.3**	**109.1**	**97.0**
秦州区	Qinzhou	107.3	110.2	109.2	106.0	110.2	116.2	95.2
麦积区	Maiji	106.7	110.2	103.9	108.2	110.2	104.6	96.6
清水县	Qingshui	108.0	110.3	111.6	106.3	110.3	116.4	107.8
秦安县	Qinan	106.4	110.6	95.9	106.4	110.6	107.9	90.5
甘谷县	Gangu	107.9	110.5	102.9	108.1	110.5	108.9	100.8
武山县	Wushan	107.8	110.4	100.4	107.6	110.3	102.9	99.8
张家川县	Zhangjiachuan	108.6	110.1	107.2	108.0	109.9	115.4	103.4
武威市	**Wuwei**	**108.1**	**110.8**	**108.4**	**106.4**	**110.6**	**113.8**	**98.5**
凉州区	Liangzhou	107.2	110.5	104.7	106.5	110.4	110.0	96.8
民勤县	Minqin	109.7	110.2	128.5	104.0	110.0	141.0	92.1
古浪县	Gulang	109.4	113.1	108.1	106.7	112.9	106.2	110.8
天祝县	Tianzhu	109.4	110.0	112.0	108.0	109.8	111.4	116.2
张掖市	**Zhangye**	**107.0**	**111.0**	**105.7**	**105.3**	**110.6**	**108.6**	**101.7**

3-13 续表 1 continued

（上年 =100） (preceding year=100)

地、县	Region & County	地区生产总值 Gross Regional Product	第一产业 Primary Industry	第二产业 Secondary Industry	第三产业 Tertiary Industry	农林牧渔业 Agriculture, Forestry,Animal Husbandry and Fishery Industries	工业 Industry	建筑业 Construction
甘州区	Ganzhou	107.2	111.0	106.8	105.3	108.8	110.0	103.0
肃南县	Sunan	105.8	107.2	105.2	105.3	107.0	108.1	93.2
民乐县	Minle	107.8	111.9	108.7	104.4	112.0	110.2	105.4
临泽县	Linze	107.3	110.1	105.8	106.6	109.2	108.0	104.4
高台县	Gaotai	106.8	110.1	106.1	105.7	108.4	112.9	99.7
山丹县	Shandan	106.0	112.9	101.2	104.9	113.0	103.2	98.8
平凉市	**Pingliang**	**107.8**	**110.7**	**108.2**	**106.3**	**110.7**	**111.8**	**98.6**
崆峒区	Kongtong	106.9	112.6	107.7	105.7	112.5	111.9	101.3
泾川县	Jingchuan	106.6	111.9	99.7	105.4	111.9	107.3	95.6
灵台县	Lingtai	109.6	112.1	108.1	108.7	112.0	108.3	107.4
崇信县	Chongxin	111.9	100.7	121.7	106.4	100.6	122.3	113.4
庄浪县	Zhuanglang	107.8	111.4	96.9	107.2	111.3	112.3	89.5
静宁县	Jingning	108.3	111.3	101.3	107.9	111.2	108.4	98.1
华亭市	Huating	106.8	112.3	107.3	104.3	112.1	107.7	86.5
酒泉市	**Jiuquan**	**108.9**	**110.9**	**109.4**	**107.6**	**110.6**	**110.5**	**100.2**
肃州区	Suzhou	109.2	111.2	107.6	109.2	110.6	111.1	103.0
金塔县	Jinta	109.4	113.1	105.5	107.5	112.8	105.8	103.2
瓜州县	Guazhou	116.3	110.3	125.1	108.1	110.2	126.1	103.4
肃北县	Subei	109.1	109.7	111.7	106.8	109.6	113.8	87.8
阿克塞县	Akesai	100.1	107.5	83.0	107.1	107.7	84.5	73.8
玉门市	Yumen	106.5	110.4	105.9	106.4	110.7	106.2	93.4
敦煌市	Dunhuang	105.2	106.2	107.4	104.2	106.3	110.3	77.9
庆阳市	**Qingyang**	**105.2**	**110.2**	**103.7**	**105.2**	**110.1**	**104.3**	**100.6**
西峰区	Xifeng	104.6	115.2	102.3	106.0	114.7	104.6	94.5
庆城县	Qingcheng	105.8	111.2	103.0	108.4	111.1	102.7	110.5
环　县	Huanxian	105.3	108.7	105.2	103.3	108.6	104.9	116.2
华池县	Huachi	103.1	105.9	103.3	101.3	105.9	102.4	130.1
合水县	Heshui	103.6	110.8	102.2	103.5	110.8	103.3	78.1
正宁县	Zhengning	103.3	110.9	105.4	100.7	110.6	108.6	102.1
宁　县	Ningxian	111.9	111.9	115.7	110.9	111.9	120.6	101.5
镇原县	Zhenyuan	105.6	108.7	108.4	102.0	108.7	107.9	121.1
定西市	**Dingxi**	**108.3**	**110.4**	**105.8**	**108.3**	**110.3**	**110.9**	**100.5**
安定区	Anding	108.3	110.2	106.4	108.3	110.1	112.4	100.9
通渭县	Tongwei	108.1	110.2	103.4	108.4	110.1	116.2	97.6

3-13 续表 2 continued

（上年 =100） (preceding year=100)

地、县	Region & County	地区生产总值 Gross Regional Product	第一产业 Primary Industry	第二产业 Secondary Industry	第三产业 Tertiary Industry	农林牧渔业 Agriculture, Forestry,Animal Husbandry and Fishery Industries	工业 Industry	建筑业 Construction
陇西县	Longxi	108.0	110.6	107.5	107.4	110.1	112.5	100.3
渭源县	Weiyuan	108.9	110.4	105.2	108.4	110.3	111.0	101.3
临洮县	Lintao	108.1	110.6	105.1	108.2	110.4	108.7	100.8
漳 县	Zhangxian	108.2	110.7	104.5	108.2	110.7	105.4	100.2
岷 县	Minxian	109.6	110.5	106.2	109.8	110.5	111.2	103.1
陇南市	**Longnan**	**107.0**	**109.8**	**108.2**	**105.7**	**109.8**	**108.8**	**105.2**
武都区	Wudu	107.3	111.2	106.1	106.6	111.2	108.8	104.3
成 县	Chengxian	108.1	108.0	113.7	102.8	108.3	114.7	103.3
文 县	Wenxian	106.1	108.5	106.2	105.1	108.5	106.2	105.8
宕昌县	Tanchang	107.0	110.7	102.3	106.0	110.8	103.0	100.8
康 县	Kangxian	106.9	110.1	106.6	106.1	110.1	108.1	104.1
西和县	Xihe	107.6	110.5	103.9	107.5	110.5	103.2	110.3
礼 县	Lixian	106.9	109.2	115.6	104.6	109.1	117.8	113.1
徽 县	Huixian	106.4	108.2	104.4	107.0	108.1	104.7	101.2
两当县	Liangdang	106.8	109.7	105.5	105.4	109.8	112.7	101.0
临夏州	**Linxia**	**108.1**	**110.1**	**108.8**	**107.4**	**110.0**	**104.8**	**112.4**
临夏市	Linxia	108.3	104.4	110.7	108.0	104.6	104.7	115.9
临夏县	Linxia	107.8	110.9	117.5	105.4	110.7	110.9	121.1
康乐县	Kangle	107.6	110.8	103.2	107.5	110.8	106.9	102.2
永靖县	Yongjing	107.7	107.4	105.3	110.0	107.6	101.6	111.8
广河县	Guanghe	110.9	113.8	107.7	110.7	113.8	112.8	97.4
和政县	Hezheng	108.2	112.2	108.8	107.2	111.7	107.6	109.3
东乡县	Dongxiang	107.8	109.0	112.7	105.8	108.6	102.2	114.9
积石山县	Jishishan	107.6	115.3	118.1	105.3	115.7	119.8	112.2
甘南州	**Gannan**	**104.8**	**102.1**	**92.0**	**108.1**	**102.2**	**90.0**	**99.4**
合作市	Hezuo	105.7	101.6	86.4	110.2	101.7	85.8	88.2
临潭县	Lintan	106.5	101.4	112.4	107.3	101.6	105.1	118.3
卓尼县	Zhuoni	101.1	102.0	78.9	107.2	102.1	77.0	95.7
舟曲县	Zhouqu	105.8	100.1	106.3	107.1	100.3	96.0	193.9
迭部县	Diebu	105.5	100.5	102.6	108.5	100.5	103.9	97.6
玛曲县	Maqu	103.3	104.2	83.3	106.3	104.3	85.7	75.9
碌曲县	Luqu	104.0	100.6	94.3	106.9	100.9	92.3	96.1
夏河县	Xiahe	104.9	103.7	95.9	107.5	103.8	100.0	64.1

3-13 续表 3 continued

（上年 =100） (preceding year=100)

地、县	Region & County	批发和零售业 Wholesale and Retail Trades	交通运输、仓储和邮政业 Transport, Storage and Post	住宿和餐饮业 Hotels and Catering Services	金融业 Financial Intermedia-tion	房地产业 Real Estate	其他 Others	人均地区生产总值 Per Capita GDP
兰州市	**Lanzhou**	**108.7**	**110.7**	**113.3**	**99.6**	**103.5**	**108.6**	**105.0**
城关区	Chengguan	105.5	110.4	110.9	101.9	105.2	106.7	105.3
七里河区	Qilihe	108.9	111.2	116.6	95.8	98.9	110.0	102.0
西固区	Xigu	108.9	110.8	117.7	98.0	102.4	110.6	103.8
安宁区	Anning	110.3	107.9	118.8	98.0	99.1	108.3	103.3
红古区	Honggu	113.9	110.6	111.2	91.7	104.2	110.5	107.3
永登县	Yongdeng	107.7	108.1	114.2	98.4	109.6	109.4	109.0
皋兰县	Gaolan	108.2	109.8	110.4	106.7	93.7	106.5	103.3
榆中县	Yuzhong	112.1	108.9	114.6	98.2	100.7	106.5	102.0
兰州新区	Lanzhou New Area	123.2	114.7	114.2	109.4	136.5	123.6	113.3
嘉峪关市	**Jiayuguan**	**114.0**	**110.9**	**113.2**	**103.1**	**104.1**	**105.5**	**103.0**
金昌市	**Jinchang**	**110.5**	**113.8**	**108.4**	**105.8**	**101.4**	**103.5**	**108.7**
金川区	Jinchuan	106.4	113.9	105.4	106.0	101.3	103.8	107.4
永昌县	Yongchang	117.3	113.8	112.5	105.5	101.7	103.0	110.7
白银市	**Baiyin**	**115.9**	**112.5**	**113.1**	**99.7**	**104.6**	**105.5**	**109.5**
白银区	Baiyin	117.0	112.6	113.5	98.9	100.0	109.1	109.2
平川区	Pingchuan	118.6	112.5	112.5	101.3	103.4	103.1	109.9
靖远县	Jingyuan	117.2	112.4	109.8	102.1	103.3	105.2	111.5
会宁县	Huining	108.5	113.2	115.0	105.7	110.1	101.9	109.4
景泰县	Jingtai	114.4	111.6	113.0	100.7	106.4	104.1	107.1
天水市	**Tianshui**	**107.3**	**112.6**	**113.4**	**103.0**	**107.8**	**106.9**	**108.3**
秦州区	Qinzhou	104.6	118.3	111.3	102.2	102.1	107.6	107.7
麦积区	Maiji	108.3	111.1	114.7	103.3	106.0	108.6	107.1
清水县	Qingshui	110.5	115.9	114.7	105.1	113.7	104.2	109.1
秦安县	Qinan	109.0	105.9	117.4	98.4	108.2	106.1	108.8
甘谷县	Gangu	108.6	114.5	112.5	107.1	115.0	104.9	109.0
武山县	Wushan	105.0	112.8	114.0	108.7	111.1	106.4	109.5
张家川县	Zhangjiachuan	103.9	117.8	110.6	102.9	105.1	109.4	109.7
武威市	**Wuwei**	**109.5**	**112.9**	**113.2**	**99.1**	**106.3**	**105.8**	**110.2**
凉州区	Liangzhou	109.7	113.0	113.2	99.0	104.7	105.5	108.4
民勤县	Minqin	108.8	114.9	113.7	95.5	103.8	104.8	113.1
古浪县	Gulang	108.6	112.4	110.5	101.6	113.8	104.9	114.0
天祝县	Tianzhu	106.6	112.0	113.9	100.6	110.4	110.3	111.6
张掖市	**Zhangye**	**110.0**	**111.9**	**108.0**	**99.4**	**103.6**	**104.9**	**107.7**

3-13 续表 4 continued

（上年 =100） (preceding year=100)

地、县	Region & County	批发和零售业 Wholesale and Retail Trades	交通运输、仓储和邮政业 Transport, Storage and Post	住宿和餐饮业 Hotels and Catering Services	金融业 Financial Intermedia-tion	房地产业 Real Estate	其他 Others	人均地区生产总值 Per Capita GDP
甘州区	Ganzhou	109.2	112.9	107.9	97.9	98.6	105.3	107.2
肃南县	Sunan	110.7	108.6	107.2	103.7	103.3	104.3	108.1
民乐县	Minle	107.3	110.6	108.1	99.6	114.8	102.9	109.1
临泽县	Linze	113.3	109.6	108.0	101.8	105.3	105.4	108.9
高台县	Gaotai	112.5	113.3	107.9	99.3	99.0	106.4	108.3
山丹县	Shandan	111.7	111.0	108.5	99.5	105.2	103.3	107.0
平凉市	**Pingliang**	**107.5**	**112.4**	**109.9**	**101.1**	**106.9**	**106.9**	**109.2**
崆峒区	Kongtong	107.3	116.4	111.0	100.6	106.8	106.0	107.3
泾川县	Jingchuan	95.5	108.9	108.1	104.5	106.2	106.4	109.7
灵台县	Lingtai	113.0	110.1	110.6	104.8	109.3	109.0	111.6
崇信县	Chongxin	109.3	109.7	110.1	100.3	111.3	106.4	113.4
庄浪县	Zhuanglang	108.6	109.5	109.6	99.6	106.7	108.2	109.0
静宁县	Jingning	111.6	109.0	108.9	103.6	105.1	108.7	109.9
华亭市	Huating	108.2	109.3	110.6	97.0	109.8	103.6	107.9
酒泉市	**Jiuquan**	**113.8**	**111.6**	**106.7**	**101.1**	**105.4**	**107.5**	**109.2**
肃州区	Suzhou	113.2	112.3	109.5	102.3	106.5	110.9	108.9
金塔县	Jinta	113.2	113.1	107.7	103.6	100.1	109.7	111.0
瓜州县	Guazhou	126.2	110.5	101.8	101.6	103.3	100.7	117.4
肃北县	Subei	113.1	113.6	106.3	101.1	91.5	106.3	109.1
阿克塞县	Akesai	110.0	112.6	105.4	100.0	103.5	107.1	99.7
玉门市	Yumen	104.4	111.0	106.1	98.6	103.1	107.4	107.5
敦煌市	Dunhuang	106.3	111.6	105.7	98.6	107.7	103.1	105.3
庆阳市	**Qingyang**	**104.5**	**114.2**	**109.1**	**100.6**	**106.7**	**104.6**	**105.8**
西峰区	Xifeng	106.3	118.7	114.0	99.4	111.4	104.1	103.3
庆城县	Qingcheng	105.6	104.7	110.9	101.4	104.8	110.3	107.2
环　县	Huanxian	104.1	111.7	100.9	102.9	104.7	103.1	105.5
华池县	Huachi	100.6	111.9	101.8	105.8	99.5	100.2	103.8
合水县	Heshui	100.4	108.0	111.1	100.6	112.0	102.0	104.9
正宁县	Zhengning	101.3	100.5	107.4	110.6	101.8	98.7	104.4
宁　县	Ningxian	99.5	109.6	111.6	100.1	106.0	115.4	113.8
镇原县	Zhenyuan	103.0	103.6	107.5	101.6	105.6	99.8	107.0
定西市	**Dingxi**	**112.0**	**112.9**	**111.7**	**101.5**	**108.4**	**108.9**	**109.1**
安定区	Anding	107.3	123.6	112.5	103.4	104.6	108.7	108.5
通渭县	Tongwei	113.7	114.3	110.7	103.5	105.5	108.8	109.0

3-13 续表 5 continued

（上年 =100） (preceding year=100)

地、县	Region & County	批发和零售业 Wholesale and Retail Trades	交通运输、仓储和邮政业 Transport, Storage and Post	住宿和餐饮业 Hotels and Catering Services	金融业 Financial Intermedia-tion	房地产业 Real Estate	其他 Others	人均地区生产总值 Per Capita GDP
陇西县	Longxi	110.2	112.5	112.3	101.3	113.2	107.1	108.7
渭源县	Weiyuan	114.2	113.9	111.8	104.3	105.5	108.9	110.5
临洮县	Lintao	111.0	109.5	111.7	101.7	111.2	108.9	108.6
漳　县	Zhangxian	114.9	112.4	110.8	103.3	107.8	108.2	109.6
岷　县	Minxian	113.5	111.0	111.3	108.5	109.6	107.2	109.7
陇南市	**Longnan**	**106.8**	**111.0**	**113.0**	**102.3**	**105.3**	**105.8**	**107.8**
武都区	Wudu	107.2	110.7	112.5	102.8	110.5	107.0	107.2
成　县	Chengxian	106.9	112.1	113.9	99.7	100.2	101.9	108.3
文　县	Wenxian	107.7	112.1	111.8	100.9	102.5	105.2	107.4
宕昌县	Tanchang	108.3	110.5	114.1	102.1	105.1	105.7	108.8
康　县	Kangxian	108.4	112.1	118.4	100.8	102.3	107.2	107.8
西和县	Xihe	108.4	105.0	112.3	108.6	113.8	104.9	108.7
礼　县	Lixian	110.4	112.1	112.7	101.1	100.8	105.4	107.9
徽　县	Huixian	102.1	112.0	112.2	98.8	96.2	112.4	107.0
两当县	Liangdang	108.2	111.8	114.2	99.5	102.3	105.6	108.1
临夏州	**Linxia**	**107.8**	**114.1**	**119.1**	**101.8**	**120.5**	**105.1**	**107.5**
临夏市	Linxia	107.6	111.5	117.4	101.0	137.6	105.9	106.6
临夏县	Linxia	107.3	116.2	122.0	97.0	107.2	104.1	108.0
康乐县	Kangle	107.6	120.9	117.1	107.3	109.4	104.1	106.9
永靖县	Yongjing	108.0	116.4	118.5	101.4	124.3	109.2	108.3
广河县	Guanghe	108.2	112.7	117.9	101.6	121.2	105.8	109.7
和政县	Hezheng	107.5	113.8	120.1	107.4	124.4	103.5	107.5
东乡县	Dongxiang	109.4	119.5	120.6	101.5	106.4	104.8	107.1
积石山县	Jishishan	109.0	117.1	119.6	103.1	109.4	102.6	107.6
甘南州	**Gannan**	**106.9**	**111.7**	**114.4**	**103.0**	**117.9**	**107.2**	**104.8**
合作市	Hezuo	106.4	111.9	111.2	107.5	132.8	107.0	104.7
临潭县	Lintan	106.1	111.4	114.4	101.0	104.8	107.6	107.1
卓尼县	Zhuoni	102.2	111.4	108.5	104.0	105.8	107.5	101.5
舟曲县	Zhouqu	108.9	110.9	120.3	98.6	105.1	107.0	106.2
迭部县	Diebu	110.3	111.4	120.5	99.3	105.2	106.3	105.7
玛曲县	Maqu	103.6	111.5	109.8	102.9	104.4	106.4	103.2
碌曲县	Luqu	107.3	111.5	111.5	97.7	105.0	107.7	104.0
夏河县	Xiahe	105.7	111.4	110.6	101.8	105.0	108.6	104.9

主要统计指标解释

国内生产总值(GDP)　指按市场价格计算的一个国家(或地区)所有常住单位在一定时期内生产活动的最终成果。国内生产总值有三种表现形态，即价值形态、收入形态和产品形态。从价值形态看，它是所有常住单位在一定时期内生产的全部货物和服务价值超过同期投入的全部非固定资产货物和服务价值的差额，即所有常住单位的增加值之和；从收入形态看，它是所有常住单位在一定时期内创造并分配给常住单位和非常住单位的初次收入之和；从产品形态看，它是所有常住单位在一定时期内最终使用的货物和服务价值减去货物和服务进口价值。在实际核算中，国内生产总值有三种计算方法，即生产法、收入法和支出法。三种方法分别从不同的方面反映国内生产总值及其构成。对于一个地区来说，称为地区生产总值或地区 GDP。

三次产业　三次产业的划分是世界上较为常用的产业结构分类，但各国的划分不尽一致。根据《国民经济行业分类》（GB/T 4754—2017），我国的三次产业划分是：

第一产业是指农、林、牧、渔业（不含农、林、牧、渔服务业）。

第二产业是指采矿业（不含开采辅助活动），制造业（不含金属制品、机械和设备修理业），电力、热力、燃气及水生产和供应业，建筑业。

第三产业即服务业，是指除第一产业、第二产业以外的其他行业。

4

就业和工资

Employment and Wages

简要说明

一、本篇资料主要内容

本篇资料反映劳动就业方面基本情况，主要包括经济活动人口数、就业人员及职工人数、城镇登记失业人数、职工工资总额、平均工资及指数变化等情况。

二、本篇资料来源

1. 本篇资料中劳动就业和工资等资料由省统计局人口与就业处整理提供。

2. 城镇登记失业与新增就业等资料来源于省人力资源和社会保障厅。

4-1 就业基本情况
Employment

单位：万人 (10 000 persons)

项目	Item	2010	2015	2019	2020	2021
经济活动人口	**Economically Active Population**	**1407.72**	**1355.48**	**1343.83**	**1343.2**	**1332.08**
就业人员	**Total Number of Employed Persons**	**1397**	**1346**	**1333**	**1331**	**1319**
第一产业	Primary Industry	861	768	706	597	580
第二产业	Secondary Industry	215	217	201	237	238
第三产业	Tertiary Industry	322	361	425	497	501
就业人员构成（合计=100）(%)	**Composition of Employed Persons (total=100) (%)**					
第一产业	Primary Industry	61.61	57.06	53.00	44.85	43.97
第二产业	Secondary Industry	15.36	16.11	15.10	17.81	18.04
第三产业	Tertiary Industry	23.03	26.83	31.90	37.34	37.98
按城乡分就业人员	**Number of Employed Persons by Urban and Rural Areas**					
城镇就业人员	Urban Employed Persons	403.98	497.37	564.93	618.00	626.00
#非私营单位就业人员	Non-private Unit Employed Persons	194.29	261.76	253.00	262.22	261.30
国有单位	State-owned Units	147.36	153.88	136.10	137.83	138.56
城镇集体单位	Urban Collective-owned Units	6.88	10.17	5.60	5.69	5.23
股份合作单位	Cooperative Units	1.03	0.70	0.40	0.90	0.93
联营单位	Joint Ownership Units	0.46	0.10	0.10	0.12	0.11
有限责任公司	Limited Liability Corporations	23.84	70.65	77.10	79.40	79.72
股份有限公司	Share-holding Corporations Ltd.	10.36	22.05	27.30	31.14	29.71
港澳台商投资单位	Units with Funds from Hong Kong, Macao & Taiwan	0.47	0.85	3.90	0.84	0.85
外商投资单位	Foreign Funded Units	0.77	1.56	0.70	1.84	1.98
其他	Others	3.12	1.82	1.70	4.47	4.20
乡村就业人员	Rural Employed Persons	993.02	848.63	768.04	713.00	693.00
在岗职工人数	**Number of Staff and Workers**	**187.96**	**228.97**	**213.60**	**222.01**	**220.50**
国有单位	State-owned Units	142.46	137.97	118.50	122.84	122.04
城镇集体单位	Urban Collective-owned Units	6.76	9.14	5.00	4.95	4.62
其他单位	Units of Other Types of Ownership	38.74	81.87	90.10	94.22	93.85
城镇单位女性就业人员	**Number of Female Employed Persons in Urban Units**	**63.56**	**86.29**	**92.90**	**100.57**	**100.83**
城镇新增就业人员	**New Increased Urban Employed Persons**	**29.30**	**43.70**	**39.22**	**35.68**	**33.25**
城镇登记失业人数	**Number of Registered Unemployed Persons in Urban Areas**	**10.72**	**9.48**	**10.83**	**12.20**	**13.08**
城镇登记失业率（%）	**Registered Unemployment Rate in Urban Areas (%)**	**3.21**	**2.14**	**3.00**	**3.27**	**3.40**

注：就业人员按常住人口口径统计。

a) the number of employed persons is calculated according to the caliber of permanent residents.

4-2 就业人员
Employed Persons

单位：万人 (10 000 persons)

年份 Year	经济活动人口 Economically Active Population	就业人员 Total Employed Persons	按三次产业分 By Three Strata of Industry			按城乡分 By Urban and Rural Areas	
			第一产业 Primary Industry	第二产业 Secondary Industry	第三产业 Tertiary Industry	城镇 Urban Areas	乡村 Rural Areas
1978		694				160	534
1979		713				164	549
1980	805	796				173	623
1981	853	842				182	660
1982	879	870				187	683
1983	999	994	797	108	89	191	803
1984	1051	1047	803	124	119	205	842
1985	1089	1081	786	153	143	211	870
1986	1106	1099	790	179	131	221	878
1987	1151	1140	754	171	215	231	909
1988	1191	1179	798	189	192	236	943
1989	1228	1214	824	184	206	237	977
1990	1305	1292	899	186	207	240	1052
1991	1314	1302	900	198	205	257	1045
1992	1315	1306	899	205	202	264	1042
1993	1428	1418	974	232	212	271	1147
1994	1449	1439	936	257	246	282	1157
1995	1492	1483	942	282	260	283	1200
1996	1531	1521	961	289	271	288	1233
1997	1539	1530	946	308	276	284	1246
1998	1548	1540	922	311	307	320	1220
1999	1497	1489	879	298	313	336	1153
2000	1484	1476	881	280	316	320	1156
2001	1496	1489	887	275	327	324	1165
2002	1509	1501	889	278	333	327	1174
2003	1520	1511	890	282	339	333	1178
2004	1530	1520	891	285	345	339	1181
2005	1401	1391	886	204	302	364	1027
2006	1411	1401	886	207	308	372	1030
2007	1424	1415	886	212	316	383	1032
2008	1456	1446	902	219	326	398	1049
2009	1499	1489	923	227	338	414	1075
2010	1408	1397	861	215	322	404	993
2011	1390	1379	845	213	321	416	963
2012	1368	1358	821	212	325	449	909
2013	1361	1352	801	217	334	462	890
2014	1358	1348	782	217	349	478	870
2015	1356	1346	768	217	361	497	849
2016	1351	1341	750	213	377	512	829
2017	1347	1337	733	210	393	531	806
2018	1347	1337	721	207	409	548	789
2019	1344	1333	706	201	425	565	768
2020	1343	1331	597	237	497	618	713
2021	1332	1319	580	238	501	626	693

注：2005 年及以后，就业人员按常住人口口径统计。

a) Since 2005, the number of employed persons is calculated according to the caliber of permanent residents.

4-3 按登记注册类型和行业分城镇非私营单位就业人员数（2021）
Number of Employed Persons in Urban Non-private Units at Year-end by Status of Registration Sector in Detail (2021)

单位：万人 (10 000 persons)

项 目	Item	就业人员数 Total Employed Persons	国有单位 State-owned Units	城镇集体单位 Urban Collective-owned Units	其他单位 Units of Other Types of Ownership
城镇非私营单位就业人员	**Urban Non-private Unit Employed Persons**	**261.30**	**138.56**	**5.23**	**117.51**
按企、事业和机关分	**By Enterprises, Institutions and Agencies**				
企业	Enterprises	142.10	24.13	3.86	114.11
政府	Government Organs	116.73	113.84	1.17	1.72
民间非营利组织	Folk Non-profit Organization	2.27	0.42	0.20	1.65
其他	Other	0.21	0.17	0.00	0.04
按国民经济行业分	**By Sector**				
农、林、牧、渔业	Agriculture, Forestry, Animal Husbandry and Fishery	2.09	1.21	0.03	0.86
采矿业	Mining	7.27	1.53	0.20	5.54
制造业	Manufacturing	28.27	1.50	0.11	26.66
电力、热力、燃气及水生产和供应业	Production and Supply of Electricity, Heat, Gas and Water	10.60	6.62	0.04	3.94
建筑业	Construction	31.51	3.74	2.41	25.37
批发和零售业	Wholesale and Retail Trades	9.36	0.99	0.09	8.27
交通运输、仓储和邮政业	Transport,Storage and Post	13.20	2.16	0.02	11.02
住宿和餐饮业	Hotels and Catering Services	3.05	0.48	0.05	2.52
信息传输、软件和信息技术服务业	Information Transmission,Software and Information Technology Services	3.50	0.73	0.00	2.78
金融业	Financial Intermediation	12.61	1.73	0.53	10.35
房地产业	Real Estate	6.91	0.62	0.11	6.17
租赁和商务服务业	Leasing and Business Services	4.46	1.32	0.16	2.98
科学研究和技术服务业	Scientific Research and Technical Services	7.65	4.63	0.06	2.96
水利、环境和公共设施管理业	Management of Water Conservancy, Environment and Public Facilities	4.88	3.09	0.03	1.76
居民服务、修理和其他服务业	Services to Households,Repair and Other Services	0.89	0.11	0.01	0.76
教育	Education	41.57	37.83	0.84	2.90
卫生和社会工作	Health and Social Services	20.02	18.14	0.48	1.41
文化、体育和娱乐业	Culture, Sports and Entertainment	2.97	2.00	0.04	0.93
公共管理、社会保障和社会组织	Public Management,Social Security and Social Organization	50.50	50.13	0.03	0.34

4-4 按行业分城镇非私营单位年末在岗职工人数
Number of Staff and Workers in Urban Non-private Units at Year-end by Sector

单位：万人 (10 000 persons)

行 业	Sector	2010	2015	2019	2020	2021
在岗职工人数	**Number of Staff and Workers**	**187.96**	**228.97**	**213.59**	**222.01**	**220.50**
农、林、牧、渔业	Agriculture, Forestry, Animal Husbandry and Fishery	5.19	4.52	1.58	1.67	1.92
采矿业	Mining	8.87	10.48	6.94	6.68	6.77
制造业	Manufacturing	34.54	32.51	25.06	25.31	25.16
电力、热力、燃气及水生产和供应业	Production and Supply of Electricity, Heat,Gas and Water	6.60	11.02	10.14	9.43	9.29
建筑业	Construction	14.32	30.25	21.81	21.03	19.11
批发和零售业	Wholesale and Retail Trades	9.93	7.30	7.20	7.82	8.61
交通运输、仓储和邮政业	Transport,Storage and Post	1.66	11.48	11.80	11.63	11.42
住宿和餐饮业	Hotels and Catering Services	5.59	2.88	2.36	2.59	2.59
信息传输、软件和信息技术服务业	Information Transmission,Software and Information Technology Services	1.82	2.13	3.43	3.36	3.25
金融业	Financial Intermediation	6.59	6.52	6.91	8.60	8.33
房地产业	Real Estate	1.68	4.00	4.14	4.82	5.02
租赁和商务服务业	Leasing and Business Services	1.33	1.99	2.89	3.20	3.39
科学研究和技术服务业	Scientific Research and Technical Services	5.01	6.43	5.88	6.42	6.56
水利、环境和公共设施管理业	Management of Water Conservancy, Environment and Public Facilities	3.05	5.03	4.65	3.92	3.72
居民服务、修理和其他服务业	Services to Households,Repair and Other Services	0.22	0.29	0.39	0.75	0.75
教育	Education	33.40	37.25	37.30	39.00	39.16
卫生和社会工作	Health and Social Services	9.66	12.43	14.02	16.51	17.26
文化、体育和娱乐业	Culture, Sports and Entertainment	2.76	2.29	2.45	2.54	2.58
公共管理、社会保障和社会组织	Public Management,Social Security and Social Organization	35.73	40.17	44.64	46.74	45.63

4-5 按登记注册类型和行业分城镇非私营单位年末在岗职工人数（2021）
Number of Staff and Workers in Urban Non-private Units at Year-end by Status of Registration and Sector in Detail (2021)

单位：人 (person)

项 目	Item	年末在岗职工人数 Number of Staff and Workers	国有单位 State-owned Units	城镇集体单位 Urban Collective-owned Units	其他单位 Units of Other Types of Ownership
在岗职工人数	**Number of Staff and Workers**	**2205116**	**1220434**	**46182**	**938500**
按企、事业和机关分	**By Enterprises, Institutions and Agencies**				
企业	Enterprises	1124266	181167	33761	909338
政府	Government Organs	1057581	1033776	10597	13208
民间非营利组织	Folk Non-profit Organizations	21336	3830	1814	15693
其他	Other	1933	1662	10	261
按国民经济行业分	**By Sector**				
农、林、牧、渔业	**Agriculture,Forestry,Animal Husbandry and Fishery**	**19157**	**11441**	**253**	**7463**
农业	Agriculture	4827	2187	13	2627
林业	Forestry	4133	3688	27	417
畜牧业	Animal Husbandry	2757	315	16	2426
渔业	Fishery	65			65
农、林、牧、渔服务业	Services in Support of Agriculture	7377	5251	197	1928
采矿业	**Mining**	**67707**	**13625**	**1975**	**52108**
煤炭开采及洗选业	Mining and Washing of Coal	45636	2241	913	42483
石油和天然气开采业	Extraction of Petroleum and Natural Gas	11287	10847		440
黑色金属矿采选业	Mining and Processing of Ferrous Metal Ores	2675			2675
有色金属矿采选业	Mining and Processing of Non-Ferrous Metal Ores	4399	533		3866
非金属矿采选业	Mining and Processing of Non-metal Ores	3204	4	1062	2138
开采辅助活动	Support Activities for Mining	478			478
其他采矿业	Mining of Other Ores	29			29
制造业	**Manufacturing**	**251627**	**13294**	**920**	**237412**
农副食品加工业	Processing of Food from Agricultural Products	9913	199	4	9710
食品制造业	Manufacture of Foods	5271	56		5215
酒、饮料和精茶制造业	Manufacture of Liquor, Beverages and Refined Tea	10646	5		10641
烟草制品业	Manufacture of Tobacco	2017			2017
纺织业	Manufacture of Textile	1857		4	1853
纺织服装、服饰业	Manufacture of Textile, Wearing Apparel and Accessories	1628	177	5	1446
皮革、毛皮、羽毛（绒）及其制品和制鞋业	Manufacture of Leather, Fur, Feather and Related Products and Footwear	967	292		675
木材加工及木、竹、藤、棕、草制品业	Processing of Timber, Manufacture of Wood, Bamboo, Rattan, Palm and Straw Products	337			337
家具制造业	Manufacture of Furniture	87			87

4-5 续表 1 continued

单位：人 (person)

项 目	Item	年末在岗职工人数 Number of Staff and Workers	国有单位 State-owned Units	城镇集体单位 Urban Collective-owned Units	其他单位 Units of Other Types of Ownership
造纸及纸制品业	Manufacture of Paper and Paper Products	487		159	328
印刷业和记录媒介复制业	Printing and Reproduction of Recording Media	2251	1224	161	866
文教、工美、体育和娱乐用品制造业	Manufacture of Articles for Culture, Education, Arts and Crafts, Sport and Entertainment Activities	350		22	328
石油、煤炭及其他燃料加工业	Petroleum, Coal and Other Fuel Processing Industries	23944	1063	36	22845
化学原料及化学制品制造业	Manufacture of Raw Chemical Materials and Chemical Products	19964	2586	13	17365
医药制造业	Manufacture of Medicines	10174	366		9809
化学纤维制造业	Manufacture of Chemical Fibres	654	310		344
橡胶和塑料制品业	Manufacture of Rubber and Plastic Products	3812		78	3734
非金属矿物制品业	Manufacture of Non-metallic Mineral Products	26723	1114	191	25418
黑色金属冶炼和压延 加工业	Smelting and Pressing of Ferrous Metals	20596	91	3	20502
有色金属冶炼和压延 加工业	Smelting and Pressing of Non-ferrous Metals	49014	2954		46060
金属制品业	Manufacture of Metal Products	6540	374	6	6160
通用设备制造业	Manufacture of General Purpose Machinery	10369	501	88	9780
专用设备制造业	Manufacture of Special Purpose Machinery	12125	512		11613
汽车制造业	Manufacture of Automobile	878	21		857
铁路、船舶、航空航天和其他运输设备制造业	Manufacture of Railway, Ships, Aerospace and Other Transport Equipments	307			307
电气机械及器材制造业	Manufacture of Electrical Machinery and Apparatus	10407	1252	110	9045
计算机、通讯和其他电子设备制造业	Manufacture of Computers,Communication and Other Electronic Equipment	16902	120		16782
仪器仪表制造业	Manufacture of Measuring Instruments and Machinery	586			586
其他制造业	Other Manufacture	202			202
废弃资源综合利用业	Utilization of Waste Resources	951	40	40	871
金属制品、机械和设备修理业	Repair Service of Metal Products, Machinery and Equipment	1669	38		1631
电力、燃气及水生产和供应业	**Production and Supply of Electricity, Heat, Gas and Water**	**92869**	**58273**	**269**	**34328**
电力、热力生产和供应业	Production and Supply of Electric Power and Heat Power	79511	52811	117	26583
燃气生产和供应业	Production and Supply of Gas	2962	25		2937
水生产和供应业	Production and Supply of Water	10396	5437	152	4807
建筑业	**Construction**	**191150**	**9711**	**20186**	**161253**
房屋建筑业	Construction of Buildings	136835	2657	19003	115176
土木工程建筑业	Civil Engineering	37794	4067	656	33071

4-5 续表 2 continued

单位：人 (person)

项 目	Item	年末在岗职工人数 Number of Staff and Workers	国有单位 State-owned Units	城镇集体单位 Urban Collective-owned Units	其他单位 Units of Other Types of Ownership
建筑安装业	Building Installation	12472	2877	203	9392
建筑装饰业和其他建筑业	Building Decoration and Other Construction	4048	110	324	3614
批发和零售业	**Wholesale and Retail Trades**	**86054**	**8960**	**836**	**76257**
批发业	Wholesale Trade	35680	6019	436	29224
零售业	Retail Trade	50374	2941	400	47033
交通运输、仓储和邮政业	**Transport, Storage and Post**	**114235**	**17074**	**249**	**96912**
铁路运输业	Railway Transport	59078			59078
道路运输业	Road Transport	38261	8692	119	29450
水上运输业	Water Transport	53			53
航空运输业	Air Transport	3174	91		3083
管道运输业	Transport Via Pipelines	259	258		1
多式联运和运输代理业	Multimodal Transport and Transportation Agency	910	43	45	822
装卸搬运和仓储业	Handling and Warehousing	4063	1113	85	2865
邮政业	Post	8439	6877		1561
住宿和餐饮业	**Hotels and Catering Services**	**25860**	**4082**	**486**	**21292**
住宿业	Hotels	15111	3443	312	11356
餐饮业	Catering Services	10749	639	174	9936
信息传输、软件和信息技术服务业	**Information Transmission,Software and Information Technology Services**	**32468**	**6927**	**2**	**25539**
电信、广播电视和卫星传输服务	Telecommunication,Radio and Television, Satellite Transmission Services	26125	6599		19527
互联网和相关服务	Internet and Related Services	542	281		261
软件和信息技术服务业	Software and Information Technology Services	5800	47	2	5751
金融业	**Financial Intermediation**	**83271**	**17095**	**5039**	**61137**
货币金融服务	Monetary and Financial Service	58199	16690	5032	36477
资本市场服务	Capital Markets Service	2324	101	7	2216
保险业	Insurance	22127	291		21836
其他金融活动	Other Financial Activities	622	13		609
房地产业	**Real Estate**	**50217**	**2869**	**946**	**46402**
租赁和商务服务业	**Leasing and Business Services**	**33883**	**8520**	**1533**	**23831**
租赁业	Leasing	1492	9	19	1464
商务服务业	Business Services	32391	8511	1514	22367

4-5 续表 3 continued

单位：人 (person)

项 目	Item	年末在岗职工人数 Number of Staff and Workers	国有单位 State-owned Units	城镇集体单位 Urban Collective -owned Units	其他单位 Units of Other Types of Ownership
科学研究和技术服务业	**Scientific Research and Technical Services**	**65592**	**40955**	**547**	**24090**
研究与试验发展	Research and Experimental Development	9359	7372	93	1895
专业技术服务业	Professional Technical Services	48033	27186	447	20400
科技推广和应用服务业	Science and Technology Popularization and Application Services	8199	6398	7	1795
水利、环境和公共设施管理业	**Management of Water Conservancy, Environment and Public Facilities**	**37154**	**23504**	**285**	**13366**
水利管理业	Management of Water Conservancy	10980	10145	24	812
生态保护和环境治理业	Ecological Protection and Environmental Treatment	5320	4619		701
公共设施管理业	Management of Public Facilities	20514	8500	261	11753
土地管理业	Management of Land	340	240		100
居民服务、修理和其他服务业	**Service to Households, Repair and Other Services**	**7482**	**990**	**75**	**6417**
居民服务业	Services to Households	3021	601	75	2345
机动车、电子产品和日用产品修理业	Repair of Motor Vehicle, Electronics and Household Products	1023			1023
其他服务业	Other Services	3438	389		3049
教育	**Education**	**391633**	**355797**	**8101**	**27735**
卫生和社会工作	**Health and Social Services**	**172601**	**156708**	**3815**	**12077**
文化、体育和娱乐业	**Culture,Sports and Entertainment**	**25819**	**17010**	**388**	**8421**
新闻和出版业	Journalism and Publishing Activities	3826	2080		1746
广播、电视、电影和影视录音制作业	Radio, Television, Motion Picture and Videotape Programme	5191	4296		895
文化艺术业	Cultural and Art Activities	13305	9339	388	3578
体育	Sports Activities	1293	799		494
娱乐业	Entertainment	2203	495		1708
公共管理、社会保障和社会组织	**Public Management,Social Security and Social Organization**	**456338**	**453599**	**278**	**2460**
中国共产党机关	Organs of Communist Party of China	25458	25410		48
国家机构	Government Agencies	420712	418676	246	1790
人民政协和民主党派	People's Political Consultative Conference and Democratic Parties	3930	3930		
社会保障	Social Security	2381	2381		
群众团体、社会团体和其他成员组织	Non-Governmental Organizations, Social Organizations and Other Member Organizations	3841	3201	32	608
基层群众自治组织	Grass Roots Self-Governing Organizations				

4-6 城镇登记失业人数及失业率

Registered Unemployment Persons and Unemployment Rate in Urban Areas

单位：万人 (10 000 persons)

年 份 Year	城镇登记失业人数 Number of Registered Unemployed Persons in Urban Areas	城镇登记失业率(%) Registered Unemployment Rate in Urban Areas (%)	城镇新增就业人员 Newly Increased Urban Employee	城镇失业人员实现再就业人数 Number of Re-employment of Urban Laid-off Workers	城镇就业困难对象再就业人数 Number of Re-employment of the Object of Urban Employment Difficulties
2006	9.69	3.63	18.40	7.40	2.50
2007	9.51	3.34	22.70	9.20	3.60
2008	9.43	3.20	25.60	11.70	4.80
2009	10.28	3.25	27.80	10.90	4.40
2010	10.72	3.21	29.30	10.90	4.70
2011	10.80	3.11	29.55	11.70	4.60
2012	9.78	2.68	36.00	13.60	5.20
2013	9.28	2.35	43.46	16.10	5.89
2014	9.71	2.19	43.50	15.81	5.19
2015	9.48	2.14	43.70	16.80	4.80
2016	9.77	2.20	43.70	14.90	4.80
2017	9.65	2.71	43.78	15.70	3.70
2018	9.95	2.78	43.13	16.50	4.20
2019	10.83	3.00	39.22	16.20	5.95
2020	12.20	3.27	35.68	14.68	5.20
2021	13.08	3.40	33.25	13.97	4.92

4-7 城镇非私营单位就业人员工资总额

Total Wage Bill of Employed Persons in Urban Non-private Units

单位：万元 (10 000 yuan)

年 份 Year	工资总额 Total Wage Bill	国有单位 State-owned Units	城镇集体单位 Urban Collective-owned Units	其他单位 Units of Other Types of Ownership
2005	2838270	2450917	117662	269691
2006	3296705	2552452	104095	640158
2007	3925014	3104484	107857	712673
2008	4610436	3613034	116787	880615
2009	5177207	4129160	139368	908679
2010	5689458	4443116	155806	1090536
2011	6240152	4775310	197167	1267675
2012	7967933	6066343	264201	1637389
2013	11105296	6735143	374031	3996122
2014	12472598	7628223	375881	4468494
2015	13851432	8860878	390032	4600522
2016	14956853	9836352	356876	4763625
2017	16239401	10786806	338019	5114577
2018	17306537	10700469	302495	6303573
2019	18532006	10670698	293327	7567981
2020	20751775	12054560	333678	8363536
2021	22001560	12675854	315259	9010447

4-8 城镇非私营单位就业人员工资总额指数
Indices of Total Wage Bill of Employed Persons in Urban Non-private Units

（上年 =100）　　(preceding year=100)

年 份 Year	工资总额指数 Indices of Total Wage Bill	国有单位 State-owned Units	城镇集体单位 Urban Collective-owned Units	其他单位 Units of Other Types of Ownership
2005	111.99	169.56	95.74	110.45
2006	116.15	104.14	88.47	237.37
2007	119.06	121.63	103.61	111.33
2008	117.46	116.38	108.28	123.57
2009	112.29	114.29	119.34	103.19
2010	109.89	107.60	111.79	120.01
2011	109.68	107.48	126.55	116.24
2012	127.69	127.04	134.00	129.16
2013	139.37	111.02	141.57	244.05
2014	112.31	113.26	100.49	111.82
2015	111.05	116.16	103.76	102.95
2016	107.98	111.01	91.50	103.55
2017	108.57	109.66	94.72	107.37
2018	106.57	99.20	89.49	123.25
2019	107.08	99.72	96.97	120.06
2020	111.98	112.97	113.76	110.51
2021	106.02	105.15	94.48	107.73

4-9 城镇非私营单位就业人员平均工资
Average Wage of Employed Persons in Urban Non-private Units

单位：元　　(yuan)

年 份 Year	平均工资 Average Wage	#在岗职工 Staff and Workers	国有单位 State-owned Units	城镇集体单位 Urban Collective-owned Units	其他单位 Units of Other Types of Ownership
2005	14654	14939	15840	9089	11626
2006	16843	17246	17108	11411	15313
2007	20657	20987	21968	12858	17681
2008	23524	24017	24625	15761	20801
2009	26743	27177	28082	18914	23191
2010	29096	29588	29889	22084	27375
2011	32092	32906	33232	28129	32565
2012	37679	38440	38401	32580	36074
2013	42833	44109	45636	32822	39834
2014	46960	48470	49614	34257	44297
2015	52942	54454	57888	37465	46869
2016	57575	59549	63930	38772	49255
2017	63374	65726	70549	43138	53549
2018	70695	73704	75730	48721	64786
2019	73607	77336	78904	51496	68282
2020	79730	83392	88145	58131	71012
2021	84500	88289	92296	59787	76515

4-10 城镇非私营单位就业人员平均工资指数
Indices of Average Wage of Employed Persons in Urban Non-private Units

（上年 =100） (preceding year=100)

年 份 Year	平均工资指数 Indices of Average Wage					平均实际工资指数 Indices of Average Real Wage				
	平均工资 Average Wage	#在岗职工 Staff and Workers	国有单位 State-owned Units	城镇集体单位 Urban Collective-owned Units	其他单位 Units of Other Types of Ownership	平均工资 Average Wage	#在岗职工 Staff and Workers	国有单位 State-owned Units	城镇集体单位 Urban Collective-owned Units	其他单位 Units of Other Types of Ownership
2005	109.95	109.66	110.05	110.96	101.14	108.11	107.83	108.21	109.11	99.45
2006	114.94	115.44	108.01	125.55	131.71	113.46	113.96	106.62	123.94	130.02
2007	122.64	121.69	128.41	112.68	115.46	116.25	115.35	121.72	106.81	109.44
2008	113.88	114.44	112.09	122.58	117.65	105.25	105.77	103.60	113.29	108.73
2009	113.68	113.16	114.04	120.01	111.49	112.22	111.71	112.58	118.47	110.06
2010	108.80	108.87	106.43	116.76	118.04	104.51	104.58	102.24	112.16	113.39
2011	110.30	111.21	111.18	127.37	118.96	104.15	105.01	104.99	120.27	112.33
2012	117.41	117.21	115.55	115.82	110.78	114.32	114.13	112.51	112.78	107.87
2013	113.70	114.70	118.80	100.70	110.40	110.17	111.14	115.12	97.58	106.98
2014	109.64	109.89	108.72	104.37	111.20	107.38	107.63	106.48	102.23	108.92
2015	112.74	112.35	116.68	109.36	105.81	110.96	110.58	114.84	107.64	104.14
2016	108.75	109.36	110.44	103.49	105.09	107.36	107.95	109.02	102.16	103.74
2017	110.07	110.37	110.35	111.26	108.72	108.55	108.85	108.83	109.72	107.22
2018	111.55	112.14	112.66	116.25	124.39	109.36	109.94	110.45	113.97	121.95
2019	104.12	104.93	104.19	105.70	105.40	101.78	102.57	101.85	103.32	103.03
2020	108.32	107.83	115.99	115.27	108.92	106.19	105.72	113.72	113.01	106.78
2021	105.98	105.87	104.71	102.85	107.75	105.04	104.93	103.78	101.93	106.79

4-11 按登记注册类型和行业分城镇非私营单位就业人员工资总额（2021）
Total Wage Bill of Employed Persons in Urban Non-private Units by Status of Registration Sector in Detail (2021)

单位：万元 (10 000 yuan)

项 目	Item	工资总额 Total Wage Bill	国有单位 State-owned Units	城镇集体单位 Urban Collective-owned Units	其他单位 Units of Other Types of Ownership
城镇单位就业人员工资总额	**Total Wage Bill of Employed Persons in Urban Units**	**22001560**	**12675854**	**315259**	**9010447**
按企、事业和机关分	**By Enterprises, Institutions and Agencies**				
企业	Enterprises	11194407	2184746	207114	8802548
政府	Government Organs	10678283	10441590	98279	138414
民间非营利组织	Folk Non-profit Organization	105397	28140	9793	67464
其他	Other	23473	21379	73	2021
按国民经济行业分	**By Sector**				
农、林、牧、渔业	Agriculture, Forestry, Animal Husbandry and Fishery	132896	86966	1899	44030
采矿业	Mining	808678	232640	11058	564980
制造业	Manufacturing	2353918	145130	5171	2203617
电力、热力、燃气及水生产和供应业	Production and Supply of Electricity, Heat, Gas and Water	1034131	635846	1687	396598
建筑业	Construction	1936954	205126	114647	1617181
批发和零售业	Wholesale and Retail Trades	606293	95816	3839	506638
交通运输、仓储和邮政业	Transport,Storage and Post	1257610	167808	1096	1088706
住宿和餐饮业	Hotels and Catering Services	132369	22252	1997	108120
信息传输、软件和信息技术服务业	Information Transmission,Software and Information Technology Services	322226	54765	13	267449
金融业	Financial Intermediation	1127394	185483	46479	895432
房地产业	Real Estate	370999	31162	4542	335295
租赁和商务服务业	Leasing and Business Services	273387	76294	8801	188293
科学研究和技术服务业	Scientific Research and Technical Services	850832	510252	4935	335645
水利、环境和公共设施管理业	Management of Water Conservancy, Environment and Public Facilities	295201	216582	432	78186
居民服务、修理和其他服务业	Service to Households, Repair and Other Services	44157	9061	274	34823
教育	Education	3924253	3684535	71739	167980
卫生和社会工作	Health and Social Service	1739789	1618262	32124	89403
文化、体育和娱乐业	Culture, Sports and Entertainment	226676	166635	2292	57749
公共管理、社会保障和社会组织	Public Management,Social Security and Social Organization	4563799	4531240	2235	30324

4-12 按登记注册类型和行业分城镇非私营单位就业人员平均工资（2021）

Average Wage of Employed Persons in Urban Non-private Units by Status of Registration Sector in Detail (2021)

单位：元 (yuan)

项 目	Item	平均工资 Average Wage	国有单位 State-owned Units	城镇集体单位 Urban Collective-owned Units	其他单位 Units of Other Types of Ownership
城镇单位就业人员平均工资	**Average Wage of Employed Persons in Urban Units**	**84500**	**92296**	**59787**	**76515**
按企、事业和机关分	**By Enterprises, Institutions and Agencies**				
企业	Enterprises	78957	93082	52912	76950
政府	Government Organs	91926	92174	84382	80641
民间非营利组织	Folk Non-profit Organization	47321	67224	50729	41757
其他	Other	114370	126651	73400	57022
按国民经济行业分	**By Sector**				
农、林、牧、渔业	Agriculture, Forestry, Animal Husbandry and Fishery	62699	71238	70612	50499
采矿业	Mining	111348	151695	80997	101025
制造业	Manufacturing	83374	94746	46190	82875
电力、热力、燃气及水生产和供应业	Production and Supply of Electricity, Heat, Gas and Water	96962	96297	42913	98582
建筑业	Construction	62289	63724	45139	63826
批发和零售业	Wholesale and Retail Trades	65574	103533	42487	61560
交通运输、仓储和邮政业	Transport,Storage and Post	96585	78645	44012	100230
住宿和餐饮业	Hotels and Catering Services	43082	45646	39214	42667
信息传输、软件和信息技术服务业	Information Transmission,Software and Information Technology Services	93005	75826	63500	97531
金融业	Financial Intermediation	86769	106952	88230	83436
房地产业	Real Estate	53377	50706	41031	53861
租赁和商务服务业	Leasing and Business Services	61500	58852	57278	62863
科学研究和技术服务业	Scientific Research and Technical Services	111817	110169	91417	114806
水利、环境和公共设施管理业	Management of Water Conservancy, Environment and Public Facilities	60818	70626	15101	44459
居民服务、修理和其他服务业	Service to Households, Repair and Other Services	49899	79931	36493	45575
教育	Education	95211	98229	86422	58397
卫生和社会工作	Health and Social Service	88007	90392	68284	64068
文化、体育和娱乐业	Culture, Sports and Entertainment	75521	83438	62975	59657
公共管理、社会保障和社会组织	Public Management,Social Security and Social Organization	90427	90452	65953	89259

4-13 按行业分城镇私营单位就业人员平均工资
Average Wage of Employed Persons in Urban Private Units by Sector

单位：元 (yuan)

项 目	Item	2015	2019	2020	2021
甘肃省	**Gansu**	**31091**	**41715**	**43771**	**47212**
农、林、牧、渔业	Agriculture, Forestry, Animal Husbandry and Fishery	26297	33819	35617	36288
采矿业	Mining	34446	43178	49055	56744
制造业	Manufacturing	32110	39812	43266	49597
电力、热力、燃气及水生产和供应业	Production and Supply of Electricity, Heat, Gas and Water	33692	47424	46701	49125
建筑业	Construction	30687	39690	46026	49822
批发和零售业	Wholesale and Retail Trades	33872	39473	43422	45462
交通运输、仓储和邮政业	Transport,Storage and Post	30261	45296	46927	54220
住宿和餐饮业	Hotels and Catering Services	26854	40094	35796	38661
信息传输、软件和信息技术服务业	Information Transmission,Software and Information Technology Services	30890	49567	60125	72000
金融业	Financial Intermediation	29668	50214	55295	59202
房地产业	Real Estate	27716	44713	42654	44020
租赁和商务服务业	Leasing and Business Services	33373	45290	47213	50989
科学研究和技术服务业	Scientific Research and Technical Services	35573	57756	56872	54918
水利、环境和公共设施管理业	Management of Water Conservancy, Environment and Public Facilities	32320	38037	32421	32023
居民服务、修理和其他服务业	Service to Households, Repair and Other Services	25121	39257	38985	41490
教育	Education	29412	47451	37998	36228
卫生和社会工作	Health and Social Service	30324	42374	41784	45302
文化、体育和娱乐业	Culture, Sports and Entertainment	26491	36419	36888	40309
公共管理、社会保障和社会组织	Public Management,Social Security and Social Organization				

4-14 按行业分非私营单位在岗职工工资总额（2021）
Total Wages of Staff and Workers in Non-private Units by Sector (2021)

单位：万元 (10 000 yuan)

项 目	Item	工资总额 Total Wage Bill	国有单位 State-owned Units	城镇集体单位 Urban Collective-owned Units	其他单位 Units of Other Types of Ownership
工资总额	**Total**	**19997801**	**12010630**	**287309**	**7699863**
按企、事业和机关分	**By Enterprises, Institutions and Agencies**				
企业	Enterprises	9590211	1896664	184378	7509169
政府	Government Organs	10283327	10065933	93406	123989
民间非营利组织	Folk Non-profit Organization	101408	26893	9452	65063
其他	Other	22855	21140	73	1641
按国民经济行业分	**By Sector**				
农、林、牧、渔业	Agriculture,Forestry,Animal Husbandry and Fishery	125687	84817	1801	39069
采矿业	Mining	772114	209304	11052	551758
制造业	Manufacturing	2160093	134399	4159	2021535
电力、热力、燃气及水生产和供应业	Production and Supply of Electricity, Heat, Gas and Water	973669	598959	1385	373325
建筑业	Construction	1196055	82311	96032	1017712
批发和零售业	Wholesale and Retail Trades	571653	90683	3580	477391
交通运输、仓储和邮政业	Transport,Storage and Post	1162425	141365	1096	1019965
住宿和餐饮业	Hotels and Catering Services	117224	19111	1915	96198
信息传输、软件和信息技术服务业	Information Transmission,Software and Information Technology Services	304421	53072	13	251336
金融业	Financial Intermediation	925822	184812	44856	696155
房地产业	Real Estate	306234	19987	4144	282103
租赁和商务服务业	Leasing and Business Services	228416	59810	8606	160000
科学研究和技术服务业	Scientific Research and Technical Services	784259	483304	4790	296165
水利、环境和公共设施管理业	Management of Water Conservancy, Environment and Public Facilities	256960	192737	422	63801
居民服务、修理和其他服务业	Service to Households, Repair and Other Services	39118	8111	274	30734
教育	Education	3848957	3614580	71046	163331
卫生和社会工作	Health and Social Service	1612993	1505917	27829	79247
文化、体育和娱乐业	Culture, Sports and Entertainment	210333	154687	2292	53354
公共管理、社会保障和社会组织	Public Management,Social Security and Social Organization	4401369	4372665	2019	26685

4-15 非私营单位在岗职工平均工资及指数
Average Wage of Staff and Workers and Related Indices in Non-private Units

年 份 Year	平均货币工资（元） Average Money Wage (yuan)				指 数（上年 =100） Indices (preceding year=100)							
					货币工资 Average Money Wage				实际工资 Average Real Wage			
	合计 Total	国有单位 State-owned Units	城镇集体单位 Urban Collective-owned Units	其他单位 Units of Other Types of Ownership	合计 Total	国有单位 State-owned Units	城镇集体单位 Urban Collective-owned Units	其他单位 Units of Other Types of Ownership	合计 Total	国有单位 State-owned Units	城镇集体单位 Urban Collective-owned Units	其他单位 Units of Other Types of Ownership
1978	708	751	437									
1979	792	824	557		111.8	109.7	127.5		110.7	108.6	126.2	
1980	875	896	676		110.5	108.7	121.4		105.0	103.3	115.4	
1981	878	904	676		100.3	100.9	100.0		98.1	98.7	97.8	
1982	907	937	649		103.3	103.6	96.0		102.2	102.5	95.0	
1983	944	973	702		104.1	103.8	108.2		103.7	103.4	107.8	
1984	1200	1251	866		127.1	128.6	123.4		123.0	124.5	119.5	
1985	1363	1400	1116	1640	113.6	111.9	128.9		102.7	101.2	116.5	
1986	1555	1630	1090	1848	114.1	116.4	97.7	112.7	106.6	108.8	91.3	105.3
1987	1680	1761	1188	1880	108.0	108.0	109.0	101.7	99.6	99.6	100.6	93.8
1988	1949	2040	1400	2331	116.0	115.8	117.8	124.1	96.2	96.0	97.7	102.9
1989	2207	2317	1577	1927	113.2	113.5	112.6	82.7	95.8	96.0	95.3	70.0
1990	2407	2546	1675	2058	109.1	109.9	106.2	106.8	107.1	107.9	104.2	104.8
1991	2566	2706	1918	2155	106.6	106.3	114.5	104.7	100.9	100.6	108.3	99.1
1992	2902	3077	2127	2205	113.1	113.7	110.9	102.3	105.4	106.0	103.4	95.3
1993	3422	3627	2457	3389	117.9	117.9	115.5	153.7	102.3	102.3	100.3	133.4
1994	4796	5059	3506	4409	140.2	139.5	142.7	130.1	112.5	112.0	114.5	104.4
1995	5493	5747	3944	6534	114.5	113.6	112.5	148.2	96.3	95.5	94.6	124.6
1996	5882	6131	4471	6734	107.1	106.7	113.4	103.1	97.1	96.7	102.8	93.5
1997	6182	6445	4598	6703	105.1	105.1	102.8	99.5	102.2	102.2	100.0	96.8
1998	6418	6757	4774	5528	103.8	104.8	103.8	82.5	104.8	105.9	104.8	83.3
1999	6928	7311	5118	5837	107.9	108.2	107.2	105.6	111.0	111.3	110.3	108.6
2000	7913	8278	6228	6504	114.2	113.2	121.7	111.4	115.1	114.1	122.7	112.3
2001	9177	9690	5929	8244	116.0	113.2	95.2	126.8	112.6	109.9	92.4	123.1
2002	10272	10925	6127	8712	111.9	112.7	103.3	105.7	112.7	113.5	104.0	106.4
2003	11419	12079	6674	10115	111.2	110.6	108.9	116.1	110.2	109.6	107.9	115.1
2004	12711	13427	7676	10957	111.3	111.2	115.0	108.3	109.9	109.8	113.5	106.9
2005	14939	15840	9291	11827	117.5	118.0	121.0	107.9	116.1	116.6	119.6	106.6
2006	17246	18108	11514	15515	115.4	114.3	123.9	131.2	114.1	112.9	122.4	129.6
2007	20987	22314	12979	17948	121.7	123.2	112.7	115.7	115.7	117.1	107.1	110.0
2008	24017	25284	16179	20966	114.4	113.3	124.7	116.8	105.9	104.9	115.5	108.1
2009	27177	28565	19453	23360	113.2	113.0	120.2	111.4	112.2	112.0	119.1	110.4
2010	29588	30475	22249	27616	108.9	106.7	114.4	118.2	104.3	102.2	109.6	113.2
2011	32906	33232	28129	32565	111.2	109.0	126.4	117.9	104.9	102.8	119.2	111.2
2012	38440	39177	32524	36896	116.8	117.9	115.6	113.3	113.7	114.8	112.6	110.3
2013	44109	47050	33040	40833	114.7	120.1	101.6	110.7	111.1	116.4	98.4	107.3
2014	48470	51366	34978	45437	109.9	109.2	105.9	111.3	107.6	106.9	103.7	109.0
2015	54454	59989	37625	47365	112.3	116.8	107.6	104.2	110.6	114.9	105.9	102.6
2016	59549	66511	38907	50093	109.4	110.9	103.4	105.8	108.0	109.4	102.1	104.4
2017	65726	73328	43892	54974	110.4	110.2	112.8	109.7	108.8	108.7	111.3	108.2
2018	73704	79483	50146	66612	112.1	108.4	114.2	121.2	109.9	106.3	112.0	118.8
2019	77336	83141	52623	71255	104.9	104.6	104.9	107.0	102.6	102.3	102.6	104.6
2020	83392	91524	59359	74370	107.8	110.1	112.8	104.4	105.7	107.9	110.6	102.3
2021	88289	96007	60837	79937	105.9	104.9	102.5	107.5	104.9	104.0	101.6	106.5

注：2005 年起职工工资为在岗职工平均工资。

a) Since 2005 , data in this table are average wage of staff and workers.

4-16 按登记注册类型和行业分非私营单位在岗职工平均工资（2021）
Average Wage of Staff and Workers in Non-private Units by Status of Registration Sector in Detail (2021)

单位：元 (yuan)

项 目	Item	平均工资 Average Wage	国有单位 State-owned Units	城镇集体单位 Urban Collective-owned Units	其他单位 Units of Other Types of Ownership
职工平均工资	**Per Capita Wage of Staff and Workers**	**88289**	**96007**	**60837**	**79937**
按企、事业和机关分	**By Enterprises, Institutions and Agencies**				
企业	Enterprises	82398	95838	53426	80482
政府	Government Organs	95807	96081	88147	82941
民间非营利组织	Folk Non-profit Organization	48122	70734	51361	42189
其他	Other	119428	129297	73400	61449
按国民经济行业分	**By Sector**				
农、林、牧、渔业	Agriculture,Forestry,Animal Husbandry and Fishery	64747	73405	70634	51851
采矿业	Mining	113734	151698	81070	103777
制造业	Manufacturing	84807	97585	47403	84225
电力、热力、燃气及水	Production and Supply of Electricity, Heat,	98484	97372	51537	100673
生产和供应业	Gas and Water	62439	67149	44936	64043
建筑业	Construction				
批发和零售业	Wholesale and Retail Trades	66770	105126	43518	62654
交通运输、仓储和邮政业	Transport,Storage and Post	97198	80002	44012	100608
住宿和餐饮业	Hotels and Catering Services	45183	46401	39669	45062
信息传输、软件和	Information Transmission,Software	94492	76076	63500	99542
信息技术服务业	and Information Technology Services				
金融业	Financial Intermediation	109178	107084	89693	111265
房地产业	Real Estate	54539	51676	43220	55016
租赁和商务服务业	Leasing and Business Services	62557	60335	57671	63785
科学研究和技术服务业	Scientific Research and Technical Services	114047	112162	91644	117538
水利、环境和	Management of Water Conservancy,	63889	74265	14954	46258
公共设施管理业	Environment and Public Facilities				
居民服务、修理和	Service to Households, Repair and	50309	81321	36493	45881
其他服务业	Other Services				
教育	Education	98170	101434	87231	59212
卫生和社会工作	Health and Social Service	92437	95161	73250	64741
文化、体育和娱乐业	Culture, Sports and Entertainment	78911	87713	62975	61422
公共管理、社会保障和	Public Management,Social Security	94644	94666	72570	93249
社会组织	and Social Organization				
国际组织	International Organizations				

4-17 各市（州）地区就业再就业工作情况（2021）
Work Situation of Employment and Re-employment by Region (2021)

单位：人 (person)

市（州）	Region	城镇新增就业人员 Newly Increased Urban Employee	城镇失业人员再就业人数 Number of Re-employment of Urban Laid-off Workers	城镇就业困难对象再就业人数 Number of Re-employment of the Object of Urban Employment Difficulties	城镇登记失业率（%） Registered Unemployment Rate in Urban Areas (%)
兰州市	Lanzhou	84030	31623	9629	3.26
嘉峪关市	Jiayuguan	6821	1843	1135	2.87
金昌市	Jinchang	10548	10312	2149	2.99
白银市	Baiyin	28896	10737	4140	2.98
天水市	Tianshui	45832	14636	7206	3.93
武威市	Wuwei	17012	5409	2315	3.38
张掖市	Zhangye	20210	20484	2829	2.79
平凉市	Pingliang	15506	4460	1570	3.75
酒泉市	Jiuquan	13082	6178	2700	2.71
庆阳市	Qingyang	26260	10072	4297	3.72
定西市	Dingxi	15455	4309	2145	3.09
陇南市	Longnan	15280	5409	2243	3.08
临夏州	Linxia	17913	5549	2271	3.60
甘南州	Gannan	4395	2165	1817	3.06

4-18 各市（州）按行业分城镇非私营单位就业人员数（2021）
Number of Employed Persons in Urban Non-private Units at Year-end by Sector and Region (2021)

单位：万人 (10 000 persons)

市（州）	Region	合计 Total	农、林、牧、渔业 Agriculture, Forestry, Animal Husbandry and Fishery	采矿业 Mining	制造业 Manufacturing	电力、热力、燃气及水生产和供应业 Production and Supply of Electricity,Heat, Gas and Water	建筑业 Construction	批发和零售业 Wholesale and Retail Trades
甘肃省	**Gansu**	**261.30**	**2.09**	**7.27**	**28.27**	**10.60**	**31.51**	**9.36**
兰州市	Lanzhou	79.04	0.27	0.98	8.33	5.36	14.15	4.21
嘉峪关市	Jiayuguan	5.62	0.01	0.01	2.51	0.34	0.20	0.55
金昌市	Jinchang	9.40	0.23	0.05	3.94	0.38	1.06	0.28
白银市	Baiyin	15.68	0.11	1.39	1.96	0.46	1.88	0.41
天水市	Tianshui	23.40	0.21	0.08	4.11	0.27	2.99	0.62
武威市	Wuwei	12.76	0.15	0.32	1.09	0.32	1.57	0.40
张掖市	Zhangye	11.27	0.28	0.33	0.76	0.28	0.86	0.60
平凉市	Pingliang	17.38	0.09	2.14	0.34	0.77	1.55	0.36
酒泉市	Jiuquan	13.24	0.17	0.17	2.15	0.53	1.60	0.50
庆阳市	Qingyang	17.72	0.10	1.42	0.36	0.63	1.04	0.55
定西市	Dingxi	15.51	0.09	0.02	0.94	0.26	1.42	0.33
陇南市	Longnan	14.11	0.18	0.34	1.03	0.49	1.00	0.33
临夏州	Linxia	13.37	0.07	0.02	0.50	0.29	1.86	0.15
甘南州	Gannan	6.72	0.12	0.01	0.25	0.21	0.33	0.07

注：表中分市州统计口径不包含兰州铁路局数据。

a) The statistical caliber of cities and states in the table does not include the data of Lanzhou Railway Administration.

4-18 续表 1 continued

单位：万人 (10 000 persons)

市（州）	Region	交通运输、仓储和邮政业 Transport, Storage and Post	住宿和餐饮业 Hotels and Catering Services	信息传输、软件和信息技术服务业 Information Transmission, Software and Information Technology Services	金融业 Financial Intermediation	房地产业 Real Estate	租赁和商务服务业 Leasing and Business Services	科学研究和技术服务业 Scientific Research and Technical Services
甘肃省	**Gansu**	**13.20**	**3.05**	**3.50**	**12.61**	**6.91**	**4.46**	**7.65**
兰州市	Lanzhou	3.49	1.34	1.98	4.72	4.07	2.38	4.48
嘉峪关市	Jiayuguan	0.08	0.05	0.04	0.12	0.08	0.11	0.06
金昌市	Jinchang	0.39	0.05	0.14	0.32	0.12	0.10	0.05
白银市	Baiyin	0.29	0.07	0.10	0.56	0.30	0.14	0.25
天水市	Tianshui	0.47	0.28	0.20	0.60	0.62	0.33	0.73
武威市	Wuwei	0.28	0.11	0.10	1.02	0.28	0.13	0.27
张掖市	Zhangye	0.19	0.11	0.11	0.80	0.23	0.27	0.33
平凉市	Pingliang	0.22	0.16	0.11	1.05	0.24	0.13	0.32
酒泉市	Jiuquan	0.20	0.28	0.12	0.78	0.37	0.20	0.23
庆阳市	Qingyang	0.53	0.19	0.15	0.85	0.12	0.22	0.22
定西市	Dingxi	0.38	0.11	0.10	0.51	0.22	0.22	0.27
陇南市	Longnan	0.32	0.10	0.17	0.48	0.14	0.07	0.19
临夏州	Linxia	0.22	0.07	0.10	0.56	0.09	0.12	0.19
甘南州	Gannan	0.04	0.13	0.07	0.24	0.03	0.03	0.08

4-18 续表 2 continued

单位：万人 (10 000 persons)

市（州）	Region	水利、环境和公共设施管理业 Management of Water Conservancy, Environment and Public Facilities	居民服务、修理和其他服务业 Service to Households, Repair and Other Services	教育 Education	卫生和社会工作 Health and Social Service	文化、体育和娱乐业 Culture, Sports and Entertainment	公共管理、社会保障和社会组织 Public Management, Social Security and Social Organization
甘肃省	**Gansu**	**4.88**	**0.89**	**41.57**	**20.02**	**2.97**	**50.50**
兰州市	Lanzhou	1.16	0.35	7.97	4.63	1.10	8.05
嘉峪关市	Jiayuguan	0.09	0.02	0.41	0.41	0.07	0.44
金昌市	Jinchang	0.11	0.15	0.50	0.59	0.07	0.88
白银市	Baiyin	0.42	0.01	2.64	1.41	0.08	3.21
天水市	Tianshui	0.41	0.08	5.04	1.75	0.15	4.45
武威市	Wuwei	0.62	0.05	2.17	1.26	0.08	2.54
张掖市	Zhangye	0.49	0.04	2.12	1.08	0.16	2.25
平凉市	Pingliang	0.39	0.04	3.48	1.47	0.18	4.33
酒泉市	Jiuquan	0.43	0.04	1.51	0.96	0.29	2.69
庆阳市	Qingyang	0.18	0.03	3.60	1.61	0.18	5.74
定西市	Dingxi	0.31	0.03	4.47	1.70	0.16	3.98
陇南市	Longnan	0.22	0.01	3.21	1.23	0.14	4.46
临夏州	Linxia	0.04	0.02	2.91	1.44	0.21	4.50
甘南州	Gannan	0.01	0.01	1.39	0.48	0.10	3.14

4-19 各市（州）按行业分非私营单位在岗职工平均工资（2021）
Average Wage of Staff and Workers in Non-private Units by Sector and Region (2021)

单位：元 (yuan)

市（州）	Region	平均工资 Average Wage	农、林、牧、渔业 Agriculture, Forestry, Animal Husbandry and Fishery	采矿业 Mining	制造业 Manufacturing	电力、热力、燃气及水生产和供应业 Production and Supply of Electricity,Heat, Gas and Water	建筑业 Construction	批发和零售业 Wholesale and Retail Trades
甘肃省	**Gansu**	**88289**	**64747**	**113734**	**84807**	**98484**	**62439**	**66770**
兰州市	Lanzhou	96793	90710	92494	95999	102182	80413	71595
嘉峪关市	Jiayuguan	94366	65243	60708	105618	107986	71062	102171
金昌市	Jinchang	87181	57890	85794	94851	97854	94186	58019
白银市	Baiyin	80680	40386	108476	82417	107239	42061	56394
天水市	Tianshui	74079	58424	78813	60189	63210	55105	47764
武威市	Wuwei	80208	73990	93722	61130	90375	33563	60847
张掖市	Zhangye	87582	72167	90988	53518	88213	47361	52885
平凉市	Pingliang	91508	60434	117650	56827	86323	55839	61483
酒泉市	Jiuquan	84796	45998	77944	91401	123460	52826	57052
庆阳市	Qingyang	87347	73597	155393	90821	96275	46447	57223
定西市	Dingxi	79215	50638	22162	60607	64763	47992	54454
陇南市	Longnan	75365	71314	71235	70990	73069	39744	72794
临夏州	Linxia	81848	41191	69537	49526	123700	39602	64925
甘南州	Gannan	96535	70057	78333	68240	75571	62416	79337

4–19 续表 1 continued

单位：元 (yuan)

市（州）	Region	交通运输、仓储和邮政业 Transport, Storage and Post	住宿和餐饮业 Hotels and Catering Services	信息传输、软件和信息技术服务业 Information Transmission, Software and Information Technology Services	金融业 Financial Intermedi-ation	房地产业 Real Estate	租赁和商务服务业 Leasing and Business Services	科学研究和技术服务业 Scientific Research and Technical Services
甘肃省	**Gansu**	**97198**	**45183**	**94492**	**109178**	**54539**	**62557**	**114047**
兰州市	Lanzhou	77595	50570	91209	129789	57993	69376	131160
嘉峪关市	Jiayuguan	87243	66089	101056	104065	56625	75789	104757
金昌市	Jinchang	83459	43052	94867	98382	48216	65183	117764
白银市	Baiyin	70148	39190	114191	93178	46623	50467	94886
天水市	Tianshui	72053	38870	94647	95692	49139	49585	82368
武威市	Wuwei	64733	34377	96041	101303	38734	43102	91037
张掖市	Zhangye	86973	43140	87514	104123	43073	54913	109124
平凉市	Pingliang	56072	48207	102414	110672	48813	63269	103174
酒泉市	Jiuquan	57672	45600	113476	79098	72608	60450	90580
庆阳市	Qingyang	58246	37044	100177	78977	51080	49595	76072
定西市	Dingxi	65969	36593	122043	83239	49580	54964	82670
陇南市	Longnan	61478	33368	84174	107234	48755	49564	67418
临夏州	Linxia	71311	44243	91273	87442	49696	51763	91843
甘南州	Gannan	53683	39551	85009	101492	48614	84873	103348

4-19 续表 2 continued

单位：元 (yuan)

市（州）	Region	水利、环境和公共设施管理业 Management of Water Conservancy, Environment and Public Facilities	居民服务、修理和其他服务业 Service to Households, Repair and Other Services	教育 Education	卫生和社会工作 Health and Social Service	文化、体育和娱乐业 Culture, Sports and Entertainment	公共管理、社会保障和社会组织 Public Management, Social Security and Social Organization
甘肃省	**Gansu**	**63889**	**50309**	**98170**	**92437**	**78911**	**94644**
兰州市	Lanzhou	87393	51912	115762	118948	86305	113223
嘉峪关市	Jiayuguan	44480	43380	72039	91048	53896	71811
金昌市	Jinchang	79410	50947	95786	60535	59520	81488
白银市	Baiyin	57384	13174	82987	85231	66631	90102
天水市	Tianshui	47203	46979	83972	83447	63881	87245
武威市	Wuwei	42198	47489	106223	96283	74484	102267
张掖市	Zhangye	87675	66084	116930	95562	73444	99459
平凉市	Pingliang	55442	63293	106085	100536	77932	90948
酒泉市	Jiuquan	70414	48516	110521	93498	86849	94390
庆阳市	Qingyang	56830	47921	89074	79519	66726	86384
定西市	Dingxi	44725	45065	91841	75984	68190	91083
陇南市	Longnan	58499	39279	82554	61268	70516	83585
临夏州	Linxia	54400	54603	93803	77315	74588	94593
甘南州	Gannan	45603	44075	105175	93623	78640	105219

主要统计指标解释

经济活动人口 指在16周岁及以上，有劳动能力，参加或要求参加社会经济活动的人口。包括就业人员和失业人员。

就业人员 指在一定年龄以上，有劳动能力，为取得劳动报酬或经营收入而从事一定社会劳动的人员。具体指年满16周岁，为取得报酬或经营利润，在调查周内从事了1小时（含1小时）以上的劳动或由于学习、休假等原因在调查周内暂时处于未工作状态，但有工作单位或场所的人口。

单位就业人员 指报告期末最后一日24时在本单位中工作，并取得工资或其他形式劳动报酬的人员数。该指标为时点指标，不包括最后一日当天及以前已经与单位解除劳动合同关系的人员，是在岗职工、劳务派遣人员及其他就业人员之和。就业人员不包括：

（1）离开本单位仍保留劳动关系，并定期领取生活费的人员；

（2）利用课余时间打工的学生及在本单位实习的各类在校学生；

（3）本单位因劳务外包而使用的人员。

城镇私营和个体就业人员 城镇私营就业人员指在工商管理部门注册登记，其经营地址设在县城关镇（含县城关镇）以上的私营企业就业人员，包括私营企业投资者和雇工。城镇个体就业人员指在工商管理部门注册登记，并持有城镇户口或在城镇长期居住，经批准从事个体工商经营的就业人员，包括个体经营者和在个体工商户劳动的家庭帮工和雇工。

在岗职工 指在本单位工作且与本单位签订劳动合同，并由单位支付各项工资和社会保险、住房公积金的人员，以及上述人员中由于学习、病伤、产假等原因暂未工作仍由单位支付工资的人员。在岗职工还包括：

（1）应订立劳动合同而未订立劳动合同人员（如使用的农村户籍人员）；

（2）处于试用期人员；

（3）编制外招用的人员；

（4）派往外单位工作，但工资仍由本单位发放的人员（如挂职锻炼、外派工作等情况）。

城镇登记失业人员 指有非农业户口，在一定的劳动年龄内（16周岁至退休年龄），有劳动能力，无业而要求就业，并在当地劳动保障部门进行求职登记的人员。

城镇登记失业率 城镇登记失业人员与城镇单位就业人员（扣除使用的农村劳动力、聘用的离退休人员、港澳台及外方人员）、城镇单位中的不在岗职工、城镇私营业主、个体户主、城镇私营企业和个体就业人员、城镇登记失业人员之和的比。计算公式为：

$$\text{城镇登记失业率}=\frac{\text{城镇登记失业人数}}{\text{城镇单位就业人员}-\text{使用的农村劳动力}-\text{聘用的离退休人员}-\text{聘用的港澳台及外方人员}+\text{不在岗职工}+\text{城镇私营业主}+\text{城镇个体户主}+\text{城镇私营企业及个体就业人员}+\text{城镇登记失业人数}}\times 100\%$$

工资总额 指根据《关于工资总额组成的规定》（1990年1月1日国家统计局发布的一号令）进行修订，在报告期内（季度或年度）直接支付给本单位全部就业人员的劳动报酬总额。包括计时工资、计件工资、奖金、津贴和补贴、加班加点工资、特殊情况下支付的工资，是在岗职工工资总额、劳务派遣人员工资总额和其他就业人员工资总额之和。

工资总额是税前工资，包括单位从个人工资中直接为其代扣或代缴的房费、水费、电费、住房公积金和社会保险基金个人缴纳部分等。

工资总额不论是计入成本的还是不计入成本的，不论是以货币形式支付的还是以实物形式支付的，均应列入工资总额的计算范围。

平均工资 指单位就业人员在一定时期内平均每人所得的工资额。它表明一定时期工资收入的高低程度，是反映就业人员工资水平的主要指标。计算公式为：

$$\text{平均工资}=\frac{\text{报告期就业人员工资总额}}{\text{报告期就业人员平均人数}}$$

平均工资指数 指报告期就业人员平均工资与基期就业人员平均工资的比率，是反映不同时期就业人员货币工资水平变动情况的相对数。计算公式为：

$$平均工资指数 = \frac{报告期就业人员平均工资}{基期就业人员平均工资} \times 100\%$$

平均实际工资指数　就业人员平均实际工资指扣除物价变动因素后的就业人员平均工资。就业人员平均实际工资指数是反映实际工资变动情况的相对数，表明就业人员实际工资水平提高或降低的程度。计算公式为：

$$平均实际工资指数 = \frac{报告期就业人员平均工资指数}{报告期城镇居民消费价格指数} \times 100\%$$

5

价 格

Prices

简要说明

一、本篇资料的主要内容

本篇资料反应生产、流通、消费等环节的价格变动趋势和变动幅度。主要包括居民消费价格指数、商品零售价格指数、工业生产者出厂价格指数、工业生产者购进价格指数、农产品生产者价格指数等。

二、本篇资料的来源

1. 居民消费、商品零售价格指数由国家统计局甘肃调查总队消费价格调查处整理提供。

2. 工业生产者出厂、工业生产者购进等价格指数由国家统计局甘肃调查总队生产价格调查处整理提供。

3. 农产品生产者价格指数由国家统计局甘肃调查总队农业调查处整理提供。

5-1 各种价格指数

Price Indices

（上年=100） (preceding year=100)

年 份 Year	居民消费价格指数 Consumer Price Index	城市 Urban Household	农村 Rural Household	商品零售价格指数 Retail Price Index	农业生产资料价格指数 Price Index for Means of Agricultural Production	工业生产者出厂价格指数 Producer Price Index for Industrial Products	工业生产者购进价格指数 Purchasing Price Index for Industrial Producers
1978	100.6	100.8		100.5	100.2		
1979	101.1	101.1	101.0	100.8	100.2		
1980	104.2	105.2	102.7	104.1	100.2		
1981	101.7	102.2	100.7	101.6	99.8		
1982	101.1	101.1	101.1	101.2	101.3		
1983	100.4	100.4	100.4	100.6	104.4		
1984	102.5	103.3	101.5	103.0	108.3		
1985	109.2	110.6	107.1	108.5	104.6		
1986	106.6	107.0	106.0	106.0	100.6		
1987	107.6	108.4	106.5	107.4	104.8		
1988	119.1	120.6	116.0	118.6	114.3		
1989	117.9	118.2	117.6	116.4	113.7		
1990	103.2	101.9	104.7	103.4	111.2	110.7	114.1
1991	104.9	105.7	104.5	104.6	104.5	104.2	112.4
1992	107.2	107.3	106.4	105.8	106.7	110.3	117.2
1993	115.4	115.2	115.8	113.0	120.1	125.3	139.4
1994	123.7	124.6	123.5	122.5	123.2	121.2	118.3
1995	119.8	118.9	120.3	116.5	129.6	115.0	113.7
1996	110.2	110.3	109.7	106.6	110.7	104.4	107.6
1997	102.9	102.8	102.9	101.6	101.4	105.0	102.2
1998	99.0	99.0	98.9	98.2	96.3	95.2	96.4
1999	97.6	97.2	98.2	97.2	95.8	98.2	98.3
2000	99.5	99.2	100.1	99.1	103.9	107.2	111.8
2001	104.0	103.0	105.5	99.6	98.6	98.5	101.4
2002	100.0	99.3	100.9	98.9	100.4	97.9	98.4
2003	101.1	100.9	101.4	100.2	101.8	110.0	105.6
2004	102.3	101.3	104.3	102.1	107.4	114.3	112.5
2005	101.7	101.2	103.0	99.9	109.0	109.6	109.9
2006	101.3	101.2	101.4	101.2	104.4	109.8	108.8
2007	105.5	105.2	106.3	104.4	107.1	105.5	104.3
2008	108.2	108.0	108.7	107.9	114.7	104.9	110.2
2009	101.3	100.9	102.2	101.8	99.0	91.0	90.5
2010	104.1	104.4	103.6	104.6	101.7	115.0	114.4
2011	105.9	106.0	105.7	105.4	107.6	111.0	115.1
2012	102.7	102.5	103.1	102.6	105.2	96.8	98.7
2013	103.2	103.0	103.4	102.6	102.1	96.9	97.8
2014	102.1	102.2	102.1	101.7	99.0	96.7	97.6
2015	101.6	101.4	101.8	101.0	98.6	87.0	87.0
2016	101.3	101.2	101.5	100.9	99.9	94.9	94.6
2017	101.4	101.4	101.3	101.4	103.7	114.5	115.5
2018	102.0	101.9	102.3	101.7	104.2	109.5	109.8
2019	102.3	102.2	102.4	101.9	101.1	98.3	99.0
2020	102.0	101.9	102.1	101.3	100.7	93.9	94.1
2021	100.9	101.1	100.5	102.0		116.4	118.1

注：2011年以前，工业生产者出厂价格指数为工业品出厂价格指数，工业生产者购进价格指数为原材料、燃料和动力购进价格指数。

a) Before 2011,data of industrial producer price index data refer to producer price index for manufactured goods, data of industrial producer purchase price index refer to purchasing price index for raw material,fuel and power.

5-2 各种价格定基指数
Fixed-based Price Indices

（1978 年 =100）　　(year of 1978 =100)

年 份 Year	居民消费价格指数 Consumer Price Index	城市 Urban Household	农村 Rural Household	商品零售价格指数 Retail Price Index	农业生产资料价格指数 Price Index for Means of Agricultural Production
1978	100.0	100.0	100.0	100.0	100.0
1979	101.1	101.1	101.0	100.8	100.2
1980	105.3	106.4	103.7	104.9	100.4
1981	107.1	108.7	104.5	106.6	100.2
1982	108.3	109.9	105.6	107.9	101.5
1983	108.7	110.3	106.0	108.5	106.0
1984	111.5	113.9	107.6	111.7	114.8
1985	121.7	126.1	115.3	121.2	120.0
1986	129.8	134.9	122.2	128.5	120.8
1987	139.6	146.2	130.1	137.9	126.6
1988	166.3	176.3	150.9	163.6	144.7
1989	196.1	208.4	177.5	190.5	164.5
1990	202.3	212.4	185.8	196.9	182.9
1991	212.2	224.5	194.2	206.0	191.1
1992	227.5	240.9	206.6	217.9	203.9
1993	262.6	277.5	239.3	246.4	244.9
1994	324.8	345.7	295.5	301.8	301.8
1995	389.1	411.1	355.5	351.6	391.1
1996	428.8	453.4	389.9	374.8	432.9
1997	441.2	466.1	401.3	380.8	439.0
1998	436.8	461.5	396.9	373.9	422.7
1999	426.3	448.5	389.7	363.2	405.0
2000	424.2	444.9	390.1	360.2	420.8
2001	441.2	458.3	411.6	358.8	414.9
2002	441.2	455.1	415.3	354.9	416.5
2003	446.1	459.2	421.1	355.6	424.0
2004	456.4	465.2	439.2	363.1	455.4
2005	464.2	470.8	452.4	362.7	496.4
2006	470.2	476.4	458.7	367.1	518.2
2007	496.1	501.2	487.1	383.4	555.0
2008	536.8	541.3	529.5	413.7	636.6
2009	543.8	546.2	541.2	421.2	630.2
2010	566.1	570.2	560.7	440.6	640.9
2011	599.5	604.4	592.7	464.4	689.6
2012	615.7	619.5	611.1	476.5	725.5
2013	635.4	638.1	631.9	488.9	740.7
2014	648.7	652.1	645.1	497.2	739.9
2015	659.1	661.2	656.7	502.1	729.5
2016	667.7	669.1	666.6	506.6	728.8
2017	677.0	678.4	675.3	513.7	755.8
2018	690.5	691.3	690.8	522.4	787.5
2019	706.4	706.5	707.4	532.3	796.2
2020	720.5	719.9	722.3	539.2	801.8
2021	727.0	727.8	725.9	550.0	

5-3 居民消费价格分类指数（2021）
Consumer Price Indices by Category (2021)

（上年 =100） (preceding year =100)

项 目	Item	全省 Provincial Indices	城市 Urban Indices	农村 Rural Indices
居民消费价格指数	**Consumer Price Index**	**100.9**	**101.1**	**100.5**
食品烟酒	**Food, Tobacco and Liquor**	**100.3**	**100.7**	**99.4**
食品	Food	99.3	99.7	98.6
粮食	Grain	101.8	102.1	101.4
薯类	Tubers	96.9	95.3	99.1
豆类	Beans	105.9	106.2	105.3
食用油	Edible oil and Fats	106.1	105.1	107.6
菜及食用菌	Vegetables and Edible Fungi	103.9	104.1	103.2
畜肉类	Meat of Livestock	85.8	84.9	87.3
禽肉类	Meat of Poultry	97.4	95.6	100.4
水产品	Aquatic Products	111.0	110.9	111.7
蛋类	Eggs	114.9	115.6	113.6
奶类	Milk	101.5	101.8	100.7
干鲜瓜果类	Dried and Fresh Melons and Fruits	104.2	105.1	101.3
糖果糕点类	Candy and Cake	101.2	101.5	100.3
调味品	Flavoring	100.6	101.1	100.0
其他食品类	Other Foods	100.9	101.0	100.6
茶及饮料	Tea and Beverages	101.2	101.4	100.8
烟酒	Tobacco and Liquor	100.9	100.7	101.3
在外餐饮	Dining Out	102.7	102.9	101.3
衣着	**Clothing**	**100.0**	**100.2**	**99.4**
服装	Garments	100.4	100.6	99.8
服装材料	Garment Material			
衣着材料及配件	Clothing Materials and Accessories	99.2	99.0	99.8
衣着服务费	Clothing Services	101.5	101.3	101.7
鞋类	Footwear	98.5	98.6	98.2
居住	**Residence**	**101.1**	**101.3**	**100.6**
租赁房房租	Rent of Rental Housing	100.5	100.5	100.1
住房保养维修及管理	Housing Maintenance and Management	101.8	102.4	100.7

5-3 续表 continued

（上年 =100） (preceding year =100)

项目	Item	全省 Provincial Indices	城市 Urban Indices	农村 Rural Indices
水电燃料	Water,Electricity and Fuels	102.9	103.8	101.3
自有住房	Private Housing	100.4	100.4	100.3
生活用品及服务	**Articles for Daily Use and Services**	**100.3**	**100.5**	**99.9**
家具及室内装饰品	Furniture and Interior Decorations	100.2	100.3	99.9
家用器具	Home Appliances	101.9	101.9	101.7
家用纺织品	Home Textiles	100.5	100.6	100.3
家庭日用杂品	Daily Use Household Articles	99.6	99.8	99.0
个人护理用品	Personal-care Supplies	98.8	98.9	98.7
家庭服务	Household Services	101.0	101.0	100.5
交通和通信	**Transport and Communications**	**103.8**	**103.7**	**104.0**
交通	Transport	105.1	105.1	105.2
交通工具	Transport Facility	99.9	99.8	100.0
交通工具用燃料	Fuels for Transport Facility	118.4	118.4	118.5
交通工具使用和维修	Use and Maintenance of Transport Facility	100.4	100.7	99.6
交通费	Traffic Fee	101.5	101.9	100.6
通信	Communications	100.5	100.4	100.8
教育文化和娱乐	**Education,Culture and Recreation**	**100.6**	**100.6**	**100.5**
教育	Education	100.5	100.6	100.3
教育用品	Education Articles	101.4	101.5	101.4
教育服务	Education Services	100.4	100.5	100.2
文化娱乐	Culture and Recreation	100.8	100.6	102.0
文娱耐用消费品	Durable Consumer Goods for Culture and Recreation	101.8	101.7	102.4
其他文娱用品	Other Articles	100.3	100.2	100.7
文化娱乐服务	Services for Culture and Recreation	100.4	100.2	102.1
旅游	Touring and Outing	101.0	100.7	103.9
医疗保健	**Health Care**	**100.2**	**100.3**	**100.0**
药品及医疗器具	Medicine and Medical Instrument	100.3	100.4	100.0
医疗服务	Medical Services	100.1	100.2	100.0
其他用品和服务	**Other articles and Services**	**100.5**	**100.8**	**99.2**
其他用品类	Other articles	99.4	99.5	99.3
其他服务类	Other Services	101.6	102.1	99.1

5-4 各市（州）居民消费价格指数（2021）
Consumer Price Indices by Prefecture (2021)

（上年 =100） (preceding year =100)

市（州）	Region	居民消费价格指数 Consumer Price Index	食品烟酒 Food, Tobacco and Liquor	衣着 Clothing	居住 Residence	生活用品及服务 Articles for Daily Use and Services	交通和通信 Transport and Communications	教育文化和娱乐 Education, Culture and Recreation	医疗保健 Health Care	其他用品和服务 Other Articles and Services
兰州市	Lanzhou	101.3	100.9	101.4	101.4	100.5	103.6	100.3	100.2	101.3
嘉峪关市	Jiayuguan	101.3	100.3	98.3	104.4	100.6	103.6	100.8	100.1	103.2
金昌市	Jinchang	101.1	101.0	100.2	101.2	100.6	104.3	100.9	99.6	99.6
白银市	Baiyin	100.7	99.1	98.2	102.5	100.0	104.1	100.7	100.8	99.1
天水市	Tianshui	100.9	101.2	97.8	101.4	100.0	102.8	100.8	99.7	101.3
武威市	Wuwei	100.5	99.5	100.3	100.0	101.4	104.1	100.8	99.8	100.3
张掖市	Zhangye	100.6	100.0	100.2	100.0	101.6	103.7	100.1	100.9	98.7
平凉市	Pingliang	100.5	100.9	97.7	100.2	100.0	103.7	99.7	99.6	100.5
酒泉市	Jiuquan	101.3	101.5	100.5	99.4	100.3	104.1	102.2	100.7	100.7
庆阳市	Qingyang	100.7	99.2	99.7	101.6	100.1	104.6	100.3	99.5	100.5
定西市	Dingxi	101.0	101.2	99.0	100.5	99.8	103.9	100.2	100.4	99.3
陇南市	Longnan	100.1	98.5	100.1	100.2	99.7	103.7	100.6	100.0	98.3
临夏州	Linxia	101.1	99.9	99.9	101.3	99.1	103.5	101.7	104.2	100.8
甘南州	Gannan	101.1	101.1	99.5	100.5	100.0	103.3	102.7	99.9	99.5

注：本表数据为各市（州）调查点数据，不完全代表各市、州价格总水平。
a) Data in this table are obtained from the sampling points in municipalities and prefectures, not entirely represent the general level of prices of them.

5-5 商品零售价格分类指数（2021）
Retail Price Indices by Category of Commodities (2021)

（上年 =100）

(preceding year =100)

项 目	Item	全省 Provincial Indices	城市 Urban Indices	农村 Rural Indices
商品零售价格指数	**Retail Price Index**	**102.0**	**102.2**	**101.4**
食品	**Food**	**100.4**	**100.5**	**99.9**
#粮食	Grain	101.8	101.8	101.9
食用油	Edible oil and Fats	105.6	104.2	109.0
畜肉类	Meat of Livestock	85.4	84.8	87.3
蛋	Eggs	115.4	115.4	115.5
水产品	Aquatic Products	110.4	110.2	112.0
菜及食用菌	Vegetables and Edible Fungi	103.6	103.5	103.8
调味品	Flavoring	100.6	100.7	100.3
糖果糕点	Candy and Cake	101.4	101.6	100.7
干鲜瓜果	Dried and Fresh Melons and Fruits	104.9	105.6	101.1
奶类	Milk	101.5	101.7	100.8
餐饮业零售	Catering Retail	103.0	103.1	102.3
饮料、烟酒	**Beverages, Tobacco and Alcohol**	**100.5**	**100.1**	**101.4**
茶及饮料	Tea and Beverages	101.6	102.0	100.5
卷烟	Cigarette	98.1	97.2	100.8
酒类	Alcohol	104.5	105.4	102.8
服装、鞋帽	**Garments, Shoes and Hats**	**100.4**	**100.8**	**99.3**
#服装	Garments	100.9	101.2	99.6
鞋袜帽	Footgear and Hat	98.4	98.5	98.1
纺织品	**Textiles**	**100.2**	**100.3**	**99.7**
服装材料	Clothing	100.4	101.1	98.7
床上用品	Bedding	100.2	100.2	100.1
家用电器及音像器材	**Household Appliances,Music and Video Equipment**	**102.0**	**101.9**	**102.4**
文化办公用品	**Cultural and Office Appliances**	**101.4**	**101.3**	**101.9**
日用品	**Articles for Daily Use**	**99.5**	**99.5**	**99.5**
#日用百货	General Merchandise for Daily Use	100.1	100.3	99.7
其他日用品	Other Miscellaneous for Daily Use	99.7	99.7	100.3
体育娱乐用品	**Sports and Recreation Articles**	**100.2**	**100.2**	**99.9**
交通、通信用品	**Transportation and Communication Appliances**	**100.4**	**100.3**	**101.3**
家具	**Furniture**	**100.2**	**100.2**	**99.9**
化妆品	**Cosmetics**	**98.4**	**98.5**	**98.3**
金银饰品	**Gold and Silver Ornaments**	**100.3**	**100.8**	**98.2**
中西药品及医疗保健用品	**Traditional Chinese and Western Medicines and Health Care Articles**	**100.3**	**100.5**	**99.7**
中药	Traditional Chinese Medicines	101.1	101.4	100.4
西药	Western Medicines	100.4	100.6	99.6
书报杂志及电子出版物	**Books,Newspapers,Magazines and Electronic Publications**	**101.1**	**101.0**	**101.3**
燃料	**Fuels**	**114.3**	**114.4**	**113.8**
建筑材料及五金电料	**Building Materials and Hardware**	**101.6**	**101.6**	**101.4**

5-6 各市（州）商品零售价格分类指数（2021）
Retail Price Indices by Region (2021)

（上年 =100） (preceding year =100)

市（州）	Region	商品零售价格指数 Retail Price Index	食品 Food	饮料、烟酒 Beverages, Tobacco and Liquor	服装、鞋帽 Garments, Shoes and Hats	纺织品 Textiles	家用电器及音像器材 Household Appliances, Music and Video Equipment	文化办公用品 Cultural and Office Appliances	日用品 Articles for Daily Use	体育娱乐用品 Sports and Recreation Articles
兰州市	Lanzhou	102.0	100.9	100.8	101.3	100.1	101.1	101.3	100.2	100.4
嘉峪关市	Jiayuguan	101.3	100.7	100.7	98.1	100.0	103.4	100.3	100.1	100.1
金昌市	Jinchang	102.6	101.2	102.4	100.2	100.0	101.0	99.7	99.3	100.1
白银市	Baiyin	101.0	99.4	102.0	98.4	100.0	101.3	100.4	99.0	97.6
天水市	Tianshui	102.4	100.6	100.5	97.7	100.0	102.4	100.7	98.9	100.8
武威市	Wuwei	102.3	99.4	100.8	100.4	104.4	102.8	102.4	100.2	100.3
张掖市	Zhangye	101.9	99.3	101.0	100.3	101.0	102.7	103.3	99.2	100.5
平凉市	Pingliang	102.1	102.1	102.0	97.9	100.0	100.3	99.9	99.2	100.5
酒泉市	Jiuquan	103.3	100.9	100.8	100.6	101.4	105.6	101.4	100.0	99.8
庆阳市	Qingyang	101.8	100.0	101.0	99.6	98.9	103.6	100.2	100.2	100.2
定西市	Dingxi	102.0	101.5	103.9	99.0	100.4	102.5	102.1	99.1	100.1
陇南市	Longnan	101.0	98.9	100.4	100.0	100.0	101.1	99.8	98.7	99.9
临夏州	Linxia	101.5	100.2	101.6	99.9	96.7	101.5	98.1	98.8	100.3
甘南州	Gannan	101.7	101.8	100.4	99.2	100.0	101.3	105.9	99.4	100.1

5-6 续表 continued

（上年 =100） (preceding year =100)

市（州）	Region	交通、通信用品 Transportation and Communication Appliances	家具 Furniture	化妆品 Cosmetics	金银珠宝 Gold, Sliver and Jewellery	中西药品及医疗保健用品 Traditional Chinese and Western Medicines and Health Care Articles	书报杂志及电子出版物 Books, Newspapers, Magazines and Electronic Publications	燃料 Fuels	建筑材料及五金电料 Building Materials and Hardware
兰州市	Lanzhou	100.2	100.0	98.8	100.4	100.7	100.9	113.6	100.9
嘉峪关市	Jiayuguan	99.9	100.4	98.6	99.9	100.6	100.5	111.8	99.7
金昌市	Jinchang	100.5	102.4	98.2	99.4	97.7	100.5	112.6	103.7
白银市	Baiyin	98.7	100.8	98.3	99.6	102.4	101.3	112.2	101.8
天水市	Tianshui	102.1	100.0	97.8	95.0	100.3	101.5	112.1	102.4
武威市	Wuwei	101.2	103.6	98.2	102.0	99.5	100.0	115.2	103.3
张掖市	Zhangye	99.3	99.8	99.5	97.5	101.3	102.6	113.4	100.4
平凉市	Pingliang	101.0	100.9	98.6	97.7	100.0	101.3	113.5	101.9
酒泉市	Jiuquan	101.3	97.7	98.2	97.1	102.6	99.8	117.5	99.8
庆阳市	Qingyang	102.2	99.9	98.6	97.7	98.2	99.5	117.0	102.1
定西市	Dingxi	100.6	100.0	97.6	98.8	100.8	100.1	114.5	102.0
陇南市	Longnan	100.8	100.0	98.2	94.5	100.2	101.8	115.0	100.2
临夏州	Linxia	100.3	101.0	97.6	98.2	100.5	100.5	111.0	104.1
甘南州	Gannan	100.8	99.9	98.5	102.3	98.1	105.2	112.7	100.0

5-7 农产品生产者价格指数
Producer Price Indices for Farm Products

（上年 =100） (preceding year =100)

指 标	Item	2010	2015	2019	2020	2021
农产品生产者价格指数	**Producer Price Indices for Farm Products**	**113.8**	**99.8**	**109.9**	**106.6**	**101.9**
种植业产品	**Planting Products**	**119.5**	**100.9**	**104.8**	**102.3**	**105.9**
谷物（原粮）	Cereal (Unprocessed Food Grains)	110.8	98.2	100.7	98.4	109.5
#小麦	Wheat	106.8	97.9	99.8	98.0	107.9
玉米	Corn	119.4	97.5	100.5	107.5	116.0
豆类	Beans	109.4	100.6	106.3	98.8	101.8
#大豆	Beans	106.3	90.9	98.3	100.4	105.9
蚕豆	Broad Bean	154.8	105.2	117.6	97.1	96.8
薯类	Tubers	185.0	93.8	141.2	96.7	84.2
油料	Oil-bearing Crops	107.1	99.4	112.2	106.3	105.2
#油菜籽	Rapeseeds	103.9	101.3	97.7	107.3	105.4
胡麻籽	Benne	104.9	96.9	109.1	106.0	105.5
棉花（籽棉）	Cotton (Unginned Cotton)	176.2	103.0	85.7	120.4	165.3
糖料	Sugar			100.0	100.0	107.5
蔬菜	Vegetable	114.2	105.1	108.4	110.1	106.0
水果（含果用瓜）	Fruit (Fruit Included Melons)	127.6	103.9	93.3	100.1	113.7
#苹果	Apple	142.9	103.9	93.0	94.0	96.7
梨	Pear	105.8	100.0	87.4	122.3	57.1
桃	Peach	151.9	91.4			
杏	Apricot	116.3		100.3	106.1	
西瓜	Water Melon	103.3	128.6	95.2	83.8	112.3
中草药材	Traditional Chinese Medicinal Materials	124.1	98.3	107.6	91.8	101.8
#党参	Codonopsis	156.9	95.7	100.9	93.1	101.2
当归	Angelica	92.7			81.8	103.3
黄芪	Astragalus	127.9	92.6	103.3	98.3	102.7
甘草	Licorice	122.9		140.0		
畜牧业产品	**Animal Husbandry Products**	**101.6**	**97.5**	**121.1**	**116.2**	**93.2**
#活牛	Live Cattle	104.6	103.2	105.3	106.9	99.3
活羊	Live Sheep	103.5	79.0	117.9	110.1	107.9
活猪	Live Pig	92.1	104.0	139.3	135.8	71.7
活鸡	Live Chicken	118.7	100.8	109.5	97.3	99.1
生奶	Raw Milk	129.2	99.2	106.1	104.2	103.0
鸡蛋	Eggs	110.1	98.1	113.2	87.1	108.7
渔业产品	**Fishery Products**	**115.5**	**100.6**	**101.2**	**91.8**	**100.3**

注：2012 年起，国家统计局实行新方法制度，对分类进行调整并增加了品种。

a) Since 2012,National Bureau of Statistics implemented the new method system, adjusted the classification of producer price indices for farm products and increased the breed.

5-8 工业生产者出厂价格指数
Producer Price Index for Industrial Products

（上年 =100） (preceding year =100)

项 目	Item	2010	2015	2019	2020	2021
工业生产者出厂价格指数	**Producer Price Index for Industrial Products**	**115.0**	**87.0**	**98.3**	**93.9**	**116.4**
按轻重工业分	**Grouped by Light & Heavy Industry**					
轻工业	Light Industry	104.0	100.1	100.4	101.4	101.7
以农产品为原料	Using Farm Products as Raw Materials	103.2	100.0	100.5	101.5	101.0
以非农产品为原料	Using Non-farm Products as Raw Materials	105.1	100.6	98.1	98.4	104.0
重工业	Heavy Industry	116.7	85.6	98.0	93.0	118.2
采掘工业	Mining & Quarrying Industry	116.3	69.3	97.8	83.8	131.6
原料工业	Raw Materials Industry	118.5	87.6	98.0	91.3	116.1
加工工业	Processing Industry	102.4	88.1	98.1	98.8	118.1
按两大部类分	**Grouped by Division**					
生产资料	Means of Production	116.1	85.6	97.9	93.0	118.0
采掘工业	Mining & Quarrying Industry	113.6	69.3	97.8	83.8	131.6
原料工业	Raw Materials Industry	118.8	87.6	98.0	91.3	116.2
加工工业	Processing Industry	103.9	88.1	97.8	98.6	117.4
生活资料	Consumer Goods	102.4	100.2	101.5	101.7	99.9
食品	Food	102.7	100.2	101.4	101.8	99.9
衣着	Clothing	105.4	90.5	100.4	100.7	101.8
一般日用品	Articles for Daily Use	102.9	100.2	105.2	98.1	99.9
耐用消费品	Durable Consumer Goods	90.5	99.9	101.2	104.2	98.7
按工业部门分	**Grouped by Industry Sector**					
冶金工业	Metallurgical Industry	122.0	86.1	100.1	98.8	126.6
电力工业	Power Industry	100.7	99.8	98.5	96.5	99.4
煤炭及炼焦工业	Coal Industry	101.7	90.0	106.0	99.2	114.7
石油工业	Petroleum Industry	120.1	73.7	94.2	76.8	128.2
化学工业	Chemical Industry	107.9	95.7	99.6	99.6	110.3
机械工业	Machine Manufacturing Industry	101.4	96.9	99.1	96.5	103.3
建筑材料工业	Building Materials Industry	104.6	89.8	97.2	99.4	102.5
森林工业	Timber Industry	102.1	95.8	100.4	100.1	
食品工业	Food Industry	103.0	100.1	100.8	102.0	101.0
纺织工业	Textile Industry	111.4	97.5	102.7	91.4	100.6
缝纫工业	Tailoring Industry	104.2	89.9	100.4	100.8	101.8
皮革工业	Leather Industry	103.6	101.6	96.6	97.0	
造纸工业	Paper Industry	104.7	100.6	89.0	98.8	97.8
文教艺术用品工业	Cultural,Educational & Handicrafts Articles	102.6	100.0	100.8	101.1	99.9
其他工业	Others	108.5	96.6	71.6	91.0	117.9

5-9 按行业分工业生产者出厂价格指数
Producer Price Indices for Industrial Products by Sector

（上年= 100） (preceding year =100)

行 业	Sector	2010	2015	2019	2020	2021
工业生产者出厂价格指数	**Producer Price Indices for Industrial Products**	**115.0**	**87.0**	**98.3**	**93.9**	**116.4**
煤炭开采和洗选业	Mining and Washing of Coal	101.2	90.0	106.5	99.1	115.8
石油和天然气开采业	Extraction of Petroleum and Natural Gas	122.6	52.2	94.7	68.2	150.7
黑色金属矿采选业	Mining and Processing of Ferrous Metal Ores	110.6	73.9	104.0	98.5	111.6
有色金属矿采选业	Mining and Processing of Non-Ferrous Metal Ores	113.0	98.8	98.9	100.3	116.7
非金属矿采选业	Mining and Processing of Non-metal Ores	98.0	97.8	72.1	89.9	102.0
开采专业及辅助性活动	Support Activities for Mining					101.0
农副食品加工业	Processing of Food from Agricultural Products	104.3	100.5	101.5	103.2	100.7
食品制造业	Manufacture of Foods	104.6	98.6	100.0	103.0	104.5
酒、饮料及精制茶制造业	Manufacture of Liquor,Beverages and Refined Tea	102.4	100.3	98.7	99.8	100.3
烟草制品业	Manufacture of Tobacco	101.4	100.0	101.4	100.9	100.7
纺织业	Manufacture of Textile	111.3	97.6	102.7	91.4	100.6
纺织服装、服饰业	Manufacture of Textile, Wearing Apparel and Accessories	103.8	88.9	100.4	100.8	101.8
皮革、毛皮、羽毛及其制品和制鞋业	Manufacture of Leather, Fur, Feather and Related Products and Footware	103.6	101.6	96.6	97.0	
木材加工及木、竹、藤、棕、草制品业	Processing of Timber, Manufacture of Wood, Bamboo, Rattan, Palm and Straw Products	100.3	82.6	100.2	100.0	
家具制造业	Manufacture of Furniture	103.3	99.4	100.5	100.2	
造纸及纸制品业	Manufacture of Paper and Paper Products	104.7	100.6	89.0	98.8	97.8
印刷业和记录媒介复制业	Printing and Reproduction of Recording Media	102.7	100.0	100.8	101.1	99.9
文教、工美、体育和娱乐用品制造业	Manufacture of Articles for Culture, Education, Arts and Crafts, Sport and Entertainment Activities			93.7	91.2	

5-9 续表 continued

（上年＝100） (preceding year =100)

行 业	Sector	2010	2015	2019	2020	2021
石油加工、炼焦和核燃料加工业	Processing of Petroleum, Coking, Processing of Nuclear Fuel	119.8	79.0	93.9	79.5	123.4
化学原料及化学制品制造业	Manufacture of Raw Chemical Materials and Chemical Products	109.0	94.2	97.5	100.0	118.9
医药制造业	Manufacture of Medicines	106.0	101.0	105.9	101.6	99.4
橡胶和塑料制品业	Manufacture of Rubber and Plastics Products			98.7	94.4	97.7
非金属矿物制品业	Manufacture of Non-metallic Mineral Products	109.2	89.9	93.6	98.5	107.0
黑色金属冶炼及压延加工业	Smelting and Pressing of Ferrous Metals	107.5	80.3	98.1	98.2	139.0
有色金属冶炼及压延加工业	Smelting and Pressing of Non-ferrous Metals	133.1	89.2	101.3	99.8	124.6
金属制品业	Manufacture of Metal Products	105.0	95.8	100.1	91.3	105.0
通用设备制造业	Manufacture of General Purpose Machinery	100.9	100.6	100.1	99.9	99.8
专用设备制造业	Manufacture of Special Purpose Machinery	93.0	93.1	99.5	98.0	100.1
汽车制造业	Manufacture of Automobiles			105.4	101.5	100.3
铁路、船舶、航空航天和其他运输设备制造业	Manufacture of Railway, Ship, Aerospace and Other Transport Equipments	96.1	100.3	100.8	100.2	
电气机械及器材制造业	Manufacture of Electrical Machinery and Apparatus	111.8	95.1	97.3	94.5	108.1
计算机、通信和其他电子设备制造业	Manufacture of Computers, Communication and Other Electronic Equipment	100.0	99.9	101.3	94.3	102.0
仪器仪表制造业	Manufacture of Measuring Instruments and Machinery	101.8	100.0	102.4	103.8	
废弃资源综合利用业	Utilization of Waste Resources			99.3	99.4	117.6
金属制品、机械和设备修理业	Repair Service of Metal Products, Machinery and Equipment			107.0	100.0	100.8
电力、热力生产和供应业	Production and Supply of Electric Power and Heat Power	100.7	99.8	98.5	96.5	99.4
燃气生产和供应业	Production and Supply of Gas	106.9	102.7	104.3	98.4	87.5
水生产和供应业	Production and Supply of Water	98.6	102.9	99.8	103.2	99.6

5-10 工业生产者购进价格指数
Purchasing Price Index for Industrial Producers

（上年 =100） (preceding year =100)

类 别	Types	2010	2015	2019	2020	2021
工业生产者购进价格指数	**Purchasing Price Indices for Industrial Producers**	**114.4**	**87.0**	**99.0**	**94.1**	**118.1**
燃料、动力类	Fuel and Power	118.4	81.6	99.3	90.7	122.2
黑色金属材料类	Ferrous Metals	109.4	86.9	99.5	101.3	115.7
#钢材	Rolled Steel	103.7	91.1	98.4	100.1	111.1
有色金属材料和电线类	Nonferrous Metals	118.8	94.0	95.3	98.3	121.4
化工原料类	Raw Chemical Materials	112.0	96.1	90.9	90.3	131.5
木材及纸浆类	Timber and Paper Pulp	104.4	99.4	92.9	99.7	106.7
建筑材料及非金属矿类	Building Materials	102.3	93.8	101.0	99.5	114.8
其他工业原材料及半成品类	Other Industrial Raw and Processed Materials	103.6	96.5	105.6	103.9	106.8
农副产品类	Agricultural Products	111.5	101.6	114.0	114.0	99.6
纺织原料类	Textile Materials	108.0	102.5	100.2	88.9	102.5

主要统计指标解释

居民消费价格指数 是反映一定时期内城乡居民所购买的生活消费品价格和服务项目价格变动趋势和程度的相对数，是对城市居民消费价格指数和农村居民消费价格指数进行综合汇总计算的结果。通过该指数可以观察和分析消费品的零售价格和服务项目价格变动对城乡居民实际生活费支出的影响程度。

城市居民消费价格指数 是反映一定时期内城市居民家庭所购买的生活消费品价格和服务项目价格变动趋势和程度的相对数。通过该指数可以观察和分析消费品的零售价格和服务项目价格变动对城镇居民收入和消费支出的影响。

农村居民消费价格指数 是反映一定时期内农村居民家庭所购买的生活消费品价格和服务项目价格变动趋势和程度的相对数。该指数可以观察农村消费品的零售价格和服务项目价格变动对农村居民收入和生活消费支出的影响。

商品零售价格指数 是反映一定时期内城乡商品零售价格变动趋势和程度的相对数。商品零售价格的变动与国家的财政收入、市场供需的平衡、消费与积累的比例关系有关。因此，该指数可以从一个侧面对上述经济活动进行观察和分析。

农产品生产者价格指数 是反映一定时期内，农产品生产者出售农产品价格水平变动趋势及幅度的相对数。该指数可以客观反映全国农产品生产价格水平和结构变动情况，满足农业与国民经济核算需要。其中某代表品生产价格指数是通过对全部有出售该产品行为的调查单位的个体指数进行几何平均求得的，类价格指数是通过对其所属的类（或代表品）的价格指数进行加权平均求得的。季度累计价格指数的计算方法与分季指数的计算方法相同。

工业生产者出厂价格指数 是反映一定时期内工业企业产品第一次出售时的出厂价格总水平的变动趋势和变动幅度的相对数。

工业生产者购进价格指数 是反映企业作为中间投入的原材料、燃料、动力购进价格总水平的变动趋势和变动幅度的相对数。

6

人民生活

People's Living Conditions

简要说明

一、本篇资料的主要内容

本篇资料反映了城镇、农村居民的家庭收支、居住、耐用消费品拥有、生产和生活等方面的情况。

二、本篇资料的来源

1. 城镇、农村居民家庭相关资料由国家统计局甘肃调查总队居民收支调查处整理提供。

2. 自 2015 年起甘肃省发布城乡一体化住户收支与生活状况调查数据，即发布城镇、农村居民可支配收入，原农村居民纯收入数据以后不再发布，本年鉴中涉及 2015 年及以后的居民有关数据均来源于此调查。2014 年及以前年份的居民有关数据为新口径回溯数据。

6-1 人民物质文化生活情况
Basic Statistics on People's Living Conditions

指 标	Item	2010	2015	2019	2020	2021
就业	**Employment**					
每一城镇就业者负担人数（人）	Number of Dependents per Urban Employee (person)	2.01	1.46	1.49	1.45	1.47
每一农村劳动力负担人数（人）	Number of Dependents per Rural Laborer (person)	1.56	1.60	1.62	1.58	1.59
城镇登记失业率（%）	Registered Urban Unemployment Rate (%)	3.21	2.14	3.00	3.27	3.40
收入（元）	**Income of Rural and Urban Residents (yuan)**					
全体居民人均可支配收入	Annual per Capita Disposable Income of Households	7358	13467	19139	20335	22066
城镇居民人均可支配收入	Annual per Capita Disposable Income of Urban Households	13820	23767	32323	33822	36187
农村居民人均可支配收入	Annual per Capita Disposable Income of Rural Households	3747	6936	9629	10344	11433
在岗职工平均工资	Average Wage of Staff and Workers	29588	54454	77336	83392	88289
支出（元）	**Expenditure (yuan)**					
全体居民人均消费支出	Per Capita Consumption Expenditures of all Households				16175	17456
#食品烟酒	Food ,Tobacco and Liquor				4769	5218
城镇居民人均消费支出	Per Capita Consumption Expenditures of Urban Households	10171	17451	24454	24615	25757
#食品烟酒	Food ,Tobacco and Liquor	3412	5346	6996	7068	7543
农村居民人均消费支出	Per Capita Consumption Expenditures of Rural Households	3430	6830	9694	9923	11206
#食品烟酒	Food,Tobacco and Liquor	1443	2244	2827	3065	3467
住房面积（平方米）	**Per Capita Floor Space of Residential Buildings (sq.m)**					
城镇居民人均居住面积	Per Capita Living Space of Urban Households	27.9	34.0	34.6	35.0	35.5
农村居民人均居住面积	Per Capita Living Space of Rural Households	21.0	29.3	31.3	31.9	32.1
文化	**Culture**					
城镇每百户有彩色电视机（台）	Number of Color TV Sets per 100 Urban Households (set)	110	105	104	105	102
农村每百户有彩色电视机（台）	Number of Color TV Sets per 100 Rural Households (set)	104	109	109	111	110
广播节目综合人口覆盖率（%）	Radio Coverage Rate of the Population (%)	93.47	98.01	98.57	99.31	99.43
电视节目综合人口覆盖率（%）	TV Coverage Rate of Population (%)	93.72	98.47	98.90	99.41	99.49
教育	**Education**					
小学学龄儿童净入学率（%）	Net Enrollment Ratio of School-age Children in Primary Schools (%)	99.46	99.83	99.99	99.99	99.99
每万人口中在校大学生数（人）	Number of University Students per 10 000 Population (person)	149	173	198	232	246
卫生	**Public Health**					
每万人口医疗卫生机构床位数（张）	Beds of Medical Institutions per 10000 Population (bed)	37.06	48.86	65.19	71.12	73.59
每万人口执业（助理）医师数（人）	Number of Licensed (Assistant) Doctors per 10 000 Population (person)	15.0	19.1	23.8	26.5	28.4

6-2 全省居民人均收支情况

Per Capita Income and Consumption Expenditure of Gansu Residents

指 标	Item	2020	2021
人均可支配收入（元）	**Per Capita Disposable Income (yuan)**	**20335**	**22066**
工资性收入	Income from Wages and Salaries	11462	12412
经营净收入	Net Business Income	3731	4083
财产净收入	Net Income from Property	1196	1301
转移净收入	Net Income from Transfer	3947	4270
构成（%）	**Disposable Income(%)**	**100.00**	**100.00**
工资性收入	Income from Wages and Salaries	56.36	56.25
经营净收入	Net Business Income	18.35	18.50
财产净收入	Net Income from Property	5.88	5.90
转移净收入	Net Income from Transfer	19.41	19.35
人均消费支出（元）	**Per Capita Annual Consumption Expenditure (yuan)**	**16175**	**17456**
食品烟酒	Food,Tobacco and Liquor	4769	5218
衣着	Clothing	1141	1217
居住	Residence	3557	3706
生活用品及服务	Household Facilities,Articles and Services	1046	1068
交通通信	Transport and Communications	2020	2215
教育文化娱乐	Education, Cultural and Recreation	1729	1894
医疗保健	Health Care and Medical Services	1545	1761
其他用品及服务	Other Goods and Services	369	377
构成（%）	**Disposable Income(%)**	**100.00**	**100.00**
食品烟酒	Food,Tobacco and Liquor	29.48	29.89
衣着	Clothing	7.05	6.97
居住	Residence	21.99	21.23
生活用品及服务	Household Facilities,Articles and Services	6.46	6.12
交通通信	Transport and Communications	12.49	12.69
教育文化娱乐	Education, Cultural and Recreation	10.69	10.85
医疗保健	Health Care and Medical Services	9.55	10.09
其他用品及服务	Other Goods and Services	2.28	2.16

6-3 城镇居民家庭生活基本情况
Basic Conditions of Urban Households

年 份 Year	每一城镇就业者负担人数（人） Number of Dependents Per Urban Employee (person)	城镇居民人均可支配收入（元） Per Capita Disposable Income of Urban Households (yuan)	城镇居民人均消费支出（元） Per Capita Consumption Expenditures of Urban Households (yuan)	#食品烟酒 Food,Tobacco and Liquor	恩格尔系数（%） Engle's Coefficient (%)	人均居住面积（平方米） Per Capita Living Space (sq.m)
1978		408				
1979		418				4.63
1980	2.64	403	399	212	53.10	4.82
1981	1.80	448	433	238	54.97	5.60
1982	1.75	474	447	252	56.41	6.01
1983	1.74	491	482	274	56.78	6.74
1984	1.70	572	552	310	56.22	7.11
1985	1.83	641	625	316	50.59	7.44
1986	1.83	777	737	376	50.96	7.51
1987	1.82	871	829	431	51.97	7.65
1988	1.84	979	1026	502	48.88	8.29
1989	1.82	1133	1065	586	55.05	8.55
1990	1.87	1197	1081	557	51.50	8.86
1991	1.85	1369	1270	666	52.41	9.09
1992	1.75	1708	1457	765	52.51	8.99
1993	1.73	2003	1680	852	50.71	8.96
1994	1.84	2658	2209	1117	50.57	10.44
1995	1.86	3153	2618	1353	51.69	10.74
1996	1.82	3354	2839	1443	50.84	11.10
1997	1.89	3592	2946	1439	48.85	12.70
1998	1.91	4024	3106	1436	46.23	13.30
1999	1.71	4508	3697	1525	41.24	15.16
2000	1.80	4970	4153	1545	37.20	15.21
2001	1.86	5461	4458	1624	36.43	15.54
2002	1.96	6264	5119	1747	34.12	21.55
2003	1.98	6803	5367	1851	34.49	22.27
2004	1.85	7566	6026	2123	35.23	22.90
2005	1.90	8323	6641	2241	33.74	24.16
2006	1.92	9215	7109	2277	32.03	25.60
2007	1.87	10380	8045	2657	33.02	27.04
2008	2.00	11413	8504	2965	34.86	27.19
2009	1.99	12457	9119	3130	34.33	27.35
2010	2.01	13820	10171	3412	33.55	27.89
2011	2.07	15707	11500	3776	32.83	28.04
2012	2.04	17979	13205	4101	31.06	28.45
2013	2.07	19873	14411	4473	31.04	29.82
2014	1.84	21804	15942	4964	31.14	30.60
2015	1.46	23767	17451	5346	30.63	34.00
2016	1.45	25694	19539	5777	29.57	33.69
2017	1.46	27763	20659	6033	29.20	33.80
2018	1.49	29957	22606	6491	28.71	33.90
2019	1.49	32323	24454	6996	28.60	34.60
2020	1.45	33822	24615	7068	28.72	34.97
2021	1.47	36187	25757	7543	29.28	35.47

6–4 城镇居民家庭生活基本情况
Basic Conditions of Urban Households

指　标	Item	2015	2019	2020	2021
调查户数（户）	**Number of Households Surveyed (household)**	**1500**	**1650**	**1650**	**1650**
平均每户家庭人口（人）	Average Household Size (person)	3.2	3.3	3.3	3.2
平均每户就业人口（人）	Average Number of Employed Persons per Household (person)	1.8	2.22	2.26	2.19
平均每户就业面（%）	Proportion of Employment per Household (%)	56.3	67.3	68.8	68.2
平均每一就业者负担人数（含就业者本人）（人）	Number of Dependents per Employee (including the employee himself or herself)(person)	1.46	1.49	1.45	1.47
人均可支配收入（元）	**Per Capita Disposable Income (yuan)**	**23767**	**32323**	**33822**	**36187**
工资性收入	Income from Wages and Salaries	15189	21708	22904	24463
#工资	Wages and Salaries	14201	20703	21533	22940
经营净收入	Net Business Income	1805	2484	2489	2700
财产净收入	Net Income from Property	2295	2539	2627	2831
#利息净收入	Interest Income	32	-147	-108	14
红利收入	Bonus Income	84	36	47	56
转移净收入	Net Income from Transfer	4478	5592	5802	6193
#养老金或离退休金	Endowment Insurance or Pension	4459	6464	6607	7044
人均消费支出（元）	**Per Capita Annual Consumption Expenditure (yuan)**	**17451**	**24454**	**24615**	**25757**
食品烟酒	Food,Tobacco and Liquor	5346	6996	7068	7543
衣着	Clothing	1759	1920	1859	1939
居住	Residence	3540	5622	5787	5732
生活用品及服务	Household Facilities,Articles and Services	1125	1455	1662	1648
交通通信	Transport and Communications	1850	3050	3081	3296
教育文化娱乐	Education, Cultural and Recreation	2045	2555	2427	2692
医疗保健	Health Care and Medical Services	1391	2224	2090	2292
其他用品及服务	Other Goods and Services	395	632	640	615

6-5 按收入五等份分组的城镇居民人均可支配收入及构成（2021）
Per Capita Disposable Income of Urban Households and Its Composition by Level of Income (2021)

指 标	Item	全省平均 Average	低收入户 (20%) Low Income Households	中间偏下户 (20%) Lower Middle Income Households	中间收入户 (20%) Middle Income Households	中间偏上户 (20%) Upper Middle Income Households	高收入户 (20%) High Income Households
人均可支配收入（元）	**Per Capita Disposable Income(yuan)**	**36187**	**12493**	**23377**	**34471**	**47397**	**80282**
工资性收入	Income from Wages and Salaries	24463	7935	15947	22554	31738	56244
#工资	Wages and Salaries	22940	7815	15418	21371	29412	51635
经营净收入	Net Business Income	2700	1586	2717	1918	1827	6564
财产净收入	Net Income from Property	2831	646	1457	2917	4253	6363
转移净收入	Net Income from Transfer	6193	2326	3256	7081	9578	11112
人均可支配收入构成（%）	**Per Composition of Disposable Income(%)**						
工资性收入	Income from Wages and Salaries	67.6	63.5	68.2	65.4	67.0	70.1
经营净收入	Net Business Income	7.5	12.7	11.6	5.6	3.9	8.2
财产净收入	Net Income from Property	7.8	5.2	6.2	8.5	9.0	7.9
转移净收入	Net Income from Transfer	17.1	18.6	13.9	20.5	20.2	13.8

注：按收入五等份分组是指将所有调查户按人均可支配收入水平从低到高顺序排列，平均分为五个等份，处于最低20%的收入群体为低收入组，依此类推依次为中间偏下收入组、中间收入组、中间偏上收入组、高收入组。本表数据为不同分组家庭的人均可支配收入。6-7、6-20、6-21表与此相同。

a) The income quintile refers to the five equal partitions of all surveyed households, who are ranked from low to high based on per capita disposable income level. The 20 percent with lowest income are classified as low-income group (Lowest 20%), and the other four levels are lower-middle-income group (Second 20%), middle-income group (Third 20%), higher-middle-income group (Fourth 20%) and high-income group (Highest 20%). The figures in table 6-7 are the per capita disposable income of the households in the different income groups.The same applies to Table 6-7 , 6-20 and 6-21.

6-6 城镇居民人均总支出
Per Capita Annual Expenditure of Urban Households

单位：元 (yuan)

指 标	Item	2015	2019	2020	2021
总支出	**Per Capita Annual Expenditure**	**22564**	**32969**	**32625**	**35657**
消费支出	Consumption Expenditure	17451	24454	24615	25757
生产经营费用支出	Production Operations Fee Expenditure	607	898	966	1108
第一产业经营费用支出	Primary Industry	107	194	157	279
第二产业经营费用支出	Secondary Industry	14	174	176	97
第三产业经营费用支出	Tertiary Industry	486	530	633	733
财产性支出	Property Expenditure	31	248	179	88
转移性支出	Transfer Expenditure	1031	2151	2203	2467
部分商业保险支出	Expenditure of Part of Commercial Insurance	140	215	229	369
购置资产及非经常性转移支出	Purchase of Assets and Transfer of Non-recurring Expenditure	2043	3469	3162	4232
借贷性支出	Debit and Credit Expenditure	1261	1534	1270	1636

6-7 按收入五等份分组的城镇居民人均购买主要商品数量（2021）
Per Capita Annual Purchases of Major Commodities of Urban Households by Level of Income (2021)

指 标	Item	全省平均 Average	低收入户（20%） Low Income Households	中间偏下户（20%） Lower Middle Income Households	中间收入户（20%） Middle Income Households	中间偏上户（20%） Upper Middle Income Households	高收入户（20%） High Income Households
鲜菜（千克）	Fresh Vegetables (kg)	110.9	88.2	110.6	115.7	118.2	131.8
食用植物油（千克）	Edible Vegetable Oil (kg)	10.2	9.5	11.0	10.7	10.0	10.0
猪肉（千克）	Pork (kg)	18.6	16.0	18.3	19.6	20.4	19.8
牛肉（千克）	Beef (kg)	2.7	1.5	2.2	3.7	3.1	3.3
羊肉（千克）	Mutton (kg)	2.6	1.4	1.9	3.5	3.2	3.2
禽类（千克）	Poultry (kg)	6.4	5.5	6.1	6.8	7.2	7.1
鲜蛋（千克）	Fresh Eggs (kg)	12.6	9.8	11.7	12.6	13.8	16.6
鱼（千克）	Fish (kg)	3.3	1.7	2.4	3.6	4.1	5.4
白酒（千克）	Liquor (kg)	1.9	0.9	2.3	1.9	2.1	2.5
啤酒（千克）	Beer (kg)	3.5	2.8	4.1	3.3	3.0	4.7
糕点（千克）	Cake (kg)	5.1	3.7	4.6	5.0	5.3	7.8
鲜奶（千克）	Fresh Milk (kg)	21.6	14.0	18.5	25.3	25.2	28.9
奶粉（千克）	Milk Powder (kg)	0.6	0.4	0.6	0.8	0.7	0.3
电（千瓦时）	Electricity (kWh)	558.0	392.1	469.5	600.6	698.4	716.4
灌装液化石油气（千克）	Liquefied Petroleum Gas (kg)	2.4	2.9	2.5	2.2	2.6	1.7
管道天然气（立方米）	Piped Natural Gas (cu.m)	83.1	17.8	48.6	114.6	119.9	148.6

6-8 城镇居民人均购买的主要商品数量
Per Capita Annual Purchases of Major Commodities in Urban Households

指 标	Item	2010	2015	2019	2020	2021
大米（千克）	Rice (kg)	21.7	20.6	14.5	15.7	17.7
面粉（千克）	Flour (kg)	37.6	36.6	21.8	26.5	30.2
食用植物油（千克）	Edible Vegetable Oil (kg)	10.3	11.7	8.8	8.9	10.2
猪肉（千克）	Pork (kg)	11.7	12.6	12.9	12.4	18.6
牛肉（千克）	Beef (kg)	2.3	2.7	2.7	2.7	2.7
羊肉（千克）	Mutton (kg)	1.5	3.1	2.4	2.3	2.6
禽类（千克）	Poultry (kg)	5.0	4.6	6.1	6.7	6.4
鲜蛋（千克）	Fresh Eggs (kg)	8.3	9.2	11.0	11.5	12.6
鱼（千克）	Fish (kg)	3.2	3.1	3.7	3.2	3.3
鲜菜（千克）	Fresh Vegetables (kg)	115.3	99.0	108.9	100.3	110.9
啤酒（千克）	Beer (kg)	3.1	3.3	3.2	4.3	3.5
鲜乳品（千克）	Fresh Dairy Products (kg)	19.8	16.6	21.8		
灌装液化石油气（千克）	Liquefied Petroleum Gas(kg)	8.2	8.1	2.8	2.4	2.4
管道天然气（立方米）	Piped Natural Gas (cu.m)	26.6	41.3	87.0	75.2	83.1
水（吨）	Water (ton)	22.3	34.3	26.0	29.5	32.5
电（千瓦小时）	Electricity (kWh)	410.9	559.7	488.2	490.0	558.0

6-9 城镇居民平均每百户年末主要耐用消费品拥有量
Main Durable Goods Owned Per 100 Urban Households Nationwide

指 标	Item	2010	2015	2019	2020	2021
摩托车（辆）	Motorcycle (unit)	7.8	20.1	10.9	17.5	9.6
家用汽车（辆）	Automobile (unit)	3.5	18.2	28.4	34.0	39.6
洗衣机（台）	Washing Machine (set)	98.1	99.0	101.3	101.9	100.4
电冰箱（柜）（台）	Refrigerator (set)	85.8	92.8	98.1	97.3	99.3
彩色电视机（台）	Color TV Set (set)	110.0	104.6	103.8	105.3	101.5
照相机（架）	Camera (set)	26.5	29.8	18.6	13.1	13.2
计算机（台）	Computer (set)	42.9	64.7	60.9	59.6	57.9
空调（台）	Air Conditioner (unit)	5.4	10.5	15.9	12.2	16.0
淋浴热水器（台）	Water Heater Shower (unit)	62.3	71.5	83.9	84.2	82.2
移动电话（部）	Mobile Telephone (unit)	159.6	224.5	243.2	266.4	246.3

6-10 各市（州）城镇居民人均可支配收入（2021）
Per Capita Annual Total Income of Urban Households by Region (2021)

单位：元 (yuan)

市（州）	Region	可支配收入 Disposable Income	工资性收入 Income from Wages and Salaries	经营净收入 Net Business Income	财产净收入 Net Income from Property	转移净收入 Net Income from Transfer
兰州市	Lanzhou	43244	24956	1513	4986	11789
嘉峪关市	Jiayuguan	47863	38689	1655	1221	6299
金昌市	Jinchang	45649	35416	3772	2234	4226
白银市	Baiyin	35586	24785	3483	1619	5699
天水市	Tianshui	32251	20902	3110	3123	5116
武威市	Wuwei	33791	26178	2068	1530	4015
张掖市	Zhangye	31091	22208	4286	1047	3550
平凉市	Pingliang	33398	23102	2023	1778	6495
酒泉市	Jiuquan	42794	29853	7414	2026	3502
庆阳市	Qingyang	36036	26400	4183	2519	2934
定西市	Dingxi	29711	22806	2146	1488	3271
陇南市	Longnan	28694	20935	2897	1809	3052
临夏州	Linxia	24901	15594	3386	1232	4690
甘南州	Gannan	29481	23123	4219	810	1329

6-11 各市（州）城镇居民人均消费支出（2021）
Per Capita Annual Consumption Expenditure of Urban Households by Region (2021)

市（州）	Region	消费支出 Consumption Expenditures	食品烟酒 Food, Tobacco and Liquor	衣着 Clothing	居住 Residence	生活用品及服务 Household Facilities, Articles and Services	交通通信 Transport and Communications	教育文化娱乐 Education, Culture and Recreation	医疗保健 Health Care and Medical Services	其他用品和服务 Miscellaneous Goods and Services	恩格尔系数(%) Engle's Coefficient (%)
兰州市	Lanzhou	28376	8773	1878	7593	1863	2900	2959	1830	580	30.9
嘉峪关市	Jiayuguan	33263	10604	2758	4858	2109	6314	3501	2189	930	31.9
金昌市	Jinchang	29966	8734	2966	4627	1933	4137	3921	2122	1526	29.1
白银市	Baiyin	21610	6578	2265	4457	1650	2286	2376	1655	343	30.4
天水市	Tianshui	17359	4741	1430	4530	1308	1694	1871	1402	383	27.3
武威市	Wuwei	25872	8055	2868	4847	1357	2856	3537	2015	337	31.1
张掖市	Zhangye	24296	7004	2233	4129	1383	3763	3109	2101	573	28.8
平凉市	Pingliang	20805	6278	1720	4957	1519	2253	1991	1645	441	30.2
酒泉市	Jiuquan	29261	8253	2338	5582	2025	4718	3196	2531	618	28.2
庆阳市	Qingyang	22792	6522	2414	5026	1507	2854	2082	1792	595	28.6
定西市	Dingxi	20208	5990	1787	4473	1387	2467	2209	1501	394	29.6
陇南市	Longnan	20143	6767	1849	3917	1446	1877	2315	1452	520	33.6
临夏州	Linxia	18238	5224	1869	3737	1505	1906	1867	1678	452	28.6
甘南州	Gannan	22575	8136	2480	4248	1665	2655	1576	1262	553	36.0

6-12 各地、县城镇居民人均可支配收入（2021）
Per Capita Disposable Income of Urban Households by Region & County (2021)

单位：元 (yuan)

地、县	Region & County	城镇居民人均可支配收入 Per Capita Disposable Income of Urban Households	工资性收入 Income from Wages and Salaries	经营净收入 Net Business Income	财产净收入 Net Income from Property	转移净收入 Net Income from Transfer
兰州市	**Lanzhou**	**43244**	**24956**	**1513**	**4986**	**11789**
城关区	Chengguan	48716	24724	586	8418	14988
七里河区	Qilihe	41557	28724	1318	2290	9225
西固区	Xigu	47865	22765	150	4293	20657
安宁区	Anning	43841	29354	266	3565	10655
红古区	Honggu	37137	26983	3099	710	6345
永登县	Yongdeng	28798	14444	6561	919	6873
皋兰县	Gaolan	27575	19585	3599	630	3762
榆中县	Yuzhong	29146	18439	5827	1737	3143
兰州新区	Lanzhou New Area	37451	26676	3038	4989	2748
嘉峪关市	**Jiayuguan**	**47863**	**38689**	**1655**	**1221**	**6299**
金昌市	**Jinchang**	**45649**	**35416**	**3772**	**2234**	**4226**
金川区	Jinchuan	50755	41761	2461	2022	4511
永昌县	Yongchang	35124	22340	6474	2672	3638
白银市	**Baiyin**	**35586**	**24785**	**3483**	**1619**	**5699**
白银区	Baiyin	43245	28298	3963	1876	9108
平川区	Pingchuan	41804	29271	5267	1264	6001
靖远县	Jingyuan	30477	21638	3079	2038	3722
会宁县	Huining	22341	18545	2215	1221	360
景泰县	Jingtai	31573	21986	2180	1460	5946
天水市	**Tianshui**	**32251**	**20902**	**3110**	**3123**	**5116**
秦州区	Qinzhou	35215	22954	2491	5419	4351
麦积区	Maiji	32671	19912	1089	4394	7276
清水县	Qingshui	30451	24013	1464	922	4051
秦安县	Qinan	31712	18920	3641	2722	6430
甘谷县	Gangu	31555	16665	5682	1730	7478
武山县	Wushan	30029	24250	3111	458	2210
张家川县	Zhangjiachuan	29723	18971	7087	2702	963
武威市	**Wuwei**	**33791**	**26178**	**2068**	**1530**	**4015**
凉州区	Liangzhou	35912	28360	1823	1638	4092
民勤县	Minqin	29074	21339	3818	1833	2083
古浪县	Gulang	27299	21598	2125	961	2616
天祝县	Tianzhu	29733	19741	2140	1065	6787
张掖市	**Zhangye**	**31091**	**22208**	**4286**	**1047**	**3550**

6-12 续表 1 continued

单位：元 (yuan)

地、县	Region & County	城镇居民人均可支配收入 Per Capita Disposable Income of Urban Households	工资性收入 Income from Wages and Salaries	经营净收入 Net Business Income	财产净收入 Net Income from Property	转移净收入 Net Income from Transfer
甘州区	Ganzhou	31763	23753	3018	958	4034
肃南县	Sunan	33531	27822	3301	1137	1271
民乐县	Minle	28532	17772	8281	1221	1258
临泽县	Linze	30249	19394	5564	1386	3906
高台县	Gaotai	30079	19628	5562	1321	3568
山丹县	Shandan	30961	22048	5110	770	3033
平凉市	**Pingliang**	**33398**	**23102**	**2023**	**1778**	**6495**
崆峒区	Kongtong	33440	17245	265	2486	13444
泾川县	Jingchuan	30328	21447	4148	1286	3447
灵台县	Lingtai	27435	21662	4659	767	347
崇信县	Chongxin	39879	35633	2711	1181	354
庄浪县	Zhuanglang	33263	30607	468	1665	523
静宁县	Jingning	30709	22361	5960	1046	1341
华亭市	Huating	39855	33045	882	1699	4229
酒泉市	**Jiuquan**	**42794**	**29853**	**7414**	**2026**	**3502**
肃州区	Suzhou	45817	32907	7289	2440	3182
金塔县	Jinta	40221	30238	5281	781	3921
瓜州县	Guazhou	37951	24514	10563	969	1906
肃北县	Subei	44721	36721	4635	923	2442
阿克塞县	Akesai	46199	39047	4022	988	2141
玉门市	Yumen	39536	24663	10184	2191	2498
敦煌市	Dunhuang	40350	25663	5313	2555	6819
庆阳市	**Qingyang**	**36036**	**26400**	**4183**	**2519**	**2934**
西峰区	Xifeng	38038	28093	2317	4460	3167
庆城县	Qingcheng	36147	27831	4624	1321	2371
环 县	Huanxian	35513	19767	9088	1323	5334
华池县	Huachi	36760	31503	3280	454	1523
合水县	Heshui	34430	25235	5297	815	3083
正宁县	Zhengning	34170	28832	3032	1719	586
宁 县	Ningxian	35793	26248	5634	1104	2805
镇原县	Zhenyuan	34546	24385	2605	4391	3165
定西市	**Dingxi**	**29711**	**22806**	**2146**	**1488**	**3271**
安定区	Anding	31250	21561	1940	1596	6153
通渭县	Tongwei	28027	26020	558	1345	103

6-12 续表 2 continued

单位：元 (yuan)

地、县	Region & County	城镇居民人均可支配收入 Per Capita Disposable Income of Urban Households	工资性收入 Income from Wages and Salaries	经营净收入 Net Business Income	财产净收入 Net Income from Property	转移净收入 Net Income from Transfer
陇西县	Longxi	28889	23009	2604	1913	1363
渭源县	Weiyuan	28661	26259	663	810	928
临洮县	Lintao	29695	21939	2326	1118	4313
漳　县	Zhangxian	28729	20321	3164	1315	3929
岷　县	Minxian	29121	22858	4052	1660	551
陇南市	**Longnan**	**28694**	**20935**	**2897**	**1809**	**3052**
武都区	Wudu	30627	23315	2548	2738	2026
成　县	Chengxian	28191	20777	1837	819	4758
文　县	Wenxian	26926	19267	3887	1878	1894
宕昌县	Tanchang	27591	22162	1552	1594	2282
康　县	Kangxian	27459	23537	1772	970	1181
西和县	Xihe	27796	16491	3780	1323	6202
礼　县	Lixian	26664	22397	955	1202	2110
徽　县	Huixian	27893	19235	4640	1301	2717
两当县	Liangdang	29481	20556	5162	1512	2251
临夏州	**Linxia**	**24901**	**15594**	**3386**	**1232**	**4690**
临夏市	Linxia	25663	14545	4214	1671	5232
临夏县	Linxia	24701	15958	6020	384	2338
康乐县	Kangle	24601	21293	658	1799	850
永靖县	Yongjing	24703	15991	1981	904	5828
广河县	Guanghe	23793	10225	4932	883	7753
和政县	Hezheng	24108	13940	5051	445	4672
东乡县	Dongxiang	23509	19241	1658	293	2317
积石山县	Jishishan	23976	17965	1683	297	4031
甘南州	**Gannan**	**29481**	**23123**	**4219**	**810**	**1329**
合作市	Hezuo	29471	24420	2981	1308	762
临潭县	Lintan	29128	21654	6665	411	399
卓尼县	Zhuoni	29455	25560	1451	480	1965
舟曲县	Zhouqu	29128	26449	1041	897	741
迭部县	Diebu	29128	21425	1348	1611	4744
玛曲县	Maqu	30746	30121	153	461	11
碌曲县	Luqu	30360	17682	10650	772	1257
夏河县	Xiahe	29538	18924	4956	1043	4614

6-13 各地、县城镇居民平均每人消费支出（2021）
Per Capita Consumption Expenditure of Urban Households by Region & County (2021)

单位：元 (yuan)

地、县	Region & County	消费支出 Consumption Expenditures	食品烟酒 Food, Tobacco and Liquor	衣着 Clothing	居住 Residence	生活用品及服务 Household Facilities, Articles and Services	交通通讯 Transport and Communications	教育文化娱乐 Education, Culture and Recreation	医疗保健 Health Care and Medical Services	其他用品和服务 Miscellaneous Goods and Services
兰州市	**Lanzhou**	**28376**	**8773**	**1878**	**7593**	**1863**	**2900**	**2959**	**1830**	**580**
城关区	Chengguan	30550	9645	1932	9186	1828	2329	2937	1932	760
七里河区	Qilihe	31355	9136	1988	6817	1838	4876	4126	2047	526
西固区	Xigu	32774	9760	2028	9841	2809	2699	3088	2029	521
安宁区	Anning	28620	9237	2034	8214	1323	3219	2589	1515	489
红古区	Honggu	30005	8679	1881	5560	5643	1951	4407	1561	322
永登县	Yongdeng	18601	6153	1670	3026	1318	2963	1944	1044	483
皋兰县	Gaolan	15168	5170	1272	2818	858	1942	1000	1667	441
榆中县	Yuzhong	17506	5590	1362	3494	1218	1703	2097	1700	343
兰州新区	Lanzhou New Area	12927	4635	967	2580	518	1898	1165	944	219
嘉峪关市	**Jiayuguan**	**33263**	**10604**	**2758**	**4858**	**2109**	**6314**	**3501**	**2189**	**930**
金昌市	**Jinchang**	**29966**	**8734**	**2966**	**4627**	**1933**	**4137**	**3921**	**2122**	**1526**
金川区	Jinchuan	33774	9896	3326	4821	2318	4942	4415	1986	2069
永昌县	Yongchang	22119	6340	2223	4226	1141	2478	2904	2401	407
白银市	**Baiyin**	**21610**	**6578**	**2265**	**4457**	**1650**	**2286**	**2376**	**1655**	**343**
白银区	Baiyin	27663	8447	3031	5681	2551	3147	2696	1709	400
平川区	Pingchuan	21677	6686	1949	4302	1407	2009	2399	2471	454
靖远县	Jingyuan	17509	4987	2384	3825	983	1317	2730	1121	162
会宁县	Huining	16116	5139	1288	3238	1147	1844	1681	1530	248
景泰县	Jingtai	17122	5053	1818	3710	884	1948	2080	1237	393
天水市	**Tianshui**	**17359**	**4741**	**1430**	**4530**	**1308**	**1694**	**1871**	**1402**	**383**
秦州区	Qinzhou	26813	6653	2298	8603	1759	2508	2457	1881	655
麦积区	Maiji	16830	4525	1084	3023	1312	2012	2134	2336	404
清水县	Qingshui	15160	4122	1371	3598	1641	1425	1721	1002	280
秦安县	Qinan	16351	4906	1304	4865	1116	1528	1412	891	329
甘谷县	Gangu	13820	4501	1207	3239	1025	1063	1871	561	352
武山县	Wushan	10914	3074	1051	2262	1075	1053	1325	958	116
张家川县	Zhangjiachuan	11763	3261	1123	3144	867	1134	1215	792	227
武威市	**Wuwei**	**25872**	**8055**	**2868**	**4847**	**1357**	**2856**	**3537**	**2015**	**337**
凉州区	Liangzhou	27620	8644	3076	5332	1244	3056	3912	2104	253
民勤县	Minqin	23790	6856	2836	3672	1116	3711	3705	1515	379
古浪县	Gulang	18230	5410	2205	3345	2133	1500	1591	1221	824
天祝县	Tianzhu	23274	7726	2087	4027	1579	2047	2728	2695	385
张掖市	**Zhangye**	**24296**	**7004**	**2233**	**4129**	**1383**	**3763**	**3109**	**2101**	**573**

6-13 续表 1 continued

单位：元 (yuan)

地、县	Region & County	消费支出 Consumption Expenditures	食品烟酒 Food, Tobacco and Liquor	衣着 Clothing	居住 Residence	生活用品及服务 Household Facilities, Articles and Services	交通通讯 Transport and Communications	教育文化娱乐 Education, Culture and Recreation	医疗保健 Health Care and Medical Services	其他用品和服务 Miscellaneous Goods and Services
甘州区	Ganzhou	23872	6862	2019	4155	1384	4033	2969	1885	564
肃南县	Sunan	34404	9918	2894	5597	2496	4613	5024	3025	836
民乐县	Minle	25023	7006	3304	4866	1411	3091	3408	1553	384
临泽县	Linze	21457	6450	1892	3418	1074	3668	2797	1719	440
高台县	Gaotai	24989	7325	2394	4152	1486	2607	3303	2948	774
山丹县	Shandan	25240	7149	2484	3887	1305	4035	3198	2597	584
平凉市	**Pingliang**	**20805**	**6278**	**1720**	**4957**	**1519**	**2253**	**1991**	**1645**	**441**
崆峒区	Kongtong	23366	7859	1651	6203	1793	2102	1712	1607	439
泾川县	Jingchuan	17173	4705	1745	3763	1509	1676	1509	1854	413
灵台县	Lingtai	16170	4318	985	2505	932	3347	1364	2186	534
崇信县	Chongxin	22423	6071	1919	4232	1454	3617	1992	2594	543
庄浪县	Zhuanglang	18949	4900	1837	4369	1319	2391	2805	1001	328
静宁县	Jingning	18936	4639	1640	4231	1329	2292	2889	1496	419
华亭市	Huating	22005	7022	2165	5143	1367	2129	2044	1621	513
酒泉市	**Jiuquan**	**29261**	**8253**	**2338**	**5582**	**2025**	**4718**	**3196**	**2531**	**618**
肃州区	Suzhou	32614	9081	2257	7415	2239	5656	3044	2331	591
金塔县	Jinta	26585	7189	2266	3639	1857	4519	3599	2722	793
瓜州县	Guazhou	22981	6801	2427	3097	1601	2864	3336	2475	380
肃北县	Subei	37557	10744	3853	4915	3722	5168	5671	2526	958
阿克塞县	Akesai	32057	9596	3421	5025	3067	4712	3497	2073	667
玉门市	Yumen	23909	7220	2271	3478	1576	4139	2645	1822	757
敦煌市	Dunhuang	27854	7753	2325	4731	1775	3487	3376	3833	576
庆阳市	**Qingyang**	**22792**	**6522**	**2414**	**5026**	**1507**	**2854**	**2082**	**1792**	**595**
西峰区	Xifeng	23983	6481	2482	6869	1505	2739	1954	1551	400
庆城县	Qingcheng	29400	8223	3144	5684	2012	4457	1957	2799	1124
环　县	Huanxian	23225	6893	2272	4436	2064	2954	1939	1742	926
华池县	Huachi	21431	6408	2893	3283	2033	2681	2207	1517	407
合水县	Heshui	19432	5606	1939	4054	1127	2182	2090	1802	632
正宁县	Zhengning	23438	7073	2610	4638	1079	2921	2832	1880	405
宁　县	Ningxian	18725	5812	2398	3138	939	2137	2303	1574	423
镇原县	Zhenyuan	20144	5660	1696	4805	1412	2564	1857	1604	545
定西市	**Dingxi**	**20208**	**5990**	**1787**	**4473**	**1387**	**2467**	**2209**	**1501**	**394**
安定区	Anding	19534	5791	1549	4788	1548	1568	2323	1495	471
通渭县	Tongwei	19689	5397	1584	4288	1144	2703	2453	1691	429

6-13 续表 2 continued

单位：元 (yuan)

地、县	Region & County	消费支出 Consumption Expenditures	食品烟酒 Food, Tobacco and Liquor	衣着 Clothing	居住 Residence	生活用品及服务 Household Facilities, Articles and Services	交通通讯 Transport and Communications	教育文化娱乐 Education, Culture and Recreation	医疗保健 Health Care and Medical Services	其他用品和服务 Miscellaneous Goods and Services
陇西县	Longxi	21165	6331	1544	5136	1225	3558	1888	1189	295
渭源县	Weiyuan	20716	6355	2538	4053	1310	2042	2333	1592	493
临洮县	Lintao	21319	6413	1800	3973	1189	3444	2456	1743	302
漳　县	Zhangxian	17852	5024	2209	3080	1512	2153	1801	1798	274
岷　县	Minxian	20900	6295	2160	4155	1561	2891	2074	1403	360
陇南市	**Longnan**	**20143**	**6767**	**1849**	**3917**	**1446**	**1877**	**2315**	**1452**	**520**
武都区	Wudu	24341	8023	2139	5234	1784	1853	3345	1360	603
成　县	Chengxian	20210	6588	1683	2662	1566	2760	1810	2521	619
文　县	Wenxian	16115	5553	1437	3144	883	1590	1940	904	665
宕昌县	Tanchang	16135	4942	1625	4006	1296	1412	1468	1114	272
康　县	Kangxian	20851	6704	1899	4045	1335	2249	2343	1770	505
西和县	Xihe	15441	5602	1733	2744	1036	1318	1478	1176	355
礼　县	Lixian	18879	6858	1777	3871	1517	1556	1479	1392	430
徽　县	Huixian	20060	6965	1699	2838	1462	2815	2241	1650	392
两当县	Liangdang	21394	6785	1952	4666	1900	2036	1592	1962	501
临夏州	**Linxia**	**18238**	**5224**	**1869**	**3737**	**1505**	**1906**	**1867**	**1678**	**452**
临夏市	Linxia	20588	5833	2171	4335	1411	2144	2240	1924	529
临夏县	Linxia	13104	4400	1585	3131	1297	1147	700	619	225
康乐县	Kangle	18102	5082	1909	3933	2329	2061	1248	1210	331
永靖县	Yongjing	15333	4887	1287	3312	1027	1420	1595	1481	323
广河县	Guanghe	12097	3065	1298	2745	1346	1797	415	1160	272
和政县	Hezheng	21199	6140	2279	3730	3955	2528	1156	1285	125
东乡县	Dongxiang	17289	4928	1694	2740	1566	1399	2474	1978	510
积石山县	Jishishan	19192	5307	1851	3101	1962	2571	2169	1429	802
甘南州	**Gannan**	**22575**	**8136**	**2480**	**4248**	**1665**	**2655**	**1576**	**1262**	**553**
合作市	Hezuo	28848	9730	3798	6515	2021	2945	2057	1209	575
临潭县	Lintan	15841	5646	1458	3227	1271	1938	1142	841	319
卓尼县	Zhuoni	25273	10226	2802	3902	1475	2555	1473	2031	809
舟曲县	Zhouqu	20412	7204	2228	3661	1971	2616	1308	905	519
迭部县	Diebu	24547	8425	2678	4586	1942	2040	2471	1443	962
玛曲县	Maqu	22703	7358	2991	3942	2608	2195	1790	883	937
碌曲县	Luqu	27361	10168	2620	3523	1703	4629	2228	1888	602
夏河县	Xiahe	16931	6264	1403	4272	1078	1865	777	971	300

6-14 农村居民家庭生活基本情况
Basic Conditions of Rural Households

年 份 Year	每个农村劳动力负担人数（人） Average Number of Dependents per Labour Force (person)	农村居民人均可支配收入（元） Per Capita Disposable Income of Rural Households (yuan)	农村居民人均消费支出（元） Per Capita Consumption Expenditure of Rural Households (yuan)	#食品烟酒 Food, Tobacco and Liquor	恩格尔系数（%） Engle's Coefficient (%)	人均居住面积（平方米） Per Capita Living Space (sq.m)
1978	2.42	101	88	66	74.82	
1979	2.36	112	97	70	72.08	
1980	2.32	153	126	81	64.80	13.87
1981	2.25	159	135	93	68.76	12.75
1982	2.14	174	141	96	67.81	13.53
1983	1.95	213	163	104	63.70	12.95
1984	1.91	221	178	113	63.35	12.96
1985	1.75	257	205	124	60.37	13.24
1986	1.73	283	233	138	59.21	13.44
1987	1.73	303	253	144	57.12	13.93
1988	1.70	345	277	152	54.96	14.32
1989	1.69	376	296	164	55.27	14.67
1990	1.67	431	339	205	60.49	11.88
1991	1.68	446	403	238	59.05	12.85
1992	1.69	489	420	248	59.04	13.13
1993	1.67	551	538	297	55.27	13.77
1994	1.57	724	674	444	65.85	14.54
1995	1.66	880	915	649	70.94	15.64
1996	1.63	1101	986	669	67.86	14.15
1997	1.67	1210	976	561	57.50	14.56
1998	1.65	1403	949	563	59.27	16.47
1999	1.65	1433	899	507	56.37	18.22
2000	1.72	1458	1121	536	47.78	18.00
2001	1.69	1550	1179	533	45.16	17.58
2002	1.69	1645	1220	547	44.85	17.58
2003	1.66	1742	1432	606	42.30	17.60
2004	1.64	1942	1587	732	46.14	17.88
2005	1.67	2091	1999	898	44.92	18.71
2006	1.64	2269	2061	915	44.41	19.12
2007	1.60	2493	2267	1010	44.54	19.46
2008	1.59	2938	2733	1223	44.77	19.87
2009	1.57	3237	3188	1240	38.88	20.55
2010	1.56	3747	3430	1443	42.07	20.96
2011	1.54	4278	4273	1695	39.66	23.65
2012	1.54	4931	4834	1795	37.13	24.08
2013	1.59	5589	5654	1949	34.47	24.66
2014	1.60	6277	6148	2146	34.91	28.60
2015	1.60	6936	6830	2244	32.86	29.30
2016	1.59	7457	7487	2343	31.29	30.36
2017	1.59	8076	8030	2438	30.36	31.44
2018	1.67	8804	9065	2695	29.73	31.80
2019	1.62	9629	9694	2827	29.20	31.30
2020	1.58	10344	9923	3065	30.89	31.92
2021	1.59	11433	11206	3467	30.94	32.06

6-15 农村居民家庭基本情况
Basic Conditions of Rural Households

指 标	Item	2015	2019	2020	2021
调查户数（户）	**Number of Households Surveyed (household)**	**2500**	**2350**	**2350**	**2350**
平均每户常住人口（人）	Average Number of Permanent Residents per Household (person)	4.50	3.78	3.77	3.59
平均每户整半劳动力（人）	Average Number of Full/Semi Labor Force per Household (person)	2.50	2.34	2.38	2.26
平均每个劳动力负担人口（含本人）（人）	Average Number of Dependents per Labour Force (including the laborer himself or herself) (person)	1.60	1.62	1.58	1.59
人均可支配收入（元）	**Per Capita Disposable Income**	**6936**	**9629**	**10344**	**11433**
工资性收入	Income from Wages and Salaries	1975	2769	2986	3337
经营净收入	Net Business Income	3025	4322	4650	5124
财产净收入	Net Income from Property	128	130	135	150
转移净收入	Net Income from Transfer	1808	2408	2573	2822
人均消费支出（元）	**Per Capita Annual Consumption Expenditure(yuan)**	**6830**	**9694**	**9923**	**11206**

6-16 农村居民人均可支配收入及构成
Per Capita Disposable Income of Rural Households and Its Composition

指 标	Item	2015	2019	2020	2021
农村居民人均可支配收入（元）	**Per Capita Disposable Income of Rural Households(yuan)**	**6936**	**9629**	**10344**	**11433**
工资性收入	Income from Wages and Salaries	1975	2769	2986	3337
经营净收入	Net Business Income	3025	4322	4650	5124
第一产业经营净收入	Net Income from Primary Industry	2509	3381	3734	4126
#农业收入	Farming	2003	2581	2891	2985
牧业收入	Animal Husbandry	503	746	807	931
第二产业经营净收入	Net Income from Secondary Industry	36	77	75	80
第三产业经营净收入	Net Income from Tertiary Industry	480	863	842	919
财产净收入	Net Income from Property	128	130	135	150
转移净收入	Net Income from Transfer	1808	2408	2573	2822
构成（农村居民人均可支配收入 =100）	**Composition (Per Capita Disposable Income of Rural Households = 100)**				
工资性收入	Income from Wages and Salaries	28.47	28.76	28.87	29.19
经营净收入	Net Income from Household Operations	43.62	44.89	44.96	44.82
财产净收入	Net Income from Property	1.84	1.34	1.31	1.31
转移净收入	Net Income from Transfer	26.07	25.01	24.87	24.68

6-17 农村住户总支出及构成

Total Expenditure of Rural Households and Its Composition

指 标	Item	2015	2019	2020	2021
总支出（元）	**Total Expenditure(yuan)**	**11761**	**16224**	**16009**	**18080**
消费支出	Consumption Expenditure	6830	9694	9923	11206
生产经营费用支出	Production Operations Fee Expenditure	2186	3037	2971	2864
第一产业经营费用支出	Primary Industry	1970	2228	2252	2298
第二产业经营费用支出	Secondary Industry	16	53	47	65
第三产业经营费用支出	Tertiary Industry	199	756	673	501
财产性支出	Property Expenditure	21	28	15	26
转移性支出	Transfer Expenditure	198	347	439	589
部分商业保险支出	Expenditure of Part of Commercial Insurance	47	51	52	86
购置资产及非经常性转移支出	Purchase of Assets and Transfer of Non-recurring Expenditure	1912	2328	1912	2347
购置资产支出	Purchase of Assets Expenditure	939	1143	864	792
非经常性转移支出	Purchase of Transfer of Non-recurring Expenditure	973	1185	1048	1555
借贷性支出	Debit and Credit Expenditure	567	740	696	962
存入储蓄款	Deposit Money in Bank	186	27	5	13
借出款	Lending Money	21	26	35	35
归还借款	Returning Loans	242	333	285	293
购买有价证券	Purchase Marketable Securities				
其他投资支出	Other Investment Expenditures		20	2	1
归还住房贷款	Return the Housing Loans	13	57	102	166
归还汽车贷款	Return the Car Loans	1	33	16	75
归还教育贷款	Return the Education Loans	6	19	29	15
归还其他贷款	Return the Other Loans	91	215	215	331
其他借贷支出	Other Debit and Credit Expenditure	6	10	7	32
总支出构成（%）	**Composition of Total Expenditure(%)**	**100.00**	**100.00**	**100.00**	**100.00**
消费支出	Consumption Expenditure	58.07	59.75	61.99	61.98
生产经营费用支出	Production Operations Fee Expenditure	18.59	18.71	18.56	15.84
财产性支出	Property Expenditure	0.18	0.17	0.09	0.15
转移性支出	Transfer Expenditure	1.68	2.14	2.74	3.26
部分商业保险支出	Expenditure of Part of Commercial Insurance	0.40	0.32	0.32	0.48
购置资产及非经常性转移支出	Purchase of Assets and Transfer of Non-recurring Expenditure	16.26	14.35	11.94	12.98
借贷性支出	Debit and Credit Expenditure	4.82	4.56	4.35	5.32

6-18 农村居民人均消费支出
Per Capita Living Expenditure of Rural Households

单位：元 (yuan)

指　标	Item	2015	2019	2020	2021
消费支出	**Consumption Expenditure**	**6830**	**9694**	**9923**	**11206**
食品烟酒	Food,Tobacco and Liquor	2244	2827	3065	3467
衣着	Clothing	466	552	608	674
居住	Residence	1221	1867	1906	2180
生活用品及服务	Household Facilities,Articles and Services	445	578	589	631
交通通信	Transport and Communication	812	1196	1234	1402
教育文化娱乐	Education,Cultural and Recreation	854	1330	1211	1293
医疗保健	Health Care and Medical Services	670	1183	1140	1362
其他用品及服务	Other Commodities and Services	118	161	169	197

6-19 农村居民家庭平均每人消费支出构成
Composition of Per Capita Living Expenditure of Rural Households

单位：% (%)

指　标	Item	2015	2019	2020	2021
消费支出	**Consumption Expenditure**	**100.00**	**100.00**	**100.00**	**100.00**
食品烟酒	Food,Tobacco and Liquor	32.86	29.20	30.89	30.94
衣着	Clothing	6.83	5.70	6.13	6.02
居住	Residence	17.88	19.30	19.21	19.46
生活用品及服务	Household Facilities,Articles and Services	6.52	6.00	5.93	5.63
交通通信	Transport and Communications	11.88	12.30	12.44	12.51
教育文化娱乐	Education,Cultural and Recreation	12.50	13.70	12.21	11.54
医疗保健	Health Care and Medical Services	9.80	12.20	11.49	12.16
其他用品及服务	Other Goods and Services	1.73	1.60	1.70	1.76

6-20 按收入五等份分组的农村居民人均可支配收入及构成（2021）
Per Capita Disposable Income of Rural Households and Its Composition by Level of Income (2021)

指 标	Item	全省平均 Average	低收入户（20%）Low Income Households	中间偏下户（20%）Lower Middle Income Households	中间收入户（20%）Middle Income Households	中间偏上户（20%）Upper Middle Income Households	高收入户（20%）High Income Households
人均可支配收入（元）	**Per Capita Annual Net Income (yuan)**	**11433**	**3602**	**7069**	**9680**	**13801**	**28548**
工资性收入	Income from Wages and Salaries	3337	1654	2471	3194	4334	6006
经营净收入	Net Business Income	5124	352	2099	3514	5645	17924
财产净收入	Net Income from Property	150	70	121	158	152	293
转移净收入	Net Income from Transfer	2822	1525	2379	2814	3670	4326
人均可支配收入构成(%)	**Per Composition of Disposable Income(%)**	**100.00**	**100.00**	**100.00**	**100.00**	**100.00**	**100.00**
工资性收入	Income from Wages and Salaries	29.19	45.93	34.95	33.00	31.41	21.04
经营净收入	Net Business Income	44.82	9.77	29.69	36.30	40.90	62.79
财产净收入	Net Income from Property	1.31	1.96	1.71	1.63	1.10	1.03
转移净收入	Net Income from Transfer	24.68	42.34	33.66	29.07	26.59	15.15

6-21 按收入五等份分组的农村居民家庭平均每人消费支出（2021）
Per Capita Consumption Expenditure of Rural Households by Income Quintile (2021)

单位：元 (yuan)

指 标	Item	全省平均 Average	低收入户（20%）Low Income Households	中间偏下户（20%）Lower Middle Income Households	中间收入户（20%）Middle Income Households	中间偏上户（20%）Upper Middle Income Households	高收入户（20%）High Income Households
消费支出	**Consumption Expenditure**	**11206**	**9525**	**9214**	**10591**	**12290**	**15988**
食品烟酒	Food,Tobacco and Liquor	3467	2920	2894	3376	3751	4855
衣着	Clothing	674	621	591	686	694	829
居住	Residence	2180	1903	1782	2165	2243	3094
生活用品及服务	Household Facilities,Articles and Services	631	601	549	593	650	818
交通通信	Transport and Communications	1402	1170	1092	1186	1525	2318
教育文化娱乐	Education, Cultural and Recreation	1293	1078	1264	1278	1421	1511
医疗保健	Health Care and Medical Services	1362	1077	922	1101	1825	2189
其他商品及服务	Other Goods and Services	197	156	120	206	182	373

6-22 农村居民人均主要消费品消费量
Per Capita Consumption of Major Consumer Goods by Rural Households

单位：千克 (kg)

指　标	Item	2010	2015	2019	2020	2021
粮食（原粮）	Grain (Unprocessed)	229.03	181.34	171.28	176.70	178.63
#豆类及豆制品	Beans and Bean Products	5.15	4.31	5.22	6.38	6.29
蔬菜	Vegetables	43.14	55.37	60.42	64.10	73.07
食油	Edible Oil	4.13	8.47	8.02	9.95	10.60
肉类	Products of Meat			17.70	14.83	18.94
#猪肉	Pork	12.30	12.46	14.08	11.40	15.34
牛肉	Beef	0.35	0.61	0.58	0.85	0.83
羊肉	Mutton	0.80	1.98	2.03	1.50	1.24
家禽	Poultry	1.29	3.53	5.16	5.81	6.34
蛋及蛋制品	Eggs and Processed Products	2.58	6.40	5.66	7.28	8.38
奶和奶制品	Milk and Processed Products	2.72	6.51	5.88	6.90	8.26
水产品	Aquatic Products	0.30	0.75	1.27	1.10	1.27
瓜果	Melons and Fruits	16.39	35.13	37.50	40.31	40.87
食糖	Sugar	0.97	1.73	1.97	1.94	1.99
酒	Liquor	7.28	9.82	8.13	5.99	6.71

6-23 农村居民家庭平均每百户年底耐用消费品拥有量
Number of Durable Consumer Goods Owned Per 100 Rural Households at Year-end

指　标	Item	2015	2019	2020	2021
家用汽车（辆）	Automobile (unit)	10.0	21.6	24.6	27.9
摩托车（台）	Motorcycle (set)	88.6	63.8	58.4	51.2
电冰箱（台）	Refrigerator(set)	55.3	84.0	86.2	87.5
洗衣机（台）	Washing Machine(set)	86.0	93.3	98.0	97.9
热水器（台）	Water Heater(set)	20.3	34.5	41.1	38.1
空调（台）	Air Conditioner(set)	0.7	2.3	2.2	3.3
彩色电视机（台）	Color Tv Set(set)	109.0	109.2	111.4	109.6
照相机（架）	Camera (set)	2.5	1.8	1.8	1.6
家用计算机（台）	Computer(set)	14.2	17.9	22.5	21.0
中高档乐器（件）	Medium and High Grades Musical Instruments(unit)	0.5	0.9	0.9	0.7
移动电话（部）	Mobile Telephone(set)	244.6	302.5	309.9	303.4

6-24 各市（州）农村居民人均可支配收入（2021）
Per Capita Annual Total Income of Rural Households by Region (2021)

单位：元 (yuan)

市（州）	Region	可支配收入 Disposable Income	工资性收入 Income from Wages and Salaries	经营净收入 Net Business Income	财产净收入 Net Income from Property	转移净收入 Net Income from Transfer
兰州市	Lanzhou	16191	8531	4954	348	2356
嘉峪关市	Jiayuguan	24726	12588	10707	1239	193
金昌市	Jinchang	18500	6248	9371	1559	1322
白银市	Baiyin	11878	4682	5791	116	1289
天水市	Tianshui	10034	3144	2988	155	3747
武威市	Wuwei	14859	4254	8587	209	1808
张掖市	Zhangye	17670	6514	9165	436	1555
平凉市	Pingliang	10800	3593	3857	84	3266
酒泉市	Jiuquan	21923	6686	13395	193	1649
庆阳市	Qingyang	11538	3974	4485	228	2851
定西市	Dingxi	9798	2777	4504	206	2312
陇南市	Longnan	9314	3844	2731	91	2648
临夏州	Linxia	9006	2818	3668	140	2380
甘南州	Gannan	10142	4446	4245	105	1346

6-25 各市（州）农村居民人均消费支出（2021）
Per Capita Annual Consumption Expenditure of Rural Households by Region (2021)

单位：元 (yuan)

市（州）	Region	消费支出 Consumption Expenditures	食品烟酒 Food, Tobacco and Liquor	衣着 Clothing	居住 Residence	生活用品及服务 Household Facilities, Articles and Services	交通通信 Transport and Communications	教育文化娱乐 Education, Culture and Recreation	医疗保健 Health Care and Medical Services	其他用品和服务 Miscellaneous Goods and Services	恩格尔系数（%） Engle's Coefficient (%)
兰州市	Lanzhou	12600	4138	753	2550	581	1627	1563	1127	261	32.8
嘉峪关市	Jiayuguan	18136	5380	1345	2940	772	3378	2759	1228	334	29.7
金昌市	Jinchang	13458	4124	865	2117	621	2076	1885	1467	303	30.6
白银市	Baiyin	8990	2868	510	1918	419	1167	1083	860	165	31.9
天水市	Tianshui	11035	3347	656	2406	790	1238	1263	1142	195	30.3
武威市	Wuwei	12336	4021	742	2079	542	1725	1981	1081	163	32.6
张掖市	Zhangye	15861	4644	1001	2891	712	2271	2104	1948	290	29.3
平凉市	Pingliang	10063	2817	565	2078	572	1352	1071	1394	214	28.0
酒泉市	Jiuquan	15780	4550	883	3476	708	2399	1775	1708	281	28.8
庆阳市	Qingyang	9912	3172	669	1974	569	1303	1060	1003	162	32.0
定西市	Dingxi	9773	3288	543	1925	561	1184	1077	1064	131	33.6
陇南市	Longnan	10849	3765	831	2105	698	1293	930	1070	158	34.7
临夏州	Linxia	8002	2501	646	1850	745	808	421	932	100	31.3
甘南州	Gannan	8194	3407	617	1982	487	855	391	295	159	41.6

6-26 各地、县农村居民人均可支配收入(2021)
Per Capita Disposable Income of Rural Households by Region & County (2021)

单位：元 (yuan)

地、县	Region & County	农村居民人均可支配收入 Per Capita Disposable Income of Rural Households	工资性收入 Income from Wages and Salaries	经营净收入 Net Business Income	财产净收入 Net Income from Property	转移净收入 Net Income from Transfer
兰州市	**Lanzhou**	**16191**	**8531**	**4954**	**348**	**2356**
城关区	Chengguan	31930	16152	488	9054	6236
七里河区	Qilihe	24267	11671	9829	202	2564
西固区	Xigu	24084	14434	5463	477	3710
安宁区	Anning					
红古区	Honggu	25071	9588	11092	284	4107
永登县	Yongdeng	13950	5287	5139	28	3496
皋兰县	Gaolan	14092	7728	5426	60	878
榆中县	Yuzhong	13764	6806	5013	73	1872
兰州新区	Lanzhou New Area	14424	12499	272	311	1342
嘉峪关市	**Jiayuguan**	**24726**	**12588**	**10707**	**1239**	**193**
金昌市	**Jinchang**	**18500**	**6248**	**9371**	**1559**	**1322**
金川区	Jinchuan	23016	8129	10896	3476	515
永昌县	Yongchang	17203	5708	8932	1009	1554
白银市	**Baiyin**	**11878**	**4682**	**5791**	**116**	**1289**
白银区	Baiyin	18762	4290	14103	190	180
平川区	Pingchuan	12792	5613	5425	69	1686
靖远县	Jingyuan	12531	4335	7151	148	896
会宁县	Huining	9807	4668	3609	109	1420
景泰县	Jingtai	14079	5178	6868	60	1973
天水市	**Tianshui**	**10034**	**3144**	**2988**	**155**	**3747**
秦州区	Qinzhou	11601	3936	3724	531	3410
麦积区	Maiji	10075	3986	2848	449	2793
清水县	Qingshui	9110	3107	1207	37	4759
秦安县	Qinan	10216	2651	4183	52	3331
甘谷县	Gangu	10034	3023	3454	107	3450
武山县	Wushan	10476	3544	2538	89	4306
张家川县	Zhangjiachuan	9059	2330	2356	13	4360
武威市	**Wuwei**	**14859**	**4254**	**8587**	**209**	**1808**
凉州区	Liangzhou	18137	5325	10044	315	2453
民勤县	Minqin	17059	3178	12183	95	1602
古浪县	Gulang	8965	3306	4762	134	763
天祝县	Tianzhu	9763	3243	4766	70	1685
张掖市	**Zhangye**	**17670**	**6514**	**9165**	**436**	**1555**

6-26 续表 1 continued

单位：元 (yuan)

地、县	Region & County	农村居民人均可支配收入 Per Capita Disposable Income of Rural Households	工资性收入 Income from Wages and Salaries	经营净收入 Net Business Income	财产净收入 Net Income from Property	转移净收入 Net Income from Transfer
甘州区	Ganzhou	18609	7573	8670	393	1975
肃南县	Sunan	21783	1780	15793	167	4044
民乐县	Minle	15186	5266	7556	855	1509
临泽县	Linze	18880	4221	13503	80	1076
高台县	Gaotai	17870	8191	8399	312	969
山丹县	Shandan	17007	7210	8636	341	820
平凉市	**Pingliang**	**10800**	**3593**	**3857**	**84**	**3266**
崆峒区	Kongtong	13359	5515	4233	35	3577
泾川县	Jingchuan	12541	3106	4762	36	4636
灵台县	Lingtai	10758	5499	2881	113	2265
崇信县	Chongxin	10380	5679	1763	207	2730
庄浪县	Zhuanglang	8778	2111	3372	168	3128
静宁县	Jingning	9858	1927	4865	2	3064
华亭市	Huating	11480	6815	2019	167	2480
酒泉市	**Jiuquan**	**21923**	**6686**	**13395**	**193**	**1649**
肃州区	Suzhou	21617	5887	14166	204	1360
金塔县	Jinta	22192	8215	12274	180	1523
瓜州县	Guazhou	21372	3692	15101	30	2549
肃北县	Subei	31690	3389	10927	149	17225
阿克塞县	Akesai	34229	6988	18057	272	8912
玉门市	Yumen	21942	5874	14608	65	1395
敦煌市	Dunhuang	22112	10668	10311	461	672
庆阳市	**Qingyang**	**11538**	**3974**	**4485**	**228**	**2851**
西峰区	Xifeng	12905	6225	4374	917	1389
庆城县	Qingcheng	11140	4759	3968	212	2201
环　县	Huanxian	11136	3466	4722	281	2667
华池县	Huachi	11119	5077	4268	74	1699
合水县	Heshui	11402	4120	5172	50	2059
正宁县	Zhengning	12455	3372	6257	261	2565
宁　县	Ningxian	11509	2914	4209	64	4322
镇原县	Zhenyuan	11205	3747	4033	105	3319
定西市	**Dingxi**	**9798**	**2777**	**4504**	**206**	**2312**
安定区	Anding	10209	2642	4243	204	3119
通渭县	Tongwei	8850	1856	3637	98	3259

6-26 续表 2 continued

单位：元 (yuan)

地、县	Region & County	农村居民人均可支配收入 Per Capita Disposable Income of Rural Households	工资性收入 Income from Wages and Salaries	经营净收入 Net Business Income	财产净收入 Net Income from Property	转移净收入 Net Income from Transfer
陇西县	Longxi	10837	4843	3841	146	2008
渭源县	Weiyuan	9750	1525	5348	483	2394
临洮县	Lintao	10324	2483	5941	63	1837
漳 县	Zhangxian	9220	2710	3308	102	3100
岷 县	Minxian	9224	2980	4611	311	1323
陇南市	**Longnan**	**9314**	**3844**	**2731**	**91**	**2648**
武都区	Wudu	9803	4108	3324	42	2330
成 县	Chengxian	11202	6827	2562	60	1753
文 县	Wenxian	8570	3288	2896	86	2300
宕昌县	Tanchang	8583	4328	2964	205	1086
康 县	Kangxian	8671	3133	2305	97	3136
西和县	Xihe	8736	2496	2156	17	4066
礼 县	Lixian	8709	2468	2364	120	3757
徽 县	Huixian	11264	6490	3058	84	1632
两当县	Liangdang	8554	2283	4135	189	1948
临夏州	**Linxia**	**9006**	**2818**	**3668**	**140**	**2380**
临夏市	Linxia	17759	9053	5693	923	2091
临夏县	Linxia	9503	3729	3747	174	1854
康乐县	Kangle	9200	1479	4647	145	2929
永靖县	Yongjing	8932	2999	3701	78	2154
广河县	Guanghe	9903	2742	4004	58	3099
和政县	Hezheng	8537	3049	3081	141	2267
东乡县	Dongxiang	7126	1629	3336	39	2122
积石山县	Jishishan	7634	2235	2572	88	2739
甘南州	**Gannan**	**10142**	**4446**	**4245**	**105**	**1346**
合作市	Hezuo	10312	6533	3129	7	643
临潭县	Lintan	9704	5363	2704	16	1621
卓尼县	Zhuoni	10008	2692	6881	33	402
舟曲县	Zhouqu	9825	6443	2230	31	1120
迭部县	Diebu	9666	4282	4113	103	1168
玛曲县	Maqu	12138	89	8707	32	3310
碌曲县	Luqu	11976	1579	7317	726	2354
夏河县	Xiahe	10207	2770	5360	432	1645

6-27 各地、县农村居民平均每人消费支出（2021）
Per Capita Consumption Expenditure of Rural Households by Region & County (2021)

单位：元 (yuan)

地、县	Region & County	消费支出 Consumption Expenditures	食品烟酒 Food, Tobacco and Liquor	衣着 Clothing	居住 Residence	生活用品及服务 Household Facilities, Articles and Services	交通通讯 Transport and Communications	教育文化娱乐 Education, Culture and Recreation	医疗保健 Health Care and Medical Services	其他用品和服务 Miscellaneous Goods and Services
兰州市	**Lanzhou**	**12600**	**4138**	**753**	**2550**	**581**	**1627**	**1563**	**1127**	**261**
城关区	Chengguan	24558	6325	1199	9003	679	2289	2399	2365	299
七里河区	Qilihe	16166	5752	906	2832	802	1891	2081	961	940
西固区	Xigu	24082	6298	1457	9030	1159	1701	2453	1300	685
安宁区	Anning									
红古区	Honggu	14791	5627	786	2841	1021	1457	1382	1325	352
永登县	Yongdeng	11791	3781	776	1947	492	2304	1397	906	188
皋兰县	Gaolan	8941	2863	631	2064	410	912	962	929	170
榆中县	Yuzhong	10674	3462	550	1852	520	1229	1676	1268	117
兰州新区	Lanzhou New Area	12927	4635	967	2580	518	1898	1165	944	219
嘉峪关市	**Jiayuguan**	**18136**	**5380**	**1345**	**2940**	**772**	**3378**	**2759**	**1228**	**334**
金昌市	**Jinchang**	**13458**	**4124**	**865**	**2117**	**621**	**2076**	**1885**	**1467**	**303**
金川区	Jinchuan	17558	4661	1015	2739	637	3533	2287	2098	589
永昌县	Yongchang	12281	3970	821	1939	617	1658	1770	1285	222
白银市	**Baiyin**	**8990**	**2868**	**510**	**1918**	**419**	**1167**	**1083**	**860**	**165**
白银区	Baiyin	10966	3519	592	2533	610	1026	1353	841	492
平川区	Pingchuan	10758	3559	589	2612	625	1007	999	1316	52
靖远县	Jingyuan	9740	2819	614	2266	461	1498	991	857	235
会宁县	Huining	7752	2684	335	1609	316	865	1036	812	94
景泰县	Jingtai	9537	2965	758	1492	474	1496	1402	777	173
天水市	**Tianshui**	**11035**	**3347**	**656**	**2406**	**790**	**1238**	**1263**	**1142**	**195**
秦州区	Qinzhou	11535	3061	897	2532	724	1299	1464	1385	173
麦积区	Maiji	13590	3675	710	2665	814	2309	1667	1586	163
清水县	Qingshui	10469	3009	702	2263	994	1054	900	1324	221
秦安县	Qinan	9958	3030	416	2183	800	989	1580	808	152
甘谷县	Gangu	11044	4088	631	2229	814	982	1138	948	214
武山县	Wushan	10402	2984	749	1927	650	1283	1699	912	198
张家川县	Zhangjiachuan	10944	3112	644	3234	712	1138	503	1370	230
武威市	**Wuwei**	**12336**	**4021**	**742**	**2079**	**542**	**1725**	**1981**	**1081**	**163**
凉州区	Liangzhou	14086	4902	800	2267	458	1883	2385	1300	91
民勤县	Minqin	15549	4629	901	1712	821	2747	2730	1500	507
古浪县	Gulang	7897	2244	592	2263	562	881	797	500	58
天祝县	Tianzhu	9380	3150	556	1272	409	1318	1726	753	195
张掖市	**Zhangye**	**15861**	**4644**	**1001**	**2891**	**712**	**2271**	**2104**	**1948**	**290**

6-27 续表 1 continued

单位：元 (yuan)

地、县	Region & County	消费支出 Consumption Expenditures	食品烟酒 Food, Tobacco and Liquor	衣着 Clothing	居住 Residence	生活用品及服务 Household Facilities, Articles and Services	交通通讯 Transport and Communications	教育文化娱乐 Education, Culture and Recreation	医疗保健 Health Care and Medical Services	其他用品和服务 Miscellaneous Goods and Services
甘州区	Ganzhou	15862	4576	871	3264	693	2123	1639	2412	284
肃南县	Sunan	22528	6767	1615	3850	1125	3756	3158	1905	351
民乐县	Minle	15664	4477	1055	2819	663	2373	2321	1671	284
临泽县	Linze	15587	4658	891	2569	634	2463	2045	1961	367
高台县	Gaotai	16629	5236	1165	2624	1021	1998	2802	1458	326
山丹县	Shandan	14291	4129	1088	2264	561	2250	2263	1531	206
平凉市	**Pingliang**	**10063**	**2817**	**565**	**2078**	**572**	**1352**	**1071**	**1394**	**214**
崆峒区	Kongtong	10273	3407	546	1977	544	1159	1188	1356	96
泾川县	Jingchuan	10268	2781	648	2320	654	1175	994	1558	138
灵台县	Lingtai	7544	2401	360	1919	336	814	260	1384	70
崇信县	Chongxin	9710	2900	743	2103	530	1212	864	1244	113
庄浪县	Zhuanglang	9794	2608	603	1899	598	1201	1347	1070	469
静宁县	Jingning	11053	2833	519	2117	641	2016	1166	1590	172
华亭市	Huating	10911	2758	648	2532	513	1403	1107	1719	230
酒泉市	**Jiuquan**	**15780**	**4550**	**883**	**3476**	**708**	**2399**	**1775**	**1708**	**281**
肃州区	Suzhou	18638	5179	818	5185	780	2517	1710	2157	292
金塔县	Jinta	14394	4661	1043	1839	598	2751	1573	1566	362
瓜州县	Guazhou	12579	3828	610	2344	724	2147	1350	1408	168
肃北县	Subei	26782	7293	1674	3765	2319	4167	5043	836	1685
阿克塞县	Akesai	27035	8701	2006	6207	1455	3405	3077	1751	434
玉门市	Yumen	13101	3882	789	2942	567	1825	1575	1340	180
敦煌市	Dunhuang	16643	4363	1153	3485	684	2444	2534	1665	316
庆阳市	**Qingyang**	**9912**	**3172**	**669**	**1974**	**569**	**1303**	**1060**	**1003**	**162**
西峰区	Xifeng	11931	3794	958	2399	689	1687	1036	1158	210
庆城县	Qingcheng	11131	2901	672	2171	588	1988	1482	1110	218
环　县	Huanxian	8820	3052	543	1833	466	1202	1130	504	90
华池县	Huachi	8281	2757	538	1255	471	1370	861	854	175
合水县	Heshui	10056	3385	679	2301	638	1229	593	1094	136
正宁县	Zhengning	8572	2820	623	1753	591	967	900	828	90
宁　县	Ningxian	9496	3354	810	1708	538	980	924	1033	148
镇原县	Zhenyuan	10484	3106	536	2221	605	1292	1210	1301	213
定西市	**Dingxi**	**9773**	**3288**	**543**	**1925**	**561**	**1184**	**1077**	**1064**	**131**
安定区	Anding	9423	3647	447	1779	346	1242	780	1051	131
通渭县	Tongwei	10151	3026	264	1642	508	751	2102	1686	174

6-27 续表 2 continued

单位：元 (yuan)

地、县	Region & County	消费支出 Consumption Expenditures	食品烟酒 Food, Tobacco and Liquor	衣着 Clothing	居住 Residence	生活用品及服务 Household Facilities, Articles and Services	交通通讯 Transport and Communications	教育文化娱乐 Education, Culture and Recreation	医疗保健 Health Care and Medical Services	其他用品和服务 Miscellaneous Goods and Services
陇西县	Longxi	10431	3679	622	2519	636	1182	951	723	119
渭源县	Weiyuan	9586	3139	579	1662	613	1413	1222	817	141
临洮县	Lintao	10183	3444	561	1669	452	1382	919	1581	174
漳 县	Zhangxian	9479	2924	650	1913	574	922	1053	1321	120
岷 县	Minxian	9002	3047	682	2140	723	1277	568	500	65
陇南市	**Longnan**	**10849**	**3765**	**831**	**2105**	**698**	**1293**	**930**	**1070**	**158**
武都区	Wudu	12610	4016	927	2249	851	1726	1499	1167	174
成 县	Chengxian	10902	3740	975	1703	691	1207	1059	1331	194
文 县	Wenxian	11811	4240	645	2134	725	1237	925	1605	300
宕昌县	Tanchang	9192	3739	653	2068	479	945	522	689	97
康 县	Kangxian	11717	3394	912	2588	875	1583	1010	1207	148
西和县	Xihe	12001	4075	999	2396	772	1451	866	1271	170
礼 县	Lixian	8650	3170	641	1792	481	977	664	809	116
徽 县	Huixian	11251	4040	997	2124	912	1215	909	894	159
两当县	Liangdang	10730	3795	758	1648	753	1471	934	1228	142
临夏州	**Linxia**	**8002**	**2501**	**646**	**1850**	**745**	**808**	**421**	**932**	**100**
临夏市	Linxia	14862	4470	999	3652	1133	1579	799	2069	161
临夏县	Linxia	8193	2716	735	1901	639	814	458	846	86
康乐县	Kangle	8594	2165	698	2140	794	864	421	1447	64
永靖县	Yongjing	8742	2939	556	2093	642	1080	779	552	100
广河县	Guanghe	8550	2718	818	2233	777	798	273	861	70
和政县	Hezheng	8319	2409	719	1688	1030	973	336	1115	49
东乡县	Dongxiang	5782	1847	421	1274	734	510	193	688	115
积石山县	Jishishan	6842	2427	481	1375	574	620	528	648	189
甘南州	**Gannan**	**8194**	**3407**	**617**	**1982**	**487**	**855**	**391**	**295**	**159**
合作市	Hezuo	8389	3397	749	1993	457	1021	307	338	127
临潭县	Lintan	8858	3512	784	2661	745	781	139	204	32
卓尼县	Zhuoni	6997	2910	584	1649	474	578	302	298	202
舟曲县	Zhouqu	7499	3253	361	1945	189	745	663	297	45
迭部县	Diebu	7839	3357	457	2321	395	523	212	364	208
玛曲县	Maqu	11302	5021	1072	850	941	1770	548	432	669
碌曲县	Luqu	8215	3233	583	1175	736	1223	729	384	152
夏河县	Xiahe	8396	3272	749	2129	562	989	227	242	225

主要统计指标解释

从2012年四季度起，国家统计局对分别进行的城乡住户调查实施了一体化改革，规范了城乡划分范围，统一了城乡居民收入指标名称、分类和统计标准，建立了城乡统一的一体化住户调查，并据此采集全国居民有关数据。甘肃省自2015年起发布城乡一体化住户收支与生活状况调查数据。2014年及以前年份的数据，根据城镇住户调查和农村住户调查的历史数据，按照住户收支与生活状况调查可比口径推算得到。

一、居民可支配收入

居民可支配收入指居民可用于最终消费支出和储蓄的总和，即居民可用于自由支配的收入。既包括现金收入，也包括实物收入。按照收入的来源，可支配收入包含四项，分别为：工资性收入、经营净收入、财产净收入和转移净收入。

工资性收入 指就业人员通过各种途径得到的全部劳动报酬和各种福利，包括受雇于单位或个人、从事各种自由职业、兼职和零星劳动得到的全部劳动报酬和福利。

经营净收入 指住户或住户成员从事生产经营活动所获得的净收入，是全部经营收入中扣除经营费用、生产性固定资产折旧和生产税之后得到的净收入。计算公式为：

经营净收入 = 经营收入 – 经营费用 – 生产性固定资产折旧 – 生产税

财产净收入 指住户或住户成员将其所拥有的金融资产、住房等非金融资产和自然资源交由其他机构单位、住户或个人支配而获得的回报并扣除相关的费用之后得到的净收入。财产净收入包括利息净收入、红利收入、储蓄性保险净收益、转让承包土地经营权租金净收入、出租房屋净收入、出租其他资产净收入和自有住房折算净租金等。财产净收入不包括转让资产所有权的溢价所得。

转移净收入 计算公式为：转移净收入 = 转移性收入 – 转移性支出

转移性收入 指国家、单位、社会团体对住户的各种经常性转移支付和住户之间的经常性收入转移。包括养老金或退休金、社会救济和补助、政策性生产补贴、政策性生活补贴、救灾款、经常性捐赠和赔偿、报销医疗费、住户之间的赡养收入，本住户非常住成员寄回带回的收入等。转移性收入不包括住户之间的实物馈赠。

转移性支出 指调查户对国家、单位、住户或个人的经常性或义务性转移支付。包括缴纳的税款、各项社会保障支出、赡养支出、经常性捐赠和赔偿支出以及其他经常转移支出等。

根据住户收支与生活状况调查，分城镇和农村的居民人均可支配收入等数据的覆盖人群主要变化：一是计算城镇居民人均可支配收入时分母包括了在城镇地区常住的农民工，计算农村居民人均可支配收入时分母不包括在城镇地区常住的农民工；二是由本户供养的在外大学生视为常住人口。

二、居民消费支出

居民消费支出是指居民用于满足家庭日常生活消费需要的全部支出，既包括现金消费支出，也包括实物消费支出。消费支出可划分为食品烟酒、衣着、居住、生活用品及服务、交通通信、教育文化娱乐、医疗保健以及其他用品及服务八大类。

食品烟酒 指用于各种食品和烟草、酒类的支出。

衣着 指与居民穿着有关的支出，包括服装、服装材料、鞋类、其他衣类及配件、衣着相关加工服务的支出。

居住 指与居住有关的支出，包括房租、水、电、燃料、物业管理等方面的支出，也包括自有住房折算租金。

生活用品及服务 指家庭及个人的各类生活品及家庭服务。包括家具及室内装饰品、家用器具、家用纺织品、家庭日用杂品、个人用品和家庭服务。

交通通信 指用于交通和通信工具及相关的各种服务费、维修费和车辆保险等支出。

教育文化娱乐 指用于教育、文化和娱乐方面的支出。

医疗保健 指用于医疗和保健的药品、用品和服务的总费用。包括医疗器具及药品，以及医疗服务。

其他用品及服务 指无法直接归入上述各类支出的其他用品与服务支出。

7

财政和金融业

Government Finance and Financial Intermediation

简要说明

一、本篇资料主要内容

本篇反映财政收支状况，金融和保险业的发展情况。主要包括地方财政收支、政府性基金收支资料；金融机构存贷等活动；保险业务情况。

二、本篇资料来源

本篇资料由省统计局国民经济核算处搜集、加工整理：

1. 财政收支资料来源于省财政厅。

2. 金融资料来源于中国人民银行兰州中心支行。

3. 保险数据来源于中国银保监会甘肃监管局。

7-1 财政收支
Government Revenue and Expenditure

单位：万元 (10 000 yuan)

年 份 Year	财政收入 Government Revenue	一般公共预算收入 General Public Budget Revenue	#税收收入 Tax Revenue	附：上划中央税收 Tax Revenue Turned Over to the Central	一般公共预算支出 General Public Budget Expenditure
1978	205280				143429
1979	184606				141810
1980	149348				123045
1981	129859				111955
1982	124713				127857
1983	109003				155256
1984	132338				211510
1985	163814				239971
1986	197635				300125
1987	225831				317747
1988	249786				363835
1989	315242				412645
1990	342065				459395
1991	399801				513188
1992	399736				534786
1993	521132				631676
1994	626198	290797	270086	335401	723817
1995	684142	339211	302594	344931	813908
1996	822714	433733	367663	388981	909538
1997	919259	494108	416575	425151	1067215
1998	974793	540253	465578	434540	1253382
1999	1030025	583657	490034	446368	1477868
2000	1083752	612849	516624	470903	1882322
2001	1241396	699485	587853	541911	2354643
2002	1503365	762432	654283	740933	2740111
2003	1771750	876561	722434	895189	3000070
2004	2158581	1041600	823382	1104105	3569366
2005	2545665	1235026	919615	1310639	4293479
2006	2949750	1412152	1108360	1537598	5285946
2007	3918687	1909107	1420532	2009580	6753372
2008	4709361	2649650	1628049	2059711	9684336
2009	6039849	2865898	1760411	3173951	12462817
2010	7452511	3535833	2202883	3916678	14685810
2011	9336165	4501188	2840435	4834977	17912432
2012	10798983	5203993	3477792	5594990	20595638
2013	11448265	6072717	4177266	5375548	23096230
2014	12342376	6726698	4902596	5615678	25414935
2015	13862830	7438604	5297863	6424226	29583117
2016	14406849	7869669	5259996	6537180	31500340
2017	15405937	8157323	5471429	7248614	33044417
2018	16417050	8710537	6104732	7706513	37722330
2019	15895173	8504879	5779249	7390294	39515991
2020	16259729	8745518	5679343	7514211	41633990
2021	18639317	10018589	6674107	8620728	40325582

注：财政收入不含基金收入。
a) Revenue does not include the fund’s income.

7-2 税收收入
Tax Revenue

单位：万元 (10 000 yuan)

年 份 Year	税收收入 Tax Revenue	#增值税 Value-added Tax	#企业所得税 Corporate Income Tax	#个人所得税 Individual Income Tax
1994	270086	86783	27011	4471
1995	302594	90356	33393	6242
1996	367663	93094	32494	8706
1997	416575	104079	39864	10271
1998	465578	108318	44537	14399
1999	490034	111778	66686	18349
2000	516624	119471	60957	25921
2001	587853	133758	104045	38788
2002	654283	150720	66054	40920
2003	722434	181230	53111	36776
2004	823382	216152	63182	43112
2005	919615	253337	84320	51793
2006	1108360	314071	106902	57884
2007	1420532	403624	179740	71513
2008	1628049	379120	206233	81306
2009	1760411	371096	169511	89876
2010	2202883	440902	199868	111253
2011	2840435	489460	285861	140563
2012	3477792	605180	365313	135407
2013	4177266	636506	400978	147793
2014	4902596	884047	459990	158097
2015	5297863	897868	592025	189368
2016	5259996	1731601	549494	205524
2017	5471429	2694096	672415	273323
2018	6104732	2933605	745858	305325
2019	5779249	2768230	647874	203020
2020	5679343	2601650	643903	205417
2021	6674107	3033353	800561	239856

注：1. 税收收入为一般公共预算收入中的税收收入。
2. 自 2016 年 5 月 1 日起，在全国范围内全面推开营业税改征增值税试点，全部营业税纳税人由缴纳营业税改为缴纳增值税（下表同）。

a) Tax revenue refers to tax revenue in the general public budget revenue.

b) Since May 1,2016, the replacement of business tax with VAT has been extended to all industries. All business tax payers pay VAT instead of business tax.The same applies to the following.

7-3 财政收入情况
Government Revenue

单位：万元 (10 000 yuan)

项 目	Item	2010	2015	2020	2021
财政收入	**Government Revenue**	**7452511**	**13862830**	**16259729**	**18639317**
一般公共预算收入	**General Public Budget Revenue**	**3535833**	**7438604**	**8745518**	**10018589**
税收收入	Total Tax Revenue	2202883	5297863	5679343	6674107
国内增值税	Value-added Tax	440902	897868	2601650	3033353
营业税	Business Tax	868425	2071529		
企业所得税	Corporate Income Tax	199868	592025	643903	800561
个人所得税	Individual Income Tax	111253	189368	205417	239856
资源税	Resource Tax	61833	168137	216986	294584
城市维护建设税	City Maintenance and Construction Tax	212182	441658	457382	538622
房产税	House Property Tax	83574	177057	249160	284343
印花税	Stamp Tax	44211	84253	135632	164944
城镇土地使用税	Urban Land Use Tax	44208	188420	216478	221958
土地增值税	Land Appreciation Tax	30227	169708	341086	341029
车船税	Tax on Vehicles and Boat Operation	25753	92186	156561	168534
耕地占用税	Farm Land Occupation Tax	19457	54640	41444	68235
契税	Deed Tax	59847	168466	389360	490316
烟叶税	Tobacco Leaf Tax	1195	2548	1135	1393
环境保护税	Environmental Protection Tax			22611	24843
其他税收收入	Other Tax Revenue			538	1536
非税收入	Non-tax Revenue	1332950	2140741	3066175	3344482
专项收入	Special Program Receipts	590249	651409	879131	987958
行政事业性收费收入	Charge of Administrative and Institutional Units	190170	534371	555184	494692
罚没收入	Penalty Receipts	81211	177164	377242	382326
国有资本经营收入	Operating Income from Government Capital	233807	16915	19023	145443
国有资源（资产）有偿使用收入	Income from Use of State-owned Resources (Assets)	90957	515385	812766	951035
其他收入	Other Revenue	146556	245497	422829	383028
上划中央税收收入	**Tax Revenue Turned Over to the Central**	**3916678**	**6424226**	**7514211**	**8620728**
#国内增值税	Value Added Tax	1438530	2109173	2681645	3183401
消费税	Consumption Tax	1385862	2634996	2828891	3071534
企业所得税	Corporate Income Tax	304935	884729	963783	1219014
个人所得税	Individual Income Tax	166875	284050	308126	359783
车辆购置税	Vehicle Purchase Tax	181665	339729	386537	390049

7-4 财政支出情况
Government Expenditure

单位：万元 (10 000 yuan)

项目	Item	2010	2015	2020	2021
一般公共预算支出	**General Public Budget Expenditure**	**14685810**	**29583117**	**41633990**	**40325582**
一般公共服务支出	Expenditure for General Public Services	1457540	2720127	3821653	3596263
国防支出	Expenditure for National Defense	17739	30301	29980	34522
公共安全支出	Expenditure for Public Security	704526	1231006	1961024	1935549
教育支出	Expenditure for Education	2282329	4983251	6629908	6619192
科学技术支出	Expenditure for Science and Technology	108879	298471	320654	349546
文化旅游体育与传媒支出	Expenditure for Culture, Sport and Media	297753	627640	884348	827065
社会保障和就业支出	Expenditure for Social Security and Employment	2150927	4213133	5809456	5901075
卫生健康支出	Expenditure for Medical and Health Care	1004018	2500965	3702377	3903762
节能环保支出	Expenditure for Energy Conservation and Environment Protection	683070	953513	1140250	820990
城乡社区支出	Expenditure for Urban and Rural Community Affairs	568208	1216135	2063547	1948677
农林水支出	Expenditure for Agriculture, Forestry and Water Conservancy Affairs	1962667	4970520	7758349	7370418
交通运输支出	Expenditure for Transportation	665767	2782433	3233432	2872861
资源勘探信息等支出	Expenditures for Affairs of Resource Exploration and Information	278850	477300	495977	650499
商业服务业等支出	Expenditure for Affairs of Commerce and Services	176575	296858	141141	74149
金融支出	Expenditure for Financial Affairs	72439	21591	121900	66923
自然资源海洋气象等支出	Expenditure for Affairs of Land and Weather	367685	352034	373360	349050
住房保障支出	Expenditure for Affairs of Housing Security	580978	1278705	1396163	1339685
粮油物资储备支出	Expenditure for Affairs of Management of Grain & Oil Reserves	98063	133170	205570	135758
灾难防治及应急管理支出	Expenditure for Disaster Prevention and Emergency Management			454043	381691
债务付息支出	Expenditure for Principal and Interest of Debts	55321	150947	678124	761496
债务发行费用支出	Expenditure for Issuing Debts			4943	3505
其他支出	Other Expenditure	211017	345017	407791	382906

注：债务付息支出2014年之前为国债还本付息支出。
a) Before 2014,data of expenditure for principal and interest of debts were the interest payment for domestic and foreign debts.

7-5 政府性基金收支情况

Revenue and Expenditure of Government Fund

单位：万元　　　　(10 000 yuan)

项　目	Item	2015	2019	2020	2021
政府性基金收入合计	**Total Revenue of Government Funds**	**4135104**	**5208237**	**6320250**	**5956620**
#国有土地收益基金收入	State Land Income Fund	52401	166984	107479	137415
农业土地开发资金收入	Agricultural Land Development Funds	16091	11836	13378	10828
国有土地使用权出让收入	Transfer of Use Rights of State Land	2873504	3963866	5253168	4467921
彩票公益金收入	Public Welfare Fund from Lottery	113022	96196	85796	86265
城市基础设施配套费收入	Urban Infrastructure Support Fee	190339	220240	244490	223452
车辆通行费	Vehicle Toll	765473	639282	509412	785079
污水处理费收入	Sewage Treatment	34711	40351	46992	50626
彩票发行机构和销售机构业务费用	Business of Lottery Issuance and Sales Agency	37206	27979	22542	20729
政府性基金支出合计	**Total Expenditure of Government Fund**	**5001010**	**7731453**	**11905891**	**12338342**
文化旅游体育与传媒支出	Expenditure for Culture, Sport and Media	2873	9549	3645	1316
社会保障和就业支出	Expenditure for Social Security and Employment	23945	27052	24609	26354
节能环保支出	Expenditure for Energy Conservation and Environment Protection		9011	6275	801
城乡社区支出	Expenditure for Urban and Rural Community Affairs	3462875	4563824	4170012	4349099
农林水支出	Expenditure for Agriculture, Forestry and Water Conservancy Affairs	55230	34340	27265	31456
交通运输支出	Expenditure for Transportation	1123593	2007295	1866847	2085838
资源勘探信息等支出	Expenditures for Affairs of Resource Exploration and Information	3210			
债务付息支出	Expenditure for Principal and Interest of Debts	127230	316562	499646	708454
债务发行费用支出	Expenditure for Issuing Debts	1687	4497	6962	9363
抗疫特别国债安排的支出	Expenditure of Special Treasury Bonds for Against COVID-19			939284	28066
其他支出	Other Expenditure	196043	759323	4361346	5097595

7-6 各市（州）财政收入（2021）
Government Revenue by Region (2021)

单位：万元 (10 000 yuan)

市（州）	Region	一般公共预算收入 General Public Budget Revenue	#税收收入 Tax Revenue	#增值税 Domestic Value-added Tax	#企业所得税 Corporate Income Tax	#个人所得税 Individual Income Tax
兰州市	Lanzhou	2767279	2028335	752186	212706	68000
嘉峪关市	Jiayuguan	235937	193168	91047	13682	3766
金昌市	Jinchang	269845	219605	98067	9894	2301
白银市	Baiyin	381789	247227	111788	13790	6645
天水市	Tianshui	578787	341301	100203	18128	5582
武威市	Wuwei	323206	167316	57442	11815	3661
张掖市	Zhangye	282595	130375	50460	7869	3031
平凉市	Pingliang	381841	238251	95725	14973	3337
酒泉市	Jiuquan	423086	262314	104385	16559	5114
庆阳市	Qingyang	653773	424938	185611	8488	5915
定西市	Dingxi	306092	183198	76149	9350	3392
陇南市	Longnan	281882	171307	74226	18507	3948
临夏州	Linxia	231173	152425	58207	7647	2451
甘南州	Gannan	101943	52330	26148	4672	1686

7–7 各市（州）财政支出（2021）
Government Expenditure by Region (2021)

单位：万元 (10 000 yuan)

市（州）	Region	一般公共预算支出 General Public Budget Expenditure	#一般公共服务 General Public Service	#教育 Education	#社会保障和就业 Social Security and Emploment	#卫生健康 Medical and Health Care	#农林水 Agriculture, Forestry and Water Conservancy
兰州市	Lanzhou	4845890	593646	812928	566697	431851	350361
嘉峪关市	Jiayuguan	268050	32906	51605	21690	28984	16914
金昌市	Jinchang	572956	68505	92408	85566	47322	84728
白银市	Baiyin	2075769	163539	393202	275244	220857	432267
天水市	Tianshui	3360309	259384	626214	471162	422900	678154
武威市	Wuwei	2040023	155093	369065	260260	235465	479857
张掖市	Zhangye	1571062	162252	269023	206507	177398	351113
平凉市	Pingliang	2292259	209245	494253	347435	294658	486451
酒泉市	Jiuquan	1547664	175714	249052	180449	164428	252671
庆阳市	Qingyang	3013776	308875	511158	410068	363720	650743
定西市	Dingxi	2812401	265310	614291	366537	377958	715358
陇南市	Longnan	2885241	266476	467295	421666	347665	789706
临夏州	Linxia	3084534	303346	496058	387848	358860	923389
甘南州	Gannan	1981633	272696	277641	194654	167176	405077

7-8 各地、县财政收支（2021）

Government Revenue and Expenditure by Region & County (2021)

单位：万元 (10 000 yuan)

地、县	Region & County	一般公共预算收入 General Public Budget Revenue	一般公共预算支出 General Public Budget Expenditure
兰州市	**Lanzhou**	**2767279**	**4845890**
城关区	Chengguan	409481	575373
七里河区	Qilihe	158214	261122
西固区	Xigu	97382	181238
安宁区	Anning	115553	165856
红古区	Honggu	58611	156096
永登县	Yongdeng	71767	272821
皋兰县	Gaolan	83703	195168
榆中县	Yuzhong	83003	308845
嘉峪关市	**Jiayuguan**	**235937**	**268050**
金昌市	**Jinchang**	**269845**	**572956**
金川区	Jinchuan	48503	149330
永昌县	Yongchang	34066	215613
白银市	**Baiyin**	**381789**	**2075769**
白银区	Baiyin	89453	283310
平川区	Pingchuan	44420	185758
靖远县	Jingyuan	50525	415586
会宁县	Huining	36381	509715
景泰县	Jingtai	42648	290050
天水市	**Tianshui**	**578787**	**3360309**
秦州区	Qinzhou	122235	452703
麦积区	Maiji	76191	413289
清水县	Qingshui	24235	248959
秦安县	Qinan	31100	405968
甘谷县	Gangu	43101	399260
武山县	Wushan	28109	333068
张家川县	Zhangjiachuan	12915	311701
武威市	**Wuwei**	**323206**	**2040023**
凉州区	Liangzhou	139164	599840
民勤县	Minqin	33108	291463
古浪县	Gulang	26649	426660
天祝县	Tianzhu	37264	411028
张掖市	**Zhangye**	**282595**	**1571062**
甘州区	Ganzhou	90788	402478
肃南县	Sunan	27345	137351
民乐县	Minle	31367	227722
临泽县	Linze	19667	161898
高台县	Gaotai	24613	169724
山丹县	Shandan	36492	183598
平凉市	**Pingliang**	**381841**	**2292259**
崆峒区	Kongtong	82068	382899
泾川县	Jingchuan	24611	232340
灵台县	Lingtai	16929	195226
崇信县	Chongxin	33851	149490
庄浪县	Zhuanglang	35895	396795
静宁县	Jingning	46278	415879
华亭市	Huating	71487	197617
酒泉市	**Jiuquan**	**423086**	**1547664**
肃州区	Suzhou	92720	340638
金塔县	Jinta	30360	179841
瓜州县	Guazhou	37909	171832
肃北县	Subei	30492	107242
阿克塞县	Akesai	7510	60722
玉门市	Yumen	52142	228126
敦煌市	Dunhuang	53413	184433
庆阳市	**Qingyang**	**653773**	**3013776**
西峰区	Xifeng	126201	347692
庆城县	Qingcheng	40702	254578
环　县	Huanxian	68758	471981
华池县	Huachi	36620	236778
合水县	Heshui	26120	182621
正宁县	Zhengning	23011	221839
宁　县	Ningxian	27263	338937
镇原县	Zhenyuan	25076	449952
定西市	**Dingxi**	**306092**	**2812401**
安定区	Anding	51308	409034
通渭县	Tongwei	26261	399947
陇西县	Longxi	63888	394185
渭源县	Weiyuan	19598	306113
临洮县	Lintao	48447	401355
漳　县	Zhangxian	19507	183277
岷　县	Minxian	27605	380624
陇南市	**Longnan**	**281882**	**2885241**
武都区	Wudu	54758	463291
成　县	Chengxian	44071	215314
文　县	Wenxian	23684	322791
宕昌县	Tanchang	17979	314931
康　县	Kangxian	14100	230191
西和县	Xihe	22731	333217
礼　县	Lixian	22587	379833
徽　县	Huixian	36597	194961
两当县	Liangdang	5939	88782
临夏州	**Linxia**	**231173**	**3084534**
临夏市	linxia	70672	306219
临夏县	linxia	26232	441116
康乐县	Kangle	14903	317212
永靖县	Yongjing	44059	286689
广河县	Guanghe	16013	271665
和政县	Hezheng	12649	270232
东乡县	Dongxiang	13649	473900
积石山县	Jishishan	12589	318424
甘南州	**Gannan**	**101943**	**1981633**
合作市	Hezuo	24220	181526
临潭县	Lintan	8115	290626
卓尼县	Zhuoni	10694	239625
舟曲县	Zhouqu	11941	262204
迭部县	Diebu	7246	161775
玛曲县	Maqu	2920	175113
碌曲县	Luqu	3525	175129
夏河县	Xiahe	10478	232039

7-9 金融机构本外币信贷收支表
Balance Sheet of RMB and Foreign Currency Credit Funds of Financial Institutions

单位：亿元　　（年末余额）(year-end balance)　　(100 million yuan)

项　目	Item	2015	2019	2020	2021
各项存款	**Total Deposits**	**16299.50**	**19768.46**	**20992.67**	**22614.58**
境内存款	Domestic Deposits	16297.66	19757.93	20977.93	22592.02
住户存款	Household Deposits	7804.53	11181.91	12454.51	13580.18
活期存款	Demand Deposits	3120.90	3809.33	4313.11	4511.31
定期及其他存款	Time and other Deposits	4683.63	7372.58	8141.39	9068.88
非金融企业存款	Non-financial Enterprises Deposits	5288.88	4940.34	4922.68	4776.79
活期存款	Demand Deposits	3024.93	3384.22	3387.30	3119.72
定期及其他存款	Time and other Deposits	2263.95	1556.12	1535.38	1657.07
广义政府存款	General Government Deposits	2874.35	3182.03	3303.87	3603.42
机关团体存款	Government Agencies & Organizations Deposits	2646.35	3001.04	2951.12	3161.32
财政性存款	Fiscal Deposits	228.00	180.99	352.75	442.10
非银行业金融机构存款	Non-banking Financial Institutions Deposit	329.90	453.66	296.87	631.62
境外存款	Offshore Deposits	1.84	10.53	14.74	22.56
各项贷款	**Total Loans**	**13728.89**	**20677.93**	**22159.41**	**23905.33**
境内贷款	Domestic Loans	13649.02	20530.88	22043.34	23793.41
#住户贷款	Household Loans	3551.09	5464.16	6019.32	6526.53
短期贷款	Short-term Loans	1374.61	1814.43	1688.66	1759.18
中长期贷款	Medium and Long Term Loans	2176.48	3649.73	4330.66	4767.35
企事业单位贷款	Loans of Enterprises and Institutions	10097.93	15065.72	16013.02	17226.98
短期贷款	Short-term Loans	3287.73	3631.03	3643.37	3516.36
中长期贷款	Medium and Long Term Loans	5890.12	9887.56	10824.74	11994.53
票据融资	Bill Financing	458.16	982.35	941.73	977.35
融资租赁	Finance Lease	446.72	510.25	555.10	685.36
各项垫款	Advances	15.20	54.54	48.07	53.38
境外贷款	Overseas Loans	79.88	147.05	116.06	111.92

注：2015、2019、2020、2021 年的汇率分别为 6.4936，6.9762，6.5249，6.3757。
a) The exchange rate of 2015,2019,2020,2021 were 6.4936,6.9762,6.5249,6.3757.

7-10 金融机构人民币信贷收支表
Balance Sheet of RMB Credit Funds of Financial Institutions

单位：亿元　　　　（年末余额）(year-end balance)　　　　(100 million yuan)

项　目	Item	2015	2019	2020	2021
各项存款	**Total Deposits**	**16141.19**	**19717.01**	**20938.25**	**22546.39**
境内存款	Domestic Deposits	16139.48	19707.53	20924.71	22536.61
住户存款	Household Deposits	7776.80	11150.22	12419.62	13544.57
活期存款	Demand Deposits	3104.36	3790.79	4290.95	4488.36
定期及其他存款	Time and other Deposits	4672.44	7359.43	8128.67	9056.21
非金融企业存款	Non-financial Enterprises Deposits	5163.05	4927.19	4909.28	4759.49
活期存款	Demand Deposits	2970.71	3372.04	3374.70	3103.25
定期及其他存款	Time and other Deposits	2192.34	1555.16	1534.59	1656.24
广义政府存款	General Government Deposits	2869.89	3176.53	3299.10	3601.14
财政性存款	Fiscal Deposits	228.00	180.99	352.75	442.10
机关团体存款	Government Agencies & Organizations Deposits	2641.89	2995.54	2946.35	3159.04
非银行业金融机构存款	Non-banking Financial Institutions Deposit	329.74	453.58	296.71	631.41
境外存款	Offshore Deposits	1.72	9.48	13.54	9.78
各项贷款	**Total Loans**	**13292.18**	**20424.30**	**21935.57**	**23730.41**
境内贷款	Domestic Loans	13292.11	20410.85	21922.38	23717.80
#住户贷款	Household Loans	3550.91	5463.87	6019.16	6526.42
短期贷款	Short-term Loans	1374.51	1814.22	1688.56	1759.08
中长期贷款	Medium and Long Term Loans	2176.40	3649.65	4330.61	4767.34
企事业单位贷款	Loans of Enterprises and Institutions	9741.20	14945.98	15892.22	17151.48
短期贷款	Short-term Loans	2982.57	3566.51	3573.12	3483.51
中长期贷款	Medium and Long Term Loans	5838.74	9832.35	10774.19	11951.90
票据融资	Bill Financing	458.16	982.35	941.73	977.35
融资租赁	Finance Lease	446.72	510.25	555.10	685.36
各项垫款	Advances	15.01	54.54	48.07	53.37
境外贷款	Overseas Loans	0.07	13.45	13.19	12.61

7-11 金融机构外汇信贷收支表
Balance Sheet of Foreign Exchange Credit Funds of Financial Institutions

单位：万美元 （年末余额）(year-end balance) (USD 10 000)

项 目	Item	2015	2019	2020	2021
各项存款	**Total Deposits**	**243783**	**73759**	**83400**	**106956**
境内存款	Domestic Deposits	243600	72254	81568	86916
住户存款	Household Deposits	42701	45418	53466	55858
活期存款	Demand Deposits	25467	26577	33972	35993
定期及其他存款	Time and other Deposits	17233	18841	19494	19864
非金融企业存款	Non-financial Enterprises Deposits	193776	18844	20535	27133
活期存款	Demand Deposits	83499	17457	19312	25833
定期及其他存款	Time and other Deposits	110277	1388	1222	1300
广义政府存款	General Government Deposits	6877	7877	7309	3588
财政性存款	Fiscal Deposits	6			
机关团体存款	Government Agencies & Organizations Deposits	6871	7877	7309	3588
非银行业金融机构存款	Non-banking Financial Institutions Deposit	247	115	258	338
境外存款	Offshore Deposits	183	1505	1832	20040
各项贷款	**Total Loans**	**672522**	**363564**	**343054**	**274360**
境内贷款	Domestic Loans	549623	172054	185386	118596
住户贷款	Household Loans	277	412	242	182
短期贷款	Short-term Loans	154	301	156	161
中长期贷款	Medium and Long Term Loans	123	111	86	21
企事业单位贷款	Loans of Enterprises and Institutions	549346	171642	185144	118414
短期贷款	Short-term Loans	469946	92490	107673	51521
中长期贷款	Medium and Long Term Loans	79122	79152	77470	66873
票据融资	Bill Financing				
融资租赁	Finance Lease				
各项垫款	Advances	278			21
境外贷款	Overseas Loans	122899	191509	157668	155764

注：2015、2019、2020、2021 年的汇率分别为 6.4936，6.9762，6.5249，6.3757。
a) The exchange rate of 2015,2019,2020，2021 were 6.4936,6.9762,6.5249，6.3757.

7-12 各市（州）金融机构人民币存款（2021）
RMB Deposits of Financial Institutions by Region (2021)

单位：万元 (10000 yuan)

市（州）	Region	各项存款 Total Deposits	各贷款款 Total Loans
兰州市	Lanzhou	90447697	129549786
嘉峪关市	Jiayuguan	3918573	5418463
金昌市	Jinchang	4531414	3070905
白银市	Baiyin	8966939	7424486
天水市	Tianshui	16120142	12435216
武威市	Wuwei	10225749	8864908
张掖市	Zhangye	8397420	6714475
平凉市	Pingliang	10174955	6970896
酒泉市	Jiuquan	11070261	7862814
庆阳市	Qingyang	12573968	7556116
定西市	Dingxi	10704978	8409809
陇南市	Longnan	10850655	7088179
临夏州	Linxia	7517886	5401737
甘南州	Gannan	3881885	2587879

7-13 保险事业发展情况
Insurance Business Development

项 目	Item	2010	2015	2019	2020	2021
保险事业机构（个）	**Number of Insurance Institution(unit)**	**1242**	**1567**	**1862**	**1934**	**1938**
省级	Provincial	21	24	32	32	32
地市级	Prefecture	146	226	266	278	282
县级	County	1075	1317	1564	1624	1624
财产保险	Property Insurance	491	751	1002	1081	1090
人身保险	Life Insurance	751	816	860	853	848
年末实有职工人数（人）	**Number of Employed Persons at Year-end (person)**	**53787**	**91298**	**128037**	**149482**	**93457**
财产保险	Property Insurance	10357	22267	33876	33647	24977
人身保险	Life Insurance	43430	69031	94161	115835	68480

注：本表指标均按公司类型划分。
a) Indicators of this table are divided on the type of companies.

7-14 保险业务情况
Major Indicators of Insurance Business

单位：万元 (10 000 yuan)

项　目	Item	2010	2015	2019	2020	2021
保费收入	**Premium Income**	**1463354**	**2568881**	**4443192**	**4851936**	**4903240**
财产保险	Property Insurance	388224	902985	1379831	1439907	1309970
#机动车辆险	Motor Vehicle Insurance	314573	709018	939586	956617	830596
企业财产险	Enterprise Property Insurance	30129	36672	35883	47003	47911
家庭财产险	Family Property Insurance	1165	2060	5243	7115	7497
人身保险	Life Insurance	1075130	1665896	3063361	3412029	3593270
寿险	Life Insurance	989821	1327356	2129366	2381638	2579534
健康险	Health Insurance	58756	259611	803434	886916	871082
意外伤害险	Accidents Insurance	26553	78928	130561	143476	142655
赔付支出	**Payment**	**311829**	**927501**	**1515897**	**1693122**	**1745736**
财产保险	Property Insurance	163246	456811	741199	840238	949561
#机动车辆险	Motor Vehicle Insurance	132848	357410	498025	513314	556067
企业财产险	Enterprise Property Insurance	14974	17575	22291	38106	30493
家庭财产险	Family Property Insurance	253	793	3263	3494	2980
人身保险	Life Insurance	148583	470691	774698	852884	796175
寿险	Life Insurance	118911	330579	378481	439486	356207
健康险	Health Insurance	21221	116664	350198	370857	391115
意外伤害险	Accidents Insurance	8451	23448	46018	42541	48852

主要统计指标解释

一般公共预算收入 指国家财政参与社会产品分配所取得的收入，是实现国家职能的财力保证。主要包括：（1）各项税收：包括国内增值税、国内消费税、进口货物增值税和消费税、出口货物退增值税和消费税、营业税、企业所得税、个人所得税、资源税、城市维护建设税、房产税、印花税、城镇土地使用税、土地增值税、车船税、船舶吨税、车辆购置税、关税、耕地占用税、契税、烟叶税等。（2）非税收入：包括专项收入、行政事业性收费、罚没收入和其他收入。

一般公共预算支出 指国家财政将筹集起来的资金进行分配使用，以满足经济建设和各项事业的需要。主要包括：一般公共服务、外交、国防、公共安全、教育、科学技术、文化体育与传媒、社会保障和就业、医疗卫生与计划生育、节能环保、城乡社区、农林水、交通运输、资源勘探信息、商业服务业、金融、援助其他地区、国土海洋气象、住房保障、粮油物资储备、政府债务付息等方面的支出。

信贷资金 指金融机构以信用方式积聚和分配的货币资金。金融机构信贷资金的来源有各项存款、金融债券、对国际金融机构负债、流通中现金、其他项目等；信贷资金的运用有各项贷款、有价证券及投资、金银占款、外汇占款、财政借款及在国际金融机构中的资产等。

存款 指企业、机关、团体或居民根据资金必须收回的原则，把货币资金存入银行或其他信贷机构保管并取得一定利息的一种信用活动形式。根据存款对象或性质的不同可划分为企业存款、财政存款、机关团体存款、城乡储蓄存款、农业存款、信托及委托类存款、其他存款等科目。它是银行信贷资金的主要来源。

贷款 指银行或其他信贷机构根据资金必须归还的原则，按一定利率，为企业、个人等提供资金的一种信用活动形式。我国银行贷款分为短期贷款、委托及信托类贷款、其他类贷款等。

保费 指投保人为取得保险人在约定范围内所承担赔偿责任而支付给保险人的费用。

赔款 指保险人根据保险合同的规定，向被保险人支付的赔偿保险责任损失的金额。

给付 包括死伤医疗给付和满期给付。死伤医疗给付是指保险人根据人寿保险及长期健康保险合同的规定，因被保险人在保险期内发生保险责任范围内的保险事故支付给被保险人（或受益人）的金额。满期给付是指被保险人生存期满，保险人按人寿保险合同规定支付给被保险人的满期保险金额。

8

资源和环境

Resources and Environment

简要说明

一、本篇资料主要内容

本篇资料主要反映自然资源状况和环境保护事业发展情况。自然资源状况包括气候、矿产、水资源、土地情况等。环境保护事业发展情况包括：自然保护、集中式饮用水源情况，环境污染与破坏事故情况，环境污染治理投资，城市空气质量等内容。

二、本篇资料来源

本篇资料中气候情况由省气象局提供，矿产、土地情况由省自然资源厅提供，水资源、供水用水情况由省水利厅提供，自然保护区情况由省林草局提供，其余资料由省生态环境厅提供。

8-1 气候情况（2021）
Climate Conditions (2021)

指 标	Indicators	2021	指 标	Indicators	2021
年平均气温（℃）	Annual Average Temperature (℃)	8.9	年相对湿度（%）	Annual Relative Humidity (%)	57.4
年最高气温（℃）	Annual Utmost Highest Air Temperature (℃)	40.6	年降水量（毫米）	Annual Precipitation (mm)	428.9
年最低气温（℃）	Annual Utmost Lowest Air Temperature (℃)	-30.3	年降雨日数（天）	Annual Rainy Days (day)	125
年日照时数（小时）	Annual Sunshine Time (hour)	2277.3	年无霜期（天）	Annual Frost-free Period (day)	227

8-1 续表 continued

月 份	Month	平均气温（℃） Monthly Average Temperature (℃)	日照时数（小时） Sunshine Time (hour)	降雨量（毫米） Precipitation (mm)
1 月	Jan.	-5.7	195.0	1.9
2 月	Feb.	1.3	198.8	6.0
3 月	Mar.	6.0	183.8	15.6
4 月	Apr.	9.1	147.0	45.3
5 月	May	15.3	239.8	35.1
6 月	June	19.1	184.1	43.8
7 月	July	22.1	244.3	60.8
8 月	Aug.	19.6	194.3	44.4
9 月	Sept.	16.1	174.8	97.4
10 月	Oct.	8.0	130.0	69.5
11 月	Nov.	0.0	201.0	4.7
12 月	Dec.	-3.7	190.9	4.1

8-2 土地状况（2020）
Land Characteristics (2020)

项 目	Item	面积 Area	占总面积% Percentage to Total Area%
总面积（万平方公里）	Total Land Area (10 000 sq.km)	42.58	100.00
按特征分（万公顷）	By Land Use (10 000 hectares)		
农用地	Land for Agriculture Use	2190.74	51.44
建设用地	Land for Construction	99.55	2.34
城镇村及工矿	Land for City,Town and Village,Mining and Manufacturing	86.19	2.03
交通运输	Land for Transportation Facilities	12.40	0.29
水域及水利设施	Land for Waters,Water Conservancy Facilities	0.96	0.02
未利用地	Unused Land	1968.66	46.22

8-3 土地利用情况
Land Use

单位：万公顷 (10 000 hectares)

年 份 Year	土地调查面 积 Area under Land Survey	农用地 Land for Agriculture Use	#耕地 Cultivated Land	#园地 Garden Land	#林地 Wood Land	#牧草地 Area of Grassland	建设用地 Land for Construction	居民点及工矿用地 Land for Inhabitation, Mining and Manufacturing	交通运输用 地 Land for Transport Facilities	水利设施用 地 Land for Water Conservancy Facilities
2005	4540.00	2541.44	463.26	20.46	516.63	1411.29	96.66	87.41	6.41	2.83
2006	4540.00	2541.73	462.71	20.54	517.76	1410.99	96.93	87.60	6.47	2.86
2007	4540.00	2541.79	462.47	20.54	518.25	1410.84	97.19	87.81	6.51	2.87
2008	4540.00	2541.66	462.37	20.60	518.32	1410.69	97.67	88.17	6.63	2.88
2009	4540.00	2541.66	462.37	20.60	518.29	1410.69	97.67	88.17	6.63	2.88
2010	4540.00	2541.22	462.17	20.56	518.46	1410.53	98.17	88.57	6.73	2.87
2011	4540.00	2541.22	461.43	20.56	518.27	1410.53	98.17	88.57	6.73	2.87
2012	4258.00	2544.87	465.93	20.43	518.27	1410.99	101.43	90.94	7.61	2.88
2013	4258.89	1856.45	538.56	26.00	610.35	592.43	83.94	73.10	7.02	3.83
2014	4258.89	1855.61	537.88	25.86	610.03	592.28	86.44	75.09	7.51	3.84
2015	4258.89	1855.32	537.79	25.79	609.92	592.17	88.30	76.47	7.97	3.86
2016	4258.89	1854.58	537.24	25.64	609.84	591.97	91.12	78.65	8.56	3.91
2017	4258.89	1854.91	537.77	25.60	609.61	591.86	92.04	79.23	8.88	3.93
2018	4258.89	1854.27	537.42	25.52	609.58	591.75	92.76	79.77	9.05	3.94
2019	4258.89	1854.64	537.67	25.52	609.58	591.74	92.97	79.97	9.06	3.94
2020	4258.95	2190.74	519.95	42.86	796.70	659.05	99.55	86.19	12.40	0.96

注：数据来源为第三次全国国土调查及2020年度土地变更调查。
a) Data of this table came from the Third National Land Survey and 2020 Land Change Survey.

8-4 水资源情况
Water Resources

年份 Year	水资源总量（亿立方米） Total Amount of Water Resources (100 million cu.m)	地表水资源量 Surface Water Resources	地下水资源量 Groundwater Resources	地表水与地下水资源重复量 Duplicated Measurement Between Surface Water and Groundwater	人均水资源量（立方米/人） Per Capita Water Resources (cu.m/person)
2005	304.4	295.2	150.2	140.9	1173.5
2006	220.9	212.2	128.8	120.1	846.8
2007	268.9	259.2	136.9	127.3	1027.4
2008	217.7	210.6	113.2	106.2	828.4
2009	244.1	236.9	123.6	116.4	926.3
2010	254.4	245.9	124.2	115.7	987.8
2011	272.1	263.8	128.4	120.1	1061.3
2012	300.7	292.7	139.1	131.2	1166.6
2013	303.2	295.5	139.1	131.4	1174.2
2014	230.8	222.9	112.6	104.7	891.0
2015	198.8	191.5	100.7	93.5	765.0
2016	209.6	202.0	108.7	101.1	803.0
2017	280.8	273.6	133.4	126.2	1069.0
2018	354.9	345.6	167.3	158.0	1345.7
2019	325.9	312.2	148.7	135.0	1231.0
2020	410.9	398.9	158.2	146.2	1642.2
2021	279.0	268.2	120.0	109.1	1120.6

8-5 供水用水情况
Water Supply and Water Use

年份 Year	供水总量（亿立方米） Water Supply (100 million cu.m)	地表水 Surface Water	地下水 Ground-water	其他 Others	用水总量（亿立方米） Water Use (100 million cu.m)	农业 Agricul-ture	城镇公共 Urban Public	工业 Industry	生活 Consump-tion	生态 Ecological Protection	人均用水量（立方米/人） Per Capita Water Use (cu.m/person)
2005	123.0	92.4	28.9	1.7	123.0	97.5	1.7	14.7	6.2	3.1	474.0
2006	123.4	93.0	28.8	1.6	123.4	98.4	1.8	14.4	6.3	2.7	473.0
2007	123.1	93.3	27.9	2.0	123.1	98.5	1.9	13.4	6.4	2.9	470.4
2008	121.5	93.7	25.9	1.9	121.5	97.0	1.9	13.2	6.5	3.0	462.3
2009	120.6	95.2	24.0	1.4	120.6	95.6	2.0	13.1	7.0	3.0	457.7
2010	121.8	96.1	24.2	1.5	121.8	95.8	2.0	13.9	7.2	3.0	473.0
2011	122.9	97.0	24.4	1.5	122.9	95.3	2.0	15.4	7.2	3.0	479.0
2012	123.1	95.9	25.7	1.5	123.1	95.2	2.0	15.7	7.3	3.0	478.0
2013	122.0	91.1	29.4	1.5	122.0	99.2	2.9	13.1	5.0	1.8	472.5
2014	120.6	90.9	28.1	1.6	120.6	97.8	3.1	12.8	5.1	1.8	465.4
2015	119.2	90.0	26.9	2.3	119.2	96.2	3.0	11.6	5.3	3.1	458.0
2016	118.4	90.5	24.8	3.1	118.4	94.8	3.0	11.2	5.3	4.1	453.0
2017	116.1	87.1	25.1	3.9	116.1	92.3	3.3	10.4	5.4	4.7	442.0
2018	112.3	83.6	24.8	3.9	112.3	89.2	3.5	9.3	5.7	4.7	426.0
2019	110.0	81.2	24.6	4.2	110.0	85.6	3.1	8.7	6.2	6.3	415.0
2020	109.9	82.1	23.6	4.2	109.9	83.7	1.9	6.2	7.3	10.7	439.3
2021	110.1	83.9	23.5	2.7	110.1	82.6	2.1	6.5	7.7	11.3	442.0

8-6 主要矿产保有资源储量
Identified Reserves of Major Mineral

项 目	Item	2015	2018	2019	2020
石油（万吨）	Petroleum (10 000 tons)	24109.8	35272.0	38311.0	39561.0
天然气（亿立方米）	Natural Gas (100 million cu.m)	271.9	550.4	581.1	588.0
煤炭（亿吨）	Coal (100 million tons)	312.6	267.8	268.3	278.3
铁矿（矿石，亿吨）	Iron (Ore, 100 million tons)	9.4	8.8	8.7	9.9
锰矿（矿石，万吨）	Manganese (Ore, 10 000 tons)	3196.6	2796.9	2757.7	2737.7
铬矿（矿石，万吨）	Chromium Ore (Ore, 10 000 tons)	242.6	219.6	219.6	219.6
钒矿（V205，万吨）	Vanadium (V205, 10 000 tons)	169.1	58.2	210.2	213.3
原生钛铁矿（万吨）	Titanium Ore (10 000 tons)	0.1	7.5	7.5	7.5
铜矿（铜，万吨）	Copper (Metal, 10 000 tons)	341.1	354.1	343.6	343.0
铅矿（铅，万吨）	Lead (Metal, 10 000 tons)	368.0	372.2	433.4	403.7
锌矿（锌，万吨）	Zinc (Metal, 10 000 tons)	1078.0	1023.3	1115.5	1033.7
镍矿（镍，万吨）	Nickel (Metal, 10 000 tons)	387.1	399.8	388.0	375.6
钨矿（WO3，万吨）	Tungsten (WO3, 10 000 tons)	41.7	50.9	50.7	50.5
锡矿（锡，万吨）	Tin (Metal, 10 000 tons)	0.7	0.7	0.7	0.7
钼矿（钼，万吨）	Molybdenum (Metal, 10 000 tons)	12.1	10.5	10.5	11.7
锑矿（锑，万吨）	Antimony (Metal, 10 000 tons)	23.2	27.7	29.2	33.9
金矿（金，吨）	Gold (Metal, ton)	918.9	996.7	1016.8	1151.5
银矿（银，吨）	Silver (Metal, ton)	8000.4	9137.8	9530.6	11320.1
稀土矿（氧化物，万吨）	Rare Earths (REO, 10 000 tons)	2.6			
菱镁矿（矿石，万吨）	Magnesite Ore (Ore, 10 000 tons)	3072.7	3002.1	3002.1	3002.1
普通萤石（矿物，万吨）	Fluorspar Mineral (Mineral, 10 000 tons)	73.1	130.2	128.1	87.0
硫铁矿（矿石，万吨）	Pyrite Ore (Ore, 10 000 tons)	499.9	561.1	561.1	561.9
磷矿（矿石，万吨）	Phosphorus Ore (Ore,10 000 tons)	4792.9	2521.4	4800.0	4800.0
钾盐（KCl，万吨）	Potassium KCl (KCl, 10 000 tons)	26.1		26.1	26.1
盐矿（NaCl，万吨）	Sodium Salt NaCl (NaCl, 10 000 tons)	971.6	593.1	900.0	900.0
芒硝（矿石，万吨）	Mirabilite (Na2SO4, 10 000 tons)				2800.0
重晶石（矿石，万吨）	Barite Ore (Ore, 10 000 tons)	2405.1	3287.1	3284.7	4789.4
石墨（矿物，万吨）	Graphite Mineral (Crystal) (Mineral, 10 000 tons)	102.5	102.5	102.5	103.8
滑石（矿石，万吨）	Talc Ore (Ore, 10 000 tons)	10.4	10.0	10.0	10.0
高岭土（矿石，万吨）	Kaolin Ore (Ore, 10 000 tons)	2937.0	2937.0	2937.0	2937.0

8-7 自然保护情况

Basic Statistics on of Natural Protection

指 标	Item	2015	2019	2020	2021
自然保护区情况	**Nature Reserves**				
自然保护区个数（个）	Number of Nature Reserves (unit)	60	56	56	56
#国家级	National Level	20	21	21	21
省级	Provincial Level	36	35	35	35
自然保护区面积（万公顷）	Area of Nature Reserves (10 000 hectares)	914	875	875	875
#国家级	National Level	687	693	693	693
省级	Provincial Level	216	182	182	182
集中式饮用水水源情况	**Centralized Drinking Water Sources**				
地表水集中式饮用水源保护区个数(个)	Number of Protected Areas of Surface Water Source for Centralized Drinking Water (unit)	61	73	74	77
地表水集中式饮用水源保护区面积（平方公里）	Protection Area of Surface Water Source for Centralized Drinking-water (sq.km)	4298	4398	2172	2081
地下水集中式饮用水源保护区个数(个)	Number of Protected Areas of Groundwater Source for Centralized Drinking Water (unit)	68	55	55	55
地下水集中式饮用水源保护区面积（平方公里）	Protection Area of Groundwater Source for Centralized Drinking-water (sq.km)	6967	787	600	613
集中式饮用水源服务人口（万人）	Service Population of Centralized Drinking Water Source (10 000 persons)	1059	1710	1306	1813

注：2017年酒泉市肃北县城区水源地保护区面积由原6081平方公里调整为1.8平方公里。

a) In 2017, the area of water source protection areas in city proper of Subei County , Jiuquan City was adjusted from 6081 square kilometers to 1.8 square kilometers.

8-8 各市（州）城市空气质量指标（2021）
Ambient Air Quality by Region (2021)

市（州）	Region	二氧化硫年平均浓度（微克/立方米）Annual Average Concentration of SO_2 ($\mu g/m^3$)	二氧化氮年平均浓度（微克/立方米）Annual Average Concentration of NO_2 ($\mu g/m^3$)	可吸入颗粒物 (PM_{10}) 年平均浓度（微克/立方米）Annual Average Concentration of PM_{10} ($\mu g/m^3$)	一氧化碳日均值第95百分位浓度（毫克/立方米）95th Percentile Daily Average Concentration of CO (mg/m^3)
兰州市	Lanzhou	15	46	72	2.0
嘉峪关市	Jiayuguan	14	19	54	0.8
金昌市	Jinchang	16	15	57	1.0
白银市	Baiyin	31	24	59	1.2
天水市	Tianshui	11	27	52	1.4
武威市	Wuwei	7	23	65	1.0
张掖市	Zhangye	9	23	52	0.8
平凉市	Pingliang	7	33	48	0.9
酒泉市	Jiuquan	7	22	64	0.8
庆阳市	Qingyang	9	15	49	1.0
定西市	Dingxi	12	24	52	1.2
陇南市	Longnan	16	21	44	1.7
临夏州	Linxia	8	27	55	1.6
甘南州	Gannan	12	19	34	0.8

注：1. 临夏州空气质量监测数据为临夏市数据，甘南州空气质量监测数据为合作市数据。
2. 为准确评价城市空气质量，根据生态环境部《受沙尘天气过程影响城市空气质量评价补充规定》，表中数据为剔除沙尘后数据。

a) Data of air quality monitoring of Linxia Autonomous prefecture are data of Linxia city,data of air quality monitoring of Gannan Autonomous prefecture are data of Hezuo city.

b) In order to accurately evaluate the quality of urban air, according to "Supplementary Provisions of Urban Air Quality Evaluation Affected by the Dust Weather Process" of Ministry of Ecological Environment, the data in the table is the data excludes dust data.

8-8 续表 continued

市（州）	Region	臭氧（O_3）日最大8小时第90百分位浓度（微克/立方米）90th Percentile Daily Maximum 8 Hours Average Concentration of O_3 ($\mu g/m^3$)	细颗粒物（$PM_{2.5}$）年平均浓度（微克/立方米）Annual Average Concentration of $PM_{2.5}$ ($\mu g/m^3$)	空气质量达到及好于二级的天数（天）Days of Air Quality Equal to or Above Grade II (day)	空气质量达到二级以上天数占全年比重（%）Proportion of Days of Air Quality Equal to or above Grade II in the Whole Year (%)
兰州市	Lanzhou	145	32	296	81.1
嘉峪关市	Jiayuguan	129	19	312	85.5
金昌市	Jinchang	122	18	321	87.9
白银市	Baiyin	118	23	322	88.5
天水市	Tianshui	130	25	345	94.5
武威市	Wuwei	129	28	313	85.8
张掖市	Zhangye	127	25	326	89.3
平凉市	Pingliang	130	17	338	92.6
酒泉市	Jiuquan	130	23	297	81.4
庆阳市	Qingyang	129	23	340	93.2
定西市	Dingxi	132	22	348	95.3
陇南市	Longnan	114	18	339	98.5
临夏州	Linxia	133	26	333	91.5
甘南州	Gannan	122	14	359	98.4

8-9 各市（州）一般工业固体废物产生及处理利用情况（2021）
Production, Disposal and Utilization of Common Industrial Solid Wastes by Region(2021)

单位：万吨 (10 000 tons)

市（州）	Region	一般工业固体废物产生量 Common Industrial Solid Wastes Generated	一般工业固体废物综合利用量 Integrated Reuse of Common Industrial Solid Wastes	一般工业固体废物处置量 Common Industrial Solid Wastes Disposed	一般工业固体废物贮存量 Stock of Common Industrial Solid Wastes
甘肃省	**Gansu**	**6261.89**	**2989.70**	**1985.81**	**1786.61**
兰州市	Lanzhou	522.16	511.43	4.66	6.19
嘉峪关市	Jiayuguan	865.38	485.08	77.12	309.68
金昌市	Jinchang	1746.37	257.95	1563.36	392.70
白银市	Baiyin	737.40	554.36	101.91	90.76
天水市	Tianshui	35.34	38.53	0.50	
武威市	Wuwei	134.79	129.42	5.28	0.09
张掖市	Zhangye	308.19	261.60	9.37	42.26
平凉市	Pingliang	478.42	341.35	96.68	44.93
酒泉市	Jiuquan	578.34	120.73	21.68	436.86
庆阳市	Qingyang	26.42	26.03	0.34	
定西市	Dingxi	29.81	25.72	0.78	3.94
陇南市	Longnan	625.19	145.79	101.57	379.06
临夏州	Linxia	9.62	9.92		
甘南州	Gannan	75.06	12.03	1.59	61.45
兰州新区	Lanzhou New Area	20.66	19.69	0.98	
甘肃矿区	Gansu Mining Area	68.74	50.07		18.67

注：兰州市数据中不包含兰州新区数据。以下相关表同。
a) Data of Lanzhou was not include Lanzhou New Area.The same applies to the relevant tables following.

8-9 续表 continued

单位：万吨 (10 000 tons)

市（州）	Region	一般工业固体废物倾倒丢弃量 Common Industrial Solid Wastes Discharged	危险废物产生量 Hazardous Wastes Generated	危险废物利用处置量 Integrated Reuse and Disposal of Hazardous Wastes	危险废物本年末贮存量 Year-end Stock of Hazardous Wastes
甘肃省	**Gansu**	**0.06**	**196.99**	**178.15**	**220.69**
兰州市	Lanzhou		17.72	17.46	8.06
嘉峪关市	Jiayuguan		33.62	39.98	7.54
金昌市	Jinchang		26.38	27.35	11.92
白银市	Baiyin		46.55	20.37	115.33
天水市	Tianshui		0.92	0.93	0.01
武威市	Wuwei		1.08	1.09	0.07
张掖市	Zhangye		11.28	11.20	0.13
平凉市	Pingliang		0.92	0.92	0.05
酒泉市	Jiuquan		5.81	5.29	0.77
庆阳市	Qingyang	0.05	15.50	16.31	0.54
定西市	Dingxi		11.92	11.62	16.38
陇南市	Longnan		22.77	23.44	59.43
临夏州	Linxia		0.01	0.01	
甘南州	Gannan				
兰州新区	Lanzhou New Area		1.62	1.30	0.43
甘肃矿区	Gansu Mining Area		0.87	0.87	

8-10　各市（州）废水主要污染物排放情况（2021）
Main Pollutant Contents Discharged in Wastewater by Region (2021)

市（州）	Region	化学需氧量排放总量（吨）COD Emission (ton)	氨氮排放总量（吨）Ammonia Nitrogen Emission (ton)	总氮排放总量（吨）Total Nitrogen Emission (ton)	总磷排放总量（吨）Total Phosphorus Emission (ton)	石油类排放总量（吨）Petroleum Emission (ton)	挥发酚排放总量（千克）Volatile Phenol Emission (kg)
甘肃省	**Gansu**	**661348.45**	**6022.68**	**35293.46**	**4926.54**	**21.77**	**446.51**
兰州市	Lanzhou	9699.71	423.87	3879.00	128.28	7.60	101.95
嘉峪关市	Jiayuguan	227.90	92.23	132.81	1.43	8.80	337.96
金昌市	Jinchang	1316.23	27.12	143.60	4.86	0.04	0.27
白银市	Baiyin	4829.44	93.71	469.40	24.66	0.67	
天水市	Tianshui	16359.80	655.83	1103.37	63.17	0.83	
武威市	Wuwei	5204.94	123.46	323.20	24.16	0.09	
张掖市	Zhangye	4141.96	221.64	579.08	28.13		
平凉市	Pingliang	6670.86	78.76	528.53	22.66	2.87	
酒泉市	Jiuquan	3609.75	90.44	368.98	18.64	0.01	6.33
庆阳市	Qingyang	7935.95	117.15	452.15	25.60	0.43	
定西市	Dingxi	10251.71	112.96	466.72	33.35	0.23	
陇南市	Longnan	14534.53	527.50	797.46	46.34	0.19	
临夏州	Linxia	9731.37	156.80	515.63	59.86		
甘南州	Gannan	3439.70	144.60	192.50	21.64		
兰州新区	Lanzhou New Area	3503.09	159.98	446.18	2.37		
甘肃矿区	Gansu Mining Area	128.44	4.48	199.12			

注：1. 本表中废水主要污染物排放总量包括工业源、生活源、农业源、集中式污染治理设施废水污染物排放量。
2. 根据《排放源统计调查制度》，农业源以省级为单位调查，只有省级数据，无分市（州）数据，因此表中全省化学需氧量、氨氮、总氮和总磷数据包含农业源数据，市级数据不包含农业源数据。

a) Total emissions of main pollutant contents discharged in wastewater in this table include the wastewater pollutants emissions of industrial sources, living sources, agricultural sources, and the centralized pollution control facilities.

b) According to the "Statistical Investigation System of Emission Sources", agricultural sources are surveyed at the provincial level. So,there are only provincial data and no city (state) data. Therefore, the province's chemical oxygen demand, ammonia nitrogen, total nitrogen and total phosphorus data in the table include agricultural source data, municipal data does not include agricultural source data.

8-11 各市（州）工业和生活废水主要污染物排放情况（2021）
Main Industrial and Living Pollutant Contents Discharged in Wastewater by Region (2021)

单位：吨 (ton)

市（州）	Region	工业源化学需氧量排放量 Industrial COD Emission	工业源氨氮排放量 Industrial Ammonia Nitrogen Emission	生活源化学需氧量排放量 Living COD Emission	生活源氨氮排放量 Living Ammonia Nitrogen Emission
甘肃省	**Gansu**	**2960.11**	**133.35**	**98323.90**	**2831.91**
兰州市	Lanzhou	795.97	27.93	8902.00	395.63
嘉峪关市	Jiayuguan	94.30	23.34	132.85	68.80
金昌市	Jinchang	401.13	4.12	914.57	22.89
白银市	Baiyin	245.30	14.15	4581.84	79.36
天水市	Tianshui	146.26	8.97	16198.60	643.60
武威市	Wuwei	76.68	2.51	5128.17	120.92
张掖市	Zhangye	283.90	10.62	3857.48	210.91
平凉市	Pingliang	223.08	3.23	6436.29	73.13
酒泉市	Jiuquan	190.12	14.39	3419.19	75.97
庆阳市	Qingyang	69.81	1.13	7687.54	76.84
定西市	Dingxi	49.72	2.16	10133.46	95.94
陇南市	Longnan	87.91	3.56	14439.17	522.35
临夏州	Linxia	80.80	9.87	9648.91	146.58
甘南州	Gannan	29.75	1.17	3397.93	140.81
兰州新区	Lanzhou New Area	56.95	1.73	3445.90	158.18
甘肃矿区	Gansu Mining Area	128.44	4.48		

注：本表生活化学需氧量和氨氮排放量包括城镇和农村。

a) The discharge of COD and Ammonia Nitrogen includes urban and rural areas.

8-12 各市（州）废气主要污染物排放情况（2021）
Emission of Waste Gas and Major Pollutants by Region (2021)

单位：吨 (ton)

市（州）	Region	二氧化硫排放总量 Sulphur Dioxide Emission	氮氧化物排放总量 Nitrogen Oxides Emission	颗粒物排放总量 Particulate Matter Emission
甘肃省	**Gansu**	**84672.54**	**184550.03**	**131226.19**
兰州市	Lanzhou	15088.65	35288.55	14153.73
嘉峪关市	Jiayuguan	16019.92	17356.49	17954.96
金昌市	Jinchang	10519.10	9143.07	11459.44
白银市	Baiyin	6150.71	22817.76	7153.08
天水市	Tianshui	6007.07	13045.98	19104.71
武威市	Wuwei	2504.80	9444.88	6612.26
张掖市	Zhangye	2181.42	8550.97	4192.65
平凉市	Pingliang	4857.90	14416.68	6390.79
酒泉市	Jiuquan	3885.90	11079.15	9126.15
庆阳市	Qingyang	3229.99	9127.20	7158.20
定西市	Dingxi	7451.61	12006.83	8024.20
陇南市	Longnan	2799.65	8431.88	11275.26
临夏州	Linxia	1912.93	9486.37	5139.94
甘南州	Gannan	884.16	2810.86	2935.20
兰州新区	Lanzhou New Area	206.91	516.79	273.11
甘肃矿区	Gansu Mining Area	971.83	1026.59	272.53

注：本表中废气主要污染物排放总量包括工业源、生活源、机动车、集中式污染治理设施废气污染物排放量。

a) Total emissions of major pollutants in waste gas in this table include the waste gas pollutants emissions of industrial sources, living sources, motor vehicles, and the centralized pollution control facilities.

8-13 各市（州）工业和生活废气主要污染物排放情况（2021）
Emission of Industrial and Living Waste Gas and Major Pollutants by Region (2021)

单位：吨 (ton)

市（州）	Region	工业二氧化硫排放量 Industrial Sulphur Dioxide Emission	工业氮氧化物排放量 Industrial Nitrogen Oxides Emission	工业颗粒物排放量 Industrial Particulate Matter Emission	生活及其他二氧化硫排放量 Domestic and Other Sulphur Dioxide Emission	生活及其他氮氧化物排放量 Domestic and Other Nitrogen Oxides Emission	生活及其他颗粒物排放量 Domestic and Other Particulate Matter Emission
甘肃省	**Gansu**	**66480.84**	**79838.07**	**57013.42**	**18188.44**	**10534.26**	**72981.30**
兰州市	Lanzhou	12922.42	15038.83	5245.04	2165.25	2072.21	8761.64
嘉峪关市	Jiayuguan	15989.89	15585.45	17815.38	30.03	89.41	126.99
金昌市	Jinchang	9181.59	5063.53	6072.33	1337.51	611.26	5352.09
白银市	Baiyin	5470.62	8833.83	4302.82	680.09	509.20	2739.25
天水市	Tianshui	1787.51	3593.35	2052.48	4219.56	1978.98	16889.22
武威市	Wuwei	1617.48	2778.88	2993.25	887.32	537.51	3562.49
张掖市	Zhangye	1460.13	3551.25	1249.23	721.29	409.53	2893.45
平凉市	Pingliang	4093.62	7482.54	3236.62	764.28	398.72	3062.72
酒泉市	Jiuquan	2487.60	5382.67	3490.01	1396.02	651.96	5587.46
庆阳市	Qingyang	1604.41	2028.85	544.45	1625.58	882.08	6517.30
定西市	Dingxi	6049.08	3516.48	2235.25	1402.53	679.37	5615.71
陇南市	Longnan	1334.13	3044.21	5314.16	1465.52	692.73	5866.39
临夏州	Linxia	933.40	1414.79	1073.29	979.53	658.95	3938.60
甘南州	Gannan	394.90	1099.07	951.90	489.26	243.34	1959.57
兰州新区	Lanzhou New Area	182.24	397.78	164.69	24.67	119.01	108.42
甘肃矿区	Gansu Mining Area	971.83	1026.59	272.53			

主要统计指标解释

气候 指地球与大气之间长期能量交换与质量交换所形成的一种自然环境状态，它是多种因素综合作用的结果。气候既是人类生活和生产的环境要素之一，又是供给人类生活和生产的重要资源。气温、降水、湿度等气象要素的多年平均值是用来描述一个地区气候状况的主要参数，而各种气象要素某年、某月的平均值（或总量）则可以反映出该时期天气气候状况的重要特征。

自然资源 指人类可以直接从自然界获得，并用于生产和生活的物质资源。自然资源一般可以分成可再生资源和非再生资源两大类。可再生资源指在较短时间内可以再生、可以循环利用的资源，包括土地资源、水资源、气候资源、生物资源和海洋资源等。非再生资源指在使用后不能再生的资源，包括矿产资源和地热能源。

土地资源 土地指陆地的表层部分，它主要由岩石、岩石的风化物和土壤构成。土地资源按利用类型可以分为农用地、建筑用地和未利用地。农用地包括耕地、园地、林地、牧草地和水面。建筑用地包括居民点及工矿用地、交通用地和水利设施用地。未利用地指农用地和建筑用地以外的土地，包括滩涂、荒漠、戈壁、冰川和石山等。

矿产资源 矿产资源指由地质作用形成的，具有利用价值的，呈固态、液态、气态的自然资源，是社会生产发展的重要物质基础。目前我国已发现矿种有 170 多种，甘肃省已发现矿 119 种，按其特点和用途，可分为能源矿产（如煤炭、石油、天然气、地热）、金属矿产（如铁矿、锰矿、铜矿、铅矿、铝土矿）、非金属矿产（如金刚石、石灰岩、粘土）和水气矿产（如地下水、矿泉水、二氧化碳气）四大类。其中：金属矿产按其物质成份和性质又可分为：黑色金属矿产、有色金属矿产、贵金属矿产、稀有金属矿产、稀土金属矿产、分散元素金属矿产六类。

矿产保有储量 指探明的矿产储量（包括工业储量和远景储量），扣除已开采部分和地下损失量后的年末实有储量。

平均气温 指空气的温度，我国一般以摄氏度（℃）为单位表示。气象观测的温度表是放在离地面约 1.5 米处通风良好的百叶箱里测量的，因此，通常说的气温指的是离地面 1.5 米处百叶箱中的温度。其统计计算方法为：

月平均气温是将全月各日的平均气温相加，除以该月的天数而得。

年平均气温是将 12 个月的月平均气温累加后除以 12 而得。

年平均相对湿度 指空气中实际水气压与当时气温下的饱和水气压之比。其统计方法与气温相同。

降水量 指从天空降落到地面的液态或固态（经融化后）水，未经蒸发、渗透、流失而在地面上积聚的深度。其统计计算方法为：

月降水量是将全月各日的降水量累加而得。

年降水量是将 12 个月的月降水量累加而得。

水资源总量 指当地降水形成的地表和地下产水总量，即地表径流量与降水入渗补给量之和。

地表水资源量 指河流、湖泊、冰川等地表水体中可以逐年更新的动态水量，即天然河川径流量。

地下水资源量 指地下饱和含水层逐年更新的动态水量，即降水和地表水入渗对地下水的补给量。

地表水与地下水资源重复量 指地表水和地下水相互转化的部分，即天然河川径流量中的地下水排泄量和地下水补给量中来源于地表水的入渗补给量。

供水总量 指各种水源为用水户提供的包括输水损失在内的毛水量。

地表水源供水量 指地表水体工程的取水量，按蓄、引、提、调四种形式统计。从水库、塘坝中引水或提水，均属蓄水工程供水量；从河道或湖泊中自流引水的，无论有闸或无闸，均属引水工程供水量；利用扬水站从河道或湖泊中直接取水的，属提水工程供水量；跨流域调水指水资源一级区或独立流域之间的跨流域调配水量，不包括在蓄、引、提水量中。

地下水源供水量 指水井工程的开采量，按浅层淡水、深层承压水和微咸水分别统计。城市地下水源供水量包括自来水厂的开采量和工矿企业自备井的开采量。

其他水源供水量 包括污水处理再利用、集雨工程、海水淡化等水源工程的供水量。

用水总量 指各类用户取用的包括输水损失在内的毛用水量之和。

农业用水 指农田灌溉用水、林果地灌溉用水、草地灌溉用水、鱼塘补水和畜禽用水。

工业用水 指工矿企业在生产过程中用于制造、加工、冷却、空调、净化、洗涤等方面的用水，按新水取用量计，不包括企业内部的重复利用水量。

生活用水 包括城镇生活用水和农村生活用水。城镇生活用水由居民用水和公共用水（含第三产业及建筑业等用水）组成；农村生活用水指居民生活用水。

自然保护区 指对有代表性的自然生态系统、珍稀濒危野生动植物物种的天然分布区、水源涵养区、有特殊意义的自然历史遗迹等保护对象所在的陆地、陆地水体或海域，依法划出一定面积进行特殊保护和管理的区域。以县及县以上各级人民政府正式批准建立的自然保护区为准(包括“六五”以前由部门或“革委会”批准且现仍存在的自然保护区）。风景名胜区、文物保护区不计在内。

环境污染治理投资 指在工业污染源治理和城市环境基础设施建设的资金投入中，用于形成固定资产的资金。包括工业新老污染源治理工程投资、建设项目“三同时”环保投资，以及城市环境基础设施建设所投入的资金。

一般工业固体废物产生量 指未被列入《国家危险废物名录》或者根据国家规定的危险废物鉴别标准（GB5085）、固体废物浸出毒性浸出方法（GB5086）及固体废物浸出毒性测定方法（GB / T 15555）鉴别方法判定不具有危险特性的工业固体废物。计算公式是：

一般工业固体废物产生量 =（一般工业固体废物综合利用量－其中：综合利用往年贮存量）+ 一般工业固体废物贮存量 +（一般工业固体废物处置量－其中：处置往年贮存量）+ 一般工业固体废物倾倒丢弃量

危险废物 指列入国家危险废物名录或根据国家规定的危险废物鉴别标准和鉴别方法认定的，具有爆炸性、易燃性、易氧化性、毒性、腐蚀性、易传染疾病等危险特性之一的废物。

一般工业固体废物综合利用量 指报告期内企业通过回收、加工、循环、交换等方式，从固体废物中提取或者使其转化为可以利用的资源、能源和其他原材料的固体废物量(包括当年利用往年的工业固体废物贮存量)，如用作农业肥料、生产建筑材料、筑路等。综合利用量由原产生固体废物的单位统计。

一般工业固体废物处置量 指报告期内企业将工业固体废物焚烧和用其他改变工业固体废物的物理、化学、生物特性的方法，达到减少或者消除其危险成分的活动，或者将工业固体废物最终置于符合环境保护规定要求的填埋场的活动中，所消纳固体废物的量。

9

能 源

Energy

简要说明

一、本篇资料主要内容

本篇包括的主要内容有能源生产、消费及品种构成，综合能源平衡表和主要能源品种的单项平衡表，能源生产和消费弹性系数等。

二、本篇资料的统计范围

本篇资料的统计范围为全社会。

三、本篇资料来源

全社会用电量数据来自国网甘肃省电力公司。

本篇资料由省统计局能源处搜集、加工整理，来自能源生产、消费统计及能源平衡表。

本篇根据第四次经济普查结果，对2015-2018年有关能源数据进行了修订。

9-1 能源生产总量及构成
Total Production of Energy and Its Composition

年 份 Year	能源生产总量（万吨标准煤） Total Energy Production (10 000 tons of SCE)	占能源生产总量的比重（%） As Percentage of Total Energy Production (%)			
		原煤 Coal	原油 Crude Oil	天然气 Natural Gas	一次电力及其他能源 Primary Electricity and Other Energy
2005	3605.12	71.72	12.07	0.57	15.64
2006	3798.83	71.88	12.50	0.52	15.10
2007	3985.59	70.78	12.61	0.49	16.13
2008	4069.28	68.71	12.82	0.42	18.06
2009	4232.34	67.10	12.15	0.46	20.29
2010	4631.59	68.37	11.79	0.28	19.56
2011	4884.56	64.64	14.70	0.22	20.45
2012	5362.84	60.29	16.77	0.31	22.63
2013	5538.21	55.48	18.32	0.25	25.95
2014	5926.50	54.64	18.61	0.27	26.48
2015	5816.78	52.02	20.14	0.27	27.57
2016	5667.42	51.86	20.20	0.24	27.70
2017	5749.10	45.20	20.55	0.39	33.86
2018	6107.42	40.76	20.11	0.48	38.65
2019	6394.63	39.53	20.19	0.31	39.97
2020	6729.39	39.17	20.57	0.70	39.56
2021	7031.70	40.52	20.91	0.70	37.87

注：电力折算标准煤的系数根据当年平均发电煤耗计算（下表同）。

a) The coefficient for conversion of electric power into SCE (standard coal equivalent) is calculated on the basis of the data on average coal consumption in generating electric power in the same year. The same applies to the tables following.

9-2 能源消费总量及构成
Total Consumption of Energy and Its Composition

年 份 Year	能源消费总量（万吨标准煤） Total Energy Consumption (10 000 tons of SCE)	占能源消费总量的比重（%） As Percentage of Total Energy Consumption (%)			
		煤炭 Coal	石油 Crude Oil	天然气 Natural Gas	一次电力及其他能源 Primary Electricity and Other Energy
2005	4300.88	67.84	16.17	2.88	13.11
2006	4670.33	69.09	15.30	3.33	12.28
2007	5031.35	68.78	15.09	3.35	12.78
2008	5264.80	68.54	14.53	2.97	13.96
2009	5398.00	66.15	14.95	2.99	15.91
2010	5829.85	64.08	16.99	3.39	15.54
2011	6393.69	63.35	17.18	3.85	15.62
2012	6893.76	61.85	16.48	4.06	17.61
2013	7286.72	60.63	16.70	3.98	18.69
2014	7521.45	60.41	16.34	4.19	19.06
2015	7488.50	60.21	16.15	4.45	19.19
2016	7299.93	58.72	17.25	4.63	19.40
2017	7503.63	55.83	17.13	4.93	22.11
2018	7822.54	54.44	16.21	4.98	24.37
2019	7818.02	52.40	15.50	5.27	26.83
2020	8104.71	52.74	15.33	5.29	26.64
2021	8434.23	55.45	14.58	5.25	24.72

9-3 综合能源平衡表
Overall Energy Balance Sheet

单位：万吨标准煤　　(10 000 tons of SCE)

项　目	Item	2010	2015	2019	2020	2021
可供消费的能源总量	**Total Energy Available for Consumption**	**5829.85**	**7532.37**	**7834.29**	**8126.02**	**8434.79**
一次能源生产量	Primary Energy Output	4631.59	5816.78	6394.63	6729.39	7031.70
调入量	Imports	4003.51	4578.47	5864.90	5674.84	5761.15
调出量（-）	Exports (-)	2823.88	2887.47	4159.38	4570.00	4247.88
年初年末库存差额	Stock Changes in the Year	18.64	24.59	-265.85	291.80	-110.19
能源消费总量	**Total Energy Consumption**	**5829.85**	**7488.50**	**7818.02**	**8104.71**	**8434.23**
在总量中：	Consumption by Sector					
农、林、牧、渔业	Agriculture,Forestry,Animal Husbandry,Fishery	252.38	226.60	218.40	234.29	245.11
工业	Industry	4258.42	5334.95	5271.72	5476.01	5710.77
建筑业	Construction	79.77	104.39	112.67	117.01	121.28
交通运输、仓储和邮政业	Transport,Storage and Post	466.19	568.15	621.73	620.82	631.40
批发、零售业和住宿、餐饮业	Wholesale and Retail Trades,Hotels and Catering Services	77.58	165.56	235.18	243.04	271.94
其他	Others Sectors	162.65	297.10	420.18	428.74	459.01
生活消费	Household Consumption	532.86	791.76	938.14	984.80	994.72
在总量中：	Consumption by Usage					
终端消费	End-use Consumption	5655.94	7196.13	7439.75	7770.57	8076.96
#工业	Industry	4084.51	5042.56	4893.46	5141.86	5353.43
加工转换损失量	Losses During the Process of Energy Conversion	216.72	130.84	197.19	144.08	157.32
#炼焦	Coking	46.75	70.07	53.02	46.49	45.88
炼油及煤制油	Petroleum Refining and Coal-to-liquids	99.88	182.38	190.19	198.30	181.74
损失量	Energy Losses	136.03	161.53	181.08	190.07	199.95
回收能（-）	Recovery of Energy (-)	178.83	229.32	220.44	286.00	306.06
平衡差额	**Balance**		**43.86**	**16.28**	**21.31**	**0.56**

注：电力按等价热值折算，因此加工转换损失量中不包括发电损失量。

a) Electric Power is converted on the basis of equivalent caloric value.Therefore,losses during the process of energy conversion do not include losses in power generation.

9-4 石油平衡表
Petroleum Balance Sheet

单位：万吨 (10 000 tons)

项 目	Item	2010	2015	2019	2020	2021
可供量	**Total Energy Available for Consumption**	**703.52**	**864.37**	**860.25**	**881.62**	**875.97**
生产量	Output	382.14	820.09	903.55	968.74	1029.05
调入量	Imports	1062.56	665.79	589.63	550.54	475.99
调出量 (-)	Exports (-)	779.25	618.61	604.44	744.47	603.35
年初年末库存差额	Stock Changes in the Year	38.07	-2.90	-28.49	106.81	-25.72
消费量	**Total Energy Consumption**	**703.52**	**864.37**	**860.25**	**881.62**	**875.97**
在消费量中：	Consumption by Sector					
农、林、牧、渔业	Agriculture, Forestry, Animal Husbandry,Fishery	32.90	37.00	38.50	39.50	35.75
工业	Industry	357.15	397.86	348.76	373.53	386.06
建筑业	Construction	22.80	34.50	36.65	37.42	36.50
交通运输、仓储和邮政业	Transport, Storage and Post	212.72	257.65	254.14	247.60	231.08
批发、零售业和住宿、餐饮业	Wholesale and Retail Trades, Hotels and Catering Services	7.71	14.16	18.90	19.11	19.79
其他行业	Other Sectors	35.01	49.50	65.47	64.97	66.87
生活消费	Household Consumption	35.23	73.70	97.83	99.49	99.92
在消费量中：	Consumption by Usage					
终端消费	End-use Consumption	598.66	691.3	685.27	704.52	704.47
#工业	Industry	252.29	224.79	173.78	196.43	214.56
中间消费	Intermediate Consumption	104.86	173.07	174.98	177.1	171.50
（用于加工转换）	(Consumed in Conversion)					
发电	Power Generation	0.59	1.11	0.89	0.72	0.82
供热	Heating	11.35	12.66	10.28	9.5	9.88
制气	Gas Production					
炼油损失量	Losses in Petroleum Refining	92.92	159.3	163.81	166.88	160.80
损失量	Energy Losses					
平衡差额	**Balance**					

注：生产量为原油产量。
a) Data on output refer to the output of crude oil.

9-5 煤炭平衡表

Coal Balance Sheet

单位：万吨 (10 000 tons)

项 目	Item	2010	2015	2019	2020	2021
可供量	**Total Energy Available for Consumption**	**5301.89**	**6585.06**	**6810.16**	**7245.45**	**8075.97**
生产量	Outputs	4688.25	4399.63	3684.59	3859.01	4406.80
调入量	Imports	2255.30	3961.63	4930.61	4799.33	5225.93
调出量（-）	Exports (-)	1600.10	1785.12	1469.72	1625.79	1458.92
年初年末库存差额	Stock Changes in the Year	-41.56	8.92	-335.32	212.90	-97.84
消费量	**Total Energy Consumption**	**5301.89**	**6585.06**	**6810.16**	**7245.45**	**8075.97**
在消费量中：	Consumption by Sector					
农、林、牧、渔业	Agriculture,Forestry,Animal Husbandry, Fishery	48.10	51.10	39.51	36.60	36.45
工业	Industry	4787.79	6034.96	6366.50	6830.66	7683.75
建筑业	Construction	28.00	17.00	14.50	14.50	14.30
交通运输、仓储和邮政业	Transport,Storage and Post	49.00	28.00	17.80	14.30	14.10
批发、零售业和住宿、餐饮业	Wholesale and Retail Trades,Hotels and Catering Services	33.00	30.00	23.10	20.10	19.60
其他	Other Sectors	22.00	31.00	21.30	19.10	18.80
生活消费	Household Consumption	334.00	393.00	327.45	310.19	288.97
在消费量中：	Consumption by Usage					
终端消费	End-use Consumption	1646.57	2035.85	1500.65	1484.56	1441.35
#工业	Industry	1132.47	1485.75	1056.99	1069.77	1049.13
中间消费	Intermediate Consumption	3655.32	4549.21	5309.51	5760.89	6634.62
（用于加工转换）	(Consumed in Conversion)					
发电	Power Generation	2775.80	3168.96	3639.44	3983.70	4733.20
供热	Heating	445.30	534.68	852.10	933.16	1022.54
炼焦	Coking	389.93	699.18	631.93	723.45	708.87
制气	Gas Production	9.29	5.08	5.75	6.44	8.46
洗选损耗	Losses in Coal Washing and Dressing	35.00	141.31	179.80	112.13	159.37
平衡差额	**Balance**					

注：生产量为原煤产量。

a) Data on output refer to the output of raw coal.

9-6 电力平衡表
Electricity Balance Sheet

单位：亿千瓦小时 (100 million kWh)

项 目	Item	2010	2015	2019	2020	2021
可供量	**Total Energy Available for Consumption**	**804.43**	**1112.99**	**1297.90**	**1386.60**	**1497.05**
生产量	Output	874.51	1242.20	1669.23	1798.33	1934.76
水电、风电及其他发电	Hydropower,Wind Power and other Power	283.16	521.79	842.66	886.40	890.04
火电	Thermal Power	591.35	720.41	826.57	911.93	1044.72
调入量	Imports	119.73	114.85	367.93	375.59	354.96
调出量（-）	Exports (-)	189.81	244.06	739.26	787.32	792.67
消费量	**Total Energy Consumption**	**804.43**	**1098.72**	**1288.05**	**1375.70**	**1494.70**
在消费量中：	Consumption by Sector					
农、林、牧、渔业	Agriculture,Forestry,Animal Husbandry, Fishery	54.37	44.38	44.88	51.22	57.70
工业	Industry	617.13	860.21	961.48	1026.10	1099.52
建筑业	Construction	8.33	13.05	15.61	17.02	19.23
交通运输、仓储和邮政业	Transport,Storage and Post	32.57	41.04	55.73	59.90	71.44
批发、零售业和住宿、餐饮业	Wholesale and Retail Trades,Hotels and Catering Services	11.41	23.55	37.60	38.79	46.40
其他	Other Sectors	27.11	39.87	64.30	67.14	75.93
生活消费	Household Consumption	53.52	76.62	108.45	115.53	124.48
在消费量中：	Consumption by Usage					
终端消费	End-use Consumption	761.91	1046.17	1227.75	1311.58	1426.91
# 工业	Industry	574.61	807.66	901.18	961.98	1031.73
输配电损失量	Losses in Transmission	42.52	52.55	60.30	64.12	67.79
平衡差额	**Balance**		**14.27**	**9.85**	**10.90**	**2.35**

9-7 分行业能源消费量（2021）

行 业	Sector	能源消费总量（万吨标准煤）Total Energy Consumption (10000 tons of SCE)	煤炭（万吨）Coal (10 000 tons)
消费总计	**Total Consumption**	**8434.23**	**8075.97**
农、林、牧、渔业	**Agriculture,Forestry,Animal Husbandry and Fishery**	**245.11**	**36.45**
工业	**Industry**	**5710.77**	**7683.75**
采矿业	**Mining**	**398.81**	**329.46**
煤炭开采和洗选业	Mining and Washing of Coal	175.38	324.04
石油和天然气开采业	Extraction of Petroleum and Natural Gas	80.81	1.84
黑色金属矿采选业	Mining and Processing of Ferrous Metal Ores	25.15	2.03
有色金属矿采选业	Mining and Processing of Non-Ferrous Metal Ores	39.67	0.47
非金属矿采选业	Mining and Processing of Nonmetal Ores	22.46	1.08
开采专业及辅助性活动	Support Activities for Mining	1.55	
其他采矿业	Mining of Other Ores	53.80	
制造业	**Manufacturing**	**4577.47**	**1839.18**
农副食品加工业	Processing of Food from Agricultural Products	38.55	11.25
食品制造业	Manufacture of Foods	16.42	6.05
酒、饮料和精制茶制造业	Manufacture of Liquor, Beverages and Refined Tea	12.47	4.87
烟草制品业	Manufacture of Tobacco	2.12	
纺织业	Manufacture of Textile	4.09	0.21
纺织服装、服饰业	Manufacture of Textile, Wearing Apparel and Accessories	0.97	
皮革、毛皮、羽毛及其制品和制鞋业	Manufacture of Leather, Fur, Feather and Related Products and Footwear	0.52	0.08
木材加工及木、竹、藤、棕、草制品业	Processing of Timber, Manufacture of Wood, Bamboo, Rattan, Palm and Straw Products	2.51	
家具制造业	Manufacture of Furniture	1.09	
造纸和纸制品业	Manufacture of Paper and Paper Products	11.85	9.03
印刷和记录媒介复制业	Printing and Reproduction of Recording Media	0.87	0.01
文教、工美、体育和娱乐用品制造业	Manufacture of Articles for Culture, Education, Arts and Crafts, Sport and Entertainment Activities	0.06	
石油煤炭及其他燃料加工业	Petroleum, Coal and Other Fuel Processing Industries	620.93	456.86
化学原料和化学制品制造业	Manufacture of Raw Chemical Materials and Chemical Products	422.17	73.35
医药制造业	Manufacture of Medicines	23.80	8.69
化学纤维制造业	Manufacture of Chemical Fibres	5.57	
橡胶和塑料制品业	Manufacture of Rubber and Plastics Products	16.05	0.01
非金属矿物制品业	Manufacture of Non-metallic Mineral Products	731.52	605.84
黑色金属冶炼和压延加工业	Smelting and Pressing of Ferrous Metals	1047.10	469.15
有色金属冶炼和压延加工业	Smelting and Pressing of Non-ferrous Metals	1521.21	191.59
金属制品业	Manufacture of Metal Products	18.77	0.33
通用设备制造业	Manufacture of General Purpose Machinery	7.60	
专用设备制造业	Manufacture of Special Purpose Machinery	4.48	0.12
汽车制造业	Manufacture of Automobiles	0.33	
铁路、船舶、航空航天和其他运输设备制造业	Manufacture of Railway, Ship, Aerospace and Other Transport Equipments	0.50	
电气机械和器材制造业	Manufacture of Electrical Machinery and Apparatus	5.23	
计算机、通信和其他电子设备制造业	Manufacture of Communication Equipment, Computers and Other Electronic Equipment	15.17	
仪器仪表制造业	Manufacture of Measuring Instruments and Machinery	0.53	
其他制造业	Other Manufacturing	21.92	
废弃资源综合利用业	Utilization of Waste Resources	17.37	1.74
金属制品、机械和设备修理业	Repair Service of Metal Products, Machinery and Equipment	5.70	
电力、热力、燃气及水的生产和供应业	**Electric Power, Gas and Water Production and Supply**	**734.49**	**5515.11**
电力、热力的生产和供应业	Production and Supply of Electric Power and Heat Power	680.56	5512.23
燃气生产和供应业	Production and Supply of Gas	27.75	2.84
水的生产和供应业	Production and Supply of Water	26.17	0.04
建筑业	**Construction**	**121.28**	**14.30**
交通运输储运业和邮政业	**Transport, Storage and Post**	**631.40**	**14.10**
批发、零售业和住宿、餐饮业	**Wholesale, Retail Trade and Hotel,Restaurants**	**271.94**	**19.60**
其他行业	**Others**	**459.08**	**18.80**
城乡居民生活	**Urban and Rural Residential Consumption**	**994.72**	**288.97**

Consumption of Energy by Sector (2021)

焦炭（万吨） Coke (10 000 tons)	原油（万吨） Crude Oil (10 000 tons)	汽油（万吨） Gasoline (10 000 tons)	煤油（万吨） Kerosene (10 000 tons)	柴油（万吨） Diesel Oil (10 000 tons)	燃料油（万吨） Fuel Oil (10 000 tons)	液化石油气（万吨） Liquefied Petroleum Gas (10 000 tons)	天然气（亿立方米） Natural Gas (100 million cu.m)	电力（亿千瓦小时） Electricity (100 million kWh)
595.19	**1487.54**	**223.71**	**7.53**	**249.14**	**1.67**	**16.85**	**37.49**	**1494.70**
		4.90		**30.85**				**57.70**
595.19	**1487.54**	**1.85**	**0.10**	**15.09**	**1.67**	**0.10**	**11.27**	**1099.52**
9.36	**14.20**	**0.40**		**4.42**			**0.93**	**62.46**
		0.08		1.36			0.32	1.82
	14.20	0.14		0.44			0.61	17.42
9.36		0.02		0.80				4.72
		0.07		0.29				13.17
				0.56				7.09
		0.09		0.97				
								18.24
585.83	**1473.34**	**0.83**	**0.10**	**10.02**	**1.66**	**0.10**	**9.93**	**835.05**
0.10		0.08		0.07			0.13	8.59
		0.08		0.03		0.03	0.15	2.17
		0.01		0.03			0.28	1.88
							0.06	0.48
				0.04			0.03	1.17
							0.01	0.29
								0.16
								0.84
								0.37
				0.02				2.08
		0.01						0.27
								0.02
	1473.34	0.09		0.61	0.55		2.10	23.42
54.46		0.04	0.03	0.18			2.72	81.27
		0.04		0.02	0.06		0.30	3.99
							0.09	1.53
		0.02		0.01			0.03	4.23
35.26		0.15		5.64	0.56		1.56	90.81
483.94		0.01		0.83			0.35	133.37
10.60		0.14	0.07	2.14	0.41	0.07	1.71	448.74
		0.09		0.03			0.19	5.38
		0.01		0.06	0.07		0.03	2.23
0.36		0.02		0.05			0.05	1.09
								0.11
								0.17
		0.04		0.01			0.08	1.43
				0.01			0.02	4.65
								0.18
								7.43
1.11				0.03	0.01		0.02	4.95
				0.21			0.02	1.75
		0.62		**0.65**	**0.01**		**0.41**	**202.01**
		0.60		0.60	0.01		0.06	184.54
		0.01		0.03			0.35	8.67
		0.01		0.02				8.80
		13.73		**12.95**				**19.23**
		57.15	**7.43**	**166.50**			**5.05**	**71.44**
		13.76		**3.55**		**2.48**	**4.95**	**46.40**
		51.02		**15.85**			**7.65**	**75.93**
		81.30		**4.35**		**14.27**	**8.57**	**124.48**

9-8 能源生产弹性系数
Elasticity Ratio of Energy Production

年 份 Year	能源生产比上年增长(%) Growth Rate of Energy Production over Preceding Year (%)	电力生产比上年增长(%) Growth Rate of Electricity Production over Preceding Year (%)	能源生产弹性系数 Elasticity Ratio of Energy Production	电力生产弹性系数 Elasticity Ratio of Electricity Production
2000	-13.06	6.83		0.70
2001	5.39	8.26	0.55	0.85
2002	37.66	12.53	3.82	1.27
2003	16.84	18.71	1.49	1.65
2004	17.71	13.18	1.62	1.21
2005	7.29	10.70	0.62	0.90
2006	5.37	5.08	0.45	0.42
2007	4.92	16.33	0.40	1.33
2008	2.10	11.58	0.21	1.14
2009	4.01	1.86	0.39	0.18
2010	9.43	24.35	0.80	2.07
2011	5.46	17.54	0.41	1.33
2012	9.79	7.70	0.83	0.65
2013	3.27	8.57	0.29	0.76
2014	7.01	3.26	0.78	0.36
2015	-1.85	0.09		0.01
2016	-2.57	-2.24		
2017	1.44	11.10	0.41	3.15
2018	6.23	19.18	1.01	3.12
2019	4.70	3.81	0.76	0.62
2020	5.24	7.73	1.35	1.99
2021	4.49	7.59	0.65	1.09

9-9 能源消费弹性系数
Elasticity Ratio of Energy Consumption

年 份 Year	能源消费比上年增长(%) Growth Rate of Energy Consumption over Preceding Year (%)	电力消费比上年增长(%) Growth Rate of Electricity Consumption over Preceding Year (%)	能源消费弹性系数 Elasticity Ratio of Energy Consumption	电力消费弹性系数 Elasticity Ratio of Electricity Consumption
2000	3.23	1.29	0.33	0.13
2001	1.88	1.58	0.19	0.16
2002	4.36	11.84	0.44	1.20
2003	11.82	16.36	1.04	1.44
2004	15.78	13.47	1.45	1.23
2005	10.06	8.29	0.85	0.70
2006	8.59	9.57	0.72	0.80
2007	7.73	14.62	0.63	1.19
2008	4.64	10.25	0.46	1.01
2009	2.53	4.09	0.25	0.40
2010	8.00	14.02	0.68	1.19
2011	9.67	14.79	0.73	1.12
2012	7.82	7.70	0.66	0.65
2013	5.70	7.91	0.50	0.70
2014	3.22	2.07	0.36	0.23
2015	-0.44	0.30		0.04
2016	-2.52	-3.06		
2017	2.79	9.32	0.79	2.65
2018	4.25	10.75	0.69	1.75
2019	-0.06	-0.11		
2020	3.67	6.80	0.95	1.75
2021	4.07	8.65	0.59	1.25

9–10 能源消耗
Energy Consumption

年 份 Year	单位生产总值能耗上升或下降（±%） Change of Energy Consumption per Unit of GDP（±%）	单位生产总值电耗上升或下降（±%） Change of Electricity Consumption per Unit of GDP（±%）	规模以上工业单位增加值能耗上升或下降（±%） Change of Energy Consumption per Unit of Designated Industrial Value-added（±%）
2006	-2.61	-1.74	-3.03
2007	-4.09	2.02	-6.53
2008	-5.00	0.09	-5.66
2009	-6.97	-5.55	-12.84
2010	-3.40	2.01	-7.94
2011	-2.51	2.02	-1.96
2012	-4.21	-4.31	-8.10
2013	-4.56	-2.57	-7.25
2014	-5.21	-6.26	-7.02
2015	-7.95	-7.20	-10.66
2016	-9.44	-9.93	-12.40
2017	-0.71	5.55	3.08
2018	-1.78	4.14	2.72
2019	-5.85	-5.90	-6.56
2020	-0.20	2.81	0.75
2021	-2.6	1.7	-3.2

注：1. 2006–2010年地区生产总值按2005年可比价格计算，2011–2015年地区生产总值按2010年可比价格计算，2016–2020年地区生产总值按2015年可比价格计算。2021年地区生产总值按2020年可比价格计算。

2. 根据快报数进行的能耗核算。

a) GDP of 2006-2010 are calculated at 2005 constant prices. GDP of 2011-2015 is calculated at 2010 constant prices.GDP of 2016-2020 are calculated at 2015 constant prices.GDP of 2021 are calculated at 2020 constant prices.

b) Energy consumption accounting are according to the quick reports data.

9-11 能源加工转换效率
Efficiency of Energy Conversion

单位：%　　(%)

年 份 Year	总效率 Total Efficiency	火力发电 Generation Efficiency of Thermal Power	炼焦 Coking	炼油及煤制油 Petroleum Refining and Coal-to-liquids
2005	72.97	36.30	97.74	90.13
2006	73.11	36.78	84.54	91.67
2007	73.40	37.17	97.70	89.31
2008	72.81	37.29	94.76	93.25
2009	73.61	37.53	94.00	93.06
2010	70.60	38.42	86.70	94.88
2011	69.41	39.13	88.35	92.41
2012	70.08	39.44	87.88	93.60
2013	72.14	39.96	90.10	92.86
2014	72.55	39.94	91.01	93.22
2015	70.89	39.98	89.27	91.04
2016	70.99	40.11	92.86	91.56
2017	71.66	40.24	92.46	92.15
2018	68.4	40.35	91.39	90.16
2019	70.07	40.93	90.75	90.92
2020	69.89	41.46	92.63	90.56
2021	69.04	41.67	92.83	91.21

9-12 生活能源消费量
Average Annual Energy Consumption for Households

品 种	Item	2010	2015	2019	2020	2021
合计（万吨标准煤）	**Total (10 000 tons of SCE)**	**532.20**	**791.76**	**938.14**	**984.80**	**994.72**
煤炭（万吨）	Coal (10 000 tons)	334.00	393.00	327.45	310.19	288.97
液化石油气（万吨）	Liquefied Petroleum Gas (10 000 tons)	5.72	8.50	14.38	13.39	14.27
焦炉煤气（亿立方米）	Coke Oven Gas (100 million cu.m)	0.15	0.16	0.20	0.20	0.20
天然气（亿立方米）	Natural Gas (100 million cu.m)	1.90	4.00	6.06	8.10	8.57
热力（万百万千焦）	Heat (10 billion kilo-joule)	1741.92	3260.00	4826.24	5456.24	5751.49
电力（亿千瓦小时）	Electricity (100 million kWh)	53.52	76.62	108.45	115.53	124.48

9-13 重点耗能企业单位产品能源消费
Energy Consumption of Per Unit of Product for Key Energy-consuming Enterprises

项 目	Item	2019	2020	2021
吨原煤生产综合能耗（千克标准煤 / 吨）	Comprehensive Energy Consumption of Tonne Coal Production (kg of SCE/ton)	3.16	3.09	3.47
单位油气产量综合能耗（千克标准煤 / 吨）	Comprehensive Energy Consumption of Unit Oil and Gas Output (kg of SCE/ton)	45.79	49.28	46.18
铁矿选矿工序单位能耗（千克标准煤 / 吨）	Unit Energy Consumption of Iron Ore Beneficiation Process (kg of SCE/ton)	17.57	8.72	8.69
炼焦工序单位能耗（千克标准煤 / 吨）	Unit Energy Consumption of Coking Process (kg of SCE/ton)	126.73	127.51	128.34
原油加工单位综合能耗（千克标准油 / 吨）	Unit Comprehensive Energy Consumption of Crude Oil Processing (kg of Standard Oil Equivalent/ton)	63.53	61.90	61.83
单位电石生产综合能耗（千克标准煤 / 吨）	Comprehensive Energy Consumption of Unit Calcium Carbide Production (kg of SCE/ton)	936.43	919.49	899.36
单位乙烯生产综合能耗（千克标准煤 / 吨）	Comprehensive Energy Consumption of Unit Ethylene Production (kg of SCE/ton)	892.96	882.90	890.20
单位合成氨生产综合能耗（千克标准煤 / 吨）	Comprehensive Energy Consumption of Unit Synthetic Ammonia Production (kg of SCE/ton)	1255.43	1241.46	1222.18
吨水泥综合能耗（千克标准煤 / 吨）	Comprehensive Energy Consumption of Tonne Cement (kg of SCE/ton)	95.52	93.70	95.65
吨钢综合能耗（千克标准煤 / 吨）	Comprehensive Energy Consumption of Tonne Rolled Steel (kg of SCE/ton)	582.19	568.16	567.63
单位粗铜综合能耗（千克标准煤 / 吨）	Comprehensive Energy Consumption of Unit Blister Copper (kg of SCE/ton)	164.31	106.02	159.02
单位铜精炼综合能耗（千克标准煤 / 吨）	Comprehensive Energy Consumption of Unit Copper Refining (kg of SCE/ton)	185.54	111.13	94.43
单位电解铝综合能耗（千克标准煤 / 吨）	Comprehensive Energy Consumption of Unit Electrolytic Aluminum (kg of SCE/ton)	1665.92	1700.36	1691.75
单位粗铅综合能耗（千克标准煤 / 吨）	Comprehensive Energy Consumption of Unit Crude Lead (kg of SCE/ton)	300.92	299.61	329.16
单位铅冶炼综合能耗（千克标准煤 / 吨）	Comprehensive Energy Consumption of Unit Lead Smelting (kg of SCE/ton)	539.34	498.02	579.71
蒸馏锌综合标准煤耗单耗（千克标准煤 / 吨）	Comprehensive Standard Coal Consumption Unit Consumption of Distillation Zinc (kg of SCE/ton)	2099.72	2042.62	2099.16
单位精锌（电锌）综合能耗（千克标准煤 / 吨）	Comprehensive Energy Consumption of Unit Refined Zinc (Electrolytic Zinc) (kg of SCE/ton)	622.80	582.78	750.39
电厂火力发电标准煤耗（克标准煤 / 千瓦时）	Standard Coal Consumption of Thermal Power of Power Plant (g of SCE/kWh)	299.93	295.52	292.92

9-14 平均每天能源消费量

Average Daily Energy Consumption by Type of Energy

品　种	Item	2010	2015	2019	2020	2021
合计（万吨标准煤）	**Total (10 000 tons of SCE)**	**15.97**	**20.52**	**21.42**	**22.20**	**23.11**
煤炭（万吨）	Coal (10 000 tons)	14.53	18.04	18.66	19.85	22.13
焦炭（万吨）	Coke (10 000 tons)	1.48	1.62	1.44	1.60	1.63
原油（万吨）	Crude Oil (10 000 tons)	3.84	3.96	4.05	4.07	4.08
燃料油（万吨）	Fuel Oil (10 000 tons)	0.04	0.01	0.01	0.01	
汽油（万吨）	Gasoline (10 000 tons)	0.24	0.47	0.57	0.57	0.61
煤油（万吨）	Kerosene (10 000 tons)	0.01	0.02	0.03	0.02	0.02
柴油（万吨）	Diesel Oil (10 000 tons)	0.76	0.82	0.77	0.77	0.68
天然气（亿立方米）	Natural Gas (100 million cu.m)	0.04	0.07	0.09	0.10	0.10
电力（亿千瓦小时）	Electricity (100 million kWh)	2.20	3.01	3.53	3.77	4.10

9-15 人均生活能源消费量

Annual Per Capita Energy Consumption of Households

年 份 Year	平均每人生活消费能源（千克标准煤） Annual per Capita Consumption for Households (kg of SCE)	#煤炭（千克） Coal (kg)	#电力（千瓦小时） Electricity (kWh)	#液化石油气（千克） Liquefied Petroleum Gas (kg)	#天然气（立方米） Natural Gas (cu.m)	#煤气（立方米） Coal Gas (cu.m)
2000	164.00	155.00	84.01	2.09		
2001	174.00	151.79	88.31	1.60	0.23	
2002	156.35	150.24	89.49	1.50	0.73	
2003	171.80	148.50	91.34	1.62	0.96	
2004	169.00	146.53	105.29	1.61	1.11	
2005	184.27	155.59	127.63	1.93	1.57	1.53
2006	186.52	156.71	132.32	1.96	2.75	1.61
2007	198.63	159.77	142.49	1.96	2.83	1.73
2008	210.48	169.84	159.36	2.14	2.98	2.27
2009	228.12	172.16	181.48	2.16	3.06	2.86
2010	208.49	130.60	209.27	2.24	7.43	0.59
2011	227.93	125.44	243.75	2.25	10.93	0.59
2012	243.91	131.59	256.72	2.42	11.86	0.58
2013	249.16	132.41	267.73	2.45	13.76	0.62
2014	256.11	133.58	282.51	2.47	13.92	0.62
2015	305.09	151.44	295.24	3.28	15.41	0.62
2016	313.73	141.86	320.53	3.95	16.89	0.77
2017	328.25	142.10	348.88	3.93	17.00	0.76
2018	344.36	127.74	384.69	5.24	19.76	0.76
2019	355.04	123.92	410.43	5.44	22.93	0.76
2020	393.13	123.83	461.19	5.35	32.34	0.80
2021	398.60	115.80	498.81	5.72	34.34	0.80

注：计算消费量所使用的人口数为平均人口数。

a) Data in the table are calculated with the data on the annual average population.

主要统计指标解释

能源生产总量 指一定时期内，本地区一次能源生产量的总和。该指标是观察能源生产水平、规模、构成和发展速度的总量指标。一次能源生产量包括原煤、原油、天然气、水电、核电及其他动力能（如风能、太阳能、地热能等）发电量。

能源消费总量 指一定地域内，国民经济各行业和居民家庭在一定时期消费的各种能源的总和。能源消费总量分为终端能源消费量、能源加工转换损失量和能源损失量三部分。

（1）终端能源消费量：指一定时期内用于消费（而非用于加工转换产出其他能源）的各种能源之和。

（2）能源加工转换损失量：指一定时期内，本地区投入加工转换的各种能源数量之和与产出各种能源产品之和的差额。该指标是观察能源在加工转换过程中损失量变化的指标。

（3）能源损失量：指一定时期内，能源在输送、分配、储存过程中发生的损失和由客观原因造成的各种损失量。不包括各种气体能源放空、放散量。

能源生产弹性系数 是研究能源生产增长速度与生产总值增长速度之间关系的指标。计算公式：

$$\text{能源生产弹性系数}=\frac{\text{能源生产总量年平均增长速度}}{\text{国内（地区）生产总值年平均增长速度}}$$

电力生产弹性系数 是研究电力生产增长速度与生产总值增长速度之间关系的指标。计算公式为：

$$\text{电力生产弹性系数}=\frac{\text{电力生产量年平均增长速度}}{\text{国内（地区）生产总值年平均增长速度}}$$

能源消费弹性系数 反映能源消费增长速度与生产总值增长速度之间关系的指标。计算公式为：

$$\text{能源消费弹性系数}=\frac{\text{能源消费总量年平均增长速度}}{\text{国内（地区）生产总值年平均增长速度}}$$

电力消费弹性系数 反映电力消费增长速度与生产总值增长速度之间关系的指标。计算公式为：

$$\text{电力消费弹性系数}=\frac{\text{电力消费量年平均增长速度}}{\text{国内（地区）生产总值年平均增长速度}}$$

能源加工转换效率 指一定时期内，能源经过加工、转换后，产出的各种能源产品的数量与投入加工转换的各种能源数量的比率。该指标是观察能源加工转换装置和生产工艺先进与落后、管理水平高低等的重要指标。计算公式为：

$$\text{能源加工转换效率}=\frac{\text{能源加工转换产出量}}{\text{能源加工转换投入量}}\times 100\%$$

单位生产总值能耗 指一定时期内，一个国家（地区）每生产一个单位的国内（地区）生产总值所消耗的能源。计算公式为：

$$\text{单位生产总值能耗}=\frac{\text{能源消费总量}}{\text{国内（地区）生产总值}}$$

单位生产总值电耗 指一定时期内，一个国家（地区）每生产一个单位的国内（地区）生产总值所消耗的电力。计算公式为：

$$\text{单位生产总值电耗}=\frac{\text{全社会用电量}}{\text{国内（地区）生产总值}}$$

规模以上工业单位增加值能耗 指一定时期内，一个国家（地区）每生产一个单位的工业增加值所消耗的能源。

10

固定资产投资

Investment in Fixed Assets

简要说明

一、本篇资料主要内容

本篇资料主要内容包括：固定资产投资及其主要分组，分地区 500 万元及以上项目个数、新增固定资产、施工和竣工房屋面积、投资增速、投资效率以及 500 万元及以上项目能源工业投资情况，房地产开发企业基本情况等。

二、本篇资料的统计范围

固定资产投资的统计范围包括：500 万元及以上固定资产投资项目投资（不含军工、国防、人防建设项目）和房地产开发投资。自 1997 年起，除房地产开发投资、非农户投资、农户投资及城镇和工矿区私人建房投资外，固定资产投资的统计起点由 5 万元提高到 50 万元；自 2006 年起，非农户固定资产投资统计改为按项目统计，调查方法由抽样调查改为全面统计报表，起点提高到 50 万元，城镇和工矿区私人建房投资改为按项目统计，起点为 50 万元；自 2011 年起，提高固定资产投资统计起点标准，从计划总投资额 50 万元提高到 500 万元，投资统计的范围从城镇扩大到农村企事业组织，并将这一统计范围定义为“固定资产投资（不含农户）”。

三、本篇资料来源

本篇资料由省统计局固定资产投资处汇总、加工整理。

10-1 固定资产投资增长速度
Growth Rate of Investment in Fixed Assets

单位：%　　　　(%)

指　标	Item	2018	2019	2020	2021
固定资产投资	**Investment in Fixed Assets**	**-3.90**	**6.56**	**7.85**	**11.11**
按组成分	**By Composition**				
项目投资	Project Investment	-10.27	4.24	7.88	10.51
房地产开发	Real Estate Development	18.20	12.67	7.77	12.56
按隶属关系分	**By Subordination**				
中央项目	Central	-14.26	142.00	19.20	-11.19
地方项目	Local	-3.48	1.59	6.85	13.28
按构成分	**Group by Structure**				
建筑安装工程	Construction and Installation	-7.16	4.85	10.37	9.62
设备工具器具购置	Purchase of Equipment and Instruments	3.43	8.85	-7.00	43.32
其他费用	Others	17.67	16.24	1.92	2.87
按产业分	**By Industry**				
第一产业	Primary Industry	18.76	-9.74	37.01	-3.06
第二产业	Secondary Industry	-10.80	23.82	0.45	39.86
第三产业	Tertiary Industry	-3.56	4.26	8.05	6.06
本年实际到位资金	**Actual Funds This Year**	**-2.01**	**8.73**	**13.23**	**33.31**
国家预算资金	State Budget	-6.18	5.17	77.49	27.74
国内贷款	Domestic Loans	-18.44	25.10	5.60	-0.59
债券	Bonds	275.72	17.77		-20.63
利用外资	Foreign Investment	1617.48	140.24	95.68	-49.61
自筹资金	Self-raising Funds	-3.28	7.22	7.47	54.08
其他资金	Others	12.59	-0.41	11.37	60.91

注：1. 因2018年国家方法制度有所调整，2018年增速按可比口径计算（以下各表同）。
　　2. 到位资金及分项指标统计范围为计划总投资5000万元及以上项目和房地产开发投资本年到位资金合计。

a) Due to the adjustment of the national method system in 2018, the growth rate in 2018 is calculated on comparable coverage.The same applies to the tables following.

b) The statistic scope of actual funds and their sub-indicators for investment covers total actual funds this-year for projects and real estate development with total investment of 50 million yuan or more.

10-1 续表 continued

单位：% (%)

指 标	Item	2018	2019	2020	2021
按登记注册类型分	**By Registration Categories**				
内资	Domestic Funded Enterprises	-4.11	6.46	6.97	9.65
国有	State-owned Enterprises	-12.43	3.41	-23.95	10.99
集体	Collective-owned Enterprises	-42.25	27.98	-31.68	65.52
股份合作	Cooperative Enterprises	135.35	471.21	-71.13	87.11
联营企业	Joint Ownership Enterprises	-95.71	-29.42	227.93	40.20
国有联营	State Joint Ownership Enterprises	-96.70	-100.00		-35.59
集体联营	Collective Joint Ownership Enterprises	-59.68	79.60	280.00	-57.96
国有与集体联营	Joint State-collective Enterprises	-67.63	14.71	43.97	
其他联营	Other Joint Ownership Enterprises				
有限责任公司	Limited Liability Corporations	-1.83	11.02	33.00	1.63
国有独资公司	State Sole Funded Corporations	21.74	2.44	42.77	6.38
其他有限责任公司	Other Limited Liability Corporations	-9.91	15.00	28.97	-1.45
股份有限公司	Share-holding Corporations Limited	16.99	13.04	27.82	20.76
私营	Private Enterprises	7.63	0.05	11.05	17.92
其他	Other Enterprises	-20.94	-0.57	-23.72	42.22
港澳台商投资	Enterprises with Funds from Hong Kong ,Macao and Taiwan	80.91	142.38	7.38	90.83
外商投资经济	Foreign Funded Enterprises	16.18	55.46	463.54	40.98
个体经营	Individual Management	186.56	-74.00	25.85	172.61

10-2 按控股情况类型分固定资产投资增长速度
Growth Rate of Investment in Fixed Assets by Holding Type

单位：% (%)

年 份 Year	固定资产投资 Investment in Fixed Assets	国有经济 State-owned Units	集体经济 Collective-owned Units	个体经济 Individual Economy	其他经济 Others
1979	20.63	20.45	62.28		
1980	12.74	12.68	22.02		
1981	11.52	-6.63	855.64		
1982	11.23	13.84	40.58	-21.81	
1983	20.53	22.90	-14.22	24.92	
1984	29.62	21.73	86.04	79.12	
1985	38.32	29.99	131.05	41.17	
1986	19.26	19.70	1.05	34.53	
1987	18.51	23.47	-22.15	20.01	
1988	24.29	22.43	53.19	21.37	
1989	-14.02	-13.51	-30.15	-7.24	
1990	15.93	21.20	-8.12	-2.67	
1991	15.57	15.75	13.73	15.13	
1992	24.11	25.83	27.85	10.39	
1993	43.41	33.37	218.81	36.75	
1994	30.28	30.80	-29.94	11.90	
1995	22.39	25.11	-22.34	29.63	22.89
1996	10.36	-1.73	64.72	22.45	109.94
1997	23.07	20.88	6.94	61.73	11.89
1998	25.20	20.77	23.21	44.53	31.01
1999	16.03	13.88	39.59	2.15	36.44
2000	14.91	16.20	18.58	4.56	17.17
2001	14.52	13.65	2.26	4.02	33.26
2002	13.93	13.09	25.25	-9.53	29.42
2003	13.76	6.56	16.44	-0.09	45.09
2004	15.41	15.07	20.25	5.08	18.40
2005	15.68	9.01	16.86	0.96	36.57
2006	17.19	11.14	-56.51	15.44	46.84
2007	27.86	23.33	91.28	7.59	33.91
2008	32.47	37.31	10.59	44.95	26.05
2009	42.85	48.85	17.70	28.07	38.06
2010	36.24	36.54	13.39	-10.91	44.20
2011	40.16	14.42	100.97	-87.57	43.92
2012	30.20	6.67	19.35	104.13	37.43
2013	27.11	31.39	42.63	-82.31	23.14
2014	21.11	13.24	53.62	287.15	26.20
2015	11.17	12.27	-4.68	26.09	11.64
2016	10.52	16.85	-51.20	0.55	9.83
2017	-40.25	-43.80	-70.16	-64.53	-35.48
2018	-3.90	-5.88	-18.31	186.56	-2.26
2019	6.56	3.15	201.42	-74.00	8.31
2020	7.85	-7.01	-60.09	25.85	21.26
2021	11.11	10.99	65.52	172.61	42.22

注：本表国有经济为大口径，含国有、国有联营和国有独资公司；集体经济为大口径，含集体、集体联营和股份合作。

a) Data of state-owned units in this table are based on wide coverage,including state-owned, state joint ownership and state sole funded corporations;collective-owned enterprises are based on wide coverage,including collective-owned enterprises, collective joint ownership enterprises and cooperative enterprises.

10-3 按产业分固定资产投资增长速度

Growth Rate of Investment in Fixed Assets by Industry

单位：%　　(%)

年份 Year	固定资产投资 Investment in Fixed Assets	第一产业 Primary Industry	第二产业 Secondary Industry	#工业 Industry	第三产业 Tertiary Industry
2010	36.24	10.69	32.99	29.00	39.98
2011	40.16	75.64	33.27	24.88	46.10
2012	30.20	25.52	41.24	30.20	18.78
2013	27.11	36.89	19.96	23.50	35.29
2014	21.11	75.85	8.83	14.21	30.36
2015	11.17	30.75	-2.74	-13.67	21.94
2016	10.52	26.81	-6.23	-3.68	21.00
2017	-40.25	-43.69	-63.11	-54.92	-26.78
2018	-3.90	18.76	-10.80	-10.90	-3.56
2019	6.56	-9.74	23.82	24.45	4.26
2020	7.85	37.01	0.45	-0.28	8.05
2021	11.11	-3.06	39.86	40.84	6.06

10-4 按领域分固定资产投资增长速度

Growth Rate of Investment in Fixed Assets by Field

单位：%　　(%)

年份 Year	固定资产投资 Investment in Fixed Assets	#基础设施 Infrastructure	#制造业 Manufacturing	#房地产开发 Real Estate Development
2000	14.91			14.18
2001	14.52			13.19
2002	13.93			20.22
2003	13.76			34.72
2004	15.41			41.89
2005	15.68			18.97
2006	17.19			13.96
2007	27.86			37.20
2008	32.47			27.32
2009	42.85			19.60
2010	36.24			30.50
2011	40.16			36.21
2012	30.20			54.60
2013	27.11	27.44	19.45	29.17
2014	21.11	56.46	22.24	-0.44
2015	11.17	13.10	-9.31	6.46
2016	10.52	39.75	6.71	10.67
2017	-40.25	-19.28	-58.88	11.12
2018	-3.90	-13.62	-13.39	18.20
2019	6.56	2.42	24.82	12.67
2020	7.85	12.23	4.96	7.77
2021	11.11	4.22	15.55	12.56

注：1. 2012 年固定资产投资口径调整为计划总投资 500 万元及以上项目；
2. 基础设施投资口径为基础设施投资（不含电力、热力、燃气及水生产和供应业），具体包括铁路运输业，道路运输业，水上运输业，航空运输业，管道运输业，多式联运和运输代理业，装卸搬运，邮政业，电信、广播电视和卫星传输服务，互联网和相关服务，水利管理业，生态保护和环 境治理业，公共设施管理业。

a) In 2012, the fixed asset investment scale was adjusted to a project with a planned total investment of 5 million yuan and above;

b) Infrastructure investment caliber is infrastructure investment (excluding electricity, heat, gas and water production and supply industries), specifically including railway transportation, road transportation, water transportation, air transportation, pipeline transportation, multimodal transportation and Transportation agency, loading and unloading, postal services, telecommunications, radio and television and satellite transmission services, Internet and related services, water conservancy management, ecological protection and environmental governance, and public facility management.

10-5 项目固定资产投资增长速度
Growth Rate of Investment in Fixed Assets of Project (Excluding Investment in Real Estate Development)

单位：% (%)

指 标	Item	2018	2019	2020	2021
投资额	**Total Investment**	**–10.27**	**4.24**	**7.88**	**10.51**
按隶属关系分	**By Subordination**				
中央	Central	-8.04	144.00	19.58	-11.19
地方	Local	-10.38	-2.69	6.42	13.28
按构成分	**By Structure**				
建筑安装工程	Construction and Installation	-11.42	3.16	8.63	9.62
设备工具器具购置	Purchase of Equipment and Instruments	1.58	10.06	-6.21	43.32
其他费用	Others	-11.80	7.63	18.55	2.87
按产业分	**By Industry**				
第一产业	Primary Industry	18.76	-9.74	37.01	-3.06
第二产业	Secondary Industry	-10.80	23.82	0.45	39.86
#工业	Industry	-10.90	24.45	-0.28	40.84
第三产业	Tertiary Industry	-12.00	-0.12	8.21	6.06
本年实际到位资金	**Actual Funds This Year**	**–3.46**	**9.56**	**20.21**	**33.31**
国家预算内资金	State Budgetary Appropriation	-6.18	5.17	77.49	27.74
国内贷款	Domestic Loans	-5.53	20.56	14.67	-0.59
债券	Bonds	275.72	17.77		-20.63
利用外资	Foreign Investment	1617.48	140.24	95.68	-49.61
自筹资金	Self-raising Funds	-6.60	0.51	10.57	54.08
其他资金	Others	-1.97	28.98	12.48	60.91

注：到位资金及分项指标统计范围为计划总投资5000万元及以上项目实际到位资金。

a) The statistic scope of actual funds and its sub-indicators is the actual funds in place of projects with a planned total investment of 50 million yuan or more.

10–5 续表 continued

单位：% (%)

指 标	Item	2018	2019	2020	2021
按登记注册类型分	**By Registration Categories**	**–10.27**	**4.24**	**7.88**	**10.51**
内资	Domestic Funded Enterprises	-10.48	4.36	6.33	9.65
国有	State-owned Enterprises	-12.19	2.25	-24.36	13.62
集体	Collective-owned Enterprises	-41.94	5.63	-63.73	19.98
股份合作	Cooperative Enterprises	138.96	471.21	-71.13	87.11
联营企业	Joint Ownership Enterprises	-95.71	-29.42	227.93	40.20
国有联营	State Joint Ownership Enterprises	-96.70			-35.59
集体联营	Collective Joint Ownership Enterprises	-59.68	79.60	280.00	-57.96
国有与集体联营	Joint State-collective Enterprises	-67.63	14.71	43.97	
其他联营	Other Joint Ownership Enterprises				
有限责任公司	Limited Liability Corporations	-5.43	7.24	48.50	1.63
国有独资公司	State Sole Funded Corporations	7.36	20.03	42.56	6.38
其他有限责任公司	Other Limited Liability Corporations	-11.51	-0.13	52.62	-1.45
股份有限公司	Share-holding Corporations Limited	2.32	16.81	23.05	20.76
私营	Private Enterprises	-14.63	-3.67	14.50	17.92
其他	Other Enterprises	-20.88	-6.66	-20.96	42.22
港澳台商投资	Enterprises with Funds from Hong Kong ,Macao and Taiwan	31.80	11.08	184.24	90.83
外商投资经济	Foreign Funded Enterprises	-9.99	65.44	675.35	40.98
个体经营	Individual Management	186.56	-74.00	25.85	172.61

10-6 按行业分项目固定资产投资增长速度
Growth Rate of Investment in Fixed Assets of Project by Sector

单位：%　　(%)

指　标	Item	2018	2019	2020	2021
甘肃省	**Gansu**	**-10.27**	**4.24**	**7.88**	**10.51**
农、林、牧、渔业	Agriculture,Forestry,Animal Husbandry and Fishery	18.76	-9.74	37.01	-3.06
采矿业	Mining	48.84	14.61	2.04	18.18
制造业	Manufacturing	-13.39	24.82	4.96	15.55
电力、热力、燃气及水生产和供应业	Production and Supply of Electricity, Heat, Gas and Water	-19.08	27.31	-6.94	80.77
建筑业	Construction	7.97	-69.35	440.26	-68.62
批发和零售业	Wholesale and Retail Trades	-25.67	-12.88	-28.74	-33.25
交通运输、仓储和邮政业	Transport,Storage and Post	-16.99	21.08	18.16	-0.41
住宿和餐饮业	Hotels and Catering Services	-34.11	-6.32	-35.42	-32.22
信息传输、软件和信息技术服务业	Information Transmission,Software and Information Technology Services	42.01	-25.25	16.50	13.22
金融业	Financial Intermediation	-32.18	-58.64	49.19	-18.37
房地产业	Real Estate	-9.34	-1.17	7.58	0.33
租赁和商务服务业	Leasing and Business Services	14.36	8.63	36.43	-13.66
科学研究和技术服务业	Scientific Research and Technical Services	-41.14	33.03	2.99	-20.12
水利、环境和公共设施管理业	Management of Water Conservancy, Environment and Public Facilities	-10.16	-20.81	-4.53	15.98
居民服务、修理和其他服务业	Service to households, Repair and Other Services	-52.59	31.28	43.18	-20.86
教育	Education	-9.92	8.05	-3.98	24.55
卫生和社会工作	Health and Social Work	-6.73	-1.19	8.65	35.62
文化、体育和娱乐业	Culture, Sports and Entertainment	7.45	-9.41	9.90	-18.74
公共管理、社会保障和社会组织	Public Management,Social Security and Social Organization	5.69	-48.75	-10.20	-41.29
国际组织	International Organizations				

10-7 按行业、建设性质分项目固定资产投资增长情况（2021）
Growth Rate of Investment in Fixed Assets of Project by Secter and Type of Construction (2021)

单位 :%　　(%)

行业	Sector	投资额 Total Investment	#新建 New Construction	#扩建 Expansion	#改建和技术改造 Reconstruction and Technical Transformation
甘肃省	**Gansu**	**10.51**	**12.05**	**21.83**	**-6.99**
农、林、牧、渔业	Agriculture,Forestry,Animal Husbandry and Fishery	-3.06	-1.98	26.27	-65.14
采矿业	Mining	18.18	9.26	39.07	35.66
制造业	Manufacturing	15.55	26.59	-47.13	-4.13
电力、热力、燃气及水生产和供应业	Production and Supply of Electricity, Heat, Gas and Water	80.77	95.16	23.49	-11.66
建筑业	Construction	-68.62	-79.22	-19.93	
批发和零售业	Wholesale and Retail Trades	-33.25	-35.94	641.44	120.33
交通运输、仓储和邮政业	Transport,Storage and Post	-0.41	-3.20	63.45	-22.19
住宿和餐饮业	Hotels and Catering Services	-32.22	-30.25	-64.33	-52.33
信息传输、软件和信息技术服务业	Information Transmission,Software and Information Technology Services	13.22	-31.17	-26.10	32.39
金融业	Financial Intermediation	-18.37	-45.12		
房地产业	Real Estate	0.33	5.17	359.79	-11.44
租赁和商务服务业	Leasing and Business Services	-13.66	-6.35		-85.51
科学研究和技术服务业	Scientific Research and Technical Services	-20.12	-25.06		293.63
水利、环境和公共设施管理业	Management of Water Conservancy, Environment and Public Facilities	15.98	17.74	-18.37	7.62
居民服务、修理和其他服务业	Service to households, Repair and Other Services	-20.86	-13.79		-77.30
教育	Education	24.55	25.66	52.05	-12.39
卫生和社会工作	Health and Social Work	35.62	56.46	-49.28	76.86
文化、体育和娱乐业	Culture, Sports and Entertainment	-18.74	-17.19	-72.04	-32.95
公共管理、社会保障和社会组织	Public Management,Social Security and Social Organization	-41.29	-44.40	-76.59	5.01
国际组织	International Organizations				

注：本表数据不含房地产开发投资。

a) Data in this table do not include real estate development.

10-8 按行业、构成分项目固定资产投资增长情况（2021）

Growth Rate of Investment in Fixed Assets of Projects by Secter and Structure (2021)

单位 :%　　　　(%)

行　业	Sector	投资额 Total Investment	建筑安装工　程 Construction and Installation	设备工器具购置 purchase of Equipment and Instruments	其他 Others
甘肃省	**Gansu**	**10.51**	**6.61**	**46.87**	**7.94**
农、林、牧、渔业	Agriculture,Forestry,Animal Husbandry and Fishery	-3.06	4.94	-17.22	-49.78
采矿业	Mining	18.18	36.29	-6.35	-19.02
制造业	Manufacturing	15.55	21.56	5.69	-3.22
电力、热力、燃气及水生产和供应业	Production and Supply of Electricity, Heat,Gas and Water	80.77	44.98	175.18	43.66
建筑业	Construction	-68.62	-75.19	-2.86	7.36
批发和零售业	Wholesale and Retail Trades	-33.25	-32.89	-66.28	-4.26
交通运输、仓储和邮政业	Transport,Storage and Post	-0.41	-4.65	-28.56	32.28
住宿和餐饮业	Hotels and Catering Services	-32.22	-32.91	107.80	-58.75
信息传输、软件和信息技术服务业	Information Transmission,Software and Information Technology Services	13.22	-41.39	40.14	-47.45
金融业	Financial Intermediation	-18.37	-39.05	24.25	63.94
房地产业	Real Estate	0.33	3.16	-83.48	-22.82
租赁和商务服务业	Leasing and Business Services	-13.66	-9.07	-74.04	20.99
科学研究和技术服务业	Scientific Research and Technical Services	-20.12	-46.58	248.62	-92.45
水利、环境和公共设施管理业	Management of Water Conservancy, Environment and Public Facilities	15.98	15.23	33.67	18.61
居民服务、修理和其他服务业	Service to households, Repair and Other Services	-20.86	-18.02	-50.68	-8.70
教育	Education	24.55	26.68	-9.35	17.55
卫生和社会工作	Health and Social Work	35.62	41.30	-9.85	327.72
文化、体育和娱乐业	Culture, Sports and Entertainment	-18.74	-12.22	-73.64	-53.09
公共管理、社会保障和社会组织	Public Management,Social Security and Social Organization	-41.29	-42.12	-30.32	-55.82
国际组织	International Organizations				

注：本表数据不含房地产开发投资。
a) Data in this table do not include real estate development.

10-9 按行业分项目固定资产投资个数及项目新增固定资产增长情况（2021）
Number of Investment in Fixed Assets of Projects and Growth Rate of Newly Increased Fixed Assets of Projects by Secter (2021)

行业	Sector	施工项目（个）Number of Projects under Construction (unit)	全部建成投产项目（个）Number of Projects Completed and Put into Use (unit)	项目建成投产率（%）Rate of Projects Completed and Put into Use (%)	新增固定资产增长（%）Growth Rate of Newly Increased Fixed Assets (%)
甘肃省	**Gansu**	**8465**	**2985**	**35.26**	**66.11**
农、林、牧、渔业	Agriculture,Forestry,Animal Husbandry and Fishery	1004	486	48.41	294.42
采矿业	Mining	158	64	40.51	41.93
制造业	Manufacturing	1057	299	28.29	38.94
电力、热力、燃气及水生产和供应业	Production and Supply of Electricity, Heat,Gas and Water	755	230	30.46	117.64
建筑业	Construction	25	8	32.00	-69.50
批发和零售业	Wholesale and Retail Trades	145	68	46.90	-30.68
交通运输、仓储和邮政业	Transport,Storage and Post	1115	406	36.41	-5.35
住宿和餐饮业	Hotels and Catering Services	62	27	43.55	71.38
信息传输、软件和信息技术服务业	Information Transmission,Software and Information Technology Services	60	30	50.00	48.91
金融业	Financial Intermediation	11	3	27.27	
房地产业	Real Estate	519	115	22.16	75.22
租赁和商务服务业	Leasing and Business Services	111	25	22.52	157.79
科学研究和技术服务业	Scientific Research and Technical Services	70	26	37.14	44.80
水利、环境和公共设施管理业	Management of Water Conservancy, Environment and Public Facilities	1935	700	36.18	188.35
居民服务、修理和其他服务业	Service to households, Repair and Other Services	66	18	27.27	236.17
教育	Education	635	249	39.21	103.82
卫生和社会工作	Health and Social Work	365	115	31.51	44.33
文化、体育和娱乐业	Culture, Sports and Entertainment	207	67	32.37	82.43
公共管理、社会保障和社会组织	Public Management,Social Security and Social Organization	163	47	28.83	342.84
国际组织	International Organizations				

注：新增固定资产范围为计划总投资5000万元及以上项目。
a) The statistic scope of newly increased fixed assets covers projects with total planned investment of 50 million yuan or more.

10-10 各市（州）固定资产投资增长情况（2021）
Growth Rate of Investment in Fixed Assets by Region (2021)

单位：% (%)

市（州）	Region	固定资产投资额 Investment in Fixed Assets	项目投资 Project Investment	房地产开发投资 Investment in Real Estate Development	亿元及以上项目投资额 Total Investment	施工项目计划总投资 Total Planned Investment of Projects under Construction	新开工项目计划总投资 Total Planned Investment of Newly Started Projects
甘肃省	**Gansu**	**11.11**	**10.51**	**12.56**	**13.72**	**9.54**	**-5.99**
兰州市	Lanzhou	7.66	6.83	8.80	10.00	2.94	-41.64
嘉峪关市	Jiayuguan	6.95	-13.19	68.40	-15.86	-7.71	26.18
金昌市	Jinchang	10.53	13.03	-23.53	35.08	33.26	0.56
白银市	Baiyin	12.16	14.83	6.45	25.94	-6.67	-7.65
天水市	Tianshui	11.04	11.20	10.81	10.40	14.00	42.18
武威市	Wuwei	12.48	10.59	19.30	20.64	-0.97	-16.16
张掖市	Zhangye	10.99	10.16	16.17	15.62	18.40	14.21
平凉市	Pingliang	11.86	9.14	16.39	11.55	5.09	49.77
酒泉市	Jiuquan	12.50	17.97	-22.08	26.84	44.46	59.84
庆阳市	Qingyang	11.11	6.85	29.56	-3.46	8.49	76.29
定西市	Dingxi	15.34	12.02	24.19	7.63	40.43	49.91
陇南市	Longnan	12.39	15.68	3.78	23.68	-23.69	-68.27
临夏州	Linxia	26.04	18.20	60.81	35.89	16.78	-43.32
甘南州	Gannan	8.36	9.61	-5.02	9.97	-3.40	-16.12
省 直	Provincial Directly Belonged	-2.49	-2.49		-4.45	2.52	30.67

10-11 各市(州)项目固定资产投资个数及项目新增固定资产增长情况(2021)

Number of Projects of Investment in Fixed Assets and Growth Rate of Newly Increased Fixed Assets of Project by Region (2021)

市(州)	Region	施工项目 (个) Number of Projects under Construction (unit)	全部建成投产项目 (个) Number of Projects Completed and Put into Use (unit)	项目建成投产率 (%) Rate of Projects Completed and Put into Use (%)	新增固定资产增长 (%) Growth Rate of Newly Increased Fixed Assets (%)	固定资产交付使用率 (%) Rate of Projects of Fixed Assets Completed and Put into Use (%)
甘肃省	**Gansu**	**8465**	**2985**	**35.26**	**66.11**	**33.88**
兰州市	Lanzhou	1168	328	28.08	98.51	25.56
嘉峪关市	Jiayuguan	173	33	19.08	40.78	11.67
金昌市	Jinchang	321	134	41.74	190.31	49.54
白银市	Baiyin	431	85	19.72	44.87	30.81
天水市	Tianshui	670	326	48.66	69.10	36.25
武威市	Wuwei	590	139	23.56	26.42	18.56
张掖市	Zhangye	546	274	50.18	142.81	44.37
平凉市	Pingliang	516	143	27.71	-29.35	20.48
酒泉市	Jiuquan	1124	465	41.37	67.30	41.93
庆阳市	Qingyang	646	284	43.96	108.07	43.64
定西市	Dingxi	699	221	31.62	29.79	60.12
陇南市	Longnan	465	113	24.30	2.34	14.07
临夏州	Linxia	406	51	12.56	-36.47	8.09
甘南州	Gannan	694	382	55.04	226.28	54.74
省直	Provincial Directly Belonged	16	7	43.75	33.05	58.66

10-12 房地产开发企业基本情况
Basic Conditions of Enterprises for Real Estate Development

单位：亿元 (100 million yuan)

指 标	Item	2010	2015	2019	2020	2021
开发企业个数（个）	Number of Enterprises (unit)	1185	1533	1711	1738	1765
内资	Domestic Funded	1158	1515	1700	1729	1760
#国有	State-owned Enterprises	60	46	55	74	81
集体	Collective-owned Enterprises	24	14	4	4	4
港澳台投资经济	Funded by Entrepreneurs from Hong Kong, Macao and Taiwan	16	12	7	5	4
外商投资经济	Foreign Funded	11	6	4	4	4
资产总计	Total Assets	866.84	3671.57	7113.75	8695.33	9382.29
固定资产累计折旧	Accumulated Depreciation of Fixed Assets	13.39	29.64	44.45	49.39	50.40
#本年折旧	Depreciation This Year	1.97	4.97	8.86	10.43	10.53
负债合计	Total Liabilities	639.29	3045.91	6163.09	7583.06	8086.53
所有者权益合计	Owners' Equity	227.55	625.66	950.66	1112.26	1195.75
#实收资本合计	Total Paid-in Capital	146.75	375.41	548.30	650.06	644.86
资产负债率（%）	Ratio of Debts to Assets(%)	73.75	82.96	86.64	87.21	86.19
主营业务收入	Revenue from Principal Business	190.68	533.77	779.19	756.66	994.04
土地转让收入	Land Transferred	1.14	1.38	2.75	5.87	5.67
商品房屋销售收入	Commercial Houses Sold	180.89	511.88	751.79	730.50	960.16
自持物业收入	Houses Leased Self-sustained	3.90	4.79	7.54	8.29	9.57
其他收入	Others	4.75	15.72	17.11	12.00	18.63
营业税金及附加	Business Taxes and Surcharges	13.78	42.58	29.85	25.11	28.43
营业利润	Business Profits	11.12	30.26	41.96	15.34	21.54
利润总额	Total Profits	10.09	29.52	37.56	6.38	15.92
本年购置土地面积（万平方米）	Land Space Purchased This Year (10 000sq.m)	286.71	239.72	144.45	204.73	145.05
竣工房屋造价（元/平方米）	Cost of Buildings Completed (yuan/sq.m)	1828	2442	2933	2754	3298

注：营业税金及附加：2010 年为主营业务税金及附加；2011 年以后为营业税金及附加。
a) Business Taxes and Surcharges:2010 are main business taxes and surcharges,since 2011,are the business tax and surcharges.

10-13 房地产开发投资完成情况
The Completion of Real Estate Development Investment

指 标	Item	2010	2015	2019	2020	2021
房地产开发投资（亿元）	**Real Estate Development Investment (100 million yuan)**	**266.41**	**768.06**	**1257.85**	**1355.64**	**1525.88**
#地方	Local	263.69	763.27	240.03	280.42	338.74
按构成分	**Group by Structure**					
建筑工程	Construction	190.26	578.25	841.98	996.70	1188.64
安装工程	Installation	17.80	100.25	85.07	69.64	61.10
设备工器具购置	Purchase of Equipment and Instruments	1.86	11.17	17.01	13.21	7.90
其他费用	Others	56.49	78.39	313.80	276.09	268.24
按工程用途分	**By Purpose**					
住宅	Residential Buildings	187.93	526.56	865.93	1010.28	1159.12
办公楼	Office Buildings	5.61	28.01	25.23	34.89	27.53
商业营业用房	Houses for Business Use	27.02	162.05	175.97	153.87	151.17
其他	Others	45.85	51.44	190.72	156.60	188.07
本年实际到位资金	**Actual Funds This Year**	**317.57**	**939.65**	**1246.58**	**1289.42**	**1384.42**
国内贷款	Domestic Loans	56.60	153.02	182.70	150.31	94.59
利用外资	Foreign Investment					
自筹资金	Self-raising Funds	132.80	429.93	530.07	546.67	611.89
其他	Others	128.17	356.70	533.81	592.44	677.94
新增固定资产（亿元）	**Newly Increased Fixed Assets (100 million yuan)**	**143.35**	**324.46**	**355.77**	**320.24**	**573.82**
#地方	Local	143.35		23.21	18.44	104.66
房屋施工面积（万平方米）	**Floor Space of Buildings under Construction (10 000 sq.m)**	**3130.40**	**8586.18**	**10977.33**	**11328.26**	**13197.55**
房屋竣工面积（万平方米）	**Floor Space of Buildings Completed (10 000 sq.m)**	**598.66**	**962.24**	**674.14**	**881.36**	**1463.07**
商品房屋销售面积（万平方米）	**Floor Space of Commercialized Buildings Sold(10 000 sq.m)**	**756.51**	**1434.96**	**1705.31**	**1967.92**	**2224.09**
#住宅	Residential Buildings	692.07	1307.48	1569.16	1863.81	2118.38
商品房屋销售额（亿元）	**Total Sales of Commercialized Buildings(100 million yuan)**	**227.81**	**704.93**	**1019.28**	**1293.41**	**1344.89**
#住宅	Residential Buildings	201.47	603.08	907.07	1205.42	1267.78

10-14 各市（州）房地产开发企业建设投资总规模及完成情况（2021）
General Scale of Construction and Actually Completed Investment of Enterprises for Real Estate Development by Region (2021)

单位：亿元 (100 million yuan)

市（州）	Region	计划总投资 Total Planned Investment	自开始建设至本年底累计完成投资 Accumulative Investment Actually Completed Since the Start of Construction to the End of This Year	#本年完成投资 Investment Completed This Year
甘肃省	**Gansu**	**9282.69**	**5070.31**	**1525.88**
兰州市	Lanzhou	4361.60	2356.45	601.44
嘉峪关市	Jiayuguan	188.46	134.83	42.63
金昌市	Jinchang	44.95	30.81	5.62
白银市	Baiyin	351.20	191.88	69.78
天水市	Tianshui	1159.79	591.50	225.18
武威市	Wuwei	384.02	221.50	63.16
张掖市	Zhangye	289.77	199.61	43.17
平凉市	Pingliang	443.53	280.32	120.23
酒泉市	Jiuquan	287.58	205.20	50.16
庆阳市	Qingyang	410.19	212.42	77.50
定西市	Dingxi	617.53	343.14	110.34
陇南市	Longnan	272.85	135.28	52.15
临夏州	Linxia	407.90	134.77	53.86
甘南州	Gannan	63.31	32.61	10.67

10-15 各市（州）按用途分房地产开发企业投资完成额（2021）
Investment Actually Completed by Enterprises for Real Estate Development by Use,Region (2021)

单位：亿元 (100 million yuan)

市（州）	Region	本年完成投资额 Investment Completed This Year	住宅 Residential Buildings	办公楼 Office Buildings	商业营业用房 Houses for Business Use	其他 Others
甘肃省	**Gansu**	**1525.88**	**1159.12**	**27.53**	**151.17**	**188.07**
兰州市	Lanzhou	601.44	443.17	13.63	49.79	94.85
嘉峪关市	Jiayuguan	42.63	33.13	0.12	1.77	7.61
金昌市	Jinchang	5.62	4.68	0.02	0.62	0.30
白银市	Baiyin	69.78	51.25	1.45	7.03	10.04
天水市	Tianshui	225.18	178.89	4.84	22.09	19.35
武威市	Wuwei	63.16	53.54	1.70	3.32	4.60
张掖市	Zhangye	43.17	26.71	0.18	11.44	4.84
平凉市	Pingliang	120.23	89.93	0.99	17.60	11.71
酒泉市	Jiuquan	50.16	36.38	1.57	8.65	3.57
庆阳市	Qingyang	77.50	63.04	1.73	7.64	5.08
定西市	Dingxi	110.34	79.10	0.33	12.03	18.89
陇南市	Longnan	52.15	44.63	0.78	3.99	2.75
临夏州	Linxia	53.86	46.73	0.18	3.79	3.17
甘南州	Gannan	10.67	7.94	0.02	1.41	1.31

10-16 各市（州）房地产开发企业实际到位资金（2021）
Actual Funds of Real Estate Development Enterprise by Region (2021)

单位：亿元 (100 million yuan)

市（州）	Region	本年实际到位资金 Total Actual Funds This Year	国内贷款 Domestic Loans	自筹资金 Self-raising Funds	其他资金来源 Others
甘肃省	**Gansu**	**1384.42**	**94.59**	**611.89**	**677.94**
兰州市	Lanzhou	479.34	34.61	149.64	295.10
嘉峪关市	Jiayuguan	24.24	0.64	3.29	20.32
金昌市	Jinchang	6.06		0.57	5.48
白银市	Baiyin	57.53	5.59	25.22	26.72
天水市	Tianshui	256.09	25.08	158.96	72.05
武威市	Wuwei	63.50	1.37	34.14	27.99
张掖市	Zhangye	40.41	1.18	18.31	20.92
平凉市	Pingliang	108.04	4.21	52.51	51.32
酒泉市	Jiuquan	41.52	3.75	23.23	14.54
庆阳市	Qingyang	81.93	0.53	38.82	42.58
定西市	Dingxi	93.40	11.09	37.73	44.58
陇南市	Longnan	55.67	3.60	19.84	32.23
临夏州	Linxia	66.43	2.69	42.35	21.40
甘南州	Gannan	10.26	0.27	7.27	2.71

10-17 房地产施工、竣工面积及价值（2021）
Floor Space of Buildings under Construction,Completed and Its Value for Real Estate (2021)

项目	Item	房屋施工面积（万平方米） Floor Space of Buildings under Construction (10 000 sq.m)	#本年新开工面积 Started This Year	房屋竣工面积（万平方米） Floor Space of Buildings Completed (10 0000 sq.m)	房屋竣工价值（亿元） Value of Buildings Completed (100 million yuan)
甘肃省	**Gansu**	**13197.55**	**3369.78**	**1463.07**	**482.47**
住宅	Residential Buildings	9337.42	2553.45	1074.64	370.79
办公楼	Office Buildings	316.00	45.40	20.03	6.45
商业营业用房	Houses for Business Use	1363.32	246.14	163.95	54.64
其他	Others	2180.81	524.78	204.44	50.59

10-18 各市（州）商品房屋销售情况（2021）
Sales of Commercialized Buildings by Region (2021)

市（州）	Region	商品房销售面积（万平方米）Floor Space of Commercialized Buildings Sold (10 000 sq.m)	#住宅 Residential Buildings	商品房销售额（亿元）Total Sale of Commercialized Buildings (100 million yuan)	#住宅 Residential Buildings
甘肃省	**Gansu**	**2224.09**	**2118.38**	**1344.89**	**1267.78**
兰州市	Lanzhou	804.69	766.75	637.41	596.20
嘉峪关市	Jiayuguan	43.18	40.47	20.01	19.35
金昌市	Jinchang	12.46	12.34	6.00	5.86
白银市	Baiyin	77.61	76.21	42.72	41.44
天水市	Tianshui	228.73	220.71	132.23	125.23
武威市	Wuwei	81.53	79.53	47.65	47.00
张掖市	Zhangye	111.79	86.72	38.57	29.91
平凉市	Pingliang	190.08	186.89	81.71	79.44
酒泉市	Jiuquan	113.33	98.67	52.86	45.20
庆阳市	Qingyang	143.19	136.90	83.20	77.76
定西市	Dingxi	213.29	209.26	102.97	101.05
陇南市	Longnan	88.33	88.28	48.57	48.55
临夏州	Linxia	105.93	105.69	46.84	46.69
甘南州	Gannan	9.97	9.95	4.17	4.12

10-19 各市（州）区房地产开发企业建设房屋面积和造价（2021）
Floor Space and Cost of Buildings Developed by Enterprises for Real Estate Development by Region (2021)

市（州）	Region	房屋施工面积（万平方米）Floor Space of Buildings under Construction (10 000 sq.m)	房屋竣工面积（万平方米）Floor Space of Buildings Completed (10 000 sq.m)	房屋建筑面积竣工率（%）Rate of Floor Space of Buildings Completed (%)	房屋竣工价值（亿元）Value of Buildings Completed (100 million yuan)	房屋竣工造价（元/平方米）Cost of Buildings Completed (yuan/sq.m)
甘肃省	**Gansu**	**13197.55**	**1463.07**	**11.09**	**482.47**	**3298**
兰州市	Lanzhou	5668.76	438.67	7.74	196.22	4473
嘉峪关市	Jiayuguan	299.08	17.66	5.91	5.04	2856
金昌市	Jinchang	77.22	28.64	37.08	6.13	2141
白银市	Baiyin	650.05	105.00	16.15	30.78	2932
天水市	Tianshui	1411.75	243.73	17.26	67.66	2776
武威市	Wuwei	654.41	44.79	6.84	17.57	3923
张掖市	Zhangye	427.67	73.36	17.15	16.88	2300
平凉市	Pingliang	837.69	129.43	15.45	40.07	3096
酒泉市	Jiuquan	491.97	181.51	36.90	46.56	2565
庆阳市	Qingyang	661.82	71.77	10.84	18.03	2512
定西市	Dingxi	826.26	19.56	2.37	6.59	3369
陇南市	Longnan	508.42	90.23	17.75	26.07	2890
临夏州	Linxia	591.98	18.59	3.14	4.82	2590
甘南州	Gannan	90.46	0.12	0.14	0.05	4050

10-20 各地、县固定资产投资和新增固定资产增长情况（2021）
Growth Rate of Investment in Fixed Assets and Newly Increased Fixed Assets by Region & County (2021)

单位：%　　　　(%)

地、县	Region & County	投资总额 Total Investment	第一产业 Primary Industry	第二产业 Secondary Industry	#工业 Industry	第三产业 Tertiary Industry	新增固定资产 Newly Increased Fixed Assets
兰州市	**Lanzhou**	**7.66**	**-64.00**	**14.83**	**14.86**	**10.24**	**104.07**
城关区	Chengguan	1.07		43.50	44.55	-1.58	169.46
七里河区	Qilihe	7.80		-53.74	-53.74	9.25	1128.32
西固区	Xigu	5.15	-71.15	-42.59	-42.59	20.20	389.88
安宁区	Anning	7.73		-20.73	-20.73	11.59	-42.06
红古区	Honggu	7.64	-66.03	-14.45	-14.45	36.16	26.88
永登县	Yongdeng	13.00	23.47	-20.63	-20.63	20.36	63.99
皋兰县	Gaolan	5.82	63.98	13.73	13.73	4.70	50.32
榆中县	Yuzhong	9.15	-22.66	9.82	9.82	9.83	-5.77
兰州新区	Lanzhou New Area	11.09	-75.87	40.80	40.80	17.15	224.60
嘉峪关市	**Jiayuguan**	**6.90**	**-50.35**	**79.56**	**79.56**	**-9.39**	**-66.69**
金昌市	**Jinchang**	**10.53**	**-37.83**	**70.41**	**70.92**	**-30.99**	**93.64**
金川区	Jinchuan	11.69	-51.02	73.11	71.74	-32.07	62.57
永昌县	Yongchang	7.91	-25.98	63.59	68.76	-27.95	200.00
白银市	**Baiyin**	**12.16**	**-47.46**	**61.13**	**60.78**	**8.37**	**23.65**
白银区	Baiyin	9.42		-22.74	-22.74	16.61	-66.14
平川区	Pingchuan	23.18	52.75	68.91	66.92	8.61	379.52
靖远县	Jingyuan	17.96	-57.99	209.50	209.50	-7.68	472.53
会宁县	Huining	8.32	0.28	16.28	16.28	8.00	35.42
景泰县	Jingtai	8.32	-56.02	126.93	126.93	4.67	38.59
天水市	**Tianshui**	**11.04**	**-12.52**	**40.85**	**40.85**	**7.73**	**57.71**
秦州区	Qinzhou	6.43	10.41	34.41	34.41	3.94	10.14
麦积区	Maiji	6.36	-39.78	-46.12	-46.12	9.03	-52.58
清水县	Qingshui	36.43	49.61	-69.46	-69.46	58.85	-68.73
秦安县	Qinan	-6.51	-100.00	-26.76	-26.76	-2.82	47.79
甘谷县	Gangu	10.06	325.99	112.08	112.08	-9.44	909.28
武山县	Wushan	4.69	-69.49	63.12	63.12	0.55	127.53
张家川县	Zhangjiachuan	15.36	-77.20	-65.37	-65.37	28.13	1470.56
天水经济技术开发区	Tianshui Economic and Technological Development Zone	79.34		118.01	118.01	43.57	22.67
武威市	**Wuwei**	**12.50**	**-5.66**	**0.07**	**0.07**	**17.97**	**7.62**
凉州区	Liangzhou	12.20	33.82	-7.96	-7.96	15.29	18.66
民勤县	Minqin	6.63	5.20	48.35	48.35	-8.52	126.92
古浪县	Gulang	14.13	-10.63	-6.94	-6.94	33.01	-56.56
天祝县	Tianzhu	17.37	-63.21	-31.73	-31.73	36.72	-59.76
张掖市	**Zhangye**	**10.99**	**14.68**	**34.45**	**35.73**	**4.28**	**111.35**

注：新增固定资产范围为计划总投资5000万元及以上项目和房地产开发投资项目。

a) The statistic scope of newly increased fixed assets covers projects and real estate development investment projects with total planned investment of 50 million yuan or more.

10-20 续表 1 continued

单位：% (%)

地、县	Region & County	投资总额 Total Investment	第一产业 Primary Industry	第二产业 Secondary Industry	#工业 Industry	第三产业 Tertiary Industry	新增固定资产 Newly Increased Fixed Assets
甘州区	Ganzhou	10.06	63.33	-24.90	-24.90	13.57	52.62
肃南县	Sunan	10.27	-50.85	128.85	128.85	-33.37	430.03
民乐县	Minle	11.53	-7.57	318.37	318.37	4.18	128.85
临泽县	Linze	14.47	-8.94	54.92	62.92	3.22	334.89
高台县	Gaotai	10.09	33.24	-1.37	-1.37	9.44	82.70
山丹县	Shandan	10.02	-42.95	178.01	178.01	-18.60	59.56
平凉市	**Pingliang**	**11.86**	**12.21**	**3.98**	**3.98**	**13.45**	**–20.70**
崆峒区	Kongtong	25.50	-53.90	107.30	107.30	13.20	-32.30
泾川县	Jingchuan	5.72	-66.60	37.20	37.20	10.70	-50.80
灵台县	Lingtai	17.88	32.50	-74.30	-74.30	88.40	-23.50
崇信县	Chongxin	41.20	195.50	1.20	1.20	58.20	-32.60
庄浪县	Zhuanglang	-10.51	51.40	-62.20	-62.20	-7.70	-70.50
静宁县	Jingning	24.65	46.20	-12.40	-12.40	31.20	25.40
华亭市	Huating	-14.72	54.10	4.10	4.10	-20.10	84.70
酒泉市	**Jiuquan**	**12.50**	**48.24**	**47.96**	**50.56**	**–16.81**	**22.78**
肃州区	Suzhou	21.09	44.42	25.72	23.06	14.90	62.86
金塔县	Jinta	21.08	110.36	27.19	42.96	-6.45	-1.20
瓜州县	Guazhou	30.10	-7.12	75.93	78.08	-27.86	-59.33
肃北县	Subei	33.07	-47.36	86.34	86.32	-31.61	343.23
阿克塞县	Akesai	-40.90		708.68	708.68	-52.72	5277.50
玉门市	Yumen	12.98	75.08	24.64	24.19	-11.95	0.53
敦煌市	Dunhuang	-34.28	299.42	15.36	16.85	-44.61	102.53
庆阳市	**Qingyang**	**11.11**	**170.49**	**68.58**	**72.36**	**–4.92**	**63.33**
西峰区	Xifeng	11.12	-18.74	71.58	71.58	7.80	14.08
庆城县	Qingcheng	10.95	953.43	20.13	19.25	-12.32	138.00
环　县	Huanxian	10.14	-45.41	119.12	119.12	2.52	40.66
华池县	Huachi	97.32	36.73	14.89	92.97	123.54	-35.87
合水县	Heshui	10.49	165.47	116.11	116.11	-2.05	234.46
正宁县	Zhengning	-15.44	330.76	52.17	52.17	-53.93	54.57
宁　县	Ningxian	11.16	50.97	91.65	91.65	-22.45	116.00
镇原县	Zhenyuan	11.33	128.33	88.76	88.76	-21.29	91.10
定西市	**Dingxi**	**15.34**	**30.93**	**117.67**	**117.67**	**1.16**	**–0.97**
安定区	Anding	26.85	16.73	303.09	303.09	4.01	50.99
通渭县	Tongwei	36.13	959.73	178.20	178.20	-12.85	-32.32

10–20 续表 2 continued

单位：% (%)

地、县	Region & County	投资总额 Total Investment	第一产业 Primary Industry	第二产业 Secondary Industry	#工业 Industry	第三产业 Tertiary Industry	新增固定资产 Newly Increased Fixed Assets
陇西县	Longxi	1.68	98.45	65.10	65.10	-9.81	-14.44
渭源县	Weiyuan	25.00	-46.79	76.84	76.84	27.41	-44.83
临洮县	Lintao	14.95	0.74	35.63	35.63	11.34	-4.41
漳　县	Zhangxian	-21.40	135.73	139.10	139.10	-28.65	-35.60
岷　县	Minxian	26.85	3.71	39.23	39.23	26.38	41.73
陇南市	**Longnan**	**12.39**	**–38.85**	**–22.26**	**–18.42**	**17.27**	**40.74**
武都区	Wudu	5.18	133.47	-65.14	-65.14	82.67	78.88
成　县	Chengxian	3.00	-42.69	-13.39	-5.22	7.26	140.59
文　县	Wenxian	10.76	-32.69	-67.88	-55.90	16.93	312.17
宕昌县	Tanchang	-5.07	-96.74	61.98	61.98	-7.18	3.88
康　县	Kangxian	43.10		-62.52	-62.52	52.46	-46.69
西和县	Xihe	-12.09	-100.00	41.40	41.40	-13.27	13.96
礼　县	Lixian	59.77	-57.63	-55.16	-55.16	89.44	-98.04
徽　县	Huixian	-6.36	53.29	9.38	9.38	-12.51	338.81
两当县	Liangdang	7.54	-100.00	57.50	57.50	12.93	-87.12
临夏州	**Linxia**	**26.04**	**106.78**	**40.11**	**40.11**	**22.65**	**–32.90**
临夏市	linxia	29.26		966.96	966.96	12.73	7164.59
临夏县	linxia	16.53	109.59	146.04	146.04	0.48	113.99
康乐县	Kangle	19.08	-65.66	-64.29	-64.29	28.05	-70.00
永靖县	Yongjing	17.48	874.79	-5.08	-5.08	21.94	-5.25
广河县	Guanghe	10.93	-6.22	72.62	72.62	6.57	-82.98
和政县	Hezheng	26.48		-53.10	-53.10	31.87	-73.37
东乡县	Dongxiang	38.65	35.96	87.33	87.33	36.94	
积石山县	Jishishan	38.29		-63.93	-63.93	43.06	
甘南州	**Gannan**	**8.36**	**–14.15**	**68.17**	**68.17**	**4.40**	**–34.02**
合作市	Hezuo	7.81		317.78	317.78	-0.49	-85.01
临潭县	Lintan	20.61	17.58	99.07	99.07	20.27	72.30
卓尼县	Zhuoni	7.01		-29.31	-29.31	10.92	-50.20
舟曲县	Zhouqu	4.90	7.88	87.91	87.91	1.83	-94.43
迭部县	Diebu	5.13	-5.80	-36.59	-36.59	9.63	-96.77
玛曲县	Maqu	5.96	-76.73	4.05	4.05	10.73	
碌曲县	Luqu	5.82	-34.03	-1.42	-1.42	8.42	
夏河县	Xiahe	7.36	-34.75	455.24	455.24	-9.87	

主要统计指标解释

固定资产投资（不含农户） 指城镇和农村各种登记注册类型的企业、事业、行政单位及城镇个体户进行的计划总投资500万元及500万元以上的建设项目投资和房地产开发投资，包含原口径的城镇固定资产投资加上农村企事业组织项目投资，该口径自2011年起开始使用。

基础设施投资 指为社会生产和生活提供基础性、大众性服务的工程和设施，是社会赖以生存和发展的基本条件。包括以下行业投资：铁路运输业、道路运输业、水上运输业、航空运输业、管道运输业、多式联运和运输代理业、装卸搬运业、邮政业、电信广播电视和卫星传输服务业、互联网和相关服务业、水利管理业、生态保护和环境治理业、公共设施管理业。

实际到位资金 指用于固定资产投资的各种货币资金。包括国家预算资金、国内贷款、利用外资、自筹资金和其他资金。

国家预算资金 国家预算包括一般预算、政府性基金预算、国有资本经营预算和社保基金预算。各类预算中用于固定资产投资的资金全部作为国家预算资金填报，其中一般预算中用于固定资产投资的部分包括基建投资、车购税、灾后恢复重建基金和其他财政投资。各级政府债券也应归入国家预算资金。

国内贷款 指报告期固定资产投资项目单位向银行及非银行金融机构借入用于固定资产投资的各种国内借款，包括银行利用自有资金及吸收存款发放的贷款、上级拨入的国内贷款、国家专项贷款（包括煤代油贷款、劳改煤矿专项贷款等），地方财政专项资金安排的贷款、国内储备贷款、周转贷款等。

利用外资 指报告期收到的境外（包括外国及港澳台地区）资金（包括设备、材料、技术在内）。包括对外借款（外国政府贷款、国际金融组织贷款、出口信贷、外国银行商业贷款、对外发行债券和股票）、外商直接投资、外商其他投资（包括利用外商投资收益在国内进行固定资产再投资活动的资金）。不包括我国自有外汇资金（国家外汇、地方外汇、留成外汇、调剂外汇和国内银行自有资金发放的外汇贷款等）。各类外资按报告期的外汇牌价（中间价）折成人民币计算。

自筹资金 指固定资产投资单位在报告期收到的，由各企、事业单位筹集用于固定资产投资的资金，包括各类企事业单位的自有资金和从其他单位筹集的用于固定资产投资的资金，但不包括各类财政性资金、从各类金融机构借入资金和国外资金。

其他资金来源 指在报告期收到的除以上各种资金之外的用于固定资产投资的资金。包括社会集资、个人资金、无偿捐赠的资金及其他单位拨入的资金等。

固定资产投资按国民经济行业分 指根据其从事的社会经济活动性质对各类单位进行的分类。应根据建设项目建成投产后的主要产品种类或主要用途及社会经济活动种类来划分，不能根据项目单位本身的行业类别来划分。如果项目投产后有几种产品，应根据主要产品来确定行业类别。一般情况下，一个建设项目只能属于一种国民经济行业。

固定资产投资按隶属关系分 是按建设单位或企业、事业、行政单位的主管上级机关确定的。

（1）中央 是指中共中央、人大常委会和国务院各部、委、局、总公司以及直属机构直接领导的建设项目和企业、事业、行政单位。这些单位的固定资产投资计划由国务院各部门直接编制和下达，统一组织或委托下级实施。包括有中央垂直管理的部门（如国家统计局各级调查队）和中央直属企业、事业单位（如工商银行、中国电信、中国石油）等。

（2）地方 是由省（自治区、直辖市）、地（区、市、州、盟）、县（区、市、旗）三级政府及业务主管部门直接领导和管理的建设项目、企业、事业、行政单位。地方项目还包括不隶属以上各级政府及主管部门的建设项目和企业、事业单位，如外商投资企业和无主管部门的企业等。

房地产开发投资 指各种登记注册类型的房地产开发法人单位统一开发的包括统代建、拆迁还建的住宅、厂房、仓库、饭店、宾馆、度假村、写字楼、办公楼等房屋建筑物，配套的服务设施，土地开发工程（如道路、给水、排水、供电、供热、通讯、平整场地等基础设施工程）和土地购置的投资；不包括单纯的土地开发和交易活动。

固定资产投资按建设性质分 按整个建设项目情况来确定。建设项目的性质一般分为新建、扩建、改建和技术改造、单纯建造生活设施、迁建、恢复、单纯购置。房地产开发单位、农户投资不划分建设性质。

（1）新建　指从无到有“平地起家”开始建设的项目。现有企业、事业、行政单位投资的项目一般不属于新建。但如有的单位原有基础很小，经过建设后新增的固定资产价值超过该企业、事业、行政单位原有固定资产价值（原值）三倍以上的，也应作为新建。

（2）扩建　指在厂内或其他地点，为扩大原有产品的生产能力（或效益）或增加新的产品生产能力，而增建的生产车间（或主要工程）、分厂、独立的生产线的企业、事业单位。行政、事业单位在原单位增建业务性用房（如学校增建教学用房、医院增建门诊部、病房等）也作为扩建。

现有企、事业单位为扩大原有主要产品生产能力或增加新的产品生产能力，增建一个或几个主要生产车间（或主要工程）、分厂，同时进行一些更新改造工程的，也应作为扩建。

（3）改建和技术改造　指现有企业、事业单位对原有设施进行技术改造或更新（包括相应配套的辅助性生产、生活福利设施）的建设项目。改建项目包括现有企业、事业单位为适应市场变化的需要，而改变企业的主要产品种类（如军工企业转民产品等）的建设项目，原有产品生产作业线由于各工序（车间）之间能力不平衡，为填平补齐充分发挥原有生产能力而增建不增加本企业主要产品设计能力的车间的建设项目。技术改造是指企业、事业单位在现有基础上，用先进的技术代替落后的技术，用先进的工艺和装备代替落后的工艺和装备，以改变企业落后的技术经济面貌，实现以内涵为主的扩大再生产，达到提高产品质量、促进产品更新换代、节约能源、降低消耗、扩大生产规模、全面提高社会经济效益的目的。技术改造具体包括以下内容：机器设备和工具的更新改造；生产工艺改革、节约能源和原材料的改造；厂房建筑和公共设施的改造；保护环境进行的“三废”治理改造；劳动条件和生产环境的改造等。

固定资产投资按构成分

（1）建筑工程　指各种房屋、建筑物的建造工程，又称建筑工作量。这部分投资额必须兴工动料，通过施工活动才能实现，是固定资产投资额的重要组成部分。

（2）安装工程　指各种设备、装置的安装工程，又称安装工作量。

在安装工程中，不包括被安装设备本身价值。

（3）设备工具器具购置　指报告期内购置或自制的，达到固定资产标准的设备、工具、器具的价值。新建单位及扩建单位的新建车间，按照设计或计划要求购置或自制的全部设备、工具、器具，不论是否达到固定资产标准均计入“设备工具器具购置”中。

（4）其他费用　指在固定资产建造和购置过程中发生的，除建筑安装工程和设备、工器具购置投资完成额以外的应当分摊计入固定资产投资的费用，不指经营中财务上的其他费用。

施工项目个数　是指本年正式进行过建筑或安装施工活动的建设项目个数。包括本年新开工项目，以前年度开工跨入本年继续施工项目，本年全部建成投产项目、以前年度全部停缓建在本年恢复施工的项目，本年进行过施工又在本年内全部停缓建的项目。施工项目个数可以反映一定时期固定资产投资的实际规模，与同期全部建成投产项目个数相比，可以从建设速度的角度反映固定资产投资的效果。

本年投产项目个数　指报告期内按设计文件规定建成主体工程和相应配套的辅助设施，形成生产能力或工程效益，经过验收合格，并且已正式投入生产或交付使用的建设项目。

新增固定资产　是指已经完成建造和购置过程，并已交付生产或使用单位的固定资产的价值，包括已经建成投入生产或交付使用的工程投资和达到固定资产标准的设备、工具、器具的投资及有关应摊入的费用。该指标是表示固定资产投资成果的价值指标，也是反映建设进度，计算固定资产投资效果的重要指标。

11

对外经济贸易

Foreign Trade and Economic Cooperation

简要说明

一、本篇资料主要内容

本篇资料综合反映对外贸易、利用外资、对外经济合作的概况，重点反映对外经济贸易的近期发展状况。

二、本篇资料来源

本篇资料由省统计局贸易外经处搜集整理。数据来源于兰州海关、省商务厅、省市场监督管理局。

11-1 对外经济贸易
Foreign Trade and Economic Cooperation

指 标	Item	2015	2019	2020	2021
进出口总额（人民币 万元）	**Total Value of Imports and Exports (RMB 10 000 yuan)**	**4939668**	**3804149**	**3824498**	**4919265**
出口总额	Total Exports	3611754	1313538	856364	969151
进口总额	Total Imports	1327914	2490611	2968133	3950114
进出口差额	Balance	2283840	-1177073	-2111769	-2980963
进出口总额（美元 万美元）	**Total Value of Imports and Exports (USD 10 000)**	**795202**	**552009**	**552973**	**760718**
出口总额	Total Exports	581181	190700	123768	150065
进口总额	Total Imports	214021	361309	429205	610653
进出口差额	Balance	367160	-170609	-305437	-460588
外商直接投资合同项目（个）	**Number of Projects for Contracted Foreign Direct Investment (unit)**	**22**	**17**	**23**	**36**
实际使用外资额（万美元）	**Total Amount of Foreign Investment Actually Utilized (USD 10 000)**	**46036**	**8205**	**8875**	**10852**
外商直接投资	Foreign Direct Investments	11036	8205	8875	10852
外商其他投资	Other Foreign Investments	35000			
外商投资企业基本情况	**Registered Foreign-funded Enterprises**				
年底登记户数（户）	Number of Registered Enterprises (household)	2130	2554	2532	2396
投资总额（万美元）	Total Investment (USD 10 000)	765703	2561650	2593102	4180826
注册资本（万美元）	Registered Capital (USD 10 000)	331937	1848115	1851593	3300404
# 外方	Capital from Foreign Investors	231589	1701684	1703654	2675472
对外经济合作（亿美元）	**Economic Cooperation with Foreign Countries & Regions (USD 100 million)**				
对外承包工程新签合同金额	Newly Signed Contract Value of Foreign Contracted Projects	8.5	5.2	4.9	4.4
对外承包工程完成营业额	Contracted Projects of Value of Turnover Fulfilled	2.9	3.9	2.9	3.4

注：2016 年起，实际使用外资额不含对外借款（以下相关表同）。
s) Since 2016, data of total amount of foreign Investment actually utilized exclude the foreign loans. The same applies to all tables following.

11-2 历年进出口贸易总额
Total Value of Imports and Exports

年 份 Year	人民币（万元） RMB (10 000 yuan)				美元（万美元） USD 10 000			
	进出口总额 Total Imports & Exports	出口总额 Total Exports	进口总额 Total Imports	差额 Balance	进出口总额 Total Imports & Exports	出口总额 Total Exports	进口总额 Total Imports	差额 Balance
1978	5941	5941		5941	3454	3454		3454
1979	5905	5905		5905	3972	3972		3972
1980	5883	5883		5883	3927	3927		3927
1981	8871	7683	1188	6495	5129	4336	793	3543
1982	8850	7743	1107	6636	5069	4330	739	3591
1983	10151	8529	1622	6907	5695	4612	1083	3529
1984	20638	15849	4789	11060	6631	4573	2058	2515
1985	37917	29382	8535	20847	10004	7098	2906	4192
1986	59353	47126	12227	34899	13648	10107	3541	6566
1987	68291	57706	10585	47121	15504	12660	2844	9816
1988	67085	61837	5248	56589	16624	15205	1419	13786
1989	103668	87955	15713	72242	18674	15338	3336	12002
1990	102965	95208	7757	87451	20221	18574	1647	16927
1991	144052	131730	12322	119408	27649	25284	2365	22919
1992	231656	195936	35720	160215	41590	35177	6413	28764
1993	227787	125488	102300	23188	39905	21908	17997	3911
1994	433687	299018	134669	164349	50286	34687	15599	19088
1995	501686	304343	197343	107000	59952	36027	23925	12102
1996	397477	230667	166811	63856	47362	27330	20031	7299
1997	397997	299221	98776	200445	47844	35940	11904	24036
1998	371553	285989	85564	200425	44788	34475	10313	24162
1999	264612	207541	57071	150470	40627	31703	8924	22779
2000	468318	341698	126620	215078	56540	41268	15272	25996
2001	644276	393765	250510	143255	77825	47568	30256	17312
2002	726255	454315	271940	182375	87740	54891	32849	22042
2003	1099315	726112	373203	352909	132714	87720	44994	42726
2004	1457996	824661	633335	191326	176314	99638	76677	22961
2005	2165298	898855	1266443	-367588	263027	109100	153928	-44828
2006	3059167	1209396	1849772	-640376	382493	150960	231533	-80573
2007	4212167	1278068	2934099	-1656031	548351	165797	382554	-216757
2008	4303669	1127793	3175876	-2048083	609543	160135	449408	-289273
2009	2637699	502154	2135545	-1633391	386555	73551	313004	-239453
2010	5026829	1111806	3915023	-2803217	740295	163779	576517	-412738
2011	5689135	1409592	4279543	-2869951	872858	215878	656980	-441102
2012	5617918	2254263	3363655	-1109392	890075	357355	532721	-175366
2013	6362664	2908028	3454636	-546608	1023611	467732	555878	-88146
2014	5299907	3267859	2032049	1235810	864061	532948	331113	201835
2015	4939668	3611754	1327914	2283840	795202	581181	214021	367160
2016	4497259	2658088	1839171	818917	683298	406256	277042	129214
2017	3261407	1153892	2107516	-953624	482633	170979	311655	-140676
2018	3954494	1458484	2496010	-1037526	601303	221080	380223	-159143
2019	3804149	1313538	2490611	-1177073	552009	190700	361309	-170609
2020	3824498	856364	2968133	-2111769	552973	123768	429205	-305437
2021	4919265	969151	3950114	-2980963	760718	150065	610653	-460588

注：货物进出口差额负数为逆差。

a) Negative number of balance between import and export of goods is deficit.

11-3 甘肃省同主要国家(地区)海关进出口总额(2021)

Value of Imports and Exports by Main Country(Region) of Gansu Province (2021)

单位：万元 (10 000 yuan)

地区	Region	进出口总额 Total	出口总额 Exports	进口总额 Imports
甘肃省	**Gansu**	**4919265**	**969151**	**3950114**
#中国香港	Hongkong,China	248250	243243	5007
中国台湾	Taiwan,China	472190	54715	417475
印度	India	15534	14450	1084
印度尼西亚	Indonesia	75593	28519	47073
日本	Japan	129922	25577	104345
马来西亚	Malaysia	106612	26700	79912
蒙古	Mongolia	388528	5014	383514
新加坡	Singapore	78919	12403	66516
韩国	Korea	200298	71302	128995
泰国	Thailand	22397	15893	6504
哈萨克斯坦	Kazakhstan	927486	9877	917608
英国	United Kingdom	44142	12121	32021
法国	France	13100	9225	3876
比利时	Belgium	6329	5628	702
德国	Germany	61068	28495	32574
意大利	Italy	18441	13868	4574
荷兰	Netherlands	34482	29867	4615
瑞士	Switzerland	1198	437	762
俄罗斯	Russia	417879	19305	398574
巴西	Brazil	93993	19796	74197
智利	Chile	129543	2044	127499
加拿大	Canada	60513	9840	50673
美国	United States	106613	87302	19311
澳大利亚	Australia	264302	8135	256167
新西兰	New Zealand	9914	2029	7885

11-4 海关出口主要商品金额（2021）
Main Export Commodities in Value (2021)

单位：万元 (10 000 yuan)

品　名	Item	商品金额 Commodity Value
农产品	Agriculture Products	189767
医药材及药品	Medical Materials and Drugs	25561
塑料制品	Plastic Products	6321
服装及衣着附件	Clothing and Accessories	6149
陶瓷产品	Ceramic Products	3305
铁合金	Ferroalloy	13639
未锻轧铝及铝材	Wrought and Rolled Aluminium and Aluminium Products	10447
家具及其零件	Furniture and Its Parts	6154
玩具	Toys	4315
体育用品及设备	Sporting Goods and Equipment	1269
机电产品	Electromechanical Products	509172
#电工器材	Electrical Equipment	99048
电子元件	Electronic Component	255486
#集成电路	Integrated Circuit	229084
高新技术产品	New and High-tech Product	315833
生物技术	Biotechnology	7561
生命科学技术	Life science and Technology	16376
光电技术	Photoelectric Technology	14040
计算机与通信技术	Computer and Communication Technology	4959
电子技术	Electronic Technique	268034
计算机集成制造技术	Computer Integrated Manufacturing Technology	3639
材料技术	Material Technology	1010
航空航天技术	Aerospace Technology	211
电动载人汽车	Electric Passenger Car	
纯电动客车（10 座及以上）	Pure Electric Bus (10 seats and above)	
文化产品	Cultural Products	23797

11-5 海关进口主要商品金额（2021）
Main Import Commodities in Value (2021)

单位：万元 (10 000 yuan)

品 名	Item	商品金额 Commodity Value
农产品	Agriculture Products	152756
金属矿及矿砂	Metal ore and Sand	2148605
基本有机化学品	Basic Organic Chemicals	1674
医药材及药品	Medical Materials and Drugs	9640
美容化妆品及洗护用品	Cosmetics and Toiletries	8450
初级形状的塑料	Plastic in Primary Shape	2994
塑料制品	Plastic Products	443
天然及合成橡胶（包括胶乳）	Natural and Synthetic Rubber (Including Latex)	9
木及其制品	Wood and Its Products	3867
纸浆、纸及其制品	Pulp, Paper and Its Products	11
纺织纱线、织物及其制品	Textile Yarn, Fabric and Its Products	1598
钢材	Steel Products	4478
未锻轧铜及铜材	Unwrought Rolled Copper and Copper Products	205535
未锻轧铝及铝材	Wrought and Rolled Aluminium and Aluminium Products	3
机电产品	Electromechanical Products	725945
#电工器材	Electrical Equipment	3174
电子元件	Electronic Component	468592
#集成电路	Integrated Circuit	276111
高新技术产品	New and High-tech Product	463246
生命科学技术	Life science and Technology	4679
光电技术	Photoelectric Technology	18445
计算机与通信技术	Computer and Communication Technology	44483
电子技术	Electronic Technique	296257
计算机集成制造技术	Computer Integrated Manufacturing Technology	85413
材料技术	Material Technology	13062
航空航天技术	Aerospace Technology	849
其他技术	Other Technologies	58
文化产品	Cultural Products	3573

11-6 利用外资
Utilization of Foreign Capital

单位：个、万美元　　(unit,USD 10 000)

年 份 Year	总计 Total		对外借款 Foreign Loans		外商直接投资 Direct Foreign Investments	
	项目 Number of Projects	金额 Value	项目 Number of Projects	金额 Value	项目 Number of Projects	金额 Value
签订利用外资协议（合同）额 Total Amount of Foreign Capital to be Utilized through the Signed Agreements and Contracts						
1995	177	44199	21	25224	156	18975
1996	138	34365	16	25813	122	8552
1997	69	30882	7	20160	62	10722
1998	72	27995	4	19631	68	8364
1999	73	28592	5	19150	68	9442
2000	84	32250	8	19910	76	12340
2001	78	26230	6	10720	72	15510
2002	63	32026	12	21000	51	11026
2003	73	69464	14	45000	59	24464
2004	92	57031	29	24467	63	32564
2005	51	53996	17	40600	34	13396
2006	49	53533	11	44977	38	8556
2007	44	34242	9	19080	35	15162
2008	49	35776	12	6840	37	28936
2009	32	79533	6	45000	26	34533
2010	32	44015	4	25000	28	19015
2011	34	60222	6	33500	28	26722
2012	27	43587	7	25000	20	18587
2013	22	93662	4	41000	18	52662
2014						
2015	26	78603	4	35000	22	43603
2016	30	1375038			30	1375038
2017	11	39569			11	39569
2018	16	29003			16	29003
2019	17	130675			17	130675
2020	23	6593			23	6593
2021	36	110580			36	110580

11-6 续表 continued

单位：个、万美元 (unit,USD 10 000)

年 份 Year	金额总计 Total	对外借款 Foreign Loans	外商直接投资 Direct Foreign Investments
实际利用外资额 Total Amount of Foreign Investment Actually Utilized			
1995	35854	24900	10954
1996	29317	20315	9002
1997	21638	16368	5270
1998	14552	10688	3864
1999	20746	16642	4104
2000	20122	13887	6235
2001	20558	13119	7439
2002	22620	17392	5228
2003	24609	20722	3887
2004	26297	22758	3539
2005	25639	23595	2044
2006	27241	24287	2954
2007	38202	26400	11802
2008	47642	34800	12842
2009	51383	38000	13383
2010	51921	38400	13521
2011	38524	31500	7024
2012	37210	31100	6110
2013	39129	32000	7129
2014	45542	35510	10032
2015	46036	35000	11036
2016	11588		11588
2017	4356		4356
2018	5041		5041
2019	8205		8205
2020	8875		8875
2021	10852		10852

11-7 外商直接投资项目和投资额（2021）
Foreign Investment Through Signed Contract and It's Value (2021)

单位：万美元 (USD 10 000)

项　目	Item	签订合同项目（个）Number of Contracts (unit)	签订合同投资额 Contracted Value	实际吸收外资金额 Amount of Foreign Capital Actually Used
甘肃省	**Gansu**	**36**	**110580**	**10852**
按登记注册类型分	**By Investment Manner**			
合资经营	Equity Joint Venture	15	12594	4642
合作经营	Contractual Joint Venture			
外资经营	Wholly Foreign-owned Enterprise	21	97986	6129
外商投资股份制	FDI Shareholding Inc.			81
其他	Others			
按行业分	**By Sector**			
农、林、牧、渔业	Agriculture, Forestry, Animal Husbandry and Fishery	5	3728	
采矿业	Mining			
制造业	Manufacturing	2	1478	2662
电力、燃气及水生产和供应业	Production and Supply of Electricity, Gas and Water	9	35844	3343
建筑业	Construction			
交通运输、仓储和邮政业	Transport, Storage and Post	1	1710	3034
信息传输、软件和信息技术服务业	Information Transmission,Software and Information Technology	2	30	
批发和零售业	Wholesale and Retail Trades	9	564	186
住宿和餐饮业	Hotels and Catering Services			
金融业	Financial Intermediation			
房地产业	Real Estate	2	60047	
租赁和商务服务业	Leasing and Business Services	5	286	170
科学研究、技术服务和地质勘查业	Scientific Research, Technical Service and Geologic Prospecting	1	6864	
水利、环境和公共设施管理业	Management of Water Conservancy, Environment and Public Facilities		157	1456
居民服务和其他服务业	Services to Households and Other Services		-128	
教育	Education			
卫生和社会工作	Health and Social Service			
文化、体育和娱乐业	Culture, Sports and Entertainment			1
公共管理和社会组织	Public Management and Social Organizations			
其他	Others			
按国别（地区）分	**By Countries or Regions**			
中国香港	Hong Kong,China	19	110122	7571
新加坡	Singapore	1	379	3167
阿拉伯联合酋长国	United Arab Emirates			
加纳	Ghana			
中国台湾	Taiwan,China	5	72	
英国	United Kingdom	1	460	
德国	Germany			
荷兰	Netherlands	1	3	
西班牙	Spain			
芬兰	Finland			
瑞典	Sweden			
英属维尔京群岛	British Virgin Islands	2	-5739	
加拿大	Canada			
美国	United States		84	114
澳大利亚	Australia			
其他	Others	7	5199	

11-8 年末登记外商投资企业行业分布情况（2021）
Sector Distribution Registered of Foreign-Funded Enterprises at the Year-end (2021)

行 业	Sector	企业数（户）Number of Registered Enterprises (unit)	投资总额（万美元）Total Investment (USD 10 000)	注册资本（万美元）Registered Capital (USD 10 000)	#外方 Capital Invested by Foreign Partner
甘肃省	**Gansu**	**2396**	**4180826**	**3300404**	**2675472**
农、林、牧、渔业	Agriculture, Forestry, Animal Husbandry and Fishery	56	169580	100027	73948
采矿业	Mining	5	14821	14841	4621
制造业	Manufacturing	138	1449852	1374854	1327259
电力、燃气及水生产和供应业	Production and Supply of Electricity, Gas and Water	64	589729	196152	129275
建筑业	Construction	18	16826	2638	2089
交通运输、仓储和邮政业	Transport, Storage and Post	22	61232	4199	3001
信息传输、软件和信息技术服务业	Information Transmission,Software and Information Technology	1098	38803	21419	20660
批发和零售业	Wholesale and Retail Trades	493	1299923	1282944	860064
住宿和餐饮业	Hotels and Catering Services	153	3492	1976	1243
金融业	Financial Intermediation	58	20023	20023	8061
房地产业	Real Estate	38	177293	67242	64334
租赁和商务服务业	Leasing and Business Services	175	148892	138702	116378
科学研究、技术服务和地质勘查业	Scientific Research, Technical Service and Geologic Prospecting	25	19333	17865	9525
水利、环境和公共设施管理业	Management of Water Conservancy, Environment and Public Facilities	7	50161	16864	14973
居民服务和其他服务业	Services to Households and Other Services	31	604	596	496
教育	Education	1	72	72	72
卫生和社会工作	Health and Social Service	1	25000	1000	490
文化、体育和娱乐业	Culture, Sports and Entertainment	11	95190	38990	38982
其他	Others	2			

11-9 各市（州）进出口及外商投资企业进出口商品总值（2021）
Import and Export Value and Total Value of Imports and Exports Commodities of Foreign Funded Enterprises by Region (2021)

单位：万元 (10 000 yuan)

市（州）	Region	进出口商品总值 Total Value of Imports and Exports Commodities		
		进出口 Total	出口 Exports	进口 Imports
甘肃省	**Gansu**	**4919264.76**	**969150.73**	**3950114.04**
兰州市	Lanzhou	1418368.34	367622.43	1050745.91
嘉峪关市	Jiayuguan	128898.07	11214.14	117683.93
金昌市	Jinchang	1891672.65	45043.14	1846629.51
白银市	Baiyin	780330.63	59082.08	721248.56
天水市	Tianshui	465118.01	279387.47	185730.55
武威市	Wuwei	46538.55	45477.05	1061.50
张掖市	Zhangye	37392.62	36821.91	570.71
平凉市	Pingliang	20935.80	20805.06	130.74
酒泉市	Jiuquan	59454.23	48802.89	10651.33
庆阳市	Qingyang	16654.54	15870.90	783.64
定西市	Dingxi	20016.77	9723.00	10293.77
陇南市	Longnan	21912.81	21487.38	425.43
临夏州	Linxia	8617.13	6633.00	1984.13
甘南州	Gannan	3354.61	1180.27	2174.33

11-9 续表 continued

单位：万元 (10 000 yuan)

市（州）	Region	外商投资企业进出口商品总值 Total Value of Imports and Exports Commodities of Foreign-funded Enterprises		
		进出口 Total	出口 Exports	进口 Imports
甘肃省	**Gansu**	**58712.73**	**12548.79**	**46163.94**
兰州市	Lanzhou	51084.74	4953.01	46131.73
嘉峪关市	Jiayuguan			
金昌市	Jinchang	18.87	18.87	
白银市	Baiyin	4976.06	4976.06	
天水市	Tianshui	41.10	26.56	14.53
武威市	Wuwei			
张掖市	Zhangye	2335.87	2335.35	0.52
平凉市	Pingliang			
酒泉市	Jiuquan	6.05		6.05
庆阳市	Qingyang			
定西市	Dingxi			
陇南市	Longnan			
临夏州	Linxia	120.40	120.40	
甘南州	Gannan	129.64	118.53	11.11

11-10 各市（州）外商直接投资合同项目和投资额（2021）
Foreign Investment Through Signed Contract and It's Value by Region (2021)

市（州）	Region	签订合同项目（个） Number of Contracts (unit)	签订合同投资额（万美元） Contracted Value (USD 10 000)	实际吸收外资金额（万美元） Amount of Foreign Capital Actually Attracted (USD 10 000)
甘肃省	**Gansu**	**36**	**110580**	**10852**
兰州市	Lanzhou	12	14049	6608
嘉峪关市	Jiayuguan	2	4500	
金昌市	Jinchang	3	5271	792
白银市	Baiyin			
天水市	Tianshui	1	20	
武威市	Wuwei	4	60047	1745
张掖市	Zhangye	2	11333	287
平凉市	Pingliang			
酒泉市	Jiuquan	4	6409	789
庆阳市	Qingyang	4	5442	
定西市	Dingxi	2	1480	517
陇南市	Longnan			
临夏州	Linxia	2	158	114
甘南州	Gannan		1871	

主要统计指标解释

进出口总额 指实际进出我国国境的货物总金额。包括对外贸易实际进出口货物，来料加工装配进出口货物，国家间、联合国及国际组织无偿援助物资和赠送品，华侨、港澳台同胞和外籍华人捐赠品，租赁期满归承租人所有的租赁货物，进料加工进出口货物，边境地方贸易及边境地区小额贸易进出口货物（边民互市贸易除外），中外合资企业、中外合作经营企业、外商独资经营企业进出口货物和公用物品，到、离岸价格在规定限额以上的进出口货样和广告品（无商业价值、无使用价值和免费提供出口的除外），从保税仓库提取在中国境内销售的进口货物，以及其他进出口货物。该指标可以观察一个国家在对外贸易方面的总规模。我国规定出口货物按离岸价格统计，进口货物按到岸价格统计。

进出口货物的收发货人 指在海关备案（原为注册）的对外签订并执行进出口贸易合同的中国境内法人、其他组织或个人。

进出口货物 我国境内法人和其他组织、个人及一般贸易、加工贸易、补偿贸易、保税监管场所进出境货物、易货贸易、国际援助物资或捐赠品等贸易方式进出境的货物。

利用外资 指我国各级政府、部门、企业和其他经济组织通过对外借款、吸收外商直接投资以及用其他方式筹措的境外现汇、设备、技术等。

对外借款 指通过对外正式签订借款协议，从境外筹措的资金，包括外国政府贷款、国际金融组织贷款、外国银行商业贷款、出口信贷以及对外发行债券等。1996 年及以前还包括对外发行股票。该指标是我国利用外资的重要部分。

外商直接投资 是指外国投资者在我国境内通过设立外商投资企业、合伙企业、与中方投资者共同进行石油资源的合作勘探开发以及设立外国公司分支机构等方式进行投资。外国投资者可以用现金、实物、无形资产、股权等投资，还可以用从外商投资企业获得的利润进行再投资。

外商其他投资 指除对外借款和外商直接投资以外的各种利用外资的形式。包括企业在境内外股票市场公开发行的以外币计价的股票（目前主要是在香港证券市场发行的 H 股和在境内证券市场发行的 B 股）发行价总额，国际租赁进口设备的应付款，补偿贸易中外商提供的进口设备、技术、物料的价款，加工装配贸易中外商提供的进口设备、物料的价款。

对外承包工程 根据《对外承包工程管理条例》，对外承包工程是指中国的企业或者其他单位承包境外建设工程项目的活动。

对外劳务合作 指组织劳务人员赴其他国家或地区为国外的企业或机构工作的经营性活动。

12

农 业

Agriculture

简要说明

一、本篇资料的主要内容

本篇资料反映了全省农业生产和农村经济的基本情况，主要包括农林牧渔业总产值、增加值、主要农产品产量、农业机械年末拥有量、农村电气化和农业化学化情况以及农田水利建设等方面的内容。

二、本篇资料的来源

1. 农业资料来源于农村社会经济统计年报，由省统计局农村处整理提供。

2. 粮食面积、产量及畜牧业数据来源于国家统计局甘肃调查总队。

3. 水利资料来源于省水利厅。

4. 农机资料来源于省农业农村厅。

三、本篇资料的统计范围和统计口径

《甘肃省农村社会经济统计报表制度》的统计范围包括省内全部农村社会经济情况，以及国营、机关单位农林牧渔场的农林牧渔业生产情况。农业科研单位的农业实验研究生产、军队系统的军马场生产以及军队和公安司法部门的警犬生产除外。

本篇资料中 2003 年及以后年份的农林牧渔业总产值、增加值按新口径计算。即调整了农业中种植业和其他农业的分类，增加农林牧渔服务业统计。

根据第一、二和第三次全国农业普查结果，对全省、分市州、分县农业产值、增加值等历史数据进行了修订。

根据第二次全国农业普查结果，对 1997—2006 年畜牧业数据进行了修订。

根据第三次全国农业普查结果，对 2007—2017 年种植业、园林水果、畜牧业及渔业数据进行了修订。

12-1 农村基层组织情况
Basic Conditions of Rural Grass-roots Unit

项 目	Item	2010	2015	2019	2020	2021
村民委员会（个）	Number of Village Committee (unit)	16162	16133	16059	16056	15971
村民小组（个）	Villagers Group (unit)	96998	97431	97156	97392	96780
乡村户数（万户）	Number of Rural Households (10 000 households)	480.63	493.76	508.61	515.34	513.17
乡村人口（万人）	Rural Population (10 000 persons)	2087.61	2075.19	2069.12	2062.88	2033.50
乡村从业人员（万人）	Number of Rural Laborers (10 000 persons)	1113.99	1129.74	1128.25	1133.49	1125.90
按性别分	By Sex					
男	Male	591.75	607.14	609.88	614.63	611.75
女	Female	522.24	522.60	518.37	518.86	514.15
按行业分	By Sector					
农林牧渔业	Agriculture, Forestry, Animal Husbandry & Fishery	724.82	668.07	645.18	638.90	629.09
工业	Industry	43.68	49.20	53.81	56.56	57.32
建筑业	Construction	86.13	110.69	126.51	133.53	136.80
批发与零售业	Wholesale and Retail Trades	29.66	35.22	36.84	37.96	38.21
交通运输仓储和邮政业	Transport, Storage and Post	26.92	29.81	30.36	30.97	31.04
住宿和餐饮业	Hotels and Catering Serices	17.57	24.02	28.89	31.07	32.16
信息传输、软件和	Information Transmission,Software	2.34	3.59	4.94	5.35	5.63
金融业	Financial Intermediation	1.53	1.84	3.17	3.26	3.29
科学研究和技术服务业	Scientific Research and Technical Services	1.92	1.89	1.93	2.03	2.00
教育	Education	6.03	6.91	7.10	7.31	7.52
卫生和社会工作	Health and Social Service	3.52	4.39	4.82	4.87	4.99
乡镇经济组织（乡务）管理	Villages and Towns Economic Organizations (Rural Affairs) Management	0.81	11.33	10.40	10.07	9.99
其他	Others	169.06	182.79	174.31	171.61	167.86

12-2 各市（州）农村基本情况（2021）
Basic Conditions of Rural by Region (2021)

市（州）	Region	村民委员会（个）Number of Village Committee (unit)	村民小组（个）Villagers Group (unit)	乡村户数（万户）Number of Rural Households (10 000 households)	乡村人口（万人）Rural Population (10 000 persons)
兰州市	Lanzhou	727	4188	32.41	119.93
嘉峪关市	Jiayuguan	17	117	0.60	2.12
金昌市	Jinchang	139	1084	7.64	23.48
白银市	Baiyin	703	4453	33.48	127.01
天水市	Tianshui	2491	11404	70.22	305.71
武威市	Wuwei	1053	8165	34.77	131.74
张掖市	Zhangye	837	5718	30.06	98.59
平凉市	Pingliang	1469	9110	48.59	188.88
酒泉市	Jiuquan	438	2531	17.01	61.39
庆阳市	Qingyang	1261	9219	57.50	230.65
定西市	Dingxi	1886	13215	64.13	256.83
陇南市	Longnan	3198	14066	64.22	248.20
临夏州	Linxia	1090	10559	39.75	181.82
甘南州	Gannan	662	2951	12.80	57.14

12-3 各市（州）乡村就业人员（2021）
Rural Laborers by Region (2021)

单位：万人 (10 000 persons)

市（州）	Region	总计 Total	农林牧渔业 Agriculture, Forestry, Animal Husbandry & Fishery	工业 Industry	建筑业 Construction	批发与零售业 Wholesale and Retail Trades	交通运输仓储业和邮政业 Transport, Storage and Post	其他非农行业 Other Non-agricultural Trades
兰州市	Lanzhou	65.20	33.34	5.51	5.87	2.40	3.67	14.41
嘉峪关市	Jiayuguan	1.31	0.80	0.12	0.06	0.04	0.07	0.22
金昌市	Jinchang	12.54	7.02	0.90	1.47	0.43	0.59	2.12
白银市	Baiyin	70.39	47.75	2.81	5.61	1.93	1.92	10.37
天水市	Tianshui	168.55	91.52	9.85	22.94	5.75	3.40	35.10
武威市	Wuwei	77.06	42.44	4.71	9.58	3.44	2.55	14.34
张掖市	Zhangye	61.84	33.83	2.52	9.61	2.29	1.80	11.78
平凉市	Pingliang	105.22	54.02	5.46	15.69	3.34	3.27	23.43
酒泉市	Jiuquan	36.43	20.86	1.63	3.36	1.59	1.25	7.75
庆阳市	Qingyang	119.96	66.53	6.71	10.77	4.26	3.00	28.69
定西市	Dingxi	145.94	90.31	4.99	18.56	4.20	2.75	25.14
陇南市	Longnan	132.92	69.43	4.82	16.64	3.67	2.79	35.58
临夏州	Linxia	96.68	49.72	6.56	13.74	4.03	3.18	19.45
甘南州	Gannan	31.87	21.52	0.75	2.88	0.83	0.82	5.07

12-4 各地、县乡村户数及乡村人口（2021）
Number of Rural Households and Population by Region & County (2021)

地、县	Region & County	乡村户数（万户）Number of Rural Households (10 000 households)	乡村人口（万人）Rural Population (10 000 persons)
兰州市	**Lanzhou**	**32.41**	**119.93**
城关区	Chengguan	0.36	1.57
七里河区	Qilihe	2.15	8.90
西固区	Xigu	1.47	5.06
安宁区	Anning		
红古区	Honggu	1.34	4.64
永登县	Yongdeng	9.46	35.11
皋兰县	Gaolan	3.73	12.02
榆中县	Yuzhong	10.81	39.81
兰州新区	Lanzhou New Area	3.10	12.83
嘉峪关市	**Jiayuguan**	**0.60**	**2.12**
金昌市	**Jinchang**	**7.64**	**23.48**
金川区	Jinchuan	1.79	4.88
永昌县	Yongchang	5.85	18.61
白银市	**Baiyin**	**33.48**	**127.01**
白银区	Baiyin	2.65	6.76
平川区	Pingchuan	2.74	10.10
靖远县	Jingyuan	11.64	44.92
会宁县	Huining	12.21	49.43
景泰县	Jingtai	4.24	15.80
天水市	**Tianshui**	**70.22**	**305.71**
秦州区	Qinzhou	10.15	46.20
麦积区	Maiji	11.27	48.11
清水县	Qingshui	7.09	28.85
秦安县	Qinan	13.01	52.25
甘谷县	Gangu	12.72	55.13
武山县	Wushan	9.18	42.15
张家川县	Zhangjiachuan	6.79	33.02
武威市	**Wuwei**	**34.77**	**131.74**
凉州区	Liangzhou	18.04	71.35
民勤县	Minqin	5.30	18.90
古浪县	Gulang	8.40	30.41
天祝县	Tianzhu	3.04	11.07
张掖市	**Zhangye**	**30.06**	**98.59**
甘州区	Ganzhou	10.90	35.38
肃南县	Sunan	1.01	2.80
民乐县	Minle	5.75	20.81
临泽县	Linze	3.47	11.71
高台县	Gaotai	4.04	12.82
山丹县	Shandan	4.88	15.07
平凉市	**Pingliang**	**48.59**	**188.88**
崆峒区	Kongtong	8.51	32.70
泾川县	Jingchuan	8.49	31.48
灵台县	Lingtai	6.07	20.33
崇信县	Chongxin	2.21	8.13
庄浪县	Zhuanglang	9.65	40.52
静宁县	Jingning	10.22	42.09
华亭市	Huating	3.44	13.63
酒泉市	**Jiuquan**	**17.01**	**61.39**
肃州区	Suzhou	5.60	20.60
金塔县	Jinta	2.86	10.52
瓜州县	Guazhou	2.78	10.35
肃北县	Subei	0.22	0.61
阿克塞县	Akesai	0.10	0.27
玉门市	Yumen	2.68	9.44
敦煌市	Dunhuang	2.75	9.59
庆阳市	**Qingyang**	**57.50**	**230.65**
西峰区	Xifeng	6.77	27.80
庆城县	Qingcheng	5.68	23.32
环 县	Huanxian	8.47	33.30
华池县	Huachi	3.01	11.26
合水县	Heshui	3.93	15.43
正宁县	Zhengning	5.16	20.70
宁 县	Ningxian	12.65	52.32
镇原县	Zhenyuan	11.84	46.51
定西市	**Dingxi**	**64.13**	**256.83**
安定区	Anding	10.27	36.44
通渭县	Tongwei	8.86	38.68
陇西县	Longxi	10.51	42.53
渭源县	Weiyuan	8.24	31.64
临洮县	Lintao	11.77	46.68
漳 县	Zhangxian	4.25	18.73
岷 县	Minxian	10.22	42.14
陇南市	**Longnan**	**64.22**	**248.20**
武都区	Wudu	13.74	52.63
成 县	Chengxian	6.03	22.22
文 县	Wenxian	6.87	20.75
宕昌县	Tanchang	6.46	26.21
康 县	Kangxian	4.95	17.62
西和县	Xihe	9.04	39.30
礼 县	Lixian	11.03	47.43
徽 县	Huixian	5.04	18.60
两当县	Liangdang	1.06	3.44
临夏州	**Linxia**	**39.75**	**181.82**
临夏市	Linxia	2.04	9.33
临夏县	Linxia	8.04	36.83
康乐县	Kangle	6.04	27.61
永靖县	Yongjing	3.98	15.84
广河县	Guanghe	4.32	23.27
和政县	Hezheng	4.40	19.18
东乡县	Dongxiang	5.34	23.71
积石山县	Jishishan	5.59	26.05
甘南州	**Gannan**	**12.80**	**57.14**
合作市	Hezuo	0.57	3.56
临潭县	Lintan	3.27	13.51
卓尼县	Zhuoni	1.91	9.32
舟曲县	Zhouqu	3.15	12.33
迭部县	Diebu	0.89	4.01
玛曲县	Maqu	1.08	4.43
碌曲县	Luqu	0.58	2.86
夏河县	Xiahe	1.34	7.13

12-5 各地、县乡村从业人员（2021）
Rural Employed Persons by Region & County (2021)

单位：万人 (10 000 persons)

地、县	Region & County	乡村从业人员 Rural Employed Persons	#农、林、牧、渔业 Agriculture,Forestry, Animal Husbandry and Fishery
兰州市	**Lanzhou**	**65.20**	**33.34**
城关区	Chengguan	0.84	0.39
七里河区	Qilihe	5.12	3.09
西固区	Xigu	2.90	1.24
安宁区	Anning		
红古区	Honggu	2.47	1.61
永登县	Yongdeng	19.84	9.77
皋兰县	Gaolan	6.40	3.36
榆中县	Yuzhong	20.80	11.45
兰州新区	Lanzhou New Area	6.83	2.43
嘉峪关市	**Jiayuguan**	**1.31**	**0.80**
金昌市	**Jinchang**	**12.54**	**7.02**
金川区	Jinchuan	2.83	1.54
永昌县	Yongchang	9.71	5.48
白银市	**Baiyin**	**70.39**	**47.75**
白银区	Baiyin	3.50	1.53
平川区	Pingchuan	7.00	4.26
靖远县	Jingyuan	23.60	16.91
会宁县	Huining	26.67	18.77
景泰县	Jingtai	9.61	6.28
天水市	**Tianshui**	**168.55**	**91.52**
秦州区	Qinzhou	25.31	11.23
麦积区	Maiji	25.17	13.16
清水县	Qingshui	16.06	9.97
秦安县	Qinan	29.16	17.17
甘谷县	Gangu	30.17	15.60
武山县	Wushan	23.90	12.84
张家川县	Zhangjiachuan	18.78	11.53
武威市	**Wuwei**	**77.06**	**42.44**
凉州区	Liangzhou	40.64	19.98
民勤县	Minqin	10.74	7.33
古浪县	Gulang	17.87	10.23
天祝县	Tianzhu	7.80	4.89
张掖市	**Zhangye**	**61.84**	**33.83**
甘州区	Ganzhou	21.39	12.53
肃南县	Sunan	1.59	1.10
民乐县	Minle	13.38	7.99
临泽县	Linze	7.39	3.72
高台县	Gaotai	8.31	4.26
山丹县	Shandan	9.78	4.23
平凉市	**Pingliang**	**105.22**	**54.02**
崆峒区	Kongtong	19.06	9.09
泾川县	Jingchuan	16.23	9.31
灵台县	Lingtai	11.35	5.79
崇信县	Chongxin	4.86	2.05
庄浪县	Zhuanglang	23.67	11.74
静宁县	Jingning	22.48	13.12
华亭市	Huating	7.57	2.92
酒泉市	**Jiuquan**	**36.43**	**20.86**
肃州区	Suzhou	12.21	6.55
金塔县	Jinta	6.07	3.53
瓜州县	Guazhou	6.00	4.10
肃北县	Subei	0.32	0.23
阿克塞县	Akesai	0.17	0.13
玉门市	Yumen	5.92	3.63
敦煌市	Dunhuang	5.74	2.70
庆阳市	**Qingyang**	**119.96**	**66.53**
西峰区	Xifeng	13.96	7.33
庆城县	Qingcheng	12.61	8.03
环　县	Huanxian	17.99	8.79
华池县	Huachi	6.10	4.82
合水县	Heshui	8.02	4.98
正宁县	Zhengning	12.34	6.61
宁　县	Ningxian	27.34	14.82
镇原县	Zhenyuan	21.60	11.16
定西市	**Dingxi**	**145.94**	**90.31**
安定区	Anding	21.00	13.31
通渭县	Tongwei	22.90	13.66
陇西县	Longxi	24.03	14.14
渭源县	Weiyuan	18.22	12.97
临洮县	Lintao	24.50	14.67
漳　县	Zhangxian	10.12	4.62
岷　县	Minxian	25.17	16.95
陇南市	**Longnan**	**132.92**	**69.43**
武都区	Wudu	26.37	10.65
成　县	Chengxian	12.01	6.14
文　县	Wenxian	12.53	7.23
宕昌县	Tanchang	15.20	8.14
康　县	Kangxian	9.55	5.46
西和县	Xihe	20.67	12.09
礼　县	Lixian	24.32	14.14
徽　县	Huixian	10.30	4.45
两当县	Liangdang	1.97	1.12
临夏州	**Linxia**	**96.68**	**49.72**
临夏市	Linxia	3.89	0.97
临夏县	Linxia	18.93	6.68
康乐县	Kangle	14.08	9.42
永靖县	Yongjing	9.10	5.66
广河县	Guanghe	12.08	7.43
和政县	Hezheng	11.67	3.26
东乡县	Dongxiang	14.17	9.16
积石山县	Jishishan	12.76	7.13
甘南州	**Gannan**	**31.87**	**21.52**
合作市	Hezuo	2.07	1.79
临潭县	Lintan	7.64	4.81
卓尼县	Zhuoni	5.27	3.60
舟曲县	Zhouqu	6.65	3.02
迭部县	Diebu	2.12	1.27
玛曲县	Maqu	2.54	2.41
碌曲县	Luqu	1.64	1.47
夏河县	Xiahe	3.94	3.16

12-6 农林牧渔业总产值
Gross Output Value of Agriculture,Forestry, Animal Husbandry and Fishery

单位：万元 (10 000 yuan)

年 份 Year	农林牧渔业总产值 Gross Output Value of Agriculture, Forestry,Animal Husbandry and Fishery	农业 Agriculture	林业 Forestry	牧业 Animal Husbandry	渔业 Fishery	农林牧渔服务业 Services in Support of Agriculture
1978	224533	163057	6153	37871	15	17437
1979	232810	167282	6020	42142	22	17344
1980	273886	204964	6509	47391	22	15000
1981	280174	206490	9850	47008	26	16800
1982	305248	211363	16903	53768	29	23185
1983	400865	284715	21158	68525	31	26436
1984	403253	264127	32261	72533	28	34304
1985	488182	326444	36296	104723	90	20629
1986	563960	380401	34052	125629	248	23630
1987	655161	418447	34509	169234	563	32408
1988	847166	532298	38231	242954	1233	32450
1989	891232	563476	33209	252186	1811	40551
1990	1024993	686857	32679	257733	2156	45568
1991	1065704	712525	35284	264560	2669	50666
1992	1194970	811291	41310	279057	3312	60000
1993	1353978	928773	47260	311061	4218	62666
1994	2121949	1479266	57959	479308	5595	99821
1995	2694508	1885426	65048	619212	7845	116977
1996	3073203	2339849	65780	646457	8508	12609
1997	2992411	2099008	74206	678147	9309	131741
1998	3346943	2358231	87791	722056	11645	167220
1999	3199866	2332447	96697	600261	10352	160108
2000	3201176	2228126	111534	688108	11878	161530
2001	3396579	2396351	86471	759285	10896	143576
2002	3528583	2532054	138735	807290	10004	40500
2003	4278433	2758234	198140	854917	9571	457571
2004	5035034	3313663	161915	1057696	9863	491898
2005	5497110	3628896	158959	1143231	10237	555787
2006	5937000	3958383	149934	1182928	10369	635386
2007	6860990	4587283	194286	1311680	10469	757272
2008	7524991	5037264	209174	1217880	8324	1052350
2009	8097206	5505614	225986	1244182	9162	1112262
2010	9052186	6288841	220555	1415203	7787	1119800
2011	9996869	6885580	205049	1639435	10548	1256256
2012	11160035	7729821	238727	1803793	11931	1375763
2013	12337770	8537930	266494	1972491	13275	1547580
2014	13073146	8977921	302083	2089529	14193	1689420
2015	13861771	9511521	338827	2175063	14423	1821936
2016	14431154	9857296	308329	2859114	22185	1384230
2017	15596407	10686132	315719	3089678	20904	1483974
2018	16593567	11660985	330745	3188756	19740	1393340
2019	18875755	13064126	380871	3955697	20306	1454754
2020	21036075	14238463	317349	4952861	19681	1507722
2021	24395358	16232134	328215	6198536	19603	1616870

12-7 农林牧渔业总产值指数
Indices of Gross Output Value of Agriculture, Forestry,Animal Husbandry and Fishery

（上年 =100） (preceding year=100)

年 份 Year	农林牧渔业总产值 Gross Output Value of Agriculture, Forestry,Animal Husbandry and Fishery	农业 Agriculture	林业 Forestry	牧业 Animal Husbandry	渔业 Fishery	农林牧渔服务业 Services in Support of Agriculture
1978	105.19	104.32	96.75	110.95	84.62	
1979	93.52	91.55	88.71	101.35	120.24	
1980	111.08	115.08	114.92	98.03	83.17	
1981	92.24	91.71	85.76	95.79	104.76	
1982	113.30	108.87	140.21	122.37	111.36	
1983	113.83	115.15	120.15	108.13	107.14	
1984	108.98	105.12	138.46	112.93	138.10	
1985	113.64	108.54	112.93	129.35	158.62	
1986	107.25	107.39	85.43	113.67	145.22	
1987	102.48	102.63	92.00	104.45	200.00	
1988	107.14	111.27	88.71	101.10	134.43	
1989	107.17	105.29	93.81	114.40	136.41	
1990	105.26	106.78	101.45	102.14	117.47	
1991	101.04	100.37	102.04	102.51	113.34	
1992	106.62	108.91	107.01	100.91	114.84	
1993	107.76	109.56	104.46	103.47	116.02	
1994	104.34	104.33	104.09	104.33	114.08	
1995	99.91	98.56	97.36	103.86	128.40	
1996	112.00	115.66	101.20	103.91	106.60	
1997	100.40	100.43	95.49	100.93	110.26	
1998	115.93	119.08	98.92	108.92	117.69	
1999	99.04	98.33	112.22	99.47	120.41	
2000	104.92	103.44	122.46	107.12	109.55	
2001	107.81	109.93	71.19	107.14	104.29	
2002	105.77	103.75	163.62	106.12	100.44	
2003	105.88	103.18	148.36	107.41	97.20	
2004	107.10	108.05	80.83	110.12	107.05	105.00
2005	107.03	107.21	90.85	107.03	105.92	111.30
2006	104.61	103.58	85.55	109.04	105.29	112.99
2007	104.31	104.17	130.96	96.83	107.17	112.76
2008	107.35	108.89	109.48	102.93	101.16	105.24
2009	105.79	105.18	116.21	107.50	101.04	103.57
2010	105.69	106.74	89.35	104.84	105.25	103.02
2011	105.38	106.17	105.35	101.83	109.39	105.83
2012	106.35	106.98	103.13	104.20	102.04	106.22
2013	104.90	104.80	112.25	102.66	105.18	108.79
2014	105.36	104.70	108.91	107.09	101.07	106.92
2015	105.70	105.58	112.16	105.53	101.02	105.94
2016	105.30	105.70	110.45	102.90	101.19	105.52
2017	105.23	105.08	103.14	106.10	105.24	105.17
2018	103.69	105.44	104.76	102.40	96.06	93.61
2019	105.84	106.60	109.44	104.22	102.87	102.46
2020	105.24	105.52	83.32	107.79	105.56	101.51
2021	111.29	106.37	103.42	127.76	102.29	105.34

注：本表按可比价格计算。

a) The indices in this table are calculated at constant prices.

12-8 各地、县农林牧渔业总产值（2021）
Gross Output Value of Agriculture,Forestry, Animal Husbandry and Fishery by Region & County (2021)

单位：万元 (10 000 yuan)

地、县	Region & County	农林牧渔业总产值 Gross Output Value of Agriculture, Forestry,Animal Husbandry and Fishery	农业 Agriculture	林业 Forestry	牧业 Animal Husbandry	渔业 Fishery	农林牧渔服务业 Services in Support of Agriculture
兰州市	**Lanzhou**	**1134729**	**841151**	**9527**	**192625**	**856**	**90571**
城关区	Chengguan	8687	5727	993	547		1420
七里河区	Qilihe	148565	101319	462	21384		25400
西固区	Xigu	42255	32127	524	7838		1766
安宁区	Anning	1383	884	194	244		60
红古区	Honggu	124861	106573	270	14444	63	3512
永登县	Yongdeng	247002	175523	3104	60593	662	7121
皋兰县	Gaolan	151552	129542	148	14440		7423
榆中县	Yuzhong	348785	262454	2839	45856	131	37506
兰州新区	Lanzhou New Area	61639	27003	994	27279		6364
嘉峪关市	**Jiayuguan**	**93569**	**68870**	**212**	**23766**	**5**	**716**
金昌市	**Jinchang**	**667130**	**438312**	**7288**	**132013**	**787**	**88730**
金川区	Jinchuan	192552	101860	139	45849		44704
永昌县	Yongchang	474578	336453	7149	86164	787	44025
白银市	**Baiyin**	**1815658**	**1196552**	**17247**	**483464**	**4177**	**114218**
白银区	Baiyin	99372	45588	2268	33371	1111	17034
平川区	Pingchuan	100441	64105	633	28968	123	6613
靖远县	Jingyuan	707250	567354	5525	96213	2292	35867
会宁县	Huining	560219	296676	7452	228501		27589
景泰县	Jingtai	348377	222829	1370	96412	651	27115
天水市	**Tianshui**	**2361534**	**2104331**	**18929**	**201871**	**2704**	**33698**
秦州区	Qinzhou	337442	315711	1234	16302	407	3788
麦积区	Maiji	340636	297611	10387	27319	480	4838
清水县	Qingshui	258375	216856	1700	34690	217	4913
秦安县	Qinan	423776	409662	1478	11445	6	1184
甘谷县	Gangu	392938	352849	1708	31395	303	6683
武山县	Wushan	425358	377440	2240	37629	1096	6953
张家川县	Zhangjiachuan	183010	134203	183	43091	194	5339
武威市	**Wuwei**	**3210968**	**1902457**	**25232**	**1167519**	**268**	**115493**
凉州区	Liangzhou	1673855	1016787	1624	607094	50	48298
民勤县	Minqin	700419	483498	5137	178374	207	33203
古浪县	Gulang	568128	266113	13992	271130		16891
天祝县	Tianzhu	268567	136058	4479	110920	11	17100
张掖市	**Zhangye**	**2892604**	**1597871**	**35668**	**924235**	**2681**	**332148**

12-8 续表 1 continued

单位：万元 (10 000 yuan)

地、县	Region & County	农林牧渔业总产值 Gross Output Value of Agriculture, Forestry,Animal Husbandry and Fishery	农业 Agriculture	林业 Forestry	牧业 Animal Husbandry	渔业 Fishery	农林牧渔服务业 Services in Support of Agriculture
甘州区	Ganzhou	1140336	523738	3585	373357	718	238938
肃南县	Sunan	121570	41321	655	76442		3153
民乐县	Minle	430214	312824	3786	101687		11917
临泽县	Linze	454058	202310	16888	166082	911	67868
高台县	Gaotai	431501	311849	3211	109152	1010	6279
山丹县	Shandan	267080	162262	7544	93237	43	3993
平凉市	**Pingliang**	**2296938**	**1597428**	**10000**	**650610**	**1109**	**37792**
崆峒区	Kongtong	341264	148955	1638	185494	417	4760
泾川县	Jingchuan	230958	174149	2304	52085	160	2261
灵台县	Lingtai	231454	140082	2173	85327	205	3668
崇信县	Chongxin	174499	80026	240	88252	40	5941
庄浪县	Zhuanglang	515953	427190	1091	78412	217	9043
静宁县	Jingning	668826	565045	1572	94129	29	8051
华亭市	Huating	133984	61981	982	66911	41	4069
酒泉市	**Jiuquan**	**2643655**	**1657904**	**54730**	**538030**	**2011**	**390979**
肃州区	Suzhou	976036	479576	6579	235670	990	253222
金塔县	Jinta	649637	429657	26075	119765	257	73883
瓜州县	Guazhou	352950	281706	1241	43052	153	26798
肃北县	Subei	29648	3338	744	24705		860
阿克塞县	Akesai	23218	2792	6669	13309		448
玉门市	Yumen	418425	318645	6898	67501	338	25042
敦煌市	Dunhuang	193740	142190	6524	34028	272	10726
庆阳市	**Qingyang**	**1900568**	**1212424**	**41215**	**570648**	**793**	**75488**
西峰区	Xifeng	137822	94284	1866	20254	142	21277
庆城县	Qingcheng	205581	156381	5913	34157	40	9091
环　县	Huanxian	309438	145139	4271	153993	89	5946
华池县	Huachi	114268	81212	8647	21226	83	3100
合水县	Heshui	128307	87256	4523	32051	109	4367
正宁县	Zhengning	112632	86326	2485	16419	69	7334
宁　县	Ningxian	370955	266050	7051	84884	131	12838
镇原县	Zhenyuan	521563	295776	6458	207664	130	11535
定西市	**Dingxi**	**1767793**	**1372869**	**19265**	**301147**	**1636**	**72876**
安定区	Anding	347367	274278	2036	65935	31	5087
通渭县	Tongwei	224079	171969	4346	45153	20	2592

12-8 续表 2 continued

单位：万元 (10 000 yuan)

地、县	Region & County	农林牧渔业总产值 Gross Output Value of Agriculture, Forestry,Animal Husbandry and Fishery	农业 Agriculture	林业 Forestry	牧业 Animal Husbandry	渔业 Fishery	农林牧渔服务业 Services in Support of Agriculture
陇西县	Longxi	301057	216376	1856	43953	454	38419
渭源县	Weiyuan	256996	214922	2273	35119	269	4412
临洮县	Lintao	326542	230640	3377	71964	484	20076
漳　县	Zhangxian	95777	78654	3803	12176	264	880
岷　县	Minxian	215975	186029	1575	26848	113	1410
陇南市	**Longnan**	**1612313**	**1277420**	**85523**	**182219**	**2079**	**65072**
武都区	Wudu	495030	402275	58944	29013	101	4697
成　县	Chengxian	164112	126050	3431	15138	198	19295
文　县	Wenxian	131285	108138	4002	15914	925	2307
宕昌县	Tanchang	134920	106058	3035	23960	76	1791
康　县	Kangxian	82759	62587	5065	10714	77	4315
西和县	Xihe	147593	116976	4953	17571	68	8026
礼　县	Lixian	208827	159636	1127	32866	112	15086
徽　县	Huixian	182372	145409	4009	24672	421	7861
两当县	Liangdang	65415	50291	956	12372	102	1693
临夏州	**Linxia**	**1193841**	**702506**	**13300**	**366550**	**2522**	**108962**
临夏市	linxia	50544	10092	87	28347	69	11950
临夏县	linxia	206303	132504	2494	51065	137	20103
康乐县	Kangle	148476	80190	6080	41369	46	20792
永靖县	Yongjing	291650	241382	629	29937	2095	17607
广河县	Guanghe	95736	44099	1216	40608		9813
和政县	Hezheng	89018	48166	715	32335		7803
东乡县	Dongxiang	189800	64374	1005	111479	91	12850
积石山县	Jishishan	122314	81700	1075	31410	85	8044
甘南州	**Gannan**	**630296**	**130512**	**27264**	**382300**	**92**	**90128**
合作市	Hezuo	45268	5938	545	33004		5781
临潭县	Lintan	80093	37831	596	28375	10	13282
卓尼县	Zhuoni	91282	22355	2642	53976	62	12246
舟曲县	Zhouqu	80364	39160	6920	16756		17528
迭部县	Diebu	62102	16932	14950	27110		3111
玛曲县	Maqu	95501		519	84321	20	10642
碌曲县	Luqu	67515	2296	172	50775		14272
夏河县	Xiahe	108172	6002	920	87983		13267

12-9 各地、县农林牧渔业总产值指数（2021）
Indices of Gross Output Value of Agriculture,Forestry, Animal Husbandry and Fishery by Region & County (2021)

（上年 =100） (preceding year=100)

地、县	Region & County	农林牧渔业总产值 Gross Output Value of Agriculture, Forestry,Animal Husbandry and Fishery	农业 Agriculture	林业 Forestry	牧业 Animal Husbandry	渔业 Fishery	农林牧渔服务业 Services in Support of Agriculture
兰州市	**Lanzhou**	**108.69**	**107.83**	**61.77**	**116.72**	**100.97**	**104.75**
城关区	Chengguan	96.04	93.70	111.72	88.85	100.00	100.17
七里河区	Qilihe	101.37	107.03	145.46	85.82	100.00	104.42
西固区	Xigu	97.75	99.80	99.51	91.35	100.00	98.13
安宁区	Anning	76.68	87.89	36.21	126.57	100.00	74.11
红古区	Honggu	102.85	101.62	88.94	111.26	93.75	103.77
永登县	Yongdeng	110.36	116.23	34.13	107.94	105.96	99.89
皋兰县	Gaolan	103.31	102.86	272.04	107.05		101.24
榆中县	Yuzhong	106.66	107.72	112.39	101.78	90.48	106.76
兰州新区	Lanzhou New Area	179.94	124.96	75.42	333.77	100.00	108.42
嘉峪关市	**Jiayuguan**	**104.51**	**99.52**	**276.06**	**116.41**	**184.21**	**184.75**
金昌市	**Jinchang**	**113.38**	**106.24**	**88.11**	**152.32**	**119.25**	**108.69**
金川区	Jinchuan	115.43	99.53	12.13	196.92	100.00	103.93
永昌县	Yongchang	112.58	108.34	101.27	135.71	119.25	111.39
白银市	**Baiyin**	**112.28**	**109.44**	**135.20**	**119.30**	**103.58**	**107.10**
白银区	Baiyin	129.88	128.08	105.54	144.82	184.09	108.52
平川区	Pingchuan	122.58	111.81	97.25	146.96	33.09	112.87
靖远县	Jingyuan	106.94	106.57	212.78	106.82	91.39	106.44
会宁县	Huining	112.12	106.41	116.34	120.17	100.00	107.20
景泰县	Jingtai	116.03	117.20	133.43	116.22	118.65	105.67
天水市	**Tianshui**	**112.28**	**112.34**	**61.04**	**120.51**	**119.48**	**108.14**
秦州区	Qinzhou	112.12	111.97	81.04	119.15	101.20	106.91
麦积区	Maiji	112.20	116.20	46.73	126.98	108.79	117.55
清水县	Qingshui	112.23	112.21	101.17	114.01	91.78	105.54
秦安县	Qinan	112.65	111.75	116.02	143.12	80.00	152.18
甘谷县	Gangu	112.46	110.54	87.70	135.26	110.39	110.68
武山县	Wushan	112.30	111.81	107.67	118.00	133.46	104.89
张家川县	Zhangjiachuan	111.83	112.70	80.42	110.76	244.90	98.83
武威市	**Wuwei**	**112.67**	**106.52**	**137.80**	**124.85**	**131.22**	**102.83**
凉州区	Liangzhou	112.22	108.31	84.45	119.43	148.92	103.33
民勤县	Minqin	112.51	108.22	79.93	126.79	129.54	102.28
古浪县	Gulang	115.42	100.02	304.55	145.07	100.00	101.99
天祝县	Tianzhu	111.65	103.69	84.80	123.36	100.00	103.33
张掖市	**Zhangye**	**112.59**	**109.27**	**191.65**	**121.38**	**93.10**	**103.76**

12-9 续表 1 continued

（上年 =100） (preceding year=100)

地、县	Region & County	农林牧渔业总产值 Gross Output Value of Agriculture, Forestry,Animal Husbandry and Fishery	农业 Agriculture	林业 Forestry	牧业 Animal Husbandry	渔业 Fishery	农林牧渔服务业 Services in Support of Agriculture
甘州区	Ganzhou	110.44	109.89	118.82	119.35	80.00	101.57
肃南县	Sunan	96.92	106.99	216.47	92.61	100.00	89.30
民乐县	Minle	114.24	105.18	262.32	152.53	100.00	101.60
临泽县	Linze	110.88	101.12	1021.09	114.90	103.17	112.06
高台县	Gaotai	110.02	105.74	111.13	123.60	97.60	102.12
山丹县	Shandan	115.46	112.95	76.05	125.76	54.39	110.26
平凉市	**Pingliang**	**112.53**	**110.99**	**68.94**	**118.66**	**100.17**	**101.35**
崆峒区	Kongtong	115.32	115.45	74.83	116.34	100.13	102.07
泾川县	Jingchuan	114.53	111.42	91.25	128.53	103.86	107.31
灵台县	Lingtai	114.72	115.96	71.62	114.92	90.38	104.34
崇信县	Chongxin	100.70	112.03	24.04	93.07	103.57	96.07
庄浪县	Zhuanglang	114.85	112.29	61.00	119.84	98.74	101.37
静宁县	Jingning	113.83	113.40	60.01	119.24	106.69	104.41
华亭市	Huating	113.68	112.28	64.56	126.97	110.79	97.68
酒泉市	**Jiuquan**	**112.66**	**110.82**	**115.22**	**122.43**	**110.97**	**107.75**
肃州区	Suzhou	112.54	111.37	98.61	122.42	101.19	106.74
金塔县	Jinta	115.26	113.08	107.35	132.44	105.80	107.52
瓜州县	Guazhou	112.11	110.44	118.48	127.08	117.42	107.50
肃北县	Subei	111.33	101.99	62.70	115.54	100.00	101.76
阿克塞县	Akesai	109.14	102.94	95.58	118.31	100.00	131.75
玉门市	Yumen	112.44	109.71	100.76	125.36	102.94	120.39
敦煌市	Dunhuang	107.42	106.20	104.51	113.46	105.35	107.39
庆阳市	**Qingyang**	**112.02**	**106.04**	**84.77**	**130.59**	**102.07**	**106.33**
西峰区	Xifeng	117.54	117.44	64.39	136.42	181.30	107.95
庆城县	Qingcheng	113.18	113.34	97.04	117.70	223.20	105.33
环　县	Huanxian	110.28	82.24	98.92	154.13	189.73	97.99
华池县	Huachi	107.03	104.71	83.02	130.12	981.77	104.87
合水县	Heshui	112.80	120.25	82.69	101.04	297.52	105.69
正宁县	Zhengning	112.57	107.73	78.34	158.38	647.50	100.79
宁　县	Ningxian	114.13	112.44	83.13	123.13	30.21	112.30
镇原县	Zhenyuan	110.35	103.28	83.03	124.01	90.21	106.94
定西市	**Dingxi**	**112.24**	**109.69**	**120.30**	**125.18**	**127.41**	**104.49**
安定区	Anding	112.90	109.60	101.57	128.45	100.00	106.98
通渭县	Tongwei	113.54	109.65	113.08	128.16	107.69	106.00

12-9 续表 2 continued

（上年 =100） (preceding year=100)

地、县	Region & County	农林牧渔业总产值 Gross Output Value of Agriculture, Forestry,Animal Husbandry and Fishery	农业 Agriculture	林业 Forestry	牧业 Animal Husbandry	渔业 Fishery	农林牧渔服务业 Services in Support of Agriculture
陇西县	Longxi	110.92	109.33	138.32	123.60	313.73	103.51
渭源县	Weiyuan	110.58	108.84	100.09	122.44	124.23	106.34
临洮县	Lintao	113.10	110.54	110.65	123.54	118.47	105.09
漳　县	Zhangxian	112.33	110.14	163.70	119.86	75.30	104.59
岷　县	Minxian	112.36	110.00	157.67	126.05	99.93	105.62
陇南市	**Longnan**	**112.14**	**111.25**	**122.87**	**114.30**	**107.47**	**109.58**
武都区	Wudu	113.91	112.30	128.64	108.90	88.49	115.19
成　县	Chengxian	110.36	109.51	102.68	113.81	150.56	114.15
文　县	Wenxian	110.62	112.28	80.35	112.46	86.44	108.81
宕昌县	Tanchang	113.44	112.07	130.08	116.65	203.49	126.25
康　县	Kangxian	112.49	110.35	121.97	121.72	149.09	109.22
西和县	Xihe	113.00	112.22	120.72	117.62	112.68	108.30
礼　县	Lixian	111.27	112.29	58.73	113.00	143.76	103.74
徽　县	Huixian	110.08	111.02	75.60	113.43	120.14	105.57
两当县	Liangdang	112.12	109.73	81.21	125.40	242.12	111.85
临夏州	**Linxia**	**113.04**	**113.33**	**99.61**	**114.88**	**83.93**	**108.67**
临夏市	linxia	105.90	121.36	151.98	100.59	312.50	105.21
临夏县	linxia	113.75	121.31	104.31	101.96	111.98	105.60
康乐县	Kangle	113.99	117.18	104.46	111.04	67.35	110.87
永靖县	Yongjing	109.80	109.84	43.62	113.15	79.25	114.48
广河县	Guanghe	117.85	102.88	898.63	139.28	100.00	113.27
和政县	Hezheng	115.13	109.92	68.07	130.86	100.00	102.68
东乡县	Dongxiang	111.12	106.96	70.61	116.58	110.00	99.20
积石山县	Jishishan	120.24	121.76	104.16	116.16	126.36	123.28
甘南州	**Gannan**	**102.63**	**100.44**	**94.73**	**103.54**	**114.46**	**104.13**
合作市	Hezuo	102.07	100.09	192.42	101.52	100.00	103.86
临潭县	Lintan	101.86	100.45	95.90	102.76	98.59	104.06
卓尼县	Zhuoni	102.54	101.21	102.31	102.53	121.62	104.74
舟曲县	Zhouqu	100.37	102.14	84.35	102.26	100.00	102.06
迭部县	Diebu	100.63	96.97	96.14	104.67	100.00	104.19
玛曲县	Maqu	106.03	100.00	101.82	106.09	103.57	105.73
碌曲县	Luqu	101.03	102.49	141.67	100.09	100.00	104.64
夏河县	Xiahe	104.50	97.54	105.55	105.02	100.00	104.70

12-10 农林牧渔业增加值及指数
Value-added of Agriculture,Forestry,Animal Husbandry and Fishery and Related Indices

指 标	Item	2010	2015	2019	2020	2021
绝对数（万元）	Absolute Number (10 000 yuan)					
农林牧渔业增加值	Value-added	**5017273**	**7807404**	**10971127**	**12272591**	**14067870**
农业	Agriculture	3663467	5724609	7829524	8501445	9681839
林业	Forestry	92868	152401	168505	141230	148253
牧业	Animal Husbandry	964494	1446516	2580301	3224243	3804580
渔业	Fishery	5296	10175	14561	13665	12812
农林牧渔服务业	Services in Support of Agriculture	291148	473703	378236	392007	420386
指数（上年=100）	Indices (preceding year =100)					
农林牧渔业增加值	Value-added	**105.5**	**105.4**	**105.6**	**105.2**	**109.9**
农业	Agriculture	106.4	105.9	106.5	105.1	105.6
林业	Forestry	92.3	107.4	106.5	83.8	105.2
牧业	Animal Husbandry	104.6	103.4	103.4	107.6	125.4
渔业	Fishery	105.2	101.7	104.9	102.2	99.3
农林牧渔服务业	Services in Support of Agriculture	103.0	105.9	102.5	101.5	106.7

注：2021 年数据为快报数。
a) Data of 2021 are preliminary data.

12-11 各市（州）农林牧渔业增加值（2021）
Value-added of Agriculture, Forestry, Animal Husbandry and Fishery by Region(2021)

单位：万元 (10 000 yuan)

市（州）	Region	农林牧渔业增加值 Value-added	农业 Agriculture	林业 Forestry	牧业 Animal Husbandry	渔业 Fishery	农林牧渔服务业 Services in Support of Agriculture
兰州市	Lanzhou	648752	448220	7939	168456	577	23560
嘉峪关市	Jiayuguan	57648	44483	40	12936	2	187
金昌市	Jinchang	352830	240751	4957	83628	407	23087
白银市	Baiyin	1072048	702286	2665	334341	3015	29741
天水市	Tianshui	1420163	1286666	9932	112642	2155	8768
武威市	Wuwei	1903690	1036206	11952	825307	187	30038
张掖市	Zhangye	1626178	917423	15887	604932	1544	86393
平凉市	Pingliang	1315138	945166	4961	354473	710	9828
酒泉市	Jiuquan	1431781	973668	32704	322363	1320	101725
庆阳市	Qingyang	1138679	716980	15487	386089	485	19638
定西市	Dingxi	1002492	776298	9479	196756	1004	18956
陇南市	Longnan	970476	783695	54129	114480	1238	16933
临夏州	Linxia	681118	424256	6740	220350	1420	28352
甘南州	Gannan	446871	87843	14424	321111	49	23443

注：2021 年数据为快报数。
a) Data of 2021 are preliminary data.

12-12 各市（州）农林牧渔业增加值指数（2021）
Indices of Value-added of Agriculture, Forestry, Animal Husbandry and Fishery by Region (2021)

（上年 =100）　　(preceding year=100)

市（州）	Region	农林牧渔业增加值指数 Indices of Value-added"	农业 Agriculture	林业 Forestry	牧业 Animal Husbandry	渔业 Fishery	农林牧渔服务业 Services in Support of Agriculture
兰州市	Lanzhou	107.3	106.6	67.9	114.1	100.8	104.9
嘉峪关市	Jiayuguan	103.8	99.6	248.0	113.8	170.8	188.0
金昌市	Jinchang	111.2	105.2	90.0	144.0	116.2	109.0
白银市	Baiyin	110.3	107.9	129.6	116.2	103.0	107.4
天水市	Tianshui	110.3	110.4	67.3	117.2	116.4	108.5
武威市	Wuwei	110.6	105.5	131.8	120.9	126.2	102.9
张掖市	Zhangye	110.6	107.8	177.0	118.0	94.2	103.9
平凉市	Pingliang	110.7	109.3	73.6	115.9	100.1	101.4
酒泉市	Jiuquan	110.6	109.1	112.8	118.9	109.2	108.0
庆阳市	Qingyang	110.1	105.1	87.2	125.7	101.7	106.6
定西市	Dingxi	110.3	108.1	117.1	121.2	123.0	104.7
陇南市	Longnan	109.8	109.1	118.4	111.5	106.0	109.9
临夏州	Linxia	110.1	110.3	99.7	111.5	87.5	109.0
甘南州	Gannan	102.2	100.4	95.6	103.0	112.2	104.3

注：1. 本表按可比价格计算。
2. 2021 年数据为快报数

a) The indices in this table are calculated at constant prices.
b) Data of 2021 are preliminary data.

12-13 灌溉、水库和除涝、治水、治碱情况
Irrigation, Reservoirs, Flood Prevention, Water and Soil Conservation, Improvement of Saline-Alkaline Land

指　标	Item	2010	2015	2019	2020	2021
万亩以上灌区数　（处）	Mumber of Irrigated Areas over 10 000 Mu (set)	214	242	249	250	241
3.3 万公顷以上	33 000 Hectares and Over	4	4	4	4	4
2.0-3.3 万公顷	20 000-33 000 Hectares	19	19	20	20	20
灌区有效灌溉面积（万公顷）	Effective Irrigated Area (10 000 hectares)	96.2	124.5	124.0	118.2	124.0
3.3 万公顷以上	33 000 Hectares and Over	17.6	20.1	20.2	24.0	20.5
2.0-3.3 万公顷	20 000-33 000 Hectares	37.1	41.7	42.0	42.0	42.6
水库数（座）	Number of Reservoirs (unit)	313	381	387	356	367
大型水库	Large Reservoir	8	9	10	10	10
中型水库	Medium-sized Reservoir	38	42	41	41	44
小型水库	Small Reservoir	267	330	336	305	313
水库库容量　（亿立方米）	Capacity of Reservoirs (100 million cu.m)	103.1	96.1	104.0	104.1	104.7
大型水库	Large Reservoir	83.9	79.0	84.7	85.3	85.3
中型水库	Medium-sized Reservoir	14.2	10.5	13.1	13.1	13.3
小型水库	Small Reservoir	4.9	5.8	6.2	5.6	6.0
除涝面积　（万公顷）	Areas with Flood Prevention Measures (10 000 hectares)	1.3	1.4	1.5	1.5	1.6
水土流失治理面积（万公顷）	Area of Soil Erosion under Control (10 000 hectares)	794.7	770.2	957.5	1009.9	1082.9
堤防长度　（万公里）	Total Length of Dikes (km)	0.4	0.7	1.0	1.0	1.0
堤防保护面积　（万公顷）	Area of Soil Erosion under Control (10 000 hectares)	23.2	42.1	53.6	54.3	57.0

12-14 农业机械拥有量
Number of Agricultural Machinery Owned

指 标	Item	2010	2015	2019	2020	2021
农业机械总动力合计（万千瓦）	Total Agricultural Machinery Power (10 000 kW)	1977.55	2684.95	2174.01	2289.53	2384.85
#柴油发动机动力	Power of Diesel Engines	1579.07	2182.11	1592.02	1691.10	1773.50
农用大中型拖拉机（台）	Number of Large and Medium-sized Agricultural Tractors (unit)	73174	160342	97174	114682	125626
小型拖拉机（台）	Number of Small Tractors (unit)	460716	613248	730414	726865	726282
联合收割机（台）	Combine Harvester (unit)	3632	8110	11091	11972	13172
机动脱粒机（台）	Motorized Thresher (unit)	134419	255225	289615	292271	295581

注：根据新修订的《全国农业机械化管理统计报表制度》，自 2016 年起，农业机械总动力不含农用运输车、三轮汽车和低速载货汽车。

a) According to the newly revised "National Agricultural Mechanization Management statistical reporting system", since 2016, the total power of agricultural machinery does not include agricultural transport vehicles, three wheeled vehicles and low-speed trucks.

12-15 农业生产条件
Agriculture Production Condition

指 标	Item	2010	2015	2019	2020	2021
农业机械化	Agriculture Mechanization					
机耕水平（%）	Level of Mechanical Plowing (%)	50.96	72.80	85.54	86.27	87.74
机播水平（%）	Level of Mechanical Sowing (%)	30.11	38.23	48.05	48.98	52.36
农业水利化	Agriculture Irrigation and Water					
有效灌溉面积（千公顷）	Effective Irrigated Area (1 000 hectares)	1098.88	1165.59	1256.08	1286.47	1315.83
水平梯田面积（千公顷）	Level Terrace Area (1 000 hectares)	1840.61	2063.50	2065.52	2092.66	2112.73
条田面积（千公顷）	Strip Area (1 000 hectares)	859.31	314.60	246.29	254.97	240.30
农业电气化	Agriculture Electrization					
农村用电量（万千瓦小时）	Electricity Consumed in Rural Areas (10 000 kWh)	428511	540417	616940	657815	694055
农村生产用电	For Produce	275651	332599	346481	366827	386814
农民生活用电	For Living	152861	207818	270459	290988	307241
乡村办村水电站（个）	Number of Hydropower Stations in Rural Areas(unit)	304	365	378	347	348
乡村办水电站装机容量（万千瓦）	Generating Capacity of Hydropower Station in Rural Areas (10 000 kW)		115.9	214.9	203.3	227.0
已通电村（个）	Electrified Villages (unit)	16115	16108	16039	16052	15970
占全省总数（%）	Rate in Total (%)	99.71	99.85	99.88	99.98	99.99
农业化学化	Chemical for Agriculture					
农用化肥施用量（实物量）（万吨）	Consumption of Chemical Fertilizers (real)(10 000 tons)	292.92	321.02	283.33	279.79	271.65
农用化肥施用量（折纯量）（万吨）	Consumption of Chemical Fertilizers (convert to pure amount)(10 000 tons)	85.26	97.92	80.88	80.36	77.05
氮肥	Nitrogenous Fertilizer	37.93	40.55	31.65	30.93	29.96
磷肥	Phosphate Fertilizer	16.56	19.13	14.99	14.93	14.29
钾肥	Potash Fertilizer	6.09	8.87	7.88	7.83	7.25
复合肥	Compound Fertilizer	24.68	29.37	26.36	26.66	25.55
农用塑料薄膜使用量（万吨）	Household Plastic Film Consumption (10 000 tons)	12.37	18.37	15.23	15.30	17.07

12-16 各地、县农业生产条件（2021）
Agriculture Production Condition by Region & County (2021)

地、县	Region & County	农业机械总动力（万千瓦）Total Agricultural Machinery Power (10 000 kW)	农村用电量（万千瓦小时）Electricity Consumed in Rural Areas (10 000 kWh)	化肥施用折纯量（吨）Chemical Fertilizer Consumption (convert to pure amount) (ton)	有效灌溉面积（千公顷）Effective Irrigated Area (1 000 hectares)
兰州市	**Lanzhou**	**116.42**	**37739.95**	**34840**	**72.28**
城关区	Chengguan	2.21	1130.77	303	0.13
七里河区	Qilihe	6.72	1914.26	1794	3.60
西固区	Xigu	4.75	4002.35	777	2.23
安宁区	Anning	0.11	1842.90	2	0.01
红古区	Honggu	12.29	4757.00	1939	4.00
永登县	Yongdeng	34.60	10141.37	9368	21.56
皋兰县	Gaolan	20.22	2698.73	3135	10.33
榆中县	Yuzhong	35.52	7802.47	15393	17.69
兰州新区	Lanzhou New Area		3450.10	2129	12.72
嘉峪关市	**Jiayuguan**	**12.57**	**1754.05**	**362**	**3.05**
金昌市	**Jinchang**	**116.74**	**36082.88**	**15056**	**84.49**
金川区	Jinchuan	27.10	22139.43	3573	17.01
永昌县	Yongchang	89.64	13943.45	11484	67.48
白银市	**Baiyin**	**196.14**	**60234.37**	**50207**	**119.04**
白银区	Baiyin	48.81	6566.59	3645	4.48
平川区	Pingchuan	60.54	12334.22	2564	8.04
靖远县	Jingyuan	47.77	20267.24	17700	39.79
会宁县	Huining	26.86	8771.49	12410	25.22
景泰县	Jingtai	12.15	12294.83	13889	41.51
天水市	**Tianshui**	**164.26**	**48630.38**	**67677**	**38.76**
秦州区	Qinzhou	23.70	8268.31	6717	2.90
麦积区	Maiji	26.50	9802.79	14423	8.90
清水县	Qingshui	15.31	3200.70	6236	1.67
秦安县	Qinan	25.50	9408.53	16214	8.01
甘谷县	Gangu	29.34	7737.05	7461	6.50
武山县	Wushan	25.46	7184.00	14334	8.50
张家川县	Zhangjiachuan	18.45	3029.00	2291	2.28
武威市	**Wuwei**	**340.84**	**94145.81**	**85424**	**206.56**
凉州区	Liangzhou	149.78	52054.25	33139	94.40
民勤县	Minqin	106.15	21495.59	31676	56.91
古浪县	Gulang	60.90	17027.84	15681	41.96
天祝县	Tianzhu	24.00	3568.13	4928	13.30
张掖市	**Zhangye**	**275.32**	**63155.96**	**83882**	**236.60**

12-16 续表 1 continued

地、县	Region & County	农业机械总动力（万千瓦）Total Agricultural Machinery Power (10 000 kW)	农村用电量（万千瓦小时）Electricity Consumed in Rural Areas (10 000 kWh)	化肥施用折纯量（吨）Chemical Fertilizer Consumption (convert to pure amount) (ton)	有效灌溉面积（千公顷）Effective Irrigated Area (1 000 hectares)
甘州区	Ganzhou	68.13	23849.00	26575	76.91
肃南县	Sunan	8.29	3289.13	1266	12.57
民乐县	Minle	69.62	1970.13	20209	50.79
临泽县	Linze	48.94	9149.06	12483	30.97
高台县	Gaotai	40.75	11301.23	8757	33.82
山丹县	Shandan	39.58	13597.41	11861	28.20
平凉市	**Pingliang**	**140.31**	**47309.86**	**91568**	**34.16**
崆峒区	Kongtong	25.25	6774.70	9753	10.85
泾川县	Jingchuan	20.88	7982.36	17146	5.48
灵台县	Lingtai	20.50	5918.24	11050	2.37
崇信县	Chongxin	6.37	1514.86	5785	2.23
庄浪县	Zhuanglang	8.50	7844.03	3950	3.19
静宁县	Jingning	30.47	14307.72	19594	6.95
华亭市	Huating	28.33	2967.95	24292	3.09
酒泉市	**Jiuquan**	**250.78**	**43444.99**	**64171**	**208.84**
肃州区	Suzhou	80.87	11035.60	20797	60.99
金塔县	Jinta	52.62	4921.37	10474	39.31
瓜州县	Guazhou	39.00	10538.18	11912	50.47
肃北县	Subei	3.37	198.83	175	1.26
阿克塞县	Akesai	2.77	273.20	162	0.70
玉门市	Yumen	38.22	8905.87	12462	43.33
敦煌市	Dunhuang	33.93	7571.94	8191	12.77
庆阳市	**Qingyang**	**195.30**	**61195.22**	**80819**	**51.46**
西峰区	Xifeng	25.11	5091.37	6690	8.17
庆城县	Qingcheng	18.16	9277.90	12518	4.12
环　县	Huanxian	38.16	20429.62	18853	5.04
华池县	Huachi	18.99	2286.01	4093	5.31
合水县	Heshui	16.88	4104.09	6344	3.62
正宁县	Zhengning	20.96	5076.60	8378	3.58
宁　县	Ningxian	28.64	5025.56	8144	8.10
镇原县	Zhenyuan	28.40	9904.07	15799	13.52
定西市	**Dingxi**	**211.81**	**74909.11**	**89897**	**69.57**
安定区	Anding	46.01	9931.26	17916	12.38
通渭县	Tongwei	28.82	6581.90	18211	2.72

12–16 续表 2 continued

地、县	Region & County	农业机械总动力（万千瓦）Total Agricultural Machinery Power (10 000 kW)	农村用电量（万千瓦小时）Electricity Consumed in Rural Areas (10 000 kWh)	化肥施用折纯量（吨）Chemical Fertilizer Consumption (convert to pure amount) (ton)	有效灌溉面积（千公顷）Effective Irrigated Area (1 000 hectares)
陇西县	Longxi	36.00	6327.70	14712	12.13
渭源县	Weiyuan	17.59	6313.90	7596	10.05
临洮县	Lintao	40.23	39841.89	18500	21.80
漳 县	Zhangxian	16.00	1282.87	5987	3.84
岷 县	Minxian	27.17	4629.59	6974	6.65
陇南市	**Longnan**	**170.90**	**47871.70**	**56337**	**61.13**
武都区	Wudu	25.30	11867.18	10751	10.58
成 县	Chengxian	22.82	7580.64	5979	3.29
文 县	Wenxian	19.63	6344.28	2163	6.03
宕昌县	Tanchang	11.92	3987.82	2869	6.58
康 县	Kangxian	13.40	1981.53	5462	1.55
西和县	Xihe	24.71	3360.86	6739	6.22
礼 县	Lixian	31.58	5091.17	9539	19.02
徽 县	Huixian	16.38	6595.94	11999	6.72
两当县	Liangdang	5.16	1062.28	835	1.14
临夏州	**Linxia**	**99.44**	**54466.91**	**20058**	**53.68**
临夏市	linxia	3.89	4896.84	519	1.90
临夏县	linxia	13.11	4353.61	3708	13.71
康乐县	Kangle	15.38	14859.50	2614	6.91
永靖县	Yongjing	13.81	13408.78	4130	8.25
广河县	Guanghe	17.42	4953.70	1063	7.15
和政县	Hezheng	10.70	2268.70	518	2.92
东乡县	Dongxiang	12.66	7525.00	3947	7.05
积石山县	Jishishan	12.45	2200.78	3558	5.78
甘南州	**Gannan**	**42.25**	**8585.70**		**4.31**
合作市	Hezuo	3.45	413.49		0.13
临潭县	Lintan	11.21	2028.41		1.05
卓尼县	Zhuoni	8.48	783.24		0.94
舟曲县	Zhouqu	13.50	1842.32		1.57
迭部县	Diebu	3.36	1460.02		0.05
玛曲县	Maqu	0.07	695.04		
碌曲县	Luqu	0.99	266.18		
夏河县	Xiahe	1.20	1097.00		0.56

12-17 农作物播种面积
Total Sown Areas of Farm Crops

指 标	Item	2010	2015	2019	2020	2021
总播种面积（千公顷）	**Total Sown Area (1 000 hectares)**	**3726.13**	**3772.56**	**3831.57**	**3931.84**	**3997.94**
粮食作物	Sown Area of Grain Crops	2722.37	2715.72	2581.11	2638.29	2676.76
谷物	Cereal	1952.96	2031.08	1880.83	1899.84	1929.95
#稻谷	Rice	5.59	4.07	3.59	3.39	3.13
小麦	Wheat	885.33	806.39	739.94	708.72	711.27
玉米	Corn	853.85	1065.00	987.92	1000.81	1051.81
豆类	Soybeans	172.63	127.26	141.55	163.80	160.74
#大豆	Soja	79.11	61.03	41.50	46.95	47.47
薯类	Tubers	596.77	557.39	558.73	574.65	586.06
油料	Oil-bearing Crops	356.54	343.21	289.99	276.05	262.71
#花生	Peanuts	0.51	0.68	0.54	0.44	0.37
油菜籽	Rapeseeds	196.83	190.56	164.17	148.84	144.00
棉花	Cotton	50.64	29.11	19.33	16.59	16.23
糖料	Sugar Crops	5.35	3.28	4.14	3.45	2.63
#甜菜	Beetroot	5.35	3.28	4.14	3.45	2.63
烟叶	Tobacco	3.18	2.24	1.70	1.63	1.60
#烤烟	Flue-cured Tobacco	2.62	2.03	1.55	1.58	1.54
蔬菜	Vegetables	240.64	314.08	381.25	401.77	434.11
瓜类	Melon	48.48	43.47	62.87	69.67	80.94
中草药材	Chinese Medicinal Materials	152.27	207.98	271.13	286.84	291.63
其他	Others	146.67	113.47	220.05	237.55	231.35
占总播种面积比重（%）	**Ratio in Total Sown Area (%)**					
粮食作物	Sown Area of Grain Crops	73.06	71.99	67.36	67.10	66.95
谷物	Cereal	52.41	53.84	49.09	48.32	48.27
#稻谷	Rice	0.15	0.11	0.09	0.09	0.08
小麦	Wheat	23.76	21.38	19.31	18.03	17.79
玉米	Corn	22.92	28.23	25.78	25.45	26.31
豆类	Soybeans	4.63	3.37	3.69	4.17	4.02
#大豆	Soja	2.12	1.62	1.08	1.19	1.19
薯类	Tubers	16.02	14.77	14.58	14.62	14.66
油料	Oil-bearing Crops	9.57	9.10	7.57	7.02	6.57
#花生	Peanuts	0.01	0.02	0.01	0.01	0.01
油菜籽	Rapeseeds	5.28	5.05	4.28	3.79	3.60
棉花	Cotton	1.36	0.77	0.50	0.42	0.41
糖料	Sugar Crops	0.14	0.09	0.11	0.09	0.07
#甜菜	Beetroot	0.14	0.09	0.11	0.09	0.07
烟叶	Tobacco	0.09	0.06	0.04	0.04	0.04
#烤烟	Flue-cured Tobacco	0.07	0.05	0.04	0.04	0.04
蔬菜	Vegetables	6.46	8.33	9.95	10.22	10.86
瓜类	Melon	1.30	1.15	1.64	1.77	2.02
中草药材	Chinese Medicinal Materials	4.09	5.51	7.08	7.30	7.29
其他	Others	3.94	3.01	5.74	6.04	5.79

12-18 各地、县农作物播种面积（2021）
Sown Areas of Farm Crops by Region & County(2021)

单位：千公顷 (1 000 hectares)

地、县	Region & County	农作物播种面积 Total Sown Area	粮食 Grain Crops	#小麦 Wheat	#玉米 Corn	#薯类 Tubers	油料 Oil-bearing Crops	蔬菜 Vegetables	中草药材 Chinese Medicinal Materials	果园面积 Area of Orchards
兰州市	**Lanzhou**	**187.31**	**84.52**	**22.03**	**27.84**	**24.12**	**9.83**	**61.20**	**10.68**	**8.90**
城关区	Chengguan	0.52	0.16	0.02	0.03		0.05	0.28		0.31
七里河区	Qilihe	9.60	0.97	0.14	0.82		0.03	8.40	0.19	0.52
西固区	Xigu	3.49	0.28	0.08	0.19		0.03	3.08	0.04	1.16
安宁区	Anning	0.01						0.01		0.14
红古区	Honggu	8.08	1.14	0.21	0.92		0.05	6.69		0.75
永登县	Yongdeng	69.74	41.20	15.33	10.53	10.84	4.13	11.47	2.95	1.62
皋兰县	Gaolan	16.76	6.69	1.41	2.34	2.50	0.65	6.57		3.11
榆中县	Yuzhong	66.01	29.95	3.71	11.19	10.17	3.47	23.77	7.31	0.56
兰州新区	Lanzhou New Area	13.09	4.15	1.13	1.81	0.61	1.41	0.92	0.19	0.74
嘉峪关市	**Jiayuguan**	**7.50**	**3.32**	**1.23**	**1.65**	**0.15**	**0.05**	**1.45**	**1.47**	**0.37**
金昌市	**Jinchang**	**89.12**	**61.26**	**22.31**	**28.59**	**7.32**	**2.65**	**16.52**	**0.61**	**1.08**
金川区	Jinchuan	19.16	12.87	1.44	11.35	0.07	0.63	4.50	0.09	0.59
永昌县	Yongchang	69.96	48.40	20.87	17.24	7.25	2.02	12.02	0.52	0.49
白银市	**Baiyin**	**379.26**	**264.33**	**41.18**	**115.12**	**70.94**	**25.49**	**19.72**	**23.22**	**11.49**
白银区	Baiyin	5.99	4.01	0.81	2.49	0.27	0.26	1.63	0.01	0.90
平川区	Pingchuan	21.86	15.34	1.97	7.72	3.16	2.28	1.07	0.94	1.05
靖远县	Jingyuan	109.04	53.24	6.56	25.30	8.76	3.46	10.39	12.94	3.37
会宁县	Huining	179.36	154.12	23.29	59.80	58.08	8.43	4.29	2.87	1.91
景泰县	Jingtai	63.02	37.62	8.56	19.81	0.67	11.06	2.34	6.46	4.26
天水市	**Tianshui**	**461.73**	**320.22**	**127.78**	**91.47**	**79.24**	**55.32**	**63.61**	**17.15**	**76.52**
秦州区	Qinzhou	74.76	48.64	21.34	14.55	9.88	14.88	7.26	3.45	10.02
麦积区	Maiji	56.55	42.57	19.80	16.90	3.90	6.77	5.19	0.94	14.73
清水县	Qingshui	62.13	44.93	17.07	15.40	9.44	7.29	6.87	1.73	11.47
秦安县	Qinan	73.92	56.16	20.67	13.74	16.06	7.70	6.11	2.65	21.60
甘谷县	Gangu	76.47	50.47	22.09	11.41	15.00	7.83	12.93	4.73	13.05
武山县	Wushan	74.40	42.57	13.47	9.83	15.74	6.71	21.69	2.99	3.08
张家川县	Zhangjiachuan	43.48	34.87	13.34	9.63	9.22	4.14	3.56	0.67	2.58
武威市	**Wuwei**	**256.90**	**160.02**	**36.63**	**99.75**	**8.45**	**7.97**	**42.98**	**8.42**	**13.58**
凉州区	Liangzhou	109.09	80.08	20.11	53.92	3.18	0.14	23.24	1.06	5.31
民勤县	Minqin	59.67	26.78	5.86	20.36	0.55	5.74	7.35	1.62	4.82
古浪县	Gulang	56.28	39.27	8.94	25.45	2.33	0.35	4.89	2.54	3.39
天祝县	Tianzhu	31.88	13.89	1.73	0.01	2.39	1.74	7.50	3.20	0.06
张掖市	**Zhangye**	**311.75**	**211.93**	**37.38**	**108.27**	**23.53**	**9.54**	**37.50**	**16.55**	**7.28**

12-18 续表 1 continued

单位：千公顷 (1 000 hectares)

地、县	Region & County	农作物播种面积 Total Sown Area	粮食 Grain Crops	#小麦 Wheat	#玉米 Corn	#薯类 Tubers	油料 Oil-bearing Crops	蔬菜 Vegetables	中草药材 Chinese Medicinal Materials	果园面积 Area of Orchards
甘州区	Ganzhou	81.21	62.18	2.26	57.76	0.61	0.54	15.56	0.55	0.95
肃南县	Sunan	14.31	7.49	0.91	2.83	0.26	0.09	0.58	0.17	0.01
民乐县	Minle	70.58	46.71	18.25	7.46	14.24	3.18	5.78	11.03	0.59
临泽县	Linze	31.70	24.13	0.65	23.01	0.01	0.28	4.31	0.92	2.47
高台县	Gaotai	39.37	20.90	2.05	15.88	0.98	0.47	8.68	0.73	2.76
山丹县	Shandan	45.87	30.51	13.12	1.33	6.93	3.75	2.07	2.02	0.50
平凉市	**Pingliang**	**353.29**	**287.27**	**95.84**	**93.44**	**60.39**	**22.31**	**27.95**	**4.55**	**90.54**
崆峒区	Kongtong	56.88	43.23	14.75	22.36	1.72	4.59	5.72	0.22	2.17
泾川县	Jingchuan	36.63	29.12	13.53	11.00	0.17	2.63	2.34	0.36	11.70
灵台县	Lingtai	58.86	51.67	23.23	17.28	0.83	4.34	1.99	0.35	6.42
崇信县	Chongxin	27.06	18.05	6.75	4.89	2.29	2.67	4.83	0.16	2.65
庄浪县	Zhuanglang	64.48	54.47	17.34	12.62	24.00	2.28	5.34	0.81	24.47
静宁县	Jingning	81.82	70.01	13.92	19.08	28.43	4.67	5.46	0.24	43.11
华亭市	Huating	27.58	20.73	6.32	6.21	2.95	1.13	2.28	2.40	0.03
酒泉市	**Jiuquan**	**210.91**	**67.00**	**20.04**	**46.08**	**0.43**	**6.45**	**35.64**	**29.35**	**12.70**
肃州区	Suzhou	56.76	28.25	3.78	23.95	0.39	0.24	15.67		1.64
金塔县	Jinta	43.44	16.08	6.32	9.72		1.12	10.18	2.29	2.00
瓜州县	Guazhou	50.06	6.80	3.17	3.64		1.95	2.27	16.16	0.21
肃北县	Subei	1.27	0.79	0.63	0.10	0.04	0.06	0.02		0.04
阿克塞县	Akesai	0.70	0.19		0.19				0.11	0.04
玉门市	Yumen	46.35	10.28	5.51	4.50		2.73	6.10	10.25	1.12
敦煌市	Dunhuang	12.32	4.61	0.63	3.98		0.37	1.39	0.54	7.66
庆阳市	**Qingyang**	**520.20**	**387.04**	**126.24**	**174.63**	**25.90**	**41.24**	**35.70**	**14.45**	**58.15**
西峰区	Xifeng	33.51	23.67	15.60	3.41	2.20	2.51	3.74	0.11	5.15
庆城县	Qingcheng	61.36	35.28	17.07	11.58	2.55	6.53	10.84	1.22	11.18
环　县	Huanxian	143.90	121.42	30.58	60.64	10.64	7.70	2.69	1.02	2.42
华池县	Huachi	50.77	43.43	2.24	26.02	5.33	2.38	1.83	2.47	0.68
合水县	Heshui	21.84	15.29	3.57	5.82	1.35	1.76	3.88	0.14	7.30
正宁县	Zhengning	15.45	8.63	0.99	6.53	0.20	2.84	1.01	1.97	7.86
宁　县	Ningxian	71.59	51.04	26.39	16.02	1.26	7.92	4.13	3.91	9.94
镇原县	Zhenyuan	121.79	88.27	29.81	44.62	2.38	9.60	7.58	3.62	13.62
定西市	**Dingxi**	**551.60**	**400.70**	**69.81**	**114.55**	**182.15**	**22.48**	**32.37**	**90.53**	**6.85**
安定区	Anding	118.25	98.68	5.55	27.10	58.71	4.92	13.51	0.96	0.45
通渭县	Tongwei	107.15	88.01	23.19	35.22	23.04	9.49	2.21	5.12	3.89

12-18 续表 2 continued

单位：千公顷 (1 000 hectares)

地、县	Region & County	农作物播种面积 Total Sown Area	粮食 Grain Crops	#小麦 Wheat	#玉米 Corn	#薯类 Tubers	油料 Oil-bearing Crops	蔬菜 Vegetables	中草药材 Chinese Medicinal Materials	果园面积 Area of Orchards
陇西县	Longxi	89.90	64.17	11.56	26.67	22.84	3.68	1.45	19.67	1.45
渭源县	Weiyuan	73.80	48.80	13.14	9.54	19.40	1.70	0.95	21.18	0.21
临洮县	Lintao	85.41	60.67	6.47	12.71	39.28	0.79	10.76	12.40	0.82
漳　县	Zhangxian	33.46	22.25	8.25	3.30	6.77	1.28	3.38	6.53	0.04
岷　县	Minxian	43.64	18.11	1.64		12.12	0.63	0.12	24.67	0.00
陇南市	**Longnan**	**350.38**	**235.48**	**82.40**	**63.15**	**59.47**	**29.27**	**35.28**	**46.72**	**34.29**
武都区	Wudu	62.92	37.60	7.29	9.07	13.15	2.61	9.59	13.02	0.75
成　县	Chengxian	34.14	21.47	10.22	6.34	1.43	4.61	3.70	2.09	0.50
文　县	Wenxian	25.91	13.73	2.54	5.55	4.63	2.43	5.03	4.68	0.82
宕昌县	Tanchang	29.24	14.76	3.27	2.65	6.00	1.60	1.47	11.37	0.32
康　县	Kangxian	19.61	14.74	4.52	4.39	3.11	1.16	2.07	1.56	0.53
西和县	Xihe	50.80	37.45	15.79	5.69	14.28	4.00	3.51	5.60	4.09
礼　县	Lixian	70.30	57.33	27.73	13.05	13.05	9.08	2.03	1.83	26.40
徽　县	Huixian	43.17	31.07	9.24	13.08	3.36	2.96	6.27	2.37	0.54
两当县	Liangdang	14.30	7.33	1.82	3.32	0.45	0.81	1.61	4.20	0.34
临夏州	**Linxia**	**164.66**	**123.72**	**19.10**	**68.87**	**29.65**	**15.72**	**14.52**	**7.46**	**3.67**
临夏市	linxia	1.66	0.23	0.01	0.21	0.01	0.75	0.11	0.05	0.04
临夏县	linxia	33.60	23.35	6.12	11.09	4.36	3.09	5.34	1.07	0.56
康乐县	Kangle	25.21	19.23	5.69	10.00	1.74	2.31	0.97	2.32	0.03
永靖县	Yongjing	23.94	15.16	1.43	8.83	4.67	0.85	5.38	1.92	0.85
广河县	Guanghe	14.80	12.95	0.01	11.41	1.53	0.31	1.26	0.05	0.04
和政县	Hezheng	15.42	10.36	2.83	4.96	1.50	3.27	0.82	0.80	0.75
东乡县	Dongxiang	29.55	28.39	0.66	13.36	13.17	0.22	0.13	0.60	0.21
积石山县	Jishishan	20.48	14.05	2.33	9.02	2.67	4.93	0.52	0.65	1.18
甘南州	**Gannan**	**80.79**	**45.41**	**7.10**	**4.03**	**7.23**	**11.15**	**1.56**	**15.80**	**0.88**
合作市	Hezuo	7.73	4.93	0.23		0.74	1.61	0.06	0.15	
临潭县	Lintan	20.67	9.23	1.09	0.20	1.32	3.70	0.38	6.20	0.01
卓尼县	Zhuoni	12.67	6.08	0.37	0.01	0.62	1.87	0.37	3.27	0.02
舟曲县	Zhouqu	22.55	15.05	3.73	3.60	3.58	1.87	0.50	4.91	0.46
迭部县	Diebu	5.73	3.92	1.53	0.21	0.51	0.54	0.20	1.08	0.38
玛曲县	Maqu									
碌曲县	Luqu	2.56	1.41			0.22	0.16	0.02	0.07	
夏河县	Xiahe	8.90	4.79	0.16		0.24	1.41	0.03	0.12	0.01

12-19 各市（州）主要农作物播种面积构成（2021）
Sown Area Structure of Major Farm Crops by Region (2021)

单位：%　　(%)

市（州）	Region	农作物播种面积 Total Sown Area	粮食 Grain Crops	#小麦 Wheat	#玉米 Corn	#薯类 Tubers	油料 Oil-bearing Crops	中草药材 Chinese Medicinal Materials	蔬菜 Vegetables	瓜果 Fruit and Melon
甘肃省	**Gansu**	**100.00**	**66.95**	**17.79**	**26.31**	**14.66**	**6.57**	**7.29**	**10.86**	**2.05**
兰州市	Lanzhou	100.00	45.13	11.76	14.86	12.87	5.25	5.70	32.67	2.02
嘉峪关市	Jiayuguan	100.00	44.23	16.35	21.94	2.07	0.64	19.55	19.28	0.66
金昌市	Jinchang	100.00	68.74	25.04	32.08	8.22	2.98	0.69	18.54	0.44
白银市	Baiyin	100.00	69.70	10.86	30.35	18.70	6.72	6.12	5.20	8.20
天水市	Tianshui	100.00	69.35	27.67	19.81	17.16	11.98	3.72	13.78	0.45
武威市	Wuwei	100.00	62.29	14.26	38.83	3.29	3.10	3.28	16.73	3.86
张掖市	Zhangye	100.00	67.98	11.99	34.73	7.55	3.06	5.31	12.03	0.46
平凉市	Pingliang	100.00	81.31	27.13	26.45	17.09	6.31	1.29	7.91	1.21
酒泉市	Jiuquan	100.00	31.77	9.50	21.85	0.20	3.06	13.91	16.90	6.77
庆阳市	Qingyang	100.00	74.40	24.27	33.57	4.98	7.93	2.78	6.86	2.32
定西市	Dingxi	100.00	72.64	12.66	20.77	33.02	4.08	16.41	5.87	0.07
陇南市	Longnan	100.00	67.21	23.52	18.02	16.97	8.35	13.34	10.07	0.08
临夏州	Linxia	100.00	75.13	11.60	41.83	18.00	9.55	4.53	8.82	0.74
甘南州	Gannan	100.00	56.20	8.79	4.98	8.94	13.80	19.55	1.93	

12-20 各市（州）主要农作物播种面积占全省的比重（2021）
Proportion of Major Farm Crops Sown Areas by Region (2021)

单位：%　　(%)

市（州）	Region	农作物播种面积 Total Sown Area	粮食 Grain Crops	#小麦 Wheat	#玉米 Corn	#薯类 Tubers	油料 Oil-bearing Crops	中草药材 Chinese Medicinal Materials	蔬菜 Vegetables	瓜果 Fruit and Melon
甘肃省	**Gansu**	**100.00**	**100.00**	**100.00**	**100.00**	**100.00**	**100.00**	**100.00**	**100.00**	**100.00**
兰州市	Lanzhou	4.69	3.16	3.10	2.65	4.11	3.74	3.66	14.10	4.62
嘉峪关市	Jiayuguan	0.19	0.12	0.17	0.16	0.03	0.02	0.50	0.33	0.06
金昌市	Jinchang	2.23	2.29	3.14	2.72	1.25	1.01	0.21	3.81	0.48
白银市	Baiyin	9.49	9.87	5.79	10.94	12.10	9.70	7.96	4.54	37.96
天水市	Tianshui	11.55	11.96	17.96	8.70	13.52	21.06	5.88	14.65	2.55
武威市	Wuwei	6.43	5.98	5.15	9.48	1.44	3.04	2.89	9.90	12.10
张掖市	Zhangye	7.80	7.92	5.26	10.29	4.02	3.63	5.68	8.64	1.74
平凉市	Pingliang	8.84	10.73	13.47	8.88	10.30	8.49	1.56	6.44	5.20
酒泉市	Jiuquan	5.28	2.50	2.82	4.38	0.07	2.46	10.06	8.21	17.42
庆阳市	Qingyang	13.01	14.46	17.75	16.60	4.42	15.70	4.95	8.22	14.76
定西市	Dingxi	13.80	14.97	9.81	10.89	31.08	8.56	31.04	7.46	0.45
陇南市	Longnan	8.76	8.80	11.59	6.00	10.15	11.14	16.02	8.13	0.34
临夏州	Linxia	4.12	4.62	2.69	6.55	5.06	5.98	2.56	3.34	1.49
甘南州	Gannan	2.02	1.70	1.00	0.38	1.23	4.24	5.42	0.36	0.01

12-21　主要农产品产量
Calendar Year Agricultural Output

单位：万吨　　　　(10 000 tons)

年 份 Year	粮食 Grain Crops	油料 Oil-bearing Crops	中草药材 Chinese Medicinal Materials	甜菜 Beetroot	蔬菜 Vegetables	园林水果 Garden Fruits	肉类总产量 The Total Output Of Meat
1978	510.55	8.60	1.28	5.80	57.65	11.69	15.00
1979	461.35	8.46	1.25	4.42	53.64	7.35	12.90
1980	492.50	13.95	2.52	6.31	57.69	12.75	13.95
1981	412.81	13.18	1.51	10.62	59.24	11.05	14.13
1982	469.10	14.27	0.96	14.67	91.22	12.26	15.65
1983	539.62	19.28	1.79	17.48	80.56	12.58	14.77
1984	539.79	21.12	3.82	26.95	96.64	16.43	17.96
1985	530.55	26.31	3.23	61.62	116.65	19.91	23.95
1986	550.98	29.87	2.34	52.13	156.17	24.81	28.33
1987	529.37	29.45	2.30	56.32	162.31	27.17	29.34
1988	593.07	30.28	3.29	92.88	180.17	33.98	31.06
1989	639.20	30.39	3.00	66.33	208.87	34.84	31.74
1990	686.59	33.65	2.64	72.35	206.33	38.49	33.89
1991	656.38	32.55	2.79	103.63	201.88	40.42	36.56
1992	689.08	36.48	3.23	94.22	233.84	47.12	38.16
1993	750.26	37.53	5.29	104.62	251.99	59.66	41.99
1994	707.37	39.88	5.09	113.10	293.85	66.40	44.09
1995	626.78	31.69	4.28	107.01	329.39	80.36	47.33
1996	820.60	43.08	4.25	119.11	328.55	90.89	49.06
1997	766.16	35.56	3.99	139.11	346.87	100.25	52.60
1998	871.95	45.47	5.20	130.95	439.57	113.17	54.10
1999	814.93	43.79	10.70	73.85	487.32	125.74	55.78
2000	713.48	41.68	15.98	37.90	505.81	121.59	57.33
2001	753.22	38.42	24.58	45.12	603.17	121.71	59.67
2002	782.68	41.93	30.58	28.85	645.17	137.05	62.11
2003	789.34	46.04	32.51	19.95	732.59	145.37	64.37
2004	805.80	48.50	34.11	15.87	810.75	140.98	66.05
2005	836.89	50.31	35.55	14.54	866.91	172.45	69.81
2006	808.05	48.99	37.16	19.02	933.85	205.09	80.47
2007	807.60	46.72	39.74	28.20	621.03	150.19	78.51
2008	870.44	54.37	43.98	20.67	668.26	163.38	80.12
2009	896.15	59.92	46.24	21.32	711.35	182.75	80.80
2010	948.82	66.06	48.47	23.31	752.71	197.17	81.50
2011	1009.06	66.02	53.72	19.43	808.23	216.96	80.32
2012	1096.00	70.18	64.02	26.86	847.62	236.84	83.52
2013	1117.47	73.59	71.00	27.33	936.82	257.69	85.85
2014	1145.37	77.03	79.13	29.61	1014.20	279.99	89.52
2015	1154.58	76.71	83.75	18.26	1086.19	304.06	89.90
2016	1117.48	82.12	86.85	19.19	1092.89	359.93	92.20
2017	1105.90	77.35	92.72	26.69	1212.31	397.15	99.14
2018	1151.43	70.41	101.85	25.20	1292.57	370.03	101.16
2019	1162.58	63.18	113.15	26.51	1388.75	438.54	101.68
2020	1202.21	61.45	123.22	22.42	1478.51	481.07	110.09
2021	1231.46	58.79	131.46	15.88	1655.25	539.07	135.31

12-22 主要农产品产量
Yield of Major Farm Crops

指 标	Item	2010	2015	2019	2020	2021
主要农产品产量（万吨）	**Yield of Major Farm Crops(10 000 tons)**					
粮食	Grain Crops	948.82	1154.58	1162.58	1202.22	1231.46
夏粮	Summer Grain Crops	318.02	321.94	327.49	321.28	329.85
秋粮	Autumn Grain Crops	630.77	832.65	835.09	880.93	901.61
谷物	Cereal	746.15	938.24	923.03	942.18	971.08
#稻谷	Rice	3.93	2.84	2.13	1.69	1.81
小麦	Wheat	253.52	285.10	281.10	268.89	279.75
玉米	Corn	415.98	598.09	594.14	616.83	642.96
豆类	Beans	31.41	27.49	32.70	37.21	35.76
薯类	Tubers	171.23	188.85	206.85	222.82	224.61
油料	Oil-bearing Crops	66.06	76.71	63.18	61.45	58.79
#油菜籽	Rapeseeds	35.74	40.05	35.61	33.93	33.73
棉花	Cotton	7.99	4.82	3.27	3.01	3.06
麻类	Fiber Crops	0.23	0.26	0.28	0.29	0.18
甜菜	Beetroot	23.31	18.26	26.51	22.42	15.88
烟叶	Tobacco	0.96	0.70	0.52	0.52	0.51
#烤烟	Flue-cured Tobacco	0.85	0.62	0.51	0.51	0.49
中草药材	Chinese Medicinal Materials	48.47	83.75	113.15	123.22	131.46
蔬菜	Vegetables	752.71	1086.19	1388.75	1478.51	1655.25
园林水果	Garden Fruits	197.17	304.06	438.54	481.07	539.07
农产品单位面积产量（千克／公顷）	**Yield of Farm Crops Per Hectare (kg/hectare)**					
粮食	Grain Crops	3485.17	4251.48	4504.19	4556.78	4600.56
谷物	Cereal	3820.62	4619.41	4907.54	4959.29	5031.63
棉花	Cotton	1577.79	1655.60	1689.36	1814.70	1882.75
油菜籽	Rapeseeds	1815.99	2101.96	2169.21	2279.44	2342.39
甜菜	Beetroot	43594.06	55722.57	63987.58	64956.00	60311.43
烟叶	Tobacco	3017.49	3144.33	3069.54	3197.76	3175.83
中草药材	Chinese Medicinal Materials	3183.20	4026.80	4173.36	4295.83	4507.81
蔬菜	Vegetables	31279.61	34583.15	36426.25	36799.81	38130.24

12-23 各地、县主要农产品产量（2021）

Yield of Farm Crops by Region & County (2021)

单位：吨 (ton)

地、县	Region & County	粮食 Grain Crops	#小麦 Wheat	#玉米 Corn	#薯类 Tubers	油料 Oil-bearing Crops	中草药材 Chinese Medicinal Materials	蔬菜 Vegetables	瓜果 Fruit and Melon	人均粮食占有量（千克） Per Capita Grain Crops (kg)
兰州市	**Lanzhou**	**332955**	**76112**	**145809**	**73588**	**21647**	**40042**	**2082578**	**138083**	**75.94**
城关区	Chengguan	300	30	99		99		7348	56	0.20
七里河区	Qilihe	3918	370	3525		47	730	238395	134	5.46
西固区	Xigu	1144	238	885		60	194	97027	1051	2.79
安宁区	Anning							227		
红古区	Honggu	5112	640	4472		160		255856	7458	35.50
永登县	Yongdeng	153428	48992	51168	34371	7630	18624	400067	10780	542.71
皋兰县	Gaolan	25853	4892	10497	8597	1799		264253	98750	207.05
榆中县	Yuzhong	127630	16683	66781	29433	7559	20003	787776	9057	270.06
兰州新区	Lanzhou New Area	15571	4266	8383	1187	4295	491	31629	10798	51.91
嘉峪关市	**Jiayuguan**	**30657**	**8703**	**20016**	**1066**	**133**	**6000**	**107643**	**1236**	**97.24**
金昌市	**Jinchang**	**474904**	**149996**	**248199**	**59358**	**9932**	**7613**	**937495**	**21228**	**1090.97**
金川区	Jinchuan	107744	9334	97800	578	2424	335	218514	21187	412.81
永昌县	Yongchang	367160	140662	150399	58780	7508	7278	718981	41	2106.53
白银市	**Baiyin**	**967519**	**138965**	**540502**	**220974**	**40023**	**103047**	**1297842**	**1120042**	**643.71**
白银区	Baiyin	23027	2273	18396	971	731	131	113534	563	71.33
平川区	Pingchuan	53798	8618	31967	8103	4703	1948	65650	50782	269.53
靖远县	Jingyuan	211085	28808	118000	38800	5393	33704	738628	796861	577.05
会宁县	Huining	471256	60008	215106	170664	6475	10013	205630	220180	1176.96
景泰县	Jingtai	208354	39258	157033	2436	22722	57251	174402	51656	971.80
天水市	**Tianshui**	**1330152**	**439243**	**567072**	**276334**	**115523**	**55716**	**2342718**	**63636**	**449.91**
秦州区	Qinzhou	224399	77174	105604	32523	33544	10198	243707	2300	344.49
麦积区	Maiji	198269	72185	105875	17036	17432	4070	199935	20412	358.73
清水县	Qingshui	183423	57179	84485	34600	18214	10094	122601	1297	769.07
秦安县	Qinan	223623	67680	79960	65794	11876	2720	208096	20910	547.83
甘谷县	Gangu	208998	77800	78550	45053	13568	10938	470140	12377	416.49
武山县	Wushan	153174	46500	58100	41832	15946	15098	964013	6340	425.60
张家川县	Zhangjiachuan	138267	40725	54498	39496	4944	2598	134226		566.64
武威市	**Wuwei**	**1221328**	**232182**	**882899**	**60262**	**31882**	**64638**	**2712068**	**556883**	**846.21**
凉州区	Liangzhou	702656	127802	541544	23143	241	15974	1616507	81130	799.74
民勤县	Minqin	210569	41361	164743	4428	27724	15302	464079	471825	1210.57
古浪县	Gulang	255093	56876	176572	15136	1125	10954	402264	3151	1048.14
天祝县	Tianzhu	53010	6143	39	17556	2792	22409	229217	778	359.47
张掖市	**Zhangye**	**1491382**	**248690**	**850686**	**187718**	**30596**	**99898**	**1773703**	**71379**	**1328.68**

12-23 续表 1 continued

单位：吨 (ton)

地、县	Region & County	粮食 Grain Crops	#小麦 Wheat	#玉米 Corn	#薯类 Tubers	油料 Oil-bearing Crops	中草药材 Chinese Medicinal Materials	蔬菜 Vegetables	瓜果 Fruit and Melon	人均粮食占有量（千克） Per Capita Grain Crops (kg)
甘州区	Ganzhou	494194	18194	465333	4492	2630	2794	795127	21551	954.81
肃南县	Sunan	46073	5595	23386	2451	222	821	50308		1687.28
民乐县	Minle	338547	116454	68580	115178	9328	64378	121361	6	1775.15
临泽县	Linze	165073	4832	158226	40	1061	6061	231166	25377	1444.82
高台县	Gaotai	153657	14414	122549	8072	1307	4302	434500	15733	1239.53
山丹县	Shandan	214741	88805	12612	53861	14200	13334	121965	8712	1444.74
平凉市	**Pingliang**	**1127527**	**329692**	**499385**	**221076**	**44382**	**27922**	**668129**	**179522**	**617.92**
崆峒区	Kongtong	193813	52084	125596	5994	8337	1141	148020	55719	387.54
泾川县	Jingchuan	119113	47590	62468	1049	4762	1528	29944	68849	552.36
灵台县	Lingtai	196821	79555	91218	3464	10629	1035	44515	14037	1282.79
崇信县	Chongxin	62589	22855	25477	6669	3688	1099	113943	4210	762.76
庄浪县	Zhuanglang	215510	59722	62537	92138	4740	5125	157674	20241	647.28
静宁县	Jingning	262443	48146	95070	99590	9549	1702	118607	16320	726.43
华亭市	Huating	77238	19742	37019	12172	2677	16292	55426	147	430.95
酒泉市	**Jiuquan**	**551615**	**142429**	**403879**	**3717**	**18628**	**107611**	**1654762**	**629783**	**523.71**
肃州区	Suzhou	230903	26156	200997	3390	750		704530	39830	507.54
金塔县	Jinta	137148	44637	92423		3370	29285	615790	261991	1135.41
瓜州县	Guazhou	55298	22671	32627		4814	46917	59297	138052	428.95
肃北县	Subei	6187	4855	940	327	190		518	1	408.80
阿克塞县	Akesai	1655		1655			1013	68	48	150.14
玉门市	Yumen	81628	39758	40793		7950	29053	212004	120764	594.44
敦煌市	Dunhuang	38795	4351	34443		1554	1344	62555	69099	209.41
庆阳市	**Qingyang**	**1336747**	**391129**	**748485**	**85592**	**81280**	**94492**	**546285**	**567013**	**619.03**
西峰区	Xifeng	97564	55543	26705	9639	6927	1030	79018	15333	189.88
庆城县	Qingcheng	114598	46282	48195	9644	11548	9336	121875	47936	493.99
环　县	Huanxian	307803	78708	175268	26853	10507	3963	38586	39355	1018.49
华池县	Huachi	134801	6256	91743	18348	3842	15202	30881	23305	1142.86
合水县	Heshui	67212	12445	37746	6687	3512	660	74046	14653	502.37
正宁县	Zhengning	52145	3595	44255	1072	5021	14386	23074	5743	305.96
宁　县	Ningxian	243565	98462	121016	5871	20855	30041	74471	192400	733.18
镇原县	Zhenyuan	319060	89839	203557	7479	19068	19875	104334	228288	893.73
定西市	**Dingxi**	**1589371**	**213885**	**601630**	**682066**	**47769**	**392868**	**702680**	**18162**	**633.78**
安定区	Anding	400201	15200	124800	241431	10674	5420	352502	500	951.31
通渭县	Tongwei	368055	71900	211900	69060	17667	24358	24998	213	1146.06

12-23 续表 2 continued

单位：吨 (ton)

地、县	Region & County	粮食 Grain Crops	# 小麦 Wheat	# 玉米 Corn	# 薯类 Tubers	油料 Oil-bearing Crops	中草药材 Chinese Medicinal Materials	蔬菜 Vegetables	瓜果 Fruit and Melon	人均粮食占有量（千克）Per Capita Grain Crops (kg)
陇西县	Longxi	240144	29971	121078	80112	7928	98442	29093	2415	565.01
渭源县	Weiyuan	185317	37182	52272	80227	4178	96135	11475	37	676.14
临洮县	Lintao	241992	27160	72584	136810	1728	36686	218125	14958	505.98
漳 县	Zhangxian	85498	27325	18996	24656	3916	24688	65133	22	517.00
岷 县	Minxian	68164	5147		49770	1678	107139	1354	18	161.05
陇南市	**Longnan**	**856831**	**306425**	**311399**	**183179**	**54746**	**190359**	**818431**	**4656**	**358.91**
武都区	Wudu	136265	32693	43102	45291	5582	39472	152988	944	250.10
成 县	Chengxian	98214	46299	41392	5743	9502	14923	116374	293	407.74
文 县	Wenxian	38863	10211	18256	5779	3999	11170	110369	390	199.95
宕昌县	Tanchang	62718	11764	19800	25918	3126	52008	41562	49	252.44
康 县	Kangxian	37446	17433	13768	3463	2393	9235	31978	45	231.75
西和县	Xihe	154661	51194	37812	62534	7813	21898	41918	178	443.78
礼 县	Lixian	154635	81536	46178	18891	16217	8495	57612	740	367.90
徽 县	Huixian	146178	45375	76725	14462	4820	13249	229930	1766	772.99
两当县	Liangdang	27852	9921	14365	1099	1294	19910	35700	252	708.42
临夏州	**Linxia**	**708052**	**86031**	**479155**	**123656**	**57044**	**48352**	**459261**	**53802**	**334.53**
临夏市	linxia	1861	62	1739	45	2424	5	4375	24244	5.17
临夏县	linxia	143287	29497	87078	20801	11540	5872	153167	11412	444.72
康乐县	Kangle	120445	28497	77634	8033	9064	20335	35550	12	467.99
永靖县	Yongjing	82269	4777	60445	16374	3015	11029	172951	17833	460.04
广河县	Guanghe	108799	79	101832	6889	1321	613	43551		413.54
和政县	Hezheng	57397	11520	35356	7296	12157	4330	24039	76	279.14
东乡县	Dongxiang	116779	1809	58577	53344	550	2652	6972	225	401.43
积石山县	Jishishan	77215	9790	56494	10876	16973	3517	18657		323.27
甘南州	**Gannan**	**114796**	**21108**	**14187**	**19071**	**21830**	**55103**	**42679**	**128**	**166.14**
合作市	Hezuo	9865	550		1823	2419	594	925		87.85
临潭县	Lintan	24955	3377	501	3079	7768	21867	9227	27	196.50
卓尼县	Zhuoni	12644	1041	89	1668	3028	10006	19407	1	132.68
舟曲县	Zhouqu	41354	11407	12439	10055	4982	9665	9512	100	330.57
迭部县	Diebu	11061	4482	1158	1463	1157	11953	3580		212.71
玛曲县	Maqu									
碌曲县	Luqu	2948			558	174	920	3		82.12
夏河县	Xiahe	11967	251		426	2302	98	27		138.67

12-24 各地、县中草药材种植面积和产量（2021）
Sown Areas and Products of Chinese Medicine by Region & County (2021)

地、县	Region & County	中草药材 Chinese Medicinal Materials		当归 Angelica		党参 Codonopsis		其他 Others	
		面积（亩）Areas (mu)	产量（吨）Products (ton)	面积（亩）Areas (mu)	产量（吨）Products (ton)	面积（亩）Areas (mu)	产量（吨）Products (ton)	面积（亩）Areas (mu)	产量（吨）Products (ton)
兰州市	**Lanzhou**	**160175**	**40042**	**12543**	**3594**	**8230**	**2522**	**139402**	**33926**
城关区	Chengguan								
七里河区	Qilihe	2799	730	1450	442	964	245	385	43
西固区	Xigu	583	194	160	59	58	5	365	130
安宁区	Anning								
红古区	Honggu								
永登县	Yongdeng	44309	18624	6209	1217	3987	1426	34113	15981
皋兰县	Gaolan								
榆中县	Yuzhong	109705	20003	4706	1874	2988	765	102011	17364
兰州新区	Lanzhou New Area	2779	491	18	3	234	80	2528	408
嘉峪关市	**Jiayuguan**	**22000**	**6000**					**22000**	**6000**
金昌市	**Jinchang**	**9165**	**7613**	**1272**	**1202**			**7893**	**6411**
金川区	Jinchuan	1321	335					1321	335
永昌县	Yongchang	7844	7278	1272	1202			6572	6076
白银市	**Baiyin**	**348359**	**103047**	**1287**	**102**	**8603**	**1863**	**338469**	**101082**
白银区	Baiyin	170	131					170	131
平川区	Pingchuan	14052	1948					14052	1948
靖远县	Jingyuan	194139	33704	1223	96	2808	490	190108	33118
会宁县	Huining	43112	10013	64	6	5795	1373	37253	8634
景泰县	Jingtai	96886	57251					96886	57251
天水市	**Tianshui**	**257299**	**55716**	**9444**	**2952**	**52347**	**9586**	**195508**	**43178**
秦州区	Qinzhou	51707	10198			1917	537	49791	9661
麦积区	Maiji	14043	4070			2000	1027	12043	3043
清水县	Qingshui	25942	10094	1492	373	200	47	24250	9674
秦安县	Qinan	39757	2720			1160	78	38597	2642
甘谷县	Gangu	71000	10938	1100	94	42014	6316	27886	4528
武山县	Wushan	44829	15098	6852	2485	5056	1583	32921	11030
张家川县	Zhangjiachuan	10021	2598					10021	2598
武威市	**Wuwei**	**126253**	**64638**	**4660**	**5331**	**141**	**50**	**121452**	**59257**
凉州区	Liangzhou	15897	15974	875	501	111	33	14911	15440
民勤县	Minqin	24283	15302					24283	15302
古浪县	Gulang	38120	10954	210	26	30	17	37880	10912
天祝县	Tianzhu	47953	22409	3575	4805			44378	17604
张掖市	**Zhangye**	**248294**	**99898**	**17950**	**8606**	**150**	**68**	**230194**	**91225**

12-24 续表 1 continued

地、县	Region & County	中草药材 Chinese Medicinal Materials		当归 Angelica		党参 Codonopsis		其他 Others	
		面积（亩）Areas (mu)	产量（吨）Products (ton)	面积（亩）Areas (mu)	产量（吨）Products (ton)	面积（亩）Areas (mu)	产量（吨）Products (ton)	面积（亩）Areas (mu)	产量（吨）Products (ton)
甘州区	Ganzhou	8262	2794			150	68	8112	2726
肃南县	Sunan	2565	821					2565	821
民乐县	Minle	165428	64378	850	398			164578	63981
临泽县	Linze	13751	6061					13751	6061
高台县	Gaotai	10955	4302					10955	4302
山丹县	Shandan	30233	13334					30233	13334
平凉市	**Pingliang**	**68247**	**27922**	**1289**	**870**	**2062**	**967**	**64895**	**26085**
崆峒区	Kongtong	3240	1141	58	33	85	26	3097	1082
泾川县	Jingchuan	5425	1528					5425	1528
灵台县	Lingtai	5248	1035	4		91	29	5153	1006
崇信县	Chongxin	2462	1099	150	66			2312	1033
庄浪县	Zhuanglang	12209	5125	445	385	1845	866	9919	3874
静宁县	Jingning	3601	1702	632	386	41	46	2928	1271
华亭市	Huating	36062	16292					36062	16292
酒泉市	**Jiuquan**	**440190**	**107611**					**440190**	**107611**
肃州区	Suzhou								
金塔县	Jinta	34323	29285					34323	29285
瓜州县	Guazhou	242370	46917					242370	46917
肃北县	Subei								
阿克塞县	Akesai	1710	1013					1710	1013
玉门市	Yumen	153679	29053					153679	29053
敦煌市	Dunhuang	8108	1344					8108	1344
庆阳市	**Qingyang**	**216709**	**94492**	**2834**	**1127**	**2621**	**708**	**211254**	**92657**
西峰区	Xifeng	1620	1030	25	6	127	47	1468	976
庆城县	Qingcheng	18305	9336					18305	9336
环 县	Huanxian	15286	3963	51	15			15235	3947
华池县	Huachi	37024	15202	2169	917			34855	14285
合水县	Heshui	2057	660	192	56	15	2	1851	602
正宁县	Zhengning	29543	14386			54	22	29489	14364
宁 县	Ningxian	58577	30041	398	133	880	291	57299	29617
镇原县	Zhenyuan	54298	19875			1545	345	52753	19530
定西市	**Dingxi**	**1357924**	**392868**	**341203**	**93719**	**457128**	**124077**	**559594**	**175073**
安定区	Anding	14373	5420			1019	412	13354	5008
通渭县	Tongwei	76862	24358	540	195	4718	1739	71604	22423

12–24 续表 2 continued

地、县	Region & County	中草药材 Chinese Medicinal Materials		当归 Angelica		党参 Codonopsis		其他 Others	
		面积（亩）Areas (mu)	产量（吨）Products (ton)	面积（亩）Areas (mu)	产量（吨）Products (ton)	面积（亩）Areas (mu)	产量（吨）Products (ton)	面积（亩）Areas (mu)	产量（吨）Products (ton)
陇西县	Longxi	295014	98442	326	172	139024	54911	155664	43360
渭源县	Weiyuan	317628	96135	92032	29194	116888	24142	108708	42799
临洮县	Lintao	186049	36686	26240	6117	107965	18884	51844	11685
漳　县	Zhangxian	97964	24688	39850	9026	16905	3977	41209	11686
岷　县	Minxian	370034	107139	182215	49015	70609	20012	117210	38112
陇南市	**Longnan**	**700873**	**190359**	**56072**	**15120**	**174668**	**36272**	**470133**	**138967**
武都区	Wudu	195237	39472	20171	4119	32934	7174	142131	28179
成　县	Chengxian	31324	14923	198	55	844	266	30282	14602
文　县	Wenxian	70251	11170	200	66	62775	9889	7276	1215
宕昌县	Tanchang	170500	52008	26000	8326	63050	14793	81450	28889
康　县	Kangxian	23467	9235			587	77	22880	9158
西和县	Xihe	84021	21898	20	2	4792	882	79209	21014
礼　县	Lixian	27400	8495	7700	2153	4140	1159	15560	5183
徽　县	Huixian	35604	13249	1625	358	3947	1786	30032	11105
两当县	Liangdang	63070	19910	158	41	1599	246	61314	19623
临夏州	**Linxia**	**111886**	**48352**	**35750**	**19459**	**5772**	**2140**	**70365**	**26753**
临夏市	linxia	705	5					705	5
临夏县	linxia	16080	5872	2378	1002	119	45	13582	4825
康乐县	Kangle	34766	20335	22883	14181	934	413	10950	5741
永靖县	Yongjing	28868	11029			4124	1424	24745	9605
广河县	Guanghe	710	613	342	393	50	68	318	153
和政县	Hezheng	12050	4330	7928	2910	45	15	4077	1404
东乡县	Dongxiang	8935	2652	335	221			8600	2431
积石山县	Jishishan	9772	3517	1884	752	500	175	7388	2590
甘南州	**Gannan**	**236975**	**55103**	**67955**	**20260**	**54745**	**11661**	**114276**	**23183**
合作市	Hezuo	2184	594	107	20			2077	575
临潭县	Lintan	93009	21867	34978	8691	19464	4377	38567	8799
卓尼县	Zhuoni	49048	10006	20795	4737	13267	2793	14986	2476
舟曲县	Zhouqu	73678	9665	3510	513	20879	3652	49289	5500
迭部县	Diebu	16157	11953	7813	6021	1135	839	7209	5093
玛曲县	Maqu								
碌曲县	Luqu	1030	920	530	265			500	655
夏河县	Xiahe	1870	98	222	13			1648	85

12–25 各市（州）主要农产品单位面积产量（2021）
Yield of Major Farm Crops per Hectare by Region (2021)

单位：千克 / 公顷　　(kg/hectare)

市（州）	Region	粮食 Grain Crops	谷物 Cereal	油菜籽 Rapeseeds	甜菜 Beetroot	烟叶 Tobacco	中草药材 Chinese Medicinal Materials	蔬菜 Vegetables	园林水果 Fruit
甘肃省	**Total**	**4601**	**5032**	**2342**	**60311**	**3176**	**4508**	**38130**	**16420**
兰州市	Lanzhou	3939	4360	1650	30000	1690	3750	34029	14564
嘉峪关市	Jiayuguan	9241	10000				4091	74430	10003
金昌市	Jinchang	7752	7704	3690			12460	56738	9494
白银市	Baiyin	3660	4106	1117			4437	65820	14614
天水市	Tianshui	4154	4523	2104	33078	2344	3248	36831	22702
武威市	Wuwei	7632	7885	1821	43859	4500	7680	63097	11567
张掖市	Zhangye	7037	6986	3108	57329		6035	47302	10126
平凉市	Pingliang	3925	4116	2235	14683	969	6137	23904	19470
酒泉市	Jiuquan	8233	8250	2760	81985		3667	46435	22426
庆阳市	Qingyang	3454	3655	2434		3770	6540	15300	11070
定西市	Dingxi	3967	4337	2561	60000		4340	21705	11281
陇南市	Longnan	3639	4113	1893	16607	2546	4074	23200	7082
临夏州	Linxia	5723	6364	3681	21724		6482	31638	14197
甘南州	Gannan	2528	2515	1959	5537	1141	3488	27428	11731

12-26 各市（州）主要农产品人均占有量（2021）
Output of Major Farm Corps per Capita by Region (2021)

单位：千克／人 (kg/person)

市（州）	Region	粮食 Grain Crops	谷物 Cereal	油菜籽 Rapeseeds	甜菜 Beetroot	烟叶 Tobacco	中草药材 Chinese Medicinal Materials	蔬菜 Vegetables	园林水果 Fruit
甘肃省	**Total**	**494.56**	**389.99**	**13.55**	**6.38**	**0.20**	**52.79**	**664.76**	**216.49**
兰州市	Lanzhou	75.94	51.61	0.94	0.02		9.13	475.01	29.57
嘉峪关市	Jiayuguan	97.24	91.09				19.03	341.43	11.88
金昌市	Jinchang	1090.97	954.61	14.63			17.49	2153.65	23.58
白银市	Baiyin	643.71	468.96	1.02			68.56	863.48	111.73
天水市	Tianshui	449.91	349.40	32.16	1.69	0.01	18.85	792.41	587.60
武威市	Wuwei	846.21	791.47	2.60	0.44		44.79	1879.10	108.86
张掖市	Zhangye	1328.68	1147.18	20.41	57.70		89.00	1580.20	65.68
平凉市	Pingliang	617.92	479.57	7.74	0.00		15.30	366.16	966.11
酒泉市	Jiuquan	523.71	519.61	2.39	39.92		102.17	1571.06	270.45
庆阳市	Qingyang	619.03	558.69	20.91		1.45	43.76	252.98	298.07
定西市	Dingxi	633.78	331.16	4.35	0.08		156.66	280.20	30.81
陇南市	Longnan	358.91	266.11	21.29	0.03	0.79	79.74	342.82	101.72
临夏州	Linxia	334.53	268.98	26.04	1.16		22.84	216.98	24.61
甘南州	Gannan	166.14	111.04	31.53	0.44	0.01	79.75	61.77	14.87

12-27 园林水果生产
Garden Fruits Production

指 标	Item	2010	2015	2019	2020	2021
园林水果产量（吨）	**Output of Garden Fruits (ton)**	**1971700**	**3040650**	**4385375**	**4810708**	**5390665**
# 苹果	Apple	1327794	2163521	3404656	3859773	4383623
梨	Pear	220034	272615	253170	238848	279582
葡萄	Grape	84523	209347	261809	270811	268627
红枣	Date	77304	110700	90951	93796	89861
柿子	Persimmon	15673	14972	42802	25240	24924
桃子	Peach	102646	159204	133458	140660	145328
杏子	Apricot	41991	50046	74049	77702	94549
果园面积（千公顷）	**Area of Orchards (1 000 hectares)**	**276.51**	**302.00**	**318.99**	**326.67**	**328.30**
# 苹果园	Apple Orchard	210.22	230.65	241.11	248.56	251.57
梨园	Pear Orchard	17.04	17.92	18.97	19.85	19.76
葡萄园	Grape Orchard	11.90	17.87	16.01	16.33	15.72
桃园	Peach Orchard	5.67	5.28	6.44	6.94	7.10
杏园	Apricot Orchard	17.33	14.94	14.03	14.47	13.98

12-28 各地、县园林水果产量（2021）
Output of Garden Fruits by Region & County(2021)

单位：吨 (ton)

地、县	Region & County	园林水果产量 Garden Fruits	#苹果 Apples	#梨 Pears	#葡萄 Grapes	#红枣 Dates	#柿子 Persimmons	#杏子 Apricots	#桃子 Peaches
兰州市	**Lanzhou**	**129644**	**54839**	**27499**	**8895**	**5967**		**7484**	**19561**
城关区	Chengguan	8292	7463	327	225	1		64	213
七里河区	Qilihe	12111	5641	4290		21		21	2049
西固区	Xigu	13482	4024	3163	135	3079		47	427
安宁区	Anning	2742		3		141			2599
红古区	Honggu	18220	12706	1104	826	729		117	2026
永登县	Yongdeng	25879	9925	5013	7504	515		1773	43
皋兰县	Gaolan	33386	11330	8693		1113		133	12076
榆中县	Yuzhong	5167	3202	713	206	70		136	14
兰州新区	Lanzhou New Area	10364	549	4193		298		5193	113
嘉峪关市	**Jiayuguan**	**3747**	**198**	**396**	**2817**			**275**	**16**
金昌市	**Jinchang**	**10266**	**1746**	**1628**	**2856**	**2666**		**1137**	**223**
金川区	Jinchuan	7952	655	906	2805	2657		764	155
永昌县	Yongchang	2314	1091	722	51	8		374	68
白银市	**Baiyin**	**167935**	**77212**	**46393**	**310**	**32717**	**2600**	**2671**	**3081**
白银区	Baiyin	22960	19589	747	89	650		174	158
平川区	Pingchuan	17799	14512	177	59	1702		60	1231
靖远县	Jingyuan	48465	24215	11732	162	6700	2600	1835	1221
会宁县	Huining	6580	5525	1000					
景泰县	Jingtai	72130	13371	32737		23665		603	471
天水市	**Tianshui**	**1737228**	**1597638**	**30361**	**28937**	**164**	**2749**	**2206**	**54373**
秦州区	Qinzhou	346167	324348	2960				39	1912
麦积区	Maiji	305506	267104	3778	26890		2289	721	3363
清水县	Qingshui	150763	148686	515	883		460		23
秦安县	Qinan	582060	520448	11733	303	164		508	48538
甘谷县	Gangu	217993	214627	2516	72			125	264
武山县	Wushan	58428	51642	4201	789			77	273
张家川县	Zhangjiachuan	76311	70784	4659				737	
武威市	**Wuwei**	**157118**	**60306**	**38475**	**33053**	**21073**		**1141**	**1967**
凉州区	Liangzhou	79959	32285	28719	17024	163		492	1276
民勤县	Minqin	38401	778	912	15027	20640		315	691
古浪县	Gulang	37981	27242	8844	346	270		334	
天祝县	Tianzhu	778			656				
张掖市	**Zhangye**	**73719**	**6655**	**13233**	**32475**	**8328**		**7058**	**1404**

12-28 续表 1 continued

单位：吨 (ton)

地、县	Region & County	园林水果产量 Garden Fruits	#苹果 Apples	#梨 Pears	#葡萄 Grapes	#红枣 Dates	#柿子 Persimmons	#杏子 Apricots	#桃子 Peaches
甘州区	Ganzhou	11116	3447	4851	365	359		821	299
肃南县	Sunan	77	20	40	5			11	
民乐县	Minle	5330	312	2891	173			893	
临泽县	Linze	27636	2590	3113	12840	7801		634	529
高台县	Gaotai	20711	172	1398	17848	126		242	431
山丹县	Shandan	8849	115	940	1244	42		4456	145
平凉市	**Pingliang**	**1762865**	**1712991**	**27974**	**360**	**6254**	**1192**	**8452**	**3358**
崆峒区	Kongtong	35034	30780	264	219	113		1704	1717
泾川县	Jingchuan	218546	209064	110	77	6084	1172	469	563
灵台县	Lingtai	112050	110180	863	48	57	19	97	336
崇信县	Chongxin	34578	32846	302			1	578	596
庄浪县	Zhuanglang	542049	541788	26	8			82	
静宁县	Jingning	820396	788194	26386	3			5519	140
华亭市	Huating	213	140	24	4			4	7
酒泉市	**Jiuquan**	**284856**	**23243**	**23515**	**147795**	**9482**	**579**	**24879**	**42309**
肃州区	Suzhou	35912	14006	2166	2560	87	579	2694	10055
金塔县	Jinta	39353	7408	10520	11469	4123		2309	2965
瓜州县	Guazhou	5109	182	5	870	874			
肃北县	Subei	291	52	31				208	
阿克塞县	Akesai	1554			1540	14			
玉门市	Yumen	19273	766	236	7504	73		1981	3162
敦煌市	Dunhuang	183364	830	10557	123852	4311		17688	26127
庆阳市	**Qingyang**	**643649**	**601413**	**2116**	**1947**	**801**	**2259**	**28772**	**3932**
西峰区	Xifeng	76113	73847	521	227	13	104	668	604
庆城县	Qingcheng	129662	124400	199	906	151	36	2824	743
环　县	Huanxian	24492	12103	50	44	23		11896	226
华池县	Huachi	8185	4062	134	33	10		2829	571
合水县	Heshui	96959	94451	260	85	21	436	1394	103
正宁县	Zhengning	79489	77901	79	24	15	344	874	75
宁　县	Ningxian	144241	136561	669	353	447	1292	3387	1207
镇原县	Zhenyuan	84509	78089	204	276	121	47	4899	403
定西市	**Dingxi**	**77265**	**39235**	**9050**	**279**	**73**		**5244**	**1875**
安定区	Anding	3623	106	1424		10		1689	49
通渭县	Tongwei	36728	36023	159		4		77	

12-28 续表 2 continued

单位：吨 (ton)

地、县	Region & County	园林水果产量 Garden Fruits	#苹果 Apples	#梨 Pears	#葡萄 Grapes	#红枣 Dates	#柿子 Persimmons	#杏子 Apricots	#桃子 Peaches
陇西县	Longxi	18042	477	5154	1	12		2512	54
渭源县	Weiyuan	3787	48	74				106	
临洮县	Lintao	14625	2509	2135	278	48		860	1772
漳　县	Zhangxian	446	64	97					
岷　县	Minxian	14	8	6					
陇南市	**Longnan**	**242833**	**179809**	**7080**	**3686**	**414**	**13075**	**2777**	**9348**
武都区	Wudu	9867	1906	1119	960	65	601	510	1950
成　县	Chengxian	10595	1475	451	433		3929	815	847
文　县	Wenxian	20795	4348	1357	2040	249	918	31	2493
宕昌县	Tanchang	5029	1961	662	38	18	385	24	309
康　县	Kangxian	6822	881	452	8	64	2414	118	245
西和县	Xihe	19512	16446	568			295	432	757
礼　县	Lixian	157355	150340	1099	132		140	785	2049
徽　县	Huixian	11616	1946	1346	60	18	4012	62	569
两当县	Liangdang	1241	507	27	15		381		129
临夏州	**Linxia**	**52090**	**14191**	**27800**	**223**	**1753**	**31**	**2202**	**3669**
临夏市	linxia	1350		386				269	
临夏县	linxia	12400	736	8251	45	32		501	2244
康乐县	Kangle	1792		1418				208	10
永靖县	Yongjing	19565	13382	2898	173	1546	31	85	1316
广河县	Guanghe	1462		824				610	
和政县	Hezheng	9147		8620				247	
东乡县	Dongxiang	3416	73	2460	5	175		282	99
积石山县	Jishishan	2958		2943					
甘南州	**Gannan**	**10272**	**5497**	**1083**	**495**	**31**	**2439**	**85**	**213**
合作市	Hezuo								
临潭县	Lintan	13		10					3
卓尼县	Zhuoni	97	34	62					
舟曲县	Zhouqu	9391	5058	720	495	31	2431	85	141
迭部县	Diebu	752	405	270			8		69
玛曲县	Maqu								
碌曲县	Luqu								
夏河县	Xiahe	20		20					

12-29 牲畜饲养情况及畜产品产量

Number of Livestock and Output of Livestock Products

指 标	Item	2010	2015	2019	2020	2021
大牲畜年末数（万头）	Large Animals (year-end) (10 000 heads)	538.08	493.06	518.13	536.17	566.62
牛	Cattle and Buffaloes	421.06	418.95	458.20	482.00	512.80
马	Horses	12.24	12.79	11.55	11.07	11.58
骡	Mules	28.27	17.07	12.83	9.55	9.07
驴	Donkeys	74.71	41.85	32.52	30.20	29.55
骆驼	Camels	1.80	2.40	3.03	3.35	3.62
大牲畜出栏数（万头）	Slaughtered Fattened Large Animals (10 000 heads)	167.62	175.20	226.14	239.72	257.97
牛	Cattle and Buffaloes	152.47	166.76	214.80	228.57	246.90
马	Horses	1.87	1.50	1.70	1.48	1.52
骡	Mules	2.79	1.21	1.38	1.19	1.20
驴	Donkeys	10.02	5.12	7.42	7.58	7.38
骆驼	Camels	0.47	0.60	0.84	0.90	0.97
猪年末数（万头）	Hogs (year-end)(10 000 heads)	536.19	528.71	480.30	622.00	685.10
肉猪出栏数（万头）	Slaughtered Fattened Hogs (10 000 heads)	603.85	613.30	648.70	664.30	845.00
羊年末数（万头）	Sheep And Goats (year-end)(10 000 heads)	1771.23	1994.70	1987.10	2191.80	2439.50
羊出栏数（万头）	Sheep Marketable Fattened Stock (10 000 heads)	991.90	1255.65	1548.20	1737.10	2105.40
肉类产量（万吨）	Output Of Meat (10 000 tons)	81.50	89.90	101.68	110.09	135.31
#猪牛羊肉	Output Of Pork,Beef And Mutton	75.15	82.43	95.75	101.67	124.60
猪肉	Pork	43.77	44.76	48.00	49.17	64.10
牛肉	Beef	15.57	17.48	22.74	24.90	27.00
羊肉	Mutton	15.82	20.19	25.00	27.60	33.50
禽肉	Poultry Meat	4.78	6.41	4.80	7.20	9.40
奶类（万吨）	Milk (10 000 tons)	34.70	38.22	44.72	58.44	67.49
#牛奶	Cow Milk	34.70	37.60	44.11	57.54	66.60
绵羊毛（吨）	Sheep Wool (ton)	27066.19	30707.16	30453.93	33756.79	34791.50
山羊毛（吨）	Goat Wool (ton)	2134.14	2562.69	1623.11	1829.84	1827.63
山羊绒（吨）	Cashmere (ton)	359.58	460.91	324.62	410.01	406.92
禽蛋（万吨）	Poultry Eggs (10 000 tons)	15.81	20.74	15.14	19.80	22.30
水产品产量（吨）	Aquatic Products (ton)	10601	14748	14300	14058	14205

注：畜牧业及水产品数据根据第一、二、三次农业普查结果进行了相应衔接调整。

a) Data of animal husbandry and aquatic products were adjusted according to the First 、Second and Third National Agricultural Census.

12-30 各地、县牲畜饲养情况（2021）
Number of Livestock by Region & County (2021)

地、县	Region & County	大牲畜存栏（万头）Large animals Livestock (10 000heads)	#牛 Cattle	羊存栏数（万只）Sheep and Goats Livestock (10 000heads)	猪存栏数（万头）Sheep and Goats Livestock (10 000heads)	大牲畜出栏（万头）Slaughtered Fattened Large Animals (10 000heads)	#牛 Cattle	羊出栏数（万只）Slaughtered Fattened Sheep and Goats (10 000heads)	猪出栏数（万头）Slaughtered Fattened Hogs (10 000heads)
兰州市	**Lanzhou**	**7.07**	**5.37**	**74.19**	**51.41**	**1.57**	**1.22**	**47.66**	**52.71**
城关区	Chengguan	0.02	0.02	0.20	0.03	0.01	0.01	0.11	0.06
七里河区	Qilihe	0.72	0.69	2.00	1.64	0.12	0.12	1.04	2.12
西固区	Xigu	0.14	0.13	1.62	1.44	0.03	0.03	1.28	1.86
安宁区	Anning	0.02	0.02	0.13				0.07	0.01
红古区	Honggu	0.72	0.72	4.72	1.77	0.11	0.11	2.16	2.19
永登县	Yongdeng	2.64	1.64	38.70	15.55	0.49	0.41	19.90	19.06
皋兰县	Gaolan	0.25	0.20	7.04	5.16	0.03	0.02	6.31	4.13
榆中县	Yuzhong	2.14	1.53	13.90	11.59	0.75	0.49	13.14	13.19
兰州新区	Lanzhou New Area	0.43	0.42	5.88	14.23	0.03	0.03	3.66	10.10
嘉峪关市	**Jiayuguan**	**1.19**	**1.16**	**8.06**	**3.84**	**0.41**	**0.40**	**5.59**	**4.58**
金昌市	**Jinchang**	**7.42**	**6.86**	**81.89**	**9.60**	**1.95**	**1.91**	**56.51**	**5.60**
金川区	Jinchuan	3.73	3.36	17.33	2.23	0.59	0.57	11.37	2.01
永昌县	Yongchang	3.69	3.50	64.55	7.37	1.36	1.34	45.14	3.59
白银市	**Baiyin**	**23.02**	**15.93**	**220.99**	**81.34**	**11.02**	**9.07**	**239.06**	**109.03**
白银区	Baiyin	1.05	1.03	9.73	7.40	0.21	0.15	7.91	9.40
平川区	Pingchuan	1.86	0.55	13.69	12.24	0.33	0.13	11.86	11.52
靖远县	Jingyuan	1.86	0.60	44.75	21.06	0.29	0.19	57.05	30.06
会宁县	Huining	16.45	12.37	87.09	28.63	9.85	8.31	93.20	40.99
景泰县	Jingtai	1.80	1.38	65.73	12.01	0.34	0.30	69.05	17.07
天水市	**Tianshui**	**27.42**	**25.42**	**33.43**	**87.86**	**10.96**	**10.26**	**21.57**	**84.23**
秦州区	Qinzhou	1.54	1.36	3.14	11.28	0.41	0.32	1.92	7.52
麦积区	Maiji	1.17	1.14	2.38	14.07	0.41	0.40	1.46	16.07
清水县	Qingshui	5.74	4.83	4.02	7.93	2.67	2.62	2.97	11.93
秦安县	Qinan	0.52	0.52	1.78	8.06	0.15	0.15	1.27	5.53
甘谷县	Gangu	2.29	2.25	2.82	30.24	0.39	0.36	1.39	22.08
武山县	Wushan	3.74	3.21	7.83	14.58	1.29	1.21	6.53	19.01
张家川县	Zhangjiachuan	12.42	12.11	11.46	1.70	5.65	5.20	6.03	2.09
武威市	**Wuwei**	**72.87**	**71.70**	**557.78**	**90.45**	**33.92**	**33.34**	**443.02**	**183.36**
凉州区	Liangzhou	44.56	44.41	140.13	65.80	22.03	22.02	97.95	120.90
民勤县	Minqin	2.83	2.53	136.10	7.96	1.98	1.62	117.43	21.14
古浪县	Gulang	7.98	7.95	200.07	14.71	3.16	3.15	174.18	34.86
天祝县	Tianzhu	17.51	16.82	81.47	1.99	6.74	6.54	53.46	6.45
张掖市	**Zhangye**	**72.49**	**67.48**	**350.86**	**50.88**	**31.93**	**31.11**	**330.51**	**85.29**

12-30 续表 1 continued

地、县	Region & County	大牲畜存栏（万头）Large animals Livestock (10 000heads)	#牛 Cattle	羊存栏数（万只）Sheep and Goats Livestock (10 000heads)	猪存栏数（万头）Sheep and Goats Livestock (10 000heads)	大牲畜出栏（万头）Slaughtered Fattened Large Animals (10 000heads)	#牛 Cattle	羊出栏数（万只）Slaughtered Fattened Sheep and Goats (10 000heads)	猪出栏数（万头）Slaughtered Fattened Hogs (10 000heads)
甘州区	Ganzhou	27.05	26.12	87.75	14.35	11.35	11.17	92.57	25.35
肃南县	Sunan	8.27	7.68	66.27	0.13	3.32	3.20	54.63	0.17
民乐县	Minle	7.47	7.34	45.11	14.92	1.93	1.83	39.60	24.54
临泽县	Linze	15.02	14.37	22.17	6.24	9.84	9.74	26.44	14.46
高台县	Gaotai	9.46	8.19	45.98	12.52	4.03	3.89	39.72	15.98
山丹县	Shandan	4.30	2.98	81.83	2.71	1.21	1.05	77.00	4.80
平凉市	**Pingliang**	**53.27**	**52.43**	**21.13**	**43.87**	**39.36**	**38.89**	**18.36**	**56.21**
崆峒区	Kongtong	10.81	10.80	6.05	5.55	11.77	11.77	5.37	8.18
泾川县	Jingchuan	2.81	2.81	3.24	8.02	2.23	2.23	2.02	9.20
灵台县	Lingtai	6.78	6.78	3.57	2.75	5.42	5.42	2.38	3.52
崇信县	Chongxin	5.74	5.74	3.14	3.52	5.51	5.51	2.97	5.49
庄浪县	Zhuanglang	10.35	9.85	1.67	12.16	4.05	3.77	1.25	12.67
静宁县	Jingning	11.12	10.84	1.34	9.09	5.39	5.21	0.79	11.96
华亭市	Huating	5.65	5.60	2.12	2.77	4.99	4.98	3.58	5.20
酒泉市	**Jiuquan**	**20.61**	**14.93**	**339.56**	**22.39**	**15.48**	**13.71**	**361.06**	**35.22**
肃州区	Suzhou	10.32	9.98	91.35	9.90	11.87	11.66	113.78	14.42
金塔县	Jinta	0.80	0.76	66.06	4.77	0.47	0.43	100.40	10.24
瓜州县	Guazhou	2.86	1.20	44.17	2.41	0.78	0.45	37.70	2.20
肃北县	Subei	2.96	1.42	22.05	0.17	1.21	0.71	14.96	0.26
阿克塞县	Akesai	0.68	0.17	12.82		0.21	0.04	12.41	
玉门市	Yumen	1.57	1.07	71.59	3.97	0.47	0.29	51.71	6.81
敦煌市	Dunhuang	1.42	0.34	31.51	1.17	0.47	0.14	30.10	1.29
庆阳市	**Qingyang**	**42.62**	**36.79**	**275.20**	**66.32**	**21.17**	**19.33**	**163.08**	**59.64**
西峰区	Xifeng	0.59	0.55	13.65	11.30	0.31	0.27	5.66	10.01
庆城县	Qingcheng	4.30	4.01	26.47	5.21	1.88	1.80	9.55	3.93
环　县	Huanxian	7.42	5.13	134.82	5.01	2.98	2.66	92.34	6.09
华池县	Huachi	2.00	1.65	20.64	3.36	0.85	0.76	6.04	3.19
合水县	Heshui	3.01	2.84	23.74	4.02	1.29	1.27	17.07	4.53
正宁县	Zhengning	1.92	1.91	1.65	8.29	0.74	0.74	1.11	6.03
宁　县	Ningxian	8.03	7.95	17.67	16.67	5.01	4.96	11.81	16.94
镇原县	Zhenyuan	15.34	12.74	36.55	12.45	8.11	6.86	19.50	8.92
定西市	**Dingxi**	**53.24**	**45.88**	**137.03**	**86.24**	**13.00**	**12.01**	**97.25**	**62.80**
安定区	Anding	9.33	7.91	40.14	15.91	2.32	2.25	30.00	8.60
通渭县	Tongwei	11.65	8.90	12.69	9.20	2.77	2.45	8.58	9.99

12-30 续表 2 continued

地、县	Region & County	大牲畜存栏（万头）Large animals Livestock (10 000heads)	#牛 Cattle	羊存栏数（万只）Sheep and Goats Livestock (10 000heads)	猪存栏数（万头）Sheep and Goats Livestock (10 000heads)	大牲畜出栏（万头）Slaughtered Fattened Large Animals (10 000heads)	#牛 Cattle	羊出栏数（万只）Slaughtered Fattened Sheep and Goats (10 000heads)	猪出栏数（万头）Slaughtered Fattened Hogs (10 000heads)
陇西县	Longxi	8.48	6.85	19.59	18.85	1.68	1.51	11.53	12.62
渭源县	Weiyuan	5.15	5.00	16.91	9.67	1.42	1.40	11.16	5.27
临洮县	Lintao	7.29	7.17	26.33	22.83	2.62	2.59	25.55	17.22
漳　县	Zhangxian	2.96	2.34	7.32	2.55	0.82	0.47	3.17	2.59
岷　县	Minxian	8.40	7.71	14.04	7.22	1.38	1.35	7.26	6.52
陇南市	**Longnan**	**22.25**	**13.62**	**23.58**	**56.10**	**6.33**	**4.92**	**16.94**	**70.86**
武都区	Wudu	4.71	3.08	3.83	11.01	1.10	0.94	3.11	12.82
成　县	Chengxian	0.44	0.44	0.71	6.38	0.15	0.15	0.36	7.76
文　县	Wenxian	2.06	1.16	4.29	5.48	0.61	0.39	2.12	5.64
宕昌县	Tanchang	4.33	3.15	4.94	4.34	1.18	0.87	3.15	5.10
康　县	Kangxian	0.44	0.41	1.17	3.59	0.24	0.23	0.96	3.95
西和县	Xihe	1.09	0.82	2.16	5.77	0.28	0.23	1.80	9.70
礼　县	Lixian	7.57	2.95	4.13	4.17	1.92	1.26	4.61	8.57
徽　县	Huixian	0.95	0.95	1.68	13.04	0.44	0.44	0.61	14.64
两当县	Liangdang	0.67	0.67	0.67	2.34	0.42	0.42	0.21	2.67
临夏州	**Linxia**	**41.55**	**38.52**	**180.87**	**30.72**	**15.49**	**15.41**	**164.31**	**26.05**
临夏市	linxia	0.88	0.87	2.28	0.69	2.26	2.26	3.43	1.19
临夏县	linxia	9.16	9.11	23.22	9.46	1.72	1.70	12.26	8.27
康乐县	Kangle	7.51	7.32	14.39	1.83	2.97	2.96	7.63	1.92
永靖县	Yongjing	1.65	1.24	15.43	12.53	0.27	0.24	12.64	11.79
广河县	Guanghe	6.27	6.22	30.62		2.25	2.23	14.61	
和政县	Hezheng	3.73	3.70	10.26	0.84	2.07	2.07	5.65	0.83
东乡县	Dongxiang	7.58	5.36	62.56	0.06	1.94	1.94	98.26	0.19
积石山县	Jishishan	4.76	4.70	22.12	5.31	2.01	2.01	9.84	1.86
甘南州	**Gannan**	**121.52**	**116.73**	**122.02**	**17.94**	**61.83**	**61.83**	**140.05**	**23.62**
合作市	Hezuo	8.20	8.09	15.19	1.29	4.94	4.94	12.36	2.21
临潭县	Lintan	2.57	2.52	7.56	2.88	2.80	2.80	8.17	3.60
卓尼县	Zhuoni	13.82	13.64	15.74	2.12	8.65	8.65	16.00	3.16
舟曲县	Zhouqu	2.05	1.55	0.73	5.32	1.18	1.18	1.02	6.71
迭部县	Diebu	6.80	6.48	0.49	4.61	4.65	4.65	2.66	5.88
玛曲县	Maqu	51.39	48.89	25.77		20.48	20.48	22.89	
碌曲县	Luqu	21.24	20.71	21.35	0.38	8.57	8.57	23.38	0.49
夏河县	Xiahe	15.44	14.86	35.19	1.34	10.56	10.56	53.56	1.55

12-31 各地、县畜产品产量（2021）
Output of Livestock Products by Region & County (2021)

单位：吨 (ton)

地、县	Region & County	肉类 Output of Meat	#猪肉 Pork	#牛肉 Beef	#羊肉 Mutton	奶类 Milk	绵羊毛 Sheep Wool	山羊毛 Goat Wool	禽蛋 Poultry Eggs	水产品 Aquatic Products
兰州市	**Lanzhou**	**52311**	**39956**	**1337**	**7578**	**90557**	**1102**	**90**	**18287**	**617**
城关区	Chengguan	75	43	7	18	505	3		29	
七里河区	Qilihe	2051	1608	131	165	22607	32	1	1020	
西固区	Xigu	2218	1407	29	204	3655	23		2320	
安宁区	Anning	30	6	2	11	244	3		16	
红古区	Honggu	2319	1659	117	344	20333	68	1	1025	50
永登县	Yongdeng	18894	14450	451	3163	17392	623	17	5064	455
皋兰县	Gaolan	4395	3133	25	1003	5012	117	3	1190	4
榆中县	Yuzhong	13770	9999	538	2089	7509	147	21	6266	108
兰州新区	Lanzhou New Area	8559	7652	38	581	13300	87	45	1357	
嘉峪关市	**Jiayuguan**	**5020**	**3475**	**442**	**888**	**10055**	**129**	**1**	**1097**	
金昌市	**Jinchang**	**15924**	**4245**	**2102**	**8985**	**59744**	**1342**	**66**	**2117**	**395**
金川区	Jinchuan	4201	1527	627	1808	41512	362	10	966	
永昌县	Yongchang	11724	2718	1475	7177	18232	981	57	1152	395
白银市	**Baiyin**	**137947**	**82645**	**9982**	**38011**	**37315**	**3064**	**246**	**19111**	**1452**
白银区	Baiyin	9404	7125	163	1258	13611	136	11	2388	215
平川区	Pingchuan	11330	8732	141	1886	5657	201	22	1938	118
靖远县	Jingyuan	34086	22782	204	9070	7090	578	64	8147	917
会宁县	Huining	58041	31067	9145	14819	6013	1320	56	3541	
景泰县	Jingtai	25086	12939	330	10979	4944	828	93	3097	202
天水市	**Tianshui**	**85416**	**63846**	**11285**	**3430**	**5508**	**290**	**63**	**18709**	**1433**
秦州区	Qinzhou	7629	5698	350	306	285	39	8	2721	252
麦积区	Maiji	14172	12183	445	233	328	1	7	4808	281
清水县	Qingshui	12983	9043	2880	472	1712	8	7	1976	150
秦安县	Qinan	5246	4190	160	201	1051	20	3	2552	5
甘谷县	Gangu	18673	16738	397	221	608	34	6	3137	173
武山县	Wushan	17521	14409	1332	1038	1067	125	17	2675	522
张家川县	Zhangjiachuan	9191	1584	5721	959	457	63	16	841	50
武威市	**Wuwei**	**273432**	**158842**	**36672**	**70440**	**94339**	**9599**	**46**	**31070**	**45**
凉州区	Liangzhou	154466	111500	24225	15574	68670	2526	1	14343	45
民勤县	Minqin	38739	16027	1780	18671	872	2103	19	7987	
古浪县	Gulang	59044	26422	3468	27694	21548	2982	8	5902	
天祝县	Tianzhu	21183	4893	7199	8500	3249	1988	18	2838	
张掖市	**Zhangye**	**158396**	**64655**	**34218**	**52551**	**181046**	**7380**	**144**	**11293**	**2191**

12-31 续表 1 continued

单位：吨 (ton)

地、县	Region & County	肉类 Output of Meat	#猪肉 Pork	#牛肉 Beef	#羊肉 Mutton	奶类 Milk	绵羊毛 Sheep Wool	山羊毛 Goat Wool	禽蛋 Poultry Eggs	水产品 Aquatic Products
甘州区	Ganzhou	49645	19212	12284	14719	113730	2171	27	6251	745
肃南县	Sunan	12516	128	3520	8685	12988	1967	11	61	
民乐县	Minle	27912	18602	2012	6296	17023	848	20	1756	
临泽县	Linze	26520	10962	10715	4204	24067	360	3	1107	650
高台县	Gaotai	23655	12114	4282	6316	9417	841	24	1415	762
山丹县	Shandan	17788	3637	1152	12243	2688	1159	59	703	34
平凉市	**Pingliang**	**93231**	**42608**	**42779**	**2920**	**21289**	**96**	**46**	**10807**	**1067**
崆峒区	Kongtong	20895	6197	12918	854	2647	54	8	1793	302
泾川县	Jingchuan	10864	6975	2450	321	6876		13	2469	372
灵台县	Lingtai	9284	2666	6043	378	3396	9	9	419	246
崇信县	Chongxin	10845	4159	6045	472	1502	21	7	520	10
庄浪县	Zhuanglang	15185	9604	4133	199	2999		2	3106	69
静宁县	Jingning	15754	9066	5721	126	3069	5	2	1736	
华亭市	Huating	10405	3942	5469	570	801	7	5	764	68
酒泉市	**Jiuquan**	**110743**	**26700**	**15081**	**57409**	**20312**	**6278**	**189**	**11218**	**2190**
肃州区	Suzhou	48729	10933	12822	18090	10884	2264	28	7853	1235
金塔县	Jinta	25736	7762	472	15964	922	1276	11	1484	334
瓜州县	Guazhou	8803	1669	498	5995	992	802	19	450	197
肃北县	Subei	4160	194	778	2378	1199	173	62	41	
阿克塞县	Akesai	2283		39	1974	1059	168	8	16	
玉门市	Yumen	14429	5162	322	8223	3109	1032	53	811	227
敦煌市	Dunhuang	6601	980	150	4785	2146	563	8	564	197
庆阳市	**Qingyang**	**130792**	**45207**	**21208**	**25930**	**16238**	**468**	**646**	**34633**	**585**
西峰区	Xifeng	9047	7590	292	900	616	213	21	1363	105
庆城县	Qingcheng	6813	2976	1979	1519	180		66	653	55
环 县	Huanxian	22715	4615	2921	14682	9106		263	2018	52
华池县	Huachi	4523	2421	839	960	1074		56	1003	62
合水县	Heshui	7724	3431	1398	2714	1441	25	98	1215	83
正宁县	Zhengning	5734	4571	812	176	395	11	6	883	21
宁 县	Ningxian	20688	12841	5443	1877	2286	89	44	3024	96
镇原县	Zhenyuan	53549	6764	7524	3101	1141	129	92	24474	111
定西市	**Dingxi**	**83139**	**47605**	**13211**	**15463**	**14980**	**518**	**80**	**20632**	**920**
安定区	Anding	15388	6519	2473	4770	1515	226	12	4964	23
通渭县	Tongwei	12423	7572	2691	1364	3583	91	8	1868	13

12-31 续表 2 continued

单位：吨 (ton)

地、县	Region & County	肉类 Output of Meat	#猪肉 Pork	#牛肉 Beef	#羊肉 Mutton	奶类 Milk	绵羊毛 Sheep Wool	山羊毛 Goat Wool	禽蛋 Poultry Eggs	水产品 Aquatic Products
陇西县	Longxi	13865	9566	1660	1833	1217	1	10	3032	104
渭源县	Weiyuan	8636	3995	1539	1774	2164	49	5	6026	154
临洮县	Lintao	21336	13054	2854	4063	5062	147	7	3378	292
漳　县	Zhangxian	3659	1960	515	505	122		22	830	251
岷　县	Minxian	7832	4938	1480	1155	1317	5	16	535	83
陇南市	**Longnan**	**69267**	**53711**	**5408**	**2694**	**519**	**6**	**71**	**18362**	**1407**
武都区	Wudu	12026	9717	1034	495	189	4	12	1553	175
成　县	Chengxian	7078	5881	162	57	95		3	2526	110
文　县	Wenxian	5450	4278	426	338	3		21	948	695
宕昌县	Tanchang	6709	3869	952	501	191		13	2404	32
康　县	Kangxian	3633	2994	253	153			5	1461	32
西和县	Xihe	8174	7353	253	286			1	2148	59
礼　县	Lixian	9716	6498	1390	734	5		6	3648	60
徽　县	Huixian	12691	11097	480	98	11	3	8	2458	178
两当县	Liangdang	3789	2025	457	34	25		3	1216	67
临夏州	**Linxia**	**66317**	**19744**	**16951**	**26125**	**44787**	**3066**	**131**	**9562**	**1855**
临夏市	linxia	4042	904	2491	545	2450	43		104	157
临夏县	linxia	11434	6269	1874	1949	24742	464	20	3243	92
康乐县	Kangle	6363	1452	3252	1213	429	328	6	1352	17
永靖县	Yongjing	11742	8939	262	2009	4079	258	29	1456	1413
广河县	Guanghe	5077		2454	2323	5265	631	7	884	
和政县	Hezheng	3919	630	2278	898	3898	187	7	576	60
东乡县	Dongxiang	18250	140	2134	15623	314	863	34	944	76
积石山县	Jishishan	5490	1410	2207	1565	3609	291	28	1004	40
甘南州	**Gannan**	**107135**	**17901**	**65783**	**22284**	**78700**	**1277**	**4**	**1819**	**48**
合作市	Hezuo	8897	1676	5253	1967	4220	147	2	2	
临潭县	Lintan	7165	2729	2976	1299	6259	119		215	
卓尼县	Zhuoni	14205	2397	9202	2546	6036	174		313	48
舟曲县	Zhouqu	7411	5089	1260	163	300	6	1	1137	
迭部县	Diebu	9876	4457	4950	424	5230	7		152	
玛曲县	Maqu	25433		21791	3642	29155	258			
碌曲县	Luqu	13211	375	9115	3721	19700	213			
夏河县	Xiahe	20937	1178	11237	8522	7800	352		1	

12-32 受灾面积和成灾面积
Areas Covered and Affected by Natural Disaster

单位：千公顷 (1 000 hectares)

年 份 Year	受灾面积 Areas Covered	成灾面积 Areas Affected	成灾面积占受灾面积比重(%) Percentage of Disaster Areas Affected to Areas Covered (%)	水灾 Flood		旱灾 Drought	
				受灾面积 Areas Covered	成灾面积 Areas Affected	受灾面积 Areas Covered	成灾面积 Areas Affected
2000	2004.12	1572.91	78.48	55.77	41.82	1622.33	1303.93
2001	1575.59	1180.72	74.94	33.53	24.53	1089.83	833.13
2002	1270.29	913.25	71.89	50.61	35.68	636.83	483.13
2003	1176.41	813.87	69.18	229.70	169.51	562.63	383.31
2004	1243.84	866.83	69.69	80.08	42.44	378.59	286.02
2005	1137.95	739.98	65.03	101.30	76.76	607.03	380.82
2006	1422.13	1061.68	74.65	73.91	48.95	875.49	662.81
2007	1436.16	1040.57	72.46	110.55	77.95	975.71	700.30
2008	1238.71	871.81	70.38	35.05	20.23	731.83	520.05
2009	1299.83	981.59	75.52	38.51	23.23	1008.87	792.49
2010	1167.48	877.71	75.18	101.79	74.66	601.85	499.85
2011	1209.77	881.60	72.87	55.24	37.83	893.77	656.66
2012	676.43	490.05	72.45	98.41	63.54	211.83	144.15
2013	977.64	593.59	60.72	151.93	110.55	551.76	297.37
2014	695.34	389.48	56.01	25.67	14.80	242.03	108.38
2015	664.38	416.59	62.70	33.21	24.23	316.81	181.58
2016	844.51	499.69	59.17	34.38	26.15	605.69	350.13
2017	494.23	278.08	56.27	26.91	17.83	304.04	158.87
2018	535.26	350.51	65.48	134.84	90.66	57.19	36.82
2019	161.44	99.21	61.45	32.65	22.44	23.02	6.60
2020	331.52	209.40	63.16	61.58	43.41	15.77	9.88
2021	480.83	300.84	62.57	11.32	6.09	340.94	230.82

12-33 各市（州）受灾面积和成灾面积（2021）
Areas Covered and Affected by Natural Disaster by Region(2021)

单位：千公顷 (1 000 hectares)

市（州）	Region	受灾面积 Areas Covered	成灾面积 Areas Affected	成灾面积占受灾面积比重(%) Percentage of Disaster Areas Affected to Areas Covered (%)	水灾 Flood		旱灾 Drought	
					受灾面积 Areas Covered	成灾面积 Areas Affected	受灾面积 Areas Covered	成灾面积 Areas Affected
兰州市	Lanzhou	27.68	18.80	67.93			14.47	13.59
嘉峪关市	Jiayuguan	0.99	0.95	96.56				
金昌市	Jinchang	0.95	0.81	85.34	0.31	0.27	0.21	0.11
白银市	Baiyin	79.14	54.85	69.30	0.17	0.08	65.46	46.20
天水市	Tianshui	17.03	8.81	51.71	1.40	1.08	2.90	1.43
武威市	Wuwei	21.84	19.27	88.26	0.06	0.04	18.24	16.19
张掖市	Zhangye	4.20	3.76	89.69			3.06	3.02
平凉市	Pingliang	50.04	21.92	43.80	1.12	1.02	20.42	7.01
酒泉市	Jiuquan	0.76	0.35	46.32	0.04	0.04	0.70	0.31
庆阳市	Qingyang	168.30	125.54	74.59	5.13	1.65	154.08	120.48
定西市	Dingxi	59.17	16.55	27.97			47.90	12.49
陇南市	Longnan	6.82	5.30	77.71	1.77	1.09	0.51	0.36
临夏州	Linxia	11.45	7.93	69.29	0.04	0.01	10.06	7.42
甘南州	Gannan	4.27	3.31	77.39	0.53	0.21	0.32	0.21

主要统计指标解释

乡村户数 指长期（一年以上）居住在乡镇（不包括城关镇）行政管理区域内的住户，还包括居住在城关镇所辖行政村范围内的农村住户。户口不在本地而在本地居住一年及以上的住户，也包括在本地农村住户内；有本地户口，但举家外出谋生一年以上的住户，无论是否保留承包耕地都不包括在本地农村住户范围内。不包括乡村地区内的国有经济机关、团体、学校、企业、事业单位的集体户。

乡村人口 指乡村地区常住居民户数中的常住人口数，即经常在家或在家居住 6 个月以上，而且经济和生活与本户连成一体的人口。外出从业人员在外居住时间虽然在 6 个月以上，但收入主要带回家中，经济与本户连为一体，仍视为家庭常住人口；在家居住，生活和本户连成一体的国家职工、退休人员也为家庭常住人口。但是现役军人、中专及以上（走读生除外）的在校学生以及常年在外（不包括探亲、看病等）且已有稳定的职业与居住场所的外出从业人员，不应当作家庭常住人口。

农林牧渔业总产值 指以货币表现的农、林、牧、渔业全部产品和对农林牧渔业生产活动进行的各种支持性服务活动的价值总量，它反映一定时期内农林牧渔业生产总规模和总成果。1957 年以前的农林牧渔业总产值中包括了厩肥和农民自给性手工业（如农民自制衣服、鞋、袜，自己从事粮食初步加工等）。1958 年及以后，林业中增加了村及村以下竹木采伐产值；牧业中取消了厩肥产值；副业中取消了农民自给性手工业产值，增加了村及村以下办的工业产值；渔业中增加了海洋捕捞水产品产值。1980 年及以后，在副业中增加了农民家庭兼营工业商品部分的产值。从 1984 年起村及村以下工业产值划归工业。从 1993 年起取消副业，将野生动物的捕猎划入牧业，野生植物采集和农民家庭兼营商品性工业划归农业。从 2003 年起，执行新的国民经济行业分类标准，农林牧渔业总产值中包括了农林牧渔服务业产值。林业中增加了森林采运业产值。农业中取消了家庭兼营商品性工业产值，将野生林产品的采集划归林业。

农林牧渔业总产值的计算方法通常是按农、林、牧、渔业产品及其副产品的产量分别乘以各自单位产品价格求得；少数生产周期较长，当年没有产品或产品产量不易统计的，则采用间接方法匡算其产值；然后将四业产品产值及农林牧渔服务业产值相加即为农林牧渔业总产值。

粮食产量 指农业生产经营者日历年度内生产的全部粮食数量。按收获季节包括夏收粮食、早稻和秋收粮食，按作物品种包括谷物、薯类和豆类。其产量计算方法：谷物按脱粒后的原粮计算，豆类按去豆荚后的干豆计算；薯类（包括甘薯和马铃薯，不包括芋头和木薯）1963 年以前按每 4 公斤鲜薯折 1 公斤粮食计算，从 1964 年开始改为按 5 公斤鲜薯折 1 公斤粮食计算；城市郊区作为蔬菜的薯类（如马铃薯等）按鲜品计算，并且不作粮食统计。

棉花产量 指全社会的产量。包括春播棉和夏播棉；产量按皮棉计算；不包括木棉。

油料产量 指全部油料作物的生产量。包括花生、油菜籽、芝麻、向日葵籽、胡麻籽（亚麻籽）和其他油料。不包括大豆、木本油料和野生油料。花生以带壳干花生计算。

猪、牛、羊肉产量 指当年出栏并已屠宰、除去头蹄下水后带骨肉（即胴体重）的重量。包括全社会范围内的产量。2008 年以前为全面统计，2008 年以来，省一级建立了主要畜禽监测调查制度，省一级猪、牛、羊、禽等主要畜禽数据均以抽样调查数为法定数据，省级以下的为全面数据。

期初（末）畜禽存栏头（只）数 指报告期初（末）农村各种合作经济组织和国营农场、农民个人、机关、团体、学校、工矿企业、部队等单位，以及城镇居民饲养的大牲畜、猪、羊、家禽等畜禽的数量。数据上报方式及数据调整情况同猪、牛、羊肉产量。

农作物播种面积 指农业生产经营者应在日历年度内收获农作物在全部土地（耕地或非耕地）上的播种或移植面积。凡是本年内收获的农作物，无论是本年还是上年播种，都算为播种面积，但不包括本年播种，下年收获的农作物面积。

有效灌溉面积 指具有一定的水源，地块比较平整，灌溉工程或设备已经配套，在一般年景下能够进行正常灌溉的耕地面积。在一般情况下，有效灌溉面积应等于灌溉工程或设备已经配套，能够进行正常灌溉的水田和水浇地面积之和。它是反映我国农田水利建设的重要指标。

农用化肥施用量 指本年度内实际用于农业生产的化肥数量，包括氮肥、磷肥、钾肥和复合肥。化肥施用量要求按折纯量计算数量。折纯量是指把氮肥、磷肥、钾肥分别按含氮、含五氧化二磷、含氧化钾的百分比成份进行折算后的数量。复合肥按其所含主要成分折算。公式为：

折纯量 = 实物量 × 某种化肥有效成分含量的百分比

农业机械总动力 指全部农业机械动力的额定功率之和。农业机械是指用于种植业、畜牧业、渔业、农产品初加工、农用运输和农田基本建设等活动的机械及设备。农机总动力按使用能源不同分为以下四部分：

柴油发动机动力：指全部柴油发动机额定功率之和；

汽油发动机动力：指全部汽油发动机额定功率之和；

电动机动力：指全部电动机（含潜水电泵的电动机）额定功率之和；

其他机械动力：指采用柴油、汽油、电力之外的其他能源，如水力、风力、煤炭、太阳能等动力机械功率之和。这个指标的统计数据主要来源于农机部门。

13

工 业

Industry

简要说明

一、本篇资料主要内容

本篇反映工业经济方面的基本情况。主要包括规模以上工业企业主要经济指标、构成资料；主要工业产品产量、规模以上工业主要产品生产能力资料；国有及国有控股工业企业情况；支柱产业情况。

二、本篇资料的统计范围

本篇资料中规模以上工业企业的统计范围：2010 年为年主营业务收入 500 万元及以上的工业法人单位，从 2011 年开始，为年主营业务收入 2000 万元及以上的工业法人单位。

三、本篇资料来源

本篇资料由省统计局工业交通处根据工业统计年报中有关资料整理。2019、2018 年规模以上工业企业主要指标数据与上年数据之间存在不可比因素，其主要原因是：（一）根据统计制度，每年定期对规模以上工业企业调查范围进行调整。每年有部分企业达到规模标准纳入调查范围，也有部分企业因规模变小而退出调查范围，还有新建投产企业、破产、注（吊）销企业等变化。（二）加强统计执法，对统计执法检查中发现的不符合规模以上工业统计要求的企业进行了清理，对相关基数依规进行了修正。（三）加强数据质量管理，剔除跨地区、跨行业重复统计数据。根据国家统计局最新开展的企业组织结构调查情况，对企业集团（公司）跨地区、跨行业重复计算进行了剔重。（四）“营改增”政策实施后，服务业企业改交增值税且税率较低，工业企业逐步将内部非工业生产经营活动剥离，转向服务业，使工业企业财务数据有所减小。

13-1 规模以上工业企业工业增加值增长速度及比重

Growth Rate and Proportion of Value-added Industry of Industrial Enterprises above Designated Size

单位：% (%)

项 目	Item	2020		2021	
		比上年增长 Growth over the Previous Year	占总量比重 Proportion of Total	比上年增长 Growth over the Previous Year	占总量比重 Proportion of Total
工业增加值	**Value-added of Industry**	**6.50**	**100.00**	**8.90**	**100.00**
#国有及国有控股	State-owned and State-holding Enterprises	5.92	77.73	7.46	78.14
按登记注册类型分	**By Status of Registration**				
国有企业	State-owned Enterprises	13.49	19.36	7.86	23.12
集体企业	Collective-owned Enterprises	-14.80	0.12	-7.20	0.08
股份合作企业	Cooperative Enterprises				
股份制企业	Share-holding Corporations	4.69	78.06	8.98	73.95
外商及港澳台商投资企业	Enterprises with Funds from Foreign, Hong Kong ,Macao and Taiwan	4.03	2.30	10.98	2.57
其他企业	Other Enterprises	75.61	0.16	43.06	0.27
按企业规模分	**Grouped by Size of Enterprises**				
大型企业	Large Enterprises	3.46	65.17	6.74	65.28
中型企业	Medium-size Enterprises	13.25	13.83	11.47	13.64
小型企业	Small Enterprises	10.78	18.03	13.87	18.49
微型企业	Micro Enterprises	33.98	2.97	11.15	2.58
按轻重工业分	**Grouped by Light and Heavy Industries**				
轻工业	Light Industry	3.13	15.25	10.42	13.64
重工业	Heavy Industry	7.08	84.75	8.58	86.36
按工业门类分	**Grouped by Industries**				
采矿业	Mining	3.34	18.54	9.29	21.07
制造业	Manufacturing	6.01	62.60	7.53	62.11
电力、热力、燃气及水生产和供应业	Production and Supply of Electricity, Heat, Gas and Water	12.52	18.86	12.72	16.82
#私营企业	Private Industrial Enterprises	14.80	8.40	16.20	10.70
#战略性新兴产业	Strategic and Emerging Industries	14.89	10.94	18.84	10.43
#高技术产业	High-tech Industry	21.99	5.66	38.15	6.14
#装备制造业	Equipment Manufacturing Industry	21.97	6.34	15.80	6.20

注：1. 工业增加值中含长庆油田甘肃部分。
2. 工业增加值增长速度按可比价计算。

a) The value-added of industry included the data of PCOC Gansu Part.
b) Growth rate of value-added of industrial was calculated by comparable prices.

13-2 规模以上工业企业主要经济指标（2021）

单位：万元

类 别	Item	企业单位数（个）Number of Enterprises (unit)	#亏损企业 Loss-making Enterprises
甘肃省	**Gansu**	**2262**	**662**
按登记注册类型分	**By Status of Registration**		
内资	Domestic Funded Enterprises	2218	651
国有企业	State-owned Enterprises	106	37
集体企业	Collective-owned Enterprises	10	4
股份合作企业	Cooperative Enterprises	3	1
联营企业	Joint Ownership Enterprises	1	
有限责任公司	Limited Liability Corporations	889	252
股份有限公司	Stock-holding Corporations Limited	105	28
私营企业	Private Enterprises	1104	329
其他企业	Other Enterprises		
港澳台商投资企业	Enterprises with Funds from Hong Kong ,Macao and Taiwan	20	6
外商投资企业	Foreign Funded Enterprises	24	5
按轻重工业分	**Grouped by Light and Heavy Industries**		
轻工业	Light Industry	600	186
重工业	Heavy Industry	1662	476
按企业规模分	**Grouped by Size of Enterprises**		
大型企业	Large Enterprises	59	13
中型企业	Medium-sized Enterprises	191	66
小型企业	Small Enterprises	1652	484
微型企业	Micro Enterprises	360	99
按工业门类分	**Grouped by Industries**		
采矿业	Mining	182	47
制造业	Manufacturing	1653	493
电力、热力、燃气及水生产和供应业	Production and Supply of Electricity, Heat, Gas and Water	427	122
按行业分	**Grouped by Sector**		
煤炭开采和洗选业	Mining and Washing of Coal	54	12
石油和天然气开采业	Extraction of Petroleum and Natural Gas	2	1
黑色金属矿采选业	Mining and Processing of Ferrous Metal Ores	23	8
有色金属矿采选业	Mining and Processing of Non-Ferrous Metal Ores	29	8
非金属矿采选业	Mining and Processing of Non-metal Ores	51	17
开采辅助活动	Support Activities for Mining	23	1
其他采矿业	Mining of Other Ores		
农副食品加工业	Processing of Food from Agricultural Products	235	74
食品制造业	Manufacture of Foods	59	23
酒、饮料和精茶制造业	Manufacture of Liquor, Beverages and Refined Tea	51	17
烟草制品业	Manufacture of Tobacco	2	
纺织业	Manufacture of Textile	11	3
纺织服装、服饰业	Manufacture of Textile, Wearing Apparel and Accessories	10	
皮革、毛皮、羽毛（绒）及其制品和制鞋业	Manufacture of Leather, Fur, Feather and Related Products and Footwear	8	3

Main Economic Indicators of Industrial Enterprises above Designated Size (2021)

(10 000 yuan)

资产总计 Total Assets	流动资产合计 Total Current Assets	#存货 Inventories	#产成品 Finished Product	负债合计 Total Liabilities	所有者权益 Owners' Equity
140525699	**52546656**	**11984998**	**3247095**	**83035570**	**57288612**
136574989	50850787	11807124	3197898	80783712	55589761
24524302	4656857	1239733	142568	12977471	11546830
84771	46865	9670	2502	56382	28389
239011	46846	12638	5508	85560	153451
1180					1180
57673701	21976927	4421359	1418219	38536241	18935797
37910848	15010495	3884630	616400	18927721	18983125
16141177	9112798	2239094	1012701	10200337	5940990
2595329	1027418	46611	17035	1453576	1141752
1355381	668451	131263	32163	798282	557099
13951772	7905124	2437821	871364	6633345	7318586
126573928	44641532	9547178	2375731	76402226	49970026
69054278	22192314	6314780	893369	36667537	32386741
21865538	9443317	2289492	682039	14820416	7045120
38594107	17005846	3176423	1543743	24378208	14216117
11011776	3905180	204303	127944	7169409	3640634
19309455	4200641	332564	184640	9231016	10078437
83524549	38664665	11266526	3038994	47721246	35803520
37691695	9681351	385908	23461	26083308	11406655
7811366	2774896	150834	83923	4562236	3249130
8256331	409500	30222	21357	2664460	5591872
1009903	300595	36661	16909	643552	366351
1252016	285415	64501	24096	711737	540278
739080	259896	39674	33384	486077	253002
240760	170340	10673	4970	162956	77804
3393252	1987438	642472	337989	1891585	1501831
1326598	632226	159989	59109	738866	587731
1488456	825010	355000	106756	657716	830738
1374827	1036723	553369	24406	353740	1021087
140218	89289	26894	16155	64136	76082
54276	43193	6094	3427	25244	29032
185730	146641	14732	6114	86185	99545

13-2 续表 1

单位：万元

类 别	Item	企业单位数（个）Number of Enterprises (unit)	#亏损企业 Loss-making Enterprises
木材加工及木、竹、藤、棕、草制品业	Processing of Timber, Manufacture of Wood, Bamboo, Rattan, Palm and Straw Products	5	1
家具制造业	Manufacture of Furniture		
造纸及纸制品业	Manufacture of Paper and Paper Products	13	6
印刷业和记录媒介复制业	Printing and Reproduction of Recording Media	14	6
文教、工美、体育和娱乐用品制造业	Manufacture of Articles for Culture, Education, Arts and Crafts, Sport and Entertainment Activities	2	1
石油、煤炭及其他燃料加工业	Petroleum, Coal and Other Fuel Processing Industries	28	10
化学原料及化学制品制造业	Manufacture of Raw Chemical Materials and Chemical Products	162	53
医药制造业	Manufacture of Medicines	107	18
化学纤维制造业	Manufacture of Chemical Fibers	6	5
橡胶和塑料制品业	Manufacture of Rubber and Plastics Products	59	19
非金属矿物制品业	Manufacture of Non-metallic Mineral Products	463	126
黑色金属冶炼及压延加工业	Smelting and Pressing of Ferrous Metals	40	12
有色金属冶炼及压延加工业	Smelting and Pressing of Non-ferrous Metals	65	20
金属制品业	Manufacture of Metal Products	109	37
通用设备制造业	Manufacture of General Purpose Machinery	35	10
专用设备制造业	Manufacture of Special Purpose Machinery	52	13
汽车制造业	Manufacture of Automobiles	5	2
铁路、船舶、航空航天和其他运输设备制造业	Manufacture of Railway, Ship, Aerospace and Other Transport Equipments	3	
电气机械及器材制造业	Manufacture of Electrical Machinery and Apparatus	66	18
计算机、通讯和其他电子设备制造业	Manufacture of Computers,Communication and Other Electronic Equipment	17	9
仪器仪表制造业	Manufacture of Measuring Instruments and Machinery	7	3
其他制造业	Other Manufacture	3	
废弃资源综合利用业	Utilization of Waste Resources	13	3
金属制品、机械和设备修理业	Repair Service of Metal Products, Machinery and Equipment	3	1
电力、热力生产和供应业	Production and Supply of Electric Power and Heat Power	369	101
燃气生产和供应业	Production and Supply of Gas	36	9
水生产和供应业	Production and Supply of Water	22	12

continued

(10000 yuan)

资产总计 Total Assets	流动资产合计 Total Current Assets	#存货 Inventories	#产成品 Finished Product	负债合计 Total Liabilities	所有者权益 Owners' Equity
33680	16060	9760	6243	27311	6369
136850	62802	29610	16705	80190	56660
111364	50065	14770	3741	105257	6107
6167	2566	1943	607	1378	4789
4609917	1384840	570549	170325	2829380	1780537
4101444	1851432	538578	222712	2323359	1778082
3989957	2225429	483536	217474	1575793	2414162
246547	33385	7759	3327	238983	7564
1171885	614938	93022	49162	625771	546113
8767507	5209521	839693	332092	4848422	3919150
6089613	2250450	896207	149568	3939635	2149977
22904205	10308227	3557681	530691	12318015	10586190
1938786	1190742	264063	82718	1409821	528964
2442583	1340192	323709	129709	1354985	1087597
3439448	2488627	679470	211338	2406050	1033397
334704	183775	59020	39595	263530	71175
425098	334911	72177	9913	220613	204485
1636108	1117747	256586	149944	1021146	614961
5801864	2102753	475262	130855	2212327	3589537
303868	61840	7275	883	118697	185171
6458257	845860	237392	8911	5538678	919579
238989	124367	61485	16048	159259	79730
372351	103620	28432	2479	285173	87177
35323568	8913000	363235	11684	24558008	10563829
869825	363632	18523	10844	630106	239720
1498302	404719	4150	933	895195	603106

13-2 续表 2

单位：万元

类 别	Item	营业收入 Business Revenue	营业成本 Business Cost
甘肃省	**Gansu**	**100436255**	**84598613**
按登记注册类型分	**By Status of Registration**		
内资	Domestic Funded Enterprises	97598649	82085452
国有企业	State-owned Enterprises	17146148	14506666
集体企业	Collective-owned Enterprises	44324	32012
股份合作企业	Cooperative Enterprises	28507	27244
联营企业	Joint Ownership Enterprises		
有限责任公司	Limited Liability Corporations	30065225	24147955
股份有限公司	Stock-holding Corporations Limited	37768230	32370594
私营企业	Private Enterprises	12546216	11000981
其他企业	Other Enterprises		
港澳台商投资企业	Enterprises with Funds from Hong Kong ,Macao and Taiwan	1901585	1727711
外商投资企业	Foreign Funded Enterprises	936021	785451
按轻重工业分	**Grouped by Light and Heavy Industries**		
轻工业	Light Industry	9097740	6140633
重工业	Heavy Industry	91338515	78457980
按企业规模分	**Grouped by Size of Enterprises**		
大型企业	Large Enterprises	62667085	52280880
中型企业	Medium-sized Enterprises	16820507	15026966
小型企业	Small Enterprises	18661271	15563445
微型企业	Micro Enterprises	2287391	1727323
按工业门类分	**Grouped by Industries**		
采矿业	Mining	7853058	5314000
制造业	Manufacturing	79727096	67707701
电力、热力、燃气及水生产和供应业	Production and Supply of Electricity, Heat, Gas and Water	12856102	11576912
按行业分	**Grouped by Sector**		
煤炭开采和洗选业	Mining and Washing of Coal	3522622	2480441
石油和天然气开采业	Extraction of Petroleum and Natural Gas	3105686	1984389
黑色金属矿采选业	Mining and Processing of Ferrous Metal Ores	378229	299189
有色金属矿采选业	Mining and Processing of Non-Ferrous Metal Ores	448765	239457
非金属矿采选业	Mining and Processing of Non-metal Ores	202746	141863
开采辅助活动	Support Activities for Mining	195010	168661
其他采矿业	Mining of Other Ores		
农副食品加工业	Processing of Food from Agricultural Products	2647134	2381227
食品制造业	Manufacture of Foods	842565	685004
酒、饮料和精茶制造业	Manufacture of Liquor, Beverages and Refined Tea	939688	616576
烟草制品业	Manufacture of Tobacco	1623964	435866
纺织业	Manufacture of Textile	93554	83857
纺织服装、服饰业	Manufacture of Textile, Wearing Apparel and Accessories	41834	25417
皮革、毛皮、羽毛(绒)及其制品和制鞋业	Manufacture of Leather, Fur, Feather and Related Products and Footwear	64759	58208

continued

(10 000 yuan)

税金及附加 Taxes and Extra Charges	销售费用 Selling Expenses	管理费用 Administrative Expenses	财务费用 Financial Expenses	营业利润 Business Profits	利润总额 Total Profits	亏损企业亏损额 Loss of Loss-making Enterprises	平均用工人数（人） Annual Average Employees (person)
3787396	**1315472**	**2617403**	**1681370**	**5682932**	**5453255**	**1530425**	**485647**
3764506	1238328	2556046	1630426	5635366	5407632	1389347	475264
857034	50188	376610	256007	1123091	979052	288980	78376
784	2279	5794	885	2630	3586	805	1115
461	540	1155	1463			4270	492
1200501	427584	1031718	797526	2187392	2162814	647805	177839
1636108	413965	727990	377440	1989691	1891853	224549	128561
69619	343771	412779	197105	335896	374416	222939	88881
9265	7502	30667	33385	87978	89689	12886	4113
13625	69643	30690	17559			128191	6270
1047782	463822	376041	96382	906826	929621	168144	72435
2739614	851651	2241362	1584989	4776106	4523635	1362281	413212
3494823	497930	1341938	590332	4233123	3912528	391019	246141
130454	315495	443833	308461	314596	315203	627213	95517
136876	465197	751353	540900	978655	1065301	416334	133993
25243	36850	80279	241677	156557	160224	95859	9996
325101	84711	413324	192340	1475116	1251421	182503	79435
3379779	1189241	1878434	742586	4176537	4120041	671224	322467
82516	41520	325645	746445	31279	81793	676697	83745
87124	48283	183234	86040	623219	572818	45081	52613
205555	1671	119852	54834	725449	556136	99034	12622
11819	7444	18867	14752	20824	19123	2157	3271
14118	1130	54672	24964	102414	99554	17264	5479
5348	24593	25203	9359			18931	2942
1138	1590	11497	2391	9707	9665	36	2508
5344	74271	73910	36569	64665	79279	27309	18291
3707	43813	32388	18444	49734	50737	15048	8636
66567	114457	53080	2854	98837	97078	10261	10481
947269	22510	69260	740	86713	87700		2672
549	3115	5966	785			2728	2303
373	727	11083	35	4170	3524		1590
1100	1353	1954	1490	406	830	1414	1422

13-2 续表 3

单位：万元

类别	Item	营业收入 Business Revenue	营业成本 Business Cost
木材加工及木、竹、藤、棕、草制品业	Processing of Timber, Manufacture of Wood, Bamboo, Rattan, Palm and Straw Products	22470	20762
家具制造业	Manufacture of Furniture		
造纸及纸制品业	Manufacture of Paper and Paper Products	148209	144510
印刷业和记录媒介复制业	Printing and Reproduction of Recording Media	60231	50983
文教、工美、体育和娱乐用品制造业	Manufacture of Articles for Culture, Education, Arts and Crafts, Sport and Entertainment Activities	4301	3640
石油、煤炭及其他燃料加工业	Petroleum, Coal and Other Fuel Processing Industries	9852261	6917652
化学原料及化学制品制造业	Manufacture of Raw Chemical Materials and Chemical Products	3422839	2916100
医药制造业	Manufacture of Medicines	1809652	922059
化学纤维制造业	Manufacture of Chemical Fibers	37087	42102
橡胶和塑料制品业	Manufacture of Rubber and Plastics Products	656291	592211
非金属矿物制品业	Manufacture of Non-metallic Mineral Products	5071156	4189091
黑色金属冶炼及压延加工业	Smelting and Pressing of Ferrous Metals	7138930	6339832
有色金属冶炼及压延加工业	Smelting and Pressing of Non-ferrous Metals	36495156	33794759
金属制品业	Manufacture of Metal Products	1433998	1332468
通用设备制造业	Manufacture of General Purpose Machinery	733755	621386
专用设备制造业	Manufacture of Special Purpose Machinery	1389930	1188912
汽车制造业	Manufacture of Automobiles	70042	56059
铁路、船舶、航空航天和其他运输设备制造业	Manufacture of Railway, Ship, Aerospace and Other Transport Equipments	164359	113714
电气机械及器材制造业	Manufacture of Electrical Machinery and Apparatus	1427173	1288054
计算机、通讯和其他电子设备制造业	Manufacture of Computers,Communication and Other Electronic Equipment	2295740	1864681
仪器仪表制造业	Manufacture of Measuring Instruments and Machinery	22042	17293
其他制造业	Other Manufacture	930772	754876
废弃资源综合利用业	Utilization of Waste Resources	157319	134767
金属制品、机械和设备修理业	Repair Service of Metal Products, Machinery and Equipment	129885	115636
电力、热力生产和供应业	Production and Supply of Electric Power and Heat Power	11820688	10684761
燃气生产和供应业	Production and Supply of Gas	869181	759925
水生产和供应业	Production and Supply of Water	166233	132227

continued

(10 000 yuan)

税金及附加 Taxes and Extra Charges	销售费用 Selling Expenses	管理费用 Administrative Expenses	财务费用 Financial Expenses	营业利润 Business Profits	利润总额 Total Profits	亏损企业亏损额 Loss of Loss-making Enterprises	平均用工人数（人） Annual Average Employees (person)
86	472	779	525	-197	-98	337	485
1453	1463	2281	3014	-5127	-86	1375	1435
525	1191	6793	1712	-780	-615	1710	1966
132	121	230	81	98	110	56	58
2028992	67916	303722	54991	370792	287841	163596	27110
17271	67814	156578	35888	142212	145316	62160	23939
15804	171331	82311	11575	620092	623262	71630	14564
461	617	2545	4875	-13653	-13621	14080	908
3149	19296	24619	6132	11128	16612	4881	4893
41063	150668	266447	53909	331618	331133	70063	42443
31429	195165	124074	64438	285624	267557	7214	25219
166353	105701	269609	311181	1708257	1697533	61200	57751
6806	11536	44909	16208	-11243	-11431	48623	10201
7739	31671	53067	26826	-31069	-10309	44174	10128
8235	24500	53842	36557	39980	41538	22820	14103
545	1830	3709	6782	-427	-238	2058	1007
229	1071	15825	4166	16837	16749		2655
7169	51571	45494	9144	2454	3092	28660	11513
9100	17450	79193	23665	260738	260226	4034	13809
266	500	3673	3271	-3607	-3135	3554	487
5302	6	71504	4113	144343	144114		9274
1003	4493	8327	1742	5075	5524	2182	1234
1758	2612	11264	876	357	834	60	1890
76539	7880	270536	742473	-16839	25845	666743	73988
2705	29032	29100	-4651	55540	55812	3096	3987
3273	4608	26009	8622	-7422	136	6857	5770

13-3 按行业分国有及国有控股企业主要经济指标（2021）

单位：万元

类 别	Item	企业单位数（个）Number of Enterprises (unit)	#亏损企业 Loss-making Enterprises
甘肃省	**Gansu**	**624**	**184**
煤炭开采及洗选业	Mining and Washing of Coal	20	3
石油和天然气开采业	Extraction of Petroleum and Natural Gas	2	1
黑色金属矿采选业	Mining and Processing of Ferrous Metal Ores	3	1
有色金属矿采选业	Mining and Processing of Non-Ferrous Metal Ores	13	2
非金属矿采选业	Mining and Processing of Non-metal Ores	8	4
开采辅助活动	Support Activities for Mining	2	
其他采矿业	Mining of Other Ores		
农副食品加工业	Processing of Food from Agricultural Products	18	7
食品制造业	Manufacture of Foods	5	3
酒、饮料和精茶制造业	Manufacture of Liquor, Beverages and Refined Tea	9	3
烟草制品业	Manufacture of Tobacco	2	
纺织业	Manufacture of Textile	2	
纺织服装、服饰业	Manufacture of Textile, Wearing Apparel and Accessories	4	
皮革、毛皮、羽毛（绒）及其制品和制鞋业	Manufacture of Leather, Fur, Feather and Related Products and Footwear	2	2
木材加工及木.竹、藤、棕、草制品业	Processing of Timber, Manufacture of Wood, Bamboo, Rattan, Palm and Straw Products	1	1
家具制造业	Manufacture of Furniture		
造纸及纸制品业	Manufacture of Paper and Paper Products		
印刷业和记录媒介复制业	Printing and Reproduction of Recording Media	5	3
文教、工美、体育和娱乐用品制造业	Manufacture of Articles for Culture, Education, Arts and Crafts, Sport and Entertainment Activities		
石油、煤炭及其他燃料加工业	Petroleum, Coal and Other Fuel Processing Industries	9	4
化学原料及化学制品制造业	Manufacture of Raw Chemical Materials and Chemical Products	30	11
医药制造业	Manufacture of Medicines	16	3
化学纤维制造业	Manufacture of Chemical Fibers	3	3
橡胶和塑料制品业	Manufacture of Rubber and Plastics Products	6	2
非金属矿物制品业	Manufacture of Non-metallic Mineral Products	66	11
黑色金属冶炼和压延加工业	Smelting and Pressing of Ferrous Metals	8	2
有色金属冶炼和压延加工业	Smelting and Pressing of Non-ferrous Metals	25	9
金属制品业	Manufacture of Metal Products	24	9
通用设备制造业	Manufacture of General Purpose Machinery	13	5
专用设备制造业	Manufacture of Special Purpose Machinery	18	6
汽车制造业	Manufacture of Automobiles	1	1
铁路、船舶、航空航天和其他运输设备制造业	Manufacture of Railway, Ship, Aerospace and Other Transport Equipments	2	
电气机械及器材制造业	Manufacture of Electrical Machinery and Apparatus	19	7
计算机、通讯和其他电子设备制造业	Manufacture of Computers,Communication and Other Electronic Equipment	3	1
仪器仪表制造业	Manufacture of Measuring Instruments and Machinery	2	1
其他制造业	Other Manufacture	2	
废弃资源综合利用业	Utilization of Waste Resources	2	
金属制品、机械和设备修理业	Repair Service of Metal Products, Machinery and Equipment	2	
电力、热力生产和供应业	Production and Supply of Electric Power and Heat Power	245	65
燃气生产和供应业	Production and Supply of Gas	13	3
水生产和供应业	Production and Supply of Water	19	11

Main Indicators of State-owned and State-holding Industrial Enterprises by Industrial Sector (2021)

(10000 yuan)

资产总计 Total Assets	流动资产合计 Total Current Assets	#存货 Inventories	#产成品 Finished Product	负债合计 Total Liabilities	所有者权益 Owners' Equity
100730403	**32944158**	**7775745**	**1488092**	**60326854**	**40201814**
6768958	2417971	103467	54552	3710428	3058530
8256331	409500	30222	21357	2664460	5591872
414549	62090	1790	553	294457	120092
445315	93958	36522	11783	317483	127831
411146	74529	4971	4080	275407	135738
73395	52424	2293		53176	20218
344798	214317	73592	32598	248327	96471
355485	137899	32254	9813	158879	196605
297146	149905	55170	37328	223883	73262
1374827	1036723	553369	24406	353740	1021087
87791	48726	15108	8174	26044	61747
37981	30604	3179	2572	17916	20065
146268	123130	4861	1054	68360	77908
5456	2243	1767	409	3719	1738
30552	11322	2205	159	42988	-12436
3653144	894510	417877	116601	2055326	1597817
1914013	815026	165205	77184	933142	980871
2361960	1229709	222518	90391	484116	1877843
233175	28638	5770	2269	233302	-128
234711	77844	21386	10326	145975	88736
2793468	1224944	219213	115221	1412622	1380845
5283066	1707714	706073	92895	3447212	1835854
20336258	8982961	3278758	412394	10763323	9572934
1267604	729353	164088	44926	955228	312376
1131458	673264	201229	74005	784345	347113
2554448	1863175	448781	74300	1958024	596423
112410	67540	20622	12522	99771	12639
421748	332306	70429	8692	219184	202564
844699	526743	147529	84678	481923	362776
584266	390529	115156	26777	376517	207749
9640	7568	3232	360	7389	2251
6401591	838272	233523	7098	5505511	896079
119494	67464	30183	12985	66159	53335
370136	101701	28425	2479	284014	86122
29118219	6885238	344226	8150	20368885	8547604
539837	259227	6671	4113	437468	102370
1395062	375094	4083	888	848151	546911

13-3 续表

单位：万元

类 别	Item	营业收入 Business Revenue	营业成本 Business Cost
甘肃省	**Gansu**	**76770272**	**64610282**
煤炭开采及洗选业	Mining and Washing of Coal	2782356	1890653
石油和天然气开采业	Extraction of Petroleum and Natural Gas	3105686	1984389
黑色金属矿采选业	Mining and Processing of Ferrous Metal Ores	178152	137860
有色金属矿采选业	Mining and Processing of Non-Ferrous Metal Ores	221245	140664
非金属矿采选业	Mining and Processing of Non-metal Ores	52142	37784
开采辅助活动	Support Activities for Mining	60341	51471
其他采矿业	Mining of Other Ores		
农副食品加工业	Processing of Food from Agricultural Products	241309	209291
食品制造业	Manufacture of Foods	136521	108617
酒、饮料和精茶制造业	Manufacture of Liquor, Beverages and Refined Tea	210544	159945
烟草制品业	Manufacture of Tobacco	1623964	435866
纺织业	Manufacture of Textile	36016	28433
纺织服装、服饰业	Manufacture of Textile, Wearing Apparel and Accessories	22872	9504
皮革、毛皮、羽毛(绒)及其制品和制鞋业	Manufacture of Leather, Fur, Feather and Related Products and Footwear	8572	8204
木材加工及木.竹、藤、棕、草制品业	Processing of Timber, Manufacture of Wood, Bamboo, Rattan, Palm and Straw Products	2131	2228
家具制造业	Manufacture of Furniture		
造纸及纸制品业	Manufacture of Paper and Paper Products		
印刷业和记录媒介复制业	Printing and Reproduction of Recording Media	26812	21737
文教、工美、体育和娱乐用品制造业	Manufacture of Articles for Culture, Education, Arts and Crafts, Sport and Entertainment Activities		
石油、煤炭及其他燃料加工业	Petroleum, Coal and Other Fuel Processing Industries	9032710	6173894
化学原料及化学制品制造业	Manufacture of Raw Chemical Materials and Chemical Products	1659695	1460719
医药制造业	Manufacture of Medicines	1053033	390675
化学纤维制造业	Manufacture of Chemical Fibers	23256	28951
橡胶和塑料制品业	Manufacture of Rubber and Plastics Products	331018	308408
非金属矿物制品业	Manufacture of Non-metallic Mineral Products	1836094	1451868
黑色金属冶炼和压延加工业	Smelting and Pressing of Ferrous Metals	5365272	4746296
有色金属冶炼和压延加工业	Smelting and Pressing of Non-ferrous Metals	32413986	29973904
金属制品业	Manufacture of Metal Products	794820	732901
通用设备制造业	Manufacture of General Purpose Machinery	323720	272624
专用设备制造业	Manufacture of Special Purpose Machinery	998984	872722
汽车制造业	Manufacture of Automobiles	13930	9584
铁路、船舶、航空航天和其他运输设备制造业	Manufacture of Railway, Ship, Aerospace and Other Transport Equipments	162349	111988
电气机械及器材制造业	Manufacture of Electrical Machinery and Apparatus	533269	487758
计算机、通讯和其他电子设备制造业	Manufacture of Computers,Communication and Other Electronic Equipment	616045	579483
仪器仪表制造业	Manufacture of Measuring Instruments and Machinery	2997	2527
其他制造业	Other Manufacture	904468	734626
废弃资源综合利用业	Utilization of Waste Resources	111706	97483
金属制品、机械和设备修理业	Repair Service of Metal Products, Machinery and Equipment	127016	113266
电力、热力生产和供应业	Production and Supply of Electric Power and Heat Power	11007228	10174630
燃气生产和供应业	Production and Supply of Gas	598695	537505
水生产和供应业	Production and Supply of Water	151320	121826

continued

(10 000 yuan)

税金及附加 Taxes and Extra Charges	销售费用 Selling Expenses	管理费用 Administrative Expenses	财务费用 Financial Expenses	营业利润 Business Profits	利润总额 Total Profits	亏损企业亏损额 Loss of Loss-making Enterprises	平均用工人数（人） Annual Average Employees (person)
3589411	**649941**	**1763490**	**1247513**	**4436870**	**4170132**	**1108963**	**318841**
78196	30000	159607	53055	570972	522395	31327	47585
205555	1671	119852	54834	725449	556136	99034	12622
9458		6346	9347	12433	12461	14	1619
5841	683	27079	10576	28951	28663	5839	2825
2382	3448	6901	5902	-5463	-5578	7471	1098
157	204	1008	656	6821	6810		125
783	11089	11738	3431	-2555	1199	2822	1459
782	9406	6581	2640	7107	5995	1304	1419
7341	31832	7148	2759	13676	14139	3815	2110
947269	22510	69260	740	86713	87700		2672
408	2486	3684	-44	269	692		987
328	76	10156	-105	2983	1935		857
297	462	1085	107	-1384	-1299	1299	618
1	117	170	79	-337	-337	337	118
346	751	4427	1029	-1219	-1178	1428	1251
2020123	41118	290857	37832	380155	304799	127692	24281
8073	37504	76848	14772	7592	10242	42749	10124
10434	97534	35553	-5390	602712	602883	12074	5614
445	345	1948	4660	-13533	-13487	13487	450
1365	8546	5178	1916	2477	1146	1200	1391
19439	21261	107019	16277	205590	197736	15891	12133
25182	162279	91185	57719	189674	169990	6132	17532
147584	82722	229705	290190	1570083	1565686	29822	49497
4254	3899	22101	6999	-8394	-10725	33313	5125
3796	11448	21635	13416	-9730	2244	8513	5707
6107	13206	35630	33199	14733	14803	10438	8548
203	671	873	4227	-1397	-1466	1466	249
227	1001	15668	4161	16787	16660		2607
3310	17166	26933	5744	-6755	-9461	14137	6611
1045	1819	6800	1752	6523	5549	2587	2459
21	169	916	15	-710	-219	244	109
5206	1	70938	3939	142778	142203		9194
594	1770	3575	1161	6279	6349		707
1720	2612	10677	879	479	894		1740
66125	6052	233804	609571	-137428	-97769	626819	69232
2001	19480	15846	-8171	34123	34139	1374	2532
3018	4608	24762	7639	-9585	-1797	6336	5634

13-4 按行业分大中型企业主要经济指标（2021）

单位：万元

类 别	Item	企业单位数（个）Number of Enterprises (unit)	#亏损企业 Loss-making Enterprises
甘肃省	**Gansu**	**250**	**79**
煤炭开采及洗选业	Mining and Washing of Coal	21	4
石油和天然气开采业	Extraction of Petroleum and Natural Gas	2	1
黑色金属矿采选业	Mining and Processing of Ferrous Metal Ores	3	
有色金属矿采选业	Mining and Processing of Non-Ferrous Metal Ores	4	
非金属矿采选业	Mining and Processing of Non-metal Ores	2	2
开采辅助活动	Support Activities for Mining		
其他采矿业	Mining of Other Ores		
农副食品加工业	Processing of Food from Agricultural Products	12	3
食品制造业	Manufacture of Foods	6	1
酒、饮料和精茶制造业	Manufacture of Liquor, Beverages and Refined Tea	9	1
烟草制品业	Manufacture of Tobacco	2	
纺织业	Manufacture of Textile	2	1
纺织服装、服饰业	Manufacture of Textile, Wearing Apparel and Accessories	1	
皮革、毛皮、羽毛（绒）及其制品和制鞋业	Manufacture of Leather, Fur, Feather and Related Products and Footwear	1	1
木材加工及木.竹、藤、棕、草制品业	Processing of Timber, Manufacture of Wood, Bamboo, Rattan, Palm and Straw Products		
家具制造业	Manufacture of Furniture		
造纸及纸制品业	Manufacture of Paper and Paper Products	1	
印刷业和记录媒介复制业	Printing and Reproduction of Recording Media	2	2
文教、工美、体育和娱乐用品制造业	Manufacture of Articles for Culture, Education, Arts and Crafts, Sport and Entertainment Activities		
石油、煤炭及其他燃料加工业	Petroleum, Coal and Other Fuel Processing Industries	6	3
化学原料及化学制品制造业	Manufacture of Raw Chemical Materials and Chemical Products	18	6
医药制造业	Manufacture of Medicines	12	1
化学纤维制造业	Manufacture of Chemical Fibers	1	1
橡胶和塑料制品业	Manufacture of Rubber and Plastics Products	2	1
非金属矿物制品业	Manufacture of Non-metallic Mineral Products	20	5
黑色金属冶炼和压延加工业	Smelting and Pressing of Ferrous Metals	7	1
有色金属冶炼和压延加工业	Smelting and Pressing of Non-ferrous Metals	26	7
金属制品业	Manufacture of Metal Products	8	4
通用设备制造业	Manufacture of General Purpose Machinery	13	5
专用设备制造业	Manufacture of Special Purpose Machinery	13	3
汽车制造业	Manufacture of Automobiles	1	
铁路、船舶、航空航天和其他运输设备制造业	Manufacture of Railway, Ship, Aerospace and Other Transport Equipments	2	
电气机械及器材制造业	Manufacture of Electrical Machinery and Apparatus	9	5
计算机、通讯和其他电子设备制造业	Manufacture of Computers,Communication and Other Electronic Equipment	6	1
仪器仪表制造业	Manufacture of Measuring Instruments and Machinery		
其他制造业	Other Manufacture	2	
废弃资源综合利用业	Utilization of Waste Resources	1	
金属制品、机械和设备修理业	Repair Service of Metal Products, Machinery and Equipment	1	
电力、热力生产和供应业	Production and Supply of Electric Power and Heat Power	28	17
燃气生产和供应业	Production and Supply of Gas	1	
水生产和供应业	Production and Supply of Water	5	3

Main Economic Indicators of Large and Medium-sized Industrial Enterprises by Industrial Sector (2021)

(10000 yuan)

资产总计 Total Assets	流动资产合计 Total Current Assets	# 存货 Inventories	# 产成品 Finished Product	负债合计 Total Liabilities	所有者权益 Owners' Equity
90919816	**31635630**	**8604272**	**1575408**	**51487953**	**39431861**
6181622	2398332	102009	51333	3798787	2382834
8256331	409500	30222	21357	2664460	5591872
229242	22874	5383	5263	168186	61055
595235	77293	16385	4826	348615	246620
53863	4303	177	29	53608	255
1003588	555067	187801	65506	501407	502181
593964	262354	41589	9497	279818	314146
858483	515304	236289	49402	243486	614997
1374827	1036723	553369	24406	353740	1021087
84308	46427	15609	8418	25595	58713
6965	4478	9		2918	4047
139599	116899	2701	1054	60023	79576
36469	19661	10356	7314	24104	12365
14325	7680	1404	36	14001	323
3631205	949042	375684	95111	2107702	1523503
1857342	918563	246518	69390	1089238	768104
1709632	826444	177864	71075	516561	1193071
210665	25946	4777	2252	221159	-10494
157782	39317	5640	3114	97891	59891
3248398	1652566	333437	107600	1247932	2000467
5759032	2016520	809319	99702	3678303	2080729
21619836	9611462	3358698	428765	11306338	10313497
701725	329839	123431	28711	509512	192214
2038306	1059474	284121	116232	1137069	901236
2591848	1892397	477375	87399	1961830	630018
17140	13554	6328	3518	11232	5909
421748	332306	70429	8692	219184	202564
887353	559083	151947	101216	485656	401696
5583275	1924571	415045	87998	2057487	3525788
6401591	838272	233523	7098	5505511	896079
61820	19147	3693	3548	42417	19402
353866	94207	26679	1577	274078	79788
13415687	2695758	289696		9937341	3478346
351773	166511	4486	3924	309689	42084
470974	193758	2282	47	233075	237899

13-4 续表

单位：万元

类 别	Item	营业收入 Business Revenue	营业成本 Business Cost
甘肃省	**Gansu**	**79487592**	**67307846**
煤炭开采及洗选业	Mining and Washing of Coal	2820423	1903651
石油和天然气开采业	Extraction of Petroleum and Natural Gas	3105686	1984389
黑色金属矿采选业	Mining and Processing of Ferrous Metal Ores	148234	118739
有色金属矿采选业	Mining and Processing of Non-Ferrous Metal Ores	200747	91703
非金属矿采选业	Mining and Processing of Non-metal Ores	22341	14975
开采辅助活动	Support Activities for Mining		
其他采矿业	Mining of Other Ores		
农副食品加工业	Processing of Food from Agricultural Products	673722	603170
食品制造业	Manufacture of Foods	474203	376820
酒、饮料和精茶制造业	Manufacture of Liquor, Beverages and Refined Tea	691696	429536
烟草制品业	Manufacture of Tobacco	1623964	435866
纺织业	Manufacture of Textile	47964	41677
纺织服装、服饰业	Manufacture of Textile, Wearing Apparel and Accessories	5747	1717
皮革、毛皮、羽毛（绒）及其制品和制鞋业	Manufacture of Leather, Fur, Feather and Related Products and Footwear	4787	4574
木材加工及木.竹、藤、棕、草制品业	Processing of Timber, Manufacture of Wood, Bamboo, Rattan, Palm and Straw Products		
家具制造业	Manufacture of Furniture		
造纸及纸制品业	Manufacture of Paper and Paper Products	51992	52177
印刷业和记录媒介复制业	Printing and Reproduction of Recording Media	16502	13542
文教、工美、体育和娱乐用品制造业	Manufacture of Articles for Culture, Education, Arts and Crafts, Sport and Entertainment Activities		
石油、煤炭及其他燃料加工业	Petroleum, Coal and Other Fuel Processing Industries	9240612	6355245
化学原料及化学制品制造业	Manufacture of Raw Chemical Materials and Chemical Products	1839931	1561103
医药制造业	Manufacture of Medicines	772198	343540
化学纤维制造业	Manufacture of Chemical Fibers	16272	21384
橡胶和塑料制品业	Manufacture of Rubber and Plastics Products	297839	281308
非金属矿物制品业	Manufacture of Non-metallic Mineral Products	1520582	1193377
黑色金属冶炼和压延加工业	Smelting and Pressing of Ferrous Metals	6539468	5814732
有色金属冶炼和压延加工业	Smelting and Pressing of Non-ferrous Metals	33956369	31340444
金属制品业	Manufacture of Metal Products	384335	354575
通用设备制造业	Manufacture of General Purpose Machinery	461763	363596
专用设备制造业	Manufacture of Special Purpose Machinery	992830	856736
汽车制造业	Manufacture of Automobiles	40996	36380
铁路、船舶、航空航天和其他运输设备制造业	Manufacture of Railway, Ship, Aerospace and Other Transport Equipments	162349	111988
电气机械及器材制造业	Manufacture of Electrical Machinery and Apparatus	779752	703554
计算机、通讯和其他电子设备制造业	Manufacture of Computers,Communication and Other Electronic Equipment	2211964	1785404
仪器仪表制造业	Manufacture of Measuring Instruments and Machinery		
其他制造业	Other Manufacture	904468	734626
废弃资源综合利用业	Utilization of Waste Resources	43121	31625
金属制品、机械和设备修理业	Repair Service of Metal Products, Machinery and Equipment	119442	107656
电力、热力生产和供应业	Production and Supply of Electric Power and Heat Power	8923785	8882405
燃气生产和供应业	Production and Supply of Gas	319970	294047
水生产和供应业	Production and Supply of Water	71539	61587

continued

(10 000 yuan)

税金及附加 Taxes and Extra Charges	销售费用 Selling Expenses	管理费用 Administrative Expenses	财务费用 Financial Expenses	营业利润 Business Profits	利润总额 Total Profits	亏损企业亏损额 Loss of Loss-making Enterprises	平均用工人数（人） Annual Average Employees (person)
3625277	**813425**	**1785771**	**898793**	**4547720**	**4227731**	**1018231**	**341658**
79733	27832	151191	49636	598579	549638	18896	49753
205555	1671	119852	54834	725449	556136	99034	12622
4134	1696	8190	4347	9024	8116		1864
5863	430	18971	16389	63581	60662		2482
1746		4122	1242	-874	-990	990	820
1068	19615	16456	4641	34003	34574	1664	6298
2098	25767	14590	5990	49123	47955	97	3459
54926	96192	36562	-3839	75386	73541	1355	6914
947269	22510	69260	740	86713	87700		2672
399	2199	3643	-44	-214	226	166	1374
89	1	2386	-6	1548	844		410
294	182	64	107	-236	-251	251	323
499	269	349	256	-1978	103		358
221	227	2773	264	-242	-246	246	821
2021529	58681	276150	40426	384207	299961	139501	25087
9827	37182	74774	17333	78930	78491	36663	11627
9523	91115	31342	-1685	384771	385463	1949	6305
384	140	1874	4663	-12626	-12591	12591	339
981	6837	3573	1524	1498	61	1020	1147
14515	27288	80575	4893	188071	180254	20866	12129
28785	183772	108147	61641	247488	227657	5158	21901
159806	86999	248600	290764	1709965	1697229	28803	53381
2302	3244	13869	4871	-17949	-20524	30269	3737
4874	27272	42316	25991	-23439	-10209	40923	6981
6222	14611	35781	34295	18236	19674	7938	9632
238	920	988	-45	1388	1402		496
227	1001	15668	4161	16787	16660		2607
3584	35881	23344	6590	-2345	-2761	13102	7090
8925	16074	76590	23312	262112	260631	2587	12889
5206	1	70938	3939	142778	142203		9194
319	1770	1909	1163	5490	5561		431
1699	2434	9069	884	560	726		1494
38883	3790	196275	248398	-481753	-467740	551850	60032
1349	15287	11115	-8026	9437	8945		1420
2205	537	14467	-856	-5749	-1368	2313	3569

13-5 私营工业企业主要财务指标（2021）

单位：万元

类 别	Item	企业单位数（个）Number of Enterprises (unit)	#亏损企业 Loss-making Enterprises
甘肃省	**Gansu**	**1104**	**329**
煤炭开采及洗选业	Mining and Washing of Coal	22	5
石油和天然气开采业	Extraction of Petroleum and Natural Gas		
黑色金属矿采选业	Mining and Processing of Ferrous Metal Ores	10	6
有色金属矿采选业	Mining and Processing of Non-Ferrous Metal Ores	9	3
非金属矿采选业	Mining and Processing of Non-metal Ores	27	8
开采辅助活动	Support Activities for Mining	20	1
其他采矿业	Mining of Other Ores		
农副食品加工业	Processing of Food from Agricultural Products	146	55
食品制造业	Manufacture of Foods	32	9
酒、饮料和精茶制造业	Manufacture of Liquor, Beverages and Refined Tea	13	4
烟草制品业	Manufacture of Tobacco		
纺织业	Manufacture of Textile	6	2
纺织服装、服饰业	Manufacture of Textile, Wearing Apparel and Accessories	5	
皮革、毛皮、羽毛(绒)及其制品和制鞋业	Manufacture of Leather, Fur, Feather and Related Products and Footwear	6	1
木材加工及木.竹、藤、棕、草制品业	Processing of Timber, Manufacture of Wood, Bamboo, Rattan, Palm and Straw Products	4	
家具制造业	Manufacture of Furniture		
造纸及纸制品业	Manufacture of Paper and Paper Products	9	4
印刷业和记录媒介复制业	Printing and Reproduction of Recording Media	8	2
文教、工美、体育和娱乐用品制造业	Manufacture of Articles for Culture, Education, Arts and Crafts, Sport and Entertainment Activities	1	1
石油、煤炭及其他燃料加工业	Petroleum, Coal and Other Fuel Processing Industries	13	4
化学原料及化学制品制造业	Manufacture of Raw Chemical Materials and Chemical Products	99	33
医药制造业	Manufacture of Medicines	66	8
化学纤维制造业	Manufacture of Chemical Fibers	2	1
橡胶和塑料制品业	Manufacture of Rubber and Plastics Products	40	13
非金属矿物制品业	Manufacture of Non-metallic Mineral Products	303	87
黑色金属冶炼和压延加工业	Smelting and Pressing of Ferrous Metals	20	7
有色金属冶炼和压延加工业	Smelting and Pressing of Non-ferrous Metals	26	7
金属制品业	Manufacture of Metal Products	67	20
通用设备制造业	Manufacture of General Purpose Machinery	12	2
专用设备制造业	Manufacture of Special Purpose Machinery	16	4
汽车制造业	Manufacture of Automobiles	2	
铁路、船舶、航空航天和其他运输设备制造业	Manufacture of Railway, Ship, Aerospace and Other Transport Equipments	1	
电气机械及器材制造业	Manufacture of Electrical Machinery and Apparatus	27	6
计算机、通讯和其他电子设备制造业	Manufacture of Computers,Communication and Other Electronic Equipment	7	5
仪器仪表制造业	Manufacture of Measuring Instruments and Machinery	2	1
其他制造业	Other Manufacture		
废弃资源综合利用业	Utilization of Waste Resources	9	2
金属制品、机械和设备修理业	Repair Service of Metal Products, Machinery and Equipment	1	1
电力、热力生产和供应业	Production and Supply of Electric Power and Heat Power	54	21
燃气生产和供应业	Production and Supply of Gas	16	5
水生产和供应业	Production and Supply of Water	3	1

Main Financial Indicators of Private Industrial Enterprises (2021)

(10000 yuan)

资产总计 Total Assets	流动资产合计 Total Current Assets	#存货 Inventories	#产成品 Finished Product	负债合计 Total Liabilities	所有者权益 Owners' Equity
16141177	**9112798**	**2239094**	**1012701**	**10200337**	**5940990**
274836	144910	33341	23410	189726	85110
109005	39997	3310	1832	87900	21104
213057	122274	20813	10173	105880	107176
207881	121902	21655	20731	131673	76208
158766	109928	7101	3692	106785	51981
1709869	937609	380453	199209	961820	748214
506944	290846	84803	31858	309086	197857
115925	49083	12358	5819	63875	52049
38812	28902	9417	5910	35176	3635
11127	7725	2120	816	3802	7325
39462	23511	9871	5060	17825	21637
28224	13816	7993	5834	23593	4632
124031	53363	27622	16215	72080	51951
65700	34127	10212	3377	53097	12603
3427	1123	840	95	1058	2369
479033	317781	128100	43049	389442	89590
1621115	757626	270859	104239	1033367	587747
1061654	639872	164148	90933	708330	353323
5506	2696	1132	932	1850	3656
327794	219946	55464	30803	154312	173482
3201663	2252129	372586	155716	2103460	1098198
458942	266090	145141	28958	250079	208862
833574	485995	186226	88334	583210	250364
442788	293089	74607	31145	299876	142911
152105	121399	8592	3113	100405	51700
257489	166459	32147	17779	90829	166660
191567	97696	31340	23528	149508	42059
3350	2605	1748	1221	1429	1921
549599	413554	59171	40281	354867	194731
159776	125150	25033	9806	101769	58006
15107	6679	1462	79	8074	7033
109115	55264	30525	3062	89252	19863
2215	1920	7		1160	1055
2378466	810263	12400	3318	1449725	928740
180016	67846	6431	2329	118976	61040
103239	29625	67	45	47044	56196

13-5 续表

单位：万元

类别	Item	营业收入 Business Revenue	营业成本 Business Cost
甘肃省	**Gansu**	**12546216**	**11000981**
煤炭开采及洗选业	Mining and Washing of Coal	434824	380761
石油和天然气开采业	Extraction of Petroleum and Natural Gas		
黑色金属矿采选业	Mining and Processing of Ferrous Metal Ores	88928	73497
有色金属矿采选业	Mining and Processing of Non-Ferrous Metal Ores	75637	41413
非金属矿采选业	Mining and Processing of Non-metal Ores	82036	56143
开采辅助活动	Support Activities for Mining	127681	111525
其他采矿业	Mining of Other Ores		
农副食品加工业	Processing of Food from Agricultural Products	1322754	1210035
食品制造业	Manufacture of Foods	328152	255091
酒、饮料和精茶制造业	Manufacture of Liquor, Beverages and Refined Tea	41473	32378
烟草制品业	Manufacture of Tobacco		
纺织业	Manufacture of Textile	50019	47651
纺织服装、服饰业	Manufacture of Textile, Wearing Apparel and Accessories	12785	11038
皮革、毛皮、羽毛(绒)及其制品和制鞋业	Manufacture of Leather, Fur, Feather and Related Products and Footwear	56187	50005
木材加工及木.竹、藤、棕、草制品业	Processing of Timber, Manufacture of Wood, Bamboo, Rattan, Palm and Straw Products	20339	18534
家具制造业	Manufacture of Furniture		
造纸及纸制品业	Manufacture of Paper and Paper Products	138866	136144
印刷业和记录媒介复制业	Printing and Reproduction of Recording Media	26881	23262
文教、工美、体育和娱乐用品制造业	Manufacture of Articles for Culture, Education, Arts and Crafts, Sport and Entertainment Activities	260	209
石油、煤炭及其他燃料加工业	Petroleum, Coal and Other Fuel Processing Industries	671390	608781
化学原料及化学制品制造业	Manufacture of Raw Chemical Materials and Chemical Products	1071642	866731
医药制造业	Manufacture of Medicines	487054	372048
化学纤维制造业	Manufacture of Chemical Fibers	9987	9096
橡胶和塑料制品业	Manufacture of Rubber and Plastics Products	235864	204246
非金属矿物制品业	Manufacture of Non-metallic Mineral Products	2172852	1851796
黑色金属冶炼和压延加工业	Smelting and Pressing of Ferrous Metals	1135866	1045531
有色金属冶炼和压延加工业	Smelting and Pressing of Non-ferrous Metals	1942178	1854665
金属制品业	Manufacture of Metal Products	428666	401357
通用设备制造业	Manufacture of General Purpose Machinery	172054	169931
专用设备制造业	Manufacture of Special Purpose Machinery	118799	92742
汽车制造业	Manufacture of Automobiles	12623	7669
铁路、船舶、航空航天和其他运输设备制造业	Manufacture of Railway, Ship, Aerospace and Other Transport Equipments	2011	1726
电气机械及器材制造业	Manufacture of Electrical Machinery and Apparatus	674945	604813
计算机、通讯和其他电子设备制造业	Manufacture of Computers,Communication and Other Electronic Equipment	49276	45081
仪器仪表制造业	Manufacture of Measuring Instruments and Machinery	7415	7095
其他制造业	Other Manufacture		
废弃资源综合利用业	Utilization of Waste Resources	40566	33293
金属制品、机械和设备修理业	Repair Service of Metal Products, Machinery and Equipment	2869	2370
电力、热力生产和供应业	Production and Supply of Electric Power and Heat Power	339061	241393
燃气生产和供应业	Production and Supply of Gas	149364	122531
水生产和供应业	Production and Supply of Water	14914	10401

continued

(10 000 yuan)

税金及附加 Taxes and Extra Charges	销售费用 Selling Expenses	管理费用 Administrative Expenses	财务费用 Financial Expenses	营业利润 Business Profits	利润总额 Total Profits	亏损企业亏损额 Loss of Loss-making Enterprises	平均用工人数（人） Annual Average Employees (person)
69619	**343771**	**412779**	**197105**	**335896**	**374416**	**222939**	**88881**
3592	12937	11869	2996	10155	9387	4153	2365
791	3255	5109	1976	3373	2741	1028	625
2389	182	9796	2502	18626	16843	7262	1255
1767	14400	8860	1243	-817	-1107	5182	953
939	1386	9795	1733	2301	2250	36	2328
2663	26331	34131	24168	17899	24898	21728	10558
1784	16252	11923	8962	29049	31751	5667	4199
882	3154	2562	1670	514	614	888	666
78	446	1353	950	-459	-404	753	986
27	539	581	142	359	762		610
803	891	870	1382	1790	2129	115	804
85	355	610	446	140	239		367
1416	1366	1855	2784	-5212	-308	1241	1244
133	355	1743	695	629	584	261	532
14	8	60	37	-68	-56	56	30
7641	26555	8007	8999	3158	2201	2574	1173
5834	15803	58238	13420	85624	86261	15095	9125
2659	28014	27750	12692	-11950	-8886	55425	5455
14	113	326	81	357	342	117	163
991	7769	10393	3603	3294	3698	3516	2259
13845	90872	100488	32935	66487	71612	35591	19877
3128	20661	15401	5093	43597	45928	991	4343
5577	14571	16406	10115	33096	33021	6006	4246
1797	6827	16408	6317	-5951	-4525	13841	3869
1689	1804	3866	486	-6080	1825	59	1208
1023	4992	8394	1469	-1558	-1501	10431	2184
58	168	1476	2593	220	419		204
2	71	157	5	50	90		48
2505	29563	10392	2363	9317	12274	6847	2657
139	1295	2072	267	-942	17	687	479
18	7	365	44	-313	-339	433	99
342	2305	3864	427	-912	-535	1878	435
38		587	-3	-123	-60	60	150
4248	1627	18284	41549	30130	32513	20019	2288
457	8898	7544	1981	7953	7806	478	961
255		1248	984	2164	1933	521	136

13-6 按行业分规模以上工业企业主要经济效益指标（2021）

类 别	Branch	总资产贡献率 (%) Ratio of Profits,Taxes and Interests to Average Assets(%)			
		规模以上工业企业 Industrial Enterprises above Design-ated Size	国有及国有控股企业 State-owned and State-holding Enterprises	大中型企 业 Large & Medium-sized Industrial Enterprises	规模以上工业企业 Industrial Enterprises above Design-ated Size
甘肃省	**Gansu**	**9.19**	**10.61**	**11.61**	**59.09**
煤炭开采及洗选业	Mining and Washing of Coal	10.90	11.35	12.89	58.41
石油和天然气开采业	Extraction of Petroleum and Natural Gas	12.13	12.13	12.13	32.27
黑色金属矿采选业	Mining and Processing of Ferrous Metal Ores	6.37	10.16	10.23	63.72
有色金属矿采选业	Mining and Processing of Non-Ferrous Metal Ores	12.55	10.08	15.78	56.85
非金属矿采选业	Mining and Processing of Non-metal Ores	1.79	1.01	7.82	65.77
开采辅助活动	Support Activities for Mining	7.67	12.32		67.68
其他采矿业	Mining of Other Ores				
农副食品加工业	Processing of Food from Agricultural Products	3.34	1.87	3.94	55.75
食品制造业	Manufacture of Foods	6.04	2.84	10.49	55.70
酒、饮料和精茶制造业	Manufacture of Liquor, Beverages and Refined Tea	13.84	9.57	18.54	44.19
烟草制品业	Manufacture of Tobacco	87.00	87.00	87.00	25.73
纺织业	Manufacture of Textile	1.07	2.63	2.13	45.74
纺织服装、服饰业	Manufacture of Textile, Wearing Apparel and Accessories	11.54	11.27	21.96	46.51
皮革、毛皮、羽毛（绒）及其制品和制鞋业	Manufacture of Leather, Fur, Feather and Related Products and Footwear	1.96	-0.41	0.32	46.40
木材加工及木.竹、藤、棕、草制品业	Processing of Timber, Manufacture of Wood, Bamboo, Rattan, Palm and Straw Products	-0.37	-4.81		81.09
家具制造业	Manufacture of Furniture				
造纸及纸制品业	Manufacture of Paper and Paper Products	10.39		14.50	58.60
印刷业和记录媒介复制业	Printing and Reproduction of Recording Media	1.80	4.20	6.59	94.52
文教、工美、体育和娱乐用品制造业	Manufacture of Articles for Culture, Education, Arts and Crafts, Sport and Entertainment Activities	4.63			22.35
石油、煤炭及其他燃料加工业	Petroleum, Coal and Other Fuel Processing Industries	60.14	75.89	76.20	61.38
化学原料及化学制品制造业	Manufacture of Raw Chemical Materials and Chemical Products	5.83	2.72	7.07	56.65
医药制造业	Manufacture of Medicines	18.28	28.37	26.19	39.49
化学纤维制造业	Manufacture of Chemical Fibers	-2.48	-2.88	-3.58	96.93
橡胶和塑料制品业	Manufacture of Rubber and Plastics Products	3.40	2.98	3.06	53.40
非金属矿物制品业	Manufacture of Non-metallic Mineral Products	6.48	10.61	7.60	55.30
黑色金属冶炼和压延加工业	Smelting and Pressing of Ferrous Metals	8.12	6.67	7.60	64.69
有色金属冶炼和压延加工业	Smelting and Pressing of Non-ferrous Metals	11.30	11.65	11.64	53.78
金属制品业	Manufacture of Metal Products	1.54	1.17	-0.52	72.72
通用设备制造业	Manufacture of General Purpose Machinery	1.99	2.41	1.49	55.47
专用设备制造业	Manufacture of Special Purpose Machinery	3.23	2.86	3.07	69.95
汽车制造业	Manufacture of Automobiles	2.37	2.36	9.53	78.74
铁路、船舶、航空航天和其他运输设备制造业	Manufacture of Railway, Ship, Aerospace and Other Transport Equipments	4.99	5.00	5.00	51.90
电气机械及器材制造业	Manufacture of Electrical Machinery and Apparatus	2.35	0.66	1.85	62.41
计算机、通讯和其他电子设备制造业	Manufacture of Computers,Communication and Other Electronic Equipment	6.17	1.46	6.41	38.13
仪器仪表制造业	Manufacture of Measuring Instruments and Machinery	0.39	-1.46		39.06
其他制造业	Other Manufacture	2.83	2.80	2.80	85.76
废弃资源综合利用业	Utilization of Waste Resources	4.54	7.48	12.75	66.64
金属制品、机械和设备修理业	Repair Service of Metal Products, Machinery and Equipment	1.28	1.19	1.14	76.59
电力、热力生产和供应业	Production and Supply of Electric Power and Heat Power	2.44	2.28	-0.60	69.52
燃气生产和供应业	Production and Supply of Gas	7.32	6.82	2.13	72.44
水生产和供应业	Production and Supply of Water	1.10	0.93	0.60	59.75

Designated Size by Industrial Sector (2021)

资产负债率 (%) Ratio of Debts to Assets (%)		流动资产周转次数(次/年) Turnover of Current Assets (times/year)			工业成本费用利润率 (%) Ratio of Profits to Total Industrial Costs(%)			产品销售率 (%) Sales Ratio of Products (%)		
国有及国有控股企业 State-owned and State-holding Enterprises	大中型企业 Large & Medium-sized Industrial Enterprises	规模以上工业企业 Industrial Enterprises above Designated Size	国有及国有控股企业 State-owned and State-holding Enterprises	大中型企业 Large & Medium-sized Industrial Enterprises	规模以上工业企业 Industrial Enterprises above Designated Size	国有及国有控股企业 State-owned and State-holding Enterprises	大中型企业 Large & Medium-sized Industrial Enterprises	规模以上工业企业 Industrial Enterprises above Designated Size	国有及国有控股企业 State-owned and State-holding Enterprises	大中型企业 Large & Medium-sized Industrial Enterprises
59.89	**56.63**	**1.91**	**2.33**	**2.51**	**5.99**	**6.07**	**5.92**	**99.11**	**100.18**	**99.92**
54.82	61.45	1.27	1.15	1.18	20.28	24.22	25.52	98.25	97.92	98.25
32.27	32.27	7.58	7.58	7.58	25.58	25.58	25.58	100.08	100.08	100.08
71.03	73.37	1.26	2.87	6.48	5.53	7.97	6.01	93.55	98.14	100.00
71.29	58.57	1.57	2.35	2.60	30.42	15.80	46.03	93.96	102.45	101.31
66.99	99.53	0.78	0.70	5.19	-2.88	-10.12	-4.70	86.29	98.08	100.00
72.45		1.14	1.15		5.25	12.77		93.38	83.80	
72.02	49.96	1.33	1.13	1.21	3.06	0.50	5.33	97.22	108.57	97.61
44.69	47.11	1.33	0.99	1.81	6.42	4.63	11.31	96.60	86.28	95.39
75.34	28.36	1.14	1.40	1.34	12.19	6.97	13.03	85.39	85.70	84.72
25.73	25.73	1.57	1.57	1.57	16.45	16.45	16.45	101.47	101.47	101.47
29.67	30.36	1.05	0.74	1.03	-1.08	1.98	0.47	93.66	94.61	96.67
47.17	41.90	0.97	0.75	1.28	9.43	9.86	20.60	98.80	100.13	100.00
46.74	43.00	0.44	0.07	0.04	1.30	-12.91	-4.89	83.94	177.13	177.13
68.15		1.40	0.95		-0.43	-12.90		98.20		
	66.09	2.36		2.64	-0.06		0.19	94.20		88.98
140.70	97.74	1.20	2.37	2.15	-1.01	-4.22	-1.46	96.94	103.86	109.70
		1.68			2.70			94.21		
56.26	58.04	7.11	10.10	9.74	3.90	4.64	4.43	100.14	99.66	99.95
48.75	58.64	1.85	2.04	2.00	4.50	0.64	4.58	95.80	99.39	97.23
20.50	30.21	0.81	0.86	0.93	49.98	107.45	76.62	89.68	92.06	86.04
100.05	104.98	1.11	0.81	0.63	-27.10	-37.43	-44.66	99.13	98.76	100.79
62.19	62.04	1.07	4.25	7.58	2.55	0.35	0.02	98.06	100.38	99.33
50.57	38.42	0.97	1.50	0.92	7.06	12.32	13.70	98.29	97.81	98.09
65.25	63.87	3.17	3.14	3.24	3.93	3.31	3.65	103.23	104.66	104.23
52.93	52.30	3.54	3.61	3.53	4.91	5.10	5.29	100.85	101.11	101.13
75.36	72.61	1.20	1.09	1.17	-0.80	-1.36	-5.29	98.48	99.69	101.67
69.32	55.79	0.55	0.48	0.44	-1.38	0.68	-2.17	96.30	98.01	95.21
76.65	75.69	0.56	0.54	0.52	3.10	1.51	2.03	95.09	95.88	96.19
88.76	65.53	0.38	0.21	3.02	-0.34	-9.35	3.55	90.32	67.21	101.40
51.97	51.97	0.49	0.49	0.49	11.39	11.48	11.48	95.42		
57.05	54.73	1.28	1.01	1.39	0.22	-1.71	-0.35	94.26	96.21	98.34
64.44	36.85	1.09	1.58	1.15	12.51	0.91	13.06	96.95	97.46	98.04
76.65		0.36	0.40		-12.16	-5.89		98.35	102.86	
86.00	86.00	1.10	1.08	1.08	17.01	17.26	17.26	97.29		
55.37	68.61	1.26	1.66	2.25	3.64	6.03	14.76	97.92	101.04	89.51
76.73	77.45	1.25	1.25	1.27	0.62	0.68	0.59	100.00	100.00	100.00
69.95	74.07	1.33	1.60	3.31	0.22	-0.89	-5.01	99.85	99.86	99.86
81.04	88.04	2.39	2.31	1.92	6.86	6.05	2.86	99.51	99.46	99.27
60.80	49.49	0.41	0.40	0.37	0.08	-1.13	-1.80	92.31	91.43	93.38

13-7 主要工业产品产量
Output of Major Industrial Products

产品名称	Product Name	2010	2015	2019	2020	2021
原煤（万吨）	Coal (10 000 tons)	4547.20	4390.27	3663.08	3848.12	4151.06
原油（万吨）	Crude Petroleum Oil (10 000 tons)	382.14	820.09	903.55	968.74	1029.05
天然气（万立方米）	Natural Gas (10 000 cu.m)	10344	12108	15814	38982	41808
铁矿石原矿（万吨）	Iron Ore (10 000 tons)	991.62	1596.21	896.04	970.02	1034.33
小麦粉（万吨）	Wheatmeal (10 000 tons)	151.08	119.36	72.96	75.72	72.93
饮料、酒（万千升）	Drinks (10 000kl)	71.54	66.18	42.67	38.33	45.24
软饮料（万吨）	Soft Drinks (10 000 tons)	138.43	241.40	134.58	137.06	153.82
卷烟（万箱）	Cigarettes (10 000 cases)	80.00	103.00	94.30	92.24	93.20
原油加工量（万吨）	Crude Oil Processing (10 000 tons)	1383.54	1424.31	1465.63	1467.55	1469.87
焦炭（万吨）	Coke (10 000 tons)	244.32	525.05	449.4	516.84	499.85
硫酸（万吨）	Sulfuric Acid (10 000 tons)	247.00	443.03	327.88	248.32	259.16
烧碱（万吨）	Caustic Soda (10 000 tons)	21.69	19.02	32.22	36.39	47.72
电石（万吨）	Calcium Carbide (10 000 tons)	97.54	112.80	80.19	81.41	98.18
乙烯（万吨）	Ethene (10 000 tons)	69.48	64.20	53.34	69.70	73.85
农用化肥（万吨）	Chemical Fertilizer (10 000 tons)	81.32	46.70	17.04	17.50	17.97
化学农药（万吨）	Chemical Pesticide (10 000 tons)	0.13	0.32	1.54	3.70	4.76
塑料制品（万吨）	Plastic Products (ton)	13.88	39.09	16.82	19.18	18.69
水泥（万吨）	Cement (10 000 tons)	2414.11	4764.30	4409.48	4651.15	4450.03
平板玻璃（万重量箱）	Plate Glass (10 000 weight cases)	653.89	124.78	556.51	519.26	580.82
生铁（万吨）	Pig Iron (10 000 tons)	625.49	690.52	659.13	782.29	789.19
粗钢（万吨）	Crude Steel (10 000 tons)	662.25	852.10	877.77	1059.17	1059.00
钢材（万吨）	Rolled Steel (10 000 tons)	699.17	847.77	936.66	1102.65	1080.59
铁合金（万吨）	Iron Alloy (10 000 tons)	119.49	85.65	100.23	98.67	103.05
十种有色金属（万吨）	Ten Kinds of Nonferrous Metals (10 000 tons)	191.53	381.36	328.98	350.64	358.44
#铜（万吨）	Copper (10 000 tons)	44.79	92.47	58.05	66.32	67.40
铅（万吨）	Lead (10 000 tons)	2.69	2.82	2.75	3.23	1.95
锌（万吨）	Zinc (10 000 tons)	23.51	40.38	35.69	40.45	42.21
镍（万吨）	Nickel (10 000 tons)	12.98	15.31	14.60	15.01	14.86
铝（万吨）	Aluminium (10 000 tons)	104.40	230.38	217.84	225.52	231.56
汽车（辆）	Motor Vehicles (set)	20718	24354	720	400	269
发电设备（万千瓦小时）	Power Generating Equipment (10 000 kWh)	3.53	4.52		10.80	65.05
变压器（万千伏安）	Power Transformer (10 000 kva)	221.95	160.56	128.31	91.57	152.88
集成电路（万块）	Integrated Circuits (10 000 units)	550307	1497496	3898581	4572888	6430378
发电量（亿千瓦小时）	Electricity (100 million kWh)	791.53	1139.45	1479.6	1601.18	1724.61
火力发电量	Thermal Power	502.29	718.65	785.31	874.39	1003.93
水力发电量	Hydropower	262.32	270.96	377.16	379.27	328.55
风力发电量	Wind Power		107.30	226.88	242.33	277.38
太阳能发电量	Photoelectric Power		40.77	90.26	105.19	114.73

13-8 规模以上工业主要产品年末生产能力
Production Capacity of Major Products of Industrial Enterprises above Designated Size (Year-end)

产品名称	Product name	2010	2015	2019	2020	2021
原煤（万吨）	Coal (10 000 tons)	5163.65	5260.29	4613.00	4832.00	5302.00
卷烟（亿支）	Cigarettes (100 million pieces)	465.00	695.25	854.55	731.36	725.90
原油加工量（万吨）	Crude Oil Processing (10 000 tons)	1600.00	1600.00	1670.00	1670.00	1670.00
焦炭（万吨）	Coke (10 000 tons)	335.00	807.50	727.50	727.50	840.00
碳化钙（万吨）	Calcium Carbide(10 000 tons)	120.74	169.00	113.00	113.00	113.00
农用氮、磷、钾化学肥料总计（万吨）	Chemical Fertilizer (10 000 tons)	99.97	122.70	36.61	35.95	35.50
水泥熟料（万吨）	Cement Clinker(10 000 tons)	2366.39	4199.16	4149.00	3963.00	4293.00
水泥（万吨）	Cement (10 000 tons)	3345.77	6817.61	6341.00	6401.00	6818.00
平板玻璃（万重量箱）	Plate Glass (10 000 weight cases)	654.08	602.20	600.00	610.00	610.00
生铁（万吨）	Pig Iron (10 000 tons)	809.00	1017.32	892.00	892.00	892.00
粗钢（万吨）	Crude Steel (10 000 tons)	795.00	1300.00	1205.00	1245.50	1215.50
钢材（万吨）	Rolled Steel (10 000 tons)	547.15	1191.08	1366.50	1373.80	1414.10
铁合金（万吨）	Iron Alloy (10 000 tons)	159.44	157.32	128.24	124.61	122.04
原铝（万吨）	Primary Aluminium (10 000 tons)	120.52	291.08	276.00	276.00	286.50
汽车（万辆）	Motor Vehicles(10 000 sets)	5.00	4.00	4.00	4.10	0.10
#轿车	Cars(10 000 sets)	5.00	4.00	4.00	4.10	0.10
发电设备容量总计（万千瓦）	Installed Capacity of Power Generation(10 000 kWh)	2374.91	4075.30	4552.13	4637.88	4602.83
火电设备容量总计	Thermal Power	1319.62	1893.90	1895.06	2102.85	2019.67
水电设备容量总计	Hydropower	571.79	678.70	737.08	564.61	518.46
风电设备容量总计	Wind Power	477.65	1085.40	1268.21	1281.61	1314.71

13-9　国有及国有控股企业主要指标（2021）
Major Indicators of State-owned and State-holding Industrial Enterprises (2021)

单位：亿元　　(100 million yuan)

指　标	Item	国有及国有控股企业 State-owned and State-holding Industrial Enterprises	占全省比重(%) Proportion (%)	国有及国有控股大中型企业 Large and Medium-sized State-owned and State-holding Industrial Enterprises	占全省比重(%) Proportion (%)
企业单位数（个）	Number of Enterprises (unit)	624	27.59	157	6.94
就业人员期末人数（万人）	Year-end Employees (10 000 persons)	31.73	65.47	27.87	57.50
年末资产总计	Total Property (year-end)	10073.04	71.68	7518.08	53.50
流动资产合计	Total Current Assets	3294.42	62.70	2472.16	47.05
年末负债合计	Total Liabilities (year-end)	6032.69	72.65	4455.18	53.65
年末所有者权益	Owners' Equity (year-end)	4020.18	70.17	3062.90	53.46
#实收资本	Paid-up Capital	2660.27	73.44	1944.03	53.66
营业收入	Business Revenue	7677.03	76.44	6956.43	69.26
税金及附加	Taxes and Extra Charges	358.94	94.77	351.32	92.76
利润总额	Total Profits	417.01	76.47	337.41	61.87
税金总额	Total Taxes	541.70	89.61	521.72	86.30
亏损企业数（个）	Number of Loss-making Enterprises (unit)	184	27.79	58	8.76
亏损企业亏损额	Total Losses Loss-making Enterprises	110.90	72.46	91.35	59.69

13-10　支柱工业主要指标占全省比重
Proportion to Total Industry in Gansu of Main Indicators of Pillar Industry

单位：%　　(%)

指　标	Item	2010	2015	2019	2020	2021
单位数	Number of Enterprises	77.11	69.60	67.01	66.09	64.72
就业人员	Year-end Employees	84.64	81.43	79.81	79.85	78.22
工业总产值	Gross Output Value of Industry	92.75	87.01	87.85	86.53	86.58
工业增加值	Value Added	91.62	87.07	85.85	84.25	85.85
年末资产总计	Total Assets (year-end)	90.86	88.02	83.97	81.04	79.17
负债合计	Total Liabilities	91.77	90.18	86.36	82.63	79.65
利润总额	Total Profits	86.78		60.64	59.29	73.84
利税总额	Total Profits and Taxes	92.68	81.40	80.49	80.71	83.45
工业销售产值	Sales Value of Industry Products	92.87	87.78	87.94	87.09	87.00

13-11 支柱工业主要指标
Main Indicators of Pillar Industry

行 业	Sector	2010	2015	2019	2020	2021
单位数（个）	**Number of Enterprises (unit)**	**1543**	**1495**	**1223**	**1290**	**1464**
石化工业	Petrochemical Industry	248	235	203	206	257
有色工业	Ferrous Industry	116	119	77	84	94
电力工业	Power Industry	237	242	322	341	369
冶金工业	Metallurgical Industry	141	111	50	60	63
机械工业	Machinery Industry	300	250	229	239	280
食品工业	Food Industry	414	485	297	314	347
煤炭工业	Coal Industry	87	53	45	46	54
工业增加值增速（%）	**Growth Rate of Value-added (%)**	**16.14**	**5.42**	**4.74**	**6.50**	**8.39**
石化工业	Petrochemical Industry	8.26	8.10	2.80	5.02	6.09
有色工业	Ferrous Industry	-0.51	12.50	9.53	4.03	12.27
电力工业	Power Industry	19.50	-3.80	6.34	11.68	11.31
冶金工业	Metallurgical Industry	21.24	-8.90	7.28	8.56	-4.90
机械工业	Machinery Industry	65.22	12.50	3.99	15.63	8.98
食品工业	Food Industry	22.86	10.10	3.04	-0.50	3.45
煤炭工业	Coal Industry	18.81	-6.20	4.60	1.48	19.56
年末资产总计（亿元）	**Total Assets (year-end) (100 million yuan)**	**5914.27**	**10490.42**	**10370.02**	**9893.34**	**11125.29**
石化工业	Petrochemical Industry	1153.75	1529.98	1592.60	1581.72	1838.61
有色工业	Ferrous Industry	1304.61	2706.42	2213.57	2241.28	2415.62
电力工业	Power Industry	1406.15	2609.42	3090.47	3149.11	3532.36
冶金工业	Metallurgical Industry	876.53	1371.29	1344.30	700.63	709.95
机械工业	Machinery Industry	422.00	812.55	899.58	900.63	1089.29
食品工业	Food Industry	459.14	831.42	667.05	693.35	758.31
煤炭工业	Coal Industry	292.09	629.34	562.45	626.62	781.14

13-11 续表 continued

行 业	Sector	2010	2015	2019	2020	2021
负债合计（亿元）	**Total Liabilities (100 million yuan)**	**3730.53**	**7025.64**	**6590.16**	**6053.92**	**6613.71**
石化工业	Petrochemical Industry	623.47	869.39	816.69	776.37	868.20
有色工业	Ferrous Industry	776.93	1885.77	1292.39	1277.82	1302.98
电力工业	Power Industry	1085.08	1938.27	2270.85	2239.92	2455.80
冶金工业	Metallurgical Industry	558.11	996.66	972.80	476.80	458.32
机械工业	Machinery Industry	257.63	529.47	606.72	624.92	708.00
食品工业	Food Industry	246.02	419.38	328.93	332.81	364.19
煤炭工业	Coal Industry	183.29	386.70	301.78	325.28	456.22
利润总额（亿元）	**Total Profit (100 million yuan)**	**201.07**	**–151.15**	**184.88**	**177.90**	**402.66**
石化工业	Petrochemical Industry	76.62	-4.03	52.38	35.35	99.23
有色工业	Ferrous Industry	48.71	-61.80	37.06	60.42	179.71
电力工业	Power Industry	1.02	-5.93	18.33	29.03	2.58
冶金工业	Metallurgical Industry	19.69	-110.43	6.78	6.53	28.67
机械工业	Machinery Industry	14.11	12.23	13.92	5.49	3.71
食品工业	Food Industry	21.40	32.48	15.54	25.89	31.48
煤炭工业	Coal Industry	19.53	-13.67	40.87	15.19	57.28
工业销售产值增速（%）	**Growth Rate of Industrial Sales Output Value (%)**	**32.69**	**–12.70**	**–3.97**	**2.45**	**27.95**
石化工业	Petrochemical Industry	23.68	-20.18	0.79	-11.60	35.31
有色工业	Ferrous Industry	30.26	2.66	-17.08	7.28	35.48
电力工业	Power Industry	41.59	-5.05	7.15	8.88	13.86
冶金工业	Metallurgical Industry	31.53	-32.54	3.72	7.51	34.78
机械工业	Machinery Industry	75.71	-13.05	-8.63	17.16	19.47
食品工业	Food Industry	33.64	1.43	5.28	4.35	9.97
煤炭工业	Coal Industry	26.46	-20.77	-2.43	-5.03	40.89

13-12 各地区规模以上工业企业主要经济指标（2021）
Main Economic Indicators of Industrial Enterprises above Designated Size by Region (2021)

单位：亿元 (100 million yuan)

指 标	Item	兰州市 Lanzhou	嘉峪关市 Jiayuguan	金昌市 Jinchang	白银市 Baiyin	天水市 Tianshui
企业单位数（个）	Number of Enterprises (unit)	439	65	116	198	178
亏损企业	Loss-making Enterprises	138	23	33	48	52
平均用工人数（人）	Annual Average Employees (person)	162396	31333	35451	49467	30632
资产总计	Total Assets (Year-end)	3506.13	1102.93	1519.51	1063.33	881.08
#流动资产合计	Total Current Assets	1435.82	446.22	598.08	580.63	379.01
#存货	Inventories	341.46	112.71	185.52	167.23	91.14
#产成品	Finished Product	75.46	24.76	21.77	37.67	41.06
负债合计	Total Liabilities at Year-end	2065.65	661.27	805.41	646.23	413.15
所有者权益	Owners' Equity at Year-end	1420.31	441.67	714.10	417.09	467.93
营业收入	Business Revenue	2979.12	1055.33	2568.35	651.57	308.08
营业成本	Business Cost	2427.74	898.20	2421.09	583.92	247.44
税金及附加	Taxes and Extra Charges	218.57	5.60	11.51	5.79	2.14
销售费用	Selling Expenses	48.84	18.60	6.01	9.44	6.96
管理费用	Administrative Expenses	96.69	16.56	16.28	18.35	17.29
财务费用	Financial Expenses	32.86	15.63	20.07	15.29	4.78
利润总额	Total Profits	135.45	83.98	77.58	16.09	28.66
税金总额	Total Taxes	296.35	33.63	32.85	24.08	11.62
#工业企业本年应交增值税	Value-added Tax Payable	77.78	28.03	21.34	18.29	9.47

13-12 续表 1 continued

单位：亿元 (100 million yuan)

指　标	Item	武威市 Wuwei	张掖市 Jiuquan	平凉市 Pingliang	酒泉市 Jiuquan	庆阳市 Qingyang
企业单位数（个）	Number of Enterprises (unit)	203	195	97	289	115
亏损企业	Loss-making Enterprises	62	68	33	87	27
平均用工人数（人）	Annual Average Employees (person)	21475	17247	31601	37012	27085
资产总计	Total Assets (Year-end)	640.96	457.96	498.10	1995.99	1226.35
#流动资产合计	Total Current Assets	281.27	176.95	194.58	549.95	200.25
#存货	Inventories	56.07	32.45	19.39	66.68	28.07
#产成品	Finished Product	19.98	18.30	8.68	22.13	13.06
负债合计	Total Liabilities at Year-end	443.64	291.71	348.34	1464.63	470.08
所有者权益	Owners' Equity at Year-end	197.32	166.25	149.77	531.36	756.27
营业收入	Business Revenue	272.61	191.37	282.12	581.82	641.71
营业成本	Business Cost	223.74	151.83	229.13	454.37	427.18
税金及附加	Taxes and Extra Charges	2.35	2.43	4.71	34.49	82.41
销售费用	Selling Expenses	8.19	4.47	4.19	7.65	4.63
管理费用	Administrative Expenses	9.31	7.91	10.18	24.29	21.82
财务费用	Financial Expenses	11.60	9.46	5.62	25.63	9.01
利润总额	Total Profits	14.46	11.04	31.51	25.35	78.62
税金总额	Total Taxes	3.18	6.28	14.70	45.94	114.41
#工业企业本年应交增值税	Value-added Tax Payable	0.84	3.85	9.99	11.45	31.99

13-12 续表 2 continued

单位：亿元 (100 million yuan)

指 标	Item	定西市 Dingxi	陇南市 Longnan	临夏州 Linxia	甘南州 Gannan
企业单位数（个）	Number of Enterprises (unit)	172	87	69	39
亏损企业	Loss-making Enterprises	40	18	17	16
平均用工人数（人）	Annual Average Employees (person)	14333	16494	7618	3503
资产总计	Total Assets (Year-end)	368.79	443.99	204.98	142.46
#流动资产合计	Total Current Assets	157.13	156.02	69.78	28.98
#存货	Inventories	47.56	34.91	10.73	4.58
#产成品	Finished Product	20.03	13.01	6.12	2.66
负债合计	Total Liabilities at Year-end	241.44	254.12	105.39	92.49
所有者权益	Owners' Equity at Year-end	127.35	189.87	99.59	49.98
营业收入	Business Revenue	216.85	179.06	80.07	35.57
营业成本	Business Cost	191.46	111.97	68.36	23.43
税金及附加	Taxes and Extra Charges	1.03	6.58	0.52	0.61
销售费用	Selling Expenses	3.67	7.25	1.11	0.54
管理费用	Administrative Expenses	6.88	10.50	3.38	2.30
财务费用	Financial Expenses	5.14	6.51	3.23	3.31
利润总额	Total Profits	2.83	33.30	1.24	5.21
税金总额	Total Taxes	2.01	15.56	2.59	1.32
#工业企业本年应交增值税	Value-added Tax Payable	0.98	8.98	2.07	0.71

13-13 各市（州）规模以上工业增加值及效益指标（2021）
Value-added of Industry and Main Indicators on Economic Benefit of Industrial Enterprises above Designated Size by Region (2021)

市（州）	Region	工业增加值指数（可比价）（上年=100） Indices of Value-added of Industry (At Comparable Prices) (preceding year=100)	总资产贡献率（%） Ratio of Profits, Taxes and Interests to Average Assets (%)	资产负债率（%） Ratio of Debts to Assets (%)	流动资产周转次数（次/年） Turnover of Current Assets (time/year)	工业成本费用利润率（%） Ratio of Profits to Total Industrial Costs (%)	产品销售率（%） Sales Ratio of Products (%)
兰州市	Lanzhou	108.3	13.14	58.92	2.07	5.15	99.09
嘉峪关市	Jiayuguan	105.6	12.01	59.96	2.37	8.76	102.00
金昌市	Jinchang	112.3	8.36	53.00	4.29	3.14	102.03
白银市	Baiyin	112.4	4.97	60.77	1.12	2.55	98.61
天水市	Tianshui	111.5	5.03	46.89	0.81	10.01	97.42
武威市	Wuwei	117.1	4.30	69.21	0.97	5.67	99.33
张掖市	Zhangye	108.7	4.68	63.70	1.08	6.21	92.37
平凉市	Pingliang	111.0	10.26	69.93	1.45	12.62	97.65
酒泉市	Jiuquan	112.9	4.71	73.38	1.06	4.88	97.69
庆阳市	Qingyang	103.4	16.41	38.33	3.20	16.93	99.21
定西市	Dingxi	114.3	2.27	65.47	1.38	1.35	93.28
陇南市	Longnan	112.8	12.19	57.24	1.15	24.19	94.15
临夏州	Linxia	95.2	3.11	51.41	1.15	1.62	96.70
甘南州	Gannan	78.6	6.70	64.93	1.23	17.40	106.31

13-14 各市（州）规模以上工业主要工业产品产量（2021）
Output of Major Industrial Products of Industrial Enterprises above Designated Size by Region (2021)

市（州）	Region	原煤（万吨） Coal (10 000 tons)	原油（万吨） Crude Oil (10 000 tons)	原油加工量（万吨） Crude Oil Processing (10 000 tons)	发电量（亿千瓦小时） Electricity (100 million kWh)	粗钢（万吨） Crude Steel (10 000 tons)	钢材（万吨） Rolled Steel (10 000 tons)	水泥（万吨） Cement (10 000 tons)	汽车（辆） Motor Vehicles (set)
兰州市	Lanzhou	537.57	2.78	915.00	237.63	424.16	491.71	1023.81	269
嘉峪关市	Jiayuguan				210.60	634.84	578.45	277.14	
金昌市	Jinchang				110.62			179.52	
白银市	Baiyin	966.68			206.79			456.97	
天水市	Tianshui				4.36		0.34	489.90	
武威市	Wuwei	285.60			81.93		9.83	141.51	
张掖市	Zhangye	175.96			78.44			111.64	
平凉市	Pingliang	2183.73			205.83			364.94	
酒泉市	Jiuquan		59.02	202.35	396.45			245.32	
庆阳市	Qingyang	1.52	967.25	352.52	16.95			55.51	
定西市	Dingxi				23.07			433.70	
陇南市	Longnan				52.12			460.32	
临夏州	Linxia				58.14			111.18	
甘南州	Gannan				41.68		0.26	98.55	

主要统计指标解释

工业 指从事自然资源的开采，对采掘品和农产品进行加工和再加工的物质生产部门。具体包括：(1) 对自然资源的开采，如采矿、晒盐等(但不包括禽兽捕猎和水产捕捞)；(2) 对农副产品的加工、再加工，如粮油加工、食品加工、缫丝、纺织、制革等；(3) 对采掘品的加工、再加工，如炼铁、炼钢、化工生产、石油加工、机器制造、木材加工等，以及电力、燃气及水的生产和供应等；(4) 对工业品的修理、翻新，如机器设备的修理等。

工业统计调查单位为工业法人单位。

工业法人单位指从事工业生产经营活动的法人单位。工业法人单位应同时具备以下条件：①依法成立，有自己的名称、组织机构和场所，能够独立承担民事责任；②独立拥有（或授权）使用资产，承担负债，有权与其他单位签订合同；③具有包括资产负债表在内的账户，或者能够根据需要编制账户。

国有控股企业 即原来的国有及国有控股企业，根据企业实收资本中国有经济成分的出资人的实际投资情况，或国有经济成分的出资人对企业资产的实际控制、支配程度进行分类。以下情况为国有控股：（1）在企业的全部实收资本中，国有经济成分的出资人拥有的实收资本（股本）所占企业全部实收资本（股本）的比例大于 50% 的国有绝对控股。（2）在企业的全部实收资本中，国有经济成分的出资人拥有的实收资本（股本）所占比例虽未大于 50%，但相对大于其他任何一方经济成分的出资人所占比例的国有相对控股；或者虽不大于其他经济成分，但根据协议规定拥有企业实际控制权的国有协议控股。（3）投资双方各占 50%，且未明确由谁绝对控股的企业，若其中一方为国有经济成分的，一律按国有控股处理。

轻工业 指主要提供生活消费品和制作手工工具的工业。按其所使用的原料不同，可分为两大类：(1) 以农产品为原料的轻工业，是指直接或间接以农产品为基本原料的轻工业。主要包括食品制造、饮料制造、烟草加工、纺织、缝纫、皮革和毛皮制作、造纸以及印刷等工业；(2) 以非农产品为原料的轻工业，是指以工业品为原料的轻工业。主要包括文教体育用品、化学药品制造、合成纤维制造、日用化学制品、日用玻璃制品、日用金属制品、手工工具制造、医疗器械制造、文化和办公用机械制造等工业。

重工业 指为国民经济各部门提供物质技术基础的主要生产资料的工业。按其生产性质和产品用途，可以分为下列三类：(1) 采掘（伐）工业，是指对自然资源的开采，包括石油开采、煤炭开采、金属矿开采、非金属矿开采等工业；(2) 原材料工业，指向国民经济各部门提供基本材料、动力和燃料的工业。包括金属冶炼及加工、炼焦及焦炭、化学、化工原料、水泥、人造板以及电力、石油和煤炭加工等工业；(3) 加工工业，是指对工业原材料进行再加工制造的工业。包括装备国民经济各部门的机械设备制造工业、金属结构、水泥制品等工业，以及为农业提供的生产资料如化肥、农药等工业。

根据上述划分原则，修理业中以重工业产品为修理作业对象的划为重工业，反之划为轻工业。

工业总产值（当年价格） 指工业企业在报告期内生产的以货币形式表现的工业最终产品和提供工业劳务活动的总价值量。

资产总计 指企业过去的交易或者事项形成的、由企业拥有或者控制的、预期会给企业带来经济利益的资源。资产一般按流动性分为流动资产和非流动资产。其中流动资产可分为货币资金、交易性金融资产、应收票据、应收账款、预付款项、其他应收款、存货等；非流动资产可分为长期股权投资、固定资产、无形资产及其他非流动资产等。来源于会计“资产负债表”中“资产总计”项目的期末余额数。

流动资产合计 资产满足以下条件之一应归为流动资产：（1）预计在一个正常营业周期中变现、出售或耗用，主要包括存货、应收账款等；（2）主要为交易目的而持有；（3）预计在资产负债表日起一年内（含一年）变现；（4）自资产负债日起一年内，交换其他资产或清偿负债的能力不受限制的现金或现金等价物。包括货币资金、应收票据、应收账款、存货等项目。来源于会计“资产负债表”中“流动资产合计”项目的期末余额数。

存货 指企业在日常活动中持有以备出售的产成品或商品、处在生产过程中的在产品、在生产过程或提供劳务过程中耗用的材料或物料等，通常包括原材料、在产品、半成品、产成品、商品以及周转材料等。来源于会计“资产负债表”中“存货”项目的期末余额数。

产成品 指企业已经完成全部生产过程并验收入库，可以按照合同规定的条件送交订货单位，或者可以作为商品对外销售的产品。来源于会计“产成品”科目的借方余额。

负债合计 指企业过去的交易或者事项形成的，预期会导致经济利益流出企业的现时义务。负债一般按偿还期长短分为流动负债和非流动负债。来源于会计“资产负债表”中“负债合计”项目的期末余额数。

所有者权益 指企业资产扣除负债后由所有者享有的剩余权益。公司的所有者权益又称股东权益。包括实收资本、资本公积、盈余公积、未分配利润等。来源于会计“资产负债表”中“所有者权益合计”项目的期末余额数。

营业收入 指企业经营主要业务和其他业务所确认的收入总额。营业收入包括“主营业务收入”和“其他业务收入”。来源于会计“利润表”中“营业收入”项目的本年累计数。

营业成本 指企业经营主要业务和其他业务所发生的成本总额。包括企业（单位）在报告期内从事销售商品、提供劳务等日常活动发生的各种耗费。包括“主营业务成本”和“其他业务成本”。来源于会计“利润表”中“营业成本”项目的本年累计数。

税金及附加 指企业因从事生产经营活动按税法规定应缴纳的消费税、城市维护建设税、资源税、环境保护税、教育费附加、房产税、城镇土地使用税、车船税、印花税等相关税费。根据会计“利润表”中“税金及附加”项目的本年累计数填报。

销售费用 指企业在销售商品和材料、提供劳务的过程中发生的各种费用，包括保险费、包装费、展览费和广告费、商品维修费、预计产品质量保证损失、运输费、装卸费等以及为销售本企业商品而专设的销售机构（含销售网点、售后服务网点等）的职工薪酬、业务费、折旧费等经营费用。

管理费用 指企业为组织和管理企业生产经营所发生的费用，包括企业在筹建期间内发生的开办费、董事会和行政管理部门在企业经营管理中发生的，或者应当由企业统一负担的公司经费等。来源于会计“利润表”中“管理费用”项目的本年累计数。

财务费用 指企业为筹集生产经营所需资金等而发生的筹资费用，包括企业生产经营期间发生的利息支出（减利息收入）、汇兑损失（减汇兑收益）以及相关的手续费等。来源于会计“利润表”中“财务费用”项目的本年累计数。

利润总额 指企业在一定会计期间的经营成果，是生产经营过程中各种收入扣除各种耗费后的盈余，反映企业在报告期内实现的盈亏总额。来源于会计“利润表”中“利润总额”项目的本期金额数。

平均用工人数 指报告期企业平均实际拥有的、参与本企业生产经营活动的人员数。

就业人员平均人数 是指报告期内每天拥有的就业人员人数。

总资产贡献率 反映企业全部资产的获利能力，是企业经营业绩和管理水平的集中体现，是评价和考核企业盈利能力的核心指标。计算公式为：

$$\text{总资产贡献率}(\%)=\frac{\text{利润总额}+\text{税金总额}+\text{利息支出}}{\text{平均资金总额}}\times 100\%$$

公式中：税金总额为产品销售税金及附加与应交增值税之和；平均资产总额为期初期末资产之和的算术平均值。

资产负债率 该指标既反映企业经营风险的大小，也反映企业利用债权人提供的资金从事经营活动的能力。计算公式为：

$$\text{资产负债率}(\%)=\frac{\text{负债总额}}{\text{资产总额}}\times 100\%$$

资产与负债均为报告期期末数。

流动资产周转次数 指一定时期内流动资产完成的周转次数，反映投入工业企业流动资金的周转速度。计算公式为：

$$\text{流动资产周转次数}=\frac{\text{产品销售收入}}{\text{全部流动资产平均余额}}$$

公式中：全部流动资产平均余额为期初和期末的流动资产之和的算术平均值。

成本费用利润率 反映企业投入的生产成本及费用的经济效益，同时也反映企业降低成本所取得的经济效益。计算公式为：

$$\text{成本费用利润率}(\%)=\frac{\text{利润总额}}{\text{成本费用总额}}\times 100\%$$

公式中：成本费用总额为产品销售成本、销售费用、管理费用、财务费用、研发费用之和。

产品销售率 该指标反映工业产品已实现销售的程度，是分析工业产销衔接情况，研究工业产品满足社会需求的指标。计算公式为：

$$\text{产品销售率}=\frac{\text{工业销售产值}}{\text{工业总产值(现价)}}\times 100\%$$

14 建筑业

Construction

简要说明

一、本篇资料主要内容

本篇资料反映建筑业概况和发展情况。主要包括建筑业企业基本情况和生产经营情况。

二、本篇资料的统计范围

建筑业统计范围为辖区内具有总承包或专业承包建筑业资质的所有独立核算建筑业企业（包括没有工作了的建筑业企业）及所属的产业活动单位。

三、本篇资料来源

本篇资料由省统计局固定资产投资处根据国家统计局制定的《建筑业统计报表制度》整理、汇总。

14-1 建筑业企业概况
Main Indicators on Construction Enterprises

年 份 Year	总计 Total	国有企业 State-owned	集体企业 Collective-owned	其他 Others
企业单位数（个） Number of Enterprises(unit)				
2005	933	148	156	629
2006	951	145	150	656
2007	930	134	147	649
2008	926	111	114	701
2009	919	101	110	708
2010	890	101	98	691
2011	908	92	97	719
2012	1215	103	105	1007
2013	1295	73	87	1135
2014	1348	69	86	1193
2015	1370	69	82	1219
2016	1393	63	78	1252
2017	1457	85	76	1296
2018	1571	79	72	1420
2019	1822	82	66	1674
2020	1980	84	62	1834
2021	2374	111	56	2207
从业人员（万人） Number of Persons Employed (10 000 persons)				
2005	42.77	9.25	9.04	24.48
2006	43.67	8.51	9.53	25.63
2007	43.88	7.32	9.40	27.16
2008	42.03	5.66	5.39	30.97
2009	44.98	5.35	5.67	33.97
2010	45.76	6.36	4.86	34.55
2011	46.00	7.31	5.60	33.08
2012	56.26	7.49	5.81	42.96
2013	54.81	5.97	5.86	42.98
2014	58.89	7.63	6.21	45.05
2015	55.10	7.88	5.40	41.82
2016	54.10	8.38	5.35	40.37
2017	48.60	8.08	4.40	36.12
2018	43.39	6.98	3.48	32.93
2019	43.02	8.76	3.15	31.11
2020	40.86	8.29	2.76	29.81
2021	49.34	10.09	2.42	36.83
建筑业总产值（万元） Gross Output Value (10 000 yuan)				
2005	3141700	1169235	376213	1596252
2006	3443287	1103154	486291	1853842
2007	4369039	974710	662602	2731727
2008	4812744	900868	529097	3382779
2009	5798859	987574	508935	4302350
2010	7519879	1303237	580351	5636292
2011	9256772	2262570	744144	6250058
2012	13722823	3221873	1086236	9414714
2013	17208628	2698696	1241827	13268105
2014	18145239	2818352	1329573	13997314
2015	18490185	2731643	1245432	14513110
2016	19472432	2973159	1159388	15339885
2017	18254227	4521134	891891	12841202
2018	18079549	4775966	690134	12613449
2019	19163534	5159913	661846	13341775
2020	20582639	5828042	566393	14188203
2021	22705025	5860167	587077	16257781

注：1. 本表数据指标口径为辖区内具有总承包和专业承包建筑业资质的所有独立核算的建筑业企业，包括没有工作量的建筑业企业。

2. 本表国有企业为大口径，含国有、国有联营和国有独资公司；集体企业为大口径，含集体、集体联营和股份合作。

a) The data indicators in this table are all independent accounting construction enterprises with general contracting and professional contracting qualification in the jurisdiction, including those without workload .

b) State-owned enterprises in this table are large-caliber, including state-owned, state-owned joint ventures and wholly state-owned companies; collective enterprises are large-caliber, including collectives, collective joint ventures, and stock cooperation.

14-2 按登记注册类型分建筑业企业主要经济指标（2021）

指 标	Item	合 计 Total	内资企业 Domestic Funded Enterprises	国有企业 State-owned Enterprises
单位数（个）	Number of Construction Enterprises (unit)	2374	2373	56
从业人员（万人）	Number of Employed Persons (10 000 persons)	49.34	49.33	3.65
建筑业总产值（亿元）	Gross Output Value of Construction (100 million yuan)	2270.50	2270.50	216.40
营业收入（亿元）	Business Revenue (100 million yuan)	2481.03	2481.02	214.66
营业成本（亿元）	Business Cost (100 million yuan)	2315.73	2315.72	204.27
税金及附加（亿元）	Taxes and Extra Charges (100 million yuan)	16.58	16.58	0.74
营业利润（亿元）	Operating Profits (100 million yuan)	59.29	59.29	4.33
利润总额（亿元）	Total Profits (100 million yuan)	58.06	58.06	4.66
税金总额（亿元）	Total Tax (100 million yuan)	101.14	101.14	6.04
产值利润率（%）	Ratio of Profit to Gross Output Value (%)	2.56	2.56	2.15
产值利税率（%）	Ratio of Output Value to Profit and Tax (%)	7.01	7.01	4.94
劳动生产率（元/人）按总产值计算	Overall Labor Productivity (yuan/person) In Terms of Gross Output Value	460174	460268	592877
房屋建筑施工面积（万平方米）	Floor Space of Buildings under Construction (10 000 sq.m)	12418.75	12418.75	1265.54
房屋建筑竣工面积（万平方米）	Floor Space of Buildings Completed (10 000 sq.m)	2341.39	2341.39	66.15
#住宅	Residential Buildings	1637.48	1637.48	58.26
房屋建筑面积竣工率（%）	Rat of Floor Space of Buildings Completed (%)	18.85	18.85	5.23

14-3 按行业分建筑企业主要指标（2021）

类 别	Items	单位数（个） Number of Construction Enterprises (unit)	年末从业人员（万人） Year-end Employed Persons (10 000 persons)	建筑业总产值（亿元） Gross Output Value of Construction (100 million)
甘肃省	**Gansu**	**2374**	**46.01**	**2270.50**
房屋建筑业	Housing Construction Industry	1399	31.08	1332.91
土木工程建筑业	Civil Engineering Construction	662	10.39	757.73
铁路、道路、隧道和桥梁工程建筑	Railways,Tunnels,Highways and Bridges Buildings	371	6.25	523.36
水利和水运工程建筑	Buildings of Water Conservancy and Water Transport Engineering	124	1.44	91.13
海洋工程建筑业	Marine Engineering Construction Industry			
工矿工程建筑	Mining Engineering Buildings	13	0.69	14.38
架线和管道工程建筑	Wired and Pipeline Engineering Buildings	51	0.81	54.93
节能环保工程施工	Construction of Energy Saving and Environmental Protection Projects	5	0.02	1.71
电力工程施工	Construction of Power Engineering	41	0.46	50.30
其他土木工程建筑	Other Civil Engineering Buildings	57	0.72	21.92
建筑安装业	Construction Installation	143	3.37	128.64
建筑装饰及其他建筑业	Building Decoration and Other Construction	170	1.17	51.22
建筑装饰和装修业	Building Decoration	142	0.65	27.00
建筑物拆除和场地准备活动	Buildings Tear Down and Preparation Activities of Site	11	0.35	20.10
提供施工设备服务	Providing Construction Equipment Services	1	0.08	0.51
其他未列明的建筑活动	Other Unindicated Building Industry	16	0.09	3.61

Main Economic Indicators on Construction Enterprises by Registration Status(2021)

集体企业 Cooperative Enterprises	股份合作企业 Collective-owned Enterprises	有限责任公司 Limited Liability Corporations	股份有限公司 Share-holding Corporations Ltd.	私营企业 Private Enterprises	其他企业 Other Enterprises	港、澳、台商投资企业 Enterprises with Funds from Hong Kong ,Macao and Taiwan	外商投资企业 Foreign Funded Enterprises
54	2	564	47	1650			1
2.40	0.02	22.98	2.80	17.48			
58.31	0.39	1200.88	123.69	670.82			0.01
57.61	1.19	1368.34	127.62	711.61			0.01
53.60	1.09	1280.26	116.79	659.72			
1.02	0.02	8.38	0.57	5.85			
1.38	-0.02	34.54	1.18	17.88			
1.33	-0.02	34.02	1.20	16.86			
3.37	0.04	46.62	4.04	41.04			
2.28	-5.13	2.83	0.97	2.51			
8.06	5.13	6.72	4.24	8.63			
242958	195000	522576	441750	383764			
376.38	0.48	6863.75	1580.04	2332.56			
154.02	0.20	851.53	348.28	921.20			
103.48	0.02	646.44	286.58	542.69			
40.92	41.67	12.41	22.04	39.49			

Main Indicators of Construction Enterprises by Sector (2021)

#建筑工程 Construction	#安装工程 Installation	房屋建筑施工面积（万平方米） Floor Space of Buildings under Construction (10 000 sq.m)	房屋建筑竣工面积（万平方米） Floor Space of Buildings Completed (10 000 sq.m)	房屋建筑竣工价值（亿元） Value of Buildings Completed (100 million yuan)	房屋建筑竣工率（%） Rate of Floor Space of Buildings Completed (%)	竣工房屋造价（元/平方米） Cost of Buildings Completed (yuan/sq.m)
1956.24	**237.26**	**12418.75**	**2341.39**	**510.83**	**18.85**	**2182**
1220.38	72.07	11430.09	2223.90	487.37	19.46	2192
630.33	104.23	713.37	97.80	19.95	13.71	2040
474.67	34.24	645.07	67.53	13.06	10.47	1934
71.06	18.60	0.80	0.67	0.08	83.75	1194
8.57	2.89	29.30	13.03	3.86	44.47	2962
26.79	25.75	24.71	3.86	0.99	15.62	2565
1.53		3.79	5.10	1.39	134.56	2725
26.31	22.42	0.05	0.09	0.01	180.00	1111
21.41	0.34	9.65	7.52	0.55	77.93	731
63.40	54.83	102.12	15.78	2.61	15.45	1654
42.11	6.13	173.16	3.91	0.91	2.26	2327
20.41	4.68	15.24	3.15	0.79	20.67	2508
19.01	0.17	155.08	0.09	0.02	0.06	2222
	0.51					
2.69	0.77	2.85	0.67	0.10	23.51	1493

14–4 建筑施工企业主要财务指标（2021）

单位：亿元

项　目	Item	资产总计 Total Assets	# 流动资产 Current Assets	# 固定资产净值 Net Fixed Assets
甘肃省	**Gansu**	**4567.36**	**3439.98**	**281.67**
按企业登记注册类型分	**By Type of Enterprises Registered**			
内资企业	Domestic Funded Enterprises	4567.08	3439.83	281.67
国有企业	State-owned Enterprises	353.16	278.44	22.80
集体企业	Collective-owned Enterprises	44.04	36.98	5.13
股份合作企业	Cooperative Enterprises	1.22	0.90	0.24
联营企业	Joint Ownership Enterprises			
有限责任公司	Limited Liability Corporations	2768.09	2004.25	164.45
股份有限公司	Share-holding Corporations Ltd.	289.8	231.66	23.12
私营企业	Private Enterprises	1110.78	887.60	65.94
其他企业	Other Enterprises			
港、澳、台商投资企业	Funded from Hong Kong,Macao and Taiwan			
外商投资企业	Foreign Funded Enterprises	0.28	0.15	0.00
按行业类别分	**By Sector**			
房屋建筑业	Construction of Buildings	2783.56	2074.83	168.11
土木工程建筑业	Civil Engineering	1457.6	1087.68	100.20
建筑安装业	Construction Installation	165.72	133.98	10.09
建筑装饰和其他建筑业	Building Decoration and Other Constructions	160.49	143.49	3.27
按隶属关系分	**By Administrative Relationship**			
中　央	Central	521.29	412.56	10.41
地　方	Local	2244.56	1595.02	153.88
其　他	Other	1801.51	1432.41	117.39

Main Financial Indicators of Construction Enterprises (2021)

(100 million yuan)

负债合计 Total Liabilities	#流动负债 Liquid Liabilities	#非流动负债 Non-current Liabilities	所有者权益 Owners' Equity	#实收资本 Paid-in Capitals	营业收入 Business Revenue	#主营业务收入 Revenue from Principal Business	利税总额 Total Pre-tax Profits	#利润总额 Total Profits
3248.74	**2859.36**	**339.81**	**1318.62**	**653.12**	**2481.03**	**2367.73**	**159.20**	**58.06**
3248.73	2859.35	339.81	1318.36	653.07	2481.02	2367.72	159.20	58.06
271.61	231.10	38.81	81.55	42.97	214.66	206.92	10.70	4.66
29.42	28.76	0.19	14.62	8.24	57.61	50.94	4.70	1.33
0.72	0.58		0.50	0.35	1.19	1.12	0.02	-0.02
2022.88	1744.75	259.41	745.21	303.95	1368.34	1294.14	80.64	34.02
242.18	219.98	22.16	47.61	15.5	127.62	126.14	5.24	1.20
681.92	634.18	19.25	428.86	282.06	711.61	688.46	57.90	16.86
0.01	0.01		0.26	0.05	0.01	0.01		
1941.82	1670.54	233.55	841.73	399.84	1324.02	1234.43	83.79	28.03
1058.3	950.15	101.22	399.30	189.46	946.22	924.51	64.45	26.46
121.72	114.81	2.53	44.00	35.53	144.69	143.00	7.25	1.99
126.9	123.86	2.51	33.59	28.28	66.1	65.79	3.71	1.58
431.13	399.76	25.18	90.16	59.64	369.53	366.74	10.94	6.28
1632.94	1384.15	241.23	611.62	210.68	901.18	832.11	58.85	23.72
1184.68	1075.45	73.39	616.84	382.81	1210.32	1168.87	89.41	28.05

14-5 分市（州）建筑业企业签订合同和承包工程完成情况（2021）

Contracts Signed and Completion of Contracted Projects by Construction Enterprises by Region (2021)

单位：亿元 (100 million yuan)

市（州）	Region	合同总额 Total Value of Contracts	上年结转合同额 from Contracts Signed in Last Year	本年新签合同额 Value from New Contracts Signed in This Year	直接从建设单位承揽工程完成的产值 Completed Output Value of Projects Contracted Directly from Investors	自行完成施工产值 Own-completed Output Value	分包出去工程的产值 Output Value of Out-sourced Projects	从建设单位以外承揽工程完成的产值 Completed Output Value of Projects Contracted from Non-investors
甘肃省	**Gansu**	**5243.11**	**2449.72**	**2793.39**	**2396.93**	**2240.78**	**156.15**	**29.72**
兰州市	Lanzhou	3321.54	1747.59	1573.95	1375.35	1226.78	148.57	8.02
嘉峪关市	Jiayuguan	38.45	13.07	25.38	24.54	22.68	1.85	2.4
金昌市	Jinchang	128.35	49.18	79.17	99.08	98.54	0.55	2.76
白银市	Baiyin	164.69	55.25	109.44	96.75	96.68	0.08	0.74
天水市	Tianshui	331.97	122.31	209.66	155.92	155.2	0.72	1.25
武威市	Wuwei	165.38	59.17	106.21	87.8	86.26	1.54	2.69
张掖市	Zhangye	119.81	34.83	84.98	74.25	73.35	0.9	1.77
平凉市	Pingliang	133.9	45.84	88.06	89.05	88.91	0.14	2.84
酒泉市	Jiuquan	166.24	50	116.25	86.58	86.18	0.4	2.03
庆阳市	Qingyang	204.69	94.68	110	88.62	88.47	0.14	1.59
定西市	Dingxi	172.18	79.41	92.77	98.08	98.08	0	1.14
陇南市	Longnan	84.87	29.81	55.06	44.4	43.59	0.81	0.98
临夏州	Linxia	177.32	50.04	127.27	65.89	65.53	0.36	0.67
甘南州	Gannan	33.73	18.53	15.2	10.61	10.51	0.1	0.85

14-6 建筑业房屋建筑面积

Floor Space of Buildings Constructed by Construction Enterprises

单位：万平方米 (10 000 sq.m)

年份 Year	房屋建筑面积 Floor Space of Buildings		#国有 State-owned		#集体 Collective-owned	
	施工面积 Floor Space under Construction	竣工面积 Floor Space Completed	施工面积 Floor Space under Construction	竣工面积 Floor Space Completed	施工面积 Floor Space under Construction	竣工面积 Floor Space Completed
2005	3008.48	1455.17	636.08	262.00	583.25	304.75
2006	3313.53	1638.38	804.52	311.11	557.08	363.28
2007	3788.00	1472.74	838.00	236.91	589.00	270.19
2008	3791.49	1842.81	485.63	185.15	424.29	220.34
2009	4178.20	1724.38	597.54	215.41	509.05	223.82
2010	5032.63	2013.88	804.77	230.30	471.00	256.97
2011	5925.09	2409.80	1418.58	382.33	574.60	348.14
2012	8179.58	3257.61	1714.87	514.66	679.56	378.62
2013	10319.41	3976.67	1616.24	393.28	845.32	473.32
2014	11531.10	4172.00	2158.26	521.83	763.39	460.86
2015	10757.08	4082.94	1751.51	481.47	833.61	455.53
2016	10422.41	3915.21	1722.31	398.91	768.49	399.38
2017	9777.64	3031.49	2681.77	540.23	473.90	196.28
2018	10099.99	2713.19	2855.44	398.40	429.99	200.41
2019	10689.92	2686.74	3054.37	367.28	392.38	189.61
2020	10966.35	2392.39	3665.01	350.79	383.00	115.75
2021	12418.75	2341.39	3817.13	236.26	376.86	154.22

注：本表国有企业预计为大口径，含国有、国有联营和国有独资公司；集体企业为大口径，含集体、集体联营和股份合作。

a) State-owned enterprises in this table are large-caliber, including state-owned, state-owned joint ventures and wholly state-owned companies; collective enterprises are large-caliber, including collectives, collective joint ventures, and stock cooperation.

14-7 各地、县建筑业企业情况（2021）

Basic Conditions of Construction Enterprises by Region & County (2021)

地、县	Region & County	单位数（个）Number of Construction Enterprises (unit)	从业人员（人）Number of Employed Persons (person)	建筑业总产值（亿元）Gross Output Value of Construction (100 million yuan)	利税总额（亿元）Total Pre-tax Profits (100 million yuan)
甘肃省	**Gansu**	**2374**	**493350**	**2270.50**	**159.20**
兰州市	**Lanzhou**	**438**	**191014**	**1239.04**	**82.75**
城关区	Chengguan	239	69685	457.01	28.73
七里河区	Qilihe	61	47608	297.43	18.61
西固区	Xigu	36	35265	140.33	6.97
安宁区	Anning	15	16851	144.55	8.00
红古区	Honggu	10	1867	4.26	0.17
永登县	Yongdeng	10	1068	3.10	0.20
皋兰县	Gaolan	13	665	3.60	0.21
榆中县	Yuzhong	12	2559	74.32	10.97
兰州新区	Lanzhoun New Area	42	15446	114.42	8.90
嘉峪关市	**Jiayuguan**	**66**	**6572**	**25.08**	**0.96**
金昌市	**Jinchang**	**44**	**18029**	**101.29**	**7.96**
金川区	Jinchuan	33	17151	99.48	7.68
永昌县	Yongchang	11	878	1.81	0.28
白银市	**Baiyin**	**176**	**28987**	**97.42**	**5.32**
白银区	Baiyin	82	9808	33.13	1.99
平川区	Pingchuan	27	9852	30.20	0.84
靖远县	Jingyuan	23	4110	16.77	1.31
会宁县	Huining	24	2307	6.57	0.56
景泰县	Jingtai	20	2910	10.76	0.66
天水市	**Tianshui**	**156**	**45169**	**156.45**	**11.44**
秦州区	Qinzhou	53	26251	101.59	5.74
麦积区	Maiji	33	4996	12.30	1.88
清水县	Qingshui	11	646	3.58	0.27
秦安县	Qinan	13	1699	7.43	0.46
甘谷县	Gangu	24	6659	17.12	1.47
武山县	Wushan	17	3814	9.09	1.24
张家川县	Zhangjiachuan	5	1104	5.33	0.37
武威市	**Wuwei**	**198**	**32209**	**88.95**	**6.48**
凉州区	Liangzhou	142	23820	71.02	5.08
民勤县	Minqin	23	2386	6.52	0.30
古浪县	Gulang	16	3914	7.37	0.55
天祝县	Tianzhu	17	2089	4.04	0.55
张掖市	**Zhangye**	**312**	**17452**	**75.12**	**4.86**

14-7 续表 1 continued

地、县	Region & County	单位数（个）Number of Construction Enterprises (unit)	从业人员（人）Number of Employed Persons (person)	建筑业总产值（亿元）Gross Output Value of Construction (100 million yuan)	利税总额（亿元）Total Pre-tax Profits (100 million yuan)
甘州区	Ganzhou	187	7668	33.80	1.76
肃南县	Sunan	11	616	4.36	0.56
民乐县	Minle	26	2056	10.52	0.49
临泽县	Linze	30	1370	9.62	0.60
高台县	Gaotai	36	1381	6.09	0.32
山丹县	Shandan	22	4361	10.72	1.12
平凉市	**Pingliang**	**172**	**30473**	**91.75**	**7.61**
崆峒区	Kongtong	104	10584	42.65	3.34
泾川县	Jingchuan	14	4286	11.48	0.67
灵台县	Lingtai	10	1320	2.85	0.12
崇信县	Chongxin	7	1085	3.08	0.35
庄浪县	Zhuanglang	11	2964	8.99	0.96
静宁县	Jingning	16	8960	19.05	1.90
华亭市	Huating	10	1274	3.65	0.27
酒泉市	**Jiuquan**	**169**	**20670**	**88.21**	**5.81**
肃州区	Suzhou	95	12182	54.69	5.34
金塔县	Jinta	8	501	2.90	0.24
瓜州县	Anxi	16	1433	3.42	0.10
肃北县	Subei	9	395	1.56	-0.03
阿克塞县	Akesai	4	521	2.02	0.13
玉门市	Yumen	19	4143	16.68	-0.13
敦煌市	Dunhuang	18	1495	6.95	0.16
庆阳市	**Qingyang**	**206**	**28787**	**90.06**	**6.07**
西峰区	Xifeng	136	18403	64.87	3.95
庆城县	Qingcheng	20	2965	7.88	0.92
环　县	Huanxian	17	2242	5.58	0.22
华池县	Huachi	6	1088	3.37	0.48
合水县	Heshui	5	169	0.58	
正宁县	Zhengning	4	1194	2.72	0.18
宁　县	Ningxian	8	2193	3.77	0.13
镇原县	Zhenyuan	10	533	1.29	0.20
定西市	**Dingxi**	**116**	**22809**	**94.99**	**7.18**
安定区	Anding	46	9050	38.73	3.50
通渭县	Tongwei	8	3347	9.29	0.70

14-7 续表 2 continued

地、县	Region & County	单位数（个）Number of Construction Enterprises (unit)	从业人员（人）Number of Employed Persons (person)	建筑业总产值（亿元）Gross Output Value of Construction (100 million yuan)	利税总额（亿元）Total Pre-tax Profits (100 million yuan)
陇西县	Longxi	16	3145	21.69	0.64
渭源县	Weiyuan	7	875	3.05	0.19
临洮县	Lintao	22	4903	16.78	1.79
漳　县	Zhangxian	8	277	1.58	0.16
岷　县	Minxian	9	1212	3.86	0.21
陇南市	**Longnan**	**170**	**17884**	**44.57**	**3.82**
武都区	Wudu	112	10900	30.90	2.43
成　县	Chengxian	10	1924	3.91	0.40
文　县	Wenxian	6	259	1.45	0.22
宕昌县	Tanchang	5	103	0.34	0.05
康　县	Kangxian	9	1093	2.37	0.17
西和县	Xihe	6	1442	0.89	0.15
礼　县	Lixian	13	1797	3.40	0.39
徽　县	Huixian	8	346	1.09	0.05
两当县	Liangdang	1	20	0.23	-0.04
临夏州	**Linxia**	**114**	**28400**	**66.38**	**7.07**
临夏市	linxia	25	8663	17.62	1.82
临夏县	linxia	16	3076	6.27	1.16
康乐县	Kangle	19	1378	4.07	0.43
永靖县	Yongjing	20	9431	17.11	1.71
广河县	Guanghe	9	563	1.37	0.23
和政县	Hezheng	12	2450	8.37	0.41
东乡县	Dongxiang	7	2115	9.64	0.81
积石山县	Jishishan	6	724	1.92	0.52
甘南州	**Gannan**	**37**	**4895**	**11.18**	**1.87**
合作市	Hezuo	15	2320	5.05	1.32
临潭县	Lintan	4	682	1.63	0.24
卓尼县	Zhuoni	2	55	0.01	0.02
舟曲县	Zhouqu	8	1017	1.06	0.13
迭部县	Diebu	3	617	1.79	0.01
玛曲县	Maqu	2	102	0.56	0.12
碌曲县	Luqu	1	52		-0.07
夏河县	Xiahe	2	50	1.08	0.08

主要统计指标解释

建筑业统计单位 指从事房屋、构筑物建造和设备安装活动的法人企业。建筑业法人企业应具有建筑业资质并能够独立核算，同时其应具备以下条件：①依法成立，有自己的名称、组织机构和场所，能够承担民事责任；②独立拥有和使用资产，承担负债，有权与其他单位签订合同；③独立核算盈亏，能够编制资产负债表。

建筑业总产值 是以货币形式表现的建筑业企业在一定时期内生产的建筑业产品和提供的服务的总和。建筑业总产值包括：

（1）建筑工程产值 指列入建筑工程预算内的各种工程价值。

（2）安装工程产值 指设备安装工程价值，不包括被安装设备本身的价值。

（3）其他产值 建筑业总产值中除建筑工程、安装工程以外的产值。包括房屋构筑物修理产值、非标准设备制造产值、总包企业向分包企业收取的管理费以及不能明确划分的施工活动所完成的产值。

a. 房屋构筑物修理产值：指房屋和构筑物修理所完成的产值，但不包括被修理房屋、构筑物本身价值和生产设备的修理价值。

b. 非标准设备制造产值：指加工制造没有定型的非标准生产设备的加工费和原材料价值（如化工厂、炼油厂用的各种罐、槽，矿井生产统一使用的各种漏斗、三角槽、阀门等）以及附属加工厂为本企业承建工程制作的非标准设备的价值。

建筑业增加值 指建筑业企业在报告期内以货币形式表现的建筑业生产经营活动的最终成果。

从 2004 年第一次全国经济普查开始，建筑业现价增加值按生产法和分配法（收入法）两种方法计算，以收入法的计算结果为准，即从收入的角度出发，根据生产要素在生产过程中应得的收入份额计算。具体计算方法：经济普查年度建筑业增加值按照《经济普查年度 GDP 核算方案》计算，非经济普查年度建筑业增加值按照《非经济普查年度 GDP 核算方案》计算。

房屋施工面积 指在报告期内施工的全部房屋建筑面积，包括本期新开工的房屋建筑面积、上期施工跨入本期继续施工的房屋建筑面积、上期停缓建在本期恢复施工的房屋建筑面积、本期竣工的房屋建筑面积及本期施工后又停缓建的房屋建筑面积。

房屋竣工面积 指在报告期内房屋建筑按照设计要求全部完工，达到了住人和使用条件，经验收鉴定合格或达到竣工验收标准，正式移交使用的各栋房屋建筑面积总和。

营业收入 指企业经营主要业务和其他业务所确认的收入总额。营业收入合计包括“主营业务收入”和“其他业务收入”。

主营业务收入 指企业确认的销售商品、提供劳务等主营业务的收入。

营业成本 指企业经营主要业务和其他业务所发生的成本总额。

税金及附加 指企业经营主要业务和其他业务应负担的营业税、消费税、城市维护建设税、教育费附加等。

营业利润 指企业从事生产经营活动所取得的利润。

15

批发和零售业

Wholesale and Retail Trades

简要说明

一、本篇资料主要内容

本篇资料主要反映批发和零售业发展与经营状况，同时反映商品流通、商品消费、市场运行态势。主要内容包括：限额以上批发和零售业基本情况、商品流转情况、财务状况；亿元商品交易市场成交情况；社会消费品零售总额等。

二、本篇资料的统计范围

限额以上批发和零售业的法人企业、个体户，成交额在亿元以上的商品交易市场，以及参与商品零售、餐饮经营活动的各行业法人企业和产业活动单位、个体户。限额以上批发和零售业统计单位是指：批发业，年主营业务收入 2000 万元及以上；零售业，年主营业务收入 500 万元及以上。

本篇资料中行业分类按照国民经济行业分类 GB/T 4754—2017 标准执行。

三、本篇资料来源

本篇资料由省统计局贸易外经处加工整理。

15-1 社会消费品零售总额
Total Retail Sales of Consumer Goods

项 目	Item	2019	2020	2021	2021年比2020年增长(%) Growth Rate in 2021 over 2020 (%)
社会消费品零售总额（亿元）	**Total Retail Sales of Consumer Goods (100 million yuan)**	**3700.27**	**3632.35**	**4037.11**	**11.1**
按城乡分	**By Urban and Rural Area**				
城镇	Urban	3055.32	2991.23	3309.22	10.6
#城区	City Subdivision	2220.38	2145.75	2366.42	10.3
乡村	Rural	644.95	641.12	727.89	13.5
按消费形态分	**By Consumption Morphological**				
商品零售	Commodity Retail	3249.93	3214.17	3567.19	11.0
餐费收入	Income from Meals	450.34	418.18	469.92	12.4
构成（%）（总额=100）	**Composition (%) (Total=100)**				
按城乡分	**By Urban and Rural Area**				
城镇	Urban	82.57	82.35	81.97	
#城区	City Subdivision	60.01	59.07	58.62	
乡村	Rural	17.43	17.65	18.03	
按消费形态分	**By Consumption Morphological**				
#商品零售	Commodity Retail	87.83	88.49	88.36	
餐费收入	Income from Meals	12.17	11.51	11.64	

15-2 限额以上批发和零售业情况
Basic Conditions of Wholesale and Retail Trades

项 目	Item	2010	2015	2019	2020	2021
批发和零售业	**Wholesale and Retail Trades**					
法人企业（个）	Number of Corporation Enterprises (unit)	705	1595	1712	1938	2209
年末从业人数（人）	Engaged Persons at Year-end (person)	66546	100243	100367	105155	117490
商品购进额（亿元）	Total Purchases (100 million yuan)	1727.21	3572.37	5446.69	6356.39	8585.02
#进口额（亿元）	Imports (100 million yuan)	1.78	31.95	38.55	44.12	45.37
商品销售额（亿元）	Total Sales (100 million yuan)	2021.40	4232.94	5959.78	6767.35	9101.75
#出口额（亿元）	Exports (100 million yuan)	4.00	21.68	15.51	7.89	10.83
期末商品库存额（亿元）	Total Stock at Year-end (100 million yuan)	205.77	240.68	337.70	273.21	315.78
批发业	**Wholesale Trade**					
法人企业（个）	Number of Corporation Enterprises (unit)	265	574	742	871	994
年末从业人数（人）	Engaged Persons at Year-end (person)	22404	30977	37365	39363	45336
商品购进额（亿元）	Total Purchases (100 million yuan)	1391.31	2825.42	4699.95	5482.20	7590.63
#进口额（亿元）	Imports (100 million yuan)	0.99	12.29	26.29	23.51	31.95
商品销售额（亿元）	Total Sales (100 million yuan)	1644.99	3350.29	5026.56	5762.65	7952.21
#出口额（亿元）	Exports (100 million yuan)	3.99	21.28	15.51	7.89	10.83
期末商品库存额（亿元）	Total Stock at Year-end (100 million yuan)	161.28	158.93	248.58	177.64	215.32
零售业	**Retail Trade**					
法人企业（个）	Number of Corporation Enterprises (unit)	440	1021	970	1067	1215
年末从业人数（人）	Engaged Persons at Year-end (person)	44142	69266	63002	65792	72154
商品购进额（亿元）	Total Purchases (100 million yuan)	335.91	746.96	746.75	874.20	994.39
#进口额（亿元）	Imports (100 million yuan)	0.79	19.65	12.26	20.61	13.41
商品销售额（亿元）	Total Sales (100 million yuan)	376.41	882.64	933.22	1004.70	1149.54
#出口额（亿元）	Exports (100 million yuan)	0.01	0.40			
期末商品库存额（亿元）	Total Stock at Year-end (100 million yuan)	44.49	81.74	89.12	95.57	100.46
年末零售营业面积（万平方米）	Business Area of Retail at Year-end (10 000 sq.m)	301.83	361.10	442.69	493.08	544.19

15-3　限额以上批发业企业基本情况（2021）

Basic Conditions of Enterprises above Designated Size of Wholesale Trade (2021)

项　目	Item	法人企业（个）Number of Corporation Enterprises (unit)	从业人员期末人数（人）Engaged Persons at Year-end (person)
批发业	**Wholesale Trade**	**994**	**45336**
按登记注册类型分	**By Status of Registration**		
内资企业	**Domestic Funded Enterprises**	**990**	**44222**
国有企业	State-owned Enterprises	48	5817
集体企业	Collective-owned Enterprises	3	25
股份合作企业	Cooperative Enterprises	3	93
联营企业	Joint Ownership Enterprises		
有限责任公司	Limited Liability Corporations	263	17212
国有独资公司	State Sole Funded Corporations	31	1112
其他有限责任公司	Other Limited Liability Corporations	232	16100
股份有限公司	Share-holding Corporations Ltd.	17	1988
私营企业	Private Enterprises	650	18979
私营独资企业	Private-funded Enterprises	34	613
私营合伙企业	Private Partnership Enterprises	3	50
私营有限责任公司	Private Limited Liability Corporations	605	17994
私营股份有限公司	Private Share-holding Corporations Ltd.	8	322
其他企业	Other Enterprises	6	108
港、澳、台商投资企业	**Enterprises with Funds from Hong Kong, Macao and Taiwan**	**1**	**155**
合资经营企业	Joint-venture Enterprises		
合作经营企业	Cooperative Enterprises		
独资经营企业	Enterprises with Sole Fund	1	155
投资股份有限公司	Share-holding Corporations Ltd. with Investment		
其他港澳台商投资企业	Other Enterprises with Funds from Hong Kong, Macao and Taiwan		
外商投资企业	**Foreign Funded Enterprises**	**3**	**959**
中外合资经营企业	Joint-venture Enterprises	1	135
中外合作经营企业	Cooperation Enterprises		
外资企业	Enterprises with Sole Fund	2	824
外商投资股份有限公司	Share-holding Corporations Ltd. With Foreign Investment		
其他外商投资企业	Other Foreign Funded Enterprises		

15-3 续表 continued

项　目	Item	法人企业（个）Number of Corporation Enterprises (unit)	从业人员期末人数（人）Engaged Persons at Year-end (person)
按行业分	**By Sector**		
农、林、牧、渔产品批发	Wholesale of Agricultural,Forestry,Livestock and Fishery Products	73	1787
食品饮料及烟草制品批发	Wholesale of Food, Beverages and Tobaccos	188	13482
# 米、面制品及食用油批发	Wholesale of Rice, Flour and Edible Oil	22	647
烟草制品批发	Wholesale of Tobaccos	15	3455
纺织、服装及家庭用品批发	Wholesale of Textiles, , Wearing Apparel and Household Articles	21	959
# 服装批发	Wholesale of Garments	10	612
文化、体育用品及器材批发	Wholesale of Culture, Sports Appliances and Equipments	16	1135
医药及医疗器材批发	Wholesale of Medicines and Medical Appliances	166	9371
矿产品、建材及化工产品批发	Wholesale of Mineral Products, Building Materials and Chemical Products	401	14004
# 煤炭及制品批发	Wholesale of Coal and Related Products	69	1598
石油及制品批发	Wholesale of Petroleum and Related Products	54	3139
金属及金属矿批发	Wholesale of Metal Materials	117	6465
建材批发	Wholesale of Building Materials	100	1572
化肥批发	Wholesale of Chemical Fertilizer	25	507
机械设备、五金产品及电子产品批发	Wholesale of Machinery, Hardware and Electronic Equipment	115	4329
贸易经纪与代理	Trade Broker and Agency	4	42
其他批发	Other Wholesale not Classified Elsewhere	10	227

15-4　限额以上批发业企业购销存情况（2021）
Total Purchases, Sales and Stock of Enterprises above Designated Size of Wholesale Trade (2021)

单位：万元　　　　(10 000 yuan)

项　目	Item	商品购进额 Total Purchases Value	进口 Imports	商品销售额 Total Sales Value	出口 Exports	期末商品库存额 Stock (year-end)
批发业	**Wholesale Trade**	**75906270**	**319514**	**79522073**	**108311**	**2153223**
按登记注册类型分	**By Status of Registration**					
内资企业	**Domestic Funded Enterprises**	**75690655**	**319514**	**79306366**	**108311**	**2134623**
国有企业	State-owned Enterprises	10360326	354	11719210		359506
集体企业	Collective-owned Enterprises	11870		11759		8191
股份合作企业	Cooperative Enterprises	49084		38536		2273
联营企业	Joint Ownership Enterprises					
有限责任公司	Limited Liability Corporations	34742834	134120	35290406	48224	588286
国有独资公司	State Sole Funded Corporations	17319731	60796	17439961	408	89518
其他有限责任公司	Other Limited Liability Corporations	17423103	73324	17850445	47815	498768
股份有限公司	Share-holding Corporations Ltd.	19732872		20522082		585003
私营企业	Private Enterprises	10761242	185040	11678109	60087	591227
私营独资企业	Private-funded Enterprises	181752	910	203327	6467	17846
私营合伙企业	Private Partnership Enterprises	19337		20199		1267
私营有限责任公司	Private Limited Liability Corporations	10439658	184130	11317169	46791	563169
私营股份有限公司	Private Share-holding Corporations Ltd.	120495		137413	6829	8945
其他企业	Other Enterprises	32428		46265		138
港、澳、台商投资企业	**Enterprises with Funds from Hong Kong, Macao and Taiwan**	**16000**		**20103**		**64**
合资经营企业	Joint-venture Enterprises					
合作经营企业	Cooperative Enterprises					
独资经营企业	Enterprises with Sole Fund	16000		20103		64
投资股份有限公司	Share-holding Corporations Ltd. with Investment					
其他港澳台商投资企业	Other Enterprises with Funds from Hong Kong,Macao and Taiwan					
外商投资企业	**Foreign Funded Enterprises**	**199616**		**195604**		**18536**
中外合资经营企业	Joint-venture Enterprises	81913		79485		7189
中外合作经营企业	Cooperation Enterprises					
外资企业	Enterprises with Sole Fund	117703		116119		11347
外商投资股份有限公司	Share-holding Corporations Ltd. With Foreign Investment					
其他外商投资企业	Other Foreign Funded Enterprises					

15-4 续表 continued

单位：万元 (10 000 yuan)

项 目	Item	商品购进额 Total Purchases Value	进口 Imports	商品销售额 Total Sales Value	出口 Exports	期末商品库存额 Stock (year-end)
按行业分	**By Sector**					
农、林、牧、渔产品批发	Wholesale of Agricultural,Forestry,Livestock and Fishery Products	962421	3222	1095327	25154	178159
食品饮料及烟草制品批发	Wholesale of Food, Beverages and Tobaccos	3339975	4752	4429688	24176	310796
#米、面制品及食用油批发	Wholesale of Rice, Flour and Edible Oil	246929	4398	243294		44186
烟草制品批发	Wholesale of Tobaccos	1749982	354	2471299		148630
纺织、服装及家庭用品批发	Wholesale of Textiles, Wearing Apparel and Household Articles	149716		163499		30790
#服装批发	Wholesale of Garments	100906		109476		21699
文化、体育用品及器材批发	Wholesale of Culture, Sports Appliances and Equipments	353828		396783		46835
医药及医疗器材批发	Wholesale of Medicines and Medical Appliances	2365212	3234	2655228	3135	276752
矿产品、建材及化工产品批发	Wholesale of Mineral Products, Building Materials and Chemical Products	65155676	268782	66967282	20259	1204038
#煤炭及制品批发	Wholesale of Coal and Related Products	2358294		2536593	957	85408
石油及制品批发	Wholesale of Petroleum and Related Products	22910016	178565	24160465	138	667361
金属及金属矿批发	Wholesale of Metal Materials	33635962	88150	33743342	11610	269003
建材批发	Wholesale of Building Materials	3706634	2067	3946263		126800
化肥批发	Wholesale of Chemical Fertilizer	489515		490010		44065
机械设备、五金产品及电子产品批发	Wholesale of Machinery, Hardware and Electronic Equipment	2083478	34464	2197705	35587	100600
贸易经纪与代理	Trade Broker and Agency	58405	5062	57118		2754
其他批发	Other Wholesale not Classified Elsewhere	1437559		1559443		2500

15-5 限额以上批发业企业资产及负债（2021）
Assets and Liabilities of Enterprises above Designated Size Size of Wholesale Trade (2021)

单位：万元　　　　(10 000 yuan)

项　目	Item	资产总计 Total Assets	#流动资产合计 Total Current Assets	#固定资产原价 Original Value of Fixed Assets	负债合计 Total Liabilities	所有者权益合计 Total Owners' Equities
批发业	**Wholesale Trade**	**21790154**	**13036715**	**2543065**	**13488922**	**8284380**
按登记注册类型分	**By Status of Registration**					
内资企业	**Domestic Funded Enterprises**	**21655909**	**12971568**	**2503995**	**13419396**	**8219661**
国有企业	State-owned Enterprises	2612090	2157954	397767	1268225	1343865
集体企业	Collective-owned Enterprises	21102	20078	722	21704	-603
股份合作企业	Cooperative Enterprises	31505	23661	5903	22041	9464
联营企业	Joint Ownership Enterprises					
有限责任公司	Limited Liability Corporations	12990432	6336572	1241690	8572366	4422118
国有独资公司	State Sole Funded Corporations	3587989	1752176	683502	1879575	1709527
其他有限责任公司	Other Limited Liability Corporations	9402443	4584396	558188	6692791	2712590
股份有限公司	Share-holding Corporations Ltd.	1703360	871744	383525	379834	1323526
私营企业	Private Enterprises	4286880	3552496	473515	3150745	1115232
私营独资企业	Private-funded Enterprises	82294	75449	6997	61822	19926
私营合伙企业	Private Partnership Enterprises	16233	15922	442	13637	2596
私营有限责任公司	Private Limited Liability Corporations	4102922	3393935	460619	3029658	1052906
私营股份有限公司	Private Share-holding Corporations Ltd.	85432	67190	5457	45627	39804
其他企业	Other Enterprises	10541	9064	873	4482	6059
港、澳、台商投资企业	**Enterprises with Funds from Hong Kong, Macao and Taiwan**	**8547**	**8292**	**112**	**5332**	**3215**
合资经营企业	Joint-venture Enterprises					
合作经营企业	Cooperative Enterprises					
独资经营企业	Enterprises with Sole Fund	8547	8292	112	5332	3215
投资股份有限公司	Share-holding Corporations Ltd. with Investment					
其他港澳台商投资企业	Other Enterprises with Funds from Hong Kong,Macao and Taiwan					
外商投资企业	**Foreign Funded Enterprises**	**125698**	**56855**	**38958**	**64194**	**61504**
中外合资经营企业	Joint-venture Enterprises	73634	11979	29852	21346	52288
中外合作经营企业	Cooperation Enterprises					
外资企业	Enterprises with Sole Fund	52064	44876	9105	42848	9216
外商投资股份有限公司	Share-holding Corporations Ltd. With Foreign Investment					
其他外商投资企业	Other Foreign Funded Enterprises					

15-5 续表 continued

单位：万元 (10 000 yuan)

项 目	Item	资产总计 Total Assets	# 流动资产合计 Total Current Assets	# 固定资产原价 Original Value of Fixed Assets	负债合计 Total Liabilities	所有者权益合计 Total Owners' Equities
按行业分	**By Sector**					
农、林、牧、渔产品批发	Wholesale of Agricultural,Forestry,Livestock and Fishery Products	770531	551106	156046	513116	255974
食品饮料及烟草制品批发	Wholesale of Food, Beverages and Tobaccos	2114834	1425412	497477	909284	1197399
# 米、面制品及食用油批发	Wholesale of Rice, Flour and Edible Oil	149452	110220	24389	119189	30263
烟草制品批发	Wholesale of Tobaccos	724399	591114	123744	24904	699495
纺织、服装及家庭用品批发	Wholesale of Textiles, Wearing Apparel and Household Articles	69661	57537	10729	41519	28143
# 服装批发	Wholesale of Garments	33601	30943	2674	21264	12337
文化、体育用品及器材批发	Wholesale of Culture, Sports Appliances and Equipments	122907	120943	2872	97500	23408
医药及医疗器材批发	Wholesale of Medicines and Medical Appliances	1886422	1710973	138832	1406277	471325
矿产品、建材及化工产品批发	Wholesale of Mineral Products, Building Materials and Chemical Products	16052004	8486776	1652476	9909855	6145708
# 煤炭及制品批发	Wholesale of Coal and Related Products	2293677	1170284	46825	1104978	1188699
石油及制品批发	Wholesale of Petroleum and Related Products	2091780	1082329	1209071	614995	1477898
金属及金属矿批发	Wholesale of Metal Materials	9164839	4472571	287437	6541324	2623010
建材批发	Wholesale of Building Materials	2018028	1325644	73556	1246371	771657
化肥批发	Wholesale of Chemical Fertilizer	198119	175716	19377	165779	35291
机械设备、五金产品及电子产品批发	Wholesale of Machinery, Hardware and Electronic Equipment	634754	571840	59147	517712	117041
贸易经纪与代理	Trade Broker and Agency	6832	5320	1712	2647	4186
其他批发	Other Wholesale not Classified Elsewhere	132209	106809	23774	91014	41195

15-6 限额以上批发业企业主要财务指标（2021）
Main Financial Indicators of Enterprises above Designated Size of Wholesale Trade (2021)

单位：万元 (10 000 yuan)

项　目	Item	营业收入 Business Revenue	营业成本 Business Cost	税金及附加 Taxes and Extra Charges	营业利润 Business Profits
批发业	**Wholesale Trade**	**74612424**	**72168956**	**400105**	**790650**
按登记注册类型分	**By Status of Registration**				
内资企业	**Domestic Funded Enterprises**	**74414167**	**72009079**	**399565**	**797673**
国有企业	State-owned Enterprises	10296503	9423768	328587	298329
集体企业	Collective-owned Enterprises	10773	10147	23	172
股份合作企业	Cooperative Enterprises	32495	29416	26	491
联营企业	Joint Ownership Enterprises				
有限责任公司	Limited Liability Corporations	35173654	34581630	46579	124072
国有独资公司	State Sole Funded Corporations	18655794	18336915	19174	99623
其他有限责任公司	Other Limited Liability Corporations	16517859	16244716	27405	24449
股份有限公司	Share-holding Corporations Ltd.	18248979	17906851	9368	317029
私营企业	Private Enterprises	10605500	10013054	14945	56930
私营独资企业	Private-funded Enterprises	184270	168955	308	1545
私营合伙企业	Private Partnership Enterprises	18900	16932	24	97
私营有限责任公司	Private Limited Liability Corporations	10276133	9717112	14352	48389
私营股份有限公司	Private Share-holding Corporations Ltd.	126196	110054	262	6900
其他企业	Other Enterprises	46265	44214	37	650
港、澳、台商投资企业	**Enterprises with Funds from Hong Kong, Macao and Taiwan**	**17790**	**14159**	**67**	**599**
合资经营企业	Joint-venture Enterprises				
合作经营企业	Cooperative Enterprises				
独资经营企业	Enterprises with Sole Fund	17790	14159	67	599
投资股份有限公司	Share-holding Corporations Ltd. with Investment				
其他港澳台商投资企业	Other Enterprises with Funds from Hong Kong, Macao and Taiwan				
外商投资企业	**Foreign Funded Enterprises**	**180467**	**145718**	**473**	**–7622**
中外合资经营企业	Joint-venture Enterprises	73443	75350	81	-11281
中外合作经营企业	Cooperation Enterprises				
外资企业	Enterprises with Sole Fund	107024	70367	392	3659
外商投资股份有限公司	Share-holding Corporations Ltd. With Foreign Investment				
其他外商投资企业	Other Foreign Funded Enterprises				

15-6 续表 continued

单位：万元 (10 000 yuan)

项 目	Item	营业收入 Business Revenue	营业成本 Business Cost	税金及附加 Taxes and Extra Charges	营业利润 Business Profits
按行业分	**By Sector**				
农、林、牧、渔产品批发	Wholesale of Agricultural,Forestry,Livestock and Fishery Products	1039297	1000385	706	3458
食品饮料及烟草制品批发	Wholesale of Food, Beverages and Tobaccos	4047992	3173807	309019	255327
#米、面制品及食用油批发	Wholesale of Rice, Flour and Edible Oil	230451	220646	262	-2556
烟草制品批发	Wholesale of Tobaccos	2194428	1557169	305193	211125
纺织、服装及家庭用品批发	Wholesale of Textiles, Wearing Apparel and Household Articles	148025	133382	190	9
#服装批发	Wholesale of Garments	99082	89531	135	-206
文化、体育用品及器材批发	Wholesale of Culture, Sports Appliances and Equipments	354150	332542	1432	724
医药及医疗器材批发	Wholesale of Medicines and Medical Appliances	2389612	2151082	5471	35721
矿产品、建材及化工产品批发	Wholesale of Mineral Products, Building Materials and Chemical Products	63269000	62167100	62704	494450
#煤炭及制品批发	Wholesale of Coal and Related Products	2265230	2145659	4194	19116
石油及制品批发	Wholesale of Petroleum and Related Products	24470261	23671261	20695	383128
金属及金属矿批发	Wholesale of Metal Materials	30686675	30614941	32461	-19870
建材批发	Wholesale of Building Materials	3538400	3469521	3977	106400
化肥批发	Wholesale of Chemical Fertilizer	449078	436981	421	484
机械设备、五金产品及电子产品批发	Wholesale of Machinery, Hardware and Electronic Equipment	1936286	1822144	1997	-6462
贸易经纪与代理	Trade Broker and Agency	54739	50583	69	761
其他批发	Other Wholesale not Classified Elsewhere	1373324	1337930	18516	6661

15-7 限额以上零售业企业基本情况（2021）

Basic Conditions of Enterprises above Designated Size in Retail Trade (2021)

项　目	Item	法人企业（个）Number of Corporation Enterprises (unit)	从业人员期末人数（人）Engaged Persons at Year-end (person)
零售业	**Retail Trade**	**1215**	**72154**
按登记注册类型分	**By Status of Registration**		
内资企业	**Domestic Funded Enterprises**	**1204**	**70892**
国有企业	State-owned Enterprises	16	3054
集体企业	Collective-owned Enterprises	6	164
股份合作企业	Cooperative Enterprises	3	132
联营企业	Joint Ownership Enterprises	1	8
有限责任公司	Limited Liability Corporations	295	22463
国有独资公司	State Sole Funded Corporations	10	763
其他有限责任公司	Other Limited Liability Corporations	285	21700
股份有限公司	Share-holding Corporations Ltd.	29	6594
私营企业	Private Enterprises	849	38275
私营独资企业	Private-funded Enterprises	72	2110
私营合伙企业	Private Partnership Enterprises	2	86
私营有限责任公司	Private Limited Liability Corporations	767	35865
私营股份有限公司	Private Share-holding Corporations Ltd.	8	214
其他企业	Other Enterprises	5	202
港、澳、台商投资企业	**Enterprises with Funds from Hong Kong, Macao and Taiwan**	**5**	**845**
合资经营企业	Joint-venture Enterprises	1	46
合作经营企业	Cooperative Enterprises		
独资经营企业	Enterprises with Sole Fund	4	799
投资股份有限公司	Share-holding Corporations Ltd. with Investment		
其他港澳台商投资企业	Other Enterprises with Funds from Hong Kong,Macao and Taiwan		
外商投资企业	**Foreign Funded Enterprises**	**6**	**417**
中外合资经营企业	Joint-venture Enterprises	3	191
中外合作经营企业	Cooperation Enterprises		
外资企业	Enterprises with Sole Fund	2	85
外商投资股份有限公司	Share-holding Corporations Ltd. With Foreign Investment		
其他外商投资企业	Other Foreign Funded Enterprises	1	141

15-7 续表 continued

项 目	Item	法人企业（个）Number of Corporation Enterprises (unit)	从业人员期末人数（人）Engaged Persons at Year-end (person)
按行业分	**By Sector**		
综合零售	Integrated Retail	227	22924
#百货零售	Retail of General Merchandise	122	9312
超级市场零售	Retail of Supermarkets	96	12859
食品、饮料及烟草制品专门零售	Retail of Food, Beverages and Tobaccos	100	2971
纺织、服装及日用品专门零售	Special Retail of Textiles, Garments and Daily Consumer Articles	38	2909
#服装零售	Retail of Garments	24	1465
文化、体育用品及器材专门零售	Special Retail of Culture, Sports Appliances and Equipments	23	2702
#图书报刊零售	Retail of Books Newspapers and Magazines	6	2342
医药及医疗器材专门零售	Retail of Medicines and Medical Appliances	71	14272
#西药零售	Retail of Western Medicine	64	14001
汽车、摩托车、零配件和燃料及其他动力销售	Retail of Motor Vehicles,Motorcycles,Spare Parts,Fuels and Other Power	581	22690
#汽车新车零售	Retail of New Car	434	15258
机动车燃油零售	Retail of Motor Vehicle Fuel	104	6568
家用电器及电子产品专门零售	Special Retail of Household Electric Appliances and Electronic Products	110	2181
#日用家电零售	Retail of Household Electric Appliances	49	1081
计算机、软件及辅助设备零售	Retail of Computer, Software and Assistant Appliances	23	378
通信设备零售	Retail of Communication Equipments	28	535
五金、家具及室内装饰材料专门零售	Special Retail of Hardware, Furniture and Decoration Materials	22	384
货摊、无店铺及其他零售	Stall,Non-shop and Other Retails	43	1121

15-8 限额以上零售业企业购销存情况（2021）
Total Purchases, Sales and Stock of Enterprises above Designated Size of Retail Trade (2021)

单位：万元 (10 000 yuan)

项 目	Item	商品购进额 Total Purchases Value	进口 Imports	商品销售额 Total Sales Value	期末商品库存额 Stock (year-end)
零售业	**Retail Trade**	**9943894**	**134148**	**11495412**	**1004574**
按登记注册类型分	**By Status of Registration**				
内资企业	**Domestic Funded Enterprises**	**9754604**	**133988**	**11219623**	**970255**
国有企业	State-owned Enterprises	412077		434201	22461
集体企业	Collective-owned Enterprises	11285		12113	432
股份合作企业	Cooperative Enterprises	4270		4576	1095
联营企业	Joint Ownership Enterprises	4255		4804	15
有限责任公司	Limited Liability Corporations	2590164	67986	3128027	260389
国有独资公司	State Sole Funded Corporations	294068		352286	9702
其他有限责任公司	Other Limited Liability Corporations	2296096	67986	2775740	250687
股份有限公司	Share-holding Corporations Ltd.	2299740		2521443	52510
私营企业	Private Enterprises	4425322	66002	5104811	632237
私营独资企业	Private-funded Enterprises	231199		251342	24851
私营合伙企业	Private Partnership Enterprises	1983		1924	370
私营有限责任公司	Private Limited Liability Corporations	4170798	66002	4822546	603993
私营股份有限公司	Private Share-holding Corporations Ltd.	21342		28999	3024
其他企业	Other Enterprises	7493		9648	1114
港、澳、台商投资企业	**Enterprises with Funds from Hong Kong, Macao and Taiwan**	**64515**	**161**	**102687**	**6891**
合资经营企业	Joint-venture Enterprises	4107	161	3243	728
合作经营企业	Cooperative Enterprises				
独资经营企业	Enterprises with Sole Fund	60408		99444	6163
投资股份有限公司	Share-holding Corporations Ltd. with Investment				
其他港澳台商投资企业	Other Enterprises with Funds from Hong Kong,Macao and Taiwan				
外商投资企业	**Foreign Funded Enterprises**	**124775**		**173102**	**27429**
中外合资经营企业	Joint-venture Enterprises	23143		67096	18014
中外合作经营企业	Cooperation Enterprises				
外资企业	Enterprises with Sole Fund	11622		15586	469
外商投资股份有限公司	Share-holding Corporations Ltd. With Foreign Investment				
其他外商投资企业	Other Foreign Funded Enterprises	90010		90420	8946

15-8 续表 continued

单位：万元 (10 000 yuan)

项 目	Item	商品购进额 Total Purchases Value	进口 Imports	商品销售额 Total Sales Value	期末商品库存额 Stock (year-end)
按行业分	**By Sector**				
综合零售	Integrated Retail	1206661	61	1709208	149222
#百货零售	Retail of General Merchandise	603974		985270	68675
超级市场零售	Retail of Supermarkets	573324	61	682064	77174
食品、饮料及烟草制品专门零售	Retail of Food, Beverages and Tobaccos	261156	256	301849	32066
纺织、服装及日用品专门零售	Special Retail of Textiles, Garments and Daily Consumer Articles	172802		226978	35285
#服装零售	Retail of Garments	78366		128040	10938
文化、体育用品及器材专门零售	Retail of Culture, Sports Appliances and Equipments	221209		229020	17558
#图书报刊零售	Retail of Books Newspapers and Magazines	205886		201933	7330
医药及医疗器材专门零售	Retail of Medicines and Medical Appliances	417500		561981	109081
#西药零售	Retail of Western Medicine	407893		548620	108119
汽车、摩托车、零配件和燃料及其他动力销售	Retail of Motor Vehicles,Motorcycles,Spare Parts, Fuels and Other Power	7091299	133831	7768171	603099
#汽车新车零售	Retail of New Car	3860688	133831	4118973	510034
机动车燃油零售	Retail of Motor Vehicle Fuel	3047333		3444860	88230
家用电器及电子产品专门零售	Special Retail of Household Electric Appliances and Electronic Products	371547		427399	38442
#日用家电零售	Retail of Household Electric Appliances	201409		214970	16342
计算机、软件及辅助设备零售	Retail of Computer, Software and Assistant Appliances	43417		60875	4952
通信设备零售	Retail of Communication Equipments	87934		110169	14406
五金、家具及室内装饰材料专门零售	Special Retail of Hardware, Furniture and Decoration Materials	50294		53674	8512
货摊、无店铺及其他零售	Stall,Non-shop and Other Retails	151426		217131	11310

15-9 限额以上零售业企业资产及负债（2021）
Assets and Liabilities of Enterprises above Designated Size of Retail Trade (2021)

单位：万元 (10 000 yuan)

项 目	Item	资产总计 Total Assets	#流动资产合计 Total Current Assets	#固定资产原价 Original Value of Fixed Assets	负债合计 Total Liabilities	所有者权益合计 Total Owners' Equities
零售业	**Retail Trade**	**6088909**	**3737972**	**1541484**	**4254105**	**1678897**
按登记注册类型分	**By Status of Registration**					
内资企业	**Domestic Funded Enterprises**	**5971566**	**3687157**	**1481791**	**4175222**	**1640438**
国有企业	State-owned Enterprises	173945	86903	69699	107664	66282
集体企业	Collective-owned Enterprises	5861	3294	3253	3766	2095
股份合作企业	Cooperative Enterprises	2195	2080	477	1100	1095
联营企业	Joint Ownership Enterprises	3070	2810	472	1159	1910
有限责任公司	Limited Liability Corporations	1790859	952835	480431	1230739	533781
国有独资公司	State Sole Funded Corporations	90322	35649	53347	32761	31903
其他有限责任公司	Other Limited Liability Corporations	1700537	917186	427084	1197977	501878
股份有限公司	Share-holding Corporations Ltd.	1023411	532323	413648	666182	245413
私营企业	Private Enterprises	2965906	2102070	513082	2159353	788930
私营独资企业	Private-funded Enterprises	190557	81838	21083	160668	29277
私营合伙企业	Private Partnership Enterprises	1128	718	281	713	415
私营有限责任公司	Private Limited Liability Corporations	2761805	2009613	489242	1990099	754695
私营股份有限公司	Private Share-holding Corporations Ltd.	12416	9900	2476	7874	4543
其他企业	Other Enterprises	6320	4842	731	5259	932
港、澳、台商投资企业	**Enterprises with Funds from Hong Kong, Macao and Taiwan**	**41794**	**30985**	**17031**	**22726**	**19068**
合资经营企业	Joint-venture Enterprises	2973	2203	254	2221	752
合作经营企业	Cooperative Enterprises					
独资经营企业	Enterprises with Sole Fund	38821	28782	16777	20505	18316
投资股份有限公司	Share-holding Corporations Ltd. with Investment					
其他港澳台商投资企业	Other Enterprises with Funds from Hong Kong,Macao and Taiwan					
外商投资企业	**Foreign Funded Enterprises**	**75549**	**19830**	**42662**	**56157**	**19392**
中外合资经营企业	Joint-venture Enterprises	50861	4257	31205	43160	7701
中外合作经营企业	Cooperation Enterprises					
外资企业	Enterprises with Sole Fund	3058	1435	827	4549	-1491
外商投资股份有限公司	Share-holding Corporations Ltd. With Foreign Investment					
其他外商投资企业	Other Foreign Funded Enterprises	21630	14139	10630	8449	13182

15-9 续表 continued

单位：万元 (10 000 yuan)

项　目	Item	资产总计 Total Assets	#流动资产合　计 Total Current Assets	#固定资产原　价 Original Value of Fixed Assets	负债合计 Total Liabilities	所有者权益合计 Total Owners' Equities
按行业分	**By Sector**					
综合零售	Integrated Retail	1704565	963813	473835	1272441	430619
#百货零售	Retail of General Merchandise	1219166	655080	380229	883640	335526
超级市场零售	Retail of Supermarkets	471092	296318	90590	373830	95757
食品、饮料及烟草制品专门零售	Retail of Food, Beverages and Tobaccos	194176	148441	43100	128632	65544
纺织、服装及日用品专门零售	Special Retail of Textiles, Garments and Daily Consumer Articles	168520	113383	60191	121762	31992
#服装零售	Retail of Garments	106891	66060	46568	95052	-2927
文化、体育用品及器材专门零售	Retail of Culture, Sports Appliances and Equipments	393207	291860	90491	238516	154652
#图书报刊零售	Retail of Books Newspapers and Magazines	347021	266289	81055	221566	125455
医药及医疗器材专门零售	Retail of Medicines and Medical Appliances	394778	258059	44421	274215	120563
#西药零售	Retail of Western Medicine	359618	229138	40101	251228	108390
汽车、摩托车、零配件和燃料及其他动力销售	Retail of Motor Vehicles,Motorcycles,Spare Parts, Fuels and Other Power	2716318	1540292	762033	1884049	691489
#汽车新车零售	Retail of New Car	1982730	1353980	292952	1505837	476168
机动车燃油零售	Retail of Motor Vehicle Fuel	631726	130627	426367	317172	174500
家用电器及电子产品专门零售	Special Retail of Household Electric Appliances and Electronic Products	324600	297319	10214	241154	83279
#日用家电零售	Retail of Household Electric Appliances	212438	192551	5222	152627	59811
计算机、软件及辅助设备零售	Retail of Computer, Software and Assistant Appliances	37099	33506	3035	19037	18062
通信设备零售	Retail of Communication Equipments	49745	46776	1114	49661	-83
五金、家具及室内装饰材料专门零售	Special Retail of Hardware, Furniture and Decoration Materials	26463	21472	3310	16020	10443
货摊、无店铺及其他零售	Stall,Non-shop and Other Retails	166281	103333	53890	77316	90315

15-10 限额以上零售业企业主要财务指标（2021）
Main Financial Indicators of Enterprises above Designated Size of Retail Trade (2021)

单位：万元 (10 000 yuan)

项 目	Item	营业收入 Business Revenue	营业成本 Business Cost	税金及附加 Taxes and Extra Charges	营业利润 Business Profits
零售业	**Retail Trade**	**10383237**	**9262738**	**36848**	**171751**
按登记注册类型分	**By Status of Registration**				
内资企业	**Domestic Funded Enterprises**	**10116111**	**9033003**	**35127**	**166033**
国有企业	State-owned Enterprises	396491	349944	990	8311
集体企业	Collective-owned Enterprises	11667	10404	17	121
股份合作企业	Cooperative Enterprises	3639	2815	9	67
联营企业	Joint Ownership Enterprises	4258	3729	9	261
有限责任公司	Limited Liability Corporations	2770396	2404333	12027	43032
国有独资公司	State Sole Funded Corporations	295374	270672	770	10266
其他有限责任公司	Other Limited Liability Corporations	2475021	2133661	11257	32767
股份有限公司	Share-holding Corporations Ltd.	2250094	2089448	9182	76876
私营企业	Private Enterprises	4670390	4165974	12850	36442
私营独资企业	Private-funded Enterprises	221238	198617	406	1678
私营合伙企业	Private Partnership Enterprises	1748	1424	3	-131
私营有限责任公司	Private Limited Liability Corporations	4419002	3940418	12400	34173
私营股份有限公司	Private Share-holding Corporations Ltd.	28403	25515	40	722
其他企业	Other Enterprises	9177	6356	45	922
港、澳、台商投资企业	**Enterprises with Funds from Hong Kong, Macao and Taiwan**	**103273**	**83452**	**599**	**250**
合资经营企业	Joint-venture Enterprises	2991	2793	2	-328
合作经营企业	Cooperative Enterprises				
独资经营企业	Enterprises with Sole Fund	100282	80660	597	578
投资股份有限公司	Share-holding Corporations Ltd. with Investment				
其他港澳台商投资企业	Other Enterprises with Funds from Hong Kong,Macao and Taiwan				
外商投资企业	**Foreign Funded Enterprises**	**163854**	**146283**	**1121**	**5469**
中外合资经营企业	Joint-venture Enterprises	59260	53680	112	1355
中外合作经营企业	Cooperation Enterprises				
外资企业	Enterprises with Sole Fund	13957	12143	27	-654
外商投资股份有限公司	Share-holding Corporations Ltd. With Foreign Investment				
其他外商投资企业	Other Foreign Funded Enterprises	90637	80459	982	4768

15-10 续表 continued

单位：万元 (10 000 yuan)

项　目	Item	营业收入 Business Revenue	营业成本 Business Cost	税金及附加 Taxes and Extra Charges	营业利润 Business Profits
按行业分	**By Sector**				
综合零售	Integrated Retail	1537947	1252307	11318	22467
#百货零售	Retail of General Merchandise	870843	707246	9533	25156
超级市场零售	Retail of Supermarkets	626989	511839	1603	-1722
食品、饮料及烟草制品专门零售	Retail of Food, Beverages and Tobaccos	281711	245274	1018	8925
纺织、服装及日用品专门零售	Special Retail of Textiles, Garments and Daily Consumer Articles	200391	148144	1091	398
#服装零售	Retail of Garments	112036	83998	474	-1896
文化、体育用品及器材专门零售	Retail of Culture, Sports Appliances and Equipments	223948	213618	1055	5723
#图书报刊零售	Retail of Books Newspapers and Magazines	202214	196169	812	5630
医药及医疗器材专门零售	Retail of Medicines and Medical Appliances	523194	376673	1446	-1243
#西药零售	Retail of Western Medicine	510186	365993	1365	-846
汽车、摩托车、零配件和燃料及其他动力销售	Retail of Motor Vehicles,Motorcycles, Spare Parts, Fuels and Other Power	6976644	6473630	19128	130772
#汽车新车零售	Retail of New Car	3751682	3488621	9289	34390
机动车燃油零售	Retail of Motor Vehicle Fuel	3031977	2808996	9503	94463
家用电器及电子产品专门零售	Special Retail of Household Electric Appliances and Electronic Products	382906	353367	593	-11723
#日用家电零售	Retail of Household Electric Appliances	190419	176514	345	-9324
计算机、软件及辅助设备零售	Retail of Computer, Software and Assistant Appliances	55508	49679	104	368
通信设备零售	Retail of Communication Equipments	99390	93420	73	-2877
五金、家具及室内装饰材料专门零售	Special Retail of Hardware, Furniture and Decoration Materials	52060	43360	122	1999
货摊、无店铺及其他零售	Stall,Non-shop and Other Retails	204436	156366	1076	14433

15-11 亿元以上商品交易市场摊位分类情况（2021）

Classification of Commodity Exchange Markets of Transaction Value over 100 Million Yuan (2021)

类　别	Classification	摊位数（个）Number of Booths (unit)	成交额（万元）Turnover (10 000 yuan)
总计	**Total**	**29150**	**4204150**
粮油、食品类	Grain and Oil,Food	10014	1937136
#粮油类	Grain and Oil	412	144892
肉禽蛋类	Meat,Poultry and Eggs	628	240004
水产品类	Aquatic Products	609	273343
蔬菜类	Vegetables	6978	902661
干鲜果品类	Dried and Fresh Melons and Fruits	1155	371482
饮料类	Beverages	170	23076
烟酒类	Tobacco and Liquor	140	7553
服装鞋帽、针、纺织品类	Clothing, Shoes, Hats and Textiles	5864	261080
服装类	Clothing	5151	239968
鞋帽类	Footwear and Hats	363	9085
针、纺织品类	Knitwear and Textiles	350	12027
化妆品类	Cosmetics	135	28347
金银珠宝类	Gold,Silver and Jewellery	54	5974
日用品类	Articles for Daily Use	579	121771
五金、电料类	Hardware & Electrical Materials	826	52115
体育、娱乐用品类	Sports & Recreational Articles	119	17573
书报杂志类	Newspapers and Magazines	14	507
电子出版物及音像制品类	E-journal and Video Products	22	1991
家用电器和音像器材类	Household Appliances and Video Equipments	502	116998
中西药品类	Traditional Chinese and Western Medicine	6324	1101075
西药类	Western Medicine	4	783
中草药及中成药类	Traditional Chinese	6304	1098533
文化办公用品类	Cultural and Official Goods	154	47871
家具类	Furniture	852	217133
通讯器材类	Communication Appliances	22	5112
煤炭及制品类	Coal and Related Products		
木材及制品类	Wood and Wooden Products	282	13300
石油及制品类	Petroleum and Related Products		
化工材料及制品类	Raw Chemical Materials and Related Products		
#化肥类	Fertilizer		
金属材料类	Metal Materials	306	85645
建筑及装潢材料类	Building and Decoration Materials	1557	95990
机电产品及设备类	Mechanical & Electrical Products	70	3320
#农机类	Agricultural Machinery		
汽车类	Automobile	9	18000
种子饲料类	Seed and Feedstuff	8	1438
棉麻类	Cotton and Hemp		
其他类	Others	1127	41145

15-12 各市（州）限额以上批发业企业基本情况和主要财务指标（2021）

Basic Conditions and Main Financial Indicators of Enterprises above Designated Size of Wholesale Trade by Region (2021)

单位：万元 (10 000 yuan)

市（州）	Region	法人企业（个）Number of Corporation Enterprises (unit)	从业人员期末人数（人）Engaged Persons at Year-end (person)	商品销售额 Total Sales	营业收入 Business Revenue	营业成本 Business Cost	税金及附加 Taxes and Extra Charges	营业利润 Business Profits
兰州市	Lanzhou	454	21780	66709938	62345208	60808240	137779	571299
嘉峪关市	Jiayuguan	21	4816	2036386	2377440	2440857	16826	-45320
金昌市	Jinchang	24	569	478551	457649	402148	7239	13661
白银市	Baiyin	43	1257	1244783	1274434	1192182	21168	21116
天水市	Tianshui	107	2924	1570955	1431272	1305491	35102	34153
武威市	Wuwei	67	2437	921466	834642	729694	19568	28533
张掖市	Zhangye	69	3306	759829	736991	645582	12935	18124
平凉市	Pingliang	34	1452	416743	373637	318230	19810	7719
酒泉市	Jiuquan	61	1618	3158703	2744387	2612262	19492	59627
庆阳市	Qingyang	32	1494	659939	587971	503055	27882	29090
定西市	Dingxi	36	1270	571311	558016	486264	27520	7366
陇南市	Longnan	31	1502	699892	627982	516708	31595	33811
临夏州	Linxia	13	613	225732	202213	164644	15241	8280
甘南州	Gannan	2	298	67845	60582	43599	7948	3192

15-13 各市（州）限额以上零售业企业基本情况和主要财务指标（2021）

Basic Conditions and Main Financial Indicators of Enterprises above Designated Size of Retail Trade by Region (2021)

单位：万元 (10 000 yuan)

市（州）	Region	法人企业（个）Number of Corporation Enterprises (unit)	从业人员期末人数（人）Engaged Persons at Year-end (person)	商品销售额 Total Sales	营业收入 Business Revenue	营业成本 Business Cost	税金及附加 Taxes and Extra Charges	营业利润 Business Profits
兰州市	Lanzhou	292	33829	5550339	5060662	4467360	21423	81055
嘉峪关市	Jiayuguan	29	1678	222008	210706	189029	896	-2120
金昌市	Jinchang	37	1329	243534	209404	188700	472	4172
白银市	Baiyin	89	3475	760756	712581	634418	2264	19653
天水市	Tianshui	152	5639	909416	810538	742333	1853	13190
武威市	Wuwei	63	2452	313636	287651	259547	503	60
张掖市	Zhangye	107	4435	672306	585280	517196	1220	8991
平凉市	Pingliang	61	3235	502085	450420	406196	900	11032
酒泉市	Jiuquan	110	3082	474248	411763	369106	993	2287
庆阳市	Qingyang	97	5446	485564	437649	388224	1068	2098
定西市	Dingxi	63	2457	487040	422328	384588	1020	10643
陇南市	Longnan	70	2713	374995	338525	307760	678	8339
临夏州	Linxia	39	2068	371027	329628	302089	3305	8863
甘南州	Gannan	6	316	128459	116103	106192	253	3488

15-14 按城乡分各地、县社会消费品零售总额（2021）
Total Retail Sale of Consumer Goods of Urban and Rural Areas by Region & County(2021)

单位：万元 (10 000 yuan)

地、县	Region & County	社会消费品零售总额 Total Retail Sales of Consumer Goods	城镇 Urban	乡村 Rural
兰州市	**Lanzhou**	**17577416**	**15374556**	**2202860**
城关区	Chengguan	9411515	8742787	668729
七里河区	Qilihe	2689167	2370822	318345
西固区	Xigu	1535111	1254826	280285
安宁区	Anning	1812788	1552648	260140
红古区	Honggu	284226	161258	122968
永登县	Yongdeng	330929	203572	127357
皋兰县	Gaolan	500541	377179	123362
榆中县	Yuzhong	342578	213566	129012
兰州新区	Lanzhou New Area	670562	497898	172664
嘉峪关市	**Jiayuguan**	**828672**	**828672**	
金昌市	**Jinchang**	**1115627**	**861839**	**253788**
金川区	Jinchuan	748088	619815	128273
永昌县	Yongchang	367539	242024	125514
白银市	**Baiyin**	**2019300**	**1645954**	**373346**
白银区	Baiyin	1102421	1061953	40468
平川区	Pingchuan	192995	183383	9611
靖远县	Jingyuan	258483	146824	111660
会宁县	Huining	270324	99713	170611
景泰县	Jingtai	195077	154081	40996
天水市	**Tianshui**	**2962224**	**2306186**	**656038**
秦州区	Qinzhou	950512	760410	190103
麦积区	Maiji	790282	632225	158056
清水县	Qingshui	107648	80520	27127
秦安县	Qinan	389306	291201	98105
甘谷县	Gangu	335712	251112	84599
武山县	Wushan	286278	214136	72142
张家川县	Zhangjiachuan	102486	76581	25905
武威市	**Wuwei**	**1619987**	**1130963**	**489024**
凉州区	Liangzhou	975252	739946	235306
民勤县	Minqin	211560	127681	83879
古浪县	Gulang	211544	135242	76302
天祝县	Tianzhu	221631	128094	93537
张掖市	**Zhangye**	**2285769**	**1595070**	**690699**

15-14 续表 1 continued

单位：万元 (10 000 yuan)

地、县	Region & County	社会消费品零售总额 Total Retail Sales of Consumer Goods	城镇 Urban	乡村 Rural
甘州区	Ganzhou	1270588	864488	406100
肃南县	Sunan	61703	34059	27644
民乐县	Minle	263895	204371	59524
临泽县	Linze	218231	137220	81011
高台县	Gaotai	195708	128873	66835
山丹县	Shandan	275644	226059	49585
平凉市	**Pingliang**	**1912463**	**1733715**	**178748**
崆峒区	Kongtong	918769	856420	62349
泾川县	Jingchuan	131582	115603	15978
灵台县	Lingtai	96610	87309	9301
崇信县	Chongxin	52324	34780	17544
庄浪县	Zhuanglang	238532	213186	25347
静宁县	Jingning	309843	274780	35064
华亭市	Huating	164804	151638	13165
酒泉市	**Jiuquan**	**2909404**	**2159787**	**749617**
肃州区	Suzhou	1438340	997631	440709
金塔县	Jinta	200588	145621	54966
瓜州县	Guazhou	405083	303390	101693
肃北县	Subei	36756	34355	2401
阿克塞县	Akesai	33145	30499	2647
玉门市	Yumen	290952	235518	55434
敦煌市	Dunhuang	504540	412773	91767
庆阳市	**Qingyang**	**1980098**	**1497321**	**482777**
西峰区	Xifeng	813467	619237	194230
庆城县	Qingcheng	185798	141209	44589
环　县	Huanxian	182190	140456	41734
华池县	Huachi	88983	68447	20536
合水县	Heshui	104189	77976	26213
正宁县	Zhengning	121927	83120	38807
宁　县	Ningxian	240983	182645	58338
镇原县	Zhenyuan	242561	184231	58330
定西市	**Dingxi**	**1855061**	**1573391**	**281670**
安定区	Anding	703954	608185	95769
通渭县	Tongwei	143228	119707	23521

15-14 续表 2 continued

单位：万元 (10 000 yuan)

地、县	Region & County	社会消费品零售总额 Total Retail Sales of Consumer Goods	城镇 Urban	乡村 Rural
陇西县	Longxi	325994	274679	51315
渭源县	Weiyuan	107652	89625	18027
临洮县	Lintao	271970	229406	42564
漳　县	Zhangxian	66431	55028	11403
岷　县	Minxian	235832	196762	39070
陇南市	**Longnan**	**1642660**	**1089420**	**553240**
武都区	Wudu	794839	530200	264638
成　县	Chengxian	169288	120680	48608
文　县	Wenxian	70806	38501	32305
宕昌县	Tanchang	138824	92424	46400
康　县	Kangxian	75817	46829	28988
西和县	Xihe	95695	57913	37783
礼　县	Lixian	155307	99980	55327
徽　县	Huixian	126395	93807	32588
两当县	Liangdang	15689	9085	6604
临夏州	**Linxia**	**1174576**	**953625**	**220951**
临夏市	linxia	593518	570704	22814
临夏县	linxia	110748	82664	28084
康乐县	Kangle	88949	48905	40044
永靖县	Yongjing	105706	80780	24926
广河县	Guanghe	113831	72100	41731
和政县	Hezheng	50890	35339	15551
东乡县	Dongxiang	36083	22976	13106
积石山县	Jishishan	74852	40158	34695
甘南州	**Gannan**	**487845**	**370859**	**116986**
合作市	Hezuo	203352	203352	
临潭县	Lintan	41100	24276	16824
卓尼县	Zhuoni	40789	24041	16748
舟曲县	Zhouqu	47083	28825	18258
迭部县	Diebu	28162	17445	10717
玛曲县	Maqu	34231	16058	18173
碌曲县	Luqu	29468	15438	14030
夏河县	Xiahe	63660	41424	22236

15-15 按行业分各地、县社会消费品零售总额（2021）
Total Retail Sale of Consumer Goods by Sector and Region & County (2021)

单位：万元 (10,000 yuan)

地、县	Region & County	社会消费品零售总额 Total Retail Sales of Consumer Goods	餐费收入 Income from Meals	商品零售 Commodity Retail
兰州市	**Lanzhou**	**17577416**	**1909971**	**15667445**
城关区	Chengguan	9411515	1007629	8403886
七里河区	Qilihe	2689167	249019	2440148
西固区	Xigu	1535111	286738	1248373
安宁区	Anning	1812788	113668	1699120
红古区	Honggu	284226	36346	247880
永登县	Yongdeng	330929	55813	275116
皋兰县	Gaolan	500541	37390	463151
榆中县	Yuzhong	342578	73741	268837
兰州新区	Lanzhou New Area	670562	49629	620934
嘉峪关市	**Jiayuguan**	**828672**	**78596**	**750076**
金昌市	**Jinchang**	**1115627**	**125390**	**990237**
金川区	Jinchuan	748088	81296	666792
永昌县	Yongchang	367539	44094	323445
白银市	**Baiyin**	**2019300**	**242035**	**1777265**
白银区	Baiyin	1102421	145374	957047
平川区	Pingchuan	192995	22583	170412
靖远县	Jingyuan	258483	32854	225629
会宁县	Huining	270324	15808	254517
景泰县	Jingtai	195077	25417	169660
天水市	**Tianshui**	**2962224**	**394830**	**2567394**
秦州区	Qinzhou	950512	126703	823809
麦积区	Maiji	790282	105345	684937
清水县	Qingshui	107648	14349	93298
秦安县	Qinan	389306	51895	337412
甘谷县	Gangu	335712	44750	290961
武山县	Wushan	286278	38127	248152
张家川县	Zhangjiachuan	102486	13661	88825
武威市	**Wuwei**	**1619987**	**159295**	**1460692**
凉州区	Liangzhou	975252	99308	875944
民勤县	Minqin	211560	21032	190528
古浪县	Gulang	211544	17112	194432
天祝县	Tianzhu	221631	21843	199788
张掖市	**Zhangye**	**2285769**	**336503**	**1949266**

15-15 续表 1 continued

单位：万元 (10,000 yuan)

地、县	Region & County	社会消费品零售总额 Total Retail Sales of Consumer Goods	餐费收入 Income from Meals	商品零售 Commodity Retail
甘州区	Ganzhou	1270588	108130	1162458
肃南县	Sunan	61703	7148	54555
民乐县	Minle	263895	161104	102791
临泽县	Linze	218231	15221	203010
高台县	Gaotai	195708	14656	181052
山丹县	Shandan	275644	30244	245400
平凉市	**Pingliang**	**1912463**	**130869**	**1781594**
崆峒区	Kongtong	918769	15980	902789
泾川县	Jingchuan	131582	21703	109878
灵台县	Lingtai	96610	15264	81346
崇信县	Chongxin	52324	2196	50128
庄浪县	Zhuanglang	238532	34809	203723
静宁县	Jingning	309843	25144	284699
华亭市	Huating	164804	15774	149030
酒泉市	**Jiuquan**	**2909404**	**348156**	**2561248**
肃州区	Suzhou	1438340	121111	1317229
金塔县	Jinta	200588	29622	170966
瓜州县	Guazhou	405083	31042	374041
肃北县	Subei	36756	2902	33854
阿克塞县	Akesai	33145	5529	27617
玉门市	Yumen	290952	45194	245759
敦煌市	Dunhuang	504540	112757	391783
庆阳市	**Qingyang**	**1980098**	**235688**	**1744410**
西峰区	Xifeng	813467	91086	722381
庆城县	Qingcheng	185798	24952	160846
环　县	Huanxian	182190	26162	156028
华池县	Huachi	88983	9645	79338
合水县	Heshui	104189	13123	91066
正宁县	Zhengning	121927	14360	107567
宁　县	Ningxian	240983	26548	214435
镇原县	Zhenyuan	242561	29812	212749
定西市	**Dingxi**	**1855061**	**258143**	**1596917**
安定区	Anding	703954	54692	649262
通渭县	Tongwei	143228	29143	114085

15-15 续表 2 continued

单位：万元 (10,000 yuan)

地、县	Region & County	社会消费品零售总额 Total Retail Sales of Consumer Goods	餐费收入 Income from Meals	商品零售 Commodity Retail
陇西县	Longxi	325994	44877	281117
渭源县	Weiyuan	107652	20614	87038
临洮县	Lintao	271970	49812	222157
漳　县	Zhangxian	66431	15196	51235
岷　县	Minxian	235832	43809	192023
陇南市	**Longnan**	**1642660**	**178093**	**1464567**
武都区	Wudu	794839	51165	743674
成　县	Chengxian	169288	26074	143214
文　县	Wenxian	70806	15291	55515
宕昌县	Tanchang	138824	22651	116173
康　县	Kangxian	75817	16096	59721
西和县	Xihe	95695	9584	86112
礼　县	Lixian	155307	22621	132686
徽　县	Huixian	126395	11027	115368
两当县	Liangdang	15689	3584	12105
临夏州	**Linxia**	**1174576**	**180377**	**994199**
临夏市	linxia	593518	102547	490971
临夏县	linxia	110748	12425	98323
康乐县	Kangle	88949	12888	76061
永靖县	Yongjing	105706	16887	88819
广河县	Guanghe	113831	14646	99185
和政县	Hezheng	50890	6692	44198
东乡县	Dongxiang	36083	5481	30602
积石山县	Jishishan	74852	8811	66041
甘南州	**Gannan**	**487845**	**121251**	**366594**
合作市	Hezuo	203352	50127	153225
临潭县	Lintan	41100	10275	30825
卓尼县	Zhuoni	40789	10197	30592
舟曲县	Zhouqu	47083	11771	35312
迭部县	Diebu	28162	7041	21121
玛曲县	Maqu	34231	8558	25673
碌曲县	Luqu	29468	7367	22101
夏河县	Xiahe	63660	15915	47745

主要统计指标解释

社会消费品零售总额 指企业（单位、个体户）通过交易直接售给个人、社会集团非生产、非经营用的实物商品金额，以及提供餐饮服务所取得的收入金额。个人包括城乡居民和入境人员，社会集团包括机关、社会团体、部队、学校、企事业单位、居委会或村委会等。

批发业 指向其他批发或零售单位（含个体经营者）及其他企事业单位、机关团体等批量销售生活用品、生产资料的活动，以及从事进出口贸易和贸易经纪与代理的活动，包括拥有货物所有权，并以本单位（公司）的名义进行交易活动，也包括不拥有货物的所有权，收取佣金的商品代理、商品代售活动；本类还包括各类商品批发市场中固定摊位的批发活动，以及以销售为目的的收购活动。

零售业 指百货商店、超级市场、专门零售商店、品牌专卖店、售货摊等主要面向最终消费者（如居民等）的销售活动，以互联网、邮政、电话、售货机等方式的销售活动，还包括在同一地点，后面加工生产，前面销售的店铺（如面包房）；谷物、种子、饲料、牲畜、矿产品、生产用原料、化工原料、农用化工产品、机械设备（乘用车、计算机及通信设备除外）等生产资料的销售不作为零售活动；多数零售商对其销售的货物拥有所有权，但有些则是充当委托人的代理人，进行委托销售或以收取佣金的方式进行销售；零售业按销售渠道分为有店铺零售和无店铺零售，其中有店铺零售分为综合零售和专门零售。

批发和零售业商品购进、销售、库存额 指各种登记注册类型的批发和零售业企业（单位）以本企业（单位）为总体的，从国内、国外市场购进的商品总量，销售和出口的商品总量，库存的商品总量等情况。该指标可以反映商品流转过程中商品的购进、销售、库存之间的比例关系和存在的问题。

商品购进额 指从本企业以外的单位和个人购进（包括从国外直接进口）作为转卖或加工后转卖的商品金额（含增值税），本指标反映批发和零售业从国内外市场上购进商品的总价。商品购进包括：（1）从工农业生产者、批发和零售业、住宿和餐饮业、出版社或报社的出版发行部门和其他服务业等企事业单位和个体经营户购进的商品；（2）从机关、社会团体购进的商品；（3）从海关、市场管理部门购进的缉私和没收的商品；（4）从居民收购的废旧商品等。不包括：（1）企业为本单位自身经营用，不是作为转卖而购进的商品，如材料物资、包装物、低值易耗品、办公用品等；（2）未通过买卖行为而收入的商品，如接受其他部门移交的商品、借入的商品、收入代其他单位保管的商品、其他单位赠送的样品、加工回收的成品等；（3）经本单位介绍，由买卖双方直接结算，本单位只收取手续费的业务；（4）销售退回和买方拒付货款的商品；（5）商品溢余；（6）期货交易商品。

商品销售额 指对本单位以外的单位和个人出售的商品金额（包括售给本单位消费用的商品，含增值税），在批发和零售业中，本指标反映在国内市场上销售商品以及出口商品的总价。商品销售包括：（1）售给个人和社会集团消费用的商品；（2）售给农业、工业、建筑业、服务业等国民经济各行业用于生产、经营用的商品，包括售予批发和零售业作为转卖或加工后转卖的商品；（3）对国（境）外直接出口的商品。商品销售不包括：（1）未通过买卖行为付出的商品，如因机构变动移交给其他企业单位的商品、借出的商品、归还受其他单位委托代保管的商品、付出的加工原料和赠送给其他单位的样品等；（2）促销返券所销售的，不计入营业收入的商品；（3）经本单位介绍，由买卖双方直接结算，本单位只收取手续费的业务；（4）未发生所有权转移的商品预付卡销售，如加油卡；（5）汽车维修、电话卡销售等服务性经济活动；（6）购货退回的商品；（7）商品损耗和损失；（8）出售本单位自用的废旧物资；（9）期货交易商品；（10）自来水供应企业、电力企业、天然气供应企业提供的水、电、气。

期末商品库存额 对于批发和零售业法人单位和个体经营户，是指报告期末取得所有权的全部商品金额（含增值税）；对于批发和零售业产业活动单位，是指报告期末实际在库且归属法人具有所有权的全部商品金额（含增值税）。这个指标反映批发和零售业的商品库存情况，以及对市场商品供应的保证程度。库存商品包括：(1) 存放在本单位（如门市部、批发站、采购站、经营处）的仓库、货场、货柜和货架中的商品；(2) 挑选、整理、包装中的商品；(3) 已记入购进而尚未运到本单位的商品，即发货单或银行承兑凭证已到而货未到的商品；(4) 寄放他处的商品，如因购货方拒绝付款而暂时存在购货方的商品；(5) 委托其他单位代销（未作销售或调出）尚未售出的商品；(6) 代其他单位购进尚未交付的商品。库存商品不包括：（1）所有权不属于本单位的商品，如商品已作销售但买方尚未取走的商品，代替他人保管、运输、加工的商品，代其他单位销售（未做购进或调入）而未售出的商品；（2）委托外单位加工的商品，包括本单位所属加工厂和其他生产单位加工生产尚未收回成品的商品；（3）外贸企业代理其他单位从国外进口，尚未付给订货单位的商品；（4）代国家储备部门保管的商品。

亿元以上商品交易市场　指年成交额在亿元及以上的商品交易市场。商品交易市场是指经有关部门和组织批准设立，有固定场所、设施，有经营管理部门和监管人员，若干市场经营者入内，常年或实际开业三个月以上，集中、公开、独立地进行生活消费品、生产资料等现货商品交易以及提供相关服务的交易场所，包括各类消费品市场、生产资料市场等。

16

住宿、餐饮业和旅游业

Hotels, Catering Services and Tourism

简要说明

一、本篇资料主要内容

本篇资料主要反映住宿和餐饮业的基本情况、经营情况和旅游产业的发展状况。主要内容包括：限额以上住宿和餐饮业基本情况、经营情况、财务状况；连锁餐饮业经营情况；旅行社、星级饭店基本情况；入境、出境旅游人数、国内旅游人数，以及国际、国内旅游收入等。

二、本篇资料的统计范围

限额以上住宿和餐饮业的法人企业、个体户；餐饮连锁集团；旅行社、星级饭店和旅游者。

限额以上住宿和餐饮业统计单位为：年主营业务收入 200 万元及以上。

三、本篇资料来源

本篇资料由省统计局贸易外经处加工整理；旅游资料由省文化和旅游厅提供。

16-1 住宿和餐饮业情况

Basic Conditions of Hotels and Catering Services

指 标	Item	2015	2019	2020	2021
住宿和餐饮业	**Hotels and Catering Services**				
法人企业（个）	Number of Corporation Enterprises (unit)	624	735	778	852
年末从业人数（人）	Engaged Persons at Year-end (person)	45848	49634	47305	48871
营业额（万元）	Business Revenue (10 000 yuan)	716557	759143	707406	848605
#餐费收入（万元）	From Meals (10 000 yuan)	427105	439668	418553	508500
年末营业面积（平方米）	Business Area of Hotel and Catering Services at Year-end (sq.m)	1314533	2498459	2502643	2691557
住宿业	**Hotels**				
法人企业（个）	Number of Corporation Enterprises (unit)	286	388	411	444
年末从业人数（人）	Engaged Persons at Year-end (person)	24210	26676	25072	24684
营业额（万元）	Business Revenue (10 000 yuan)	390244	408602	363854	421692
#客房收入（万元）	From Hotel Rooms (10 000 yuan)	219333	251084	219333	261951
餐费收入（万元）	From Meals (10 000 yuan)	141301	135557	120782	131415
客房数（间）	Number of Rooms (room)	42109	71876	64552	68316
床位数（位）	Number of Beds (bed)	70577	121230	108927	111478
年末餐饮营业面积（平方米）	Business Area of Catering Services at Year-end (sq.m)	536155	1480329	1543086	1630298
餐饮业	**Catering Services**				
法人企业（个）	Number of Corporation Enterprises (unit)	338	347	367	408
年末从业人数（人）	Engaged Persons at Year-end (person)	21638	22958	22233	24187
营业额（万元）	Business Revenue (10 000 yuan)	326313	350541	343552	426913
#餐费收入（万元）	From Meals (10 000 yuan)	285804	304111	297771	377085
年末餐饮营业面积（平方米）	Business Area of Catering Services at Year-end (sq.m)	778378	1018130	959557	1061259

16-2　限额以上住宿业企业基本情况（2021）
Basic Conditions of Enterprises above Designated Size of Hotels (2021)

项　目	Item	法人企业（个）Number of Corporation Enterprises (unit)	从业人员期末人数（人）Engaged Persons at Year-end (person)
住宿业	**Hotels**	**444**	**24684**
按登记注册类型分	**By Status of Registration**		
内资企业	**Domestic Funded Enterprises**	**442**	**24256**
国有企业	State-owned Enterprises	33	3380
集体企业	Collective-owned Enterprises	2	135
股份合作企业	Cooperative Enterprises	1	25
联营企业	Joint Ownership Enterprises		
有限责任公司	Limited Liability Corporations	102	7541
国有独资公司	State Sole Funded Corporations	14	1832
其他有限责任公司	Other Limited Liability Corporations	88	5709
股份有限公司	Share-holding Corporations Ltd.	7	391
私营企业	Private Enterprises	297	12784
私营独资企业	Private-funded Enterprises	23	942
私营合伙企业	Private Partnership Enterprises		
私营有限责任公司	Private Limited Liability Corporations	271	11703
私营股份有限公司	Private Share-holding Corporations Ltd.	3	139
其他企业	Other Enterprises		
港、澳、台商投资企业	**Enterprises with Funds from Hong Kong ,Macao and Taiwan**	**1**	**148**
外商投资企业	**Enterprises with Foreign Investment**	**1**	**280**
按行业分	**By Sector**		
旅游饭店	Tourist Hotel	271	18666
一般旅馆	General Hotel	159	5542
民宿服务	Homestay		
其他住宿业	Others	14	476

16-3 限额以上住宿业企业经营情况（2021）
Business of Enterprises above Designated Size of Hotels (2021)

单位：万元 (10 000 yuan)

项 目	Item	营业额 Business Revenue	#客房收入 From Hotel Rooms	#餐费收入 From Meals
住宿业	**Hotels**	**421692**	**261951**	**131415**
按登记注册类型分	**By Status of Registration**			
内资企业	**Domestic Funded Enterprises**	**414291**	**257962**	**129007**
国有企业	State-owned Enterprises	42337	20415	16071
集体企业	Collective-owned Enterprises	1024	410	19
股份合作企业	Cooperative Enterprises	342	258	78
联营企业	Joint Ownership Enterprises			
有限责任公司	Limited Liability Corporations	135408	75148	46655
国有独资公司	State Sole Funded Corporations	45314	21468	17653
其他有限责任公司	Other Limited Liability Corporations	90094	53680	29001
股份有限公司	Share-holding Corporations Ltd.	5281	3162	1953
私营企业	Private Enterprises	229900	158568	64230
私营独资企业	Private-funded Enterprises	16389	10757	4583
私营合伙企业	Private Partnership Enterprises			
私营有限责任公司	Private Limited Liability Corporations	212055	146760	59271
私营股份有限公司	Private Share-holding Corporations Ltd.	1455	1051	377
其他企业	Other Enterprises			
港、澳、台商投资企业	**Enterprises with Funds from Hong Kong ,Macao and Taiwan**	**3310**	**2536**	**737**
外商投资企业	**Enterprises with Foreign Investment**	**4091**	**1453**	**1672**
按行业分	**By Sector**			
旅游饭店	Tourist Hotel	316718	178741	113981
一般旅馆	General Hotel	96451	77550	14965
民宿服务	Homestay			
其他住宿业	Others	8523	5661	2469

16-4 限额以上住宿业企业资产及负债（2021）
Assets and Liabilities of Enterprises above Designated Size of Hotels (2021)

单位：万元 (10 000 yuan)

项目	Item	资产总计 Total Assets	# 流动资产合计 Total Current Assets	# 固定资产原价 Original Value of Fixed Assets	负债合计 Total Liabilities	所有者权益合计 Total Owners' Equities
住宿业	**Hotels**	**1864607**	**752781**	**977257**	**1205157**	**651169**
按登记注册类型分	**By Status of Registration**					
内资企业	**Domestic Funded Enterprises**	**1846243**	**746211**	**936078**	**1190576**	**647386**
国有企业	State-owned Enterprises	145995	41814	124710	72416	72755
集体企业	Collective-owned Enterprises	4656	2458	8598	5216	-560
股份合作企业	Cooperative Enterprises	2466	286	2254	702	1764
联营企业	Joint Ownership Enterprises					
有限责任公司	Limited Liability Corporations	893129	376930	441202	558404	333310
国有独资公司	State Sole Funded Corporations	385209	217923	180153	262124	123085
其他有限责任公司	Other Limited Liability Corporations	507920	159007	261048	296280	210225
股份有限公司	Share-holding Corporations Ltd.	18559	15553	7558	15521	5684
私营企业	Private Enterprises	781439	309170	351757	538317	234433
私营独资企业	Private-funded Enterprises	34107	12312	21515	19858	14249
私营合伙企业	Private Partnership Enterprises					
私营有限责任公司	Private Limited Liability Corporations	744794	295662	328653	517711	218394
私营股份有限公司	Private Share-holding Corporations Ltd.	2538	1196	1588	749	1789
其他企业	Other Enterprises					
港、澳、台商投资企业	**Enterprises with Funds from Hong Kong ,Macao and Taiwan**	**6466**	**4591**	**9807**	**1573**	**4893**
外商投资企业	**Enterprises with Foreign Investment**	**11898**	**1979**	**31372**	**13009**	**–1110**
按行业分	**By Sector**					
旅游饭店	Tourist Hotel	1535700	628875	810125	985311	543463
一般旅馆	General Hotel	307092	118053	153953	203083	102653
民宿服务	Homestay					
其他住宿业	Others	21815	5853	13179	16763	5053

16-5 限额以上住宿业企业主要财务指标（2021）
Main Financial Indicators of Enterprises above Designated Size of Hotels (2021)

单位：万元 (10 000 yuan)

项 目	Item	营业收入 Business Revenue	营业成本 Business Cost	税金及附加 Taxes and Extra Charges	营业利润 Business Profits
住宿业	**Hotels**	**420790**	**226504**	**7103**	**–45826**
按登记注册类型分	**By Status of Registration**				
内资企业	**Domestic Funded Enterprises**	**413770**	**225206**	**6716**	**–44892**
国有企业	State-owned Enterprises	41641	16318	943	-7787
集体企业	Collective-owned Enterprises	1009	267	117	-154
股份合作企业	Cooperative Enterprises	342	360		-191
联营企业	Joint Ownership Enterprises				
有限责任公司	Limited Liability Corporations	136508	90195	3392	-22894
国有独资公司	State Sole Funded Corporations	46573	33275	1417	-7515
其他有限责任公司	Other Limited Liability Corporations	89935	56920	1975	-15379
股份有限公司	Share-holding Corporations Ltd.	5199	2148	36	-579
私营企业	Private Enterprises	229072	115918	2228	-13286
私营独资企业	Private-funded Enterprises	15783	8491	59	-99
私营合伙企业	Private Partnership Enterprises				
私营有限责任公司	Private Limited Liability Corporations	211837	106427	2161	-13233
私营股份有限公司	Private Share-holding Corporations Ltd.	1452	1000	9	46
其他企业	Other Enterprises				
港、澳、台商投资企业	**Enterprises with Funds from Hong Kong ,Macao and Taiwan**	**3123**	**383**	**91**	**–302**
外商投资企业	**Enterprises with Foreign Investment**	**3897**	**915**	**296**	**–632**
按行业分	**By Sector**				
旅游饭店	Tourist Hotel	317904	171719	6321	-38000
一般旅馆	General Hotel	94599	48814	702	-6323
民宿服务	Homestay				
其他住宿业	Others	8286	5971	80	-1504

16-6 限额以上餐饮业企业基本情况（2021）
Basic Conditions of Enterprises above Designated Size of Catering Services (2021)

项 目	Item	法人企业（个）Number of Corporation Enterprises (unit)	从业人员期末人数（人）Engaged Persons at Year-end (person)
餐饮业	**Catering Services**	**408**	**24187**
按登记注册类型分	**By Status of Registration**		
内资企业	**Domestic Funded Enterprises**	**406**	**21820**
国有企业	State-owned Enterprises	11	722
集体企业	Collective-owned Enterprises	2	85
股份合作企业	Cooperative Enterprises	1	18
联营企业	Joint Ownership Enterprises		
有限责任公司	Limited Liability Corporations	80	5543
国有独资公司	State Sole Funded Corporations	2	90
其他有限责任公司	Other Limited Liability Corporations	78	5453
股份有限公司	Share-holding Corporations Ltd.	5	267
私营企业	Private Enterprises	307	15185
私营独资企业	Private-funded Enterprises	34	1491
私营合伙企业	Private Partnership Enterprises		
私营有限责任公司	Private Limited Liability Corporations	268	13530
私营股份有限公司	Private Share-holding Corporations Ltd.	5	164
其他企业	Other Enterprises		
港、澳、台商投资企业	**Enterprises with Funds from Hong Kong ,Macao and Taiwan**		
外商投资企业	**Enterprises with Foreign Investment**	**2**	**2367**
按行业分	**By Sector**		
正餐服务	Restaurant	380	20219
快餐服务	Fast Food	16	3631
饮料及冷饮服务	Beverages and Cold Drinks	3	126
餐饮配送及外卖送餐服务	Catering Delivery and Food Delivery	3	115
其他餐饮业	Others	6	96

16–7 限额以上餐饮业企业经营情况（2021）
Business of Enterprises above Designated Size of Catering Services (2021)

单位：万元 (10 000 yuan)

项 目	Item	营业额 Business Revenue	#餐费收入 From Meals
餐饮业	**Catering Services**	**426913**	**377085**
按登记注册类型分	**By Status of Registration**		
内资企业	**Domestic Funded Enterprises**	**386292**	**336658**
国有企业	State-owned Enterprises	6548	4251
集体企业	Collective-owned Enterprises	1675	1025
股份合作企业	Cooperative Enterprises	287	287
联营企业	Joint Ownership Enterprises		
有限责任公司	Limited Liability Corporations	114100	92762
国有独资公司	State Sole Funded Corporations	1168	687
其他有限责任公司	Other Limited Liability Corporations	112933	92075
股份有限公司	Share-holding Corporations Ltd.	4197	4157
私营企业	Private Enterprises	259484	234177
私营独资企业	Private-funded Enterprises	24128	22326
私营合伙企业	Private Partnership Enterprises		
私营有限责任公司	Private Limited Liability Corporations	233197	210251
私营股份有限公司	Private Share-holding Corporations Ltd.	2160	1599
其他企业	Other Enterprises		
港、澳、台商投资企业	**Enterprises with Funds from Hong Kong ,Macao and Taiwan**		
外商投资企业	**Enterprises with Foreign Investment**	**40621**	**40426**
按行业分	**By Sector**		
正餐服务	Restaurant	359124	310200
快餐服务	Fast Food	57053	56613
饮料及冷饮服务	Beverages and Cold Drinks	6817	6553
餐饮配送及外卖送餐服务	Catering Delivery and Food Delivery	1556	1556
其他餐饮业	Others	2363	2162

16-8 限额以上餐饮业企业资产及负债（2021）
Assets and Liabilities of Enterprises above Designated Size of Catering Services (2021)

单位：万元 (10 000 yuan)

项 目	Item	资产总计 Total Assets	#流动资产合计 Total Current Assets	#固定资产原价 Original Value of Fixed Assets	负债合计 Total Liabilities	所有者权益合计 Total Owners' Equities
餐饮业	**Catering Services**	**642887**	**258918**	**302434**	**449557**	**190863**
按登记注册类型分	**By Status of Registration**					
内资企业	**Domestic Funded Enterprises**	**616081**	**257077**	**293999**	**426322**	**187292**
国有企业	State-owned Enterprises	17652	4285	17976	8259	9393
集体企业	Collective-owned Enterprises	4670	1703	2123	5042	-372
股份合作企业	Cooperative Enterprises	30	6	48	10	20
联营企业	Joint Ownership Enterprises					
有限责任公司	Limited Liability Corporations	228506	111939	105663	158480	70026
国有独资公司	State Sole Funded Corporations	4608	2123	2932	662	3946
其他有限责任公司	Other Limited Liability Corporations	223898	109816	102731	157818	66080
股份有限公司	Share-holding Corporations Ltd.	3425	1314	1433	823	2601
私营企业	Private Enterprises	361798	137831	166757	253709	105623
私营独资企业	Private-funded Enterprises	25724	9034	14057	15442	10282
私营合伙企业	Private Partnership Enterprises					
私营有限责任公司	Private Limited Liability Corporations	333195	127854	151771	237551	93178
私营股份有限公司	Private Share-holding Corporations Ltd.	2879	943	929	716	2163
其他企业	Other Enterprises					
港、澳、台商投资企业	**Enterprises with Funds from Hong Kong ,Macao and Taiwan**					
外商投资企业	**Enterprises with Foreign Investment**	**26805**	**1841**	**8435**	**23235**	**3571**
按行业分	**By Sector**					
正餐服务	Restaurant	596684	248967	285960	413499	181593
快餐服务	Fast Food	37021	4419	13231	29203	7817
饮料及冷饮服务	Beverages and Cold Drinks	1546	941	234	1383	163
餐饮配送及外卖送餐服务	Catering Delivery and Food Delivery	5436	3966	1679	4846	590
其他餐饮业	Others	2200	626	1330	625	699

16-9 限额以上餐饮业企业主要财务指标（2021）
Main Financial Indicators of Enterprises above Designated Size of Catering Services (2021)

单位：万元 (10 000 yuan)

项　目	Item	营业收入 Business Revenue	营业成本 Business Cost	税金及附加 Taxes and Extra Charges	营业利润 Business Profits
餐饮业	**Catering Services**	**417445**	**244402**	**2410**	**−14557**
按登记注册类型分	**By Status of Registration**				
内资企业	**Domestic Funded Enterprises**	**379127**	**221952**	**2389**	**−17383**
国有企业	State-owned Enterprises	6994	4452	171	-2909
集体企业	Collective-owned Enterprises	1675	553	4	-394
股份合作企业	Cooperative Enterprises	287	141		
联营企业	Joint Ownership Enterprises				
有限责任公司	Limited Liability Corporations	112522	62092	800	-4335
国有独资公司	State Sole Funded Corporations	1135	989	7	-4
其他有限责任公司	Other Limited Liability Corporations	111388	61102	793	-4331
股份有限公司	Share-holding Corporations Ltd.	4187	2228	13	75
私营企业	Private Enterprises	253462	152486	1401	-9820
私营独资企业	Private-funded Enterprises	23537	16776	175	243
私营合伙企业	Private Partnership Enterprises				
私营有限责任公司	Private Limited Liability Corporations	227787	134428	1209	-9964
私营股份有限公司	Private Share-holding Corporations Ltd.	2138	1283	17	-98
其他企业	Other Enterprises				
港、澳、台商投资企业	**Enterprises with Funds from Hong Kong ,Macao and Taiwan**				
外商投资企业	**Enterprises with Foreign Investment**	**38317**	**22450**	**21**	**2827**
按行业分	**By Sector**				
正餐服务	Restaurant	352356	206435	2370	-17050
快餐服务	Fast Food	54729	31765	34	2367
饮料及冷饮服务	Beverages and Cold Drinks	6472	3964	2	462
餐饮配送及外卖送餐服务	Catering Delivery and Food Delivery	1552	957	1	-157
其他餐饮业	Others	2335	1281	3	-179

16-10 各市（州）限额以上住宿业企业基本情况和主要财务指标（2021）

Basic Conditions and Main Financial Indicators of Enterprises above Designated Size of Hotels by Region (2021)

单位：万元　　(10 000 yuan)

市（州）	Region	法人企业（个）Number of Corporation Enterprises (unit)	从业人员期末人数（人）Engaged Persons at Year-end (person)	营业额 Business Revenue	营业收入 Business Revenue	营业成本 Business Cost	税金及附加 Taxes and Extra Charges	营业利润 Business Profits
兰州市	Lanzhou	149	9956	196269	197247	105694	3499	-28129
嘉峪关市	Jiayuguan	12	373	6499	6501	2714	85	-412
金昌市	Jinchang	4	314	4575	4570	3584	80	-37
白银市	Baiyin	12	471	6932	6966	4313	67	-518
天水市	Tianshui	46	2079	42144	40119	19528	574	-284
武威市	Wuwei	20	762	10252	9893	6895	119	-1791
张掖市	Zhangye	31	1233	25030	24412	14506	242	-850
平凉市	Pingliang	13	636	8426	8442	3137	161	-998
酒泉市	Jiuquan	49	2343	39975	39076	15278	799	-6008
庆阳市	Qingyang	17	1222	13818	13329	6364	53	-1484
定西市	Dingxi	19	1217	18860	17988	8980	45	294
陇南市	Longnan	36	1644	21051	20284	13282	293	-1442
临夏州	Linxia	9	1178	14551	17969	15766	868	-4019
甘南州	Gannan	27	1256	13311	13993	6464	218	-151

16-11 各市（州）限额以上餐饮业企业基本情况和主要财务指标（2021）

Basic Conditions and Main Financial Indicators of Enterprises above Designated Size of Catering Services by Region (2021)

单位：万元　　(10 000 yuan)

市（州）	Region	法人企业（个）Number of Corporation Enterprises (unit)	从业人员期末人数（人）Engaged Persons at Year-end (person)	营业额 Business Revenue	营业收入 Business Revenue	营业成本 Business Cost	税金及附加 Taxes and Extra Charges	营业利润 Business Profits
兰州市	Lanzhou	164	11847	215513	209911	123115	683	-9472
嘉峪关市	Jiayuguan	7	585	18930	20170	10118	119	-543
金昌市	Jinchang	19	574	11641	11465	7566	41	-197
白银市	Baiyin	9	591	15055	14926	6282	59	17
天水市	Tianshui	52	2043	44262	43105	27460	242	-39
武威市	Wuwei	14	666	8468	8156	5833	283	-879
张掖市	Zhangye	13	1006	15395	13443	9319	105	-293
平凉市	Pingliang	20	1213	18813	18332	9982	317	1254
酒泉市	Jiuquan	23	1007	16729	16010	8373	126	-955
庆阳市	Qingyang	29	1383	16349	16283	8968	171	-2013
定西市	Dingxi	33	1487	25200	25426	14012	102	495
陇南市	Longnan	6	287	3828	3798	1785	36	-589
临夏州	Linxia	17	1046	11803	11471	9203	113	-1609
甘南州	Gannan	2	452	4928	4948	2386	13	265

16-12 旅游业发展情况
Development of Tourism

指 标	Item	2015	2019	2020	2021
旅行社数（个）	**Number of Travel Agencies (unit)**	**523**	**743**	**780**	**893**
#出境旅游组团社	Number of Outbound Travel Tour Agencies	50	66	66	66
星级饭店数（个）	**Number of Star-rated Hotel (unit)**	**382**	**380**	**384**	**363**
入境旅游人数（人次）	**Number of Overseas Visitor Arrivals (person-time)**	**54508**	**198228**	**25446**	
外国人	Foreigners	31607	113731	14546	
港澳同胞	Chinese Compatriots From Hong Kong and Macao	7018	36766	4760	
台湾同胞	Chinese Compatriots From Taiwan Province	15883	47731	6140	
国内旅游人数（万人次）	**Number of Domestic Visitors (10 000 person-times)**	**15633**	**37423**	**21288**	**27602**
旅游收入	**Tourism Earnings**				
国际旅游（外汇）收入（万美元）	Foreign Exchange Earnings from International Tourism (10 000 USD)	1418	5905	697	
国内旅游收入（亿元）	Earnings from Domestic Tourism (100 million yuan)	975	2676	1454	1842

16-13 国内旅游情况
Domestic Tourism

年 份 Year	国内游客 （万人次） Domestic Tourists (10 000 person-times)	旅游总花费 （亿元） Tourism Expenditure (100 million yuan)	人均花费 （元） Per Capita Expenditure (yuan)
2000	732.70	23.09	315.14
2001	838.88	24.90	296.82
2002	1035.03	31.34	302.79
2003	863.31	23.70	274.52
2004	949.60	55.25	581.82
2005	1207.85	62.56	517.95
2006	1574.10	80.20	509.50
2007	2389.93	115.91	484.99
2008	2482.30	137.50	553.92
2009	3387.67	192.77	569.03
2010	4284.45	237.20	553.63
2011	5826.48	333.70	572.73
2012	7824.26	471.08	602.08
2013	10068.40	620.20	615.99
2014	12655.29	780.20	616.50
2015	15633.00	975.00	623.68
2016	19089.40	1220.40	639.31
2017	23889.40	1580.00	661.38
2018	30190.90	2060.10	682.36
2019	37422.70	2680.00	716.14
2020	21288.22	1454.38	683.19
2021	27601.91	1841.78	667.00

主要统计指标解释

住宿业 指为旅行者提供短期留宿场所的活动，有些单位只提供住宿，也有些单位提供住宿、饮食、商务、娱乐一体的服务，不包括主要按月或按年长期出租房屋住所的活动。

餐饮业 指通过即时制作加工、商业销售和服务性劳动等，向消费者提供食品和消费场所及设施的服务。

营业额 指住宿和餐饮业单位在经营活动中，因提供服务或销售商品等取得的全部收入（含增值税），收入主要来源于提供客房、餐费服务、商品销售和其他服务，如商务服务。不包括多产业法人企业附营的其他行业产业活动单位的餐费收入、商品销售收入等各项收入。

客房收入 指住宿和餐饮业单位在经营活动中因提供住宿服务取得的收入（含增值税）。不包括多产业法人企业附营的其他行业产业活动单位的客房收入。

餐费收入 指本单位为顾客提供就餐服务取得的收入（含增值税）。包括：经烹饪、调制加工后出售的各种食品，如主食、炒菜、凉拌菜等的收入。不包括多产业法人企业附营的其他行业产业活动单位的餐费收入。

住宿和餐饮业年末餐饮营业面积 指住宿和餐饮业企业对外提供餐饮服务的就餐面积和从事食品加工、烹饪、调制的厨房面积，不包括办公用房和仓库等面积。按年末实有建筑面积统计。本指标应与餐费收入统计相匹配。

客房数 指本单位提供住宿服务的房间数，该指标按报告期内正常情况下的实有数统计。

床位数 指本单位供应旅客使用的床位数，不包括临时加床和门店内部工作人员使用的床位。该指标按报告期内正常情况下的实有数统计。

餐位数 指本单位为顾客提供就餐服务时，正常可同时容纳就餐人员的餐位数量，不包括临时加的餐位。该指标按报告期内正常情况下的实有数统计。

国内游客 指报告期内在中国（大陆）观光游览、休闲度假、探亲访友、保健疗养、购物娱乐、学习交流、会议培训或开展经济、文化、体育、宗教等活动的中国（大陆）居民，其出游的目的不是通过所从事的活动谋取报酬。国内游客包括国内过夜游客和国内一日游游客。

国内旅游人次数 指报告期内在中国（大陆）观光游览、度假、探亲访友、就医疗养、购物、参加会议或从事经济、文化、体育、宗教活动的中国（大陆）居民，其出游过程中不以获得报酬为目的，统计时，国内旅游人次数按每出游 1 次统计 1 人次。

国际旅游收入 入境游客在中国（大陆）境内旅行、游览过程中用于交通、参观游览、住宿、餐饮、购物、娱乐等全部花费。

国内旅游收入 指国内游客在国内旅行、游览过程中用于交通、参观游览、住宿、餐饮、购物、娱乐等全部花费。

17

运输和邮电

Transport, Postal and Telecommunication Services

简要说明

一、本篇资料主要内容

本篇资料反映交通运输业，邮政、电信业发展的基本状况。

交通运输业资料主要包括：三种（铁路、公路、航空）运输方式的线路里程及完成的货物和旅客运输量、周转量。

邮政、电信业资料主要包括：邮政局（所）及邮路情况，邮电通信主要电路及设备拥有量，主要的邮电业务完成情况及邮电通信发展水平资料。

二、本篇资料来源

本篇资料由省统计局服务业统计处搜集、加工整理。

1. 交通运输资料分别由中国铁路兰州局集团有限公司、省交通运输厅、东航甘肃分公司、省公安厅提供。

2. 邮政、电信业资料由省邮政管理局、省通信管理局提供。

17-1 交通运输业基本情况
Basic Conditions of Transport

指 标	Item	2010	2015	2019	2020	2021
运输线路长度（公里）	**Length of Transport Routes (km)**	**124584**				
#铁路营业里程	Railways in Operation	2149	3272	4211	4454	4680
公路里程	Highways	118879	140052	151443	155957	156583
#高速公路	Expressway	1993	3522	4453	5072	5540
客运量总计（万人次）	**Total Passenger Traffic (10 000 person-times)**	**53776**	**41516**	**42321**	**26831**	**15634**
#铁路	Railways	2178	3123	5969	4153	4601
公路	Highways	51404	37242	36085	22478	10813
民航	Civil Aviation	100	1061	188	144	141
旅客周转量总计（亿人公里）	**Total Passenger-Kilometers (100 million passenger-km)**	**509.6**	**641.1**	**674.7**	**399.6**	**355.5**
#铁路	Railways	275.1	370.7	419.1	237.9	269.1
公路	Highways	220.1	248.8	227.8	140.8	66.7
民航	Civil Aviation	14.1	21.5	27.7	20.9	19.6
货运量总计（万吨）	**Total Freight Traffic (10 000 tons)**	**29009**	**58258**	**63611**	**67240**	**76110**
#铁路	Railways	4926	5936	5366	5966	6444
公路	Highways	24050	52281	58228	61272	69665
民航	Civil Aviation	1.13	6.55	1.03	0.83	0.84
货物周转量总计（亿吨公里）	**Total Freight Ton-kilometers (100 million tons-km)**	**1607.25**	**2226.00**	**2710.64**	**2516.84**	**2887.44**
#铁路	Railways	1082.98	1313.62	1516.70	1496.44	1689.89
公路	Highways	524.09	912.14	979.60	1020.27	1197.41
民航	Civil Aviation	0.18	0.20	0.16	0.10	0.13
民用汽车拥有量（万辆）	**Possession of Civil Motor Vehicles (10 000 units)**	**127**	**297**	**364**	**393**	**421**
#载客汽车辆数	Number of Buses and Cars	58	168	282	308	334
载货汽车辆数	Number of Trucks	26	45	59	65	69
#公路部门营运汽车	Number of Motor Vehicles Owned by Highway Departments	24	39	34	32	31
#私人汽车拥有量	Possession of Private Vehicles	69	228	311	337	362

注：1. 铁路运输数据从 2012 年 8 月起增加西安铁路局、青藏铁路公司、乌鲁木齐铁路局甘肃段统计数据（下表同）。
2. 2019 年，公路数据统计口径为交通部专项调查数据，与往年不可比（下表同）。
3. 民航数据，2013—2015 年包含海航的客运量和货运量，2016 年起仅为东航数据（下表同）。
4. 私人汽车拥有量中含三轮汽车和低速货车；汽车拥有量 = 汽车保有量（下表同）。

a) Since August 2012, railway data increase the statistical data of Xi'an Railway Bureau, Qinghai-Tibet Railway Company and Urumqi Railway Bureau in Gansu section.The same applies to the table following.

b) In 2019,the statistical coverage of highway data are the data from the survey of transport economics, and the data are not comparable with

c) Data of civil aviation include the passenger traffic and freight volume of HNA in 2013-2015. Since 2016,data of civil aviation only refers to data of China Eastern Airlines.The same applies to the table following.

d) Possession of private vehicles including three-wheeled vehicles and low-speed trucks. Possession of vehicles are equal to ownership of vehicles. The same applies to the table following.

17-2 运输线路长度
Length of Transportation Routes

单位：公里 (km)

年 份 Year	铁路营业里程 Length of Railways in Operation	#电气化里程 Electrified Railways	公路 Length of Highways	等级公路 Expressway and Class I to IV Highways	#高速 Express Way	#一级 First Class	#二级 Second Class	等外路 Highway Below Class IV
2000	1962	1766	39344	29393				9951
2001	1962	1766	39844	30283				9561
2002	1961	1766	40223	30806				9417
2003	1962	1766	40293	30947				9346
2004	1938	1748	40751	31614				9137
2005	2013	1754	41330	32792	1006	141	4969	8538
2006	1987	2208	95642	42866	1060	166	4962	52776
2007	2148	2208	100612	50662	1316	144	5076	49950
2008	2149	2213	105638	58381	1316	147	5076	47257
2009	2149	2346	114000	76631	1644	147	5494	37369
2010	2149	2799	118879	85733	1993	161	5768	33147
2011	2149	3054	123696	91692	2343	170	5856	32003
2012	2194	3100	131201	101372	2549	178	6648	29829
2013	2286	3191	133597	106812	2953	206	7309	26785
2014	2966	3920	138084	114080	3262	321	7519	24004
2015	3272	4090	140052	120447	3522	368	7928	19604
2016	3527	4585	142026	124026	3845	418	8407	18000
2017	4070	5128	142252	124788	4016	429	8894	17465
2018	4075	5133	143228	128071	4242	627	9156	15157
2019	4211	4097	151443	146377	4453	763	10538	5066
2020	4454	4340	155957	151596	5072	951	10872	4361
2021	4680	4340	156583	152434	5540	1166	11035	4148

注：铁路营业里程为兰州铁路局甘肃境内数。电气化里程为兰州铁路局全路局数。2007 年起铁路营业里程中包括敦煌铁路 161.48 公里（下表同）。
a) Data of electrified railways refer to total railway of Lanzhou Railway Bureau. Since 2007, data in length of railways in operation included161.48 km of the Dunhuang Railway. The same applies to the table following.

17-3 运输线路质量
Quality of Transport Routes

单位：公里 (km)

指 标	Item	2010	2015	2019	2020	2021
铁路营业里程	Length of Railways in Operation	2149	3272	4211	4454	4680
#复线里程	Double-Tracking Length	1363	2127	3063	3306	3306
复线里程比重（%）	Proportion (%)	63.42	65.01	72.74	74.23	70.65
公路里程	Length of Highways	118879	140052	151443	155957	156583
#等级公路里程	Expressway and Class I to IV Highways	85733	120447	146377	151596	152434
等级公路里程比重（%）	Proportion (%)	72.12	86.00	96.65	97.20	97.35

17-4 货运量和货运周转量
Freight Traffic & Freight Ton-Kilometers

年 份 Year	货运量总计（万吨）Total Freight Traffic (10 000 tons)	# 铁路 Railways	# 公路 Highways	# 民航 Civil Aviation	货物周转量总计（亿吨公里）Total Freight Ton-Kilometers (100 million tons-km)	# 铁路 Railways	# 公路 Highways	# 民航 Civil Aviation
1978	4423	2216	2206	0.65	175.58	163.97	11.55	0.06
1979	4197	2112	2084	0.80	174.83	163.79	10.95	0.08
1980	3802	2059	1742	0.90	167.00	158.16	8.76	0.08
1981	3184	1867	1317	0.47	147.14	140.17	6.92	0.06
1982	3388	1904	1484	0.16	162.99	154.68	8.26	0.06
1983	3454	2051	1403	0.08	184.48	175.68	8.75	0.05
1984	3883	2192	1691	0.11	206.71	196.52	10.09	0.10
1985	10112	2414	7698	0.12	254.99	219.83	35.01	0.15
1986	10448	2384	8064	0.19	269.07	232.14	36.92	0.01
1987	14543	2373	12170	0.28	295.61	246.75	48.83	0.03
1988	14585	2361	12224	0.28	330.76	267.11	63.62	0.03
1989	14317	2397	11920	0.26	336.47	282.22	54.22	0.03
1990	16614	2386	14228	0.28	343.06	286.71	56.31	0.03
1991	14726	2426	12300	0.32	364.29	303.36	60.89	0.03
1992	17144	2501	14643	0.30	391.40	312.76	78.61	0.03
1993	19193	2571	16622	0.30	399.12	318.02	81.07	0.03
1994	19921	2571	17350	0.35	416.68	332.02	84.62	0.04
1995	20275	2555	17719	1.00	432.90	344.26	88.59	0.05
1996	20813	2602	18210	1.00	435.59	342.78	92.77	0.04
1997	21236	2628	18608	0.30	448.18	351.00	97.08	0.10
1998	21614	2546	19035	0.39	454.42	353.24	101.06	0.07
1999	22060	2691	19333	0.47	494.41	390.20	104.07	0.08
2000	22722	2885	19800	1.09	541.42	431.81	109.38	0.18
2001	23208	2991	20179	0.90	573.15	458.91	114.03	0.16
2002	23541	3092	20408	0.99	591.48	472.71	118.54	0.17
2003	23915	3158	20713	1.26	632.93	508.94	123.71	0.21
2004	24776	3270	21460	1.26	746.33	616.06	130.01	0.19
2005	25843	3274	22520	1.08	855.09	717.56	137.31	0.15
2006	27512	3633	23826	1.32	923.67	776.84	146.46	0.16
2007	29505	4126	25325	1.33	1024.81	868.06	156.48	0.19
2008	22742	4512	18201	1.44	1454.64	979.58	474.84	0.21
2009	25489	4646	20812	1.33	1477.06	987.13	489.72	0.21
2010	29009	4926	24050	1.13	1607.25	1082.98	524.09	0.18
2011	34179	5355	28790	1.22	1791.21	1143.60	647.41	0.19
2012	45856	6313	39517	1.34	2395.88	1489.73	905.94	0.21
2013	51482	6394	45072	5.55	2379.66	1568.24	811.21	0.20
2014	57247	6450	50780	5.96	2516.82	1524.05	992.60	0.17
2015	58258	5936	52281	6.55	2226.01	1313.62	912.14	0.20
2016	60657	5861	54761	1.19	2170.23	1220.33	949.64	0.20
2017	66205	6052	60117	1.16	2439.85	1390.72	1048.88	0.19
2018	70387	6087	64271	1.06	2610.09	1490.91	1118.97	0.16
2019	63611	5366	58228	1.03	2710.64	1516.69	979.56	0.16
2020	67240	5966	61272	0.83	2516.84	1496.44	1020.27	0.10
2021	76110	6444	69665	0.84	2887.44	1689.89	1197.41	0.13

17-5 客运量和客运周转量
Passenger Traffic & Passenger-Kilometers

年 份 Year	客运量总计 (万人次) Total Passenger Traffic (10 000 person-times)	# 铁路 Railways	# 公路 Highways	# 民航 Civil Aviation	旅客周转量总计 (亿人公里) Total Passenger-Kilometers (100 million passenger-km)	# 铁路 Railways	# 公路 Highways	# 民航 Civil Aviation
1978	3038	686	2324	28	51.72	39.45	10.17	2.11
1979	3374	772	2567	34	60.48	45.91	11.65	2.93
1980	3865	789	3038	38	61.53	46.24	13.73	1.56
1981	3882	751	3123	8	63.07	45.66	15.61	1.80
1982	4387	883	3494	10	67.11	49.12	17.04	0.95
1983	4871	893	3974	4	74.71	55.16	19.23	0.33
1984	5526	1026	4496	4	84.65	62.27	22.03	0.35
1985	6355	1094	5256	5	102.67	75.83	26.46	0.39
1986	7053	1131	5910	12	113.56	81.77	31.09	0.70
1987	8010	1173	6819	18	122.75	83.76	36.97	2.03
1988	9550	1244	8286	20	135.54	93.80	39.19	2.55
1989	10101	1083	9001	17	132.43	87.79	42.65	1.99
1990	8712	860	7832	20	117.09	72.76	42.03	2.30
1991	8845	850	7970	25	127.01	79.95	44.26	2.81
1992	9108	874	8208	26	130.51	83.57	44.03	2.91
1993	9580	883	8668	29	140.71	91.43	45.87	3.41
1994	10148	926	9186	36	150.66	97.88	48.56	4.22
1995	10547	942	9563	42	150.62	95.13	50.48	5.01
1996	10748	841	9872	35	152.43	93.69	54.37	4.37
1997	11234	884	10319	31	161.00	97.00	57.60	6.40
1998	11881	886	10796	31	176.12	107.92	61.75	6.30
1999	12361	923	11223	35	181.87	109.35	65.95	6.41
2000	12907	1039	11600	76	206.16	124.57	70.63	10.79
2001	13921	1080	12560	70	226.84	139.03	77.77	9.85
2002	14750	1038	13420	72	232.72	138.73	84.06	9.73
2003	15004	948	13732	84	230.79	132.71	87.16	10.70
2004	16519	1125	15050	109	268.36	157.76	96.32	14.07
2005	17803	1230	16247	85	288.30	172.70	104.89	10.50
2006	19066	1402	17319	100	319.96	195.28	113.00	11.45
2007	20435	1566	18510	113	348.93	213.54	120.93	14.23
2008	46002	1844	43962	103	441.34	232.22	196.71	12.21
2009	49995	2038	47755	110	469.99	248.23	206.58	14.97
2010	53776	2178	51404	100	509.61	275.13	220.15	14.12
2011	60906	2353	58355	102	594.56	314.57	265.07	14.70
2012	64477	2383	61884	117	683.41	379.75	286.44	17.01
2013	36934	2522	33556	771	613.00	383.24	212.01	17.59
2014	39852	2672	36224	866	624.31	377.87	229.02	17.26
2015	41516	3123	37242	1061	641.10	370.74	248.75	21.45
2016	41775	3604	37932	149	635.77	359.96	253.26	22.29
2017	42793	4468	38080	156	643.13	371.71	247.76	23.48
2018	42353	5474	36634	168	659.18	401.28	233.31	24.47
2019	42321	5969	36085	188	674.75	419.11	227.83	27.68
2020	26831	4153	22478	144	399.62	237.87	140.76	20.89
2021	15634	4601	10813	141	355.52	269.11	66.70	19.63

17-6 民用汽车拥有量
Possession of Civil Vehicles

单位：万辆 (10 000 units)

年 份 Year	民用汽车总计 Total Possession of Civil Vehicles	# 载客汽车 Passenger Vehicles	大型 Large	中型 Medium	小型 Small	微型 Minicar	载货汽车 Trucks	重型 Heavy	中型 Medium	轻型 Light	微型 Mini	三轮汽车 Three-wheeled Vehicles	低速货车 Low-speed Trucks
2006	46.85	22.71	1.50	1.40	17.22	2.59	13.60	2.81	3.58	6.83	0.38		
2007	53.23	27.18	1.57	1.44	21.76	2.42	14.71	2.98	3.72	7.74	0.27		
2008	62.44	32.89	1.64	1.41	27.66	2.18	16.36	3.35	4.01	8.79	0.22		
2009	105.45	43.86	1.74	1.45	38.58	2.08	20.91	4.78	4.46	11.50	0.17		
2010	126.77	57.52	1.85	1.48	52.17	2.01	26.37	6.29	4.75	15.22	0.11		
2011	148.76	73.30	1.97	1.51	67.67	2.14	31.00	7.40	4.88	18.64	0.08		
2012	174.14	92.32	2.01	1.47	86.63	2.20	35.42	8.12	4.73	22.51	0.07		
2013	202.77	114.92	2.05	1.36	109.37	2.14	39.89	8.78	4.15	26.91	0.06		
2014	231.86	139.91	2.12	1.34	134.59	1.87	43.79	9.56	4.00	30.18	0.05		
2015	296.84	167.55	2.14	1.22	162.31	1.88	45.39	9.40	3.60	32.34	0.05		
2016	330.37	202.09	2.22	1.20	197.09	1.58	48.65	9.45	3.34	35.82	0.04		
2017	334.57	233.73	2.31	1.16	228.80	1.46	51.86	9.78	3.06	38.99	0.03		
2018	358.47	257.52	2.37	1.12	252.98	1.06	55.54	10.34	2.88	42.30	0.02		
2019	364.11	281.89	2.39	1.08	277.40	1.02	59.21	10.78	2.58	45.82	0.02		
2020	392.69	307.80	2.37	1.03	303.42	0.97	64.52	11.66	2.37	50.49	0.01		
2021	421.12	334.45	2.33	0.97	330.22	0.93	84.00	12.48	2.16	54.50		13.29	1.57

17-7 私人汽车拥有量
Possession of Private Vehicles

单位：万辆 (10 000 units)

年 份 Year	私人汽车总计 Total Private Vehicles	# 载客汽车 Passenger Vehicles	大型 Large	中型 Medium	小型 Small	微型 Minicar	载货汽车 Trucks	重型 Heavy	中型 Medium	轻型 Light	微型 Mini	三轮汽车 Three-wheeled Vehicles	低速货车 Low-speed Trucks
2006	24.21	8.65	0.22	0.43	6.62	1.38	6.14	1.26	1.80	2.89	0.19		
2007	28.75	11.72	0.18	0.41	9.84	1.29	6.96	1.30	1.90	3.61	0.15		
2008	35.94	16.02	0.16	0.38	14.31	1.18	8.15	1.46	2.08	4.48	0.13		
2009	51.18	25.06	0.14	0.38	23.36	1.18	11.36	1.98	2.44	6.83	0.11		
2010	69.33	36.74	0.13	0.38	35.01	1.22	15.77	2.63	2.79	10.27	0.08		
2011	87.61	50.28	0.12	0.38	48.41	1.38	19.06	3.06	2.93	13.01	0.06		
2012	109.92	67.23	0.08	0.35	65.33	1.47	22.58	3.39	2.89	16.25	0.05		
2013	135.70	87.89	0.04	0.27	86.13	1.45	26.19	3.70	2.60	19.85	0.04		
2014	163.35	112.34	0.03	0.24	110.78	1.28	29.09	4.04	2.56	22.45	0.04		
2015	228.07	139.66	0.02	0.20	138.33	1.11	30.87	4.07	2.35	24.41	0.04		
2016	260.06	173.15	0.01	0.18	171.99	0.96	33.61	4.20	2.22	27.16	0.03		
2017	287.58	204.02	0.01	0.16	202.96	0.89	36.12	4.35	2.03	29.72	0.02		
2018	308.59	226.12	0.01	0.15	225.12	0.85	38.66	4.49	1.90	32.25	0.02		
2019	311.38	248.60	0.01	0.13	247.64	0.81	41.43	4.53	1.73	35.16	0.01		
2020	337.16	273.35	0.01	0.13	272.45	0.77	45.30	4.68	1.57	39.04	0.01		
2021	362.16	298.52	0.01	0.12	297.66	0.73	62.54	4.63	1.39	42.06		13.02	1.44

17-8 新注册民用汽车数量
Statistics on New Registration of Civil Vehicles

单位：辆 (unit)

年份 Year	民用汽车总计 Total	#载客汽车 Passenger Vehicles	大型 Large	中型 Medium	小型 Small	微型 Minicar	载货汽车 Trucks	重型 Heavy	中型 Medium	轻型 Light	微型 Mini	三轮汽车 Three-wheeled Vehicles
2009	198969	109705	2184	995	105489	1037	45463	9254	6700	29371	138	
2010	227439	135926	2493	1135	131120	1178	61627	15529	6129	39885	84	
2011	227281	151731	2725	1097	146216	1693	51872	12101	3686	36081	4	
2012	260978	180714	3078	1035	175624	977	54093	9617	3065	41408	3	
2013	310367	216884	2699	1158	212428	599	65075	13071	3055	48937	12	
2014	335317	251541	2259	1140	247533	609	59669	11429	1891	46349		
2015	711898	288996	2354	913	281870	3859	43577	4322	785	38470		
2016	427297	341595	2338	903	338132	222	51939	4536	907	46496		
2017	376780	302808	3243	578	298809	178	53879	7222	823	45834		
2018	306994	240677	2359	534	237661	123	53968	8424	673	44871		
2019	306670	239121	1938	577	236566	40	57714	7704	552	49458		
2020	335672	249654	1674	321	247653	6	74297	11496	737	62064		
2021	338027	258580	1266	365	256948	1	76748	13591	656	56405	1	6095

17-9 公路营运汽车拥有量
Possession of Vehicles for Highway Business Transportation

年份	汽车总计（万辆） Total (10 000 units)	#载客汽车 Passenger Vehicles		#载货汽车 Trucks	
		辆数（万辆） Number (10 000 units)	客位（万客位） Number of Seats (10 000 seats)	辆数（万辆） Number (10 000 units)	吨位（万吨） Capacity (10 000 tons)
2009	20.01	5.34	84.25	10.90	449.25
2010	23.90	5.65	88.12	13.86	356.66
2011	27.30	6.15	93.25	16.17	151.78
2012	29.85	6.33	95.74	18.08	138.70
2013	32.50	6.58	98.72	19.99	114.56
2014	34.48	6.85	101.56	21.78	113.47
2015	39.44	7.34	105.01	21.80	109.69
2016	39.36	7.79	110.01	22.19	109.00
2017	38.76	8.04	115.78	22.44	108.83
2018	37.95	8.23	119.82	22.46	111.15
2019	33.51	8.34	122.40	20.91	110.75
2020	31.93	8.01	128.10	20.38	119.33
2021	30.93	7.92	125.67	22.76	123.02

注：1. 小轿车包括在载客汽车中。
2. 1999 年为全国营运汽车，以前仅为公路部门营运汽车；2000–2004 年为全国运输汽车（含营运和非营运汽车）；2005 年起为全国营运汽车（不含非营运汽车）。
3. 从 2010 年起，公路营运载客汽车不包括在公路运输管理部门管理并注册登记为公共汽车和出租汽车。
4. 从 2013 年起，公路营运载货汽车包括货车、牵引车和挂车，统计口径发生调整，数据与上年同期不可比。

a) Cars are included in passenger cars .

b) In 1999, it was a national operating vehicle, which was previously only operated by the highway sector; from 2000 to 2004, it was a national transport vehicle (including operating and non operating vehicles); since 2005, it has been a national operating vehicle (excluding non operating vehicles) .

c) Since 2010, road operating passenger cars do not include buses and taxis managed and registered by the road transport administration.

d) Since 2013, the road operation cargo vehicles include freight cars, traction vehicles and trailers. The statistical caliber has been adjusted, and the data is not comparable with that of the same period of last year.

17-10 邮电业务基本情况

Basic Conditions of Postal and Telecommunication Services

指 标	Item	2010	2015	2019	2020	2021
邮电业务量	**Business Volume of Post and Telecommunication Services**					
邮政业务总量（亿元）	Business Volume of Postal Services(100 million yuan)	8.49	16.32	38.63	47.13	49.80
电信业务总量（亿元）	Business Volume of Telecommunication Services (100 million yuan)	444.81	347.29	1958.90	2556.96	292.31
邮政业务量	**Business Volume of Postal Services**					
函件（万件）	Number of Letters (10 000 pcs)	3806.00	1582.40	721.98	695.91	578.76
包裹（万件）	Package (10 000 pcs)	90.00	67.55	70.81	54.12	33.44
快递（万件）	Pieces of Express Mail Services (10 000 pcs)	421.00	3541.43	10371.22	13823.52	18457.83
#国内同城快递	Local Express Service		554.87	1824.35	2218.09	3161.51
#国内异地快递	National Express Service		2981.74	8541.80	11601.91	15293.69
快递业务收入（亿元）	Revenue from Express Service (100 million yuan)		7.25	22.64	29.79	36.96
报刊期发数（万份）	Issue of Newspapers and Magazines (10 000 copies)	210.00	124.00	124.86	114.61	112.75
集邮业务（万枚）	Stamps for Collection (10 000 pcs)	1500.00	2166.00	1367.56	1163.51	1009.05
营业网点（处）	Number of Offices (unit)	1270	1655	4351	5991	6441
邮路总长度（万公里）	Length of Postal Routes (10 000 km)	7.96	8.52	20.55	19.80	17.43
#汽车邮路总长度	Length of Vehicle Postal Routes	3.06	8.08	7.88	8.85	8.85
铁路邮路总长度	Length of Railway Postal Routes	0.60	0.38	0.28	0.28	0.39
农村投递线路总长度（万公里）	Rural Delivery Routes (10 000 km)	11.04	14.89	12.89	12.89	13.19
电信业务量	**Business Volume of Telecommunication Services**					
移动电话通话时长（亿分钟）	Length of Calls of Mobile Telephone (100 million minutes)	661.50	1047.50	820.12	761.34	754.70
移动短信业务量（亿条）	Short Message Services (100 million messages)	180.70	190.10	175.82	188.43	190.20
互联网普及率（%）	Popularization Rate of Internet (%)			122	122	122
移动电话用户（万户）	Number of Mobile Telephone Subscribers at Year-end (10 000 subscribers)	1390.10	2108.1	2751.17	2673.83	2744.72
#3G 移动电话用户（万户）	3G Mobile Phone Subscribers (10 000 subscribers)	52.80	454.6	189.76	49.6	33.30
#4G 移动电话用户（万户）	4G Mobile Phone Subscribers (10 000 subscribers)		726.7	2205.43	2175.38	1837.30
固定电话用户（万户）	Number of Fixed Telephone Subscribers at Year-end (10 000 subscribers)	411.90	326.00	331.75	309.80	301.20
长途光缆线路长度（万公里）	Length of Long-distance Optical Cable Lines (10 000 km)	2.9	3.2	3.7	4.0	4.0
互联网宽带接入端口（万个）	Broad Band Subscribers Port of Internet (10 000 ports)	172	821	1406	1461	1622

注：1. 邮政业务总量、快递的统计口径 2006 年以前为中国邮政集团，2007-2010 年为规模以上（年业务收入 200 万元以上）邮政业法人企业数据，2011 年起统计口径为年营业收入 10 万元以上法人企业（下表同）。

2. 邮政业务总量，2010 年及以前按 2000 年不变价格计算，2011—2020 年按 2010 年不变价格计算，2021 年起按 2020 年不变价格计算。

3. 电信业务总量，2010 年及以前按 2000 年不变价格计算，2011—2015 年按 2010 年不变价格计算，2016—2020 年按 2015 年不变价格计算，2021 年起按 2020 年不变价格计算。

4. 邮政行业营业网点数，2007—2015 年为规模以上邮政业法人企业办理业务的场所，2016 年起包括邮政公司网点和各快递服务企业网点（下表同）。

5. 长途电话业务电路包括固定长途电话业务电路和移动长途电话业务电路。

6. 长途电话为本地网内区间电话通话量。

a) Statistical coverage of business volume of postal and telecommunication services and pieces of express mail services are China Post Group before 2006, and from 2007-2010 are postal enterprises above designated size (with annual business revenue above 2 million yuan),Since 2011,statistical caliber is the corpo-rate enterprises whose annual operating revenue are more than 100 thousand yuan.. The same applies to the table following.

b) Business volume of postal services before 2010 was calculated at 2000 constant prices, From 2011 to 2020 was calculated at 2010 constant prices,since 2021, was calculated at 2020 constant prices.

c) Business volume of telecommunication services before 2010 was calculated at 2000 constant prices, From 2011 to 2015 was calculated at 2010 constant prices,From 2016 to 2020 was calculated at 2015 constant prices, since 2021, was calculated at 2020 constant prices.

d) Number of postal offices referred to the business sites of postal enterprises above designated size from 2007 to 2015. Since 2016,the offices including the offices of postal company and express service business. The same applies to the table following.

e) Long-distance telephone circuits includes fixed and mobile long-distance telephone circuits.

f) Long-distance telephone is the volume within the range of local network.

17-11 邮政和电信业务量
Business Volume of Postal and Telecommunication Services

年 份 Year	邮政业务总量（万元） Business Volume of Postal Services (10 000 yuan)	电信业务总量（万元） Business Volume of Telecommunication Services (10 000 yuan)	函件（万件） Number of Letters (10 000pcs)	包裹（万件） Package (10 000pcs)	快递（万件） Pieces of Express Mail Services (10 000 pcs)	快递业务收入（万元） Revenue from Express Service (10 000yuan)	报刊期发数（万份） Issue of Newspapers and Magazines (10 000copies)	集邮业务（万枚） Stamps for Collection (10 000copies)
1995			9104		29		496	4161
1996			9716		48		474	4897
1997			8969		61		500	7942
1998			8245		72		502	10997
1999			7817		79		656	11150
2000			9919		101		679	10767
2001			10032		104		672	8110
2002			12215		128		421	4276
2003			10483		196		469	2876
2004			5645		213		353	2495
2005	70225	1289021	5071	111	227		175	1700
2006	87945	1586780	4019	112	233		200	1400
2007	77052	2115772	3490	103	226		189	1427
2008	79622	2718466	3769	96	301		303	1800
2009	89399	3529286	3811	102	347		200	1600
2010	84871	4448065	3806	90	421		210	1500
2011	74612	1607463	3277	91	1135	27730	201	1989
2012	82361	1799694	3560	94	1470	35525	226	1952
2013	113795	1982160	3190	40	1789	40781	188	1738
2014	135103	2640164	2664	89	2656	51198	210	1920
2015	163248	3472888	1582	68	3541	72537	124	2166
2016	221880	2320505	1029	51	6065	125041	129	2216
2017	267380	4559358	864	61	7202	148096	128	1741
2018	310527	11942649	765	78	8912	188515	133	1764
2019	386322	19589231	722	71	10371	226397	125	1368
2020	471286	25569577	696	54	13824	297864	115	1164
2021	497999	2923077	579	33	18458	369629	113	1009

17–11 续表 continued

年 份 Year	固定电话用户（万户） Number of Fixed Telephone Subscribers at Year-end (10 000 subscribers)	移动电话用户期末数（万户） Number of Mobile Telephones Subscribers at Year-end (10 000 subscribers)	#3G移动电话用户（万户） 3G Mobile Phone Subscribers (10 000 subscribers)	#4G移动电话用户（万户） 4G Mobile Phone Subscribers (10 000 subscribers)	移动短信业务量（亿条） Short Message Services (100 million messages)	移动电话通话时长（亿分钟） Length of Calls of Mobile Telephone (100 million minutes)	互联网宽带接入用户（万户） Broadband Subscribers of Internet (10 000 subscribers)
1995	43.32						
1996	57.65						
1997	73.49						
1998	95.23						
1999	118.15						
2000	180.17						
2001	250.43						
2002	321.99						
2003	402.30						
2004	477.25						
2005	548.04	408.44					56.54
2006	607.49	545.37					63.74
2007	585.46	686.40			52.40	284.20	77.77
2008	519.19	896.48			82.60	393.20	68.04
2009	453.93	1194.37	14.00		143.30	516.00	98.30
2010	411.90	1390.10	52.80		180.70	661.50	109.52
2011	396.44	1614.00	152.70		204.40	777.40	145.63
2012	377.76	1764.00	308.70		211.70	876.40	163.30
2013	364.33	1976.00	608.90		205.40	962.10	192.15
2014	341.30	2059.00	835.80	126.00	184.50	1018.30	213.90
2015	325.99	2108.10	454.60	726.70	190.10	1047.50	245.34
2016	312.26	2203.84	334.60	1332.50	164.90	1050.40	392.86
2017	326.77	2526.41	248.50	1744.50	104.20	1004.40	576.40
2018	332.83	2736.00	280.27	2000.95	202.80	923.11	742.84
2019	331.75	2751.17	189.76	2205.43	175.82	820.12	870.69
2020	309.80	2673.83	49.60	2175.38	188.43	761.34	931.42
2021	301.20	2744.72	33.30	1837.30	190.20	754.70	1025.24

17-12 邮电局所数及邮递线路、邮电通信电路
Number of Postal Offices and Postal Delivery Routes, Telecommunications Services Facilities

年 份 Year	营业网点 (处) Number of Offices (unit)	邮路及农村投递线路总长度 (公里) Length of Postal Routes and Rural Delivery Routes (km)	农村投递线路 (公里) Rural Delivery Routes (km)	长途光缆线路长度 (公里) Length of Long-distance Optical Cable Lines (km)
1995	1217	164629	106265	2462
1996	1254	179278	106321	4909
1997	1286	179241	106397	6524
1998	1526	167616	105925	8336
1999	1278	143249	105794	8410
2000	1290	180748	105856	10140
2001	1293	181034	106216	12474
2002	1289	174706	105985	18061
2003	1279	174599	106200	20703
2004	1281	175896	106089	21873
2005	1280	179404	104848	19729
2006	1286	179089	104393	23091
2007	1310	180592	104906	27122
2008	1269	186505	109679	27772
2009	1269	188415	110944	30106
2010	1270	190024	110385	29939
2011	1325	155012	112023	28259
2012	1197	188238	134411	29525
2013	1208	191651	134717	31099
2014	1493	190451	133743	31377
2015	1655	234109	148872	32446
2016	4635	337209	144652	33409
2017	4863	300439	112385	35762
2018	4725	331814	130145	37735
2019	4351	334315	128852	37436
2020	5991	326852	128898	39961
2021	6441	225087	131918	40479

17-13 邮电通信服务水平
Postal and Telecommunication Services Available

指 标	Item	2010	2015	2019	2020	2021
平均每人每年发函件数（件）	Annual Average Number of Letters Mailed per Capita (copy)	1.4	1.0	0.3	0.3	0.2
平均每百人每年订报刊数（份）	Annual Average Number of Newspaper and Magazine Subscribed per 100 Persons (copy)	8	7	7	7	7
固定电话普及率（部／百人）	Popularization Rate of Fixed Telephone (set/100 persons)	15.6	12. 6	12. 6	12.0	12.0
移动电话普及率（部／百人）	Popularization Rate of Mobile Telephone (set/100 persons)	52.8	81.4	104.3	101.0	109.7
设有邮电局、所的乡(镇)比重(%)	Percentage of Townships with Postal and Telecommunication	63.70	100	100	100	100

17-14 各市（州）交通运输业基本情况（2021）
Basic Conditions of Transportation by Region (2021)

市（州）	Region	公路里程（公里）Length of Highways (km)	#等级公路（公里）Expressway and Class I to IV Highways (km)	#高速 Expressway	民用汽车拥有量（万辆）Possession of Civil Vehicles (10 000 units)	#私人汽车 Private Vehicles
兰州市	Lanzhou	9099.15	8986.58	509.35	103.92	80.03
嘉峪关市	Jiayuguan	682.28	673.29	30.07	8.36	7.55
金昌市	Jinchang	2363.47	2363.47	184.50	10.09	9.19
白银市	Baiyin	12172.88	11058.47	326.70	28.85	25.58
天水市	Tianshui	14254.71	14222.64	333.62	34.70	32.27
武威市	Wuwei	13215.24	12904.41	589.13	26.22	24.59
张掖市	Zhangye	10972.81	10899.71	324.64	23.94	22.13
平凉市	Pingliang	11218.96	10699.30	419.53	27.55	25.06
酒泉市	Jiuquan	17646.57	17407.71	1170.54	23.43	21.15
庆阳市	Qingyang	16583.11	16172.56	445.38	35.71	32.37
定西市	Dingxi	12844.01	12574.70	403.88	34.77	31.95
陇南市	Longnan	19071.05	18491.70	574.10	23.43	21.76
临夏州	Linxia	7889.38	7695.63	139.29	30.99	20.90
甘南州	Gannan	8568.94	8284.33	89.01	8.44	7.63

17-15 各市（州）邮电通信行业基本情况（2021）
Basic Conditions of Postal and Telecommunication Services by Region (2021)

市（州）	Region	邮政业务总量（万元）Business Volume of Postal Services (10 000 yuan)	电信业务总量（万元）Business Volume of Telecom-munication Services (10 000 yuan)	固定电话用户期末数（户）Number of Fixed Telephone Subscribers at Year-end (subscriber)	移动电话用户期末数（户）Number of Mobile Telephones Subscribers at Year-end (subscriber)	（固定）互联网宽带用户数（户）Number of (Fixed) Broadband Subscribers of Internet (subscriber)
兰州市	Lanzhou	176935	865165	585945	5889098	2340187
嘉峪关市	Jiayuguan	9571	47568	137501	448712	197055
金昌市	Jinchang	9075	58827	50604	543222	215938
白银市	Baiyin	23855	157962	226118	1665781	629581
天水市	Tianshui	56286	262890	475717	2969160	1135134
武威市	Wuwei	23800	141758	140166	1681026	587764
张掖市	Zhangye	18968	128247	176240	1384953	594243
平凉市	Pingliang	26766	169494	230342	1907211	777982
酒泉市	Jiuquan	18467	144831	253739	1338129	585512
庆阳市	Qingyang	42604	224510	214553	2335765	830759
定西市	Dingxi	32017	219646	93194	2395712	838799
陇南市	Longnan	31494	231793	244690	2364145	746366
临夏州	Linxia	20857	185208	127773	1819857	532530
甘南州	Gannan	7305	85177	54869	704426	240532

注：2021 年起电信业务量、邮政业务量按 2020 年不变价格计算。
a) since 2021,Business volume of postal services and business volume of telecommunication services was calculated at 2020 constant prices.

主要统计指标解释

铁路营业里程 又称营业长度（包括正式营业和临时营业里程），指投入客货运输营业或临时营业的线路长度。

电气化里程 指具备了电力机车牵引条件，并已交付运营的线路里程。

公路里程 指报告期末公路的实际长度。统计范围：包括城间、城乡间、乡（村）间能行驶汽车的公共道路，公路通过城镇街道的里程，公路桥梁长度、隧道长度、渡口宽度。不包括城市街道里程，断头路里程，农（林）业生产用道路里程，工（矿）企业等内部道路里程。统计原则：按已竣工验收或交付使用的实际里程计算；两条或多条公路共同经由同一路段的重复里程，只计算一次。

货（客）运量 指在一定时期内，各种运输工具实际运送的货物（旅客）数量。该指标是反映运输业为国民经济和人民生活服务的数量指标，也是制定和检查运输生产计划、研究运输发展规模和速度的重要指标。货运按吨计算，客运按人计算。货物不论运输距离长短、货物类别，均按实际重量统计。旅客不论行程远近或票价多少，均按一人一次客运量统计；半价票、小孩票也按一人统计。

货物（旅客）周转量 指在一定时期内，由各种运输工具运送的货物（旅客）数量与其相应运输距离的乘积之总和。该指标可以反映运输业生产的总成果，也是编制和检查运输生产计划，计算运输效率、劳动生产率以及核算运输单位成本的主要基础资料。计算货物周转量通常按发出站与到达站之间的最短距离，也就是计费距离计算。计算公式为：

货物（旅客）周转量 = Σ（货物（旅客）运输量 × 运输距离）

民用汽车拥有量 指报告期末，在公安交通管理部门按照《机动车注册登记工作规范》，已注册登记领有民用车辆牌照的全部汽车数量。汽车拥有量统计的主要分类：根据汽车结构分为载客汽车、载货汽车及其他汽车；根据汽车所有者不同分为个人（私人）汽车、单位汽车；根据汽车的使用性质分为营运汽车、非营运汽车；根据汽车大小规格不同载客汽车分为大型、中型、小型和微型，载货汽车分为重型、中型、轻型和微型。

邮政、电信业务总量 指以货币形式表示的邮政、电信通信企业为社会提供各类邮政、电信通信服务的总数量。计算方法为各类业务的实物量分别乘以相应的不变单价，求出各类业务的货币量加总求得。没有不变单价的业务按其业务收入直接相加。

移动电话用户 指在电信运营企业营业网点办理开户登记手续，通过移动电话交换机进入移动电话网，占用移动电话号码的各类电话用户。包括各类签约用户、智能网预付费用户、无线上网卡用户。

18

教育和科学技术

Education & Science and Technology

简要说明

一、本篇资料主要内容

本篇主要反映教育、科学技术活动的基本情况。

教育资料主要包括：高等教育（研究生教育、普通本专科教育、成人本专科、其他各类高等学历教育），中等教育（高中阶段、初中阶段），小学教育，教育经费情况等资料。主要包括学校数、在校学生数、招生数、毕业生数、教职工数和专任教师数以及各类学校教育经费情况。

科学技术资料主要内容包括：研究与试验发展（R&D）情况、规模以上工业科技活动情况、科技成果情况、专利申请及授权情况、企事业单位专业技术人员等。

二、本篇资料来源

本篇资料由省统计局社会科技处搜集、整理。

1. 教育资料由省教育厅提供。

2. 科技资料来源于省统计局《科技统计综合年报》《规模以上工业企业研发活动统计年报》、省人力资源和社会保障厅、省科学技术厅。

3. 专利资料由省市场监督管理局提供。

18-1 各级各类学校、教职工和专任教师情况（2021）
Number of Schools, Educational Personnel and Full-time Teachers by Type and Level (2021)

项　目	Item	学校数（所）Number of Schools (unit)	教职工数（人）Teachers and Staff (person)	专任教师（人）Full-time Teachers (person)
高等教育	**Higher Education**	**49**	**44431**	**32726**
研究生培养机构	Institutions Providing Postgraduate Programs	(14)		105
普通高校	Regular Higher Education Institutions	(10)		
科研机构	Research Institutions	(4)		105
普通高等学校	Regular Higher Education Institutions	49	44079	32369
本科院校	HEIs Offering Degree Programs	22	31835	22232
#本科层次职业学院	Vocational College of Undergraduate	2	2103	1822
(高职) 专科院校	Higher Vocational Colleges	27	12244	10137
#职业技术学院	Vocational and Technical Colleges	25	11214	9259
其他普通高教机构	Other Institutions			
成人高等学校	Adult HEIs	4	352	252
民办的其他高等教育机构	Other Non-government HEIs			
中等教育	**Secondary Education**	**2055**	**177697**	**146339**
高中阶段教育	Senior Secondary Education	584	83228	64029
高中	Senior Secondary Schools	363	63395	47335
普通高中	Regular Senior Secondary Schools	363	63395	47335
完全中学	Combined Secondary Schools	141	20707	10301
高级中学	Regular High Schools	205	39433	36342
十二年一贯制学校	12-Year Schools	17	3255	692
成人高中	Adult High Schools			
中等职业教育	Secondary Vocational Education	221	19833	16694
普通中专	Regular Specialized Secondary Schools	60	5919	4734
成人中专	Adult Specialized Secondary Schools	14	266	214
职业高中	Vocational Senior Secondary Schools	106	9627	8515
技工学校	Skilled Workers Schools	41	4016	3216
其他中职机构	Other Institutions		5	15
初中阶段教育	Junior Secondary Education	1471	94469	82310
初中	Junior Secondary Schools	1471	94469	82310
初级中学	Regular Junior Secondary Schools	830	57027	54743
九年一贯制学校	9-Year Schools	641	37442	17556
十二年一贯制学校	12-Year Schools			886
完全中学	Combined Secondary Schools			9125
职业初中	Vocational Junior Secondary Schools			
成人初中	Adult Junior Secondary Schools			
初等教育	**Primary Education**	**4951**	**139560**	**152144**
普通小学	Regular Primary Schools	4951	139560	152144
小学	Primary Schools	4951	139560	132975
九年一贯制学校	9-Year Schools			18274
十二年一贯制学校	12-Year Schools			895
成人小学	Adult Primary Schools			
#扫盲班	Literacy Courses			
工读学校	**Correctional Work-Study Schools**			
特殊教育	**Special Education Schools**	**45**	**1341**	**1116**
学前教育	**Pre-school Education Institutions**	**8159**	**85393**	**60336**

注：1. 完全中学的学校数和教职工数计入高中阶段教育，九年一贯制学校的学校数和教职工数计入初中阶段教育，十二年一贯制学校的学校数和教职工数计入高中教育阶段。专任教师按照教育层次划分归类。

2. ( ) 表示不计校数。

a) The numbers of Combined Secondary Schools and their educational personnel are calculated into the number of Senior Secondary Education,the numbers of 9-Year Schools and their educational personnel are calculated into the number of Junior Secondary Education,the numbers of 12-Year Schools and their educational personnel are calculated into the number of Senior Secondary Education.The full-time teachers are classified by educational level.

b) The data within "()" are not calculated as the number of schools.

18-2 各级各类学历教育学生情况（2021）
Number of Students of Formal Education by Type and Level (2021)

单位：人 (person)

项 目	Item	招生数 New Enrollment	在校学生数 Total Enrollment	毕业生数 Graduates
高等教育	**Higher Education**	**262506**	**813480**	**204753**
研究生	Postgraduates	19734	54704	12834
博士	Doctor's Degree	1678	6296	732
硕士	Master's Degree	18056	48408	12102
普通本专科	Undergraduates in Regular HEIs	179802	613378	140033
本科	Normal Courses	89036	322400	71429
专科	Short-cycle Courses	90766	290978	68604
成人本专科	Undergraduates in Adult HEIs	43076	81992	23586
本科	Normal Courses	30396	54867	11213
专科	Short-cycle Courses	12680	27125	12373
网络本专科生	Web-based Undergraduates	19321	59338	27639
本科	Normal Courses	19321	44067	14028
专科	Short-cycle Courses		15271	13611
中等教育	**Secondary Education**	**576952**	**1640686**	**530059**
高中阶段教育	Senior Secondary Education	271662	755917	236031
高中	Senior Secondary Schools	171832	515162	171143
普通高中	Regular Senior Secondary Schools	171832	515162	171143
完全中学	Combined Secondary Schools	41471	125330	40680
高级中学	Regular High Schools	127974	382549	128048
十二年一贯制学校	12-Year Schools	2387	7283	2415
成人高中	Adult High Schools			
中等职业教育	Secondary Vocational Education	99830	240755	64888
普通中专	Regular Specialized Secondary Schools	30690	80159	22708
成人中专	Adult Specialized Secondary Schools	1352	2607	880
职业高中	Vocational Senior Secondary Schools	48669	112863	26533
技工学校	Skilled Workers Schools	15939	38579	12494
附设中职班	Secondary Vocational Class Attached	3180	6547	2273
初中阶段教育	Junior Secondary Education	305290	884769	294028
初中	Junior Secondary Schools	305290	884769	294028
初级中学	Regular Junior Secondary Schools	205686	597646	199551
九年一贯制学校	9-Year Schools	60067	172764	57843
十二年一贯制学校	12-Year Schools	3221	9322	2517
完全中学	Combined Secondary Schools	36316	105037	34117
职业初中	Vocational Junior Secondary Schools			
成人初中	Adult Junior Secondary Schools			
初等教育	**Primary Education**	**331323**	**2025009**	**307408**
普通小学	Regular Primary Schools	331323	2025009	307408
小学	Primary Schools	285886	1748067	266831
九年一贯制学校	9-Year Schools	43351	263078	38950
十二年一贯制学校	12-Year Schools	2086	13864	1627
成人小学	Adult Primary Schools			
#扫盲班	Literacy Courses			
工读学校	**Correctional Work-Study Schools**			
特殊教育	**Special Education Schools**	**3576**	**21968**	**3340**
学前教育	**Pre-school Education Institutions**	**315972**	**970256**	**334521**

注：1. 完全中学、九年一贯制学校和十二年一贯制学校的学生数按教育层次分别计入对应教育阶段的学生数中。
2. 特殊教育学生数中包括普通中小学随班就读的学生。

a) Number of the students in Combined Secondary Schools, 9-Year Schools,12-Year Schools are classified by educational level.
b) Number of the students in the Special Education Schools includes those followed in the regular primary and middle School.

18-3 各级各类民办学校校数、教职工、专任教师情况（2021）
Number of Schools, Educational Personnel and Full-time Teachers of Non-government Schools by Type and Level (2021)

项 目	Item	学校数（所）Number of Schools (unit)	教职工数（人）Teachers and Staff (person)	专任教师（人）Full-time Teachers (person)
高等教育	**Higher Education**	**6**	**3135**	**2515**
研究生培养机构	Institutions Providing Postgraduate Programs			
普通高校	Regular Higher Education Institutions			
科研机构	Research Institutions			
普通高等学校	Regular Higher Education Institutions	6	3135	2515
本科院校	HEIs Offering Degree Programs	3	2276	1814
#独立学院	Independent Institutions			
（高职）专科院校	Higher Vocational Colleges	3	859	701
#职业技术学院	Vocational and Technical Colleges			
其他普通高教机构	Other Institutions			
成人高等学校	Adult HEIs			
民办的其他高等教育机构	Other Non-government HEIs			
中等教育	**Secondary Education**	**99**	**8261**	**6229**
高中阶段教育	Senior Secondary Education	78	6410	4835
高中	Senior Secondary Schools	46	4590	3453
普通高中	Regular Senior Secondary Schools	46	4590	3453
完全中学	Combined Secondary Schools	8	544	405
高级中学	Regular High Schools	30	1654	1315
十二年一贯制学校	12-Year Schools	8	2392	1733
成人高中	Adult High Schools			
中等职业教育	Secondary Vocational Education	32	1820	1382
普通中专	Regular Specialized Secondary Schools	4	448	377
成人中专	Adult Specialized Secondary Schools	2	61	40
职业高中	Vocational Senior Secondary Schools	26	1311	965
技工学校	Skilled Workers Schools			
其他中职机构	Other Institutions			
初中阶段教育	Junior Secondary Education	21	1851	1394
初中	Junior Secondary Schools	21	1851	1394
初级中学	Regular Junior Secondary Schools	5	303	256
九年一贯制学校	9-Year Schools	16	1548	1138
十二年一贯制学校	12-Year Schools			
完全中学	Combined Secondary Schools			
职业初中	Vocational Junior Secondary Schools			
成人初中	Adult Junior Secondary Schools			
初等教育	**Primary Education**	**5**	**133**	**113**
普通小学	Regular Primary Schools	5	133	113
小学	Primary Schools	5	133	113
九年一贯制学校	9-Year Schools			
十二年一贯制学校	12-Year Schools			
成人小学	Adult Primary Schools			
#扫盲班	Literacy Courses			
工读学校	**Correctional Work-Study Schools**			
特殊教育	**Special Education Schools**			
学前教育	**Pre-school Education Institutions**	**2647**	**45021**	**25514**

注：1. 完全中学的学校数和教职工数计入高中阶段教育，九年一贯制学校的校数和教职工数计入初中阶段教育，十二年一贯制学校的校数和教职工数计入高中阶段教育。专任教师是按照教育层次划分归类。

2. 2018 年起，民办学校不包含具有法人资格的中外合作办学校（下表同）。

a) The numbers of Combined Secondary Schools and their educational personnel are calculated into the number of Senior Secondary Education, the numbers of 9-Year Schools and their educational personnel are calculated into the number of Junior Secondary Education, the numbers of 12-Year Schools and their educational personnel are calculated into the number of Senior Secondary Education. The full-time teachers are classified by educational level.

b) Since 2018, the number of Non-government Schools do not include Sino-foreign cooperation office with legal personality.The same applies to the table following.

18-4 各级各类民办教育学生情况（2021）
Statistics on Students of Non-government Schools by Type and Level (2021)

单位：人 (person)

项 目	Item	招生数 New Enrollment	在校学生数 Total Enrollment	毕业生数 Graduates
高等教育	**Higher Education**	**17168**	**48100**	**9713**
研究生	Postgraduates			
博士	Doctor's Degree			
硕士	Master's Degree			
普通本专科	Undergraduates in Regular HEIs	17168	48100	9713
本科	Normal Courses	13825	36942	6791
专科	Short-cycle Courses	3343	11158	2922
成人本专科	Undergraduates in Adult HEIs			
本科	Normal Courses			
专科	Short-cycle Courses			
另有其他学生数	Students Enrolled in Other Formal Programs			
民办高校	Non-Government HEI			
民办的其他高等教育机构	Non-Government Other HEIs			
中等教育	**Secondary Education**	**24140**	**69083**	**19647**
高中阶段教育	Senior Secondary Education	16130	47324	13811
高中	Senior Secondary Schools	8177	27151	9035
普通高中	Regular Senior Secondary Schools	8177	27151	9035
完全中学	Combined Secondary Schools	1339	4770	1404
高级中学	Regular High Schools	5382	17576	6154
十二年一贯制学校	12-Year Schools	1456	4805	1477
成人高中	Adult High Schools			
中等职业教育	Secondary Vocational Education	7953	20173	4776
普通中专	Regular Specialized Secondary Schools	1363	4405	992
成人中专	Adult Specialized Secondary Schools	210	424	103
职业高中	Vocational Senior Secondary Schools	6380	15344	3681
技工学校	Skilled Workers Schools			
初中阶段教育	Junior Secondary Education	8010	21759	5836
初中	Junior Secondary Schools	8010	21759	5836
初级中学	Regular Junior Secondary Schools	1389	3603	1114
九年一贯制学校	9-Year Schools	3154	8493	2394
十二年一贯制学校	12-Year Schools	2416	6759	1597
完全中学	Combined Secondary Schools	1051	2904	731
职业初中	Vocational Junior Secondary Schools			
成人初中	Adult Junior Secondary Schools			
初等教育	**Primary Education**	**2348**	**17444**	**2576**
普通小学	Regular Primary Schools	2348	17444	2576
小学	Primary Schools	287	2016	328
九年一贯制学校	9-Year Schools	849	6901	1412
十二年一贯制学校	12-Year Schools	1212	8527	836
成人小学	Adult Primary Schools			
#扫盲班	Literacy Courses			
工读学校	**Correctional Work-Study Schools**			
特殊教育	**Special Education Schools**			
学前教育	**Pre-school Education Institutions**	**132806**	**434974**	**144671**

注：1. 完全中学、九年一贯制学校和十二年一贯制学校的学生数按教育层次分别计入对应教育阶段的学生数中。
2. 特殊教育学生数中包括义务教育阶段随班就读的学生、其他学校附设特教班。
3. “另有其他学生数”包括：自考助学班学生、预科生、进修及培训学生数。

a) Number of the students in Combined Secondary Schools, 9-Year Schools,12-Year Schools are classified by educational level.
b) Number of the students in the Special Education Schools includes those followed in the regular primary and middle School.
c) Students Enrolled in Other Formal Programs include students of classes for self-learning programs, preparatory courses, and in-service training courses.

18-5 各级各类学校数
Number of School by Type and Level

单位：所　　　　(Unit)

年份 Year	普通高等学校 Regular HEIs	普通中学 Regular Secondary Schools	高中 Senior Secondary Schools	初中 Junior Secondary Schools	职业中学 Vocational Secondary Schools	普通小学 Regular Primary Schools	特殊教育学校 Special Education Schools	学前教育 Pre-primary Education Institutions
1995	17	1626	444	1182	190	23718	11	1235
1996	17	1657	430	1227	180	23658	11	1321
1997	17	1656	427	1229	182	22848	11	1545
1998	17	1666	421	1245	178	22634	10	1803
1999	18	1667	410	1257	177	22560	10	2040
2000	18	1689	419	1270	170	21557	12	2249
2001	25	1979	435	1544	154	17477	11	1992
2002	25	2004	438	1566	156	16648	14	2286
2003	31	2031	453	1578	140	15635	14	2276
2004	31	2054	470	1584	151	15347	14	2377
2005	33	2050	497	1553	153	14963	14	2451
2006	33	2155	495	1660	154	14685	14	2556
2007	34	2130	493	1637	162	14002	14	2457
2008	34	2103	480	1623	181	13424	15	2503
2009	34	2081	463	1618	177	12637	15	2452
2010	35	2038	452	1586	150	11582	17	2407
2011	37	2012	436	1576	147	10907	22	2457
2012	37	2033	445	1588	141	10336	28	2712
2013	37	1989	428	1561	133	9640	32	3141
2014	38	1940	402	1538	126	8979	33	3471
2015	40	1877	386	1491	118	8052	37	3971
2016	44	1861	379	1482	114	6924	40	6441
2017	44	1852	384	1468	105	6172	41	7122
2018	44	1848	381	1467	109	5785	43	7734
2019	44	1841	376	1465	106	5444	44	7988
2020	50	1836	364	1472	107	5252	44	8089
2021	49	1834	363	1471	106	4951	45	8159

注：职业中学包括职业高中和职业初中（下表同）。
a) Vocational secondary schools include vocational senior and junior secondary schools. The same applies to the tables following.

18-6 各级各类学校专任教师数

Number of Full-time Teachers of Schools by Type and Level

单位：人 (person)

年 份 Year	普通高等学校 Regular HEIs	普通中学 Regular Secondary Schools	高中 Senior Secondary Schools	初中 Junior Secondary Schools	职业中学 Vocational Secondary Schools	普通小学 Regular Primary Schools	特殊教育学校 Special Education Schools	学前教育 Pre-primary Education Institutions
1995	6284	62669	12970	49699	4173	130032	224	9776
1996	6282	63912	13151	50761	4013	129823	235	8758
1997	6403	66124	13723	52401	4190	130628	248	10194
1998	6505	67774	13703	54071	4415	131473	221	10765
1999	6899	70711	14233	56478	4615	128839	297	10669
2000	7208	74082	15200	58882	4549	125172	269	11953
2001	8826	78439	16562	61877	4598	122038	271	10109
2002	10021	82709	18582	64127	4751	124017	279	10115
2003	12274	87753	21754	65999	3945	126740	294	11109
2004	13727	93024	25458	67566	4614	128725	296	9933
2005	14816	99150	29127	70023	5158	130841	303	10221
2006	16105	106106	32081	74025	5803	135491	314	10939
2007	17439	110204	33979	76225	7337	137149	345	10950
2008	18581	114963	35524	79439	7537	141371	341	12589
2009	19629	116883	36450	80433	8256	139966	380	12365
2010	20761	120689	37517	83172	7522	140381	418	13668
2011	22066	123055	38593	84462	8283	141324	484	15009
2012	23232	124844	40467	84377	8042	140235	572	17086
2013	24351	126817	42469	84348	7860	140436	692	20621
2014	25283	128599	43761	84838	7739	140476	671	26097
2015	26132	128621	44764	83857	8099	140320	729	30342
2016	26731	127471	45107	82364	8104	141113	825	39459
2017	28474	126418	45386	81032	7746	141962	877	43975
2018	28939	125682	45730	79952	8292	143260	921	46614
2019	29755	126850	45813	81037	8295	148408	1083	49438
2020	31030	127233	45994	81239	8364	150870	1092	53466
2021	32369	129645	47335	82310	8515	152144	1116	60336

18-7 各级各类学校招生数

Number of Entrants of Formal Education by Type and Level of School

单位：人 (person)

年份 Year	普通高等学校 Regular HEIs	普通中学 Regular Secondary Schools	高中 Senior Secondary Schools	初中 Junior Secondary Schools	职业中学 Vocational Secondary Schools	普通小学 Regular Primary Schools	特殊教育学校 Special Education Schools
1995	15119	-337758	64113	273645	19260	525875	311
1996	15567	354996	63001	291995	19533	548661	281
1997	16313	375656	63782	311874	20593	563443	333
1998	16813	404014	69652	334362	19790	546980	842
1999	23010	455111	75439	379672	21180	538695	1049
2000	33425	508648	90840	417808	21461	552740	1094
2001	45382	547593	109805	437788	20945	601257	1644
2002	53079	590617	143666	446951	23013	609934	1231
2003	60069	621290	168181	453109	19212	572321	975
2004	66182	657600	186561	471039	26738	508787	979
2005	71572	691600	205710	485890	32313	461894	915
2006	90373	711676	207257	504419	52175	481721	1301
2007	98569	678575	204816	473759	71267	435661	1614
2008	110889	696897	210511	486386	72436	411003	2051
2009	112280	699300	216982	482318	72692	372689	1954
2010	114899	673394	219614	453780	70355	361331	2071
2011	124935	628251	221551	406700	56719	338176	1457
2012	131263	602045	226107	375938	55991	341155	1434
2013	123402	552431	218143	334288	45215	320908	1409
2014	130624	518092	208136	309956	40433	280655	1285
2015	126242	490221	199426	290795	38362	313028	1769
2016	130683	483583	193389	290194	41215	326665	2235
2017	138515	468236	182636	285600	37209	336255	2531
2018	146640	469212	172624	296588	39021	344889	3050
2019	170605	471882	172017	299865	41809	352383	3771
2020	194305	450330	171813	278517	44423	350883	3676
2021	179802	477122	171832	305290	48669	331323	3576

18-8 各级各类学校在校学生数
Number of Students Enrollment by Level and Type of School

单位：人 (person)

年 份 Year	普通高等学校 Regular HEIs	普通中学 Regular Secondary Schools	高中 Senior Secondary Schools	初中 Junior Secondary Schools	职业中学 Vocational Secondary Schools	普通小学 Regular Primary Schools	特殊教育学校 Special Education Schools	学前教育 Pre-primary Education Institutions
1995	45480	915263	168589	746674	42747	2737059	1529	409893
1996	47578	966394	176444	789950	45696	2857986	1523	403714
1997	50678	1021024	180035	840989	48111	2992795	1476	398426
1998	54014	1079819	185946	893873	48889	3092488	4003	376575
1999	62637	1185891	201138	984753	49866	3131747	4653	407489
2000	81734	1314710	229500	1085210	52573	3164603	6438	427960
2001	110898	1459845	276573	1183272	52657	3189816	9953	401681
2002	143009	1606592	346294	1260298	56483	3229371	9192	402653
2003	173391	1733035	427011	1306024	49529	3227592	7673	372225
2004	200282	1844406	499609	1344797	62506	3155535	7732	350749
2005	229459	1943839	566168	1377671	73451	3035794	8339	349407
2006	263691	2047847	603358	1444489	100062	2984425	9127	342279
2007	295992	2036640	613906	1422734	131929	2846312	11606	330213
2008	331895	2038447	618253	1420194	155909	2689631	13443	337843
2009	361490	2041628	630654	1410974	167699	2525962	13687	358748
2010	381526	2031002	646975	1384027	170001	2370406	13350	387338
2011	405306	1942478	657086	1285392	147946	2200743	9455	432181
2012	431069	1845050	664879	1180171	151327	2063549	8337	480323
2013	442963	1702496	666556	1035940	125348	1867268	8396	549800
2014	452300	1625349	654430	970919	111266	1802371	7635	620127
2015	450463	1538620	629365	909255	101348	1802401	9260	701132
2016	457204	1479661	603490	876171	98383	1821629	11373	892087
2017	466185	1433408	577281	856127	94384	1855722	13492	929708
2018	483620	1419319	549305	870014	95575	1896471	15769	944401
2019	524948	1408051	526270	881781	98472	1941406	19294	932788
2020	581062	1389962	515813	874149	104443	2009079	21468	958299
2021	613378	1399931	515162	884769	112863	2025009	21968	970256

18-9 各级各类学校毕业生数
Number of Graduates by Level and Type of School

单位：人 (person)

年 份 Year	普通高等学校 Regular HEIs	普通中学 Regular Secondary Schools	高中 Senior Secondary Schools	初中 Junior Secondary Schools	职业中学 Vocational Secondary Schools	普通小学 Regular Primary Schools	特殊教育学校 Special Education Schools
1995	14288	252360	46948	205412	14053	319684	141
1996	13314	256098	48060	208038	12993	336205	121
1997	13140	274961	52911	222050	14884	355832	132
1998	13251	291067	54794	236273	14726	383938	258
1999	14007	305292	53867	251425	17030	424250	684
2000	13971	327787	56479	271308	15210	459255	948
2001	17000	351876	62793	289083	16785	488961	900
2002	21647	402829	72295	330534	17021	486101	712
2003	29582	456044	89040	367004	14753	481495	466
2004	39390	506391	109055	397336	16975	488842	612
2005	49886	561654	138165	423489	19144	502605	684
2006	57381	595637	164257	431380	19539	506371	701
2007	63315	628548	179335	449213	24451	478740	1089
2008	75051	645494	194146	451348	29687	485899	1664
2009	84082	655641	192269	463372	39579	492720	1965
2010	92226	649631	195045	454586	44095	474328	1850
2011	99042	660487	202234	458253	50585	426257	708
2012	102980	656260	213620	442640	43807	398700	834
2013	109192	636032	216530	419502	45569	370611	831
2014	118697	575501	223828	351673	35089	319335	818
2015	124003	556758	224408	332350	33969	300080	917
2016	119911	531473	219083	312390	30008	298820	1046
2017	124786	506220	208113	298107	30270	294669	1232
2018	122347	484294	201083	283211	28070	300842	1524
2019	123314	479552	193621	285931	30189	303579	1997
2020	133490	466498	181187	285311	27814	279871	2233
2021	140033	465171	171143	294028	26533	307408	3340

18-10 研究生数
Number of Postgraduates

单位：人 (person)

年 份 Year	招生数 Entrants	博士 Doctor's Degree	硕士 Master's Degree	在校学生数 Enrollment	博士 Doctor's Degree	硕士 Master's Degree	毕业生数 Graduates	博士 Doctor's Degree	硕士 Master's Degree
1995	689			1873	361	1512	416	76	340
1996	780			2146	440	1706	484	71	413
1997	884			2350	495	1855	601	93	508
1998	875			2563	523	2040	623	127	496
1999	1075			2874	597	2277	706	139	567
2000	1558			3579	764	2815	801	130	671
2001	2147			4781	963	3118	1096	283	813
2002	2703	448	2255	6403	1236	5167	940	168	772
2003	3634	583	3051	8555	1594	6961	1349	218	1131
2004	5073	683	4390	11496	1986	9509	1965	290	1675
2005	6146	717	5429	14895	2320	12575	2484	378	2106
2006	6710	747	5963	18069	2583	15486	3201	474	2727
2007	7117	783	6334	20034	2765	17269	4831	595	4236
2008	7502	810	6692	21580	2953	18627	5649	600	5049
2009	8463	887	7576	23469	3153	20316	6122	633	5459
2010	9098	888	8210	25609	3335	22274	6523	669	5854
2011	9307	923	8384	26973	3482	23491	7160	729	6431
2012	9804	943	8861	28306	3597	24709	8002	797	7205
2013	10116	973	9143	29412	3746	25666	8629	762	7867
2014	9870	820	9050	29080	3370	25710	8637	600	8037
2015	10089	825	9264	29637	3516	26121	9195	644	8551
2016	10699	873	9826	31199	3720	27479	8806	601	8205
2017	12810	942	11868	34548	3970	30578	9152	643	8509
2018	13959	1159	12800	38457	4383	34074	9526	642	8884
2019	15098	1320	13778	42538	4841	37697	10398	690	9708
2020	18377	1479	16898	48472	5456	43016	11861	733	11128
2021	19734	1678	18056	54704	6296	48408	12834	732	12102

18-11 高等教育学校(机构)学生数(2021)

Number of Students in Higher Education Institutions (2021)

单位：人 (person)

项 目	Item	招生数 Entrants	在校学生数 Enrollment	毕业生数 Graduates	授予学位数 Degrees Awarded
研究生	Postgraduates	19734	54704	12834	12753
博士	Doctor's Degrees	1678	6296	732	698
硕士	Master's Degrees	18056	48408	12102	12055
普通本专科	Undergraduates in Regular HEIs	179802	613378	140033	70332
本科	Normal Courses	89036	322400	71429	70332
专科	Short-cycle Courses	90766	290978	68604	
成人本专科	Undergraduates in Adult HEIs	43076	81992	23586	307
本科	Normal Courses	30396	54867	11213	307
专科	Short-cycle Courses	12680	27125	12373	
在职人员攻读 硕士学位	Master's Degree Programs for On-the-job Personnel				
网络本专科生	Web-based Undergraduates	19321	59338	27639	65
本科	Normal Courses	19321	44067	14028	65
专科	Short-cycle Courses		15271	13611	
自考助学班	Classes run by Non-government HEIs for Students Preparing for Self-directed State-administered Examinations				
普通预科生	College-preparatory Classes		1929		
研究生课程进修班	Postgraduates Courses				
进修及培训	In-service Training				
留学生	Foreign Students	573	2139	661	193

注：留学生指来中国学习的留学生数。

a) Foreign students refer to foreign students studying in China.

18-12 普通本科分学科学生数(2021)

Number of Regular Students for Normal Courses in HEIs by Discipline (2021)

单位：人 (person)

类 别	Item	毕业生数 Graduates	招生人数 Entrants	在校学生数 Enrollment
甘肃省	**Gansu**	**71429**	**87595**	**320959**
哲学	Philosophy	72	74	259
经济学	Economics	3677	4029	15433
法学	Law	3807	4726	16901
教育学	Education	3285	4386	15166
文学	Literature	6727	7538	28964
历史学	History	886	1008	3788
理学	Science	5941	7139	27087
工学	Engineering	22540	28917	103977
农学	Agriculture	1976	2281	8500
医学	Medicine	6187	8057	31225
管理学	Administrators	11456	13536	47384
艺术学	Art	4875	5904	22275

18-13 普通专科和职业本科分学科学生数（2021）
Number of Students in Junior Colleges and Vocational Undergraduate Colleges by Field of Study(2021)

单位：人 (person)

类 别	Item	毕业生数 Graduates	招生人数 Entrants	在校学生数 Enrollment
甘肃省	**Gansu**	**68604**	**92207**	**292419**
农林牧渔大类	Agriculture, Forestry, Husbandry and Fishing	2784	4463	17694
资源环境与安全大类	Resource Environment and Security	3991	5409	15780
能源动力与材料大类	Material and Energy	1485	2001	5616
土木建筑大类	Civil Engineering	4405	5799	21180
水利大类	Water Resources	370	743	1916
装备制造大类	Manufacturing	7716	10626	32904
生物与化工大类	Biology and Chemical Engineering	2335	3193	9402
轻工纺织大类	Light Industry and Textile	281	275	836
食品药品与粮食大类	Food & Medicine and Grain	844	1958	6178
交通运输大类	Transportation and Communication	5853	6725	20597
电子信息大类	Electronic Information	5947	8657	25913
医药卫生大类	Medicine and Health	10592	14098	43952
财经商贸大类	Finance & Economics,Business & Trade	8198	8203	31153
旅游大类	Tourism	2127	2319	7554
文化艺术大类	Culture and Art	1158	2036	5265
新闻传播大类	Journalism and Communication	57	194	448
教育与体育大类	Education and Physical Education	8419	12950	36750
公安与司法大类	Police Security and Justice	1427	1373	5102
公共管理与服务大类	Public Management and Service	615	1185	4179

18-14 成人本科分学科学生数（2021）
Number of Adult Students for Normal Courses in HEIs by Discipline (2021)

单位：人 (person)

类 别	Item	毕业生数 Graduates	招生人数 Entrants	在校学生数 Enrollment
甘肃省	**Gansu**	**11213**	**30396**	**54867**
哲学	Philosophy			
经济学	Economics	134	197	369
法学	Law	733	1272	2319
教育学	Education	1062	3939	5129
文学	Literature	833	2835	4629
历史学	History	40	79	139
理学	Science	52	457	614
工学	Engineering	3464	9626	18349
农学	Agriculture	178	340	776
医学	Medicine	2319	5463	11789
管理学	Administrators	2364	6169	10702
艺术学	Art	34	19	52

18-15　成人专科分学科学生数（2021）

Number of Adult Students for Short-cycle Courses in HEIs by Discipline(2021)

单位：人　　(person)

类别	Item	毕业生数 Graduates	招生人数 Entrants	在校学生数 Enrollment
甘肃省	**Gansu**	**12373**	**12680**	**27125**
农林牧渔大类	Agriculture, Forestry, Husbandry and Fishing	137	298	623
资源环境与安全大类	Resource Environment and Security	56	106	220
能源动力与材料大类	Material and Energy	99	15	46
土木建筑大类	Civil Engineering	747	607	1362
水利大类	Water Resources	28	60	92
装备制造大类	Manufacturing	422	246	878
生物与化工大类	Biology and Chemical Engineering	29	12	29
轻工纺织大类	Light Industry and Textile			
食品药品与粮食大类	Food & Medicine and Grain		40	56
交通运输大类	Transportation and Communication	5434	2723	7008
电子信息大类	Electronic Information	604	300	662
医药卫生大类	Medicine and Health	1202	1831	4696
财经商贸大类	Finance & Economics,Business & Trade	1572	3443	5898
旅游大类	Tourism	317	32	76
文化艺术大类	Culture and Art	15	35	49
新闻传播大类	Journalism and Communication			
教育与体育大类	Education and Physical Education	1548	2590	4793
公安与司法大类	Police Security and Justice	98	167	357
公共管理与服务大类	Public Management and Service	65	175	280

18-16　网络本科分学科学生数（2021）

Number of Web-based Students for Normal Courses in HEIs by Discipline (2021)

单位：人　　(person)

类别	Item	毕业生数 Graduates	招生人数 Entrants	在校学生数 Enrollment
甘肃省	**Gansu**	**14028**	**19321**	**44067**
哲学	Philosophy			
经济	Economics	663	495	1558
法学	Law	845	1403	2986
教育学	Education			
文学	Literature	493	955	2144
历史学	History			
理学	Science	50	83	179
工学	Engineering	3459	5580	11671
农学	Agriculture			
医学	Medicine	3826	3853	9704
管理学	Administrators	4692	6952	15825
艺术学	Art			

18-17 网络专科分学科学生数（2021）
Number of Web-based Students for Short-cycle Courses in HEIs by Discipline (2021)

单位：人 (person)

类别	Item	毕业生数 Graduates	在校学生数 Enrollment
甘肃省	**Gansu**	**13611**	**15271**
农林牧渔大类	Agriculture, Forestry, Husbandry and Fishing		
资源环境与安全大类	Resource Environment and Security		
能源动力与材料大类	Material and Energy		
土木建筑大类	Civil Engineering	2463	2827
水利大类	Water Resources		
装备制造大类	Manufacturing		
生物与化工大类	Biology and Chemical Engineering		
轻工纺织大类	Light Industry and Textile		
食品药品与粮食大类	Food & Medicine and Grain		
交通运输大类	Transportation and Communication		
电子信息大类	Electronic Information	1181	1803
医药卫生大类	Medicine and Health	2726	2758
财经商贸大类	Finance & Economics,Business & Trade	2113	2446
旅游大类	Tourism		
文化艺术大类	Culture and Art		
新闻传播大类	Journalism and Communication		
教育与体育大类	Education and Physical Education		
公安与司法大类	Police Security and Justice	66	139
公共管理与服务大类	Public Management and Service	5062	5298

18-18 技工学校数、学生数和教职工数
Number of Schools, Students, Educational Personnel of Skilled Workers Schools

单位：人 (person)

年份 Year	学校数（所） Schools (unit)	毕业生数 Graduates	招生人数 Entrants	在校学生数 Enrollment	教职员工 Educational Personnel	专任教师 Full-time Teachers
2005	57	4586	11424	23971	3698	2856
2006	62	7068	12878	29781	5206	4415
2007	62	7068	12878	29781	4598	3807
2008	75	11304	24720	57631		4147
2009	78	12549	41016	71060	4205	2928
2010	78	19944	39944	91249	4525	2189
2011	78	27378	31338	94678	4468	3171
2012	79	25182	26620	96116	4553	3235
2013	80	46847	17402	66671	4555	3250
2014	81	29525	15374	52520	4626	3110
2015	82	23797	13623	42523	4656	3133
2016	82	14948	11984	39559	4732	3442
2017	82	14886	12697	37370	4564	3725
2018	33	11614	11024	33514	3506	2905
2019	36	9818	14033	34545	3478	2696
2020	38	9054	14587	36422	3858	3220
2021	41	12494	15939	38579	4016	3216

18-19 小学学龄儿童净入学率和各级普通学校毕业生升学率
Net Enrolment Ratio of School-age Children in Primary Schools and Promotion Rate of Graduates of Regular School by Levels

单位：%　　(%)

年份 Year	小学学龄儿童净入学率 Net Enrollment Ratio of School-age Children in Primary Schools	小学升学率 Promotion Rate from Primary Schools to Junior Secondary Schools	初中升学率 Promotion Rate from Junior Secondary Schools to Senior Secondary Schools	高中升学率 Promotion Rate from Senior Secondary Schools to Higher Education
1996	97.20	86.85		
1997	97.68	87.93		
1998	98.20	87.40		
1999	98.62	89.49		
2000	98.83	90.98		
2001	98.02	89.53	37.98	35.48
2002	98.55	91.95	43.46	38.20
2003	97.99	94.10	45.83	40.33
2004	98.27	96.36	46.95	42.16
2005	98.87	96.67	48.58	42.77
2006	98.89	99.61	48.04	44.50
2007	98.94	98.96	45.59	52.00
2008	99.14	100.10	46.64	60.00
2009	99.45	97.89	46.83	70.00
2010	99.46	95.67	48.31	71.00
2011	99.56	95.41	48.35	75.00
2012	99.68	94.29	51.08	80.00
2013	99.78	90.20	52.00	85.00
2014	99.80	97.06	59.18	90.00
2015	99.83	96.90	60.00	92.00
2016	99.89	97.09	61.81	93.00
2017	99.90	97.10	61.27	94.00
2018	99.91	98.59	60.95	94.00
2019	99.99	98.78	60.16	95.00
2020	99.99	99.52	60.22	95.00
2021	99.99	99.31	63.86	95.30

注：1. 初中升高级中学包含升入技工学校。
2. 高中升学率为普通高校招生数（含电大普通班）与普通高中毕业生数之比。

a) Data on promotion rate from junior secondary schools to senior secondary schools include those entering into secondary technical schools.

b) Data on promotion rate from senior secondary schools to higher education refer to the ratio of new entrants into regular institutions of higher education (including regular classes of TV universities) to graduates of senior secondary schools.

18-20　平均每万人口在校学生数和大中小学学生构成
Number of Students per 10 000 Population and It's Composition

年份 Year	平均每万人口在校学生数（人） Students Enrollment per 10 000 Persons (person)			大、中、小学学生占学生总数（%） Students of Different Levels as Percentage to Total Students (%)		
	大学生 University and College Students	中学生 Secondary School Students	小学生 Primary School Students	大学生 University and College Students	中学生 Secondary School Students	小学生 Primary School Students
1995	19	383	1146	0.88	16.90	50.50
1996	20	398	1177	0.82	16.00	47.20
1997	21	416	1218	0.82	15.80	46.30
1998	22	435	1245	0.88	16.80	48.20
1999	25	466	1232	1.01	18.30	48.30
2000	32	514	1238	1.26	19.40	46.70
2001	42	588	1239	2.09	27.44	59.95
2002	55	681	1246	2.57	28.91	58.13
2003	67	725	1240	3.05	33.26	56.85
2004	76	769	1205	3.73	37.49	58.78
2005	88	818	1170	4.26	39.38	56.36
2006	101	868	1145	4.78	41.06	54.16
2007	113	778	1088	5.72	39.33	54.95
2008	126	776	1023	6.56	40.29	53.15
2009	137	907	1116	6.35	41.98	51.67
2010	149	931	1103	6.83	42.65	50.52
2011	158	888	859	8.30	46.61	45.09
2012	168	721	806	9.91	42.53	47.56
2013	172	659	723	11.04	42.43	46.53
2014	175	631	699	11.66	41.89	46.45
2015	173	592	694	11.88	40.58	47.54
2016	175	567	698	12.16	39.37	48.47
2017	177	546	706	12.41	38.17	49.42
2018	197	609	719	12.96	39.94	47.09
2019	198	569	733	13.21	37.92	48.87
2020	232	633	803	13.92	37.96	48.13
2021	246	643	813	18.32	36.08	45.60

18-21 各级学校教师负担学生数
Student-Teacher Ratio of School by Level

单位：人 (person)

年 份 Year	平均每个教师负担学生数 Students Taught Each Teacher			
	普通高等学校 Regular HEIs	普通中等专业学校 Regular Secondary Vocational Schools	普通中学 Regular Secondary Schools	普通小学 Primary School
1995	7	9	15	21
1996	8	10	15	22
1997	8	10	15	23
1998	8	11	16	24
1999	9	11	17	24
2000	12	12	18	25
2001	13	14	19	26
2002	14	16	19	26
2003	14	17	20	25
2004	15	18	19	25
2005	15	20	20	23
2006	16	22	19	22
2007	17	22	18	21
2008	18		18	19
2009	18		17	18
2010	18	23	17	17
2011	19	21	16	15
2012	19	21	15	15
2013	18	18	13	13
2014	18	17	13	13
2015	18	17	12	13
2016	18	15	12	13
2017	18	16	11	13
2018	17	16	11	13
2019	18	14	11	13
2020	19	14	11	13
2021	21	15	11	13

18-22 进城务工子女和农村留守儿童在校情况（2021）
Children of Migrant Workers and Children Left Behind (2021)

单位：人 (person)

项 目	Item	进城务工人员随迁子女 Children of Migrant Workers	外省迁入 From Other Provinces	本省外县迁入 From Other Counties of the Same Province	农村留守儿童 Rural Children Left Behind
普通小学	**Regular Primary Schools**				
毕业生数	Graduates	19804	4349	15455	19632
招生数	Entrants	22995	4633	18362	24746
#受过学前教育	Trained in Preschool				24695
在校学生数	Enrolment	139694	28386	111308	156313
#女	Female	63980	13058	50922	73100
初中	**Junior Secondary Schools**				
毕业生数	Graduates	16419	3362	13057	20950
招生数	Entrants	19065	3835	15230	23837
在校学生数	Enrolment	54556	11238	43318	67555
#女	Female	24474	5003	19471	32098

18-23 教育经费情况
Basic Statistics on Educational Funds

单位：万元 (10 000 yuan)

年 份 Year	合计 Total	国家财政性教育经费 Government Appropriation for Education	#预算内教育经费 Budgetary	民办学校办学经费 Funds from Private Schools	社会捐赠经费 Donations and Fund-raising for Running Schools	事业收入 Income from Teaching Research and Other Auxiliary Activity	#学杂费 Tuition and Miscellaneous Fees	其他教育经费 Other Educational Funds
2000	535287	425021	352952	1831	11207	88887	63864	8341
2001	686750	520918	442922	4401	7428	135660	104008	18342
2002	836719	618783	538793	8872	9239	182477	132539	17348
2003	914336	652146	582181	18685	5686	212472	156053	25348
2004	1031445	727916	659017	21274	7037	248453	174186	26765
2005	1195074	847512	785026	34541	5555	273897	198727	33569
2006	1448234	1108365	1024273	41261	5451	260510	188990	32646
2007	1779095	1413920	1342179	2256	6090	326870	244610	29959
2008	2469385	2077502	2009317	1245	11587	354513	272808	24538
2009	2957602	2502298	2426498	2361	28287	395001	311653	29655
2010	3276887	2756965	2644938	7953	19834	450572	359800	41563
2011	3926598	3374222	3179614	4558	8132	482239	399882	57446
2012	4841482	4276671	4014241	5053	3714	494962	404867	61083
2013	5105559	4483501	4126143	4111	5444	545763	450078	66740
2014	5500815	4873620	4622912	6733	8178	547647	462768	64638
2015	6478024	5778852	5709262	6066	6826	598436	477707	87845
2016	7075700	6357782	6284544	7126	6920	621472	484153	82400
2017	7470974	6669673	6611422	7987	3872	629832	506484	159609
2018	7810782	6970056	6890092	22592	5258	694648	555089	118228
2019	8462781	7563777	7439034	12982	10039	768242	597541	107741
2020	8909183	8062360	7753045	8959	7703	743168	580531	86992

18-24 各类学校教育经费情况（2020）
Educational Funds in Various School (2020)

单位：万元　　(10 000 yuan)

类别	Item	合计 Total	国家财政性教育经费 Government Appropriation for Education	#预算内教育经费 Budgetary	民办学校办学经费 Funds from Private Schools	社会捐赠经费 Donations and Fund-raising for Running Schools	事业收入 Income from Teaching Research and Other Auxiliary Activity	#学杂费 Tuition and Miscellaneous Fees	其他教育经费 Other Educational Funds
总计	**Total**	**8909183**	**8062360**	**7753045**	**8959**	**7703**	**743168**	**580531**	**86992**
高等学校	Institutions of Higher Education	1980863	1454906	1282291		1807	475136	354732	49014
普通高等学校	Regular HEIs	1956286	1443624	1271372		1807	462168	344852	48688
成人高等学校	Adults HEIs	24576	11281	10920			12968	9880	326
中等职业学校	Secondary Vocational Schools	481353	453341	381468	2693	1317	22443	10310	1559
中等专业学校	Secondary Specialized Schools	347724	330342	269644	2227	176	14149	5568	829
职业高中	Vocational Senior Secondary Schools	111122	104178	93003	466	1130	5161	3401	187
技工学校	Skilled Workers Schools	13856	11610	11610			1745	1036	501
成人中专学校	Adult Specialized Secondary Schools	8652	7211	7211		10	1388	305	42
普通中学	Regular Secondary Schools	2544884	2438008	2419835	94	1605	92191	81770	12987
普通高中	Regular Senior Secondary Schools	986723	905433	897307		663	72520	64164	8109
普通初中	Regular Junior Secondary Schools	1558161	1532575	1522528	94	943	19671	17606	4878
#农村	Rural Areas	1167130	1158565	1149178		937	5039	4541	2589
普通小学	Regular Primary Schools	2833779	2802525	2787404	74	2623	15340	14155	13217
#农村	Rural Areas	2251936	2230654	2218908	28	2575	8820	8001	9859
特殊教育学校	Special Education Schools	24556	24551	24501					5
幼儿园	Kindergartens	765438	632734	605866	6099	246	121175	119553	5184
教育行政单位	Education Administrative Unit	65177	63403	61132		75			1699
教育事业单位	Education Institution	110449	97312	95397		30	10188		2919
其他	Others	102684	95581	95151			6695	11	407

18-25 各地、县幼儿园和普通小学基本情况（2021）
Basic Statistics on Kindergartens and Regular Primary Schools by Region & County (2021)

单位：人 (person)

地、县	Region & County	幼儿园数（所） Kindergartens (unit)	在园儿童数 Children in Kindergartens	普通小学学校数（所） Schools (unit)	普通小学专任教师数 Full-time Teachers	普通小学招生数 Entrants	普通小学在校学生数 Enrollment	普通小学毕业生数 Graduates
兰州市	**Lanzhou**	**877**	**135434**	**450**	**17330**	**43239**	**253803**	**35987**
城关区	Chengguan	274	44797	72	4624	14539	83433	11861
七里河区	Qilihe	162	22475	54	2638	6677	39347	5644
西固区	Xigu	78	12163	29	1587	3908	23649	3438
安宁区	Anning	72	13191	20	1267	4310	23852	3097
红古区	Honggu	20	4780	24	736	1479	9850	1557
永登县	Yongdeng	82	7860	116	2176	2497	18655	3275
皋兰县	Gaolan	30	3910	24	727	1243	7195	1021
榆中县	Yuzhong	100	15161	86	2431	5004	29295	4113
兰州新区	Lanzhou New Area	59	11097	25	1144	3582	18527	1981
嘉峪关市	**Jiayuguan**	**48**	**12803**	**14**	**982**	**3434**	**18510**	**2712**
金昌市	**Jinchang**	**59**	**12813**	**26**	**1670**	**3526**	**23072**	**4346**
金川区	Jinchuan	32	8633	13	864	2354	14544	2453
永昌县	Yongchang	27	4180	13	806	1172	8528	1893
白银市	**Baiyin**	**305**	**59369**	**293**	**11204**	**19062**	**118241**	**18264**
白银区	Baiyin	71	13254	21	1545	3852	22270	3060
平川区	Pingchuan	35	8768	32	1544	2941	17789	2708
靖远县	Jingyuan	97	14166	115	3038	4591	30092	5100
会宁县	Huining	59	15409	83	3507	5109	32755	5040
景泰县	Jingtai	43	7772	42	1570	2569	15335	2356
天水市	**Tianshui**	**1165**	**107859**	**558**	**19889**	**40917**	**258711**	**42690**
秦州区	Qinzhou	191	19953	89	3497	8350	50556	8396
麦积区	Maiji	233	20861	93	2986	6931	43891	6832
清水县	Qingshui	132	9771	75	2020	3668	23558	3864
秦安县	Qinan	191	12516	66	2663	4380	28345	5016
甘谷县	Gangu	96	18726	81	3367	7453	47527	8236
武山县	Wushan	174	14712	102	2965	5147	36048	6501
张家川县	Zhangjiachuan	148	11320	52	2391	4988	28786	3845
武威市	**Wuwei**	**383**	**50578**	**244**	**9149**	**16569**	**104617**	**16597**
凉州区	Liangzhou	171	33321	156	5343	10883	66495	10344
民勤县	Minqin	22	3606	14	789	1009	6929	1252
古浪县	Gulang	110	8545	39	1846	2979	20499	3310
天祝县	Tianzhu	80	5106	35	1171	1698	10694	1691
张掖市	**Zhangye**	**334**	**38804**	**133**	**5875**	**11409**	**74459**	**12780**

18-25 续表 1 continued

单位：人 (person)

地、县	Region & County	幼儿园数（所） Kindergartens (unit)	在园儿童数 Children in Kindergartens	普通小学学校数（所） Schools (unit)	普通小学专任教师数 Full-time Teachers	普通小学招生数 Entrants	普通小学在校学生数 Enrollment	普通小学毕业生数 Graduates
甘州区	Ganzhou	80	18283	18	2171	4982	31553	5127
肃南县	Sunan	9	703	4	201	278	1445	208
民乐县	Minle	78	7346	66	1250	2251	16215	3028
临泽县	Linze	74	3734	11	706	1063	7104	1238
高台县	Gaotai	52	4000	16	647	1062	6909	1189
山丹县	Shandan	41	4738	18	900	1773	11233	1990
平凉市	**Pingliang**	**877**	**68333**	**668**	**13227**	**24062**	**150503**	**25032**
崆峒区	Kongtong	176	18688	145	2923	6809	40033	6369
泾川县	Jingchuan	140	8342	166	1707	2813	17501	2871
灵台县	Lingtai	74	5731	39	1160	1945	12307	2189
崇信县	Chongxin	47	3363	50	569	974	6770	1028
庄浪县	Zhuanglang	154	12355	95	2740	4628	29858	5071
静宁县	Jingning	197	12758	97	2725	4329	27799	4726
华亭市	Huating	89	7096	76	1403	2564	16235	2778
酒泉市	**Jiuquan**	**191**	**34295**	**96**	**4456**	**10174**	**60555**	**10138**
肃州区	Suzhou	95	15586	28	1790	4387	25763	4096
金塔县	Jinta	22	3642	19	584	943	6191	1234
瓜州县	Guazhou	18	4536	21	695	1458	8840	1496
肃北县	Subei	1	333	2	79	113	646	91
阿克塞县	Akesai	1	435	1	62	145	786	101
玉门市	Yumen	26	4869	16	662	1599	9604	1667
敦煌市	Dunhuang	28	4894	9	584	1529	8725	1453
庆阳市	**Qingyang**	**699**	**90302**	**606**	**15594**	**33058**	**208976**	**31285**
西峰区	Xifeng	135	24870	86	3126	8766	50971	6380
庆城县	Qingcheng	63	9422	27	1614	3414	21750	3038
环　县	Huanxian	49	11852	96	2175	4265	27260	4476
华池县	Huachi	31	4904	41	881	1672	10843	1750
合水县	Heshui	95	5926	28	957	2120	13669	2102
正宁县	Zhengning	29	7435	78	1408	2847	18253	2794
宁　县	Ningxian	66	12984	127	2630	4718	32006	5091
镇原县	Zhenyuan	231	12909	123	2803	5256	34224	5654
定西市	**Dingxi**	**1166**	**111833**	**554**	**15979**	**36205**	**211950**	**29857**
安定区	Anding	168	19205	49	2334	5524	30644	3870
通渭县	Tongwei	143	10610	29	2019	3102	18688	2516

18-25 续表 2 continued

单位：人 (person)

地、县	Region & County	幼儿园数（所） Kindergartens (unit)	在园儿童数 Children in Kindergartens	普通小学学校数（所） Schools (unit)	普通小学专任教师数 Full-time Teachers	普通小学招生数 Entrants	普通小学在校学生数 Enrollment	普通小学毕业生数 Graduates
陇西县	Longxi	127	19475	66	3134	6845	40469	5961
渭源县	Weiyuan	159	10921	65	1531	3335	19946	2921
临洮县	Lintao	271	21951	166	2689	6972	39992	5783
漳　县	Zhangxian	68	8955	43	1233	2938	17477	2241
岷　县	Minxian	230	20716	136	3039	7489	44734	6565
陇南市	**Longnan**	**848**	**102466**	**415**	**15832**	**35166**	**224136**	**34775**
武都区	Wudu	138	26202	62	3351	8865	54166	7595
成　县	Chengxian	65	11775	46	1452	3842	23058	3474
文　县	Wenxian	49	7356	29	1447	2171	14658	2159
宕昌县	Tanchang	67	10414	58	1736	3616	21605	3308
康　县	Kangxian	47	6378	32	1042	2185	13997	2295
西和县	Xihe	263	14404	75	2269	5470	37042	6089
礼　县	Lixian	114	16636	57	3009	5995	40507	6838
徽　县	Huixian	86	7810	45	1211	2634	16483	2637
两当县	Liangdang	19	1491	11	315	388	2620	380
临夏州	**Linxia**	**789**	**118770**	**742**	**14752**	**44112**	**251161**	**32738**
临夏市	linxia	95	20020	50	1680	6207	34332	4450
临夏县	linxia	41	15035	152	2265	6167	36342	4659
康乐县	Kangle	55	15943	87	1654	5410	32455	4588
永靖县	Yongjing	57	8341	68	1545	2446	14160	1984
广河县	Guanghe	113	15544	84	1754	6629	35855	4525
和政县	Hezheng	142	9638	74	1503	4541	26678	3235
东乡县	Dongxiang	227	19752	95	2282	7452	41167	5121
积石山县	Jishishan	59	14497	132	2069	5260	30172	4176
甘南州	**Gannan**	**418**	**26597**	**152**	**6205**	**10390**	**66315**	**10207**
合作市	Hezuo	43	4501	14	742	1685	9691	1380
临潭县	Lintan	96	5334	22	1104	1900	12280	2004
卓尼县	Zhuoni	64	3576	22	878	1430	9964	1631
舟曲县	Zhouqu	56	4953	35	1052	1585	10610	1670
迭部县	Diebu	65	2001	14	569	754	4694	719
玛曲县	Maqu	14	1440	9	546	1011	6932	1054
碌曲县	Luqu	32	1540	16	595	621	3840	563
夏河县	Xiahe	48	3252	20	719	1404	8304	1186

18-26 各地县普通中学基本情况（2021）
Basic Statistics on Regular Primary Schools by Region & County (2021)

单位：人 (person)

地、县	Region & County	普通中学学校数（所） Schools (unit)	毕业生数 Graduates	招生数 Entrants	在校学生数 Enrollment	高中 Senior Secondary Schools	初中 Junior Secondary Schools	专任教师 Full-time Teachers
兰州市	**Lanzhou**	**209**	**52904**	**56943**	**169800**	**62958**	**106842**	**16009**
城关区	Chengguan	50	16253	17324	52663	18154	34509	4554
七里河区	Qilihe	22	6419	6554	20049	5649	14400	1848
西固区	Xigu	26	6095	6345	19361	9158	10203	1916
安宁区	Anning	14	4485	5235	15401	5308	10093	1252
红古区	Honggu	9	2181	2334	6930	2479	4451	690
永登县	Yongdeng	32	5110	4873	14679	5557	9122	1635
皋兰县	Gaolan	13	2042	1683	5328	2077	3251	717
榆中县	Yuzhong	29	6874	8094	23081	8979	14102	2415
兰州新区	Lanzhou New Area	14	3445	4501	12308	5597	6711	982
嘉峪关市	**Jiayuguan**	**10**	**4863**	**4692**	**14424**	**6198**	**8226**	**1123**
金昌市	**Jinchang**	**19**	**7843**	**7256**	**22222**	**8954**	**13268**	**2052**
金川区	Jinchuan	10	4247	4101	12299	4789	7510	1106
永昌县	Yongchang	9	3596	3155	9923	4165	5758	946
白银市	**Baiyin**	**136**	**27763**	**28538**	**83945**	**31543**	**52402**	**10228**
白银区	Baiyin	19	5338	5521	16948	7302	9646	1899
平川区	Pingchuan	17	3844	4026	11739	4202	7537	1411
靖远县	Jingyuan	36	6894	7416	21284	7344	13940	2450
会宁县	Huining	46	8256	7999	23033	8875	14158	3259
景泰县	Jingtai	18	3431	3576	10941	3820	7121	1209
天水市	**Tianshui**	**253**	**70888**	**67885**	**200974**	**79284**	**121690**	**17633**
秦州区	Qinzhou	38	12884	13010	37594	14235	23359	3073
麦积区	Maiji	40	11248	11259	33577	13436	20141	2898
清水县	Qingshui	28	5966	5691	17534	5668	11866	1415
秦安县	Qinan	37	10150	8450	26635	11746	14889	2884
甘谷县	Gangu	55	14604	13414	39184	16983	22201	3407
武山县	Wushan	35	10470	10393	29502	11847	17655	2434
张家川县	Zhangjiachuan	20	5566	5668	16948	5369	11579	1522
武威市	**Wuwei**	**129**	**29014**	**26511**	**79184**	**30719**	**48465**	**7975**
凉州区	Liangzhou	77	17149	16427	48319	18093	30226	4442
民勤县	Minqin	12	3015	2204	7507	3387	4120	1070
古浪县	Gulang	24	6042	5286	15868	6256	9612	1537
天祝县	Tianzhu	16	2808	2594	7490	2983	4507	926
张掖市	**Zhangye**	**52**	**19003**	**20341**	**59795**	**21624**	**38171**	**4928**

18-26 续表 1 continued

单位：人 (person)

地、县	Region & County	普通中学学校数（所）Schools (unit)	毕业生数 Graduates	招生数 Entrants	在校学生数 Enrollment	高中 Senior Secondary Schools	初中 Junior Secondary Schools	专任教师 Full-time Teachers
甘州区	Ganzhou	25	7475	8202	24914	9016	15898	1989
肃南县	Sunan	6	363	320	1014	376	638	160
民乐县	Minle	6	4829	5073	14314	5442	8872	1028
临泽县	Linze	4	1816	1892	5540	1958	3582	511
高台县	Gaotai	5	1844	1838	5282	1873	3409	538
山丹县	Shandan	6	2676	3016	8731	2959	5772	702
平凉市	**Pingliang**	**163**	**38639**	**38521**	**114396**	**41896**	**72500**	**11894**
崆峒区	Kongtong	35	9655	9579	28605	10305	18300	2426
泾川县	Jingchuan	21	4445	4388	12759	4699	8060	1689
灵台县	Lingtai	18	3127	3310	9408	3243	6165	995
崇信县	Chongxin	10	1433	1517	4635	1579	3056	435
庄浪县	Zhuanglang	31	8155	7894	22699	8575	14124	2477
静宁县	Jingning	37	8433	7828	24783	9835	14948	2897
华亭市	Huating	11	3391	4005	11507	3660	7847	975
酒泉市	**Jiuquan**	**55**	**18690**	**17058**	**52783**	**20950**	**31833**	**4897**
肃州区	Suzhou	23	8150	7437	23015	9474	13541	2106
金塔县	Jinta	6	2431	1998	6370	2498	3872	658
瓜州县	Guazhou	6	2474	2346	7181	2785	4396	644
肃北县	Subei	2	185	161	522	208	314	85
阿克塞县	Akesai	1	229	208	698	307	391	52
玉门市	Yumen	6	2425	2400	7178	2442	4736	566
敦煌市	Dunhuang	11	2796	2508	7819	3236	4583	786
庆阳市	**Qingyang**	**165**	**45632**	**48193**	**140530**	**50552**	**89978**	**12230**
西峰区	Xifeng	25	10473	11407	34196	13924	20272	2860
庆城县	Qingcheng	20	3799	4296	12377	3791	8586	1121
环　县	Huanxian	30	6336	6733	19175	7116	12059	1689
华池县	Huachi	13	2324	2517	7245	2301	4944	658
合水县	Heshui	8	2394	2850	8248	2419	5829	606
正宁县	Zhengning	16	3285	4045	10800	3004	7796	1018
宁　县	Ningxian	24	7540	7354	21934	7673	14261	1816
镇原县	Zhenyuan	29	9481	8991	26555	10324	16231	2462
定西市	**Dingxi**	**251**	**47236**	**46710**	**135273**	**50459**	**84814**	**13998**
安定区	Anding	41	6542	6531	19077	8380	10697	2194
通渭县	Tongwei	45	5857	4276	13216	6057	7159	1784

18-26 续表 2 continued

单位：人 (person)

地、县	Region & County	普通中学学校数（所）Schools (unit)	毕业生数 Graduates	招生数 Entrants	在校学生数 Enrollment	高中 Senior Secondary Schools	初中 Junior Secondary Schools	专任教师 Full-time Teachers
陇西县	Longxi	47	8568	9064	25199	9028	16171	2565
渭源县	Weiyuan	28	5293	4734	13590	5504	8086	1773
临洮县	Lintao	44	7894	8906	25113	8443	16670	2562
漳　县	Zhangxian	16	3640	3450	9949	3678	6271	896
岷　县	Minxian	30	9442	9749	29129	9369	19760	2224
陇南市	**Longnan**	**231**	**50588**	**53456**	**152262**	**55399**	**96863**	**12384**
武都区	Wudu	40	11965	13440	38215	14656	23559	3031
成　县	Chengxian	25	4617	5145	14799	4986	9813	1072
文　县	Wenxian	24	3490	3314	9992	4437	5555	998
宕昌县	Tanchang	25	5557	5229	15233	5690	9543	1217
康　县	Kangxian	18	3094	3668	10080	3822	6258	775
西和县	Xihe	29	8485	8495	24072	8196	15876	1917
礼　县	Lixian	39	9248	9542	26944	8664	18280	2199
徽　县	Huixian	25	3464	3943	10988	4052	6936	1022
两当县	Liangdang	6	668	680	1939	896	1043	153
临夏州	**Linxia**	**114**	**36419**	**46217**	**130374**	**39385**	**90989**	**10019**
临夏市	linxia	11	7155	8516	23363	10151	13212	2017
临夏县	linxia	19	4807	6258	17763	4638	13125	1464
康乐县	Kangle	17	5119	6406	18196	5211	12985	1106
永靖县	Yongjing	15	3906	3649	11594	5545	6049	1139
广河县	Guanghe	10	4205	5974	16458	3993	12465	1013
和政县	Hezheng	11	3232	4391	11947	3126	8821	837
东乡县	Dongxiang	18	3168	5105	14190	2375	11815	975
积石山县	Jishishan	13	4827	5918	16863	4346	12517	1468
甘南州	**Gannan**	**47**	**15689**	**14801**	**43969**	**15241**	**28728**	**4275**
合作市	Hezuo	5	3045	2833	8452	3699	4753	711
临潭县	Lintan	10	2606	2593	7771	2550	5221	759
卓尼县	Zhuoni	9	2118	2609	7120	2205	4915	624
舟曲县	Zhouqu	8	2943	2090	7135	2302	4833	830
迭部县	Diebu	5	1168	915	2852	1148	1704	398
玛曲县	Maqu	3	1348	1341	3519	1020	2499	229
碌曲县	Luqu	2	970	852	2674	962	1712	275
夏河县	Xiahe	5	1491	1568	4446	1355	3091	449

18-27 各市（州）普通高等学校基本情况（2021）

Number of Regular Institutions of Higher Education by Region (2021)

单位：人 (person)

市（州）	Region	学校数（所）Schools (unit)	专任教师数 Full-time Teachers	招生数 Entrants	本科 Normal Courses	专科 Short-cycle Courses	在校学生数 Enrollment	本科 Normal Courses	专科 Short-cycle Courses
兰州市	Lanzhou	28	22636	117931	69186	48745	408289	252791	155498
嘉峪关市	Jiayuguan	1	218	1968		1968	5303		5303
金昌市	Jinchang	1	277	1870		1870	5802		5802
白银市	Baiyin	2	374	2238		2238	7081		7081
天水市	Tianshui	4	2167	14292	4359	9933	49967	15828	34139
武威市	Wuwei	2	1062	7089		7089	23793		23793
张掖市	Zhangye	2	1262	6437	5280	1157	20990	17942	3048
平凉市	Pingliang	2	946	5897	2380	3517	18693	7393	11300
酒泉市	Jiuquan	1	544	4177		4177	13734		13734
庆阳市	Qingyang	2	1197	6959	4518	2441	24849	16586	8263
定西市	Dingxi	1	380	2215		2215	6911		6911
陇南市	Longnan	1	498	3311		3311	10661		10661
临夏州	Linxia	1	282	2105		2105	5445		5445
甘南州	Gannan	1	526	3313	3313		11860	11860	

18-27 续表 continued

单位：人 (person)

市（州）	Region	毕（结）业生数 Graduates with Degrees or Diplomas	本科 Normal Courses	专科 Short-cycle Courses	授予学位数 Degrees Awarded
兰州市	Lanzhou	95374	56544	38830	56105
嘉峪关市	Jiayuguan	800		800	
金昌市	Jinchang	1218		1218	
白银市	Baiyin	1439		1439	
天水市	Tianshui	11370	3637	7733	3467
武威市	Wuwei	4833		4833	
张掖市	Zhangye	4900	3862	1038	3684
平凉市	Pingliang	4097	1209	2888	1209
酒泉市	Jiuquan	3139		3139	
庆阳市	Qingyang	4798	3749	1049	3621
定西市	Dingxi	1960		1960	
陇南市	Longnan	2477		2477	
临夏州	Linxia	1200		1200	
甘南州	Gannan	2428	2428		2246

18-28 科技活动基本情况
Basic Statistics on Scientific and Technological Activities

指　标	Item	2010	2015	2019	2020	2021
研究与试验发展（R&D）投入情况	**Statistics on R&D Input**					
有R&D活动的单位数（个）	Number of Units with R & D Activities (unit)	331	693	732	729	803
R&D人员（人）	R & D Personnel (person)	30321	40787	46047	43082	55067
R&D人员全时当量（人年）	Full-time Equivalent of R&D Personnel (man-year)	20774	25859	25956	26814	33255
R&D经费内部支出（万元）	Internal Expenditure on R&D (10 000yuan)	415886	827203	1102446	1096444	1294694
R&D经费内部支出相当于生产总值比例（%）	Ratio of Internal Expenditure on R&D to GDP (%)	1.03	1.22	1.26	1.22	1.26
科技产出及成果情况	**Statistics on S&T Outputs and Results**					
发表科技论文（篇）	Scientific Papers Issued (piece)	26016	25668	25608	25251	27443
出版科技著作（种）	Publication on Science and Technology (kind)	645	1020	790	846	752
专利申请受理数（件）	Number of Patent Applications Accepted (piece)	1817	4125	8348	9264	10456
#发明专利	Inventions	933	1550	3197	3202	3730
专利申请授权数（件）	Number of Patent Applications Granted (piece)	304	1353	2872	4040	4199
#发明专利	Inventions	187	524	626	1004	1426
有效发明专利数（件）	Number of Patents in Force (piece)	1554	4523	7825	9516	11730
专利所有权转让及许可数（件）	Number of Transfer and License of Patent Ownership (piece)	138	76	174	567	445
专利所有权转让与许可收入（万元）	Income of Transfer and License of Patent Ownership (10 000 yuan)	2015	3569	2665	3428	9711
植物新品种权授予数（项）	Number of New Plant Varieties Granted (item)	20	19	17	42	46
形成国家或行业标准数（项）	Number of Form the National or Industry Standards (item)	170	216	199	230	476

18-29 研究与试验发展（R&D）人员
R&D Personnel

单位：人 (person)

指　标	Item	2010	2015	2019	2020	2021
R&D人员	**R&D Personnel**	**30321**	**40787**	**46047**	**43082**	**55067**
按学历分	**By Level of Education**					
博士毕业	Doctor	2096	3809	7629	7949	9134
硕士毕业	Master	4882	7797	10105	10200	11198
本科毕业	Under-graduate	13319	13533	18098	17064	22415
其他人员	Others	10024	15648	10215	7871	12322
#女性	Female	7368	11575	12370	12902	15551
#研究人员	Researchers	18739	21360	30202	29295	34506
#全时人员	Full-time Equivalent	16978	23074	26236	24125	28707

18-30 研究与试验发展（R&D）人员全时当量
Full-time Equivalent of R&D Personnel

单位：人年 (man-year)

指 标	Item	2010	2015	2019	2020	2021
R&D 人员全时当量	**Full-time Equivalent of R&D Personnel**	**20774**	**25859**	**25956**	**26814**	**33255**
#研究人员	Researchers	12771	13256	17586	18533	20615
按活动类型分	**By Type of Activity**					
基础研究	Basic Research	2299	4309	6270	6652	7430
应用研究	Applied Research	4890	5570	7008	7178	9053
试验发展	Experimental Development	13586	15980	12678	12983	16771

18-31 研究与试验发展（R&D）经费情况
Expenditure on R&D

单位：万元 (10 000yuan)

指 标	Item	2010	2015	2019	2020	2021
R&D 经费内部支出	**Internal Expenditure on R&D by Sources**	**415886**	**827203**	**1102446**	**1096444**	**1294694**
按活动类型分	**By Type of Activity**					
基础研究	Basic Research	56498	127825	185634	160952	170711
应用研究	Applied Research	87531	129000	239600	239614	261844
试验发展	Experimental Development	271858	570378	677212	695878	862139
按执行部门分	**By Execution Departments**					
企业	Enterprises	223202	493772	558593	587276	729903
研究与开发机构	R&D Institutions	120428	248233	361532	344094	396599
高等学校	Higher Education	62646	69583	143465	128091	131506
其他	Others	9610	15615	38855	36982	36686
按支出用途分	**By Expenditure Use**					
日常性支出	Routine Expenses	355587	695594	873562	938361	1098700
#人员劳务费	Labor Cost	95801	199305	288052	331545	410565
资产性支出	Assets Expenditure	60299	131609	228884	158083	195994
#仪器和设备	Equipment	50997	99373	181476	137022	150681
按资金来源分	**By Sources of Funding**					
政府资金	Government Appropriation Funds	161543	297574	533471	398240	470016
企业资金	Self-raised Funds by Enterprises	238039	500065	519019	645537	763245
国外资金	Foreign Funds	1224	2780	1093	1008	632
其他资金	Other Funds	15081	26784	48862	51658	60801
R&D 经费外部支出	**External Expenditure on R&D by Performer and Sources**	**35208**	**132107**	**30339**	**49148**	**39566**
#对国内研究机构支出	to Domestic Research Institutions	16414	66762	6449	20702	6945
对国内高等学校支出	to Domestic Higher Education	10888	29546	7471	10503	11002
对国内企业支出	to Domestic Enterprises	3013	27094	16106	15959	20575
对境外机构支出	to Foreign Institutions	4894	8678	209	1974	1010

18-32 研究与试验发展（R&D）项目（课题）情况
Statistics on R&D Projects (Topics)

指 标	Item	2010	2015	2019	2020	2021
R&D 项目（课题）数（项）	R&D Projects(item)	10126	14036	17831	19086	22112
R&D 项目（课题）人员折合全时当量（人年）	R&D Participants(man-year)	17463	22205	23293	24032	30247
R&D 项目（课题）经费内部支出（万元）	R&D Intramural Expenditure(10 000 yuan)	296798	631666	754238	837675	954658

18-33 科技成果情况
Statistics on Scientific and Technological Results

单位：项 (unit)

指 标	Item	2010	2015	2019	2020	2021
登记成果数	**Number of registered results**	**1065**	**819**	**1479**	**2140**	**1618**
按执行部门分	**By Execution Departments**					
科研机构	Research Institutions	210	188	269	333	270
大专院校	Colleges and Universities	295	200	466	599	376
企业	Enterprises	242	336	367	635	531
医疗机构	Medical Institutions	194	61	256	387	270
其他	Others	124	34	121	186	171
按活动类型分	**By Type of Activity**					
应用技术成果	Applied Technology Results	985	655	922	1463	1140
基础理论成果	Basic Theoretical Results	27	138	504	648	456
软科学成果	Soft Science Results	53	26	53	29	22
奖励项目数	**Number of Reward Items**	**181**	**149**	**152**	**153**	**201**
应用技术成果应用行业	**Application Technology Application Industry**	**985**	**655**	**922**	**1463**	**1140**
第一产业	Primary Industry	294	276	390	518	450
第二产业	Secondary Industry	213	205	234	358	227
第三产业	Tertiary Industry	478	174	298	587	463
已应用项目数	**Number of Applied Items**	**790**	**581**	**818**	**1286**	**963**

18-34 规模以上工业企业科技活动基本情况
Basic Statistics on Science and Technology Activities of Industrial Enterprises above Designated Size

指 标	Item	2010	2015	2019	2020	2021
企业基本情况	**Statistics on Industrial Enterprises**					
有 R&D 活动企业数（个）	Number of Enterprises Having R&D Activities (unit)	126	457	416	421	470
有 R&D 活动企业占规模以上企业比重（%）	Percentage of Enterprises Having R&D Activities to Total Number of Enterprises (%)	6.3	21.4	22.9	21.7	20.8
研究与试验发展（R&D）活动	**Statistics on R&D Activities**					
R&D 人员全时当量（人年）	Full-time Equivalent of R&D Personnel(man-year)	9561	12578	8547	8614	12547
R&D 经费内部支出（万元）	Internal Expenditure on R&D(10 000 yuan)	218590	486077	505544	521334	642948
R&D 项目数（项）	R&D Projects (item)	644	1572	1705	1608	2201
R&D 项目经费内部支出（万元）	Internal Expenditure on R&D Projects(10 000 yuan)	152320	412787	443073	501693	590484
企业办研发机构	**Statistics on R&D Institutions**					
机构数 （个）	Number of R&D Institutions(unit)	161	284	189	205	225
机构人员数（人）	R&D Personnel (person)	5383	12113	11309	10097	8294
机构经费支出（万元）	Expenditure on R&D(10 000yuan)	52792	167872	140396	165260	231407
新产品开发及生产	**Statistics on New Products Development and Production**					
新产品开发项目数（个）	Number of New Products(unit)	1182	1291	1458	1565	2039
新产品开发经费支出（万元）	Expenditure on New Products Development(10 000 yuan)	212337	392974	457278	436109	540833
新产品销售收入（亿元）	Sales Revenue of New Products(100 million yuan)	349.06	574.10	552.71	578.03	766.27
#新产品出口	Export	25.32	50.72	64.77	46.53	38.45
专利情况	**Statistics on Patent**					
专利申请数（件）	Patent Applications (piece)	1043	2230	3393	3829	4645
#发明专利	Inventions	328	698	1292	1229	1526
有效发明专利数（件）	Number of Patents in Force(piece)	402	1884	3413	4017	4842
技术获取和技术改造（万元）	**Statistics on Technology Acquisition and** Technology Reconstruction(10 000 yuan)					
引进国外技术经费支出	Expenditure for Acquisition of Foreign Technology	59956	21378	1015	900	6
引进技术消化吸收经费支出	Expenditure for Assimilation of Technology	122099	69148			8
购买国内技术经费支出	Expenditure for Purchase of Domestic Technology	44929	35973	85538	686	12916
技术改造经费支出	Expenditure for Technical Renovation	408340	571814	518759	529369	652395

18-35　专利授权情况
Statistics of Patent Application

单位：项　　(item)

指　标	Item	2018	2019	2020	2021
总计	**Total**	**13958**	**14894**	**20991**	**26056**
发明专利	Inventions	1280	1154	1446	2253
实用新型	Utility Models	10696	11722	17503	21975
外观设计	Designs	1982	2018	2042	1828
职务	Official	10329	11377	15039	18286
大专院校	Universities and Colleges	2678	2724	3909	4679
科研单位	Research Institutions	787	870	970	1488
企业	Enterprises	6550	7144	9277	11060
机关团体	Government Agencies and Organizations	314	639	883	1059
非职务	Non-official	3629	3517	5952	7770

18-36　各类技术合同签订情况（2021）
Statistics of Signing Technical Contract (2021)

指　标	Item	合同数（项）Number of Contracts (item)	合同成交金额（万元）Amount of Contracts (10 000 yuan)	#技术交易额 Revenue for Technique Trade
合计	**Total**	**10177**	**2804411**	**1331558**
技术开发合同	Technical Development	1561	220284	173961
技术转让合同	Technical Transfer	283	98891	81221
技术咨询合同	Technical Advisory	1276	112920	84286
技术服务合同	Technical Service	7057	2372315	992090

18-37 各市（州）研究与试验发展(R&D)情况（2021）
Basic Statistics on R&D by Region (2021)

市（州）	Region	有R&D活动的单位数（个）Number of Units (unit)	R&D人员（人）R&D Personnel (person)	R&D经费内部支出（万元）Internal Expenditure on R&D (10 000yuan)	按活动类型分 By Type of Activity			按支出用途分 By Expenditure Use		R&D经费外部支出（万元）External Expenditure on R&D (10000yuan)
					基础研究 Basic Research	应用研究 Applied Research	试验发展 Experimental Development	日常性支出 Routine Expenses	资产性支出 Assets Expenditure	
兰州市	Lanzhou	246	31347	708299	151404	208267	348628	587075	121220	16236
嘉峪关市	Jiayuguan	29	1670	88462	881	2870	84710	77190	11272	3848
金昌市	Jinchang	35	2807	41692		1742	39950	39750	1943	2266
白银市	Baiyin	40	2052	44799	116	1121	43563	42202	2598	2463
天水市	Tianshui	33	3729	96430	5657	1603	89170	85644	10789	1601
武威市	Wuwei	113	1860	34978	250	2491	32238	32718	2261	1444
张掖市	Zhangye	93	2122	44739	3218	6519	35003	41268	3468	3428
平凉市	Pingliang	17	932	8827	508	2778	5541	7194	1633	1003
酒泉市	Jiuquan	63	4190	150713	5466	27010	118237	115489	35224	3624
庆阳市	Qingyang	35	2047	35490	2643	5512	27336	31266	4224	3176
定西市	Dingxi	66	1254	28087	148	1246	26693	27103	985	238
陇南市	Longnan	12	552	6939	212	650	6077	6794	145	
临夏州	Linxia	19	292	4580	4		4576	4511	69	120
甘南州	Gannan	4	213	660	205	37	418	495	165	120

18-38　企业单位分行业各类专业技术人员（2021）
Professional and Technical Personnel of Enterprises Units by Sector and Type(2021)

单位：人　　(person)

行　业	Sector	总 计 Total	工程技术人员 Engine-ering	农业技术人员 Agricul-ture	科学研究人员 Scientific Research	卫生技术人员 Health Care	教学人员 Teaching	其他 Other
总计	**Total**	**103871**	**61946**	**722**	**95**	**883**	**574**	**39651**
农、林、牧、渔业	Agriculture,Forestry,Animal Husbandry and Fishery	1741	585	592	2	17	40	505
采矿业	Mining	10203	5959	16		75	140	4013
制造业	Manufacturing	14487	11334	37	22	113	39	2942
电力、热力、燃气及水生产和供应业	Production and Supply of Electricity, Heat, Gas and Water	5364	4724	11	4	12	9	604
建筑业	Construction	24498	19983	3	1	20	3	4488
批发和零售业	Wholesale and Retail Trades	699	157	10	1	19	7	505
交通运输、仓储和邮政业	Transport, Storage and Post	10776	7445	19	19	20	16	3257
住宿和餐饮业	Hotels and Catering Services	164	65			1		98
信息传输、软件和信息技术服务业	Information Transmission,Software and Information Technology	329	236		2		4	87
金融业	Financial Intermediation	19177	338					18839
房地产业	Real Estate	872	557	1		1		313
租赁和商务服务业	Leasing and Commercial Services	809	585			3	1	220
科学研究和技术服务业	Scientific Research and Technical Services	3685	3467		19	1	1	197
水利环境和公共设施管理业	Management of Water Conservancy, Environment and Public Facilities	4381	3729	2		7	1	642
居民服务、修理和其他服务业	Services to Households, Repair and Other Services	1126	706	31	25		31	333
教育	Education	319	13				280	26
卫生和社会工作	Health and Social Service	652	30			589		33
文化、体育和娱乐业	Culture, Sports and Entertainment	4477	1960			5	2	2510
公共管理、社会保障和社会组织	Public Management,Social Security and Social Organization	112	73					39
国际组织	International Organizations							

注：此表为公有制经济企业专业技术人员数据。

a) Data in this table are data of professional and technical personnel of public economic enterprises.

18-39 事业单位分专业类别专业技术人员（2021）
Professional and Technical Personnel of Public Institutions by Professional Category (2021)

单位：人 (person)

专业类别	Professional Category	总计 Total	博士 Doctor's Degree	硕士 Master's Degree	大学本科 Normal Courses	大学专科 Short-cycle Courses	中专 Specialized Secondary	高中及以下 Senior Secondary and below	在管理岗位工作的 Worked in Management Position
总计	**Total**	**513546**	**4424**	**25884**	**328863**	**125859**	**23369**	**5147**	**12367**
工程技术人员	Engineering Technical Personnel	34494	79	2067	20649	8868	2401	430	1362
农业技术人员	Agricultural Technical Personnel	25774	15	941	13909	8013	2353	543	1053
科学研究人员	Scientific Research Personnel	2739	284	775	1136	487	47	10	192
卫生技术人员	Health Technology Personnel	87995	173	3750	52308	24857	6001	906	2659
审计专业人员	Audit Professionals Personnel	305		17	226	57	5		4
实验技术人员	Experimental Technical Personnel	372		84	214	65	9		26
教学人员	Teaching Personnel	335066	3799	16747	223583	77051	11188	2698	5706
经济人员	Economic Personnel	3027	1	183	1829	893	95	26	93
会计人员	Accounting Personnel	3244		126	2089	838	169	22	83
统计人员	Statistics Personnel	284		11	156	101	12	4	1
翻译人员	Translation Personnel	89		18	55	14	2		16
图书档案、文博人员	Book Archives,Cultural and Museum Personnel	4558	48	429	2826	1032	137	86	184
新闻、出版人员	News,Publishing Personnel	3537	11	210	2609	641	48	18	351
律师、公证人员	Lawyer, Notary	244		6	196	26	15	1	5
播音人员	Broadcaster	554		20	370	142	12	10	25
工艺美术人员	Arts and Crafts Personnel	255		5	159	66	23	2	14
体育人员	Sports Personnel	1096		28	661	276	80	51	77
艺术人员	Art Personnel	2422	1	107	1136	566	405	207	123
其他人员	Others	7491	1	372	4752	1866	367	133	393

18-40 事业单位分行业各类专业技术人员（2021）

Professional and Technical Personnel of Institutional Unit by Sector and Type (2021)

单位：人 (person)

行业	Sector	总计 Total	博士 Doctor's Degree	硕士 Master's Degree	大学本科 Normal Courses	大学专科 Short-cycle Courses	中专 Specialized Secondary	高中及以下 Senior Secondary and below	在管理岗位工作的 Worked in Management Position
总计	**Total**	**513546**	**4424**	**25884**	**328863**	**125859**	**23369**	**5147**	**12367**
农、林、牧、渔业	Agriculture,Forestry,Animal Husbandry and Fishery	31079	22	1207	16696	10139	2565	450	1310
采矿业	Mining	225		3	131	66	22	3	5
制造业	Manufacturing	10			9	1			
电力、热力、燃气及水生产和供应业	Production and Supply of Electricity, Heat, Gas and Water	376		1	124	124	126	1	6
建筑业	Construction	762		30	484	190	49	9	40
批发和零售业	Wholesale and Retail Trades	2			2				
交通运输、仓储和邮政业	Transport, Storage and Post	5307		148	3888	1079	173	19	93
住宿和餐饮业	Hotels and Catering Services	5			2	3			
信息传输、软件和信息技术服务业	Information Transmission,Software and Information Technology	296		42	207	35	5	7	10
金融业	Financial Intermediation	366		8	148	159	46	5	1
房地产业	Real Estate	101		2	46	42	7	4	2
租赁和商务服务业	Leasing and Commercial Services	24		3	21				4
科学研究和技术服务业	Scientific Research and Technical Services	10555	212	1742	6775	1417	401	8	563
水利环境和公共设施管理业	Management of Water Conservancy, Environment and Public Facilities	10833	8	349	6113	3530	710	123	429
居民服务、修理和其他服务业	Services to Households,Repair and Other Services	868		6	396	327	105	34	36
教育	Education	342300	3950	17475	227620	77844	12352	3059	5937
卫生和社会工作	Health and Social Service	86499	181	3737	51367	24914	5444	856	2779
文化、体育和娱乐业	Culture, Sports and Entertainment	12107	49	717	7582	2736	682	341	817
公共管理、社会保障和社会组织	Public Management,Social Security and Social Organization	11831	2	414	7252	3253	682	228	335
国际组织	International Organizations								

18-41 分市（州）企业创新基本情况（2021）

指 标	Item	兰州市 Lanzhou	嘉峪关市 Jiayuguan	金昌市 Jinchang
创新活动	**Innovative Activity**			
企业数（个）	Number of Enterprises (unit)	1925	167	218
开展创新活动的企业数（个）	Number of Enterprises to Carry out Innovation Activities (unit)	703	74	101
#成功实现创新	Successful to Achieve Innovation	657	67	95
#开展产品或工艺创新活动	Carry out Product or Process Innovation Activities	375	47	58
#有组织（管理）创新或营销创新	Own the Organize (Manage) Innovation or Marketing Innovation	592	63	86
#同时实现四种创新	Simultaneously Achieving Four Innovations	63	9	16
产品或工艺创新	**Product or Process Innovation**			
有内部 R&D 的企业数（个）	Number of Enterprises with Internal R&D (unit)	156	26	32
有外部 R&D 的企业数（个）	Number of Enterprises with External R&D (unit)	63	8	7
工业企业创新费用（亿元）	Innovation Expense for Industrial Enterprises (100 million yuan)	22.94	30.48	37.72
#R&D 经费内部支出	Internal Expenditure on R&D	16.26	8.75	3.24
#R&D 经费外部支出	External Expenditure on R&D	0.78	0.38	0.22
保持和提高竞争	**Maintain and Enhance Competitiveness**			
占全部企业的比重（%）	**Proportion of Following Enterprises to All Enterprises (%)**			
申请了专利的企业	Enterprises Applied for a Patent	7.12	13.17	7.80
申请了注册商标的企业	Enterprises Applied for a Registered Trademark	5.14	5.39	11.01
申请了版权登记的企业	Enterprises Applied for a Copyright Registration	1.77	2.40	1.38
形成了国家或行业技术标准的企业	Enterprises Formed a National or Industry Technical Standards	7.74	8.38	8.72
发挥了时间上的先发优势的企业	Enterprises Played the Time's First-mover Advantage	22.23	19.76	20.18
有发明专利申请的企业	Enterprises Have the Patent Applications	5.45	8.98	4.13

Basic Statistics of Enterprise Innovation by Region (2021)

白银市 Baiyin	天水市 Tianshui	武威市 Wuwei	张掖市 Zhangye	平凉市 Pingliang	酒泉市 Jiuquan	庆阳市 Qingyang	定西市 Dingxi	陇南市 Longnan	临夏州 Linxia	甘南州 Gannan
386	530	423	462	261	543	359	339	223	186	63
168	238	183	233	83	224	107	157	83	66	13
151	227	173	200	77	214	103	132	80	64	13
96	123	120	157	50	113	46	109	30	33	7
136	208	153	162	72	182	94	123	77	62	12
15	21	22	17	9	20	8	17	4	10	2
33	26	78	91	8	59	28	65	7	18	2
16	9	9	15	1	9	7	11		2	1
15.84	10.08	2.47	6.00	1.50	13.81	2.62	2.71	0.94	0.33	0.17
4.37	8.34	2.22	2.99	0.29	12.49	2.21	2.34	0.47	0.31	0.01
0.24	0.15	0.14	0.34	0.10	0.22	0.31	0.02		0.01	0.01
8.29	6.60	7.09	10.39	3.83	7.00	2.51	7.37	3.59	1.61	3.17
11.14	10.94	8.04	9.52	5.36	6.81	6.69	8.85	5.83	6.45	11.11
0.26	3.40	2.13	0.87	0.38	1.47	0.84	1.77	1.35	1.08	1.59
8.81	8.11	6.86	8.01	8.05	7.92	7.24	7.67	8.52	9.14	3.17
20.47	28.11	22.93	26.19	18.77	25.05	29.81	22.42	26.01	32.26	25.40
4.92	3.96	2.84	5.19	3.07	3.31	1.39	4.72	1.35	1.61	3.17

18-42 企业创新基本情况（2021）
Enterprise Innovation (2021)

指　标	Item	全省 Total	工业 Industry	建筑业 Construc -tion	服务业 Service Industry
创新活动	**Innovative Activity**				
企业数（个）	Number of Enterprises (unit)	6085	2262	826	2997
开展创新活动的企业数（个）	Number of Enterprises to Carry out Innovation Activities (unit)	2433	1167	244	1022
#成功实现创新	Successful to Achieve Innovation	2253	1024	238	991
#开展产品或工艺创新活动	Carry out Product or Process Innovation Activities	1364	899	107	358
#有组织（管理）创新或营销创新	Own the Organize (Manage) Innovation or Marketing Innovation	2022	855	222	945
#同时实现四种创新	Simultaneously Achieving Four Innovations	233	135	14	84
产品或工艺创新	**Product or Process Innovation**				
有内部 R&D 的企业数（个）	Number of Enterprises with Internal R&D (unit)	629	470	32	127
有外部 R&D 的企业数（个）	Number of Enterprises with External R&D (unit)	158	92	18	48
工业企业创新费用（亿元）	Innovation Expense for Industrial Enterprises (100 million yuan)	148	148		
#R&D 经费内部支出	Internal Expenditure on R&D	64	64		
#R&D 经费外部支出	External Expenditure on R&D	3	3		
创新合作	**Innovation Cooperation**				
开展创新合作的企业数（个）	Number of Enterprises to Carry out Innovation Cooperation (unit)	1615	772	164	679
#与高等学校开展创新合作	Carry out Innovation Cooperation with Colleges and Universities	361	240	31	90
#与研究机构开展创新合作	Carry out Innovation Cooperation with Research Institutions	258	185	24	49
保持和提高竞争力	**Maintain and Enhance Competitiveness**				
占全部企业的比重（%）	**Proportion of Following Enterprises to All Enterprises (%)**				
申请了专利的企业	Enterprises Applied for a Patent	6.84	15.08	3.27	1.60
申请了注册商标的企业	Enterprises Applied for a Registered Trademark	7.36	11.72	2.18	5.51
申请了版权登记的企业	Enterprises Applied for a Copyright Registration	1.59	2.03	1.21	1.37
形成了国家或行业技术标准的企业	Enterprises Formed a National or Industry Technical Standards	7.87	11.67	7.26	5.17
对技术秘密进行内部保护的企业	Enterprises Carried out Internal Protection to Technical Secret	7.99	13.70	5.57	4.34
发挥了时间上的先发优势的企业	Enterprises Played the Time's First-mover Advantage	23.88	17.37	31.23	26.76
有发明专利申请的企业	Enterprises Have the Patent Applications	4.27	9.28	2.42	1.00
采取知识产权保护或相关措施的企业	Enterprises Take Intellectual Property Protection or Related Measures	47.28	56.41	47.82	40.24

主要统计指标解释

普通高等学校 指通过国家普通高等教育招生考试，招收高中毕业生为主要培养对象，实施高等学历教育的全日制大学、独立设置的学院、独立学院和高等专科学校、高等职业学校及其他机构。

大学、独立设置的学院主要实施本科及本科层次以上的教育。独立学院主要实施本科层次的教育。高等专科学校、高等职业学校实施专科层次的教育。其他机构是指承担国家普通招生计划任务不计校数的机构，包括普通高等学校分校、大专班等。

成人高等学校 指通过国家成人高等教育招生考试，招收具有高中毕业或同等学力的人员为主要培养对象，利用函授、业余、脱产等多种形式，对其实施高等学历教育的学校。包括：职工高等学校、农民高等学校、管理干部学院、教育学院、独立函授学院、广播电视大学、其他机构。其他机构是指承担国家成人招生计划任务不计校数的机构。

小学学龄儿童净入学率 指调查范围内已入小学学习的学龄儿童占校内外学龄儿童总数（包括弱智儿童，不包括盲聋哑儿童）的比重。

研究与试验发展（R&D） 指在科学技术领域，为增加知识总量，以及运用这些知识去创造新的应用进行的系统的创造性的活动，包括基础研究、应用研究、试验发展三类活动。国际上通常采用 R&D 活动的规模和强度指标反映一国的科技实力和核心竞争力。

基础研究 指为了获得关于现象和可观察事实的基本原理的新知识（揭示客观事物的本质、运动规律，获得新发现、新学说）而进行的实验性或理论性研究，它不以任何专门或特定的应用或使用为目的。其成果以科学论文和科学著作为主要形式。用来反映知识的原始创新能力。

应用研究 指为获得新知识而进行的创造性研究，主要针对某一特定的目的或目标。应用研究是为了确定基础研究成果可能的用途，或是为达到预定的目标探索应采取的新方法（原理性）或新途径。其成果形式以科学论文、专著、原理性模型或发明专利为主。用来反映对基础研究成果应用途径的探索。

试验发展 指利用从基础研究、应用研究和实际经验所获得的现有知识，为产生新的产品、材料和装置，建立新的工艺、系统和服务，以及对已产生和建立的上述各项作实质性的改进而进行的系统性工作。其成果形式主要是专利、专有技术、具有新产品基本特征的产品原型或具有新装置基本特征的原始样机等。在社会科学领域，试验发展是指把通过基础研究、应用研究获得的知识转变成可以实施的计划（包括为进行检验和评估实施示范项目）的过程。人文科学领域没有对应的试验发展活动。主要反映将科研成果转化为技术和产品的能力，是科技推动经济社会发展的物化成果。

产品创新 指企业推出了全新的或有重大改进的产品。产品创新的“新”要体现在产品的功能或特性上，包括技术规范、材料、组件、用户友好性等方面的重大改进。不包括产品仅有外观变化或其他微小改变的情况，也不包括直接转销。此处的“新”是指该产品对本企业而言必须是新的，但对于其他企业或整个市场而言不一定是新的。这里的产品既包括货物，也包括服务。货物方面产品创新的例子有新能源汽车、新功能手机等；服务方面产品创新的例子有新的保修服务，如显著延长的新产品保修期限等。

工艺创新 指企业采用了全新的或有重大改进的生产方法、工艺设备或辅助性活动。工艺创新的“新”要体现在技术、设备或流程上；它对本企业而言必须是新的，但对于其他企业或整个市场而言不一定是新的。不包括单纯的组织管理方式的变化。此处的辅助性活动指企业的采购、物流、财务、信息化等活动。

组织（管理）创新 指企业采取了此前从未使用过的全新的组织管理方式，主要涉及企业的经营模式、组织结构或外部关系等方面。不包括单纯的合并或收购。组织（管理）创新应是企业管理层战略决策的结果。此处的“新”是指它对本企业而言必须是新的，但对于其他企业或整个市场而言不一定是新的。

营销创新 指企业采用了此前从未使用过的全新的营销概念或营销策略，主要涉及产品（服务）设计或包装、产品（服务）推广、产品（服务）销售渠道、产品（服务）定价等方面。不包括季节性、周期性变化和其他常规的营销方式变化。此处的“新”是指它对本企业而言必须是新的，但对于其他企业或整个市场而言不一定是新的。

R&D 人员 指参与研究与试验发展项目研究、管理和辅助工作的人员，包括项目（课题）组人员，企业科技行政管理人员和直接为项目（课题）活动提供服务的辅助人员。反映投入从事拥有自主知识产权的研究开发活动的人力规模。

R&D 人员全时当量 指全时人员数加非全时人员按工作量折算为全时人员数的总和。例如：有两个全时人员和三个非全时人员（工作时间分别为 20%、30% 和 70%），则全时当量为 2+0.2+0.3+0.7=3.2 人年。为国际上比较科技人力投入而制定的可比指标。

R&D 经费内部支出合计 指调查单位用于内部开展 R&D 活动（基础研究、应用研究和试验发展）的实际支出。包括用于 R&D 项目（课题）活动的直接支出，以及间接用于 R&D 活动的管理费、服务费、与 R&D 有关的基本建设支出以及外协加工费等。不包括生产性活动支出、归还贷款支出以及与外单位合作或委托外单位进行 R&D 活动而转拨给对方的经费支出。

R&D 项目（课题）数 指在当年立项并开展研究工作、以前年份立项仍继续进行研究的研发项目（课题）数，包括当年完成和年内研究工作已告失败的研发项目（课题），但不包括委托外单位进行的研发项目（课题）数。

R&D 项目（课题）人员全时当量 指实际参加研发项目（课题）活动人员折合的全时当量。

R&D 项目（课题）经费内部支出 指调查单位内部在报告年度进行研发项目（课题）研究和试制等的实际支出。包括劳务费、其他日常支出、固定资产购建费、外协加工费等，不包括委托或与外单位合作进行项目（课题）研究而拨付给对方使用的经费。

新产品销售收入 指报告期企业销售新产品实现的销售收入。新产品是指采用新技术原理、新设计构思研制、生产的全新产品，或在结构、材质、工艺等某一方面比原有产品有明显改进，从而显著提高了产品性能或扩大了使用功能的产品。既包括经政府有关部门认定并在有效期内的新产品，也包括企业自行研制开发，未经政府有关部门认定，从投产之日起一年之内的新产品。

专利 是专利权的简称，是对发明人的发明创造经审查合格后，由专利局依据专利法授予发明人和设计人对该项发明创造享有的专有权。包括发明、实用新型和外观设计。反映拥有自主知识产权的科技和设计成果情况。

发明（专利） 指对产品、方法或者其改进所提出的新的技术方案。是国际通行的反映拥有自主知识产权技术的核心指标。

实用新型（专利） 指对产品的形状、构造或者其结合所提出的适于实用的新的技术方案。反映具有一定技术含量的技术成果情况。

外观设计（专利） 指对产品的形状、图案、色彩或者其结合所作出的富有美感并适于工业上应用的新设计。反映拥有自主知识产权的外观设计成果情况。

19

卫生、社会服务和社会保障

Public Health, Social Services and Social Security

简要说明

一、本篇资料主要内容

本篇资料主要包括卫生、民政事业、安全生产、劳动保障、残疾人事业及其他社会统计情况。

卫生主要包括：卫生机构、卫生技术人员、床位数、医院诊疗人次及入院人数、新型农村合作医疗情况。

民政事业和劳动保障资料主要包括：社会福利事业机构、人员和社会救济情况、社会保障、婚姻登记等情况。

二、本篇资料来源

本篇资料由省统计局社会科技处搜集、加工整理。

1. 卫生资料由省卫健委提供、新型农村合作医疗资料由省医保局提供。

2. 安全生产资料由省应急管理厅提供。

3. 民政事业、劳动保障及其他社会统计数据分别来源于省民政厅、省人力资源和社会保障厅、省公安厅、省委统战部、省妇联、省总工会、省残联。

19-1 医疗卫生机构基本情况
Basic Statistics of Health Care Institutions

项 目	Item	2019	2020	2021
卫生机构数（个）	**Number of Health Care Institutions (unit)**	**26692**	**26250**	**25758**
医院	Hospitals	718	705	699
综合医院	General Hospitals	381	373	362
中医医院	Hospitals Specialized in Traditional Chinese Medicine	122	117	116
中西医结合医院	Hospital of Integrated Traditional Chinese with Western Medicine	31	30	36
民族医院	Nationalities Hospitals	17	17	16
专科医院	Specialized Hospitals	166	167	169
护理院	Nursing Home	1	1	
基层医疗卫生机构	Primary Medical and Health Institutions	24758	24636	24374
社区卫生服务中心（站）	Community Health Service Centers (Stations)	675	671	698
社区卫生服务中心	Community Health Centre	209	211	213
社区卫生服务站	Community Health Station	466	460	485
卫生院	Health Centers	1379	1368	1359
街道卫生院	Street Health Center	2	2	2
乡镇卫生院	Township Health Center	1377	1366	1357
村卫生室	Village Clinics	16458	16421	16302
门诊部	Outpatient Department	69	85	116
诊所、卫生所、医务室	Clinics	6177	6091	5899
专业公共卫生机构	Professional Public Health Institutions	1123	873	650
疾病预防控制中心	Centers for Disease Control and Prevention	103	102	103
专科疾病防治院（所、站）	Specialized Disease Prevention & Treatment Institute	8	9	9
健康教育所（站、中心）	Health Education Institution	15	12	14
妇幼保健院（所、站）	Women and Children Care Agencies	99	99	99
急救中心（站）	First Aid Centers (Stations)	3	4	4
采供血机构	Blood Collection Agencies	17	18	18
卫生监督所（中心）	Health Inspection Institution(center)	94	95	95
计划生育技术服务机构	Family Planning Technical Service Institutions	784	534	308
其他卫生机构	Other Health Institutions	93	36	35
疗养院	Sanatorium	6	5	5
卫生监督检验（监测、检测）所（站）	Health Supervision and Inspection Institute (Station)			
医学科学研究机构	Medicine Scientific Research Institutions	2	2	2
医学在职培训机构	Medical-service Training Institutions	2	2	1
临床检验中心（所、站）	Clinical Laboratory Center (Institute, Station)			1
统计信息中心	Statistical Information Center	2	1	2
其他	Others	81	26	24

19-1 续表 1 continued

项 目	Item	2019	2020	2021
床位数（张）	**Beds (unit)**	**172594**	**177929**	**183246**
医院	Hospitals	134286	138610	142626
综合医院	General Hospitals	88966	90707	91992
中医医院	Hospitals Specialized in Traditional Chinese Medicine	27608	27524	28889
中西医结合医院	Hospital of Integrated Traditional Chinese with Western Medicine	3179	3028	4196
民族医院	Nationalities Hospitals	1088	1649	1461
专科医院	Specialized Hospitals	13435	15702	16088
护理院	Nursing Home	10		
基层医疗卫生机构	Primary Medical and Health Institutions	32295	32999	33647
社区卫生服务中心（站）	Community Health Service Centers (Stations)	4302	4267	4155
社区卫生服务中心	Community Health Centre	3074	3321	3246
社区卫生服务站	Community Health Station	1228	946	909
卫生院	Health Centers	27919	28650	28767
街道卫生院	Street Health Center	20	20	20
乡镇卫生院	Township Health Center	27899	28630	28747
村卫生室	Village Clinics			
门诊部	Outpatient Department	74	82	224
诊所、卫生所、医务室	Clinics			501
专业公共卫生机构	Professional Public Health Institutions	5395	5752	6304
疾病预防控制中心	Centers for Disease Control and Prevention			
专科疾病防治院（所、站）	Specialized Disease Prevention & Treatment Institute	455	500	500
健康教育所（站、中心）	Health Education Institution			
妇幼保健院（所、站）	Women and Children Care Agencies	4925	5234	5786
急救中心（站）	First Aid Centers (Stations)	15	18	18
采供血机构	Blood Collection Agencies			
卫生监督所（中心）	Health Inspection Institution(center)			
计划生育技术服务机构	Family Planning Technical Service Institutions			
其他卫生机构	Other Health Institutions	618	568	669
疗养院	Sanatorium	618	568	669
卫生监督检验（监测、检测）所（站）	Health Supervision and Inspection Institute (Station)			
医学科学研究机构	Medicine Scientific Research Institutions			
医学在职培训机构	Medical-service Training Institutions			
临床检验中心（所、站）	Clinical Laboratory Center (Institute, Station)			
统计信息中心	Statistical Information Center			
其他	Others			

19-1 续表 2 continued

项 目	Item	2019	2020	2021
卫生机构人员数（人）	**Number of Health Agency Personnel (person)**	**228654**	**237823**	**247724**
卫生技术人员（人）	**Medical Technical Personnel (person)**	**178869**	**188932**	**201099**
医院	Hospitals	112451	120355	128839
综合医院	General Hospitals	79833	84953	89585
中医医院	Hospitals Specialized in Traditional Chinese Medicine	20430	22192	24299
中西医结合医院	Hospital of Integrated Traditional Chinese with Western Medicine	2190	2415	2724
民族医院	Nationalities Hospitals	842	906	973
专科医院	Specialized Hospitals	9152	9889	11258
护理院	Nursing Home	4		
基层医疗卫生机构	Primary Medical and Health Institutions	51502	53232	55258
社区卫生服务中心（站）	Community Health Service Centers (Stations)	8719	9196	9339
社区卫生服务中心	Community Health Centre	5168	5643	5885
社区卫生服务站	Community Health Station	3551	3553	3454
卫生院	Health Centers	28451	29090	30336
街道卫生院	Street Health Center	36	33	32
乡镇卫生院	Township Health Center	28415	29057	30304
村卫生室	Village Clinics	2859	2751	2601
门诊部	Outpatient Department	933	1214	1613
诊所、卫生所、医务室	Clinics	10540	10981	11369
专业公共卫生机构	Professional Public Health Institutions	14631	15114	16672
疾病预防控制中心	Centers for Disease Control and Prevention	3295	3352	3688
专科疾病防治院（所、站）	Specialized Disease Prevention & Treatment Institute	294	361	383
健康教育所（站、中心）	Health Education Institution	61	38	52
妇幼保健院（所、站）	Women and Children Care Agencies	7616	8383	9831
急救中心（站）	First Aid Centers (Stations)	129	141	147
采供血机构	Blood Collection Agencies	536	520	563
卫生监督所（中心）	Health Inspection Institution(center)	1327	1462	1470
计划生育技术服务机构	Family Planning Technical Service Institutions	1373	857	538
其他卫生机构	Other Health Institutions	285	231	330
疗养院	Sanatorium	109	93	163
卫生监督检验（监测、检测）所（站）	Health Supervision and Inspection Institute (Station)			
医学科学研究机构	Medicine Scientific Research Institutions	26	26	26
医学在职培训机构	Medical-service Training Institutions	73	72	67
临床检验中心（所、站）	Clinical Laboratory Center (Institute, Station)			45
统计信息中心	Statistical Information Center			
其他	Others	77	40	29
每万人口执业（助理）医师（人）	**Number of Licensed (Assistant) Doctors per 10 000 Population(person)**	**23.8**	**26.5**	**28.4**
每万人口注册护士（人）	**Number of Registered Nurses per 10 000 Population(person)**	**30.0**	**34.1**	**36.8**

19-2 卫生机构数
Number of Health Care Institutions

单位：个 (unit)

年份 Year	总计 Total	#医院 Hospitals	#综合医院 General Hospitals	#中医医院 Hospitals Specialized in Traditional Chinese Medicine	#专科医院 Specialized Hospitals	#基层医疗卫生机构 Primary Medical and Health Institutions	#社区卫生服务中心（站） Community Health Service Centers (Stations)	#卫生院 Health Centers
2007	11958	370	270	69	30		299	1343
2008	10737	371	262	70	34		321	1342
2009	10011	373	259	68	35	9279	340	1342
2010	10267	378	257	69	40	9529	429	1350
2011	10065	388	261	68	45	9319	575	1381
2012	9542	402	264	70	53	8771	620	1382
2013	9845	419	273	73	54	8676	606	1381
2014	11216	427	275	76	54	8574	597	1378
2015	11031	442	277	81	62	8655	612	1351
2016	11425	446	277	81	64	9032	582	1376
2017	11847	521	302	91	97	9567	602	1378
2018	11398	623	351	109	119	9296	628	1379
2019	10234	718	381	122	166	8300	675	1379
2020	9829	705	373	117	167	8215	671	1368
2021	9456	699	362	116	169	8072	698	1359

注：本表卫生机构数不包含村卫生室数。
a) Number of health care institutions in this table doesn't include villages clinics.

19-2 续表 continued

单位：个 (unit)

年份 Year	#门诊部 Outpatient Department	#专业公共卫生机构 Professional Public Health Institutions	#疾病防控中心 Centers for Disease Control and Prevention	#专科疾病防治院（所、站） Specialized Disease Prevention & Treatment Institute	#妇幼保健院（所、站） Women and Children Care Agencies	#卫生监督所 Health Inspection Institution (Center)
2007	81		106	7	99	87
2008	82		104	7	100	87
2009	74	320	103	7	99	86
2010	64	325	103	7	100	90
2011	50	329	103	7	100	91
2012	66	330	103	7	99	93
2013	69	700	103	7	100	93
2014	76	2061	103	7	100	92
2015	74	1815	103	7	100	92
2016	70	1835	103	7	103	92
2017	79	1643	103	7	99	93
2018	68	1392	103	6	99	94
2019	69	1123	103	8	99	94
2020	85	873	102	9	99	95
2021	116	650	103	9	99	95

19-3 卫生机构人员数

Number of Employed Persons in Health Care Institutions

单位：人 (person)

年 份 Year	总 计 Total	#卫生技术人员 Medical Technical Personnel	#执业（助理）医师 Licensed (Assistant) Doctors	#执业医师 Licensed Doctors	#注册护士 Registered Nurses	#药师（士） Pharmacist	#技师（士） Technician	乡村医生和卫生员 Village Doctors and Assistants
2000	85167	69318					2000	
2001	85774	70283			22376		2183	
2002	81177	66799	29947	23007	20232	5407	3454	
2003	81495	67243	29924	23172	22460	5565	3489	
2004	80994	66503	29415	23199	20054	5085	3359	
2005	81049	66926	29701	23222	22403	5023	3463	
2006	82357	68507	30238	23656	20425	4943	3561	
2007	101796	85348	35144	27523	23999	4972	4747	
2008	103982	87436	36176	29015	24950	4859	5148	
2009	107312	89963	36721	29907	26422	4766	5328	
2010	115368	97387	38249	31309	29646	5058	5522	20618
2011	146290	106252	41121	33382	33713	5317	5802	21193
2012	152294	111907	43302	35173	37212	5589	5802	21503
2013	159645	116319	43442	35813	40668	5816	6033	21688
2014	178919	126294	47791	38667	45196	6046	6429	21669
2015	182305	129523	49663	40185	47832	6118	6705	21368
2016	187632	135188	53195	43124	50653	6236	7035	21251
2017	200405	147612	56398	45571	58682	6501	7857	21473
2018	206060	156343	59370	48073	63807	6948	8317	19330
2019	228654	178869	62891	50303	79531	7492	10041	18218
2020	237823	188932	66396	53774	85264	7703	10581	18063
2021	247724	201099	70673	58018	91723	8106	12725	16275

19-4 每万人口卫生技术人员

Medical Technical Personnel in Health Care Institutions per 10000 Persons

单位：人 (person)

年 份 Year	卫生技术人员 Medical Technical Personnel	执业（助理）医师 Licensed (Assistant) Doctors	注册护士 Registered Nurses
2000	27.56	14.99	8.59
2001	27.85	14.82	8.87
2002	26.39	11.83	7.99
2003	26.50	11.79	8.85
2004	26.17	11.57	7.89
2005	26.30	11.67	8.80
2006	26.90	11.87	8.02
2007	33.49	13.79	9.42
2008	34.28	14.18	9.78
2009	35.21	14.37	10.34
2010	38.04	14.94	11.58
2011	41.44	16.04	13.15
2012	43.42	16.80	14.44
2013	45.74	17.40	15.86
2014	48.75	18.45	17.44
2015	49.83	19.10	18.40
2016	51.80	20.38	19.41
2017	56.22	21.48	22.35
2018	59.28	22.51	24.19
2019	67.56	23.76	30.04
2020	75.51	26.54	34.08
2021	80.76	28.38	36.84

19-5 卫生机构床位数
Number of Beds in Health Institutions

单位：张 (unit)

年 份 Year	总 计 Total	# 医院 Hospitals	# 基层医疗卫生机构 Primary Medical and Health Institutions	# 社区卫生服务中心(站) Community Health Service Centers (Stations)	# 卫生院 Health Centers
2000	59441	43511			13046
2001	60336	44303			13072
2002	61157	44287		170	13064
2003	61223	44387		246	12715
2004	61801	45123		241	12906
2005	63638	47073		323	12783
2006	66197	48779		441	13672
2007	70290	50459		978	15992
2008	76581	53847		1359	18468
2009	87419	56767	21867	1607	20260
2010	94883	60961	24160	2117	21461
2011	101108	67303	24986	2713	22273
2012	111979	76304	31726	8877	22682
2013	116087	84511	27250	3465	23447
2014	122375	90499	27621	3473	23814
2015	127011	94596	27939	3766	24013
2016	136571	100882	30598	5840	24608
2017	147305	111393	30718	4265	25787
2018	162667	126077	30998	4144	26777
2019	172594	134286	32295	4302	27919
2020	177929	138610	32999	4267	28650
2021	183246	142626	33647	4155	28767

19-5 续表 continued

单位：张 (unit)

年 份 Year	# 专业公共卫生机构 Professional Public Health Institutions	妇幼保健院(所、站) Women and Children Care Agencies	专科疾病防治院(所、站) Specialized Disease Prevention & Treatment Institute	每万人口医疗卫生机构床位数 Beds of Medical Institutions per 10000 Population	每万农村人口乡镇卫生院床位数 Beds of Township Health Centers per 10000 Rural Population
2000		684		23.63	6.83
2001		695	2	23.91	6.86
2002		1602	26	24.17	7.17
2003		1566	62	24.13	6.90
2004		1739	61	24.32	7.11
2005		1811	12	25.00	7.18
2006		1768	18	25.99	7.79
2007		1804	214	27.58	9.20
2008		1911	14	30.02	10.67
2009	8039	2021	28	34.22	11.77
2010	9762	2246	28	37.06	13.12
2011	8819	2364	28	39.43	13.82
2012	3199	3187	12	43.44	14.37
2013	3576	3532	32	44.96	15.17
2014	3605	3561	32	47.23	15.76
2015	3826	3782	32	48.86	16.26
2016	4441	4397	32	52.33	17.05
2017	4626	4564	50	56.10	18.32
2018	5024	4978	46	61.68	19.41
2019	5395	4925	455	65.19	20.47
2020	5752	5234	500	71.12	23.97
2021	6304	5786	500	73.59	24.75

19-6 按市县分卫生机构数、床位数和卫生技术人员

Number of Health Institutions, Beds and Health Technicians by City and County

年 份 Year	卫生机构数（个） Health Institutions (unit)		卫生机构床位数（张） Beds of Medical Institutions (unit)		卫生技术人员（人） Medical Technical Personnel (person)		#执业（助理）医师 Licensed (Assistant) Doctors		#注册护士 Registered Nurses	
	市 City	县 County	市 City	县 County	市 City	县 County	市 City	县 County	市 City	县 County
2000			31287	28154	35977	33341	15037	16614	11924	7526
2001			32146	28190	37069	33214	15485	16885	12440	7780
2002			32317	28619	34808	31806	14494	15331	12518	7647
2003			32877	28346	35344	31899	14692	15232	12318	7846
2004			33455	28346	35004	31499	14697	14718	12296	7758
2005			35673	27965	36444	30482	15357	14344	12470	7611
2006			37327	28870	36876	31631	15633	14605	12707	7718
2007	3771	8169	39480	30837	47418	38172	19859	15349	15958	8039
2008	3413	7324	42447	34216	48824	38875	20507	15669	16524	8426
2009	3289	6722	49327	38092	50541	39422	21003	15718	17676	8746
2010	3229	7038	53823	41060	54078	43309	21875	16374	19788	9858
2011	6957	19805	56163	44945	58569	47683	23334	17787	21933	11780
2012	7012	19246	61874	50105	62101	49806	24573	18729	23776	13436
2013	7064	19464	60460	55627	65275	51044	25349	18093	25825	14843
2014	7412	20490	62858	59517	70057	56237	26891	20900	28312	16884
2015	7399	20204	65315	61696	72522	57001	27973	21690	29975	17857
2016	7718	20426	70054	66517	75506	59682	29639	23556	31684	18969
2017	7741	21137	75931	71414	83873	63739	31491	24913	37280	21420
2018	7744	20141	86070	76597	89671	66672	33289	26081	40339	23468
2019	7984	18708	90602	81992	100557	78312	34333	28558	48029	31502
2020	8119	18131	91781	86148	106072	82860	36712	29684	51111	34153
2021	7990	17768	94349	88897	112626	88473	39143	31530	54376	37347

注：按市县分的卫生机构床位数为医院、卫生院床位数。2011 年起卫生机构数包括村卫生室数。

a) Number of beds in health care institutions by city and county referred to beds of hospital and health centers.Since 2011,data of health care institutions include the villages clinics.

19-7 各类医疗卫生机构医疗服务及床位利用情况（2021）

Number of Visits and Inpatients in Medical Institutions and Utilization of Beds (2021)

类 别	Item	诊疗人次数（万人次） Visits (10 000 person-times)	#门、急诊 Outpatients with Emergency Treatment	入院人数（万人） Number of Inpatients (10 000 persons)	医生日均担负诊疗人次（人次） Daily Visits Each Doctor (person-time)	实际开放总床日数（万日） Days of Total Beds Actually Opened (10 000 days)
总计	**Total**	**11458.06**	**10771.50**	**445.10**	**5.90**	**5926.32**
医院	Hospitals	5608.46	5382.71	361.87	5.50	4718.31
综合医院	General Hospitals	4008.03	3904.08	255.13	5.70	3131.06
中医医院	Hospitals Specialized in Traditional Chinese Medicine	1150.46	1043.48	77.29	5.70	1008.30
中西医结合医院	Hospital of Integrated Traditional Chinese with Western Medicine	107.69	102.65	7.558	5.00	101.66
民族医院	Nationalities Hospitals	32.52	30.75	2.04	2.50	32.25
专科医院	Specialized Hospitals	309.76	301.73	19.8499	3.80	445.04
护理院	Nursing Hospital					
基层医疗卫生机构	Basic Medical Institutions	5284.80	4834.98	64.03	6.50	990.90
#社区卫生服务中心（站）	Community Health Service Centers	620.63	608.45	3.77	7.80	92.24
卫生院	Health Centers	1338.99	1251.35	59.67	4.50	898.66
街道卫生院	Urban Health Centers	1.37	1.35	0.00	4.20	0.73
乡镇卫生院	Township Health Centers	1337.62	1250.00	59.67	4.50	897.93
村卫生室	Village Clinics	1723.70	1514.65			
门诊部	Outpatient Department	67.60	52.84	0.59	4.30	
专业公共卫生机构	Specialized Public Health Institutions	563.44	552.52	18.95	6.50	208.32
#专科疾病防治院（所、站）	Specialized Disease Prevention & Treatment Institution	13.08	13.09	0.52	6.50	17.30
妇幼保健院（所、站）	Women and Children Care Agencies	544.27	533.35	18.43	6.50	191.02
其他医疗卫生机构	Other Institutions	1.35	1.29	0.26	1.20	8.80
#疗养院	Sanatoriums	1.35	1.29	0.263	1.20	8.80

19-7 续表 continued

类 别	Item	平均开放病床（万张）Average Beds Opened (10 000 beds)	病床周转次数（次）Turnover of Beds (time)	病床工作日（日）Working Days of Beds (day)	病床使用率（%）Utilization Rate of Beds (%)	平均住院日（日）Average Stay Days in Hospital (day)
总计	**Total**	**16.24**	**27.40**	**240.00**	**65.75**	**8.00**
医院	Hospitals	12.93	27.90	253.90	69.55	8.50
综合医院	General Hospitals	8.58	29.60	251.60	68.93	8.10
中医医院	Hospitals Specialized in Traditional Chinese Medicine	2.76	27.90	262.70	71.98	8.90
中西医结合医院	Hospital of Integrated Traditional Chinese with Western Medicine	0.28	27.30	231.80	63.50	7.70
民族医院	Nationalities Hospitals	0.09	25.00	198.30	54.32	7.80
专科医院	Specialized Hospitals	1.22	16.00	258.80	70.91	13.80
护理院	Nursing Hospital					
基层医疗卫生机构	Basic Medical Institutions	2.71	23.70	182.00	49.87	5.80
#社区卫生服务中心（站）	Community Health Service Centers	0.25	14.70	169.70	46.50	6.40
卫生院	Health Centers	2.46	24.30	183.30	50.21	5.80
街道卫生院	Urban Health Centers		0.90	6.70	1.82	7.80
乡镇卫生院	Township Health Centers	2.46	24.30	183.40	50.25	5.80
村卫生室	Village Clinics					
门诊部	Outpatient Department					
专业公共卫生机构	Specialized Public Health Institutions	0.57	33.50	205.80	56.39	5.90
#专科疾病防治院(所、站)	Specialized Disease Prevention & Treatment Institution	0.05	10.80	235.80	64.59	17.10
妇幼保健院（所、站）	Women and Children Care Agencies	0.52	35.50	203.10	55.65	5.60
其他医疗卫生机构	Other Institutions	0.02	10.50	134.50	36.85	8.90
#疗养院	Sanatoriums	0.02	10.50	134.50	36.85	8.90

19-8 农村乡镇卫生院医疗服务情况
Situations of Medical Services in Township Health Centers

年 份 Year	诊疗人次 (万人次) Number of Visits (10 000 person-times)	病床使用率 (%) Utilization Rate of Beds (%)	出院者平均住院日 (日) Average Duration of Hospitalization (day)
2007	1453	24.03	4.4
2008	1799	51.81	4.9
2009	1653	58.62	6.0
2010	1547	54.44	6.0
2011	1763	52.94	6.4
2012	1947	58.73	6.2
2013	2089	56.97	6.4
2014	1988	55.96	6.8
2015	1970	57.05	6.7
2016	2018	59.99	6.4
2017	2072	61.65	6.0
2018	1891	60.94	5.6
2019	1725	59.06	5.7
2020	1500	53.77	5.8
2021	1339	50.21	5.8

19-9 社区卫生服务中心(站)医疗服务情况
Medical Services of Community Health Service Centers(Stations)

年 份 Year	入院人数 (人) Number of Inpatients (person)	病床使用率 (%) Utilization Rate of Beds (%)	出院者平均住院日 (日) Average Duration of Hospitalization (day)	医师日均担负诊疗人次 (人次) Daily Visits Per Doctor (person-time)	医师日均担负住院床日 (日) Daily Inpatients Per Doctor (day)
2007	19355	58.1	2.0	9.1	0.3
2008	24980	70.3	1.1	10.6	0.5
2009	26585	60.5	1.2	8.9	0.4
2010	25320	51.8	4.7	5.1	0.4
2011	44305	59.3	5.6	7.9	0.5
2012	51806	57.2	5.8	7.8	0.5
2013	45655	54.9	6.8	8.1	0.5
2014	47294	56.5	6.8	9.7	0.5
2015	53392	55.9	6.1	9.8	0.5
2016	53729	59.1	5.6	9.4	0.5
2017	56266	56.9	5.7	9.5	0.5
2018	52021	53.5	5.9	9.6	0.5
2019	53469	50.5	5.8	9.8	0.5
2020	50745	48.0	5.6	8.7	0.4
2021	37668	46.2	6.4	8.0	0.3

19-10 医院、卫生院基本情况（2021）

Basic Statistics of Hospitals and Health Centers (2021)

项 目	Item	总计 Total	医院 Hospitals			卫生院 Health Centers
				市 City	县 County	
医院和卫生院数（个）	Hospitals and Health Centers(unit)	2058	699	367	332	1359
床位数（张）	Beds(unit)	171393	142626	80298	62328	28767
人员数（人）	Personnel(person)	182775	149846	92357	57489	32929
#卫生技术人员	Medical Technical Personnel	159175	128839	79067	49772	30336
执业医师	Licensed Doctor	44225	36625	23915	12710	7600
注册护士	Registered Nurses	76149	65819	40792	25027	10330
药剂人员	Pharmacists	6825	5206	3263	1943	1619
检验人员	Laboratory Technicians	4848	4078	2512	1566	770
其 他	Others	27128	17111	8585	8526	10017

19-11 28种传染病发病及死亡情况（2021）

Number of Reported Cases and Deaths of 28 Infectious Diseases (2021)

疾病名称	Diseases	发病人数（人） Number of Diseases (person)	发病率（1/10万） Incidence (1/100 000)	死亡人数（人） Number of Deaths (person)	死亡率（1/10万） Death Rate (1/100 000)
病毒性肝炎	Viral Hepatitis	15553	62.3367		
肺结核	Pulmonary Tuberculosis	7642	30.6293	11	0.0441
梅毒	Syphilis	6789	27.2104		
淋病	Gonorrhea	894	3.5832		
细菌性和阿米巴性痢疾	Dysentery	1875	7.5150		
猩红热	Scarlet Fever	624	2.5010		
艾滋病	AIDS	501	2.0080	101	0.4048
布鲁氏菌病	Brucellosis	4562	18.2846		
百日咳	Pertussis	122	0.4890		
流行性出血热	Hemorrhage Fever	96	0.3848		
伤寒和副伤寒	Typhoid and Paratyphoid Fever	38	0.1523		
登革热	Dengue Fever				
麻疹	Measles	20	0.0802		
疟疾	Malaria	2	0.0080		
流行性乙型脑炎	Encephalitis B	8	0.0321		
狂犬病	Hydrophobia	1	0.0040	1	
炭疽	Anthrax				
钩端螺旋体病	Leptospirosis				
血吸虫病	Schistosomiasis				
流行性脑脊髓膜炎	Epidemic Encephalitis	1	0.0040		
新生儿破伤风	Newborn Tetanus	1	0.0040		
霍乱	Cholera				
人感染H7N9禽流感	HpAI H7N9				
鼠疫	The Plague				
传染性非典型肺炎	SARS				
脊髓灰质炎	Poliomyelitis				
人感染高致病性禽流感	HpAI				
白喉	Diphtheria				

19-12　卫生总费用
Total Health Expenditure

年份 Year	卫生总费用（亿元）Total Health Expenditure (100 million yuan)	政府卫生支出 Government Health Expenditure		社会卫生支出 Social Health Expenditure		个人现金卫生支出 Out-of-pocket Health Expenditure		人均卫生总费用（元）Per Capita Health Expenditure (yuan)	卫生总费用相对于GDP比重（%）Health Expenditure as Percentage of GDP (%)
		绝对数（亿元）Level (100 million yuan)	占卫生总费用比重（%）As Percentage of Health Expenditure (%)	绝对数（亿元）Level (100 million yuan)	占卫生总费用比重（%）As Percentage of Health Expenditure (%)	绝对数（亿元）Level (100 million yuan)	占卫生总费用比重（%）As Percentage of Health Expenditure (%)		
2000	4.37	0.72	16.49	1.23	28.16	2.42	55.34	129.01	5.44
2001	4.61	0.97	21.13	0.85	18.52	2.78	60.35	135.32	5.27
2002	5.83	1.10	18.83	0.88	15.04	3.85	66.13	169.84	5.98
2003	79.85	17.89	22.40	18.93	23.71	43.03	53.89	305.80	6.10
2004	89.92	20.11	22.36	24.02	26.72	45.79	50.92	343.45	5.77
2005	106.61	27.12	25.44	22.07	20.70	57.42	53.86	410.91	5.51
2006	124.41	31.13	25.02	27.31	21.95	65.98	53.03	447.36	5.46
2007	147.15	45.37	30.83	31.53	21.43	70.25	47.74	562.27	5.45
2008	213.89	83.93	39.24	48.18	22.53	81.78	38.24	813.85	6.73
2009	263.98	102.42	38.80	69.80	26.44	91.76	34.76	1001.65	7.79
2010	295.38	116.54	39.45	74.22	25.13	104.62	35.42	1153.86	7.17
2011	393.60	161.60	41.06	99.25	25.22	132.75	33.73	1534.99	7.84
2012	444.72	168.88	37.97	113.94	25.62	161.91	36.41	1725.36	7.87
2013	518.21	188.17	36.31	141.28	27.26	188.75	36.43	2006.89	8.27
2014	569.75	212.32	37.27	164.19	28.82	193.24	33.92	2199.13	8.34
2015	654.07	259.10	39.61	199.60	30.52	195.37	29.87	2516.09	9.63
2016	754.06	283.95	37.66	250.60	33.23	219.51	29.11	2889.18	10.47
2017	812.70	291.84	35.91	290.81	35.78	230.05	28.31	3095.17	10.59
2018	905.32	318.03	35.13	330.65	36.52	256.64	28.35	3432.77	10.95
2019	935.01	342.50	36.63	322.17	34.46	270.34	28.91	3531.76	10.72
2020	1015.31	424.00	41.76	299.50	29.5	291.82	28.74	4059.59	11.26

19-13　各市（州）卫生机构基本情况（2021）
Basic Statistics of Health Institutions by Region (2021)

市（州）	Region	卫生机构数（个）Number of Health Institutions (unit)	#医院 Hospitals	#卫生院 Health Centers	卫生机构床位数（张）Number of Hospital Beds (unit)	#医院 Hospitals	#卫生院 Health Centers	卫生机构人员数（人）Number of Persons Engaged in Health Institutions (person)	#医院 Hospitals	#卫生院 Health Centers
兰州市	Lanzhou	2361	126	66	33428	29638	1081	53514	37645	1594
嘉峪关市	Jiayuguan	106	7	3	2523	2161	60	3990	2716	84
金昌市	Jinchang	501	10	12	3326	3019	237	4944	3508	243
白银市	Baiyin	1512	21	74	9339	6757	1661	14862	8454	2324
天水市	Tianshui	3236	110	136	19408	15057	2935	26265	15871	3884
武威市	Wuwei	1916	48	103	14757	11155	2457	17504	10473	2508
张掖市	Zhangye	1420	46	88	10993	8283	2027	13339	7833	1780
平凉市	Pingliang	2404	52	102	15627	11966	2897	19254	10605	3737
酒泉市	Jiuquan	977	34	78	8155	6415	1399	11047	6763	1448
庆阳市	Qingyang	1885	45	125	14417	10487	3291	19066	11374	3438
定西市	Dingxi	2610	54	128	20216	15552	3838	20857	12108	3848
陇南市	Longnan	4188	64	218	14475	10140	3663	20224	10609	3639
临夏州	Linxia	1759	49	127	12774	9114	2713	16585	9016	3268
甘南州	Gannan	883	33	99	3808	2882	508	6273	2871	1134

注：卫生机构数包括村卫生室数。

a) Number of health care institutions included number of village clinics.

19-14 各市（州）卫生技术人员数（2021）

Number of Medical Technical Personnel in Health Care Institutions by Region (2021)

单位：人 (person)

市（州）	Region	卫生技术人员 Medical Technical Personnel	#执业（助理）医师 Licensed (Assistant) Doctors	#执业医师 Licensed Doctors	#注册护士 Registered Nurses	#药师（士） Pharmacist	#技师（士） Technician
兰州市	Lanzhou	45025	16036	14789	22437	1768	2993
嘉峪关市	Jiayuguan	3564	1172	952	1687	185	275
金昌市	Jinchang	4254	1456	1253	1903	218	271
白银市	Baiyin	12056	4219	3494	5354	498	736
天水市	Tianshui	20551	6814	5408	9544	894	1317
武威市	Wuwei	14294	5023	4082	6836	590	853
张掖市	Zhangye	11235	4011	3246	5090	411	758
平凉市	Pingliang	15821	6062	4763	6749	612	1005
酒泉市	Jiuquan	9688	3285	2677	4512	427	650
庆阳市	Qingyang	15530	5334	4288	7539	507	1007
定西市	Dingxi	16761	6288	4815	7100	839	1124
陇南市	Longnan	14210	4829	3400	5952	558	736
临夏州	Linxia	13353	4132	3274	5755	373	677
甘南州	Gannan	4757	2012	1577	1265	226	323

19-15 孕产妇及婴儿死亡率

Mortality Rate of Maternal and Infant

指 标	Item	2010	2015	2019	2020	2021
孕产妇死亡率（1/10 万）	Maternal Mortality Rate (1/100 000)	33.23	15.07	12.88	15.07	10.35
城市	Urban	23.38	19.34	15.23	13.19	8.02
农村	Rural	37.50	13.27	11.55	16.18	11.62
婴儿死亡率（‰）	Infant Mortality Rate(‰)	10.00	5.28	3.37	3.37	3.20
城市	Urban	7.66	4.48	2.93	2.88	2.46
农村	Rural	11.02	5.62	3.62	3.66	3.6
5 岁以下儿童死亡率（‰）	Mortality Rate of Children under 5(‰)	11.35	6.40	4.50	4.57	4.13
城市	Urban	8.86	5.71	3.74	3.65	3.34
农村	Rural	12.43	6.70	4.94	5.12	4.55
新生儿死亡率（‰）	Newborn Mortality Rate(‰)	7.81	3.74	2.29	2.23	2.05
城市	Urban	5.90	3.24	2.14	1.98	1.68
农村	Rural	8.64	3.96	2.37	2.38	2.25

19-16 妇联组织及干部基本情况
Basic Conditions of Women's Federation Organizations and Cadres

指 标	Item	2010	2015	2019	2020	2021
乡及乡以上妇联组织机构（个）	Women's Federation Institution of Township and above (unit)	1488	1469	1502	1466	1475
乡及乡以上妇联干部（人）	Women's Federation Cadres of Township and above (person)	2197	2218	2154	2335	2348
在干部中少数民族干部数（人）	Number of Minority Cadres (person)	276	263	295		
少数民族干部占干部总数（%）	Percentage of Minority Cadres in Total Cadres (%)	12.6	11.9	13.69		

19-17 各党派党员（成员）数
Number of Different Parties Member

项 目	Item	2010	2015	2019	2020	2021
中国共产党（万人）	Communist Party of China (10 000 persons)	151	175	182	188	191
中国国民党革命委员会（人）	Revolutionary Committee of Kuomintang (person)	2668	3262	3769	3888	3932
中国民主同盟（人）	Democracy League (person)	6444	8118	9405	9506	9665
中国民主建国会（人）	China Democratic National Construction Association (person)	2341	2854	3294	3383	3482
中国民主促进会（人）	China Association Promoting Democracy (person)	2767	3364	3900	3980	4098
中国农工民主党（人）	Chinese Peasants' and Workers' Democratic Party (person)	2041	2610	3295	3393	3476
九三学社（人）	Jiu San Society (person)	2898	3583	4249	4403	4559

19-18 工会组织情况
Basic Statistics on Trade Unions

年 份 Year	工会基层组织数（个）Number of Grassroots Unions (unit)	已建立工会组织的基层单位的职工与会员人数（万人）Membership and Number of Staff and Workers in Grassroots Unions(10 000 persons)				工会专职干部人员数（人）Number of Full-time Personnel of Unions (person)
		职工人数 Number of Staff and Workers	#女职工 Female	会员人数 Membership	#女会员 Female	
1995	12251	194.29	68.44	173.91	62.31	11532
1996	12052	196.34	71.72	175.78	63.88	10020
1997	10596	173.33	61.80	155.82	54.46	8601
1998	10519	173.68	62.45	159.78	57.14	9073
1999	9788	177.23	60.71	157.06	55.36	9554
2000	10768	168.25	60.86	154.69	55.16	8714
2001	14675	177.76	63.50	163.40	56.00	6257
2002	15320	222.27	75.81	209.00	70.25	5789
2003	24291	206.12	69.16	190.43	63.72	5861
2004	23061	206.42	71.29	195.35	67.31	6279
2005	17522	219.05	75.67	207.14	70.49	5475
2006	19328	238.70	83.80	225.35	79.50	5051
2007	21642	268.76	93.14	256.68	89.44	4895
2008	24366	294.22	102.26	281.12	99.18	4890
2009	26936	312.17	105.12	301.35	102.03	5267
2010	28711	326.68	111.90	316.24	109.52	4998
2011	30422	347.28	122.48	335.97	119.19	5989
2012	33196	354.67	126.20	344.56	123.90	6336
2013	35123	370.31	131.38	358.67	129.22	6838
2014	35873	369.92	130.42	356.36	128.25	7199
2015	36626	373.12	134.29	363.35	132.10	7504
2016	37134	386.79	138.60	374.61	135.46	9177
2017	37878	401.33	142.79	388.70	139.85	9887
2018	38373	414.71	149.02	403.07	145.79	10214
2019	37993	424.58	151.79	414.79	149.05	9557
2020	38301	429.64	155.32	420.64	152.66	9873
2021	36045	384.75	143.75	375.24	140.86	10268

19-19 生产安全事故绝对指标

Absolute Indicators of Production Safety Accidents

年 份 Year	事故起数（起） Number of Accidents (case)	死亡人数（人） Number of Death (person)	受伤人数（人） Number of Injuries (person)	直接经济损失（万元） Direct Economic Loss (10 000 yuan)
2000	10679	2670	6155	7168.0
2001	11376	2602	6690	6570.6
2002	11607	2759	6769	7016.0
2003	11422	2661	6262	7360.3
2004	9842	2460	5740	6559.9
2005	8420	2181	5564	6924.6
2006	7828	2082	5453	7980.7
2007	5736	1889	4352	8017.5
2008	4875	1797	3774	7789.1
2009	4383	1758	3401	6975.6
2010	4375	1703	3728	8447.5
2011	4103	1737	3627	20239.1
2012	5090	1639	3403	16758.2
2013	5028	1579	3394	11503.9
2014	5061	1543	3605	8699.1
2015	4759	1519	3583	8670.5
2016	1214	978	1036	11929.0
2017	1130	891	998	12853.5
2018	955	776	711	19307.5
2019	845	709	619	17648.4
2020	719	616	544	15255.9
2021	681	585	477	14275.2

注：自 2016 年 1 月 1 日起，《生产安全事故统计管理办法》和《生产安全事故统计报表制度（暂行）》开始实施，对生产安全事故统计范围统计口径进行改革，具体是：

1. 道路运输事故是指公路客运、公交客运、出租客运、网络约车、旅游客运、租赁、教练、货运、危化品运输、工程救险、校车，包括企业通勤车在内的其他营运性车辆或其他生产经营性车辆等十二类道路运输车辆在从事相应运输活动中发生人员伤亡的事故纳入道路运输业事故统计。
2. 未造成人员伤亡且直接经济损失小于 100 万元（不含）的生产安全事故暂不纳入统计。（下表同）

Since January 1, 2016, “production safety accident statistical management approach” and “production safety accident statistical reporting system (temporary)” began to implement.The production safety accident statistics, statistical caliber were reformed.Specifically is:

a) Road transport accident refers to the road passenger transport, bus passenger transport, leasing passenger transport, network bus, travel passenger, leasing, coach, freight, hazardous chemicals transportation, engineering rescue, school bus, including business commuter vehicles, including other operating vehicles or Other production and operation of vehicles and other 12 types of road transport vehicles engaged in the corresponding transport activities which occurred in the casualties of the accident,include in the road transport industry accident statistics.

b) The production safety accidents that didn’t cause casualties and direct economic losses of less than 100 million (excluding) are not included in the statistics temporarily.The same applies to the relevant table following.

19-20 较大以上生产安全事故指标
Production Safety Accident Indicators with Larger Above

年 份 Year	较大生产安全事故起数（起） Number of Production Safety Accident with Larger above (case)	较大生产安全事故死亡人数（人） Number of Death of Production Safety Accident with Larger above (person)	重大以上生产安全事故起数（起） Number of Production Safety Accident with Significantly above (case)	重大以上生产安全事故死亡人数（人） Number of Death of Production Safety Accident with Significantly above (person)
2000	72	284	8	112
2001	58	228	1	22
2002	89	343	3	37
2003	74	282	3	40
2004	68	282	2	29
2005	60	218	2	26
2006	67	261	3	68
2007	78	316		
2008	67	247		
2009	67	250	1	10
2010	59	235	2	23
2011	53	227	3	57
2012	54	203	2	30
2013	50	189	1	18
2014	40	186	3	36
2015	40	155		
2016	18	66	1	12
2017	17	66		
2018	11	39	1	15
2019	19	68		
2020	22	80		
2021	14	54	1	13

19-21 生产安全事故相对指标
Relative Indicators of Production Safety Accidents

年 份 Year	亿元国内生产总值安全事故死亡率（人） Rate of Safety Accident Mortality Per 100 Million Yuan of GDP (person)	工矿商贸就业人员十万人生产安全事故死亡率（人） Production Safety Accident Mortality Rate Per One Hundred Thousand Employed Persons of Industrial, Mining and Business Enterprises (person)	道路交通万车死亡率（人） 10 Thousand Vehicle Mortality Rate of Road Traffic (person)	煤矿百万吨死亡率（人） Coal Mine Million Tons Mortality Rate (person)
2000	2.54	5.35	31.19	8.45
2001	2.43	4.00	27.09	3.25
2002	2.39	5.48	29.34	2.92
2003	2.04	4.61	22.60	3.05
2004	1.57	4.50	19.36	2.97
2005	1.13	3.00	16.17	1.31
2006	0.92	5.24	14.13	2.62
2007	0.70	4.85	11.43	1.53
2008	0.56	2.99	10.79	0.91
2009	0.52	2.71	9.63	0.75
2010	0.42	2.83	7.64	0.77
2011	0.35	3.41	6.89	0.77
2012	0.29	2.90	5.92	0.74
2013	0.24	2.30	5.15	0.21
2014	0.23	1.33	6.24	0.27
2015	0.22	1.62	4.70	0.43

19-21 续表 continued

年 份 Year	亿元国内生产总值安全事故死亡率（人） Rate of Safety Accident Mortality Per 100 Million Yuan of GDP (person)	工矿商贸就业人员十万人生产安全事故死亡率（人） Production Safety Accident Mortality Rate Per One Hundred Thousand Employed Persons of Industrial,Mining and Business Enterprises (person)	十二类车辆道路交通万车死亡率（人） 10 Thousand Vehicle Mortality Rate of Road Traffic of Twelve Types of Vehicles (person)	煤矿百万吨死亡率（人） Coal Mine Million Tons Mortality Rate (person)
2015（新标准） (New Standard)	0.17	1.62	26.67	0.43
2016	0.13	2.10	18.63	0.28
2017	0.12	2.20	16.10	0.21
2018	0.09	2.54	12.20	0.14
2019	0.08	2.92	11.66	0.24
2020	0.07	2.40	10.73	0.21
2021	0.06	2.67	10.01	0.14

19-22 刑事案件发、破案情况
Statistics on Occurred and Solved of Criminal Cases

年 份 Year	刑事案件发案总数（件） Number of Criminal Cases Occurred (case)	刑事案件破案总数（件） Number of Criminal Cases Solved (case)	刑事案件破案率（%） Rate of Criminal Cases Solved (%)
2000	36481	20420	55.97
2001	42881	22546	52.58
2002	36758	19538	53.15
2003	34016	18812	55.30
2004	33099	18216	55.03
2005	31587	18473	58.48
2006	31114	18378	59.07
2007	31203	18325	58.73
2008	43037	20932	48.64
2009	46611	22365	47.98
2010	66472	26404	39.72
2011	78682	30573	38.86
2012	87084	36129	41.50
2013	89013	33814	37.98
2014	92040	30709	33.36
2015	108472	34431	31.74
2016	99806	40701	40.80
2017	78881	34699	44.00
2018	69205	28884	41.74
2019	66552	22675	34.10
2020	66283	24736	37.30
2021	64922	25871	39.85

19-23 交通事故情况
Basic Statistics on Traffic Accidents

年 份 Year	交通事故（起） Number of Traffic Accidents (case)	死亡人数（人） Number of Deaths (person)	受伤人数（人） Number of Injuries (person)	直接损失（万元） Direct Property Losses (10 000 yuan)
2000	7520	2078	5637	2927.4
2001	7929	2110	6350	3170.7
2002	7696	2188	6363	3264.9
2003	7659	2090	5948	3498.8
2004	6361	1992	5566	2512.2
2005	5414	1799	5406	2252.8
2006	4822	1695	5311	1737.9
2007	3809	1549	4293	1303.2
2008	3371	1557	3697	1447.9
2009	2937	1553	3353	1224.9
2010	3090	1501	3692	1094.7
2011	3027	1505	3578	2835.5
2012	2954	1438	3343	1659.7
2013	2915	1435	3336	1212.2
2014	3038	1432	3575	1291.2
2015	3064	1396	3554	1236.3
2016	2878	1345	3161	1064.7
2017	2794	1334	3201	929.2
2018	3112	1285	3282	980.5
2019	2923	1197	3000	823.1
2020	2831	1138	2873	688.8
2021	2854	1142	2952	654.0

19-24 火灾事故情况
Basic Statistics on Fire Accidents

年份 Year	火灾事故（起） Number of Fire Accidents (case)	死亡人数（人） Number of Deaths (person)	受伤人数（人） Number of Injuries (person)	直接损失（万元） Direct Property Losses (10 000 yuan)
2000	2291	24	62	2542.4
2001	2736	51	88	2244.1
2002	3276	32	85	2182.8
2003	3137	31	83	1706.2
2004	3030	24	30	1959.1
2005	2599	31	41	2335.7
2006	2673	16	39	1564.5
2007	1658	15	18	1566.5
2008	1235	7	16	1932.9
2009	1198	5	6	1088.2
2010	1140	10	7	1897.2
2011	912	5	5	3773.2
2012	4388	8	1	4139.4
2013	6472	22	35	7292.0
2014	6028	9	3	5432.2
2015	5469	13	6	4906.8
2016	4887	9	25	3194.9
2017	7314	2	7	3939.2
2018	8594	6	6	3475.4
2019	7979	10	9	4475.0
2020	9174	31	2	5389.6
2021	11455	31	22	7766.1

19-25 受灾情况
Disaster Situation

指标	Item	2015	2019	2020	2021
受灾面积（公顷）	Area Affected (hectare)	1020927	278612	396333	553442
#旱灾	Drought	532988	10111	7164	410031
洪涝灾	Flood Disaster	72184	123440	71473	18315
风雹灾	Wind and Hail Disaster	268847	67811	139221	107703
台风灾	Typhoon Disaster				
雪灾低温冷冻	Snow Disaster and Low-temperature,Freezing	103239	76391	177695	6795
受灾人次（万人次）	Affected Person-times (10 000 person-times)	660	416.79	475.47	403.32
直接经济损失（万元）	Direct Economic Loss (10 000 yuan)	622061	574318	3373179	675364

19-26 婚姻登记和离婚情况
Number of Marriages and Divorces

年份 Year	准予登记结婚（对） Registered Marriages (couples)	初婚（人） First Marriages (person)	再婚（人） Re-marriages (person)	离婚（对） Divorces (couples)	离婚率（‰） Divorce Rate (‰)
1995	155553	302938	8168	4541	0.38
1996	170379	331815	8943	4855	0.40
1997	154302	298654	9950	4409	0.36
1998	136978	262488	11468	5061	0.41
1999	133121	255203	11039	5241	0.42
2000	127799	244975	10623	5541	0.43
2001	126045	239734	12656	5790	0.45
2002	122033	227496	16570	6224	0.48
2003	118476	222219	14573	23000	1.77
2004	121187	225150	17008	21499	1.64
2005	114554	209947	19161	22260	1.72
2006	132615	245015	20215	23287	1.76
2007	115761	218565	12957	22017	1.68
2008	118023	223252	12794	22928	1.68
2009	122398	233316	11480	24742	1.88
2010	142294	269585	15003	27926	2.18
2011	169112	316838	21386	30473	2.38
2012	167518	318659	16377	32908	2.55
2013	186467	359247	13687	38500	2.98
2014	201813	391891	11735	42231	3.27
2015	220327	426481	14173	46185	3.56
2016	219095	425510	12680	38839	2.98
2017	197930	383348	12512	41272	1.58
2018	210653	384023	37283	46166	1.75
2019	198507	323753	73261	62172	2.35
2020	177911	288392	67430	75740	3.02
2021	164144	275743	52545	23710	1.18

注：从2003年起离婚人数包含法院判决离婚人数。

a) Since 2003, number of divorce has included the number of divorce sentenced by the courts.

19-27 社会救助情况
Statistics on Social Relief

项　目	Item	2010	2015	2019	2020	2021
城镇低保人数（万人）	Number of Urban Residents Receiving Minimum Living Allowance (10 000 persons)	87.81	76.21	39.67	35.54	32.64
#女性	Female	31.90	29.79	17.64	16.41	15.56
#老年人	Old People	9.70	6.80	4.02	3.67	3.17
#残疾人	Disabled	4.70	3.72	2.46	2.43	2.56
#在职人员	Serving Officers	3.20	0.75	0.33	0.31	0.19
#灵活就业	Flexible Employment	13.90	14.23	9.09	8.18	8.70
#在校生	School Students	16.60	14.51			
城镇居民最低生活保障资金（亿元）	Minimum Living Security Fund of Urban Households (100 million yuan)	18.95	25.13	22.01	22.11	21.42
农村低保人数（万人）	Number of Rural Residents Receiving Minimum Living Allowance (10 000 persons)	326.74	336.92	138.12	141.96	143.68
#女性	Female	104.90	122.79	53.88	57.06	57.78
#老年人	Old People	77.70	74.10	32.37	34.26	34.41
#未成年人	Minor	70.70	48.73	24.11	26.48	29.54
#残疾人	Disabled	22.30	12.34	9.33	11.16	14.10
农村居民最低生活保障资金（亿元）	Minimum Living Security Fund of Rural Households (100 million yuan)	24.27	55.03	36.67	43.44	44.51
农村特困人员救助供养（万人）	Number of Rural Destitute Households Receiving Assistance and Livelihood (10 000 persons)	13.06	12.07	9.38	9.07	9.21
#女性	Female	3.10	2.31	1.34	1.57	1.49
#老年人	Old People	9.32	9.99	7.27	6.78	6.62
#残疾人	Disabled	3.22	2.75	1.97	1.96	2.13
农村集中供养人数	Rural Households with Centralized Livelihood	1.00	0.93	0.79	0.85	0.91
农村分散供养人数	Rural Households with Decentralized Livelihood	11.60	11.14	8.59	8.22	8.30

19-28 社会福利事业单位基本情况（2021）
Basic Statistics on Social Welfare Institutions (2021)

项 目	Item	收留抚养类机构数（个）Number of Adoption Bodies (unit)	年末床位数（张）Number of Beds at Year-end (bed)	年末在院人数（人）Number of Adoption Persons at Year-end (person)	年末职工人数（人）Number of Staff and Workers at Year-end (person)
养老机构总数	**Number of Institutions for the Aged**	**283**	**31223**	**13766**	**4259**
社会福利院	Social Welfare Institutions	45	6471	3876	974
特困人员供养机构	Support institutions for the poverty-stricken people	145	10703	5813	1224
其他各类养老机构	Other pension institutions	93	14049	4077	2061
为智障与精神病人提供收留抚养服务机构	**Institutions with Adoption Services for Mentally Retarded and Mental Patients**	**2**	**620**	**598**	**220**
福利类精神病院和医院（社会福利院）	Welfare Class Mental Hospital and Hospital (Social Welfare Hospital)	2	620	598	220
复退军人精神病院	Mental Hospitals for Ex-serviceman				
为儿童提供住宿的社会服务机构数	**Number of Social Service Institutions Providing Accommodation for Children**	**17**	**2757**	**1376**	**468**
儿童收养机构	Adoption Institutions for Children	15	2687	1376	448
儿童福利院	Children Welfare House	15	2687	1376	448
SOS 儿童村	SOS Children's Village				
未成年人救助保护中心	Juvenile Rescue and Protection Centers	2	70		20
其他提供住宿的社会服务机构数	**Total Number of Other Social Service Institutions Providing Accommodation**	**53**	**2521**	**545**	**505**
#生活无着人员救助管理站	Rescue Management Station for Destitute Persons	34	1371	122	335
军供站	Serviceman Supply Stations				
安置农场	Placement Farms				
其他提供住宿的社会服务机构	Other Social Service Institutions Providing Accommodation	19	1150	423	170

19-29 各市（州）社会服务基本情况（2021）

Basic Statistics on Social Service by Region(2021)

市（州）	Region	社会服务民政经费（万元）Civil Affairs Funds for Social Service (10 000 yuan)	其他生活救助（传统救济等）（人）Other Living Assistance (Traditional Relief, etc.) (person)	养老服务机构数（个）Number of Service Institutions for the Aged (unit)	养老服务年末收留抚养人数（人）Number of Adoption Persons for the Pension Services at Year-end (person)	养老服务床位数（张）Number of Beds for the Pension Services at Year-end (bed)	社区服务机构和设施总数（个）Number of Community Service Centers (unit)
甘肃省	**Gansu**	**1358773.4**	**1719212**	**283**	**13766**	**31223**	**15154**
省本级	Province Level	15318.4					4
兰州市	Lanzhou	98373.3	20934	26	1904	4034	1355
嘉峪关市	Jiayuguan	5981.0	443	11	387	914	89
金昌市	Jinchang	22466.1	17897	6	283	843	364
白银市	Baiyin	84054.7	71509	14	561	1074	695
天水市	Tianshui	184607.8	327022	7	397	692	1411
武威市	Wuwei	71171.0	126123	29	2977	8764	1064
张掖市	Zhangye	67554.8	67076	33	1711	2931	628
平凉市	Pingliang	107464.7	178060	27	1335	2496	2501
酒泉市	Jiuquan	45463.2	41193	29	1314	3580	962
庆阳市	Qingyang	127737.3	247926	19	1150	1592	2536
定西市	Dingxi	142721.2	193281	53	925	2207	1152
陇南市	Longnan	177495.7	102958	18	239	716	918
临夏州	Linxia	159081.0	272716	6	445	1018	779
甘南州	Gannan	45277.9	51204	5	138	362	581
兰州新区	Lanzhou New Area	3568.4	859				114
甘肃矿区	Gansu Mining Area	436.9	11				1

19-30 各市（州）抚恤及社会福利救济费用（2021）

Basic Statistics on Pensions and Social Welfare Relief Funds by Region(2021)

单位：万元 (10 000 yuan)

市（州）	Region	抚恤 Pensions	城市居民最低生活保障 Urban Residents Receiving Minimum Living Allowance	农村居民最低生活保障 Rural Residents Receiving Minimum Living Allowance	自然灾害生活救助 Living Relief for Natural Disasters
甘肃省	**Gansu**	**87078**	**214216**	**445120**	**42555**
省本级	Province Level	218			
兰州市	Lanzhou	7405	20050	13607	453
嘉峪关市	Jiayuguan	698	885	111	30
金昌市	Jinchang	1274	5416	3466	
白银市	Baiyin	7107	25456	21875	4700
天水市	Tianshui	13037	25717	69437	2270
武威市	Wuwei	7420	9169	18693	814
张掖市	Zhangye	4561	11264	17028	131
平凉市	Pingliang	8224	20542	38432	2408
酒泉市	Jiuquan	3881	12741	7124	263
庆阳市	Qingyang	9573	18004	48924	21321
定西市	Dingxi	10068	14774	61366	2902
陇南市	Longnan	8049	22675	70732	2867
临夏州	Linxia	3860	19311	62640	3399
甘南州	Gannan	1344	7836	10286	997
兰州新区	Lanzhou New Area	337	45	1399	
甘肃矿区	Gansu Mining Area	21	332		

19-31 各市（州）城乡居民最低生活保障情况（2021）
Basic Statistics on Urban and Rural Residents Receiving Minimum Living Allowance by Region (2021)

单位：人 (person)

市（州）	Region	城镇居民最低生活保障人数 Number of Urban Residents Receiving Minimum Living Allowance	#登记失业 Registered Unemployed	农村最低生活保障人数 Number of Rural Residents Receiving Minimum Living Allowance
甘肃省	**Gansu**	**326397**	**50596**	**1436802**
兰州市	Lanzhou	27509	7203	36876
嘉峪关市	Jiayuguan	1284	104	201
金昌市	Jinchang	7008	657	6420
白银市	Baiyin	37300	8707	73406
天水市	Tianshui	44762	7949	261521
武威市	Wuwei	15966	4398	52736
张掖市	Zhangye	16351	783	47714
平凉市	Pingliang	29517	5305	134441
酒泉市	Jiuquan	17976	1374	19719
庆阳市	Qingyang	25624	7141	172714
定西市	Dingxi	22323	3846	194216
陇南市	Longnan	32539	2561	176302
临夏州	Linxia	37234	117	220885
甘南州	Gannan	10545	406	37043
兰州新区	Lanzhou New Area	65	5	2608
甘肃矿区	Gansu Mining Area	394	40	

19-32 各市（州）社区服务机构和设施情况（2021）
Basic Statistics on Community Service Agencies and Facilities by Region (2021)

市（州）	Region	单位数（个） Number of Community Service Centers (unit)	年末职工人数（人） Number of Staff and Workers at Year-end (person)	床位数（个） Number of Beds (unit)
甘肃省	**Gansu**	**15154**	**36662**	**123854**
省本级	Provincial Level	4	13	20
兰州市	Lanzhou	1355	3281	20363
嘉峪关市	Jiayuguan	89	275	457
金昌市	Jinchang	364	2161	2124
白银市	Baiyin	695	2866	8113
天水市	Tianshui	1411	2741	16138
武威市	Wuwei	1064	2264	8503
张掖市	Zhangye	628	1680	6278
平凉市	Pingliang	2501	8395	10326
酒泉市	Jiuquan	962	1354	4255
庆阳市	Qingyang	2536	4948	11872
定西市	Dingxi	1152	1824	13226
陇南市	Longnan	918	1158	9161
临夏州	Linxia	779	1624	9433
甘南州	Gannan	581	1504	2964
兰州新区	Lanzhou New Area	114	569	351
甘肃矿区	Gansu Mining Area	1	5	

19-33 残疾人事业基本情况

Basic Information of Person with Disabilities

项目	Item	2019	2020	2021
康复（人）	**Rehabilitation (person)**			
视力残疾人接受基本康复服务	Persons with Visually Disability Received Basic Rehabilitation Services	19831	13427	9873
听力残疾人接受基本康复服务	Persons with Hearing Disability Received Basic Rehabilitation Services	14109	13244	10777
肢体残疾人接受基本康复服务	Persons with Physical Disability Received Basic Rehabilitation Services	97159	64200	51345
智力残疾人接受基本康复服务	Persons with Intellectual Disability Received Basic Rehabilitation Services	13960	9078	7520
精神残疾人接受基本康复服务	Persons with Mental Disability Received Basic Rehabilitation Services	15517	13838	12818
教育	**Education**			
高等院校招生残疾考生人数（人）	Disable Students Admitted to Higher Education Institutions (person)	501	560	535
就业（人）	**Employment (person)**			
按比例就业	Proportionate Employment	6700	6468	6591
集中就业	Centralized Employment	2000	1886	1783
个体就业	Individual Employment	16100	15391	15298
公益性岗位	Public Welfare Position	2800	2934	3007
辅助性岗位	Auxiliary Position	3500	3456	3306
从事农业种植加	Engaged in Agricultural Planting and Processing	158000	149289	168477
灵活就业形式	Flexible Employment	60900	64296	72286
社会保障	**Social Security**			
符合参保条件的残疾居民（人）	Disability Residents Who Meet the Insured Conditions (person)	794960	1134913	1051476
#重度残疾人	People with Severe Disability	283006	103620	378807
实际参保的残疾居民	Disabled Residents who Actual Participate in Insurance	659722	970326	975980
60周岁以下参保残疾居民（人）	60 Year Old and under Disabled Residents who Actual Participate in Insurance (person)			
#重度残疾人	People with Severe Disability	297317	219167	225478
#获得全额代缴	Get Full Payment by Others	183987	167890	161935
获得部分代缴	Get Part of Payment by Others	38588	42301	55197
残疾人托养机构（个）	Care and Rehabilitation Institutions for Disabled (unit)	105	104	197
扶贫	**Poverty Alleviation**			
扶持情况	Assisted Situation			
本年度退出建档立卡贫困残疾户（户）	Impoverished PWDs Dropped Out the Filing Riser this year (household)	70086		
本年度退出建档立卡贫困残疾人（人）	Impoverished PWDs Dropped Out the Filing Riser this year (person)	80618		
本年度返贫残疾人（人）	Poverty-returning for PWDs this year (person)	12095		
农村残疾人危房改造（户）	Dilapidated House Renovation for PWDs (household)	7592		
维权	**Rights Protection**			
残疾人法律援助工作站（个）	Legal Assistance Station for PWDs(unit)	103	102	
残疾人法律救助工作站办理的案件（件）	Case Handled by the Legal Assistance Station for PWDs (case)			
组织建设（人）	**Organization construction (person)**			
省市县乡残联编制	Manning Quotas of Provincial,Municipal,County and Township CDPFs	3541	3598	3671
省市县乡残联实有人员	Actual Personnel with Provincial,Municipal,County and Township CDPFs	4251	4253	4355
服务设施	**Service Facilities**			
已投入使用残疾人综合服务设施（个）	Comprehensive Service Facilities for PWDs that Already Put into Use (unit)	17	93	94

19-34 社会保险基金收支及累计结余
Revenue, Expenses and Balance of Social Insurance Fund

单位：万元 (10 000 yuan)

年 份 Year	合 计 Total	基本养老保险 Basic Pension Insurance	失业保险 Unemployment Insurance	基本医疗保险 Basic Medical Care Insurance	工伤保险 Work Injury Insurance	生育保险 Maternity Insurance
基金收入 Revenue						
1995	61053	60848		101	90	14
1996	94266	93715		349	156	46
1997	124765	124078		426	183	78
1998	135667	134754		421	324	168
1999	288392	287409		453	357	173
2000	362539	361037		878	446	178
2001	426149	372816	26752	26158	297	126
2002	533371	443252	27341	62343	252	183
2003	590252	473460	29227	86925	325	315
2004	680744	538930	29968	108013	2335	1498
2005	768770	603454	33913	122647	5246	3510
2006	1041336	802548	45350	178381	11561	3496
2007	1272909	963161	47454	244994	13551	3749
2008	1593361	1139038	65240	364387	19266	5430
2009	1928964	1374014	83594	438172	25944	7240
2010	2273747	1656659	86576	492238	28762	9512
2011	3039940	2227124	114802	620985	59085	17944
2012	3253788	2331174	128708	719366	51333	23207
2013	3622603	2579881	147850	802865	60957	31050
2014	4212005	2981741	166208	951800	72288	40018
2015	4445590	3113855	155599	1054949	78147	43040
2016	5386647	3927631	145984	1190656	82279	40097
2017	7271907	4542399	105450	2484305	92038	47715
2018	9301110	6260806	107340	2720700	123191	89073
2019	10115282	6730233	128760	3071245	101820	83224
2020	10108011	6516012	117291	3410156	64552	
2021	12264782	7975674	152331	4015939	120838	
基金支出 Expenses						
1995	43678	43578		66	21	13
1996	82195	93715		212	31	23
1997	112622	124078		350	38	53
1998	136044	134754		374	69	98
1999	297059	287409		245	141	124
2000	368560	361037		839	286	124
2001	399340	372816	16334	14297	157	89
2002	472790	443252	19723	45717	187	88
2003	531273	473460	32138	71084	344	157
2004	575528	465062	23643	85995	535	293
2005	639453	501410	24625	110468	1856	1094

注：1. 2007 年及以后城镇基本医疗保险基金中包括城镇职工基本医疗保险和城镇居民基本医疗保险。
2. 2010 年及以后基本养老保险基金中包括城镇职工基本养老保险和城乡居民基本养老保险。
3. 工伤保险累计结余中含储备金。
4. 2020 年生育保险与城镇职工基本医疗保险合并实施，生育保险基金收入及支出情况在基本医疗保险中反映。

a) Data of basic medical care insurance include both urban workers and urban residence from 2007.
b) Data of the basic pension insurance for 2010 and following years include the basic pension insurances for urban workers and for urban and rural residents.
c) The grand total of work injury insurance at year-end include reserve fund.
d) In 2020, the maternity insurance and the basic medical insurance for urban employees were merged and implemented, so the income and expenditure of the maternity insurance fund are reflected in the basic medical insurance.

19-34 续表 continued

单位：万元 (10 000 yuan)

年 份 Year	合 计 Total	基本养老保险 Basic Pension Insurance	失业保险 Unemployment Insurance	基本医疗保险 Basic Medical Care Insurance	工伤保险 Work Injury Insurance	生育保险 Maternity Insurance
2006	799960	614418	39276	140115	4641	1510
2007	921999	708366	26033	178778	6878	1944
2008	1185827	896631	34488	242606	9346	2756
2009	1478303	1063507	60588	332770	17411	4027
2010	1744135	1269141	74598	378909	16783	4704
2011	2123277	1534152	33027	506543	42740	6815
2012	2661208	1926021	30279	653193	39895	11820
2013	3108375	2247052	26453	762692	51699	20479
2014	3548465	2585831	18794	857968	60771	25101
2015	4136933	3068733	49579	927726	64290	26605
2016	4864849	3673157	82224	1005799	67530	36139
2017	6457098	4009307	59318	2246486	70881	71106
2018	8308877	5535949	56535	2567213	80516	68664
2019	9498791	6468181	80364	2772961	93036	84249
2020	10297647	7204193	176158	2824326	92970	
2021	11273606	7883467	113033	3178138	98968	
累计结余 Balance at Year-end						
1995	66108	65949		47	108	4
1996	78176	77735		178	236	27
1997	90319	89632		254	381	52
1998	89939	88883		301	636	119
1999	86307	85110		177	852	168
2000	80447	78836		377	1012	222
2001	150355	73189	53024	13055	863	224
2002	210946	119376	60642	29681	928	319
2003	314408	200118	57731	54956	1126	477
2004	400752	266104	64056	65974	2936	1682
2005	530901	368146	73342	78989	6326	4098
2006	782212	560176	79423	121865	14664	6084
2007	1140053	814976	100845	188240	28095	7897
2008	1547277	1057383	131258	310096	37968	10572
2009	1998372	1367889	154264	415931	46503	13785
2010	2541256	1769817	166242	528462	58144	18591
2011	3457915	2462788	248016	642900	74491	29720
2012	4050546	2867941	346445	665153	85549	41107
2013	4577811	3215776	467841	747894	94586	51714
2014	5240005	3611686	615255	840319	106102	66644
2015	5529615	3637160	721275	968142	119959	83079
2016	7010309	4850528	785036	1152998	134709	87038
2017	8270173	5434596	831168	1784895	155867	63647
2018	9309775	6248858	881973	1908882	176006	94056
2019	9829743	6598208	753982	2209883	184790	82880
2020	9981955	6251876	695115	2878593	156371	
2021	11380159	6751111	734412	3716394	178242	

19-35 社会保障基本情况
Basic Statistics of Social Security

单位：万人 (10 000 persons)

项 目	Item	2010	2015	2019	2020	2021
基本养老保险	**Basic Pension Insurance**					
年末参加基本养老保险人数	Basic Pension Insurance Participants at Year-end					
城镇职工基本养老保险	Urban Employees Basic Pension Insurance	242.48	306.20	469.38	484.50	502.50
职工	Number of Employees	171.13	197.01	309.82	319.80	334.05
离退休人员	Number of Retirees	71.35	109.19	159.56	164.70	168.45
城乡居民基本养老保险	Basic Pension Insurance for Urban and Rural Residents	378.99	1236.74	1372.56	1388.18	1387.89
失业保险	**Unemployment Insurance**					
年末参保人数	Contributors at Year-end	164.46	162.76	172.97	187.36	196.08
全年发放失业保险金（万元）	Unemployed Relief (10 000 yuan)	14673	13600	13600	12800	13566
基本医疗保险	**Medical Care Insurance**					
年末参保人数	Contributors at Year-end	588.79	634.96	2572.94	2590.40	2587.19
职工	Staff and Workers	290.22	307.90	344.30	361.92	372.34
城乡居民	Urban and Rural Residents	298.57	327.03	2228.64	2228.48	2214.85
工伤保险	**Work Injury Insurance**					
年末参保人数	Contributors at Year-end	130.09	182.60	244.10	264.64	278.74
年末享受待遇的人数	Beneficiaries at Year-end	1.09	2.33	1.47	1.54	1.60
生育保险	**Maternity Insurance**					
年末参保人数	Contributors at Year-end	82.00	154.10	221.81	234.01	250.69
享受待遇人数（万人次）	Beneficiaries at Year-end (10 000 person-times)	1.02	3.53	14.20	14.46	9.87

注：2012年8月起，新型农村社会养老保险和城镇居民社会养老保险制度全覆盖工作全面启动，合并为城乡居民社会养老保险（下表同）。

a) Since August 2012, system of new rural old-age insurance and urban basic pension insurance have started completely, and called basic pension insurance for urban and rural residents as total.The same applies to the table following.

19-36 各市（州）年末参加企业职工基本养老保险人数
Enterprise Employee Basic Pension Insurance Contributors at Year-end by Region

单位：万人 (10 000 persons)

市（州）	Region	2011	2012	2013	2014	2015	2016	2017	2018	2019	2020	2021
甘肃省	**Gansu**	**262.95**	**277.37**	**288.40**	**298.85**	**306.20**	**315.00**	**324.10**	**336.51**	**349.73**	**361.05**	**375.53**
兰州市	Lanzhou	49.19	54.67	59.92	66.16	68.76	71.73	76.30	83.74	90.50	94.53	98.66
嘉峪关市	Jiayuguan	7.61	8.98	9.37	9.66	10.09	10.43	11.16	11.54	11.74	11.87	12.50
金昌市	Jinchang	5.55	5.86	5.99	6.00	6.37	6.69	6.81	7.14	7.31	7.54	8.02
白银市	Baiyin	11.08	12.33	13.00	13.22	14.02	14.31	14.63	14.97	15.79	16.36	17.09
天水市	Tianshui	18.67	19.43	19.79	20.12	20.52	21.82	22.77	23.56	24.50	25.42	26.53
武威市	Wuwei	9.31	10.05	11.00	11.40	12.20	12.51	12.83	13.93	16.57	17.55	17.85
张掖市	Zhangye	9.62	10.11	10.39	10.73	11.33	11.63	11.96	12.51	13.00	13.42	14.19
平凉市	Pingliang	9.75	9.80	9.82	9.99	10.33	10.41	10.81	11.10	11.65	12.08	12.56
酒泉市	Jiuquan	9.94	10.39	10.95	11.64	12.02	13.78	14.01	13.68	13.83	14.41	15.63
庆阳市	Qingyang	7.33	7.50	7.32	7.46	7.57	7.64	7.74	7.36	8.07	9.00	9.81
定西市	Dingxi	8.42	8.70	9.09	9.49	10.10	10.29	10.72	11.74	10.81	11.05	11.43
陇南市	Longnan	6.48	6.86	7.02	7.14	7.30	7.41	7.63	8.02	8.28	8.38	8.82
临夏州	Linxia	5.53	6.04	6.27	6.35	6.43	6.48	6.62	6.25	6.54	6.55	6.80
甘南州	Gannan	2.31	2.45	2.44	2.45	2.53	2.45	2.13	2.20	2.35	2.47	2.72

注：不包括离退休人员。

a)The retirees are not included in this table.

19-37 各市（州）年末参加城乡居民基本养老保险人数
Urban and Rural Residents Basic Pension Insurance Contributors at Year-end by Region

单位：万人 (10 000 persons)

市（州）	Region	2011	2012	2013	2014	2015	2016	2017	2018	2019	2020	2021
甘肃省	**Gansu**	**787.31**	**1221.39**	**1238.49**	**1240.13**	**1236.74**	**1253.73**	**1262.36**	**1316.97**	**1372.56**	**1388.18**	**1387.89**
兰州市	Lanzhou	72.65	74.98	74.81	74.05	72.78	72.78	72.85	75.01	75.87	76.13	76.34
嘉峪关市	Jiayuguan	1.80	1.67	1.67	1.75	1.85	1.90	1.92	2.06	2.16	2.23	2.28
金昌市	Jinchang	15.83	16.03	15.87	15.99	15.87	15.91	16.18	16.06	15.80	15.79	15.53
白银市	Baiyin	48.08	72.54	74.06	73.47	74.33	75.63	75.74	79.21	81.17	81.79	84.20
天水市	Tianshui	89.62	151.96	163.27	166.73	167.53	170.90	174.85	192.22	200.45	203.84	202.73
武威市	Wuwei	84.22	88.34	88.14	87.62	87.40	87.49	87.14	89.80	90.59	90.54	90.27
张掖市	Zhangye	19.48	67.91	68.52	69.15	68.98	68.70	68.57	68.88	68.59	68.67	68.17
平凉市	Pingliang	63.85	118.52	118.45	119.36	119.60	120.76	121.23	127.58	129.24	130.68	129.64
酒泉市	Jiuquan	15.29	43.17	44.31	44.58	44.43	44.47	44.35	44.95	45.06	45.31	44.92
庆阳市	Qingyang	99.97	142.93	143.32	142.74	148.03	148.94	149.85	151.17	151.57	154.38	156.57
定西市	Dingxi	96.81	153.45	156.02	156.11	150.06	156.18	158.87	161.96	165.50	166.17	165.96
陇南市	Longnan	52.70	148.73	149.76	149.52	150.51	152.88	153.37	157.68	163.31	169.79	168.37
临夏州	Linxia	89.60	105.63	104.41	102.95	100.05	100.81	100.85	111.66	143.94	143.21	143.15
甘南州	Gannan	37.41	35.53	35.87	36.12	35.32	36.38	36.58	38.72	39.31	39.67	39.76

19-38 各市（州）年末参加失业保险人数
Unemployment Insurance Contributors at Year-end by Region

单位：万人 (10 000 persons)

市（州）	Region	2011	2012	2013	2014	2015	2016	2017	2018	2019	2020	2021
甘肃省	**Gansu**	**164.48**	**163.55**	**163.09**	**162.35**	**162.76**	**164.32**	**165.38**	**168.34**	**172.97**	**187.36**	**196.08**
兰州市	Lanzhou	56.12	56.06	57.36	57.27	56.75	56.76	56.73	56.77	60.02	67.44	71.08
嘉峪关市	Jiayuguan	4.35	5.16	5.36	5.38	5.55	5.77	6.10	6.45	6.55	6.58	6.67
金昌市	Jinchang	7.88	7.45	7.30	7.28	7.59	7.55	7.05	7.05	6.74	6.62	7.07
白银市	Baiyin	13.08	12.15	11.88	12.00	12.47	12.51	12.67	12.65	12.36	11.66	11.72
天水市	Tianshui	14.94	14.77	14.51	14.37	14.20	14.10	13.99	13.74	13.51	12.08	12.08
武威市	Wuwei	6.31	6.43	6.39	6.48	7.12	7.29	7.80	8.74	9.68	10.66	11.01
张掖市	Zhangye	6.94	6.92	6.85	7.00	7.34	7.67	7.85	8.25	8.60	8.89	9.28
平凉市	Pingliang	8.99	8.89	8.70	8.69	8.68	8.66	8.69	8.83	9.03	10.79	11.56
酒泉市	Jiuquan	7.18	6.90	7.03	6.52	6.70	7.17	7.54	8.28	9.08	10.62	11.62
庆阳市	Qingyang	8.16	8.28	8.27	8.26	8.26	8.27	8.29	8.28	8.35	12.04	13.08
定西市	Dingxi	8.32	8.16	8.25	8.38	8.57	8.81	8.96	9.13	9.63	10.48	10.76
陇南市	Longnan	4.87	4.37	4.26	4.82	4.72	4.76	4.83	5.40	5.54	5.36	5.47
临夏州	Linxia	4.85	4.43	4.19	4.11	4.17	4.00	3.67	3.46	2.93	2.98	3.11
甘南州	Gannan	3.29	2.74	2.76	2.81	3.05	3.36	3.64	3.82	3.26	3.64	4.04

19-39 各市（州）城镇职工基本医疗保险参保人数

Persons Covered of Urban Employees Basic Medical Care Insurance by Region

单位：万人 (10 000 persons)

市（州）	Region	2011	2012	2013	2014	2015	2016	2017	2018	2019	2020	2021
甘肃省	**Gansu**	**202.84**	**292.97**	**297.05**	**302.60**	**307.92**	**314.44**	**320.25**	**331.59**	**344.30**	**361.92**	**372.34**
兰州市	Lanzhou	49.22	79.86	82.23	84.45	85.72	90.73	92.99	98.71	105.79	126.70	129.58
嘉峪关市	Jiayuguan	5.74	8.00	8.38	8.06	8.75	8.92	9.26	9.71	10.76	11.43	9.80
金昌市	Jinchang	7.29	11.68	11.36	11.89	12.05	12.11	11.97	12.19	12.29	12.71	12.91
白银市	Baiyin	12.73	21.55	21.83	22.15	22.45	23.19	23.54	23.71	24.06	24.84	25.28
天水市	Tianshui	19.21	27.67	27.66	27.66	27.67	25.16	25.42	25.79	27.86	29.01	30.11
武威市	Wuwei	10.26	12.61	12.69	12.84	13.16	13.30	13.35	13.96	14.45	14.91	15.83
张掖市	Zhangye	9.62	13.05	12.15	12.00	11.85	12.16	12.41	13.01	13.40	13.83	14.29
平凉市	Pingliang	10.02	10.53	11.03	11.20	1.95	12.36	12.84	13.07	13.78	16.14	17.25
酒泉市	Jiuquan	10.45	13.07	12.82	11.28	11.52	11.79	12.19	12.68	12.87	16.43	17.30
庆阳市	Qingyang	7.75	13.85	13.93	14.09	14.10	14.30	14.27	14.30	14.63	15.90	16.78
定西市	Dingxi	9.24	14.02	14.52	14.92	15.48	15.82	16.14	16.27	16.69	17.19	18.09
陇南市	Longnan	10.72	13.20	13.35	13.44	13.41	14.08	14.20	14.74	15.11	15.88	16.82
临夏州	Linxia	7.84	10.22	10.33	10.68	10.89	11.01	11.38	11.49	11.72	12.28	12.88
甘南州	Gannan	4.52	6.40	6.59	6.98	7.26	7.46	8.08	8.38	8.40	7.86	8.23

19-40 各市（州）城乡居民基本医疗保险参保人数

Persons Covcrcd of Urban and Rural Residents Basic Medical Care Insurance by Region

单位：万人 (10 000 persons)

市（州）	Region	2011	2012	2013	2014	2015	2016	2017	2018	2019	2020	2021
甘肃省	**Gansu**	**299.77**	**323.57**	**325.72**	**328.05**	**327.03**	**328.90**	**2191.97**	**2215.06**	**2228.64**	**2228.48**	**2214.85**
兰州市	Lanzhou	90.42	93.57	100.27	106.84	106.82	105.91	215.37	214.90	209.99	208.36	209.04
嘉峪关市	Jiayuguan	7.65	17.24	7.73	7.73	8.24	8.46	11.35	11.61	11.48	11.49	12.21
金昌市	Jinchang	8.72	31.32	31.42	31.04	30.97	30.96	30.69	31.07	30.92	30.62	30.04
白银市	Baiyin	19.47	21.05	20.44	21.70	17.78	18.34	139.84	141.55	140.69	137.62	136.49
天水市	Tianshui	27.29	27.98	27.98	20.33	21.59	21.48	304.08	303.53	304.63	305.46	306.59
武威市	Wuwei	17.38	17.02	17.63	17.60	17.51	21.48	155.83	156.18	153.03	148.67	146.45
张掖市	Zhangye	16.05	16.10	16.49	16.79	17.02	16.71	110.73	110.34	109.09	107.44	106.35
平凉市	Pingliang	22.54	22.54	16.18	17.06	17.47	18.17	191.05	192.67	193.62	190.62	188.36
酒泉市	Jiuquan	17.42	17.24	17.19	16.96	16.89	17.13	79.70	79.49	79.89	78.35	78.15
庆阳市	Qingyang	15.01	14.12	15.69	14.15	14.15	14.15	227.30	227.13	226.27	222.90	220.55
定西市	Dingxi	17.34	15.69	15.69	16.36	17.17	17.77	249.34	255.72	256.22	255.15	253.82
陇南市	Longnan	16.37	16.37	14.79	14.40	14.23	15.83	240.13	244.73	248.45	249.10	248.82
临夏州	Linxia	14.96	15.72	18.60	20.93	20.98	20.99	176.66	185.25	202.61	220.37	215.48
甘南州	Gannan	9.16	7.21	7.15	6.18	6.21	6.33	59.90	60.90	61.76	62.33	62.51

注：2017 年，城镇居民基本医疗保险改为城乡居民医疗保险，将新农合参保人数归入其中。

a) Since 2017,urban residents basic medical care insurance are changed to urban and rural residents basic medical care insurance,the new rural cooperative medical care are included.

19-41 各市（州）年末参加工伤保险人数
Work Injury Insurance Contributors at Year-end by Region

单位：万人 (10 000 persons)

市（州）	Region	2011	2012	2013	2014	2015	2016	2017	2018	2019	2020	2021
甘肃省	**Gansu**	**150.19**	**158.53**	**167.72**	**175.14**	**182.60**	**188.35**	**198.58**	**219.43**	**244.10**	**264.64**	**278.74**
兰州市	Lanzhou	45.27	44.67	46.28	46.18	45.92	49.91	55.12	61.00	69.29	75.12	80.39
嘉峪关市	Jiayuguan	5.43	6.43	6.47	6.85	7.28	7.16	6.95	7.34	7.48	7.34	7.29
金昌市	Jinchang	7.02	7.18	7.39	7.40	7.44	7.31	7.02	8.50	8.71	8.65	9.23
白银市	Baiyin	12.11	12.45	13.02	12.72	12.84	13.48	14.39	14.54	15.09	15.92	16.86
天水市	Tianshui	9.94	9.94	9.94	9.94	12.46	13.33	13.48	14.17	17.38	18.84	19.40
武威市	Wuwei	6.58	9.09	10.29	11.39	11.86	12.51	15.05	16.18	14.89	16.14	15.84
张掖市	Zhangye	6.81	7.70	7.49	7.88	9.02	8.73	9.04	9.85	10.76	11.99	12.07
平凉市	Pingliang	7.89	8.17	9.10	8.78	8.88	8.09	8.10	10.25	12.74	15.54	15.97
酒泉市	Jiuquan	7.13	8.66	9.50	8.85	9.68	10.18	10.27	11.61	12.30	13.34	14.54
庆阳市	Qingyang	3.66	4.77	5.69	5.81	6.53	7.53	7.61	8.65	10.32	11.70	12.58
定西市	Dingxi	6.64	7.81	8.22	8.90	9.44	9.53	9.67	9.90	12.55	13.03	13.18
陇南市	Longnan	4.11	6.33	6.90	6.70	6.67	6.97	7.15	7.56	10.43	11.20	13.10
临夏州	Linxia	3.01	3.70	3.81	4.22	4.35	4.71	5.61	6.18	10.38	10.92	11.92
甘南州	Gannan	2.21	2.50	3.02	2.95	3.10	3.37	3.39	5.70	5.70	6.55	7.36

19-42 各市（州）年末参加生育保险人数
Maternity Insurance Contributors at Year-end by Region

单位：万人 (10 000 persons)

市（州）	Region	2011	2012	2013	2014	2015	2016	2017	2018	2019	2020	2021
甘肃省	**Gansu**	**110.13**	**129.52**	**135.07**	**143.70**	**154.10**	**162.75**	**175.31**	**202.91**	**221.81**	**234.01**	**250.69**
兰州市	Lanzhou	41.79	44.01	45.61	45.52	45.25	48.49	54.94	58.62	63.57	76.98	83.16
嘉峪关市	Jiayuguan	4.31	5.88	6.18	7.14	7.37	7.50	6.88	6.93	6.93	6.93	6.81
金昌市	Jinchang	1.50	3.12	3.63	3.77	3.94	4.06	4.43	4.26	4.28	4.69	7.56
白银市	Baiyin	6.98	7.43	7.51	8.05	8.60	8.81	10.36	10.74	12.48	14.74	15.19
天水市	Tianshui	8.91	10.62	10.62	10.89	13.31	13.84	14.01	15.00	18.28	18.63	19.41
武威市	Wuwei	4.60	6.27	6.83	7.35	7.51	7.61	7.49	8.88	9.45	11.03	11.69
张掖市	Zhangye	6.71	6.94	6.62	7.14	7.54	7.90	8.10	8.63	8.95	9.35	9.68
平凉市	Pingliang	5.69	6.03	6.26	6.40	7.36	7.58	7.91	8.38	9.82	11.47	12.72
酒泉市	Jiuquan	0.72	5.96	6.58	6.21	6.72	7.04	7.28	8.19	8.82	11.06	12.36
庆阳市	Qingyang	8.57	8.61	8.65	8.88	8.96	9.16	9.40	10.03	10.46	11.00	11.90
定西市	Dingxi	6.24	8.04	9.89	10.29	10.63	10.75	10.93	11.08	11.88	12.58	13.21
陇南市	Longnan	2.34	4.20	4.30	4.54	4.71	6.92	7.08	9.60	10.33	11.95	12.50
临夏州	Linxia	4.91	5.28	5.35	5.64	5.89	6.37	8.24	8.31	8.47	9.41	9.93
甘南州	Gannan	2.37	2.65	2.92	3.38	3.55	3.92	5.51	5.92	6.29	5.97	6.32

主要统计指标解释

卫生机构 指从卫生行政部门取得《医疗机构执业许可证》，或从民政、工商行政、机构编制管理部门取得法人单位登记证书，为社会提供医疗保健、疾病控制、卫生监督服务或从事医学科研和教育等工作的单位。卫生机构包括医院、疗养院、社区卫生服务中心（站）、卫生院、门诊部、诊所（卫生所、医务室）、急救中心（站）、采供血机构、妇幼保健院（所、站）、专科疾病防治院（所、站）、疾病预防控制中心（防疫站）、卫生监督所、卫生监督检验（监测、检测）机构、医学科研机构、医学在职培训机构、健康教育所（站）等其他卫生机构。

医院 包括综合医院、中医医院、中西医结合医院、民族医院、各类专科医院和护理院。

基层医疗卫生机构 包括社区卫生服务中心、社区卫生服务站、街道卫生院、乡镇卫生院、村卫生室、门诊部、诊所（医务室）。

专业公共卫生机构 包括疾病预防控制中心、专科疾病防治机构、妇幼保健机构（含妇幼保健计划生育服务中心）、健康教育机构、急救中心（站）、采供血机构、卫生监督机构、取得《医疗机构执业许可证》或《计划生育技术服务许可证》的计划生育技术服务机构。

卫生人员 指在医院、基层医疗卫生机构、专业公共卫生机构及其他医疗卫生机构工作的职工，包括卫生技术人员、乡村医生和卫生员、其他技术人员、管理人员和工勤人员。一律按支付年底工资的在岗职工统计，包括各类聘任人员（含合同工）及返聘本单位半年以上人员，不包括临时工、离退休人员、退职人员、离开本单位仍保留劳动关系人员、本单位返聘和临聘不足半年人员。

卫生技术人员 包括执业医师、执业助理医师、注册护士、药师（士）、检验技师（士）、影像技师、卫生监督员和见习医（药、护、技）师（士）等卫生专业人员。不包括从事管理工作的卫生技术人员（如院长、副院长、党委书记等）。

执业医师 指具有《医师执业证》及其"级别"为"执业医师"，且实际从事医疗、预防保健工作的人员，不包括实际从事管理工作的执业医师。执业医师类别分为临床、中医、口腔和公共卫生。

执业助理医师 指《医师执业证》"级别"为"执业助理医师"且实际从事医疗、预防保健工作的人员，不包括实际从事管理工作的执业助理医师。执业助理医师类别分为临床、中医、口腔和公共卫生四类。

每万人口医疗卫生机构床位 每万人口医疗卫生机构床位 = 医疗卫生机构床位数 / 人口数 ×10000。人口数系年末常住人口。

卫生总费用 是反映一个国家或地区在一定时期内（通常为 1 年）用于医疗卫生保健服务所消耗的资金总量。用筹资来源法测算，分为政府卫生支出、社会卫生支出、个人现金卫生支出三部分。

政府卫生支出 指各级政府用于医疗卫生服务、医疗保障补助、卫生和医疗保障行政管理、人口与计划生育事务支出等各项事业的经费。

社会卫生支出 指政府支出外的社会各界对卫生事业的资金投入。包括社会医疗保障支出、商业健康保险费、社会办医支出、社会捐赠援助、行政事业性收费收入等。

个人现金卫生支出 指城乡居民在接受各类医疗卫生服务时的现金支付，包括享受各种医疗保险制度的居民就医时自付的费用。可分为城镇居民、农村居民个人现金卫生支出，反映城乡居民医疗卫生费用的负担程度。

人均卫生费用 即某年卫生总费用与同期平均人口数之比。

卫生总费用与 GDP 之比 指某年卫生总费用与同期国内生产总值（GDP）之比。是用来反映一定时期国家对卫生事业的资金投入力度，以及政府和全社会对卫生事业、居民健康的重视程度。

孕产妇死亡率 指年内每 10 万名孕产妇的死亡人数。孕产妇死亡指从妊娠期至产后 42 天内，由于任何妊娠或妊娠处理有关的原因导致的死亡，但不包括意外原因死亡者。按国际通用计算方法，"孕产妇总数"以"活产数"代替计算。

5 岁以下儿童死亡率 指年内未满 5 岁儿童死亡人数与活产数之比，一般以‰表示。

新生儿死亡率 指年内新生儿死亡数与活产数之比。一般以‰表示。新生儿死亡指出生至28天以内（即0–27天）

死亡人数。

离婚率 指某地区当年离婚对数占该地区年平均人口的比重。计算公式为：

$$离婚率=\frac{当年离婚对数}{年平均人口数}\times 100\%$$

基本养老保险（参保）职工人数 指报告期末按照国家法律、法规和有关政策规定参加基本养老保险并在社保经办机构已建立缴费记录档案的职工人数，包括中断缴费但未终止养老保险关系的职工人数，不包括只登记未建立缴费记录档案的人数。

基本医疗保险参保人数 指报告期末按国家有关规定参加基本医疗保险的人数。包括参加保险的职工人数和退休人员人数。

失业保险参保人数 指报告期末按照国家法律、法规和有关政策规定参加了失业保险的城镇企业事业单位的职工及地方政府规定参加失业保险的其他人员的人数。

工伤保险参加人数 指报告期末依据国家有关规定参加工伤保险的职工人数。

生育保险参保人数 指报告期末依据有关规定参加生育保险的职工人数。

城镇居民最低生活保障人数 指报告期末家庭平均收入在当地规定的最低生活保障线以下的城镇居民数。包括“三无”对象、失业人员和在职、下岗、退休人员等。

农村居民最低生活保障人数 指报告期末在建立农村最低生活保障制度的地区，得到当地政府或集体给予最低生活保障的农业人口家庭人数。

20 文化和体育

Culture and Sports

简要说明

一、本篇资料主要内容

本篇主要反映文化、体育、新闻出版、广播电视事业的发展情况。

文化资料主要包括文化产业基本情况、艺术表演团体、艺术表演场所、公共图书馆、博物馆、文化馆、文化站、广播、电影、电视、新闻出版等文化事业的机构、人员、经费和业务活动情况。体育资料主要包括体育系统职工和运动员情况。

二、本篇资料来源

本篇资料由省统计局社会科技处搜集、整理。艺术业、图书馆业、群众文化服务业的资料来自省文旅厅；广播、电影、电视资料来自省广电局；出版资料来自省宣传部；体育资料来自省体育局。

20-1 文化产业基本情况
Basic Statistics of Cultural Industry

项 目	Item	2015	2018	2019	2020
文化产业增加值（亿元）	Value-added of Cultural Industry (100 million yuan)	124.24	178.19	189.03	186.90
#法人单位增加值（亿元）	Value-added of Corporate Units (100 million yuan)	99.36	145.74	148.43	145.90
文化产业增加值占GDP的比重(%)	Value-added of Cultural Industry as Proportion of GDP (%)	1.83	2.20	2.17	2.10
文化产业法人单位机构数（家）	Number of Corporate Units Institutions of Cultural Industry (uint)	11025	19414	15507	
从业人员（万人）	Employed Persons (10 000 persons)	20.25	13.39	13.23	13.10

20-2 文化及相关产业规模以上企业分类主要指标 (2021)
Main Indicators of Culture and Related Industry above Designated Size by Type (2021)

项 目	Item	法人单位数（个）Number of Institutional Unit (unit)	从业人员期末人数（人）Number of Employed Persons at year-end (person)	资产总计（万元）Total Assets (10 000 yuan)	营业收入（万元）Business Revenue (10 000 yuan)	利润总额（万元）Total Profits (10 000 yuan)
全省	**Total**	**188**	**20137**	**3278020**	**1259946**	**–23046**
文化核心领域	**Core Area**	**143**	**16757**	**2933797**	**1096361**	**–22260**
新闻信息服务	News and Information Service	4	1436	59893	52081	4854
内容创作生产	Content Authoring	24	1484	491103	154075	12872
创意设计服务	Creative Design Service	30	3351	334642	224870	30396
文化传播渠道	Channels of Cultural Transmission	56	7608	1422979	610159	-62119
文化投资运营	Cultural Investment and Operation					
文化娱乐休闲服务	Cultural Entertainment and Service	29	2878	625180	55176	-8263
文化相关领域	**Related Area**	**45**	**3380**	**344223**	**163585**	**–786**
文化辅助生产和中介服务	Subsidiary Production and Intermediary Services	32	3016	307540	117695	-1829
文化装备生产	Production of Cultural Equipment	4	105	5286	9761	-7
文化消费终端生产	Terminal Production of Cultural Consumption	9	259	31397	36129	1050

20-3 文化及相关产业规模以上企业主要经济指标（2021）
Main Economic Indicators of Culture and Related Industry Enterprises above Designated Size (2021)

单位：万元 (10 000yuan)

项 目	Item	合计 Total	文化制造业 Cultural Manufacturing Industry	文化批零业 Cultural wholesale and Retail Industry	文化服务业 Cultural Service Industry
企业单位数（个）	Number of Enterprises (unit)	188	20	37	131
期末从业人员（人）	Employed Persons (person)	20137	2454	3617	14066
资产总计	Total Assets	3278020	134290	505992	2637738
固定资产原价	Fixed Assets Price	1350940	85090	92164	1173686
本年折旧	Depreciation in This Year	64164	3360	3855	56950
负债合计	Total Liabilities	2259321	112983	326686	1819652
所有者权益合计	Total Owner's Equity	1016660	21306	177268	818086
营业收入	Business Revenue	1259946	90774	560334	608838
营业成本	Operating Cost	1067559	79683	530727	457148
营业税金及附加	Business Tax and Add	7812	768	2420	4624
销售费用	Sales Expenses	80172	1433	35431	43308
管理费用	Management Fee	138213	7919	28703	101591
财务费用	Financial Expenses	39756	2003	-219	37972
#利息收入	Income of Interest	5939	44	2265	3630
#利息支出	Interest Expense	39157	1644	784	36730
投资收益	Income from Investment	3441	10	3	3428
营业利润	Operating Profits	-28173	-983	6390	-33580
应付职工薪酬	Wages Payable	195838	13540	34393	147905
应交增值税	Value Added Tax Payable	20845	2210	2354	16282
利润总额	Total Profits	-23046	-86	6648	-29608

20-4 文化事业基本情况
Basic Statistics of Culture Industry

项 目	Item	2015	2019	2020	2021
文化事业机构数（个）	**Number of Institutions (unit)**	**5434**	**7047**	**6510**	**6756**
文化部门	Cultural Department	2210	2257	2186	2189
其他部门	Other Department	3224	4790	4324	4567
文化事业人员数（人）	**Number of Employed Persons (person)**	**47838**	**66237**	**69518**	**70273**
文化部门	Cultural Department	26141	22866	23124	23389
其他部门	Other Department	21679	43371	46394	46884
文化部门事业单位数（个）	**Number of Public Institutions of Culture** Department(unit)	**2142**	**2249**	**2203**	**2208**
#文化馆、艺术馆	Cultural Centers and Art Stations	103	103	104	105
公共图书馆	Public Libraries	103	104	104	104
博物馆	Museums	150	224	226	228
艺术表演场馆	Art Performance Places	24	42	36	55
艺术表演团体	Art Performance Troupes	191	343	347	392

20-5 艺术表演场馆基本情况（2021）

Basic Statistics on Art Performance Places in the Official Cultural System (2021)

项　目	Item	机构数（个）Number of Institutions (unit)	从业人员（人）Number of Employed Persons (person)	座席数（个）Seating Capacity (unit)
总计	**Total**	**55**	**1207**	**24089**
按登记注册类型分	**By Status of Registration**			
国有	State-owned	16	409	10721
集体	Collective-owned			
其他	Others	39	798	13368
按性质分	**By Type of Units**			
执行事业会计制度	Adopting Institution Accounting System	11	372	7947
执行企业会计制度	Adopting Enterprise Accounting System	6	37	3511
按机构类型分	**By Type of Troupes**			
剧场	Theaters	19	704	16629
影剧院	Music Halls and Cinemas	5	35	3080
书场、曲艺场	Storytelling, Recitation and Ballad Places	1	30	80
杂技、马戏场	Acrobatics and Circus Places			
音乐厅	Concert Halls	4	55	172
综合性	General Performance Theaters	8	173	1915
其他艺术表演场馆	Others	18	210	2213
按隶属关系分	**By Jurisdiction of Management**			
中央	Run by Central Government			
省、区、市	Run by Provinces, Autonomous Regions and Municipalities	5	65	2250
地、市	Run by Prefectures (Cities)	5	254	3990
县、市及以下	Run by Counties (Cities) and Others	45	888	17849

20-5 续表 1 continue

项 目	Item	演（映）出场次（万场次）Number of Performances (10 000 shows)	#艺术演出 Art Performances	观众人次（万人次）Number of Audience (10 000 person-times)	#艺术演出 Art Performances
总计	**Total**	**0.87**	**0.57**	**103.41**	**83.19**
按登记注册类型分	**By Status of Registration**				
国有	State-owned	0.31	0.05	33.21	26.38
集体	Collective-owned				
其他	Others	0.56	0.52	70.20	56.81
按性质分	**By Type of Units**				
执行事业会计制度	Adopting Institution Accounting System	0.30	0.04	26.31	22.00
执行企业会计制度	Adopting Enterprise Accounting System	0.01		7.95	4.73
按机构类型分	**By Type of Troupes**				
剧场	Theaters	0.38	0.11	73.93	60.23
影剧院	Music Halls and Cinemas	0.25	0.23	10.10	5.63
书场、曲艺场	Storytelling, Recitation and Ballad Places			1.00	1.00
杂技、马戏场	Acrobatics and Circus Places				
音乐厅	Concert Halls	0.07	0.06	1.63	1.57
综合性	General Performance Theaters	0.04	0.04	8.33	8.30
其他艺术表演场馆	Others	0.14	0.12	8.42	6.46
按隶属关系分	**By Jurisdiction of Management**				
中央	Run by Central Government				
省、区、市	Run by Provinces, Autonomous Regions and Municipalities	0.01		5.37	2.77
地、市	Run by Prefectures (Cities)	0.03	0.03	19.40	17.80
县、市及以下	Run by Counties (Cities) and Others	0.84	0.54	78.64	62.62

20-5 续表 2 continue

项 目	Item	收入合计（万元）Total Income (10 000 yuan)	#财政拨款 Government	#演出收入 Performance Income	支出合计（万元）Expenses (10 000 yuan)
总计	**Total**	**13431.40**	**1284.50**	**5141.50**	**18407.10**
按登记注册类型分	**By Status of Registration**				
国有	State-owned	4459.50	40.40	137.20	4863.20
集体	Collective-owned				
其他	Others	8971.90	1244.10	5004.30	13543.90
按性质分	**By Type of Units**				
执行事业会计制度	Adopting Institution Accounting System	3571.40	40.40	28.00	4047.90
执行企业会计制度	Adopting Enterprise Accounting System	888.10		109.20	8815.30
按机构类型分	**By Type of Troupes**				
剧场	Theaters	10843.50	1247.10	4215.60	15218.20
影剧院	Music Halls and Cinemas	802.00	37.40	22.70	799.90
书场、曲艺场	Storytelling, Recitation and Ballad Places	8.00		8.00	5.00
杂技、马戏场	Acrobatics and Circus Places				
音乐厅	Concert Halls	274.30		255.30	255.20
综合性	General Performance Theaters	154.60		117.00	878.00
其他艺术表演场馆	Others	1349.00		522.90	1250.80
按隶属关系分	**By Jurisdiction of Management**				
中央	Run by Central Government				
省、区、市	Run by Provinces, Autonomous Regions and Municipalities	1749.50		44.90	1607.10
地、市	Run by Prefectures (Cities)	2481.20		64.30	2258.40
县、市及以下	Run by Counties (Cities) and Others	9200.70	1284.50	5032.30	14541.60

20-6 艺术表演团体基本情况（2021）

项 目	Item	机构数（个） Number of Institutions (unit)	从业人员（人） Number of Employed Persons (person)	演（映）出场次（万场次） Number of Performances (10 000 shows)	#国内 Domestic Performance	#农村 Rural Performance
总计	**Total**	**392**	**16489**	**7.15**	**7.10**	**2.54**
按登记注册类型分	**By Status of Registration**					
国有	State-owned	40	2214	0.56	0.55	0.44
集体	Collective-owned					
其他	Others	352	14275	6.60	6.55	2.10
按隶属关系分	**By Jurisdiction of Management**					
中央	Run by Central Government					
省、区、市	Run by Provinces, Autonomous Regions and Municipalities	8	840	0.08	0.08	0.05
地、市	Run by Prefectures (Cities)	13	1174	0.16	0.16	0.11
县、市及以下	Run by Counties (Cities) and Others	371	14475	6.91	6.86	2.38
按管理部门分	**By Management Authority**					
文化部门	Cultural Departments	62	3444	1.01	0.95	0.73
其他部门	Other Departments	330	13045	6.15	6.15	1.81
按剧种分	**By Type of Art**					
话剧、儿童剧、滑稽剧类	Drama, Children's Play and Comedy Troupes	4	198	0.04	0.04	0.01
歌舞、音乐类	Song and Dance, Musicals	76	4079	0.88	0.83	0.27
京剧、昆曲类	Peking Opera and Kunqu Opera	1	109	0.01	0.01	0.01
地方戏曲类	Local Opera	173	6824	2.28	2.27	1.68
杂技、魔术、马戏类	Acrobatics, Magic and Circus	3	95	0.10	0.10	0.10
曲艺类	Folk Arts	25	521	0.20	0.20	0.12
乌兰牧骑	Ulanmuchi	1	63	0.01	0.01	
综合性艺术表演团体	Comprehensive Art Performance	109	4600	3.64	3.64	0.33

Basic Statistics on Art Performance Troupes (2021)

国内演出观众人次（万人次） Number of Domestic Audience (10 000 person-times)	#农村 Rural Audience	收入合计（万元） Total Income (10 000 yuan)	#演出收入 Performance Income	支出合计（万元） Total Expenses (10 000 yuan)	政府采购的公益演出活动 Public Shows under Government Procurement	
					演出场次（万场次） Number of Performances (10 000 shows)	观众人数（万人次） Number of Domestic Audience (10 000 person-times)
3587.25	**1431.91**	**97893.90**	**28372.20**	**139700.00**	**0.43**	**231.08**
310.04	208.91	26949.20	2769.30	27849.30	0.24	133.51
3277.21	1223.00	70944.70	25602.90	111850.70	0.19	97.57
88.26	30.77	12622.40	1352.30	13930.30	0.05	45.70
146.82	99.62	18054.50	833.30	18226.00	0.09	44.62
3352.17	1301.52	67217.00	26186.60	107543.70	0.29	140.77
598.89	415.45	38599.20	4970.30	41188.30	0.41	224.19
2988.36	1016.46	59294.70	23401.90	98511.70	0.02	6.89
19.95	6.84	2416.50	978.10	4249.50	0.01	4.75
521.35	160.99	33719.20	9464.00	47471.10	0.12	52.28
36.20	4.50	731.50	136.70	1041.50	0.01	9.90
2043.25	1028.41	29074.40	10310.70	46035.70	0.27	155.06
50.41	50.26	865.80	54.90	1215.90		0.28
90.48	56.74	1329.40	499.00	2067.00		0.52
5.00	1.00	731.60		731.60		0.30
820.62	123.18	29025.50	6928.80	36887.70	0.02	8.00

20-7　博物馆基本情况
Basic Statistics on Museums

项　目	Item	2015	2019	2020	2021
机构数（个）	Number of Institutions(unit)	150	224	226	228
从业人员（人）	Number of Employed Persons(person)	3265	3202	4834	5303
文物藏品（件/套）	Number of Collections(piece/set)	558789	392312	396968	589624
本年从有关部门接收文物数（件/套）	Accepted Cultural Relics from Department This Year(piece/set)	8100	645	2961	1698
本年修复文物数（件/套）	Cultural Relics Repaired This Year(piece/set)	594	1557	1071	1669
基本陈列（个）	Displays (unit)	352	905	580	594
临时展览（个）	Exhibition (unit)	353	641	593	652
参观人次（千人次）	Spectators(1000 person-times)	21909	33253	17487	25995
门票销售总额（千元）	Ticket Sales for Entrance Ticket(1000 yuan)	2981	362628	239774	292559

20-8　公共图书馆基本情况（2021）
Basic Statistics on Public Libraries (2021)

项　目	Item	总计 Total	#少儿图书馆 Children's Libraries	按隶属关系分 By Jurisdiction of Management			
				省级 Provinces Level	地市级 Prefecture Level	县市级 County (City) Level	#县图书馆 Run by Counties
机构数（个）	Number of Institutions (unit)	104	10	1	18	85	65
从业人员（人）	Number of Employed Persons (person)	1530	98	221	394	915	659
总藏量（万册件）	Total Collections (10000 copies)	1953	133	496	499	958	596
当年购买的报刊种类（万种）	Kinds of Newspapers and Periodicals Purchased This Year (10 000 kinds)	21204	780	4084	8260	8860	4767
有效借书证数（万个）	Accumulative Number of Library Cards Distributed (10 000 units)	56	4	10	19	28	19
总流通人次（万人次）	Total Number of Circulation (10 000 person-times)	801	52	51	262	487	317
#书刊文献外借人次	Borrowing from Libraries	268	10	31	60	177	127
书刊文献外借册次（万册次）	Number of Books and Periodicals Lent to Readers (10 000 copies-times)	578	36	48	159	370	268
组织各类讲座次数（次）	Number of Lectures (time)	1560	170	72	579	909	575
举办展览（个）	Exhibitions Held (unit)	869	92	7	204	658	452
举办培训班（个）	Training Classes Held (unit)	507	41	6	179	322	216
计算机（台）	Computers (set)	5346	320	444	1245	3657	2716
#电子阅览室终端数	Terminals in Electronic Media Reading Rooms	3360	237	164	777	2419	1755
阅览室座席数（万个）	Seats of Reading Room (10 000 units)	35810	3214	2540	11486	21784	11931

20-9 群众文化机构基本情况（2021）
Basic Statistics on Cultural Institutions (2021)

项　目	Item	总计 Total	省级 Provinces Level	地市级 Prefecture Level	县市级 County (City) Level
机构数（个）	Institutions (unit)	1453	1	16	88
从业人员（人）	Number of Employed Persons (person)	5993	38	350	1246
组织文艺活动（次）	Art Performances and Story-telling Sessions (time)	17919	9	731	3368
参加文艺活动人次（万人次）	Person-times Attending Art and Cultural Activities (10 000 person-times)	797.87	1.70	97.24	421.87
举办训练班（次）	Number of Training Courses(time)	10449	2	2362	2009
参加培训人次（万人次）	Attending Training (10 000 person-times)	72.48	0.03	18.11	13.37
举办展览个数（个）	Number of Exhibitions (unit)	3993		159	656
参观展览人次（万人次）	Visiting Exhibitions(10 000 person-times)	266.43		54.62	122.85
组织各类理论研讨和讲座次数（次）	Number of Theoretical Lectures (time)	596		165	431
参加研讨和讲座人次（万人次）	Attending Theoretical Lectures (10 000 person-times)	16.76		6.73	10.03
拥有计算机台数（万台）	Computer Owned (10 000 units)	9410	36	327	959
本年收入合计（亿元）	Revenue this Year (100 million yuan)	4.71	0.09	0.67	1.90
本年支出合计（亿元）	Expenditure this Year (100 million yuan)	4.74	0.10	0.70	1.91
馆办文艺团体（个）	Art Performance Troupes Run by Centers (unit)	256	8	44	204
馆办文艺团体演出场次（万场次）	Number of Art Performances Run by Centers (10 000 times)	0.41	0.01	0.04	0.37
馆办老年大学（个）	Aging College Run by Centers (unit)	17		4	13
群众业余文艺团体（万个）	Part-time Art Troupes (10 000 units)	1.06		0.02	0.17

20-9 续表 continue

项 目	Item	# 县文化馆 Run by Counties	乡镇（街道）文化站 Township (subdistrict) Cultural Stations	# 乡镇文化站 Township Cultural Stations
机构数（个）	Institutions (unit)	67	1348	1229
从业人员（人）	Number of Employed Persons (person)	902	4359	3920
组织文艺活动（次）	Art Performances and Story-telling Sessions (time)	2211	13811	11578
参加文艺活动人次（万人次）	Person-times Attending Art and Cultural Activities (10 000 person-times)	263.83	277.06	251.16
举办训练班（次）	Number of Training Courses(time)	861	6076	5234
参加培训人次（万人次）	Attending Training (10 000 person-times)	7.88	40.97	37.44
举办展览个数（个）	Number of Exhibitions (unit)	459	3178	2861
参观展览人次（万人次）	Visiting Exhibitions(10 000 person-times)	84.77	88.96	81.73
组织各类理论研讨和讲座次数（次）	Number of Theoretical Lectures (time)	245		
参加研讨和讲座人次（万人次）	Attending Theoretical Lectures (10 000 person-times)	5.19		
拥有计算机台数（万台）	Computer Owned (10 000 units)	704	8088	7510
本年收入合计（亿元）	Revenue this Year (100 million yuan)	1.30	2.05	1.96
本年支出合计（亿元）	Expenditure this Year (100 million yuan)	1.30	2.02	1.94
馆办文艺团体（个）	Art Performance Troupes Run by Centers (unit)	139		
馆办文艺团体演出场次（万场次）	Number of Art Performances Run by Centers (10 000 times)	0.14		
馆办老年大学（个）	Aging College Run by Centers (unit)	9		
群众业余文艺团体（万个）	Part-time Art Troupes (10 000 units)	0.10	0.87	0.79

20-10 新闻出版业主要指标
Main Indicators of Press and Publication Industry

指 标	Item	2019	2020	2021
出版情况	**Publishing**			
图书出版	Publishing of Books			
图书种数（种）	Sort of Books (sort)	4026	4076	5123
图书总印数（万册）	Total Printed Copies of Books (10 000volumes)	9665	9593	11445
图书总印张（万印张）	Total Printed Sheets of Books (10 000 sheets)	640887	676484	866964
图书定价总金额（万元）	Total Priced Value of Books (10 000 yuan)	145830	142387	194694
期刊出版	Magazine			
期刊种数（种）	Sort of Magazine (sort)	131	132	131
期刊总印数（万册）	Total Printed Copies of Magazine (10 000 volumes)	8038	7971	8193
期刊总印张（万印张）	Total Printed Sheets of Magazine (10 000 sheets)	434242	438753	446265
期刊定价总金额（万元）	Total Priced Value of Magazine (10 000 yuan)	68823	69305	72891
报纸出版	Publishing of Newspaper			
报纸种数（种）	Sort of Newspaper (sort)	61	58	54
报纸总印数（万份）	Total Printed Copies of Newspaper (10 000 volumes)	41127	34404	31054
报纸总印张（万印张）	Total Printed Sheets of Newspaper (10 000 sheets)	631392	487162	449935
报纸定价总金额（万元）	Total Priced Value of Newspaper (10 000 yuan)	42086	36547	31012
音像及电子出版物出版	Audio Products and Electronic Publications			
音像及电子出版物出版种数（种）	Category of Audio Products and Electronic Publications (kind)	10	25	18
音像及电子出版物出版数量(万盒)	Number of Audio Products and Electronic Publications (10 000 cases)	1.41	2.05	3
音像及电子出版物发行数量(万盒)	Total Issuance of Audio and Electronic Publications (10 000 cases)	1	2	3
印刷企业单位数（个）	Number of Enterprises of Printing (unit)			
出版物发行情况	**Issuance of Publication**			
出版物购进数量（万册 / 张 / 份 / 盒）	Number of Publication Bought (10 000 volumes/paper/cases)	30223	30721	42459
出版物购进金额（万元）	Total Bought Value (10 000yuan)	347453	359727	526511
出版物销售数量（万册 / 张 / 份 / 盒）	Volume of Saling Printing (10 000 volumes/paper/cases)	30382	30622	42593
出版物销售金额（万元）	Total Sales Amount of Publication (10 000 yuan)	350850	355324	517447
出版物库存数量（万册 / 张 / 份 / 盒）	Storage of Publication (10 000 volumes/paper/cases)	4006	4096	3986
出版物库存金额（万元）	Publication Inventory (10 000 yuan)	41229	45261	54536

20-11 各市（州）文化事业基本情况（2021）

Basic Statistics of Culture Industry by Region (2021)

市（州）	Region	文化事业机构数（个）Number of Institutions (unit)	文化部门 Cultural Department	其他部门 Other Department	文化事业人员数（人）Number of Employed Persons (person)	文化部门 Cultural Department	其他部门 Other Department
兰州市	Lanzhou	1331	178	1153	12130	2123	10007
嘉峪关市	Jiayuguan	135	16	119	905	329	576
金昌市	Jinchang	128	40	88	1587	377	1210
白银市	Baiyin	441	119	322	4073	1441	2632
天水市	Tianshui	468	200	268	7401	2402	4999
武威市	Wuwei	305	142	163	2945	1053	1892
张掖市	Zhangye	515	128	387	6256	1164	5092
平凉市	Pingliang	421	180	241	5174	1527	3647
酒泉市	Jiuquan	683	149	534	5547	1097	4450
庆阳市	Qingyang	420	198	222	4350	1997	2353
定西市	Dingxi	505	183	322	5276	1619	3657
陇南市	Longnan	562	268	294	4152	1743	2409
临夏州	Linxia	468	191	277	3416	1758	1658
甘南州	Gannan	298	158	140	2799	1482	1317

注：本表不含省本级和甘肃矿区数据。

a) Data of this table excluding Provincial level and Gansu Mine Area data.

20-11 续表 continue

市（州）	Region	文化部门事业单位数（个）Number of Public Institutions of Culture Department (unit)	#文化馆、艺术馆 Cultural Centers and Art Station	#公共图书馆 Public Libraries	#博物馆 Museums	#艺术表演场所 Art Performance Places	#艺术表演团体 Art Performance Troupes	公共图书馆藏书量（万册、件）Total Collections of Public Library (10 000volumes)
兰州市	Lanzhou	192	9	9	29	1	3	201.76
嘉峪关市	Jiayuguan	20	1	2	7			30.90
金昌市	Jinchang	40	3	4	5			78.12
白银市	Baiyin	121	6	6	14		1	138.46
天水市	Tianshui	194	8	8	12	1	1	110.67
武威市	Wuwei	141	5	5	10		1	115.45
张掖市	Zhangye	137	8	7	18		2	129.89
平凉市	Pingliang	176	8	9	15	3		99.08
酒泉市	Jiuquan	161	8	8	27	1	2	104.50
庆阳市	Qingyang	193	9	9	19			89.03
定西市	Dingxi	185	8	8	20	1		114.50
陇南市	Longnan	274	12	9	17	2	2	100.37
临夏州	Linxia	193	9	9	16		1	62.61
甘南州	Gannan	155	9	9	16		1	74.41

20-12 广播电视事业基本情况
Basic Statistics of Radio and Television Industry

项 目	Item	2010	2015	2019	2020	2021
广播	**Radio**					
广播电台（座）	Number of Broadcasting Stations (set)	4	2			
中短波广播发射和转播台(座)	Medium and Short Wave Transmission Stations and Relay Stations (set)	30	31	31	31	31
中短波广播发射功率（千瓦）	Medium and Short Wave Transmission Power (kW)	702	683	675	625	607
发射机功率（千瓦）	Power of Transmitters (kW)	234	271	339	365	359
公共广播节目套数（套）	Number of Public Radio Programs (set)	86	94	97	99	99
广播节目制作时间（万小时）	Length of Radio Programs Produced (10 000 hours)	10.78	13.37	14.61	15.47	15.44
#新闻资讯	News Programs	2.29	2.92	3.15	3.47	3.57
专题服务	Special Subject Programs	2.77	3.30	3.48	4.03	3.59
综艺类	Entertainment Programs	3.20	3.93	4.33	4.08	4.09
服务节目	Service Programs	0.66	1.10			
县广播电视台（座）	County Broadcasting Stations (set)	76	68	79	79	79
广播节目综合人口覆盖率(%)	Radio Coverage Rate of the Population (%)	93.47	98.01	98.57	99.31	99.43
电视	**Television**					
电视台（座）	Television Stations (set)	7	4	1	1	1
发射机功率（千瓦）	Power of Transmitters (kW)	366	409	554.236	296.80	293.30
电视节目套数（套）	Number of TV Programs (set)	104	110	119	118	118
#公共电视	Public TV (set)	104	110	118	117	117
付费电视	Pay TV (set)			1	1	1
电视节目制作时间（万小时）	Length of TV Programs Produced (10 000 hours)	5.89	6.74	6.45	6.42	6.46
#新闻资讯	News Programs	1.95	2.31	2.17	2.48	2.41
专题服务	Special Subject Programs	1.58	2.03	1.71	1.82	1.91
综艺类	Entertainment Programs	0.83	0.73	0.69	0.56	0.54
服务节目	Service Programs	0.65	0.67			
电视节目综合人口覆盖率(%)	TV Coverage Rate of Population (%)	93.72	98.47	98.90	99.41	99.49
有线广播电视用户数（万户）	Number of Users of Cable Radio and TV (10 000 households)	206.9	233.6	174.8	164.6	161.97
#农村	Rural	51.41	28.50	28.25	19.54	18.49
数字电视用户数	Number of Users of Digital TV	122.85	191.78	122.15	126.35	122.62
有线广播电视入户率（%）	Popularization Rate of Cable Radio and TV (%)	27.37	28.19	20.63	19.57	18.47
#农村	Rural	10.84	5.83	5.59	3.84	4.63
其他	**Others**					
广播电视总收入（亿元）	Revenue of Radio and TV (100 million yuan)	14.37	37.12	34.01	36.12	34.95
广播电视从业人员数（万人）	Staff and Workers of Radio and TV (10 000 persons)	1.41	1.59	1.47	1.51	1.50

20-13 广播电视节目综合人口覆盖情况
Population Coverage of Radio and TV Programs

单位：% (%)

项　目	Item	2015	2019	2020	2021
广播节目综合人口覆盖率	Population Coverage Rate of Radio Programs	98.01	98.57	99.31	99.43
#中央广播节目	Coverage Rate of Central Radio Station	96.52	97.18	98.05	98.86
#农村广播节目	Rural Population Coverage Rate of Radio Programs	97.63	98.28	99.15	99.20
电视节目综合人口覆盖率	Population Coverage Rate of TV Programs	98.47	98.90	99.41	99.49
#中央电视节目	Coverage Rate of CCTV	97.14	97.94	98.59	99.07
#农村电视节目	Rural Population Coverage Rate of TV Programs	98.14	98.66	99.29	99.31

20-14 广播节目制作播出情况
Basic Statistics on Radio Programs Produced and Broadcasted

项　目	Item	2015	2019	2020	2021
公共广播节目套数（套）	Number of Public Radio Programs(set)	94	97	99	99
全年制作广播节目时间（小时）	Length of Radio Programs Produced(hour)	133738	146132	154714	154398
全年公共广播节目播出时间（小时）	Length of Public Radio Programs Broadcasted(hour)	342009	372168	385455	388090

20-15　电视节目制作播出情况
Basic Statistics on TV Program Produced and Broadcasted

项　目	Item	2015	2019	2020	2021
电视节目套数（套）	Number of TV Programs(set)				
公共电视	Public TV	110	117	117	117
全年制作电视节目时间（小时）	Length of TV Programs Produced(hour)	67384	64548	64162	64621
全年公共电视节目播出时间（小时）	Length of Public TV Programs Broadcasted (hour)	487173	547797	584168	578121
全年电视剧播出数	Number of TV Plays Broadcasted				
（部）	(set)	7414	6085	5953	6114
（集）	(part)	228603	199901	219541	209284
#进口电视剧	Imported TV Play Broadcasted				
（部）	(set)	100	7	6	
（集）	(part)	3226	345	302	

20-16　有线广播电视传输干线网络及用户情况
Transmission Trunk and Users of Cable Radios and TVs

项　目	Item	2015	2019	2020	2021
有线广播电视传输干线网络总长（公里）	Total Length of Transmission Trunk for Cable Radios and TVs(km)	56496	16705	17049	16705
有线广播电视用户数（户）	Users of Cable Radios and TVs (household)	2335791	1747894	1645470	1619722
#数字电视用户数	Users of Digital TV Programs	1917800	1221464	1263501	1226156
#付费电视用户数	Users of Pay TV	1118929	862376	826942	1094976
#农村有线广播电视用户数	Users of Rural Cable Radios and TVs	285030	282506	242185	184926
有线广播电视入户率（%）	Popularization Rate of Cable TV Programs (%)	28.19	20.63	19.57	18.47
#农村有线广播电视入户率	Rural Areas	5.83	5.59	4.76	4.63

20-17 广播电视技术情况
Technology Statistics on Radio and TV

项 目	Item	2015	2019	2020	2021
中、短波转播发射台（座）	Transmission and Relaying Stations of Medium and Short Wave Broadcast(unit)	31	31	31	31
中波发射机（部）	Medium Wave Transmitters(set)	68	71	71	71
短波发射机（部）	Sort Wave Transmitters(set)	2	2	1	1
调频转发射机（部）	Frequency Modulation Transmitters(set)	773	507	514	519
电视发射机（部）	TV Program Transmitters(set)	2453	1373	1050	1045
微波实有站（座）	Microwave Stations(unit)	97	131	116	118

20-18 各市（州）广播电视事业基本情况（2021）
Basic Statistics of Broadcasting and Television by Region (2021)

单位：小时 (hour)

市（州）	Region	公共广播节目套数（套）Number of Public Radio Programs (set)	全年制作广播节目时间 Length of Radio Programs Produced	全年公共广播节目播出时间 Length of Public Radio Programs Broadcasted	全年制作电视节目时间 Length of TV Programs Produced	全年公共电视节目播出时间 Length of Public TV Programs Broadcasted
兰州市	Lanzhou	6	20829	26001	6570	35556
嘉峪关市	Jiayuguan	2	10098	12618	2805	16665
金昌市	Jinchang	3	7225	16337	715	15141
白银市	Baiyin	4	6449	14852	2556	29130
天水市	Tianshui	9	13563	39939	6118	48692
武威市	Wuwei	5	4150	20243	1523	28295
张掖市	Zhangye	7	6425	27285	8940	37303
平凉市	Pingliang	9	7910	34661	5615	44626
酒泉市	Jiuquan	8	7477	25351	2685	49336
庆阳市	Qingyang	9	11413	27141	4934	52486
定西市	Dingxi	9	7736	30677	3917	33273
陇南市	Longnan	10	3013	33517	7058	51494
临夏州	Linxia	9	4579	29792	2307	44864
甘南州	Gannan	3	1238	7943	2174	32146
甘肃矿区	Gansu Mine Area				134	5919

20-19 体育系统机构数、从业人员数（2021）
Number of Institutions and Engaged Persons of Physical Education System (2021)

单位：个、人 (unit, person)

指 标	Item	合计 Total 机构数 Institutions	合计 Total 人数 Persons	省级 Provincial Level 机构数 Institutions	省级 Provincial Level 人数 Persons	地级 Prefectural Level 机构数 Institutions	地级 Prefectural Level 人数 Persons
总 计	**Total**	**156**	**3915**	**14**	**1355**	**38**	**1099**
体育行政机关	Administrative Agencies of Physical Culture and Sports	102	1224	1	46	14	312
运动项目管理部门	Sports Events Management	7	1235	6	1051	1	184
本科院校	Colleges						
职业、运动技术学院	Sports Technical Institutes						
体育运动学校	Physical Education and Sports Schools	9	429	1	92	8	337
竞技体校	Competitive Sports School						
少儿体育运动学校（业余体校）	Spare-time Sports School	20	215			3	86
单项运动学校	Physical Education and Sports Schools						
训练基地	Training Bases	1	42	1	42		
体育场馆	Stadium and Gymnasium	4	88	1	42	3	46
科研所	Science and Technology Institute	1	22	1	22		
其他事业单位	Other Institutions	11	641	2	41	9	134
其他	Others	1	19	1	19		

注：体育场馆是指独立法人单位的体育场馆。
a) The Stadium and gymnasium referred to the stadium with independent legal entity.

20-20 分技术等级运动员发展人数
Certified Athletes by Technical Grade

单位：人 (person)

项 目	Item	2015	2018	2019	2020	2021
合计	Total	709	951	1036	602	607
#女性	Female	185	404	251	184	206
运动健将	Master of Sports	16	11	19	16	9
#女性	Female	6	5	5	5	2
一级运动员	First Grade	144	338	267	133	161
#女性	Female	46	143	81	45	64
二级运动员	Second Grade	549	602	750	453	437
#女性	Female	133	256	165	134	140

主要统计指标解释

文化及相关产业　指为社会公众提供文化、娱乐产品和服务的活动以及与这些活动有关联的活动的集合。根据提供文化、娱乐产品和服务活动的属性特点，划分为公益性文化活动和经营性文化活动两大类。

文化及相关产业是第三产业的重要组成部分。是在我国《国民经济行业分类》基础上的派生分类，有文化服务和相关文化服务两大类。

文化服务　主要指新闻服务，出版发行和版权服务，广播、电视、电影服务，文化艺术服务，网络文化服务，文化休闲娱乐服务，其他文化服务。

相关文化服务　主要有文化用品、设备及相关文化产品的生产，文化用品、设备及相关文化产品的销售。

非文化及相关产业　指由文化部门主办的不属于文化及相关产业的其他各类行业活动。

文化事业机构　指从事专业文化工作和为专业文化工作服务的独立建制的单位。不包括这些单位另外举办独立核算的其他机构和各部门的业余文化组织。该指标主要反映文化事业机构发展规模水平。

广播 / 电视节目综合人口覆盖率　指根据原国家广电总局制定的《广播电视人口覆盖率统计技术标准和方法》进行统计调查的，在对象区内能接收到由中央、省、地市或县通过无线、有线或卫星等各种技术方式转播的各级广播 / 电视节目的人口数占全国总人口数的百分比。

艺术表演团体　指由文化部门主办或实行行业管理(经文化市场行政部门审批或已申报登记并领取相关许可证)，专门从事表演艺术等活动的各类专业艺术表演团体，含民间职业剧团。如话剧团、方言话剧团、滑稽剧团、儿童剧团、歌剧团、木偶团、皮影团等以及由若干剧种组成的综合性专业艺术表演团体。不包括群众业余文艺表演团体。

艺术表演场馆　指由文化部门主办或实行行业管理(经文化市场行政部门审批或已申报登记并领取相关许可证)，有观众席、舞台、灯光设备，公开售票、专供文艺团体演出的文化活动场所。附属于文化部门机构内非独立核算的剧场、排演场，公开营业的也应单独统计。

21

城 市

City

简要说明

一、本篇资料的主要内容

本篇资料反映了城市主要经济社会和城市建设基本情况。城市经济社会情况包括城市人口规模、经济发展、人民生活、公共服务、交通邮政等；城市建设基本情况包括城市市政公用设施水平、人口和建设用地、道路桥梁、排水和污水处理、供水供气供热、园林绿化、市容环境卫生等。

二、本篇资料的数据来源

1、本篇资料中城市主要经济社会指标由省统计局城市调查处依据国家统计局制定的《城市基本情况统计报表制度》整理提供。

2、城市建设资料来源于省住房和城乡建设厅《甘肃省城市建设统计年报》。

三、本篇资料的统计范围

1、城市主要经济社会指标的统计范围为市辖区，“市辖区”指城区，不包括市辖县（市）。

2、城市建设资料统计范围分两类：地级市的统计范围为城市行政区，含市辖建制镇，不含市辖县（市）；县级市的统计范围为城市规划区，即按城市现状，市政府所在地和规划区范围内的建制镇。

21-1 分城市主要经济社会指标（2021）

Main Economic and Social Indicators by City (2021)

指 标	Item	兰州市 Lanzhou	嘉峪关市 Jiayuguan
年末户籍人口（万人）	Household Registered Population at Year-end(10000 persons)	216.37	21.18
地区生产总值（当年价格）（亿元）	Gross Regional Product (Current prices) (100 million yuan)	2528	326
第一产业增加值	Primary Industry	16	6
第二产业增加值	Secondary Industry	796	214
第三产业增加值	Tertiary Industry	1715	107
人均地区生产总值（元）	Per Capita GDP (yuan)	79001	103773
地区生产总值增长率（%）	Growth Rate of GDP (%)	9.7	5.1
地方一般公共预算收入（万元）	General Public Budget Revenue of the Local Governments (10 000 yuan)	2205077	235937
地方一般公共预算支出（万元）	General Public Budget Expenditure of the Local Governments (10 000 yuan)	3353962	268050
年末金融机构人民币各项存款余额（万元）	RMB Deposits Balance of Financial Institutions (Year-end) (10 000 yuan)	80304299	4530245
#住户存款余额	Household Deposits Balance	35700592	2835234
年末金融机构人民币各项贷款余额（万元）	RMB Loans Balance of Financial Institutions (Year-end) (10 000 yuan)	89305025	5794557
房地产开发投资（万元）	Real Estate Development Investment (10 000yuan)	3189796	426222
#住宅	Residential Buildings	2236982	331269
商品房销售面积（万平方米）	Floor Space of Commercialized Buildings Sold (10 000 sq.m)	407	43
商品房销售额（万元）	Total Sales of Commercialized Buildings (100 million yuan)	4098283	200123
规模以上工业	Industries above Designated Size		
企业单位数（个）	Number of Enterprises (unit)	168	65
营业收入（万元）	Business Revenue (10 000 yuan)	13641000	10553265
利润总额（万元）	Total Profit(10 000 yuan)	1205000	839834
社会消费品零售总额（万元）	Total Retail Sales of Consumer Goods (10 000 yuan)	15732806	828673
城镇非私营单位在岗职工平均工资（全市）（元）	Average Wages of Staff and Workers in Urban Non-Private Units (City) (yuan)	96793	96922
城镇居民人均可支配收入（全市）（元）	Per Capita Disposable Income of Urban Households (City) (yuan)	43244	47863
城镇居民人均消费支出（全市）（元）	Per Capita Consumption expenditure of Urban Households (City) (yuan)	28376	33263
在校学生数	Number of Enrollment		
普通本专科（全市）（人）	Undergraduate in Regular HEIs (city) (person)	408289	5361
中等职业教育（人）	Secondary Vocational Education (person)	19569	2024
普通中学（万人）	Regular Middle School (10000 persons)	11.44	1.44
普通小学（万人）	Regular Primary Schools (10000 persons)	15.44	1.80
医疗卫生机构数（个）	Number of Health Care Institutions (unit)	1398	133
医院数（个）	Hospitals (unit)	97	8
医疗卫生机构床位数（张）	Number of Beds in Health Care Institutions (unit)	26857	2575
医院床位数（张）	Hospital Beds (unit)	24414	2195
执业（助理）医师数（人）	Licensed (Assistant) Doctors (person)	13739	1324
城镇职工基本养老保险参保人数（人）	Number of Participants in Basic Endowment Insurance of Urban Employees (person)	913920	124983
城乡居民基本养老保险参保人数（人）	Number of Participants in Basic Endowment Insurance of (person)	155553	22754
职工基本医疗保险参保人数（人）	Number of Participants in Basic Medical Insurance of Staff and Workers (person)	1203223	106302
城乡居民基本医疗保险参保人数（人）	Number of Participants in Basic Medical Insurance of Urban and Rural Residents (person)	1089489	122056
公共图书馆数（个）	Public Libraries (unit)	5	2
博物馆数（个）	Museums (unit)	20	7
体育场地数（个）	Number of Sports Venues (unit)	5235	895
年末实有公共汽（电）车营运车辆数（辆）	Public Buses and Trolley Buses in Operation at Year-end (unit)	3189	127
快递业务收入（万元）	Revenue from Express Service (10 000 yuan)	5201	6422

注：城市主要经济社会指标数据来源于国家统计局制定的《城市基本情况统计报表制度》，为市辖区数据。

a) The main Economic and Social indicator data of the city comes from the “Statistical Reporting System on Basic Situation of Cities” formulated by the National Bureau of Statistics, districts under the jurisdiction of city governments are included.

21-1 续表

指　标	Item	金昌市 Jinchang	白银市 Baiyin
年末户籍人口（万人）	Household Registered Population at Year-end (10000 persons)	21.99	49.53
地区生产总值（当年价格）（亿元）	Gross Regional Product (Current prices) (100 million yuan)	328	341
第一产业增加值	Primary Industry	8	13
第二产业增加值	Secondary Industry	254	177
第三产业增加值	Tertiary Industry	65	150
人均地区生产总值（元）	Per Capita GDP (yuan)	125542	64144
地区生产总值增长率（%）	Growth Rate of GDP (%)	8.1	8.1
地方一般公共预算收入（万元）	General Public Budget Revenue of the Local Governments (10 000 yuan)	48503	133873
地方一般公共预算支出（万元）	General Public Budget Expenditure of the Local Governments(10 000 yuan)	149330	469068
年末金融机构人民币各项存款余额（万元）	RMB Deposits Balance of Financial Institutions (Year-end) (10 000 yuan)	3607972	4167068
#住户存款余额	Household Deposits Balance	2383526	2632932
年末金融机构人民币各项贷款余额（万元）	RMB Loans Balance of Financial Institutions (Year-end) (10 000 yuan)	2688330	3747753
房地产开发投资（万元）	Real Estate Development Investment (10 000yuan)	53890	408308
#住宅	Residential Buildings	44605	182615
商品房销售面积（万平方米）	Floor Space of Commercialized Buildings Sold (10 000 sq.m)	11	28
商品房销售额（万元）	Total Sales of Commercialized Buildings (100 million yuan)	54025	162824
规模以上工业	Industries above Designated Size		
企业单位数（个）	Number of Enterprises (unit)	67	107
营业收入（万元）	Business Revenue (10 000 yuan)	24660299	5707751
利润总额（万元）	Total Profit(10 000 yuan)	742365	22503
社会消费品零售总额（万元）	Total Retail Sales of Consumer Goods (10 000 yuan)	748088	1295415
城镇非私营单位在岗职工平均工资（全市）（元）	Average Wages of Staff and Workers in Urban Non-Private Units (City) (yuan)	87181	80680
城镇居民人均可支配收入（全市）（元）	Per Capita Disposable Income of Urban Households (City) (yuan)	45649	35586
城镇居民人均消费支出（全市）（元）	Per Capita Consumption expenditure of Urban Households (City) (yuan)	29966	21610
在校学生数	Number of Enrollment		
普通本专科（全市）（人）	Undergraduate in Regular HEIs (city) (person)	6095	7120
中等职业教育（人）	Secondary Vocational Education (person)	1391	4274
普通中学（万人）	Regular Middle School (10000 persons)	1.23	1.72
普通小学（万人）	Regular Primary Schools (10000 persons)	1.45	4.01
医疗卫生机构数（个）	Number of Health Care Institutions (unit)	211	389
医院数（个）	Hospitals (unit)	10	10
医疗卫生机构床位数（张）	Number of Beds in Health Care Institutions (unit)	1601	4157
医院床位数（张）	Hospital Beds (unit)	1556	3527
执业（助理）医师数（人）	Licensed (Assistant) Doctors (person)	1150	1961
城镇职工基本养老保险参保人数（人）	Number of Participants in Basic Endowment Insurance of Urban Employees (person)	70453	113899
城乡居民基本养老保险参保人数（人）	Number of Participants in Basic Endowment Insurance of (person)	40823	127429
职工基本医疗保险参保人数（人）	Number of Participants in Basic Medical Insurance of Staff and Workers (person)	19045	185641
城乡居民基本医疗保险参保人数（人）	Number of Participants in Basic Medical Insurance of Urban and Rural Residents (person)	115417	281213
公共图书馆数（个）	Public Libraries (unit)	3	2
博物馆数（个）	Museums (unit)	2	4
体育场地数（个）	Number of Sports Venues (unit)	1040	1225
年末实有公共汽（电）车营运车辆数（辆）	Public Buses and Trolley Buses in Operation at Year-end (unit)	128	224
快递业务收入（万元）	Revenue from Express Service (10 000 yuan)	5617	12056

continued

天水市 Tianshui	武威市 Wuwei	张掖市 Zhangye	平凉市 Pingliang	酒泉市 Jiuquan	庆阳市 Qingyang	定西市 Dingxi	陇南市 Longnan
132.11	103.53	51.74	52.66	41.53	40.10	46.88	60.15
430	377	230	171	232	284	129	154
40	99	57	20	41	8	20	30
160	68	38	42	59	139	24	16
230	210	135	109	132	137	85	108
35552	42752	44336	34115	51006	55116	30557	28265
7.0	7.2	7.2	6.9	9.2	4.6	8.3	7.3
439327	226185	90788	82068	92720	126201	51308	54758
1661353	910473	402478	382899	340638	347692	409034	463291
10608389	7449121	4903600	4496310	5632134	5308570	3208627	4005836
7283924	5736514	3633028	2921217	3886416	3765780	2034654	2087121
9638826	5758797	4138016	3313584	4170809	3330422	2455460	2751309
1489697	513463	339145	494082	322829	336141	349031	180715
1186679	432389	204661	404573	234823	279858	171223	141738
81	64	60	93	86	62	57	37
622487	393006	223918	404052	436498	454612	290845	241756
105	107	72	35	85	28	39	15
2673971	2012210	680082	717813	1219955	2821999	350227	119031
290938	-30529	33929	48206	33310	113806	17869	13339
1740794	975252	1270588	918768	1438340	813468	703954	794839
74079	80206	89850	92778	86443	88588	80023	75365
32251	33791	31091	33398	42794	36036	29711	28693
17359	25872	24296	20805	29261	22793	20208	20142
51425	23793	21026	18693	13734	25549		4287
12828	9989	4074	4159	6583	9812	4262	4761
7.12	4.83	2.49	2.86	2.30	3.44	1.91	3.82
9.44	6.65	3.16	4.00	2.58	5.10	3.06	5.42
1146	953	597	450	406	403	484	736
66	31	32	15	24	17	15	4
10273	9568	5287	5936	4303	5416	4733	2508
8839	7380	4353	5140	3521	4769	3990	1325
3745	3365	2200	2002	1800	3764	1743	644
208745	179000	43106	34528	59407	13125	18772	8668
638102	452900	248510	235625	152819	176844	235824	324010
209627	109887	32699	32492	32769	18827	28031	22910
978114	812088	415317	393343	305466	285706	367391	526030
3	1	1	2	1	2	1	1
6	5	2	7	3	2	1	2
1735	3082	1660	1351	972	499	1503	478
603	403	256	193	228	150	118	139
2300	12409	7639	10759	4127	2880	9709	2833

21-2 城市公用事业基本情况
Basic Statistics on City Public Utilities

指标	Item	2019	2020	2021
城市人口和建设用地	**City Areas and Floor Space of Buildings**			
市区面积（平方公里）	Urban Area(sq.km)	88539.17	88553.32	89281.63
市区人口（万人）	Urban Population(10 000 persons)	909.54	985.22	901.43
建成区面积（平方公里）	Area of Built Districts (sq.km)	875.72	901.43	927.57
城市建设用地面积（平方公里）	Area of Land Used for Urban Construction(sq.km)	897.91	919.26	941.73
城市供水、燃气及集中供热	**Water Supply and Gas Supply and Heating**			
公共供水总量（万立方米）	Volume of Public Tap Water Supply (10 000 cu.m)	53306	54793	59591
#居民家庭用水	Water Consumption for Residential Use	22894	24337	25762
人均日生活用水量（升）	Per Capita Daily Water Consumption for Residential Use (liter)	138	140	142
公共供水普及率（%）	Coverage of Urban Population with Access to Public Tap Water (%)	95.97	96.12	98.44
天然气供气总量（亿立方米）	Natural Gas Supply (100 million cu.m)	25.20	25.44	26.60
#居民家庭	Resident Households	4.82	6.47	6.46
液化石油气供气总量（万吨）	Volume of Liquefied Petroleum Gas 10 000 ton)	4.77	3.40	4.52
#居民家庭	Resident Households	2.47	2.43	2.88
燃气普及率（%）	Coverage Rate of Urban Population with Access to Gas (%)	92.66	94.80	96.87
集中供热面积（万平方米）	Area of Centralized Heating (10000 sq.m)	26121.00	27868.00	28364.95
城市市政建设	**Municipal Infra-structure**			
城市道路长度（公里）	Length of Paved Roads (km)	5584.92	5986.65	7036.19
城市桥梁数（座）	Number of City Bridges (sets)	674	697	712
城市排水管道长度（公里）	Length of City Sewage Pipes (km)	7280	8035	8499
城市污水处理总量（万立方米）	Total Volume of City Sewage Treatment (10000 cu.m)	44935	47031	47418
城市绿化和园林	**City Greening**			
园林绿地面积（公顷）	Area of Urban Green Land (hectare)	29186.10	30253.00	31167.99
人均公园绿地面积（平方米）	Per Capita Area of Parks and Green Land (sq.m)	14.28	15.15	14.88
公园数（个）	Number of Parks and Zoos (unit)	178	203	206
公园面积（公顷）	Area of Parks (hectare)	5706.33	6066.00	6819.14
城市市容环境卫生	**Environmental Sanitation**			
道路清扫保洁面积（万平方米）	Area of Road Cleaning (10000 sq.m)	12566.00	13580.00	14537.24
生活垃圾清运量（万吨）	Volume of Garbage Disposal (10 000 tons)	279.71	272.55	285.79
生活垃圾无害化处理率（%）	Harmless Treatment Rate of Garbage (%)	100.00	100.00	100.00
市容环卫专用车辆设备总数（台）	Total number of Vehicles and Equipment for City Appearance and Sanitation(set)	5489	5624	5949

注：城市建设数据来源于省住房和城乡建设厅《甘肃省城市建设统计年报》。(以下表同)

a) Data of urban construction comes from the "Urban Construction Statistical Annual Reporting System in Gansu Province" issued by the Provincial Department of Housing and Urban-Rural Development.The same applies to the relevant tables following.

21-3 分城市人口和建设用地情况（2021）
Conditions of Population and Land Used for Urban Construction by City (2021)

市（州）	Region	城区面积（平方公里）Urban Area (sq.km)	城区人口（万人）Urban Population (10 000 persons)	建成区面积（平方公里）Area of Built Districts (sp.km)	城市建设用地面积（平方公里）Area of Land Used for Urban Construction (sq.km)	本年征用土地面积（平方公里）Land Put in Requisition for State Construction Projects in Current year (sq.km)	城市人口密度（人/平方公里）Population Density of Urban Area (person/sq.km)
甘肃省	**Gansu**	**2021.65**	**528.60**	**927.57**	**941.73**	**34.82**	**3358.79**
兰州市	Lanzhou	359.27	198.52	346.53	349.57	21.03	8437
嘉峪关市	Jiayuguan	342.00	21.17	70.40	109.61		710
金昌市	Jinchang	52.30	15.63	46.51	46.51	2.20	3180
白银市	Baiyin	114.00	32.19	68.25	66.26	2.31	3033
天水市	Tianshui	73.00	54.50	60.00	60.00		8475
武威市	Wuwei	177.77	32.76	34.04	34.04	2.02	1931
张掖市	Zhangye	200.00	27.12	45.10	44.98	1.78	1444
平凉市	Pingliang	255.00	27.33	42.00	41.71		1212
华亭市	Huating	17.90	7.72	15.42	14.83	0.02	5436
酒泉市	Jiuquan	235.00	26.28	61.87	46.85		1394
玉门市	Yumen	15.00	2.96	12.42	12.05	0.10	3120
敦煌市	Dunhuang	19.86	6.78	15.58	15.39		3963
庆阳市	Qingyang	31.00	16.64	30.00	26.59	2.87	6871
定西市	Dingxi	35.90	19.04	26.00	24.95	1.14	5487
陇南市	Longnan	40.00	16.15	15.70	13.10		4563
临夏市	Linxia	38.05	18.35	24.00	22.81	1.35	6470
合作市	Hezuo	15.60	5.46	13.75	12.48		3564

21-4 分城市道路桥梁和排水污水处理情况（2021）
Conditions of Road & Bridge and Drainage Sewage Treatment by City (2021)

市（州）	Region	道路长度（公里）Length of Paved Roads (year-end) (km)	道路面积（万平方米）Area of Paved Roads (year-end) (10 000 sq.m)	桥梁数（座）Number of Bridges (unit)	道路照明灯盏数（盏）Number of Street Lights (unit)	污水排放量（万立方米）Sewage Discharge (10000 cu.m)	排水管道长度（公里）Length of Sewage Pipes (km)	污水处理厂处理能力（万立方米/日）Daily Disposal Capacity of Sewage (10,000 cu.m/day)	市政再生水利用量（万立方米）Utilization of Municipal Reclaimed Water (10000 cu.m)
甘肃省	**Gansu**	**7036**	**15074**	**712**	**434873**	**48746**	**8499**	**170**	**7328**
兰州市	Lanzhou	2314	5569	444	147620	23643	3193	72	935
嘉峪关市	Jiayuguan	582	1070	6	28953	927	724	3	925
金昌市	Jinchang	491	958	16	17924	1337	118	8	923
白银市	Baiyin	568	1028	43	18203	1991	588	8	129
天水市	Tianshui	483	1066	30	64399	4934	407	20	
武威市	Wuwei	217	664	15	15363	2156	221	9	1573
张掖市	Zhangye	361	594	2	21925	2783	492	8	882
平凉市	Pingliang	261	752	35	20281	1687	548	9	254
华亭市	Huating	112	256	10	3666	415	177	3	
酒泉市	Jiuquan	454	708	7	24369	2667	412	10	925
玉门市	Yumen	163	244	1	6117	377	188	2	153
敦煌市	Dunhuang	259	273	2	6719	504	106	3	138
庆阳市	Qingyang	241	713	3	13387	1177	286	4	344
定西市	Dingxi	117	302	15	7309	667	194	2	67
陇南市	Longnan	168	223	27	4920	991	327	4	47
临夏市	Linxia	194	470	33	30980	2068	426	6	
合作市	Hezuo	52	186	23	2738	421	93	1	32

21-5 分城市公共供水情况（2021）
Basic Statistics on Public Tap Water Supply by City (2021)

市（州）	Region	综合生产能力（万立方米/日） Comprehensive Production Capacity (10,000 cu.m/day)	供水管道长度（公里） Length of Water Supply Pipelines (km)	用水户数（户） Number of Households of Using Water (household)	用水人口（万人） Number of Residents with Access to Tap Water (10 000 persons)	人均日生活用水量（升） Per Capita Daily Consumption of Tap Water for Residential Use (liter)
甘肃省	**Gansu**	**335.63**	**6687.86**	**1377002**	**668.43**	**141.98**
兰州市	Lanzhou	168.10	1783.90	60269	299.81	152.42
嘉峪关市	Jiayuguan	17.91	746.68	146535	24.27	156.95
金昌市	Jinchang	10.00	219.12	58614	13.05	169.43
白银市	Baiyin	20.00	325.64	77032	34.58	174.48
天水市	Tianshui	9.01	312.08	180000	61.30	69.95
武威市	Wuwei	20.00	253.00	168589	34.31	129.44
张掖市	Zhangye	13.50	425.00	91723	27.12	195.37
平凉市	Pingliang	5.50	418.00	112230	30.90	87.25
华亭市	Huating	1.50	83.10	20366	9.57	85.88
酒泉市	Jiuquan	24.00	377.00	153572	32.75	142.23
玉门市	Yumen	1.70	164.00	15426	4.68	107.72
敦煌市	Dunhuang	8.00	366.87	43610	7.87	180.74
庆阳市	Qingyang	3.81	429.00	46520	21.30	123.22
定西市	Dingxi	10.00	247.06	49250	19.40	73.89
陇南市	Longnan	3.50	143.00	40000	17.90	128.92
临夏市	Linxia	10.40	308.33	90000	24.62	237.58
合作市	Hezuo	8.70	86.08	23266	5.00	134.68

21-5 续表 continued

市（州）	Region	供水总量（万立方米） Total Annual Volume of Water Supply (10 000 cu.m)	#生产运营用水 Water for Production Operations Use	#公共服务用水 Water for Public Services Use	#居民家庭用水 Water for Households Use	市政消火栓数量（具） Number of Municipal Fire Hydrants (set)
甘肃省	**Gansu**	**59591.13**	**14794.90**	**8590.67**	**25761.67**	**19119**
兰州市	Lanzhou	30088.40	10134.50	4783.78	11916.17	8838
嘉峪关市	Jiayuguan	3175.89	557.57	542.63	847.73	868
金昌市	Jinchang	1706.42	364.00	120.72	525.77	674
白银市	Baiyin	3139.09	469.96	860.23	1338.33	548
天水市	Tianshui	3290.00	1011.00	3.00	1562.00	522
武威市	Wuwei	3021.40	270.00	600.00	981.00	1712
张掖市	Zhangye	2653.20		108.69	1821.00	1113
平凉市	Pingliang	1379.50	142.51	163.52	801.36	398
华亭市	Huating	524.00	169.00	26.00	274.00	124
酒泉市	Jiuquan	2802.59	555.32	415.10	1285.06	605
玉门市	Yumen	396.00	63.00	92.00	92.00	192
敦煌市	Dunhuang	817.77	216.56	100.25	418.94	227
庆阳市	Qingyang	1523.00	204.00	245.00	692.00	555
定西市	Dingxi	953.17	187.48	170.55	351.71	1958
陇南市	Longnan	1160.00	130.00	184.00	650.00	156
临夏市	Linxia	2600.00	320.00	25.00	2110.00	460
合作市	Hezuo	360.70		150.20	94.60	169

21-6 分城市燃气情况（2021）
Basic Statistics on Supply of Gas by City (2021)

市（州）	Region	人工煤气生产能力（万立方米/日）Production Capacity of Gaswork Gas (10 000 cu.m/day)	液化石油气储气能力（吨）Gas Storage Capacity of Liquefied Petroleum Gas (ton)	天然气储气能力（万立方米）Gas Storage Capacity of Natural Gas (10 000cu.m)	供气总量 Total Gas Supply		
					人工煤气（万立方米）Coal Gas (10 000cu.m)	液化石油气（吨）Liquefied Petroleum Gas(ton)	天然气（万立方米）Natural Gas (10 000 cu.m)
甘肃省	**Gansu**	**345.60**	**7641.30**	**240.71**	**2084.64**	**45209.17**	**265957.33**
兰州市	Lanzhou		1619.00	62.00		14861.25	163463.61
嘉峪关市	Jiayuguan	345.60	625.00	30.05	2084.64	1870.00	24541.63
金昌市	Jinchang		42.00	11.60		1200.00	7146.13
白银市	Baiyin		615.00	18.30		1127.00	21441.01
天水市	Tianshui		223.00			1086.41	10204.00
武威市	Wuwei		2578.00	0.80		2512.90	5714.90
张掖市	Zhangye		187.00	9.10		9307.00	5479.72
平凉市	Pingliang		50.00	7.80		85.00	1941.80
华亭市	Huating		85.00	1.60		280.00	268.50
酒泉市	Jiuquan		230.00	42.00		1857.31	2898.12
玉门市	Yumen		100.00	12.02		246.50	1131.23
敦煌市	Dunhuang		90.90	40.00		1100.00	5936.08
庆阳市	Qingyang		195.00	0.52		3540.00	4069.61
定西市	Dingxi		116.20	0.02		1995.80	129.85
陇南市	Longnan		650.00	4.50		1100.00	1010.00
临夏市	Linxia		190.00			2700.00	8458.64
合作市	Hezuo		45.20	0.40		340.00	2122.50

21-6 续表 continued

市（州）	Region	供气管道长度（公里）Length of Gas Supply Pipelines (km)			用气人口（万人）Population with Access to Gas (10 000 persons)		
		人工煤气 Coal Gas	液化石油气 Liquefied Petroleum Gas	天然气 Natural Gas	人工煤气 Coal Gas	液化石油气 Liquefied Petroleum Gas	天然气 Natural Gas
甘肃省	**Gansu**	**276.00**		**4625.09**	**14.00**	**71.41**	**572**
兰州市	Lanzhou			1212.42		19.05	282
嘉峪关市	Jiayuguan	276.00		314.39	14.00	1.10	9
金昌市	Jinchang			129.22		3.65	11
白银市	Baiyin			736.01		1.21	33
天水市	Tianshui			486.19		3.80	55
武威市	Wuwei			101.00		0.98	32
张掖市	Zhangye			480.38		3.35	25
平凉市	Pingliang			89.80		0.07	28
华亭市	Huating			19.12		1.53	5
酒泉市	Jiuquan			212.21		6.08	27
玉门市	Yumen			70.00		0.87	4
敦煌市	Dunhuang			119.48		0.24	7
庆阳市	Qingyang			152.30		3.25	17
定西市	Dingxi			35.64		10.92	7
陇南市	Longnan			78.00		10.75	6
临夏市	Linxia			326.10		3.20	20
合作市	Hezuo			62.83		1.36	3

21-7 分城市集中供热情况（2021）
Basic Statistics on Centralized Heating by City (2021)

市（州）	Region	供热能力 Heating Capacity		供热总量 Quantity of Heat Supplied		管道长度（公里）Length of Heating Pipelines (km)	供热面积（万平方米）Area of Centralized Heating (10 000 sq.m)	
		蒸汽（吨/小时）Steam (ton/hour)	热水（兆瓦）Hot Water (mega watts)	蒸汽（万吉焦）Steam (10 000 gigajoules)	热水（万吉焦）Hot Water (10 000 gigajoules)			住宅 Residential Buildings
甘肃省	**Gansu**	**1100**	**19117**	**675**	**12108**	**12822**	**28365**	**19877**
兰州市	Lanzhou		7047		3761	4829	9905	7165
嘉峪关市	Jiayuguan		1112		835	1753	2076	1410
金昌市	Jinchang	400	660	164	388	327	1357	861
白银市	Baiyin		1277		821	832	1828	1324
天水市	Tianshui		1141		927	246	1459	1141
武威市	Wuwei	700	745	511	486	910	2309	1710
张掖市	Zhangye		1316		1123	762	2125	997
平凉市	Pingliang		1328		665	181	1528	1089
华亭市	Huating		266		199	103		
酒泉市	Jiuquan		1607		995	431	1525	1157
玉门市	Yumen		162		92	170	266	171
敦煌市	Dunhuang		266		202	299	355	282
庆阳市	Qingyang		812		749	1530	1645	1140
定西市	Dingxi		602		421	194	1027	754
陇南市	Longnan		58		58	74	115	92
临夏市	Linxia		528		242	93	586	424
合作市	Hezuo		191		145	89	260	161

21-8 分城市园林绿化情况（2021）
Basic Statistics on Landscaping by City (2021)

市（州）	Region	建成区绿化覆盖面积（公顷）Green Coverage Area of Built Districts (hectare)	建成区绿地面积（公顷）Green Space Area of Built Districts (hectare)	公园绿地面积（公顷）Park Green Areas (hectare)	公园个数（个）Number of Parks (unit)	公园面积（公顷）Area of Parks (hectare)
甘肃省	**Gansu**	**33666**	**30363**	**10102**	**206**	**6819**
兰州市	Lanzhou	11079	9889	3490	30	1948
嘉峪关市	Jiayuguan	2862	2812	863	9	531
金昌市	Jinchang	1881	1678	475	23	475
白银市	Baiyin	2651	2415	429	21	398
天水市	Tianshui	2400	2140	842	25	484
武威市	Wuwei	1281	1178	413	7	373
张掖市	Zhangye	1810	1637	656	7	515
平凉市	Pingliang	1790	1575	494	13	361
华亭市	Huating	597	525	135	6	71
酒泉市	Jiuquan	2536	2172	573	25	572
玉门市	Yumen	463	428	156	4	130
敦煌市	Dunhuang	570	504	184	11	83
庆阳市	Qingyang	1035	981	292	2	379
定西市	Dingxi	858	755	397	6	177
陇南市	Longnan	527	509	201	10	105
临夏市	Linxia	792	722	406	5	122
合作市	Hezuo	535	443	95	2	96

21-9 分城市市容环境卫生情况（2021）
Basic Statistics on Environmental Sanitation by City (2021)

市（州）	Region	道路清扫保洁面积（万平方米）Area under Cleaning Program (10 000 sq.m)	生活垃圾清运量（万吨）Volume of Garbage Disposal (10 000 tons)	生活垃圾无害化处理能力（吨/日）Harmless Disposal Capacity of Domestic Refuse (ton/day)	市容环卫专用车辆设备总数（台）Number of Special Vehicles for Environmental Sanitation (set)	公共厕所（座）Number of Public Lavatories (unit)	
							#三类以上 Third Grade and above
甘肃省	**Gansu**	**14537**	**285.79**	**10567**	**5949**	**2986**	**2326**
兰州市	Lanzhou	5340	109.70	3585	3526	760	751
嘉峪关市	Jiayuguan	1142	11.06	410	562	302	302
金昌市	Jinchang	685	6.44	250	182	225	74
白银市	Baiyin	932	14.27	750	160	281	157
天水市	Tianshui	942	25.19	763	204	282	282
武威市	Wuwei	687	12.46	800	262	195	
张掖市	Zhangye	729	13.66	880	122	181	97
平凉市	Pingliang	720	13.98	500	126	146	146
华亭市	Huating	187	4.02	187	53	30	21
酒泉市	Jiuquan	692	17.71	980	84	160	160
玉门市	Yumen	240	2.92	130	24	49	49
敦煌市	Dunhuang	247	4.63	193	50	46	46
庆阳市	Qingyang	720	11.35	600	129	131	131
定西市	Dingxi	359	6.20	180	65	63	48
陇南市	Longnan	194	8.03	214	72	32	
临夏市	Linxia	556	18.87		288	62	62
合作市	Hezuo	166	5.30	145	40	41	

21-10 分城市市政公用设施水平（2021）
Level of Public Facilities in Cities by City (2021)

市（州）	Region	公共供水普及率（%）Coverage of Urban Population with Access to Public Tap Water (%)	燃气普及率（%）Coverage Rate of Population with Access to Gas (%)	污水处理率（%）Disposal Rate of City Sewage (%)	建成区绿化覆盖率（%）Greening Covered Area as % of Completed (%)	人均城市道路面积（平方米）Per Capita Area of Paved Roads (sq.m)	人均公园绿地面积（平方米）Per Capita Public Green Areas (sq.m)
甘肃省	**Gansu**	**98.44**	**96.87**	**97.27**	**36.29**	**22.20**	**14.88**
兰州市	Lanzhou	98.90	99.41	96.15	31.97	18.37	11.51
嘉峪关市	Jiayuguan	100.00	98.76	99.78	40.65	44.07	35.55
金昌市	Jinchang	78.47	89.00	98.00	40.44	57.61	28.58
白银市	Baiyin	100.00	99.83	95.25	38.84	29.71	12.42
天水市	Tianshui	99.08	95.04	100.00	40.00	17.23	13.61
武威市	Wuwei	99.97	97.09	97.50	37.62	19.35	12.03
张掖市	Zhangye	93.94	97.61	98.29	40.13	20.57	22.73
平凉市	Pingliang	100.00	90.61	98.67	42.61	24.33	16.00
华亭市	Huating	98.36	70.09	97.45	38.73	26.31	13.92
酒泉市	Jiuquan	100.00	99.69	100.00	40.99	21.61	17.49
玉门市	Yumen	100.00	100.00	96.00	37.30	52.09	33.40
敦煌市	Dunhuang	100.00	97.97	98.02	36.58	34.73	23.32
庆阳市	Qingyang	100.00	95.54	97.74	34.50	33.46	13.69
定西市	Dingxi	98.48	91.02	95.91	33.01	15.33	20.13
陇南市	Longnan	98.08	92.88	98.00	33.55	12.22	10.99
临夏市	Linxia	100.00	93.42	98.02	33.00	19.09	16.51
合作市	Hezuo	89.93	85.61	95.08	38.94	33.38	17.16

主要统计指标解释

建城区面积 指市政区范围内经过征用的土地和实际建设发展起来的非农业生产建设地段，包括市区集中连片的部分以及分散在近郊区与城市有着密切联系，具有基本完善的市政公用设施的城市建设用地（如机场、污水处理厂、通讯电台）。

供水综合生产能力 指按供水设施取水、净化、送水、出厂输水干管等环节设计能力计算的综合生产能力。包括在原设计能力的基础上，经挖、革、改增加的生产能力。计算时，以四个环节中最薄弱的环节为主确定能力。

年末供水管道长度 指从送水泵至用户水表之间所有管道的长度。不包括新安装尚未使用、水厂内以及用户建筑物内的管道。

全年供水总量 指报告期供水企业（单位）供出的全部水量。包括有效供水量和损失水量。

生活用水量 包括公共服务用水和居民家庭用水。公共服务用水指为城市社会公共生活服务的用水。包括行政事业单位、部队营区和公共设施服务、社会服务业、批发零售贸易业、旅馆饮食业以及其他公共服务业等单位的用水。居民家庭用水指城市范围内所有居民家庭的日常生活用水。包括城市居民、农民家庭、公共供水站用水。

用水普及率 指报告期末城区用水人口数与城市人口总数的比率

人工煤气生产能力 指报告期末人工煤气生产厂制气、净化、输送等环节的综合生产能力，不包括备用设备能力。一般按设计能力计算，如果实际生产能力大于设计能力时，应按实际测定的生产能力计算。测定时应以制气、净化、输送三个环节中最薄弱的环节为主。

供气管道长度 指报告期末从气源厂压缩机的出口或门站出口至各类用户引入管之间的全部已经通气投入使用的管道长度。不包括煤气生产厂、输配站、液化气储存站、灌瓶站、储配站、气化站、混气站、供应站等厂（站）内的管道。

全年供气总量 指全年燃气企业（单位）向用户供应的燃气数量。包括销售量和损失量。

燃气普及率 指报告期末城区使用燃气的城市人口数与城市人口总数的比率。其中燃气包括人工煤气、天然气、液化石油气三种。

年末道路长度 指年末道路长度和与道路相通的桥梁、隧道的长度，按车行道中心线计算。在统计时只统计路面宽度在 3.5 米（含 3.5 米）以上的各种铺装道路，包括开放型工业区和住宅区道路在内。

城市园林绿地面积 指报告期末用作园林和绿化的各种绿地面积。包括公园绿地、生产绿地、防护绿地、附属绿地和其他绿地的面积。

公园绿地面积 城市中向公众开放的、以游憩为主要功能，有一定的游憩设施和服务设施，同时兼有健全生态、美化景观、防灾减灾等综合作用的绿化用地。包括综合公园、社区公园、专类公园、带状公园和街旁绿地。其中综合公园、专类公园和带状公园面积之和为公园面积。

清扫保洁面积 指报告期末对城市道路和公共场所（主要包括城市行车道、人行道、车行隧道、人行过街地下通道、道路附属绿地、地铁站、高架路、人行过街天桥、立交桥、广场、停车场及其他设施等）进行清扫保洁的面积。一天清扫多次的，按清扫保洁面积最大的一次计算。

市容环卫专用车辆 指用于环境卫生作业、监察的专用车辆和设备，包括用于道路清扫、冲洗、洒水、除雪、垃圾粪便清运、市容监察以及与其配套使用的车辆和设备。

22

民族自治地方

Ethnic Minority Autonomous Area

简要说明

一、本篇资料主要内容

本篇资料反映 2 个民族自治州、5 个民族自治县的经济社会发展情况。重点反映了民族自治地方农牧业的发展状况以及教育、卫生方面的情况。

二、本篇资料来源

本篇资料数据来源于省统计局相关处、省有关部门。

22-1 民族自治地方年末人口与人口自然变动情况
Total Population at Year-end and It's Natural Changes of Ethnic Minority Autonomous Areas

单位：万人、‰ (10 000 persons,‰)

年 份 地 区	year Region	常住人口 Total Population	按性别分 By Sex 男 Male	女 Female	按城乡分 By Urban and Rural 城镇人口 Urban	乡村人口 Rural	自然增长率 Natural Growth Rate
民族自治地方合计	Total						
2010		316.00	160.86	155.14	78.12	237.88	7.79
2011		316.64	161.17	155.48	82.25	234.39	7.63
2012		318.02	161.87	156.15	86.87	231.15	7.64
2013		318.02	161.94	156.08	90.72	227.30	7.64
2014		318.93	162.30	156.63	95.87	223.06	7.68
2015		319.54	161.33	158.20	101.79	217.75	7.69
2016		320.80	163.35	157.45	107.15	213.65	7.56
2017		322.71	164.33	158.38	113.44	209.27	7.65
2018		323.46	164.70	158.76	118.54	204.92	6.95
2019		324.37	165.26	159.11	121.24	203.13	6.91
2020		325.23	163.59	161.65	124.28	200.95	7.44
2021		325.24	163.72	161.53	128.23	197.12	6.49
临夏回族自治州	Linxia	211.66	106.14	105.51	80.45	131.21	7.68
甘南藏族自治州	Gannan	69.10	35.14	33.96	30.07	39.03	4.04
张家川回族自治县	Zhangjiachuan	24.40	11.95	12.45	7.44	16.96	9.84
天祝藏族自治县	Tianzhu	14.75	7.55	7.19	7.02	7.73	-2.68
肃南裕固族自治县	Sunan	2.73	1.44	1.31	1.11	1.62	0.07
肃北蒙古族自治县	Subei	1.51	0.91	0.60	1.00	0.51	2.42
阿克塞哈萨克族自治县	Akesai	1.10	0.59	0.51	1.04	0.06	3.07

注：根据第七次全国人口普查结果，修订了2011—2019年年末常住人口数。
a) According to the results of the Seventh National Census, the data of Permanent Population at Year-end from 2011 to 2019 were revised.

22-2 民族自治地方生产总值
Gross Regional Product of Ethnic Minority Autonomous Areas

单位：万元 (10 000 yuan)

年 份 地 区	year Region	生产总值 Gross Regional Product	第一产业 Primary Industry	第二产业 Secondary Industry	第三产业 Tertiary Industry	人均生产总值（元） Per Capita GDP (yuan)
民族自治地方合计	Total					
2018		6043325	973283	1183447	3886597	18245
2019		6443826	1120739	1210855	4112233	19894
2020		6856065	1304793	1236804	4314468	21109
2021		7615381	1442002	1431513	4741866	23414
临夏回族自治州	Linxia	3737874	652767	728879	2356228	17677
甘南藏族自治州	Gannan	2300427	423428	286267	1590733	33272
张家川回族自治县	Zhangjiachuan	338777	109124	24673	204979	13893
天祝藏族自治县	Tianzhu	602544	147491	145511	309542	40430
肃南裕固族自治县	Sunan	330575	82940	124447	123188	120209
肃北蒙古族自治县	Subei	197756	13980	93609	90167	130965
阿克塞哈萨克族自治县	Akesai	107428	12272	28127	67029	97661

注：注：2020年数据为年报数，2021年数据为快报数。
a) Data of 2020 are annual data,data of 2021 are preliminary data.

22-3 民族自治地方农牧业生产基本情况
Farming and Animal Husbandry Producting Basic Statistic of Ethnic Minority Autonomous Areas

指 标	Item	2010	2015	2019	2020	2021
农林牧渔业增加值（亿元）	**Added Value of Agriculture,Forestry, Animal Husbandry and Fishery (100 million yuan)**	**48.83**	**80.28**	**117.32**	**135.97**	**150.08**
#农业	Agriculture	22.23	31.17	47.86	58.96	69.16
林业	Forestry	1.59	3.64	3.17	2.58	2.53
牧业	Animal Husbandry	24.13	42.09	60.74	68.76	72.35
渔业	Fishery	0.09	0.11	0.33	0.18	0.17
有效灌溉面积（千公顷）	**Irrigated Area (1 000 hectares)**	**72.74**	**73.22**	**80.82**	**86.72**	**88.10**
总播种面积（千公顷）	**Total Sown Area (1 000 hectares)**	**277.50**	**286.59**	**315.91**	**328.76**	**337.10**
#粮食作物	Sown Area of Grain Crops	214.66	208.04	212.68	221.26	226.35
主要农作物产量（万吨）	**Yield of Major Farm Crops(10 000 tons)**					
粮食	Grain Crops	70.60	98.28	99.61	103.99	106.80
油料	Oil-bearing	7.46	7.77	8.68	9.19	8.70
甜菜	Beetroot	0.22	0.21	0.34	0.35	0.28
畜牧业产品产量（万吨）	**Output of Livestock Products (10 000 tons)**					
猪肉产量	Pork	3.27	3.28	3.51	3.40	4.44
牛肉产量	Beef	5.95	6.98	8.37	8.68	10.00
羊肉产量	Mutton	4.26	5.48	7.11	7.37	7.09
牛奶产量	Cow Milk	17.41	16.52	15.68	18.17	14.12
羊毛产量	Wool	0.89	0.95	0.84	0.91	0.90
农业生产条件	**Agriculture Production Condition**					
农业机械总动力（万千瓦）	Total Power of Agricultural Machinery (10 000 kW)	151.60	224.77	167.63	192.95	198.57
农村用电量（万千瓦时）	Electricity Consumed in Rural Area (10 000 kWh)	46251.46	55127.90	66821.52	70407.54	73390.62
化肥施用量（万吨）	Chemical Fertilizer Consumption (10 000 tons)					
按实物量计算	Consumption of Chemical Fertilizer	11.52	12.36	11.61	11.38	10.50
按折纯量计算	Convert to Pure Amount	3.41	3.74	3.40	3.20	2.87

注：根据2016年新修订的《全国农业机械化管理统计报表制度》，2016起农业机械总动力指标统计中删除了农用运输车、三轮汽车和低速载货汽车。

a) According to the newly revised "National Agricultural Mechanization Management Statistical Reporting System"in 2016,since 2016,the index of agricultural vehicles, three-wheeled vehicles and low-speed trucks were removed in the total power of agricultural machinery statistics.

22-4 民族自治地方农、林、牧、渔业增加值
Added Value of Farming,Forestry,Animal Husbandry and Fishery of Ethnic Minority Autonomous Area

单位：万元 (10 000 yuan)

地 县	Region and County	农、林、牧、渔业增加值 Added Value of Agriculture, Forestry, Animal Husbandry and Fishery	#农业 Agriculture	#林业 Forestry	#牧业 Animal Husbandry	#渔业 Fishery
民族自治地方合计	**Total**					
2010		488341	222255	15942	241328	853
2011		559853	234672	22511	291318	916
2012		640486	268900	25992	330221	999
2013		709880	289457	29810	370944	968
2014		760498	303155	33186	398944	1032
2015		802836	311723	36444	420939	1074
2016		863383	325606	33780	460487	1142
2017		906237	342223	35212	479667	1091
2018		1002276	382161	32038	536284	925
2019		1173219	478582	31710	607448	3287
2020		1359694	589641	25771	687616	1816
2021		1500792	691562	25315	723472	1653
临夏回族自治州	Linxia	681118	424256	6740	220350	1420
甘南藏族自治州	Gannan	446871	87843	14424	321111	49
张家川回族自治县	Zhangjiachuan	110512	82319	83	26546	175
天祝藏族自治县	Tianzhu	151939	68129	1561	77792	8
肃南裕固族自治县	Sunan	83759	25602	537	56801	
肃北蒙古族自治县	Subei	14204	2000	173	11807	
阿克塞哈萨克族自治县	Akesai	12389	1412	1796	9064	

注：2021 年数据为快报数。
a) Data of 2021 are preliminary data.

22-5 民族自治地方牲畜头数
Number of Domestic Animals of Ethnic Minority Autonomous Areas

年 份 Year	大牲畜年末数（百头） Large Animals (year-end) (100 heads)	牛 Cows	马 Horses	驴 Donkeys	骡 Mules	骆驼 Camels	羊年末数（百只） Sheep and Goats (year-end)(100 heads)		猪年末数（百头） Hogs (year-end) (100 heads)
							山羊 Goats	绵羊 Sheep	
1990	17009	13949	1379	932	628	121	7166	30920	4474
1991	16887	13864	1353	920	641	109	7179	29405	4575
1992	16994	13917	1359	940	684	94	7410	29754	4802
1993	16954	13862	1367	938	707	80	7578	29915	5048
1994	17022	13914	1368	929	738	73	7958	30472	5198
1995	17119	14016	1362	916	754	71	8204	30462	5333
1996	17126	13995	1366	910	786	69	8325	30559	5410
1997	16985	13878	1360	893	784	70	8555	30633	5542
1998	15522	13180	946	617	717	58	8107	30094	4256
1999	15418	13122	916	573	749	58	8172	28199	4393
2000	15356	13020	902	603	778	53	8444	28001	4648
2001	15137	12804	864	628	789	52	8555	27882	4797
2002	15235	12913	897	641	740	44	8581	28448	5200
2003	15330	13103	877	636	669	45	8491	29602	5464
2004	15619	13371	864	639	698	47	8414	30702	5839
2005	16435	14185	848	648	701	53	8988	32288	6146
2006	16971	14734	835	665	679	58	9368	34027	6232
2007	20006	18268	467	587	624	60	8846	35292	5084
2008	22395	20858	507	530	456	44	8888	42011	4666
2009	22242	20764	503	509	417	49	8673	43509	4575
2010	21491	20048	488	520	368	67	8137	43403	4474
2011	20701	19401	488	446	316	49	7917	43625	4370
2012	19965	18621	510	452	318	64	7550	44564	4523
2013	20055	18673	520	473	320	70	7888	44681	4626
2014	20671	19484	528	345	236	79	8703	47915	4642
2015	20303	19161	529	315	213	84	7288	49610	4432
2016	19935	18835	654	165	179	102	6756	48493	4226
2017	20449	19366	662	148	176	97	6257	46197	4467
2018	20485	19414	642	171	165	92	5626	44440	4361
2019	20694	19620	649	177	156	92	5643	45937	4104
2020	21223	20121	667	177	146	112	5863	47313	5128
2021	20491	19344	632	266	127	121	4973	44723	5266

注：2007—2017 年数据为农业普查衔接数。

a) Data of 2007 to 2017 was adjusted according to the National Agricultural Census.

22-6 民族自治地方固定资产投资增长情况（2021）
Growth Rate of Investment in Fixed Assets of Ethnic Minority Autonomous Areas (2021)

单位：%　　(%)

地 县	Region and County	固定资产投资 Investment in Fixed Assets	第一产业 Primary Industry	第二产业 Secondary Industry	第三产业 Tertiary Industry	新增固定资产 Newly Increased Fixed Assets
民族自治地方合计	**Total**	**15.71**	**11.28**	**62.21**	**9.62**	**4.10**
临夏回族自治州	Linxia	26.04	106.78	40.11	22.65	-32.90
甘南藏族自治州	Gannan	8.36	-14.15	68.17	4.40	-34.02
张家川回族自治县	Zhangjiachuan	15.36	-77.20	-65.37	28.13	2222.32
天祝藏族自治县	Tianzhu	17.37	-63.21	-31.73	36.72	-59.76
肃南裕固族自治县	Sunan	10.27	-50.85	128.85	-23.02	430.03
肃北蒙古族自治县	Subei	33.07	-47.36	86.34	-31.61	343.23
阿克塞哈萨克族自治县	Akesai	-40.90		708.68	-52.72	5277.50

22-7 民族自治地方社会消费品零售总额
Total Retail Sale of Consumer Goods of Ethnic Minority Autonomous Areas

单位：万元　　(10 000 yuan)

地 区	Region and County	社会消费品零售总额 Total Retail Sales of Consumer Goods	餐费收入 Income from Meals	商品零售 Retail Trade
民族自治地方合计	**Total**			
2011		868181	183216	684965
2012		1003474	209091	794383
2013		1144324	233512	910812
2014		1443257	266321	1176935
2015		1562543	296192	1266351
2016		1723029	330246	1392783
2017		1862576	357037	1505539
2018		1963059	379220	1583839
2019		1964649	295437	1669212
2020		1922334	298544	1623790
2021		2118142	352710	1765432
临夏回族自治州	Linxia	1174576	180377	994199
甘南藏族自治州	Gannan	487845	121251	366594
张家川回族自治县	Zhangjiachuan	102486	13661	88825
天祝藏族自治县	Tianzhu	221631	21843	199788
肃南裕固族自治县	Sunan	61703	7148	54555
肃北蒙古族自治县	Subei	36756	2902	33854
阿克塞哈萨克族自治县	Akesai	33145	5529	27617

注：本表2018年、2019年数据依据第四次全国经济普查修订。
a) The data in this table for 2018 and 2019 are revised based on the Fourth National Economic Census.

22-8 民族自治地方城镇居民人均可支配收入（2021）
Per Capita Disposable Income of Urban Households of Ethnic Minority Autonomous Areas(2021)

单位：元 (yuan)

地 县	Region and County	城镇居民人均可支配收入 Per Capita Disposable Income of Urban Households	工资性收入 Income of Wages and Salaries	经营净收入 Net Business Income	财产净收入 Net Income from Properties	转移净收入 Net Income from Transfers
临夏回族自治州	Linxia	24901	15594	3386	1232	4690
甘南藏族自治州	Gannan	29481	23123	4219	810	1329
张家川回族自治县	Zhangjiachuan	29723	18971	7087	2702	963
天祝藏族自治县	Tianzhu	29733	19741	2140	1065	6787
肃南裕固族自治县	Sunan	33531	27822	3301	1137	1271
肃北蒙古族自治县	Subei	44721	36721	4635	923	2442
阿克塞哈萨克族自治县	Akesai	46199	39047	4022	988	2141

22-9 民族自治地方财政金融情况
Government Finance and Financial of Ethnic Minority Autonomous Areas

单位：万元 (10 000 yuan)

指 标	Item	2010	2015	2019	2020	2021
财 政	**Government Finance**					
一般公共预算收入	Public Government Budget Revenue	139453	366235	374661	405289	448642
一般公共预算支出	Public Government Budget Expenditure	2014808	3974701	5947324	6674153	6094211
金 融	**Financial**					
金融机构存款余额	Deposit Balance of Financial Institutions	3946959	9631042	12514686	14350438	13982131
金融机构贷款余额	Loan Balance of Financial Institutions	1844408	7066179	8383522	10127980	9858561
城乡居民储蓄存款	Saving Deposit Balance of Urban and Rural Residents	2189572	5629508	8106960	9327246	

22-10 民族自治地方教育、卫生及文化情况
Basic Statistics on Education,Health and Culture of Ethnic Minority Autonomous Areas

指 标	Item	2010	2015	2019	2020	2021
教育	**Education**					
高等学校所数（所）	**Institutions of Higher Education(unit)**	**1**	**2**	**2**	**2**	**2**
专任教师数（人）	Number of Full-time Teachers(person)	403	575	731	781	813
在校学生数（人）	Number of Student Enrollment(person)	8087	11303	14575	15517	17305
中等学校所数（所）	**Number of Secondary Schools(unit)**	**7**	**6**	**22**	**20**	**20**
专任教师数（人）	Number of Full-time Teachers(person)	477	501	1018	1033	1082
在校学生数（人）	Number of Student Enrollment(person)	5819	2633	6765	8910	9882
普通中学数（所）	**Regular Secondary Schools(unit)**	**209**	**195**	**171**	**155**	**161**
专任教师数（人）	Number of Full-time Teachers(person)	12963	15738	15445	13716	14294
在校学生数（万人）	Number of Student Enrollment(10 000 persons)	22.52	17.56	16.82	16.70	17.43
小学校所数（所）	**Number of Primary School(unit)**	**1641**	**1357**	**1021**	**953**	**902**
专任教师数（人）	Number of Full-time Teachers(person)	19080	21244	20111	20772	22605
在校学生数（万人）	Number of Student Enrollment(10 000 persons)	36.44	28.18	30.23	30.86	31.75
卫生	**Health**					
卫生机构数（个）	**Number of Health Institutions (unit)**	**1208**	**3590**	**3344**	**3259**	**3313**
#医院	Hospitals	47	53	103	100	99
卫生院	Health Centers	291	273	297	295	288
社区卫生服务中心（站）	Community Health Service Centers (stations)		43	38	39	41
疾病预防控制中心（防疫站）	Centers for Disease Control and Prevention		23	24	24	24

22-10 续表 continued

指 标	Item	2010	2015	2019	2020	2021
床位（张）	**Beds (unit)**	**9929**	**13451**	**19025**	**18895**	**19652**
#医院	Hospitals	6166	9050	13857	13768	14236
卫生院	Health Centers	3155	3618	4137	3978	3851
社区卫生服务中心（站）	Community Health Service Centers (stations)		241	243	278	275
疾病预防控制中心（防疫站）	Disease Prevention and Control Centers					
卫生机构人员数（人）	**Medical institution Personnel (person)**	**11993**	**18982**	**24183**	**26303**	**27136**
卫生技术人员（人）	**Medical Technical Personnel (person)**	**10392**	**12726**	**18386**	**19938**	**21450**
#医院	Hospitals		5451	10399	11227	12047
卫生院	Health Centers		3285	4279	4447	4775
社区卫生服务中心（站）	Community Health Service Centers (stations)		425	452	539	582
疾病预防控制中心（防疫站）	Centers for Disease Control and Prevention		640	682	697	724
文化	**Culture**					
文化事业	**Culture Institution**					
机构数（个）	Number of Institution (unit)	726	804	2063	916	940
人员数（人）	Personnel(person)	3611	5119	27152	7679	7780
各类文化艺术事业单位数（个）	**Number of Culture and Art Institution (unit)**	**401**	**436**	**456**	**444**	**443**
#文化馆、艺术馆	Cultural Centers and Art Station	23	23	24	23	23
公共图书馆	Public Libraries	23	23	24	23	23
博物馆	Museums	24	31	38	38	38
艺术表演场馆	Art Performance Places	3	3	3	2	1
艺术表演团体	Art Performance Troupes	16	17	21	24	6

23

兰州新区

Lanzhou New Area

简要说明

一、本篇资料主要内容

本篇资料反映兰州新区经济社会发展情况。重点反映了兰州新区人口变动、经济总量、投资、能源消耗、农业、财政等方面的基本情况。

二、本篇资料来源

1. 本篇资料由兰州新区经发局搜集、加工整理。

2. 财政数据由兰州新区财政局提供。

23-1　兰州新区经济社会主要指标

Main Economic and Social Indicators of Lanzhou New Area

指　标	Item	2015	2019	2020	2021
年末常住人口（万人）	Household Registered Population at Year-end (10 000 persons)	17.36	26.69	29.30	30.00
法人单位数（个）	Number of Legal Entities (unit)	757	3972	4100	5129.00
生产总值（亿元）	Gross Regional Product (100 million yuan)	123.15	201.64	235.89	300.07
第一产业	Primary Industry	1.44	1.58	1.86	3.69
第二产业	Secondary Industry	94.69	99.36	118.37	148.48
#工业	Industry	33.90	63.66	71.73	88.91
第三产业	Tertiary Industry	27.02	100.7	115.66	147.91
生产总值指数	Indices of Gross Regional Product	120.04	117.10	116.70	120.00
生产总值构成（%）	Composition of Gross Regional Product (%)				
第一产业	Primary Industry	1.17	0.78	0.79	1.23
第二产业	Secondary Industry	76.89	49.28	50.18	49.48
#工业	Industry	27.53	31.57	30.41	29.63
第三产业	Tertiary Industry	21.94	49.94	49.03	49.29
工业	**Industry**				
规模以上工业增加值（%）	Value-added of Industry above Designated Size (100 million yuan)	20.00	26.17	21.70	20.00
规模以上工业企业经济效益	Economic Benefit of Industry Enterprises above Designated Size				
营业收入（亿元）	Revenue from Principal Business (100 million yuan)	143.75	318.60	323.92	385.94
利润总额（亿元）	Total Profits (100 million yuan)	10.15	6.66	-0.64	8.77
能源	**Energy**				
全社会用电量（万千瓦时）	Whole Society Electricity Consumption(10 000kWh)	27753.98	68194.08	87265.00	202814.00
#工业用电量（万千瓦时）	Industry Electricity Consumption(10 000kWh)	9121.54	21308.17	32914.00	100795.00
能源消费总量（万吨标煤）	Total Energy Consumption (10 000 tons of SCE)	21.24	22.93	25.65	35.00
单位生产总值能耗（吨标煤/万元）	Energy Consumption per Unit of GRP(ton of SCE/10 000 yuan)	0.20	0.08	0.11	0.12

23-1 续表 continued

指 标	Item	2015	2019	2020	2021
固定资产投资增速(％)	**Growth Rate of Investment in Fixed Assets(%)**	**9.49**	**13.12**	**18.73**	**11.09**
项目投资	Project Investment	3.96	-0.85	13.18	15.00
房地产开发	Real Estate Development	68.70	64.46	31.03	3.55
#住宅	Residential Buildings	133.99	190.23	143.83	6.29
按产业分	By Industry				
第一产业	Primary Industry	-32.11	288.96	51.96	-75.87
第二产业	Secondary Industry	-24.66	35.23	42.34	40.80
第三产业	Tertiary Industry	37.09	1.73	9.83	17.15
农业农村	**Agriculture and Rural**				
乡镇个数（个）	Number of Townships (unit)	3	3	3	3
行政村个数（个）	Administrative Village (unit)	54	54	54	54
农林牧渔业总产值（万元）	Gross Output Value of Agriculture,Forestry, Animal Husbandry and Fishery (10 000 yuan)		33407.56	41783.83	74739.86
化肥施用折纯量（吨）	Convert to Pure Amount of Chemical Fertilizers Consumption (ton)	2832	1135	1509	2129
农作物播种面积（公顷）	Sown Areas of Farm Crops (hectare)	6157.63	7174.86	12179.90	13091.82
主要农产品产量（吨）	Yield of Major Farm Crops (ton)				
粮食	Grain Crops	15210	15104	15382	15570.92
油料	Oil-bearing Crops	1866.77	1296	5451.26	4294.50
园林水果	Garden Fruits	2500.06	11391	10969.75	10364.35
肉类	Meat		6108.79	6955.12	8555.34
财政（亿元）	**Finance (100 million yuan)**				
一般公共预算收入	General Public Budget Revenue	9.18	17.64	19.75	32.37
税收收入	Total Tax Revenue	7.95	15.10	15.76	27.32
一般公共预算支出	General Public Budget Expenditure	31.93	43.06	48.48	71.51

《甘肃发展年鉴》 电子版说明

《甘肃发展年鉴》2022（电子版）是新型的阅读工具，它界面美观，便于携带，操作简便，功能实用。

《甘肃发展年鉴》2022（电子版）内容分为二部分：第一部分设特载、概况、国民经济、交通通信、财政金融、经济管理、社会事业、人民生活、地县及兰州新区概况等 9 个篇目；第二部分设综合，人口，国民经济核算，就业和工资，价格，人民生活，财政和金融业，资源和环境，能源，固定资产投资，对外经济贸易，农业，工业，建筑业，批发和零售业，住宿、餐饮业和旅游业，运输和邮电，教育和科学技术，卫生、社会服务和社会保障，文化和体育，城市，民族自治地方，兰州新区等 23 个篇章。

系统要求：

中文 Windows 9X，Windows ME /2000 /XP；建议使用 IE 浏览器

使用方法：

1. 将《年鉴》光盘插入光驱，光盘自动运行进入主页，如不能自动启动，请进入光盘所在的驱动器，点击 Start.exe，即可启动。

2. 光盘启动后，会自动运行 FLASH，然后进入主页面，点击“浏览光盘”即可以进入光盘正文。

3. 光盘分为两帧，左边目录，右边正文。目录分为两级，点击目录可以进入正文，显示于光盘的右边。

4. 正文分 WEB 页和 EXCEL 两种格式的文档，点击左边目录上图标可以进行转换。

5. 点击主页面的“退出动画”即可退出光盘。

6. 如若目录无法打开，请详见光盘中的帮助文件（help.htm）。

Gansu development Yearbook 2022(electric version) is a new type reading tool. It has beautiful interface, and is easy to carry, easy to operate, functional and practical.

Gansu development Yearbook 2022 (electric version) has two parts. The first part contains Featured Articles, Survey, National Economy, Transport and Communications, Government Finance and Financial, Economy & Management, Social Undertaking, People’s Living Conditions, City & County and Lanzhou New Area Overview, total 9 chapters. The second part contains total 23 sections and chapters: General Survey; Population; National Accounts; Employment and Wages; Prices; People’s Living Conditions; Government Finance and Financial Intermediation; Resources and Environment; Energy; Investment in Fixed Assets; Foreign Trade and Economic Cooperation; Agriculture; Industry; Construction; Wholesale and Retail Trades; Hotels, Catering Services and Tourism; Transport, Postal and Telecommunication Services; Education & Science and Technology; Public Health, Social Services and Social Security; Culture and Sports; City; Ethnic Minority Autonomous Area; Lanzhou New Area.

System Requirements

Windows 98, Windows Me, Windows 2000, Windows XP, Windows 2003

Microsoft Internet Explorer 6.0 and above version

How to Use

1. Insert *Gansu Development Yearbook 2022* disc into your CD-ROM drive, the disc will be automatically started. If not, please click start2021.exe to open the CD-ROM.

2. After the CD-ROM is started, it will automatically run FLASH, and then enter the main page, click on "Browse CD" to enter the CD-ROM text.

3. Disc is divided into two pictures, the left is the directory, the right is the text. Directory is divided into two levels, click on the directory you can enter the text, and displayed on the right side of the disc.

4. The main text is divided into WEB page and EXCEL two format documents, click on the icon on the left-hand directory to convert.

5. Click "Exit Animation" on the main page to exit the disc.

6. If the directory can’t be opened, please see the help file (help.htm) of the disc.

中国统计出版社最新资料书简目

（仅供参考，以最后出书为准）

统计资料

中国统计年鉴－2022
中国统计摘要－2022
中国经济普查年鉴 2018
国际统计年鉴－2022
金砖国家联合统计手册－2022
中国县域统计年鉴－2022
中国城市统计年鉴－2022
中国农村统计年鉴－2022
中国地区经济监测报告－2022
中国贸易外经统计年鉴－2022
中国商品交易市场统计年鉴－2022
大中型批发零售和住宿餐饮企业统计年鉴－2022
中国零售和餐饮连锁企业统计年鉴－2022
中国住户调查年鉴－2022
中国价格统计年鉴－2022
中国农产品价格调查年鉴－2022
全国农产品成本收益资料汇编－2022
中国环境统计年鉴－2022
中国能源统计年鉴－2022
中国工业统计年鉴－2022
中国建筑业统计年鉴－2022
中国房地产统计年鉴－2022
中国投资领域统计年鉴－2022
中国第三产业统计年鉴－2022
中国科技统计年鉴－2022
中国高技术产业统计年鉴－2022
中国劳动统计年鉴－2022
中国人口和就业统计年鉴－2022
中国社会统计年鉴－2022
中国文化及相关产业统计年鉴－2022
中国教育统计年鉴－2022
中国教育经费统计年鉴－2021
中国民族统计年鉴－2021
中国基本单位统计年鉴－2021
中国残疾人事业统计年鉴－2022
中国妇女儿童状况统计资料－2022
中国第三次全国农业普查综合资料
全国企业创新调查年鉴－2022
中国城市建设统计年鉴－2022
中国城乡建设统计年鉴－2022
中国县城建设统计年鉴－2022
中国医疗保障年鉴－2022
中国医疗保障统计年鉴－2022
长江经济带发展统计年鉴－2022
中国证券期货统计年鉴－2022
中国电力统计年鉴－2022
中国青年发展统计年鉴－2022

2022 年省级综合统计年鉴系列

北京　天津　河北　山西　内蒙古　辽宁　吉林
黑龙江　上海　江苏　浙江　安徽　福建　江西
山东　河南　湖北　湖南　广东　广西　海南　重庆
四川　贵州　云南　西藏　陕西　甘肃　青海　宁夏
新疆　新疆生产建设兵团

2022 年市（县）级综合统计年鉴系列

天津滨海新区　石家庄　唐山　邯郸　太原　大同
长治　阳泉　晋城　朔州　晋中　运城　忻州　临汾
呼和浩特　通辽　包头　沈阳　大连　长春　吉林市
四平　哈尔滨　黑龙江垦区　上海浦东新区　南京
苏州　无锡　常州　徐州　南通　泰州　宿迁
连云港　盐城　镇江　淮安　江阴　丹阳　杭州
宁波　绍兴　台州　温州　金华　嘉兴　衢州
舟山　合肥　福州　福州经济技术开发区　宁德
厦门经济特区　南昌　上饶　济南　青岛　潍坊
枣庄　郑州　洛阳　三门峡　南阳　商丘　武汉
宜昌　十堰　荆州　咸宁　长沙　广州　东莞　惠州
深圳　桂林　南宁　柳州　来宾　河池　海口
三亚　成都　绵阳　贵阳　昆明　庆阳　西安　兰州
银川　乌鲁木齐　兵团

2020 年人口普查资料系列

中国人口普查年鉴－2020　北京　天津　河北　山西　内蒙古　辽宁　吉林　黑龙江　上海　江苏　浙江　安徽　福建　江西　山东　河南　湖北　湖南　广东　广西　海南　重庆　四川　贵州　云南　西藏　陕西　甘肃　青海　宁夏　新疆
中国人口普查分县资料－2020